甘肃发展年鉴

GANSU DEVELOPMENT YEARBOOK

2013

甘肃发展年鉴编委会 · 编
Gansu Development Yearbook Editorial Board

（第四期）

中国统计出版社
China Statistics Press

金川集团股份有限公司

Jinchuan Group Co., Ltd.

金川集团股份公司揭牌。
Jinchuan Group Co., Ltd. inaugurated.

金川公司与必和必拓合作30年庆祝。
Jinchuan Group Co., Ltd. and BHP Billiton Ltd. were celebrating the 30th anniversary of cooperation.

金川公司兰洽会签约仪式
The Signing Ceremony of Jinchuan Group Co., Ltd. in Lanzhou Investment & Trade Fair

联村联户动员大会
Mobilization Meeting of Union Village Joint Household

腾飞的镍都
The Rapid Rise of "Nickel City"

生产现场
Production Site

矿山公园鸟瞰
Aerial View of the Mine Park

地址：金昌市金川路98号 Address：No.98, Jinchuan Road,Jinchang City
电话：0935—8812230 Tel：0935—8812230 邮编：737100 Post Code：737100

甘肃省委书记、省人大常委会主任：王三运
Secretary of CPC Gansu Provincial Committee,Director of Gansu Provincial People's Congress :Wang Sanyun

8月17日，王三运、刘伟平带领全省新建项目现场观摩团在金昌市进行项目观摩考察。
On August 17,Wang Sanyun and Liu Weiping led the Field Study Tour of the whole province' newly build projects to observe and inspect the projects in Jinchang City.

4月24日，中国共产党甘肃省第十二次代表大会在甘肃大剧院隆重开幕。
On April 24, Communist Party of China in Gansu Province Twelfth Congress opened grandly in Gansu Grand Theater.

省委书记王三运赴“联村联户、为民富民”行动联系点会宁县钟家岔村，与村民一起劳动。

Secretary of CPC Gansu Provincial Committee—Wang Sanyun went to the "Union Village Joint Household, For and Enrich the People" action contact-place—Zhongjiacha village, worked together with the villagers in Huining County.

省委全体常委向革命英雄敬献花篮。

The whole Provincial Party committee members presented wreaths to the revolutionary heros.

第二届敦煌行·丝绸之路国际旅游节,游客骑着骆驼在感受敦煌鸣沙山的魅力。

The second Dunhuang Tour—Silk Road International Tourism Festival, visitors rode camels to feel the charm of DunHuang · MingSha mountain.

舟曲灾后重建两周年，喜看家乡新变化。

2 anniversary of post-disaster reconstruction in Zhouqu county, we are pleased to see the new changes of the hometown.

“十二五”期间，甘肃省将开建17条高速公路。到2015年，全省建成和在建的高速公路总里程将突破5500公里。

During the 12th five year plan period, Gansu Province will start to building 17 articles highway. Up to 2015, the whole province' highway mileage of completed and under construction will exceed 5,500 km.

甘肃省委副书记、省长：刘伟平
Member of the Standing Committee of CPC Gansu Provincial Committee, Governor:Liu Weiping

国务院批复同意建设国家级兰州新区。4月17日，省委副书记、省长刘伟平主持召开兰州新区建设协调领导小组会议。
The State Council approved and agreed to build a national level's New District in Lanzhou. On April 17, The deputy secretary of CPC Gansu provincial committee and governor —Liu Weiping chaired the construction coordination leading group meeting of New District of Lanzhou.

甘肃岷县等地发生特大冰雹，省委副书记、省长刘伟平询问受灾情况。
Min County in Gansu occurred large hail disaster, deputy secretary of CPC Gansu provincial committee and governor—Liu Weiping asked the disaster situation.

2月20日，全省“联村联户、为民富民”行动动员大会在兰州召开。

On February 20, mobilization meeting of the province's "Union Village Joint Household, For and Enrich the People" action was held in Lanzhou.

第十八届中国兰州投资贸易洽谈会隆重开幕。

The 18th China Lanzhou Investment and Trade Fair was opened grandly.

2012年全省粮食总产量首次突破1100万吨。

In 2012, the whole province' output of grain exceeded 11 million tons for the first time.

6月16日，神舟九号载人飞船在酒泉卫星发射中心发射成功。

On June 16, the manned spacecraft of Shenzhou nine was successfully launched at the Jiuquan Satellite Launch Center.

9月2日，首届国际文化产业大会暨第五届甘肃省文博会展馆内，各种展品琳琅满目，参观者络绎不绝。

On September 2, in the hall of the first International Cultural Industry Conference cum the fifth Gansu Culture Expo Conference, variety of exhibits dazzled, visitors flocked.

兰渝铁路兰州枢纽杨家湾黄河特大桥正在紧张施工。

Lanzhou hub of Lanzhou-Chongqing Railway—Yangjiawan Yellow River Bridge was constructing tensely.

甘肃省统计局

Gansu Provincial Bureau of Statistics

甘肃省统计局局长、党组书记：樊怀玉

Secretary,Party Secretary of Gansu Provincial Bureau of Statistics: Fan Huaiyu.

国家统计局局长马建堂在兰州新区调研。

The Secretary of the National Bureau of Statistics—Ma Jiantang was researching in the New District of Lanzhou.

樊怀玉局长深入平凉市灵台县联系户开展"双联"工作。

The secretary of Gansu Provincial Bureau of Statistics—Fan Huaiyu went to the contact household’s home to carry out "Union Village Joint Household" work in Lingtai County Pingliang City.

全省服务业统计工作会议在兰州召开，副省长刘永富出席会议并做重要讲话。

Gansu Province Services Statistics Working Conference was held in Lanzhou, Vice Governor—Liu Yongfu attended the meeting and made an important speech.

纪念新中国政府统计机构成立60周年座谈会

The Forum of Celebrating the Chinese Government Statistical Agencies of the 60th Anniversary

1月13日，省统计局举办2012新春团拜会。

On January 13, Gansu Bureau of Statistics held the 2012 New Year gathering will.

地址：兰州市东方红广场13号　Address：No.13, Dongfanghong Square, Lanzhou City

电话：0931—2176080　Tel：0931—2176080　邮编：730030　Post Code：730030

甘肃省国家税务局
Gansu Provincal Office, SAT

省国税局领导班子
The Leadership Groups of Gansu Provincal Office,SAT

局长牟可光在“联村联户、为民富民”行动联系帮扶点。
The secretary—Mu Keguang was in the contact helping place of the "Union Village Joint Household, For and Enrich the People" action.

局长牟可光调研重点税源企业生产经营情况。
The secretary—Mu Keguang was researching the production and management situation of key sources enterprises.

地址:兰州市城关区金昌南路353号
电话：0931—8416956
邮编：730030

Address: No.353,Jinchang South Road,Chengguan District, Lanzhou City
Tel: 0931—8416956
Post Code:730030

甘肃滨河食品工业（集团）有限责任公司

Gansu Binhe Food Industry (Group) Co., Ltd.

—— 国风有机葡萄酒简介

— Profile of Guofeng Organic Wine

国风公司种植、酿制的葡萄及葡萄酒已于2010年被中国质量认证中心认定为有机转换产品。为实现真正意义上的有机葡萄酒，公司严格按照生物节律种植，严禁采用能被葡萄树内吸的农药、除草剂、杀旱剂、杀虫剂和化学肥料等。与此相应的是，在有机葡萄园中完全采用牲畜粪便等天然的物质作肥料，并由人工采收，以便剔除损坏或不熟的葡萄。在酿制过程中，采用天然酵母进行发酵，依靠葡萄皮中的天生酵母提供更佳的天然芳香，有效提高了有机葡萄酒的质量；过滤和澄清时采用轻度过滤，确保了所有葡萄汁液不被流失；只微量使用二氧化硫，同天然慧的亚硫盐一起防止氧化和腐败。此外，强化包装物的采供和管理，严禁使用塑料瓶、聚乙烯或聚吡咯烷酮作包装材料来盛装有机葡萄酒。

国风极品赤霞珠葡萄酒
Guofeng Best Quality Cabernet Sauvignon Wine

国风有机葡萄酒灌装生产线
Guofeng Filling Production Line of Organic Wine

国风万亩有机酿酒葡萄种植园
Guofeng Organic Wine Grapes Plantations of Million Mu

地址：甘肃省张掖市东郊　Address: Eastern Suburbs, Zhangye City, Gansu Province

电话：0936-8269072　Tel：0936-8269072　传真：0936-8269088　Fax：0936-8269088

邮编：734099　Post Code：734099

甘肃省人口和计划生育委员会

Population and Family Planning Commission of Gansu

省委常委、副省长咸辉深入庆阳市合水县专题调研人口计生工作。

Provincial Standing Committee,the deputy governor—Xian Hui was monographic researching population and family planning work in Heshui County Qingyang City.

省人口委主任苏君在甘南州调研人口计生工作时与群众亲切交谈。

The director of Population and Family Planning Commission of Gansu—Su Jun was conversing with the masses cordially while researched the population and family planning work in Gannan Prefecture.

西北人口信息中心建设项目开工奠基仪式在兰州隆重举行。

Groundbreaking ceremony of the Northwest Population Information Center Construction Project was held grandly in Lanzhou.

甘肃省人口文化艺术节文艺汇演在兰州隆重举行。

The art joint performance Gansu Province Population Culture and Art Festival was held grandly in Lanzhou.

由国家人口计生委、全国工商联、中国光彩事业促进会联合举办的“同心·西藏和四省藏区幸福家庭工程—新农村新家庭计划”活动走进甘肃。

The activity of "Concentric ·Happy Family Project of Tibet and Tibetan Areas in Four Provinces—New rural New Family Planning" which was jointly organized by National Population and Family Planning Commission, the National Federation and China Council for the Promotion of the Glorious Cause came to Gansu.

地址：兰州市东方红广场13号 Address: No.13,Dongfanghong Square,Lanzhou City
电话：0931-8416799 Tel: 0931-8416799 邮编：730030

甘肃省工商行政管理局

Gansu Province Administration for Industry & Commerce

全国工商系统推进非公有制企业党的建设工作会议在兰州召开，省工商局党组书记、局长郭承录在大会上介绍经验。

Working conference about National industry and commerce system promote the non-public enterprises Party building was held in lanzhou, the party secretary,secretary of Gansu Province Administration for Industry&Commerce—Guo Chenglu described their experiences at the conference.

省长刘伟平在大润发超市与消费者亲切交谈，询问消费者对商场监管的意见建议。

The Governor—Liu Weiping was conversing with the consumers cordially at RT-Mart supermarket, soliciting the consumers about the comments and suggestions of market regulatory.

省工商局党组书记、局长郭承录和党组副书记、副局长、非公企业工委书记刘为民在省政府政务大厅工商分中心进行工作调研。

The party secretary,secretary of Gansu Province Administration for Industry&Commerce—Guo Chenglu with the deputy party secretary,deputy secretary, secretary of non-public enterprises working committee—Liu Weimin were researching work at the Industrial and commercial sub-centers of Provincial Chief Hall.

副局长邓晓龙与村民一起春播。

The deputy secretary—Deng Xiaolong was sowing together with the villagers.

副局长宋金圣到花园村开展送温暖活动。

The deputy secretary—Song Jinsheng went to Huayuan village to carry out warmth action.

地址：兰州市城关区金昌南路279号
电话：0931—8533111
邮编：730030

Address：No.279,Jinchang South Road,Chengguan District, Lanzhou City
Tel：0931—8533111
Post Code：730030

建行甘肃省分行
China Construction Bank Gansu Branch

建行甘肃省分行党委书记、行长：艾尔肯・艾则孜
Party Secretary, Governor of China Construction Bank Gansu Branch: Erkin・Azizi

2012年纪检监察工作会议
2012 Discipline Inspection Work Conference

2012年工作会议
2012 Work Conference

2012年“农耕文明”涉农个人贷款支持特色农业项目对接会议
2012 Matchmaking Conference about “Farming Civilization” Personal Loans which Support the Characteristics of Agricultural Projects

与兰州海关签约。
Signed with Lanzhou Customs.

召开2012年公司机构业务工作会议。
Held the 2012 Business Work Conference of Company Agencies.

地 址：兰州市秦安路59号
Address：No.59,Qinan Road,Lanzhou City
电 话：0931-4891555　Tel：0931-4891555
邮 编：730030　Post Code：730030

中信银行股份有限公司兰州分行

China Citic Bank Lanzhou Branch

中信银行兰州分行党委书记、行长：胡宝安

Party Secretary, Governor of China Citic Bank Lanzhou Branch：Hu Baoan

与天安保险甘肃分公司签订战略合作协议。

Signed a strategic cooperation agreement with Tian'an Insurance Company Gansu Branch.

举办员工演讲比赛。

Held a speech contest among employees.

地址：甘肃省兰州市城关区东岗西路638号 Address：No.638,Donggang West Road,Chengguan District,Lanzhou City

电话：0931—8890666 Tel：0931—8890666 邮编：730030 Post Code：730030

召开第一届第一次职工（会员）代表大会。

The first session of the first workers' congress was held.

第6家分支机构——兰州高新区支行隆重开业。

The sixth branch—Lanzhou High-tech Zone Branch opened grandly.

中信银行兰州七里河支行隆重开业。

Qilihe Branch of China Citic Bank in Lanzhou opened grandly.

李警惕副行长代表全体员工向扶贫点陇南宕昌县茹树小学的学生们捐赠书籍。

The deputy governor—Li Jingti on behalf of all staff donated books to the students of Ru Shu Primary School in poverty point of Dangchang County in Longnan.

成功举办“尊逸人生·挥越巅峰”PGA高尔夫论坛。

The "Zun Yi Life · Crossed the Peak" PGA Golf Forum was held successfully.

行领导带队亲切慰问生病员工王波月。

Leaders of China Citic Bank Lanzhou Branch friendly conveyed greetings to sick staff—Wang Boyue.

华龙证券有限责任公司
CHINA DRAGON SECURITIES CO.,LTD.

召开纪念建党91周年大会。

Meeting of commemorate the CPC’s founding 91 anniversary was held.

荣获“省长金融奖”。

Be awarded the Governor Financial Award.

华龙证券发起设立的“垄上人家”爱心基金举行揭牌仪式。

"Long Shang Ren Jia" Warm Heart Fund which initiated and established by China Dragon Securities held the opening ceremony.

主办“甘肃省百户中小微企业资本市场融资培训班”。

Sponsored the "Capital Market Financing Training with Hundred Households Medium-sized, Small and Micro-sized Enterprises of Gansu Province".

积极开展“联村联户、为民富民”行动。

Actively carried out the "Union Village Joint Household, For and Enrich the People" action.

由华龙证券参与发起设立并受托担任管理人的甘肃现代农业产业创业投资基金、甘肃生物医药产业创业投资基金揭牌。

Gansu Modern Agriculture Industry Venture Capital Funds and Gansu Biomedical Industry Venture Capital Fund which participated the establishment and entrusted served as manager by China Dragon Securities inaugurated.

地址：兰州市城关区东岗西路638号

Address：No.638,Donggang West Road,Chengguan District,Lanzhou City

电话：0931-8888088　　Tel：0931-8888088

邮编：730030　　Post Code: 730030

《甘肃发展年鉴》编纂委员会
Gansu Development Yearbook Editorial Board

编委：（按姓氏笔划为序）
Editorial Board(in order of strokes of Chinese surname)

《甘肃发展年鉴》编辑部

Gansu Development Yearbook Editorial Department

编辑人员：（以姓氏笔划为序）

Editorial Staff (in order to strokes of Chinese surname)

编者说明

一、《甘肃发展年鉴》是由甘肃发展年鉴编委会编纂，中国统计出版社出版，国内外公开发行的大型综合性年刊。它以大量翔实可靠的资料，全面记载了甘肃政治、经济、法律及社会发展情况，是各级党政领导、经济管理部门、企事业单位、科研部门和中外投资者了解省情、市情、县情，进行科学决策、咨询和研究的重要工具书。

二、本年鉴是创刊以来的第四卷，全部为中英文对照版并配有电子版，主要记载2012年甘肃经济社会发展情况，但统计资料在时间上有所上溯。

三、本年鉴共分为三部分：第一部分设特载、大事记、概况、政治、法制、国民经济、建设测绘、交通通信邮政、财政金融、经济管理、社会事业、人民生活、地县概况13个篇目；第二部分设综合、国民经济核算、人口、就业人员和职工工资、固定资产投资、对外经济贸易、能源消费、财政金融保险、物价指数、人民生活、城市概况、资源和环境、农业、工业、建筑业、交通运输邮电通信业、批发和零售业、住宿餐饮业和旅游业、教育和科技、卫生、社会福利及其他、文化和体育、少数民族、企业景气指数共23个篇章；第三部分以彩色插图的形式，介绍了甘肃省名优新特产品，部分机关、企业和事业单位。为方便读者使用资料，统计资料各篇章前附有简要说明，篇末附有主要统计指标解释。

四、本年鉴的体例分为篇目、分目和条目三个层次，以条目作为基本结构单元。条目标题均用黑体字加【 】。

五、与2013年版《甘肃发展年鉴》相比较，本年年鉴在内容上主要做了如下修订：根据《国民经济行业分类》（GB/T 4754-2011）对部分专业的行业分类进行了调整；根据各专业年报制度变化的新情况，对固定资产投资、建筑业等篇章的部分内容做了调整。

六、由于统计制度方法改革，有些统计指标的口径、包括范围和计算方法有所变化，使用时请注意。文稿中的数据由各单位提供，部分为初步统计数，如与统计表中不一致，以统计表为准。

七、本年鉴所使用的度量衡单位均采用国际统一标准计量单位，部分数据合计数或相对数由于单位取舍不同而产生的计算误差，均未做机械调整。

八、符号使用说明：年鉴各表中的"空格"表示该项统计指标数据不足本表最小单位数、数据不详或无该项数据；"#"表示其中的主要项；"*"或"①"表示本表下有注解。

本年鉴的编辑出版，得到省直各部门和有关企业事业单位的大力支持，我们对此表示诚挚的谢意！

编　者

2013年9月

Preface

I.Gansu Development Yearbook, edited by the Gansu development yearbook editorial board and published by china statistics press, is a large-scale domestic and international public offering comprehensive annual publication. It records comprehensively Gansu political, economic, legal and social development situation by the large amount of reliable data, and is a important tool to understand the situation of the province, city, county and conduct a scientific decision-making, consult and research for every level party and government leaders, economic management department, enterprise and public institution, research departments and domestic and foreign investors.

II.The yearbook is the fourth volume since founded, which is all the in Chinese-English and equipped with electronic version, records mainly Gansu economic and social development situation in 2012, but its statistics materials have traced back in time.

III.The yearbook contains the following three parts: The first part contains special set, events, overview, politics, legal, national economy, construction and mapping , transport, communication and post,government finance and financial, economy management, social undertaking, people's livelihood and county profiles 13 contents; The second part contains total 23 sections and chapters with general survey, national accounts, population, employment and wages investment in fixed assets, foreign trade and economic cooperation, energy , government finance , financial , insurance, commodities price, people's living conditions, general survey of cities, natural resources, agriculture, industry , construction, transport, post and telecommunication, wholesale and retail trades, hotels, catering services and tourism, education, science and technology, health, social welfare and others, culture and sports, minority ,and business climate index; The third part introduces the known, new and special products in Gansu province, some organs, enterprises and public institutions by the forms of illustrations in color. For the convenience of using information for the readers, statistics have a brief introduction at the beginning of each part. In addition, explanatory notes on main statistical indicators are provided at the end of each part.

IV.The yearbook style is divided into contents, subhead and entry three levels, and entry as the basic structural unit. The entry titles are in bold and add 【】.

V.In comparison with Gansu Development Yearbook-2012, following amendments were mainly made in content of the year yearbook: Part of professional industry classification has been adjusted according to the "National Industry Classification" (GB / T 4754-2011). Adjustments are made to part contents of investment in fixed assets, construction etc chapters according to the new situation of changes to the professional annual-statements rules.

VI. As the methods of statistical system reform, some of the caliber of statistical indicators, including the scope and computational method change and please note that when used. The presentation data is provided by the units and some are preliminary statistics, if they does not accord with the statistical tables to tables shall prevail.

VII. The units of measurement used in this yearbook are internationally standard measurement units, statistical discrepancies on totals and relative figures due to rounding are not adjusted in the Yearbook.

VIII. Notations used in the yearbook: (blank space) indicates that the figure is not large enough to be measured with the smallest unit in the table, or data are unknown, or are not available; "#" indicates a major breakdown of the total; and "*"or " ① "indicates footnotes at the end of the table.

Edit and publishing of the Yearbook, were strongly supported by the departments under the provincial leadership, relevant enterprises and public institutions. We express our heartfelt thanks!

Editor

September 2013

目　录

特　载
FEATURED ARTICLES

大事记
EVENTS

概　况
SURVEY

政　治
POLITICS

法 制

LOCAL LEGISLATION

国民经济

NATIONAL ECONOMY

建设　测绘

CONSTRUCTION, SURVEY & MAPPING

交通通信邮政

TRANSPORTATION TELECOMMUNICATION & POST

社会事业

SOCIAL UNDERTAKING

人民生活

PEOPLE'S LIVING CONDITION

地县概况

GENERAL SITUATION OF PREFECTURES AND COUNTIES

统计资料

STATISTICS

一、综合

General Survey

二、国民经济核算

National Accounts

六、对外经济贸易
Foreign Trade and Economic Cooperation

七、能源
Energy

八、财政、金融、保险
Government Finance, Financial, Insurance

九、价格指数
Price Indices

十、人民生活
People's Living Conditions

十四、工　业
Industry

十五、建筑业

Construction

十六、交通运输、邮电通信业

Transportation,Post and Telecommunication

十七、批发和零售业

Wholesale and Retail Trades

十八、住宿、餐饮业和旅游业

Hotels, Catering Services and Tourism

二十、卫生、社会福利及其他
Health, Social Welfare and Others

二十一、文化和体育
Culture and Sports

二十二、少数民族
Minority

二十三、企业集团及企业景气指数
Business Climate Index

特　载

甘肃省人民代表大会常务委员会工作报告

——2013年1月25日在甘肃省第十二届人民代表大会第一次会议上

甘肃省人民代表大会常务委员会副主任　马尚英

各位代表：

我受省十一届人大常委会委托，向大会报告工作，请予审议。

一、过去一年的工作

2012年，在省委正确领导下，省人大常委会认真贯彻党的十七大、十八大和省第十二次党代会精神，全面落实省十一届人大五次会议决议要求，立足建设幸福美好新甘肃重大使命，着眼实现与全国同步建成全面小康社会奋斗目标，围绕推动省委决策部署，有效履行各项法定职责，积极服务全省发展大局，为推动科学发展、转型跨越、民族团结、富民兴陇作出了积极贡献。

（一）立足经济社会发展需要，积极推进地方立法。常委会从全省经济社会发展实际出发，进一步加强经济立法，不断强化社会立法，积极推动生态立法，共制定地方性法规9件，修改8件，废止1件，批准制定、修改民族自治地方自治条例、单行条例6件，批准兰州市制定、修改、废止法规9件。一是紧盯事关转型跨越发展的大事要事，制定和修改了促进循环经济发展、农村公路、电网建设与保护、价格管理、科学技术进步、专利保护和邮政等方面的地方性法规。二是紧贴改善民生热点问题，制定和修改了残疾人保障、农村扶贫开发、职工代表大会、法制宣传教育等条例。三是紧扣可持续发展要求，制定了水土保持、森林公园管理等条例。一年来，常委会注重提高立法质量，大力推进开门立法，有序推动公众参与地方立法，坚持法规草案公开向社会征求意见，积极发挥立法顾问和立法联系点作用，探索开展立法后评估工作，科学立法、民主立法取得新进展。

（二）围绕全省发展大局，切实提高监督实效。常委会认真贯彻落实省委的重大决策部署，紧紧围绕全省经济社会发展中的热点、难点问题，听取审议专项工作报告13项，检查了6部法律法规的实施情况，开展专题调研、视察活动6项。一是加强对经济工作的监督。听取审议了计划执行情况、预算执行情况、非税收入收支管理使用情况、审计工作情况等报告，审查批准了“十二五”规划纲要部分指标的调整报告及2011年省级财政决算，批准了2012年地方政府债券发行报告，就加大财政管理监督力度、优化财政支出结构、提高财政保障能力、加大审计监督力度等工作提出了改进建议。二是加强对民生和社会事业的监督。常委会对全省城镇保障性住房建设情况和农村扶贫开发工作情况进行了专题调研，并在听取和审议省政府有关专项汇报的基础上，两次采取联组审议方式，分别对保障性住房建设和扶贫开发工作情况进行专题询问，就制定保障性住房规划、资金保障、征地拆迁、建设质量和进度等问题提出了改进建议，就建立大扶贫工作格局、加大资金整合力度、创新扶贫开发方式等提出了工作建议。这种集专题调研、专项工作汇报、分组审议、联组审议、专题询问一体的监督形式，是对监督方式的创新和改进，拓宽了监督渠道，增强了监督力度，提高了监督实效。常委会还听取审议了省政府关于全省档案工作情况的报告，检查了农产品质量安全法、农产品质量安全条例、地震安全性评价管理条例、残疾人保障法、残疾人保障条例、人口与计划生育条例等法规的实施情况，提出了改进意见，积极推动民生事业和社会事业健康发展。三是加强对生态文明建设的监督。对群众普遍关注的兰州大气污染防治问题，常委会在专题调研的基础上，听取审议了省政府的专项报告，作出了关于进一步加强兰州大气污染防治的决定。为推动甘肃省国家生态屏障建设保护与补偿试验区申报工作，常委会组成人员和在甘全国人大代表对祁连山生态环境保护工作进行了专题调研，并向全国人大常委会提出了尽快批准实施《祁连山水源涵养区生态环境保护与综合治理规划》等方面的建议。以“节能减排与循环经济”为主题，组织开展了陇原环保世纪行活动。四是加强对依法行政和公正司法的监督。对法院审判管理工作、检察院基层建设和公正执法情况进行专题调研，听取和审议省政府2011年依法行政工作报告、省高级人民法院全省法院创新和加强审判管理工作情况报告、全省检察机关基层建设和公正执法情况报告，对政府规范执法主体、加强行政监督、健全保障机制，对法院进一步健全审判管理制度、提高审判管理科技水平、加强审判管理队伍建设、全面提升审判质量和效率，对检察院进一步规范执法活动、提高队伍专业化建设和服务保障水平提出了建议。一年来，常委会依法对118件规范性文件进行了备案审查，维护了法制统一。接待人民群众来信来访1871件次，督促有关部门切实解决群众反映的问题，积极维护社会稳定。

（三）努力发挥代表主体作用，依法做好人事任免工作。常委会认真落实加强代表工作的各项措施，定期向代表通报常委会工作，发送学习资料，邀请代表列席常委会会议、参加执法检查等重大活动，积极为代表执行职务、履行职责创造条件。围绕甘肃省转型跨越发展的重大问题，组织代表7批160人次开展集中视察和专题调研，为代表提出高质量的议案和建议做好服务保障。省十一届人大五次会议期间，代表们提出的771件建议，经常委会工作机构积极督办，各承办单位认真努力办理，代表所提建议已经解决和基本解决的363件、正在解决和列入计划逐步解决的274件，占代表建议总数的82.62%，比上年提高5.12个百分点。特别是省政府系统筛选39件代表建议进行现场办理，代表与承办单位共同协商，良性互动，解决了一批群众期盼已久的难点问题。重视发挥人大代表联系人民群众密切的优势和特点，组织开展"联村联户人大代表在行动"活动，全省四级人大代表积极参与，在推动"双联"行动中取得了较好效果。一年来，常委会积极组织在甘全国人大代表，依法履行职责，争取国家支持，助推甘肃发展。常委会各工作部门和省政府各部门高度重视，积极为代表准备议案和建议素材，提供研究和咨询服务。2012年，在甘全国人大代表向全国人代会提交议案、建议218件，均得到了较好的办理，其中"关于把甘肃建设成为全国华夏文明保护传承和创新示范区"的建议，被列入全国人大常委会重点办理建议，全国人大常委会和国务院有关部门多次来甘肃调研，进一步加大了对甘肃省公共文化建设的支持力度。日前，华夏文明传承创新区已获国务院正式批复。

一年来，常委会坚持党管干部和依法任免的统一，共任免国家机关工作人员86人次，其中，决定任命10人，任命32人，决定免职6人，免职34人，决定接受辞职4人。

（四）加强自身建设，不断提高人大工作水平。常委会始终把加强自身建设放在重要位置，牢牢把握正确的政治方向，认真学习贯彻中央和省委重要会议精神和重大决策部署，树立"积极作为、敢于作为、善于作为"的思想，始终坚持服务大局的原则，把人大工作放到全省工作大局中来谋划，增强围绕中心、服务大局的自觉性，提高解决实际问题的能力。深入开展"联村联户为民富民"行动，把"双联"行动同转变机关作风、提高干部素质相结合，同人大职能特点相结合，同人大工作任务相结合，强化组织领导，健全工作机制，选派机关干部蹲点驻村，全面落实"六大任务"，科学制定"两规划一计划"，帮助探索脱贫致富的办法和措施，扎实推进"八个覆盖"、"五件实事"。深入开展效能风暴行动，紧密结合人大机关特点，精心组织系列专题讲座，全面规范人代会筹备、公文处理、文件归档、后勤管理等工作，严肃会议纪律，加强网络改造与管理，建设电子计票系统。加强机关后勤保障工作，着力环境绿化，改善办公条件。扎实开展以"改进作风，规范程序，提升责任意识、提升工作效率、提升工作水平"为主要内容的创先争优主题实践活动，进一步加大机关干部培养、选拔、使用力度，着力打造立法、监督、代表工作、服务保障和党务工作五支人才队伍。同时，加强了省人大常委会与市县两级人大常委会的联系，建立了联系制度，完善了联系办法和措施。

五年工作的体会

省十一届人大常委会在五年任期中，认真履行宪法和法律赋予的各项职责，共制定、修改地方性法规92件，听取审议省人民政府、省高级人民法院、省人民检察院专项工作报告53个，对37部法律法规的实施情况进行了检查，对589件规范性文件进行了备案审查，依法任免国家机关工作人员590名，办理代表议案建议4235件。

总结五年的工作，我们深切体会到，有效履行宪法和法律赋予的职责，做好新形势下的人大工作，必须始终牢牢把握以下几个方面：

第一，必须坚持正确政治方向。坚持和完善人民代表大会制度，核心是坚持党的领导。我们始终把党的领导贯穿于人大行权履职整个过程、落实到人大工作各个方面，把推动省委重大决策部署有效贯彻落实放在首位，在坚持党的领导这个重大原则问题上始终保持头脑清醒、立场坚定、旗帜鲜明。"5·12"特大地震、舟曲特大山洪泥石流、岷县冰雹山洪泥石流等自然灾害及"3·14"事件发生后，常委会快速反应，全力贯彻省委部署，积极主动地发挥人大的优势推动抢险救灾、灾后重建工作，着力维护社会稳定。省第十二次党代会后，迅速出台贯彻意见，在地方立法、决定重大事项和监督工作中，自觉突出"八个发展取向"，着力推动"十大重点行动"和"3341项目工程"顺利实施。严格执行重大事项和重要活动请示报告制度，充分发挥常委会党组的领导核心作用、党员领导干部的骨干作用和共产党员的先锋模范作用。在"双联"行动和效能风暴行动中，常委会机关积极作为，取得较好成效。实践证明，只有坚持党的领导、人民当家作主和依法治国有机统一，把党的领导与依法行使职权统一起来，人民代表大会制度的优势才能充分发挥出来。

第二，必须服务全省发展大局。五年来，我们从全省大局出发，牢牢把握科学发展这个主题和转变经济发展方式这条主线，自觉顺应转型跨越发展的要求，从人大工作的定位和特点出发，集中力量，突出重点，抓住关键，紧紧围绕项目建设、循环经济发展、生态补偿、扶贫开发、农民增收、就业扩大、住房保障、"天保"工程建设、兰州大气污染防治等事关经济社会长远发展的全局性、根本性和战略性重大问题，全面部署和统筹安排立法、监督等各项工作，积极促进结构调整，着力夯实三农基础，切实保障民生改善，持续推动绿色发展。

实践证明，只有始终围绕中心、服务大局，人大工作才能站位高、定位准、作用大，才能使人大工作始终紧跟省委部署、紧随时代节拍、紧贴群众需求。

第三，必须维护人民群众利益。人大的权力来自人民，维护人民群众根本利益是人大必须担当的政治责任和必须履行的法定职责。五年来，我们始终坚持权为民所用、情为民所系、利为民所谋，把实现、维护、保障好最广大人民群众利益作为人大工作的根本出发点和落脚点，抓住社会关注群众关心的就业、就医、行路、住房、食品安全保障、环境污染防治、义务教育发展、执行积案清理、渎职侵权案件查处等民生问题，综合运用执法检查、视察调研、听取审议专项工作报告、专题询问等多种监督形式，着力督促“一府两院”切实解决人民最关心、最直接、最现实的利益问题，较好地发挥了人大在体察民情、反映民意、集中民智方面的优势和作用。实践证明，人大工作只有时刻关注民生，始终维护人民群众的根本利益，才能保持国家权力机关应有的人民性和人大工作旺盛的生命力，才能得到人民的拥护和支持。

第四，必须不断提升履职能力。随着时代的发展，人大面临的新情况越来越多，担负的责任越来越重要，加强自身建设的要求越来越紧迫。五年来，我们始终把加强自身建设放在突出位置，大力加强学习型、服务型、创新型机关建设，深入开展科学发展观教育活动、创先争优活动，大力加强调查研究，密切联系人大代表和人民群众，积极推进人大各项制度建设，着力建设高素质人大干部队伍，努力提高机关后勤保障水平，常委会及机关工作水平不断提高。正确处理依法履职与开拓创新的关系，在继承历届常委会积累的好做法好经验的基础上，正确领会宪法和法律的精神，准确把握人大工作的规律和特点，积极稳妥推进人大工作创新，着力提高立法质量，着力强化监督实效，着力改进审议方式，着力健全代表服务保障机制。实践证明，只有以改革创新精神加强自身建设，不断创新人大工作方式，才能使人大工作更富活力、更具时代特色。

各位代表，本届人大常委会工作虽然取得了成绩，但我们清醒地认识到，工作仍存在不少差距和不足。立法工作的科学性、民主性，以及适应甘肃省经济社会发展需要的针对性有待进一步加强。听取、审议专项报告的质量和水平有待进一步提高，审议意见的转办、落实、反馈工作存在薄弱环节。在执法检查、代表视察、代表意见建议办理上，监督力度和办理力度还不够。人大常委会机关建设和人大专门委员会建设还存在不足。这些问题，有待在今后工作中加以改进。

二、今年工作的重点

今年是全面深入贯彻落实党的十八大精神的开局之年，是实施“十二五”规划承前启后的关键一年，是为全面建成小康社会奠定坚实基础的重要一年。常委会工作的指导思想是：高举中国特色社会主义伟大旗帜，以邓小平理论、“三个代表”重要思想、科学发展观为指导，全面贯彻党的十八大精神和省第十二次党代会精神，切实履行宪法和法律赋予的职权，解放思想、改革开放、凝聚力量、攻坚克难，为建设幸福美好新甘肃、与全国同步建成全面小康社会而努力奋斗。

第一，认真学习贯彻党的十八大和省第十二次党代会精神。学习贯彻党的十八大和省第十二次党代会精神，关系到人大工作正确的政治方向，关系到全省工作大局。要通过举办各种形式的培训班、研讨班，组织人大代表、常委会组成人员和人大干部，认真学习党的十八大和省第十二次党代会精神。要坚持人民主体地位，坚定不移走中国特色社会主义政治发展道路，认真贯彻落实党的十八大对民主政治建设和人大工作提出的新任务、新要求，着力把人大建设成为人民充分行使国家权力的民主殿堂。要牢牢把握科学发展主题，紧紧围绕转变经济发展方式主线，立足中心，着眼大局，紧扣省委决策部署履行职责，着力推动“五位一体”建设，全力保障与全国同步建成全面小康社会宏伟目标如期实现。

第二，加强地方立法工作。要紧紧围绕甘肃省与全国同步建成全面小康社会的目标，按照全省转型跨越发展的要求，精心谋划立法计划，广泛开展立法调研，不断提高立法质量，及时制定促改革、图发展、保稳定的地方性法规，为全省经济社会发展提供有力的法律保障。在加强经济立法的同时，把解决人民群众最关心、最直接、最现实的利益问题，作为社会领域立法的重点，依法促进和提高社会管理水平。坚持科学立法、民主立法、开门立法，健全落实立法制度，提高立法队伍素质，有机整合立法资源，充分发挥立法顾问、立法联系点的作用，做好公民参与立法、法规草案论证、公开征求意见、立法后评估等工作。

第三，加强监督工作。进一步加强和改进监督工作，加强对宪法和法律法规实施情况的监督，加强对带有全局性和倾向性问题的工作监督。认真总结全省各级人大及其常委会加强监督工作的经验，在执法检查、专题调研、代表视察等工作中加强联动，积极探索各种监督方式的综合运用，切实增强监督实效。加强对政府全口径预算决算的审查和监督，对预算执行情况进行跟踪监督。紧密结合全省改革发展的实际确定监督选题，将监督重点放在省委提出的“一项重大使命”、“八个发展取向”、“十大重点行动”和“3341项目工程”战略部署的贯彻落实上，放在开放开发、转型跨越的具体工作上，放在民族民生、富民安民的具体措施上。改进、完善规范性文件备案审查工作。不断加强人大信访工作，努力维护好群众的合法权益。

第四，加强重大事项决定工作。要在吃透省情、把握全局上下功夫，有计划地开展专题调研和视察，提高行使重大事项决定权的质量。坚持速度、质量与效益的统一，依法决定经济建设方面的重大事项。坚持惠民利民、富民安民的导向，依法决定保障和改善民生的重大事项。坚持社会主义先进文化的前进方向，依法决定全面提升甘肃文化凝聚力、影响力和竞争力的重大事项。坚持经济建设、资源利用和环境保护同步的原则，依法决定生态文明建设的重大事项。

第五，加强人大代表工作。不断提高服务水平，积极支持和切实保障人大代表依法履行职责，充分发挥代表作用。科学组建代表小组，丰富闭会期间代表活动内容。加强代表培训工作，提高代表履职能力。加强代表联络机构建设，完善代表联系群众制度，深入推动“两联系”活动常态化、制度化。加强代表议案建议工作，改进办理工作机制，提高议案建议提出质量。不断拓宽代表履职渠道，邀请人大代表列席人大常委会会议，参与立法听证、执法检查、调查研究等工作。深入开展“联村联户人大代表在行动”活动。努力提高代表调研和视察质量。

第六，加强自身建设。进一步加强学习型、服务型、创新型机关建设，加强常委会组成人员的政治、业务学习，特别要重视对新任常委会组成人员的培训，深化对人大制度的认识，掌握人大工作特点和规律，努力提高议政能力和水平，增强依法履行职责的使命感。加强各专门委员会建设，发挥好其在立法、监督和决定重大事项中的作用。引导和组织全体人大代表、常委会组成人员及机关干部深入践行社会主义核心价值观，崇尚爱国主义的高尚情怀，培育敬业爱岗的良好风气，恪守诚实守信的基本准则，营造团结干事的良好环境。严格执行中央和省委关于改进工作作风、密切联系群众的规定和细则，研究提出贯彻意见和具体措施。深入开展党的群众路线教育实践活动，切实做到为民、务实、清廉。深入开展“双联”行动和效能风暴行动，创新工作方法，提升工作效能。加强机关文化建设，丰富精神文化生活，最大限度调动机关干部的积极性和创造性。着力加强制度建设，构建系统完备、科学规范、运行有效的制度体系，进一步促进人大工作规范化、制度化。努力培养和造就立法、监督、代表工作、服务保障和党务工作五支人才队伍，充分发挥机关的集体参谋助手作用。加强人大宣传和研究工作，进一步办好人大报刊和网站。密切省人大常委会与各级人大联系，正确指导基层人大工作。

各位代表！蓝图已经绘就，目标已经明确。风帆正举，启航在即。让我们紧密团结在以习近平同志为总书记的党中央周围，在省委坚强领导下，努力夺取建设幸福美好新甘肃、与全国同步建成全面小康社会的新胜利！

甘肃省政府工作报告

——2013年1月23日在甘肃省第十二届人民代表大会第一次会议上

甘肃省省长　刘伟平

各位代表：

现在，我代表省人民政府，向大会作工作报告，请予审议，并请政协委员及列席人员提出意见。

一、过去五年工作回顾

省第十一届人民代表大会第一次会议以来的五年，是甘肃省抢抓发展机遇，破解发展难题，在攻坚克难中奋力开创转型跨越新局面的五年；是综合实力提升最快、城乡面貌变化最大、社会建设成效最好、人民得到实惠最多的时期之一。五年来，在党中央、国务院的亲切关怀下，在省委的坚强领导下，在省人大及其常委会、省政协的监督支持下，全省各族人民深入贯彻科学发展观，全面落实党的十七大、十八大和省第十一次、十二次党代会精神，紧紧抓住国家实施西部大开发战略和进一步支持甘肃省加快发展的一系列重大政策机遇，积极应对各种风险挑战，夺取了抗击“5·12”特大地震、舟曲特大山洪泥石流和岷县特大冰雹山洪泥石流等自然灾害的重大胜利，全面完成了“十一五”的各项目标任务，经济社会和改革开放取得重大成就。“十二五”规划实施两年来，生产总值、固定资产投资、城乡居民收入等主要经济指标均超额完成年度目标，进展顺利。

——经济发展实现新跨越。预计2012年生产总值由2007年的2704亿元增加到5569亿元，按不变价计算年均增长11.5%；人均生产总值按当年价格计算由10614元增加到21658元，实现翻番。固定资产投资由1310亿元增加到6000亿元，年均增长35.6%。社会消费品零售总额由854亿元增加到1910亿元，年均增长17.5%。外贸进出口总额由55亿美元增加到89.05亿美元，增长61.9%，年均增长10.12%。公共财政预算收入由190.9亿元增加到520.9亿元，年均增长22.2%。公共财政预算支出由675.3亿元增加到2063.4亿元，年均增长25%。全省城镇化率由31.6%提高到38.8%，提升了7.2个百分点。农业生产连年丰收，粮食产量跨过1000万吨大台阶，达到1110万吨。畜牧业增加值由88.4亿元增加到160亿元，扣除物价因素年均增长3.9%。工业强省战略深入实施，规模以上工业增加值由956.7亿元增加到1880亿元，年均增长13.7%。风电装机容量达到650万千瓦，光伏发电装机容量达到100万千瓦，战略性新兴产业增加值占工业增加值比重达到9.5%。原油生产、加工能力新增250万吨和200万吨。钢、钢材产能双双突破1000万吨。有色金属产能达到350万吨。交通基础设施建设成效显著，公路通车里程新增2.39万公里，达到12.45万公里；高速公路通车里程新增1284公里，达到2606公里。全省97.5%的乡镇和50%的建制村通沥青路或水泥路。铁路运营里程达到2880公里。金昌、张掖机场建成通航，通航机场达到7个。区域经济竞相发展，兰白核心经济区、河西新能源和新能源装备制造业基地、陇东能源化工基地、关天经济区和酒嘉、金武经济一体化建设步伐加快。出台支持甘南、临夏、陇南、定西加快发展的政策措施，“两州两市”主要经济指标增速稳步提高。国家循环经济示范区建设取得阶段性成效，以循环经济基地建设为载体，着力打造产业园区，延伸产业链条。能源产出率、水资源产出率等12项主要指标达到总体规划阶段性目标。完成重点节能减排项目753个，总投资659.36亿元。累计淘汰落后产能2057万吨。2007年到2011年，万元生产总值能耗年均下降4.48%。科技创新能力持续增强，综合科技水平从全国第21位提高到第17位。科技项目综合投入产出比由1 ∶ 3.5增加到1 ∶ 5.4。科技进步对经济的贡献率由37.5%提高到42.5%。旅游产业跨越发展，旅游总收入五年实现翻两番，由116亿元增加到471亿元，年均增长32%。扶贫攻坚深入推进，扎实开展“联村联户、为民富民”行动。启动实施甘肃省六盘山片区、秦巴山片区和藏区区域发展与扶贫攻坚规划，58个县市区纳入新一轮国家集中连片特殊困难地区扶贫开发范围。投入财政扶贫资金92.74亿元，在2895个村实施整村推进项目。按2009年1196元的扶贫标准，“十一五”期间减少贫困人口280万人。灾后恢复重建扎实有效，“5·12”地震灾后恢复重建全面完成，规划重建项目完成投资658.5亿元，投资完成率达到107.1%。舟曲灾后恢复重建任务基本完成，170个灾后重建项目已完成169个，完成投资47.5亿元，完成率达到97%。成县灾后恢复重建项目基本建成。岷县灾后恢复重建有序推进。东乡县灾后恢复重建全面开工建设。

——社会事业取得新成效。坚持把新增财力更多地用于社会事业发展，不断满足人民群众的公共服务需求。教育事业加快发展，财政性教育经费投入1373亿元，年均增长23%。“两基”攻坚任务全面完成，实现城乡免费义务教育。农村小学和初中公用经费补助标准由人均240元和375元提高到500元和700元。新建、改扩建和增设附属幼儿园1678所。高中阶段毛入学率达到80%，提高了20个百分点。中等职业学校招生规模达到15万人。高考录取率由50.7%提高到74%。在58个连片特困县市区实施农村义务教育学生营养改善计划，惠及学生231万人。建立生源地助学贷款制度和高中阶段贫困学生资助体系，基本消除因贫失学现象。平均受教育年限由7.53年提高到8.17年。基本医疗卫生工作得到加强，医疗卫生经费投入540亿元，年均增长29.5%。实施基层医疗卫生项目3720个，县市区全面实行基层医疗卫生机构基本药物零差率销售。省市县疾病预防控制、城乡医疗救助和医疗保障体系基本建立。保障房建设进度加快，累计开工建设保障性住房55.36万套，分配入住33.57万套，工程进度居全国前列。完成农村危房改造86.3万户。对62.23万户城市住房困难家庭发放廉租住房租赁补贴13.4亿元。社会管理进一步加强，积极推进社会管理体制创新和综合试点，不断完善基层社会服务管理体系，着力解决了一批影响社会和谐稳定的突出问题。其他各项社会事业全面发展，人口自然增长率控制在7‰以内。全省免费孕前优生健康检查实现全覆盖。建成1288个乡镇和社区体育健身工程。气象、水文、地质灾害监测预警系统不断完善，县级以上应急救援队伍全部组建并建立了防灾减灾责任体系。全民国防教育、国防动员和“双拥”创建活动广泛开展。驻甘人民解放军、武警部队和民兵预备役部队在支持经济发展、抢险救灾、扶贫帮困和维护社会稳定中发挥了重要作用。外事、统计、监察、审计、工商、质监、编制等工作取得新成绩，社会科学、参事、档案、测绘、文史、地方志、残疾人、老龄、红十字会、慈善等各项社会事业取得新进步。

——文化建设迈上新台阶。围绕文化大省建设，制定出台一系列扶持政策措施。文化事业繁荣发展，新建成990个乡镇综合文化站。博物馆、公共图书馆、美术馆、文化馆（站）全部免费开放。全面完成广播电视“户户通”工程建设任务。农家书屋、广播电视、农村电影放映、文化信息资源共享工程实现全覆盖。陇剧《苦乐村官》等3项作品荣获“五个一工程”奖。建立非物质文化遗产保护名录体系。敦煌莫高窟、嘉峪关长城、夏河拉卜楞寺等重点文物保护工程进展顺利。文化产业快速发展，组建了读者出版传媒股份有限公司、甘肃文化产业发展集团公司、甘肃广电网络股份有限公司、甘肃省演艺集团公司。兰州文化和科技融合示范基地被评为首批国家级文化和科技融合示范基地，新增兰州创意文化产业园等3个国家级文化产业示范基地。成功举办了首届国际文化产业大会、第九届中国民间艺术节。文化体制改革深入推进，全面完成了出版发行、文化市场综合执法、文艺院团、广电网络整合等领域改革任务。

——生态建设和环境保护取得新进展。石羊河流域重点治理取得阶段性成果。甘南黄河重要水源补给生态功能区生态保护与建设、黑河流域综合治理、敦煌水资源合理利用与综合保护和石羊河流域防沙治沙及生态恢复等重大生态项目建设积极向前推进。完成117座病险水库除险加固和86条中小河流综合治理。新修梯田699万亩。新增灌溉面积108万亩。治理水土流失面积10215平方公里。

解决753万农村人口饮水安全问题。引洮供水一期工程实现阶段性通水目标。盐环定扬黄续建甘肃专用工程全面建成。三北防护林、巩固退耕还林成果、退牧还草、自然保护区建设、天然林保护、重金属污染防治和农村环境连片整治等工程顺利实施。森林覆盖率达到13.42%。

——改革开放迈出新步伐。省市县乡四级政府机构改革、国有企业政策性破产、集体林权制度主体改革全面完成。农村综合改革、新农村建设和统筹城乡综合配套改革工作继续深化。行政审批制度改革深入推进，省级累计取消和调整行政审批项目221项。投融资体制改革取得重大突破，组建了省国有资产投资集团公司、甘肃能源集团公司、省公路航空旅游投资集团公司、省煤炭资源开发投资公司、省保障性安居工程建设投资公司以及敦煌、麦积山、黄河三峡旅游公司。设立甘肃银行。引进4家全国性股份制银行。金融网点实现乡镇全覆盖。累计完成直接融资1453亿元，增长12倍。非公有制经济发展步伐加快，市场主体总量由41.92万户增加到81.18万户，增长93.66%。注册资本金总额由2565.82亿元增加到6941.61亿元，增长170.54%。非公有制经济在生产总值中的比重由36.6%提高到38.9%。全方位大开放格局初步形成，招商引资实际到位资金由206亿元增加到2752亿元，增长12倍。实际利用外资5.29亿美元。实现境外投资24.72亿美元。累计与28个国家的45个省州和城市建立友好关系。

——人民生活水平有了新提高。坚持民生优先，努力使发展成果惠及全体人民。城乡就业持续扩大，城镇新增就业148.3万人，失业人员再就业58.7万人。招录8.3万名高校毕业生到乡镇社区、农村中小学、乡镇卫生院和畜牧兽医站等基层岗位工作。累计输转城乡劳动力2488万人次。社会保障水平不断提高，新型农村合作医疗、城镇职工和居民基本医疗保险、城乡居民社会养老保险实现全覆盖。解决52.62万名关闭破产企业退休人员、老工伤和集体工、“五七工、家属工”社保遗留问题。连续5年提高城乡低保和企业退休人员基本养老金标准，补助标准提高了55%和117%；企业退休人员月人均基本养老金达到1842元，增长60.6%，增幅高于全国平均水平。三次调整最低工资标准，推动建立工资正常增长机制。新型农村合作医疗和城镇居民基本医疗保险补助标准由人均80元提高到240元。失业保险金发放标准月平均达到672.5元，增长99.3%。农村五保供养省级补助标准由600元提高到1800元。城乡居民收入快速增长，城镇居民人均可支配收入由10012元增加到17237元，年均增长11.5%；农民人均纯收入由2329元增加到4495元，年均增长14.1%。

——民主法制建设有了新进步。自觉接受人大法律监督和政协民主监督，办理人大代表建议和政协委员提案8362件。省政府共向省人大常委会提交51件地方性法规议案，出台政府规章49部。完善依法决策机制和程序，健全政务公开、信息公开、办事公开制度，推进权力运行公开化、规范化。着力预防和减少社会矛盾，强化信访工作责任制，完善“大调解”工作体系。认真贯彻民族宗教政策，民族团结，宗教和顺。加强社会治安综合治理，维护了社会的和谐稳定。

各位代表！

刚刚过去的2012年，我们认真贯彻落实党的十八大精神和省第十二次党代会的决策部署，牢牢把握“稳中求进、好中求快”的总基调，紧紧围绕实现与全国同步进入全面小康社会的宏伟目标，进一步解放思想，强化发展举措，优化投资环境，加强民生建设，经济社会发展取得了前所未有的好成绩，除进出口总值外，主要指标均完成或超额完成年初确定的预期目标，呈现出增速跃居全国前列、投资保持高位增长、信贷投放力度加大、居民收入持续快速提高的良好态势。具体有以下八个特点：

一是打造跨越发展战略平台取得重大进展。着眼于争取国家更多的政策和项目支持，立足省情实际和特色优势，主动作为，科学谋划经济、文化、生态三大战略平台。兰州新区获批为西北地区第一个国家级新区，省政府制定出台47条支持政策，到2011年末实施招商引资项目103个，总投资838.77亿元，实际到位资金104亿元。华夏文明传承创新区已获批。国家生态安全屏障综合试验区上报待批。

二是经济增长逆势走强。面对全球经济复杂多变、国内经济下行压力加大的严峻形势，紧紧抓住国家宏观政策预调微调机遇，超前谋划、综合施策，及时出台促进工业、农业、服务业及实体经济平稳较快发展的50条一揽子政策措施，取得了良好成效。预计生产总值增长13%，公共财政预算收入增长19.7%，社会消费品零售总额增长18%，文化产业增加值增长21%。

三是农业生产创历史新高。启动实施国家级旱作农业示范区建设。粮食总产达到1110万吨，新增95万吨。预计农业增加值增长8.1%，提高2.2个百分点。

四是工业产业结构不断优化。出台促进战略性新兴产业加快发展的28条意见。组织实施传统支柱产业改造提升项目1015个、新兴产业专项176个。工业投资增长46%。预计规模以上工业增加值达到1880亿元，增长16%；高技术工业增加值增长18.2%；市县工业增加值占全省工业增加值比重达到31.26%，提高5.2个百分点。

五是项目带动势头强劲。“3341”项目工程全面启动，争取中央投资178.2亿元，全省新开工500万元以上项目9764个，其中亿元以上项目1007个，分别增加2472个和547个。省列重大项目超额完成年度投资计划。预计固定资产投资增长44%，对经济发展的贡献率达到78%。

六是金融保障更加有力。金融机构本外币存款余额突破1万亿元大关，增长19.72%；贷款总额突破7000亿元，增长25.46%，增幅分别居全国第5位和第4位。支持58个贫困县市区设立政府出资的融资性担保机构。妇女小额担保新增贷款居全国第1位。

七是开放开发成效显著。第十八届“兰洽会”签约合同项目总额4610亿元，接近前17届总和。与天津、福建、广东、内蒙古、安徽等省区市签订战略合作框架协议。全年执行招商引资项目3157个，累计到位资金2752亿元，增长122%。其中，实施承接产业转移项目985项，总投资3028.59亿元，实际到位资金1432.08亿元。成功举办第二届“敦煌行·丝绸之路国际旅游节”。全年实现旅游收入471亿元，增长41.17%。

八是民生工作不断加强。全省民生支出1571亿元，占总支出的76.1%。承诺的10项32件实事全部兑现。城镇新增就业36万人，增长22%。制定城乡居民收入倍增计划。出台调整最低工资标准、提高城乡低保补助标准和企业退休人员基本养老金标准等多项增收政策，城乡居民收入增幅均达到15%。

各位代表！

五年的成就令人振奋！这是党中央、国务院亲切关怀、大力支持的结果，是省委科学决策、正确领导的结果，是全省各族人民奋发进取、共同努力的结果。在此，我代表省人民政府，向全省各族人民，向各民主党派、各人民团体和各界人士，向中央在甘单位、驻甘人民解放军、武警官兵，致以崇高的敬意！向关心支持甘肃改革发展的中央国家机关各部门、兄弟省区市和香港、澳门特别行政区及台湾同胞、海外侨胞和国际友人，表示衷心的感谢！

五年的历程极不平凡！我们战胜了前所未有的挑战和困难，积累了弥足珍贵的经验，形成了推动发展的共识。必须把全面建成小康社会作为重大使命。坚持发展第一要务不动摇，抢抓政策叠加的有利机遇，奋力实现后发赶超、跨越发展。必须把转变发展方式作为全面建成小康社会的根本途径。坚持以科学发展观为指导，创新发展思路，优化经济结构，同步推进工业化、信息化、城镇化和农业现代化。必须把项目建设作为全面建成小康社会的重要抓手。坚持实施“3341”项目工程，大力推进项目带动行动，充分发挥投资促增长、积后劲、调结构、保民生的关键作用。必须把改革开放作为全面建成小康社会的强大动力。坚持解放思想不停步，借助外力与激活内力并重，深化改革破解发展难题，扩大开放拓展发展空间，自主创新提高发展水平。必须把保障和改善民生作为全面建成小康社会的最终目的。坚持人民利益至上，把保障和改善民生放在更加突出的位置，努力扩大就业，增加城乡居民收入，提高人民健康水平，使发展成果更多更公平惠及全省各族人民。

各位代表！

回顾五年来的工作，我们也清醒地认识到，甘肃省经济社会发展还面临一些突出矛盾和问题。一是产业结构不合理，产业链条短，区域首位产业和特色优势产业不够突出，战略新兴产业和富民多元产业比较薄弱，调结构转方式任务十分艰巨。二是农业基础依然薄弱，农业产业化程度低，农村人才缺乏，农业增效、农民增收难度加大。三是交通、信息、城乡基础设施支撑能力不足，瓶颈制约因素还需全力破解。四是基本公共服务水平不高，就业、医疗、教育、住房、安全生产、社会稳定等方面还存在不少问题，保障和改善民生的任务依然十分繁重。五是一些地方和部门把发展愿望转化为发展举措的能力不强，服务意识、实干精神、工作效能亟需加强，投资环境亟待改善。对于这些问题，我们将采取更加有效的措施，认真加以解决。

二、2013年的工作

未来五年，是甘肃省全面建成小康社会的攻坚阶段，是实现后发赶超、跨越发展的关键时期。做好今后五年的工作，对于全面建成小康社会打下决定性的基础具有重要意义。2012年是全面深入贯彻落实党的十八大精神的开局之年，是落实省第十二次党代会确定的宏伟目标和实施“十二五”规划的关键一年。政府工作的总体要求是：高举中国特色社会主义伟大旗帜，以邓小平理论、“三个代表”重要思想、科学发展观为指导，全面贯彻党的十八大精神和省第十二次党代会决策部署，紧紧围绕主题主线，稳中求进，好中求快，更加突出经济结构战略性调整，更加突出强化创新驱动，更加突出保障和改善民生，更加突出维护社会和谐稳定，解放思想，改革开放，凝聚力量，攻坚克难，促进经济转型跨越发展、社会和谐稳定发展、民族共同繁荣发展、生态绿色持续发展，为建设幸福美好新甘肃、与全国同步建成全面小康社会而努力奋斗。

经济社会发展的主要预期目标是：生产总值增长12%，固定资产投资增长30%，社会消费品零售总额增长16%，进出口总额增长8%，公共财政预算收入增长16%，城镇居民人均可支配收入增长15%，农民人均纯收入增长15%，城镇登记失业率控制在4%以内，人口自然增长率控制在7‰以内，居民消费价格总水平涨幅控制在3.5%左右，单位生产总值能耗和污染物排放完成国家下达的控制指标。省政府将采取措施，确保上述指标完成，并在实际执行中力争成效更好一些。

确定以上预期目标主要是基于两点考虑：一是与全面建成小康社会奋斗目标和“十二五”规划相衔接；二是体现量力而行、尽力而为的原则。在确保实现上述预期目标的同时，加快提升全面建设小康社会统计监测指标中甘肃省的弱项指标。按照2020年建成全面小康社会的要求，甘肃省总体实现程度必须年均提高3.8个百分点。从甘肃省经济社会发展的现实基础和可能出发，以下7项权重占比较高、实现程度较低的弱项指标2012年的实现程度为：人均生产总值增长12%；研究与试验发展经费支出占生产总值的比重由1.1%提高到1.4%，增长46.36%；第三产业增加值占生产总值比重由40%提高到40.8%，增长16%；城镇化率由38.8%达到41%，提高2.2个百分点；城乡居民收入比由3.83缩小到3.8；文化产业增加值占生产总值比重由1.34%提高到1.57%，增长35%；万元生产总值能耗按2000年不变价计算由1.88吨标煤下降到1.80吨标煤，下降4%。实现上述进度要求，任务非常艰巨。省政府将对照全面建设小康社会6大类23项统计监测指标，建立相应的考核体系，细化分解任务，认真抓好落实。

2012年，要重点抓好以下八个方面的工作：

（一）围绕做大经济总量和提高质量，着力推动转型跨越发展

牢牢把握中央宏观政策取向，全力以赴推动经济转型跨越发展，保持经济发展逆势走强的良好势头。

加快发展现代农业。坚持以农民收入翻番为核心目标，认真落实省委、省政府《关于加快现代农业发展的意见》，大力发展以草食畜牧业为主的循环高效农业、以设施蔬菜为主的节水高效农业、以优质林果为主的区域性特色高效农业，提升马铃薯、中药材、现代种业和酿酒原料等特色产业。推进土地向种养能手和专业大户流转，加强农业机械化技术推广，推动农业现代化和信息化同步发展，提高农业产业化经营水平。全面落实牛羊产业大县扶持政策，畜牧业增加值增长13%。新增蔬菜、中药材、林果等特色优势经济作物种植面积80万亩以上。深入实施“4个1000万亩”工程，确保粮食总产稳定在1100万吨左右。加快建设国家支持甘肃省实施东部百万亩土地整治重大工程。推进以坡改梯为重点的中低产田改造，新修标准梯田153万亩，新增有效灌溉面积15万亩。加大先进适用技术推广普及力度，农业科技贡献率达到50%。深入推进统筹城乡一体化试点，不断提高新农村建设水平。

促进工业经济提质增效。围绕做大总量、优化结构、提升效益，积极推动信息化和工业化深度融合，支持企业改造提升传统产业，技术改造投资总额增长30%以上。加大金昌国家新材料、兰州国家生物产业基地和省级战略性新兴产业创新创业示范园建设。在改造提升金川公司、酒钢公司、兰州石化三大千亿元产业链的同时，加快庆阳石油化工和煤电化冶、平凉煤电化冶、白银煤电化冶运及精细化工、酒嘉新能源及装备制造等4条区域性产业链重大项目建设。继续抓好承接产业转移签约项目的对接和落地实施，加快承接产业转移示范区和“共建园区”建设，引进资金实际到位1300亿元。

提升第三产业发展水平。牢牢把握扩大内需战略基点，把大力发展以文化旅游业为龙头的第三产业作为产业结构调整的突破口，继续落实和完善支持第三产业发展的政策措施。加快发展现代物流、电子商务、研发设计等生产性服务业，大力发展商贸、家政、养老等生活性服务业。依托交通枢纽优势、产业基地建设和特色资源开发，积极引进有实力的现代物流企业，建设一批大型物流园区、配送中心和批发市场。构建多层次的城乡商贸服务平台，促进居民消费增长。积极谋划和建设文化旅游大项目，提升接待能力和服务水平，进一步做大旅游经济总量，旅游总收入增长25%以上。

促进重点区域加快发展。以兰州新区为重点，发挥兰白核心经济区辐射带动作用，做大做强石油化工、有色冶金、装备制造、新材料、生物医药、现代农业等主导产业。加快河西新能源及新能源装备制造业基地建设，形成具有核心技术的风电和太阳能光电应用产业链条。建成酒泉风电二期首批300万千瓦项目，启动金武大型风电基地建设。风电建成装机总规模突破1000万千瓦，新增光伏发电装机200万千瓦。大力实施陕甘宁革命老区振兴规划。加大陇东能源化工基地建设力度，加快华亭煤业20万吨聚丙烯项目建设，争取平凉年产70万吨煤制烯烃项目和庆阳石化600万吨扩能改造项目开工建设。抓好核桃峪、新庄等一批特大型煤矿项目，全省煤炭年生产能力达到7330万吨，新增产能1570万吨。深入推进关中天水经济区发展，加快天水装备制造业基地建设。

实施创新驱动发展战略。围绕新材料、新能源、生物医药、信息技术、先进装备制造等战略新兴产业和文化旅游产业、循环经济发展，加快以企业为主体、市场为导向、产学研相结合的技术创新体系建设，提高科技成果转化率和产业化水平。支持企业实施重大科技专项，增加研发投入，增强自主知识产权和自主品牌产品的研发能力，引导企业建立科技创新风险投资机制。加强企业人才队伍建设，深入实施高技能人才发展规划，建设10个省级高技能人才培训基地。

加快循环经济示范区建设。深入实施《甘肃省循环经济总体规划》，建设一批支撑性和标志性的循环经济重大项目，基本建成兰白石油化工、冶金有色循环经济基地，酒嘉清洁能源、冶金新材料循环经济基地和金昌有色金属新材料循环经济基地；完成金昌、白银、陇西、华亭、武威黄羊5个国家园区循环化改造进度的50%。健全循环经济统计评价考核体系。加快构建循环型农业、工业、社会三大体系。

（二）深入实施“3341”项目工程，着力增强投资拉动力

紧紧抓住中央宏观调控政策蕴含的重大机遇，用足用好现有政策，以项目带动发展，以投资结构优化产业结构。

精心谋划重大项目建设。围绕打造经济、文化、生态三大战略平台，高水平、高标准谋划和组织实施100个省列重大项目。充分发挥财政专项资金的引导作用，促进社会投资向战略新兴产业、特色优势产业、富民多元产业、区域首位产业聚集，着力推进一批规模大、技术含量高、带动作用强的产业项目建设。各地要立足资

源禀赋、区位条件和产业基础，选择有基础、有优势、有特色、有潜力的产业作为突破口，开展有针对性的招商引资，推动富民多元产业和区域首位产业快速发展。千方百计扩大社会融资总规模，保持贷款较快增长，提高直接融资比重，为重大项目建设和支柱产业发展提供金融支持。做好项目落地工作，提高项目履约率、资金到位率、建成投产率。加强项目管理，严防“豆腐渣”工程。做好项目用地统筹、征地拆迁、审批核准、资源配置、资金配套等保障服务工作，营造良好的项目建设环境。

加快基础设施建设。全年新增高速公路400公里以上。加快县城通二级公路、干线公路网出口路和普通国省道拥挤路段扩容改造建设，优先支持老少边贫地区改造提升区域干线路网，建设二级干线公路800公里以上。实现所有乡镇和55%的建制村通沥青路或水泥路。抓好兰渝、兰新第二双线、兰州至宝鸡客运专线、敦煌至格尔木等铁路项目建设。加快推进前期工作，力争尽早开工建设银西铁路。加快兰州机场二期扩建、夏河机场和成州机场建设。建成750千伏第二通道、兰州东－天水－宝鸡输变电工程和酒泉风电基地300万千瓦配套送出工程。增强新能源就地消纳能力。确保西气东输三线甘肃段工程如期完成。

加大信息畅通工程建设力度。制定促进全省信息化发展的政策措施，力争信息化基础设施投资完成55亿元。支持大型企业利用信息化推进转型升级。加大信息技术在中小企业工艺流程、质量管控、诚信体系等方面的推广应用。推广应用电子商务，引导企业创新生产经营模式。推进农村信息公共服务网络二期工程建设。促进物联网技术在生产过程、交通物流、质量追溯、安全防护等方面的示范应用。

加快推进城镇化进程。科学规划城市布局，依托产业集聚，突出风貌特色，积极支持兰州建设全国有影响力的区域性特大城市。加快推进中东西三大城市群建设。积极发展中小城镇，做大做强县城规模，提高容纳人口、吸纳就业和综合承载能力。运用政策和市场机制，拓宽融资渠道，引导社会资金投入城镇建设。加大城镇基础设施建设力度，提高城市管理科学化水平，不断改善人居环境。加快户籍制度改革进程，推进农村转移人口市民化。

努力抓好灾后恢复重建。舟曲、成县灾后恢复重建项目全面竣工并交付使用。全面完成东乡县灾后恢复重建任务。完成岷县灾区公共服务设施、城镇基础设施、耕地复垦、农牧业等重建任务。

（三）加快兰州新区建设，着力打造区域经济增长极

建设兰州新区是全省发展史上具有里程碑意义的大事，必须按照“以创新精神、举全省之力、奏开放强音、促产业聚集”的要求加快推进。

落实各项支持政策。省政府已出台《关于支持兰州新区开发建设政策的意见》，要抓紧落实，把政策转化为推进发展的强大动力。规范做好土地一级开发和使用权有偿出让，提高未利用土地开发利用水平，打造融资平台，融资规模达到200亿元以上，筹措更多资金支持兰州新区发展。

推进配套基础设施建设。加快建设兰州至中川机场和马家坪至兰州新区铁路。产业园区水电路气及通讯网络基本建成。核心区道路、供水、供电、污水及垃圾处理、集中供热、天然气管网等市政公用设施基本建成。枢纽型物流基地、商贸、金融等现代服务业项目开工建设。加快教育、卫生、科技、文化等公共服务设施建设进度，进一步提升兰州新区服务功能。

加快形成优势产业集群。按照产业发展定位和产业园区规划，以承接产业转移和老城区企业“出城入园”为契机，全面推进国务院批复的石油化工、装备制造、高新技术、现代物流、现代农业产业园区建设，在园区内形成“产品相互关联、技术相互协作、设施相互共享”的循环发展格局。进一步做好各项服务工作，促进已签约项目尽快开工建设，已建成项目尽快达产达标。

加大新区宣传推介和招商引资力度。围绕打造“向西开放的重要战略平台”，以承接东中部产业转移、传统产业转型升级、培育战略新兴产业为重点，全方位宣传推介，采取联合招商、专题招商、定点招商、以商招商等有效形式，在招大引强上取得新突破。加快兰州新区综合保税区的申报、规划和建设工作。

创新产业园区建设模式。支持兰州新区与东部发达地区、开发区、战略投资者共同建设产业园区。加强省内区域合作，建立健全兰州新区和各市州招商引资及利益分享机制，促进招商引资项目向兰州新区集聚，实现招商引资资源利用最大化。

（四）深入推进双联行动和扶贫攻坚行动，着力加快贫困地区和少数民族地区发展

以国家实施新十年扶贫开发纲要为契机，加大政策、项目、资金扶持力度，切实增强贫困地区和少数民族地区自我发展能力。

推动联村联户、为民富民行动纵深发展。继续抓好宣传政策、反映民意、促进发展、疏导情绪、强基固本、推广典型“六项重点任务”的落实。坚持双联行动与扶贫攻坚行动相结合，“输血”和“造血”相结合，调动社会各方面力量，发挥贫困地区干部和群众的主体作用，激发内生动力和活力，切实在为民富民上见实效。

抓紧实施区域发展与扶贫攻坚规划。以秦巴山片区、六盘山片区、藏区区域发展与扶贫攻坚规划为指导，抓好方案实施。落实国务院扶贫办与省政府签订的合作协议，做好集中连片特困地区重点项目论证和申报获批及资金争取工作。以整村推进为着力点，以区域连片开发、特色优势产业培育、技能培训和劳务经济发展为主要抓手，加快脱贫致富步伐，确保贫困地区农民人均纯收入增幅达到16%

以上，按2300元的新扶贫标准减少贫困人口140万人。

改善贫困地区基础设施和公共服务条件。加快农田水利、安全饮水、乡村道路、户用沼气、危房改造、异地搬迁等基础设施建设步伐。实施科技扶贫工程，建设科技惠民计划示范基地。不断提高教育、文化、卫生等公共服务水平。

创新扶贫工作机制。充分发挥扶贫资金的引导作用，扩大金融资金扶贫总量，采取贷款贴息、资金互助、滚动使用等有效形式，提高使用效率。积极推进社会帮扶工作，全面落实甘肃省与天津、厦门签订的对口帮扶和深化合作协议，加强与中央对口帮扶单位的联系协作，形成推动扶贫攻坚的强大合力。

扶持民族地区加快发展。抓好中央和省上扶持民族地区加快发展一系列政策措施的落实，推进各民族共同团结奋斗共同繁荣发展示范县（市、区）建设。加大民族地区城乡基础设施建设、生态建设和社会事业建设力度，积极培育特色优势产业和区域首位产业，促进民族地区农牧民人均纯收入增幅高于全省平均水平。支持甘南州招商引资的工业项目在兰州新区落地建设。

（五）发挥文化资源优势，着力加快文化大省建设

围绕文化大繁荣大发展，认真组织实施文化改革发展“六大工程”，增强文化创造活力，营造文化发展环境，努力形成具有甘肃特色的文化事业和产业体系。

全面实施华夏文明传承创新区建设。实施“1313”工程，构建丝绸之路文化产业带，建设陇东南文化历史区、河西走廊文化生态区、兰州都市圈文化产业区，打造文物保护、非物质文化遗产传承、文化产业发展等13个板块的文化发展工作。加强对非物质文化遗产和古籍的保护，科学保护开发历史文化名城名镇名村，建立一批爱国主义教育示范基地。

健全完善公共文化服务体系。继续实施好文化信息资源共享、“三馆一站”免费开放等文化惠民工程，推动农家书屋向自然村、国有农林场、寺院、社区延伸。加快建设和完善省文化馆、省图书馆、省美术馆、省非物质文化遗产博览中心等重点文化设施。支持艺术创作生产，重点实施“十个一”文化精品创作工程。加强广播影视基层基础设施建设。加大财政支持力度，进一步完善“户户通”工程。实施全省县级城市数字影院全覆盖工程。推进金昌国家级公共文化服务体系示范区建设。

加快文化产业发展。大力发展资源型、劳动密集型、复合型、非公有型、外向型、高科技型等六个类型的文化产业。重点发展出版发行和印刷、广播影视、演艺娱乐、文化旅游、民间民俗工艺品加工等五个优势产业。积极培育文化创意、节庆会展、数字内容、动漫游戏、移动多媒体等五个新兴产业。加快推进敦煌文化产业示范园区、兰州国家级文化和科技融合示范基地建设。推进兰州文化创意产业园、庆阳农耕和民俗文化产业园、临夏民族文化产业园等园区建设。推动读者出版传媒股份有限公司上市。做大做强甘肃文化产业发展集团公司、甘肃日报报业集团公司、甘肃广电网络有限责任公司和省演艺集团。积极扩大对外文化交流与合作，加大文化产业招商引资力度，重点抓好20个投资在10亿元以上的重大文化产业项目。办好第二届国际文化产业大会和第六届省文博会。

促进文化旅游融合发展。整合文化旅游资源，挖掘文化内涵，提升文化品位，拓宽产业融合发展路子。促进文化与体育、金融、生态、饮食、养生等融合发展，培育新型文化业态，满足人民群众不断增长的精神文化需求。

深化文化体制改革。推动转制国有文化企业建立完善的法人治理结构和规范的资产经营责任制。推进文化企业和文艺院团股份制改革试点，完成20家国有文化企业股份制改革。加快公益性文化事业单位人事、收入分配和社会保障等制度改革，转换机制，增强活力。

（六）切实保障和改善民生，着力促进和谐社会建设

按照全面小康社会生活质量和社会和谐目标要求，继续实施“十大惠民工程”，加快健全基本公共服务体系，保持物价总水平基本稳定，努力提升城乡居民收入水平和生活质量。

继续为民办实事。按照择急择重、量力而行和普惠制原则，集中力量办好10项26件实事：(1)实施城乡居民职业技能培训工程；扶持1万名高校毕业生就业。（2）提高城乡居民社会养老保险基础养老金补助标准；城市低保标准提高15%；农村低保标准提高28%；农村五保省级补助标准由年人均1800元提高到2000元；为重度残疾人家庭发放护理补贴。（3）实施20万户农村危房改造；实施7714户垦区危房改造；实施2000户游牧民定居工程；新建25800套廉租住房；新建57300套公共租赁住房；实施4.4万套棚户区改造；对10万户城市住房困难家庭发放廉租住房租赁补贴。（4）实施农村义务教育学生营养改善计划。（5）建设250个村卫生室；基本公共卫生服务经费补助标准由人均25元提高到30元；实施100个乡镇卫生院中医药适宜技术服务能力建设；新型农村合作医疗和城镇居民基本医疗保险政府补助标准由人均240元提高到280元。（6）新建100个乡镇及社区体育健身中心。（7）解决200万农村人口饮水安全问题；新增3万户农村沼气用户；建设3000公里建制村通沥青（水泥）路。（8）实施600个贫困村整村推进项目。（9）建设100个县乡农贸市场。(10)在500个乡镇（街道）安装视频监控系统。

千方百计增加城乡居民收入。认真实施城乡居民收入五年倍增计划。深入推进全民创业带动就业行动，扩大小额担保贷款规模，城镇新增就业35万人。应届高校毕业生就业率达到85%以上。加强农村富余劳动力职业

技能培训，鼓励在城镇落户就业，劳务输转500万人次以上，劳务收入达到600亿元以上。推行工资集体协商制度，构建和谐劳资关系。采取提高社会保障待遇水平、促进低收入群体增收和建立健全企业职工工资正常增长和支付保障机制等措施，确保增收计划全面落实。

坚持教育优先发展。继续实施城乡幼儿园建设工程。大力推进义务教育均衡发展。完善和落实普通高校、普通高中家庭经济困难学生资助制度。加快民族地区中小学义务教育学校标准化建设。实施新一轮特殊教育学校建设工程，提高特殊教育教师待遇和补助津贴。大力支持和规范民办教育发展。提升职业教育技能培养特色和教学质量，落实中等职业教育全免学费政策，稳定中等职业教育办学规模，加快建设兰州新区职教城。实施“高等教育质量工程”，抓好重点学科和重点实验室建设，提高高校协同创新能力。加强继续教育工作。

提高医疗卫生服务水平。着力改善基层医疗卫生服务机构基础设施条件。加强基层医疗卫生队伍建设。逐步推进中心城市医院改扩建，缓解“住院难”问题。继续巩固和提高基本医保待遇水平，确保城镇职工、城镇居民、新农合参保率保持在95%以上。有序推动基本药物制度向非政府办基层医疗卫生机构延伸。不断提高中医药和民族医药服务群众的水平。开展城乡居民大病保险试点。鼓励社会资本兴办医疗卫生机构。继续做好疾病预防控制工作。

抓好人口和计划生育工作。坚持计划生育基本国策，继续稳定低生育水平，努力提高人口素质。帮助解决计划生育家庭的养老和生产生活实际困难，深入开展利益导向政策体系示范区创建工作。建成西北人口信息中心，实现人口基础信息共享应用。

统筹发展各项社会事业。坚持和完善民族区域自治制度，全面贯彻落实党的民族政策和宗教工作基本方针，促进各民族和睦相处、和衷共济、和谐发展。加快甘肃科技馆建设。开工建设甘肃奥林匹克体育中心，广泛开展全民健身活动，力争在全运会等赛事中取得好成绩。加强统计监测，做好第三次全国经济普查工作。加强妇女儿童工作。推进残疾人社会保障和服务体系建设。推进养老事业发展。加强全民国防教育、国防动员、民兵预备役和人防工作。深入开展双拥优抚安置工作。继续做好外事、侨务、地震、气象、测绘、社会科学、参事、文史、地方志、档案管理、慈善和红十字会等工作。

创新社会管理和服务。统筹推进城乡社区建设，加强基层社会管理服务体系建设。完善、创新流动人口和特殊人群管理服务。完善信访制度，畅通和规范群众诉求表达、利益协调、权益保障渠道。建立健全重大决策社会稳定风险评估机制。有效预防和处置突发公共事件。加强安全生产监管，严厉打击非法违法生产行为，防止重特大事故发生。整顿规范市场秩序，落实监管责任，确保食品药品质量安全。深化甘肃平安建设，完善立体化社会治安防控体系，依法严厉打击各类刑事犯罪，高度警惕和坚决防范敌对势力的分裂、渗透、颠覆活动，全力维护国家安全和社会稳定。

（七）加强资源节约和环境保护，着力推进生态文明建设

围绕资源节约型、环境友好型社会建设，把生态文明建设放在突出位置，着力推进绿色发展、循环发展、低碳发展，实现节能减排目标，不断提高环境质量。

发挥主体功能区规划的指导作用。按照不同区域的主体功能定位，研究制定符合科学发展、各有侧重的绩效考核评价体系。重点开发区域突出工业化、城镇化，综合评价经济增长、质量效益、产业结构、资源消耗、社会发展、生态和环境保护等指标。限制开发区域突出城镇化、农业综合生产能力、文化旅游、生态环境保护、农民收入等评价指标。禁止开发区域突出城镇化、生态环境、自然资源和文化旅游资源的保护利用评价指标。

抓好节能减排和环境保护工作。落实“十二五”节能减排综合性工作方案和节能减排规划，突出抓好重点行业、重点领域、重点企业的节能减排。淘汰落后产能510万吨。加快推进建筑、农村、商业和公共机构节能。加大污染防治力度，突出重金属、危险废物和化学品三类污染物防治。

加强集中式饮用水水源地环境保护。进一步推进兰州等重点城市大气污染综合治理，不断改善重点区域、重点流域环境质量。抓好农村环境连片整治，减少农业面源污染，切实改善农村环境质量。

扎实推进重大生态保护治理工程建设。加快引洮供水二期、引哈济党等重点项目的前期工作。启动实施祁连山生态保护与建设综合治理规划。争取获批“两江一水”、渭河源区生态保护与综合治理规划。推进张掖、陇南、甘南等市州国家级生态文明示范工程试点建设。落实草原生态保护奖补政策。大力发展沙产业，有效促进防沙治沙和荒漠化治理。打好植树造林、水源保护、水土保持生态恢复整体战，治理水土流失面积2000平方公里。继续抓好甘南黄河重要水源补给生态功能区生态保护与建设、敦煌水资源合理利用与生态保护、石羊河流域防沙治沙及生态恢复、天然林保护、三北五期、巩固退耕还林成果、退牧还草、造林绿化等重点工程建设。着力加强防灾减灾体系建设，提高气象、地质、地震灾害预防能力，努力提升防灾减灾水平。

（八）进一步深化改革开放，着力增强发展的动力和活力

不断完善科学发展的体制机制，充分发挥市场有效配置资源的基础性作用，在改革开放中推进大开发，实现大发展。

统筹推进重点领域改革。落实好中央部署的各项改革任务。继续深化行政审批制度改革，切实转变政府职能。完善国有企业法人治理结构，加大国有企业资源整合和资本运作力

度，运用市场机制促进企业跨行业、跨地区、跨所有制战略重组。基本完成农村集体土地所有权确权登记颁证工作，启动牧区草原承包经营权确权登记颁证试点。继续推进国有林场改革试点。积极开展水利改革试点，推进水价改革，健全基层水利服务体系。稳步推进收入分配制度改革。巩固基层医改成果，积极稳妥推进公立医院改革。加快中医药发展综合改革试点示范省建设。继续推进教育体制改革试点项目。

加快金融业创新发展。继续打好金融服务“五大攻坚战”，确保实现新增信贷投放1400亿元以上、企业首发上市4家、直接融资600亿元以上、“三农”和小微企业贷款增速高于全部贷款平均增速的目标。实施地方金融机构新一轮增资扩股。完善银政银企合作机制，做好中小企业融资需求项目储备，积极推动中小企业金融产品和服务创新。加强农村金融服务体系建设，加快发展村镇银行和小额贷款公司。

扶持非公有制经济和中小企业加快发展。认真实施国家扶持非公有制经济发展的“新36条”，落实省委、省政府《关于推动非公有制经济跨越发展的意见》和相关部门出台的细则及具体措施。继续实施中小企业成长工程，力争非公经济占生产总值比重达到40%以上。

提高对外开放的层次和水平。加快转变外贸发展方式，推进外贸转型示范基地建设。积极引导企业实施“走出去”战略，支持大型骨干企业参与境外资源开发、承包海外工程、开展技术研发机构和营销网络的合作并购，提升企业核心竞争力。同时，要审慎决策，规避和防范投资风险，确保资产安全。加强区域合作与交流，积极搭建促进实体经济发展的合作平台，不断拓展合作领域。完善招商引资项目库建设，加强利用外资工作，开展“民企陇上行”大型招商活动。继续办好“兰洽会”和“敦煌行·丝绸之路国际旅游节”。确保招商引资到位资金3000亿元以上。

各位代表!

实现转型跨越、富民兴陇，必须不断加强政府自身建设。我们要认真贯彻落实中央和省委关于改进工作作风、密切联系群众的各项规定，努力建设职能科学、结构优化、廉洁高效、人民满意的服务型政府。

解放思想激发创造力。坚持把解放思想贯穿于政府工作的全过程，认真学习借鉴兄弟省区的好经验好做法，从创新工作机制上促进各级政府紧密结合各地实际，切实增强用好政策、抢抓机遇和适应转型跨越发展的能力，以科学先进的理念、宽广开放的视野、敢闯敢试的胆识、行之有效的办法，打破体制机制障碍，破解发展瓶颈制约，努力在转型跨越、富民兴陇大业中建功立业。

求真务实提高执行力。坚持依法行政，严格按法定程序、法定权限行使职权。坚决克服官僚主义和形式主义，深入开展调查研究，切实帮助基层和群众解决实际困难。改进会风文风，少发文开短会，勤办事办实事，把时间和精力用在发展经济、改善民生上。加强能力建设，强化公务员教育培训。深入推进效能风暴行动，强化效能监察，坚决整治庸懒散奢、中梗阻塞和不作为乱作为行为。加快电子政务建设，深化政务公开，提高政务的质量和水平。强化重点工作督查和目标责任考核，建立健全人人有责任、层层抓落实、事事能落实的工作保障机制。

勤政为民增强凝聚力。坚持把人民群众的需求放在首位，真正做到思想上尊重群众、感情上贴近群众、行动上深入群众、工作上依靠群众。坚持正确的政绩观，多做打基础、利长远的工作，多办顺民心、惠民生的实事。

廉洁从政提升公信力。坚持把廉政建设摆在自身建设的突出位置，落实党风廉政建设责任制和领导干部廉洁自律各项规定。扎实推进惩治和预防腐败体系建设，健全风险预警和权力运行监控机制。加强对财政收支、土地管理、矿产资源开发、工程建设和环境保护等重点领域的行政监察和审计监督，坚决纠正损害群众利益的不正之风，严肃查处各种违纪违法案件。大力弘扬中华民族勤俭节约的优良传统，反对铺张浪费，努力建设节约型机关。

各位代表!

党的十八大对全面建成小康社会提出了新要求，新的目标鼓舞人心，新的形势催人奋进。让我们高举中国特色社会主义伟大旗帜，紧密团结在以习近平同志为总书记的党中央周围，以邓小平理论、“三个代表”重要思想和科学发展观为指导，深入贯彻落实省第十二次党代会精神，在省委的坚强领导下，开拓创新，奋发进取，真抓实干，在建设幸福美好新甘肃、与全国同步建成全面小康社会的伟大实践中取得新的更大的成绩!

关于甘肃省2012年国民经济和社会发展计划执行情况及2013年国民经济和社会发展计划草案的报告（摘登）

——2013年1月23日在甘肃省第十二届人民代表大会第一次会议上

甘肃省发展和改革委员会主任　赵　春

一、2012年全省经济社会发展计划执行情况

2012年，在省第十二次党代会精神指引下，全省上下积极抢抓中央预调微调政策机遇，着力推动转型跨越发展，全省经济呈现出又好又快发展的良好势头。初步预计，全省实现生产总值5569亿元，增长13%；固定资产投资6000亿元，增长44%；社会消费品零售总额1910亿元，增长18%；公共财政预算收入520.9亿元，增长19.7%；进出口总额89.05亿美元，增长1.7%；城镇居民人均可支配收入17237元，增长15%；农民人均纯收入4495元，增长15%；居民消费价格指数为103%；城镇新增就业人数36万人，增长22%；城镇登记失业率控制在4%以内；人口自然增长率控制在7‰以内。

（一）坚持抓大事，从全局谋划和推进各类规划。对省“十二五”规划纲要有关指标和内容进行了修订完善。编制完成了甘肃省贯彻西部大开发“十二五”规划实施意见和56项“十二五”省级重点专项规划。《甘肃省主体功能区规划》获得国家批复。兰州新区获批为国家级新区，国家发改委印发了《兰州新区建设指导意见》，省委、省政府出台了关于加快推进兰州新区建设的意见。深入实施省第十二次党代会确定的“十大重点行动”。编制实施了甘肃省秦巴山片区和六盘山片区区域发展与扶贫攻坚实施规划。省政府出台了支持定西、陇南两市加快经济社会发展的意见。祁连山生态保护与建设综合治理规划获国务院批准。“两江一水”、渭河源区生态保护与综合治理规划均已通过评估。建设国家生态安全屏障综合试验区总体方案已上报国家。

（二）坚持抓重大项目建设，带动固定资产投资快速增长。“3341”项目工程全面启动，全年新开工500万元以上项目9764个。90个省列重点项目超额完成年度投资计划。一是交通项目建设加快推进。兰州铁路枢纽北编组站建成投运，兰渝等4条在建铁路进展顺利，宝兰客专、兰州至中川、敦煌至格尔木铁路及兰州轨道交通试验段开工建设。新增高速公路200公里，总里程达到2606公里。庆阳机场飞行区扩建竣工并成功复航，中川机场扩建、夏河机场建设进展顺利，成州机场、敦煌机场前期顺利推进。二是农林水利、生态工程和城乡公用设施建设取得新进展。启动实施国家级旱作农业示范区建设。推广全膜双垄沟播面积1258万亩、高效农田节水技术759万亩，1000万亩马铃薯实现脱毒种薯全覆盖，粮食总产达到1110万吨。积石山引水、引洮入潭、引洮供水一期会宁北部供水工程开工建设。石羊河流域重点治理、敦煌水资源合理利用与综合保护项目顺利实施。甘南黄河重要水源补给生态功能区生态保护与建设、石羊河流域防沙治沙及生态恢复工程进展顺利。

（三）加快能源产业发展，促进资源优势转化。一是加快电力建设。全省风电建成装机达到650万千瓦，建成光电装机容量达到100万千瓦。黑河宝瓶河等3座水电站建成发电，白龙江橙子沟等3座水电站进展顺利，刘家峡水电站扩机项目开工建设。总装机390万千瓦的6个热电联产项目启动建设。750千伏兰州－天水－宝鸡线路、哈密－敦煌－柴达木输变电工程开工建设。二是加快推进煤炭油气资源开发。平凉、庆阳等地一批煤矿获国家批准并开工建设。甜水堡等7座煤矿建设进展顺利，大柳煤矿等3座煤矿已建成投产或基本建成。全省煤炭行业新增生产能力600万吨。兰州－成都原油管道、中卫－贵阳天然气联络线甘肃段工程基本建成，西气东输三线开工建设。

（四）推进产业结构调整，努力培育多元支撑的现代产业格局。一是传统产业改造升级步伐加快。酒钢榆钢支持地震灾区恢复重建项目建成试生产；金川公司年产6万吨电解镍扩能改造工程建成投产；白银公司铜冶炼技术改造项目开工建设；连铝38万吨节能降耗改造项目、东兴铝业酒钢45万吨电解铝项目全面投产。华亭煤业年处理60万吨甲醇制20万吨聚丙烯、平凉70万吨煤制烯烃等一批化工项目开工建设。二是战略性新兴产业培育进一步加快。出台实施了《关于促进战略性新兴产业加快发展若干政策措施的意见》。兰州生物产业基地升级为国家级生物产业基地。支持了60个国家高技术产业项目。甘肃生物医药产业和现代农业产业创业投资基金获批设立。三是循环经济和节能减排有序推进。着力推进循环经济示范区建设，12项主要指标达到了年度目标要求。实施《甘肃省循环经济促进条例》，推进七大循环经济基地规划和13个开发区循环化改造。实施节能项目91个，落实了差别电价和单位地区生产总值二氧化碳排放目标任务。四是现代服务业扎实推进。实施《关于加快服务业发展的若干意见》。深入推进酒泉国家服务业综合改革试点。启动了一批社会投资达227亿元的物流园区和城市综合体建设项目。实施了敦煌阳关、红西路军古浪战役遗址等一批旅游服务项目。

（五）实施多极突破战略，区域经济取得新进展。认真实施《关中－天水经济区发展规划》和《陕甘宁革命老区振兴规划》，天水等东部4市

以及兰白、酒嘉、金武等经济区建设取得积极进展。实施《甘肃省民族地区“十二五”发展规划》，支持人口较少民族聚居区的农田水利、特色种植养殖业、教育卫生等建设。争取藏区专项资金13.8亿元，开工建设了一批基础设施、产业发展、生态环保、基层政权和改善民生项目。认真落实《关于推进开发区跨越发展的意见》，提升开发区产业承载力和吸引力。

（六）加强民生建设，社会事业发展取得新成效。一是社会事业稳步推进。省政府承诺的10项32件实事全部完成。实施了农村学前教育、教师周转宿舍、中职教育能力建设、西部高校实验实训设施等7个专项267个项目。实施了市级人民医院儿童病区、全科医生培养基地、县级中医院、乡镇卫生院附属工程等10个专项361个项目。二是就业和社会保障工作稳步推进。制定支持创业带动就业的18条政策措施，出台调整最低工资标准、提高城乡低保补助标准和企业退休人员基本养老金标准等多项增收政策。建设了13个县级、57个乡镇级基层就业和社会保障服务设施试点项目。三是贫困群众生产生活条件明显改善。解决了273.55万农村居民及学生教师饮水安全问题；开工建设廉租住房33669套，国有工矿区棚户区改造972套；完成国有垦区危旧房改造8648户，游牧民定居2000户。对1.89万户贫困群众实施了易地扶贫搬迁。四是价格调控监管持续加强。实施《甘肃省价格调节基金征收使用管理暂行办法》，扶持建设了肉菜直销店、农副产品批发市场和保鲜库等一批项目。加强价格监测预警，强化价格监督检查，规范价格秩序。

（七）加大工作力度，灾后恢复重建工作扎实有效推进。“5·12”地震灾后恢复重建全面完成。舟曲灾后恢复重建基本完成，规划的170个灾后重建项目已完成169个，完成投资47.5亿元，完成率达到97%。成县灾后恢复重建项目基本建成，共实施灾后恢复重建项目82个，投资完成率94.8%。东乡灾后恢复重建顺利推进，重建项目前期工作全部完成，开工建设项目40个，完成规划总投资的52%。岷县灾后恢复重建有序推进，重建资金到位15.76亿元，到位率52%；城乡居民住房、基础设施、防灾减灾等项目开工67个，完工8个。

（八）坚持改革开放，重点领域和关键环节的改革取得新进展。出台并实施《甘肃省2012年经济体制改革重点工作意见》。三项基本医保参保率均超过97%。城镇居民医保和新农合政府补助标准提高到每人每年240元，政策范围内住院费用报销比例城镇医保和新农合分别达到70%以上和75%以上，最高支付限额达到了8万元。省属国有非工业困难企业改革任务基本完成。制定了农村集体土地确权登记发证工作实施方案。水利改革试点工作正式启动。制定了《甘肃省股权投资企业管理暂行办法》。文化体制改革重点任务全面完成。第十八届“兰洽会”签约合同项目总额4610亿元，接近前17届总和。

二、2013年全省经济社会发展主要预期目标

按照省委、省政府对2012年经济工作“稳中求进、好中求快”的要求和总体部署，2012年经济社会发展指标的计划安排：生产总值增长12%，固定资产投资增长30%，社会消费品零售总额增长16%，进出口总额增长8%，公共财政预算收入增长16%，城镇居民人均可支配收入增长15%，农村居民人均纯收入增长15%，城镇登记失业率控制在4%以内，人口自然增长率控制在7‰以内，居民消费价格总水平涨幅控制在3.5%左右，单位生产总值能耗和污染物排放完成国家下达的控制指标。

三、2013年重点工作

（一）以实施“3341”项目工程为总抓手，努力扩大固定资产投资规模。精心谋划和组织实施100个省列重大项目，年度计划投资1000亿元以上。一是加快向能源大省迈进的步伐。全力做好酒泉风电二期第一批300万千瓦工程建设，争取民勤百万千瓦风电获得国家核准并开工建设。光伏发电新增200万千瓦。加快刘家峡30万千瓦扩机等水电项目建设。做好兰州二热等热电联产项目及正宁坑口电站建设和核准工作。二是积极推进陇东煤电化基地建设。全省煤炭新增产能1570万吨，实现甘肃省由煤炭调入省向调出省的转变。建成民勤红沙岗等4座煤矿。加快石油勘探开发力度，原油产量突破700万吨，炼油能力1600万吨。加快省内天然气供气支线管道建设。三是抓好交通基础设施建设。加快兰渝、宝兰客专等7条在建铁路建设，开工建设兰州集装箱中心站、干武二线、马家坪至中川及兰州市轨道交通工程。力争新开工高速公路500公里左右，建成400公里以上。加快中川、庆阳等机场续建工作，开工建设陇南成州机场，扩建敦煌机场。四是加强农业和生态建设。支持水利工程、千亿斤粮食产能、林木种苗、三北防护林等项目建设。继续实施大型灌排泵站更新改造工程。大力推行全膜双垄沟播和膜下滴灌节水等农业技术，提高农业产业化水平。五是争取国家批准设立国家生态安全屏障综合试验区。六是抓好灾后恢复重建。

（二）以加快产业结构调整为着力点，推动全省经济转型跨越发展。一是继续改造提升传统产业。围绕优势支柱产业发展、能源密集型产业、承接产业转移等方面，谋划一批具有支撑作用的重大项目。促进特色农产品、陇药产业等发展。实施资源型城市转型规划，培育多元化产业，发展循环经济。二是大力发展战略性新兴产业。认真落实省政府《关于促进战略性新兴产业加快发展若干政策措施的意见》，做大做强新能源、新能源装备制造、新材料、生物医药、信息技术等五大新兴产业。加快推进省级战略性新兴产业创新创业示范园建设。三是推动文化大省和服务业加快发展。打造以华夏文明传承创新区建设为重点的文化战略平台，全面启动一批文化产业项目。

（三）以多极突破行动为切入点，深入实施区域发展战略。深入落实《甘肃省多极突破行动协调推进工作规划》，培育更多、更强的经济增长极。一是加快推进区域合作发展。加强对区域经济发展的组织领导，协调推进跨省区、跨市州经济区合作发展。加快发展兰州新区和兰白核心经济区，积极争取开展国家级承接产业转移示范区试点工作。二是全力推动开发区跨越发展。进一步加强开发区规划管理，指导具备条件的开发区增容扩区。加快建立和完善开发区多元化投融资体系。加大招商引资力度，主动承接中东部产业转移。三是着力推进城镇化。着手研究制约甘肃省城镇化发展主要问题，努力破除制约甘肃省城镇化水平提升的障碍瓶颈。争取国家对甘肃省城市基础设施建设给予更多支持。

（四）以促进循环经济发展为重点，做好节能减排工作。一是加快推进国家循环经济示范区建设。推进七大循环经济基地建设，加快推进园区循环化改造，全面建设循环型农业、工业和社会三大体系，着力打造五大循环经济载体。设立一期循环经济产业基金。二是强化重点领域节能工作。落实节能目标责任制，加强技术改造，加快淘汰落后产能，推进合同能源管理。三是推进应对气候变化工作。制定全省应对气候变化规划，编制温室气体排放清单，争取中国清洁发展机制基金赠款项目。加大兰州等重点城市大气污染综合治理，改善环境质量。

（五）以促进社会和谐发展为落脚点，扎实做好保障和改善民生工作。一是加强社会事业项目建设。落实国家基本公共服务体系“十二五”规划，缩小城乡、区域间公共服务体系差距。切实改善农村义务教育学校办学和教师生活条件。大力提高医疗卫生服务的公平性、可及性和质量水平。二是做好就业和社会保障工作。加强高校毕业生就业服务指导和就业援助工作，加快农民工技能培训基地建设，落实《甘肃省全民创业行动工作方案》。提高城乡低保、农村五保供养标准和补助水平，提高企业退休人员养老金标准。完善城镇职工基本医疗和生育保险政策，推进失业保险制度改革。三是推进民族地区及贫困地区经济社会发展。实施好省委、省政府《关于建设各民族共同团结奋斗共同繁荣发展示范县（市、区）的意见》和《甘肃省促进牧区又好又快发展规划》。贯彻实施新十年扶贫开发纲要，扎实推进“联村联户、为民富民”行动，努力提高农民收入水平。五是保持价格总水平基本稳定。

（六）以深化改革和扩大开放为突破口，进一步增强加快发展的活力。进一步深化医疗保障和服务、公共卫生、药品供应以及监管体制等领域的综合改革。继续推进省属国有企业改革重组，深化市政公用事业改革。着力落实好国家及甘肃省支持非公经济发展的政策措施。推进城镇化和统筹城乡发展的改革探索。继续深化行政审批制度改革和财政管理体制改革。加快投融资方式创新步伐。稳步推进文化、教育、科技体制改革和水、电、油、气等资源价格改革。

关于2012年全省财政预算执行情况和2013年全省及省级财政预算草案的报告（摘登）

——2013年1月23日在甘肃省第十二届人民代表大会第一次会议上

甘肃省财政厅厅长　张勤和

一、2012年全省财政预算执行情况

2012年，全省公共财政预算收入520.9亿元，同比增长19.7%，其中省级收入176亿元，同比增长17.9%；大口径财政收入1080.4亿元，同比增长17.3%。公共财政预算支出2063.4亿元，同比增长15.2%，其中省级支出418.2亿元，同比增长9.8%。

（一）大力争取中央支持。省政府与财政部签署了《共同推进甘肃经济社会发展备忘录》。确定给予特殊综合财力补助40亿元，从2012年起连续五年每年补助8亿元。批准启动国家级旱作农业示范区建设，2012-2015年中央补助资金20.8亿元。追加“5·12”地震灾后重建补助资金15亿元。农村公益事业建设“一事一议”奖补资金达到6.2亿元，比上年翻一番。争取中央在甘肃省开展新型农业社会化服务体系建设试点。兰州市大气污染治理和省科技馆建设得到中央支持。在全国范围内发行独具甘肃特色的“黄河魂”、“敦煌韵”两支即开型福利彩票，认购额达到2.3亿元。争取农业银行总行在甘肃省打造利率低、期限长、手续简便的特色金融产品“双联惠农贷款”，5年授信300亿元，发放工作全面启动。当年中央补助收入总量达到1500亿元。

（二）积极支持经济转型跨越发展。坚持集中财力办大事。投入资金140亿元，积极支持交通、水利等基础设施建设。筹措资金35.6亿元，支持推进循环经济、节能减排和企业技术改造。安排资金70亿元，支持生态保护和功能区建设。落实资金40亿元，支持扶贫攻坚。拨付资金19亿元，支持村内道路、村容村貌、环境卫生等农村公益事业建设，大力支持“双联”行动。拨付资金9亿元支持兰州新区加快发展。充分发挥财政资金引导、放大作用。投入资金11.6亿元，在58个集中连片贫困县建立了担保机构。安排贴息、借款资金9亿元，支持武

威、临夏、平凉、天水等地重点园区发展和基础设施建设。争取设立生物医药和现代农业产业创业投资基金5.5亿元，吸引、带动社会资金、金融资金投入，集中扶持马铃薯、中医药和葡萄产业发展。同时，落实积极的财政政策，认真实施结构性减税政策，减免企业税收49亿元，支持企业发展。

（三）认真落实强农惠农富农政策。全省农业支出达到302.3亿元，增长27.2%。深入推进小型农田水利建设和农业综合开发，改善农业生产条件，支持旱作农业技术推广和特色优势产业发展。新修梯田179万亩，解决了273万农村人口饮水安全问题，新增农村沼气用户6万户，在520个贫困村实施整村推进。当年发放涉农补贴资金140亿元。拨付资金40亿元，支持实施天然林保护、退耕还林、退牧还草和草原生态保护补助奖励政策。村级公益事业建设“一事一议”奖补政策实现了全覆盖，基本完成乡村两级组织垫交税费债务化解工作。

（四）切实改善和保障民生。全省民生支出1571亿元，占财政支出的76%。落实“十大惠民工程”32件为民办实事资金292亿元，其中：省级65亿元。支持教育优先发展。实施农村中小学营养改善计划和学前教育、校舍安全工程。巩固两基成果，健全农村义务教育经费保障机制。省属本科高校生均拨款标准提高到1.2万元。支持文化繁荣发展。支持实施广播电视“村村通”、“户户通”工程。设立农村文化以奖代补资金，启动全省“千村文化”试点项目。支持社会保障体系建设。完善就业创业扶持政策，支持大学生、农村转移劳动力和城镇困难人员就业。全省企业退休人员养老金提高到月人均1874元，城乡低保标准分别提高到260元和1488元，农村五保省级补助标准提高到1800元。实现了城乡居民社会养老保险全覆盖。城乡医疗救助支出7.1亿元，累计救助困难群众189.3万人次。全省保障性住房建设支出达到103亿元。支持深化医药卫生体制改革。城乡居民基本医疗保险政府补助标准提高到每人每年240元，乡村医生定额补助标准提高到每人每月200元。全面实行了基层医疗卫生机构基本药物零差率销售，提高“一般诊疗费”标准并纳入医保基金报销范围。

（五）不断深化财政管理改革。新的车船税和城镇土地使用税政策顺利实施。部门预算改革覆盖到所有县市，国库集中支付改革覆盖到县以上各级预算单位，政府采购规模进一步扩大。加大对市县转移支付力度，完善县级基本财力保障机制。深入开展效能风暴行动，优化服务环境，改进工作作风。充实监督机构，加强民生资金、预算编制执行、会计信息质量监督检查。实施生态功能区转移支付、农业综合开发等资金绩效考核。

二、过去五年总体情况和今后五年工作思路

过去五年，全省财政收支规模不断扩大，财政实力明显增强，财税改革深入推进，监督管理更趋规范。2012年，全省公共财政预算收入达到520.9亿元，比2007年的190.9亿元增长1.7倍，年均递增22.2%；大口径财政收入达到1080.4亿元，比2007年的392亿元增长1.8倍，年均递增22.5%；中央补助增加到1500亿元，比2007年的512亿元增长1.9倍，年均递增24%；公共财政预算支出达到2063.4亿元，比2007年的675.3亿元增长2.1倍，年均递增25%；人均财政支出达到8046元，比2007年的2581元增长2.1倍，年均递增25.5%。

今后五年，财政工作的总体思路是：按照省委总体要求，认真做好“生财、争财、理财”三篇文章，用足、用活、用好中央对甘肃的各项扶持政策，着力争取中央政策和资金支持；坚持集中财力办大事，充分发挥财政资金的杠杆作用，着力支持实施“3341”项目工程，推动重点区域、重点产业加快发展，进一步做大收入“蛋糕”；积极优化支出结构，着力保障和改善民生，加大对农业、教育、科技、文化、社会保障、医疗卫生等方面投入，促进社会和谐稳定发展；深化财税体制改革，加强财政监督管理，着力提高财政资金使用绩效，不断提升财政管理水平。经过不懈努力，到2017年，力争实现财政收支翻番目标。

三、2013年全省及省级预算草案编制情况

代编的2013年全省公共财政收入按同比增长16%安排为600亿元，大口径财政收入计划为1240亿元。

2013年省级收入预算安排为195.6亿元，同比增长16%，省级收入加上中央财力性补助、市县上解收入和地方政府债券后，预计可安排支出的资金达到389.8亿元。

2013年省级支出预算相应安排389.8亿元，其中基本支出预算91.9亿元，项目支出预算297.9亿元。

四、2013年的重点工作

（一）抢抓机遇，着力支持经济转型跨越发展。积极争取中央支持。围绕国家实施西部大开发战略、新一轮扶贫开发、支持甘肃经济社会发展47条意见、批复设立兰州新区、循环经济第一个试点等政策，在华夏文明传承创新、国家生态安全屏障综合实验区建设、基础设施建设、特色优势产业发展、新能源新材料基地建设等方面，精心谋划一批大项目，跟踪对接，落实见效。坚持集中财力办大事。充分运用财政贴息、信用担保、以奖代补、税费优惠等政策工具，设立创业投资引导基金，吸引和带动社会、企业、银行等投资，加快“3341”项目工程建设，着力推动重点区域、重点产业加快发展。贯彻实施积极的财政政策。争取中央代理发行地方政府债券额度，加大基础设施建设和民生领域投入。落实好结构性减税政策，清理规范行政事业性收费项目，切实减轻企业负担。

（二）加大投入，着力扶持“三农”加快发展。整合资金，增加投入，扎实推进“联村联户”行动计划，加快落实“八个全覆盖”，办好“五件实事”。

切实做好“双联惠农贷款”发放工作。加强农业基础设施建设，推进农业综合开发和农村土地整治，加快建设高标准农田，提高农业综合生产能力。支持现代农业发展，加大农业科技推广力度，完善基层农业服务体系。大力扶持马铃薯、蔬菜、苹果等六大特色优势产业，促进龙头企业和农村专业合作组织发展。支持农村安全饮水、沼气和通村公路建设，实施600个贫困村整村推进项目。增加农业保险保费补贴品种，落实和完善农村金融奖补政策。加强农民培训，拓宽农民增收渠道。支持天然林保护等重点生态工程建设，加强国家重点生态功能区建设，完善草原生态保护补助奖励机制。深入推进农村综合改革。深化集体林权制度改革，扎实开展村级公益事业建设“一事一议”奖补工作，加强建成项目的后续管护。继续清理化解其他公益性乡村债务，启动普通高中债务化解试点，积极开展新型农业社会化服务体系试点，进一步完善村级组织运转经费保障制度。

（三）民生优先，着力促进社会事业发展。促进教育事业加快发展。落实教育支出法定增长要求，进一步健全农村义务教育经费保障机制，加大城市义务教育投入。实施好农村义务教育学生营养改善、薄弱学校改造、教师培训和校车安全工程。支持发展高等教育、职业教育、高中教育和学前教育。完善奖补机制，继续支持化解高校、高中债务。落实家庭经济困难学生资助政策，促进教育公平。推进文化繁荣发展。支持文化体制改革，加大文化产业发展投入，集中培育和扶持一批优势明显、基础较好的文化产业项目，孵化催生一批骨干文化企业，推动华夏文明传承创新区建设。加大非物质文化遗产和古籍保护力度，提高文化遗产传承和利用水平。深化医药卫生体制改革。将城乡居民基本医疗政府补助标准提高到每人每年280元，将基本公共卫生服务项目年人均保障经费提高到30元。继续实施国家基本药物、城乡医疗救助等制度，深化基层医药卫生体制综合改革。支持实施100个乡镇卫生院中医药适宜技术服务能力建设，新建250个村卫生室。加强市县妇幼保健机构建设，继续实施贫困听障儿童免费救治工程，积极推进公立医院改革试点。健全社会保障体系。落实扶持政策，支持实施更加积极的就业政策。加强城乡居民职业技能培训，扶持1万名高校毕业生就业。将企业离退休人员基本养老金提高10%。将城乡居民社会养老保险基础养老金提高到每人每月60元，为重度残疾人发放护理补贴。进一步提高城乡居民低保、农村五保补助标准。继续实施好城乡困难群众医疗救助工作。支持33.7万套保障性安居工程建设，对10万户城市住房困难家庭发放廉租住房租赁补贴。支持东乡、岷县等灾区灾后恢复重建工作。

（四）推进改革，着力提高财政管理水平。继续深化财政体制和预算管理改革，进一步完善县级基本财力保障机制，健全均衡性、生态功能区、民族地区、革命老区等转移支付制度，增强基层政府基本公共服务保障能力。深化部门预算管理改革，规范政府性基金预算编制，加强国有资本经营收益征管，推进社会保险基金预算管理。加快建立预算编制有目标、预算执行有监控、预算完成有评价、评价结果有反馈、反馈结果有应用的全过程预算绩效管理机制。积极推进国库集中支付制度改革。细化政府采购预算编制，规范政府采购行为。

（五）依法理财，着力加强监督管理。认真贯彻《监督法》《预算法》，严格执行《甘肃省预算审批监督条例》，自觉接受人大监督，提高依法理财水平。高度重视审计、监察和社会监督，积极整改存在的问题。坚持依法征管，确保各项收入应收尽收。硬化预算约束，加强执行管理，靠实部门主体责任，进一步提高支出均衡性和时效性。坚持勤俭办事，严格控制“三公经费”。完善监督机制，加强对中央和省上重大决策部署、重大财税政策特别是民生政策落实情况的监督检查。推进乡镇财政规范化建设，发挥好县乡财政就地就近监管职能，确保惠民政策落到实处。健全防治“小金库”长效机制。认真做好预决算信息公开工作。加强注册会计师和资产评估师行业监管，提高会计信息质量。

甘肃省党政群团机构及领导人（2012年）

省委及各部门

省委书记：王三运
省委副书记：刘伟平　欧阳坚
省委常委：王三运　刘伟平　欧阳坚　刘永富
　　罗笑虎　连　辑　吴德刚　泽巴足
　　咸　辉　张晓兰　虞海燕　李建华
　　傅传玉
省纪律检查委员会书记：张晓兰（女）
省委秘书长：李建华
省委办公厅主任：陈田贵
省直机关工委书记：李建华（兼）
省委组织部部长：吴德刚
省委宣传部部长：连　辑
省委统战部部长：泽巴足
省委政法委员会书记：罗笑虎
省委政策研究室主任：李德新
省委保密委员会主任：李建华（兼）
省委党史研究室主任：杨元忠
省委老干部工作局局长：万鹏举
省档案局局长：张蕊兰

省人大常委会及各部门

主任：王三运
副主任：嘉木样·洛桑久美·图丹却吉尼玛（藏族）
　　马尚英（东乡族）　孙效东　崔玉琴（女）
　　张开勋　周多明
秘书长：张绪胜
法制委员会主任委员：王利民
民族侨务委员会主任委员：张天理
内务司法委员会主任委员：刘宝珍
财政经济委员会主任委员：吴宝真（蒙古族）
农业与农村委员会主任委员：张性忠
教育科学文化卫生委员会主任委员：周德祥
环境资源保护委员会主任委员：刘洪泽
办公厅主任：薛金山
研究室主任：邹通祥
法制工作委员会主任：马发明（女，回族）
代表工作委员会主任：李　峰
财经预算工作委员会主任：吴宝真（蒙古族）
内务司法办公室主任：姚爱然（女）
农业与农村办公室主任：朱　红
教育科学文化卫生办公室主任：田鸿章
环境资源保护办公室主任：武敬东

省政府

省　长：刘伟平
副省长：刘永富　咸　辉（女，回族）郝　远
　　虞海燕　李建华　冉万祥
省长助理：夏红民
秘书长：李沛文
办公厅主任：张生桢

省政府组成部门

省发展改革委主任：赵　春
省教育厅厅长：王嘉毅
省科技厅厅长：李文卿
省工信委主任：李　平
省民委主任：贡保甲
省公安厅厅长：罗笑虎（兼）
省国家安全厅厅长：张　峰
省监察厅厅长：王建太
省民政厅厅长：田宝忠
省司法厅厅长：王禄维
省财政厅厅长：张勤和
省人社厅厅长：庞　波
省国土资源厅厅长：张力学
省环保厅厅长：王建中
省建设厅厅长：李　慧
省交通运输厅厅长：杨咏中
省水利厅厅长：康国玺
省农牧厅厅长：武文斌
省林业厅厅长：高清和
省商务厅厅长：肖庆平
省文化厅厅长：邵　明
省卫生厅厅长：刘维忠
省人口委主任：苏　君
省审计厅厅长：何振中
省政府外事办主任：陈卫中

省政府直属特设机构

省政府国资委主任：马艾武

省政府直属机构

省地税局局长：吴仰东
省工商局局长：郭承录
省质监局局长：马　平
省广电局局长：孙　伟
省新闻出版局局长：张余胜
省体育局局长：杨　卫
省安监局局长：贠建民
省统计局局长：樊怀玉
省宗教局局长：丁军年
省旅游局局长：黄周会
省粮食局局长：何水清
省政府法制办主任：唐晓明
省政府研究室主任：武　毅
省人防办主任：刘如厚
省扶贫办主任：沙拜次力

部门管理机构

省政府参事室主任：卢有治
省政府金融工作办公室主任：陆代森
省机关事务管理局局长：王志贵
省监狱管理局局长：万治贵
省公务员局局长：李德福
省食品药品监督管理局局长：高建邦

省政协及各部门

主　席：冯健身
副主席：德哇仓（藏族）　张津梁　李永军　侯生华
　　　　黄选平（回族）　栗震亚　张世珍
　　　　马国瑜（回族）　张景辉
秘书长：石　晶
办公厅主任：王忠民
研究室主任：邢永安
提案委员会主任：户丁一
社会和法制委员会主任：盛世高
文史资料和学习委员会主任：樊佩君（女）
经济委员会主任：孙矿生
人口资源环境委员会主任：王联群
科教文卫体委员会主任：杜孟嘉
民族和宗教委员会主任：郭长乐
港澳台侨和外事委员会主任：郭颖纯
农业和农村工作委员会主任：卫孺牛

大事记

大事记

一月

2~3 日　省长刘伟平到陇南、天水、定西走访慰问了困难企业和贫困户，视察了灾后重建集中安置点工作，鼓励干部群众坚定信心，千方百计脱贫致富。

5~6 日　省委书记王三运对舟曲灾后重建工作进行了调研。强调，要确保质量、确保进度、确保公平、确保安全，全力以赴完成灾后重建任务。

11 日　感动甘肃·2011′十大陇人骄子颁奖晚会在兰州举行。王三运、刘伟平、冯健身等接见了陇人骄子并出席颁奖晚会。

8~12 日　政协甘肃省十届五次会议在兰州举行。会议通过了政协甘肃省第十届委员会第五次会议政治决议；通过了政协甘肃省第十届委员会第五次会议关于常务委员会工作报告的决议；通过了政协甘肃省第十届委员会提案委员会关于政协甘肃省十届五次会议提案审查情况的报告。

11~12 日　中共中央政治局委员、国务院副总理回良玉到甘肃省考察。深入到贫困地区和受灾地区，看望慰问了受灾群众、残疾人和贫困农户，考察了灾后重建、扶贫济困和民族工作。强调，要扎实推进灾后重建和扶贫开发工作，切实安排好困难群众的生产生活。

9~13 日　省十一届人大五次会议在兰州举行。会议通过了省第十一届人大五次会议关于政府工作报告的决议；通过了省十一届人大五次会议关于甘肃省 2011 年国民经济和社会发展计划执行情况及 2012 年国民经济和社会发展计划的决议；通过了省十一届人大五次会议关于 2011 年全省财政预算执行情况和 2012 年全省及省级预算的决议；通过了省十一届人大五次会议关于省人大常委会工作报告的决议；通过了省十一届人大五次会议关于省高级人民法院工作报告的决议；通过了省十一届人大五次会议关于省人民检察院工作报告的决议；通过了省十一届人大五次会议关于甘肃省第十一届人民代表大会法制等七个委员会部分主任委员、副主任委员正式人选名单。会议补选王三运为甘肃省第十一届人民代表大会常务委员会主任。

14 日　省委常委会在兰州召开会议，传达学习了十七届中央纪委七次全会、中央农村工作会议、全国宣传部长会议、中央民族工作会议、第二十次全国高校党建工作会议精神；听取了甘肃省信访工作汇报，研究讨论了甘肃省贯彻落实的意见；安排部署当前重点工作。省委书记王三运主持了会议。

省长刘伟平主持召开了省政府第八次全体会议，分解下达了 2012 年全省经济社会发展目标任务，与各市州长签订了《省政府目标管理责任书》，安排部署了抓好落实工作。

15 日　新增选在甘院士座谈会在兰州举行，就加强自主创新能力、加快科技成果转化、推动转型跨越发展等问题进行了交流探讨。省委书记、省人大常委会主任王三运出席座谈会并讲话。省长刘伟平出席座谈会。

16 日　全省政法工作会议在兰州召开。省委书记、省人大常委会主任王三运出席会议并讲话。强调，要更高起点、更高层次、更高水平上推动政法工作，全力维护社会和谐稳定。

17 日　省委书记、省人大常委会主任王三运，省长刘伟平，省政协主席冯健身率领省市慰问团，走访慰问了兰州军区、兰州军区空军、甘肃省军区、二炮驻甘某部和武警甘肃总队。

21~22 日　中共中央政治局常委、国务院总理温家宝在省委书记、省人大主任王三运，省长刘伟平的陪同下，到长庆油田陇东油区看望慰问了石油工人，与石油工人共迎新春佳节；到庆阳革命老区，深入社区和农户，看望慰问了老区干部群众。

30 日　省委常委会在兰州召开会议，研究部署了省、市、县、乡单位联系贫困村、干部联系特困户，帮助群众脱贫致富等工作。省委书记王三运主持了会议。

31 日　省长刘伟平主持召开了省政府第 101 次常务会议，审议了关于支持定西加快扶贫开发促进经济社会发展意见和 2012 年省级预算内基建投资项目计划；研究了加快地质找矿和 2011 年度省科技奖评审工作。

二月

1~2 日　省委书记、省人大常委会主任王三运到嘉峪关市，就产业发展、资源开发、增强城市带动能力等问题进行了专题调研。强调，要千方百计争先进位，努力提升城市综合实力。

3~4 日　省委书记、省人大常委会主任王三运到金昌市和金川公司，围绕发展循环经济、转变经济发展方式等问题进行了专题调研。强调，要立足实际，发展循环经济，努力促进经济转型跨越发展。

4~5 日　省委书记、省人大常委会主任王三运到武威市就石羊河流域综合治理、节水设施农业发展、新农村建设、城乡融合发展等问题进行了调研。强调，要以开放姿态抢抓发展机遇，大力弘扬甘肃精神，在推进经济转型跨越中建立使命功业。

8日　省委常委会在兰州召开会议，讨论审议了《中共甘肃省委关于在全省开展“联村联户、为民富民”行动的意见》，进一步研究部署了“联村联户、为民富民”行动。省委书记王三运主持了会议。

8~9日　全省农村工作会议在兰州召开。会议全面贯彻落实了中央经济工作会议、中央农村工作会议和全省经济工作会议精神，总结了2011年农业和农村工作，分析了当前形势，部署了2012年“三农”工作。省委书记、省人大常委会主任王三运主持会议并讲话。省长刘伟平出席会议并讲话。省政协主席冯健身等领导出席会议。

10日　省委书记、省人大常委会主任王三运在兰州调研。强调，要打造特大中心城市和全省重要经济增长极，努力把兰州培育成宜居宜业宜游的魅力城市。

省长、省安委会主任刘伟平在兰州主持召开了省安委会全体会议，听取2011年以来全省安全生产情况汇报，研究分析当前全省安全生产形势，安排部署2012年安全生产工作。

11日　省农牧厅、兰州市政府与江苏雨润控股集团有限公司在兰州签署合作协议。省委书记、省人大常委会主任王三运，省长刘伟平出席签约仪式，并会见了雨润控股集团公司董事长祝义材一行。

13日　全省金融工作会议在兰州召开，会议传达学习和贯彻落实了全国金融工作会议精神，总结了2011年金融对甘肃省发展的成绩，安排部署了今后一个时期的全省金融工作。省委书记、省人大常委会主任王三运，省长刘伟平出席会议并讲话。强调，要切实把握方向，聚焦重点，破解难题，让金融更有力支撑甘肃转型跨越。省政协主席冯健身等出席会议。

14日　省长刘伟平在兰州对流通领域食品安全工作进行了专题调研。强调，要建好食品安全示范店，确保让群众吃得放心。

15日　省纪委十一届八次全体会议在兰州召开。省委书记、省人大常委会主任王三运出席会议并讲话。省长刘伟平，省政协主席冯健身出席了会议。

17~18日　省长刘伟平到舟曲调研了灾后重建和扶贫开发工作。强调，要坚决完成2012年灾后重建任务，全力推动舟曲提前实现脱贫。

19日　全省扶贫开发工作会议在兰州召开。学习贯彻了胡锦涛总书记、温家宝总理重要讲话和中央扶贫开发工作会议精神，总结了前十年甘肃省扶贫开发取得的成就和经验，全面部署了新十年扶贫开发纲要的贯彻落实，表彰奖励了扶贫开发工作先进集体和个人。省委书记、省人大常委会主任王三运主持会议并讲话，省长刘伟平出席会议并讲话。

20日　全省“联村联户、为民富民”行动动员大会在兰州召开，标志着以全省58个贫困县、8790个贫困村为重点，由40万名干部联系40余万户特困户的“联村联户、为民富民”行动全面启动。省委书记、省人大常委会主任王三运出席动员大会并讲话，省长刘伟平主持会议，省政协主席冯健身等出席会议。

23日　省委书记、省人大常委会主任王三运，省长刘伟平在兰州会见了前来甘肃省出席陇药产业协会成立大会的海内外嘉宾。

24日　全省科学技术奖励大会在兰州召开，表彰为甘肃省科技事业和经济社会发展做好突出贡献的科技工作者。省委书记、省人大常委会主任王三运出席会议，并向科技功臣颁发获奖证书。省长刘伟平出席会议并讲话。省政协主席冯健身出席会议。

三月

3日　出席十一届全国人大五次会议的甘肃省代表团在北京举行第一次全体会议。会议由全国人大代表、省委书记、省人大常委会主任王三运主持，推选王三运为甘肃代表团团长，刘伟平、冯健身、洛桑灵智多杰、周多明为副团长。审议了十一届全国人大五次会议主席团和秘书长名单（草案）；审议了十一届全国人大五次会议议程（草案）；传达了有关会议精神。

甘肃省与国家电网公司在北京举行会谈，就共同推进甘肃省电网建设与发展交换了意见。省委书记、省人大常委会主任王三运，国家电网公司党组书记、总经理刘振亚，省长刘伟平出席会谈。

4日　全国“两会”期间，全国人大代表、省委书记、省人大常委会主任王三运在北京接受了《光明日报》记者的采访。指出，甘肃倾力打造华夏文明保护、传承和创新示范区。

5日　省政府分别与国家开发银行、中国光大集团在北京签署《开发性金融支持甘肃经济社会跨越式发展合作备忘录》和战略合作协议。省委书记、省人大常委会主任王三运，国家开发银行董事长陈元，省长刘伟平，中国光大集团党委书记、董事长唐双宁出席签字仪式并举行会谈。

6日　中共中央政治局常委、国务院总理温家宝到他所在的十一届全国人大五次会议甘肃代表团，听取了代表们的意见建议，和大家一起审议了政府工作报告。温家宝总理一直重点关注着民勤治沙、敦煌保护、祁连山冰川保护和黑河石羊河治理等工作。强调，要把保障和改善民生作为西部大开发的首要目标。

8日　省委、省政府在北京举行企业家联谊恳谈会。省委书记、省人大常委会主任王三运主持恳谈会并讲话，省长刘伟平向企业家介绍了甘肃经济社会发展情况，省政协主席冯健身出席。

9日　甘肃省分别与交通运输部、水利部、国家烟草专卖局在北京举行会谈。省委书记、省人大常委会主任王三运，交通运输部党组书记、部长李盛霖，水利部部长陈雷，国家烟草专卖局局长姜成康，省长刘伟平出席。

11日　省政府与中国民生银行战略合作协议在北京签署。省委书记、省人大常委会主任王三运，省长刘伟平，中国民生银行董事长董文标出席签约仪式并会谈。

12日　省政府分别与财政部、中国农业银行签署合作备忘录，与国家环境保护部举行会谈，共同推进甘肃经济社会跨越式发展。省委书记、省人大常委会主任王三运，财政部部长谢旭人，国家环境保护部部长周生贤，省长刘伟平，中国农业银行股份有限公司董事长蒋超良，行长张云出席签约仪式并会谈。

16日　省长刘伟平赴“联村联户，为民富民”行动第二个联系点通渭县马营镇华川村调研，与村民同劳动、同生活，共同探讨帮扶致富之路。

16~17日　省委书记、省人大常委会主任王三运到“联村联户，为民富民”行动联系点武山县马力镇北顺村开展帮扶调研。强调，只要群策群力，扎实去做，就一定能实现全面小康。

19~21日　内蒙古自治区党委书记、自治区人大常委会主任胡春华，自治区政府主席巴特尔率领内蒙古党政代表团到甘肃省考察交流。考察期间两省区在兰州举行了经济社会发展交流合作座谈会，就进一步加强合作交换了意见，并签署了两省区经济社会发展战略合作框架协议。甘肃省委书记、省人大常委会主任王三运，内蒙古自治区党委书记、自治区人大常委会主任胡春华分别讲话。甘肃省长刘伟平，内蒙古自治区政府主席巴特尔分别介绍了两省区经济社会发展情况。

19~23日　省市主要领导干部“学习研究政策经验，谋划推动转型跨越”研讨班在兰州开班。经过集中学习，熟悉掌握了政策，借鉴了先进经验，提高了思维决策能力、谋划了发展能力和执行落实能力，加快了推动甘肃省经济转型跨越发展、社会和谐稳定发展、民族共同繁荣发展。

24日　省依法行政工作领导小组（扩大）会议在兰州召开，省长、省依法行政工作领导小组组长刘伟平出席会议并讲话。强调，要全面推进依法行政，建设法治政府，促进科学发展、社会和谐和民生改善。

26日　国务院第五次廉政工作会议结束后，省政府即召开廉政工作电视电话会议，省长刘伟平出席会议并讲话。强调，要建设一支重操守、讲廉洁、高素质的干部队伍，打造一个干事业、有作为、负责任的政府。

27日　省委常委会在兰州召开会议，讨论了省第十二次党代会报告，研究部署了有关筹备工作，会议决定2012年4月下旬召开省第十二次党代会。省委书记王三运主持了会议。

26~28日　省十一届人大常委会第二十六次会议在兰州召开。会议通过了《甘肃省残疾人保障条例》、《甘肃省农村扶贫开发条例》、《甘肃省循环经济促进条例》和《甘肃省人民代表大会常务委员会关于修改部分地方性法规的决定》；通过了甘肃省人民代表大会常务委员会关于批准废止《甘肃省城市房屋拆迁管理办法》的决定、关于批准《兰州市城镇燃气管理条例》的决定、关于批准《甘肃省积石山保安族东乡族撒拉族自治县自治条例（修订）》的决定。

28日　全省重大项目建设工作电视电话会议在兰州召开，省长刘伟平出席会议并讲话。强调，要全力以赴加快重大项目建设，保障支撑经济转型跨越发展。

四月

8日　省委常委会在兰州召开会议。讨论了省纪委向省第十二次党代会的工作报告，研究了甘肃省建立全国华夏文明保护传承和创新发展示范区的有关工作。省委书记王三运主持了会议。

9日　中共甘肃省十一届十七次全委会议在兰州举行。会议决定省第十二次党代会于4月24日召开。省委书记王三运主持会议并讲话。

10日　全省金融支持经济社会发展项目对接会在兰州举行。省委书记、省人大常委会主任王三运，省长刘伟平，省政协主席冯健身等出席。

省委分别召开省级各民主党派、工商联负责人、无党派人士，市州省直有关部门负责人，专家学者，企业界代表4个座谈会，征求对省第十二次党代会报告稿的意见。省委书记、省人大常委会主任王三运主持座谈会，省政协主席冯健身出席。

11日　省委常委会在兰州召开会议，研究部署了机构编制、文化体制改革、互联网宣传管理等工作。省委书记王三运主持了会议。

13日　省委书记、省人大常委会主任王三运，省长刘伟平在兰州会见了江苏黄埔再生资源利用有限公司董事长陈光标等国内外企业家。

全省发展循环经济工作领导小组在兰州召开会议，省长、省发展循环经济工作领导小组组长刘伟平出席会议并讲话。会议听取了甘肃省推进循环经济工作进展情况的汇报，研究确定了2012年度全省发展循环经济工作目标任务及责任主体。

16日　甘肃地方戏曲获奖剧目演出周暨曹锐作品展在兰州开幕。全国人大常委会副委员长严隽琪，省委书记、省人大常委会主任王三运，省长刘伟平，省政协主席冯健身观看了陇剧《官鹅情歌》。

17日　兰州新区重点项目签约仪式在兰州举行。省委书记、省人大常委会主任王三运，省长刘伟平出席签约仪式。省长刘伟平到兰州新区调研并主持召开兰州新区建设协调领导小组会议。强调，要力争2012年实现生产总值160亿元，努力把兰州新区建设成为全国一流的产业发展新区。

20日　甘肃省庆祝“五一”国际劳动节暨表彰“五一双奖”“工人先锋号”大会在兰州举行。省委书记、省人大常委会主任王三运，省长刘伟平会见了先进集体和先进个人代表并合影留念。

23日　省第十二次党代会预备会在兰州举行。会议通过了代表资格审查委员会名单、大会主席团成员名单和大会秘书长，通过了省第十二次党代会议程。

24 日　中国共产党甘肃省第十二次代表大会在兰州开幕。王三运同志代表中国共产党甘肃省第十一届委员会向大会作题为《科学发展转型跨越民族团结富民兴陇，为与全国同步进入全面小康社会而努力奋斗》的报告。

26 日　省第十二次党代会主席团举行第二、三次会议。通过了本次代表大会选举的有关事项；听取了各代表团讨论十一届省委报告情况的汇报。

27 日　省第十二次党代会举行全体会议。通过了大会选举办法；通过了大会选举工作监票人、总监票人、副总监票人名单；宣布了大会选举工作总计票人和副总计票人名单。

省第十二次党代会主席团举行第四、五次会议。通过了十二届省委员会、省纪委委员候选人名单；通过了十一届省委报告的决议（草案）；通过了十二届省委候补委员和甘肃省出席党的十八大代表候选人名单。

28 日　中国共产党甘肃省第十二次代表大会在兰州闭幕。审议通过了《中国共产党甘肃省第十二次代表大会关于中国共产党甘肃省第十一届委员会报告的决议》；审议通过了《中国共产党甘肃省第十二次代表大会关于中国共产党甘肃省第十一届纪律检查委员会工作报告的决议》。

省第十二次党代会第一次全体会在兰州召开，新当选的省委书记王三运代表新一届省委常委会讲话。强调，要以发展的实际丰碑赢得群众的口碑心碑，以自己的辛苦指数换取百姓的幸福指数。

五月

3 日　甘肃省纪念共青团成立 90 周年暨先进青年表彰大会在兰州举行。省委书记、省人大常委会主任王三运，省长刘伟平，省政协主席冯健身会见了受表彰的先进青年。

4 日　全省“5·12””地震灾后重建项目审计工作总结表彰会在兰州召开。省长刘伟平出席会议并为获奖代表颁奖。

9 日　平凉天元煤电化有限公司增资扩股签约仪式在兰州举行。省委书记、省人大常委会主任王三运，省长刘伟平出席了签约仪式。

省长刘伟平主持召开省长办公会，研究了甘肃省加快服务业发展的政策措施和健全完善服务业统计体系工作。

11 日　省长刘伟平赴岷县察看“5·10”特大冰雹山洪泥石流灾害受灾情况，指导抢险救灾工作，并看望慰问了受伤人员和受灾群众。强调，要科学组织，确保抢险救灾有力有序，全力搜救失踪群众，救治受伤人员。

12 日　兰州大学科大讯飞语音及语言云计算联合实验室在兰州大学揭牌。省委书记、省人大常委会主任王三运出席揭牌仪式并为实验室揭牌。

省藏区工作领导小组（扩大）会议在兰州召开。省委书记、省人大常委会主任、省藏区工作领导小组组长王三运参加会议并讲话。强调，要深入贯彻落实中央西藏工作协调小组会议和省第十二次党代会精神，努力推动藏区实现跨越式发展和长治久安。省长、省藏区工作领导小组组长刘伟平主持会议。

13 日　2012 中国甘肃（武山）高原夏菜产销对接会，联村联户、为民富民行动共建签约仪式在武山开幕。省委书记、省人大常委会主任王三运出席了开幕仪式。

全省防灾减灾工作电视电话会议在兰州召开。省长刘伟平主持会议并讲话。强调，要深刻反思防灾减灾工作中的薄弱环节和突出问题，采取针对性措施，提升甘肃省防灾减灾工作科学化水平。

14 日　甘肃省“建设华夏文明保护传承和创新发展示范区”汇报会在北京举行。文化部党组书记、部长蔡武，甘肃省委书记、省人大常委会主任王三运，省长刘伟平参加了汇报会。

14~16 日　全国政协副主席、中央统战部部长杜青林到甘肃省调研藏区维稳工作，听取了省委、省政府工作汇报。强调，要坚持稳中求进，维护藏区持续稳定，迎接党的十八大胜利召开。

16 日　天水卷烟厂易地技术改造工程在天水开工。国家烟草专卖局局长姜成康，省长刘伟平出席开工仪式并为工程奠基。

20 日　中共中央政治局常委、中央纪委书记贺国强，受党中央、国务院和胡锦涛总书记委托，专门深入遭受特大冰雹山洪泥石流灾害的甘肃岷县灾区，实地考察指导抢险救灾和灾后重建工作，看望慰问了受灾群众和抢险救灾人员。强调，要确保救灾和重建工作取得应有成效，让灾区人民感受到党和政府的关怀。民政部部长李立国，中央纪委副书记李玉赋，甘肃省委书记王三运、省长刘伟平，中央纪委秘书长崔少鹏等陪同考察。

19~21 日　中共中央政治局常委、中央纪委书记贺国强到甘肃省定西、兰州等地就贯彻落实中央精神，保持经济平稳较快发展以及加强党风廉政建设和反腐败工作等问题进行了调研。强调，要坚持解放思想，加快改革发展步伐，加强党的建设，提供坚强政治保证。

22 日　省委书记、省人大常委会主任王三运，省长刘伟平在北京分别与国务院国资委主任王勇、国家统计局局长马建堂、国务院扶贫办主任范小建举行了会谈，就进一步推进央企与甘肃省加深合作，加大对甘肃省扶贫攻坚工作支持等事宜进行了座谈。

24~26 日　中共中央政治局委员、国务委员刘延东到兰州、会宁等地看望师生员工和科技文化工作者。指出，要切实抓好教育重大工程的实施，推动中西部教育又好又快发展。省委书记、省人大常委会主任王三运，省长刘伟平等陪同考察。

26 日　中西部部分省区教育座谈会在兰州召开。中共中央政治局委员、国务委员刘延东主持会议并讲话。省领导王三运等出席，刘伟平汇报甘肃省教育工作情况。

28日　省政府与海航集团在兰州举行会谈，双方就进一步加强合作交换了意见。省长刘伟平，海航集团董事长陈峰出席。

29日　省委理论中心组在兰州举行了学习会，传达、学习了贺国强同志视察甘肃时的重要讲话和安排部署了有关重点工作。省委书记、省人大常委会主任王三运主持学习会，省长刘伟平出席会议并讲话。

30日　省委书记、省人大常委会主任王三运，省长刘伟平在兰州会见了山东招金集团、招金矿业董事长路东尚一行。

31日　环境保护部与省政府《共同推进甘肃经济社会与环境保护协调发展合作协议》签约仪式和环境保护协调发展座谈会在兰州举行。环保部党组书记、部长周生贤，省委书记、省人大常委会主任王三运，省长刘伟平等出席。

金川集团与必和必拓公司合作30周年庆祝仪式在兰州举行。省委书记、省人大常委会主任王三运，省长刘伟平，中国有色金属工业协会会长、党委书记陈全训，必和必拓公司铝镍部总裁戈莱恩·科鲁出席庆祝仪式。

六月

1日　省委书记、省人大常委会主任王三运与兰州市儿童福利院孤残儿童共庆“六一”儿童节。省长刘伟平到兰州市榆中街小学和全校师生一起过“六一”儿童节。

全省项目带动行动协调推进领导小组第一次会议和兰州新区规划建设协调推进领导小组会议在兰州召开。研究落实了省第十二次党代会精神，审议通过了项目带动行动和兰州新区规划建设工作规划、工作制度，安排部署了2012年的工作任务。省长刘伟平分别主持会议并讲话。

3日　安徽省省长李斌率安徽省代表团到甘肃省考察访问。省委书记、省人大常委会主任王三运，省长刘伟平出席欢迎宴会，并会见代表团一行。

4日　甘肃、安徽两省政府战略合作备忘录在兰州签署。省委书记、省人大常委会主任王三运出席签约仪式，省长刘伟平、安徽省省长李斌分别致辞，并在战略合作备忘录上签字。

5日　省委常委会在兰州召开会议，传达了中纪委关于刘志军严重违纪违法案件查处情况的通报，学习贯彻了全国纪检监察系统反腐倡廉法规制度建设理论研讨会和马克思主义理论研究与建设工程工作会议精神，安排部署了甘肃省反腐倡廉建设等工作。省委书记王三运主持了会议。

省政府与中国三峡集团在兰州签署了资源综合开发合作框架协议。省委书记、省人大常委会主任王三运出席签约仪式，省长刘伟平，中国三峡集团党组书记、董事长曹广晶分别代表双方在协议上签字。

6日　全省全面推进廉政风险防控工作视频会议在兰州召开。省委书记、省人大常委会主任王三运参加会议并讲话。强调，要认真贯彻落实中央纪委意见精神，不断提高廉政风险防控工作水平。省长刘伟平主持了会议。

省委书记、省人大常委会主任王三运，省长刘伟平在兰州会见了光大集团副总经理、光大金控资产管理有限公司董事长吴少华一行。

10日　甘肃新疆两省区经济社会发展合作座谈会在兰州举行，双方就进一步加强合作交换意见，并签署了两省区战备合作框架协议。省委书记、省人大常委会主任王三运，新疆维吾尔自治区党委书记张春贤分别讲话。省长刘伟平，新疆维吾尔自治区主席努尔·白克力分别介绍两省区经济社会发展情况，新疆生产建设兵团司令员刘新齐介绍新疆生产建设兵团经济社会发展情况。

2012兰州国际马拉松赛暨全国马拉松积分赛在兰州举行。省委书记、省人大常委会主任王三运鸣枪发令开跑，省长刘伟平，省政协主席冯健身出席了开跑仪式。

13日　全国机关工委干部学习培训班在兰州开班。全国人大常委会原副委员长、中国机关工委主任顾秀莲出席了开班仪式并作专题报告。省委书记、省人大常委会主任王三运出席了开班式并致辞。

河仁慈善基金会向甘肃省岷县灾区捐赠3000万元仪式在兰州举行。省委书记、省人大常委会主任王三运，国务院侨办主任李海峰，省长刘伟平，省政协主席冯健身，福耀玻璃工业集团股份有限公司董事长曹德旺出席了捐赠仪式。

14~15日　省长刘伟平到张掖、嘉峪关调研了企业生产经营情况。强调，要努力做大做强实体经济，促进全省经济平稳较快增长。

19日　文化体制改革工作座谈会在兰州召开。中共中央政治局委员、中央书记处书记、中宣部部长刘云山出席会议并讲话。省委书记、省人大常委会主任王三运在会上致辞，省长刘伟平参加座谈会。中宣部常务副部长雒树刚主持座谈会，中宣部、文化部、广电总局、新闻出版总署负责同志通报了情况，甘肃等12个省区党委宣传部长作了发言，各省区市党委宣传部分管负责同志出席会议。

“全国卫视看甘肃”大型主题采访活动在兰州启动。省委书记、省人大常委会主任王三运宣布“全国卫视看甘肃”大型主题采访活动启动并向媒体代表授旗。全国政协常委、中国文联副主席、中国电视艺术家协会主席赵化勇出席启动仪式并讲话。

18~21日　中共中央政治局委员、中央书记处书记、中宣部部长刘云山在省委书记、省人大常委会主任王三运，省长刘伟平的陪同下，先后到兰州、酒泉、嘉峪关等地，就贯彻落实十七届六中全会精神，推进文化体制改革、加强基层公共文化服务建设等问题进行了考察。强调，要不断激发文化发展的动力活力，积极探索富有地方特色的文化发展之路。

22日　2012(壬辰)年甘肃省公祭中华人文始祖太昊伏羲大典在天水举

行。全国政协副主席李金华宣布公祭大典开始。省委书记、省人大常委会主任王三运，省长刘伟平，中国侨联主席林军，省政协主席冯健身，国民党中央评议团主席、台湾中华战略学会会长王文燮出席公祭大典。

26日　省委常委会在兰州召开会议，传达学习了中央政治局委员、书记处书记、中宣部部长刘云山在甘肃考察时的讲话精神，研究部署了甘肃省文化改革发展等当前重点工作。省委书记王三运主持了会议。

28日　兰州工业学院揭牌暨建校70周年庆祝大会在兰州举行。省委书记、省人大常委会主任王三运为兰州工业学院揭牌，省长刘伟平致辞，省政协主席冯健身出席大会。

29日　全省创先争优活动暨岷县“5·10”抢险救灾工作表彰大会在兰州举行。表彰在全省创先争优活动中涌现出来的先进基层党组织、优秀共产党员、先进县（市区）党委和在岷县“5·10”特大冰雹山洪泥石流灾害抢险救灾工作中表现突出的先进集体、先进个人。省委书记、省人大常委会主任王三运出席大会并讲话，省长刘伟平主持大会。

七月

4日　第十八届中国兰州投资贸易洽谈会商会座谈会在兰州召开。甘肃省领导王三运、刘伟平、冯健身等会见了出席座谈会的兄弟省区市陇商组织和外省在甘商会负责同志并合影留念。

省政府与山东招金集团有限公司在兰州签署战略合作框架协议。省长刘伟平出席签约仪式。

5日　兰州市与世纪金源集团举行合作项目专场签约仪式。省委书记、省人大常委会主任王三运，省长刘伟平，省政协主席冯健身及世纪金源集团董事局主席黄如论等出席签约仪式。

6日　第十八届中国兰州投资贸易洽谈会在兰州开幕。全国人大常委会副委员长华建敏宣布第十八届中国兰州投资贸易洽谈会开幕。省委书记、省人大常委会主任王三运，商务部党组副书记、副部长姜增伟出席开幕式并致辞。省政协主席冯健身、全国政协民族和宗教委员会副主任仲兆隆等出席开幕式。

第十八届兰洽会举行重点项目集中签约仪式。全国人大常委会副委员长华建敏出席签约仪式。甘肃省和商务部及兄弟省区市领导王三运、姜增伟、冯健身等出席签约仪式。

7日　省委书记、省人大常委会主任王三运到敦煌市调研。强调，要大力发展优势产业先“有中生辉”，不断挖潜借助外力再“无中生有”。

全国人大教科文卫委员会专题调研组与省委在敦煌召开华夏文明保护传承和创新发展示范区建设座谈会。全国人大教科文卫委员会主任白克明，省委书记、省人大常委会主任王三运出席会议并讲话。

8日　省委书记、省人大常委会主任王三运在兰州会见了出席第十八届兰洽会的江苏省南通市海安县代表团一行。

9日　西北地区纪检监察机关案件监督管理工作座谈会在兰州召开。省委书记、省人大常委会主任王三运出席会议并致辞。中央纪委副书记干以胜讲话。

兰州市城市轨道交通工程举行开工奠基仪式。省长刘伟平，省政协主席冯健身，中国铁建股份有限公司总裁赵广发出席奠基仪式。

10日　白银有色集团股份有限公司与中信集团等10家股东单位在兰州签署协议，以私募股权融资方式实现增资扩股30亿元。省长刘伟平，中信集团总经理田国立等出席签约仪式。

11日　省安委会2012年第三次全体会议在兰州召开，会议总结了上半年全省安全生产工作，分析面临的形势，安排部署了下一阶段重点工作。省长、省安全生产委员会主任刘伟平主持会议并讲话。

12日　第十一届环青海湖国际公路自行车赛闭幕式暨颁奖晚会在兰州举行。省长刘伟平，省政协主席冯健身出席活动并为获奖团体代表和选手颁奖。

13日　欢迎北大清华选调生暨年轻干部代表座谈会在兰州召开。省委书记、省人大常委会主任王三运，北京大学党委书记朱善璐，清华大学党委副书记史宗恺出席会议并讲话。

16日　省委、省政府在兰州召开企业座谈会，听取了部分企业工作汇报，分析研判下半年经济形势。省委书记、省人大常委会主任王三运出席会议。强调，要看到当前甘肃省经济发展的良好势头、严峻挑战和难得机遇，采取有力措施，确保实现全年经济发展各项目标任务。省长刘伟平主持会议。

17日　全省维护社会稳定工作电视电话会议在兰州召开，会议贯彻落实了全国维护社会稳定工作电视电话会议精神，全面分析了甘肃省当前面临的维稳形势，研究部署了下半年特别是党的十八大召开期间的维稳工作。省委书记、省人大常委会主任王三运出席会议并讲话，省长刘伟平主持了会议。

18日　省委常委会在兰州召开会议，传达学习了全国科技创新大会、全国巡视工作理论研讨会精神，安排部署甘肃省贯彻落实的意见。省委书记王三运主持了会议。

19日　省委常委会扩大会议在兰州召开。会议总结了上半年工作，研判了当前面临的经济形势，安排部署了下半年重点工作。省委书记、省人大常委会主任王三运主持会议并讲话。省委副书记、省长刘伟平通报了上半年全省经济运行情况，对下半年经济工作作了部署。冯健身等省领导出席了会议。

20日　省政府与中国农业发展银行在兰州签署战略合作备忘录，双方将紧密结合甘肃实际，开展政银深度战略合作。省委书记、省人大常委会主任王三运，省长刘伟平，农发行行长、党委书记郑晖出席签约仪式并在备忘录上签字。

25日　引大入秦工程兰州新区供水项目石门沟水库正式建成蓄水运营。省长刘伟平出席水库蓄水运营庆典仪式并剪彩。

27日　省委书记、省人大常委会主任王三运，省长刘伟平在兰州会见了由广东省安徽商会会长、正威国际集团董事局主席王文银一行。

26~27日　省长刘伟平到张掖市调研了历史文化名城、丹霞地貌风景名胜区、国家湿地公园的保护建设工作。强调，“要认识上高度，规划上层次，开发上档次，管理上水平”，全力把张掖打造成宜居宜业宜游的现代化城市。

28日　第十五次全省民政会议在兰州召开。会议传达学习了第十三次全国民政会议精神，总结了过去五年全省民政工作，部署了今后五年民政工作的目标任务，对民政系统先进集体和个人进行了表彰。省委书记、省人大常委会主任王三运，民政部部长李立国出席会议并讲话。省长刘伟平主持了会议。

29日　省委书记、省人大常委会主任王三运，省长刘伟平在兰州会见了世界华人华侨(亚洲)青年总商会会长、名城企业集团董事局主席俞培俤一行。

30日　省委、省政府和兰州军区共同举行庆“八一”军地座谈会。省委书记、省人大常委会主任王三运，兰州军区司令员王国生在座谈会上分别讲话。兰州军区政委李长才主持座谈会。省长刘伟平、省政协主席冯健身等出席。

省委议警会议在兰州召开。会议强调，要坚持党管武装原则和“双重领导”体制，努力加快省武警总队现代化建设步伐。省委书记、省人大常委会主任王三运主持会议并讲话。省长刘伟平出席会议并讲话。省政协主席冯健身等出席会议。

31日　省委理论中心组在兰州举行学习会，学习胡锦涛和习近平同志在省部级主要领导干部专题研讨班上的重要讲话精神。省委书记、省人大常委会主任王三运主持会议并讲话。省长刘伟平出席会议并讲话，省政协主席冯健身出席。

八月

1日　第二届敦煌行·丝绸之路国际旅游节在嘉峪关开幕。省委书记、省人大常委会主任王三运宣布旅游节开幕并和与会领导一同按下启动按钮，省长刘伟平，国家旅游局局长邵琪伟，世界旅游业理事会副主席让·克劳德·鲍姆加藤分别致辞。

2日　舟曲灾后重建部分重点援建项目竣工交付。省委书记、省人大常委会主任王三运，省长刘伟平出席了竣工交付仪式，并为受灾群众代表发放住房钥匙。

5~6日　省委书记、省人大常委会主任王三运，省长刘伟平率领甘肃省党政代表团抵达天津学习考察。中共中央政治局委员、天津市委书记张高丽，市长黄兴国分别陪同考察，并出席了津甘东西扶贫协作和深化合作座谈会。

6~8日　省委书记、省人大常委会主任王三运，省长刘伟平率领甘肃省党政代表团先后到福州市和厦门市，考察学习了福建科学发展、跨越发展的先进经验，就进一步加强两地合作进行了广泛深入的交流。福建省委书记、省人大常委会主任孙春兰，省长苏树林陪同考察，并出席了甘肃与福建两省合作交流座谈会。

8日　厦门市·临夏州深化东西协作和对口交流工作座谈会在厦门市召开，双方交流了两地对口协作情况，并签署了进一步深化合作协议。甘肃省委书记、省人大常委会主任王三运，福建省委书记、省人大常委会主任孙春兰，甘肃省长刘伟平出席座谈会并见证了两市州签约。

8~9日　为了表达对广东省、深圳市长期以来给予甘肃省经济社会发展的大力支持和对灾后重建的无私援助，甘肃省大型经典民族舞剧《丝路花雨》分别在广州、深圳举行了专场慰问演出。中共中央政治局委员、广东省委书记汪洋，广东省省长朱小丹，甘肃省委书记、省人大党委会主任王三运、甘肃省省长刘伟平，广东省人大常委会主任欧广源、深圳市委书记王荣等观看了演出。

9~10日　省委书记、省人大常委会主任王三运，省长刘伟平率领甘肃省党政代表团到广东省广州市、深圳市进行了学习考察。中共中央政治局委员、广东省委书记汪洋，广东省省长朱小丹，广东省人大常委会主任欧广源分别陪同考察，并出席了甘粤合作交流座谈会，共商两省进一步合作发展大计。

11日　省财政厅与农行甘肃省分行在兰州签署金融支持联村联户、为民富民行动合作协议。省委书记、省人大常委会主任王三运出席了签约仪式，省长刘伟平，中国农业银行党委副书记、副董事长、行长张云分别致辞。

13日　省委常委会在兰州召开会议，传达学习了全国社会管理综合治理工作会议、全国检察长座谈会和第七届全国信访工作会议精神，研究部署了甘肃省贯彻落实的意见。省委书记王三运主持了会议。

国务院扶贫办与甘肃省人民政府加快扶贫开发进程、确保甘肃2020年与全国同步进入全面小康社会合作协议在兰州签署。省委书记、省人大常委会主任王三运，国务院扶贫开发领导小组副组长、国务院扶贫办主任范小建，省长刘伟平出席了签约仪式。

14日　全省新建项目现场观摩第一阶段活动正式启动。省委书记、省人大常委会主任王三运，省长刘伟平率领省四大班子及14个市州和省直综合部门主要负责同志首站抵达嘉峪关市进行现场观摩考察。

15日　省委书记、省人大常委会主任王三运，省长刘伟平率领省四大班子及14个市州和省直综合部门主要负责同志到酒泉市进行新建项目现场观摩。强调，要加快转型跨越发展，努力创造更好业绩。

16日　省委书记、省人大常委会主任王三运，省长刘伟平率全省新建项目现场观摩团到张掖市进行观摩考察。强调，要做大优势产业，做优城市规划，做实项目落地，努力实现生态建设和小康建设的同步推进。

17日　省委书记、省人大常委会主任王三运，省长刘伟平率全省新建项目现场观摩团到金昌市进行观摩考察。强调，要做大做强优势产业，做好“无中生有”文章，努力推动经济社会转型跨越发展。

18日　省委书记、省人大常委会主任王三运，省长刘伟平率全省新建项目现场观摩团到武威市进行了观摩考察。强调，努力打造支撑跨越发展主导产业，做大做深城乡融合发展文章，为推动全省经济社会转型跨越发展做出新的更大贡献。

省委书记、省人大常委会主任王三运在兰州会见了到甘肃省考察访问的中国国民党副主席、台湾海峡交流基金会董事长江丙坤一行。

19日　省委书记、省人大常委会主任王三运，省长刘伟平率观摩团到白银市进行观摩考察。强调，要掀起谋项目、争项目、引项目、上项目的发展热潮，努力推动全省经济社会实现转型跨越发展。

20日　省委书记、省人大常委会主任王三运，省长刘伟平在兰州会见了国土资源部部长徐绍史一行。

国务院以国函〔2012〕104号文件印发了《国务院关于同意设立兰州新区的批复》，批复甘肃省《关于设立兰州新区的请示》，同意设立兰州新区，原则同意《兰州新区建设指导意见》。

20~21日　四川省委书记、省人大常委会主任刘奇葆，省长蒋巨峰率领四川省党政代表团到甘肃省考察交流。省委书记、省人大常委会主任王三运，省长刘伟平陪同考察。期间举行了甘川经济社会发展情况交流座谈会，就进一步加强合作交流、推动共同发展交换了意见。

23日　国务院扶贫开发领导小组在甘肃省定西市召开了六盘山片区区域发展与扶贫攻坚启动会。中共中央政治局委员、国务院副总理、国务院扶贫开发领导小组组长回良玉出席会议并讲话。强调，要继续发扬“三西”精神，加大扶持力度，着力破除制约片区发展的瓶颈。会议由交通运输部部长李盛霖主持，甘肃省委书记王三运、国家民委主任杨晶出席会议，甘肃省省长刘伟平在会上致辞，交通运输部党组书记杨传堂、解放军总政治部副主任贾廷安、国家发展改革委副主任杜鹰、国务院扶贫办主任范小建和陕西、甘肃、青海、宁夏4省（区）政府负责同志在会上发言。

24~29日　中共中央政治局常委、全国政协主席贾庆林到甘肃考察调研。省委书记、省人大常委会主任王三运，省长刘伟平，省政协主席冯健身陪同贾庆林先后到酒泉、嘉峪关、张掖、兰州等地，深入工厂企业、科技园区、农村乡镇和文化单位，与干部群众亲切交谈，共商改革发展大计。

九月

2日　首届国际文化产业大会暨第五届甘肃省文博会在嘉峪关市开幕。省委书记、省人大常委会主任王三运，文化部副部长、国家文物局局长励小捷，亚太总裁协会全球副主席、欧洲会长克里斯汀·加诺出席开幕式并致辞。省长刘伟平和海内外嘉宾出席了开幕式。

嘉峪关“观礼古镇”文化休闲生态旅游综合体项目正式启动。省委书记、省人大常委会主任王三运，省长刘伟平出席了项目启动仪式。

3日　省委常委会在兰州召开会议，学习贯彻了中共中央政治局常委、全国政协主席贾庆林在甘肃视察时的重要讲话精神，研究了加快兰州新区建设工作。省委书记王三运主持了会议。

5日　全省“两基”总结表彰暨教师节庆祝大会在兰州召开。会议总结了甘肃省25年“两基”工作经验，表彰奖励了“两基”工作中涌现出的先进集体、先进个人和2012年甘肃省“园丁奖”获得者，共同庆祝教师节。省长刘伟平出席会议并讲话。

6日　学习贯彻《机关事务管理条例》工作会议在兰州召开。国务院副秘书长、国务院机关事务管理局局长焦焕成出席会议并讲话，省委书记、省人大常委会主任王三运出席，省长刘伟平致辞。

7日　国务院新闻办公室在北京举行了甘肃实施转型跨越发展暨兰州新区建设情况新闻发布会。省长刘伟平和国家发展改革委西部发展司司长秦玉才介绍了有关情况并回答了媒体提问。

10日　“世界旅游经济论坛”主题大会在澳门举行，省长刘伟平在会上发表演讲，向世界推介了甘肃的旅游文化。

13日　甘肃与广东两省在兰州签署经济社会发展合作框架协议。广东省人大常委会主任欧广源，省长刘伟平，省政协主席冯健身出席签约仪式并座谈。

14日　全省发展循环经济工作暨经验交流现场会在金昌市召开，会议总结了实施国务院批复的《甘肃省循环经济总体规划》两年多来全省发展循环经济的主要经验和做法，查找了工作中的不足和薄弱环节，有针对性地安排部署了下一阶段的工作。省长刘伟平出席会议并讲话。

金川集团股份有限公司110万吨铜炉渣选矿项目竣工投产。省长刘伟平出席投产仪式并实地察看了该项目的生产情况。

15日　省长刘伟平主持召开了省兰州新区规划建设协调推进领导小组会议。强调，要高标准优化完善规划，高层次进行产业布局，高强度推进基础设施建设，高质量抓好政策对接和落实。

16日　省委常委会在兰州召开会议，研究部署了全省“扫黄打非”工作。

受省委书记王三运委托，省长刘伟平主持了会议。

省长刘伟平率全省新建项目现场观摩团到临夏回族自治州进行观摩考察。强调，要抓住各项政策机遇，做大做强特色产业。

17日　省长刘伟平率全省新建项目现场观摩团到甘南藏族自治州进行观摩考察。强调，要用好扶持政策，发展富民产业，加强社会管理，守护生态家园。

19日　中国国民党荣誉主席连战及夫人到甘肃省访问。受省委书记、省人大常委会主任王三运委托，省长刘伟平，省政协主席冯健身会见了连战及夫人一行。

21日　省长刘伟平率全省新建项目现场观摩团到天水市观摩考察。强调，要用足扶持政策，加强资源整合，吸引优质资本，推动项目建设。

22日　省长刘伟平率全省新建项目现场观摩团到陇南市观摩考察。强调，要立足资源优势，加快项目建设，推动经济社会转型跨越发展。

23~24日　省长刘伟平率全省新建项目现场观摩团到定西市观摩考察。强调，要继续牢固树立发展抓项目的理念，坚持以项目为支撑实现后发赶超。

25日　《岁月—李子奇画传》赠书座谈会在兰州举行。省委书记、省人大常委会主任王三运出席并讲话，省政协主席冯健身，全国政协社会和法制委员会副主任陈学亨，原甘肃省委书记李子奇出席座谈会。

省委书记、省人大常委会主任王三运在兰州会见了香港文汇报董事长、社长兼世界中文报业协会主席、海外华文媒体合作组织主席王树成一行。

27日　2012年甘肃省外国专家国庆招待会在兰州举行，表彰了荣获2012年“敦煌奖”的外国专家。省长刘伟平出席招待会并为荣获2012年“敦煌奖”的外国专家颁奖。

28日　全省创先争优活动经验交流会在兰州召开。省委书记、省人大常委会主任王三运出席会议并讲话，强调，要总结成功经验，不断巩固和扩大活动成果，着力在创先争优中建设幸福美好新甘肃。

省委书记、省人大常委会主任王三运到省公安厅、兰州市公安局调研，并看望慰问了广大公安民警。强调，要切实有效维护国家安全和社会稳定，为党的十八大胜利召开营造和谐稳定社会环境。

29日　兰州金浦石化有限公司6万吨/年丁基橡胶项目在西固区开工奠基。省长刘伟平出席了奠基仪式。

十月

8日　省长刘伟平到兰州市专题调研了轨道交通建设试验段工程情况。强调，要科学规划，精心组织，加快兰州轨道交通建设，破解发展瓶颈，提升城市形象，方便群众出行。

9日　省委常委会在兰州召开会议，研究了深化科技体制改革、加快区域创新体系建设和加强党风廉政建设工作，安排部署了当前全省宣传、精神文明建设、文化体制改革和“联村联户、为民富民”行动等重点任务。省委书记王三运主持了会议。

省委书记、省人大常委会主任王三运在兰州会见了美国MEMC公司首席执行官艾哈迈德·夏蒂拉一行。

10日　省委书记、省人大常委会主任王三运到省高级人民法院调研。强调，要牢牢把握政治方向，紧紧围绕工作大局，时时想着人民群众，为全省经济社会发展提供有力的司法保障。

省委书记、省人大常委会主任王三运到省人民检察院调研。强调，要做富民兴陇的有力建设者、公平正义的坚强捍卫者、廉洁为民的忠诚实践者，努力为推动转型跨越、富民兴陇营造良好的法制环境。

甘肃省建设“国家生态屏障建设、保护与补偿试验区”专家咨询研讨会在北京举行，省长刘伟平出席会议并致辞。

11日　省委书记、省人大常委会主任王三运，省长刘伟平率全省新建项目现场观摩团到平凉市进行了观摩考察。强调，要优化功能布局，集约利用资源，聚焦着力重点，做大主导产业。

12日　省委书记、省人大常委会主任王三运，省长刘伟平率全省新建项目现场观摩团到庆阳市进行了观摩考察。强调，要把资源开发与强市富民的结合做得更实，把特色优势产业的规模做得更大，把主导产业的深加工做得更好，把全民创业和非公有制经济的发展做得更活，努力为转型跨越、富民兴陇作出更大的贡献。

13~14日　省委书记、省人大常委会主任王三运，省长刘伟平率全省新建项目现场观摩团到兰州市进行了观摩考察。强调，项目建设要有更高的起点，扩大开放要有更大的力度，新区推进要有更快的节奏，不断提升兰州市中心带动能力和水平，努力在推动全省转型跨越、富民兴陇的伟大实践中作出新的更大贡献。

14日　全省新建项目现场观摩活动总结会在兰州召开。省委书记、省人大常委会主任王三运出席会议并讲话，提出了省委、省政府决定实施的“3341”项目工程，即打造三大战略平台、实施三大基础建设、瞄准四大产业方向，确保到2016年全省固定资产投资规模超过1万亿元。省长刘伟平出席会议并讲话。

15日　全省就业创业工作暨表彰大会在兰州召开，省长刘伟平出席会议并讲话。强调，要全面落实各项就业政策，积极推进全民创业行动，进一步开创全省就业创业工作新局面。

16日　省委常委会在兰州召开会议，研究部署了推动非公有制经济跨越发展等工作。会议审议通过了省委、省政府《关于推动非公有制经济跨越发展的意见》。省委书记王三运主持了会议。

18日　省政府与复旦大学在兰州签署战略合作协议，双方将重点加强教育、医学、决策咨询合作，加强人才培养力度，联合开展协同创新，建立多渠道、多层次、全方位的长效合作机制。省委书记、省人大常委会主任王三运，复旦大学党委书记朱之文在签约仪式上致辞。省长刘伟平，复旦大学校长杨玉良代表双方签署协议。

19日　省政府在兰州召开前三季度全省经济社会发展形势分析视频会议，省长刘伟平出席会议并讲话。强调，要加大工作力度，确保全面完成全年各项目标任务，以卓有成效的工作实绩，迎接党的十八大胜利召开。

20日　宝鸡至兰州客运专线建设动员大会在榆中召开。省长刘伟平，铁道部党组成员、副部长卢春房致辞并为工程奠基。

22日　科技部与省政府在兰州举行了2012年部省工作会商会议，并签订了新一轮会商合作议定书。省委书记、省人大常委会主任王三运，科技部党组书记、副部长王志刚，省长刘伟平，科技部副部长张来武出席了会议。王志刚与刘伟平分别代表双方在议定书上签字。

全省科技创新大会在兰州召开。省委书记、省人大常委会主任王三运，科技部党组书记、副部长王志刚，省长刘伟平出席会议并讲话。省政协主席冯健身出席了大会。

23日　全省党外代表人士队伍建设工作视频会议在兰州召开，会议总结了近年来甘肃省党外代表人士队伍建设的成绩和经验，分析了当前面临的形势和任务，安排部署了甘肃省党外代表人士队伍建设工作任务。省委书记、省人大常委会主任王三运出席会议并讲话。

61名中央金融机构干部来甘挂职欢迎会在兰州举行。省委书记、省人大常委会主任王三运出席欢迎会并讲话，省长刘伟平主持了会议。

25日　酒钢集团榆钢支持地震灾区恢复重建项目正式试生产。省委书记、省人大常委会主任王三运，省长刘伟平出席了剪彩仪式并剪彩。

26日　全省非公有制经济跨越发展工作视频会议在兰州召开。省委书记、省人大常委会主任王三运主持会议并讲话，强调，要放手放胆发展非公经济，力争未来五年使非公经济成为甘肃省国民经济的半壁江山。省长刘伟平出席会议并讲话。省政协主席冯健身出席了会议。

省委书记、省人大常委会主任王三运在兰州会见了国家质检总局党组副书记、副局长，中央信访工作督导组组长杨刚一行。

省兰州新区规划建设协调推进领导小组会议在兰州召开，会议专题研究了支持兰州新区开发建设的政策。省长刘伟平主持会议并讲话。

受省委书记、省人大常委会主任王三运的委托，省长刘伟平在兰州专题听取了长庆油田公司的工作汇报。强调，要进一步强化地企合作，努力推动地企和谐发展、跨越发展。

29日　全省联村联户为民富民行动现场会在武山召开。省委书记、省人大常委会主任王三运发表了书面讲话。省政协主席冯健身出席了会议。

30日　省政府与西部机场集团有限公司合作协议签约仪式在兰州举行。省委书记、省人大常委会主任王三运，省长刘伟平出席了签约仪式并讲话。

十一月

4日　我国陆上最大的国产3兆瓦风机示范基地在玉门昌马风电场建成。

7日　出席中国共产党第十八次全国代表大会的甘肃省代表团在北京举行了第一次全体会议，会议推选王三运为甘肃省代表团团长，刘伟平为副团长，欧阳坚为秘书长。会议还传达了有关会议精神。

8日　十八大代表、省委书记、省人大常委会主任王三运，十八大代表、省委副书记、省长刘伟平，十八大代表、省政协主席冯健身在北京甘肃省代表团讨论十八大报告时强调，要认真学习领会和深入贯彻落实十八大精神，加快推进转型跨越、富民兴陇的进程，努力实现与全国同步进入全面小康社会目标。

8~9日　出席中国共产党第十八次全国代表大会的甘肃省代表团在北京讨论了胡锦涛同志代表第十七届中央委员会所作的报告。大家认为，党的十八大报告，是一个突出解放思想、改革开放、凝聚力量、攻坚克难的报告，是一个动员全党为全面建成小康社会而奋斗、共同创造中国人民和中华民族更加幸福美好未来的报告，一致表示拥护这个报告。

10日　十八大代表、省委书记、省人大常委会主任王三运，十八大代表、省委副书记、省长刘伟平在讨论中央纪委工作报告和党章修正案时说，中央纪委工作报告主题鲜明、重点突出，通篇贯穿中国特色社会主义理论体系，充分体现了十八大报告对党风廉政建设的部署要求。党章修正案既保持了稳定性和连续性，又彰显了时代性和创新性。完全赞成中央纪委工作报告和党章修正案。

14日　中国共产党第十八次全国代表大会选举产生了新一届中央委员会和中央纪律检查委员会，通过了关于十七届中央委员会报告的决议、关于中央纪律检查委员会工作报告的决议、关于《中国共产党章程（修正案）》的决议后胜利闭幕。

19日　省委常委会在兰州召开扩大会议，传达学习中国共产党第十八次全国代表大会精神，安排部署全省贯彻落实工作。省委书记、省人大常委会主任王三运主持会议并传达了大会的基本情况和十八大报告主要精神。强调，要迅速掀起学习宣传贯彻十八大精神热潮，加快推进建设幸福美好新甘肃进程。省委副书记、省长刘伟平传达了党章修正案和中纪委报告的主要精神。

省长刘伟平主持召开了省政府党组会议，研究了贯彻落实十八大精神、省委常委扩大会议精神的措施。强调，要紧密结合改革发展稳定实际，全面完成2012年各项目标任务。

22日　省委书记、省人大常委会主任王三运到省委政法委、省司法厅和甘肃省国家安全厅调研。强调，要紧密联系自身实际，促进社会和谐稳定，努力为全面建成小康社会提供坚强有力的保障。

全省安全生产专项整治行动电视电话会议在兰州召开，省长、省安委会主任刘伟平对开展专项整治行动和全省安全生产工作作出了安排部署。

23日　省委常委会在兰州召开会议，传达了全国宣传部长会议精神，安排部署了学习宣传和贯彻落实十八大精神、落实党风廉政建设责任制及推进惩治和预防腐败体系建设检查考核等工作。省委书记王三运主持了会议。

大型鼓舞乐《鼓舞中国》，在兰州汇报演出。省领导王三运、刘伟平、冯健身等观看演出并接见了演员。二炮某部队领导邱文明、王定放观看演出并接见了演员。

26日　省文明委全体会议在兰州召开。会议总结了2012年工作，安排部署了明年的工作。省委书记、省人大常委会主任、省文明委主任王三运出席会议并讲话。强调，要在深入学习宣传贯彻党的十八大精神上走前列，在精神文明建设工作水平上展示作为。

27~28日　省委书记、省人大常委会主任王三运到联村联户为民富民行动联系点武山县北顺村和秦州区、麦积区，开展了双联帮扶，调研了经济社会发展，交流了学习十八大精神的体会。

28日　省委书记、省人大常委会主任王三运专门为天水市干部职工作了一场生动的十八大精神宣讲报告会。强调，要以十八大精神指导和推动全省经济社会转型跨越发展，用十八大精神提振全省上下奋力赶超的信心和决心。

省长刘伟平到白银甘肃稀土公司调研。强调，要进一步解放思想，加大技术创新力度，加快做大做强甘肃省新材料产业，为实现与全国同步进入全面小康社会做出贡献。

29日　中央宣讲团党的十八大精神报告会在兰州举行。省委书记、省人大常委会主任王三运主持了报告会，中央宣讲团成员、中央政法委秘书长、中央综治委副主任周本顺宣讲了党的十八大精神。省长刘伟平，省政协主席冯健身等省领导出席了报告会。

省委书记、省人大常委会主任王三运，省长刘伟平，省政协主席冯健身在兰州会见了中央宣讲团成员、中央政法委秘书长、中央综治委副主任周本顺一行。

省政府出台《关于支持兰州新区开发建设政策的意见》，47条政策支持兰州新区开发建设。

十二月

3日　省政府与紫金矿业集团股份有限公司在兰州签署战略合作框架协议。省长刘伟平出席了签约仪式。

5日　省长刘伟平到定西市宣讲十八大精神。强调，要深入贯彻落实十八大精神，加快实现转型跨越、富民兴陇和全面建成小康社会进程。

6日　省长刘伟平在兰州调研了全省重大项目建设情况。强调，要推进重大项目建设，夯实转型跨越基础。

7日　省委书记、省人大常委会主任王三运，省长刘伟平在兰州会见了全国政协委员、南翔万商集团董事长余渐富一行。

10日　省政府与中国北方机车车辆工业集团公司在兰州签署了战略合作框架协议，双方将在甘肃省共同打造西北百亿级高端轨道交通装备制造基地。省长刘伟平，中国北车集团公司总经理、中国北车股份有限公司董事长、党委书记崔殿国出席了签约仪式。

11日　省委、省政府在兰州召开了企业经济运行座谈会，听取部分企业工作汇报，了解2012年以来企业生产经营情况，分析研判明年经济形势。省委书记、省人大常委会主任王三运出席会议并讲话。强调，要认清发展态势，重视发展趋势，把握发展大势，坚定不移抓改革，刻不容缓转方式。省长刘伟平出席座谈会。

13日　省委常委会在兰州召开会议，传达了中央有关精神，研究部署了甘肃省改进工作作风、密切联系群众工作，讨论审议了甘肃省科学发展业绩考核评价办法。省委书记王三运主持了会议。

19日　省委常委会在兰州召开扩大会议，传达学习了中央经济工作会议精神，研究部署了甘肃省贯彻落实意见。省委书记、省人大常委会主任王三运主持会议并传达了习近平总书记在中央经济工作会议上的讲话，省委副书记、省长刘伟平传达了温家宝总理和李克强副总理在中央经济工作会议上的讲话。

20日　省十一届人大常委会主任（扩大）会议在兰州召开。省委书记、省人大常委会主任王三运出席会议并讲话。

省政府与中国光大（集团）总公司在兰州签署甘肃信托公司资产重组合作意向书。省委书记、省人大常委会主任王三运，省长刘伟平，省政协主席冯健身会见了中国光大集团董事长、党委书记兼中国光大银行董事长、党委书记唐双宁一行并出席了签字仪式。

21日　省委常委会在兰州召开会议，研究了申报国家生态屏障建设、保护与补偿试验区总体方案。省委书记王三运主持了会议。

国家重点工程项目—敦煌至格尔木铁路和兰州至中川机场铁路在兰州宣布开工建设。省委书记、省人大常委会主任王三运宣布项目开工，省长刘伟平，铁道部副部长卢春房分别致辞。

23日　省委书记、省人大常委会主任王三运，省长刘伟平在兰州会见了来甘投资的安徽海螺集团有限责任公司董事长郭文叁一行。

24~25日　省委十二届四次全委扩大会议在兰州召开。省委书记、省人大常委会主任王三运代表省委常委会向全委会报告了一年来的工作，就深入学习贯彻党的十八大和中央经济工作会议精神，做好2013年的经济工作提出了要求。省委副书记、省长刘伟平总结了2012年经济工作，对2013年的经济工作作出安排部署。

25日　省委议军会议在兰州召开。省委书记、省人大常委会主任、省军区党委第一书记王三运出席会议并讲话，省长刘伟平主持了会议。

26日　省长刘伟平主持了召开省政府第121次常务会议，研究了省政府2013年为民办实事方案；听取了关于省政府驻外办事处机构调整意见的汇报；原则通过了2012年甘肃省科学技术奖授奖意见；调整了关于企业离退休人员和建国前参加革命工作的退休老工人高龄补贴事项。

省长刘伟平专程到省人大常委会机关，征求省人大常委会对《政府工作报告(征求意见稿)》的意见和建议。

27日　省委书记、省人大常委会主任王三运到省发改委调研。强调，要提升宏观谋划的能力和水平，敢于直面影响发展的矛盾和问题，努力当好大参谋好助手和攻坚克难的排头兵。

省长刘伟平专程到省政协机关，征求省政协对《政府工作报告(征求意见稿)》的意见和建议。

28日　省委在兰州召开了省、市、县、乡四级领导干部警示教育大会，集中剖析了近两年发生在甘肃省领导干部当中的几起重大典型案件，以案说法、以案明纪，总结教训、敲响警钟。省委书记、省人大常委会主任王三运出席会议并讲话。省长刘伟平，省政协主席冯健身等出席会议。

省长刘伟平主持召开了省政府第122次常务会议，安排部署了贯彻落实中央经济工作会议和省委十二届四次全委扩大会议精神；讨论修改了《政府工作报告（审议稿）》；研究了舟曲特大山洪泥石流灾后恢复重建工作先进集体和先进个人名单。

29日　共青团甘肃省第十二次代表大会在兰州开幕。省委书记、省人大常委会主任王三运出席大会并讲话。省长刘伟平，省政协主席冯健身出席了大会。

30日　嘉峪关市与深圳华强集团、正大集团合作项目签约仪式在兰州举行。省委书记、省人大常委会主任王三运，省长刘伟平，深圳华强集团有限公司董事长、总裁梁光伟，正大集团卜蜂国际投资有限公司CEO、正大集团农牧食品企业（中国区）副董事长白善霖等出席了签约仪式。

31日　省委常委会在兰州召开会议，传达学习全国组织部长会议、全国人才工作座谈会和中央农村工作会议精神，研究部署了甘肃省贯彻落实意见和2013年省委省政府为民办实事等工作。省委书记王三运主持了会议。

省长刘伟平到省财政厅调研。强调，要突出科学发展业绩考核，激发干事创业的动力和活力，提高工作效率，在全省转型跨越、富民兴陇大业中作出更大贡献。

概　况

甘肃省情

【甘肃概况】甘肃以古甘州（今张掖）肃州（今酒泉）两地首字而得名，由于陇山在境内绵延又简称陇。东邻陕西省，南与四川省、青海省接壤，西与新疆维吾尔自治区相邻，北与内蒙古自治区和蒙古国交界，东北部与宁夏回族自治区连接。闻名中外的古丝绸之路和新亚欧大陆桥横贯全境，使甘肃成为西北地区连接中、东部地区的桥梁和纽带，成为贯通东亚与亚洲中部、西亚与欧洲之间的陆上交通通道。全省辖12个市、2个自治州，86个县（市、区），省会兰州是西北重要的交通通讯枢纽，陇海、兰新、包兰、兰青和正在建设的兰渝铁路在此交汇，也是石油天然气管道运输枢纽、国家级西北商贸中心。甘肃是一个多民族省份，拥有汉、回、藏、东乡、土、满、裕固、保安、蒙古、撒拉、哈萨克等56个民族，其中裕固、保安、东乡族是甘肃的独有民族。2012年末，全省常住人口2577.6万人，其中少数民族人口243万人。

【自然环境】甘肃位于黄土高原、青藏高原、内蒙古高原三大高原和西北干旱区、青藏高寒区、东部季风区三大自然区域的交汇处，总土地面积为42.58万平方公里，地形呈狭长状，东西长1655公里，南北宽530公里。地貌复杂多样，山地、高原、平川、河谷、沙漠、戈壁，类型齐全，交错分布，地势自西南向东北倾斜，大致可分为陇南山地、陇中黄土高原、甘南高原、河西走廊、祁连山脉、河西走廊以北地带六大地形区域。大部分地区气候干燥，属大陆性很强的温带季风气候，省内年平均气温在0~16℃之间，年降水量在36.6~734.9毫米。甘肃是一个少林省区，据甘肃省第八次森林资源清查，全省森林覆盖率11.28%。

【能矿资源】新中国成立以来，经过六十多年的开发建设，甘肃已形成了以石油化工、有色冶金、机械电子等为主的工业体系，成为我国重要的能源、原材料工业基地。截至2011年底，全省已发现各类矿产118种(计算到亚矿种则为179种)，其中，已查明资源储量的74种（计算到亚矿种则为111种），占全省已发现矿种的63%，未查明资源储量的44种（计算到亚矿种则为68种），占全省已发现矿种的37%。在已查明的矿产中，甘肃省资源储量名列全国第1位的矿产有12种，居前5位的有29种，居前10位的有56种。

甘肃省能源种类较多，除煤炭、石油、天然气外，还有太阳能、风能等新能源。其中：石油累计探明可开采储量8061.5万吨；煤炭保有资源储量140.46亿吨，居全国第13位；风能总储量为2.37亿千瓦，技术可开发量2667万千瓦。同时，甘肃是我国太阳能最为丰富的三个区域之一，各地年太阳总辐射值大约为4800~6400兆焦/平方米。

【特色产业】甘肃土地面积广阔，居全国第七位；牧草地面积占土地总面积的33%，为全国六大牧区之一；光热资源充足且昼夜温差大，具有发展特色农业和优质高效农业的有利条件。许多特色农产品，无论是种植面积还是产量在全国都名列前茅，特别是玉米制种、啤酒原料、马铃薯、酿酒葡萄、油橄榄、食用百合、瓜果蔬菜和草食畜产品等特色产品，品质优良，发展前景良好。甘肃还是我国药材主要产区之一，现有药材品种9500多种，其中野生药用植物就有1270种。当归、黄（红）芪、党参、大黄、甘草等五种大宗中药材驰名中外。

甘肃是新中国成立后国家重点投资建设工业体系的区域之一。改革开放之后，特别是进入21世纪以来，全省上下认真贯彻落实“工业强省”战略，紧紧依靠并积极壮大传统支柱产业的发展，突出传统支柱产业的改造升级，石油化工、有色冶金、装备制造、食品医药等支柱产业呈现了良好的发展势头。

2012年，继上海浦东新区、天津滨海新区、重庆两江新区、浙江舟山群岛新区后，国务院批复第五个国家级新区——兰州新区。兰州新区位于兰州北部秦王川盆地，地处兰州、西宁、银川三个省会城市共生带的中间位置，是国家规划建设的综合交通枢纽，也是甘肃与国内、国际交流的重要窗口和门户，距兰州市区38.5公里，距西宁198公里，距银川420公里。规划面积806平方公里，辖永登、皋兰两县五镇一乡，现有总人口10万人。目前已经有包括中石油国家战略石油储备库、吉利汽车、三一重工在内的多家国内外大型企业落户新区。规划建设石化、高端装备、新能源新材料等七大产业集群以及高新技术产业等五大片区。经过5~10年的建设，兰州新区将发展成为甘肃省乃至西北地区跨越式发展的重要经济增长极，成为西部地区特色鲜明、功能齐全、产业聚集、服务配套、人居环境良好的现代化新区。

【历史文化】甘肃是华夏文明和中国古文化的发祥地之一，是传说中的三皇之首伏羲、五帝轩辕黄帝和女娲的生长地，故有“羲轩桑梓”之称。甘肃的大地湾文化距今约八千年，其后的仰韶文化、马家窑文化创造了彩陶文化的辉煌时代。中华民族的人文始祖伏羲、女娲和黄帝相传就生在甘肃，故有“羲轩桑梓”之称。周秦时期，甘肃的庆阳、天水又是周文化和秦文化的发祥地。汉武帝至昭帝间陆续设武威、张掖、敦煌、天水、安定、武都、金城诸郡，汉代的开边政策和张骞出使西域成功开通了丝绸之路。隋唐时期，贯穿甘肃河西走廊的丝绸之路进入了繁荣时期，甘肃成为我国联系西域各国和欧洲的重要通道，武威、张掖、敦煌成为经济文化繁荣的国际性贸易城市，整个河陇地区农桑繁盛、士民殷富，《资治通鉴》有“天下称富庶者，无如陇右”的记载。元代，全国创设省制，甘肃正式设省。明代长城由东向西穿越 9 省区后，抵达甘肃河西地区，嘉峪关成为大西北的重要关隘和前沿阵地，有“天下第一雄关”之称。海路开通后，随着全国经济政治文化重心的东移南迁，特别是气候和生态条件的变化，甘肃渐渐成为荒僻之地，晚清时期时任陕甘总督左宗棠曾奏称“甘肃地处边陲，土旷人稀，瘠苦甲于天下”。源远流长、底蕴深厚的甘肃历史文化，不断催生着时代精神，培育了《读者》、《丝路花雨》、《大梦敦煌》等一系列著名文化品牌。其中《读者》杂志成为全国发行量最大的期刊，被誉为“中国人的心灵读本”；舞剧《丝路花雨》、《大梦敦煌》享誉全球。

2013 年，甘肃省“华夏文明传承创新区”建设获国务院正式批复。“创新区”建设项目 287 个、总投资 1932 亿元。主要实施莫高窟保护利用工程、夏河拉卜楞寺文物保护工程、临洮马家窑文化产业园、庆阳民俗文化产业园、黄河石林风景旅游区开发建设、嘉峪关长城保护维修、张掖祁连玉文化产业园等项目。按照国家关于甘肃发展的战略定位和建设文化大省的总要求，甘肃确定了“华夏文明传承创新区”建设围绕“一带”，建设“三区”，打造“十三板块”的总体布局，简称“1313 工程”。“一带”是丝绸之路文化发展带；“三区”是以始祖文化为核心的陇东南文化历史区、以敦煌文化为核心的河西走廊文化生态区和以黄河文化为核心的兰州都市圈文化产业区；“十三板块”是文物保护、大遗址保护、非物质文化遗产保护传承、历史文化名城名镇名村保护利用、民族文化传承、古籍整理出版、红色文化弘扬、城乡文化一体化发展、文化与旅游深度融合、文化产业发展、文化品牌打造、文化人才队伍建设、节庆赛事会展举办。“华夏文明传承创新区”是甘肃省继兰州新区之后，又一个摆到国家层面的战略平台，必将对中华民族文化传承创新和甘肃经济、社会、文化发展起到重大的推动作用和深远的影响。

【民族民间文化】甘肃节庆习俗丰富多彩。回族的古尔邦节、开斋节；藏族的正月十五晒佛节、五月采花节；哈萨克族的叼羊、“姑娘追”；土族的“纳顿”节、“二月二”跳神会等。甘肃饮食文化异彩纷呈。兰州牛肉面是最具特色的大众化经济小吃，声名远扬；以手抓羊肉为代表的清真风味食品，独特可口；糌粑、酸奶、奶茶、蕨麻米饭等藏族风味的食物，值得品尝；还有各种地方小吃，更是独具特色。甘肃民族歌舞多姿多彩。社火歌舞是广泛流传于甘肃民间的一种艺术，尤以兰州的太平鼓舞、武威的“滚鼓子”、张掖的顶腕舞、陇东的秧歌、天水一带的扇鼓舞、腊花等著称，还有莲花山花儿、二郎山花儿、河湟花儿、裕固族民歌等。此外，兰州微雕葫芦，平凉纸织画，庆阳牛皮影、香包、剪纸、刺绣，保安腰刀，天水雕漆漆器，酒泉夜光杯，卓尼洮砚，武威“铜奔马”等民间工艺品也久负盛名。

【旅游资源】甘肃的旅游资源既有石窟寺庙、长城关隘、塔碑楼阁、古城遗址、历史文物等文物古迹，又有青山绿水、高山草原、大漠戈壁、沙漠绿洲、丹霞奇观、冰川雪峰等独具特色的西部自然风光还有以藏、回、裕固、保安、东乡等少数民族浓郁风情为特色的民族风情资源。丰富的文化遗产、独特的自然景观和多彩的民族风情，成为人们向往的旅游胜地，开发前景广阔。最具代表性的旅游景点：被联合国科教文组织列为世界文化遗产之一、被誉为“世界艺术宝库”和“世界现存佛教艺术最伟大宝库”的敦煌莫高窟，被称为“人文始祖”的羲皇故里——天水伏羲庙，“东方雕塑馆”之称的天水麦积山石窟，万里长城最西端的“天下第一雄关”——嘉峪关，中国彩陶之乡之称的临夏，中国藏传佛教格鲁派六大宗主寺之一的夏河拉卜楞寺，道教第一山崆峒山，中国的旅游标志——武威出土的汉代铜奔马，世界最大的室内卧佛寺—张掖大佛寺，泾川西王母宫、永靖炳灵寺石窟、永登鲁土司衙门旧址等构成了璀璨夺目的艺术长廊。近年发现的永靖恐龙足迹、和政古生物化石，是一、二千万年前中生代白垩纪的遗址。

国民经济运行

【国民经济运行的特点】2012 年，甘肃省上下深入贯彻落实省第十二次党代会、全省经济工作会议精神，牢牢把握“稳中求进、好中求快”的总基调，积极转变发展方式，奋力谋划项目建设，努力保障和改善民生，全省经济社会呈现出又好又快的发展态势，为转型跨越、富民兴陇，全面建成小康社会奠定了良好基础。

（一）从生产看，三次产业较快增长，经济增长不断加快

2012 年，全省实现生产总值 5650.2 亿元，比上年增长 12.6%，增速比上年提高 0.1 个百分点，是 1989 年以来经济增长最快的一年。其中：第一产业完成增加值 780.5 亿元，增长 6.8%；第二产业完成增加值 2600.1 亿元，增长 14.2%；第三产业完成增加值 2269.6 亿元，增长 12.5%。

1. 农业生产形势良好

粮食产量再创历史新高。近年来，受一系列惠农政策的落实和粮食价格普遍上涨的双重影响，粮食综合生产能力得到逐步提高。尤其是随着全膜双垄沟播技术在旱作农业区的进一步推广，极大地调动了农民种粮的积极性。全年粮食产量突破1100万吨，达到1109.7万吨，比上年增长9.4%。自2004年以来粮食产量连续9年保持在800万吨以上，连续两年突破1000万吨，有力地保证了粮食安全。

草食畜牧业稳步发展。近年来，全省各地紧紧围绕省委、省政府提出的加快发展畜牧业的要求，进一步推进牛羊产业大县建设，优化畜牧业内部结构。年末，全省牛存栏为488.89万头，比上年下降1.9%，羊存栏1932.79万只，比上年增长1.8%；牛羊出栏分别为172.67万头和1087.16万只，比上年分别增长1.9%和2.3%；牛羊肉产量分别为18.04万吨和17.18万吨，比上年分别增长1.9%和2.3%。

2. 工业生产较快增长

工业生产开局良好，2月份规模以上工业增加值增速达到21.7%，之后受国内外环境的影响，大宗商品价格大幅回落，规模以上工业增加值当月增速持续下滑。5月份省委省政府积极应对，及时出台《关于促进全省经济平稳较快发展的若干意见》，工业生产逐步企稳回升，12月份增速达到16.9%，创3月份以来的最高水平。全年全省规模以上工业企业完成工业增加值1931.4亿元，比上年增长14.6%。

有色金属冶炼和压延加工业等六行业对全省工业增长的贡献率近七成。在全省40个大类行业中，正增长的有38个行业，高于全省平均增速的有22个行业。其中：有色金属冶炼和压延加工业、石油和天然气开采业、煤炭开采业、黑色金属冶炼和压延加工业、非金属矿物制品业、烟草制品业共完成工业增加值985.7亿元，占全省总量的51.0%，比上年增长19.7%，比全省平均增速高出5.1个百分点，拉动全省工业增长9.9个百分点，对全省工业增长的贡献率达到67.9%。其中：有色金属冶炼和压延加工业的贡献率为29%，石油和天然气开采业贡献率为9.0%，煤炭开采业贡献率为8.5%，黑色金属冶炼和压延加工业贡献率为8.0%，非金属矿物制品业贡献率为7.2%，烟草制品业贡献率为6.2%。

小微企业快速发展。进一步优化小微企业发展环境，出台《关于促进小微型企业发展的指导意见》，加大对小型微型企业的扶持力度，创造有利于小型微型企业发展的良好环境，建设省、市两级中小企业服务中心，小微企业发展形势良好。2012年，全省规模以上工业企业中，小微企业共有1104户，比上年增长8.2%，完成工业增加值383.37亿元，比上年增长28.6%，增速比全省规模以上工业平均水平高14.0个百分点，对全省规模以上工业增长的贡献率达到32.9%。

3. 第三产业加快增长

第三产业实现增加值2269.6亿元，比上年增长12.5%，增速比上年提高0.9个百分点。第三产业的加快增长得益于金融保险业、营利性服务业等现代服务业的快速增长。其中，金融保险业实现增加值184.43亿元，增长24.2%，增幅比上年提高16.0个百分点；营利性服务业实现增加值333.74亿元，增长14.4%，增幅比上年提高0.4个百分点。

（二）从需求看，内需较快增长，外需规模扩大

1. 固定资产投资增势强劲

2012年，甘肃省各级各部门深入贯彻落实省第十二次党代会精神，大力实施项目带动行动和“3341”项目工程，以新建项目巡回观摩活动为契机，多措并举，着力推进项目建设，全省固定资产投资保持强劲增长势头。全年全省500万元及以上项目和房地产开发共完成固定资产投资6013.42亿元，比上年增长43.9%。其中：项目投资完成5452.40亿元，增长42.8%；房地产开发投资完成561.02亿元，增长54.6%。

第二产业投资快速增长。全省第二产业投资完成3211.64亿元，比上年增长58.0%，增速分别高于第一产业和第三产业33.7和26.9个百分点。其中，工业完成投资2215.09亿元，增长45.8%，增速比上年提高20.72个百分点。工业投资占全省固定资产投资的比重为36.84%，比上年提高0.5个百分点。在工业投资中，采矿业完成投资370.38亿元，比上年增长65.90%；制造业完成投资1171.49亿元，增长48.83%。

房地产开发投资快速增长。全省房地产开发企业1359个，比上年增加147家，全省房地产开发投资完成561.02亿元，比上年增长54.60%，增速比上年提高18.39个百分点。房屋施工面积达5634.95万平方米，增长47.90%。其中，本年新开工面积2404.51万平方米，增长55.47%；房屋竣工面积844.50万平方米，增长28.74%；商品房销售面积978.44万平方米，增长19.92%。

重大项目和新开工项目支撑作用显著。全省计划总投资亿元及以上施工项目1735个，完成投资2694.80亿元，比上年增长53.94%，占项目投资的49.42%，所占比重比上年提高4.08个百分点。全省计划总投资500万元及以上本年新开工项目完成投资4009.70亿元，比上年增长58.39%，占项目投资的73.54%，所占比重比上年提高7.22个百分点。

民间投资快速增长。各级各部门深入贯彻省委省政府关于鼓励和促进民间投资发展的各项政策措施，在更宽领域、更高层次对民间资本实行开放，鼓励和促进民间资本进入更多竞争性行业和领域，促进了民间资本健康发展。2012年，全省民间固定资产投资占项目投资的40.55%，民间投资比上年增长62.4%，增速高于项目投资19.6个百分点。

2. 消费品市场较快增长

全年全省实现社会消费品零售总额1877.04亿元，比上年增长16.0%。

全省批零住餐业实现销售额（营业额）5439.79亿元，比上年增长20.7%。其中，批发业实现销售额3263.67亿元，增长19.3%；零售业实现销售额1762.19亿元，增长23.2%；住宿业实现营业额60.77亿元，增长24.6%；餐饮业实现营业额353.16亿元，增长21.6%。

城乡市场同步发展。城镇实现社会消费品零售总额1500.55亿元，比上年增长16.0%；乡村实现社会消费品零售总额376.49亿元，增长15.8%。

基本生活类消费品增长较快。一是全省限额以上企业粮油、食品、饮料、烟酒类商品零售额比上年增长33.4%，其中：粮油类增长21.9%，水产品类增长26.4%，干鲜果品类增长33.5%，饮料类增长33.4%，烟酒类增长45.2%。二是服装、鞋帽、针纺织品类商品零售额增长24.8%，其中：服装类增长25.8%，鞋帽类增长28.4%。三是日用品类增长25.3%，其中：洗涤用品类增长38.5%，儿童玩具类增长38.2%。

3. 进出口贸易小幅增长

全年全省完成进出口总值89.05亿美元，比上年增长1.99%。其中：出口总值35.74亿美元，增长65.53%；进口总值53.31亿美元，下降18.88%。

机电产品出口增长明显。2012年，全省机电产品实现出口总值10.8亿美元，比上年增长1.1倍，占全省出口总值30%，所占比重比上年提高6.2个百分点，其中：炉用碳电极出口1.3亿美元，增长3.1%，厨房家用器具出口0.7亿美元，增长3倍，灯具及照明装置零件出口0.7亿美元，增长134倍。

资源型产品进口和出口均呈下降态势。受有色金属市场需求下降和国际市场大宗产品价格大幅下跌影响，全省资源型产品进口和出口均出现下降。2012年，资源型产品实现进口额45.1亿美元，比上年下降24.4%，占全省进口总额的84.5%；资源型产品实现出口额5.7亿美元，下降16.1%，占出口总额的15.9%。其中：钢材出口额下降61.6%，镍出口额下降65%，钴及其制品出口额下降4.7%，碳化硅出口额下降47%，稀土产品出口额下降89.2%。

（三）从质量看，财政收入突破千亿，城乡收入继续增加

1. 大口径财政收入突破千亿

全年全省完成大口径财政收入1080.38亿元，比上年增长17.34%。完成公共财政预算收入520.88亿元，增长19.65%。完成税收收入347.78亿元，增长22.44%。其中：企业所得税、营业税、国内增值税分别增长27.79%、24.23%和23.64%；个人所得税下降3.67%。

全年全省完成公共财政预算支出2063.44亿元，比上年增长15.20%。其中：文化体育与传媒、一般公共服务、教育、农林水事务支出分别增长51.88%、31.50%、27.38%和27.22%。

财政有力地保障了民生和社会和谐。2012年，全省财政涉及民生支出1585亿元，占财政支出的75%。其中：教育支出362.18亿元，比上年增长27.38%；社会保障和就业支出296.22亿元，增长6.09%；住房保障支出103.38亿元，增长11.67%，确保了廉租房、公租房、经济适用房、农村危房、棚户区改造等保障性安居工程建设；医疗卫生支出149.45亿元，增长4.38%，提高了城乡居民医疗补助标准，全面实行新农合制度，推进医药卫生体制改革进程；文体传媒支出50.23亿元，增长51.88%。

2. 企业利润小幅增长

2012年全省规模以上工业企业实现利润总额259.2亿元，比上年增长5.3%。其中：电力行业由亏损转为盈利11.1亿元。石化行业、食品行业和机械行业分别实现利润115.3亿元、28.3亿元和16.6亿元，分别增长1.1倍、53.8%和16.6%。冶金行业、有色行业和煤炭行业分别实现利润6.2亿元、30.4亿元和18.8亿元，分别下降76.4%、57.9%和30.0%。

3. 城乡居民收入继续增加

2012年省上陆续出台了省直机关规范机关公务员津贴补贴，调整全省最低工资标准，发放科学发展观考核奖励等一系列增资政策，加之，企业人员基本养老金和低保标准不断提高，带动城镇居民收入快速增长。全年全省城镇居民人均可支配收入为17156.89元，比上年增长14.47%，增幅比上年提高0.82个百分点。其中：工资性收入12514.92元，增长11.79%；转移性收入4598.23元，增长15.07%；经营净收入1125.68元，增长23.12%；财产性收入259.63元，增长60.60%。

全省开展了"联村联户、为民富民"行动，增加了一系列强农惠农补贴，使农民收入快速增长。全年全省农民人均纯收入为4506.66元，比上年增长15.28%，增幅比上年提高1.13个百分点。其中：农村居民人均家庭经营收入2114.75元，增长13.28%；工资性收入1787.72元，增长14.50%；转移性收入492.12元，增长23.59%；财产性收入112.08元，增长35.93%。

（四）从环境看，价格涨幅回落，金融机构存贷规模再上新台阶

1. 居民消费价格涨幅回落

全年全省居民消费价格总水平比上年上涨2.7%，涨幅比上年回落3.2个百分点。其中：城市上涨2.5%，农村上涨3.1%。

八大类商品价格呈现全面上涨态势。全年食品类价格比上年上涨4.1%，医疗保健和个人用品类价格上涨3.8%，烟酒类价格上涨3.0%，衣着类价格上涨2.6%，居住类价格上涨1.8%，家庭设备用品及维修服务类价格上涨1.1%，娱乐教育文化用品及服务类价格上涨1.0%，交通和通信类价格上涨0.4%。

食品价格上涨明显。食品价格比上年上涨4.1%，位居八大类商品价格涨幅之首。一是粮食价格稳中趋升。2012年，全省粮食价格上涨2.3%。

其中，大米上涨2.9%、面粉上涨1.3%、粮食制品上涨3.1%、其他粮食上涨1.9%。二是牛羊肉价格上涨明显。牛肉价格上涨20.0%，羊肉价格上涨13.7%。三是鲜菜价格高位运行。鲜菜价格上涨10.7%。

2. 工业生产者价格呈下降态势

全年全省工业生产者出厂价格总水平比上年下降3.2%，工业生产者购进价格总水平下降1.3%。2月份开始工业生产者出厂价格呈现下降趋势，尤其是7月份和8月份降幅明显扩大，分别下降7.4%和8.5%，此后降幅逐步缩小，12月份下降1.1%，降幅比8月份缩小7.4个百分点。

全年有色金属冶炼及压延加工业、黑色金属冶炼及压延加工业、石油和天然气开采业等三个行业工业生产者出厂价格分别下降18.4%、11.9%和1.9%。煤炭开采和洗选业、化学原料及化学制品业、石油加工冶炼及核燃料加工业、有色金属矿采选业等四个行业工业生产者出厂价格分别上涨4.5%、4.0%、3.9%和0.9%。

3. 金融机构存贷规模再上新台阶

2012年末，金融机构本外币各项存款余额为10129.69亿元，比上年增长19.72%，增幅比上年提高1.33个百分点，高于全国平均水平5.62个百分点。一是金融机构住户存款余额为5128.41亿元，增长19.97%，占各项存款余额的50.63%，人均储蓄余额达到2万元。二是金融机构非金融企业存款余额为2889.52亿元，增长18.98%，占存款余额的28.53%。三是政府类存款余额2064.12亿元，增长19.98%，占各项存款余额的20.38%。金融机构本外币各项存款余额比年初增加1668.79亿元。

2012年末，金融机构本外币各项贷款余额为7196.60亿元，突破7000亿元，比上年增长25.46%，增幅较上年末提高了0.12个百分点，高于全国平均水平9.86个百分点。金融机构本外币各项贷款余额比年初增加1457.40亿元。其中，中长期贷款余额4220.71亿元，比年初增加706.33亿元；短期贷款余额2527.02亿元，比年初增加556.48亿元。

（五）从结构看，产业结构优化调整，城镇化水平继续提高

第三产业比重继续提高。2012年，三次产业结构由2011年的13.5 ∶ 47.4 ∶ 39.1调整为13.8 ∶ 46.0 ∶ 40.2，第二产业比重降低1.4个百分点，第三产业比重上升了1.1个百分点。第三产业增加值比上年增长12.5%，增速比上年提高0.9个百分点，金融保险业、营利性服务业等现代服务业的快速增长带动了第三产业加快发展。

种植业内部结构优化。全省各地充分发挥独特的气候资源优势，做大做强蔬菜、瓜果、中药材等优势产业，粮经饲播种面积结构由上年的69.7 ∶ 27.9 ∶ 2.4调整为69.0 ∶ 28.6 ∶ 2.4，经济作物比重提高0.7个百分点。

轻工业增加值比重提高。全省规模以上工业增加值中，轻工业所占比重为14.4%，比上年提高1.8个百分点。轻工业增长18.8%，增速高于重工业4.8个百分点，其中食品行业占轻工业78.0%，增长17.0%。

城镇化水平继续提高。2012年，全省城镇化水平达到38.75%，比上年提高1.6个百分点。

【经济运行中存在的主要问题】

（一）结构调整任务艰巨

2012年，第一产业与第三产业比重分别比2011年上升了0.3和1.1个百分点，第二产业比重降低1.4个百分点，三次产业结构有所优化。但是我们应该清醒的认识到，经济结构调整既有主动调整促使转型的因素，又有客观经济形势变化的影响。2012年世界经济形势复杂多变，国际大宗商品价格大幅回落，导致全省工业增加值增速回落，影响第二产业比重下降。而一旦世界经济好转，国际大宗商品价格回升，重化工业将快速发展，届时第二产业增加值将快速增长，第二产业比重也将攀升。同时，甘肃第三产业比重低于全国4.4个百分点，与全面建成小康社会的目标值相差9.8个百分点，结构调整的任务仍然十分艰巨。

此外，2012年全省种植业增加值占农林牧渔业增加值的比重高达74.4%，比上年提高1.0个百分点，是近年来的最高水平，而牧业增加值所占比重比上年降低了0.9个百分点。同时，种植业内部结构调整中，经济作物种植增长缓慢，而粮食作物比较效益低下，制约了甘肃农业快速发展。

（二）工业生产经营存在困难

一是实现利润增幅较低。2012年前十个月，规模以上工业企业实现利润呈现下降态势，11月利润增速由降转升，全年规模以上工业企业实现利润总额增长5.3%，增幅比上年回落5.2个百分点。其中：冶金行业、有色行业和煤炭行业分别实现利润均比上年有所减少。

二是产成品库存居高不下。从2012年初开始全省产成品库存持续增加，年末全省规模以上工业企业产成品库存502.7亿元，比上年增长36.0%。分行业看：有色金属行业产成品库存为258.5亿元，占全省产成品库存的51.4%，增长71.9%；食品行业产成品库存为50.5亿元，占全省产成品库存的10%，增长13.9%；煤炭行业产成品库存18.3亿元，占全省产成品库存的3.64%，增长2.1倍。

三是多因素困扰小微企业发展。招工难，用工成本上升，资金短缺、融资渠道狭窄，原材料成本上升快，以及企业市场需求不足，订单量下降等问题成为制约小微企业生产发展的突出问题。

（三）城乡居民收入水平仍然较低

2012年，在省委省政府多项政策的实施下，甘肃城乡居民收入增速均位居全国前列，但城乡居民收入绝对值仍居全国末位，城镇居民人均可支配收入比全国平均水平低7408元，相当于全国水平的69.8%，农民人均纯收入比全国平均水平低3410元，仅相当于全国平均水平的56.9%。

【2013年展望】2013年是全面贯彻落实“十八大”精神的开局之年，是实施“十二五”规划承前启后的关键一年，是推动落实甘肃省第十二次党代会精神，为全面建成小康社会奠定坚实基础的重要一年。尽管存在加快发展面临的困难和不确定因素，但总体上看，2013年甘肃经济仍将保持平稳较快的发展势头。

（一）有利因素

第一，多数世界经济组织认为2013年全球经济将会好转，2012年底主要经济体经济指标有所改善，美国失业率创2008年12月以来最低值，欧元区投资者信心指数上升。

第二，“十八大”确定了我国未来经济社会发展新思路，将进一步激发全国上下改革开放和加快发展的热情，稳增长系列政策的效应将进一步显现。中央经济工作会议提出要继续把握好稳中求进的总基调，加强和改善宏观调控，积极扩大国内需求，加大经济结构战略性调整力度，增强经济发展的内生活力和动力，保持物价总水平基本稳定，实现经济持续健康发展。加之，全国经济在经历了一段时间的下滑后，开始企稳回升，为甘肃经济发展创造了良好的外部环境。

第三，甘肃省委省政府深入实施“3341”项目工程，深入实施区域发展战略。国务院办公厅已正式批复甘肃省建设华夏文明传承创新区，这是继兰州新区之后，甘肃又一个国家层面的战略平台，必将对中华民族文化传承创新和甘肃经济、社会、文化发展起到重大的推动作用和深远的影响。同时，国家实行差别化的经济政策，扶持西部大开发的着力点和导向更加明显，支持甘肃发展的各项措施正不断推进。加之，经济步入快速发展周期，近年来主要经济指标呈现出加快发展的势头，为甘肃经济较快发展奠定了良好的基础。

（二）不利因素

从世界形势看，国际金融危机爆发以来，全球经济增长动力依然较弱，大多数发达经济体特别是欧洲的发达经济体，陷入了失业率高企、金融系统脆弱、主权债务风险上升、财政紧缩和低增长的恶性循环。全球经济依然充满了巨大的不确定性和下滑风险。

从国内形势看，虽然主要经济指标企稳回升，但基础并不牢靠。同时，我国发展仍面临不少风险和挑战，不平衡、不协调、不可持续问题依然突出，经济增长产能相对过剩的矛盾有所加剧，企业生产经营成本上升和创新能力不足的问题并存，金融领域存在潜在风险，经济发展和资源环境的矛盾仍然突出。

从自身发展情况看，甘肃经济结构单一，经济增长点不多，抗风险能力较差，经济发展主要依靠大企业、重化工业，受市场的冲击和影响非常大。同时，企业销售不畅，产成品库存规模不断扩大，将对工业企业生产经营产生一定的影响。

（董平　陈亮　郑萍萍）

国土资源

【土地资源】

（一）土地利用现状

全省土地总面积42.58万平方公里。根据2011年1月1日至2011年12月31日土地利用现状变更调查，全省主要地类面积及地类构成情况为：农用地2544.87万公顷（38173.01万亩），占土地总面积的59.77%。其中：耕地465.93万公顷（6989.00万亩）占18.31%；园地20.43万公顷（306.42万亩）占0.80%；林地518.27万公顷（7774.05万亩）占20.37%；草地1410.99万公顷（21164.79万亩）占55.44%；其他农用地129.25万公顷（1938.75万亩）占5.08%。

建设用地101.43万公顷（1521.32万亩），占土地总面积的2.38%。其中：城镇村及工矿用地90.94万公顷（1364.06万亩）占89.66%；交通运输用地7.61万公顷（114.06万亩）占7.50%；水域及水利设施用地2.88万公顷（43.2万亩）占2.84%。

未利用地1611.7万公顷（24175.5万亩），占土地总面积的37.85%。其中：未利用土地1424.47万公顷（21367.05万亩），占88.38%；其他土地187.23万公顷（2808.45万亩），占11.62%。

全省包括耕地中的水浇地及果园在内的农用地灌溉面积共有148.82万公顷（2232.3万亩）。以有林地及灌木林地计算森林覆盖率为8.71%。

全省土地利用率为62.15%，尚未利用的土地占全省总土地面积的37.85%，包括沙漠、裸地、冰川及永久积雪、盐碱地、沼泽等。

全省土地总面积居全国第七位，人均占用土地量居全国第五位，耕地面积居全国第十一位。

（二）耕地及基本农田保护

2012年各市（州）、县（市、区）、乡（镇）按照“依法依规、确保数量、提升质量、落地到户”的原则，层层签订耕地保护目标责任书，形成了一级抓一级，层层抓落实的耕地保护体系，全省除兰州市安宁区未规划基本农田、甘南州玛曲县为纯牧业县外，其余85个县（区）均完成了基本农田数据库建设。截止2012年底全省耕地保有面积465.93万公顷（6989万亩），实际划定基本农田保护面积388.1万公顷（5821.5万亩），占耕地总面积的83.3%，比规划确定的基本农田保护面积多出96.45万亩。

（三）土地整理复垦开发项目建设

2012年，全省共安排下达土地整理开发资金共计24.6581亿元，安排土地整理项目106个，其中，下达新增建设用地有偿使用费及开垦费23.6581亿元，安排项目97个，中央财政灾毁耕地复垦项目（岷县灾毁耕地复垦）资金1.0亿元，安排项目7个。全年共完成土地整理开发投资10.295亿元，建设总规模71.1万亩，新增耕地11.72万亩，完成梯田建设项目30万亩。

通过推进村庄土地整治，严格规范城乡建设用地增减挂钩试点，对农村散乱、废弃、闲置、自然灾害损毁土地和低效建设用地进行二次开发整理，切实提高土地节约集约利用水平。进一步保护和改善生态环境，保障土地可持续利用。

（四）土地供应情况

2012年，全省供应建设用地4369宗，面积17739.42公顷（新增土地供应10328.16公顷，存量土地供应7411.26公顷）。其中，以招标拍卖挂牌出让方式供地1133宗，面积6164.76公顷，出让价款为108.58亿元；以协议出让方式供地492宗，面积796.86公顷，出让，价款为7.36亿元；以划拨方式供地2732宗，面积10773.01公顷。

【矿产资源】

（一）矿产资源现状

截至2011年底，全省已发现各类矿产118种(计算到亚矿种则为179种)，其中，已查明资源储量的74种（计算到亚矿种则为111种），占全省已发现矿种的63%，未查明资源储量的44种(计算到亚矿种则为68种)，占全省已发现矿种的37%。列入《甘肃省矿产资源储量表》的固体矿产95种、矿产地1345处(含共伴生矿产，下同)，其中固体燃料矿产地247处，黑色金属矿产地133处，有色金属矿产地290处，贵重金属矿产地345处，稀有稀土分散元素矿产地39处，化工原料非金属矿产地86处，冶金辅助原料非金属矿产地49处，建材及其它非金属矿产地156处。勘查程度达到勘探阶段的269个、详查阶段的301个、普查阶段的775个。

据《2011年全国主要矿产资源储量通报》统计，在已查明的矿产中，甘肃省资源储量名列全国第1位的矿产有12种，居前5位的有29种，居前10位的有56种。截至2011年底，列入《甘肃省矿产资源储量表》的92种固体矿产中，与2010年比较，有46个矿种的资源储量发生了变化，其中资源储量增加的有17种，减少的有29种。

（二）矿产资源勘查

2012年，全省开展各类勘查项目共847个，投入地勘资金353709.48万元，其中中央政投入19052.30万元，地方财政投入99546.35万元，社会资金投入235110.83万元。其中基础地质调查项目54个，投入资金9454.87万元；矿产勘查项目697个，投入资金338781.41万元。勘查矿种主要为煤、铁、铜、铅锌、钨、钼、金等；其中能源矿产勘查项目51个，黑色金属项目85个、有色金属项目206个，贵金属项目310个，化工建材矿产项目25个，稀有和水气项目20个。全年共完成钻探1893922米，槽探832385.5立方米，坑探55195米，浅井1736米。

2012年，全省新发现的重大地质勘查成果主要以铌、钽、铷等稀有金属矿为主，金矿、煤碳资源找矿均有突破：甘肃省阿克塞县余石山铌钽稀有金属矿普查，省地质勘查基金投资1000万元，获得各类资源量105409.1吨。甘肃省瓜州县国宝山铷等稀有金属矿东段详查，省地质勘查基金投资2500万元，初步估算资源量20.50万吨。甘肃省甘谷县罗家峡一带磷矿普查完成投资900万元，共圈出9个矿体。矿区内共获得类磷矿石资源量5469.75万吨，低品位磷矿矿石资源量12534.57万吨。甘肃省阿克塞县安南坝青砂沟锰矿详查共投入2000万元，新增锰矿石资源量1000万吨。甘肃省合作市早子沟金矿详查共投入资金3867.2万元，新增金资源量突破40吨。甘肃省合水县东—宁县北部勘查区煤炭普查完成勘查投资18396.33万元，获得的煤炭资源量251960.93万吨。甘肃省合水县西—宁县北部勘查区煤炭普查完成勘查投资19285.72万元，获得的煤炭资源量390398.34万吨。甘肃省泾川县高平勘查区煤炭普查完成勘查投资12098.81万元。估算资源量为179156万吨。甘肃省正宁县罗川东部勘查区煤炭普查完成勘查投资4977.67万元。估算资源量32506.62万吨。

甘肃省矿产资源潜力评价：2012年完成了对铬、锰、锡、钼、银、硼、硫、萤石、菱镁矿、重晶石等10个矿种的潜力评价工作。2012年7月提交了甘肃省铬、锰、锡、钼、银、硼、硫、萤石、菱镁矿、重晶石矿种（组）潜力评价成果报告，并通过了全国项目办验收。矿产预测成果为：铬矿共圈定最小预测区5个，锰矿共圈定最小预测区35个，锡矿共圈定最小预测区4个，钼矿共圈定最小预测区10个，银矿共圈定最小预测区37个，硼矿共圈定最小预测区6个，硫矿共圈定最小预测区3个，萤石矿共圈定最小预测区47个，菱镁矿共圈定最小预测区23个，重晶石矿共圈定最小预测区12个。完成的10份单矿种（组）潜力评价成果报告中，锰矿成果报告全国项目办验收为优秀级，其它矿种成果报告为良好。

（三）矿产开发利用

2011年度全省各类（油气除外）持证矿山总数3470个。按生产规模划分，大型矿山46个，中型矿山65个，小型矿山1112个，小矿（生产建设规模在小型矿山规模上限十分之一以下）2247个。与上年度相比，2011年度矿业各项指标变化较大的是：非油气矿山总数增加180个，增长5.47%；实际采矿能力比上年增加1247.06万吨/年，增长10.7%；开采矿石总量比上年增加1088.83万吨，增长9.8%；非油气矿山工业总产值比上年增加383397.4万元，增长13.9%。截止2012年12月31日，省级共设置探矿权共1323个(其中2012年立1个，注销66个)，省级设置采矿许可证486个(其中，2012年新立22个，变更23个，延续17个)。

（四）矿业权出让和矿产资源补偿费征收

2012年对金塔县营盘大墩北红柱石矿采矿权和甘肃省玛曲县尕热沟一带金矿普查等34宗探矿权进行了招拍挂出让，成交价款1.39亿元。全年全省共实现矿产资源补偿费征收入库

5.75 亿元。其中省国土资源厅直接征收矿产资源补偿费 5.16 亿元，14 个市州征收矿产资源补偿费 0.59 亿元。

（五）地质勘查基金

2012 年，省财政厅、省国土资源厅印发了《关于进一步加强地质勘查基金项目资金管理的通知》，进一步规范了项目资金的管理。全年地质勘查基金共安排项目 67 个，投入资金 96509 万元。省财政补充地质勘查基金账户 48000 万元。陇东煤炭勘查项目进展顺利，年内有 3 个项目完成详查，已通过储量评审，提交煤炭资源量 67.43 亿吨。

【地质环境】

（一）地质灾害防治

2012 年全省共发生地质灾害 144 起。按灾害种类划分：滑坡 70 起、崩塌 29 起、泥石流 36 起、地面塌陷 5 起、地裂缝 4 起。按灾害类型划分：特大型 3 起、大型 4 起、中型 22 起、小型 115 起。按灾害诱发因素划分：自然诱发 139 起、人为引发 5 起。灾害共造成 7 人死亡、4 人失踪、1 人受伤，直接经济损失 15241.49 万元。联合省气象局共同发布重大地质灾害气象预警预报信息 14 次，其中三级预警 8 次，二级预警 6 次。成功预报 8 次，搬迁避让 232 人，避免伤亡 241 人，避免直接经济损失 455.6 万元。

2012 年共投入地质灾害防治项目资金 36011 万元，其中，中央财政投入 19711 万元，省级财政投入 16300 万元，共安排地质灾害防治项目 39 个。

全年完成一级地质灾害危险性评估备案 212 份。完成应急调查 20 次。在地质灾害分布较多的 9 个市州成立了地质灾害应急中心，27 个县区成立了地质环境监测站，建立了省、市、县地质灾害防治应急机构体系。

（二）灾后重建情况

舟曲 8·8 特大山洪泥石流灾害灾后重建地灾防治项目除锁儿头滑坡治理方案正在进一步论证外，其他工程项目已全部完成，并进行了验收。成县地质灾害治理工程，庙沟泥石流治理工程和黑潭沟泥石流治理项目已全部完工，赵河沟泥石流治理项目完成货币工作量的 90%。东乡族自治县县城特大滑坡灾害灾后恢复重建地质灾害综合治理项目，目前工程建设进展顺利，已完成货币工作量的 90%。岷县“5·10”特大冰雹山洪泥石流灾害地质灾害防治，2012 年共安排 8 个治理项目。永靖刘盐八库区地质灾害综合治理项目的实施方案已通过国家发改委初步审查论证。

（三）矿山地质环境

矿山复绿行动：按照《国土资源部办公厅关于印发全国“矿山复绿”行动方案的通知》要求，结合全省矿山地质环境问题现状，编制了“甘肃省矿山复绿行动工作计划”。计划 2013-2015 年，对 1414 矿山进行集中整治。

矿山公园建设：白银市火焰山矿山公园主体建设大部分已经完成，矿山景区已经完成道路、停车场、草坪、观景台、标志牌的修建，全部建设预计在 2013 年 4 月底前完成。金昌金川国家矿山公园的主体工程、博物馆布展已经全部完成，2012 年 7 月 6 日，《金川国家矿山公园建设总体规划》经国土资源部专家组审查通过。甘肃玉门油田正在申报国家矿山公园。申报材料已通过部组织的国家矿山公园专家评审。

（四）地质遗迹保护

2012 年，国土资源部批准甘肃省建设永靖炳林石林、张掖彩色丘陵 2 个国家地质公园。天水麦积山、和政古生物化石国家地质公园顺利通过国土资源部的检查验收。省厅批准酒泉市敦煌鸣沙山月牙泉、甘肃金塔黑河、天水市武山水帘洞、平凉市庄浪县云崖寺、定西市临洮县紫云山、兰州市永登县吐鲁沟、兰州市天府沙宫 7 个省级地质公园，2012 年共安排省级地质遗迹保护经费 2000 万元，实施了崇信县龙泉寺等 8 个省级地质遗迹保护项目。

2012 年 10 月，提交了甘肃省清水县中国温泉之乡申报书，经国家温泉之乡评审专家委员会审查论证，一致认为清水温泉具有出水温度高、温泉矿物质含量丰富、保护与开发前景广阔，批准建立“甘肃省清水县中国温泉之乡”，成为全省第一个“温泉之乡”。省级财政全年投入 2110 万元，实施了平凉市城区供水、兰州、天水市地热资源勘查等 15 个水工环项目。

（刘志广）

防震减灾

【地震概况】2012 年甘肃共发生 MS ≥ 2.0 级地震 108 次。其中，2.0~2.9 级地震 94 次，3.0~3.9 级地震 12 次，4.0~4.9 级地震 1 次，5.0~5.9 级地震 1 次，最大地震为 5 月 3 日发生的金塔 5.4 级地震。5 月地震活动频次较高达到 21 次，3 月份地震活动水平较低仅 4 次，其余月份地震频次 5~15 次；3.0 级地震分布 5 和月份最多为 4 次，除 4、6、8、12 月份无 3.0 级地震以外，其余月份均有 3.0 级地震 1~2 次。地震活动在空间上延续了 2009 年以来甘肃地区地震活动格局，2.0 级以上地震主要集中分布于祁连山地震带西段和东段的古浪周围；3.0 级地震主要分布在祁连山中西段地区。

【地震监测预报】加强地震监测台网运维和管理，维修、更新、改造仪器设备 88 台套；对张掖中心地震台、兰州观象台及武山地震台生活设施进行了改造，解决了饮用水问题；加强地震监测设施和地震观测环境保护，将地震台站相关资料向 14 个市州国土资源、建设、公安、测绘等部门进行了备案，制作了警示牌 180 块。本年度，测震、前兆、强震动台网及信息网络运行率分别达到 95.22%、99.93%、91.3%、99.97%。

全省地震系统以年度地震重点地区为核心，开展了不间断的震情跟踪与分析研判。进入 5 月份以来，根据省内震情发展变化，及时向省政府汇报震情形势，采取了落实 24 小时震情值班、落实重大宏微观异常、强化科技成果应用、严格加密会商等一系列应对措施，全力组织实施震情跟踪。本年度，对肃南4.9级、金塔5.4级等4次显著地震事件，作出了较准确的震后趋势判定。

【地震灾害预防】加强重大建设工程、一般建设工程以及学校、医院等人员密集场所地震安全性评价和抗震设防要求监管，制定修订了地震安全性评价资质单位监督管理办法、地震安全性评价报告评审办法和入驻省政府政务大厅首席代表选派管理办法等，地震安全性评价和抗震设防要求管理日臻规范。本年度，审批确认重大工程抗震设防要求88项，确认一般建设工程抗震设防要求1700项，现有建筑物抗震能力日益提高。

深入实施农村民居地震安全工程，甘肃省地震局继续完善农居地震安全技术服务系统，各市州地震部门联合有关部门组织开展了农村工匠培训2000人次，为省政府年度部署的16万户农村危房改造、2.25万户棚户区改造、0.86万户垦区危房改造、新建100个乡镇及社区体育健身中心、新建3.23万套房廉租住房和2.91万套公用廉租房以及校舍安全工程、游牧民定居工程的抗震安居房建设提供了地震安全技术咨询与服务。

【地震应急救援】《甘肃省地震应急预案》目前已完成论证，正在征求有关部门意见和建议；省抗震救灾指挥部，组织开展了一次省市县三级地震应急联动桌面演练，省委常委、副省长、省委秘书长李建华担任本次演练指挥长，通过演练，进一步提高了应急反应和指挥决策能力。全省各级各有关单位制订修订地震应急预案700件，开展地震应急演练600场次；新建应急避难场70处、志愿者队伍80支，10支队伍配备了300多万元的救援专业装备；组建了4支市县级地震灾害紧急救援队；完善了42类72项地震应急基础数据库；酒泉、平凉市地震局地震应急物资储备库进一步完善，库存达到4大类26000件，全省地震应急救援体系进一步完善。

高效应对地震突发事件。本年度，甘肃省内共发生显著及破坏性地震4次，特别是5月3日酒泉金塔5.4级地震发生后，甘肃省地震局地震现场工作队与酒泉市、金塔县地震局现场工作队联合开展了灾情调查和核实，依据国家标准，快速产出了灾害损失评估报告，经省地震灾害损失评定委员会评审通过并上报省政府。

【地震科技创新】加强地震基础理论研究，本年度共申报各类科研课题93项，33项获得资助；对25项在研课题进行了结题验收，取得了创新研究成果并被应用到地震预报领域，发表论文126篇，其中SCI11篇、EI11篇；依托西部地球科学与防灾工程论坛平台，邀请了17位国内外专家作了10场学术报告，选派5位出国深造，全面学习交流国内外地震科学研究最新进展、最新成果。

编制了兰州地球物理国家野外科学观测研究站和甘肃省岩土防灾工程技术研究中心组织管理及实施方案，重点提高成果产出率，促进学科发展，加快人才培养。5月9日，中国地震局黄土地震工程重点实验室在甘肃省地震局正式挂牌，标志着甘肃省在岩土地震工程领域研究迈上了新的台阶，组织编制了发展规划和管理细则，大力推进自主创新和原始创新。

【法制建设和科普知识宣传】甘肃省地震局积极配合省人大常委会对《甘肃省地震安全性评价管理条例》进行执法检查，检查组先后对平凉、天水、陇南、甘南（舟曲）、酒泉、张掖、金昌等市州贯彻落实条例情况进行了执法检查。全省各级地震部门会同宣传、教育、民政、卫生等部门开展了内容丰富，形式多样的防震减灾法制和科普宣传，共展出展板800多块，接受媒体专访48人次，悬挂横幅98幅，应急演练学生9万人次，科普竞赛8万人次，发放宣传资料35多万份，接受咨询15万人次，接受教育达35万人次，社会公众、中小学师生防震减灾意识明显增强，自救互救和应急避险能力普遍提高。

【防震减灾规划及重点项目】积极推进规划落实，将防震减灾内容和重点项目纳入了《国家综合防灾减灾规划（2011-2015年）甘肃省实施方案》、《国家六盘山片区区域发展与扶贫攻坚规划甘肃实施规划》、《国家秦巴山片区区域发展与扶贫攻坚规划甘肃实施规划》、《甘肃藏区发展规划》、《甘肃定西渭河源区生态保护和综合治理规划》等相关规划，跟踪重点项目立项和经费落实。

积极推进重点项目落实，甘肃省防震减灾能力提升工程重点项目建议书和可行性报告目前已上报省发展改革委，全力推进项目立项；兰州国家陆地搜寻与救护基地二期项目，总投资1.2亿元，可行性研究报告已上报省发展改革委，评审通过后上报国家发展改革委批复立项；编制完成了岷县特大暴洪泥石流灾后重建项目实施方案，落实了经费，部分项目已完成。

甘肃省暨西北区域防灾减灾中心大厦建设项目主体工程于8月份封顶。中央投资的兰州国家陆地搜寻与救护基地一期工程，全部完成了技能训练设施及5875件装备采购任务；甘肃省投资的配套保障设施项目已完成初步设计和征地50亩工作；地震背景场探测甘肃分工程项目、国家地震社会服务工程甘肃分项目完成了年度工作任务。

（高菁菁）

气　象

【气候概述】2012年，2012年的气候条件属较好年景。全省年平均气温接近常年，年平均降水量偏多，年平均日照时数略偏少，年内出现了局地强降水、暴雨、连阴雨、冰雹、干旱、高温、大风、沙尘（暴）、晚霜冻、寒潮和强降温等天气气候事件，其中局地强降水、冰雹、暴雨（洪）等引发了泥石流、洪涝、山体滑坡等气象次生灾害。

气温：2012 年全省年平均气温为 8.0℃，接近常年，为 1997 年以来最低。祁连山区和甘南高原西部平均气温为 0.1~6.0℃，河西走廊、陇中、陇东和甘南高原东部为 6.0~10.0℃，陇南为 10.0~14.8℃。年平均气温最低中心在乌鞘岭，为 0.1℃，最高中心在文县，为 14.8℃。与常年相比，2012 年甘南高原平均气温偏高 0.5~0.7℃，河西西南部和陇东东端偏低 0.5~1.5℃，全省其余大部气温普遍正常，与常年持平。2012 年全省各月平均气温与常年同期相比，1、2、11 和 12 月气温偏低，其中 2 月偏低 1.6℃，为近 4 年来最低，4、5、6 和 8 月偏高，其余各月接近常年。

降水：2012 年全省年平均降水量为 439.2 毫米，较常年偏多 1 成，为近 5 年来最多。河西西北部年降水量在 100 毫米以下，河西中东部、陇中北部为 200~400 毫米，祁连山区、陇中南部、陇东和陇南大部为 400~600 毫米，陇中西南个别地方、陇南东南部和甘南高原大部为 600~855 毫米。年降水量最少中心在鼎新，为 42.2 毫米，最多中心在徽县，为 855 毫米。2012 年全省年降水量与常年相比，除河西西北部个别地方、陇东南部和陇南南端偏少 1~2 成外，全省其余大部地方偏多 1~4 成，其中河西西北部偏多 4 成 ~1.2 倍。玉门和乌鞘岭 2 站达到有资料以来最多降水量极值，玉门年降水量较常年偏多 1.35 倍，乌鞘岭偏多 4.6 成。

日照：2012 年年日照时数，河西为 2400~3700 小时，陇中和陇东为 1780~2800 小时，陇南和甘南为 1320~2390 小时。2012 年年日照时数与常年相比，河西偏多，河东偏少，其中河西大部和陇东北部偏多 20~200 小时，河西北部个别地方偏多 200~500 小时，祁连山区、陇中个别地方、陇南东部和甘南高原个别地方偏少 20~100 小时，陇中南部、陇东南部、陇南大部和甘南高原大部偏少 100~400 小时。

【主要气象事件及其影响】低温：1 月中旬末至下旬末，由于全省出现大范围降温降雪天气，全省 1 月平均气温和平均最低气温分别比常年同期偏低 1.4℃和 0.6℃，省内大部分地方偏低 1.0~2.0℃，其中河西偏低 2.0~6.0℃，河西大部和陇中部分地方气温显著偏低，1 月全省有 45 站累计出现日最低气温 < −20℃日数共 225 天，比常年同期偏多 121 天。1 月部分地区出现极端低（降）温天气气候事件，肃北、会宁、静宁、泾川和武山 5 站达到极端低温事件标准，渭源日降温（11.4℃）超过历史极值，泾川出现极端连续降温，降温幅度达 16.8℃。12 月下旬河西肃北、瓜州、肃南和民乐 4 站出现极端低温事件，其中肃北最低气温超过历史极值，瓜州出现极端连续降温，降温幅度达到 17.3℃。

霜冻：出现次数偏少，河西个别地方受灾严重。年内晚霜冻（3~5 月），全省除舟曲外，其余各地均出现霜冻，累计出现 2853 次，较常年同期偏少 397 次，为近 3 年最少。河西和甘南大部霜冻日数为 33~79 天，陇中大部和陇东大部为 24~52 天，陇南为 6~27 天。受晚霜冻影响，河西部分地方、陇中个别地方和陇东部分地方的农作物受灾，河西中部个别地方受灾严重。

干旱：2012 年干旱较常年范围小、程度轻，各个旱段持续时间短，且降水适时，土壤水分补充及时，对作物、牧草及林木生长特别有利。3 月中下旬，陇中部分地方、陇南南部个别地方降水偏少 4~6 成，其中陇中北部基本无降水，连续无降水日数为 39~44 天，陇中北部及陇南南部个别地方出现初春旱。4 月 0~50 厘米平均土壤相对湿度与常年同期相比，陇中部分地方、陇东个别地方及陇南市东南部偏低 1~15 个百分点，其中舟曲偏低 45 个百分点，出现了不同程度春末旱。初夏 6 月前期，河东出现初夏旱，但对农业生产影响不大。

沙尘暴：沙尘暴、扬沙和大风日数均偏少。2012 年全省有 6 站出现沙尘暴，累计出现 14 次，较常年偏少 89 次，为 1960 年以来最少，其中金塔出现 4 次，肃州 3 次，敦煌、鼎新和肃北各 2 次，凉州 1 次。年内出现 2 次区域性沙尘暴，较常年偏少，均出现在春季。年内各地沙尘暴日数除肃北偏多外，其余地方偏少 1~18 次，其中民勤偏少 18 次。年内有 34 站出现扬沙天气，累计出现 140 次，较常年偏少 406 次，为 1960 年以来最少，主要出现在河西、陇中和陇东，其中敦煌最多（18 次），其次为金塔（16 次）、甘州（13 次）。年内有 62 站出现大风天气，累计出现 501 次，较常年偏少 59 次，为近 3 年来最少。

冰雹：出现次数少，局地雹灾严重。2012 年全省共有 26 站出现冰雹，累计出现 42 次，较常年偏少 47 次，主要出现在春末和夏季中下旬，出现区域为陇中东南部和甘南高原，其中乌鞘岭出现次数最多（5 次），其余各站为 1~3 次。年内出现 2 次区域性冰雹，均出现在春季末。

暴雨：暴雨日数少，降雨强度大，局地受灾严重。全省有 14 站出现暴雨，各站各出现 1 次，较常年偏少 6 次，为 2003 年以来最少，但局地暴雨强度大，部分地方受灾严重，其中河西玉门镇和肃北出现了建站以来较为罕见的暴雨过程。年内出现 2 次区域性暴雨，分别在 8 月 14 日（5 站）、8 月 17 日（5 站），降水量分别为 51.3~108.0 毫米、53.1~115.5 毫米。

干热风和高温：2012 年河西大部和河东部分地方的 47 县（区）出现干热风，较常年偏少 40 次，为 2004 年来最少。年内有 42 站出现日最高气温 ≥ 32℃的高温天气，累计出现 691 天，较常年略偏少，为 2004 年以来最少，主要出现在河西大部、陇中、陇东和陇南个别地方，其中敦煌出现日数最多（74 天）。16 站出现日最高气温 ≥ 35℃的高温天气，累计出现 60 天，较常年偏少 59 天，为 2004 年以来最少，主要出现在河西地区，其中敦煌出现日数最多（13 天）。

连阴雨：2012 年全省有 66 站出现连阴雨，累计出现 326 次，较常年略偏多，其中碌曲出现次数最多（13次）。年内共出现了16次区域性连阴雨，较常年偏多，为近5年最多，春季6次、夏季7次、秋季3次，其中7月11~21日开始的连阴雨过程为大范围连阴雨（43站），过程降雨量为18~101.1毫米，持续时间为5~12天。

寒潮：寒潮强降温次数少，局地出现低温冻害和雪灾。2012年全省出现寒潮34站次，较常年偏少24次，强降温113次，较常年偏少40次，主要出现在冬春和秋末，主要出现区域在河西西部大部地方、陇中和陇东个别地方。年内出现的寒潮、强降温等低温冻害天气对交通、农牧业生产造成了较重影响，河西大部地方和陇东部分地方不同程度受灾，河西个别地方受灾严重。

次生地质灾害：5月10日08时~11日08时定西、陇南、甘南三市（州）局部地方出现暴雨，乌鞘岭、岷县、临夏、碌曲、卓尼等县出现冰雹，岷县冰雹最大直径40毫米，部分地区积雹厚度达10厘米。主要降水时段集中在10日17时至20时，受灾严重的定西岷县的麻子川乡在10日17时至18时，1小时最大降水量就达42毫米，5月上旬末出现这种情况在甘肃极为少见。强降水17时开始，18时就出现了灾情。雷电、短时强降水、冰雹、阵性大风多灾种并发。大范围冰雹及强降雨，引发山洪泥石流灾害，造成了重大的人员伤亡和财产损失。

【气象服务】公共气象服务：2012年全省重大灾害性天气无漏报，重大过程预报服务无失误。发布气象灾害预警信息1151条，接收1.87亿人次。2012年全省公众气象服务满意度为88.3分，名列全国气象部门第8名。

气象为农服务体系建设：组建了近150位专家参与的气象为农服务专家团。开展“一县一业”特色作物生育期气象观测，建立作物气象服务指标。开展直通式或点对点式农业气象服务模式，将2174个县级服务对象纳入服务库。

专业气象服务：为风能资源评估、兰州新区建设等提供服务。实现对中石化和中石油兰州分公司120个加油站气象部门统一防雷检测。完成风电功率预报预测集约化系统建设并投入使用。制订地方标准2项，启动5项。

重大社会活动气象服务：完成“神九”发射、兰洽会、环青海湖国际自行车赛、兰州国际马拉松赛等重大活动赛事的气象服务保障。

人工影响天气服务：省政府颁布了《甘肃省人工影响天气管理办法》，下发了《关于进一步加强人工影响天气工作的实施意见》。组织新疆、陕西、青海、内蒙、宁夏及新疆建设兵团有关专家编写的《西北区域人工影响天气能力建设可行性研究报告》通过专家论证。13个市（州）建立了人工影响天气业务平台，加大了抗旱、防雹、开发利用云水资源、改善生态环境、森林草原防灾扑火等人工影响天气作业力度。人工增雨（雪）助力石羊河流域重点治理提前8年达标。积极开展飞机人工增雨，飞机增雨作业26架次，增水量约12.3亿立方。

气象防灾减灾服务：省政府出台《关于加强气象灾害监测预警及信息发布工作的意见》，修订完善了气象灾害应急预案。省、市、县三级均成立气象灾害防御指挥部。建成“村村响”5727套、气象灾害预警信息发布中心78个。全省14个市州均完成甘肃气象频道本地插播系统建设。乡镇气象工作站、气象信息员行政村覆盖率达100%。73个县开展了气象灾害应急准备认证。建立气象灾害预警信息发布“绿色通道”。

【气象业务与现代化建设】气象基本业务与建设：开展大城市、中小河流防汛和山洪地质灾害防治精细化预报服务业务。开发短临监测预警平台、中小河流和山洪地质灾害气象风险预警服务平台，建成地质灾害气象预报预警服务业务流程和山洪地质灾害气象风险预警服务试验业务流程2个省级业务流程。完成气候业务内网、气候信息综合处理与分析平台（CIPAS）建设，完成极端气候事件监测业务系统、月内重要过程趋势预测系统、多模式气候预测产品解释应用、动力与统计集成的汛期气候预测系统建设。成立西北区域数值预报中心，开展多模式集合预报试验研究，编写区域数值模式发展规划。完善省级指导预报下发和市州级订正预报反馈机制，推进兰州大城市以及市州城市精细化预报服务工作。

公共气象服务系统建设：开展暴雨诱发的中小河流洪水和山洪地质灾害气象风险预警服务试验，完成暴雨洪涝灾害风险普查和县级精细化暴雨灾害风险区划。决策气象服务信息系统投入使用。利用FY-3卫星，对祁连山积雪、甘肃境内水域进行实时监测，生成多元化服务产品，为政府开展祁连山生态环境保护、民勤绿洲综合治理提供重要决策参考依据。

综合观测系统建设：完成2012年山洪地质灾害防治气象保障工程、气象灾害监测预警等项目建设。完成地面测报业务调整改革和新一代气象通信系统切换。推进国家基准气候站优化调整工作。完成武都、兰州风廓线雷达，定西木寨岭X波段雷达的安装调试工作。甘南新一代天气雷达、新一代可移式天气雷达系统（CINRAD/CCJ）完成出厂测试验收。舟曲X波段雷达完成业务验收。

信息网络通信系统建设：积极开展多部门监测预警信息共享工作，出台了《甘肃省气象局多部门资料信息共享实施细则》。陇南市自然灾害监测预警指挥系统实现了气象、水务、国土、水文、地震、环保、泥石流滑坡预警站等部门资源共享。编制了《甘肃省气象装备保障社会化指导意见》和《甘肃省气象装备保障社会化监督管理办法》。

政　治

组织工作

【代表推荐选举】认真做好党的十八大和省十二次党代会代表推荐选举工作。坚持代表条件，充分发扬民主，顺利完成了619名省党代表的推选工作，确保了中央提出的“两上升一保证”要求。严格按照“三上三下”的程序，产生了甘肃省出席党的十八大的39名代表。

【领导班子换届】根据省委安排，扎实做好省“两委”人选酝酿、推荐和考察工作，严谨细致地做好省十二次党代会选举及十二届省委一次全会、省纪委一次全会选举的组织协调工作，确保了中央批复的人事安排大格局顺利实现，得到了中组部和社会各方面的充分肯定。中组部主要领导同志在省委换届工作总结报告上批示：“甘肃的党代会组织得很好”。

配合中组部，认真做好省人大政府政协的换届考察工作。加强与省人大、省政协、省委统战部和各市州的协调沟通，完成了全国人大代表、政协委员和509名省人大代表、590名省政协委员的推选工作。统筹考虑省人大、省政协各专委会及工作机构组成人员，及早做好会议选举各项筹备工作。

结合领导班子日常调整，交流安排了16名市州领导干部，提拔了2名换届考察过的县委书记，统筹配备了定西、金昌、兰州等市的县区党政正职，落实了部分提前离开领导岗位干部的待遇问题。

把严肃换届纪律工作贯穿换届全过程，坚持教育在先、警示在先、预防在先，着力营造风清气正的良好环境。在换届的重要节点，向省“两委”委员候选人预备人选、省党代会代表寄送换届纪律提醒卡，发送手机提醒短信，签订遵守换届纪律承诺书，并向社会公布了举报电话和举报网站，换届纪律实现了“零举报”。从中组部反馈的情况看，认为省委换届和十八大代表推选风气“很好”的占99.49%，“好”的占0.51%。

围绕党的十八大和省十二次党代会召开做好舆论宣传工作。积极宣传基层一线党代表先进事迹，认真做好考察人选舆情监测工作。在《甘肃日报》连续刊发5篇综述文章，对十七大以来党的建设和组织工作成就进行了集中宣传。党的十八大和省第十二次党代会召开后，及时安排部署，研究提出了组织工作贯彻落实的思路和措施。

【重点工作】着力推进领导班子思想政治建设，各级班子和广大干部推动科学发展能力有新的提高。市县换届后，着眼于加强领导班子思想政治建设，研究制定了分类推进领导班子思想政治建设的意见。围绕科学发展主题和转变发展方式主线，与有关部门配合成功筹办了省市主要领导干部学习研究政策经验、谋划推动转型跨越专题研讨班；组织实施43个省一级干部培训项目，培训干部2754名；注重抓好新进班子人员培训，选派55名新任县委书记参加了中组部安排的任职培训，对新提拔的市县两级班子成员和1228名乡镇党委书记进行了专题培训，各级领导干部推动转型跨越发展的意识和能力进一步增强。加强了对市县党政正职、乡镇党委书记等关键岗位的重点管理，对23名省管领导干部进行了经济责任审计。对49个省直单位干部选拔任用工作进行了专项检查，全省选人用人公信度比2011年提高2.38分，比2008年提高9.57分。干部监督工作取得新成效，全年受理举报反映问题465件，比2011年减少29.8%，涉及选人用人的举报率下降25%，选人用人风气进一步好转，干部群众对组织工作的认可度进一步提升。

以破解难题、服务群众为重点深入推进创先争优活动，广大基层党组织和党员的先进性进一步增强。围绕推动转型跨越发展，深化破解难题主题活动，下功夫解决73个重点难点问题。广泛开展“窗口月”、“窗口周”、“窗口日”活动，引导广大基层党组织和党员干部从群众最需要的地方做起，从群众最不满意的地方改起，争创了一批群众满意窗口、优质服务品牌和优秀服务标兵。在抗击岷县特大雹洪灾害等急难险重任务中，组织广大党员干部率先垂范、创先争优。“七一”前夕，表彰了一批先进党组织、优秀共产党员和抢险救灾贡献突出个人，有效激发了基层党组织和广大党员创先争优、服务群众的动力和活力。促进创先争优常态化，形成了一批理论成果、制度成果、实践成果。中央领导4次作出批示，新华社等中央媒体40多次报道肯定全省创先争优活动。

以联村联户为主战场深入开展基层组织建设年活动，基层党建工作全面加强。把双联行动和基层组织建设年活动紧密结合起来，围绕强基固本对全省7.8万多个基层党组织进行分类定级、整顿提升，新建和改扩建村级活动场所1343个，调整配备村班子483个，整顿转化后进村党组织1486个。统筹推进各领域党建工作，全省1151个社区全面推行民情流水线工程，200个社区建成“三维数字”社会管理系统；开展非公党建“创新发展年”活动，全省非公企业党组织组建率提高到16.44%；加大社会组织、中小学校建立党组织工作力度，组建率分别提高到50%、100%和85%；国有企业、高等院校和机关等领域基层党建工作全面加强。党员教育管理工作有序推进，加大从青年工人、农民、知识分子中发展党员力度，继续开展万名基层党员干部培训工程，加强基层党组织书记、大学生村官、藏区基层党员干部的培训。全面推行党代表任期制，扎实开展党代会常任制试点工作，党代表作用得到有效发挥。

【干部人事制度改革】积极稳妥推进干部人事制度改革，广大干部干事创业的积极性进一步激发。干部工作民主化程度不断扩大，研究制定了扩大民主产生正厅级党政主要领导干部人选的《试行办法》，在省委全委会上组织推荐了7个职位提名人选，在教育系统推荐产生了6名省属高校正职人选，一批年富力强、德才兼备、公认度高的领导干部走上重要岗位。省直部门推行中层干部竞争上岗制度覆盖面达到100%，市县两级实行干部竞争性选拔成为常态。科学发展业绩考核工作实现新突破，研究制定了体现科学发展观和正确政绩观要求的8个考评办法，运用新办法对省管领导班子和领导干部进行年度考核。年轻干部培养力度进一步加大，制定下发《甘肃省2012–2016年年轻干部培养规划》，精心选派一批优秀年轻干部到乡镇一线和发达地区挂职锻炼，从优秀村干部和大学生村官中考录192名乡镇公务员。

【人才队伍建设】积极推动各类人才队伍建设，人才支撑保障作用进一步发挥。落实全省中长期人才发展规划，继续深入实施12个重点人才工程，启动双联行动人才支撑计划。研究出台《关于加强全省金融人才队伍建设的意见》，按照三运书记提出的借梯上楼、借力发展思路，从中央金融机构引进61名金融人才，建立了两年一换的长效机制。围绕转型跨越需要，全省各地各单位共引进各类人才9192人。制定出台进一步加强党管人才工作的《实施意见》，以15个“人才特区”试点为抓手推动人才政策创新，加强科学人才观的学习和宣传普及，人才发展环境得到进一步优化。

【干部健康工作】认真研究干部健康工作中存在的困难和问题，会同有关部门研究起草并以省委、省政府名义下发了《关于进一步加强干部保健工作的意见》，召开了全省干部健康工作会议，对进一步加强和改进干部健康工作进行了安排部署。

【老干部工作】举办纪念干部离退休制度建立30周年成就展，全面落实离退休干部政治生活待遇，组织开展“我为甘肃跨越发展献一策”活动，进一步发挥了老同志在推动发展中的作用。

【联村联户行动】注重远谋近施，在订规划、理思路上求实效。省委作出开展双联行动的重大决策后，部机关把这项活动作为改进工作作风、践行党的群众路线的重要实践，全员参与，积极行动，组建8个工作组，分别由部领导带队，承担环县、舟曲8个村213户的双联工作。在深入调研对接的基础上，认真分析贫困地区发展现状、制约瓶颈和特色优势，按照“一村一品、一户一策”的原则，会同基层干部群众制定了环县《小康社会建设规划》，提出了小杂粮深加工、红色旅游发展、职业教育发展和干部赴外培训等7个《专项规划》，形成了8个联系村《五年帮扶规划》和所有联系户《五年帮扶计划》，做到了发展有目标、实施有步骤、阶段有重点。同时，从宣传惠农惠民政策、听取民情民意、整治村容村貌等容易办好的事情做起，及时让群众感受到双联行动带来的实惠和变化。

注重智力帮扶，在兴人才、送技术上求实效。坚持扶贫先扶智（志），既为群众送“实惠”，更为群众送“智慧”。启动双联行动人才支撑计划，实施农村致富带头人培养、科技特派员支农等8项具体措施，选派41名科技人才重点到贫困县和少数民族地区开展挂职服务。协调教育部、国家旅游局、中粮总公司、人民教育出版社、中央广播电视大学、西北农林科技大学、天津石油职业技术学院和省内部分高校与环县开展结对帮扶，借助他们的资源优势，为特色产业开发提供技术支持，对40名贫困村党支部书记和40名大学生村官进行了培训，并帮助环县职业中专提升办学水平。同时，采取先进村“一带一”、异地办班培训技术、农业专家面对面解疑释惑等办法，帮助基层党员干部提高科技文化素质，激发群众脱贫致富奔小康的内生动力。

注重抓主抓重，在强班子、抓项目上求实效。坚持把抓好基层党组织建设作为组织部门开展双联行动的切入点，着力抓好58个贫困县活动场所全覆盖和村级组织带头人队伍建设。同时，把项目建设作为促进贫困地区脱贫致富的重要抓手，突出特色优势产业开发、农村基础设施建设、惠民便民利民工程三项重点，专门安排干部协助市县做好项目衔接工作，并认真组织开展了帮扶项目的论证筛选和组织实施，共协调落实项目76个，组织实施项目45个。随着一些“富民路”、“惠民渠”、“联心桥”的相继建成，贫困地区和困难群众的生产生活条件出现了可喜变化。

注重统筹协调，在建机制、促落实上求实效。部机关及时制定实施方案，认真建立双联台账，定期召开领导小组会和工作汇报会，了解掌握干部进村入户情况，做到了组织到位、工作到位。作为环县双联行动组长单位，省委组织部认真履行牵头抓总、协调服务的职能，在做好经常性信息沟通的同时，分别于5月底和9月中旬组织召开了环县双联行动协调会、现场会，传达学习省委有关要求和三运书记的重要指示精神，交流做法，论证项目，分析问题，推动工作。通过这些做法，构建了上下互动、左右联动的工作格局，有效地保障了双联行动经常有人抓、措施落得实。

【自身建设】突出党性教育，深入开展讲党性、重品行、作表率活动。坚持以“一迎双争”为主题，在全省组织系统广泛开展向李林森同志学习活动，深入开展“什么是组工干部的党性”、“怎样做一名合格的组织部长、优秀的组织部长”、“到组织部来为什么、干什么、比什么、留什么”大讨论，引导组工干部自觉加强党性修养，不断增强政治意识、大局意识、宗旨意识、忧患意识，牢固树立公道正派的核心价值理念，始终以高度的政治责任感做好每一项工作。

突出作风转变，深入开展“百名组织部长进千乡、千名组工干部入千村联万户”和效能风暴行动。省市县三级组织部门的1860名组工干部，走出机关、走近群众，共联系41个县、140个乡镇（街道）、204个村、4192户，进一步密切了党群干群关系。着力培育严谨细致的工作作风，进一步提高会议、公文、公务活动的质量和效率。中央和省委作出关于改进工作作风、密切联系群众的规定后，及时制定贯彻落实的具体措施，从服务基层、调查研究、减少会议、精简文件、改进干部工作等方面作出了规范。

突出能力提升，深入开展学习型机关创建活动。各级组织部门积极开展文稿点评、专题讲座、组工论坛等多种形式的岗位练兵活动，有效提升了组工干部的综合素质和业务能力。省委组织部有计划地开展组工干部培训，举办了“省直部门人事处长培训班”。注重实践锻炼，选派2名机关年轻干部分别到环县、舟曲的贫困乡镇挂职，选派1名处级干部、2名科级干部到甘南维稳重点县区挂职。带头推进干部人事制度改革，在部机关开展了竞争上岗和轮岗交流，面向全省公开选调了10名年轻干部，进一步增强了组工干部队伍的生机与活力。

宣传工作

【党的十八大精神和省十二次党代会精神学习宣传贯彻】把学习宣传贯彻十八大精神作为首要政治任务，按照中央和省委总体部署，代省委起草《全省学习宣传党的十八大精神安排方案》，制定印发《学习贯彻落实党的十八大精神宣传报道工作实施意见》，从理论宣传、新闻宣传、社会宣传、对外宣传、舆情分析研判等方面，对全省学习宣传党的十八精神作了安排部署。组织开展了“十八大代表进高校”、省级领导到“双联”联系点宣讲十八大精神、省委宣讲团赴基层宣讲等一系列主题活动，编印了宣讲提纲、学习材料等辅导读物。省级领导宣讲60多场，受众3.2万人，省市县三级宣讲团宣讲1200余场次、受众60多万人次。省十二次党代会后，组建省委宣讲团赴全省各地宣讲70多场，受众6万多人次。深入推进理论宣传，中国特色社会主义理论体系“进乡镇、入社区，进企业、入校园”活动共开展宣讲对谈110多场，听众达10万多人次。会同有关部门开办“富民兴陇”系列讲座，组织《辩证看务实办—理论热点面对面》学习，编写了《建设幸福美好新甘肃》、《甘肃省第十二次党代会精神学习辅导读本》等理论读物，召开了全省社科理论界学习十八大精神座谈会。运用多种途径和手段，不断把广大干部群众的思想和行动统一到中央、省委的决策部署上来。

【文化大省建设】以省委名义制定下发加快文化大省建设的《意见》及6个配套文件，把文化大省建设任务进一步具体化、项目化、工程化、时限化，确定了支持文化改革发展的37项具体政策。省委提出实施“文化提升行动”和“3341”项目工程以来，先后成立文化提升行动协调推进领导小组和华夏文明传承创新区协调推进领导小组，研究制定工作方案，确定重点工作，分解任务，靠实责任，加大推进落实力度。在王三运书记的亲自指导下，华夏文明传承创新区建设形成了“一带”、“三区”、“十三板块”的基本思路，得到了社会各界的广泛关注和积极参与，经上报国务院并积极汇报协调，2013年年初即可正式获批。以省委省政府名义召开全省文化产业大会，与各市州和省属大型文化企业签订了目标责任书。敦煌国家级文化产业示范园区建设和申报工作全面启动。兰州文化与科技融合示范基地被中宣部、科技部等五部委联合认定为首批国家级文化与科技融合示范基地。

【社会主义核心价值体系建设】把社会主义核心价值体系建设贯穿于精神文明建设全过程，不断提升全省人民的思想道德水平和精神文明素养。组织开展了“时代楷模、陇原雷锋”、“讲文明、树新风、塑形象”等系列学雷锋主题教育实践活动，举办了全省首届公民道德论坛。推出并大力宣传了舍己富民好支书黄继龙、最美夫妻龚大铁和李成环、金牌工人田彬峰和岷县抢险救灾的先进代表包永平、梁春霞等一批重大典型，组织2012“十大陇人骄子”和全省第三届道德模范评选，为广大干部群众树立了一大批可亲可敬可学的榜样。加强未成年人思想道德建设，深入开展“做一个有道德的人”、“我们的节日”等主题教育实践活动，认真实施乡村学校少年宫建设项目，大力整治净化社会文化环境，“三位一体”的教育网络不断健全。扎实推进道德领域突出问题专项教育和治理活动，重点解决整治食品行业、窗口行业、公共场所存在的诚信缺失和公德失范问题，在各类服务性窗口单位广泛开展以“人民群众满意”为目标的创建活动。加大“扫黄打非”力度，深入开展了打击政治性、宗教类非法出版物和反动宣传品专项行动，查缴各类政治性非法出版物以及“法轮功”、“藏独”、“疆独”等宣传品111.8万件（页），查办各类案件67起，在全国产生了重要影响。制作《文明甘肃》精神文明建设大型电视系列片，广泛开展文明公益短信、公益广告传递和展播活动，在青年大学生中组织开展“五认同”教育，广泛开展“做文明有礼的中国人”主题活动，举办了“激情广场·爱国歌曲大家唱”，全省620多个群众艺术社团举办了3800多场各级各类演唱活动，吸引了近1000万群众积极参与。深化“全民阅读”活动，560多万干部群众参与了各地举办的1120多期（次）的“读书月”、“读书周”、“读书演讲比赛”等活动，读书明礼、读书奋进的良好氛围逐步形成。

【舆论引导工作】认真开展重大主题宣传，全面准确地完成了全国全省“两会”、省第十二次党代会、北京恳谈会、全国文化体制改革工作座谈会、首届国际文化产业大会、省市主要领导干部专题研讨班等重要会议、重大活动的宣传报道工作。对“联村联户 为民富民”行动、“3341”重大项目实施、兰州新区建设等重大决策部署和重点项目工作进行了及时跟进报道。对“联村联户”、“效能风暴”、“先锋引领”、“文化提升”等重大行动进行了持续、广泛、深入的宣传。积极开展“走、转、改”活动。做好“科学发展、成就辉煌”重大主题宣传，突出宣传甘肃省科学发展、转型跨越的生动实践、宝贵经验和辉煌成就。深入宣传甘肃省着力打造华夏文明传承创新区的进展和成效，组织开展兰州国际马拉松赛、天水伏羲公祭大典、兰洽会、丝绸之路旅游节、拉卜楞寺文物保护工程、首届嘉峪关国际短片电影展等大型活动的宣传报道。深入开展经济宣传，组织安排省属主要新闻媒体，全面报道中央和全省经济工作会议精神，集中报道甘肃省循环经济和重大建设项目的进展情况。指导协调各级各类媒体对深圳文博会、香港签约引资、首届国际文化产业大会暨第五届文博会等活动进行了集中深入的宣传报道。深入开展民生和社会热点宣传，宣传新一届省委促进社会和谐、提高人民群众生活质量的举措和成效。协调中央媒体和指导省属媒体，着力宣传各级党委政府解决群众关心的就业、就医、入学、住房、养老等实际问题的举措和成效。积极稳妥做好突发事件舆论引导，对正宁校车事故、阿木去乎事件、西平铁路施工文物保护问题等重大突发事件，进行了及时有效的舆论引导，有力地配合了突发事件的稳妥处置。深入开展对外宣传，建立与境外、中央和兄弟省区市媒体沟通联系机制，利用省内外重大赛事和节会活动，开展全方位对外宣传和文化交流活动，组织了“全国卫视看甘肃”、“感知甘肃·全国对外媒体陇原行”、海峡两岸新闻媒体“陆上三峡行”、“港台新闻媒体丝路行”、“全国网络媒体甘肃行”等主题采访活动。全年共接待中央对外和境外媒体记者121批650人次，发稿12000余篇、图片3000余幅，在境外媒体刊登专版90余期，甘肃对外新形象日益显现。进一步加强新闻管理，健全完善新闻发布和新闻应急管理制度，深入开展三项学习教育活动，制定出台了《关于进一步加强和改进新闻发布工作的意见》、《关于进一步加强互联网宣传管理工作的实施意见》，规范新闻发布和互联网管理工作。组织开展了“宣传甘肃好新闻奖”和“甘肃省优秀新闻工作者”评选活动。

【文化产品服务】以红色戏剧创作、红色影视剧创作等为重点，组织开展“红色题材艺术创作年”活动，推动文艺精品创作实现新突破。启动甘肃文化品牌“十个一”工程，新推出了《鼓舞中国》、《敦煌音画》、《天下第一桥》等一批体现时代精神、富有地域特色的精品力作。陇剧《苦乐村官》、电视连续剧《大营救》、文艺类图书《莫高窟的精灵——一千年的敦煌梦》三部作品荣获第十二届全国精神文明建设“五个一”工程奖。与央视合作的大型纪录片《河西走廊》已进入具体实施阶段。公共文化服务体系建设不断加快，全省23个市州级图书馆、文化馆、博物馆列入“十二五”全国地市级公共文化设施建设计划；省直文艺院团“一院一场”建设有序启动，已落实建设资金3450万元。全省102个文化馆、96个图书馆、159个博物馆、1227个乡镇综合文化站全部免费开放。农家书屋工程在全国率先实现了行政村全覆盖并向自然村延伸，西新工程中央财政建设资金1.62亿元已落实到位。截止12月底，广播电视“户户通”工程290万套设备已全部到位，安装开通总量达285.2万户，占甘肃省任务总数的98.35%，成为全国首批实施户户通工程8个省区中第一个也是唯一基本完成建设任务的省份。群众性文化活动广泛开展，“千台大戏送农村”活动目前已演出1580余场，带动商业性演出3270场，观众达600多万人次。实施“一市州有一个国家级或国际性节会品牌”战略，会同国家有关部委，举办了首届“张芝奖”全国书法大展、第九届中国民间艺术节、中国乞巧文化旅游节和首届中国·嘉峪关国际短片电影展、金昌丝绸之路国际青少年生存训练营等重大节会赛事，实现了培育会展经济、宣传甘肃文化、展示甘肃形象、优化文化发展环境等多重效果。

【文化体制改革】按照中央确定的时间表、路线图和任务书，实施“一把手”工程，建立“倒逼”机制，抓住关键环节攻坚突破，5月底，全面完成了甘肃省文化体制改革任务。全省250多家经营性文化单位转制为企业，核销事业编制7440多个，全省14个市州、86个县市区全部完成文化行政责任主体合并。国有经营性出版发行单位实现全行业转企改制，要求改制的国有文艺院团全部转制为企业，全省市县电影公司完成转企改制，重点新闻网站完成转企改制。甘肃省广播电视网络有限公司与下属的15家市州分公司和70家县区分公司已正式挂牌运营，基本实现了省市县三级网络贯通、全省一网。甘肃省演艺集团、甘肃新华印刷集团公司、甘肃飞天传媒股份有限公司正式挂牌成立。甘肃省从改革后进地区变为先进，全省仅支付文艺院团改革成本就达6.8亿元。积极探索省直和市州骨干文化企业股份制改造路子，确定了市县两级共14家试点企业，率先在省新华书店集团开展股份制改革试点工作。积极寻求国家对甘肃省文化改革发展的支持，在刘云山同志的关心下，争取到财政资金1.02亿元，为深化甘肃省文化体制改革提供了有力支持。

【文化产业发展】积极培育市场主体，大力推进读者集团、甘肃日报报业集团、省广电总台、甘肃省广播电视网络公司和甘肃省演艺集团等大型文化企业内部管理体制改革和股份制改造。甘肃日报报业集团自办发行改革成效明显，征订任务超额完成，投递时效进一步提高，征订资金回笼率迅速提升，产业链条不断延伸，发行成本得到有效控制。读者出版传媒股份有限公司上市工作进入关键阶段，甘肃文化产业发展集团公司正在筹备组建。重点项目建设取得重大突破，突出打造15个重点文化产业示范园和30个重点文化产业基地，读者新媒体基地、兰州文化创意产业园、新华物流园等重要项目进展顺利，对各市州已签约的文化产业项目就资金落实、建设进度开展全面督查。召开嘉峪关首届国际文化产业大会，进一步增强了甘肃文化的国内国际影响力。积极开展招商引资，一方面借助兰洽会、深圳文博会等节庆会展平台开展招商活动，另一方面，主动走出去，赴天津、安徽、福建、深圳、香港等地宣传推介甘肃优质文化资源，拓展文化产品市场空间，收到了较好效果。2012年全省签约文化产业项目155个，已落地项目116个，占总签约项目数的74.84%，签约金额总计599.82亿元，落地资金63.592亿元，占比10.2%。2012年，全省完成文化产业增加值80.97亿元，比上年增长30.5%，完成投资额140.67亿元，相当于过去6年的投资总和。

【“双联”行动】宣传部班子成员率先垂范，多次进村入户实地调研，结合当地实际，根据国家全面建设小康社会的6大类23项指标，与县乡村制定了小康目标发展规划、区域发展规划、“十二五”经济社会发展规划和产业发展规划。与甘肃政法学院合作对夏河、泾川联系点干部进行轮训，将双联工作的50项任务和126项帮扶项目分解到全体干部职工，采取分批选配、有序轮换的方式进村入户开展双联工作。在夏河县王格尔塘镇和泾川县·丰乡确定了文化建设、基础设施建设、产业增收、社会保障等帮扶项目61个，落实帮扶资金5600多万元。其中，协调联系清华大学国学班为支持泾川、夏河双联工作捐款90万元。新建两个村级社区综合服务中心和一个乡镇敬老院，协调落实妇女小额担保贷款和“双联”惠农贷款201户489万元，对600多名贫困家庭劳动力进行了技能培训，为158家农户实施了危旧房更新改造，完成了14家农户整体搬迁工程，为98名儿童发放了营养包。

【调查研究和舆情信息工作】围绕意识形态领域的形势任务和省委省政府的中心工作，重点开展了党的十六大以来宣传思想文化工作基本经验、文化立法和华夏文明传承创新区建设、甘肃推动文化大发展大繁荣的政策机遇和政策需求等课题调研，形成了有价值的研究成果。组织开展了全省第二届宣传思想文化工作创新奖评选。加强舆情信息工作，全年共编发《舆情信息》、《舆情专报》40多期，报送信息1600多条，其中有100多条被中宣部和省委采用，为领导决策提供了重要依据。

（贺栋龄）

统战工作

【思想政治引导】继续深入开展树立和践行社会主义核心价值体系学习教育活动，坚持把深化活动内容与推进政治交接结合起来，进一步坚定了统一战线广大成员与中国共产党团结合作、共同奋斗的理想信念。通过召开恳谈会、座谈会、举办培训班等多种方式，引导统一战线成员认真学习、深入研读党的十八大精神和省第十二次党代会精神，进一步增强了对中国特色社会主义的道路自信、理论自信和制度自信。积极开展“同心”教育活动，召开民主党派工商联无党派人士恳谈会进行专题学习研讨，进一步深化了“同心”共识、强化了“同心”引领。

【“同心”品牌活动】继续深化“同心·六大调研助推行动”，协助各民主党派在选题上精心谋划、突出特点，确定有针对性的调研助推项目，取得了一批有价值、有影响的调研成果，有关调研报告得到温家宝、贾庆林、李克强等中央领导同志的批示。大力推进“同心·光彩陇原行”活动，组织甘肃非公有制企业和商会为临潭县捐款，设立临潭“同心·光彩教育扶贫基金”，支持民族地区教育事业发展。指导定西使用好光彩资金，建设完成光彩林4160亩、光彩水窖2100眼。积极推动“同心·民企陇上行”活动，促进了甘肃非公有制经济发展。深入推进“同心·陇原励志行”、“同心·智惠陇原行”等活动，进一步提升了活动效果和品牌影响力。组织开展感恩行动、温暖工程、智力支边等系列活动，积极引导广大统一战线人士通过多种形式和途径向革命老区、贫困地区、民族地区贡献力量。

【党外代表人士队伍建设】《中共中央关于加强新形势下党外代表人士队伍建设的意见》下发后，省委常委会就学习贯彻文件精神进行了研究部署，王三运书记作出重要批示，对加强党外代表人士队伍建设提出具体要求。省委统战部会同省委办公厅、组织部等部门，大规模、大范围开展了党外代表人士队伍建设情况督查调研，为推进工作奠定了良好基础。组织召开全省党外代表人士队伍建设工作会议，进行全面安排部署。按照省委要求，起草了《中共甘肃省委贯彻<中共中央关于加强新形势下党外代表人士队伍建设的意见>的实施意见》，与组织部等部门研究制定了《2012-2016年甘肃省党外干部队伍建设规划》、《关于建立完善党外干部选拔任用工作机制的通知》、《甘肃省党政领导干部与党外代表人士联谊交友实施意见》等配套文件，使目标任务更加明确，政策举措更加有力。截至年底，省政府部门安排党外副厅级干部9名，企事业单位安排党外厅级干部22名；14个市（州）有党外副市长9名；86个县（市、区）有党外副县（市、区）长45名。

【民主党派省委会、省工商联换届工作】在坚持党管干部原则与充分发扬民主相统一基础上，一方面认真做好换届人事方案协商酝酿，进行充分沟通协调，广泛听取各有关方面意见，增强民主参与度和人选公信度；另一方面结合民主推荐情况，协助民主党派、工商联提出相关人选建议名单，确保人选具有较高素质和代表性。经过换届，甘肃民主党派省级组织领导班子界别特色更加明显，比例结构更趋合理；省工商联班子结构进一步优化，行业覆盖面进一步扩大，换届工作圆满完成。坚持严格推荐提名程序，严格人选标准，严格审核把关，圆满完成十二届全国政协在甘党外委员和十一届省政协党外委员提名工作。通过扎实有效的工作，有力巩固了多党合作的良好局面。

【帮扶支援藏区工作】通过省藏区六个专项小组和成员单位的共同努力和衔接争取，支持甘肃藏区经济社会发展建设项目规划方案获得国家批准，共涉及五大类129个藏区建设项目，投资总额达637亿元，其中"十二五"期间投资524.3亿元，为甘肃藏区发展注入了强大动力。加大组织协调力度，全面督促落实支持藏区发展的各类帮扶项目和资金，2012年共下达藏区各类补助资金106亿元，协调落实省级对口帮扶项目13个、省级藏区建设专项资金1亿元、省内对口支援藏区资金1.3亿元，有力推动了藏区经济社会的快速发展。

【"各民族共同团结奋斗共同繁荣发展"示范建设】指导各示范县（市、区）认真开展项目申报、争取和落实工作，协调落实对口支援项目，积极帮助示范县（市、区）多方面、多渠道争取项目和资金。截至年底，全省共协调落实示范建设项目1300多项、资金378亿元，其中落实"1414"对口支援项目150多项、资金55亿元，完成了一批强基础、管根本、利长远的重大项目，有效探索了民族地区经济社会跨越发展的路子。深入开展民族团结进步创建活动，举办全省民族团结进步创建工作研讨班和全省青少年民族团结进步宣传教育活动，召开全省民族团结进步创建活动现场会，对首批4个全省民族团结进步教育基地和20个民族团结进步创建活动示范单位进行命名、授牌，"两个共同"的思想更加深入人心。

【宗教事务规范化管理】会同省宗教局共同研究制定《关于加强宗教界代表人士队伍建设的实施意见》和《甘肃省大型宗教活动管理办法》，做好对代表人士的教育培养，加强对重大活动的科学管理，提升了宗教事务管理的水平。推进"和谐寺观教堂"创建活动，开展教务、财务公开试点工作，帮助健全民主管理制度，推动完善了宗教场所的民主管理。制定落实《甘肃省享受生活补助费宗教界人士考核办法（试行）》，积极帮助宗教团体、宗教场所和宗教教职人员解决各种困难，巩固了党同宗教界的爱国统一战线。

【非公有制经济和党外知识分子等领域的统战工作】认真贯彻落实《中共中央国务院关于加强和改进新形势下工商联工作的意见》和《中共甘肃省委甘肃省人民政府关于加强和改进新形势下工商联工作的实施意见》文件精神，不断加强和改进工商联工作。顺利完成省光彩会和省民间商会换届工作，选举产生新一届领导机构。扎实做好无党派人士、党外知识分子和归国留学人员工作，积极推进省知联会、留联会建设，组织开展了多项"同心"实践活动。积极开展新的社会阶层人士统战工作调研，建立人物库，在推动政治安排上取得了新突破。进一步完善统战工作联席会议制度，加强对高校、科研院所、国有企业、社区统战工作的指导，加大对侨联、台联、黄埔同学会的联系指导力度。

【"双联"行动】扎实开展"联村联户、为民富民"行动，深入联系村联系户调查了解群众生产生活情况，帮助制定发展规划，及时反映社情民意。多方协调，积极为联系村联系户办实事、解难题，实施村道硬化、安全饮水工程、标准幼儿园建设、奶牛养殖等多个民生项目，省委统战部为帮扶村共落实各类项目资金360多万元。充分发挥合作市牵头单位作用，多次召开联系合作市省直单位协调会议，有效推进了合作市"双联"工作。探索利用"双联"平台做好新形势下群众工作的新机制，积极到联系村联系户宣传政策、化解矛盾、疏导情绪、解决困难，取得了明显成效。

（刘小燕）

甘肃省人民代表大会

【甘肃省第十一届人民代表大会第五次会议】2012年1月9日至13日，甘肃省第十一届人民代表大会第五次会议在兰州召开。会议听取和审议了省长刘伟平作的甘肃省人民政府工作报告、省人大常委会副主任马尚英作的甘肃省人大常委会工作报告、省高级人民法院院长梁明远作的甘肃省高级人民法院工作报告和省人民检察院检察长乔汉荣作的甘肃省人民检察院工作报告；审议了甘肃省发展和改革委员会主任赵春关于甘肃省2011年国民经济和社会发展计划执行情况及2012年国民经济和社会发展计划（草案）的报告（书面），甘肃省财政厅厅长张勤和关于甘肃省2011年财政预算执行情况和2012年全省及省级财政预算（草案）的报告（书面）。

会议表决通过了甘肃省第十一届人民代表大会第五次会议关于甘肃省人民政府工作报告的决议，关于甘肃省2011年国民经济和社会发展计划执行情况及2012年国民经济和社会发展计划的决议，关于甘肃省2011年财政预算执行情况和2012年省级预算的决议，关于甘肃省人大常委会工作报告的决议，关于甘肃省高级人民法院工作报告的决议，关于甘肃省人民检察院工作报告的决议。

会议审议通过了《甘肃省第十一届人民代表大会第五次会议选举办法》、《甘肃省第十一届人民代表大会第五次会议关于甘肃省第十一届人民代表大会法制等七个委员会部分主任委员、副主任委员人选表决办法》。会议补选王三运为甘肃省第十一届人民代表大会常务委员会主任，补选张绪胜为甘肃省第十一届人民代表大会常务委员会秘书长，选举白继忠、张天理、张性忠、李峰、武敬东为甘肃省第十一届人民代表大会常务委员会委员。会议通过了甘肃省第十一届人民代表大会第五次会议关于接受甘肃省第十一届人民代表大会常务委员会部分委员辞职请求的决定，关于接受甘肃省第十一届人民代表大会部分专门委员会组成人员辞职请求的决定，关于甘肃省第十一届人民代表大会法制等七个委员会部分主任委员、副主任委员名单。

【甘肃省人大常委会会议】甘肃省第十一届人民代表大会常务委员会第二十五次会议，于2012年1月5日至6日在兰州召开。省人大常委会副主任嘉木样·洛桑久美·图丹却吉尼玛、马尚英、崔玉琴、张开勋、周多明及委员共45人出席了会议。省委常委、常务副省长刘永富，省高级人民法院院长梁明远，省人民检察院检察长乔汉荣，省人大各专门委员会组成人员，省人大常委会各工作部门负责人列席了会议。会议听取了省人大常委会秘书长关于甘肃省第十一届人民代表大会第五次会议筹备工作情况的报告；审议通过了甘肃省第十一届人民代表大会第五次会议列席范围，省人大常委会2012年工作要点；审议通过了省人大常委会工作报告（审议稿），将提交省十一届人大五次会议审议；审议通过了甘肃省第十一届人民代表大会第五次会议议程、日程（草案），甘肃省第十一届人民代表大会第五次会议主席团和秘书长名单（草案）、主席团常务主席名单（草案）、主席团执行主席分组名单（草案）、大会副秘书长名单（草案），甘肃省第十一届人民代表大会第五次会议选举办法（草案），将按照法律规定，分别提交省十一届人大五次会议预备会议、省十一届人大五次会议主席团第一次会议审议通过。听取和审议了省十一届人民代表大会常务委员会代表资格审查委员会关于代表变动情况和补选代表的代表资格审查报告，表决通过了关于代表变动情况和补选代表的代表资格审查报告及公告。会议还通过了省高级人民法院和省人民检察院提请的有关人事任免事项。

甘肃省第十一届人民代表大会常务委员会第二十六次会议，于2012年3月26日至28日在兰州召开。省委书记、省人大常委会主任王三运，省人大常委会副主任嘉木样·洛桑久美·图丹却吉尼玛、马尚英、孙效东、崔玉琴、张开勋、周多明，秘书长张绪胜及委员共45人出席了会议。省人大常委会咨询员朱志良，副省长咸辉，省人民检察院检察长乔汉荣，省人大各专门委员会组成人员，部分省十一届人大代表，省人大常委会各工作部门负责人，省政府有关部门负责人，各市、州人大常委会负责人，部分省人大常委会立法顾问和立法联系点负责人列席了会议。部分由各民主党派和群众团体推派的公民旁听了全体会议。会议传达学习了十一届全国人大五次会议精神；通过了《甘肃省残疾人保障条例》、《甘肃省农村扶贫开发条例》、《甘肃省循环经济促进条例》、《甘肃省人民代表大会常务委员会关于修改部分地方性法规的决定》、甘肃省人民代表大会常务委员会关于废止《甘肃省城市房屋拆迁管理办法》的决定、甘肃省人民代表大会常务委员会关于批准《兰州市城镇燃气管理条例》的决定、甘肃省人民代表大会常务委员会关于批准《甘肃省积石山保安族东乡族撒拉族自治县自治条例(修订)》的决定；审议了《甘肃省专利条例（草案）》；听取和审议了省人民政府关于《甘肃省2011年依法行政工作报告》。会议通过了甘肃省人民代表大会常务委员会关于接受泽巴足辞去甘肃省副省长职务的请求的决定、甘肃省人民代表大会常务委员会关于接受张晓兰辞去甘肃省副省长职务的请求的决定；会议任命吴宝真为甘肃省人民代表大会常务委员会财经预算工作委员会主任，武敬东为甘肃省人民代表大会常务委员会环境资源保护办公室主任，李峰为甘肃省人民代表大会常务委员会代表工作委员会主任；免去傅九大的甘肃省人民代表大会常务委员会民族侨务办公室主任职务，屠锦敏的甘肃省人民代表大会常务委员会（原）财政经济办公室主任职务，赵伟民的甘肃省人民代表大会常务委员会环境资源保护办公室主任职务，杨诚的甘肃省人民代表大会常务委员会代表工作委员会主任职务；会议还通过了省人民检察院提请的有关人事任免事项。

甘肃省第十一届人民代表大会常务委员会第二十七次会议，于2012年5月29日至6月1日在兰州召开。省委书记、省人大常委会主任王三运，省人大常委会副主任嘉木样·洛桑久美·图丹却吉尼玛、马尚英、孙效东、张开勋、周多明，秘书长张绪胜及委员共39人出席了会议。省委常委、常务副省长刘永富，省人大常委会咨询员朱志良，省高级人民法院院长梁明远，省人民检察院检察长乔汉荣，省人大各专门委员会组成人员，部分省十一届人大代表，省人大常委会各工作部门负责人，省政府有关部门负责人，各市、州人大常委会负责人，部分省人大常委会立法顾问和立法联系点负责人列席了会议。部分由各民主党派和群众团体推派的公民旁听了全体会议。会议通过了《甘肃省专利条例》，甘肃省人民代表大会常务委员会关于批准《兰州市人民代表大会常务委员会关于废止〈兰州市城市房屋拆迁管理办法〉和修改〈兰州市市政工程设施管理办法〉等六部地方性法规的决定》的决定，甘肃省人民代表大会常务委员会关于批准《甘肃省临夏回族自治州施行〈中华人民共和国婚姻法〉的变通规定》的决定；审议了《甘肃省法制宣传教育条例(修订草案)》、《甘肃省邮政条例(修订草案)》、《甘肃省水土保持条例(草案)》；听取和审议了省人大常委会执法检查组关于检查《甘肃省人口与计划生育条例》执行情况的报告；听取和审议了省人民政府关于全省城镇保障性住房建设情况的报告，审议了省人大常委会调研组关于全省城镇保障性住房建设情况的调研报告；听取和审议了省人民政府关于甘肃省发行2012年地方政府债券并相应调整省级财政预算的报告，做出了《甘肃省人民代表大会常务委员会关于批准发行2012年地方政府债券并调整省级财政预算的决议》。会议还通过了省高级人民法院和省人民检察院提请的有关人事任免事项。

甘肃省第十一届人民代表大会常务委员会第二十八次会议，于2012年8月6日至10日在兰州召开。省人大常委会副主任嘉木样·洛桑久美·图丹却吉尼玛、孙效东、崔玉琴、张开勋、周多明，秘书长张绪胜及委员共42人出席了会议。副省长李建华，省高级人民法院院长梁明远，省人民检察院检察长乔汉荣，省人大各专门委员会组成人员，部分在甘十一届全国人大代表，部分省十一届人大代表，省人大常委会各工作部门负责人，省政府有关部门负责人，各市、州人大常委会负责人，部分省人大常委会立法顾问和立法联系点负责人列席了会议。部分由各民主党派和群众团体推派的公民旁听了全体会议。会议审议通过了《甘肃省水土保持条例》，修订通过了《甘肃省法制宣传教育条例》、《甘肃省邮政条例》，审议了《甘肃省农村公路条例(草案)》、《甘肃省职工代表大会条例(草案)》。听取和审议了省人大常委会执法检查组关于检查《甘肃省地震安全性评价管理条例》执行情况的报告，审议了省人大常委会执法检查组关于检查残疾人保障法和甘肃省残疾人保障条例执行情况的报告(书面)。听取和审议了省人民检察院关于加强全省检察机关基层建设促进公正执法工作情况的报告，审议了省人大常委会调研组关于甘肃四市(州)人民检察院加强基层建设、促进公正执法情况的调研报告(书面)。听取和审议了省人民政府关于甘肃省2012年上半年国民经济和社会发展计划执行情况的报告，省人民政府关于2011年全省及省级财政决算草案和2012年上半年财政预算执行情况的报告，省人民政府关于2011年度省级预算执行和其他财政收支情况的审计工作报告；审议了省人民政府关于2011年全省政府非税收入收支和管理情况的报告(书面)，省人大财政经济委员会关于2011年省级财政决算的审查报告(书面)；通过了《甘肃省人民代表大会常务委员会关于批准2011年省级财政决算的决议》。审议了《甘肃省人民政府关于提请审议调整省“十二五”规划纲要部分内容的议案》、省人大财政经济委员会关于《甘肃省人民政府关于提请审议调整省“十二五”规划纲要部分内容的议案》的审议意见的报告，通过了《甘肃省人民代表大会常务委员会关于批准〈甘肃省人民政府关于提请审议调整省“十二五”规划纲要部分内容的议案〉的决议》。听取和审议了省人民政府关于兰州市大气污染防治工作情况的报告，审议了省人大常委会调研组关于兰州市大气污染防治情况的调研报告(书面)，通过了《甘肃省人民代表大会常务委员会关于进一步加强兰州大气污染防治的决定》。会议通过了甘肃省人民代表大会常务委员会关于接受石军辞去甘肃省人民政府副省长职务的请求的决定；免去王连发的甘肃省人民代表大会常务委员会代表工作委员会副主任职务；决定免去白继忠的甘肃省教育厅厅长职务，张天理的甘肃省科学技术厅厅长职务；会议决定任命冉万祥为甘肃省副省长，王嘉毅为甘肃省教育厅厅长，李文卿为甘肃省科学技术厅厅长，陈卫中为甘肃省人民政府外事办公室主任；会议还通过了省高级人民法院和省人民检察院提请的有关人事任免事项。

甘肃省第十一届人民代表大会常务委员会第二十九次会议，于2012年9月24日至28日在兰州召开。省人大常委会副主任嘉木样·洛桑久美·图丹却吉尼玛、马尚英、孙效东、崔玉琴、张开勋、周多明，秘书长张绪胜及委员共37人出席了会议。副省长虞海燕，省高级人民法院院长梁明远，省人民检察院检察长乔汉荣，省人大各专门委员会组成人员，部分省十一届人大代表，省人大常委会各工作部门负责人，省政府有关部门负责人，各市、州人大常委会负责人，部分省人大常委会立法顾问和立法联系点负责人列席了会议。部分由各民主党派和群众团体推派的公民旁听了全体会议。会议审议通过了《甘肃省农村公路条例》和《甘肃省职工代表大会条例》，通过了甘肃省人民代表大会常务委员会关于批准修订的《甘肃省甘南藏族自治州儿童免疫规划管理办法》等四部单行条例的决定；审议了《甘肃省公众参与制定地方性法规条例(草案)》、《甘肃省价格管理条例(修正案草案)》、《甘肃省电网建设与保护条例(草案)》、《甘肃省森林公园管理条例(草案)》、《甘肃省科学技术进步条例(修订草案)》；听取和审议了省人大常委会执法检查组关于检查《中华人民共和国农产品质量安全法》和《甘肃省农产品质量安全条例》贯彻实施情况的报告；听取和审议了省人民政府关于全省农村扶贫开发情况的汇报，审议了省人大常委会调研组关于全省农村扶贫开发情况的调研报告(书面)；听取和审议了省人民政府关于全省档案工作情况的工作报告；听取和审议了省高级人民法院关于全省法院创新和加强审判管理工作情况的报告，审议了省人大常委会调研组关于部分市、县人民法院开展审判管理工作情况的调研报告（书面）；听取和审议了省人民政府关于省十一届人大五次会议代表建议办理情况的报告，审议了高级人民法院关于省十一届人大五次会议代表建议办理情况的报告（书面）和省人民检察院关于省十一届人大五次会议代表建议办理情况的报告（书面）；审议通过了甘肃省人民代表大会常务委员会关于甘肃省第十二届人民代表大会代表名额分配和选举问题的决定。会议决定免去李玉梅的甘肃省监察厅厅长职务，决定任命王建太为甘肃省监察厅厅长；会议还通过了省高级人民法院和省人民检察院提请的有关人事任免事项。

甘肃省第十一届人民代表大会常务委员会第三十次会议，于2012年11月26日——28日在兰州召开。省人大常委会副主任嘉木样·洛桑久美·图丹却吉尼玛、马尚英、孙效东、崔玉琴、张开勋、周多明，秘书长张绪胜及委员共39人出席了会议。省委常委、常务副省长刘永富，省高级人民法院院长梁明远，省人民检察院检察长乔汉荣，省人大各专门委员会组成人员，部分省十一届人大代表，省人大常委会各工作部门负责人，省政府有关部门负责人，各市、州人大常委会负责人，部分省人大常委会立法顾问和立法联系点负责人列席了会议。部分由各民主党派和群众团体推派的公民旁听了全体会议。会议审议通过了《甘肃省电网建设与保护条例》和《甘肃省森林公园管理条例》，修订通过了《甘肃省科学技术进步条例》，通过了《甘肃省人民代表大会常务委员会关于修改〈甘肃省价格管理条例〉的决定》，通过了甘肃省人民代表大会常务委员会关于批准《兰州市药品和医疗器械流通监督管理条例》的决定。审议了省人大常委会关于省十一届人民代表大会暨第五次会议期间代表建议办理情况的报告（书面）。会议决定免去刘吉银的甘肃省国家安全厅厅长职务，决定任命张峰为甘肃省国家安全厅厅长；会议任命余超为甘肃省人民代表大会常务委员会办公厅副主任，李占魁为甘肃省人民代表大会常务委员会环境资源保护办公室副主任；免去余超的甘肃省人民代表大会常务委员会农业与农村办公室副主任职务；会议还通过了省高级人民法院和省人民检察院提请的有关人事任免事项。

【地方立法】立足经济社会发展需要，积极推进地方立法。2012年，常委会从全省经济社会发展实际出发，进一步加强经济立法，不断强化社会立法，积极推动生态立法，共制定地方性法规9件，修改8件，废止1件，批准制定、修改民族自治地方自治条例、单行条例6件，批准兰州市制定、修改、废止法规9件。一是紧盯事关转型跨越发展的大事要事，制定和修改了促进循环经济发展、农村公路、电网建设与保护、价格管理、科学技术进步、专利保护和邮政等方面的地方性法规。二是紧贴改善民生热点问题，制定和修改了残疾人保障、农村扶贫开发、职工代表大会、法制宣传教育等条例。三是紧扣可持续发展要求，制定了水土保持、森林公园管理等条例。一年来，常委会注重提高立法质量，大力推进开门立法，有序推动公众参与地方立法，坚持法规草案公开向社会征求意见，积极发挥立法顾问和立法联系点作用，探索开展立法后评估工作，科学立法、民主立法取得新进展。

【监督工作】围绕全省发展大局，切实提高监督实效。2012年，常委会认真贯彻落实省委的重大决策部署，紧紧围绕全省经济社会发展中的热点、难点问题，听取审议专项工作报告13项，检查了6部法律法规的实施情况，开展专题调研、视察活动6项。一是加强对经济工作的监督。听取审议了计划执行情况、预算执行情况、非税收入收支管理使用情况、审计工作情况等报告，审查批准了“十二五”规划纲要部分指标的调整报告及2011年省级财政决算，批准了2012年地方政府债券发行报告，就加大财政管理监督力度、优化财政支出结构、提高财政保障能力、加大审计监督力度等工作提出了改进建议。二是加强对民生和社会事业的监督。常委会对全省城镇保障性住房建设情况和农村扶贫开发工作情况进行了专题调研，并在听取和审议省政府有关专项汇报的基础上，两次采取联组审议方式，分别对保障性住房建设和扶贫开发工作情况进行专题询问，就制定保障性住房规划、资金保障、征地拆迁、建设质量和进度等问题提出了改进建议，就建立大扶贫工作格局、加大资金整合力度、创新扶贫开发方式等提出了工作建议。这种集专题调研、专项工作汇报、分组审议、联组审议、专题询问一体的监督形式，是对监督方式的创新和改进，拓宽了监督渠道，增强了监督力度，提高了监督实效。常委会还听取审议了省政府关于全省档案工作情况的报告，检查了农产品质量安全法、农产品质量安全条例、地震安全性评价管理条例、残疾人保障法、残疾人保障条例、人口与计划生育条例等法规的实施情况，提出了改进意见，积极推动民生事业和社会事业健康发展。三是加强对生态文明建设的监督。对群众普遍关注的兰州大气污染防治问题，常委会在专题调研的基础上，听取审议了省政府的专项报告，作出了关于进一步加强兰州大气污染防治的决定。为推动甘肃省国家生态屏障建设保护与补偿试验区申报工作，常委会组成人员和在甘全国人大代表对祁连山生态环境保护工作进行了专题调研，并向全国人大常委会提出了尽快批准实施《祁连山水源涵养区生态环境保护与综合治理规划》等方面的建议。以“节能减排与循环经济”为主题，组织开展了陇原环保世纪行活动。四是加强对依法行政和公正司法的监督。对法院审判管理工作、检察院基层建设和公正执法情况进行专题调研，听取和审议省政府2011年依法行政工作报告、省高级人民法院全省法院创新和加强审判管理工作情况报告、全省检察机关基层建设和公正执法情况报告，对政府规范执法主体、加强行政监督、健全保障机制，对法院进一步健全审判管理制度、提高审判管理科技水平、加强审判管理队伍建设、全面提升审判质量和效率，对检察院进一步规范执法活动、提高队伍专业化建设和服务保障水平提出了建议。一年来，常委会依法对118件规范性文件进行了备案审查，维护了法制统一。接待人民群众来信来访1871件次，督促有关部门切实解决群众反映的问题，积极维护社会稳定。

【代表工作】2012年，常委会认真落实加强代表工作的各项措施，定期向代表通报常委会工作，发送学习资料，邀请代表列席常委会会议、参加执法检查等重大活动，积极为代表执行职务、履行职责创造条件。围绕甘肃转型跨越发展的重大问题，组织代表7批160人次开展集中视察和专题调研，为代表提出高质量的议案和建议做好服务保障。省十一届人大五次会议期间，代表们提出的771件建议，经常委会工作机构积极督办，各承办单位认真努力办理，代表所提建议已经解决和基本解决的363件、正在解决和列入计划逐步解决的274件，占代表建议总数的82.62%，比上年提高5.12个百分点。特别是省政府系统筛选39件代表建议进行现场办理，代表与承办单位共同协商，良性互动，解决了一批群众期盼已久的难点问题。重视发挥人大代表联系人民群众密切的优势和特点，组织开展“联村联户人大代表在行动”活动，全省四级人大代表积极参与，在推动“双联”行动中取得了较好效果。一年来，常委会积极组织在甘全国人大代表，依法履行职责，争取国家支持，助推甘肃发展。常委会各工作部门和省政府各部门高度重视，积极为代表准备议案和建议素材，提供研究和咨询服务。2012年，在甘全国人大代表向全国人代会提交议案、建议218件，均得到了较好的办理，其中“关于把甘肃建设成为全国华夏文明保护传承和创新示范区”的建议，被列入全国人大常委会重点办理建议，全国人大常委会和国务院有关部门多次来甘肃调研，进一步加大了对甘肃公共文化建设的支持力度。目前，华夏文明传承创新区已获国务院正式批复。

【人事任免】一年来，常委会坚持党管干部和依法任免的统一，共任免国家机关工作人员86人次，其中，决定任命10人，任命32人，决定免职6人，免职34人，决定接受辞职4人。

【自身建设】常委会始终把加强自身建设放在重要位置，牢牢把握正确的政治方向，认真学习贯彻中央和省委重要会议精神和重大决策部署，树立“积极作为、敢于作为、善于作为”的思想，始终坚持服务大局的原则，把人大工作放到全省工作大局中来谋划，增强围绕中心、服务大局的自觉性，提高解决实际问题的能力。深入开展“联村联户为民富民”行动，把“双联”行动同转变机关作风、提高干部素质相结合，同人大职能特点相结合，同人大工作任务相结合，强化组织领导，健全工作机制，选派机关干部蹲点驻村，全面落实“六大任务”，科学制定“两规划一计划”，帮助探索脱贫致富的办法和措施，扎实推进“八个覆盖”、“五件实事”。深入开展效能风暴行动，紧密结合人大机关特点，精心组织系列专题讲座，全面规范人代会筹备、公文处理、文件归档、后勤管理等工作，严肃会议纪律，加强网络改造与管理，建设电子计票系统。加强机关后勤保障工作，着力环境绿化，改善办公条件。扎实开展以“改进作风，规范程序，提升责任意识、提升工作效率、提升工作水平”为主要内容的创先争优主题实践活动，进一步加大机关干部培养、选拔、使用力度，着力打造立法、监督、代表工作、服务保障和党务工作五支人才队伍。同时，加强了省人大常委会与市县两级人大常委会的联系，建立了联系制度，完善了联系办法和措施。

甘肃省人民政府

【省政府常务会议】第99次1月4日，刘伟平省长主持召开。审议《关于推进全省开发区跨越发展的意见》和《推进全省开发区跨越发展考核办法》；听取2011年国民经济和社会发展计划执行情况及2012年国民经济社会发展计划草案的汇报；审定《2012年省级预算安排意见》。

第100次1月18日，刘伟平省长主持召开。审定《秦巴山片区区域发展与扶贫攻坚规划》；研究聘任省文史馆馆员事宜。

第101次2月20日，刘伟平省长主持召开。审定《2012年省级预算内基建投资项目计划》；审定《甘肃省人民政府关于支持定西加快扶贫开发促进经济社会发展的意见》；审定《甘肃省人民政府关于加强找矿工作的意见》和《甘肃省加强找矿三年突破行动方案》；听取2011年度甘肃省科技奖评审情况汇报。

第102次2月24日，刘伟平省长主持召开。贯彻国务院常务会议精神，安排部署进一步支持小型和微型企业发展工作；贯彻国务院常务会议精神，安排部署落实《促进就业规划（2011—2015年）》工作；审议《甘肃省人民政府关于加快生产性服务业发展的意见》；审议《关于进一步加强社会保险基金监督管理工作的意见》；审定《甘肃省人民政府2012年立法计划》；审议《甘肃省实施〈工伤保险条例〉办法（草案）》；审议《甘肃省专利条例（草案）》；研究了省政府参事聘任和解聘事宜。

第103次3月29日，刘伟平省长主持召开。审议《甘肃省邮政条例（草案）》；审议《甘肃省基础测绘管理办法（修订草案）》；审议《甘肃省人工影响天气管理办法（草案）》；研究调整全省职工最低工资标准事宜；听取第七批甘肃省优秀专家评选情况汇报。

第104次4月12日，刘伟平省长

主持召开。通报 2011 年度省政府目标管理责任书考核情况，分析一季度经济社会发展形势，安排部署下阶段工作。

第 105 次 4 月 20 日，刘伟平省长主持召开。审议《甘肃省 2012 年经济体制改革重点工作意见》；研究酒钢集团公司重组整合甘肃省东兴铝业有限公司事宜；研究评选“两基”工作先进单位和个人事宜。

第 106 次 5 月 17 日，刘伟平省长主持召开。听取贯彻落实全国医改工作会议精神情况汇报，安排部署深化医药卫生体制改革工作；研究调整全省失业保险金发放标准事宜；审议《甘肃省水土保持条例（草案）》；审议《甘肃省法制宣传教育条例（修订草案）》；听取甘肃奥体中心项目建设进展情况汇报；审定《省政府 2012 年度市州目标管理考核综合评价办法》；研究推荐 2012 年中国政府友谊奖候选人事宜；研究人事任免事宜。

第 107 次 5 月 27 日，刘伟平省长主持召开。贯彻国务院常务会议精神，安排部署进一步促进甘肃省经济转型跨越发展相关事宜。

第 108 次 6 月 26 日，刘伟平省长主持召开。研究贯彻落实《国务院关于秦巴山片区区域发展与扶贫攻坚规划（2011—2020 年）批复》的措施；审议《岷县特大冰雹山洪泥石流灾害灾后恢复重建总体规划》；审定《甘肃省农村公路条例（草案）》；研究调整因工伤残人员待遇标准事宜；研究企业在岗职工工资指导线事宜；研究调整 2011 年全省企业军转干部生活困难补助标准事宜；研究人事任免事宜。

第 109 次 7 月 3 日，刘伟平省长主持召开。研究提升甘肃省全面小康社会监测指标中弱项指标事宜；审议《关于矿产资源市场化配置的意见》和《关于加快矿产资源勘查开发转化的意见》；审定甘肃省水务集团公司筹建方案；听取金川集团股份有限公司股份制改革和战略引资工作情况汇报；研究推荐全国“两基”工作先进个人及先进地区事宜；人事任免事项。

第 110 次 7 月 13 日，刘伟平省长主持召开。研究调整“十二五”规划纲要相关指标事宜；审议 2012 年上半年全省中央财政扶贫资金使用分配情况和下半年项目计划安排方案；研究取消调整下放行政审批事项。

第 111 次 8 月 4 日，刘伟平省长主持召开。审定《甘肃省秦巴山片区区域发展与扶贫攻坚实施规划（2011—2020 年）》；传达全国文物工作会议精神，研究甘肃省贯彻落实意见；传达全国就业创业工作表彰大会精神，研究甘肃省贯彻落实意见；审定《甘肃省领军人才考核办法》；审定 2012 年甘肃省享受政府特殊津贴候选人人选；研究人事任免事宜。

第 112 次 8 月 31 日，刘伟平省长主持召开，审定《关于加快推进兰州新区建设的工作意见》。

第 113 次 9 月 4 日，刘伟平省长主持召开。审定《关于支持陇南市加快经济社会发展的意见》；审定《2012 年探矿权采矿权招标、拍卖、挂牌公开出让转让实施方案》；审定 2012 年外国专家敦煌奖候选人名单；研究推荐全国新型农村和城镇居民社会养老保险工作先进单位和先进个人事宜；贯彻落实《中共中央国务院转发 < 国家发展和改革委员会关于上半年经济形势和做好下半年经济工作的建议 > 的通知》精神，安排部署当前工作；审定《关于推进全省非公有制经济跨越发展的意见》及《推动全省非公有制经济发展十大工程实施方案》；审定《甘肃省人民政府关于加强历史文化遗产和风景名胜区保护与建设的若干意见》；审定《省直部门省属事业单位科学发展业绩考核奖励实施细则》；审议《甘肃省价格管理条例（修正案草案）》；审议《甘肃省森林公园管理条例（草案）》；审议《甘肃省防灾减灾责任追究暂行办法（草案）》；审议《甘肃省科学技术进步条例（修订草案）》；审议《关于深化科技体制改革和加快区域创新体系建设的意见》。

第 114 次 9 月 18 日，刘伟平省长主持召开。听取关于建设统一规范的公共资源交易市场有关情况汇报；审议《甘肃省电网建设与保护条例（草案）》；审议《甘肃省草畜平衡管理办法（草案）》；研究对村务监督委员会主任发放务工补贴和工作经费事宜；研究给予李人志、张国华行政处分事宜。

第 115 次 9 月 28 日，刘伟平省长主持召开。审议甘肃省 2012-2020 年城镇居民可支配收入增收规划；审议《甘肃省人民政府关于推动全民创业促进就业若干政策规定》；审定全省就业创业工作先进集体和先进个人名单；审定甘肃省水务投资公司筹建方案。

第 116 次 10 月 25 日，刘伟平省长主持召开。审议《甘肃省行政效能监察办法（草案）》；审议《甘肃省规范行政处罚自由裁量权规定（草案）》；研究甘肃奥林匹克体育中心项目建设选址事宜；研究人事任免事宜。

第 117 次 11 月 20 日，刘伟平省长主持召开。审定《兰州新区总体规划优化完善方案》；审定《甘肃省六盘山片区区域发展与扶贫攻坚实施规划》；审定《甘肃省城镇居民可支配收入倍增计划（2012—2016 年）》；传达贯彻全国新型农村和城镇居民社会养老保险工作总结表彰大会精神，安排部署甘肃省相关工作；研究提高六十年代初精简退职职工生活补助标准事宜；审议《甘肃省政府性基金管理试行办法》；审定《甘肃省草原禁牧办法（草案）》；审定《甘肃省水文管理办法（草案）》；研究人事任免事宜。

第 118 次 11 月 26 日，刘伟平省长主持召开。审定《关于支持兰州新区开发建设政策的意见》；审定《2013 年省政府目标管理责任书编制意见》；审定《深入实施工业强省战略加快推进工业转型跨越考核奖励办法（试行）》；研究塔尔沟钨矿信访问题的处理意见。

第 119 次 12 月 3 日，刘伟平省长主持召开。审定《2013 年全省国民经济和社会发展主要指标初步安排意见》；审定《张掖丹霞风景名胜区彩色丘陵片区旅游总体规划》、《张掖历史文化名城保护规划》、《张掖国家湿地公园保护总体规划（2011—2020 年）》；审定《甘肃省农民收入倍增计划（2012—2016 年）》。

第 120 次 12 月 12 日，刘伟平省长主持召开。审定《关于调整全省征地补偿标准的意见》；审定《全省矿产资源调查盘点情况报告》和《关于扩大市级政府矿产资源配置主导权的有关意见》；研究申报甘肃省建设国家生态屏障建设保护与补偿试验区有关工作；审定《兰州新区水资源供求规划（2011—2030）》；研究人事任免事宜 。

第 121 次 12 月 26 日，刘伟平省长主持召开。审定《省政府 2013 年为民办实事方案》；审定《关于省政府驻外办事处机构调整的意见》；审定 2012 年甘肃省科学技术奖；研究企业离退休人员和建国前参加革命工作的退休工人享受高龄补贴事宜。

第 122 次 12 月 28 日，刘伟平省长主持召开。讨论 2013 年《政府工作报告（审议稿）》；研究舟曲山洪泥石流灾后恢复重建先进集体和先进个人推荐名单。

外事侨务港澳事务

【出访来访】认真贯彻落实《中共中央办公厅、国务院办公厅转发中央纪委等部门〈因公出国人员审批管理规定〉的通知》（中办发〔2012〕5 号）精神，结合甘肃省实际，出台了《甘肃省因公出国人员审批管理实施办法》，并按照外交部的要求，筹备启动了因公电子护照系统，使因公出国（境）管理工作更加规范。全年共审批办理各类因公出国（境）团组 851 批 4003 人次，办理中央在甘单位因公出访团组 647 人次；为国有企业、重点民营企业申办 APEC 商务旅行卡 115 份。热情接待外宾来访团组，全年共接待国宾、党宾团组 41 批 485 人次，其中大使级以上的重要团组有坦桑尼亚革命党副主席皮乌斯・奇潘达・姆塞夸率领的坦桑尼亚革命党代表团、老挝国家行政学院副院长沙姆通・宋帕尼率领的老挝干部考察团和乌干达水利资源和环境部部长玛丽亚・姆塔干巴、印度驻华大使苏杰生、朝鲜驻华大使池在龙等 17 批。办理来甘外国人邀请 177 批 228 人次、外国来华留学人员签证 395 人次。

【友城交往】进一步加强了同有关方面的联络协调，积极推进甘肃省与泰国黎逸府、斯里兰卡中部省、印度比哈尔邦，兰州市与瑞士奥尔腾市、武威市与以色列迪摩纳市、嘉峪关与罗马尼亚马亚马雷市、陇南市与希腊比阿尼亚市建立友城关系；促成全国友协批准甘肃省与菲律拉古纳省、巴基斯坦旁遮普省结好意向；与吉尔吉斯奥什州和乌克兰波尔塔瓦州签署了建立友好省州关系意向书。目前，甘肃省友城总数 45 对，其中省级友城 23 对，市县级友城 22 对。成功举办了第七期甘肃省国际交流员研习班，共有来自 16 个国家的 22 名交流员参加研习。2012 年，甘肃省友好城市瑞士索罗图恩州和日本秋田县分别荣获“对华友好城市交流合作奖”。

【服务经济】积极协调落实中联部、外交部、国务院侨办、国务院港澳办等中央部委支持甘肃经济社会发展的各项措施，有力促进了甘肃经济社会发展。进一步加大了《关于支持甘肃省民营企业“走出去”的七条措施》的落实力度，利用丰富的友城资源，想法设法为企业找合作、找项目、找资源、找市场。深入推进日本小渊基金和资生堂绿化项目，在兰州南北两山植树造林面积累计达 8000 余亩。扎实开展“联村联户、富民为民”行动，为积石山县吹麻滩镇后沟村、后阳洼村两个帮扶点筹措资金 150 万元，建立互助基金，实施道路硬化。积极参与并圆满完成了第十八届“兰洽会”、第二届“丝绸之路国际旅游节”和首届“国际文化产业大会”外宾邀请、接待、资料翻译及境外宣传推介工作，仅第十八届“兰恰会”共邀请境外代表团 34 个，签约项目 16 个，签约资金达 116 亿元，为促进全省经济社会发展做出了积极努力。

【侨务工作】进一步加大对《侨法》的宣传和贯彻执行力度，先后在庆阳、张掖、嘉峪关、金昌等市启动了 4 个“侨法宣传角”。积极面向中亚各国开展华文教育，促成国务院侨办在西北师范大学建立华文教育基地，进一步拓展了侨务工作发展领域。积极争取省财政每年下拨专项资金 240 万元，开展散居归侨侨眷扶贫救助工作。热情受理海外华人华侨和归侨侨眷来信来访 119 件次，办结率 93%。协调争取海外华人华侨和港澳同胞捐赠 4000 多万元人民币，改善农村教育、卫生条件和基础设施建设。特别是在国务院侨办的协调下，积极争取曹德淦“河仁基金会”捐赠 3000 万元，支持岷县开展灾后重建。配合国侨办圆满完成了“侨资企业西部行”、“海外华裔青少年中国寻根之旅夏令营—甘肃营”、“文化中国—海外华文媒体甘肃行”等活动，为宣传推介甘肃、促进甘肃省经济社会发展发挥了积极作用。

【港澳事务】进一步加强了同国务院港澳办和中央驻港机构的联系，促成刘伟平省长率团成功访问澳门，出席首届“世界旅游经济论坛”，有力推动了陇澳务实合作。深入开展港澳工作调研，基本掌握了 300 多家港澳企业在兰投资合作情况，为有针对性地做好服务工作奠定了基础。积极配合有关部门圆满完成了省委、省政府在北京举办的“企业家恳谈会”，邀请了 170 多名港澳知名企业家参会。积极推动陇港澳文化交流，组织省残疾人艺术团赴澳门演出，并在甘肃省成功举办了“艺海流金——走近敦煌”大型对港澳文化交流和“健康快车 2012 甘肃自驾车光明行”活动，均在当地引起强烈反响。积极争取香港心连心大地摄影会、澳门义务青年会等港澳民间组织捐赠640余万元，资助贫困学生和改善农村饮水工程。

【自身建设】认真学习贯彻党的十七大、十八大和省第十一次、十二次党代会精神，在机关深入开展了创先争优活动和效能风暴行动，成功举办了处级以上干部“学习贯彻党的十八大精神研讨班”，党组织的凝聚力、战斗力和党员的先锋模范作用得到进一步加强，机关作风得到明显改进，工作效率明显提升。重视加强干部队伍建设，干部在职培训率达到80%以上，干部队伍的综合素质和业务能力明显增强，先后有4名同志通过竞争上岗晋升为正处级干部。注重丰富干部职工的文化生活，积极参加省直机关工委举办的各类活动，并取得良好成绩。认真学习贯彻中纪委、省纪委有关会议精神，严格落实党风廉政建设目标责任制，无论是班子成员还是党员干部都能够自觉遵守廉洁从政各项规定，没有出现任何违纪违规等问题。坚持工作重心下移，进一步加强了对各市州外侨办的工作指导，确保了各地外事侨务港澳事务工作有序有效开展。

政协甘肃省委员会

【全体委员会议】十届五次会议于1月8日至12日在兰州举行。会议应出席委员570名，实到523名。省政协主席冯健身、副主席张津梁分别主持开、闭幕大会。会议听取并审议了省政协主席冯健身代表省政协常务委员会所作的工作报告、省政协副主席黄选平代表省政协常务委员会所作的提案工作报告；审议通过了政协第十届甘肃省委员会第五次会议政治决议、政协第十届甘肃省委员会第五次会议关于十届省政协常务委员会工作报告的决议、政协第十届甘肃省委员会第五次会议提案审查委员会关于提案审查情况的报告以及有关人事事项。

省委书记、省人大常委会主任王三运在开幕大会上发表讲话。他希望全省各级政协组织和广大政协委员牢牢把握民主和团结两大主题，围绕推动经济转型跨越发展，做到主动作为、建言献策；围绕推动社会和谐稳定发展，做到协调关系、凝心聚力；围绕推动民族共同繁荣发展，做到团结联合、促进和睦；围绕推动自身建设发展，做到完善机制、提升能力，为推动全省经济社会又好又快发展贡献智慧和力量。省政协主席冯健身在会议结束时发表讲话。他强调，全省各级政协组织和广大政协委员要把学习贯彻省委书记王三运重要讲话精神，作为当前和今后一个时期的重要任务，切

实把思想和行动引导到省委的决策部署上来，坚持“四个围绕、四个做到”，为推进全省经济、政治、文化、社会建设和政协事业发展作出新贡献。会议期间，委员们列席了第十一届甘肃省人民代表大会第五次会议，听取并讨论了省政府工作报告及其他重要报告，学习讨论了王三运书记在开幕会上的重要讲话，并通过大会发言、专题会议讨论、小组讨论和提交提案等方式，围绕全省经济社会发展中的重要问题和群众普遍关心的热点难点问题，积极协商议政、建言献策。大会共收到提案860件，立案825件，占提案总数的95.9%。大会收到委员发言材料67篇，蒲志强、车安宁、尚勋武、郭晓霞等24位委员分别就促进陕甘宁老区能源化工基地建设、全面推进“两江一水”生态保护与综合治理、以创新驱动推进甘肃农村经济跨越式发展、大力发展道德文化建设、推进城乡教育均衡发展等问题作了大会口头发言。省委书记王三运、省长刘伟平等省领导分别听取了委员发言，并参加了“经济发展与文化繁荣”、“社会管理与民生改善”两个专题议政会和小组讨论，与委员们深入交流、共谋发展。省党政军领导应邀出席开、闭幕大会。在甘十一届全国政协委员、各市州政协主席、省政协各部门负责同志以及省委组织部副部长、统战部副部长等列席会议。

【常务委员会议】第17次会议于1月5日在兰州召开。97名常委会组成人员出席了会议。会议通过了关于召开政协第十届甘肃省委员会第五次会议的决定；审议通过了政协第十届甘肃省委员会第五次会议议程（草案）和日程、政协第十届甘肃省委员会常务委员会工作报告及报告人、政协第十届甘肃省委员会常务委员会关于十届四次会议以来提案工作情况的报告及报告人、《政协甘肃省委员会提案工作条例（修订案）》；听取了政协第十届甘肃省委员会常务委员会工作报告起草情况的说明和《政协甘肃省委员会提案工作条例（修订草案）》的说明；审议通过了政协第十届甘肃省委员会关于设置委员工作委员会的决定和有关人事事项。会议听取了省委常委、副省长、省委统战部部长泽巴足所作的关于增补政协第十届甘肃省委员会委员的说明，听取了省委、省政府2011年对省政协建议案、调研视察报告批示与办理情况的通报和省政府关于省政协十届四次会议以来提案办理情况的通报。省政协主席冯健身主持开幕会议，副省长虞海燕应邀参加会议，省政协副主席张津梁主持闭幕会议。

第18次会议于1月11日在兰州召开。101名常委会组成人员出席了会议。会议审议通过了政协第十届甘肃省委员会第五次会议政治决议（草案）、政协第十届甘肃省委员会第五次会议关于常务委员会工作报告的决议（草案）、政协第十届甘肃省委员会提案委员会关于省政协十届五次会议提案审查情况的报告（草案）；通过了政协第十届甘肃省委员会第五次会议候选人名单（草案）、选举办法（草案）和总监票人、副总监票人名单（草案）；听取了省委关于人事事项的说明。省政协副主席张津梁主持会议。

第19次会议于6月12日至13日

在兰州召开。89名常委会组成人员出席了会议。会议审议通过了省政协《关于推动文化旅游产业深度融合发展有关问题的建议案》，听取了省政府2012年全省前5个月经济社会发展和岷县特大雹洪泥石流灾害及抢险救灾情况通报，通过了有关人事事项。与会人员围绕推动文化旅游产业融合发展等事关甘肃省经济社会发展的重要问题，进行深入讨论。会议共收到大会发言材料43篇，周鹰、赵鲁平等11位省政协常委、委员和省级各民主党派、市县政协代表，分别就甘肃文化产业发展战略、共同打造甘肃华夏文明传承创新示范区、弘扬敦煌文化加快文化大省建设等问题作了大会口头发言，提出了许多建设性意见建议。省政协主席冯健身主持开幕会并在会议结束时讲话，就省政协贯彻落实省第十二次党代会精神和进一步加快文化大省建设、推动甘肃省文化大发展大繁荣作出安排部署。省政协副主席张津梁主持闭幕会并就《关于推动文化旅游产业深度融合发展有关问题的建议案》起草情况作了说明。省委副书记欧阳坚，省委常委、副省长咸辉等参加会议。

第20次会议于9月13日至14日在兰州召开。89名常委会组成人员出席了会议。会议审议通过了省政协《关于加强城市社区建设增强服务管理功能有关问题的建议案》和有关人事事项。与会人员围绕加强城市社区建设增强服务管理功能等有关问题，进行广泛交流和讨论。会议共收到大会发言材料32篇，陈强、窦新生等12位省政协常委、委员和省级各民主党派、市州政协代表，分别就构建社会管理新模式、培育发展社区社会组织、推动社区立法建设等加强和创新社会管理的体制机制、重要举措等问题提出了许多针对性较强的意见建议。省政协主席冯健身主持开幕会并在会议结束时讲话，就充分发挥各级政协组织和广大政协委员的作用，为加强和创新社会管理履行职能、建言献策提出四点要求。省政协副主席张津梁主持闭幕会并就省政协《关于加强城市社区建设增强服务管理功能有关问题的建议案》起草情况作了说明。省委副书记欧阳坚，省委常委、省委统战部部长泽巴足，副省长冉万祥等参加会议。

第21次会议于2013年1月6日至7日在兰州召开。91名常委会组成人员出席了会议。会议通过了关于召开政协第十一届甘肃省委员会第一次会议的决定；审议通过了政协第十届甘肃省委员会常务委员会工作报告及报告人、政协第十届甘肃省委员会常务委员会关于提案工作情况的报告及报告人、政协第十一届甘肃省委员会委员名单；听取了省委关于十一届省政协委员建议名单和有关情况的说明、省政府关于2012年省政府领导批示的省政协建议案、调研视察报告及省政协十届五次会议以来提案办理情况的通报；表彰了省政协十届三次至五次会议优秀提案及先进承办单位。省政协主席冯健身主持开幕会，省委常委、省委统战部部长泽巴足参加会议，省政协副主席张津梁主持闭幕会。

【专门委员会工作】 提案委员会全年共收到提案888件，审查立案849件并全部交办完毕。学习贯彻中共中央办公厅国务院办公厅《关于进一步加强人民政协提案办理工作的意见》精神，代省委省政府起草《关于进一步加强人民政协提案办理工作的实施意见》并推动颁布实施，为进一步提高提案工作科学化水平提供了制度保证。

社会和法制委员会牵头组织省政协关于创新社会管理、加强城市社区建设视察活动。深入嘉峪关、张掖等市州重点就加强城市社区建设、增强服务管理功能开展调研，并赴辽宁、内蒙古等省区考察学习，形成了《关于甘肃省城市社区组织建设和运行机制的调研报告》，提交省政协十届二十次常委会议讨论。配合省人大、省政府有关部门做好立法协商工作，对提交协商讨论的法律、法规（草案），组织委员和有关专家讨论，并将意见建议及时反馈给相关部门。

文史资料和学习委员会征集出版了《当代陇原艺术名人集萃·美术卷》，入选文字资料112篇，30多万字，作者和作品照片330张，收录当代陇原书法美术名人112位，详细记录当代陇原书法美术名士成长经历和主要艺术成就，展示了甘肃文化大省建设成果和文化艺术成就。与提案委员会共同征集出版了文史资料专辑第68辑《提案工作纪实》。组织委员提出了《关于重视征集海内外有关甘肃档案资源的提案》、《关于充实甘肃省博物馆文物藏品量的提案》等提案，被列为主席重点督办提案。

经济委员会参与省政协关于建设文化大省、推进社会主义文化大发展大繁荣重点调研，就文化旅游产业发展深入天水、陇南等市州进行调研，并赴海南省学习考察，形成《关于拓展天水特色文化促进文化旅游产业加快发展的调研报告》，提交省政协十届十九次常委会议。就兰州新区建设产业发展有关问题进行专题调研，形成了《关于推动中央和省属在兰工业企业出城入园的几点建议》报送省政府。参与省政协关于强化政策支持、充分认识和发挥河西走廊战略地位和作用的调研活动，就河西走廊有关能源产业发展问题开展专题调研，形成了《关于河西走廊优势资源加工和新能源产业发展的调研报告》。

人口资源环境委员会参与省政协关于建设文化大省、推进社会主义文化大发展大繁荣重点调研，就文化旅游产业发展深入嘉峪关、酒泉等市州开展调研，并赴海南、黑龙江学习考察，形成了《关于促进甘肃省文化旅游产业融合发展的调研报告》，提交省政协十届十九次常委会议讨论。参与省政协关于强化政策支持、充分认识和发挥河西走廊战略地位和作用的调研活动，就河西走廊生态屏障建设在甘肃乃至全国发展战略中的重要地位和作用，赴武威、张掖开展调研，并提出将甘肃设立为“全国生态屏障建设、保护与补偿试验区”等建议，收入省政协《关于把河西走廊经济区上升为国家战略的建议》，报送国家领导和有关部委。

科教文卫体委员会牵头组织省政协关于建设文化大省、推动甘肃省文化大发展大繁荣调研活动，并赴兰州、白银进行调研，形成了《兰州白银两市文化与旅游融合发展的调研报告》，提交省政协十届十九次常委会议讨论。参与省政协关于强化政策支持、充分认识和发挥河西走廊战略地位和作用的调研活动，组织相关委员专家，赴武威、张掖、嘉峪关市就文化旅游产业和河西走廊大通道建设进行了调研，形成的调研报告提出了13条建议。就县级医院综合改革问题组织委员赴定西、天水、陇南进行调研，形成了《关于甘肃省县级医院综合改革情况的调研报告》。根据全国政协教科文卫体委员会发展专题协作调研的要求，就甘肃省社区体育发展情况进行调研，反映了甘肃省社区体育发展的有关情况和困难。

民族和宗教委员会参与省政协关于加强城市社区建设视察活动，赴临夏、甘南等地开展视察。参与省政协强化政策支持、充分认识和发挥河西走廊战略地位和作用的调研活动，就加强民族团结进步事业深入河西有关市县开展调研。就甘肃省少数民族贫困地区政策扶贫、产业扶贫、科技扶贫、智力扶贫和宗教教职人员社会保障等问题深入调研，形成了《关于民族地区“四个扶贫”情况的调研报告》报省委省政府后，省委副书记欧阳坚、副省长冉万祥分别作出批示。在民族宗教传统节日开展茶话会、座谈会和走访慰问活动，促进民族团结、宗教和睦。

港澳台侨和外事委员会在深圳举办省政协港澳委员及企业家座谈会，省政协主席冯健身出席会议并讲话，驻港澳委员、企业家及广深两地企业家共170人参加会议。会上听取了港澳委员对甘肃省经济社会发展以及省政协工作的意见建议，并在前期招商考察和充分对接的基础上签约落户12个重大项目，总投资228.3亿元。组织相关委员赴平凉、庆阳就发挥历史文化资源优势、积极开展公共外交进行调研，为积极发挥政协对外交往优势和作用积累了资料。配合办公厅完成了全国政协海外列席侨胞回国考察团来甘考察活动，拓展了省政协港澳台侨和外事工作领域。

农业和农村工作委员会组织部分委员、专家学者就“三农”工作中农业科技创新问题，深入天水、陇南等地进行调研，并赴广东、贵州学习考察，形成了《关于甘肃省农业科技创新情况的调研报告》报送省委省政府，李建华副省长作出批示。参与省政协关于强化政策支持、充分认识和发挥河西走廊战略地位和作用的调研活动，组织委员赴酒泉、张掖、武威三市，就发挥河西走廊现代农业战略地位和作用进行调研，形成了《关于建议设立河西走廊国家级现代农业示范区的调研报告》，所提意见建议收入省政协《关于把河西走廊经济区上升为国家战略的建议》，报送国家领导和有关部委。

【重要活动】中共中央政治局常委、全国政协主席贾庆林在甘调研。8月24日至29日，中共中央政治局常委、全国政协主席贾庆林先后在甘肃酒泉、嘉峪关、张掖、兰州等地，深入工厂企业、科技园区、农村乡镇、文化单位和兰州新区考察调研。调研期间，贾庆林听取了省委、省政府工作汇报，对近年来甘肃经济社会发展取得的成绩给予充分肯定。贾庆林高度重视西部地区加快转变经济发展方式的情况，强调要推进产业结构优化升级，加快改造提升传统产业，着力发展新能源、生物制药、新材料等战略性新兴产业和旅游产业，积极构建结构优化、技术先进、清洁安全、附加值高、吸纳就业能力强、具有甘肃特色的现代产业体系。贾庆林指出，甘肃要进一步加大强农惠农富农政策力度，加快推广旱作节水农业，突出发展特色优势农业，促进农业稳定发展和农民持续增收。要切实加强生态建设和环境保护，做好防沙治沙工作，培育壮大循环经济，着力推进绿色发展、循环发展、低碳发展。要依托丰富的文化资源，大力发展文化事业和文化产业，加强文化遗产保护，打造国内外知名的文化品牌，努力形成文化建设与经济建设相互促进协调发展的良好局面。贾庆林还看望了各民主党派、工商联负责人及省政协、省级统战系统机关干部。省委书记、省人大常委会主任王三运，省委副书记、省长刘伟平，省政协主席冯健身等省领导陪同调研。

建设文化大省推进社会主义文化大发展大繁荣专题调研活动。4月至5月，由省政协主席会议成员分别带领4个调研组，深入兰州、酒泉、张掖、天水、陇南等九个市州和有关县区，重点就推动文化旅游深度融合、培育文化旅游产业、建设文化大省开展调研。各调研组在深入实地考察、研究有关史料并听取专家学者意见建议的基础上，分别撰写调研报告并起草了建议案草案提交省政协十届十九次常委会议进行协商讨论，经会议审议最终形成了省政协《关于推动文化旅游产业深度融合发展有关问题的建议案》。

加强和创新社会管理专题视察活动。7月至8月，由省政协主席会议成员分别带领5个视察组，深入兰州、平凉、白银、定西等九个市州和有关县市区，重点围绕创新社会管理、加强城市社区建设进行了视察，并在各视察组调研报告的基础上形成了建议案草案，提交省政协十届二十次常委会议专题协商讨论，经会议审议最终形成省政协《关于加强城市社区建设增强服务管理功能有关问题的建议案》报省委省政府参考。

强化政策支持充分认识和发挥河西走廊战略地位和作用的调研活动。根据贾庆林主席8月28日接见省政协及省级统战系统机关干部时的讲话精神和要求，由省政协领导牵头，于9月中旬组织5个调研组，深入武威、金昌、张掖、酒泉、嘉峪关河西五市，就进一步认识河西走廊对甘肃乃至全国经济社会发展的地位和作用，充分发挥河西走廊的独特优势，更好地服务党和国家的发展战略这一重大课题，分别以河西走廊现代农业发展、生态屏障建设、传统资源加工产业改造升级和新型能源产业发展、大通道建设和文化旅游产业保护与发展、民族团结进步事业等专题进行深入调研，形成了省政协《关于把河西走廊经济区上升为国家战略的建议》。

开展"联村联户 为民富民"行动。2月20日，省委召开"联村联户、为民富民"行动动员大会，决定在全省开展以省、市、县、乡四级机关联系58个贫困县8790个贫困村、40多万名干部直接联系40多万个特困户、最终实现2020年与全国同步进入小康社会为主要内容的"联村联户、为民富民"行动。这是甘肃贯彻落实中央领导同志对甘肃工作的重要指示精神、适应全面建设小康社会新形势、顺应广大人民群众新期待、着眼密切党群干部关系新要求作出的一项全局性、战略性重大决策。同日下午，省政协机关召开"联村联户、为民富民"动员大会，冯健身主席发表讲话，石晶秘书长通报省政协"联村联户、为民富民"行动实施方案，对10名省级干部、65名厅级干部、59名处级干部和56名处以下干部所联系的11个县区、22个村、420户特困群众进行了任务分解，做到了在职干部联户任务全覆盖。省政协机关"双联"行动开展一年来，冯健身主席先后三次召开机关会议，对"双联"工作进行安排和总结。共协调落实项目资金6950.85万元，推动实施交通基础设施建设等项目，完成道路硬化近100公里，修建便民桥7座。帮助联系村培育种植、养殖、林果、农产品加工等科技兴农、富民产业发展项目29项，落实资金2823.9万元，建成辣椒示范种植1700亩、中药材基地300亩，推广旱作农业12000亩。为贫困村、户协调争取双联惠农贷款、妇女小额担保贷款、双联致富宝等，对蔬菜种植户、农技人员进行技术培训。为联系村新扩建学校7所，协调解决村文化活动场地及健身体育器材若干，受到群众的热烈欢迎。

全国政协副主席张榕明来甘调研。4月16日至22日，全国政协副主席、民建中央第一副主席张榕明在兰州、定西等地，就六盘山集中连片特困地区扶贫攻坚情况进行专题调研。省委副书记欧阳坚主持召开六盘山集中连片特困地区调研座谈会，省委常委、副省长李建华汇报了甘肃省扶贫开发工作情况。张榕明一行还深入岷县、通渭县等地实地调研，听取了定西、临夏、武威、天水、庆阳等地扶贫工作的汇报和意见建议。李建华副省长、张景辉副主席陪同调研。

全国政协副主席厉无畏来甘调研。6月24日至28日，全国政协副主席、民革中央常务副主席厉无畏带领全国政协调研组，就信访工作在加强和创新社会管理中的作用来甘调研。省委常委、常务副省长刘永富出席座谈会并讲话，省政协副主席侯生华主持会议。调研组一行还深入天水、甘南、临夏等地，就甘肃省信访工作的现状及存在的问题进行实地调研，分别听取有关基层工作情况汇报和群众的意见建议。省政协副主席侯生华陪同调研。

全国政协副主席陈奎元来甘调研。7月6日至12日，全国政协副主席陈奎元率全国政协调研组来甘，专题调研长城保护工作。省委常委、副省长咸辉汇报了甘肃省长城保护工作情况，省政协副主席黄选平主持座谈会。调研组一行先后考察了甘肃省渭源县马家山秦长城遗址、临洮县秦长城遗址、山丹长城遗址、嘉峪关关城、玉门关遗址、阳关遗址和汉长城遗址，并对甘肃省长城保护提出了意见和建议。省政协副主席黄选平陪同调研。

全国政协副主席阿不来提·阿不都热西提来甘调研。9月下旬，全国政协副主席阿不来提·阿不都热西提率全国政协委员考察团一行来甘，就甘肃省文化遗产保护情况进行考察调研。省政协主席冯健身主持召开座谈会，省委常委、副省长咸辉就甘肃省文化遗产保护情况作了汇报。考察团一行先后深入敦煌莫高窟、榆林石窟和《四库全书》藏书楼、省博物馆等地，围绕当前文化遗产保护有关政策落实和设施建设等情况进行了考察调研。省政协副主席栗震亚陪同调研。

省政协在深圳举行港澳委员及企业家座谈会。6月25日，省政协港澳委员及企业家座谈会在深圳举行。省政协主席冯健身出席会议并讲话，省政协副主席张津梁、李永军、张世珍及秘书长石晶出席会议。驻香港、澳门的省政协委员、港澳企业家及广深两地部分企业家共计170人参加会议。会议期间，省发改委、省经合局、省侨联、兰州新区负责同志分别介绍了甘肃省经济社会发展和招商引资等情况，港澳委员就如何发挥自身作用、进一步改善甘肃投资环境、加快中小企业发展等问题提出了意见建议，并在前期招商考察和充分对接的基础上，签约落户12个重大项目，总投资228.3亿元，涉及市政建设、仓储物流、建材生产等多个领域。

全国政协海外列席侨胞回国考察团来甘考察。10月中旬，全国政协常委、全国政协港澳台侨委员会副主任林兆枢带领由11个国家17位侨界代表组成的全国政协海外列席侨胞回国考察团来甘，就甘肃省经济、社会和教育发展情况进行考察。省政协主席冯健身在兰州会见了考察团一行。考察团听取了省发改委、省教育厅、省科技厅、省环保厅、省经济合作局相关情况的汇报，并就投资合作等问题进行了座谈交流。考察团一行随后深入天水、兰州、酒泉、嘉峪关等地进行考察。省委常委、省委统战部部长泽巴足，省政协副主席张景辉，省政协秘书长石晶分别陪同会见和考察。

【重要文件】常委会工作报告（2012年1月8日）（摘要）

（一）2011年工作回顾。省政协及其常委会坚持以邓小平理论和"三个代表”重要思想为指导，深入贯彻落实科学发展观，牢牢把握团结民主两大主题，紧紧围绕实施区域发展战略和实现跨越式发展的目标任务，团结带领广大政协委员认真履行政治协商、民主监督、参政议政职能，切实发挥协调关系、汇聚力量、建言献策、服务大局作用，为推动科学发展、促进社会和谐作出了重要贡献。一是注重思想理论建设，夯实履行职能的思想政治基础。举办建党90周年系列庆祝活动，学习胡锦涛总书记在纪念辛亥革命100周年大会上的讲话，举办纪念辛亥革命100周年座谈会，深刻认识人民政协产生和发展的历史必然性，不断巩固和壮大甘肃省最广泛的爱国统一战线。学习中共十七届五中、六中全会精神和省委全委扩大会议精神，加强人民政协理论研究，为推动工作提供有益借鉴。二是围绕甘肃省经济运行中的重大问题调查研究，为实现跨越式发展建言献策。省政协十届四次会议期间，委员们围绕推动科学发展、转变经济发展方式、应对国际金融危机冲击、解决不平衡不协调不可持续问题、保持全省经济又好又快发展等问题深入讨论，提交相关提案和大会发言273件。全会闭幕后，围绕发展壮大重点产业和培育新的经济增长点，就推进全省开发区跨越式发展、发挥大型骨干企业带动作用形成产业集群、推进特色农业产业发展等3个重要专题，组织委员深入全省各地调查研究、赴有关省市学习考察，形成了一批有咨政价值的研究成果。组织委员就兰州新区建设、中小企业发展、石羊河流域治理、科技创新、利用港澳台侨资源引资引智、政企合作高效利用和处理城市垃圾等调研视察；根据省政府主要领导意见，由省政协领导牵头，针对关中—天水经济区发展规划实施问题开展专题调研；积极争取并主动配合全国政协就加快黄河上游经济带建设促进区域经济协调发展、新能源和新能源装备制造业发展、科技评价体系及奖励制度改革等重要问题开展调研视察，提出意见建议。三是高度关注热点难点问题，为推进甘肃省社会建设积极作为。举办加强和创新社会管理专题议政会，围绕甘肃省社会阶层发生的新变化、社会管理面临的新挑战和人民群众的新期待深入研讨，建言立论。会后报送的关于完善体制机制、提高社会管理科学化水平，强化基层组织和社会组织建设、夯实工作基础等30条建议，为省上出台相关政策提供了有益参考。举办节水型社会建设专题议政会，着眼于保障跨越式发展对水资源的刚性需求进行分析论证，提出举省共谋走出甘肃省节水型社会建设新路子的8项对策措施，得到省政府领导重视和批转，为研究制定《甘肃省加快节水型社会建设的指导意见》提供了重要依据。围绕实施中小学校舍安全工程和寄宿制学校建设开展视察，针对资金缺口大、危房面积大、学校债务重、发展不平衡等问题，提出了多方筹措资金、清理学校债务、简化项目审批程序、完善管理和配套服务等10项建议。协助全国政协就甘肃生态保护和文化旅游、“两江一水”生态保护与综合治理、敦煌水资源利用和文化遗产保护、东乡族自治县地质灾害防治综合治理、中医药进基层卫生医疗机构、律师在刑事诉讼中的地位和作用等专题开展调研视察，积极争取国家重视和扶持。四是坚持履职为民理念，为贫困地区加快发展和民生改善献智出力。常委会把助推“两州两市”扶贫攻坚确定为重点调研课题，组织委员深入20个县区的部分企业和整村推进、易地搬迁、新农村建设、特色优势产业基地等示范点和农牧民家庭开展调研，在创新和完善扶贫开发思路、强化政策扶持和工作措施等方面形成了诸多共识。在此基础上召开常委会议进行专题协商，报送了《关于打好“两州两市”扶贫攻坚战，推动贫困地区跨越式发展的建议案》。五是创新和完善工作机制，努力提升政协工作科学化水平。引导委员和政协各参加单位围绕全省中心工作科学选题，深入调研，建言献策，提高提案质量。全年立案交办的914件提案全部办复完毕，对十届一次会议以来提案办理工作进行“回头看”，共有301件B类提案得到办理落实。重视运用社情民意信息反映民意、集中民智、建言献策。加强策划分析，拓宽反映渠道，提出征集要点，及时总结交流；注重对热点难点问题和民主党派、人民团体、民族宗教界代表人士意见建议的整理报送，打造政协信息品牌。全年共收集社情民意信息241篇，编发《甘肃政协信息》59期，转送有关部门19篇。（二）2012年工作部署。常委会要以邓小平理论、“三个代表”重要思想和科学发展观为指导，深入贯彻落实中共十八大和省第十二次党代会精神及中央、省委的重大决策部署，把推动科学发展、促进社会和谐作为根本任务，把提升工作质量、增强履职实效作为基本目标，认真搞好政治协商，稳步推进民主监督，积极开展参政议政，为不断开创科学发展、转型跨越、民族团结、富民兴陇的新局面而努力奋斗。一是着力加强政治理论学习，把思想和行动统一到中央和省委的重大决策部署上来。二是着力搞好调研视察和协商议政，为推动甘肃省转型跨越、科学发展献策出力。三是着力发挥委员主体作用和界别优势，不断增强政协工作的活力与成效。四是着力加强各级政协组织联系合作，努力提升政协工作整体效能。五是着力做好本届政协工作总结，深化对政协工作特点规律的认识。

十届五次会议政治决议　（2012年1月11日）（摘要）

会议认为，过去的一年，省委省政府团结带领全省各族人民，深入贯彻科学发展观，紧紧围绕“十二五”经济社会发展的总体目标，着力解决影响全省改革发展稳定的突出问题，经济建设取得新成就，社会事业有了新进步，人民生活持续改善，社会大局安定和谐，实现了“十二五”良好开局，迈出了跨越发展坚实步伐。一年来，在中共甘肃省委的正确领导下，省政协常委会牢牢把握团结民主两大主题，紧紧围绕全省工作大局，认真履行政治协商、民主监督、参政议政职能，切实发挥协调关系、汇聚力量、建言献策、服务大局作用，为推动科学发展、促进社会和谐作出了重要贡献。会议认为，当前甘肃省正处在黄金发展期、难得机遇期和奋力爬坡期，面临最大矛盾是发展不足、最大机遇是政策叠加、最大希望是开发开放。抢抓难得历史机遇、着力破解突出矛盾，实现经济转型跨越发展、社会和谐稳定发展、民族共同繁荣发展，是全省各族人民的迫切愿望，是摆在我们面前的首要任务。要科学判断甘肃省当前的经济形势，深刻认识面临的机遇和挑战，准确把握经济社会发展的着力重点，更加注重开发开放，更加注重转型转移，更加注重创新创业，更加注重民族民生，更加注重安全安定，以饱满的政治热情、强烈的事业激情、有力的创新举措、优异的工作成绩，奋力开创科学发展、转型跨越、民族团结、富民兴陇的新局面。会议指出，2012年是甘肃省实施“十二五”规划承上启下的重要一年。省委省政府提出的2012年经济社会发展稳中求进、好中求快的主基调和主要目标任务，符合甘肃实际，顺应人民期待。实现2012年目标任务，推动经济社会又好又快发展，既要充分调动各族人民干事创业的积极性和主动性，又要广泛集聚各个方面的智慧和力量。各级政协组织和委员要紧紧围绕实现经济社会发展目标确定工作方位，找准作为空间，发挥应有作用。会议强调，全省各级政协组织和委员要紧紧围绕推动经济转型跨越发展，选择全省经济运行中的综合性、全局性、前瞻性问题和人民群众关注的热点、难点、焦点问题，深入调研视察，积极协商议政，切实做到主动作为、建言献策。要紧紧围绕推动社会和谐稳定发展，着力营造民主协商、平等议事的氛围，不断拓宽反映民意、集中民智的渠道，努力做好化解矛盾、增进共识的工作，切实做到协调关系、凝心聚力。要紧紧围绕推动民族共同繁荣发展，认真贯彻党的民族政策和宗教工作基本方针，在打牢各民族共同繁荣发展的思想基础、经济基础、社会基础中发挥作用，切实做到团结联合、促进和睦。要紧紧围绕推动自身建设发展，自觉把政协工作融入改革发展稳定大局，大兴勤学好学、调查研究、求真务实之风，切实加强制度建设，进一步完善机制、提升能力。

省委书记王三运在十届五次会议上的讲话

希望全省各级政协组织和广大政协委员要牢牢把握民主和团结两大主题，紧盯全省改革发展稳定的综合性、全局性、前瞻性问题，紧盯老百姓关注的热点、难点、焦点问题，多谋发展大计，多建睿智之言，多献务实之策，为推动全省经济社会又好又快发展贡献智慧和力量。概括起来说，就是要突出“四个围绕、四个做到”：第一，围绕推动经济转型跨越发展，做到主动作为、建言献策。甘肃省是一个欠发达省份，基础和条件相对薄弱，我们要实现与全国同步进入全面小康，推进经济转型跨越发展是必由之路。实现经济转型跨越，就必须拿出超常的思路和举措，付出艰苦的拼搏和努力，在这个问题上，全省上下没有看客和旁观者，这是各族人民的共同事业，也应当是广大政协委员的自觉追求。省委希望全省各级政协组织和广大政协委员，一要积极投身经济建设主战场。二要积极搭建服务经济建设的有效平台和载体。三要积极为经济建设聚才引资。第二，围绕推动社会和谐稳定发展，做到协调关系、凝心聚力。当前，经济体制深刻变革、社会结构深刻变动、利益格局深刻调整、思想观念深刻变化，特别是甘肃省经济社会发展还面临一些结构性的矛盾和深层次的问题，维护社会和谐稳定的任务十分繁重，各级政协组织要积极承担起协调关系、理顺情绪、化解矛盾、增进共识的重要职责。一是要引导理顺诉求。二是要积极化解矛盾。三是要加强民主监督。第三，围绕推动民族共同繁荣发展，做到团结联合、促进和睦。希望广大政协委员把智慧和力量凝聚到这方面来。要在打牢各民族共同繁荣发展的思想基础中发挥作用，加强中国特色社会主义理论体系的学习和实践，加大对党的民族宗教政策的宣传力度，增进各民族对中国特色社会主义的政治认同和思想认同，增强走中国特色社会主义道路的自觉性和坚定性，进一步夯实共同团结奋斗的思想基础。要在打牢各民族共同繁荣发展的经济基础中发挥作用，高度关注民族地区经济社会发展，广泛动员全社会力量从政策、资金、项目、人才等方面给予大力扶持。要在打牢各民族共同繁荣发展的社会基础中发挥作用，政协组织要积极发挥不同界别的引导作用，唱好“大团结、大联合”的主题曲，把不同民族、不同阶层、不同信仰的人凝聚起来，把各界人士和广大群众牢固地团结起来，促进民族团结、宗教和睦，打造各民族共同团结奋斗、共同繁荣发展的示范区。第四，围绕推动自身建设发展，做到完善机制、提升能力。加强自身建设，提升能力水平，是政协更好履行职能的前提和基础，事关政协事业的长远发展。一要明确方向，坚持把政协工作摆进全省发展的大局之中，始终与党委、政府方向一致、目标一致、工作一致，在服务全局中思考问题，在促进发展中彰显作为。二要完善制度，重点是要建立健全政协党组向同级党委负责的制度，保证党的要求在政协工作中得到全面落实。三要改进作风，要大兴勤学好学之风，把政协建设成一个学习型组织；要大兴调查研究之风，努力把更多的调研成果转化为党委、政府的科学决策；要大兴求真务实之风，脚踏实地地促进党委、政府决策的落实。全省各级党组织要深入贯彻落实中央和省委关于加强和改进政协工作的决策部署，切实把政协工作摆上重要日程，进一步形成党委高度重视、政府大力支持、政协积极履职、各方协同配合的工作格局。要切实把政治协商纳入党委、政府决策程序，积极推进政治协商、民主监督、参政议政制度建设，增强开展政治协商的自觉性和主动性。要认真采纳人民政协提出的真知灼见，真正使人民政协的参政议政成为充分反映民意、广泛集中民智、切实改进工作、提高党的执政能力的有效形式和重要途径。要及时研究解决政协工作中遇到的实际困难和问题，切实帮助政协改善委员视察调研、重要会议活动及机关建设等方面的条件，努力为政协开展工作提供有力保障，进一步在全社会形成重视政协、支持政协的良好氛围，不断开创人民政协事业发展的新局面。

冯健身主席在十届五次会议上的讲话（2012年1月12日））（摘要）

省委省政府对这次会议非常重视，省委书记王三运同志出席开幕大会并讲话。讲话充分肯定了各级政协组织和委员在推动改革发展稳定和各项建设事业中作出的重要贡献，明确提出了当前和今后一个时期政协组织和委员肩负的神圣职责和主要任务。讲话思想性、针对性、指导性很强，为今后更好地开展政协工作指明了方向。全省各级政协组织和委员要把学习贯彻王三运书记重要讲话精神，作为当前和今后一个时期的重要任务，深刻认识和把握精神实质，切实把思想和行动引导到省委的决策部署上来，组织和推动参加政协的各党派团体和各族各界人士，始终做到与省委在思想上同心同德，在目标上同心同向，在行动上同心同行。要结合履职实践和各地实际，认真学习研究各种政策利好，辩证分析机遇和挑战，探索趋利避害、加快发展的途径和方法。要坚持以科学发展观为指导，突出民主和团结两大主题，充分发挥自身优势，按照省委提出的“四个围绕、四个做到”的要求，自觉把政协事业融入改革发展稳定大局，把省委确定的“五个更加注重”贯穿于履行职能的全过程，使政协工作更好地体现时代性、把握规律性、富于创造性。第一，紧紧围绕推动经济转型跨越发展建言献策。要牢牢把握2012年全省经济社会发展“稳中求进、好中求快”的总基调，把协商监督、参政议政的注意力集中到调整经济结构、转变增长方式上，集中到提高经济增长质量和效益上，集中到保障和改善民生上，集中到大开发大开放带动大跨越上；把调研视察的重点聚焦到培育产业优势、促进开发开放、搞好民族民生工作等事关全省经济转型跨越和民族团结共同繁荣的重大问题上，深入调查研究、协商议政、专题研讨，为经济转型跨越提供智力支持，为党政科学决策提供依据。第二，紧紧围绕推动社会和谐稳定发展主动作为。要坚持以人为本、履职为民，始终把反映各族各界群众的利益诉求、推动民生问题的解决、维护和发展广大人民群众根本利益作为履行职能的出发点和落脚点，紧盯人民群众关注的热点、难点、焦点问题，深入基层，调查研究，协助党委政府解决好人民群众最关心、最直接、最现实的利益问题，努力做好协调关系、理顺情绪、化解矛盾、凝聚力量的工作，全力维护和谐稳定的良好局面。第三，紧紧围绕推动民族共同繁荣发展尽心竭力。要认真贯彻党的民族政策和宗教基本方针，高度关注民族地区经济社会发展，协助党委政府把国家实施新一轮扶贫开发的政策机遇，转化为民族地区经济社会转型跨越的生动实践。充分发挥民族宗教界代表人士在加强民族团结、促进宗教和顺中的作用，把各族各界群众团结凝聚在党和政府周围，把注意力引导到经济社会发展上来，在打牢各民族共同繁荣发展的思想基础、经济基础、社会基础中发挥更大作用。第四，紧紧围绕提升履职能力加强自身建设。要着眼于改革发展稳定大局，认真谋划和开展工作；大兴勤学好学之风、调查研究之风、求真务实之风，营造浓厚的干事创业氛围，激发敬业奉献的工作热情；进一步加强制度建设，创新工作机制，不断提高履行职能的实效。

冯健身主席在十届十九次常委会议上的讲话（2012年6月13日）（摘要）

这次会议有四个特点：一是常委会选题紧贴全省工作大局。二是调研广泛深入。三是常委们发言积极踊跃。四是提出的意见建议针对性强。我就全省各级政协组织和广大政协委员围绕加快文化大省建设、推动甘肃省文化大发展大繁荣履行职能、发挥作用，讲几点意见。一要把加快文化大省建设、推动甘肃省文化大发展大繁荣作为政协履行职能、服务发展的着力点。全省各级政协组织和广大政协委员要大力弘扬围绕中心、服务大局的优良传统，把加快文化大省建设、推动甘肃省文化大发展大繁荣作为履行职能、建言献策的主要内容，作为发挥优势、促进发展的着力点，为加快建设文化大省、实现经济社会转型跨越发展发挥积极作用、作出新的贡献。二要紧紧围绕加快文化大省建设、推动甘肃省文化大发展大繁荣献策出力。要通过坚持不懈、深入扎实的调查研究，力求形成一批具有较高参考价值的成果，提出破解上述难题的对策建议，使人民政协工作与全省工作大局结合得更好、建言献策与省委省政府决策需要贴得更紧，不断增强参政议政的针对性和实效性。三要充分发挥界别优势，为加快文化大省建设、推动甘肃省文化大发展大繁荣贡献力量。一是充分调动文化艺术界别委员的积极性，激发他们的创作灵感，拓展他们的创作视野，努力创作生产出更多更优秀的精神文化产品，为发扬光大甘肃特色文化作出新贡献。二是充分发挥民族和宗教等界别委员的作用，积极参加少数民族文化与宗教研究基地、地域特色文化研究基地的建设，在甘肃特色文化开发、民族文化收集整理创新等方面有所建树。三是发挥港澳委员视野开阔、对外联系广泛的优势，促进文化对外交流与合作，积极开展甘肃省优秀文化宣传与推介，扩大与国外先进文化和外省优秀文化的互动交流，助推甘肃文化形成不断开放的新格局。四是动员和引导委员中的民营企业家，热心文化公益事业，关心支持文化建设，捐资兴办各种文化公益事业和新型文化实业，促进甘肃省文化产业的较快发展，形成全社会关心文化建设、支持文化建设的良好局面。五是认真总结近年来全省各级政协组织在推动文化建设方面的好经验好做法，积极参与和推动实施精神引领、精品打造、文化惠民、产业振兴、改革创新、人才兴文等文化工程，为文化大省建设增砖添瓦。四、着眼于推动建设文化大省有关政策的落实和相关建设项目的实施，开展视察工作。要充分运用委员视察这一履行职能的重要形式，就公益性文化保障、扶持文化产业、人才和优秀文化成果激励等方面政策措施的落实，一些重大文化产业项目的实施，文化创业创意园区、创新基地等服务平台建设，文物保护、文化遗址保护、非物质文化遗产保护传承、历史文化名城名镇保护等重点问题，组织政协委员和专家学者开展视察，向省委省政府和有关部门提出咨询建议。

冯健身主席在十届二十次常委会议上的讲话（2012年9月14日）（摘要）

我就全省各级政协组织和广大政协委员继续围绕加强和创新社会管理履行职能、发挥作用，以及做好2012年后几个月的工作，讲几点意见。（一）充分发挥参谋作用，为加强和创新社会管理建言献策。一是紧紧围绕省委省政府的工作部署，有重点地选择一些社会管理中的重要问题，深入开展调查研究，提出有价值、有分量的意见建议，为省委省政府制定政策提供依据。二是充分运用委员视察这一履行职能的重要形式，就国家和甘肃省出台的关于加强和创新社会管理方面一系列政策措施的落实情况，组织政协委员和专家学者开展视察，向省委省政府和有关部门提出咨询建议。三是动员全省各级政协委员立足本职工作，深入基层自行开展调查研究，通过调研报告、提案、社情民意信息、大会发言等灵活多样的形式履行职能。（二）充分发挥纽带作用，在加强和创新社会管理中当好帮手。一是利用政协委员分布在社会各个阶层的优势，着重收集社会管理中热点信息，特别是困难群体和弱势群体的呼声，协助党委政府把矛盾化解在基层，把问题解决在萌芽状态。二是利用渠道畅通的优势，通过政协这个平台，让不同利益群体的要求意愿得到充分反映，使社会能量得到合理释放。三是加强同各民主党派、工商联和无党派人士的沟通交流，邀请他们参加政协的调研视察，支持他们就甘肃省经济社会发展发表意见主张。四是认真贯彻党的民族宗教政策，开展爱国爱教和法制教育，促进民族团结、宗教和顺、社会和谐。（三）充分发挥模范作用，在加强和创新社会管理中做好表率。一是政协委员要立足本职，敬岗爱业，特别是要动员和引导委员发挥自己的地位优势、专业优势和资源优势，在参与社会管理、激发社会活力、增强社会诚信、践行社会责任中履职尽责，努力成为甘肃省社会管理的重要力量。二是突出界别特点，组织委员积极参与人民调解、行政调解和司法调解，尤其要充分发挥民族和宗教等界别委员的作用，多做化解社会矛盾、维护社会稳定、促进社会和谐的工作，努力成为社会管理的依靠力量。三是动员和引导委员中的民营企业家，心系群众，关注民生，努力为群众解难事、办实事、做好事，以实际行动为党委政府分忧，为人民群众谋利，为政协组织添彩。（四）全力抓好后几个月的工作，确保全年工作任务圆满完成。一是认真学习贯彻胡锦涛总书记讲话精神。二是认真贯彻落实贾庆林主席在甘调研期间讲话精神。就河西走廊大通道建设、现代农业发展、传统资源加工和产业改造升级、新型能源产业发展、文化旅游产业保护与发展、生态屏障建设、民族团结进步事业等专题进行深入调研。三是认真总结本届政协工作。认真学习贯彻贾庆林主席在全国地方政协工作经验交流会讲话中提出的关于做好新时期人民政协工作必须坚持的10条经验，全面回顾总结五年来本届政协的履职实践和成效，深刻认识和准确把握政协工作的特点和规律，提出进一步加强和改进人民政协工作的意见建议，为甘肃省政协事业发展提供有益借鉴。

甘肃省工商业联合会

【非公有制经济发展】2012年对甘肃省非公经济快速发展具有里程碑意义。省第十二次党代会明确提出了加快非公经济发展步伐，推动全省经济转型跨越发展，实现与全国同步进入小康社会的宏伟目标，力争未来五年非公经济占全省经济总量50%以上。省委、省政府出台了《关于推动非公有制经济跨越发展的意见》通过引强入甘、创业催生、助推成长、改制重组、平台集聚“五大举措”，主攻资源配置、市场准入、政策扶持、平台建设、环境营造“五大突破口”，以实施思想解放、政策扶持、产业提升、招商引资、金融支持、人才支撑、科技创新、创业推动、权益保护和典型引领“十大工程”为主要抓手，从明确目标、突出重点、创新模式、完善政策、改进服务、加强领导六个方面支持非公经济发展，非公经济发展得到很大重视。2012年，全省有私营企业9.6万户，比上年增长10.9%；个体工商户66.3万户，增长10.7%；外资企业2262户，增长10.4%；农民专业合作社1.5万户，增长15.8%。非公经济实现增加值2115.85亿元，占全省生产总值的比重达到38.9%。

【经济服务】一是积极参与举办第十八届“兰洽会”。成功邀请全国工商联李路副主席和全国知名民营企业参加，举办了由省内外31家商会参加的项目建设座谈暨甘肃投资项目推介会，共签约项目120个，签约资金866.83亿元。省工商联被评为第十八届兰洽会先进单位。二是强力推进商会大厦和非公经济总部中心建设。由省工商联带头，各级工商联运用市场化手段、公司化运作方式推动商会大厦建设，工程有了实质性进展。金昌、平凉商会大厦已开工，白银、酒泉、庆阳等市州已进入实质性操作阶段，武威、张掖等市州已启动方案初设和土地选址。舟曲、靖远、陇西、玉门等一批县级工商联也已启动商会大厦建设。三是广泛开展经贸活动。以“走进白银，商会助推地方经济发展”为主题，以招商引资为主线，组织甘肃省工商联45家联席成员商会会长和会员企业一行260人参会，签订项目合作协议8项，协议资金30.86亿元；承办了甘肃投资环境（西安）说明会，组织了30余名企业家参加了说明会；组织民营企业家参加了2012全国知名民营企业家暨第七届泛成渝经济区商会合作峰会；参与组织了首批创业板上市28家民营企业在酒泉召开的创业板C28酒泉高峰论坛；组团参加了以“新晋商、新山西、新跨越”为主题的首届世界晋商大会等十余项活动。四是着力推进金融服务工作。继续加大与省内金融机构的联系合作，为企业搭建投融资服务平台。和中国银行兰州分行共同组织举办了“高端国学主题沙龙”，70余名企业家参加论坛。和工商银行、甘肃银行共同组织举办了“全省小微企业融资对接会”，10家商会和200余名企业家参加。省工商联与甘肃银行签订战略合作协议，全省商会联席会成员单位获100亿元贷款授信额度。

【参政议政】一是积极建言献策。向政协甘肃十一次会议提交了《关于切实规范甘肃省工程建设项目施工招标行为的提案》、《关于加快编制规划建设“河西走廊生态经济区”的提案》、《关于抑制扬尘重复污染大气环境的提案》等9件提案。《关于把村镇银行纳入银行支付系统的提案》和《关于抑制扬尘重复污染大气环境的提案》，已由全国工商联提交至全国政协十二届委员会第一次会议。省工信委、省发改委等10多个部门对上一年《关于吸纳非公有制经济领域内的商会组织参与社会管理的提案》、《把创造就业岗位纳入目标绩效考核体系的提案》等9件提案进行了答复，多条建议被有关部门采纳，其中《关于引导民间资本进入文化产业的提案》（第102号提案）被评为优秀提案。积极参加各种专题议政会议，在省政协十届五次会议上作了《创新社会管理模式，发挥商会参与社会管理的作用》和《非公有制经济是实现甘肃转型跨越发展的重要力量》两篇大会发言。二是认真开展专题调研。建立了中小微企业监测点103个，开展了小微型企业“保生存谋发展”、民营企业参与文化大省建设等重点课题调研活动。向省委、省政府提出了促进非公经济发展和帮扶小微企业的建议。全省各级工商联共完成了《全省小型微型企业的调研报告》等80余篇调研报告。三是致力做好信息工作。建立信息直通车，刊发信息3084条，比上年增长153%，其中，全国工商联信息平台采用722条，比上年增长245%；全年共编辑刊发《工作通讯》、《工作通报》、《工商联信息》、《甘肃工商联信息专报》共36期；全国工商联刊物刊发15篇，刊发《甘肃工商》杂志3期，承办了全联信息员培训会议并在会上作了典型发言，信息工作名列全国前茅。

【组织建设工作】截至2012年底，全省新建商会116个，总数达到1669个，比上年增长7%；发展会员4396个，总数达到68494个，增长6.9%。其中，省联新建直属商会6个，发展会员1800名。研究制定了《甘肃省工商联直属商会管理办法》，完成了全省省市县工商联5419名执委常委数据库建设工作。协助全国工商联开展了县级工商联建设调研并承办了“全联县级工商联建设西部片会”。制订了《关于推动解决县级工商联建设中的突出问题工作实施方案》，突出“一个设立”（要设立工商联党组）和“五个有”（有满足工作需要的人员编制、有保证工作正常运转的工作经费、有独立的办公场所、有必要的办公设备、有丰富的活动内容目标，基本消除无编制、无经费、无场所的情况），明确了解决办法和时限。

【履行社会责任】一是深入开展“五百五千”活动。大力弘扬“感恩文化”、“同心思想”，组织甘肃有特色的民营企业在北京、上海、广州等地设立直销中心。发动组织全省民营企业建设农业产业化项目150个，带动产业发展。组织民营企业救助了210名特困病人和2866名特困大学生。组织规模较大、经济效益较好的170户企业提供就业岗位，安置4500名大学生就业。帮助119个乡镇的2256户“三老”人员解决生产生活中的困难。天庆集团在兰州大学设立了30万元的奖助学基金。二是组织开展“商会对口帮扶”活动。省工商联按照“一会一企带一县”或“多会多企带一县”的形式，以产业和项目为纽带，组织动员省工商联系统企业家副主席和执常委、省商会联席会议45家成员单位对18个国扶重点县开展对口帮扶工作。积极争取全国工商联帮助，11月14日，全国工商联30个直属商会和甘肃18个国扶重点县在北京签订了产业开发战略合作协议。全联旅游商会、石油业商会、新能源商会等商会已赴成县、庆城县、景泰县等县区开展项目对接活动。三是与省委统战部、省光彩会共同组织开展了“同心光彩陇原行”暨“同心·智慧陇原行”临潭大型系列活动，全国工商联及广西梧州市中恒集团向临潭县捐赠价值200万元的药品；动员全省38家民营企业捐款363.5万元。5月10日，岷县爆发洪灾后，省工商联在第一时间组织在兰的49家民营企业向岷县灾区奉献爱心，共捐款捐物606.06万元。四是认真开展招聘周活动。精心周密组织招聘周活动，全省共组织了3067家民营企业提供岗位信息42675个，签订就业意向协议22722人，签订职业技能培训意向10564人，为21990人次进行了维权法律援助，发放就业政策宣传资料共计36万余份。

【“民企陇上行”专项行动】全国知名民营企业助推甘肃发展“民企陇上行”专项行动，是由全国工商联和甘肃省人民政府共同开展的重大招商引资活动，是省委、省政府促进甘肃经济超常发展所采取的重要举措。5月22日，省委、省政府主要领导专程前往北京拜会了全国工商联，与全国工商联达成了支持帮助甘肃发展的意见。商定了全国工商联换届后第一次常委会在甘肃省召开，并组织动员国内外知名民营企业来甘肃投资兴业，省委、省政府将这一活动定名为“民企陇上行”专项行动，专门成立了省“民企陇上行”专项行动领导小组，办公室设在省工商联。建立了“民企陇上行”专项行动网站，年内召开两次领导小组会议，编制完成了甘肃18个国扶重点县的招商重点项目册，利用全联昆明常委会和全联十一次代表大会进行项目推介，组团参加了2012年中国海外投资年会等招商活动，省工商联组团赴陕西、四川、重庆、河南、上海、江苏等省市开展项目推介活动，为2013年开展“民企陇上行”大型招商活动奠定了基础。

【“双联”工作】按照省委和双联办的要求，结合联系点实际，确立了“抓村带乡促县”的指导思想和“三联一富”（实事联户、项目联村、政策联心、产业富民）的工作思路，力争把联系村建设成“双联”活动示范点，把所在乡建设成农业产业化示范点，把所在县的工商联建设成工商联事业的示范点。围绕落实“双联”行动的六项任务，筹资130万元完成了马泉乡小城镇总体规划、马泉乡农贸市场硬化工程、蔡家坪村谈家沟社人畜饮水工程、药材扶持发展基金、天庆奖学金等10件实事。采取“公司+基地+农户”的运作方式，动员甘肃伊真堂药业有限责任公司与马泉乡签订了药材订单，药材种植面积从2011年的2500亩扩大到2012年的10750亩、育苗2000亩。

（王瑜娟）

甘肃省总工会

【学习贯彻十八大精神】采取集中学习、会议传达、辅导讲座等多种方式，引导工会干部和广大职工认真学习、深刻领会、准确把握十八大精神及工会发展道路的科学内涵、精神实质，增强道路自信、理论自信、制度自信。通过召开专题座谈会，开展宣讲活动，举办职工书画展览，利用《甘肃工人报》、《五月花》开辟专题专栏等，积极营造全方位、多角度的宣传氛围，大张旗鼓地宣传十八大盛况及其主要精神。立足实际、学以致用，把学习的过程变为统一思想、凝聚共识的过程，变为创新思路、谋划发展的过程，变为真抓实干、推动工作的过程，使广大职工和工会干部更加明确了推动转型跨越发展、推进富民兴陇大业的历史重任。

【建功立业活动】深化“建功十二五、促进新跨越”创先争优劳动竞赛活动，指导交通、冶金、煤炭等行业开展重点工程劳动竞赛和“保工期、保质量、促发展、立新功”主题竞赛，全省开展劳动竞赛的企事业单位9200多家，参赛职工约65万人。开展技术革新、技术攻关、发明创造、合理化建议活动，征集职工优秀技术创新成果168项，其中有两项荣获甘肃省科技进步二等奖，两项荣获“海峡两岸职工创新成果展”金奖。认真落实“十二五”全省百万职工技能素质提升活动《规划》，组织举办省级一类决赛15项、二类比赛13项，通用工种109个和187个特殊工种的市州、产业和大企业集团级技能比赛，参赛职工55万人次；举办各类技能培训近3000余期，培训职工近25万人次，2.5万名职工晋升技术等级。以技术创新、管理创新、服务创新为目标，推动80家企业开展“劳模创新工作室”创建试点。广泛开展“安康杯”竞赛活动，全省2097家企事业单位、40432个班组、81.5万名职工参加。

【工会组建】坚持以非公企业和农民工、劳务派遣工为重点，深入开展“广普查、深组建、全覆盖”、“非公有制企业建会”、“劳务派遣企业建会、劳务派遣工入会”三项集中行动，探索推广区域性和行业性工会联合会、联合工会等多种建会方式，完善《基层工会组建和会员发展工作考核奖励办法》，实现了各类企业工会组织基本全覆盖。截至2012年9月底，全省基层工会数33196个，净增2774个，基层工会涵盖单位数72849个，净增5418个，会员数3445575名，净增85842名。积极推动基层工会特别是非公企业工会规范化建设，深化“工会组织亮牌子、工会主席亮身份”活动，开展形式多样的“模范职工之家”、“模范职工小家”创建活动，探索开展“会员评家”和基层工会主席“直选”，基层工会活力逐步增强。

【维权机制】提请省人大常委会制定并颁布《甘肃省职工代表大会条例》，维护职工权益法规体系更趋健全。推动企事业单位建立健全职工代表大会制度，截至2012年9月底，全省建立职代会制度的公有制企业2095家，非公有制企业32768家，事业单位10112家，建制率分别为91.7%、92.6%、85.5%。积极配合开展《劳动合同法修正案（草案）》等法律法规征求意见工作，争取省人大常委会将《工会劳动法律监督条例》列入2013~2017年立法规划，将《甘肃省集体合同条例》列入执法检查计划。制定完善《甘肃省工会帮扶工作规划（2012~2015年）》，延伸工会帮扶救助网络，探索建立企业帮扶工作站点194个，乡镇（街道）、社区帮扶工作站213个。加大工会经费投入和社会筹资力度，积极推动落实财政配套资金，全年筹措帮扶专项资金6098万元。2012年“两节”期间，全省各级工会共筹集资金1.17亿元，慰问困难企业1130户，走访慰问困难职工和劳模家庭63678户，慰问农民工9219名。参与处理陇南市礼县县办黄金矿山企业部分职工上访和兰州市出租车停运等职工群体性事件和突发事件，有效维护了职工队伍稳定。

【和谐劳动关系构建】充分发挥劳动关系三方协商会议制度作用，推动各级党政把发展和谐劳动关系纳入考核评价体系。以非公企业、经济开发区、工业园区为重点，深化劳动关系和谐企业创建活动，努力解决劳动关系中的突出问题和职工反映的热点问题。配合政府有关部门开展工资支付清欠和《社会保险法》、《女职工劳动保护特别规定》宣传活动，为5.96万名职工讨回工资及赔偿金1.3亿元。加大劳动关系矛盾纠纷排查和调处力度，受理劳动争议案件3736件，成功调解2327件。开展“工资集体协商要约月”、“百日要约”行动，推动集体合同和工资集体协商制度建设。截至2012年9月底，全省共签订集体合同13823份，工资专项集体合同12208份，区域性工资集体合同1240份、行业性工资集体合同275份。发挥协调领导小组作用，开展互检活动，推动厂务公开深入发展，截至2012年9月底，全省实行厂务公开的公有制企业2098家，非公有制企业32181家，事业单位9842家，建制率分别为91.8%、90.9%、83.2%。

【服务职工活动】各级工会坚持“五必进”、“五必访”、“五个结合”和“五个在一线”要求，深入企业和职工开展调查研究、宣传政策法规、解决实际问题，共走访企业2893户、困难职工和劳模16.8万余人次，召开座谈会1305场次，与23987名企业管理者、工会干部和一线职工代表座谈交流，开展个案访谈5379人次、问卷调查3213人次，征求意见建议1000余条，发放各类宣传资料18万余册、慰问金1120多万元，办实事400余件，与1319户企业、2627名职工、423名劳模建立了联系制度。制定服务职工长效机制《实施意见》，建立工会组织联系基层和职工、深入基层调查研究、为职工办实事和帮扶救助困难职工等四大类12项具体制度，促进服务职工活动的常态化、制度化、长效化。按照省委部署，发挥牵头单位作用，统筹协调、积极推进陇西县“双联”工作。明确机关部门单位职责，有序落实“八个全覆盖”和“五件实事”。筹措帮扶资金580万元，定向拨付58个国家级贫困县总工会，支持农民工技能培训。协调资金85万元，硬化联系村药材市场场地5292m²，建成810m²的钢结构大棚。安排资金57.4万元，对牙河、火焰村村民进行了大病救助、子女上学资助，为0–3岁婴幼儿发放了营养包。

【省总工会十一届四次全委（扩大）会议】1月18日在兰州召开，省委副书记欧阳坚，省人大常委会副主任、省总工会主席孙效东出席会议并讲话，省总工会党组书记、常务副主席陈琳，副主席朱亚丽、李惠泽、马方、张其定，纪检组长王家驹，经审会主任包俊宗，副巡视员唐晓玲、范康出席会议。欧阳坚就做好当前和今后一个时期工会工作提出4点具体要求，一是充分激发创造活力和劳动热情，组织动员广大职工为推动经济社会跨越发展再立新功；二是发展和谐劳动关系，切实维护职工合法权益；三是发展职工群众文化，促进社会主义文化大发展大繁荣；四是以改革创新精神加强工会自身建设，不断提高工会组织的吸引力和凝聚力。孙效东在会议结束时的讲话中，强调了五点意见：一是深化认识、统一思想，坚定不移地走中国特色社会主义工会发展道路；二是深入基层、竭诚服务，面对面、心贴心、实打实做好职工群众工作；三是组织起来、提升素质，组织动员职工建功立业；四是维护权益、构建和谐，积极参与加强和创新社会管理；五是领会精神、落实要求，确保职工共建共享文化繁荣发展成果。陈琳代表常委会作了题为《服务职工、凝心聚力，在甘肃省转型跨越发展中充分发挥主力军作用》的工作报告，从工会工作环境不断优化、建功立业活动成果丰硕、“两个普遍”开展扎实有效、和谐劳动关系构建积极推进、帮扶救助工作成效明显、工会自身建设水平不断提升6个方面，总结了2011年全省工会工作取得的新进展，对2012年全省工会工作主要任务进行了安排部署，一是深入学习宣传实践中国特色社会主义工会发展道路，增强做好工会工作的责任感使命感。二是深入实施技能素质提升规划，推动经济平稳较快增长。三是落实“两个普遍”，着力构建和谐劳动关系。四是把握共享发展成果原则，参与加强和创新社会管理。五是贯彻党的十七届六中全会精神，推进先职工文化企业文化建设。同时，还就全省工会系统开展“进企业、访职工、办实事、促发展”活动作了动员，要求各级工会充分认识活动的重要意义，明确活动总体要求，抓好活动重点内容落实，加强组织领导。包俊宗作了2011年全省工会经费审查工作报告，朱亚丽作了关于加强新时期工会干部教育培训工作的书面报告。

【甘肃省庆祝“五一”国际劳动节暨表彰“五一双奖”“工人先锋号”大会】4月20日在兰州举行。省委副书记欧阳坚，省委常委、常务副省长刘永富，省人大常委会副主任、省总工会主席孙效东，省政协副主席张津梁及省总工会、团省委、省妇联等有关部门负责人出席大会。孙效东主持大会。会前，省委书记、省人大常委会主任王三运，省委副书记、省长刘伟平，省委副书记欧阳坚，省委常委、常务副省长刘永富，省委常委、秘书长刘立军，省人大常委会副主任、省总工会主席孙效东，省政协副主席张津梁等会见了先进集体和先进个人代表并合影留念。会上，省总工会领导宣读了有关《表彰决定》，对16名全国“五一劳动奖章”、6个全国“五一劳动奖状”、21个全国“工人先锋号”和100个甘肃省“工人先锋号”获得者进行了表彰并颁奖。4名先进集体、个人代表作了大会发言。欧阳坚在讲话中，充分肯定了全省广大职工和劳动群众在改革发展为大实践中作出的重要贡献，要求把思想和行动统一到即将召开的省第十二次党代会的决策部署上来，以主人翁姿态，改革创新、砥砺奋进，努力为实现富民兴陇作出新的更大贡献；大力弘扬劳模精神，广泛宣传劳动模范的优秀品质和先进事迹，努力形成劳动光荣、知识崇高、人才宝贵、创造伟大的时代新风；充分发挥主力军作用，全面落实科学发展观，紧紧扭住经济建设这个中心不动摇，牢牢把握“稳中求进、好中求快”总基调，大力推进制度创新、科技创新，努力成为深化改革开放、推动跨越发展的时代先锋。强调，要努力做社会和谐稳定的中流砥柱；要为全省转型跨越发展提供有力的人力资源支持；要进一步重视支持工会工作。

【全省职工职业技能大赛启动仪式】5月18日在兰州拉开帷幕，启动仪式由省总工会、省人社厅、省工信委、省科技厅、省国资委联合主办，省人大常委会副主任、省总工会主席孙效东，省政协副主席栗震亚出席，省卫生厅副厅长李存文，省总工会副主席李惠泽，省人社厅副厅长杨俊斌、省科技厅副厅长郑华平，省总工会经审会主任包俊宗、副巡视员范康参加，省总工会党组书记、常务副主席陈琳主持。来自全省各市州、省属各医院、中央在甘医院和大型厂矿医院等31支代表队的155名选手参加了当天举行的“推拿技能”省级决赛。启动仪式上，还对在2011年全省职工职业技能大赛中荣获“甘肃省五一劳动奖状”的1个单位、11名省级决赛第一名、4名“甘肃省技术能手”、763名“甘肃省技术标兵”、64名“甘肃省服务明星”、179名“甘肃省优秀技术选手”进行了表彰。

【全省职工队伍状况调查】7~9月，省总工会组织开展了第七次全省职工队伍状况调查。全省10个市州、部分省级产业（系统）和县区工会，对3450个职工进行了问卷样本调查及职工队伍状况全面调查，对20个企事业单位进行了典型调查，对50多名代表不同群体的职工进行了个案访谈，产生了一批重要调研成果。在此基础上，形成了全省职工队伍状况调查报告。调查显示，党的十七大以来，全省上下认真实施区域发展战略，坚持走新型工业化道路，国民经济得到迅猛发展，人民生活水平不断提高，民生持续改善，经济建设和社会事业都取得了令人瞩目的成就。在这一过程中，甘肃职工队伍不断发展壮大，整体素质不断提高，先进性不断发展，主力军作用更加突出，在推进全面小康社会建设、构建和谐甘肃中体现了应有作为。同时，随着改革不断深化，经济关系、社会关系、利益关系深刻变化，职工队伍的内部结构、就业方式、素质能力、思想观念等方面，也出现了一些新变化、新情况、新特征和新问题。

（冯继波）

党史研究

【“双联”行动】组织干部先后分7批次到天水市麦积区社棠镇东山村住村入户，调查研究，帮助解决问题。邀请专家传授葡萄防病抗灾知识，增强了村民防治葡萄患病的技能；向东山村东郭小学捐赠了8台电脑、打印机和一批图书，改善办学条件；协调有关部门更换了电视卫星接收天线和配置健身器材，解决了村民看电视难、健身难的问题，丰富了文化娱乐生活；协助联系村解决农村文化中心建设资金20万元，节能路灯项目正在协办当中。通过“联村联户、为民富民”行动，进一步增强了干部调查研究、协调组织、解决实际问题的能力。

【党史工作】省委召开全省党史工作会议，传达学习习近平同志的重要讲话和全国党史研究室主任会议精神，回顾总结2011年的党史工作，安排部署2012年的工作。省委副书记欧阳坚出席会议并讲话。印发2012年全省党史工作要点。编印《甘肃党史工作》六期，编发《甘肃党史工作信息》32期。

【编撰与出版】2012年，完成《中国共产党甘肃历史》（第二卷）初稿。完成《习仲勋诞辰100周年图集》和《习仲勋与甘肃》纪念文集送审稿。完成《陕甘边革命根据地历史问题研究》、《西路军问题研究》和《两当起义》等党史专题研究。编印党史专题4部：《知识青年上山下乡运动在甘肃》、《甘肃农业学大寨运动》、《20世纪五六十年代甘肃的农田水利建设》。完成《甘肃计划生育政策的初步推行》、《旱作农业的一场革命》、《石羊河流域综合治理》3个专题送审稿。编印出版《中国共产党甘肃大事纪实（2011）》。正式启动《邓宝珊与甘肃》、《刘冰与甘肃》和《甘肃党史工作三十年》3本书的编撰工作。编撰出版《全国革命遗址普查丛书》（甘肃卷）和《甘肃省革命遗址通览》。

【红色旅游】制定甘肃华夏文明传承创新区“红色文化弘扬板块”实施方案、参与评审《甘肃省红色旅游发展纲要》、《华池红色旅游发展规划》、《两当红色旅游发展规划》。启动《中国红色旅游指南》系列丛书（甘肃卷）的编撰工作。

【党史宣传】为迎接党的十八大召开，与甘肃日报社联办迎接十八大特刊，在《甘肃日报》连续发表《中国共产党历次全国代表大会简介》、《中国共产党甘肃历史之最》、《甘肃的红色年轮》、《陇东：红色文化的摇篮》等9篇文章，受到社会各界的广泛关注和好评。积极宣讲十八大精神，举办以甘肃党史的特征和亮点、红军长征过境甘肃、大革命时期的甘肃党组织、党中央在哈达铺为主题的讲座11场次。审定命名甘肃省第四批中共党史教育基地：两当起义纪念馆、中共华亭工委纪念馆、陇石革命纪念馆、张一悟纪念馆、民勤防沙治沙展览馆、肋巴佛革命纪念馆。与甘肃电视台文化影视频道联合摄制12集电视系列片《大营救背后的真实故事》。“甘肃党史网”在“人民网”和“新华网”甘肃频道，“中国甘肃网”、“每日甘肃”上开辟了直通窗口，进一步拓展了党史宣传教育渠道，开创了党史宣传教育的新局面。

机关事务工作

【国有资产管理】全面完成了省政府系统50个部门国有资产清查工作，确认资产33.68亿元，初步摸清了省政府各部门的“家底”。严格按规定审批处置驻外办事机构、省直有关部门长期累积和闲置的报废资产1447.42万元。建立了资产评估、处置平台和中介机构备选库，公开选聘了7家产权交易、拍卖和资产评估机构。启动国有资产管理信息系统建设，研发了省直机关、事业单位国有资产管理专用软件。完成了省直机关事业单位固定资产安全检查。参与了全省党政机关公务用车问题专项治理工作。

【重大项目建设】坚持不懈推进集中办公区和干部公寓项目建设，按照“立足长远、统一规划、集中建设、集约利用”的原则，提出了征用土地方案，采取统一规划、企业建设、定向回购、市场运作的方式，建设集中办公区和职工住房的工作方案，大力推进规划设计、资金筹措、征地拆迁、项目立项等前期工作。针对政府统办二、三号楼设施老化、环境较差的实际，连续两年投入资金1900多万元，对统办二、三号楼公共部位、电气系统、供排水系统、外墙、门厅、院落等实施维修改造，完成了统办二号楼公共区域光伏电站建设，更换电梯5部。大力推动实施邓园维修改造，研究制定了邓园维修改造方案，协调解决了土地置换问题，推动邓园维修改造进入了实施阶段。

【办公用房保障】加大管辖范围内办公用房的调配力度，先后将省检察院、省环保厅等单位管理的房地产资源调配给省水土保持局、省级抗旱防汛指挥中心等单位管理使用，共涉及办公用房（含公寓房）约4.15万平方米、土地40.08亩、其他国有资产210.3万元。制定了《省级机关租（包）办公用房管理实施暂行办法》，办理了省科协、省文明办等16家单位租用办公用房申请，较好地保障了省直机关的办公需求。

【公共机构节能】发布实施了《甘肃省公共机构节能办法》，制定了“十二五”公共机构节能规划和落实甘肃省循环经济总体规划实施方案。启动了百家节约型公共机构节能示范单位创建工程，制定评价标准，加强指导推进，完成了第一批省级节约型公共机构创建任务。加强项目工作，建立了节能项目储备库，投入1900万元，重点扶持了53个节能改造项目，集中采购配发节能灯具15万只，基本完成了省直机关高效照明产品普及工作。提高能耗统计基础工作水平，大力推进能源消费分户、分项、分类计量改造，强化了年耗能量在500吨标准煤以上单位的能耗监管。注重舆论宣传，开展主题宣传实践活动和10万多人参加的节能知识竞赛，编写发放节能宣传材料、知识读本10万余份（册），在甘肃日报、甘肃电视台开辟专栏解读宣传，营造了浓厚的节能氛围。

【规范住宅管理】针对管辖的普通住宅小区设施设备陈旧老化、带病运转等突出问题，筹措资金700多万元，完成了供暖、供水、供电、防水、电梯等52项维修改造工程，基本解决了各住宅区存在的突出问题。建立健全了值班、检查登记、治安消防、应急抢修等服务制度，靠实了服务责任。特别是针对房产中心、统办楼管理处、邓园管理处3家单位临时用工负担较重的问题，以承包制为主要手段，采取物业保洁承包制、非全日制用工及劝退等方式，按需设岗，分批清理，将临时用工从局成立时的150人减少到现有的65人，解决了长期以来制约事业单位发展的大问题。

【“双联”帮扶工作】组织干部深入帮扶联系点——静宁县庙咀村走访调研，摸情况、找原因、建项目，帮助制定了全面实现小康规划。筹集资金30万元，实施了3.5公里通村公路拓宽砂化工程，新建养鸡棚6座，建成规模化养牛暖棚20座，不断发展壮大致富产业。组织果农赴其他乡镇学习苹果栽植技术，邀请省农科院专家对果农集中培训，向村农家书屋捐赠农业科技书籍，进一步提高了农民科学种养植的能力。

（刘馨蔚）

法 制

省委政法工作

【和谐构建】根据党代会的部署和省委要求，把和谐构建行动作为推进全省政法工作的重要载体，研究确定了总体目标和维护稳定、平安建设、社会管理、矛盾化解、执法司法5个方面的重点任务，成立了6个工作小组，建立了5项工作制度，组织开展了7项集中行动，每季度召开一次会议部署推动，努力促进社会和谐稳定。党的“十八大”召开之前，和谐构建行动协调推进领导小组召开专题会议，有针对性地部署开展了重大矛盾和不稳定问题排查化解、社会治安防控、涉法涉诉信访治理、反恐怖等6项重点工作，并派出5个工作组，分赴各市州和重点县市区检查指导，督促落实安保维稳措施。

【维护稳定】全力维护藏区稳定，部署开展“形势政策、法制、维稳”三项教育活动，督查落实重点时段、节点的维稳措施，加强边界地区协作联动，加强情报信息、打击整治、社会面防控等工作，深入组织开展反自焚专项斗争，保持了藏区社会大局稳定。始终保持对“三股势力”的高压态势，及时有效防范、打击、处置暴力恐怖活动，严密防范、依法打击邪教组织捣乱破坏活动，有效掌握了斗争主动权。完善维稳信息工作机构和队伍建设，制定《甘肃省情报信息工作制度》，健全省市县乡村五级信息网络。

组织开展“矛盾化解制度建设年”活动，排查重大矛盾积案503件、化解473件、化解率94%，挂牌督办案件30件、办结率74%。加强专业性、行业性调解组织建设，全省人民调解组织共排查化解各类矛盾纠纷近20万件。健全落实应急处置机制，督促指导全省各级建立权责明确、适应实战需要的突发事件和大规模群体性事件应急处置机制。推动健全落实社会稳定风险评估机制，制定《关于进一步加强社会稳定风险评估工作的意见》及《考核办法》，初步建立起由评估体系、控制体系和责任查究体系组成的社会稳定风险评估机制，各地各部门评估2711件决策事项，准予实施2473件、暂缓实施145件、不予实施93件，消除各种不稳定隐患70多起。抓好维稳责任制落实，修订完善了《甘肃省维护稳定领导责任制》及其《责任追究办法》，逐步构建起党委政府统一领导、各部门各单位密切配合、全社会齐抓共管的维稳工作格局。

【社会管理】推动出台了全省“十二五”社会管理（政法）专项规划，把社会治安重点地区整治改造等9大项17个小项纳入规划，省财政列支了技防建设等6个专项预算，促进了重点难点问题的解决。加大对综合试点地区的指导培育力度，按照中央综治委把嘉峪关市打造成为中西部中小城市从整体上加强和创新社会管理样板的目标要求，指导该市探索推行了城乡一体化、“平安细胞工程”、流动人口“单位管理法”等一系列创新举措，得到中央领导同志的充分肯定。兰州市城关区等16个省列试点县市区也探索形成了城市网格化管理、农村社区化管理、社区扁平化管理、虚拟养老服务等符合当地实际的经验和做法。实施重点推进计划，通过分类指导、加大考核权重等方式，加大对流动人口、特殊人群、“两新组织”服务管理等重点工作的推进力度。全省共排摸登记流动人口300多万人，刑释解教人员衔接率为99.2%、安置率为96.2%、帮教率为99%，建成过渡性安置基地292个，社区矫正人员再犯罪率在0.2%以内。

加强综治组织建设，健全完善工作机构。省委副书记欧阳坚同志担任省综治委主任，省委、省人大、省政府、省政协的6位领导同志担任副主任，下设8个专项组，由5位副省级领导同志分别担任组长。市、县、乡三级综治委主任均由同级党委或政府的主要领导担任，专项组组长均由同级党委、人大、政府、政协分管领导担任。全省53.5%的县（市、区）、88.4%的乡镇（街道）、70.7%的村（社区）建成了社会服务管理中心（站），全面推行矛盾纠纷联合调处、社会治安联合防控、重大活动联勤联动、突出问题联合整治、重点人员联合管理、基层平安联合创建的“六联”工作运行模式。

【社会治安】定期分析研判社会治安形势，部署开展打击黑恶势力犯罪、多发性侵财犯罪、食品药品安全犯罪等专项行动，刑事案件增幅明显下降，八类主要案件发案率下降4.7%，多发性侵财犯罪得到有效控制。深入开展命案治理，全省八类命案发案下降7.4%，现行命案破案率达到96.5%。加大对各类经济犯罪活动的打击惩治力度，有力地维护了市场经济秩序，仅公安机关通过办案直接挽回的经济损失就达12.09亿元。组织制定并实施了第五个禁毒工作三年规划，狠抓打击毒品犯罪和禁吸戒毒工作。全面开展道路交通、消防安全、校园安全等专项整治行动，进一步加大社会治安防控体系建设力度，全面完成了第二批500个乡镇（街道）视频监控系统建设任务，机关单位内部和农村小技防建设覆盖面进一步扩大，专职群防群治队伍保持在4万人左右，一些地方在城区推进大巡防体系建设，进一步提高了社会治安防控能力。全省公众安全感达到90.48%，比全国平均值高2.93个百分点。

【执法监督】充分发挥党委政法委执法监督作用，依法开展执法检查和案件评查，与省纪委、省委组织部及省级政法部门联合出台了《关于党委政法委员会对政法部门执法活动进行监督的实施细则》，切实促进政法机关严格规范公正廉洁文明执法。在全省政法机关集中开展以涉法涉诉信访案件为主的案件评查工作，全年评查案件42795件，发现瑕疵案387件，对违法违纪干部进行了严肃处理。对全省政法机关执法活动中存在的突出问题，进行了专项执法检查。指导省检察院、省公安厅扎实开展“另案处理案件”专项检查活动。

组织开展“政法系统领导干部大接访”、“百日攻坚、千人下访继续化解涉法涉诉赴省进京访”等活动，全年重点督办1438件涉法涉诉信访案件，其中中央政法委交办的370件涉法涉诉进京访案件全部化解，化解率排全国第一；省委政法委确定的670件重点涉法涉诉信访案件也全部化解；全年受理涉法涉诉信访事项3563件（人次），信访总量比2011年下降12.6%。大力推动各地建立涉法涉诉信访和刑事被害人救助资金，进一步加大救助工作力度。在涉法涉诉信访工作中，各级党委政法委和政法机关统一思想，明确任务，严格标准，加强督办，初步形成了党委政府统一领导、政法委组织协调、政法机关主办、相关部门联动的多元化解的工作格局。

【政法宣传】认真组织实施“六五”普法规划，广泛宣传宪法和国家基本法律，深入开展法律“七进”活动。省委政法委研究出台了《关于加强和规范全省政法宣传舆论工作的意见》，各级政法机关分别完善相关工作制度，切实落实重大主题和先进典型宣传、新闻发布、联席会议等工作制度，组织开展了以司法体制机制改革为主要内容的“聚焦执法公正”集中宣传活动，广泛开展综治、禁毒等专题宣传活动，为政法工作营造了良好的舆论环境。加强与新闻媒体的沟通协调，人民日报、甘肃日报等中央和省上主流媒体对嘉峪关市等社会管理创新工作先进典型作了专题宣传报道，甘肃电视台播出关于社会管理创新工作的新闻100多条、系列报道和专题节目30多集，甘肃平安网编发各类稿件3477篇、图片800余幅，甘肃法制报对全省社会管理工作取得的成就和典型经验作了全面深入的宣传报道。

（黄海龙）

地方立法

【省人大常委会立法】2012年，甘肃省人大常委会共制定地方性法规9件，修改8件，废止1件，批准民族自治地方制定、修改自治条例、单行条例6件，批准兰州市制定、修改、废止地方性法规9件。

（一）制定的地方性法规（9件）

1.《甘肃省残疾人保障条例》

2.《甘肃省农村扶贫开发条例》

3.《甘肃省循环经济促进条例》

4.《甘肃省专利条例》

5.《甘肃省水土保持条例》

6.《甘肃省农村公路条例》

7.《甘肃省职工代表大会条例》

8.《甘肃省电网建设与保护条例》

9.《甘肃省森林公园管理条例》

（二）修改的地方性法规（8件）

1.《甘肃省法制宣传教育条例》(修订)

2.《甘肃省邮政条例》（修订）

3.《甘肃省科学技术进步条例》(修订)

4.《甘肃省价格管理条例》(修改)

5.《甘肃省暂住人口管理暂行办法》（修改）

6.《甘肃省实施〈中华人民共和国水法〉办法》（修改）

7.《甘肃省水路交通管理条例》(修改）

8.《甘肃省林地保护条例》(修改)

（三）废止的地方性法规（1件）

《甘肃省城市房屋拆迁管理办法》

(四)批准民族自治地方制定、修改自治条例、单行条例（6件）

1.《甘肃省积石山保安族东乡族撒拉族自治县自治条例》(修订)

2.《甘肃省临夏回族自治州施行〈中华人民共和国婚姻法〉的变通规定》

3.《甘肃省甘南藏族自治州儿童免疫规划管理办法》（修订）

4.《甘肃省甘南藏族自治州矿产资源管理条例》（修订）

5.《甘肃省甘南藏族自治州义务教育条例》（修订）

6.《甘肃省甘南藏族自治州旅游管理条例》（修订）

（五）批准兰州市制定、修改、废止地方性法规（9件）

1.《兰州市城镇燃气管理条例》

2.《兰州市药品和医疗器械流通监督管理条例》

3.《兰州市市政工程设施管理办法》（修改）

4.《兰州市制止和处理违法建设办法》（修改）

5.《兰州市殡葬管理办法》(修改)

6.《兰州市城市重点区域规划管理暂行办法》（修改）

7.《兰州市无公害蔬菜管理条例》（修改）

8.《兰州市城市市容和环境卫生管理办法》（修改）

9.《兰州市城市房屋拆迁管理办法》（废止）

公　安

【维护社会稳定】以为党的十八大和省第十二次党代会胜利召开创造安全稳定的社会环境为目标，全力维护社会稳定。在党委、政府的统一领导下，与有关部门密切协作配合，确保了2012年省内少数民族地区历次宗教民俗活动期间社会安定祥和；组织开展了藏区严打整治专项行动和反自焚斗争，2012年发生在甘南州的自焚案（事）件已全部破获、查清。

切实加强反恐防范和应急处突工作。深化反恐怖工作基础建设，依托省公安厅指挥中心成立了省反恐怖指挥中心，进一步完善了全省反恐怖应急预案体系，推进了反恐怖应急管理工作基本数据库建设。稳妥应对了兰州等地小规模涉日游行抗议活动，既保护了群众的爱国热情，又维护了社会大局稳定。全力投入岷县“5·10”特大雹洪泥石流灾害抢险救援任务，及时营救、转移受灾群众3100余名，确保了灾区治安平稳和道路交通畅通。严格落实互联网信息巡查处置“双责任制”，有效查处了一批网上有害信息，积极开展网上舆情引导，及时消除网络舆论的负面影响。

严厉打击“法轮功”等邪教组织违法犯罪活动。组织开展深挖打击“法轮功”违法犯罪活动专项行动，破获了一批“法轮功”案件；查破了一批“门徒会”及各类有害气功组织冒用宗教名义邪教案件。依法打击非法制贩宗教出版物活动，捣毁了多处制贩、藏匿窝点，查缴了一批非法宗教出版物及其印刷设备。

深入开展社会矛盾排查化解。积极推进重点信访案件专项治理，于2012年5月底实现了中央政法委和公安部交办的重点信访案件100%化解息诉的目标，应用内外网交互办理网上信访事项1000余件。积极稳妥处置群体性事件700余起，比上年下降17.2%。

【打击突出违法犯罪】深入开展打黑除恶和打击“两抢一盗”、电信诈骗、经济犯罪、毒品犯罪等专门工作，建立大要案件多警种协同作战、多手段同步上案机制，破获刑事案件数比上年上升18.2%；现行命案破案率达到96.5%，再创历史新高。深入开展打击拐卖妇女儿童行动，破案102起，解救妇女儿童187名。进一步加强打黑除恶专业队伍建设，全面深化线索摸排，共打掉黑社会性质组织6个、恶势力团伙130个。重点打击入室盗窃、街面“两抢”等案件，破获侵财案件数上升3.7%。适时开展打击电信诈骗专项行动，有力打压了其蔓延发展势头。组织全省公安机关多警联动，集中开展打击经济犯罪破案会战，分领域围剿打击，总成绩排名西北五省区第1位。2012年破获经济犯罪案件4800余起，破案数上升166%，挽回经济损失12.09亿元，是上年度的4.3倍。着力提升跨区域、多警种应用信息化手段精确打击大宗毒品犯罪的效能，禁毒斗争成果进一步巩固扩大。

大力整治社会治安突出问题。以打击假劣农资、制贩假证和赌博活动为重点，持续深入开展“打四黑除四害”专项行动，累计破获“四黑四害”案件1.5万起，捣毁黑作坊、黑工厂、黑市场、黑窝点2724个，打击处理犯罪嫌疑人2.2万名。深入推进缉枪治爆专项行动，破获了一批涉枪涉爆案件，收缴了一批非法枪支弹药和危爆物品。着力整治网络赌博、传销、诈骗、贩卖假药及试题泄露等社会治安新问题，破案237起，抓获犯罪嫌疑人245名。

【加强公共安全管理】着力提升服务管理水平。进一步加大人口信息采集维护工作力度，全省16周岁以上常住人口人像采集率达94.7%，比2011年提高6个百分点；完成了64.9万余人的二代身份证换发任务。通过逐楼、逐户、逐人摸排登记，应用信息系统累计纳管暂住人口228.9万名、出租房屋30.7万户，实现了一地录入、全省动态查询。

全面强化道路交通和消防安全管理。建立了事故多发路段由公安部门排查、城建交通部门治理、安监部门验收、政府督办的责任体系，深入开展“文明交通示范公路”创建、“清违行动”、“涉牌涉证”、“平安二号”等专项行动，不断加大道路运输车辆动态监管、路面巡查和交通违法教育处罚，持续整治“三超一疲劳”、酒驾醉驾、“毒驾”、飙车等严重交通违法行为，全省道路交通事故起数、死亡人数、受伤人数及直接财产损失分别比上年下降2.4%、4.5%、6.6%和41.4%。持续加大火灾隐患排查整治力度，构建乡镇、街道“网格化”排查体系，开展“户籍化”管理，全省发生火灾4388起，死亡8人，受伤1人，直接财产损失4139万元。

扎实做好重大警卫安保工作。全面开展党的十八大和省第十二次党代会安保攻坚战，切实加强矛盾纠纷排查化解、治安巡逻管控和公共安全监管工作，启动了社会面安保巡防机制，为党的十八大和省第十二次党代会胜利召开创造了安全稳定的社会环境。切实改进警卫工作，圆满完成了吴邦国、温家宝、贾庆林、贺国强、刘云山、郭伯雄、刘延东、孟建柱等中央领导同志来甘视察及国民党荣誉主席连战来甘参观等警卫任务41批次。严密落实安保措施，出色完成了“神舟九号”发射、兰州国际马拉松赛、兰洽会、第二届“敦煌行·丝绸之路”国际旅游节等重大安保任务269场次。

【公安机关自身建设】强力推进公安信息化建设。完成了全省500个乡镇（街道）社会治安视频监控系统建设任务，兑现了省政府为民办实事的承诺；全力推进省、市、县三级边界道路智能卡口应用，利用卡口破获各类案件127起。全面推进西北警务协作区信息资源共享平台、部门间信息共享服务平台、视频资源综合管理服务平台的数据整合和资源共享。完成了全省公安专网IP电话和基层所队视频会议终端的补点建设任务，实现了公安专网IP电话和视频指挥调度系统在全省公安机关的全覆盖；350兆无线同频同播系统实现了全省主干高速公路、国道的无线信号全覆盖，这一项目达到了全国领先水平。

持续加强执法规范化建设。着力推进执法办案场所规范化设置改造，完成率达98%。进一步加强网上办案，实现了警情网上处理、案（事）信息网上流转、公文网上办理、民警网上办公、执法网上考评。健全看守所在押人员安全风险等级评估机制，进一步改进执法理念和管理模式，有3个县级看守所被评为全国看守所管理机制创新先进单位。开展“审计整改年”活动和涉案财物管理专项审计活动，整改率为99.05%。严肃追究了违规执法案件中的领导、民警执法过错责任，进一步规范了执法行为。

全面推进和谐警民关系建设。广泛深入开展“联村联户、为民富民”行动，组织全厅40个单位、1703名民警联系帮扶6市8县34个村2147个贫困户，已确立帮扶项目82个1000余万元，实施帮扶项目5类111个，总投资671.70万元，其中厅机关各联村单位自筹424.36万元。组织实施“三访三评”深化大走访爱民实践活动，整改、回复各类问题1.3万条。完善“互联网上数字公安”，通过网上在线服务大厅受理群众求助、咨询、投诉3285条。积极推行民生警务新举措，启动运行了“甘肃公安政务微博大厅”，累计发布警情、资讯19万余条，“甘肃省公安厅政务微博”被评为“全国政法机构微博影响力飞跃奖”。全面掀起“效能风暴”行动，将原有35项行政审批事项调整为15项，上报取消行政事业性收费项目33个，切实优化了公安机关的服务职能；查究不作为、慢作为、乱作为案（事）件221起，有效加强了队伍纪律作风。

稳步推进队伍正规化建设。深入开展“忠诚、为民、公正、廉洁”人民警察核心价值观教育实践活动，组织进行演讲比赛、知识竞答、巡回报告等活动239场次。聘用警务实战、业务理论教官500名，教育训练民警9600余人次；深入推进甘肃—上海东西合作素质强警行动，双方互派学习交流民警840名。选招特殊专业人才41名，考录人民警察494名；招录文职、协勤、交通协管人员11000余名，为一线置换警力1500余名，进一步优化了公安队伍结构。

扎实推进保障标准化建设。全力抓好全省公安机关公用经费保障标准的落实，不断提高经费保障水平。全省公安机关一线民警单警装备、个人安全防护装备配备率达100%，无线对讲机、执法记录仪配备率达80%，计算机平均每百人达到120台。在全国公安机关首家运用“物联网”管理信息系统，实现了对全省公安装备的全面有效管理。建立健全应急物资储备调拨机制，为公安勤务训练、抢险救灾、应急处突、服务群众提供了充足的物资保障。

法　院

【概况】2012年，省法院在省委领导、省人大监督下，深入贯彻落实科学发展观，牢固树立“三个至上”指导思想，积极践行“为大局服务、为人民司法”工作主题，始终坚持“从严治院、公信立院、科技强院”工作方针，充分履行审判职能，全面加强自身建设，队伍素质、审判质量和司法公信力不断提高，各项工作取得了新的进展。全年全省法院共受理案件183308件，比上年增长13.29%，审（执）结179520件，增长13.85%。其中省法院受理各类案件3031件，增长12.97%；审（执）结2951件，增长14.74%，结案率达到97.36%。

【审判工作】围绕维护社会和谐稳定，大力加强审判工作。认真履行维护稳定第一责任，严厉打击各类刑事犯罪，依法维护国家安全、公共安全和人民群众生命财产安全。全年共审结刑事案件14389件，判处16595人。审结杀人、抢劫等暴力犯罪、黑恶势力犯罪、毒品犯罪等严重刑事案件4884件，审结贪污、贿赂、渎职等职务犯罪案件839件。坚持当宽则宽，最大限度减少社会对立的原则，依法对5677名被告人判处缓刑、管制，对637名被告人免予刑事处罚，对27名被告人依法宣告无罪，对4427名罪犯减刑、假释；加强民事审判工作，调节民事关系，依法保护知识产权，为经济社会发展提供了坚实的司法保障，全年共受理民事案件116597件，审结114481件，结案率98.19%。贯彻落实“调解优先，调判结合”的原则，大力加强调解工作，民事案件调解撤诉比率不断上升，最大限度地实现了“案结事了”；重视行政审判和国家赔偿工作，注重从根本上化解社会矛盾，及时处理了一大批社会关注程度高、影响面大、涉案人数众多的行政群体性案件，取得了较好的法律效果和社会效果。全年共受理各类行政案件1497件，审结1455件，结案率97.19%，依法办理国家赔偿案件53件，赔偿金额9.13万元。

【涉诉信访和执行工作】全面落实信访工作制度，组织开展了“涉诉信访积案集中清理化解活动”、“百日攻坚、千人下访”等专项活动，制定下发《涉诉信访案件终结暂行办法》，采取领导包案、提请会商、听证化解、预约接谈、司法救助等化解措施，有效化解了一大批重点涉诉信访案件。中政委交办的第二批进京访案件245件，提前一个月100%完成任务，省委政法委交办的593件赴省进京访案件全部化解。积极开展信访救助工作，协调有关方面为116案、150余人落实信访救助资金477万余元；深入开展“执行规范年”活动，出台《执行案件流程管理办法》、《执行公开标准》和“执行监督信封”三项配套制度，从11个方面、43个节点上规范和加强执行工作，案件执行更加公正、高效、规范、文明。全年共受理执行案件39491件，执结38163件，执结率96.64%。

【审判管理】省法院研究制定了《关于加强审判管理的实施意见》，建立健全了质量评估、案件评查、流程管理、考核奖惩、监督指导等一系列审判管理制度，强化落实案件质量评查、流程管理、态势分析、质效评估等管理措施，并部署开展了“审判管理年”活动。通过制度设置、流程管理、活动实施，有效推动了全省法院审判管理工作不断创新和发展。2012年全省法院死刑案件核准率达到100%，案件上诉率、申诉率和生效案件改判率、发回重审率均同比下降，法定审限内结案率达到99.48%，审判质量和效率均达到近年来最好水平。

【工作创新与服务保障】省法院不断加大裁判文书上网工作力度，通过发布《行政审判白皮书》、《知识产权保护白皮书》、《知识产权保护十大案例》，举办国际禁毒日典型案例发布会、“执行规范年”活动新闻发布会等措施，扩大了审判工作的社会效果。不断完善工作联动机制，省法院与省消费者协会联合出台了《消费者权益纠纷诉调对接工作实施意见》，拓展了诉调对接领域，推动了多元纠纷化解机制的健全和完善。

研究制定了《关于深入贯彻落实省第十二次党代会精神、为建设幸福美好新甘肃提供有力司法保障的指导意见》，从服务转型跨越、创新社会管理、参与文化建设、深化党建队建四个方面提出了20条指导意见。组织召开全省法院民事、商事、知识产权审判工作会议和刑事审判工作座谈会，认真总结近年来审判工作经验，深入分析面临的形势任务，科学规划和部署推进措施，使全省法院执法办案理念更加统一、目标更加明确、任务更加具体、措施更加有效，为充分发挥法院职能作用奠定了良好基础。

【司法作风建设】将“群众观点大讨论”活动与省委部署开展的“联村联户、为民富民”行动紧密结合，组织“千名法官下基层”。2012年，省法院选派16名年轻干部到乡、村两级挂职帮扶，确定375名干部对应联系561户贫困户；筹资70万元组织编印《联村联户为民富民行动法制宣传手册》，并与省双联办在全省免费发行28万册；投资470万元，修建人民法庭1个，百合冷藏库1座，建筑面积1500平方米；多方筹资80万元，帮助乡村两级硬化道路9.8公里。省法院选派干部挂职锻炼、双向培养的做法得到省委的充分肯定，被推荐确定为“全国创先争优活动70个特色做法”之一。深入组织开展“作风建设年”活动，研究制定了《省法院机关效能建设八项制度》，推行作风建设监督员制度和统一着装、挂牌上岗、电子签到制度。2012年11月9日，省直机关工委在省法院召开效能建设现场会议，学习观摩了加强效能建设的做法和经验。

【基层基础建设】省法院坚持精力向基层集中、政策向基层倾斜、力量向基层加强、工作向基层贴近，不断加强基层基础建设，强化对下监督指导，改善基层司法条件，提高整体工作水平。2012年，甘南中院、陇南中院、临夏中院的审判庭项目和全省少数民族干警“双语”人才培训基地已经正式开工建设，平凉中院、武威中院和嘉峪关法院的审判庭项目已经正式立项；制定下发了《关于支持和促进民族地区法院工作发展的意见》，确定23个中、基层法院和省法院各部门与全省23个少数民族法院结对帮扶，援助资金和物质装备价值625万元，帮助争取资金1701万元，落实建设项目12个，项目投资额4266万元；积极争取各方面的支持，正式启动实施了省法院办公暨审判综合楼建设项目、职工住宅楼建设项目和法官学院暨司法警察训练基地项目，建设规模达到20万平方米；制定下发了《关于加快全省法院信息化建设的意见》，督促指导25个中基层法院完成了局域网安装、调试、开通工作，41个法院完成了审判数据传输相关工作；集中时间、人员完成了基础设施建设债务核实认定工作，为化解多年来制约法院工作发展的“两庭”建设债务问题奠定了基础。

（宋学功　席小鸿　康耀坤　任莉莉）

国民经济

农 业

【基本情况】2012年，全省降水整体较好，农业生产天时有利，各地抓农业工作的力度进一步加大，各项扶持措施继续加强，全省农业农村经济发展延续了2011年的良好势头，粮食生产再上新台阶，特色农业持续发展，农民收入大幅增长。主要有以下特点：

粮食生产迈上新台阶。2012年全省粮食面积4259.1万亩，比上年增长0.2%；总产量迈上了1100万吨新台阶，达到1110万吨，增产9.4%，实现了“九连丰”。其中夏粮面积1448万亩，减少6.5%；总产324万吨，增产1.4%。秋粮面积2821.7万亩，增长4.4%；总产791万吨，增产13.8%。

主要经济作物稳步增长。全省经济作物总面积达到1923.02万亩以上，其中水果、蔬菜增长幅度较大，葡萄和设施果树面积、产量增幅明显。全省水果面积670万亩、产量360万吨；蔬菜面积681万亩、产量1460万吨；中药材面积316.7万亩、产量76万吨；棉花、西甜瓜、花卉、茶叶等面积、产量均有不同程度增加。全省特色优势作物面积达到2805万亩，较上年增加55万亩。

畜牧业生产持续发展。全省牛存栏489万头，比上年下降1.9%；羊存栏1932.8万只，增长1.8%。牛、羊出栏分别达172.7万头和1087.2万只，增长1.9%和2.3%。生猪存栏655.3万头、出栏721.8万头，分别增长5.43%和6.2%。家禽存栏3792.3万只、出栏3558.8万只，分别增长3.2%和4.3%。全省畜禽规模化比重达到41%，同比提高3个百分点。其中猪、禽规模化比重分别达到66%和75%，农区牛羊规模化比重达到35%以上。全省肉蛋奶总产量达到152.8万吨，增长1.47%。其中肉类产量92.28万吨，增长4.31%；奶类产量49.14万吨，下降6%；禽蛋产量11.4万吨，增长3.2%。

渔业生产平稳发展。全省水产品产量1.33万吨，比上年增长4%。网箱养鱼发展迅速，网箱养殖面积达到12万平方米，增长4倍，大规格网箱总数达到3000多只，产量300吨，增长15倍；温室大棚养殖1.4万平方米以上，工厂化养殖达到1600多平方米，鲑鳟鱼养殖区域扩展到12个市州，养殖面积近300亩，产量900吨，增长14%。

【农民收入】认真落实农业增效“四大工程”和促农增收“六大行动”，着力提升农业整体效益，培育新的增收点，农民家庭经营收入明显增加；大力发展富民产业，积极推进高层次劳务输转，农民工资性收入稳定提高；继续增加农业补贴，扩大农民增收新领域，农民转移性和财产性收入进一步增长。2012年全省农民人均纯收入4506.7元，比上年增长15.3%。

认真贯彻落实省委省政府《关于加快现代农业发展的意见》精神，深入推进特色农业发展，切实转变农业发展方式，具有甘肃省特色的现代农业产业体系加快形成。一是继续扶持特色优势产业发展。认真组织实施特色优势产业增产增收计划，落实马铃薯、蔬菜、苹果、中药材、草食畜等特色优势产业扶持资金8.07亿元，农业特色优势产业加快发展，质量安全水平稳步提高，产业效益不断提升。全省马铃薯面积稳定在1000万亩以上，做到了脱毒种薯全覆盖，规模保持全国领先。蔬菜、苹果、中药材、现代制种、草产业加快发展，质量和效益有了新的提升。二是高标准推进牛羊产业大县建设。突出关键环节进行扶持，加强指导推进工作，强化考核务求实效，报请省政府对15个牛羊产业大县建设先进县区进行了表彰奖励。20个肉牛产业大县牛存栏、出栏分别占全省的60%和71%；30个肉羊产业大县羊存栏、出栏分别占全省的82%和88%；牛羊产业大县秸秆饲料化利用率超过60%，已成为全省畜牧业发展速度最快、最具增长活力的区域。全省草食畜牧业增加值占畜牧业增加值的55%以上。三是加快了休闲农业发展。组织开展了休闲农业发展情况调查，参加了全国休闲农业创意精品推介活动。《苦水玫瑰》系列产品包装获西北赛区包装创意类唯一金奖。加强部门协作，与省旅游局签订了《合作推进休闲农业与乡村旅游发展框架协议》。四是提出了扶持种子产业发展的措施。按照省政府《贯彻国务院关于加快推进现代农作物种业发展意见的实施意见》精神，组织起草了《甘肃省种子产业发展扶持办法》，正在进一步修改完善。拟整合筹措种子工程、新增千亿斤粮食工程、农业综合开发专项、农作物种业科技工程等项目资金，通过直接补助、定额补助、先建后补、贷款贴息、以奖代补等方式，扶持现代农作物种业基地基础设施、种子储备体系、种业基础性研究、新品种选育、企业商业化育种、企业兼并重组、产业更新升级等重点环节。

【农业重大技术推广】认真组织实施“农业科技促进年”活动，突出农业科技创新应用，依靠科技兴农增收，全膜双垄沟播技术推广、高效节水农业示范、高产创建和农民培训等工作任务超额完成。一是旱作农业技术推广进位升级。积极争取农业部将甘肃省认定为1000万亩国家级旱作农业示范区，落实扶持资金20.8亿元，甘肃旱作农业发展上升到国家层面。争取落实2.8亿元扶持资金，采购地膜2.1万吨、起垄覆膜等各种机具1275台，完成全膜双垄沟播1258.1万亩，覆盖了旱作农业区9个市（州）、45个县（区）、686个乡镇、7608个村，受益农户144.1万户。推广全膜覆土穴播小麦100.5万亩，比上年增加70.5万亩。二是高效节水农业技术推广面积接近翻番。争取落实9270万元，市县配套2815.7万元，将高效农业节水技术推广区域扩大到有效灌溉面积10万亩以上的43个县（区）和省农垦公司农场及5个农业龙头企业。实行行政技术双轨承包责任制，将任务落实到乡村、农户和地块，并派技术人员深入田间地头开展技术培训和技术指导。完成高效节水农业技术推广面积758.3万亩，是上年的1.98倍。其中膜下滴灌81.2万亩，垄膜沟灌562万亩，垄作沟灌115.1万亩。三是高产创建和标准园创建深入推进。争取财政部、农业部安排甘肃省粮棉油高产创建万亩示范片280个，比上年增加93个；安排1个县和10个乡（镇）开展高产创建整建制推进工作试点。及时制订了实施方案，下达了补助资金，举办了技术培训班，确定了主推技术和主导品种，示范带动了全省大范围平衡增产。四是畜牧业科技支撑能力进一步增强。加强良种繁育体系建设，新建种羊场56个，引进种羊5000多只。积极开展牛羊新类群选育工作，加强牛羊品种改良、养殖小区与标准化生产、秸秆加工利用、污物处理、健康养殖等核心技术推广，畜禽圈舍建设、环境控制、粪污处理等一批先进适用技术得到广泛应用。五是农机化推广服务扎实有效。组织115万台（件）农业机械开展春耕生产，组织5800多台机械跨区机收小麦591万亩，组织68万台农机具投入秋冬种作业，机播小麦485万亩。实施农机化科技推广示范2000万亩以上，增产粮食超过2亿公斤。完成保护性耕作示范250万亩、免耕播种280万亩、机械化秸秆还田210万亩，机械化覆膜619万亩。六是农业科技创新工作进一步加强。认真组织实施“农业科技推广年”和“农业科技促进年”活动，省级引进试验示范农作物新品种110个、新技术30项、新材料5个。七是农民培训成效明显。组织开展了冬春农业科技大培训和农业科技下乡活动，举办培训班1.1万期，发放技术资料241.5万份，培训农民87.7万人次。结合推进“双联”行动，组织会宁县15个乡镇的130名农民赴康乐县康美肉牛加工企业进行考察学习，创新了农民培训方式。认真组织实施农村劳动力培训阳光工程，完成种养业生产、兽医服务等7大领域、13个培训岗位的农业职业技能培训5.35万人，农民创业培训0.13万人，农业专项技术培训3.64万人。

【农业产业化经营】进一步加强龙头企业建设，促进农产品加工增值，活跃农产品流通，农业产业化各项工作有了新进展。一是加强了龙头企业培育。报请省政府出台了支持农业产业化龙头企业发展的实施意见，从完善财政支持、落实税收优惠、加大金融支持、强化基础设施、促进产品销售和健全工作机制等方面提出了新的举措。把培育特色骨干龙头企业与扩大企业群体相结合，引导工商资本创办龙头企业，吸引民间资本投资龙头企业，招商引资壮大龙头企业，发展园区集聚龙头企业。全省各类产业化经营组织达到4194个，比上年增长13%；龙头企业发展到2139家，其中销售收入1亿元以上的57个；参与农业产业化经营的农户210万户，占全省农户总数的43.7%，年户均增收2223元，增长5.2%。建成国家重点龙头企业27家，省重点龙头企业292家。中国种业50强骨干企业中，有40多家企业在甘肃省建立了生产基地或加工中心；世界前五位种业公司中，有3家企业与甘肃省合资合作经营种业。建成“一村一品”专业乡镇56个、专业村592个。二是扶持了农产品加工业发展。组织开展了农产品产地初加工补助项目培训，在定西、白银、陇南、平凉、庆阳5市的7个马铃薯和2个苹果主产县（区）开展产地初加工补助项目试点，争取国家安排马铃薯和苹果贮藏设施奖补资金7000万元。三是推进了农民专业合作社发展。加强合作社示范社建设，争取农业部示范项目6个，落实省级补助资金1600万元，扶持172个农民专业合作社发展。制定出台了《甘肃省农民专业合作社示范社创建管理办法（试行）》，推荐了320家合作社示范社为全国首批农民专业合作社示范社、3个合作社为全国2011年度农民专业合作社青年示范社。目前，全省农民专业合作社发展到1.2万个。四是加强了农产品产销对接。注重农产品市场开拓与宣传推介，组团参加了第十届中国农产品交易会，举办了甘肃省农业博览会、高原夏菜暨武山蔬菜博览会，评选出2012年甘肃金奖农产品23个。作为我国鲜活农产品期货第一个品种的马铃薯期货交易平台建设取得实质性进展。在北京、上海设立了两个农产品展馆，提升了甘肃农产品的知名度和市场竞争力。积极开拓东南亚市场，中药材、洋葱、马铃薯、苹果等边贸出口量明显增加。五是推进了农业信息化建设。如期完成了“金农”工程一期建设任务。继续加强“12316三农”服务热线的运行管理，组织开展了“12316，信息惠农家”活动，2012年共接听热线电话13万个，日均356个，累计话务量突破40万个，在宣传政策、反映民意、促进发展、输导情绪等方面发挥了重要作用，取得了良好效果。

【农资市场监管】以农产品质量安全专项整治为重点，以确保不发生重大农产品质量安全事故为目标，以“打假、护农、保粮、增收”为主题，召开了全省农产品质量安全监管工作会议，强化措施，靠实责任，农产品质量安全各项工作继续加强。一是农资打假工作向纵深推进。开展了第八届“放心农资下乡进村宣传周”活动。开展了春、秋季农资打假护农专项治理行动。二是农产品质量安全专项整治工作切实加强。重点开展了蔬菜水果茶叶禁限用农药、畜产品“瘦肉精”、生鲜乳违禁物质、兽用抗菌药、水产品禁用药物和有毒有害物质等专项整治行动。三是农产品质量安全例行监测工作扎实开展。扩大了监测范围、检测项目和抽检数量，把“菜篮子”主产县纳入监测范围，增加了1个水产品例行监测城市。组织对全省14个市州的农、畜、水产品开展了三次例行监测，抽检农、畜、水产品样品2700多个，检测平均合格率为99.68%。四是“三品一标”认证步伐进一步加快。认定无公害农产品产地280个，全省无公害农产品产地累计达到710多个，新认证无公害产品190个，产品总数超过600个，绿色食品和有机农产品达到410个。

【动植物疫病防控和农业防灾减灾】着眼于规避农业风险，切实加强农作物病虫害防治和动物疫病防控，扎实推进防灾减灾和灾后恢复生产，有力地保障了农业安全稳定发展。一是灾后恢复生产服务支持及时。报请省政府办公厅下发了《关于切实做好夏粮田间管理确保夏粮丰收的通知》和《关于加快抢墒播种做好田间管理工作的紧急通知》。密切关注天气变化，加强应急值守，建立了24小时值班制度，及时发布预警预报，制定抗灾减灾预案，做好物资技术准备，争取国家安排农业救灾补助资金2000万元，支持了岷县“5·10”特大冰雹山洪泥石流、平凉“6·2”雹洪等灾后恢复生产。二是重大病虫害防控扎实有效。以小麦条锈病、马铃薯晚疫病、玉米粘虫、苹果蠹蛾等主要病害的防控为重点，制订防控方案，实行目标管理，把握最佳时机，开展统防统治，特别是面对近十年来最严重的马铃薯晚疫病，由于防控时机恰当、防控指挥得当、防控措施落实到位，防治面积达1945万亩次，挽回粮食损失200万吨。落实冬小麦“一喷三防”补助资金4350万元，完成冬小麦“一喷三防”793万亩。加强植物检疫知识宣传普及，提出了植物防疫体系建设和农作物重大病虫害防控工作意见。三是重大动物疫病防控工作切实加强。继续充实基层畜牧兽医工作力量，全面提升了兽医管理水平。靠实防疫责任，对全省畜禽养殖户、规模养殖场和养殖小区主体经营者施行了防疫承诺责任制，对从事动物经营运输的单位和人员施行了动物经营运输防疫承诺制。认真组织开展春防、秋防行动，口蹄疫、禽流感、高致病性猪蓝耳病、猪瘟、新城疫免疫密度均超过98%，重点区域和规模场免疫密度达到100%。加强重点区域集中消毒灭源，继续强化疫情监测和流行病学调查，不断加强人畜共患病防控工作，切实加强了布病监测、阳性畜确认、疫情处置等工作。加强防疫监管，对异地调运的动物实行了严格的落地报告和隔离观察制度。进一步完善了突发疫情应急预案和突发动物疫情应急处置机制，指导岷县灾区开展消毒灭源、无害化处理和强化免疫工作，完成消毒面积303.2万平方米，无害化处理动物尸体1万多具。四是草原防火工作常抓不懈。进一步加强草原防火宣传，狠抓季节性联防和日常防范工作，及时排除草原火灾隐患，举办了草原火灾扑救实战演练，组织开展了专项检查，全年无重特大草原火灾发生。五是农机安全生产监管工作扎实开展。全面落实农机安全生产责任制，广泛开展农机安全宣传教育活动，认真组织开展农业机械年度检验审验工作，重点开展了“打非治违”专项行动和农机“安全生产月”、“安全生产年”、“为民服务创先争优”示范窗口和“平安农机”创建等活动，加大执法力度，消除安全隐患。目前，共检查农业机械30万台次，查处农机违章作业1.9万台次，下发整改通知书5210份，农机安全生产形势总体平稳。

【农业重点项目落实】以农村沼气、退牧还草等民生工程和农业服务体系建设为重点，积极争取落实农业基本建设项目，发展农业循环经济，进一步改善了农业生产基本条件。一是积极推进了农村沼气建设。继续推行目标管理，强化技术培训，报请省政府办公厅印发了实施方案，在国家投资计划下达较晚的情况下，采取与扶贫整村推进暖棚养畜、卫生改厕等项目整合，物资、工资赊欠等措施，抓住施工有利时机，积极开展项目建设，目前，6万户农村户用沼气建设任务已全面完成。二是认真组织实施了退牧还草工程。全面完成了年度建设任务，新增草原围栏850万亩、补播改良255万亩、人工饲草料地10万亩、舍饲棚圈0.3万户。争取国家安排草原围栏建设任务700万亩、补播改良281万亩、人工饲草料地建设19万亩、舍饲棚圈建设0.6万户。三是切实加强了畜禽标准化示范创建。坚持从规模养殖大户、养殖小区和规模养殖场三个层次上推进，突出发展标准化规模养殖场和养殖小区，全年新建标准化养殖小区（场）1092个，增加92个，全省养殖小区（场）总数发展到6442个。创建部级标准化示范场（小区）20个、省级58个。全省累计创建部级标准化示范场45个、省级标准化示范场118个、市级示范场173个。四是稳步推进了农村清洁工程等农业环保工作。落实省级废旧农膜回收加工专项补助资金2000万元，扶持地膜回收加工企业。制定了《省级财政尾菜处理利用专项资金管理暂行办法》，对尾菜处理流通企业、重点乡镇进行补助。启动了全省农产品产地土壤重金属污染防治工作，开展重金属污染普查和检测。新建农村清洁工程示范村20个。五是进一步加大了农业基本建设项目的争取落实力度。加强已申报储备项目的衔接落实，积极争取国家农业基本建设投资。加大重点项目谋划和组织申报工作力度，组织申报了农村能源、动物防疫体系、种子工程、植保工程、农业综合开发、农产品基地、农民培训等重点建设项目，落实中央农业基本建设资金12.37亿元，进一步改善了农业生产基本条件。

【落实强农惠农富农政策】在不折不扣地落实现有强农惠农富农政策的同时，积极争取出台新的扶持政策，促进农业转型跨越发展。一是积极争取落实农业补贴政策。争取落实“四补贴”和草原补奖等强农惠农富农补贴补助资金47.7亿元，小麦、玉米、水稻、棉花、青稞实现了良种补贴全覆盖，补贴农机具20万台，拉动农民投入9亿元，增长近1.3倍。多次组织开展了强农惠农富农政策落实情况督查，督促各地足额落实政策。二是加快落实草原补奖政策。全省划定基本草原2.61亿亩，占草原总面积的97.4%。坚持“权属明确、管理规范、承包到户、长期不变”的原则，进一步明晰草原权属，规范和完善草原承包，全省已落实草原承包面积2.35亿亩，占可利用草原面积的97.5%。制定了《甘肃省草原生态保护补助奖励资金管理实施细则》，完成了287.7万户牧户基本信息的录入工作。三是争取出台新的扶持政策。报请省委省政府出台了《关于加快现代农业发展的意见》，报请省政府出台了《关于加快高效节水农业发展的意见》和《关于加快全省草产业发展的意见》，报请省委和省政府办公厅印发了《加快推进现代农业发展提质增效五年行动计划（2012-2016年）》和《现代农业发展工作考评奖励办法（试行）》。

【农村改革发展】认真落实农村土地承包经营管理、减轻农民负担政策，加强农业规范化、法制化建设，有效保护了农民利益，维护了农村社会稳定。一是积极引导土地承包经营权流转。加强土地流转规范化建设，报请省委省政府召开了全省土地流转工作会议，组织召开了全省土地流转暨合作社建设工作座谈会，制定了《农村土地承包经营权流转合同样本》和流转管理制度。按照县有中心、乡镇有服务站、村有服务点的要求，加强项目扶持引导，推进土地流转市场体系建设。完善土地承包经营纠纷调处仲裁机制，全省有72个县组建了土地承包纠纷仲裁委员会，聘请仲裁员1135名。开展土地承包确权登记试点，初步完成了试点乡村土地承包确权登记工作。至目前，全省土地流转面积493万亩，流转率达到10.4%。二是推进了农业立法和行政审批改革。报请省政府出台了《甘肃省草畜平衡管理办法》、《甘肃省草原禁牧办法》。制定了“六五”普法工作计划和甘肃省农业转基因生物安全管理行政处罚裁量标准，进一步规范了农业转基因产品标识行为。出台了《甘肃省农村集体经济组织财务公开规定实施办法》、《甘肃省村干部任期和离任经济责任审计制度》和《甘肃省农村土地征收补偿费审计制度》等3部规范性文件。三是农民负担监管工作继续加强。在广泛调研的基础上，报请省政府出台了贯彻《国务院办公厅关于进一步做好减轻农民负担工作意见的实施意见》，明确了甘肃省当前和今后一个时期减轻农民负担工作的主要任务。开展了涉及农民切身利益违规违纪问题调研和强农惠农富农政策落实、一事一议筹资筹劳等情况的专项检查。强化监测监控，制定了进一步做好农民负担监测工作的意见，加大督查督办力度，及时解决了涉及农民负担的一些问题。

（王　勤）

粮　食

【基本情况】2012年，在省委、省政府正确领导和国家粮食局有力指导下，全省粮食系统牢牢把握“稳中求进、好中求快”的主基调，群策群力、务实进取，狠抓粮油购销、储备建设、市场调控、产业发展等重点工作，确保了全省粮食供需平衡和价格基本稳定，全行业各项工作取得了新进展，总体情况好于2011年、高于预期，为确保全省粮食安全和促进经济转型跨越发展做出了积极贡献。全年全省收购粮食69.3亿斤，比上年增长40.9%（其中省内收购粮食54.0亿斤，增长66.2%）；收购食用油5814万斤，增长11.8%。销售粮食70.9亿斤，增长15.9%；销售食用油1.4亿斤，增长9.8%。全年全省国有粮食企业实现盈利2201万元，增长14.6%，13个市州和省局直属国有粮食企业实现盈利，企业盈利面达到92%，同比提高7个百分点。

【粮油购销和粮食供给】一是努力掌控粮源。立足省内，抓“一手粮源”。坚持常年常时挂牌收购，及时客观发布粮油价格信息，不断创新收购方式，千方百计收购农民手中余粮。在夏粮、秋粮集中上市前，及早做好仓容、器材、场地、人员、网点布局等准备工作，努力提高粮油收储能力。在收购中，严格执行国家粮油质价政策和“五要五不要”职业操守，有力促进了种粮农民增产增收。全年省内粮食收购量比上年增长66.2%，增幅为历年最高，食用油收购量增长11.8%。面向省外，畅通“引粮入甘”渠道。在继续保持与河南、山东、安徽、新疆等省区良好购销协作关系的基础上，推动合作向纵深发展，与河南开封等产粮大市又建立了新的购销协作关系。各类收购主体充分利用产销协作平台，深入产区腹地均衡有序采购省内短缺粮源，有效保障了全省粮食供需总量平衡和品种结构平衡。针对国有粮食企业贷款难的现状，积极争取省农发行的理解与支持，放宽了贷款条件，降低了放贷门槛，对指定企业按照收购数量确定贷款需求，基本满足了资金需求，确保了收购工作顺利开展。

二是全力保障市场供应。努力创造宽松的市场、政策环境，支持多元市场主体开展粮油经营，各类粮油批发零售网点遍布城乡。如省会兰州现有成品粮油零售网点2300多个，经营品牌1500多个。及时组织投放多品种、多规格、多等级的粮油。全年全省粮、油销售量分别比上年增长15.9%和9.8%，未发生一例脱销断档现象。不断提高应急保障能力，在认真总结“5·12”特大地震、“8·8”舟曲特大山洪泥石流灾害等应急保障经验的基础上，结合当前粮油应急管理新要求，修订完善了《甘肃省粮油应急供应实施方案》，并筛选确定37家粮油加工企业、57家粮油供应企业和一批粮油储运企业作为省级应急供应定点企业，粮食应急保障系统初步建立。各市州进一步细化、完善粮食应急保障预案，陇南、甘南等市州有针对性地开展应急演练，进一步增强了粮食应急保障能力。

三是适时适度调控。受2011年全国粮价上涨翘尾因素影响，2012年初全省粮食价格继续过快上涨。为确保元旦、春节粮油消费旺盛期的市场需求和粮价稳定，保障民生，继续开展优惠面粉直销，省、市粮食局挂牌，以每袋（50斤）低于市场价3~5元的价格，向城乡居民群众直接供应优惠面粉，稳定了省内主销的各大品牌面粉价格。市县党政积极支持优惠面粉直销，兰州、白银等市对企业开展直销产生的费用和亏损由政府价格调节基金给予补贴，甘南州政府把优惠面粉直销作为重要的“民生工程”积极推进，深受居民群众好评。同时，投放省级储备平抑市场。会同省发展改革委、省财政厅提出了动用3亿斤省级储备小麦投放市场、滚动销售的方案，报经省政府批准实施，有效补充了市场粮源，充分发挥了储备粮的“稳压器”和“蓄水池”作用。经过3个月的实施，调控效果达到预期后，暂停了销售，实际交易1.2亿斤。省委省政府对这一措施给予了充分肯定，认为是硬措施，引导了舆论，稳定了粮价，保障了供应。

四是保障军粮供应。切实抓好军粮储备、筹措、加工、配送各环节的工作，有效保证了驻甘部队日常供应、重大活动和应急用粮需要。始终把质量安全视为军粮供应的生命线，军供面粉、大米、食用油全部从知名品牌企业购入，并逐步实现了由省级统一配送，确保了军供粮油质量卫生安全。认真履行服务公约，坚持“全天候”服务，并根据不同季节和节日，调剂、增加粮源花色品种，为部队上门解决存粮技术难题，得到了部队官兵的好评。同时，积极开展“十佳军粮供应站”创建活动，各军粮供应单位自觉落实各项评价指标，软硬件设施不断优化，业务素质明显提高，进一步推动了全省军粮供应向制度化、规范化、科学化方向发展。

【重点工作】一是健全粮油储备体系。按照省委省政府部署，坚持把粮油储备建设作为“粮食行政首长负责制”的核心内容，力促落实。加强省级粮油储备建设。报请省政府批准，新增了省级储备粮油规模，提前完成了省政府“十二五”粮食安全规划的目标。切实督促落实市县粮油储备。在每年全省粮食目标任务考核中，始终把粮油储备建设作为考核重点。市县粮食部门积极向党政汇报，努力沟通衔接相关部门，市县级粮油储备建设有了长足进展，到位储备粮12.7亿斤，比上年增长23.4%，储备油821万斤，增长20.3%。

二是推进放心粮油工程。认真落实省政府“加快放心粮店建设”的部署，省市县三级粮食部门上下联动，制定实施方案，靠实工作责任，从全省6000多个粮油经营点中，通过严格筛选、审核，选择396个具有一定经营规模、信誉良好、居民认知度高的粮油经营户，作为放心粮油进社区示范店，把放心粮店覆盖到了每个县。示范店由粮食行政管理部门统一挂牌，经营中严把准入关、质量关、价格关，真正做到了让消费者“吃的放心”。

【粮食保管】一是不断靠实安全储粮责任。全面落实安全生产行政管理部门监管责任和企业主体责任，坚持实行安全生产一票否决制，不断完善安全生产各项规章制度，细化防火、防汛、防潮、防盗等处理突发事件的应急预案，开展应急演练，不断提高预案的可操作性。按照国家粮食局统一部署，扎实开展粮食行业“打非治违”专项行动，坚持边查边改、查改并重，累计排查安全生产隐患240起，进一步堵塞了安全生产漏洞，全行业安全生产意识明显提高。继续实行粮食安全保管分级管理、分级负责制，督促企业切实做好粮油库存的日常监管，及时掌握粮食储藏状态，发现问题及时处理，确保了储粮安全。

二是强化粮油仓储管理。深入开展粮油仓储企业规范化管理活动，全省138户仓储企业达到了规范化管理标准，占到84%。按照“有仓必到、有粮必查、查必彻底”的原则，开展了春、秋两季粮油安全大普查，两次集中3835人次，对165个储粮单位的全部存粮进行了检查。继续巩固和发展“一符四无”粮仓建设成果，“一符四无”粮仓占到99%。本着经济、实用、高效的原则，大力推广科学保粮新技术，42%的仓容装备了机械通风系统，31%的仓容装备了环流熏蒸系统，47.5%的仓容装备了计算机粮情监测系统。全省科学保粮率达到89.4%，比上年提高5个百分点。

三是大力推进农户科学储粮专项建设。2012年落实国家专项建设资金300万元、省市县配套资金308万元，在平凉、庆阳、陇南、定西、临夏、张掖、武威、酒泉等8个市州的21个县市区为2万个农户建置了小型科学储粮仓。

【企业发展环境】一是大力开展项目建设。在各级粮食部门共同努力下，争取到中央投资项目8个（其中平房仓建设项目4个，油罐建设项目2个，物流建设项目2个），落实预算内资金2650万元，新建仓容11万吨、罐容1万吨。争取到省财政投资项目6个，落实预算内资金600万元，新建仓容3万吨。

二是着力提高企业盈利水平。各级粮食部门始终把企业经营发展摆在突出位置，内强基础，外争支持。认真履行国有资产监管职责。继续实行和强化扭亏增盈目标考核制度，不断完善企业扭亏增盈信息通报制度和重点企业经营分析制度，积极引导企业规避金融风险、提高经济运行质量。努力创造良好的发展环境。积极协调财政、税务、农发行等部门，争取落实粮食企业国家税收减免政策和呆坏账核销工作，全年全省国有粮食企业减免税费1000万元，白银、金昌两市核销不良贷款8763万元，切实减轻了企业负担，支持了企业发展。多渠道创收。充分利用现有仓储设施和营销网络，立足购销抓主业，多种经营抓创收，有效提高了企业经济效益，继续保持了购、销、利增长和费用下降“三增一降”的良好发展势头。全省国有粮食企业全年实现盈利2201万元、比上年增长14.6%，除甘南州外，13个市州和省局18个直属国有粮食企业全部实现盈利，企业盈利面达到92%、比上年提高7个百分点。

【粮食流通监管】一是扎实开展粮食政策及粮油科技宣传。省市县三级粮食部门上下联动，利用“5·26”《粮食流通管理条例》颁布日、“10·16”世界粮食日、“12·4”法制宣传日等有利时机，通过悬挂张贴条幅标语、搭建彩虹门、摆放展板、发放材料，宣传粮食政策和粮油科技知识，引导粮食经营者依法经营，引导大众树立安全、营养、健康的消费理念，深受广大群众好评。二是积极推进粮食执法、质检体系建设。积极争取各级党政支持，不断完善粮食流通执法体系建设，14个市州、71个县区设立了粮食监督检查执法机构，经各级政府法制机构批准取得粮食行政执法资格的有739人。大力推进粮油质检体系建设，2011、2012年落实中央预算内资金1690万元（其中2012年落实930万元），建成了甘肃国家粮食质量监测中心和天水、平凉、庆阳、金昌、陇南、临夏、武威、定西、嘉峪关9个市级国家监测站，全年检测粮油样品940份，为公开公正开展粮食市场行政执法，保证粮食质量安全、防止不卫生原粮流入市场提供了技术防范。三是加大粮食库存检查力度。按照国家统一部署，在各级财政、农发行有力配合下，按照“有仓必到，有粮必查，有账必核，查必彻底”的原则，采取测量计算、抽包检斤等方法，对全省范围内所有政策性存粮，国有粮食企业以及纳入统计范围的重点非国有粮食企业的库存商品粮，逐库点、逐货位进行了全面检查。结果显示，全省粮食库存账实、账账相符，粮食库贷结构合理，政策性粮食补贴按时拨付，企业管理规范，储存粮食安全。检查中，把整改工作贯穿全过程，有力促进了粮食库存管理水平的进一步提升。同时，建立了省级粮食库存检查专业人才库，177名业务骨干入选，其中12人入选国家粮食库存检查专业人才库。四是切实抓好粮食流通监管。深入开展粮食收购资格核查、粮食收购政策落实检查、政策性粮食销售出库检查、粮食流通统计制度执行情况检查等专项行动，强化对粮油批发市场、重点超市、农贸市场的监督检查，有效维护了正常的粮食流通秩序。积极探索和推动粮食市场联合执法，发挥监管合力，保证了粮食执法不缺位、不错位、不越位。据统计，全年全省共出动1万人次，开展各类监督检查2760次，查处违法违规案件277例，出动人次、检查次数同比均有增加，各级粮食部门主动监管粮食流通的意识进一步增强。

（张　刚）

林　业

【造林绿化】2012年全省完成营造林总面积181461公顷（含有林地和灌木林新封4131公顷），在营造林总面积中人工造林110789公顷（其中灌木林造林面积10060公顷），无林地和疏林地新封育面积66541公顷，有林地和灌木林地新封4131公顷。四旁（零星）植树5672.94万株，林木种子采集量2065吨，苗木产量205463万株，全省育苗面积25654公顷。林业重点生态工程建设稳步推进，天保工程二期实施方案已经省政府正式批复，县（局）级方案审批工作全面完成。完成了全省退耕还林和天保工程省级检查验收及国家级核查工作。野生动植物保护及自然保护区建设不断加强，祁连山等7个国家级自然保护区总体规划的审查、申报工作全面完成，太子山省级自然保护区晋升为国家级自然保护区，石羊河和黄林沟2个国家湿地公园已通过国家初评。启动了全省第四次大熊猫调查和第二次重点保护野生植物资源调查工作，在敦煌西湖国家级自然保护区成功举行了甘肃普氏野马第二次放归自然暨全国首次野骆驼试验性放归自然活动。积极开展兰州市大气污染治理和新区生态建设工作，编报了《兰州近城区生态增容减污建设实施方案》和《兰州新区生态建设规划》，进一步提高林业生态增容减污能力，优化城乡生产环境和人居环境。出台了《关于进一步支持定西加快林业发展的意见》。启动实施了兰州、白银城市圈和天定、西长凤、平定高速通道、武威金色大道等六项重点造林绿化工程，完成造林面积9967公顷。继续开展了“创绿色家园，建富裕新村”行动，加快推进城乡绿化一体化建设步伐。

【林业改革】集体林地明晰产权、承包到户的主体改革任务全面完成。全省确权面积36849.53万公顷，占应改面积的100%。据抽样调查，群众对林改的满意度为98.8%。集体林权制度综合配套改革和林下经济发展工作扎实有序推进，省委、省政府出台了《关于加快林下经济发展的意见》，制定下发了《甘肃省全面推进集体林权制度综合配套改革工作方案》和《全省“十二五”林下经济发展规划》，召开了全省集体林权制度综合配套改革和林下经济发展工作现场会议。截止目前，全省成立县级林业综合管理服务中心43个，实现林权流转99080公顷，为2.01万农户办理林权抵押贷款11.76亿元，兑现落实农民承包公益林生态效益补偿资金1.93亿元。组建农民林业专业合作社578个，建立各种林业协会180个。全省累计利用承包林地造林114780公顷，其中经济林果80000公顷，发展林下养鸡826.2万只，林下种菜5640公顷，林下种草73887公顷，林下种药材9827公顷。稳步推进国有林场改革试点，《庆阳市国有林区改革试点方案》已经国家批复，下达试点补助资金9224万元，目前正在积极组织实施中。认真开展了全省国有林场改革试点调研和国有林场职工生活状况调查，为进一步深化国有林场改革奠定了良好基础。

【项目带动】按照省第十二次党代会深入实施"项目带动行动"的要求，科学规划，统筹部署，林业投资规模不断扩大，落实中央和省级各类林业建设投资51亿元，其中中央投资35.46亿元，省级投资4.58亿元，林业贷款9.3亿元，利用外资1.66亿元。《祁连山生态环境保护和综合治理规划》已经国务院批准。《甘肃"两江一水"区域综合治理规划》编制工作有序进行。积极配合国家和省上编制《秦巴山片区区域发展与扶贫攻坚规划（2011—2020年）》和《六盘山片区区域发展与扶贫攻坚规划（2011—2020年）》，努力争取国家对甘肃林业生态建设的支持。完成了年度林业固定资产投资项目储备及林业财政专项资金申报工作。森林生态效益补偿工作取得新进展，争取国家新增甘肃省补偿面积46.5万公顷，包括省级补偿在内补偿总面积达502.2万公顷，年补偿资金5.55亿元。全面完成2011年森林抚育补贴试点任务8.2万公顷和造林补贴试点任务2.1万公顷。积极争取在庆阳、平凉、天水、陇南4市的6个县及6个省级直属单位先行开展公益林保险试点107.4万公顷。积极推进张掖、陇南、甘南，永靖、渭源、天祝等全国生态文明示范工程试点工作。不断加大林业外资项目的申请和引进力度，亚行贷款甘肃林业生态发展项目正式启动实施。

【产业发展】对全省52个经济林发展重点县的优质林果基地建设情况和省级财政林果产业建设项目实施情况进行了检查验收。编制了《甘肃省经济林果优质丰产栽培技术手册》，完成了12个规划树种的标准化示范园生产技术规程和4个质量标准初稿的编定工作。完成了省林果产品质量监督检验检测中心建设，建立了千万亩优质林果基地建设专家库。编制了《关于加快全省花卉产业发展的意见》，召开了甘肃省花卉协会第五届理事会换届大会暨全省花卉产业发展研讨会。认真开展新晋森林公园评审工作，新设立平凉市庄浪县朝那湫森林公园、陇南市成县泥功山、尖山子森林公园等3处省级森林公园。碳汇林、生物质能源林基地建设及珍稀树种培育工作进展顺利，在庆阳、定西和平凉开展碳汇林试点7333公顷。

【林区民生】认真实施国有林区棚户区（危旧房）改造，严格按照标准要求，加快工程进度，加强质量监管，年计划任务7799户已全部开工建设，开工率100%，主体竣工5460户，主体竣工率70%，完成投资38507万元。积极争取国家安排甘肃省林业棚户区（危旧房）改造附属设施建设资金10607万元。进一步加强"8·8"舟曲特大山洪泥石流灾害灾后重建工作，舟曲林业局生态修复、有线电视维修改造、供电线路维修改造、公共服务类社会管理和森林资源监测中心建设等5个项目已全部完工，完成全部4945万元投资。积极开展"5·12"地震灾后重建项目扫尾工作，严格项目审计和检查验收，确保了工程质量。积极争取国有林场人饮安全、广播电视、道路建设、电网升级改造等工程项目，努力改善基层林区基础设施条件。

【生态建设】加快推进林业立法进程，《甘肃省森林公园管理条例》已经省人大审议通过，将于2013年1月1日起正式施行。组织开展了《甘肃省陆生野生动物造成人身伤害和财产损失补偿办法》实施试点工作。对厅系统不符合行政强制法规定的主体资格进行了清理整顿，有效维护了公民、法人和其他组织的合法权益。林地林权管理更加规范，《甘肃省林地保护利用规划》已经国家林业局和省政府批复实施，县级林地落界工作全面完成。全省森林资源二类调查全面完成，盘清了森林资源家底，初步建立了全省森林资源信息管理系统。不断加强林业执法的合法性、规范性和程序性建设，为全省5937名林业执法干警颁发了林业行政执法证。林政执法能力不断提高，全年共发生林政案件2956起，查处2949起，查处率99.76%，有效打击了乱砍滥伐等违法犯罪活动。加强了森林防火、林业有害生物、沙尘暴预警和野生动植物疫源疫病的监测防控工作，提高了林业应急处突能力，确保了森林资源安全。

水　利

【概况】2012年，甘肃省累计落实各类水利项目投资计划86.17亿元，其中中央投资59.32亿元，地方配套26.85亿元。解决了218.33万农村人口的饮水安全问题，新修梯田174万亩，新增有效灌溉面积0.79hm²，发展节水灌溉面积6.41万hm²，治理水土流失面积2046km²，新增小水电装机21.75万KW。

【水政】《甘肃省水土保持条例》由甘肃省第十一届人民代表大会常务委员会第二十八会议表决通过，于2012年10月1日起施行。《甘肃省水文管理办法》经甘肃省人民政府令（第96号）公布，于2013年1月1日起施行。制定了《甘肃省水事纠纷预防和处理工作暂行办法》、《甘肃省水利厅执法责任制》。完善了《甘肃省水行政处罚说明理由制度》、《甘肃省水行政处罚自由裁量合法性审核制度》、《甘肃省水行政处罚自由裁量权过错责任追究制度》、《甘肃省水行政处罚案卷评查制度》4项自由裁量管理配套制度。开展了以贯彻落实《水法》为核心的水行政执法监督检查，开展了以贯彻落实《防洪法》、《河道管理条例》为核心的河道管理确保防洪安全和河道采砂专项整治行动。开展了“世界水日”和“中国水周”宣传活动。依法化解各类水事纠纷219件，依法查处水事违法案件986件，结案955件。

【水资源】2012年全省总供水量123.1亿m^3，其中地表水工程供水95.8亿m^3，占77.8%；地下水工程供水25.8亿m^3，占21%；其他水源供水1.5亿m^3，占1.2%。全省总用水量123.1亿m^3，其中生产用水112.4亿m^3（第一产业用水95.8亿m^3，第二产业用水15.7亿m^3，第三产业用水0.9亿m^3），占91.3%；生活用水7.5亿m^3，占6.1%；生态环境用水3.2亿m^3，占2.6%。《甘肃省加快实施最严格水资源管理制度试点方案》已由水利部、省人民政府批复。全省用水总量、用水效率控制指标已初步分解到市（州）和县（区），最严格水资源管理制度指标体系初步建立。完成了黄河、黑河等主要河流年度水量调度任务。拟定了矿井水水资源费征收标准。全年征收省级水资源费1.05亿元。

【水利规划】修编完成了全省水资源保护规划、全省灌溉发展规划、全省连片特困地区区域发展与扶贫攻坚水利专项规划。完成了敦煌水资源合理利用与生态保护综合规划昌马、双塔、党河灌区节水改造专项规划。完成了甘肃省秦巴山区、六盘山区、四省藏区扶贫攻坚水利专项规划和陕甘宁革命老区振兴水利规划。配合流域机构开展了水中长期供求规划、黑河、湟水、洮河流域综合规划修编工作。启动了白龙江引水工程规划编制工作。开展了“两江一水”区域综合治理规划编制工作，已报国家发改委审批。完成了岷县“5·10”特大冰雹泥石流灾后重建规划和兰州新区水资源供求规划（2011~2030年），并经省政府批复实施。修编颁布了甘肃省《水利水电工程设计概（估）算编制规定》和《水利水电建筑工程预算定额》。编制完成了《国家水土保持重点建设工程甘肃省实施规划（2013~2017年）》，并通过了财政部和水利部审批。

【基本建设】引洮供水一期工程：18座隧洞贯通17座，并全部完成衬砌。7号隧洞650m尚未贯通。总干渠14km连接段工程已进入扫尾阶段。3条干渠总长146km，其中一干渠33km已经完成；二干渠65km，已完成64km；三干渠48km，已完成33.5km。修建支渠195km，水厂9个，调蓄水池50座，提水泵站69座，各类供水管线1.5万km，田间配套1.21万hm^2。截至2012年底，引洮供水一期主体工程总干渠1~6号隧洞具备通水条件。

石羊河流域重点治理项目：2012年，武威、金昌、景电二期等9个灌区续建配套与节水改造项目累计完成干支渠衬砌241.73km，配套田间节水灌溉面积2.97万hm^2，安装地下水计量设施1797套。景电二期向民勤调水渠延伸工程主体工程全部完工，具备通水条件。民勤蔡旗断面过水量达3.46亿m^3，青土湖出现约15km^2季节性水面，流域生态环境得到进一步改善。

敦煌水资源合理利用与生态保护项目：《敦煌水资源合理利用与生态保护规划》全面启动实施，党河、昌马等6个灌区续建配套与节水改造项目、疏勒河河道归束与治理项目全面开工建设。截止2012年底，共实施渠道改造110km，田间配套0.53万hm^2。

盐环定扬黄续建甘肃专用工程：2012年供水主管线和县城支管线共完成隧洞工程2.97km，沉砂池380m，管道工程71.9km，建跨沟建筑物42座，建成各类阀井工程211座，管道沿线设置镇墩479个。张南湾水库和张南湾泵站工程如期完工。西一、西二和东支三条支管线完成管道安装112.2km，完成跨沟建筑物17座，建成各类阀井工程134座，浇筑镇墩383座。

引大入秦工程供水结构优化调整项目：石门沟水库全面建成并蓄水运营，与山字墩、尖山庙水库联合调度每年向兰州新区的供水能力可达4000万立方米，有效保障了新区近期建设用水需求。

中小河流治理项目：全省118个中小河流治理项目全部完工，新建加固堤防923km、护岸139km，综合治理河长1159km。45个江河主要支流治理项目启动实施。

山洪灾害防治县级非工程措施项目：2010~2012年度80个县山洪灾害防治县级非工程措施项目已完成建设任务，进行了初步验收。共建成自动雨量站3582个、简易雨量站5285个、自动水位站126个，县级监测预警平台80个，无线预警广播5971套，配置手摇报警器5387个、铜锣5796面等村级预警设备，编制完善了县、乡、村三级山洪灾害防御预案，初步建立了覆盖12.38万km^2山洪灾害防治区、2413个小流域，涉及80个县（市、区）1060个乡镇、5825个村、1472万人的山洪灾害防治非工程措施体系。

病险水库（水闸）除险加固：列入全国规划的20座小（1）型病险水库除险加固项目按国家规定的时间提前15个月完成；46座重点小（2）型病险水库除险加固项目基本完工；56座一般小（2）型病险水库、23座大中型病险水闸陆续开工。

其他工程：靖远双永、积石山引水、引洮入潭工程建设加快推进；古浪黄花滩生态移民暨扶贫开发水利骨干主体工程基本完工；引洮一期会宁北部供水、引洮济合、石门河引水、靖会工程甘沟干渠改扩建、兴电工程齐家大岘隧洞加固等一批新的水利项目相继开工建设。

【饮水安全】建设集中供水工程640处，到9月底解决了218.33万农村人口和学校师生的饮水安全问题。10月份国家追加投资下达的55.22万农村人口饮水安全工程建设任务加紧实施。截止2012年底，累计投入资金55亿元，新建集中供水工程3316处，水窖、小电井等分散供水工程4.4万处，解决了全省1000万农村人口和 110 万农村学校师生的饮水安全问题。

【农村水利】完成了 17 处大中小型灌区续建配套与节水改造、11 处大型泵站更新改造、29 个小型农田水利重点县项目年度建设任务，发展节水灌溉面积 3 万 hm^2，恢复改善灌溉面积 2.73 万 hm^2，新增节水能力 6500 多万 m^3。

【旱情及抗旱】2012 年干旱高峰期，全省受旱面积 57.57 万 hm^2，作物受灾面积 43.98 万 hm^2，成灾面积 28.65 万 hm^2，绝收面积 14.7 万 hm^2。各地严格执行用水计划，合理调配水源，扩大灌溉面积，共完成春灌 302.7 千 hm^2，超计划 12.7 千 hm^2；完成夏灌 1062 千 hm^2，超计划 72 千 hm^2；完成秋灌 518 千 hm^2，超计划 82.7 千 hm^2。各地及时开展抗旱工作，共投入抗旱人力 65.8 万人，抗旱投入各类机电井 2 万眼、泵站 1216 处、机动抗旱设备 2.7 万台（套）、各种机动运水车辆 1 万辆，抗旱用电量 0.5 亿度、用油 595.3 吨。全年抗旱挽回粮食损失 232.7 万吨、经济作物损失 7.6 亿元，解决了干旱山区 49.3 万人、27.4 万头牲畜的临时性饮水困难。

【汛情及防汛】2012 年汛期，全省共有 77 个县 855 个乡镇遭受暴雨洪水灾害，受灾人口 239.9 万人，因灾死亡 76 人、失踪 21 人，倒塌房屋 3.1 万间，农作物受灾 24.11 万 hm^2、成灾 18.3 万 hm^2、绝收 4.53 万 hm^2，水毁堤防工程 894 处 723km，灌溉设施 1645 处。各级防汛部门落实防汛减灾各项措施，通过发布预警、疏散转移群众、科学调度蓄泄、应急抗洪抢险，防洪减灾经济效益达到 22.1 亿元，减淹耕地 54.1 千 hm^2，避免粮食损失 35.9 万吨，减少受灾人口 107.5 万人，紧急疏散转移群众 24.5 万多人，解救洪水围困群众 1.8 万人，最大限度降低了灾害影响和损失，保障了群众生命安全。

【灾后水利恢复重建】舟曲灾后水利恢复重建任务于 2012 年 3 月全面完成，共建成城区段、峰迭新区、杜坝川防洪堤 8.7km，防洪标准提高至 50 年一遇，相应洪峰流量为 1130m^3/s，为沿江两岸近 6 万多人提供了防洪安全保障。建成了县城及周边地域山洪灾害预警系统，恢复了舟曲水文站测验功能，提高了舟曲、宕昌、武都水文站的水文测验水平。恢复重建了乡村供水和农田灌溉工程，修复了三眼峪、罗家峪两条沟道水保设施。

成县灾后水利恢复重建任务于 2012 年 8 月全面完成，新建和加固河堤 24.27km，保障了成县东河黄渚、王磨镇，洛河红川镇、店村镇 4 个乡镇、18 个行政村、2.1 万人和 1.27 千 hm^2 农田的防洪安全。

岷县灾后水利恢复重建全面启动，纳入水利灾后重建规划的河、沟道疏浚清淤、水毁灌区修复和山洪预警非工程措施项目已全部建成。2012 年完成堤防建设工程 133km。

【水土保持】2012 年，全省共治理水土流失治理面积 2046km^2。建成各类小型水土保持拦蓄工程 1121 座（处、道）。全面落实淤地坝安全生产责任制，完成了 113 座病险淤地坝除险加固任务。

【梯田建设】全年累计完成梯田建设面积 174 万亩，其中 47 个重点县完成 153 万亩。全省第一轮 500 万亩梯田建设任务提前完成，新一轮 750 万亩梯田建设工程启动实施。

【农村水电】2012 年全省新开工农村水电站 9 座、续建 124 座，完成农村水电装机 23.5 万 kw，占年度计划任务 20 万 kw 的 117.5%。全年新开工建设代燃料项目 2 个，续建 6 个，有 2 个已完成验收。编制完成了全省 43 座农村水电站增效扩容实施方案，并上报水利部和财政部，提前做好项目启动的准备工作。

【水利管理】对全省流域面积在 200km^2 以上有采砂任务的河流进行了全面排查，排查河道采砂场（点）1050 处，取缔、整顿非法、违规采砂场（点）134 处。完成了《甘肃省水利风景区发展规划》的编制工作，2012 年 11 月 23 日通过水利部景区办验收。2012 年推荐申报国家水利风景区 1 处，全省国家水利风景区累计达 21 处，新成立省级水利风景区 4 处，累计达到 6 处。

【水利改革】编制完成了《甘肃省加快水利改革试点方案》。6 月 8 日，水利部和省政府联合批复了方案，标志着甘肃省水利改革试点工作正式启动。与省编办、省财政厅、省发展改革委、省民政厅联合出台了《关于组建县级水利工程质量监督与安全管理站的指导意见》、《关于组建县级水利建设管理站的指导意见》、《关于进一步加强基层水利站建设的指导意见》、《关于建立健全县级抗旱防汛服务队的指导意见》、《关于大力发展农民用水合作组织的意见》、《进一步推进农业水价综合改革实施意见》、《甘肃省小型水利工程产权制度改革暂行办法》七个指导意见。

【库区移民】组织对全省大中型水利水电工程建设征地移民安置工作和后期扶持工作进行专项检查，对工作中存在的问题进行了整改。组织审查了黄河大河家水电站、白龙江喜儿沟水电站、积石山饮水工程等移民安置规划大纲。审核了白龙江苗家坝水电站、橙子沟水电站、引洮供水一期会宁北部供水工程、成县城区供水磨坝峡水源工程、引洮（博）济合供水工程等一批移民安置规划。调研起草了《甘肃省大中型水利水电工程建设征地补偿和移民安置管理办法》。协调下达了 2012 年大中型水库移民后期扶持计划、库区基础设施建设计划和小型水库后期扶持建设计划。2012 年，甘肃省库区移民办公室更名为“甘肃省水利水电工程移民管理局”，全省 14 个市（州）健全了移民管理机构。

【水利普查】全面完成了水利普查阶段工作任务，普查对象清查登记成果通过国家阶段性验收，普查数据全面获取和预处理、台帐建设等工作有序推进。

【水利科技】水利科研涌现新成果，34 项研究获得省水利科技进步奖，4 项研究获得省科技进步奖。组织项目承担单位编写了科技推广计划项目和“948”计划项目的年度执行情况报告，报送水利部国科司。向水利部国科司报送了3项科技推广计划项目的验收申请材料并完成了验收工作及资料整编，补充申报了2项科技推广计划项目。向科技部推荐申报了5项科技惠民计划先进科技成果。向省科技厅推荐申报了2项甘肃省民生科技计划项目。

（赵基尊　李国荣）

石化工业

【行业概况】2012年，甘肃省石化行业规模以上企业178户（主营业务收入2000万元），比上年增加19户，资产总计1463亿，从业人员10.75万人；累计完成工业总产值2019.12亿元，增长4.25%，占全国石化工业总产值的1.65%；完成石化销售产值1957.44亿元，增长1.99%，占全国石化销售产值的1.62%；完成工业增加值559.90亿元，增长5.86%，占全省规模企业工业增加值的比重29%；完成固定资产投资188.52亿元，增长69.1%；石化企业用电量1209153万千瓦时，增长7.40%。

2012年全省6户化工企业入围《中国化工企业500强》：甘肃银光化学工业集团有限公司，全国排行第141位；甘肃瓮福化工有限责任公司，全国排行第323位；甘肃银达化工有限公司，全国排行第422位；甘肃金昌化学工业集团有限公司，全国排行第429位；甘肃刘化集团有限责任公司，全国排行第482位；甘肃兰港石化有限公司，全国排行第493位。

【承接产业转移】一是建立健全组织机构，明确目标任务。成立了由马中学会长为主任，杨军副会长为副主任，相关处室领导为成员的石化行业承接产业转移工作办公室，确定了主要职责。二是建立石化行业招商项目库。协会组织力量对相关市州进行调研，按照国家产业政策和石化工业发展规划，建立甘肃省石化行业招商项目库，编制入库项目57个，总投资近千亿元，涉及兰白核心经济区、金武经济区、河西新能源及其装备制造业和陇东能源化工基地。三是加强交流合作。先后与国家石油和化工联合会及东部相关省市石化行业协会联系沟通，做好牵线搭桥工作。四是及时跟踪了解重点市州承接产业转移项目。在做好向长三角省市推介本省石化项目的同时，还分别与酒泉、金昌、张掖、嘉峪关、白银和兰州等市州联系，征集承接产业转移项目，以便在对接中推荐。

【节能减排】一是构建清洁生产评价指标体系。继续构建以企业为主体、市场引导、政府推动、相关行业组织配合的清洁生产推行机制，制定重点行业清洁生产技术推行方案和清洁生产评价指标体系，尤其是在石油、石化、氯碱、氮肥、磷肥、涂料等重点行业建立一批清洁生产示范项目。二是全面开展企业能耗能效对标达标活动。继续争取将这一工作在大型企业示范带动下，延伸到中小型化工企业，使企业主要耗能产品采用国家标准、地方标准和企业能耗标准的比例上升到95%以上。继续抓好重点企业的耗能设备和企业整体能源利用效率能效对标活动。本行业将以国家标准指定的主要用能设备作为重点对象，目前大型企业工作已起到良好的效应。三是加快构建行业节能减排工作的长效机制。加快实现生产“通用型”产品向“专用型”产品转变，“低端”产品向“高端”产品转变，“高能耗”产品向“低能耗”产品转变，加强技术创新和技术改造，进一步发展循环经济，全面推进实施“责任关怀”以及构建行业节能减排工作的长效机制。

【产业工会】组织召开了2012年全省石化系统工会工作会议，在总结2011年工作的基础上，安排部署了2012年的工作任务，表彰奖励了目标责任书完成先进单位；开展“进企业、访职工、办实事、促发展”活动；完成了“全国石油和化工系统先进集体、劳动模范和先进工作者”的评选推荐工作；组织开展了造气自动机工、合成氨变换工等六个工种的职工技能大赛活动；在工会联系的22户重点企业中，全部建立了职工平等协商集体合同制度，企业民主管理和厂务公开工作已步入制度化、规范化轨道；基层企业工会组织建设得到加强，向全系统推广了兰州石化公司农民合同工工会建设的经验；2012年“两节”期间，慰问帮扶困难职工210户，把党和政府的温暖送到职工家中。

【“双联”行动】省委“双联”行动动员大会结束后，协会党委高度重视，召开会议，作出动员部署安排，统一思想认识，成立领导小组，设立办公室，加强对“双联”工作的组织领导和工作协调。根据省委“双联”办安排，石化工业协会联系单位为天祝县旦马乡康路村。协会领导先后与乡政府、村委会进行了广泛接触，入户走访，详细了解康路村的自然条件和经济发展状况。一是与省化工高级技师学院联系，接收部分农牧民子女到技校学习，8月27日，康路村的首批5名学子已顺利入学，并为他们购置了学习用品，对其中1名特困户的学生免除了学杂费。二是广泛发动，开展帮扶捐助活动，建立了《省石化工业协会“双联”行动帮扶基金》，先后收到协会机关干部、工人和直属单位职工捐款46520元。机关全体干部在第一次入户访问中都为自己的联系户送去了慰问金。三是工业扶贫，初步确定对该乡莹石精粉厂进行技术改造，提升产能，延长产业链。四是发展村级经济，已申请到位帮扶资金20万元。五是向康路村捐赠办公桌椅34件，用于改善村上的办公条件。六是对一名长期身患疑难疾病的联系户到省内大医院找知名专家会诊，诊断了病情，得到了有效治疗。

商　务

【概况】2012年，甘肃省实现社会消费品零售总额1877.04亿元，比上年增长16.0%。按地域分，城镇实现社会消费品零售总额1500.55亿元，其中城区实现社会消费品零售总额1123.90亿元；乡村实现社会消费品零售总额376.49亿元。按行业分，批发和零售贸易业747.64亿元，住宿和餐饮业1129.4亿元。

【市场秩序建设】一是开展打击侵犯知识产权和制售假冒伪劣商品活动。拟制了《甘肃省打击侵犯知识产权和制售假冒伪劣商品工作实施方案》、《关于做好全省农村市场重点商品专项整治工作的通知》、《关于开展葡萄酒市场专项整治工作的通知》等文件，安排部署全省打击侵权假冒伪劣商品工作。二是加强商务综合行政执法工作。支持张掖市商务局、清水县商务局等1个市11个县（区）实施了市场监管公共服务体系项目建设，有效地维护了市场秩序。三是进一步规范药品流通行业管理工作。组织编写、印发了《甘肃省药品流通行业发展规划（2011—2015年）》。下发《关于做好全省药品流通行业管理工作的指导意见》，对贯彻落实《规划》提出了具体措施。逐步理顺了省、市、县药品流通行业管理体系。初步建立了典型药企直报系统，实现了省、市、县三级非典型药企统计网络和中药材重点品种直报网络。开展了药品流通企业调研工作，基本摸清了全省药品流通企业概况。四是推动信用体系建设工作。清理整顿大型零售企业向供应商违规收费工作。会同省纠风办、省工商局、省地税局等相关部门对全省营业面积超过6000平方米的24家零售企业进行了抽查，通过现场查看合同、核对财务账目、与供应商座谈等多种形式，检查大型零售企业向供应商收费中存在的问题，共纠正涉嫌违规收费零售企业4家。加强单用途商业预付卡管理工作。下发了《关于贯彻落实单用途商业预付卡管理办法（试行）的通知》，召开了全省单用途商业预付卡管理工作培训会，对认真落实单用途商业预付卡管理工作进行了安排部署，共有14个市州、60个县区商务主管部门130余人参加了培训。

【市场体系建设】圆满完成了省政府确定的为民办实事2000个农家店的改造建设任务；启动了全省58个贫困县的商务扶贫工作；建设改造了51个商品配送中心、38个乡镇商贸中心、45个农贸市场、2个大型冷链库。推动省内8家农产品流通企业进入家乐福、沃尔玛、华润万家等大型连锁超市的采购平台。积极参与联村联户为民富民行动，与靖远县石门乡4个贫困村的358户特困户结成对子，投入资金221万元，开展了家政、大枣栽培等专项培训，建起了农贸市场，帮助当地特色农产品直接进入兰州超市销售。家电下乡政策继续带动家电类商品旺销，全省共销售家电下乡产品72.59万台（部），实现销售额18.43亿元；补贴产品64.48万台（部），补贴资金2.04亿元。全年全省新增典当企业26户，截止2012年底，全省共有典当企业131家，14个市州均有典当行分布，86个县区中也有34个已覆盖。全省典当行业资产总计15.7亿元，从业人数830人，全年实现典当总额6.3亿元，典当余额4.5亿元，主营业务利润2400多万元。全省共有拍卖企业57家，拍卖从业人员535名，拍卖师87名。全年共举办422场拍卖活动，实现佣金收入5331.48万元。全年拍卖成交额957924.64万元，比上年增长32%。

【商贸服务管理】推进家政服务体系建设，2012年定西、平凉两市被商务部确定为家政服务体系建设和大型龙头家政服务企业试点城市。定西市家政服务网络中心提升改造已经完成。定西、平凉两市6家大型龙头家政服务企业已发展120家连锁店，定西市11家中小型家政服务企业由此走上了专业化经营发展道路。大力开展家政服务培训，扶持全省40个家政培训机构开展了家政服务培训工作，同时与团省委合作开展了高端家政服务师培训。扶持家政平台和早餐工程建设，帮助金昌、临夏、陇南3市州建成了家政服务网络中心，基本实现了全省家政服务网络中心全覆盖，解决了家政市场供需信息对接不畅问题。支持中华老字号项目建设，2012年，甘肃省被商务部列为中华老字号扶持省份。择优确定并重点支持兰州佛慈制药股份有限公司等5家中华老字号企业及项目建设。强化全省成品油市场监管，对全省1233家成品油经营企业进行了年检，掌握了全省成品油经营企业基本情况。新办证加油站1座，变更换证加油站135座，初审批发经营新办和变更换证企业3家。

【对外贸易】全年实现进出口总额89.05亿美元，比上年增长1.61%。其中，出口总额35.74亿美元，增长63.57%，占全国出口额的0.17%；进口总额53.31美元，下降18.97%。出口商品销往186个国家（地区），进口商品来自77个国家（地区）。技术进出口总额2840万美元，比上年下降81.64%。签订引进技术和进口设备合同项目8个，比上年增加1个；合同金额2840万美元，比上年下降81.64%。

【利用外资】全年外商直接投资项目20个，合同批准额18587万美元，比上年下降30.44%。实际利用外资6110万美元，下降13.01%。参加联合年检的外商投资企业238家，其中，合资企业128家，合作企业8家，独资企业102家。238家企业投资总额52.63亿美元，注册资本21.4亿美元。238家企业中，生产经营企业200家，占84.03%；筹建企业32家，占13.45%；因受市场变化影响而停业企业6家，占2.52%。238家企业实现销售（营业）收入194.4亿元，纳税总额11.2亿元，利润总额15.8亿元，净利润13.4亿元，资产总额403.8亿元，负债总额216.6亿元。截至2012年底，238家企业职工人数为26323人，其中：中方职工26156人，占99.4%；外籍人员167人，占0.6%。

【国际经济合作】2012年全省在境外设立及追加投资的非贸易性企业15家，核准中方投资额144633万美元；全年对外实际直接投资133923万美元，比上年增长111%，列全国第八位。投资领域涉及商务服务、石油和天然气开采、有色金属矿采选、批发、农副食品加工、房地产和地质勘察等行业。投资的主要国别（地区）是：中国香港、英属维尔京群岛、美国、澳大利亚、阿拉伯联合酋长国、老挝、秘鲁、哈萨克斯坦、新加坡等，其中，老挝和新加坡为新增投资国家（地区）。投资方式以新设和收购兼并为主。截至2012年底对外投资存量为267430万美元。

承包工程和劳务合作。2012年新签订对外承包工程项目33项，新签合同额20513万美元，比上年下降62%；完成营业额26221万美元，下降12%；当年工程项下派出劳务1083人，年末在外2156人。对外劳务合作业务当年派出劳务899人，外派劳务人员实际收入总额388万美元，年末在外1176人，主要从事的行业为建筑业和制造业。

对外经济技术援助。2012年度全省有关企业共承担援外工程项目3项，合同总额790万美元。

接受经济援助。2012年共执行国际多双边无偿援助项目9项，完成执行额112万美元。

【招商引资】全年共执行（包括新建、续建）省外、境外招商引资项目3157个，累计到位资金2752.6亿元，比上年增长122.2%。其中，新建项目2047个，签约合同总额5881.9亿元，到位资金1712.4亿元，到位率为29.1%。中国·兰州投资贸易洽谈会于2012年7月6日至10日在兰州成功举办，兰洽会执委会邀请和接待了省外、境外代表团组共156个，参会宾客达2.5万人。其中，外省区市政府代表团比上年增加了11个，达到26个；17个省区市组团参展，涉及1600多家企业、9000多名参展商，参会宾客和客商数量创历届规模之最。期间共签约省外引资项目752个，签约金额4610.08亿元，比上届增长181%，接近前17届的总和，成为兰洽会历史上签约成果最丰硕的一届。

【“联村联户”】根据省委双联办任务分解，商务厅联系靖远县石门乡石门村、小口村、坝滩村和茨滩村，共计2297户、9234人。2012年以来，共计投入资金（含省经合局）221.2万元，重点帮助石门乡的4个联系村加强基础设施建设，改善生产生活条件，帮助抗洪救灾、解决了一些老大难问题，4个村有了一些新的变化。

改善基础设施和生产生活条件。针对4个联系村普遍存在的水、电、路基础设施薄弱、生产生活条件明显滞后等制约经济发展的突出问题，从解决群众最关心、最迫切的问题入手，重点在基础设施建设上率先突破。经过调研论证，筹措资金100万元，一是帮助石门村硬化村社道路6.5公里、衬砌村内渠道4.2公里、安装太阳能路灯20盏；二是清除小口村槐树坡高约15米的危险悬崖、挖填土方10890立方米、修建涵洞1处、硬化道路470米；三是帮助坝滩村新建泵房1座、安装机电设备3台（套）、维修人饮工程1处、修建防洪坝120米；四是帮助茨滩村更新改造部分机电设备、道路拓宽硬化、村容村貌整治等公益事业。

帮助困难群众加快脱贫致富步伐。借助国家商务政策和商务部项目的支持，充分发挥职能作用和自身优势，在“家政服务培训工程”、“万村千乡市场工程”、“集贸市场新建改造工程”、“鲜活农产品流通体系建设”等项目的实施中加大向联系村的帮扶力度。为解决联系村大枣、枸杞等特色农产品“卖难”问题，积极联系协调甘肃金杞福源生物制品有限公司、兰州正林农垦食品有限公司等企业，上门收购大枣80多吨，价值80多万元。联系协调华联超市、华润万家、国芳百货、兰州天源果蔬连锁超市等4家大型超市，以“农超对接”的方式，帮助联系村的特色农产品直接进入超市销售，使特色农产品销售收入增加了20%以上。利用“集贸市场新建改造工程”项目，采取以奖代补的方式，帮助石门乡新建农贸市场1个，解决了一直以来石门农副产品交易无场地的问题。

（于　清）

烟草专卖

【综述】2012年，全省烟草专卖商业系统经济运行态势良好，营销水平持续提升，市场秩序更加规范，管理水平显著提高，各项工作取得了长足进步。全年全省烟草商业系统销售卷烟431.81亿支，比上年增长1.88%；实现税利30.87亿元，增长13.52%。综合费用率7.84%，下降0.69个百分点。

【社会公益】认真贯彻省委省政府关于“联村联户为民富民”行动的各项要求，迅速行动，主动作为，承担了102个联系村、1319户特困户、278户普通户的帮扶工作，制定了双联帮扶工作规划、年度计划和实施方案，明确了工作指导思想、工作步骤和具体措施。同时，深入帮扶村进行调查摸底，召开村民座谈会，征求意见建议，帮助分析贫困原因，了解基本情况和生产生活中的主要困难，探索脱贫的办法和途径，与镇政府、村委会明确各自职责，确定了“一年打基础，两年兴产业，三年促发展，八年奔小康”的工作思路，从基础设施建设、产业发展扶持、提升教育工程、支持社会公益事业等方面入手，认真落实“一项机制、两个协调、五件实事”，确保帮扶工作取得实效。“一项机制”即：干部驻村联系机制，选派2名处级干部进村驻点，直接了解村情、民情，协调与县、乡关系，负责帮扶计划的具体落实工作，并明确了“八个不准”工作纪律和考核机制。

“两个协调”即：与省扶贫办积极协调，将较为贫困的祁岔村列为扶贫开发整村推进项目；与省农行协调争取500万元小额贷款。“五件实事”即：帮助修建下河咀连心桥1座，有效解决周边3个村的3000余人出行难的问题；帮助魏湾村修建标准化卫生所1个，并配套村部办公设施；帮助修建村部1所（含办公用房、村卫生所、活动室、农家书屋等），并配套相关设施；向两村被正规高等院校录取的三本及三本以上学生每人提供一次性助学金5000元，大专生每人提供一次性助学金2000元；为祁岔、魏湾两村捐赠必要的生活和教育物资。此外，各市（州）烟草专卖局（公司）也积极开展“双联”工作，为帮扶对象提供了一系列帮助和支持。2012年全省烟草专卖商业系统共投入4600余万元用于各项社会公益事业。

【专卖管理】为维护良好的市场经济秩序，切实保障卷烟零售户和消费者的合法权益，全省各级烟草专卖局不断加大卷烟打假力度，持续加强市场监管。在卷烟打假上，以端窝点、破网络为工作重点，建立完善烟草与公安、工商、检察、法院、海关等部门的打假协作机制，拓宽打假协作广度和深度，加强应对新型涉烟违法行为的能力建设，强化市场综合治理和案件经营，加大抓捕追刑力度，卷烟打假取得了明显成效。全年共查获假烟案件1909起，查获假烟319.38万支，破获具有网络性质案件12起，其中百万以上的8起，刑事拘留38人，批捕14人，判刑49人。查获符合行业标准的假烟网络案件数量为历年最多。兰州、天水、定西等市州局连续三年破获了有较大影响的网络案件。在市场监管上，以健全监管体系、提高监管效能为重点，融合监管试点创新成果，完善监管措施，创新监管模式，建立了符合实际、行之有效的市场监管体系。同时，不断加大市场监管力度，突出重点区域、重点市场和重点对象的监管，强化联合整治，市场秩序不断规范；扎实开展全省零售户管理情况问卷调查，全面自查许可证审批发放管理情况，强化“12313”市场监管举报电话宣传和管理，市场控制力明显增强；认真制定执法检查证管理规定，市场监管行为不断规范。

【法制宣传】围绕增强烟草行业依法行政、依法管理工作能力，全面提高广大消费者和卷烟零售户的知法、懂法和守法意识，全省烟草系统认真安排部署重大节庆日法制宣传教育活动，扎实开展烟草专卖法律法规知识的教育宣传工作。在“3·15”消费者权益日和“12·4”法制宣传日期间，集中在商业区、社区、乡村等重点区域，通过设立咨询、投诉、真假烟鉴别台，对与消费者关系密切的法律条款、真假卷烟的鉴别要点认真开展咨询服务，指导消费者理性消费。同时悬挂宣传条幅，发放相关宣传材料，并以典型案例、新闻图片、联合检查、卷烟打假等为主要内容制作宣传展板，展示打假成果，取得了较好的宣传效果。活动期间，累计接受并解答消费者、零售户咨询（投诉）1530余条，销毁假冒伪劣卷烟1495.75万支，媒体宣传495分钟，报刊网络载文110篇，营造了良好的外部执法环境。

【烟叶产销】在烟叶生产方面，切实把维护烟农利益放在烟叶工作首位，采取有效措施，积极调动烟农中烟积极性，烟叶生产平稳有序。全年种植烟叶4.58万亩，比上年增加0.48万亩；签订烟叶收购合同3926份，减少81份；户均种烟面积11.67亩，增长1.47亩。烟农户均收入为25768元，增长76%。在现代烟草农业建设方面，以提升烟叶生产水平，降低烟叶生产成本，保障广大烟农利益为目的，加强烟叶技术推广，强化烟草农业建设，推动特色优质烟叶开发，为广大烟农增产、增收奠定了扎实的基础。加强烟叶育苗技术试验和示范力度，庆阳产区湿润育苗推广面积由上年的1500亩增加至5000亩；陇南产区双棚直播漂浮育苗示范推广3000亩；庆阳市公司成功注册生态中间香型“唐台”牌烤烟。加强技术培训，举办育苗、烘烤专题培训3期，培训1100多人次；举办烟农合作社建设管理等培训120场次、培训5000余人次。加强现代烟草农业建设，全省烟农专业合作社发展到10个，比上年增加4个，入社烟农344户，增加66户，种植面积3929亩，增加910亩；育苗工场4个，供苗能力9000亩，增加2000亩。现代烟草农业实现亩均用工20个，较传统生产方式每亩用工30个减少10个，产值增长8%。

【技术创新】坚持“创新驱动”的发展模式，扎实开展企业技术创新。按照“坚持方向、突出重点、持续创新、支撑发展”方针，以健全创新管理系统框架为重点，以完善创新机制为抓手，通过完善创新发展规划，建立制度及流程，优化创新课题的选择及评估方法，改善创新保障工作，建立了符合甘肃烟草实际的创新管理系统。2012年，全省创新成果大量涌现，申报创新成果50项，省局对其中12个项目进行了表彰奖励，18个项目给予了通报表扬。西北烟草质量监督检测站获得两项专利和一项计算机软件著作权登记。

【企业管理】2012年，扎实开展了“一项规划、八大系统”综合管理体系建设。8月20日，“一项规划、八大系统”综合管理体系暨质量管理体系文件正式发布试运行。“一项规划”是全省系统着眼长远健康发展，以构建用制度管权、靠制度管事、用制度管人的运行机制为目标，通过完善层级管理的制度框架，明确制度分类、制度分层分级使用管理以及制度维护、完善、修订、废止的相关流程和职责，形成的一套层次清晰、上下贯通、全面覆盖、规范性与创新性相结合的制度规划体系。“八大系统”是指建立了服务营销系统，形成完善的需求分析、客户服务、品牌培育、营销调控机制；建立了市场监管系统，满足提升市场净化水平、依法行政水平和专卖基础管理水平的要求；建立了人力资源系统，满足全省系统在管理、经营和服务工作上追求卓越的需求；建立了财务管理系统，提高企业财务监管水平；建立了内部管理监督系统，防范和控制决策风险、经营风险，保障内控机制有效运行；建立了企业文化建设系统，促进文化建设向文化管理的转变；建立了创新管理系统，为创新发展提供组织、政策和人才保障；建立了信息化系统，推进信息化与企业发展战略、生产经营和决策管理的深度融合。

【企业文化】注重增强企业文化软实力，扎实推进"陇之情"服务品牌建设。按照"理念引导、完善机制、融入管理、引领发展"的建设方针，加强"一体化"建设，强化行为规范落实，推进学习型组织创建，加大文化考核评价，编制完善企业文化管理和宣贯、服务品牌培育的相关制度和流程，形成了基于"整体协同、明确边界、共享核心、分层定位、各具特色"的省市两级母子文化体系，有力促进文化建设向文化管理的转变。2012年，全省系统各单位"陇之情"服务品牌冠名工作全部完成。

旅　游

【行业规模】2012年，全省接待国内外游客7834.46万人次，实现旅游综合收入471.08亿元，分别比上年增长34.25%和41.17%。截至2012年底，全省共有旅游星级饭店348家，其中五星级4家，四星级55家，三星级169家；旅行社481家，其中出境旅游组团社16家，赴台游组团社3家；A级景区179家，其中5A级景区3家、4A级41家。

【重大旅游活动】8月1日–31日，由省政府和国家旅游局共同主办的第二届"敦煌行·丝绸之路国际旅游节"顺利举办，46项活动内容涵盖旅游合作、体育赛事、高端论坛、旅游商品展销、精品剧目演出、丝路邮票首发、陇菜美食品评、葡萄美酒鉴赏、汽车越野拉力、民族风情表演、书画摄影大赛、服装模特展示、文化遗产展演等。节会期间，全省累计接待游客1350万人次，实现旅游综合收入100.6亿元。

【国内旅游】2012年，全省接待国内游客7824.26万人次，实现国内旅游收入469.65亿元，分别比上年增长34.29%和41.22%。全省国内过夜游游客2917.33万人次，一日游游客4906.93万人次。

3月8日，甘肃省旅游局借助省委、省政府在北京钓鱼台国宾馆举行出席全国"两会"企业家联谊恳谈会，精心制作主题为"精品丝路·多彩甘肃"的大型旅游图片展，全面展现甘肃省"321"精品旅游线路和丰富多彩的旅游资源；全省各地都隆重举办5·19"中国旅游日"系列宣传活动；7月6日—10日，在第18届兰洽会上搭建甘肃旅游展台，组织14个市州旅游局和30余家旅游商品生产企业300多人参展促销，共发放宣传资料30余万份，宣传演出20场次，旅游商品成交额300余万元；8月1日至31日，成功举办第二届"敦煌行·丝绸之路国际旅游节"；9月初，配合甘肃省党政代表团出访天津、厦门、深圳，设置甘肃旅游大型展架和图片展板，展示宣传甘肃旅游精品线路和旅游资源。

随省政府代表团参加西洽会、西博会、澳门"世界旅游经济论坛"等大型活动；积极组织省内各市州、旅游景区、旅游企业参加2012年中国（青岛）国内旅交会、首届中国（北京）国际服务贸易交易会、广东旅游业博览会，组织促销团队赴长江三角洲、珠江三角洲、北京、陕西、河南、山东、宁夏、青海、新疆、四川、重庆等地开展近20次旅游推介活动；利用西北五省旅游协作区会议、川陕甘旅游协作会议等平台，开展区域深度协作，加强与周边省区合作与沟通；通过黄河协作区会议、西北五省协作区会议，整合精品旅游资源，编排丝绸之路、黄河之旅等跨区域产品。

【入境旅游】2012年，全省接待入境旅游者累计达102028人次，实现旅游外汇收入2235万美元，分别比上年增长12.02%和28.47%。

2012年，自主组织2批宣传推广团，分别赴日、韩，美、加市场宣传推广，在主要城市举办多场"第二届敦煌行·丝绸之路国际旅游节"新闻发布会和甘肃旅游宣传推广活动，加大自主宣传促销力度；组团参加国家旅游局牵头组织的印度国际旅游展、香港国际旅游展、台湾第七届台北旅展、英国伦敦展等海外展会活动；参加上海国际旅游交易会、海南第十五届海峡联谊会、厦门海峡两岸旅游博览会、俄罗斯中国旅游年北京宣传周活动、青岛第六届中美省州战略合作会议等国内举办的国际性旅游展会及会议；邀请世界旅游组织、世界旅游业理事会、亚太旅游组织官员出席第二届敦煌行·丝绸之路国际旅游节开幕式；9月份随省政府代表团赴澳门参加首届"世界旅游经济论坛"，会上初步确定2013年在敦煌市举办"世界旅游组织第六届丝绸之路国际大会"；接待韩国釜山亚太旅游拓展协会访问团、台湾海峡两岸观光协会北京办事处推广交流团、俄罗斯奥林匹亚旅行社的拜访与业务洽谈活动；协助开展泰国旅游风情节、香港健康快车访甘活动；在香港地铁、文汇报、大公报等媒体开展宣传的基础上，增加美国纽约时报广场LED和台湾公交车、东森电视台、前锋日报等媒体的广告宣传；积极协调开通兰州—香港、兰州—泰国、兰州—韩国包机及兰州—台湾定期航班及口岸开通工作，促进入境市场增长，带动出境游发展。

【乡村旅游】根据全国发展休闲农业和乡村旅游工作会议提出"要把乡村旅游作为国内旅游的基础工程来抓"的精神和省委、省政府《关于加快发展旅游业的意见》提出的"十二五期间扶持发展500个专业旅游村和1万户农家乐"的目标任务，2012年创建完成旅游村121个，农家乐2300户。2012年全省乡村旅游人数2015万人次，乡村旅游消费收入35亿元。

4月，组织召开了全省乡村旅游工作会议，省旅游局和省农牧厅签订《合作推进休闲农业与乡村旅游发展框架协议》，命名表彰首批14个全省乡村旅游示范村。组织编制《甘肃省乡村旅游发展规划》，制定并印发实施《甘肃省旅游示范乡（镇）、专业旅游村、星级农家乐创建指导意见》、《甘肃省旅游示范乡（镇）评定暂行标准》、《甘肃省专业旅游村评定暂行标准》、《甘肃省农家乐服务标准等级划分与评定(暂行)》等行业标准、意见，保障乡村旅游规范、科学发展。2012年金塔县获第三批“全国休闲农业与乡村旅游示范县”，庆城县农耕文化产业园、临洮县八里镇王家大庄农家乐获第三批“全国休闲农业与乡村旅游示范点”。全省累计创建全国休闲农业与乡村旅游示范县3个，示范点6个。

【红色旅游】2012年，全省红色旅游发展围绕贯彻落实《2011~2015年全国红色旅游发展规划纲要》和《甘肃省红色旅游发展规划》，深度挖掘红色文化内涵，加强红色旅游景区基础设施建设，开展区域红色旅游合作。

为贯彻落实《陕甘宁革命老区振兴规划》，推进区域红色旅游全面合作，2012年6月在庆阳市举办全国红色旅游开发管理培训班。

2012年，全省开展红色旅游宣传促销活动210次，组织专题专项活动221次。全省上下组织各类红色旅游培训班123期，参训人数达6624人次。2012年全省红色旅游累计接待游客844万人次，比上年增长41.25%，红色旅游综合收入21.9亿元，增长38.56%。红色旅游吸纳直接就业1.2万人，间接就业6.3万人。

【假日旅游】2012年春节、中秋国庆假期及元旦、清明、五一、端午小长假，全省共接待游客1748.9万人次，实现旅游收入98.5亿元，分别比上年全省假日旅游接待人数和收入增长18.57%和29.6%，分别占全省全年旅游接待人数和旅游收入的22.3%和20.9%。

【行业管理】2012年，全省新批旅行社56家、注销旅行社7家、吊销旅行社5家，总数较上年增加45家，增长率10.3%。2012年度经国家旅游局批准设立的经营出境业务旅行社8家，取消出境资质1家。经工商部门注册，旅游部门备案设立的旅行社分社共119家，其中新设立41家，省外旅行社在甘设立分社7家，省内旅行社在本省设立分社112家。

截止2012年底，全省取得资格证导游人员11766人，办理导游IC卡11007人，在甘肃注册的导游9575人，年审导游IC卡5949人。10月，省旅游局与省人社厅、团省委、省妇联联合举办全省第二届导游大赛，全省9575名导游人员参加了初赛，53名导游进入了决赛，对优秀选手给予了表彰奖励，有力激励了导游人员提升素质、提高服务质量。研究制定《导游服务质量提升年活动方案》并组织落实，进一步规范导游人员执业行为，提升导游服务质量；加强导游人员执业行为检查，涉及人员2011人，处罚人员43人；印发《导游人员岗前培训试行办法》和《导游人员年审网络化培训意见》，进一步规范导游人员培训管理。

截至2012年12月底，全省共有星级饭店348家，五星级4家，四星级55家，三星级169家，二星级109家，一星级11家。其中新评定22家，较上年增加了11家，增长率3.33%。取消星级8家。2012年3月，敦煌阳光沙州大酒店经全国旅游星级饭店评定委员会正式批准成为甘肃省第4家五星级旅游饭店，敦煌市首家五星级旅游饭店。4月26日，经甘肃省旅游协会在全省星级饭店中广泛评选推荐，酒泉宾馆、甘肃阳光大酒店获得第二届“中国饭店金星奖”。

【旅游市场监管】大力开展旅游市场专项整治，全面清理排查旅行社合同、广告、服务网点、分社设立、出境旅游、赴台旅游，星级饭店设施设备、运营质量、服务质量、安全管理，导游执业行业等方面存在的其他。截止12月底，全省各级旅游行政管理部门共开展检查行动725次，出动检查人员3610人次，其中联合公安、工商等部门检查286次，参与单位156个。

建立旅游行政管理与行政监察协调配合规范旅游市场秩序工作机制。省旅游局印发《关于建立旅游行政管理与行政监察协调配合规范旅游市场秩序工作机制的实施意见》（[2012]78号）。

大力开展“诚信兴商宣传月”和“质量月”活动。9月份，与省商务厅、省委宣传部等16个部门联合开展为期1个月的“诚信兴商宣传月”活动；11月底，与省发改委、省科技厅、省商务厅、省卫生厅、省工商局、省质监局等15个部门，对14个市州推进质量振兴暨产品质量工作目标完成情况进行年度考核。

强化联合监管机制。省旅游行政管理部门先后与工商、卫生、商务、质检、食品药品监督、宗教、保监等部门联合发文，建立旅游市场联合监管机制，进一步加大了整治规范旅游市场力度。

【旅游景区建设】2012年，全省以促进景区建设和提升景区服务质量为目标，进一步深化A级景区建设和监管工作，加强对市州旅游景区质量等级评定、复核工作的指导和督查，不断提升景区经营管理水平。4~6月，分级对景区旅游交通、游览、旅游安全、卫生、旅游购物、综合管理、资源和环境保护，以及旅游厕所的管护及运营状况等，通过现场检查和暗访进行全面复核。对已完成现场检查的9家申报4A级的景区进行初评推荐，对7家申报3A级的景区进行了会议审定。全年新评和晋级3A级景区7家，2A级景区11家。对7家申报4A级的景区和6家申报3A级的景区进行了现场初评。2012年全省A级旅游景区接待总人数5011.3万人次，营业收入27.9亿元，门票收入4.6亿元，就业人数29625人。

（张　萌）

建设 测绘

住房和城乡建设

【**住房保障**】保障性安居工程建设。2012年，全省新开工建设保障性住房12.5391万套，主体竣工10.57万套，竣工率为88%。2012年，省政府计划对10万户城市住房困难家庭按照人均每月6.5元/平方米标准发放廉租住房租赁补贴，实际发放13.75万户、43.9万人，发放补贴资金3.16亿元。争取中央保障性安居工程建设补助资金41.52亿元，比2011年26.51亿元增加15.01亿元，增长56.6%；落实省级配套资金9.78亿元。甘肃省保障性安居工程建设投资有限公司正式开展保障性住房融资代建工作，分别与白银市、武威市、酒泉市签订了融资代建项目，融资代建保障性住房9713套，完成投资12亿元。

住房公积金管理。截至2012年年底，全省住房公积金缴存总额680.85亿元，比上年增长25.25%；缴存余额458.22亿元，增长24.80%；新增归集额137.26亿元，提取住房公积金46.21亿元；全省实缴163.84万人，占应缴职工人数188.16万人的87.07%；个人贷款余额159.21亿元，增长20.51%，个贷率为34.75%；新增个人住房贷款56.50亿元，累计向37.58万户职工发放了291.50亿元个人贷款；累计补充廉租住房建设资金6.08亿元；争取利用住房公积金支持保障性住房建设试点项目贷款17.75亿元，已发放贷款6.3亿元，回收贷款0.9亿元。

及时向住房和城乡建设部、财政部申报利用住房公积金贷款支持保障性住房建设试点城市实施方案、试点项目和贷款额度，接受了住房和城乡建设部、财政部、中国人民银行、中国银监会对申报项目现场的检查、核实。9月，住房和城乡建设部、财政部、中国人民银行批准确定天水市、白银市、金昌市为新增试点城市，兰州市为新增贷款额度城市；确定总投资57.35亿元、建筑面积219.51万平方米的12个保障性住房建设项目为新增利用住房公积金贷款支持保障性住房建设试点项目，批准住房公积金贷款12.75亿元。建成了住房公积金项目贷款运行监管系统，实现通过贷款运行监管系统对试点项目贷款业务的全程监管，以保证试点工作有序进行和贷款资金在网上审查、审批、放贷、回收、账户的封闭管理以及资金安全的动态实时监管。2012年，住房和城乡建设部、甘肃省住房和城乡建设厅住房公积金监管处和兰州市、天水市、白银市、金昌市住房公积金管理中心三级项目贷款资金监管网络实现连通运行。在兰州市率先推行了住房公积金归集扩面目标管理责任制，加大了对股份制企业和私营企业的催建力度，2012年发展新缴存单位551家、新增缴存职工11810人。按照国家七部委检查组要求，对全省住房公积金涉险资金进行了清收，当年清收涉险资金600多万元。制定了《住房公积金廉政风险防控工作实施方案》和风险防范措施，推行了住房公积金决策和管理重要事项备案制度，建立了廉政风险防控制度和落实方案，强化了廉政风险防控工作，确保了资金安全使用并充分发挥效益。

【**房地产业**】2012年，全省完成房地产开发投资561.02亿元，比上年增长54.60%。建立了房地产行业统计制度，完成了房地产市场信息系统建设前期准备工作。制定下发了《甘肃省建设厅关于推进国有土地上房屋征收与补偿信息公开工作的指导意见》，明确了房屋征收信息公开工作的公开主体、内容、范围、时限、方式和渠道，确保被征收人的知情权。全年完成征收面积146.38万平方米，其中完成新征收项目103个、面积83万平方米。

截至2012年末，全省物业企业共1295家，其中兰州市554家，占42.78%；全省物业管理面积共12255.51万平方米，其中兰州市5898.6万平方米，占48%；全省物业从业人员共42720万人，其中兰州市28024人，占66%。

【**城市规划**】规划编制。为进一步合理配置省域空间资源，优化城乡空间结构，引导全省特色城镇化发展，根据住房和城乡建设部《省域城镇体系规划编制审批办法》和《全国城镇体系规划》的要求，向省政府报送了《关于启动〈甘肃省省域城镇体系规划（2013—2030）〉的请示》，启动了编制工作。截至年底，《酒嘉一体化城市总体规划纲要》、《临夏市总体规划》、《酒泉市总体规划》、《陇南市总体规划》获省政府批准，《兰州市总体规划》、《甘南州城镇体系规划》上报省政府待批，《张掖市总体规划纲要》、《嘉峪关市总体规划》通过省城乡规划建设委员会审查。同时，圆满完成兰州新区总体规划优化完善指导任务。

规划管理。根据省政府《关于分解落实2012年全省经济社会发展主要目标任务的通知》精神，制定了《2012年全省城市规划工作要点》和《甘肃省城市规划管理"十二五"规划》，起草了《全省城市规划管理工作关于贯彻落实省十二次党代会精神的实施意见》。为了进一步理顺和完善规划管理工作机制，提高全省城市规划管理工作的服务水平和工作效率，组织编制了城市规划管理法规汇编。配合酒泉市人民政府、张掖市人民政府就酒泉工业园区、张掖工业园区升级为国家级经济技术开发区有关城乡规划管理情况上报住房和城乡建设部。为进一步规范建设项目规划选址的分级管理制度，提高重大项目规划布局的科学性和规范性，制定下发了《甘肃省建设项目选址规划管理办法》。全年共核发重大项目规划选址意见书46项（其中电力工程27项、水利工程9项、道路工程3项、天然气工程2项、钢铁和集中供热工程各1项、其他项目4项）。

历史文化名城、名镇保护管理工作。加强对全省历史文化名城和特色城镇风貌规划、保护与建设的研究，起草了《关于加强历史文化遗产和风景名胜区保护与建设的若干意见》，出台了《甘肃省住房和城乡建设厅关于加强城市风貌特色规划统筹发展的若干意见》，组织编制了《甘肃省城镇风貌规划（初稿）》，下发了《甘肃省住房和城乡建设厅关于加强全省城市雕塑建设管理的通知》。根据省委宣传部《关于认真组织制定华夏文明示范区“十五板块”建设任务工作方案的通知》要求，组织编制了《历史文化名城名镇保护建设板块工作方案》和《历史文化名城名镇保护传承和创新发展规划》。根据省政府关于在张掖市开展历史文化遗产和风景名胜区保护与建设试点工作的具体要求，10月14日，组织召开了张掖历史文化名城保护规划成果评审会议，11月20日，《关于审批〈张掖历史文化名城保护规划〉的请示》及规划成果文本上报省政府审批。进一步细化了历史文化名城名镇名村的申报程序，指导庆城县、华池县南梁乡、古浪土门镇、通渭县榜罗镇申报历史文化名城名镇工作，会同省文物局组织专家对榆中县金崖镇黄家庄村申报省级历史文化名村进行了现场指导。对甘肃省现有国家级历史文化名城、风景名胜区申报财政部、建设部专项资金项目进行了初审。

【建筑业】建筑业管理与发展。截至2012年年底，全省工程交易中心共招标6263项工程项目，工程造价659.8亿元；全省在建工程项目7798项，建筑工程总建筑面积17172万平方米，市政工程总长度970653延长米；省内建筑企业产值1878亿元，全省建筑业总产值3200亿元，比上年增长27.49%；建筑业增加值526.35亿元，增长16.02%；完成建筑业税收73.4亿元，占全省地税收入的21.62%，增长31.1%；建筑业营业税51.8亿元，增长44.52%。

建筑市场管理。为贯彻落实工程建设领域突出问题专项治理工作要求，整顿规范建筑市场秩序，保证工程项目安全质量，对全省建筑市场进行了综合执法检查，共检查各类建设项目132项、建筑面积348.07万平方米。借助建筑市场监管平台提升行政审批效率，建筑业企业资质审批时限由40个工作日压缩到30天。全年审批资质172家，办理三级企业备案公示211家，办理企业资质变更手续173家。在资质审批中加强部门联动，全年有四家企业因发生质量安全事故被限制资质升级或增项。认真研究“市场和现场”联动工作机制，发挥监管合力，形成以工程质量安全及企业资质为核心的建筑市场监管机制。加快整合建筑市场信息资源，建立统一信息平台，实现信息公开，接受社会监督。加快企业、注册人员和工程项目三大基础数据库建设，充分利用信息手段强化建筑市场动态监管。加强诚信体系建设，严格按照标准将各种违法违规行为上报全国诚信信息平台，依法对守信行为给予激励和支持，对失信行为给予惩戒，逐步健全有效的诚信奖惩机制。截至年底，有2835家企业进入信息平台。

工程招标投标管理。2012年，进入省有形建筑市场招标工程718个，工程中标总价131.75亿元，其中依法公开招标工程645个，工程总造价112.8亿元；依法邀请招标工程73个，工程总造价18.95亿元。完成合同备案652份。

办理了16家申报招标代理资格核查、评审及发证工作，其中乙级资格延续4家、暂定级升乙级5家、暂定级延续2家、初始暂定级3家，注销乙级代理资格2家，与合格的14家招标代理资格发证机构法定代表人签订了承诺书。截至年底，全省共有招标代理机构94家，其中甲级5家、乙级63家、暂定级26家。受理招投标投诉5起，均已妥善处理。编发招投标简报3期。4月1日，工程量清单计价评标定标办法和计算机辅助评标系统正式使用。在全省全面推行电子招标文件、投标文件及计算机辅助评标，推行工程量清单招标后，实行电子清标，有效遏制了围标串标；实施相关企业信息网上查询违法违规行为，在招投标环节落实惩戒措施，有效的促进了企业守法经营和提升公司整体实力的转型，取得了较好的效果。

工程安全质量监督。2012年，有三家企业获得了甲级资质，新成立12家监理企业，办理了7家监理企业的资质增项。完成施工许可审批项目83个，涉及总投资277.66亿元，总建筑面积287.63万平方米。竣工备案受理3件。共监督工程9020项，建筑面积9076.7万平方米，市政工程总长度166.7万延米，工程造价1903.3亿元，工程项数同比增长22.1%，建筑面积同比增长36.6%，工程造价同比增长55.1%，未发生一般及以上工程质量事故。全省房屋和市政工程施工中，共发生各类死亡事故10起，死亡14人；事故起数与2011年持平，死亡人数增加2人（2011年死亡事故10起，死亡12人），全省建设工程安全形势稳定。省住房和城乡建设厅共监督工程26项（含3项竣工工程），其中民用建筑工程23项（含3项竣工工程），总计建筑面积约171.74万平方米，工程造价约43.26亿元；水电工程3项，工程规模391MW，工程投资约21.6亿元。依法对2011年发生的10起房屋市政工程施工死亡事故进行了处罚，共暂扣施工企业安全生产许可证 10 家，吊销三类人员安全生产考核合格证书 21 人，责令总监理工程师停止执业 7 人，处罚执行已全部到位。严格按照有关规定做好建筑施工企业安全生产许可证及建筑施工企业“三类人员”安全生产考核合格证的审核报批发证工作，向 105 家建筑施工企业颁发了安全生产许可证，对 339 家建筑施工企业安全生产许可证给予了延期；向 5733 人颁发了安全生产考核合格证书，对 3197 人的安全生产考核合格证书给予了延期。截至年底，已累计向 1954 家建筑施工企业颁发了安全生产许可证，向 60279 名三类人员颁发了安全生产考核合格证书。完成了全省 2560 人次的检测员岗位证书发放工作。完成了全省监督员基本条件考核及证书制作工作，向 902 名考试合格人员发放了证书。

【城市建设】2012 年，甘肃省共争取中央预算内资金 20.73 亿元，比上年增长 55.46%。其中供水工程 41 项，安排预算内投资 9.43 亿元；供热工程 32 项，安排预算内投资 16.52 亿元；污水项目 32 项，安排预算内投资 10.92 亿元；垃圾项目 34 项，安排预算内投资 0.83 亿元；污水管网以奖代补资金 2.01 亿元。全省城市市政基础设施建设完成投资约 261.68 亿元，全省列入中央预算内投资的 62 项在建城镇污水处理项目全面完成年度建设计划，开工并建设完成武威市污水处理厂、平凉市污水处理厂等 9 个不达标污水处理厂的脱氮除磷升级改造工程。

截至 2012 年年底，全省已建成城市、县城污水处理设施共 41 项（城市 22 项、县城 19 项），其中正常运行的 35 项，试运行的 6 项，设计日处理污水能力 148.75 万立方米，比上年增长 27.6%；在建污水处理项目 52 项，设计新增日处理污水能力 1.9 万立方米，概算总投资 40.27 亿元。全年污水处理总量 23916 万立方米，增长 12.2%；COD 消减量 10.24 万吨，增长 0.1%。全省已建成运行的城镇生活垃圾无害化处理设施共 61 项，设计规模 7421 吨 / 日；在建城市生活垃圾无害化处理设施 24 座，设计处理规模 4455 吨 / 日，建设总投资 40776 万元。已建成运行的 61 项城镇生活垃圾无害化处理设施中，39 个城市（县城）的生活垃圾填埋场通过了住房和城乡建设部组织的无害化等级评定，其中张掖市、定西市、敦煌市生活垃圾填埋场无害化等级评定为Ⅰ级，嘉峪关市、庆阳市、金昌市、酒泉市、白银市白银区、武威市、平凉市、临夏市、合作市生活垃圾填埋场无害化等级评定为Ⅱ级；27 个县城生活垃圾填埋场无害化等级评定获得建设部备案。全省设市城市生活垃圾清运量 270.54 万吨，无害化处理量 133.85 万吨，无害化处理率 49.48%。

【村镇建设】村镇规划编制。完成乡（集镇）建设规划 141 个，较 2011 年提高了 19.1%；完成行政村建设规划 3288 个，较 2011 年提高了 21%。完成镇、乡、村规划修编分别为 51 个、9 个和 286 个。截至年底，全省 380 个建制镇、760 个乡、15696 个行政村规划编制覆盖率分别达到 100%、87.5%、57.6%。

按照全国传统村落调查电视电话会议安排，协调省文化厅、文物局和财政厅成立了传统村落调查工作协调领导小组，完成了甘肃省传统村落调查工作，共审核上报 113 个传统村落、77 个村落承载的非物质文化遗产。12 月 7 日，住房和城乡建设部对第一批中国传统村落进行了网上公示，甘肃省共有 7 个传统村落（含村落承载的非物质文化遗产）入围。

村镇建设管理。继续推进“百镇千村”建设示范工程，安排 12 个重点镇纳入试点，每镇补助 30 万元。省建设厅给予资金补助的建设项目共完成投资 3848 万元，补助资金带动比例约为 1:10.68。各试点镇各类基础设施建设项目累计投入约 3.3 亿元，镇均投入约为 2750 万元。推荐上报了 4 个国家“绿色低碳重点小城镇示范项目”。在对省重点流域重点镇污水管网建设现状进行核查摸底的基础上，初步核实上报了 15 个重点镇申报“十二五”期间国家专项资金支持，总投资 3.89 亿元，其中，申请国家专项补助共 2.99 亿元，管网总长度 299 公里。先后对省上提出的国家新一轮片区扶贫规划涉及甘肃省的秦巴山区、六盘山区、甘肃藏区扶贫规划纲要提出意见和建议。配合省发改委对肃南县和天祝县游牧民定居、以工代赈异地搬迁工程实施方案进行了评审。

农村危房改造。全年共争取中央危房改造计划 25 万户、资金 19.65 亿元，比上年增长 59.2%，首次突破 20 万户，实现与历年省级危房改造规模全覆盖。争取节能示范户计划达到 3.6 万户，增长 227.2%。编印了《陇原农房特色风格设计方案汇编》、开展了《甘肃农村民居区域特色及村落风貌建设》研究、下发了《关于加强全省村镇特色风貌规划和建设工作的通知》、研究制定了《2013—2020 年甘肃省实施农村危房改造工作规划》。截至 11 月底，全省危房改造实际竣工 20.83 万户，占应竣工数的 104%，完成投资 167 亿元；农户信息档案录入完成 20.98 万户，录入率占应竣工数的 105%。截至 2012 年年底，全省累计实施危房改造 86.3 万户，占全省农村危房总数的 46.6%。各级政府累计投入 74.07 亿元，其中争取到国家补助资金 35.65 亿元、省级财政投入 25.42 亿元、市州财政配套约 13 亿元。全省农村砖混砖木结构住房比例达到 76%。

【建筑节能与科技】建筑节能 2012 年，国家下达既有居住建筑供热计量及节能改造任务 340 万平方米，补助资金 5494 万元，省级配套资金 3000 万元。全省新建居住建筑全面执行节能 65% 的国家标准，新建建筑施工阶段节能强制性标准执行率达到 98%。按照财政部、住房和城乡建设部的要求，组织完成了可再生能源建筑应用示范市县、太阳能光电建筑应用示范项目、高校节能监管平台建设示范项目申报工作。兰州职业技术学院 1 兆瓦太阳能光电建筑应用示范工程、武威市能源服务综合楼540千瓦太阳能光电建筑应用一体化示范项目获批为国家太阳能光电建筑应用示范项目；兰州理工大学、西北师范大学、甘肃农业大学三所高校被批准为国家2012年高等院校节能监管平台建设示范；天水市、临夏州永靖县、酒泉市金塔县分别被批准为国家可再生能源建筑应用城市示范和县级示范。出台了《甘肃省绿色建筑评价标识管理办法（试行）》，成立了绿色建筑评价标识专家委员会，确定了技术依托单位。组织编写的《甘肃省绿色建筑评价标准》进入报批阶段，组织了绿色建筑评价标识的申报工作。按照住房和城乡建设部要求，完成了全省14个市州、85个县区（舟曲县除外）的民用建筑能耗和节能信息统计工作，共统计建筑物5505栋楼，含国家机关办公建筑、大型公共建筑、中小型公共建筑及居住建筑，总建筑面积2700万平方米。

【灾后重建】舟曲灾后重建。根据省政府《舟曲特大山洪泥石流灾害灾后恢复重建资金安排实施方案》，以及省重建办增加2个续建项目（2011年4月增加的峰迭新区生活污水处理厂工程、2012年9月新增的峰迭新区市政公园和空白地带绿化、硬化、照明工程）的安排，共承担了10项重建任务，总投资89269.8万元。按照省重建办下达的2012年重建任务目标要求，水浸公共建筑维修加固工程、永久性供水工程、地质灾害纪念公园、桥梁工程、市政道路工程、老城区污水处理工程、生活垃圾填埋场等8个援建项目已基本建成。

东乡灾后重建前期工作。组织编印了《东乡县城恢复重建城镇规划建筑方案汇编》，组织召开了东乡县城灾后重建项目方案核定效果与施工图对接及设计细节协调会，对东乡县灾后重建项目方案核定效果与施工图落实情况以及建筑构件、花饰、色彩、材料等设计细节进行了充分研究，印发了《东乡县重建新区建筑风貌统筹标准及建筑做法示例图集》。

岷县灾后重建。岷县“5·10”特大冰雹山洪泥石流灾害发生后，帮助指导市、县建设部门对灾损房屋和市政基础设施受损情况进行了评估确认，与省民政厅、财政厅研究确定灾后房屋重建补助标准。协调指导岷县建设局开展灾后村镇规划编制工作，并安排专项资金支持，受灾的6乡镇29村灾后重建规划均已完成。向建设部上报了《关于请求解决岷县“5·10”特大冰雹山洪泥石流灾害损毁房屋重建及维修资金的报告》，并争取增加岷县灾后重建危房指标。

（彭 强）

测 绘

【现代测绘基准体系建设】按照《甘肃省十二五基础测绘规划》，为了提升测绘地理信息在甘肃经济转型跨越发展进程中的服务保障能力，甘肃省测绘地理信息局启动了全省卫星定位连续运行基准站网建设，完成了全省120个基准站勘选、观测墩土建工作；积极参与国家现代基准工程建设，完成了6个国家GNSS连续运行基准站站址勘选、建设用地征用、设计等任务；在“甘肃测绘基准体系向2000国家大地坐标系转换”科研项目基础上，及时进行科技成果转化，用于实际生产，2000国家大地坐标系在省级基础测绘中已全面采用。

【数字城市建设】扎实推进全省数字城市地理空间框架建设，2012年启动了天水、张掖、兰州3市的数字城市地理空间框架建设项目。截至2012年底，甘肃省14个市州中：白银、甘南、陇南、临夏4市州数字城市地理空间框架建设工作已经完成；嘉峪关、金昌、张掖、兰州、天水、庆阳6市数字城市地理空间框架建设项目已正式启动并进入建设阶段；武威、酒泉、平凉3市已经被国家局统一列为推广城市；定西数字城市地理空间框架建设项目已上报国家局申请立项。

【“天地图·甘肃”建设】“天地图·甘肃”正式上线，向社会提供地图服务，于3月份被甘肃省信息化中心评为“2011年甘肃省十大重大信息化事件”之一；“天地图·甘肃”开发完成了甘肃天气预报专题应用，搭载了岷县特大暴洪泥石流灾害专题，实现了与省政府门户网站的链接，社会关注度不断上升，日均访问量达1.22万次，已成为了解甘肃省情、出行旅游、日常生活的参谋和助手；启动了“天地图”市级节点建设，“天地图·庆阳”市级节点已经开通，“天地图·武威”、“天地图·白银”、“天地图·陇南”、“天地图·甘南”市级节点实现了与“天地图·甘肃”的互联互通。

【立法工作】3月29日，甘肃省人民政府第103次常务会议讨论通过《甘肃省基础测绘管理办法》，甘肃省人民政府令第89号发布，2012年5月1日起施行，新修订的《甘肃省基础测绘管理办法》进一步细化了省级和市县基础测绘项目内容，强化了测绘地理信息主管部门监督检查和行政执法的职责，完善了法律责任；省长刘伟平强调，各级政府要进一步提高对测绘地理信息重要性的认识，大力支持基础测绘工作，促进测绘更好地为国民经济建设、国防建设和社会发展服务。

【市场监管】积极开展测绘地理信息市场执法工作，查处了5起测绘违法案件，进一步规范了测绘地理信息市场秩序；积极开展资质管理，完成了2012年度全省测绘资质年度注册工作，全年新办测绘资质证书26家，截至2012年底，全省共有测绘资质单位301家；联合省质量技术监督管理局对平凉和陇南测绘单位的质量进行了抽查；开展测绘地理信息市场信用宣传贯彻及培训工作，对全省级资质单位进行了测绘地理信息市场信用管理及平台操作培训，共有280余人参加了培训。

【基础测绘】完成河西基础测绘

航空摄影 9.9 万平方公里；保质保量完成 2012 年省级基础测绘 2000 幅 1 ：1 万地形图生产，覆盖面积 5 万平方公里；积极参与、承担了全国1 ：1 万基础地理数据库整合转换生产试验项目。

【基础地理信息数据库建设与更新】通过改造和完善数据库系统，实现了对 1 ：500、1 ：2000 大比例尺数据的建库以及原 1 ：1 万地理信息数据的 2000 国家大地坐标系转换，实现了基础地理信息数据库升级改造；探索了由库内数据快速打印出图模式即图库一体化方法，更新生产数字地形图 3D 产品 572 幅，新测 1256 幅，有效增加数据覆盖区域，保持数据现势性；参与承担了全国 1 ：1 万基础地理数据库整合转换生产试验项目，积极开展甘肃 1 ：1 万数据库改造整合工作，协助提供与收集甘肃省行政区内 1 ：50000 动态更新所需的资料，并配合完成了更新工作。

【地图管理】深入开展国家版图意识宣传教育和地图市场监管工作，与省教育厅共同举办了国家版图意识知识讲座，组织近千人参加了“全国国家版图知识竞赛”网上竞赛活动；加强地图管理，加大了对公开出版、展示地图的审核工作，全年发放审图号 23 个；联合电信部门对涉及互联网地图的网站进行检查，共检查互联网地图网站 656 个，查处违法网站 2 个；加强地图市场日常监管和节会地图市场专项整治，确保“兰洽会”、“兰州国际马拉松赛”等节会无“问题地图”。联合省国家保密局开展全省涉密测绘成果保密检查工作，确保了涉密测绘成果安全；举办专题培训，提高涉密人员的安全意识和保密意识；加强质量管理和执法工作；对 40 家单位开展了测绘产品质量检查；完成了 2011 年度全省测绘成果目录汇交工作，共汇交成果目录 1475 项。

【地图出版】根据省政府办公厅的要求，为省委常委、副省长石军制作完成了系列工作用图；按照省委宣传部的要求，及时完成《全国华夏文明保护传承和创新示范区——河西走廊自然人文基地地图册》的编制工作，确保了省委宣传部在省委常委会议上有关专题项目的方案汇报及后期项目申报工作；协助省国土资源厅为省政府宏观决策提供甘肃省地质找矿三年突破行动计划的多幅矿产资源分布图；为省委、省政府、省国土资源厅及其他省直部门“联村联户、为民富民”行动提供专项用图 220 余幅；为各级领导和机关单位编制和提供工作用图 130 种，约 3000 余幅，地图集（册）500 余册，用于省政府编制主体功能区规划、循环经济发展、区域发展战略等。

【测绘地理信息应用与服务】直接服务于全省经济社会发展和政府决策。为全省经济社会发展各个领域提供不同比例尺地形图 18155 幅、覆盖面积 732 万多平方公里，提供控制点 7299 个，影像地图数据 12 万平方公里；为省委、省政府领导提供工作用图 900 余幅，为省直有关部门提供专题用图 1200 余幅、地图集（册）170 余册，丝绢图 180 余张；为省政府办公厅、省财政厅等部门提供了全省 86 个县（市、区）的高程数据，以上这些成果广泛应用于政府决策、项目工程规划编制、河西风电基地建设、兰新铁路第二双线建设、机场建设、地质找矿、全省水利普查等多个领域。为我国第五个国家级新区——兰州新区提供了 8700 平方公里的正射影像地图数据和 4100 平方公里的矢量地图数据，为新区规划修编和基础设施建设提供了及时的成果保障。为“成武高速”等多条高速公路开展的深层地理信息服务，受到省交通厅及有关部门的好评；为天水麦积山石窟申遗项目提供了详实、科学、可靠的测绘地理信息数据。

【应急测绘保障】岷县、漳县、渭源、宕昌等地特大雹洪强降雨灾害发生后，甘肃省测绘地理信息局立即启动测绘保障应急预案，派救灾先遣队第一时间奔赴岷县灾区开展应急测绘保障，利用无人机等先进技术和设备测绘受灾区域，测绘成果在抢险救灾、科学决策等方面发挥了积极的、不可替代的作用。根据省重建办的要求，按期完成灾后重建村 1 ：1000 地形图数据 12 幅、E 级 GPS 点 58 个、四等水准点 58 个、100 多公里的水准资料等成果，并移交岷县国土资源局，保障了灾后恢复重建的顺利开展。

【科技创新能力建设】承担了国家 1:5 万基础地理数据库更新技术体系构建与工程应用项目，承担完成了甘肃省政务地理信息平台建设及应用项目，承担的面向信息化测绘的省级地理信息服务体系研究与建设示范项目有序推进。积极开展测绘生产性技术研究，通过引进、消化、吸收主流的先进技术，为生产技术升级改造提供技术支撑，形成规模化生产能力。采用多种方式，增加科技投入，鼓励和引导技术人员积极参与测绘科技创新，推进科技成果的转化和应用。

【科技创新体系建设】10 月，与兰州交通大学测绘与地理信息学院在教学实习基地建设、科研合作、在职研究生培养、测绘人才培训服务等方面达成了合作意向；甘肃省地图院、甘肃省基础地理信息中心、甘肃省测绘工程院与省内开设测绘地理信息专业的 8 所高校、高职院校共同建设，并提供教学实习基地，加强教学与生产合作，共同研发科技新项目；“甘肃省政务地理信息平台建设及应用”获中国测绘学会、国家测绘地理信息局 2012 年测绘科技进步二等奖；国家 1 ：50000 基础地理数据库新技术体系构建与工程应用获中国测绘学会科技进步特等奖。

【合作共建】积极推动部门合作和军地合作，先后与省国土资源厅、省公安厅、省地矿局、省防汛办、兰州军区作战部等开展了测绘地理信息共享：其中与省公安厅联合研发的警用地理信息系统，在全国率先实现了测绘、公安领域的互动，实现了科技部规定的科技创新节点，成为全国警用地理信息系统建设的样板；与工信委合作开发完成的用于干扰源查找、无线电障碍排查等功用的全省电子地图，保障了国家重要信息的畅通；与中国电信甘肃分公司签订了信息资源共享协议，与移动、联通开展的基于位置服务合作的前期论证进展顺利；积极开展与各大专院校之间的交流合作，先后与兰州大学、长安大学等5所高校建立了合作关系。

【“双联”工作】按照省委的统一部署，积极开展“联村联户、为民富民”行动，在联系点甘谷县大石乡的曲坪村和丁窑村实施了乡村道路改造项目、两村村委会大院地坪硬化项目、丁窑村排洪渠整治项目和两村村委会室内办公设施的更新；积极为全省“双联”行动提供测绘地理信息服务，更新了全省58个贫困县和有贫困村的11个县区地图数据；为省政府办公厅、省发改委、省编办、省国土资源厅等部门先后制作提供了5种“双联”工作用图200多幅；为省政府办公厅建设“甘肃省政府办公厅‘双联’行动工作服务平台”，平台建成后，将服务于“双联”行动的规划、落实、开展、监督和评价。

（伏黎明）

交通 通信 邮政

道路运输工作

【基本概况】2012年底，全省实现道路运输产值418.8亿元，增加值194.9亿元，分别比上年增长10.2%和9.5%；全行业新增社会就业岗位5万个，从业人员达到51.6万人；全省营业性运输车辆达到27.48万辆，比上年增长12.54%；全省营业性车辆累计完成公路客运量6.18亿人、旅客周转量286.43亿人公里、货运量3.95亿吨、货物周转量894.63亿吨公里，分别比上年增长6.05%、8.06%、37.26%和38.19%。

【道路运输服务保障】圆满完成了春运、“十一”黄金周等重点时段旅客运输，及“敦煌行·丝绸之路国际旅游节”等重大活动的运输保障工作，确保煤、粮、油、矿等重点物资运输。实施公交优先战略，开展了城市公共交通发展情况调查，推荐兰州、白银两市申报了国家公交都市建设示范城市，配合省国税局落实新购公交车免征车购税工作。统筹城乡客运发展，全年新增农村客运班线53条、新增农村客运班车720辆。加快旅游客运市场培育，在兰州、嘉峪关等8个市州组建了专业旅游客运企业。推进甩挂运输试点，甘肃东部运输集团和天水元通货运公司列入了国家第二批甩挂运输试点项目。大力发展运输辅助业，全年完成维修业务量250.73万辆次，培训机动车驾驶员14.86万人次，较好地满足了人民群众多层次的运输服务需求。

【基础设施建设】严格站场项目建设管理，开展了全省站场建设项目督查工作；召开了全省客运站场工程建设暨天水中心客运站现场会，明确了创新加快项目建设的措施方法；规范乡镇汽车站建设管理，合理确定乡镇汽车站建设规模；全面落实行政村停靠站管理和维护责任，对全省已建成的7072个行政村停靠站资产正式移交属地管理。抓好计划项目落实，计划安排的41个枢纽站场项目中，酒泉公路客运站等9个项目已建成；民勤综合客运中心等5个项目已开工；平凉客运枢纽站等4个项目正在进行施工图设计及审批；兰州客运北站等9个项目正在进行初步设计。计划建设的150个乡镇客运站、1000个行政村停靠亭项目全部建成。舟曲灾后重建“两站一场”项目（除新区车站外）顺利通过了规划、环保、消防等部门竣工验收。

【市场监管】坚持日常管理和专项整治相结合的原则，对省际客运班线和800公里以上长途客运班线进行了全面清理整顿，在全省开展了旅游包车客运安全专项整治行动，加强了对省际客运和长途客运的监控监管力度；加强道路货运市场监管，与省路政执法局建立了治理车辆超限超载运输路面执法与货运源头监管联动合作机制。加强部门协同，联合公安交警部门在兰州、白银两地开展了为期两周的“打非治违”联合专项行动。健全群体性事件应急处置机制，指导地方妥善处置了兰白线“7·16”停运事件，平稳解决了白银平川区“3·27”、“3·30”和兰州市“5·1”出租汽车经营者停运事件，维护了行业稳定。

【安全监管和应急保障】强化安全生产目标责任管理，加强客运站源头管理和“两客一危”车辆动态监管，落实道路客运安全告知等制度。加强安全生产教育培训，推进行业安全文化建设。深入开展“道路客运安全年”、“防灾减灾及安全隐患排查整治”等专项整治行动，累计出动执法人员1.6万余人次，检查车辆3万余辆。2012年，全省全行业共发生行车安全责任事故7起、死亡17人、受伤21人，事故起数比上年下降61.11%，死亡人数下降63.04%，受伤人数下降53.33%。加强道路运输保障队伍建设，按照省交战办部署，征集民用运力赴藏进行综合性试验演练，圆满完成了兰州军区赋予的国防动员交通战备科目演练任务，得到了国家交战办、国防司领导的高度赞誉。同时，举办了全省运管系统应急演练现场观摩会，进一步检验了行业应急保障能力。

【行业管理】加强政策法规体系建设，向省厅上报了《关于进一步促进道路运输行业健康稳定发展的意见（代拟稿）》，报请省厅出台了《关于进一步加强和规范全省出租汽车行业管理的指导意见》，开展了《新时期甘肃道路运输发展战略》课题研究，《甘肃省出租汽车客运管理条例》立法已列入省政府2013年度立法计划。夯实基础工作管理，协调省发改委对全省部分一级汽车客运站旅客站务费等收费标准做了上调；完成了2011年度城乡客运燃油补助申报工作；根据国内燃油价格调整，先后两次启动了公路客运油运价联动机制。加强财务审计管理，积极争取落实各类专项业务经费和建设资金；对4个市州运管局（处）及所属县区运管分局（所）2011年度财务收支预算执行等情况进行了全面内审，对临泽县汽车站、酒泉公路客运枢纽站等2个项目资金使用情况进行了专项审计。

【行业文明建设】深入推进“效能风暴”行动，以开展“机关作风百日整顿”活动为抓手，全面实施岗位责任制、首问负责制等8项制度；规范权力运行，对道路运输行政许可、行政处罚、行政强制等行政执法权力清单进行了清理确认。加强和改进离退休工作，充分发挥工青妇等群团组织作用，增强行业的凝聚力和战斗力。同时，各级运管机构立足行业优势，扎实开展“双联”行动，促进联系村和联系户加快发展，密切党群干群关系，工作成效明显。

铁 路

【基本概况】兰州铁路局地处西北内陆经济欠发达地区。管内陇海、兰新、兰青、包兰、宝中、干武6条干线和其它5条支线，以及受委托管理的太中线、定银线和敦煌合资铁路，连接甘、宁、陕、青、新、蒙6个省（区），线路总延展6915.6公里，营业里程3375.3公里，其中甘肃省境内铁路营业里程2148.59公里。全局共有运输站段32个，运输辅助单位5个，行政其他直属单位10个；配属机车1176台，配属及代管客车1881辆；开行图定客车43对，其中管内21对，跨局22对。

【工作综述】2012年，兰州铁路局紧紧围绕服务地方经济社会发展大局，认真履行市场主体责任，积极应对各种风险挑战，夺取了安全、经营、服务、建设等各项工作的新胜利，为服务地方经济社会发展提供了强有力的运输保障。全面推行安全风险管理，构建了以安全管理职责、安全风险研判控制、安全生产标准化等为主要内容的安全风险控制体系，强化管理源头分析、干部作风转变、安全责任追究和问题闭环整改，深入开展安全大检查、安全专项整治活动和“打非治违”专项行动，安全基础工作得到新的加强。创新运输组织方式，加快机车车辆周转，大力推行装卸“点对点”和跨编组站直达运输模式，在运输需求萎缩、主型空车不足、装车去向受限的情况下，采取加强市场营销、组织车种代用、优先管内装车等措施，有效促进装车上量，圆满完成了运输生产任务。深入实施多元化经营战略，积极拓展全程物流服务、站车商业开发、跨局循环运输等业务，在75个车站开展了货运物流服务业务、49个车站完成了商业和广告客户招商、4个车站试行了货运营业厅一体化经营，促进了运输业和非运输业融合发展。牢固树立“以服务为宗旨、待旅客如亲人”的理念，深入开展“服务旅客创先争优”活动，建成了基本覆盖甘、宁两省（区）主要市县、兼顾部分偏远乡镇的客票代售网络；同时积极推进货运组织改革，全局95.4%的运力资源实行网上“预约”和“预定”，赢得了社会各界的广泛好评。按照“质量、安全、投资、工期、环保、稳定”的铁路建设目标和要求，严格落实管理标准、技术标准和作业标准，持续推进铁路建设，兰州枢纽北编组站等项目的顺利建成运营，进一步提升了铁路运输能力。

【旅客运输】2012年，全局旅客发送量完成2842万人，比上年下降2.3%，其中甘肃境内旅客发送量完成2290万人，下降2.7%。旅客周转量完成369.94亿人公里，增长3.7%，其中甘肃境内旅客周转量完成327.82亿人公里，增长4.2%。

【货物运输】2012年，全局货物发送量完成10245万吨，下降0.02%，其中甘肃境内货物发送量完成5297万吨，下降1.6%。货物周转量完成1591.53亿吨公里，比上年增长6.2%，其中甘肃境内货物周转量完成1225.04亿吨公里，增长4.4%。

（尚舒林）

通信管理

【基本概况】2012年，全省完成电信业务收入145.92亿元，比上年增长12.46%；完成电信业务总量179.97亿元，增长11.96%。新增电话用户131.32万户，全省电话用户总数达到2141.32万户（其中固定电话用户377.77万户，移动电话用户1763.55万户）。全省互联网宽带固定接入用户达到163.3万户，互联网固定接入用户总数达到174.08万户；互联网移动用户达到1257.71万户。全省固定电话本地局用交换机容量为412.56万门，接入网设备容量为305.22万门，移动电话交换机容量达到2502.8万门，光缆总长度达到29.54万公里，互联网宽带接入端口达到384万个。全省电信业继续保持平稳增长的发展势头。

【通信建设与管理】网络覆盖能力。一是推进宽带普及提速工程，联合省政府相关部门出台《甘肃省宽带普及提速工程实施意见》、《甘肃省贫困地区学校宽带提速工程意见》及《进一步支持新区规划电信基础设施建设的政策措施》等，引导企业推进全省通信光缆和宽带网络进村入户建设、道路通信建设、旅游区和城区通信基础设施建设。二是推动落实省政府与各电信运营企业集团公司战略合作框架协议，推进3G网络覆盖和应用开发推广及内容服务创新，全省完成3G网络建设投资14.33亿元，3G用户达到308.7万户。

认真落实国家“三网融合”试点区域要求，组织开展“三网融”合专题调研并积极协调配合制定“三网融合”试点方案，组织制定信息安全管控平台实施方案。

认真落实省委省政府“富民兴陇”工作方案及秦巴片区、六盘山片区及甘肃藏区区域发展与扶贫项目规划工作部署，稳步推进“村村通”工程和信息下乡活动，分解落实并完成100个自然村通电话、239个行政村通宽带工程和30个校园宽带普及提速工程任务。

通信建设市场管理。一是严格执行建设市场准入制度，加强通信建设资质管理和参建主体资格审查，审核发放16家企业资质，办理省外企业入甘备案68家，并组织完成通信施工企业资质年检和复审工作。二是强化通信工程质量实体监督和安全生产管理，相继组织开展通信工程质量实地现场抽查、通信工程建设领域突出问题专项治理、通信建设领域非法违法行为专项行动检查以及自行招标监督管理和通信建设市场安全生产检查工作。三是推进电信基础设施共建共享，认真落实共建共享议事协调和省级电信运营企业共建共享例会制度，建成启用共建共享信息管理系统等技术手段；强化统计评估和监督考核，推进重点区域和重点领域共建共享，组织开展共建共享工作任务落实情况监督检查及考核，推动共建共享常态化、规范化、系统化。四是加大通信建设从业人员资格培训和政策宣传贯彻力度，配合开展通信建设概预算和监理工程师人员资格继续教育，配合完成657人次通信建设工程安全生产、概预算以及监理工程师等资格培训。

【通信市场经营管理】规范企业经营行为。一是围绕贯彻工信部225号和686号文件以及3G电信业务经营许可证特别规定事项要求，通过专题协调会、市场检查、责令整改、通报批评、行政处罚等手段，规范企业市场营销行为、业务宣传行为、渠道推广行为，依法查处武威、庆阳等部分运营企业推广销售违规终端、超范围经营有线宽带和光纤业务、集团客户市场不正当竞争、未经审批备案擅自推出资费方案、为未备案网站提供接入服务等违法违规问题。二是联合省教育厅、省工商局印发《关于进一步规范基础电信运营企业“校园迎新”电信业务促销活动的通知》并召开电视电话会议专题部署相关工作，督促企业落实“校园迎新”电信业务促销营销方案报备制度，组成联合巡查组对兰州、天水等地车站、高校等重点区域开展巡查，立案查处天水移动、电信“校园迎新”工作中出现的不正当竞争行为，通过加强对校园营销的事前管理和现场把控，推动校园市场开放程度和校园营销秩序明显好转。三是严格执行资费审批备案制度，督促企业落实增值电信业务资费备案管理及资费公示公开和明码标价要求，组织完成电信资费平均价和感知价信息统计审核，批复资费8件，备案23件。同时，强化资费违规违法行为发现机制，联合五部门开展全省电信行业乱收费专项治理活动及电信资费专项检查，叫停联通“随意打”业务，依法对擅自推广未经审批备案资费的电信运营企业给予行政处罚。

网间互联质量管理。一是深入研究互联网和短信网间互联互通问题及相应监管措施，重点督促落实网间话务转接应急预案并组织开展临夏和甘南实地演练，协调企业签订企业间不良短信息处理原则备忘录。二是落实互联互通问题协调联动处理机制，加大网络运行监督管理力度，相继组织开展电信网络运行安全自查巡查和重点抽查并督促企业完成相关问题整改，妥善协调处理定西市政府12345热线接入和嘉峪关地区用户管线占用争议等问题。三是完善网间网络架构保护措施，强化互联互通监测系统维护和监测分析应用，推动网间监控中心各系统平台的日常运行管理和开发应用，配合完成短信监测系统升级调试。

电信服务质量管理。一是督促电信运营企业落实消费提醒专项工作要求，重点开展以企业主营业厅、客服热线、网上营业厅、查号服务及业务宣传对标检查为主要内容的电信服务质量监督检查，依法调查处理移动公司“暑期漫游畅聊风暴—省际漫游包业务”未经用户同意私自更改服务有效期问题。二是开展端口类短信群发业务清理整顿专项行动，推动电信运营企业建立垃圾短信拨测处罚机制、建设垃圾短信过滤系统以及实行自有端口和行业端口短信群发业务白名单管理制度。三是推进行业民主评议行风工作，积极推进通信业道德领域突出问题专项教育和治理活动，通过引入第三方评测机构、电话拨测、调查问卷及明察暗访等方式，认真落实六部委纠正电信领域侵害消费者权益问题专项行动工作部署，完成年度电信服务评比表彰和电信用户满意度指数测评工作。四是以12300为主渠道，有效化解用户消费纠纷，携手运营企业走进“阳光在线直播”节目倾听用户意见建议，坚持每季度分析汇总并通告通报用户申诉受理情况和典型案例，共妥善处理各类用户申诉和咨询1052件。

增值电信业务管理。发放省内增值电信业务经营许可证17家，备案审核通过跨地区增值电信企业362家，审核通过非经营性短信息备案申请6家，全省省内增值电信运营企业和跨地区经营增值电信业务单位分别达到100家和844家。加强接入服务单位实质性审查，完成410家跨省增值电信企业和74家省内增值电信企业许可证年检，跨省增值电信企业建议整改41家，省内增值电信企业12家年检不合格、13家予以注销。全省企业非话音业务收入占比持续增长，目前已超过50%。

【互联网行业管理】加强基础管理。依据国家互联网管理政策法规，从互联网站备案率和备案信息准确率入手，以接入管理为重点，加强对基础电信企业的监督指导，开展清理整顿工作，查处、关闭了部分有违法行为的网站，责令为无备案网站或备案信息准确率不达标的网站提供了接入的基础电信企业实行限时整改。按照前置审批、年度审核、信息查询等有关要求，明确管理工作流程，深化基础数据资源管理，互通有关情况，共享有关信息，形成管理合力，共同维护健康有序的互联网发展环境。

维护网络与信息安全。一是深入落实《基础电信企业信息安全责任管理办法（试行）》，组织召开全省基础电信运营企业网络与信息安全政策法规培训，集中宣传贯彻信息安全管理、网络安全管理、互联网行业管理等方面国家相关政策法规及业务规定。二是大力加强网络信息安全技术手段建设和网络信息安全基础设施建设，组织完成分中心机房改造工程、电力扩容等配套工程建设和屏蔽机房搬迁以及网络割接。三是全力保障十八大网络信息安全，组织制定《十八大网络与信息安全保障工作方案》，重点确定4个方面13项工作并狠抓落实。四是务实推动网络安全管理，积极推进网络安全应急管理体系和应急处置工作机制建设，通过网络安全例会、网络安全事件报送通报等途径提高网安状况宏观分析能力，组织开展网络安全防护检查，完成8个网络单元通信网络安全防护风险评估，处置网络安全事件47起，处置木马及僵尸网络事件17617起。

【服务社会民生】积极推进应急通信管理机制建设和应急通信保障技术手段建设，实施《甘肃省通信保障应急预案》，启用全省应急指挥平台功能及应急通信车等技术装备，推动理顺省局和企业端应急队伍、应急通信技术装备及物资使用管理机制。全面落实十八大应急通信保障任务要求，建立应急通信指挥中心24小时值班制度和应急信息报送制度；完成兰州国际马拉松赛事等重大节会活动和特殊敏感时期应急通信保障；全力组织完成“5·10”岷县特大冰雹山洪泥石流灾害应急通信保障和抢修恢复工作。

严格落实企业安全生产主体责任和各项安全生产管理制度，加强安全生产政策指导和宣贯，规范企业通信建设和生产经营活动，先后组织开展了市州基层电信运营企业安全检查、通信建设领域“打非治违”专项行动和行业安全生产月活动。

认真落实码号资源核配管理工作制度，开展省内经营性SP代码专项清理，清理不符合使用规定的SP代码90个，完善码号资源网上受理流程及管理系统应用，全年核配及备案本地网局号等各类码号454个。

（李存义　王　丽）

邮　政

【邮政立法与规划】完成了《甘肃省邮政条例》修订工作。做好国家和甘肃省“十二五”邮政业发展规划宣传、贯彻实施工作。组织全局干部职工集中学习了《邮政业发展“十二五”规划》，组织召开宣贯工作会议、开展不同层次的培训、印发相关学习宣传资料、在局网站开设邮政业“十二五”规划宣贯专栏。主动与省发改委衔接，将《甘肃省“十二五”邮政业发展规划》作为省上的专业规划，由省发改委与省邮政管理局联合发布。

【邮政监管体制工作】一是多次汇报，反复协调，下发实施方案，明确全省完善省级以下邮政监管体制工作的指导思想、基本原则、主要任务、阶段安排和工作要求。同时明确全省实施工作在省完善省级以下邮政监管体制工作协调领导小组的统筹协调下，以省邮政管理局为主组织实施。

二是成立了协调领导小组。4月12日，省政府办公厅正式下发《关于成立甘肃省完善省级以下邮政监管体制工作协调领导小组的通知》，明确由省政府虞海燕副省长为组长，省政府武志斌副秘书长、省交通运输厅厅长和省邮政管理局局长为副组长，省委组织部、省编办、省发展改革委、省财政厅、省人社厅（省公务员局）、省政府法制办分管领导为成员，领导小组办公室设在省邮政管理局。

三是完成市州一级邮政监管机构领导班子选任工作。根据国家邮政局指导意见，在向省委组织部汇报沟通的基础上，严格按照干部配备程序和选调条件，商请省交通运输厅、省邮政公司和各市州委组织部分别从邮政管理系统、邮政企业、交通运输系统以及地方国家机关推荐市州邮政管理局领导班子建议人选，报国家邮政局党组审核后，经过组织考察、征求地方党委和政府意见、任前公示等程序，现已完成全省14个市州邮政管理局领导班子配备工作。

四是完成内设机构负责人遴选、考察工作。根据国家局指导意见，专题研究了各市州邮政管理局内设机构及人员编制等有关问题，根据中编办下达的各市州邮政管理局人员编制总数和国家邮政局有关规定，并考虑到各局具体工作职责，明确了各市州邮政管理局内设机构及人员编制。在此基础上，按照国家局规定和比例，完成了市州局内设机构负责人遴选工作。经国家局审核后，按照组织程序完成了考察、体检工作。

五是组织完成了14个市州局领导班子任职培训工作。分四批组织全省14个市州局26名领导班子成员赴井冈山参加国家局培训班。并分批召开了任职大会，与新任职的各局领导班子成员进行集体和个别任职与廉政谈话。

【空白乡镇局所补建工作】截止2012年9月底，全省2012年安排200个（含藏区71个）空白乡镇邮政局所补建项目建设进展顺利，已有45个项目竣工，9个项目已完成购置正在装修，55个项目完成土建主体施工；24个项目处在主体施工阶段，40个项目处在基础施工阶段；8个项目正在组织招投标，11个项目正在协商购置，8个项目正在进行选址、征地和办理开工前相关手续。第二批补建项目已累计完成投资3427.42万元，占计划总投资的60.03%。

【《邮政法》和《邮政普遍服务标准》的落实】一是在推动空白乡镇邮政局所补建工作的同时，按照国家局规定的“十二五”时期甘肃省村邮站建设数量的要求，积极推动全省村邮站建设步伐，逐步解决全省农村用户接收邮件难的问题。将全省1604个达到“三定一有”要求的村级邮件接转点按照分期分批的原则，逐步悬挂村邮站标牌。严格开展行政审批工作，保持全省邮政普遍服务基础网络的稳定，并按照审批规定的程序要求，做好后续工作。

二是加大日常监督检查力度。组织开展住宅信报箱建设、机要通信安全、邮资票品、党报党刊和“扫黄打非”专项监督检查，进一步提升邮政普遍服务工作水平。

三是努力做好邮政社会监督工作，着力提升监管水平。进一步丰富和创新监督培训方式，让广大邮政社会监督员在学习和交流中进一步提高邮政普遍服务监督水平，充分发挥邮政社会监督效能。

【规范快递市场】 一是继续抓好快递业务经营许可制度的落实工作。做好新申请经营快递业务企业的审核及发证工作，同时做好全国网络型分公司在甘肃省的属地备案登记工作。

二是全面开展市场监督检查工作，规范市场经营秩序。2012年1–10月，共开展各类执法检查活动136次，出动执法人员330人次，检查企业120多家，下发整改通知书4份，行政处罚1家，罚款2000元，进一步规范了市场经营秩序。

三是规范集邮市场经营许可工作。与省工商局联合下发了《甘肃省邮政管理局甘肃省工商行政管理局关于做好集邮市场经营许可工作的通知》，对集邮票品集中交易市场进行了规范。

四是加强监督和指导，不断提升快递服务质量。委托中介机构开展快递服务质量调查，并向全行业发布调查情况，督促快递企业提升服务质量。配合国家邮政局和中国快递协会实施好本省快递企业分等分级管理，加快培养本省快递骨干企业，引导企业加强基层基础设施建设和品牌建设。

五是抓好安全监管和应急管理，确保行业安全平稳运行。完善和细化了突发事件处置流程和预警信息发布流程。与安全生产管理部门、国家安全部门联合召开安全会议，与各企业签订了《安全生产责任书》。与禁毒部门联合开展邮路禁毒监督检查工作，并签订了《邮路禁毒责任书》，同时积极做好邮路维稳和综合治理工作。

六是下发市州邮政管理局成立的通知，按照国家局要求，印发商请成立各市邮政管理局党组和主要负责人兼任同级交通运输部门副职领导事宜的函。

（徐鸿滨）

财政　金融

财　政

【财政预算执行】2012年，在省委的坚强领导下，各级各部门攻坚克难，狠抓收入征管，切实保障重点支出，经过努力，全省预算执行情况总体较好，全面完成了十一届人大五次会议确定的各项目标任务。

全省公共财政预算收入520.4亿元，比上年增长19.7%，其中省级收入176亿元，增长17.6%；大口径财政收入1079.9亿元，增长17.3%。公共财政预算支出2059.6亿元，完成变动预算的96.7%，增长15%，其中省级支出418.2亿元，增长9.8%。

全省政府性基金收入191.9亿元，增长2.9%，其中省级收入62.2亿元，增长46.5%。政府性基金支出201.3亿元，比上年增长4.1%，其中省级支出38.5亿元，增长37.3%。省级基金收支增幅较大，主要是将车辆通行费由经营性收费调入基金所致。

全省国有资本经营预算收入7.5亿元，其中省级收入7.4亿元。国有资本经营预算支出4.9亿元，其中省级4.7亿元。

【支持经济发展】坚持集中财力办大事。投入资金140亿元，积极支持交通、水利等基础设施建设。筹措资金35.6亿元，支持推进循环经济、节能减排和企业技术改造。安排资金70亿元，支持生态保护和功能区建设。落实资金40亿元，支持扶贫攻坚。拨付资金19亿元，支持村内道路、村容村貌、环境卫生等农村公益事业建设，大力支持“双联”行动。拨付资金9亿元支持兰州新区加快发展。充分发挥财政资金引导、放大作用。投入资金11.6亿元，在58个集中连片贫困县建立了担保机构。安排贴息、借款资金9亿元，支持武威、临夏、平凉、天水等地重点园区发展和基础设施建设。争取设立生物医药和现代农业产业创业投资基金5.5亿元，吸引、带动社会资金、金融资金投入，集中扶持马铃薯、中医药和葡萄产业发展。拨付贴息、补助资金1.3亿元，支持规模以下工业企业加快发展。同时，落实积极的财政政策，认真实施结构性减税政策，减免企业税收49亿元，支持企业发展。

【强农惠农富农】全省农业支出达到302.3亿元，比上年增长27.2%。深入推进小型农田水利建设和农业综合开发，改善农业生产条件，支持旱作农业技术推广和特色优势产业发展。新修梯田179万亩，解决了273万农村人口饮水安全问题，新增农村沼气用户6万户，在520个贫困村实施整村推进。进一步扩大农业保险范围，落实农业补贴政策。当年发放涉农补贴资金140亿元。拨付资金40亿元，支持实施天然林保护、退耕还林、退牧还草和草原生态保护补助奖励政策。村级公益事业建设“一事一议”奖补政策实现了全覆盖，基本完成乡村两级组织垫交税费债务化解工作。

【保障民生投入】全省民生支出1571亿元，占财政支出的76%。落实“十大惠民工程”32件为民办实事资金292亿元，其中：省级65亿元。支持教育优先发展。实施农村中小学营养改善计划和学前教育、校舍安全工程。巩固两基成果，健全农村义务教育经费保障机制。省属本科高校生均拨款标准提高到1.2万元。完善家庭经济困难学生资助政策体系，实施“万名学子助学工程”。支持文化繁荣发展。支持实施广播电视“村村通”、“户户通”工程。设立农村文化以奖代补资金，启动全省“千村文化”试点项目。支持文化、体育场馆建设和精品剧目创作演出，实施博物馆、图书馆、文化馆、美术馆免费开放补贴政策。推进文化体制改革、经营性文化事业单位转企改制，加强国有文化企业资产管理。支持社会保障体系建设。完善就业创业扶持政策，支持大学生、农村转移劳动力和城镇困难人员就业。全省企业退休人员养老金提高到月人均1874元，城乡低保标准分别提高到260元和1488元，农村五保省级补助标准提高到1800元。实现了城乡居民社会养老保险全覆盖。城乡医疗救助支出7.1亿元，累计救助困难群众189.3万人次。下达自然灾害生活补助资金15.5亿元。全省保障性住房建设支出达到103亿元。支持深化医药卫生体制改革。城乡居民基本医疗保险政府补助标准提高到每人每年240元，乡村医生定额补助标准提高到每人每月200元。全面实行了基层医疗卫生机构基本药物零差率销售，提高“一般诊疗费”标准并纳入医保基金报销范围。实施农村贫困听障儿童免费救治工程。将22个县纳入国家公立医院改革试点范围，启动全省城乡居民大病保险首批试点。同时，舟曲、成县灾后恢复重建基本完成，岷县、东乡灾后恢复重建有序推进。

【财政管理改革】新的车船税和城镇土地使用税政策顺利实施。部门预算改革覆盖到所有县市，国库集中支付改革覆盖到县以上各级预算单位。加大对市县转移支付力度，完善县级基本财力保障机制，当年补助市县资金1340亿元。深入开展效能风暴行动，优化服务环境，改进工作作风。充实监督机构，加强民生资金、预算编制执行、会计信息质量监督检查。实施生态功能区转移支付、农业综合开发等资金绩效考核。

国家税务

【重点工作】落实出口退税及西部大开发、小型微利企业、个体经营者起征点调整、蔬菜和部分肉禽蛋流通环节免征增值税等税收优惠政策，办理减免退税45.8亿元。落实增值税转型政策，抵扣固定资产进项税额27.99亿元。广泛开展经济税收调研工作，做好“营改增”等重大税收政策调整摸底测算，加强政策执行跟踪问效。针对推进兰州新区规划建设、支持河西新能源产业发展，提出了税收政策建议，有力地支持了全省经济转型跨越发展。全面推进“六五”普法，加强税收法制宣传教育，联合省地税局第5次发布“甘肃省纳税百强排行榜”，首次发布“甘肃省非公有制经济纳税百强排行榜”，营造了依法诚信纳税的良好氛围。

【税收收入】全年完成国税收入538.98亿元，比上年增长16.07%，增收74.6亿元，税收增幅位居全国36个(省、自治区、直辖市、计划单列市)第5位，高于全国平均水平4.87个百分点。国税收入继2009年突破300亿元，2011年突破400亿元后，2012年突破500亿元，税收规模迈上新台阶。

【税收法治】健全税收规范性文件日常清理制度，严格规范性文件备案审查，初步形成了较为完整的税收规范性文件体系。推进税收执法质量考核试点，完善了税务行政处罚公开、审核、执法监督检查等制度，规范税务行政处罚裁量权，推行“说理式”执法文书，保护纳税人合法权益。开展税收执法质量考核试点，部署开展了以出口货物退（免）税管理、结构性减税政策落实、纳税评估、代开增值税专用发票、税务稽查等九个方面为重点的税收执法督察工作。积极开展税收执法管理信息系统疑点信息库核查。认真做好税收执法管理信息系统考核子系统升级和考核工作，纳入省局监控的17个单位有12个实现了执法考核零过错，执法过错数量同比下降33.33%。

【税种管理】严格执行增值税一般纳税人管理办法，强化增值税防伪税控、电子申报监督管理，开展增值税专用发票检查和增值税异常申报专项评估核查，评估企业8792户，评估面达85.11%。加强白酒消费税最低计税价格核定管理，对全省白酒生产企业的生产销售和关联销售公司的设立情况进行全面调查，对所有符合核定范围的白酒进行重新核价。认真落实卷烟消费税计税价格信息采集和核定管理办法，对全省所有牌号规格卷烟的价格信息进行了比对。加强车辆购置税管理，做好车辆购置税电子档案管理系统上线准备工作，推广完成了总局“车辆购置税车价信息报送系统”，实现了车价信息电子化采集与报送。积极开展营业税改征增值税测算工作。加强政策宣传辅导和数据审核，开展了废弃电器电子基金征收工作，申报缴纳基金56086元。加强所得税管理基础建设，推广应用汇总纳税企业所得税管理系统，完成46342户企业2011年度企业所得税汇算清缴，汇算清缴面达100%。

【纳税服务】提高12366热线纳税咨询质效，实现远程坐席与省中心双向对接，拓展了热线系统发票查询功能，实现短信平台与热线系统的对接，修订完善《12366纳税服务热线工作管理办法》，热线累计受理话务82895件，热线接通率达到96.6%。推进办税服务厅规范化建设，全省146个办税服务厅（室）完成了规范化建设任务，占办税服务厅（室）总数的63%，制定《办税服务厅管理办法》，严格落实《办税业务规程》，公告下发并认真实施全省统一的《办税指南》。实现税务登记等7大类97项涉税业务由办税服务厅“一站式”受理反馈。委托第三方开展全省纳税服务质量和纳税人服务需求调查，纳税人综合满意率比上年提高了4.7个百分点。深入开展国地税合作，加强联合办税，与地税局联合评定A级纳税信用等级纳税人755户。

【税收征管】稳步推进专业化管理试点。将试点范围扩大到嘉峪关等五个市、开发区国税局，按照“规模+行业+属地”原则，科学划分税源类别和管理层级，税源管理的针对性和实效性进一步增强。累计建立、完善198个行业税源管理指引，组织评选出94个优秀评估模型。引入风险管理理念，下发风险应对任务1410户次。加强纳税评估，评估纳税人13925户，补缴税款2.4亿元。强化非正常户和注销登记管理，有效防范利用走逃、假注销等手段逃避纳税义务的行为。进一步规范普通发票代开，推广使用定额发票批量验旧系统，累计验旧定额发票167万份。落实免收小微企业普通发票工本费政策，累计免收普通发票工本费485万元。主动加强与地税、工商部门协作配合，研究确定利用省级政务信息共享平台开展信息集中交换，建立了税务与工商股权转让信息共享机制。定期开展税源与征管状况分析，深入分析管理中存在的问题和薄弱环节，提出改进管理意见，认真进行核查落实，促进了征管质效提升。

【大企业税收管理】按照开展风险评估、实施管理措施、构筑风险防控体系、归集风险管理成效要求，加强定点联系企业税务风险管理工作，对省内136户电力生产企业开展全流程税务风险管理，督导中石化集团开展税收自查，构建大企业税收管理体制机制和业务体系，形成火电、风电、小水电等行业风险管理制度和风险特征库。

【国际税收管理】开展行业避税调查分析，夯实反避税工作基础，探索制种、葡萄酒生产等行业避税风险，全省反避税入库税收实现零突破。完善非居民税收管理机制，提升税收协定执行水平，强化“走出去”企业服务管理。增强风险意识，持续强化进出口税收管理，在全省1000多户出口企业推广使用了《进出口税收网络服务平台》。

【税务稽查】组织开展税收专项检查和区域性税收专项整治，查补收入67987万元，同比增加18835万元，增幅达38.32%。推广使用定额发票批量验旧系统，加大发票“买方市场”整治力度，查处各类发票违法犯罪案件1829件、假发票42万余份，曝光典型案例23起。

【教育培训】坚持以专业化培训为主线，深入推进分类分层次培训，举办各类培训班1141期，培训74299人次。积极争取少数民族干部培训、“智力援西”项目和总局调训指标，举办基层领导干部更新知识培训班。坚持分类培训、分类考试的原则，为基层培训小企业会计准则骨干师资，做好会计知识竞赛。

【政务管理】突出以文辅政，加强信息调研，全年共撰写领导讲话、调研报告及各种汇报材料40余份，编发各类信息、参阅件300余篇。进一步修订完善了绩效管理考核办法，同时研究建立了省局机关绩效考核办法，扩大了绩效考核的覆盖面。上线运行了税务综合办公信息系统，进一步提高政务服务效率。严格公文、财务、保密审核把关，做好了运转保障。

【财务管理】从严控制“三公经费”和一般性支出，有效降低行政运行成本。加强了人员经费保障工作，提高了中财经费保障水平。完成了国税系统网络版财务管理软件基建管理系统上线工作。全面完成了全省违规公务用车的清理工作。规范政府采购相关文书模板和表格，明确分类实施采购流程图。完成了“5·12”地震灾后重建竣工项目的验收和决算工作；实现了“8·8”特大泥石流舟曲国税办公用房重建项目年底竣工的目标。开展了全省国税系统财务管理及政府采购工作专项检查。上线运行了国税资金网银监控系统，实现了对实有资金账户和零余额账户的监控。

【督查审计】深入开展税收执法督察，部署开展了以出口货物退（免）税管理、结构性减税政策落实、纳税评估、代开增值税专用发票、税务稽查等九个方面为重点的税收执法督察工作。积极开展税收执法管理信息系统疑点信息库核查，认真做好税收执法管理信息系统考核子系统升级和考核工作，纳入省局监控的17个单位有12个实现了执法考核零过错，执法过错数量同比下降33.33%。认真组织实施财务审计和经济责任审计，共开展审计项目54个，审计查出管理不规范问题147个，涉及金额347.4万元。

【税务文化】实施“文化兴税”，部署开展“善读书、净心灵、强素质”全员读书活动，进一步提升干部职工的政治素质、专业水平和文化素养。继续开展“为民服务创先争优”活动，积极开展“迎接十八大、讲文明、树新风，创文明机关、做人民满意公务”活动，深入开展学雷锋活动和“文明在国税、志愿在行动”网络文明志愿服务活动。认真组织各单位做好“全国青年文明号”的网络报备工作，强化对精神文明创建工作的组织协调，全系统又有31个单位被评为各类省级文明单位，1个办税服务厅被推荐为全国青年文明号，3个基层单位、2名个人被推荐为全国税务系统先进集体和先进工作者。

（李　莉）

地方税务

【税收概况】2012年，全省地税系统共组织各项收入579.2亿元，比上年增长15.7%，收入总量再创历史新高。其中：地方税收完成337.9亿元，比上年增长22.4%，增速位居全国地税系统第7位，比上年前移7位，位居西部12个省市区地税系统第3位，比上年前移5位。社会保险费完成226.5亿元，增长6.5%；其它收入完成14.8亿元，增长25.6%。

【重点工作】全系统深化“以查促管”工作，全年共检查纳税户2748户，查补入库税款、罚款和滞纳金4.9亿元，同比增长4%、增收2000万元；强化“以票控税”措施增收3.2亿元；进一步提升“信息管税”水平增收5.9亿元；全面推广应用房地产估价技术加强存量房交易税收征管增收2.8亿元；大力清缴欠费，切实做到应缴尽缴，保证了社保基金的足额入库。着力加强干部队伍建设，加大干部调整、交流和公开选拔力度，精心组织领导干部培训，举办地税系统领导干部培训班和副处级领导干部、副处级后备干部培训班。注重培养年轻干部，分别建立了副处级后备干部库和年轻干部人才库；采取公开选拔的方式，从“80后”人才库中为省局机关遴选了30名优秀年轻干部。

【税收特点】地方税收占生产总值和财政收入的比重双双提高，职能地位稳步提升。2012年地方税收占生产总值的比重达到5.8%，比上年提高0.3个百分点；占大口径财政收入的比重为31.3%，比上年提高1.7个百分点；占地方财政收入的比重为64.9%，比上年提高3.6个百分点。主体税种收入规模持续扩大，地方小税种拉动作用明显增强。营业税、企业所得税、个人所得税、城市维护建设税和教育费附加五项主体税种累计入库26.71亿元，占地方税收总额的79.1%，收入比上年增长21.0%；房产税、城镇土地使用税、资源税、车船税等地方小税种累计入库70.72亿元，增长28.0%，对地方税收的增收贡献率为25.1%。全省地税系统累计组织各类地方基金收入24.13亿元，比上年增长7.5%；其他收入完成14.88亿元，增长25.6%。

【税收管理】开展依法行政示范单位创建活动。统一税收执法文书式样，规范执法行为；开展重点执法督察，规范税收征管工作；规范依法行政资料，做好依法行政考核工作。全系统执法行为进一步规范，执法程序进一步严谨。与省国税局联合抽调10名业务骨干组成督导小组，制定督导方案，通过召开企业座谈会、蹲点辅导、查看软件等方式，对中石化集团在全省的3户成员单位，开展了税收自查的联合督导工作。自查补缴税款共计8.08万元。

针对全省开工建设的项目，一方面紧盯项目建设进度，努力加大营业税等主体税种的征管力度；一方面切实用足税收政策，全面落实土地增值税核定征收率，充分发挥土地增值税调节房地产价格的作用，重点推广应用了房地产评估技术加强存量房交易税收管理办法，较好地遏制了房屋交易行为中的“阴阳合同”。2012年，全系统共评估调增房屋交易计税价格40.1亿元，增加税收收入2.8亿元。

2012年，全省共有纳税户35.34万户。继续推进税源专业化管理，强化风险管理，完善和落实税收分析、纳税评估、税务稽查之间的互动运行机制；着力解决好增值税、营业税起征点调高后，起征点以下和临近起征点纳税人管理难、难管理的问题；全面实施运用房地产估价技术加强存量房交易税收征管工作，切实抓好高收入行业、个人和非劳动所得、外籍人员的个人所得税征管；进一步改革完善社保费和代征其它基金征缴工作机制，切实做到应缴尽缴。

国际税收管理：一是重点对非居民承包工程和提供劳务税收、非居民企业所得税源泉扣缴、外国企业常驻代表机构税收、非居民享受税收协定待遇、对外支付出具税务证明等方面加强了管理。二是开展非居民税收专项检查工作。三是指导基层税务机关依法征收非居民税收。

【**纳税服务**】切实优化纳税服务工作，采取纳税评估和建设标准化办税服务厅、强化12366热线咨询解答等多种方式，将管理寓于服务之中；加大主流媒体宣传力度，努力将税收政策送进户、送到家，扩大了社会各界对税收法律、法规、政策的知晓率。

【**税务稽查**】进一步深化“以查促管”，增加收入。采取科学的稽查方式，将房地产、建筑安装等难管行业确定为指令性专项检查项目，将交通运输、地方各商业银行等确定为指导性检查项目，将资源开采企业确定为专项整治重点，既整顿规范了税收秩序、又增加了收入。2012年，共检查纳税户1557户，查补入库税款、罚款和滞纳金3.7亿元，增长15%，增收7321万元。

【**内部管理**】继续坚持“一年一审，下审一级，内外结合”的内部审计制度，进一步加大财务监督力度，2012年，首次按照领导干部经济责任审计的有关规定，对8个市州局进行了领导干部调任、转任、轮岗的离任经济责任审计，通过审计检查，进一步加强了领导干部权力运行的监管力度，提升了全系统依法行政和财务管理的水平。

继续完善和落实财务管理制度。全面实行经费核算和资产管理信息化，进一步完善和落实各项财务管理办法、制度和规定；进一步规范和加强了财务资产的管理和监督；制定了基本建设管理、差旅费管理、领导干部经济责任审计、税收会计核算四项制度；修订完善了单位预算管理、经费会计核算、资产管理、财务收支审计、税收票证管理等五项制度。

一方面加大信息化软、硬件设备管理力度，有效防范“信息管税”风险；一方面对《综合征管系统》不断进行升级改造，新开发了数据分析应用平台、手机短信平台等应用系统。2012年，全系统通过进一步提升“信息管税”水平增加收入5.9亿元。

进一步细化了局机关资产管理办法。物业服务质量进一步提高，机关后勤设备、设施维修保养及时到位。调整完善车辆管理，强化对车辆驾驶人员的过错责任追究力度，确保安全行车。

省局被甘肃省人民政府表彰为信息报送先进单位，有2人被甘肃省委、省政府表彰为信息报送先进个人。全年审核机关发文912份，处理各类来文来电5542份；做好信访和排查化解矛盾工作，省局全年接待来访、信访共12起。

【**税收科研**】全系统共报送信息、信息专报3357期，省局全年编发《甘肃地税信息》116期，被省委省政府、国家税务总局采用关于进一步推进结构性减税的对策和建议等信息16篇。继续用好用足《税收经济调研》电子刊物交流平台。将调研文章结集印刷，形成《税收经济调研》2012年合集，在全省范围内发放。有力地调动了全省地税干部开展税收调查与研究的积极性，营造了人人重视调查、个个深入研究的氛围。

（朱　舜）

中国人民银行兰州中心支行

【**货币信贷**】积极促进货币信贷平稳适度增长，大力支持地方经济结构调整。按照国家实施西部大开发、支持甘肃经济社会发展等政策要求，加强窗口指导，根据省上金融服务“五大攻坚战”、金融支持非公经济发展等意见措施，制定金融支持旅游业、全民创业以及支持兰州新区等10余项指导意见，引导金融机构扩大信贷规模，增加有效信贷投入。继续强化差别准备金动态调整措施，按月调整地方法人金融机构信贷投放进度，确保地方法人金融机构信贷投放总量适度、节奏平稳。2012年末，全省银行业金融机构本外币各项存款余额10129.69亿元，首次突破万亿元大关，比上年末增长19.72%；本外币各项贷款余额7196.60亿元，比上年末增长25.46%。引导金融机构加大对重大项目建设、传统优势产业、战略性新兴产业、第三产业等实体经济领域的信贷投入，促进全省支柱产业发展和产业结构升级调整。年末，全省投向电力、交通、制造业的新增贷款337.46亿元，第三产业新增贷款456.65亿元。组织全省金融机构开展“小微企业金融服务年”活动，与省知识产权局等部门联合下发专利权质押融资指导意见，引导金融机构创新融资产品和抵押担保模式，扩大小微企业信贷投放。年末，全省小微企业贷款余额1283.16亿元，比上年增长34.14%，增速居全国前列。

全面推进农村金融服务创新，切实加强民生金融工作。在陇西、甘州和金塔三县（区）开展农村金融服务创新综合试验县创建活动，召开全省农村金融服务创新经验交流暨推进会，指导金融机构研发和推出一批特色鲜明、贴近“三农”的金融创新产品和服务模式，直接和间接受益企业和农户达到140多万户，带动全省新增涉农贷款572.68亿元，占各项贷款增加额的39.30%。农村金融产品创新工作得到省委副书记欧阳坚、常务副省长刘永富的肯定性批示，《金融时报》以《农村金融服务创新的“甘肃模式”》为标题在头版头条进行专题连续报道。制定进一步做好金融支持扶贫开发和“双联”行动的指导意见，协调省财政在58个贫困县建立担保公司，指导农业银行甘肃省分行推出5年300亿元财政贴息的“双联惠农贷款”，确保国家支持边远、少数民族和革命老区的金融支持政策落到实处。促进民生信贷业务健康快速发展，年末，全省妇女小额担保贷款、下岗失业贷款、助学和保障性住房贷款余额分别达到192.28亿元、36.59亿元、28.65亿元和39.54亿元，分别增长103.16%、16.6%、25.62%和135.92%，妇女小额担保贷款投放规模继续保持全国第一，时任人大常委会副委员长陈至立作出肯定性批示。人民银行兰州中心支行货币信贷处荣获国务院授予的“全国就业先进工作单位”荣誉称号。

积极拓宽融资渠道，大力推广跨境人民币业务。向人民银行总行申请调增甘肃支农再贷款限额45亿元，全省累计发放再贷款161.44亿元，其中发放支农再贷款156.64亿元。认真落实农业银行“三农金融事业部”改革及农村信用社票据兑付政策，对达标涉农金融机构给予优惠存款准备金率、支农再贷款额度倾斜，合计增加可用资金约14亿元，壮大涉农金融机构的支农实力。加大对涉农企业、中小企业票据的再贴现支持力度，全省累计办理再贴现72.38亿元。推动中国银行间市场交易商协会与省政府金融办签署“借助银行间市场助推甘肃经济发展合作备忘录”，建立三方沟通协作的长效机制。举办全省直接融资推介会和培训班，引导企业通过短期融资券、中期票据以及企业债等融资工具进行融资。全省金融机构和企业在银行间债券市场累计发行债券228.3亿元，比上年增加53.3亿元。开展“跨境人民币业务宣传月”活动，向金融机构、企业宣传跨境人民币结算政策和业务。组织开展外商直接投资人民币结算业务现场检查，督促金融机构做好外商直接投资项下人民币专用存款账户清理核实，确保业务规范开展。

【**金融稳定**】高效履行金融稳定职责，全力维护区域金融安全稳健运行。实施维护金融稳定“一把手”负责制，完善金融机构重大事项报告制度，对金融机构风险状况开展排查，全面掌握全省金融风险整体状况。制定金融风险监测管理办法，完成银行、证券、保险行业风险分析报告，完善融资性担保机构、典当行、小额贷款公司等重点领域的日常监测制度，组织开展民间借贷风险防范宣传活动，加强法人机构经营风险、金融业综合经营、县域保险市场等风险领域专项监测，实现金融体系内外风险监测的全覆盖。建立金融机构风险自评估制度，引导金融机构加强风险自我评估、自我管理、自我约束，形成防范金融风险合力。对甘肃信托和全省26家农村信用社开展稳健性现场评估，评估2008年以来全省金融机构改革成效和履行社会责任情况。首次开展甘肃省银行业机构压力测试。监测农业银行“三农金融事业部”改革状况，督促农业银行甘肃省分行不断完善事业部管理架构，建立“三农”信贷授信、风险核销和业务考评机制，不断加大支农力度，甘肃日报以《央行调研甘肃省金融支持“三农”工作》为题进行专题报道。

【**外汇管理**】深化外汇管理改革，促进涉外经济快速发展。全面实施货物贸易外汇管理改革，通过总量核查、动态监测和分类管理，简化进出口贸易收付汇业务办理手续和程序，提高企业资金使用效率。制定《外债转贷款外汇管理方式改革实施方案》，深化外债转贷款外汇管理方式改革。建立外汇数据交叉对比和宏观数据收集制度，加强对外汇账户收支、个人结售汇和服务贸易等领域的监测分析，有效防范跨境资金流动风险。建立国际收支统计数据非现场核查差错确认反馈制度，对全省56家银行分支机构和35家涉外企业开展现场核查。上线运行外汇案件信息管理系统、外汇非现场检查（二期）系统和外汇检查辅助系统，定期下发异常线索清单，增强数据筛查的针对性和精准性。对工商银行、农业银行、建设银行甘肃省分行及所辖42家机构开展专项检查，对人保财险公司和大地保险公司甘肃省分公司进行外汇业务合规检查，维护外汇市场正常秩序。2012年，全省跨境收支总额138.21亿美元，比上年增长47.43%；银行结售汇总额74.75亿美元，增长8.77%。

【**金融管理**】全面加强金融管理，切实规范金融市场秩序。

修订金融机构加入人民银行金融管理与服务体系工作指引、重大事项报告制度、综合评价办法等“两管理、两综合”工作制度，形成规章健全、程序规范、科学有效的金融管理制度体系。按照“属地申报、集中受理、对口承办、统一批复”的原则，全省共受理251家金融机构加入人民银行金融管理与服务体系申请644项，严格金融机构业务准入管理。通过现场检查、考核辅导、专项评估、约见谈话等方式加强对金融机构的日常管理，督促金融机构严格落实重大事项报告制度。对农业银行、中信银行、浙商银行、农村信用社等金融机构1300个营业网点开展现场执法检查，针对存在的问题给予行政处罚。全面实施反洗钱差异化监管，落实反洗钱法人监管制度，开发甘肃省反洗钱监管应用系统，建立甘肃省大额现金监测分析系统，实现对省内大额现金交易的动态监测。协助公安、安全、检察等部门完成反洗钱相关调查和案件协查工作。

【金融服务】推进城乡支付环境建设，支付体系建设成效显著。组织召开全省改善农村支付服务环境工作推进会，督促涉农金融机构推进农村支付基础设施建设，推广新兴电子支付业务和助农取款业务，农村地区ATM和POS机具、转账电话等自助设备实现基本到乡、部分到村，全省累计设立助农取款服务点1.1万个，覆盖了所有金融服务空白乡镇。加强支付清算系统和票据交换系统运行维护，确保社会资金安全快速高效周转。完善支付监管措施，对支付系统直接参与者和非金融支付机构开展业务巡访和检查，维护良好的支付市场秩序。

创新征信服务模式，信用信息服务体系不断完善。推广和开发“中小企业信用信息辅助管理系统”、“农村信用信息管理系统”和“农户信用评价系统”，建立特色电子信用档案、信用评价、信用培育和金融扶持模式，促进解决中小企业和农村融资难题。年末，全省共为2.77万户中小企业和351.73万农户建立信用档案，累计有1.51万户中小企业和255.77万农户获得银行融资。开展农村青年信用示范户创建活动，全省累计评定农村青年信用示范户4.47万户，发放贷款6.07亿元。完成机构信用代码推广应用，发放比例达99.37%，在全国位列第四。完成全省781家借款企业和担保机构的外部信用评级，开展征信宣传“五进”活动。

拓宽国库服务领域，国库服务水平不断提高。严格执行国家财税政策，不断拓宽集中支付业务覆盖面。加大财税库银横向联网系统推广力度，全省国税、地税系统纳税人签约率分别达到92%、86%，电子缴库业务量占比53%，为纳税人提供安全、快捷、优质的服务平台。探索开展“残疾人就业保障基金”、“社保基金”等收缴和支拨业务，稳步推进惠农资金直拨到户业务，全省12个市州直拨各类财政性专项补助资金113.86万笔、9.6亿元。

提高调查统计工作质量，拓展金融研究和信息宣传深度。全面推进金融统计标准化建设，完善金融统计制度体系，修订甘肃省妇女小额担保贷款制度，建立甘肃省三次产业贷款和非公经济贷款专项统计制度，金融统计工作水平不断提高。开展农户问卷、企业景气、企业商品价格、银行家问卷及外向型企业制度性调查，及时掌握工商企业、小额贷款公司、融资性担保公司和典当行民间借贷情况，进一步提高监测分析水平。完善县域经济金融数据库系统，依托数据库开展特色研究，不断拓宽数据库应用领域。围绕经济金融改革发展中的热点难点问题和区域特色开展金融研究，形成重点课题和调研报告250余项。全年向人民银行总行、省委省政府报送专报信息282篇，3篇被国务院、全国人大领导批示，13篇得到省长刘伟平、常务副省长刘永富等领导的批示。《甘肃金融年鉴》连续第6次荣获全国年鉴编校质量检查评比特等奖。共向《金融时报》发稿250余篇，见报率达60%。

规范货币金银管理，推进金融信息化建设。实施小面额人民币定点支付、回收制度，推行库存券别品种单一化管理，优化库存发行基金券别结构，及时做好残损人民币的回收销毁工作，保证现金供应充足、结构合理。开展发行库安全大检查，举行发行基金出入库联合实战演练，确保发行库、钞票处理、发行会计账务核算等基础业务无事故。完成对500家金融机构网点的人民币收付业务专项检查，杜绝不合理的现金支付行为。建立反假货币会商制度，在全省开展金融机构误付假币专项治理。完成第二代支付系统、会计集中核算系统、钞票处理信息管理系统等重要业务系统的建设和推广任务。开展全省银行业信息安全培训，加强全省银行业信息安全指导和管理。推进金融IC卡应用和公共服务领域应用试点，在建设银行张掖分行试点发行具有金融功能的社会保障卡，促进金融科技与服务的有效融合。

（陈文华　高　立）

金融办

【金融业发展情况】贷款保持持续快速增长。2012年末，全省金融机构本外币贷款余额迈上7000亿元台阶，达到7196.60亿元，比上年末增长25.46%，高于全国平均水平9.86个百分点，增速居全国第4位。2012年，全省新增本外币贷款1457.40亿元，较上年多增298.63亿元。2011和2012两年共新增信贷投放2616.17亿元，与“十一五”期间新增信贷投放的总和基本持平。全省金融机构本外币存贷比由2011年末的69.73%上升到71.05%，与全国差距缩小到0.31个百分点，资金外流问题得到有效遏制，金融资源得到更为充分的利用。

存款余额突破万亿元大关。2012年末，全省金融机构本外币存款余额10129.69亿元，比上年增长19.72%，高于全国5.62个百分点，增速居全国第5位。存款余额占全国的比重由上年末的1.02%提高到1.07%。2012年，全省新增本外币存款1668.79亿元，较上年多增444.42亿元。

直接融资规模实现大幅度提升。全年共完成直接融资581.72亿元，比上年增长67.62%，2012年融资规模超过“十一五”五年的直接融资总和。其中，债券融资282.3亿元；企业首发上市和上市公司再融资88.47亿元；私募股权融资实现跨越式发展，全年共完成融资176.75亿元，成为全省资本市场发展的一大亮点；成功设立3支产业基金，共募集资金8.5亿元；以股权形式投资于甘肃的保险资金达12.7亿元；融资租赁12亿元；中小企业信托融资1亿元。直接融资的超常增长，反映出甘肃有越来越多的企业重视对资本市场的利用，学会了利用现代金融工具，同时一批大型投融资公司利用资本市场实现了规模化融资，成为全省直接融资的骨干力量。

保险市场平稳较快发展。2012年，全省保险市场稳步发展，全年累计实现保费收入158.77亿元，比上年增长12.66%。从业务来看，财产险保费收入55.94亿元，增长20.31%；寿险保费收入90.84亿元，增长7.94%。全省赔付支出48.18亿元，增长26.14%。保险资金运用实现重要突破，2012年年投入全省开发建设的保险资金22.7亿元。农业保险覆盖面显著扩大，全年共完成农业保费收入3.78亿元，累计为210.26万户次农户提供141.27亿元风险保障，支付赔款1.95亿元。

【政策支持】推动金融发展的政策体系不断完善，金融业发展环境进一步优化。2012年，省委、省政府先后出台了《关于加快金融业发展的意见》、《省长金融奖奖励办法》、《金融服务五大攻坚战实施方案》、《金融创新发展协调推进实施方案》等一系列重大措施，为全省金融业加快发展提供了有力的政策保障。2012年上半年在全省范围内掀起了学习贯彻全省金融工作会议精神的热潮，各市州结合自身实际，纷纷出台了加快地方金融业发展的意见，设立了市州长金融奖或金融业发展基金，逐步健全地方金融管理机构。在省委、省政府的大力推动下，来自“一行三会”、五大国有商业银行的61名中央金融机构优秀干部到全省14个市州、43个县区及省直有关部门挂职，这是省委、省政府深入实施人才支撑战略而作出的一项重大决策，不仅最快速、最直接、最有效地解决了甘肃金融人才稀缺的问题，而且进一步密切了甘肃与中央金融机构的联系，拓宽了争取金融支持政策的渠道。

【金融供给】一是加强沟通衔接，向中国人民银行和各大商业银行总部汇报争取信贷规模。经积极争取，人行累计向全省发放支农再贷款156.64亿元，居全国第一。二是拓展和深化同全国性金融机构的战略合作，甘肃相继同国家开发银行、农业银行、农业发展银行、光大银行、民生银行5家银行签订战略合作协议，其中仅国开行和农行就为全省提供了6000亿元的授信支持。三是与中国银行间市场交易商协会成功签署了《借助银行间市场助推甘肃省经济发展合作备忘录》，为构建多元化的融资格局、拓宽全省企业融资渠道提供了有效的机制保障。截止2012年底，全省通过银行间市场发债的企业已达11家，融资总量达到588亿元，位居全国第20位。四是加强金政企项目资金对接，有效整合政府的组织优势、金融机构的融资优势和企业的项目优势，成功举办了两次全省金融支持经济社会发展项目对接会，共达成协议金额6322亿元，签约金额2226亿元。金政企合作模式，不仅加强了地方政府与金融机构的密切合作，而且还促成了非银行业金融机构对企业的直接融资。

【金融支撑】2012年金融业为甘肃经济社会发展提供的新增资金达2350.74亿元，较2011年增加709.6亿元，增长43.2%。其中，人民币贷款增加322.59亿元，信托贷款增加247.63亿元，未贴现银行承兑汇票增加131.34亿元，委托贷款增加37.37亿元。在信贷资金投向上，主要集中于关键领域、重要产业和重点项目。一是加大了对全省产业发展的支持力度，各金融机构贷款投放由过去集中于大产业、大项目，已逐步向更广泛的产业领域特别是第三产业扩展。截止2012年末，投向制造业的信贷资金达1101.06亿元，比上年末增长16.11%；投向电力、热力、燃气及水生产和供应的信贷资金达925.91亿元，增长12.23%；投向交通运输、仓储和邮政业的信贷资金达894.24亿元，增长10.57%；投向采矿业的信贷资金达581.63亿元，增长28%；投向批发和零售业的信贷资金达537.58亿元，增长45.01%。二是对基础设施建设提供了更为有力的支持。2012年末全省固定资产贷款余额达2544.72亿元，增长17.33%，全年新增固定资产贷款375.9亿元，有力地拉动了全省固定资产投资的高速增长。省属投融资公司完成直接融资147亿元，增长19.5%，为促进基础设施建设发挥了重要作用。三是着力强化了对兰州新区发展的融资支持。支持兰州新区加快金融聚集区建设，引导更多的金融机构尽快入驻兰州新区，加大对新区建设的资金支持力度。推动兰州新区与省国投公司合作，建立了规模化的融资平台和机制，将融入60亿元资金支持新区发展。

【地方金融发展】2012年，地方金融机构新增贷款639.83亿元，占全省新增贷款总量的43.9%，成为全省新增信贷投放的重要力量。省农信社存贷款余额和新增存贷款均居全省第一。甘肃银行在成立一年的时间里，存款突破200亿元，贷款达到140亿元，实现了超常规的发展。华龙证券已成长为服务全省资本市场发展的中坚力量。甘肃信托管理资产余额达793.15亿元，比上年增长2倍多。兰州银行已发展成为专门服务中小微企业、特色鲜明的区域性城市商业银行。2012年，仅甘肃银行、农信社、兰州银行、华龙证券、甘肃信托5家主要地方金融机构上缴各项税金就超过26.2亿元，实现了企业发展与地方增收的互动双赢。

【薄弱环节金融扶持】2012年，以贯彻落实省第十二次党代会精神和深入开展“联村联户、为民富民”行动为契机，引导省内各金融机构整合金融支农政策，引导和支持各金融机构结合工作实际，专门针对“双联”行动改革创新了金融支农的新方式和新产品，切实加大对“三农”领域的金融支持。省农信社拿出专项信贷额度，用于小额担保贷款和农户小额信用贷款，在金融支持“双联”行动中起到了主力军的作用。组织实施“金融支持工程”，加大金融机构对非公经济的支持力度，大力发展服务非公经济的新型金融机构，有效拓宽非公经济直接融资渠道，支持全省非公经济跨越发展。2012年末，全省涉农贷款余额2640.3亿元，较年初增长27.71%；小微企业贷款余额1283.16亿元，较年初增长21.09%。完成了45个金融服务空白乡镇的网点建设，实现了金融服务机构在乡镇的全覆盖。在1230多个行政村设立了金融便民服务网点。在58个贫困县建立了由政府出资的担保机构。全年新增小额贷款公司162家，增长108%，总量达到312家，注册资本118亿元，贷款余额达50亿元。

（潘　瑞）

甘肃保监局

【**基本概况**】2012年，全省实现保费收入158.77亿元，比上年增长12.66%，增速高出全国平均水平4.65个百分点，增速在全国排第7位，比上年上升19位。各类赔款支出48.18亿元，增长26.14%。保险机构资产总额398.09亿元，比年初增长17.32%。行业没有发生大的系统性风险，呈现稳定发展的良好势头，服务支持全省经济跨越发展能力不断增强。

【**市场秩序**】认真贯彻保监会党委工作部署，积极履行监管职责，落实各项监管要求，扎实开展现场检查，规范保险市场秩序。全年共组成57个现场检查组，派出251人次，累计检查447天。加大违法违规行为惩处力度，共实施行政处罚20件次，给予17家保险机构罚款88.7万元，给予个人警告并罚款4人次，罚款1.2万元，并撤销2名高管人员任职资格。全省保险市场秩序得到进一步改善。

【**监管工作**】一是做好规范性文件废、改、立工作。制定实施方案，开展规范性文件清理工作。对前期汇总的112件规范性文件，认定继续有效的73件，废止的37件，修订的2件。二是强化学法用法工作。加强高管法律知识培训，把销售误导治理、消费者权益保护、监管规定、合规知识、行业文化建设等作为培训内容。重新整理高管人员法律法规测试题库，按照公司类别、层级进行题库划分，使题库抽取类型、难度与拟任职务紧密挂钩，加强考试的针对性和公正性。通过采取深入扎实的法制宣传教育和法治实践，进一步增强保险从业人员法治理念。三是强化非现场监管和分类监管。对风险预警体系指标进行调整，进一步完善“条块结合、覆盖全面、重点突出”的全省保险市场主要风险预警监测体系。强化偿付能力和分类监管，密切配合做好第二代偿付能力建设和分类监管测试体系工作。编制偿付能力报告、分类监管报告、新分类监管制度模拟测试报告。继续加大市场监控信息在现场检查、监管市场秩序和维护保险消费者利益的窗口指导，全年《市场监控信息》刊发47期。

【**业务工作**】一是着力治理理赔难。完善产险公司服务质量规范指引和服务质量综合评价办法，实施车险投保提示、理赔数据通报、车险索赔单证短信告知等制度，同时与交警部门协作，建立兰州市车险快速理赔中心。通过多措并举，理赔难问题得到初步解决。截至年末，全省车险平均结案周期23天，比上年减少20天，结案率89.2%，比上年提高0.8个百分点。积压赔案清理成效显著，累计清理积压赔案37.4万件，支付赔款30.29亿元。未决赔案清理率和金额清理率排在全国前列，是全国各项清理指标均达标的省份。二是着力治理销售误导。修订完善《甘肃寿险机构保险服务质量测评标准》，提升服务质量。出台《关于规范人身保险产品说明会有关事项的通知》，实施产说会全程录像。与银监局联合出台“十禁止”、“四坚持”的监管规定。在银邮基层网点免费发放《人身保险消费提示》，防范销售误导。联合开展银保业务销售误导专项治理行动，共检查30个基层网点，发现和整改17个方面28个问题。三是着力保护消费者合法权益。制定《甘肃保险业信访工作量化考核办法》，首次与保险公司签订信访目标责任书，明确省分公司总经理是第一责任人。建立保险合同纠纷调处机制，各级行协聘请社会调解员206人，并与司法部门初步建立调处对接机制。建立社会监督机制，选聘10名社会监督员，听民情解民忧。落实矛盾纠纷排查机制，维护行业稳定。加强消费者教育，通过外网和《甘肃经济日报》，每周进行保险知识普及活动。开展开门接访活动。组织局长接待日活动3次，接访4批次。组织12家保险公司开展为期2周的集中接访活动，接访19件次。组织参加“阳光在线”政风行风节目，现场解决投诉咨询27件。全年共受理信访投诉140件次，已妥善解决123件次。

【**风险防范**】一是健全风险排查防范机制。健全投诉风险排查机制，督促公司健全投诉风险排查部门或岗位，有重点有针对性地做好风险排查，前置风险管控。完善投诉处理及考评机制，建立投诉首访负责制、领导包案负责制等责任制度，明确处理流程和考核标准，强化责任追究制度的落实。完善退保风险监测防范机制，指导公司加强防范化解退保风险工作的组织领导，对退保情况摸底，完善应急预案，对非正常退保应急预案进行专项演练，提高风险处置能力，防范非正常退保导致的大规模群体性事件。二是开展满期给付风险排查。指导公司对2012年满期给付情况进行摸底，掌握满期给付的重点公司、主要产品、高峰时段、给付规模等，对潜在风险进行分析预警，并向公司进行风险提示，要求做好预案准备。三是深入推进收付费风险管理工作。组织公司开展收付费风险排查，查找管理漏洞，完善业务流程，防范资金风险。搭建各公司与省农信社的交流合作平台，破解农村地区收付费工作难题。畅通行业内沟通渠道，尝试建立省内收付费工作交流平台，加强公司间的互动交流，共同提升收付费管理水平。四是加强案件风险防范。开展保险业非法集资和民间借贷情况核查，完成保单质押贷款业务的核查工作。配合公安机关开展“破案会战”。落实保险业反洗钱工作管理办法，开展反洗钱培训。加强司法案件管理，报告司法案件7起，涉案人员6人，单位1家。

【拓展覆盖领域】一是做好保险资金项目对接。全省保险业认真落实保险资金项目对接要求，积极向总公司推荐项目，保险资金投资甘肃项目建设达到22.72亿元。其中，平安保险集团在甘肃投资10亿用于金川公司项目建设，同时向武威民勤敬业农业股份有限公司股权投资1亿元。安邦财产保险股份有限公司股东单位投资11.72亿元建设兰州西固区精品汽车园区。二是扩大农业保险覆盖面。目前全省政策性农业保险承保品种有玉米、青稞、能繁母猪、奶牛、牦牛、藏系羊、马铃薯、森林和油菜等9个品种。全省农业保险实现保费收入3.78亿元，比上年增长129.3%，提供风险保障141亿元；支付赔款1.95亿元，增长362.57%。新增马铃薯、森林保险，其中马铃薯保险承保453万亩，完成计划承保面90.6%，为71.5万户农民提供风险保障16.88亿元。在马铃薯晚疫病害发生后，保险业累计支付赔款4400多万元，惠及农户40.2万户。森林保险承保公益林1600万亩，提供风险保障80亿元。三是服务社会主义新农村建设。积极推广农村小额人身保险，为广大低收入农民提供基本保险保障。开展新农合保险补充责任保险试点，在庆城、西峰等4个试点县区，实现保费收入1066.12万元，参保133.3万人，赔付1432.6万元。结合全省泥石流多发的特点，积极推动全省农房保险统保工作，在定西、武威、张掖和甘南等11个县区，为农房提供保险保障近140亿元。四是支持甘肃出口贸易。大力发挥出口信用保险的作用，促进全省对外贸易的发展，信用保险支持全省外贸出口1.94亿美元，并通过保单融资功能带动甘肃省外贸企业获得银行融资约2070.96万元人民币，帮助企业挽回经济损失73.44万美元，全省受益企业户数增加到134家，对一般贸易出口的支持比重提高到6.97%。

（杨子江）

中国建设银行甘肃省分行

【综述】2012年，甘肃省分行以“强基础、增份额、控风险、提能力”为工作思路，坚定不移的落实“综合性、多功能、集约化”的发展战略，以效益为中心，以存款为基础，以质量为核心，以安全为保障，推进发展方式转变和经营结构调整，积极改善服务环境和提高服务水平，着力降低不良资产和强化风险防控，中间业务收入高速增长，战略性业务得到长足发展，综合竞争力不断增强。在大力发展信贷、公司、个人、住房金融、电子银行、信用卡业务等业务的同时，信贷资产质量和经营效益进一步得到提升。2012年实现中间业务净收入10.07亿元，同比增收1.71亿元，各项贷款余额711.14亿元，新增95.9亿元。不良率下降0.26个百分点，全年实现税前利润20.72亿元。同时甘肃省分行还结合甘肃实际不断创新金融服务，经总行和监管部门同意组建了兰州新区支行，是第一家进驻兰州新区的大型国有银行，有力支持了地方经济建设。

【对公业务】为提升对公业务的快速增长，采取了多种营销措施，实施了上下游多级联动营销体系。通过户外广告、报刊、网络和网点视频等多种渠道进行产品宣传，扩大品牌影响力。根据市场发展需要，成立了专业化团队，调动全员营销账户的热情，形成人人肩上有担子、千斤重担人人挑的良好氛围。建立了激励措施与压力均等考核管理办法，纵向加大对二级行的考核力度，横向加大对经营条线KPI考核力度，形成纵横结合的网状考核机制。坚持以贷款户为主要抓手，围绕龙头企业挖掘整个产业链和资金链的潜力，进一步巩固了重点客户的合作关系，拓展了新的客户。以创新业务和业务转型提升服务水平，对优质企业和大项目的贷款结构进行优化，得到了甘肃社会各界的广泛认可。截止2012年未对公存款余额835.64亿元，对公贷款余额618.48亿元。

【对私业务】坚持“以客户为中心”的经营理念，从产品创新，提高服务层次入手，不断提升柜面员工的专业化服务能力，以建立效益优良、布局合理、功能完善、运行高效的机构服务网络为目标，加强中心城市行网点建设，提高县域网点覆盖度，强化服务能力。通过开展一系列多样化主题营销活动，加大新产品的宣传力度，提高产品及品牌的社会知名度和覆盖率。实行网点标杆管理，结合市场资源条件，密切跟进城市规划和新兴产业发展，加大重点地区、重点地段网点布设，通过调整，使营业网点布局进一步合理，服务功能进一步完善，市场竞争能力明显增强。进一步夯实客户基础、细化合规内控，提升全方位的金融服务和产品促销，使个人存款、银行卡、代理业务等重点业务得到快速发展。全年个人存款余额689.33亿元，个人类贷款余额92.66亿元，个人客户满意度得到显著提升。

【电子银行】重点加强电子渠道建设、不断加强电子银行产品研发和业务创新，持续完善电子银行服务，已建立涵盖网上银行、手机银行、短信银行、电话银行、善融商务等在内的电子渠道体系，并与网点、财富管理中心及私人银行等物理渠道互为补充，搭建起了全方位、立体化的渠道服务体系。针对偏远山区、交通不便的农村地区，建设银行使用自助服务终端，创新推广电话银行、网上银行、手机银行等电子服务，弥补了农村地区金融机构网点不足的现状。以资金结算服务为切入点，通过企业网银及现金管理系统为对公客户提供网上集团理财以及现金管理等服务，满足其资金划拨、日常财务、电子商务等需求。针对规模偏小的农村中小企业，通过电话银行、手机银行等电子银行服务，帮助企业间交易双方逐步实现非现金结算，充分发挥电子银行畅通“三农”资金流的作用，进一步提高了服务效率，有效改善了农村地区的支付服务环境。推出了国内第一家金融电子商务全流程服务平台——“善融商务”，从多个渠道随时随地为广大客户提供便捷高效的服务。使电子银行业务产品的覆盖率得到进一步扩大，电子银行客户的信誉度和满意度不断提升。2012 年手机银行客户新增 50.6 万户，个人网银客户新增 48.8 万户，企业网银客户新增 8623 户，电子商务客户新增 43 户，个人短信客户新增 46.7 万户，企业短信客户新增 1.86 万户，电子银行业务实现中间业务收入 4917 万元。

【住房金融】甘肃省分行积极响应甘肃省委、省政府关于“三农”和“双联”工作服务地方经济的要求，结合内涵极为丰富的农耕文化特色，创建了建行甘肃省分行“农耕文明”涉农个人贷款品牌。及时推出“富民贷”等新业务，为解决农户发展资金不足问题提供了有效途径，有效支持了特色农业龙头企业和关联农户、基地的发展，满足了农民家庭的创业致富资金需求和社会主义新农村建设资金需求，对促进甘肃省农村经济发展、农民增收、社会和谐稳定起到积极作用。在房地产贷款方面，坚决执行监管要求和总行信贷政策，通过重点推进客户结构、行业结构、产品结构、收益结构的调整，提高了整体收益。截至 2012 年末，投放涉农个人贷款 24.32 亿元，投放个人住房按揭贷款 15.12 亿元，实现房金中间业务收入 3099 万元。

【中小企业】积极推进小企业业务零售化转型，进一步加大存量结构调整力度，在管理体制、经营机制和考核方式上，以全新的创新理念、全新的方法，高起点运作、高效率服务，扎实履行社会责任。在兰州小企业经营中心成立了零售业务团队，确定专人专业专注服务兰州城区网点。在兰州城区 50 个综合网点建立了 CP 机构，畅通了网点受理发起小企业业务渠道，帮助部分困难中小企业走出经营困境。通过不断调整信贷节构，加大贷款投放，加强“速贷通”、“成长之路”、“小额通”业务，着力推动了小企业业务实现了跨越式发展。截止 2012 年末，小企业授信户新增 329 户，授信基本户新增 226 户，授信户增长率达到 64.57%，非贴贷款新增 29.5 亿元，实现中间业务收入 10226 万元。

【龙卡业务】坚持“创新一点、引领一片”的发展思路，立足甘肃医疗行业的实际情况，自主设计研发，推出了专门针对医疗系统的集就诊卡和银行卡为一体的“健康龙卡”特色龙卡产品。在全省医疗系统率先推出“健康龙卡”一站式服务系统，使全省到医院就诊的患者彻底告别了纸质的病历本，将银行卡的实名制、电子病历、个人信用体系、支付功能和医疗信息资料集合在一起，不仅方便了患者，也优化了医院就诊流程。提高了医疗卫生管理和服务水平，是为全面提升服务能力和市场竞争力而做出的一次创新。建行已与全省 18 家医院签订“健康龙卡“项目合作协议，发行“健康龙卡”129.5 万张，覆盖了全省 70% 的地区综合性医院，为医疗卫生改革提供了全新的优质的金融产品服务。在信用卡业务上，2012 年新增客户 13.36 万户，同比增长 62%，累计发卡 42.98 万张。信用卡分期交易额突破 5 亿元，其中专项及商户分期付款交易额 3.92 亿元，同比增长 208%，实现账单及消费分期交易额 1.08 亿元。信用卡贷款余额突破 10 亿元，达到 13.1 亿元，当年新增 6.9 亿元。实现中间业务收入 7050 万元。

【中间业务】通过加大中间业务的组织推动力度，改进服务，优化流程，全面提升中间业务服务水平和竞争能力。进一步完善激励机制，优化配置资源，以财务顾问、审价咨询、理财产品、投行业务、企业年金、银行卡、基金等重点产品为突破口，明确差异化发展目标和管理措施。按照“破零是起点、增收是关键”的思路，推进对公和个人两条线开展重点产品“破零增收”活动。努力消灭零余额产品，减少短板产品，增强了中间业务持续增长能力，中间业务收入得到快速增长，业务范围得到进一步扩大。截至 2012 年末，实现中间业务净收入 10.07 亿元，比上年增长 20.47%。

【资产质量与防范风险】甘肃省分行坚持“业务发展与风险防控并重”的原则，着力落实“金融市场业务管理年”的各项要求，持续提升贷后管理水平。严格落实银监会“三个办法，一个指引”的要求，充分发挥对公预警客户跟踪管理系统、押品估值与信息管理系统、授信业务监测系统等管理平台作用，加强信贷资金流向监控，确保贷款资金支付方式符合监管规定。把防范化解风险，严控案件作为发展的生命线，坚持从重点抓不良贷款“双降”转向重点抓资产质量基础管理，做好市场风险、操作风险、道德风险的管控工作，特别是对重点部位、重点环节、重要岗位加强管理，严把资产质量关。全年不良贷款率下降 0.26 个百分点，资产质量继续保持“双降”，资产业务达到稳步增长。

在风险防范方面，把风险内控水平作为衡量班子履岗能力和履职表现的重点内容，加强各部门、条线之间的沟通和配合，增强员工合规操作意识，综合运用业务检查、岗位轮换、员工行为排查等手段，强化对关键风险点的控制，确保发现问题及时整改，提高了业务发展质量、管理质量和服务质量。

经济管理

行政监察

【监督检查】采取联合检查、专项督查、驻点监督等形式，开展监督检查9428次，发现违法违规问题7921个，纠正7184个，整改率达90.7%，提出监察建议1580项，推动了各项政策措施的贯彻落实。一是开展加快转变经济发展方式和转型跨越发展监督检查。明确8项重点任务，查纠水利建设项目存在问题149个，查处环保违法企业104家、挂牌督办48家，纠正违法违规用地539宗、矿点110宗，发现和整改了落实“十二五”规划、管理通胀预期、建设保障性安居工程、实施重点产业振兴和科技项目等方面的一批问题。二是开展“3341”项目工程和兰州新区建设监督检查。制定出台专项工作实施意见和方案，对招商引资项目履约、资金到位、项目落实等情况进行了专项检查，对兰州新区建设工作任务落实情况进行了重点督查，并开展了新区及周边区域违法建筑问题专项整治行动。三是开展灾后重建及抢险救灾监督检查。对舟曲灾后重建住房安置分配、资金管理使用、项目建设质量进度、移民安置等进行了97批次的专项检查，发现问题937个，督促整改908个，有力推动了灾后重建的全面完成；对陇南市灾后重建53项重点工程项目的竣工验收进行了监督，对78项后续工程建设项目进行了全面检查，发现和整改问题156个；对岷县“5·10”特大冰雹山洪泥石流灾害抢险救灾和灾后重建工作进行7次重点检查和1次专项巡视，及时发现和纠正了存在问题。维护藏区发展稳定监督检查方面，成立专项工作组，开展维护社会稳定、推动经济社会发展监督检查30余次，促进藏区发展特殊优惠政策和扶持措施落实，维护了社会大局稳定。安全生产检查和事故调查处理方面，开展安全生产“一岗双责”落实情况专项检查，对正宁县“11·16”校车事故、山丹县花草滩煤矿“9·6”事故、白银屈盛煤业“9·25”事故等424起安全生产责任事故进行了调查处理，给予党纪政纪处分84人，移送司法机关18人。

【效能风暴】在全省各级机关全面开展了以行政审批制度改革、公共资源配置市场化改革、优化政务环境、规范行政执法行为、提升工作效率“五大攻坚战”为主要内容的效能风暴行动。取消、调整省级部门和中央在甘单位行政审批事项41项、向市州下放41项部分审批权限，缩短办结时限30%以上，取消省管行政事业性收费项目69项；制定全省公共资源交易市场建设方案，积极推行“一委一办一中心”建设模式，酒泉市、武威市建成公共资源交易中心并投入运行；制定下发政务服务中心管理、服务质量、行政审批和基础设施建设四个规范性标准，积极推行“两集中两到位”行政审批服务方式，14个市州、81个县市区建立了政务服务中心，乡镇普遍建立了便民服务中心；对全省10580个行政执法主体、110151名行政执法人员的执法资质资格进行了清理审查，制定出台了全省规范行政处罚自由裁量权规定，建立了行政执法责任制；全面推行机关效能建设8项制度，集中对80个省直部门和窗口单位的机关作风及效能建设等情况进行暗访，发现并纠正了一批问题。效能风暴行动开展以来，先后组织12.8万人对100个省级部门和行业、1700个基层站所进行了民主评议，省市两级共受理投诉2159件，实施责任追究1520人。

【纠风治乱】坚持开展专项治理和建立长效机制相结合，解决了一批群众反映强烈的突出问题。深入开展工程建设领域突出问题专项治理，排查2011年新开工、500万元以上政府投资和使用国有资金项目3604个、企业3326家，发现和整改问题7387个，严肃查处了全省标准化考点建设政府采购项目串通投标、岷县陈家崖洮河大桥防护工程垮塌等一批案件。大力开展行业乱收费问题专项治理，取消商业银行违规收费项目34个、电信服务违规资费套餐14个，纠正公路违规收费问题17个，清查了大型零售企业向供应商违规收费等问题。扎实开展公务用车问题专项治理，制定出台全省机关事业单位公务用车使用管理实施办法和编制管理实施办法，处置违规车辆1182辆。坚决纠正损害群众利益的不正之风，集中开展农民负担综合治理、强农惠农资金专项清查等活动，纠正和查处损害农民权益问题3165个，涉及金额1504万元；严格规范各类学校收费行为，查纠违规收费项目20个，涉及金额349.68万元；大力纠正医药购销和医疗服务不正之风，在121家二级以上医院推广运用防统方软件，努力遏制药品回扣问题。着力整治食品药品安全方面的突出问题，健全安全风险监测机制，严厉打击制售假劣食品药品行为，查处食品药品安全责任案件175件，防止了食品药品重大安全事件的发生。与此同时，积极拓宽群众监督和诉求表达渠道，现场直播“阳光在线”节目180场，省直47个单位和重点行业上线，受理和督办投诉968件，群众满意率达95%。

【查办案件】坚持标本兼治、综

合治理、惩防并举、注重预防的方针，把自律和他律、教育和惩处、治标和治本有机结合，始终做到两手抓、两手都硬。始终保持查办案件的强劲势头，各级纪检监察机关共受理信访举报 9925 件，初核 1434 件，立案 1017 件，结案 1005 件，给予党纪政纪处分 1384 人，其中地厅级干部 4 人、县处级干部 40 人，追究刑事责任 428 人，挽回经济损失近 1.2 亿元，并为一批干部澄清了是非。建立了纪检监察机关、司法机关和行政执法部门的协作办案、信息共享机制，畅通信访举报渠道，实行案件线索集体评估，完善重要案件线索统一管理、重要案件线索督办以及纠风、执法监察案件统一审理制度，进一步形成了办案合力。坚持“一案三报告”制度，将深入剖析的重大案件作为开展警示教育的典型案例，通过召开全省领导干部警示教育电视电话会议、举办反腐倡廉形势报告、制作警示教育专题片、开展廉政文化“六进”活动等，用身边的事教育身边的人，发挥惩治腐败的治本功能。

（富鹤亭）

省属监管企业改革

【监管企业基本情况】甘肃省政府国资委监管企业主要集中在冶金、有色、煤炭、装备制造、建筑施工、农垦、化工、物流、轻纺、投融资等行业。它们是现阶段甘肃省国民经济的主要支柱，是社会、经济、环境和谐发展的重要经济基础，是财政收入和职工就业的主要来源和途径，同时也是全省经济社会实现跨越发展的主力军。2004 年以来，省属国有企业在改革中不断发展壮大，在发展中不断深化改革，国有经济的规模不断扩大，国有企业的竞争力不断增强，国有企业改革发展态势良好。2004 年省政府国资委成立时，根据省政府授权监管的省属企业共 47 户。经过 7 年多的改革、改制、重组和实施政策性破产，退出或合并 19 户企业，省政府新设立和根据行业监管要求分离设立 6 户，目前监管企业调整为 34 户。其中母公司层面多元股东企业 14 户，国有独资公司 18 户，国有独资企业 2 户；工业类企业 23 户，建筑类企业 4 户，商贸类企业 1 户，金融投资类企业 5 户，农垦企业 1 户。工业企业主要集中在有色、冶金、煤电、装备制造、化工等基础工业产业，已经形成钢铁产能 1000 万吨、有色金属产能 205 万吨、原煤产能 3500 万吨、发电装机容量 536 万千瓦。

监管企业资产总额、净资产分别从 2004 年初的 957.20 亿元、286.60 亿元增加到 2011 年底的 3688.60 亿元、1291.14 亿元，分别比上年增长 2.85 倍和 3.51 倍，年均增速分别达到 24.2% 和 31%，资产负债率由当初的 70.06% 下降到 2011 年底的 64.24%。除商贸流通等领域一些未改制企业外，绝大多数省属企业运行良好。

【监管企业改革】一是产权多元化改革全面实施。2004 年以来，通过实施“国企改革攻坚计划”，制定和落实加快国有企业产权多元化改革的政策措施，采取招商引资等增量调整办法和股权转让等存量调整办法，推进国有企业产权制度改革。鼓励外资、民间资本等重组改造国有独资公司，实行产权多元化；鼓励各类投资者采取收购、合资等多种形式，参与国有中小企业改革；鼓励企业职工投资入股，参与国有企业股份制改造等措施，使省属监管企业“一股独大”的局面大为改变。权责明确、有效制衡、规范运作的公司法人治理结构基本形成。金川集团、靖煤集团等 14 户企业在集团公司（母公司）层面实现产权多元化；兰石集团（兰石国民油井和兰石有限公司改制）、永新集团（西北化工上市）等 20 户企业集团公司（母公司）保持国有独资，主业资产实现产权多元化。下划市州的 70 户国有企业基本上完成了改革改制任务，初步建立了现代企业制度，重新焕发出生机和活力。

二是政策性破产工作顺利完成。在国务院国资委大力支持下，全省列入国家政策性破产计划共 144 户企业全部破产终结。144 户企业涉及资产总额 145.11 亿元，负债总额 319.69 亿元，实际涉及破产人数 38.01 万人，除正常退休和实施社会化管理的人员外，共有 22.65 万人得到妥善安置。省属监管企业中，甘肃稀土等 11 户企业完成破产后进行了重组，改制成为产权多元化的股份公司；西北铁合金等 2 户企业破产后退出国有序列；兰石集团等实施政策性破产后，分块改革搞活，主业与美国国民油井公司合资重组，组建了兰石国民油井公司，使企业走上快速发展的新路。目前，甘肃省政策性破产工作任务已全面完成。通过政策性破产，推进了国有经济结构战略性调整，一批大型企业通过重组改制，加快发展，进入了“工业强省”主力军的行列。减轻了历史债务包袱，提高了企业的整体素质。建立了企业优胜劣汰机制，激发了企业深化改革的内在动力。妥善安置了职工，解决了困难工业企业职工的民生问题，切实维护了社会稳定。

三是引进央企战略重组深入实施。积极实施“引强入甘”，把引进中央企业、行业优势企业参与省属企业重组作为工作重点，以产权多元化为目标，通过产权转让、增资扩股、股权划转、承债式转让等方式，积极引进战略投资者，借助央企和行业优势企业的资金、技术、管理、市场、人才等优势，快速提升省属企业的产业规模、发展能力和技术水平。通过引进国内外大企业大集团重组省属骨干企业，酒钢、金川、兰铝、华煤、祁连山水泥等一批骨干企业通过机制创新，通过产权多元化落实了现代企业制度，率先实现了质量效益的同步快速增长。2006 年以来，省政府先后与华能、华电、中电投资、信达资产管理公司等同 17 户央企签署战略合作框架协议，123 户央企中已有 76 户在甘落户。3 月份，省政府又与 39 家中央企业签定208个项目，投资项目总额11461亿元。其中新能源等战略性新兴产业投资额占48%，传统优势产业项目占35%，循环经济项目占17%。

四是企业内部资源整合不断优化。对省农垦集团、祁连山建材控股公司、长城电工股份公司等3户企业所属子公司进行了整合重组，调整理顺了管理体制，提升了集团管控能力；酒钢集团实现主业资产整体上市，重组资产增值140亿元，上市公司净资产增值240亿元；省农垦集团以土地使用权和农业资产认购亚盛集团定向增发股份，提高了持股比例。加快省属企业行业之间的重组整合步伐。甘肃铝业公司、华兴铝业公司实施政策性破产后，整合组建了东兴铝业公司，提升了企业的整体装备水平和生产规模，已经成为甘肃省重要有色金属冶炼企业；省建投集团对甘肃国际公司进行了重组整合，实现了海外建筑施工市场的优势互补；酒钢集团整合重组东兴铝业公司，利用河西风电资源，发展高载能产业；祁连山水泥与酒钢宏达建材重组，联合占领西部建材市场。积极搭建融资担保和整合平台。组建甘肃国资投资集团公司，整合省属企业有效资产，为省上筹集中期票据资金提供融资担保平台，成功发行100亿中期票据，为全省重点项目建设提供了资金支持；组建甘肃省公路航空旅游投资集团，整合全省高速公路和机场、旅游等国有企业资源，为快速推动全省交通基础设施建设和旅游产业发展提供了投融资平台；组建甘肃省新业资产经营公司，将一些行政性公司、"空壳"公司和没有纳入政策性破产的福利性资产统一划入进行管理，努力盘活存量资产，提高了国有资产的整体运行质量和效益；组建了甘肃省中小企业投资担保公司，为全省中小企业提供投融资担保服务。企业重组上市工作取得新的进展。兰石重装顺利完成上市辅导任务，兰州兰电、陇神戎发等企业完成股份制改革或增资扩股后进入上市辅导期，甘肃稀土正在编制第三次上报材料，金川公司股改和增资扩股工作已经完成，正在等待过会首发上市，金川国际已在港交所成功上市，成为甘肃省在海外上市的首家企业。

五是非工业困难企业改制和职工安置工作深入推进。建材、机械、医药、电子等四大集团公司和其他商贸流通领域的企业改革改制稳步推进。共完成了省机械集团、物产集团、医药集团和省供销社、省农牧厅等87户流通子企业的改制和职工职工安置工作，4640名国有企业职工得到妥善安置。省机械集团、省医药集团等其余30多户流通子企业改制和职工安置工作稳步推进，省属非工业困难企业改制和职工安置工作取得阶段性成果。

六是厂办大集体改革前期准备工作就绪。为贯彻落实好国办发〔2011〕18号文件，启动了甘肃省厂办大集体改革工作，提出了"四个一"（即明确一个目标、成立一个机构、出台一个实施意见、召开一个会议）的工作计划。成立了组织领导机构，初步形成了省政府统一领导，省政府国资委牵头，省上有关部门配合，有职责分工、有专人负责、有工作方案的工作机制。出台了《甘肃省国有企业厂办大集体改革工作实施意见》。省政府召开了全省厂办大集体改革工作会议，对全省厂办大集体改革工作进行了安排部署，进行了政策培训，在全省范围内启动了这项工作。指导企业规范进行改革，召开座谈会听取各市州和企业工作进展汇报和意见建议，召开了工作推进和情况汇报会，认真研究工作推进中存在的问题和实践中遇到的困难。

七是规范职工持股工作取得成效。积极采取有效措施，在普遍开展自查自究的基础上，认真整改规范本企业职工持股、投资行为。34户省属监管企业中，有8户国有企业在改制中存在职工持股、投资情况，共涉及职工9615人，持股6931万元，其中：中层以上管理人员514人，持股950万元。已有7户国有企业完成了整改规范工作，1户尚未完成的企业因与央企重组，央企对其控股，已不属于省属企业规范范围。

【监管企业改革政策支持】一是不断完善改革工作体制机制。建立了推动改革的规范制度和有效激励机制。先后出台了一系列企业内部实施改革改制、企业间兼并重组、困难工业企业政策性破产、商贸流通企业改革改制、企业主辅分离辅业改制、厂办大集体改革、企业分离办社会等一系列企业改革政策规定和实施办法，规范改革实施流程和操作方法，确保改革规范有效推进。

二是全面建立了改革风险评估机制。对涉及范围较大的企业合并、分立、改制、产权转让、上市以及解散、歇业破产等重大改革事项，关系职工群众切身利益的企业薪酬分配、奖金和福利分配、职工分流安置、劳动保障措施的改革等重大举措，建立重大事项稳定风险评估机制，分析、预测存在的隐患、可能出现影响稳定问题的风险级别和可控程度，注重加强利益协调、诉求表达和权益保障等机制建设，从源头上预防和减少不稳定因素。

三是积极筹措专项资金推动改革。2009年，省政府决定用3年左右的时间，全面实施省属非工业困难企业改制和职工安置工作。由于省属流通和部分困难企业资产质量差、人员包袱重、债务负担重，依靠企业自身的资产条件难以推动改革改制工作，需要省上对企业改革和职工安置费用缺口统筹安排给予支持。在省级财力财力十分困难的情况下，省财政对企业改革和职工安置费用缺口统筹安排给予支持，从省上国企改革专项资金和国有资本收益预算中分年度安排缺口资金10亿元，有力的推动了这项改革工作。

四是将改革工作作为业绩考核的主要内容。改革目标完成的进度、效果与企业领导人员的年度考评、业绩考核、薪酬兑现挂钩，定期通报改革工作成果。通过建立物质激励与精神鼓励相结合的激励约束机制，极大的调动了企业推动改革的积极性。

五是建立了改革法律风险防范制度体系。建立省属监管企业法律顾问制度，积极开展企业改革改制法律咨询工作。在企业产权转让和重大资产处置等环节上，严格把握相关法律规定和要求，保障企业依法履行产权市场挂牌交易、招标拍卖等程序，防止了国有资产流失，较好地维护了国家、企业和职工的合法权益。

工商行政管理

【行政执法行为】创新行政执法方式，从传统的行政处罚、行政强制等刚性执法行为，向不具有强制力的柔性执法行为延伸。全面清理实施行政强制主体和人员，建立行政强制权清单，认真落实行政处罚自由裁量权、行政处罚案件管理系统和行政处罚案件评查办法，完善案件查办程序、行政处罚程序和规范自由裁量权。开展基层执法行为接受行政相对人评议试点工作，加大对执法办案工作的检查力度，组织实施专项执法检查和案卷评查。2012 年评查案卷 4312 卷，评查率达到 85%，合格率达到 96%；行政处罚案卷合格率呈上升趋势。全省系统认真落实自由裁量权规范，依法监管、规范执法，由行政处罚引发的行政复议案件数量明显减少，行政行为涉诉率明显下降。全面推广实施法制员委派工作，在全省系统建立一支政治坚定、相对稳定、业务精通的基层法制工作队伍。在张掖市工商局组织实施了法制员人才库试点工作，基层法制工作队伍建设得到加强。

【反垄断与反不正当竞争执法】集中开展通信市场专项整治行动。根据国家总局等五部委部署，联合省商务厅、发改委、公安厅、国税局、地税局等六部门在全省集中开展清理整顿大型零售企业向供应商违规收费专项行动，重点查处商业贿赂、违规收费等问题。按照“扫黄打非 · 天山工程”座谈会精神和省委的要求，认真开展打击政治性宗教类非法出版物和反动宣传品，全省各级工商局层层签订责任书，并与企业签订了责任书，严厉打击印刷政治性宗教类印刷品和反动宣传品的现象，取得了显著成效。中国扫黄打非网登载了甘肃工商“扫黄打非”工作的经验做法。召开公用企业以及依法具有独占地位经营者负责人座谈会，督促 4 家企业承诺，不利用行业垄断地位侵害消费者权益，与 23 家企业签订《公用 (独占地位) 企业守法经营承诺书》。2012 年，全省共查处各类经济违法案件 27369 件，案值 20543 万元，上交国库罚没金额 6405 万元。其中，查处侵犯仿冒、商业欺诈、“傍名牌”、违规促销、虚假折扣销售、虚假宣传以及利用市场独占优势不公平交易等严重扰乱市场秩序的不正当竞争案件 151 件、案值 550 万元、罚没款 189 万元。查处商业贿赂案件 24 件、案值 110 万元，罚没款 60 万元。农资案件 660 件、食品案件 2689 件，查处商标侵权违法案件 61 件，案值 72 万元，罚没款 48 万元。共查处取缔无照经营 9060 户，依法吊销营业执照 116 户，停业整顿 328 户，端掉制假窝点 426 个。

【打击传销工作】会同省综治办等 16 个部门，成立了甘肃省打击传销工作领导小组。签订了《甘肃省 14 个市、州及东风场区、矿区工商行政管理机关打击传销规范直销工作执法协作协议》，与各直销企业在甘分支机构签订了《规范经营承诺书》。会同省综治办、省公安厅在兰州市中心广场举行了 1 万多人参加的打击传销违法犯罪宣传月活动启动仪式，举行了“远离传销陷阱，共建和谐陇原”万人签名的宣传咨询活动，制作了“认识传销本质，提高防范能力，远离传销陷阱，防止上当受骗”的公益广告，在甘肃电视台等 8 个频道滚动播出。中央电视台综合频道对甘肃省工商局组织的打击传销大型宣传活动作了专题报道，全国长沙会议上作了重点经验介绍。全年全省工商系统查处传销案件 7 件，捣毁窝点 95 个，教育遣返参与传销人员 1044 人次，移送公安机关案件 3 起，移送传销骨干分子 9 人。

【消费者权益保护】消费维权与 12315 行政执法体系逐步完善。建设 12315“五进”站点 1956 个，协同邮政和消协建立“三农服务站”和“消费维权站”1114 个，组织消费安全进校园、进军营、进医院等系列活动，基层消费维权网络覆盖面不断扩大。与法院联合建立消费纠纷诉调对接机制。指导个私协会与律师协会、公证协会成立“个体私营企业法律维权服务中心”，组建新一届省消协律师团，组建消费维权社会义务监督员队伍，推动形成了行政、司法与社会团体联合行动的“大维权”机制。全年发布消费警示 1300 余条，受理消费者咨询近 16 万件、举报 4954 件、申 (投) 诉 19010 件，全部予以办结，为消费者挽回经济损失 1200 多万元。

【市场规范管理】组织开展整治利用合同格式条款侵害消费者合法权益专项行动，深入开展“守合同重信用”企业公示活动，促进了合同信用建设。进一步规范抵押登记程序，保证动产抵押顺利进行。全省共办理动产抵押登记 1662 件，抵押标的 40.4 亿元。加强对拍卖业的规范管理，共办理拍卖备案 83 件，现场监拍 77 件，实现了对拍卖业的有效监管。坚持实体市场与虚拟市场、低端市场与高端市场监管并重，制定实施《网络市场经营主体备案办法》，备案网络经营主体 42 户。规范网络团购经营秩序，集体约谈 30 余家团购网站。创建省级文明集市、诚信市场 48 个，创建诚信市场先进单位 9 个。备案电信、邮政、保险、房产、建筑、医药等行业格式合同及商业广告、店堂告示 464 类，培育并命名“农资放心店”100 家。分别在兰州、武威、白银 3 地开展了“两个风险”防范试点工作。深入开展成品油、通讯、钢材、军服、人力资源市场整治等专项执法行动，市场秩序进一步好转。实施“红盾护农”行为，加强对种子、化肥、农药、农用地膜等农资产品的市场监管，检查农资经营户1.38万户，查办案件875件，案值1190.44万元，罚没款286.21万元。

【食品安全监管】加快建立完善食品安全监管长效机制。大力实施“食品安全惠民工程”，建设食品安全示范店1024个。全面推广应用食品安全综合监管平台，联网用户达75776户，在线率达63%。建成兰州、天水、平凉、酒泉食品安全检测区域性分中心，向全省系统配备食品快检设备658套、食品检测车86台，基本建立了流通环节食品安全“五位一体”和“五级贯通”的检测体系，全年完成抽样检测批次2499个、合格率为89.88%，快速检测批次146344个、合格率为99.45%。与六部门建立食品安全监管协作机制，设立100万元举报奖励基金，举办全省流通环节食品安全知识竞赛，食品安全监管能力不断提高。针对消费者反映的“地沟油”问题，认真摸排线索，严查违法经营者，共查获假冒伪劣食用油和“地沟油”共计270余吨。全省查处涉及不符合食品安全标准的案件2877件，占案件总数的9.8%，查处各种不合格食品安全标准的食品430.85吨、假酒13886公斤。

【市场主体登记监督管理】建立完善企业信用分类监管机制，制定了《企业信用分类监管实施办法》、《经济户口管理办法》、《企业监督管理警示制度》、《企业退出督查制度》。推进“信用甘肃”建设，全面启动16项登记制度改革试点，打造“网上登记注册大厅”，实现网上登记和网上年检。省政府政务大厅工商分中心被国务院授予“全国就业创业先进工作单位”。全省工商系统登记管理部门网上年检率达85%，全省登记内资企业34981户，注册资本3711.18亿元。认真落实支持促进个体私营经济发展的各项政策，采取放宽投资主体、经营范围、企业名称登记条件、注册资本登记条件、经营场所登记条件及企业集团登记条件的限制等措施，为个体私营经济发展提供了便利条件。围绕重点区域和重点行业，实行网格化管理和动态巡查，私营企业年检率达到97%、个体工商户验照率达到95%。深化登记岗位工作人员“文明服务示范窗口”创建活动，全面实行“一审一核”制，落实首问责任制和延时、预约等各项便民服务措施，设立重点项目、特殊人群登记“绿色通道”，简化办事程序，缩短审批时限，提高办事效率，促进了个体私营经济加快发展。

【招商引资】加强对引进项目的帮扶，做好对落地项目的服务，配合相关部门和投资者做好项目论证、名称核准、合同签约，引导项目合作双方加强沟通联系，及时协调解决项目建设中的矛盾，营造出亲商、容商、安商的社会氛围。在第18届“兰洽会”引进台湾、北京、上海等22个地项目149个，涉及19个行业和领域。投资总额207亿元，合同金额182亿元。创历史最好成绩。第十八届兰洽会共引进项目149个，投资总额207亿元，合同金额182亿元，比上届增长47.1%。支持企业通过动产抵押融资270亿元、商标质押权融资12亿元。

【非公经济发展】认真履行全省非公经济发展协调推进领导小组办公室职责，提请省委省政府出台了《关于推动非公有制经济跨越发展的意见》，召开了全省推动非公经济跨越发展工作会议，协调实施“十大工程”，初步建立了促进非公经济跨越发展的政策体系和组织保障机制。出台推动非公经济跨越发展、支持文化产业发展的政策措施，组织实施工商干部联系帮扶非公企业活动，评选甘肃私营（民营）企业100强，组织召开关天（关中—天水）经济区工商局长座谈会，服务非公经济发展的工作机制初步形成。全省市场主体达到81.18万户，其中：私营企业9.62万户、注册资本2451.5亿元，分别增长8.37%、31.2%；外资企业2262户、注册资本31.08亿美元；个体工商户66.32万户、注册资本260.3亿元，分别增长6.95%、23.6%；农民专业合作社1.52万户、出资总额222.6亿元，分别增长57.84%、110.9%。

【广告监管】积极指导广告业发展，省政府批转省局《关于促进广告业发展的实施意见》。举办全省广告作品大奖赛。召开整顿规范广告秩序暨大众传播媒介广告经营单位座谈会，省工商局与18家媒体单位签署了《大众传播媒介广告发布承诺书》，对违法发布广告比较严重的四家媒体进行了集中整治。通过定期检查，重点约谈，上门走访等一系列创造性的监管方式规范广告秩序，广告违法率呈下降态势。《中国工商报》以甘肃向违法广告“亮剑”为题，在头版头条进行了报道。加强对全省34个电视频道、兰州辖区9份报纸刊播的各类广告的监测，广告监测系统实现省、市、县、工商所四级互通和信息共享，实现了全方位、全过程动态监测。广告监测中心全年监测报纸、电视广告83.8万条次。全年查处违法广告案件621件，罚没款124.76万元。有效遏制了部分户外广告设置“脏、乱、差”的面貌和乱散发张贴印刷品广告的状况。

【实施商标战略】全省14个市、州相继出台了扶持商标发展的政策措施，全国“两会”期间，在香港《大公报》甘肃专题上宣传甘肃省商标战略实施情况。在全国范围内率先举办了以纪念《商标法》颁布30周年为主题的“庆阳杯”商标法知识竞赛活动。参加第七届中国中部投资贸易博览会，组织重点商标企业参加2012中国（上海）国际食品安全博览会和首届中国国际地理标志产品博览会。全年向国家工商总局商标局上报20件中国驰名商标申报材料，“居立”、“维斯特”、“黄羊河”、“祁尔康”、“定西马铃薯”、“彭阳春”、“JISCO”、“明旺”、“古河州”、“红峰”、“静宁苹果”、“刘巧儿”“TSZ”13件商标被认定为“中国驰名商标”。新增注册商标2350件，总数达到2.13万件，增长12%；新增甘肃著名商标102件，总数达到714件，增长12%；新增中国驰名商标13件，总数达到38件，增长52%；新增地理标志证明商标9件，总数达到47件，增长24%。深入开展打击侵犯知识产权和制售假冒伪劣商品专项行动和注册商标专用权保护行动，共检查经营主体12.46万户（次），检查批发零售市场、集贸市场等各类市场3838个，整治重点区域958处，吊销营业执照11余户，捣毁制假售假窝点31个；查处商标侵权假冒案件446件，总案值约377万元，罚没款约270万元。

【"联村联户"】全省系统积极投身"双联"（联村联户）行动，8639名干部对口联系178个贫困村、8979户特困户。筹集资金538万元，改善联系村道路交通、人畜饮水、文化阵地等基础设施条件。全省系统综合运用政策惠农、红盾护农、经纪活农、合同帮农和商标富农等机制，实行"一村一策、一户一法"，帮助成立农民专业合作社101个、申报地理标志证明商标7件，有效带动了种养殖、旅游服务等产业发展和劳务输转。各联村单位发挥桥梁纽带作用，申报富民项目272个、拟投资6.16亿元，已落实项目83个、总投资2266万元。组织开展了"百家企业夏河行"活动，签约项目32个、投资金额5.89亿元，已落实项目16个、资金1625万元。联系西雅衣家公司向全省1.8万名贫困群众捐赠了价值696万元的服装。

统 计

【统计生产方式】成功实施了以企业一套表为核心的统计四大工程建设，在统计事业发展史上具有极其重大的意义。一是加强领导，统筹安排。全省各级党委政府高度重视，各市州、各县区均成立了以政府分管领导为组长的企业一套表改革领导小组，加强领导，全力支持；省统计局认真贯彻落实国家统计局有关部署，多次召开会议研究布置阶段性重点工作，深入开展统计人员进百家企业督导活动，严格落实检查、考评、督办、日报、技术值班等制度，全面做好业务培训和指导工作，上下齐心、部门联动、专业互动、合力推进。兰州、白银、天水、庆阳等市州通过各种媒体和方式，广泛宣传企业一套表改革工作，争取各方面的支持。二是狠抓落实，全力实施。全系统坚持"先进库再有数，不在库不出数"，严格清查，分级核实，统一认定，基本建成不重不漏、准确可靠的统计调查单位库；严格规范企业一套表制度的执行；全省实行了统一的数据采集处理软件系统；实施全省统计信息网络扩容提速工程建设，构建网络安全防范体系，实现了各级统计机构对数据同步直接抓取，基本建成安全畅通、便捷高效的联网直报系统。成功实现了全省近6000家"三上"企业和房地产开发经营企业按照一套表制度、通过联网直报系统直接向国家报送数据。金昌、定西、平凉、张掖等市州多措并举，确保各项工作在源头上得到落实。三是严明纪律，确保质量。全系统广泛宣传并严格执行"四条红线"，进一步规范各专业审核查正企业数据的方法和程序。配合国家统计局查处了企业一套表联网直报违法案件，开展全省专项整治活动，清理了不合规的做法和文件。采取有效措施清理了"一企多址"等问题，督促企业真实独立填报数据。各级各专业建立了联网直报数据检查、核实制度，确保源头数据真实可靠。酒泉市深入开展自查整改和统计执法大检查，及时纠正存在的问题。四是适时并轨，积极拓展。认真总结上半年一套表改革工作，研究双轨和并轨工作，制定并轨方案，并认真组织实施，顺利实现了有关专业按期并轨。四大工程的成功实施，基本实现统计报表无纸化，数据采集电子化，传输处理网络化，业务流程规范化，标志着统计生产方式发生深刻变革。

【统计服务水平】一是统计服务能力进一步提高。全系统紧紧围绕全省工作大局，不断创新统计服务理念，努力提高宏观经济运行态势的研判和预警能力。省政府主要领导先后七次专门听取省统计局关于经济形势的汇报，省政府常务会议先后四次印发省统计局和省发展改革委的经济形势分析材料。庆阳、白银、嘉峪关、临夏、兰州、平凉、张掖等市州积极拓宽服务领域，统计服务水平明显提高。二是统计监测工作进一步加强。围绕省第十二次党代会提出的各项奋斗目标和省委、省政府一系列重大战略部署，扎实推进全面小康社会进程统计监测工作，完成《甘肃全面建设小康社会监测报告（2011）》，"关于提升甘肃全面小康弱项指标的建议"被省政府转发；建立和完善了全省循环经济统计评价指标体系；加强了全省工业经济运行尤其是25户重点企业生产效益统计监测；围绕实施项目带动行动和"3341"项目工程，下力气做好重大投资建设项目、民间投资、建筑业、房地产市场和保障性安居工程统计监测；在全国率先建立了文化产业季度调查制度，认真做好妇女儿童两纲监测工作；加强兰州新区、关中—天水经济区和藏区经济运行监测分析。三是统计分析水平进一步提升。2012年，国内外环境复杂，准确研判经济形势的难度进一步加大。针对这一情况，省局在进度分析上强调"快"，月度分析会从每月8日提前到7日，向省委、省政府提供数据从每月10日提前到8日；在专题分析上强调"精"，进一步强化各级党委政府领导圈定课题研究，省统计局撰写的《甘肃与贵州、青海经济发展比较研究》、《关于甘肃建筑业发展状况的报告》等重点课题和专题分析，得到省委、省政府领导的批示，各市州统计局撰写的一批分析报告也得到地区党政领导的批示或好评。四是为目标考核提供优质服务。配合省政府办公厅，就各市州、各部门月度主要经济指标目标任务完成情况；参加全省新建项目巡回观摩活动和建筑业督查工作；积极参与省委组织部、省人社厅、省监察厅等部门实施的各类考核。五是统计信息服务水平明显提高。一年来，全系统不断拓宽信息渠道，各类统计信息数量和质量都明显提高。省统计局内外网共发布信息8646篇，向国家统计局网站上报560篇；围绕领导关注的热点难点，向省委、省政府办公厅报送信息近200条，许多信息受到两办的关注。六是统计宣传工作力度不断加大。2012年，加入了全省"政务微博矩阵"并发布统计数据，积极解疑释惑；开展了纪念新中国政府统计机构成立60周年和第三届"中国统计开放日"宣传活动；在企业一套表改革中大力开展统计法制宣传活动；评选出2011年度甘肃统计十大要闻。

【统计信息化、规范化建设】一是统计信息化建设成效显著。2012年，全系统大力开展"统计信息化建设年"活动。高清视频网络实现了省、市、县三级直通召开视频会议；各级共落实经费2779万元，完成了统计网络扩容提速改造工程，建成了国家、省、市、县、乡5级接入的网络架构，大力改善网络环境与硬件设施，实现了全系统电子化和网络化。二是统计基础规范化建设有效加强。坚持统计数据"下管一级、专业联动"制度，进一步修订完善国民经济核算制度和地区季度生产总值核算联审评估方案；大力规范源头数据填报依据和报送流程，进一步完善企业一套表联网直报的数据质量控制办法和评估方案；认真开展统计行政处罚和案卷评查，规范执法程序，印发新版国民经济行业分类标准，组织城乡划分清查工作。认真落实《县级统计机构工作规范》及其考核实施细则，统计基层基础规范化水平进一步提高。

【各项统计调查】一是大力加强和完善服务业统计。省委、省政府高度重视服务业统计工作，多次听取汇报并研究解决问题。省委主要领导对做好服务业统计作出重要批示，省政府就加强和完善服务业统计、构建服务业统计体系专门下发文件，省编办、省财政厅、省人社厅和省统计局等部门联合发文解决各级服务业统计编制、人员、经费问题。按照应统尽统、不重不漏的要求，建立了甘肃省服务业统计制度和部门联席会议制度。进一步细化了省直有关部门和中央在甘单位的职责分工、统计范围。省政府召开全省服务业统计工作会议，全面启动服务业统计和重点企业清查工作。省教育厅、省科技厅、省工信委、省人社厅、省国土资源厅、省建设厅、省交通运输厅、省水利厅、省商务厅、省文化厅、省卫生厅、省工商局、省质监局、省广电局、省新闻出版局、省旅游局以及省通信管理局、省邮政局、兰州铁路局、甘肃机场集团公司等20多个部门（单位）积极配合完成服务业企业清查，认真做好基础统计工作。二是圆满完成常规统计调查、专项调查和普查准备。认真组织实施农业、工业、建筑业、批零业、住餐业、房地产业、投资、能源、保障房、人口、就业、劳动工资、社会、科技、文化等领域各项常规统计调查工作。积极开展各类专项调查、委托调查、社情民意调查，成功接办企业景气调查。积极做好人口普查资料开发、投入产出调查准备和第三次全国经济普查筹备工作。

【部门统计工作】依法加强部门统计管理，整合统计资源，提高统计的整体效益。以国民经济核算为龙头，建立部门统计数据调度分析联席会议制度，修订完善了《全省部门统计报表制度》；制定《甘肃省循环经济统计实施方案》，明确15个省直部门职责分工；建立了全面小康监测部门数据报送和联系人制度；加强部门建筑业统计与建筑业增加值核算，完善投资项目管理信息抄送制度。省财政厅、省民政厅、省司法厅、省环保厅、省农牧厅、省林业厅、省地税局、省工商局以及人民银行兰州中心支行等部门，大力加强统计基础规范化建设，政府综合统计与部门统计合力得到加强。

【统计队伍和党风廉政建设】一是统计队伍建设得到加强。扎实开展创先争优、联村联户与效能风暴活动；组织开展干部学习培训、统计从业人员教育培训和职称考评工作；组织评选了全国统计系统先进集体、先进工作者、先进个人等；大力弘扬统计核心价值观，省统计局被省直机关工委评为"双优一文明"机关；进一步健全激励竞争机制，有效提升了统计干部综合素质。二是党风廉政建设向纵深推进。按照省纪委的要求，制定了《甘肃省统计局2012年度党风廉政建设工作要点》。省统计局与14个市州统计局及局机关各处室"第一责任人"签订了《党风廉政建设承诺书》和《统计行风建设责任书》；完成了效能风暴行动民主评议机关作风和行风政风评议工作及民评代表质询工作。全省统计系统党员干部自觉廉洁从政，保证了各项工作的健康发展。

煤矿安全监察

【总体情况】2012年初全省共有各类矿井280处，年内关闭矿井10处，新增矿井4处，截止2012年底全省共有各类矿井274处。按隶属关系划分，中央在甘煤矿企业15处，占5.47%；国有重点煤矿14处，占5.11%；地方国有煤矿53处，占19.34%；乡镇煤矿192处，占70.07%。按矿井性质划分，生产矿井197处，生产能力5252万吨/年，其中中央在甘煤矿企业10处，生产能力2260万吨/年；国有重点煤矿13处，生产能力1493万吨/年；地方煤矿174处，生产能力1499万吨/年。新建矿井15对，设计生产能力1781万吨/年，其中中央在甘煤矿企业5处，设计生产能力1130吨/年；地方国有煤矿5处，设计生产能力570万吨/年；乡镇煤矿5处，设计生产能力81万吨/年。扩建矿井57处，设计生产能力657万吨/年，其中国有重点煤矿3处，设计生产能力105万吨/年；乡镇煤矿54处，设计生产能力 552 万吨 / 年（资源整合矿井 48 处，设计生产能力 435 万吨 / 年）。改建矿井 5 对，设计生产能力 225 万吨 / 年，其中国有重点煤矿 1 对，设计生产能力 180 万吨 / 年；乡镇煤矿 4 对，设计生产能力 45 万吨 / 年。按井型划分：年生产能力大于等于 120 万吨的大型矿井 22 处，生产能力 5160 万吨；年生产能力大于 30 万吨小于 120 万吨的中型矿井 18 处，生产能力 1085 万吨；年生产能力小于等于 30 万吨的小型矿井 234 处，生产能力 1670 万吨。按瓦斯等级划分：突出矿井 5 处，其中，煤与瓦斯突出矿井 1 处，煤与二氧化碳突出矿井 4 处；高瓦斯矿井 8 处；低瓦斯矿井 267 处，其中低瓦斯按高瓦斯管理矿井 1 处。按监察区域划分：兰州监察分局辖区内共有各类矿井 227 处，其中国有重点煤矿 14 处，地方国有煤矿 39 处，乡镇煤矿 174 处。陇东监察分局辖区内共有各类矿井 47 处，其中：中央在甘煤矿企业 15 处，地方国有煤矿 14 处，乡镇煤矿 18 处。

【煤矿安全生产】2012 年全省共生产原煤 4878.08 万吨，同比增长 3.77%。其中：中央在甘煤矿 1753.17 万吨，同比下降 6.25%，占 35.94%；省管煤矿 1731.16 万吨，同比增长 5.37%，占 35.49%；市县国有煤矿 719.19 万吨，同比增长 53.22%，占 14.74%；乡镇煤矿 674.56 万吨，同比下降 6.08%，占 13.83%。

2012 年，全省共发生死亡事故 17 起，死亡 48 人（其中基本建设 2 起、12 人），同比起数减少 3 起，下降 15%；死亡人数增加 5 人，上升 11.63%；原煤百万吨死亡率 0.738，同比下降 3.66%，控制在国家下达的控制指标以内。

【煤矿安全监察重点工作】总体来看，全省煤矿安全生产形势在一个时期极其被动的局面下，仍然保持了相对稳定，呈现出阶段性特征明显的特点。1 至 7 月，全省共发生事故 10 起，死亡 10 人，未发生较大及以上事故；但进入 8 月份之后，事故呈现出反弹势头，9 月份连续发生两起重大事故，安全生产形势极其被动；10 月份之后，经过停产整顿和安全整治，安全生产形势被动局面得到切实扭转。同时，大部分市州煤矿安全形势稳定，国有重点煤矿安全形势总体稳定，元旦、春节、“两会”、“五一”、“十一”、十八大等重点时段未发生伤亡事故，保持了安全稳定。

一是监察执法成效显著。科学制定了监察执法计划并严格组织实施，开展了“两节”、“两会”和“五一”、省十二次党代会、国庆节和党的十八大期间等重要时期的大规模重点督查监察和督导调研；对中央在甘和省管煤业集团公司开展了集中监察，组织开展了防治水、煤矿建设项目和瓦斯防治专项监察；组织召开了全省煤矿应急管理和应急救援工作座谈会、全省煤矿建设项目安全工作座谈会和全省煤矿安全培训工作座谈会。全局共监察矿井 274 处 758 矿次，监察覆盖率 100%，监察计划完成率、监察复查率分别为 112.1% 和 176.6%；实施行政处罚 176 次；暂扣安全生产许可证 231 个；实施经济处罚 129 次，罚款总额创历史最高水平；责令停产整顿生产经营单位 52 处；查处一般事故隐患 1258 项，实际完成整改 1197 项，隐患整改率 96.2%；查处重大事故隐患 76 项。查处煤矿事故 17 起，下达执法文书 1485 份。

二是“打非治违”专项行动扎实推进。认真贯彻落实国务院、国家安全监管总局、国家煤矿安监局和甘肃省委、省政府关于“打非治违”专项行动的一系列决策部署，成立了“打非治违”专项行动领导小组，制定了我局打非治违专项行动实施方案，按照“四个一律”和“六个一批”的要求，深入开展执法监察，严厉处罚了一批违法违规生产建设矿井；由局领导分别带队，对全省煤矿安全工作开展了督导调研，对各地区扎实推进煤矿“打非治违”专项行动开展情况进行了督查。

三是煤矿安全支撑体系不断加强。坚持从严执行安全准入标准，严格煤矿重大建设项目安全设施设计“三同时”工作，严格“安全专篇”审查，严格竣工验收。大力推进煤矿安全质量标准化建设和安全避险“六大系统”建设；进一步推动整合技改工作，督促各地、各企业加快整合技改进度；严格落实新修订的《职业病防治法》和“一规定、四办法”，制定了相应的制度和办法，组织开展了职业卫生专项监察；加强了对中介机构的资质管理，组织开展了对安全评价机构从业行为专项治理。

四是事故警示教育全面覆盖。深刻吸取 9 月份两起重大事故教训，先后 3 次共派出 19 个重点督查监察组，与省上有关部门一起组成 5 个联合督查组，全体人员国庆节期间放弃休假，全面组织开展全省煤矿安全重点督查和重点监察，切实扭转了被动局面。积极配合全国煤矿安全专项督查第三组，对全省煤矿安全工作开展了为期近一个月的专项督查。对督查组反馈意见进行了严格的督促整改落实。分东、中、西 3 个片区，召开了事故警示教育会议，做到了事故警示全覆盖。对发生的事故，均严格按照四不放过和三项基本原则进行了认真调查处理和责任追究。

五是“联村联户、为民富民”行动扎实推进。全面贯彻落实省委“联村联户，为民富民”行动的重大决策部署，制定了“联村联户、为民富民”行动实施方案，确定了帮扶项目并积极筹措帮扶资金，各帮扶项目已基本建设完工。认真履行省直部门“双联行动”联系天祝县组长单位职责，积极做好沟通、协调和联系工作，筹备召开了联系天祝县省直各成员单位联席会议；根据省委要求，制定了天祝县双联行动年度考核评价工作方案，对联系天祝县的 15 个单位开展了双联工作年度考核评价工作；对省统计局局联系的三个村所有农户开展了“送温暖”活动，对贫困户进行了进一步的摸底和节前走访慰问。

（赵　鹏）

社会事业

科 技

【概述】 2012年，全省专利申请量和授权量分别为8261件和3664件，比上年分别增长56.3%和53.8%，分别高于全国的27.1%和31.6%。全省万人专利发明拥有量为0.822件，比上年增长34.3%；全省共登记省级科技成果1233项，比上年增长11%；全省9项牵头和合作完成的重大科技成果获国家科技奖；全省技术合同交易额73.1亿元，比上年增长38.8%。

【重大项目实施】 全省共组织实施了35个各类重大科技项目，共争取科技部、财政部、国家基金委等部委13个计划类别的项目1002项，总经费10.01亿元。其中，民生科技项目65项，获得经费1.75亿元；国家科技型中小企业技术创新基金项目立项271项、资助金额1.61亿元，立项项目数和资助金额分别比上年增长22.7%和13.5%，分别列全国第11位和第12位；获得国家自然科学基金项目664项，资助经费3.87亿元，资助项目数和经费数分别比上年增长19.0%和17.7%。重大科技项目的实施，提升了主导产业的创新能力，加快了创新团队的建设，进一步凸显了科技创新源和经济增长点结合的重要作用。风力发电机、新材料、数控机床、环境综合治理、中药材标准化种植、新药创制和现代种业等重大项目的实施，促进了一批战略性新兴产业的发展。

【科技工程建设】 一是启动实施甘肃省民生科技计划。省财政增列科技惠民专项经费5000万元，与省财政厅共同实施甘肃省民生科技计划，组织召开全省民生科技工作座谈会和全省民生科技计划试点工作会，制定出台《省科技厅、省财政厅关于加快发展民生科技的意见》和《甘肃省民生科技计划实施细则》，在全省七个市州率先启动民生科技试点工作。甘肃进入国家首批14个科技惠民计划试点省行列。“兰州市城关区数字化社会管理与服务平台示范”和“武威市恶性肿瘤高发区防控模式示范”两个项目获2012年国家科技惠民计划支持。省级29个民生科技示范项目，推广实用技术82项，覆盖乡镇街道139个，直接受益人群83万人。二是推进生产力促进中心建设工作。通过制定生产力促进中心管理办法和发展规划纲要、设立生产力促进中心体系建设专项资金等措施，全省生产力促进中心数量由19家增加到81家，从业人员由353人增加到1334人，服务企业数量由1016家增加到10797家，69%的中心加入了省生产力促进业务联盟，初步形成了省、市、县三级良性互动、区县中心广泛覆盖、示范中心辐射带动、行业中心与区域中心协调发展的全省生产力促进中心体系。2012年，庆阳市生产力促进中心和秦安县生产力促进中心被认定为国家示范生产力促进中心。三是推进文化创新工程。“兰州国家级文化和科技融合示范基地”通过国家科技部、中宣部、文化部、广电总局、新闻出版总署等部门的认定，成为首批16家国家级文化和科技融合示范基地之一。同时，6个项目进入国家文化科技创新工程项目库。其中，读者出版传媒股份有限公司申报的“读者有声图书馆系统研发与应用”、甘肃万维信息技术有限责任公司申报的“丝绸之路文化溯源展示系统技术集成与应用”两个项目，已通过科技部组织的专家评审、可行性论证等程序。四是加强农业科技创新。围绕全省农业农村经济社会发展重大需求，以实现农村可持续发展为核心，以培育战略性新兴产业为重点，启动实施了国家科技支撑计划项目16项；以农业优势产业的培育壮大为重点，加强产学研联盟体系的自主创新和成果在企业的转化应用，组织实施了一批农业科技成果转化项目；以科技强农惠农富农为宗旨，围绕星火产业带建设，农业科技园区建设和科技扶贫开发及区域优势产业发展，着力推进农村科技创新创业和新型农村科技服务体系建设，为促进农业增产、农民增收和新农村建设提供科技支撑。五是开展科技富民强县专项行动。以地方特色产业为基础，以产业化项目为突破口，11个项目获得国家专项经费2261万元。目前，全省国家富民强县立项数累计已达57项，试点县区已达51个，获得中央专项经费1.03亿元。六是开展科技特派员基层创新创业。通过积极探索科技特派员工作的新模式，重点转向用科技特派员支持58个贫困县特色产业开展工作，开展了重点面向58个贫困县科技特派员的培训工作。通过加大对贫困县科技特派员的选派力度，力争由现在8千多名科技特派员增加到2016年的1万多名，实现全省58个贫困县所有乡镇科技特派员全覆盖。

【科技园区和基地建设】 一是加快科技企业孵化器建设步伐。白银科技企业孵化器一期工程“白银生物医药产业孵化基地”建设完成，建成孵化面积5万平方米，并与40家企业签订了入孵协议。兰州新区孵化器建设按照共建的模式已开始启动。2012年，2个国家级科技企业孵化器、3个国家大学科技园、5个国家高新技术产业化基地全部通过科技部组织的年度评估审核。二是加强科技成果转化及中试基地建设。在初步具备较完善的中试条件、研究开发优势，能为社会和企业提供成熟配套的工艺和技术的科研单位建设了5个科技成果转化及中试基地。三是继续推进农业科技园区建设。科技部专家组对定西、天水国家农业科技园区进行了现场考察评估，并给予充分肯定。甘肃黄羊农业科技示范园区完成申报国家科技园区工作，并列入部省会商议题。四是强化国家中药现代化科技产业（甘肃）基地建设。加强兰州生物医药科技产业基地建设工作，开展以道地药材为主要原料的药品、食品、保健品、日化品的研发和陇药规范化标准化生产技术、优势中药材为原料的中成药研究，促进农业产业结构调整，带动甘肃大宗道地药材种植产业发展。五是推进可持续发展实验区建设。在全省14个市州全面开展可持续发展实验区工作，新建3个省级可持续发展实验区，天水市秦州区已通过国家可持续发展实验区评审。同时，以科技创新推动机制创新，命名5个区域科技集成工程为国家可持续发展实验区示范园区、5个科技创新单位为国家可持续发展实验区示范单位。六是积极开展循环经济各项工作。制定甘肃省科技循环经济实施方案，与中国贸促会甘肃分会等共同筹办“甘肃循环经济国际经贸合作项目推介会”，组织各类循环经济项目85项。同时，积极向科技部申报“微细粒难处理金矿资源综合回收利用技术研究”、“城市餐厨垃圾资源化处理循环利用关键技术研究与产业化”等国家重点项目。

【创新平台和人才队伍建设】一是科技创新研发平台建设取得新的成效。国家古代壁画与土遗址保护工程技术研究中心通过国家验收并正式命名，国家种子加工装备工程技术研究中心通过科技部可行性论证。2012年，全省新组建9个省级重点实验室和20个工程技术研究中心。二是推进科技行业技术创新平台建设。通过面向市场，突出特色和重点，组建行业技术创新平台。2012年，新建甘肃省建筑建材行业能效测评技术和甘肃省公路试验检测两个创新平台。三是加强省属科研院所创新团队建设。重点在省属科研院所中培养和集聚各类创新人才，支持了12个创新团队，带动了一批重点学科、交叉学科的发展，提高了省属科研院所科技创新能力。四是扶持大学生创新创业。甘肃省大学生创业大赛已举办三届，通过大学生创新创业比赛，在全省孵化器内孵化的大学生创业企业已达69家，大学生创业企业带动大学生就业人数达到3000多人，产值累计达到近1亿元，多数企业都从事高新技术产业，大部分都具有自主知识产权，拥有专利达到100多项。五是继续加强科技人才队伍建设。2012年，6人获得“国家杰出青年基金”，10个团队得到了高层次人才创新创业项目支持，10名优秀科技工作者获省杰出青年基金项目，6个团队获得基础研究创新群体的资助。

【科技合作与交流】一是培育技术转移机构。首次举办了全省科技成果转化与知识产权培训班，甘肃省科技发展促进中心被确定为第二批中国创新驿站区域站点，兰州高新技术产业开发区创业服务中心被确定为第二批中国创新驿站基层站点，是甘肃省首次获批的国家级创新驿站试点单位。兰州交大科技成果转化有限公司被批为第四批国家技术转移示范机构。二是积极参加各类技术转移和科技展览会。组织参加2012年西北技术转移联盟工作会、2012中国西安国际科学技术产业博览会暨第七届中国西安国际高新技术成果交易会、云南科技入滇对接会和第九届中国—东盟博览会农村先进适用技术暨高新技术展等会议，签订各类合作项目20多个，签约5000多万元；餐厨垃圾处理技术、引黄滴灌成套设备、重离子治疗肿瘤技术、新型户用型秸杆气化炉等项目受到社会广泛关注；“节水设施农业及节水设备”和“ZDL系列汽车灯具真空镀膜成套设备”获得第九届中国—东盟博览会组委会颁布的“优秀参展项目奖”。三是国际科技合作向纵深发展。2012年，承担科技部3期对外技术培训班，举办20多个高级别国际学术会议。“国际荒漠与荒漠化联合研究中心”和“雨水资源化与水资源高效利用国际科技合作基地”成为国家级国际科技合作基地。四是举办了新一轮部省工作会商会议。科技部与省政府签订了新一轮部省工作会商议定书，重点将在兰州新区建设、华夏文明保护传承和创新发展示范区建设、甘肃循环经济试点省建设、甘肃科技扶贫和民生发展、甘肃现代农业发展、甘肃自主创新能力提升等6个方面并给予支持和帮助。五是积极推动省院合作。按照省政府和中科院签订共同支持省科学院发展的协议，积极落实协议内容。目前，省科学院生物所、防灾所与中科院近物所等研究所的科技合作工作已全面展开，研究基地合作共建、图书文献资源共享、研究人员培训交流等工作正在推进。六是积极争取中科院对金川公司科技创新的支持。根据省政府领导的批示，与国家自然科学基金委、中国工程院、中国科学院就支持金川集团做大做强、发展循环经济、战略性新兴产业、组织联合技术攻关等事项进行了会商，达成了将在金川公司召开第二十次科技大会期间开展院士行活动的共识。

【科技计划管理创新】一是加强重大科技项目的前期调研和顶层设计。进一步加强重点领域技术研发的顶层设计，采取自下而上和自上而下相结合的方式，面向社会公开征集重大科技项目。同时，加强调研协调，采取“主动设计、部门（行业）沟通、上下结合”的方式，实施了新能源及设备、新材料、先进装备制造、节能及清洁生产关键技术、动植物高产高效养殖种植技术、农产品精深加工与现代储运技术、人口健康与新药创制、民用核技术与装置、生态建设与环境保护技术集成、公共安全关键技术等十个方面的重大科技专项。二是加强科技计划管理。全面实行网上申报，重大项目实行“双轨制”评审，通过管理评价、专家评审、综合决策三个环节，确保项目立项的客观公正，形成程序化、规范化、科学化的科技计划管理模式。三是加强省级科技计划项目实施及经费使用情况监督检查。选择2011年立项经费数额较大的项目，开展对项目实施和经费使用情况监督检查工作。通过自查和监督检查反映出了一些省科技计划管理存在的深层次问题，监督检查的成果将为未来全省科技计划改革提供启示。四是筹划科技计划体系改革。积极开展省级科技计划体系改革工作，通过调研，制定《甘肃省“十二五”科技计划管理改革工作方案》，参照国家模式，重点从调整和完善科技计划体系设置，加强科技计划项目过程管理、修订科技计划管理办法等方面进行科技计划体系改革，新的项目申报系统将在2月份正式运行。五是启动实施科技评价体系改革。按照省委省政府的要求，对科技奖励和评价制度进行修改完善。

【知识产权工作】一是大力推进知识产权战略的贯彻实施。认真组织实施全国专利事业发展战略推进计划，安排部署《甘肃省知识产权战略实施推进计划（2011~2012）》。结合“4·26知识产权宣传周”和“第六届中国专利周”两个专题活动，普及专利知识、展示专利产品、培育专利文化，凸显了品牌、规模和集聚效应，在社会公众中产生了较大影响。通过实施知识产权强企、强县工程，深入推进了市州知识产权战略的实施。二是不断加强知识产权保护。按照省政府的统一安排部署，开展“全省商品流通领域专利行政执法检查专项行动”。据不完全统计，全省在清理规范专利市场的专项行动中，检查经营主体1000多户，深入商场90余次，检查各类商品共计1.5万余件。三是全面开展知识产权试点示范工作。推动了23家企业在知识产权战略研究与实施、建章建制、人员设置、信息利用、实施奖惩、资金投入等方面的工作，确定“甘肃省第一批企事业知识产权试点单位”6家、“甘肃省第一批企事业知识产权示范单位”7家、“甘肃省第一批知识产权试点县区”3家和“甘肃省第一批知识产权试点园区”3家。

（田愉荣　良　骥）

文　化

【文化政策和发展规划】2012年，甘肃省委、省政府出台了《关于贯彻党的十七届六中全会精神、进一步加快文化大省建设的意见》、《甘肃省加快文化大省建设的若干政策规定》、《甘肃省“十二五”时期文化改革发展规划纲要》等一系列支持文化发展的政策性文件，为文化事业、文化产业跨越发展提供了政策保障。甘肃省文化厅联合省财政厅出台了《关于加强非物质文化遗产保护工作的实施意见》、《甘肃省非物质文化遗产保护专项资金管理办法》。甘肃省文化厅相继制定出台了《甘肃省文化厅“十二五”时期文化改革发展规划》、《甘肃省文化系统贯彻〈文化部“十二五”时期文化产业倍增计划〉的意见》、《甘肃省文化系统人才队伍建设规划（2011~2015年）》、《关于加强基层文化人才队伍建设的指导意见》、《省直文化单位急需人才培养引进办法》、《甘肃省文化市场综合执法队伍培训规划》等文件，起草了甘肃省舞台艺术创作、专业美术创作、艺术科学研究等3个五年规划，为全省文化改革发展绘就了蓝图，营造了良好的文化政策环境。

【公共文化服务体系建设】2012年，中央和省级文化事业经费共投入2.91亿元（不含文物），比上年增长9%，公共文化投入不断加大。全省23个地市级图书馆、文化馆、博物馆列入“十二五”全国地市级公共文化设施建设计划，年内已完成投资2000万元。文化建设经费的不断加大，为文化跨越发展提供了有力保障。公共文化服务体系进一步健全。数字图书馆推广工程启动实施，省图书馆、兰州市等6个市级图书馆列入2012年国家数字图书馆推广工程实施计划。争取国家为24个基层文化单位投入改扩建和设备购置资金1300万元。公共电子阅览室建设有序推进，投入资金1169万元，为390个乡镇（社区、街道）的基层服务点更新和补充了2300多台计算机终端设备。积极争取文化部支持，为全省基层艺术院团配送了27辆流动舞台车，至此，文化部已先后为甘肃省配送了67辆流动舞台车，基本实现了县级院团全覆盖。灾后文化重建工作取得重大进展，陇南市灾后重建整合项目“四馆四中心”主体竣工；甘南州舟曲灾后重建的4个文化项目全面竣工。公共文化服务供给能力进一步提升。全省103个文化馆、100个图书馆、1227个乡镇综合文化站全部实行免费开放。134个博物馆免费开放，占各级各类博物馆总数的85%。覆盖到行政村的1.6万多个文化信息资源共享工程基层服务站点，利用共享工程设备，广泛开展形式多样、丰富多彩的公共文化服务。金昌市创建全国公共文化服务示范区、兰州市创建全国公共文化服务示范项目取得明显成效，顺利通过文化部、财政部中期评估督查，为全省公共文化服务体系建设提供了经验。

【舞台艺术创演】2012年，甘肃省艺术创作硕果累累。先后创作演出了大型民族交响《敦煌音画》、话剧《天下第一桥》、秦剧《敦煌恋》等一批优秀剧目，陇剧《苦乐村官》荣获中宣部第十二届精神文明建设“五个一工程”奖，话剧《天下第一桥》入选2011~2012年度国家舞台艺术精品工程资助剧目。艺术科研取得新成就。课题《文化艺术资源数字化管理与实例分析》荣获文化部第四届创新奖，甘肃省两项课题入选国家级项目。各地也创作生产了一批优秀剧目：天水市创编完成舞剧《一画开天》，并演出40余场，社会反响强烈；定西市创排的秦剧《百合花开》入选国家舞台艺术精品工程重点资助剧目，新编大型秦剧《梦回陇西堂》，在中国评剧大剧院成功首演。文化惠民演出更加深入。2012年，全省艺术院团共组织开展“千台大戏送农村”、“送文化下乡”等演出约1.5万场次，极大地丰富了群众文化生活。各地文化行政部门积极创新文化惠民方式，提高文化惠民质量。

【文化产业发展】2012年，甘肃省文化厅认真贯彻落实国务院《文化产业振兴规划》和《文化部“十二五”时期文化产业倍增计划》，以“三园一带”建设为重点，着力在营造良好政策环境、搭建公共服务平台、破解文化企业融资难、加大推介展示营销力度等方面下功夫，文化产业发展不断加快。指导文化产业园区完善项目规划。征集整理全省文化系统重点文化企业、基地（园区）融资贷款项目，积极争取国家及省上的文化产业发展专项资金，解决融资难和资金不足的问题。积极参加深圳文博会、北京文博会、中国海峡两岸文博会、国际文化产业大会等，全方位展示华夏文明传承创新示范区独特资源禀赋、良好产业基础、项目储备和支持政策，加大招商引资力度。其中在第六届中国西部文化产业博览会上，宣传推介重点文化产业项目14个，达成长期供货协议16项。以网络文化市场、娱乐市场和演出市场为重点，不断加大专项整治与日常监管力度，全省文化市场健康有序发展。甘南羚城藏族文化科技公司、张掖祁连玉文化产业园、兰州创意文化产业园被命名为第五批国家文化产业示范基地；兰州高新区被命名为首批国家级文化与科技融合示范基地（全国仅16家）。2012年，全省文化系统文化产业总产出36亿元，实现增加值25亿元，文化产业增加值增速达26%以上。

【文化市场管理】2012年，全省组织开展了文化市场领域社会治安综合治理、安全运营、禁毒、消防等一系列专项整治工作，加强了对演出、艺术品、歌舞娱乐、游艺娱乐、网吧、农村文化市场及校园周边文化娱乐场所的有效监管，确保全省文化市场的安全平稳运行。甘肃省文化厅联合省上有关部门开展了动漫市场专项整治行动，进一步规范了动漫市场经营秩序。有效利用“综合执法办公系统”、“全国文化市场管理系统”、“12318”文化市场举报热线等，进一步加强了对文化市场的管理。嘉峪关、陇南、临夏等市州在“扫黄打非”、文化市场知识产权保护等系列专项行动中，组织严密，行动迅速，有效遏制了盗版侵权行为。2012年，全省各级文化行政部门共出动执法人员17万余人次，检查场所8.3万多家次，受理举报551件，停业整顿589家，取缔、关闭各类违法违规经营场所52家，罚款81余万元，严厉打击文化市场各类非法经营行为和违法犯罪活动，有效促进了文化市场的安全、有序和健康发展。

【华夏文明传承创新区建设】甘肃省文化厅积极推进“华夏文明传承创新示范区”建设，配合省委宣传部全面梳理全省文化资源，筛选出了一批项目，并按照围绕“一带”、建设“三区”、打造“十三板块”的工作思路，开展文化项目的进一步论证储备，不断修改完善总体方案，积极推进示范区的报批工作。同时，2012年，省文化厅坚持抢救性保护，着眼于整体性、生产性保护，努力建立文化遗产保护长效机制，使文化遗产保护融入经济发展并促进经济发展。一是文物保护工作有序开展，文物考古项目稳步实施。按照第三次文物普查后续工作要求，推动完成了全省县域范围内的不可移动文物名录公布工作。文物保护单位“四有”工作得到进一步加强，534处省级文物保护单位保护范围和建设控制地带进入实地复核阶段。13项全国重点文物保护单位保护规划编制项目获国家文物局立项。二是重点文物保护工程建设进展顺利。敦煌莫高窟保护利用工程中的核心子项目——游客服务中心主体工程竣工并通过验收。开展了玉泉观、瑞安堡、武威文庙、大像山石窟、许三湾城及墓群防洪等文物保护维修工程，武威天梯山石窟壁画保护修复工程通过阶段性验收。三是着力做好国家级非物质文化遗产名录项目的保护工作。对全省61个国家级项目进行了全面检查，对工作中的薄弱环节进行了全面整改，完成了国家级名录的资金申报工作。四是进一步加大非物质文化遗产保护宣传力度。在“文化遗产日”期间，全省各地广泛开展了以“文化遗产与文化繁荣”为主题的宣传活动。

【文化活动举办】2012年，全省文化系统配合有关部门组织举办了全球文化产业大会、敦煌行·丝绸之路国际旅游节、兰洽会等一系列大型活动，参与人数、产生影响力等均创新高，其中甘肃省公祭伏羲大典有来自23个国家和地区的86名世界华人社团组织代表、1万多名华侨华人参加公祭仪式。成功举办了第六届中国秦腔艺术节，西北五省区新创排的10台风格各异的优秀秦腔剧目在兰州演出，展示了近年来秦腔艺术创作的最新成就。第八届“艺海流金”对港澳大型文化交流活动历时7天，来自港澳特区的100余位文化艺术界知名人士先后赴兰州、嘉峪关、敦煌、阿克塞等地进行参观访问、对口交流，加深了甘肃与港澳文化界之间的相互了解。《敦煌韵》剧组、民族交响乐《敦煌音画》剧组赴澳门、香港进行了演出。组织艺术团圆满完成了赴泰国执行文化部“欢乐春节”、赴意大利和巴林执行中国侨联“亲情中华”的演出任务。舞剧《丝路花雨》剧组赴日本参加“中日国民交流友好年”中方开幕式演出，获得广泛好评。敦煌艺术大展作为土耳其中国文化年的压轴活动，通过展览、演出、论坛等活动，全方位、深层次展示了敦煌文化的博大精深。大型乐舞《敦煌韵》参加阿塞拜疆、格鲁吉亚“中国文化日”活动，获得圆满成功。庆阳环县道情皮影艺术团赴韩国参加亚太地区非物质文化遗产节，收到很好的宣传推介效果。全省各地还组织举办了独具特色、弘扬主旋律的大型文化活动，品牌效应日益显现。

【文化体制改革】一是全省国有文艺院团体制改革全面完成。全省79家国有文艺演出院团中保留事业体制7家、划转3家、撤销6家，转制为企业63家，注销事业法人72家，核销事业编制数2826个。在全国国有文艺院团体制改革经验总结交流会议上，甘肃省3个市州、5个单位、7名个人受到通报表扬。二是文化市场综合执法改革和综合行政责任主体组建工作全面完成。全省14个市州、86个县区全部完成文化行政责任主体合并，全部组建了文化市场综合执法机构。三是文化事业单位内部改革继续深入。全省图书馆、文化馆、博物馆等公益性文化事业单位积极做好单位内部人事、收入分配和社会保障制度改革的准备工作，管理水平和服务效率显著提高。

【"联村联户、为民富民"工作】"双联"工作开展以来，甘肃省文化厅党组高度重视，迅速行动，成立了5个帮扶小组，分12个批次，深入帮扶村和帮扶户有针对性地开展帮扶工作。在认真细致摸底调查的基础上，针对制约5个村发展的基础设施建设问题，如路、桥、水、危房改造等，帮助制定了初步规划，积极向有关部门进行了衔接沟通，争取早日列入建设计划。同时，因村制宜引导、帮助村民谋划富民产业，寻找发展出路。7月环县遭遇罕见雹灾后，厅机关和省直部分文化单位干部为困难群众义捐资金10万余元，帮助受灾群众恢复农业生产；对因病致贫和因供养大学生致贫的特困家庭，帮扶干部建立互助小组，捐助资金3万元。经多方联系，协调上海"杨德广助学帮困基金"提供100万元资金，分5年解决5个村小学生中午就餐问题。2012年扶助的20万元学生午餐费用已经落实到位。在"双联"工作中，省文化厅还发挥自身优势，突出文化帮扶特色，把文化建设作为帮扶的重要内容。筹集资金20万元，帮助5个贫困村建成了5所村文化活动室，捐献各种科普图书7000余册、农业科技知识讲座光盘1000余张；在环县八珠乡白塬村建成了甘肃省舞台艺术创作生活采风基地和甘肃省专业美术创作生活采风基地；在帮扶村规划建设了3个文化广场。同时，还组织省直8个专业艺术院团，赴全省34个村镇送文化下乡演出75场次，观众达150万人次。

卫　生

【医疗改革】卫生部医改进展排序显示，截至2012年10月底，卫生部监测的27项医改指标中，甘肃有6项位居全国首位，另有11项居前10名，综合排名居全国前列。全省新农合参合人数达1921.5万人，参合率达97.09%，年人均筹资水平由2011年的230元提高到290元。23种重特大疾病纳入新型农村合作医疗重大疾病报销。中央和省级共投入卫生基础设施建设资金8.8亿元建设609个医疗卫生项目。人均公共卫生补助经费提高到25元。22个县被列为全国第一批县级公立医院综合改革试点单位。

【妇幼卫生】全省孕产妇死亡率由2011年的30.71/10万下降到24.35/10万，婴儿死亡率由8.28‰下降到7.25‰，5岁以下儿童死亡率由9.53‰下降到8.61‰，孕产妇住院分娩率由96.74%上升到98.33%。

【农村卫生】新农合保障水平明显提高，参合率达到97.09%，人均筹资提高到290元。新农合制度不断完善，全省加快实施门诊统筹和支付方式改革，落实农村重大疾病补偿政策，积极推进新农合"一卡通"和省内异地住院即时结报，稳步推进市级统筹，治理过度医疗；加快农村卫生信息网络建设；全面落实农村基本公共卫生服务逐步均等化，城乡居民健康档案电子建档率达到88.96%（农村88.78%，城市89.40%）；切实规范村卫生室静脉输液，农村累计改水受益人口占农村总人口的97.1%。农村自来水普及率提高到61.5%，卫生厕所普及率提高到69.5%。

【公共卫生】传染病报告发病率为484.20/10万，比上年下降8.29%。常规免疫五苗接种率均在99%以上。传染性肺结核患者治愈率达94.3%。合格碘盐食用率为97.5%。职业病医疗救治网络覆盖率达到95%以上，83%以上的县区开展卫生监督协管。落实"管理机构下基层、疾控机构进医院，健康教育进家庭"思路，在乡镇建立卫生办公室，履行9项管理职能；健全医院公共卫生机构建设，开展疾病谱分析等公共卫生工作，建立突发公共卫生事件预警机制；开展健康教育进家庭、进学校、进厅局、进基层活动。启动居民健康素养提升工作，在乡村普及推广15项中医适宜技术。

【卫生应急】加强省级应急队伍装备建设，遴选94名各学科专家组成突发事件卫生应急专家咨询委员会，制定《甘肃省卫生应急队伍管理办法》，启动全省市州突发公共卫生事件应急指挥与决策系统项目建设。加大鼠疫监测工作力度，进一步完善鼠防工作机制。全力以赴做好突发公共事件医疗卫生救援工作，认真组织开展"2·11"兰州至靖远高速重大车祸事件、"2·24"甘南州迭部民宅大火事件、"5·6"静宁县食物中毒事件、"5·11"定西市岷县冰雹洪涝灾情、"11·11"柳忠高速重大交通事故等多起重大公共事件的医疗救援工作。积极应对新型冠状病毒疫情防控工作，圆满完成了第18届兰州投资贸易洽谈会、兰州国际马拉松赛、第十一届环青海湖国际公路自行车赛甘肃赛段比赛、"第二届敦煌行·丝绸之路国际旅游节"、甘肃省第十二届党代会等重大活动卫生保障工作并积极开展卫生应急演练。

【医政医管】以加强医疗技术准入管理和医疗质控中心建设为抓手，

进一步提高全省医疗质控整体水平，保证医疗安全；制定《甘肃省护理事业发展规划纲要(2011~2015年)》、《甘肃省2012年优质护理服务工作方案》，确定全省二级以上医院开展优质护理的工作目标，组织省护理质控中心专家对部分三级医院开展优质护理服务工作情况进行督导检查；制定印发《甘肃省无偿献血省内异地用血报销工作实施方案（试行）》，完善全省“相互协作，互补短缺，就近调配”的供血应急机制，保证临床应急用血；制定《甘肃省卫生厅关于鼓励和引导社会资本举办医疗机构实施意见》，印发《甘肃省医疗机构发布医疗广告暂行规定》；完成2012年医师资格考试25567人的网上报名和审核工作，组织全省21463人参加实践技能考试；完成兰州市区在网的21家“120”院前医疗急救分站的评审工作；积极开展初级创伤救治培训工作，加强医疗机构应急药品储备，组织省级专家对年内发生的10余起交通事故、灾害事故进行医疗救援，及时转运伤病员，全力组织抢救，未发生延误救治事件。

【外事工作】完成新一批援外医疗队的组建、培训工作；圆满完成了美国眼科医疗队在临洮白内障复明手术活动，为134名眼疾患者实施了白内障复明手术；加强卫生系统因公出国（境）人员的管理工作，制定在外安全的防范工作预案，对完成任务和执行外事保密纪律情况以及出访报告进行评估检查；切实提高思想认识，不断加强与非政府组织合作管理工作，对一些长期与甘肃开展交流合作，对全省医疗卫生事业，对外交流工作做出突出贡献和成绩的组织和个人予以表彰和奖励。

【卫生保障制度】制定并落实食品安全、药品质量、药品配送、非法医疗广告4个“黑名单”制度，落实计划免疫、院内感染、食品安全3个责任追究制度，坚持重点工作内外月通报和排名制度。启动省级新农合定点医疗机构即时结报，将23种重特大疾病纳入新农合保障和民政救助病种。全省农村食品安全“一专三员”监管机制，得到李克强副总理批示肯定。全省发现并报告婴幼儿配方食品汞含量异常问题，得到卫生部通报表扬。

【中医工作】协调争取国家中医药管理局出台《关于支持甘肃省中医药事业发展的意见》，与省政府签订全国唯一的局省《共建中医药发展综合改革试点示范省协议》。省政府出台《关于扶持和促进中医药事业发展的实施意见》，省卫生厅制定《甘肃省“十二五”中医药事业发展规划》等。开展中医药先进县市区创建活动。完善中医药扶持政策，在综合医院设中医科和中医管理科及不少于总床位数5%的中医病床，建立中医师到西医科查房、考核西医科中医工作量等制度；健全公共卫生机构中医科建设。基层医疗卫生机构中医药服务覆盖率达到80%以上。

【治理过度医疗】坚持落实医务人员“四排队”和医疗机构“八排队”等22项核心制度，推广酒泉市抗菌素管理经验，李克强副总理在新华社内参上批示予以肯定，卫生部在全国推广甘肃经验。积极推进维护患者权益组织体系建设，健全第三方医疗纠纷人民调解调处机制，卫生信访秩序明显改善。兰州市、临夏州将维权科纳入正式编制。

【人才科研】连续4年共选拔1.51万名大学生充实到基层，乡镇卫生院人员较5年前实现了翻番，大专以上学历人员超过60%。连续8年共选派1.04万名城市医生到农村开展为期一年的对口支援服务。启动全国规模最大的中医五级师承教育活动。11个国家临床重点专科累计投入1亿元，12个省临床医学中心累计投入1.4亿元。2012年共争取到23项国家级和56项省级科研项目，获经费3113万元，是2011年的3倍多。

【卫生宣传教育与政策研究】先后与省委宣传部、文化厅等联合排演了《百合花开》、《皇甫谧》、《医祖岐伯》、《草原曼巴》、《黎秀芳》等剧目。《百合花开》跻身“国家舞台艺术精品工程剧目”。王万青入选全国50个优秀党员，“6·26”甘肃医疗队被评为“感动甘肃”特别奖。发动万人开微博，省卫生厅微博矩阵成为全国最大的政务微博矩阵、甘肃省十大影响力政务微博。探索开发了血液指数平台、寻医问药服务平台、12320微博问询平台等。

启动“健康中国2020”甘肃战略研究，探索并实践“用最简单的方法解决最基础的问题，用尽可能少的费用维护居民健康，走中医特色的甘肃医改之路”，得到国务院医改办和卫生部的重点宣传。开展高血压、糖尿病等5种大病的流行病学调查研究。

【卫生统计与信息化建设】一是认真执行国家统计调查制度，加强统计网络直报工作，及时完成了年报、月报、季报、实时报等统计调查任务，加大通报力度，统计数据漏报率逐渐降低，数据质量不断提高，加强数据整合与统计分析，为各级领导提供决策支持、为公众提供正确舆论导向

二是认真组织实施各类卫生信息化建设工作，完成《甘肃省“十二五”卫生信息化规划》的制订，完成村卫生室信息化系统数据中心建设，启动医疗救治信息系统建设，积极争取信息化建设项目与经费，建设全省卫生信息系统专网，启动基层医疗卫生机构信息管理系统及基本药物集中采购使用系统终端配置项目建设和基本药物集中采购系统省级平台建设，完成基层医疗卫生机构信息管理及基本药物集中采购使用系统监理招标采购。

（姚进文　路　杰）

民　政

【概况】2012年，全省民政部门以贯彻省第十二次党代会精神、第十三次全国民政会议为主线，以保障基本民生、创新社会管理为着力点，真抓实干、开拓创新，重点工作扎

实推进，难点工作有所突破，民政在社会建设中的骨干作用有效发挥。全省民政专项资金达到102.4亿元，比2011年净增21.1亿元，增长26%。

【救灾和防灾减灾工作】高效应对“5·10”岷县特大冰雹山洪泥石流等一系列自然灾害，累计下拨救灾资金7.63亿元，调拨救灾物资约23万件，救助受灾群众463万人次。编制《国家综合防灾减灾规划（2011~2015年）甘肃省实施方案》和《甘肃省综合防灾减灾责任体系》，修订《甘肃省自然灾害救助应急预案》。创建“全国综合减灾示范社区”33个，着力加强全省村级灾害信息员队伍建设，全省村级灾害信息员增至2.61万人，实现了全覆盖。组织开展“5·12”防灾减灾宣传日活动和国际减灾日活动，制定下发《关于建立完善防灾减灾科普宣传体系进一步加强防灾减灾科普宣传工作的意见》。深入开展创建“综合减灾示范社区”活动，全国减灾示范社区达到125个，社区防灾减灾能力得到大幅提高。

【社会救助工作】提前完成省委省政府确定的“提高城乡低保标准和补助水平及农村五保供养省级补助标准”三件实事。城乡低保月人均补助水平分别提高了13%和16%，达到月人均235元和89元；农村五保供养省级补助标准由1400元提高到1800元。按照“创制明责、控量放权、纳入考核、强化督查”的思路，在9县33个村开展了规范农村低保制度试点，制定一系列优化低保审核审批流程的制度规定。扎实开展创建“临时救助制度建设示范省”试点，实施临时救助和医疗救助181万人次，发放救助资金9.56亿元。结合全省“联村联户、为民富民”行动，在58个贫困县提高七种重特大疾病医疗救助标准，实行“一站式”即时结算服务，救助1.2万多人。

【民政公共服务项目建设】总投资11.77亿元的275个防灾减灾项目基本完工，实现了防灾减灾设施从无到有、覆盖全省的历史性跨越。投资2.3亿元的省综合减灾救灾应急管理中心和投资1.17亿元的中央及省级救灾物资储备库建设进展顺利。民政部确定的“三基地一示范区”建设项目（天水麦积全国综合养老示范基地、张掖甘州全国综合养老示范基地、甘肃省孤残儿童救治康复示范基地、临夏市国家级少数民族社会福利服务示范区），已投资1.3亿元，正在加快实施。先后命名表彰老年儿童福利院、减灾救灾、敬老院、城乡社区等示范项目230多个，“双五双十双百示范工程”创建基本完成。

【社会福利事业】全省县市区慈善协会已发展到80个，乡镇慈善组织发展到116个，慈善超市119个，80%以上的县市区建立了慈善组织。适龄孤儿技能培训工作有效落实，年内培训适龄孤儿160名，就业率达95%以上。继续实施“明天计划”、“重生行动”和“神华—爱心行动”，为适应症儿童实施手术329人次。将58个贫困县农村贫困家庭重度残疾儿童纳入福利机构实施救助抚养，救助抚养重残儿童632名。全省福利彩票总销量达到22.8亿元，比上年增长25%，筹集公益金6.85亿元，有力地支持了全省社会福利事业和公益事业的发展。

【双拥优抚安置工作】深入实施军地援建“双十工程”，全省筹集5.5亿元，无偿划拨土地1605亩，大力支持部队建设。兰州市等10个市县荣获“全国双拥模范城（县）”称号。全省组织军训学生58.2万人次、开展国防教育活动1926场（次）、军地文化交流858场（次）。下拨优抚资金4.74亿元，优抚对象补助标准平均提高15%，5万多名年满60周岁农村籍退役士兵和年满60周岁的部分烈士子女纳入定补范围。30%的县区实行了优抚医疗“一站式”即时结算，零散烈士纪念设施抢救保护工作加快推进。在全国率先出台了贯彻《退役士兵安置条例》的配套政策，落实自主就业退役士兵优待补助金2.8亿元，对4471名退役士兵进行了培训。完成87名伤病残退役军人接收安置任务。下拨军休补助经费3.95亿元，军休干部生活和政治待遇得到全面保障。

【基层民主政治和社区建设】出台《关于进一步加强和改进城市社区居民委员会建设工作的实施意见》，编制《甘肃省“十二五”社区服务体系建设实施方案》，制定《甘肃省村务监督委员会工作规则（试行）》，全省有7548个村建立了村务监督委员会，占47%。创建城乡示范社区58个，其中城市社区35个、农村社区23个。华亭县、敦煌市、西峰区被全国村务公开协调小组命名为“全国村务公开民主管理示范单位”。

【社会组织管理】积极推进社会组织直接登记和参与社会服务，年内新成立社会组织1215家，其中省属79家（社会团体36个、民办非企业单位37个、基金会6个）。撤销社会组织757家，其中省级131家，市县两级626家。争取到首批中央财政支持社会组织参与社会服务项目21个、资金710万元。通过破解社会组织党组织组建率低难题，全省11个市、44个县成立了社会组织党工委，社会组织党组织组建率由5.3%提高到54%。积极开展社会组织评估工作。省民间组织管理局被民政部命名为全国民政系统窗口单位、为民服务创先争优活动“群众满意窗口”和“全国民政系统行风建设示范单位”。

【区划地名和边界管理工作】审慎做好行政区划调整工作，深入开展平安和谐边界示范创建活动，甘肃与周边接壤6省区已全部签订了创建平安和谐边界协议。认真开展《中华人民共和国政区大典·甘肃卷》编纂工作。完成区划地名信息数据录入上报工作，建立市、县本级国家地名数据库。

【婚姻、殡葬和收养服务管理工作】出台了经营性公墓许可听证办法，开展了经营性公墓执法检查，为1600名特殊困难群众提供基本丧葬（火化）免费服务。进一步加大婚姻登记机关的整合力度，全省婚姻登记站点由898个调减到157个，登记信息系统实现了县、省、部三级联网。全年办理婚姻登记21.2万对，离婚登记1.8万对，登记率合格率达到100%。成立省流浪乞讨人员救助管理工作领导小组，健全救助管理工作协调机制，认真开展“接送流浪孩子回家”专项行动，救助流浪乞讨人员2.9万人次，基本实现了城市街面无流浪未成年人的目标。

【**老龄工作**】编制出台《甘肃省老龄事业发展“十二五”规划》和《甘肃省“十二五”社会养老体系建设规划》，加大老年福利服务机构建设力度，养老床位数增加到3.96万张，每千名老人拥有床位数达到11.8张。80岁以上老年人高龄补贴制度已在27个县推行，兰州、嘉峪关、张掖、定西等地建立70岁以上老年人免费乘坐公交车制度。积极开展农村互助老人幸福院建设，建成农村互助老人幸福院305个，增设床位3050张。

体　育

【**群众体育**】体育公共服务职能不断提升。一是贯彻落实《全民健身条例》，扎实推动“三纳入”工作。2012年，全省14个市州、86个县区市除甘南藏族自治州外（7县1市），其余市州、县区市两级政府基本实现“三纳入”。将全民健身事业与文化、旅游、经贸等并列为重点发展项目，全省各地全民健身工作共投入2569.36万元，人均经费预算从0.11元至8元不等。二是健全群众体育组织网络。完成了省围棋协会的换届工作，新成立了省轮滑运动协会、瑜伽协会、扑克理事会、保龄球运动协会等二级协会；着力推进县级体育总会、社会体育指导员协会成立工作，全省13个市州成立体育总会和社会体育指导员协会，43个县区市成立体育总会，70个县区市成立社会体育指导员协会，省级项目协会达43个，市州、县区两级体育行业协会累计达548个。三是加强健身服务指导工作。坚持把社会体育指导员培训工作作为提升健身服务水平的一项重要抓手，加大资金投入力度，不断扩大社会体育指导员队伍规模，在西北师范大学体育学院、天水师范学院、陇东学院、河西学院四所高校建立了国家一级社会体育指导员培训基地，全年共培训各级社会体育指导员6430人。其中：一级指导员382名。新增健身晨、晚练点100个，全省各级健身站达到5424个。新增健身气功站点27个，累计达503个。进一步健全完善国民体质监测、体育锻炼标准及相关信息发布等制度，加强对群众日常体质的检测。四是推进农民健身工程建设。全面完成全省100个较高标准乡镇农民健身工程，1000个“一村一场”，300个健身路径。

群众体育活动更加丰富多彩。一是“全民健身日”系列活动深入开展。8月8日，在东方红广场举行了甘肃省2012年“全民健身日”陇原大地健身展示系列活动启动仪式，进行了第九套广播体操、体育舞蹈、健身秧歌、街舞、双节棍等健身项目展演，并免费向市民提供体质测试。全省14个市州同步举行生动活泼、形式多样的全民健身活动，参与人数达100万人次。二是特色品牌赛事异彩纷呈。2012年，全省各地紧紧围绕敦煌行·丝绸之路国际旅游节和民族传统节日等重要节点，先后举办了临潭冶力关·中国拔河公开赛、张掖·中国汽车拉力赛、民乐全国登山健身大会、漳县遮阳山全国攀岩精英赛、玛曲民族传统赛马大会、敦煌行·中国桥牌邀请赛、嘉峪关航空滑翔节等民族传统品牌赛事，影响广泛，辐射和带动作用日趋突显，有力地推动了全民健身事业的发展。组队参加了全国第七届农民运动会，获得10个一等奖、7个二等奖、13个三等奖、19个优秀奖，创历史最好成绩。三是各类群体活动繁荣发展。全省各地积极开展“全民健身在陇原”系列活动，取得良好效果。省体育局与省直机关工委、省教育厅联合举办了省直单位第九套广播体操比赛，推广普及第九套广播体操；兰州市组织举办了2012年第40届元旦环城赛等活动；金昌市组织举办了全省武术大赛暨全国首届武术运动会选拔赛和2012中国金昌·丝绸之路国际青少年生存训练营；张掖组织举办2012全国露营大会等。全年累计举办国际性、全国性群众体育品牌赛事17项，其他各级各类群体活动近千次，直接参与人数超150万，活动次数和参与人数比上年增长20%。

【**竞技体育**】以备战第十二届全运会为契机，努力提高竞技体育水平。先后召开两次备战工作会议，印发《关于加强全国十二届运动会备战工作的决定》，成立备战工作领导小组，全方位加强了运动训练、科研医疗、后勤保障等各项工作。组织参加国际、国内各项比赛，全年共获得亚洲冠军2个、全国冠军12个。甘肃竞走运动员赵建国入选国家队参加奥运会50公里竞走比赛。

积极举办各级各类赛事。甘、青、宁联合成功举办第十一届环青海湖国际公路自行车赛和兰州国际马拉松赛暨全国马拉松积分赛两大国际赛事。第十一届“环湖赛”于6月29日至7月12日举行，赛段13个，赛程14天。兰州、张掖、武威、白银四市承办了5个赛段比赛，甘肃体彩自行车队首次参赛，取得骄人成绩。兰州国际马拉松赛暨全国马拉松积分赛于6月10日在兰州举办，比赛吸引了国内及23个国家和地区的32685名参赛选手及马拉松爱好者参赛，甘肃运动员张景霞获得女子组冠军。连续成功举办两项比赛为甘肃承办高规格的国际赛事奠定了基础。各地相继举办了嘉峪关亚洲铁人三项赛、全国男子自由式摔跤锦标赛、全国沙滩手球锦标赛、全国青年男子、女子曲棍球锦标赛、全国武术精英赛等赛事。

切实加强体育后备人才培养工作。组织4个调研组分赴全省14个市州对全省青少年体育和竞技体育后备人才工作进行了全面调研，全面了解各级体校、体育传统学校、项目训练点、青少年体育俱乐部的现状和存在的问题，为进一步做好青少年体育后备人才工作做了充分准备。实施田径高原人才开发计划，举办省级选拔赛，新设立50个训练点和网点学校，组队参加高原六省青少年田径对抗赛并取得第二名。积极开展青少年阳光体育活动，在全省11所中学开展阳光体育科学健身校园行活动。组队参加4次全国青少年阳光体育比赛，成绩名列西北第一。在兰州、武威、敦煌成功举办“迎青奥”青少年长跑活动。加大体育师资和体育教练培训力度，全年共培训270人次。开展青少年校园足球活动，全省校园足球布点达198所，注册学生4000余人，开展中小学校园足球联赛980余场。举办省第六届体育运动学校、重点业余体校运动会等，参赛青少年运动员达到1377人。依托省体校和省体工二大队举办了甘肃省少儿体育好苗班。

进一步加强运动队思想政治和赛风赛纪工作。结合伦敦奥运会和第十三届全运会备战工作，在省市训练单位开展运动队思想政治工作大调研，制定备战全运会宣传和思想政治工作方案，编制《全运会备战读本》，指导备战训练工作和思想教育工作。坚持从制度、教育和监督入手，不断完善竞赛规则和规程，严肃整顿各地在运动员年龄、资格问题上弄虚作假，裁判员执裁不公，运动队伍之间不正当交易、使用违禁药物等违规违纪行为，推进了全省范围内赛风赛纪和反兴奋剂工作的常态化。全年共培训竞训管理干部、科研人员23人、教练员30人。

【体育产业】体育彩票业稳中有升。认真贯彻落实《彩票管理条例》，坚持规范运营管理，不断创新体彩发展新思路，加大宣传力度，扩大彩票销售网点，积极寻求全省体彩销售新的增长点。

全省体育产业发展的竞争力不断增强。充分利用和发挥现有体育场馆的功能，大力发展全民健身服务业，重视培育体育竞赛市场，着力开展商业性体育比赛，广泛动员社会力量兴办体育产业，特别是通过举办列入“敦煌行·丝绸之路国际旅游节”的临潭冶力关·中国拔河公开赛、敦煌沙滩排球赛、中国·平凉崆峒山问道养生大会、张掖汽车越野拉力赛、嘉峪关国际航空滑翔节等赛事，进一步加强了体育与旅游、文化的互动融合，推动了体育休闲娱乐、体育观光旅游、体育健身服务业的发展，使参加体育健身人群不断扩大，拉动了体育消费。兰州体育馆、省全民健身活动中心等各级各类体育场馆挖掘潜力、盘活资源，积极承接大型体育竞赛、文艺活动，取得了良好的经济和社会效益。

【体育设施】省政府“100个乡镇及社区体育健身中心”惠民工程。按照省政府办公厅《建设乡镇及社区体育健身中心工程实施方案》要求，全局积极行动，对工程建设进行了动员部署和细化安排，明确了“健身中心”建设的原则、标准和办法，10月15日，省体育局由局领导带队分五个组对全省各市州100个乡镇体育惠民工程进行了全面检查。截至目前，全省100个乡镇体育惠民工程建设已基本完成。

省级体育场馆建设。甘肃临洮体育训练基地于3月18日奠基，曲棍球场和田径场所已开工建设，省体工二大队全民健身综合馆二期工程建设已基本完成，甘肃奥林匹克体育中心主建设各项筹备工作有序开展，七里河体育场及附属场馆扩建工程正在抓紧前期论证和规划。

“雪炭工程”等县级全民健身场馆建设。全省9个县市的“雪炭工程”建设任务，民勤县、通渭县、积石山县已建成使用，永昌县、玉门市完成主体工程，玛曲县、临潭县、宁县、临洮县正在建设。阿克塞健身馆开工建设，高台县游泳馆开工建设，武威市体育馆、景泰县体育场及民乐县体育馆、健身馆完成主体工程，金昌市体育中心完成前期规划，华亭县完成一馆一场一公园规划选址，合水县健身馆基本完成了建设任务，临夏州完成体育中心规划立项。

【“联村联户、为民富民”行动】顺利开展。积极响应省委开展“联村联户、为民富民”行动号召，及时学习传达全省“双联”工作总体要求，成立协调推进领导小组，安排部署省体育局“双联”行动工作。筹措21万元资金为5个联系村的1038户贫困户购置了112吨化肥。华池县双联行动协调推进会，与兰州商学院联合开展“双联行动”体育文化下乡活动。组织干部积极开展驻村蹲点工作，先后有9批75名干部进驻联系村蹲点。

（徐　斌）

广播电影电视

【基本情况】2012年，甘肃省有广播电台3座，电视台6座，市州县广播电视台77座，调频转播发射台700座，电视转播发射台2285座，建成广电微波传输网4144.95公里，广电有线传输干线网4.72万公里，全省有线电视用户201.17万户，其中数字有线电视用户161.76万户。全省共办广播节目87套，电视节目106套。全省广播和电视综合覆盖率分别为96.89%和97.56%。全省广播影视系统2012年总收入22.9亿元，实际创收收入11.1亿元。

【新闻宣传】一是紧扣中心、聚焦发力。紧紧围绕迎接、学习、宣传贯彻党的十八大和省第十二次党代会精神，精心组织各级广播电视媒体开展全方位宣传。围绕“科学发展、转型跨越、民族团结、富民兴陇”奋斗目标，深入宣传省委省政府各项重大决策部署。有序有效地完成了岷县特大雹洪泥石流灾害、舟曲灾后重建两周年、涉藏维稳等新闻报道工作，充分发挥了引领舆论、凝聚人心的作用。二是强化外宣，扩大影响。配合实施“全国卫视看甘肃”大型主题宣传采访活动，联合36家中央及省级电台举办了“《中国之窗》丝绸之路甘肃行”大型采访报道活动。2012年在中央电视台、中央人民广播电台播出各类新闻稿件260多条，进一步扩大了甘肃影响。三是创新创优，打造精品。坚持评议、评奖、评优相结合，推动各级电台电视台改版创新常态化，组织开展“甘肃广播影视奖”评奖活动，举办了2011年度甘肃广播影视奖颁奖晚会，首届中国·嘉峪关国际短片电影展，促进了国内外电影业的交流与合作。

【项目建设】一是实现广播电视“村村通”和“户户通”。广播电视“村村通”工程为80万农户配备了直播卫星接收设备。实施全省290万户广播电视“户户通”工程，累计安装开通285万户，占全国安装总数的74%。在全国第一批“户户通”工程建设的8个省区中，成为第一个基本完成建设任务的省份，得到了广电总局和省委、省政府的充分肯定，创造了“甘肃速度”和“甘肃模式”，中央和省级主要新闻媒体进行了深入广泛的宣传报道。二是实现藏区广播影视状况根本改变。完成了由中央财政投入1.13亿元的西新工程四期二阶段建设任务，进一步扩大了中一、省一广播和州县藏语广播在藏区的覆盖面。争取中央财政投入5000万元，为藏区1.77万户游牧民配备了便携式直播卫星接收一体机。三是实现农村电影数字化放映全覆盖。完成20余万场公益电影放映任务，观影农牧民群众达2320万人次，巩固了“一村一月放映一场数字电影”的目标，全省农村放映队达到924个，新建固定放映点72个。四是实现广电基础设施建设上台阶。争取到发射台基础设施建设专项资金1.065亿元并制定了建设方案。五是实现产业发展新提速。积极招商引资，在2012年深圳文博会上，省级广电部门签约10个招商项目，签约金额达4亿元。全省城市电影票房收入达1.1亿元，比上年增长47.9%，实现了三年翻两番。移动多媒体广播电视累计发展用户48.5万户，数字移动电视接收终端发展到1000多个。甘肃省广播影视系统2012年总收入22.9亿元，增长45%；实际创收收入11.1亿元，增长31%。

【体制改革】一是完成全省广电网络整合。省广电网络有限责任公司、14个市州和甘肃矿区广电网络分公司、70家县区分公司全部挂牌运营，各分公司资产评估工作基本完成，为股份制改造创造有利条件。二是完成经营性单位的转企改制。兰州电影制片厂有限责任公司、省音像出版社有限责任公司、甘肃广电报业传媒有限责任公司正式挂牌运营。甘肃广电报业传媒有限责任公司被中宣部、国家广电总局授予全国文化体制改革先进单位称号。三是深化事业单位改革。不断深化事业单位人事、收入分配和社会保障体制改革，全面完成了局台事业单位首次岗位设置工作，积极实施事业单位岗位绩效工资。

【科学管理】一是强化宣传管理。进一步建立健全规章制度，深入开展“杜绝虚假报道、增强社会责任、加强新闻职业道德建设”专项教育活动，有效抵制了低俗、媚俗、庸俗、恶俗之风。组织开展不良广告专项治理、禁止电视剧插播广告专项监管月等活动，规范广播电视广告播出秩序。成立甘肃电影审查委员会，促进了地方原创电影作品健康有序发展。二是强化安全播出管理。进一步加强省市县三级安全播出调度指挥机构建设，建立省到市、县调度指挥专网，认真开展安全播出大检查，圆满完成了十八大期间安全播出传输任务。三是强化行业管理。广播电视传输播出机构、节目制作经营机构、广播电视有线网络、境外广播影视节目引进和播出、卫星电视地面接收设施等管理工作规范有序。设立局网络视听节目管理处，有效加强对新媒体新业态的管理。四是强化队伍建设。全省广电系统专业技术人员达5900多人，占从业人员总数的42.14%，人才队伍数量和能力素质有了明显提高。

（许雁）

人口与计划生育

【基本情况】2012年，全省人口计生部门紧紧围绕稳定低生育水平、统筹解决人口问题这一主线，深入开展“夯基础上水平年”活动，实施利益导向惠民工程、生殖健康促进工程、流动人口服务关怀工程、新型家庭人口文化建设工程、信息化提质工程“五大工程”，强化依法行政、行风建设、队伍建设、经费投入、群众自治、督促指导“六项措施”，圆满完成了省委、省政府确定的“人口自增率控制在7‰以内”的人口控制目标。2012年全省年末常住人口为2577.55万人，全年出生人口31.15万，人口出生率为12.11‰，人口死亡率为6.05‰，人口自增率为6.06‰。

【利益导向示范区创建】7月23日，省政府办公厅转发《省人口委省扶贫办关于进一步做好人口计生与扶贫开发相结合工作的实施方案》，提出了在58个国家连片特困地区努力减少贫困人口、健全完善人口计生利益导向政策体系、着力提高出生人口素质、加大对计生家庭生产生活的扶持力度等4个方面17项工作措施，为示范区建设进一步提供了政策保障。8月9日，省政府召开人口和计划生育利益导向政策体系建设联席会议，总结示范区建设进展情况，命名表彰了全省首批1个市和17个县区为“人口计生利益导向政策体系建设示范市县区”。通过示范区创建，2012年全省共有808万人次计划生育群众得到了28.78亿元实惠。据问卷调查，群众对人口计生奖励优惠政策的知晓率达到97.81%。

【优质服务】在国家人口计生委确定52个国家免费孕前优生健康检查项目试点县的基础上，省级财政自筹资金扩大了34个项目县，实现免费孕前优生健康检查全省覆盖。建成省级检查质量监测指导中心和孕前优生数据中心。全省共投入6850万元，为13.7万对计划怀孕夫妇免费提供了孕前优生健康检查服务，对1.1万高危人群进行了跟踪随访和专业指导，促进了出生人口素质的提高。开展创建“全国计划生育优质服务先进单位”活动，甘谷、渭源、张家川、广河、泾川、古浪、积石山、岷县、东乡、两当、华池等11个县荣获2012年全国计划生育优质服务先进单位。

【人口信息化建设】全员人口地理信息系统实现了人与居所的一一对应，全员人口个案数据库录入总人口2763.65万人、流动人口293.13万人，录入率达到99%以上。省人口委与卫生部门落实出生实名信息交换比对制度，为发改、教育、检察等部门提供人口基础数据，配合发改、扶贫等部门完成了秦巴山区、六盘山区、藏区人口计生事业发展规划项目的初编和规划调整工作，在“联村联户、为民富民”行动等工作中，及时为省委、省政府决策及相关部门工作提供58个县区、8790个贫困村的人口基础信息。4月15日，西北人口信息中心建设项目开工奠基仪式在兰州市高新区举行。建成后将成为覆盖1亿人口，集区域性人口发展战略研究、信息采集分析、信息化人才培训等功能为一体的综合基地。

【流动人口服务管理】深入开展以“掌握百分之百信息、提供百分之百服务”为主要内容的流动人口计划生育服务管理“双百”推进工程，积极推进流动人口基本公共服务均等化进程。9月初，省人口委制定下发了《甘肃省流动人口计划生育信息管理工作规范》，升级改造全员流动人口服务管理信息系统，实现与全员人口信息系统的对接和整合。严格落实层级监管，跨省流动人口信息协查综合反馈率以及网络化协作信息的通报接收率均达到90%以上。加强流动人口服务管理队伍建设，全省市县两级人口计生部门流动人口计划生育服务管理工作机构设置率达到100%，在编人员309人，乡镇街道配备流动人口专兼职工作人员6249人。加大经费投入，2012年全省各地流动人口计划生育工作经费投入共计4833万元，人均投入16.95元，较2011年翻了一番。

【综合治理出生人口性别比】各地普遍成立综合治理出生人口性别比领导小组，共组建执法队伍300个，开展集中打击活动381次，设立“两非”专项案件举报电话600余部、共受理举报318人次，奖励举报223人次，发放举报奖励金51.48万元。深入开展打击“两非”专项治理活动。对全省33597家计划生育技术服务机构、医疗保健机构、个体诊所、药品批发及零售企业、药店和个体经营户等进行执法检查，立案362例，处理357例，处理相关责任人335人，经济处罚351万元，没收B超机等设备56台，没收药品价值12.7万元。

【依法行政】各级深入开展基层文明执法专项行动和依法行政示范乡镇街道创建活动，对社会抚养费征收管理使用情况进行了全面自查，进一步规范了依法行政行为。全面推进诚信计生，全省基本实现了“四有”（有诚信计生小组、有村规民约、有诚信计生协议、有诚信计生规章制度），育龄群众普遍参与诚信计生，全省推进诚信计生的县市区由2011年初启动初期的15个达到了2012年的86个县市区全覆盖。进一步加大信访案件查处力度，化解了长期上访的13起信访积案。

【“联村联户、为民富民”行动】深入开展“联村联户、为民富民”行动和“两同两帮”（人口计生干部下基层与村社专干同学习、同工作，帮助基层开展工作、帮助基层提高工作水平）活动，组织全省万名人口计生干部深入村（社）和农户，了解村情民意，倾听群众心声，提高了服务基层、服务群众的能力和水平。在“双联”行动中，创造了“大户带头、农户入股，项目支持、政府补贴，公司+农户、协会+合作社”等发展模式，把先进农业生产经营理念引入贫困村，有力推动了贫困村经济社会快速发展。成立种养殖协会2个，发展养殖户200多户，发放种羊1000多只。承包开发整理土地2600亩，建成农业生态观光园1处。协调落实农户发展贷款1000多万元，帮助200多户群众发展养殖业和种植业。成立扶贫互助协会，发展会员958户，落实资金40多万元，解决农户小额融资难题。组织开展义诊活动，为600多名群众免费进行了健康检查诊治，建立了生殖健康档案。开展“联村联户、为民富民生殖健康援助行动”，协调中国人口福利基金会为甘肃捐赠价值1.5亿元的“医用综合蓝氧治疗仪”1485套，为全省100多万已婚育龄妇女提供了免费、可靠、有效的妇科炎症疾病诊疗服务。

（李凌杰）

环境保护

【综述】2012年，全省14个地级城市空气质量达到二级标准的有12个，占评价城市总数的85.7%。达到三级标准的城市有2个，占14.3%。14个城市二氧化硫年均值均符合国家二级标准限值要求，可吸入颗粒物年均值除兰州、白银外其余城市均符合国家二级标准限值要求，二氧化氮年均值均符合国家一级标准限值要求；全省监测的28个河段中达标河段22个，较2011年增加4个，占河段总数的78.6%。国控重点流域12个监测断面中，除长庆桥、桦林断面外，其余10个断面水质均符合水质功能类别要求。14个地级城市集中式饮用水源地水质均达标，79个县级城市中有77个城市集中式饮用水源地水质达标；全省城市区域声环境平均等效声级范围在50.2~57.3分贝之间，兰州市、陇南市声环境质量为一般，其余12个城市声环境质量为较好。城市道路声环境平均等效声级范围在64.3~69.8分贝之间，兰州市、平凉市、临夏市、合作市声环境质量为较好，其余10个城市声环境质量为好。

【规划与能力建设】省政府印发

实施《关于进一步加强环境保护工作的意见》、《甘肃省环境保护“十二五”规划》，明确了目标、任务和措施。完成中央污染减排“三大体系”能力建设等专项资金项目的申请、申报工作。积极争取兰州市燃煤锅炉烟尘治理、重金属污染防治、PM2.5环境空气监测网建设以及国家级自然保护区能力建设等专项资金，落实中央及省级各类环保专项资金10.3亿元。

【政策法规与政府环保目标责任制】加大环境立法力度，推动《甘肃省放射性污染防治条例（草案）》列入甘肃省人大2012年度立法计划。强化制度建设，新建和修订《甘肃省环境保护项目管理办法》、《甘肃省环境保护厅行政许可管理制度》等规章制度33项。制定完善了《省政府环保目标责任书考核细则》，组织开展了省政府环保责任书的督查，由省政府办公厅对完成情况进行通报。

【污染减排】省政府与各市州政府和甘肃矿区办事处签订了“十二五”主要污染物总量减排目标责任书，印发《全省2012年主要污染物减排计划》，明确了“十二五”及2012年全省污染减排目标任务。省环保厅建立建设项目环评审批总量指标登记与核算制度，分别组织召开全省火电行业、城镇污水处理厂和水泥行业三个污染减排推进会，在兰州、平凉和金昌三市开展了排污许可工作试点。安排省级环保专项资金1.11亿元，对142个重点污染减排工程给予资金补助。报请省政府下发《关于实行预警监控确保完成全年污染减排目标任务的通知》，对有关市州政府和重点项目实行预警监控措施。会同省监察厅，对8个重点减排项目实行挂牌督办，约谈部分脱硝工程进展缓慢的企业。经环保部核查确认，2012年，全省化学需氧量排放量38.93万吨，比上年下降1.84%；二氧化硫排放量57.25万吨，下降8.24%；氨氮排放量4.10万吨，下降3.69%；氮氧化物排放量47.34万吨，下降1.57%，全面完成了国家下达的年度目标任务。

【建设项目环评管理】组织召开全省建设项目环境管理工作会议，制定《关于加强全省建设项目管理工作的意见》，下放12项环境影响评价文件审批权限。全省审批建设项目4870个，项目总投资2248.78亿元，环保投资45.42亿元，共完成建设项目环保验收1456个。其中，省环保厅审批建设项目305个，项目总投资1306.10亿元，环保投资56.75亿元，完成建设项目环保验收161个，环境影响评价报告书平均审批时间38.6个工作日，环境影响评价报告表平均审批时间32.8个工作日，分别比法定审批时间缩短21.4天和27.2天。

【污染防治】积极争取兰州市被列入全国大气污染防治试点城市，纳入《重点区域大气污染防治规划（2011~2015年）》，落实治理资金3.36亿元。认真做好机动车尾气污染防治工作，全省14个市州和甘肃矿区共有45个机动车环保检验机构的57条检测线完成资质委托工作。启动机动车环保合格标志统一核发工作，全年核发43.9万辆机动车环保标志；加大重点流域水污染防治，全省153个项目被环保部纳入国家规划予以重点支持，并分年度、区域、行业将重点项目纳入政府环保目标责任书督促建设。切实加强集中式饮用水源保护，开展地级以上城市水源地环境状况评估，完成全省86个县区126个集中式饮用水源地保护区的划分调整工作；突出重金属污染防治和历史遗留铬渣解毒处置工作，制定年度重金属污染防治实施方案，出台《关于进一步加强陇南市铅锌选矿企业废水污染治理工作的意见》，按国家要求完成全省历史遗留铬渣解毒处置任务。

【生态环境保护】开展全省自然保护区管理与建设环保专项监督检查，会同甘肃省财政厅完成中央财政对全省重点生态功能区转移支付资金的绩效评估管理。太子山晋升为国家级自然保护区，全省国家级自然保护区数量达到17个。编制完成《甘肃省生物多样性保护战略与行动计划（2011~2030年）》，开展甘肃省生态环境十年（2000~2010年）遥感调查评估与自然保护区基础调查项目。

【农村环境保护】实施“以奖代补”政策，积极推进农村环境连片整治，编制《甘肃省2012年农村连片整治项目实施方案》，在625个行政村实施农村环境连片整治示范项目。扎实做好生态创建工作，建成国家级生态乡镇25个，国家级有机食品生产基地2个，省级生态乡镇72个、生态村235个。

【核与辐射安全监管】组织开展全省辐射安全综合检查专项行动，出动人员4600多人次，对涉及14个市州86个县市区的2050家核技术利用单位进行现场检查。加强核与辐射管理，累计核发换发许可证150家，批准转入转出放射源67枚/批，安全收贮废旧放射源526枚、放射性废物15桶。

【环境监督执法】深入开展整治违法排污企业保障群众健康环保专项行动，共出动环境执法人员38959人次，对湖库型饮用水水源地、铅酸蓄电池、重金属污染和污染减排等重点企业进行了现场检查，检查企业12818家次，立案查处104家。会同省政府督察室、省监察厅对6个市州的环保专项行动工作开展情况进行抽查，会同省监察厅对10个存在违法违规问题的企业和项目进行省级挂牌督办，对62个存在环境违法问题的企业进行市级挂牌督办。2012年共受理查处环境信访案件72件，受理群众投诉3035件，结案率和办结率均为100%。

【环境应急】加强机构建设，督促全省13个市州和14个县区成立专职环境应急管理机构。组织开展全省环境安全百日大检查活动，共出动环境执法人员4305人次，检查各类企业455家（化学品企业174家，其他281家），尾矿库152家。制订印发《甘肃省环境应急专家管理办法》、《甘肃省突发环境事件应急预案省环保厅内部实施细则》、《甘肃省企事业单位突发环境事件应急预案编制规范指南》，与交通运输、公安消防部门签订应急联动工作机制。全年共妥善处置突发环境事件8起，未造成环境污染。

【科技监测】根据环保部公益性行业科研专项工作的统一安排，对《黄河源区高寒草原湿地生态系统安全监控与保护》等7个项目向环保部进行推荐。召开全省环境监测工作会议，制定实施《甘肃省环境监测自动站管理办法》、《2012年全省环境监测工作要点》、《2012年甘肃省环境监测方案》和《甘肃省2012年污染减排监测体系建设计划及实施方案》，公布《2011年甘肃省环境状况公报》，开展2012年甘肃省国家重点生态功能区县域生态环境质量考核工作，指导兰州市开展PM2.5监测试点工作，全面完成各类环境要素的例行监测任务。

【循环经济与清洁生产】2012年完成清洁生产审核评估99家，产生清洁生产方案2400个，实施2281项，减少排放废水4372.18万吨，化学需氧量7223.82吨，氨氮14.182吨，二氧化硫5544.86吨，废气106350.84万标立方米，烟（粉）尘9486.33吨，一般固废157685.4吨，危险废物8577.69吨。节水767.199万吨，节电24482.7万度，节煤7930.85万吨，节油1581吨。

【环境宣传教育】组织开展“六·五”世界环境日等一系列宣传活动，甘肃电视台、《甘肃日报》、省广播电台等省内主要媒体发出环境报道120多则，每日甘肃网、人民网、新华网等主要网媒发出报道160多则，《中国环境报》发出重点报道100则。积极开展绿色创建活动，先后对40所全省“绿色学校”创建活动先进学校和25名全省“绿色学校”创建活动先进个人给予表彰。

（孙振淮）

档　案

【基本情况】2012年，省档案局加大汇报衔接力度，积极谋求新支持。向省十一届人大常委会汇报全省档案工作情况，并向省政府办公厅提出加强和改进档案工作的“四条建议”。同时，积极争取资金支持，档案馆维修补助经费由每年200万元提高到400万元并列入每年财政预算；省级中西部档案馆建设项目配套资金由1200万元提高到1500万元；全年落实中央和省两级档案馆建设资金4100万元，重点档案抢救保护补助费530万元。

【“三个体系”建设】一是认真贯彻落实国家档案局第9号令，加大档案资源体系建设力度。制定《甘肃省档案馆接收档案范围细则》，全年接收档案10529卷（件、张）；超计划完成整理进馆任务16486卷（件、张）；抢救修裱档案72074张，装裱字画65幅；现场采集声像档案资料46次；征集各种档案资料4806件，党和国家领导人在甘工作档案资料、移民档案等一批填补馆藏空白的重要档案被收集进馆。二是全面推进全省档案利用体系建设。在全省开展“档案利用体系建设年”活动，完成全省“十大文明服务窗口”、“十大文明服务标兵”、“十大档案文化精品”和“十大档案利用效益典型事例”的评选工作，有效推动了全省档案利用体系的完善。省档案馆在活动中进一步明细岗位职责，向全社会广泛公布查阅制度并大力开展人员挂牌服务和温馨服务，多次受到查阅者来信来电表扬。三是多措并举健全安全体系。省档案馆顺利实施首批36423卷重要档案备份在四川的异地保存，以及省内12个市州及其所辖县区重要档案备份在省档案馆的异地保存。层层签订并认真执行《安全责任书》，建立了横向到边、纵向到底的安全管理网络；对安全监控系统和消防灭火系统进行了彻底更新改造，同时高质量完成了计算机网络及网站信息安全自检和档案开放利用划控鉴定工作。2012年，省档案局馆被评为兰州市“单位治安保卫工作”先进集体，“甘肃档案信息网”被省公安厅评为最高安全等级。

【综合服务工作】一是围绕大局开展建档服务。及时联合省委有关部门印发《关于认真做好联村联户为民富民行动建档工作的通知》并开展业务培训和指导，全省各级档案部门指导建立联村联户档案5万余件；全年对30多个工程项目进行建档服务，参与或组织21个重点建设项目竣工档案的专项验收，确保建设项目档案资料的规范完整。二是向社会各界提供查阅利用服务。全年接待参观学习203批计1860人次，查档单位及个人987家计2810人次，利用档案资料4920卷（件），复制22300张。三是立足馆藏提供档案文化和信息服务。印发《关于大力推进档案文化建设的意见》，完成《兰州老照片》、《陇史撷英》、《甘肃近代工业珍档录》、《甘肃生态珍档》、《名人与甘肃珍档》的编辑工作；完成6期《档案参考》的编辑印发工作。

【科研和数字化工作】一是科研成果获奖实现零突破。成功协助国家档案局举办全国优秀科技成果奖励评审会议，省档案局馆与省移动公司合作的《数字化档案馆建设及面临的主要问题》课题获优秀科技成果二等奖。二是数字档案馆和网站群建设进展顺利。数字档案馆主体建设工程顺利完工；网站群基本建成并制定了《甘肃省档案局网站群管理办法》，全省各市州档案部门网站即将形成网上公开档案数据的归纳集中统一管理，实现资源共享。三是数据库建设进度加快。全年超计划完成全文扫描300万画幅，比上年增长50%，省馆全文扫描数据达到980万画幅，约占馆藏总量的30%；完成三年来新进馆档案目录数据库录入19805条，省馆机读目录数据达到420多万条，约占馆藏总量的99%。印发《甘肃省综合档案馆文书档案机读目录数据库结构与交换格式》，为实现接收进馆机读目录标准化奠定了基础。

【宣传工作】一是充分利用档案专业媒体开展宣传。邀请《中国档案报》记者深入部分市州和县市区进行了采访报道；《中国档案报》专版向世界介绍了省馆及全省档案工作情况，在西部尚属首家；全省档案系统在《中国档案报》的发稿量跃居全国前八，甘肃《中国档案报》记者站被评为优秀记者站，两名同志分获优秀记者站长和优秀特约记者荣誉称号。二是通过多种渠道全方位宣传。全年编印《甘肃档案信息》21期，出版《档案》杂志6期；“甘肃档案信息网”更新信息量比2011年增长近50%，达到2316条；完成省档案馆宣传片拍摄工作，并制作宣传台历与视频。全年共接待省内外考察人员达50余批次，省档案局馆行业影响力提升明显。

【档案工作管理与指导】一是进一步加大督查力度。2012年，省档案局馆完成了对部分市州和县市区贯彻落实《甘肃省档案条例》、国家档案局第9号令的情况以及档案信息化、馆库建设等情况的抽查；完成了对各市州2012年档案工作目标管理任务完成情况的全面考核，有效促进了各项工作部署的落实。二是狠抓县级档案馆建设。建立全省中西部地区县级档案馆建设项目进展统计信息库，并深入17个县进行现场督查。截至2012年末，30个列入“十二五”中央支持计划的县级档案馆建设项目已有19个档案馆开工建设，12个档案馆已封顶或竣工。三是提升规范化管理水平。全年印发或转发《关于进一步加强档案工作规范化管理的通知》、《水利水电工程移民档案管理办法》等多份规范化管理文件；开展建设项目档案、社保档案以及水利普查档案管理的检查评比或培训工作，有效提升相关专业档案工作规范化水平；成功召开全省档案工作规范化管理现场会，推广先进工作经验，并首次提出实现档案工作“精细化管理”的目标要求；完成1个国家二级档案馆和50个省特级、省一级单位的测评工作。四是加强新农村建设和民生档案工作。指导西峰区成功创建全省首个全国社会主义新农村建设档案工作示范区，并以此为契机召开了全省社会主义新农村建设档案工作经验交流会；会同社保部门对53个市县社保业务经办机构的社保档案进行了检查验收。

【“双联”工作】“双联”行动开展以来，省档案局班子成员先后15次带队深入陇南市武都区的朱能、甘家沟和马半山3个帮扶村，从群众最迫切的问题入手统筹推进“八个全覆盖”和“五件实事”，带领全体干部为联系村解难题办实事。2012年，省档案局馆共为联系村、联系户办实事30多件，投入帮扶资金110多万元，帮办实事涉及基础设施建设、产业发展、公共服务、社会事业、基层组织建设、精神文明建设、村容村貌整治等多个方面。据统计，2012年朱能村人均收入达到3600元，比上年增长20%；帮扶的14户特困户人均收入达到2800元，增长40%。甘家沟村人均收入达到2700元，比上年增长35%；帮扶的25户特困户人均收入达到2580元，增长38.7%。同时，马半山村人均收入达到3100元，比上年增长29.2%；帮扶的103户特困户人均收入达到3100元，增长29.2%。另外，2个村的通村公路已被立项。省档案局被评为2012年省直和中央在甘单位“双联”工作考核优秀。

文　物

【文物保护项目和经费】2012年，省文物局根据全国和全省文物事业发展“十二五”规划，按照省政府与国家文物局《关于合作加强甘肃文化遗产工作框架协议》精神，统筹规划，精心组织编制了130多个文物保护项目方案上报国家文物局，其中109个项目获批。同时，加大获批项目的衔接、沟通、汇报力度，积极争取落实项目经费。特别是对嘉峪关文化遗产保护工程、莫高窟保护利用工程、拉卜楞寺文物保护工程等重大文物保护项目，积极争取，确保了资金安排和项目实施的连续性。2012年全年中央财政共下达甘肃省文物保护专项经费6.4亿元，比2011年增加1.5亿元，为历年来最高。

【文物安全与执法督查】2012年，全省文物安全形势总体平稳。文物安全工作进一步规范化、制度化，省文物局制订下发了《甘肃省文物局文物安全目标责任考核办法（试行）》、《甘肃省文物保护员管理办法（试行）》、《文物安全技术防范系统安全检查规程》；组织开展了文物安全隐患排查整治专项行动，排查文物安全隐患2042项，整治1791项，确保了文物安全；与省公安厅签署了《关于建立打击防范文物违法犯罪长效工作机制的合作协议》，形成了打击防范文物违法犯罪的长效工作机制，初步建立了全省打击文物犯罪信息系统；持续开展打击文物犯罪活动，打掉文物犯罪团伙3个，抓获犯罪嫌疑人7名，追回文物151件；加大文物行政执法督察力度，配合全国人大常委会《文物保护法》执法检查组对《文物保护法》贯彻落实情况进行了检查，依法调查处理了兰州明肃宪王墓保护范围内违章建设等文物违法事件。

【文物保护基础工作】按照第三次全国文物普查工作要求，基本完成了全省县域范围内的不可移动文物名录公布工作；各级政府新公布市级文物保护单位36处、县级文物保护单位1889处，使甘肃省市县级文物保护单位增至5035处；文物保护单位“四有”工作进一步加强，基本完成了534处省级文物保护单位保护范围和建设控制地带划定意见审核工作；启动编制17个全国重点文物保护单位的文物保护规划，其中民勤瑞安堡等4个规划已编制完成，组织编制了《甘肃藏区文物保护项目规划》。

【文物保护维修】嘉峪关文化遗产保护工程、拉卜楞寺文物保护工程等重大项目有序推进；组织实施了武山水帘洞石窟群、天水玉泉观、民勤瑞安堡、武威文庙、甘谷大像山石窟、张掖金塔寺石窟、高台许三湾城及墓群等30多项全国重点文物保护单位保护维修工程。积极开展了瓜州榆林窟、破城子遗址、敦煌西千佛洞、炳灵寺石窟等因灾受损文物的抢险保护工作。

【文物考古】配合西气东输三线等20余项建设工程开展考古调查、勘探和文物保护方案制订工作，完成了永靖坟台遗址、岷县山那树扎遗址等考古发掘，特别是配合西平铁路建设项目，调集全省力量开展铁路涉及的泾州古城遗址考古调查和发掘工作，积极协调国家文物局审批；继续开展早期秦文化研究项目，完成了马家塬战国墓地、磨沟遗址、黑水国遗址、肃北马鬃山玉矿遗址的年度考古发掘任务。

【世界文化遗产保护管理】进一步加强莫高窟保护管理工作，在继续开展洞窟壁画、塑像保护的同时，不断提升综合保护管理水平，加快莫高窟保护利用工程建设进度，安防、风沙防护和崖体加固、栈道改造工程等子项目全部竣工，核心子项目游客服务中心主体工程竣工，室内外管网敷设和主题电影、球幕电影系统设计、设备采购、节目制作基本完成，正在开展内部装修、室外道路和环境整治等工程。嘉峪关世界文化遗产保护工程按计划推进，完成了长城第一墩拦河坝防洪工程，启动实施了关城罗城加固、木结构建筑修缮、古建筑油饰彩绘重绘等工程。继续实施长城保护项目，涉及8县区的长城防护工程完成，山丹、凉州、古浪、敦煌等地长城保护工作开始实施。

【丝绸之路申遗】玉门关遗址、悬泉置遗址、锁阳城遗址、麦积山石窟、炳灵寺石窟、张掖大佛寺6处遗产点正式入选中国、哈萨克斯坦、吉尔吉斯斯坦三国联合申报世界文化遗产项目“丝绸之路：起始段和天山廊道的路网”中国段首批申报名单，组织完成了申遗文本和相关申遗点文物保护规划、管理规划编制、测绘、考古调查等工作，遗产监测、安防、展示工作正在抓紧推进，麦积山石窟栈道维修工程竣工，锁阳城遗址环境整治工作取得实质性进展，炳灵寺171龛大佛维修工程即将竣工。

【博物馆工作】具有甘肃特色的丝绸之路博物馆体系日益完善，馆藏文物保护管理、基础研究、陈列展示、宣传弘扬、社会服务等各项工作显著加强，博物馆运行质量日益提高。博物馆基础设施不断改善，庆阳市、敦煌市、金川区博物馆及天水邓宝珊将军纪念馆新馆开馆，省博物馆成为全省首座国家一级博物馆，实现了全省国家一级博物馆“零”的突破；陈列展览和公共文化服务工作不断加强，全省各级博物馆新增基本陈列16个，举办临时展览247个；馆际间展览交流更加广泛，全省各级博物馆引进展览60多个，比2011年翻了一番；全年接待观众1200多万人次，再创历史新高；成功举办全省文博系统讲解员培训暨讲解大赛，有效提升了免费开放馆讲解服务水平。贯彻落实国务院《关于开展全国第一次可移动文物普查的通知》精神，制定了全省普查实施方案，开展了普查准备工作。

【文物科技保护】依托于敦煌研究院的国家古代壁画保护工程技术研究中心通过科技部组织的验收评估，古代壁画保护国家文物局重点科研基地开放课题有序实施，设立在敦煌研究院的甘肃省古代壁画与土遗址重点实验室通过中期评估。敦煌研究院与中国科学院上海高等研究院在上海共建的“文物保护联合实验室”正式挂牌运行。完成40余项国家支撑计划项目、国家973课题、国家自然科学基金课题、国家文物局重点课题、甘肃省重大专项课题的年度研究任务，36项文化遗产保护领域省级科研课题立项实施。完成了莫高窟、榆林窟、麦积山石窟部分洞窟塑像和壁画的科技保护任务，完成了天水市、山丹县、会宁县博物馆部分馆藏文物和张家川马家塬战国墓地出土文物保护修复工作。

【对外合作交流】成功举办赴土耳其《印象敦煌—中国文化大展》和赴美国《敦煌艺术展》、《来自黄土高原的考古发现展》等外展。与日本秋田县开展了学术交流、举办了图片展览。省博物馆引进日本大阪市立东洋陶瓷美术馆《清雅瓷韵—日本江户伊万里名瓷展》并与该馆建立国际友好馆。举办了“早期丝绸之路暨早期秦文化国际学术研讨会”。

【推动经济社会发展】省文物局与省旅游局签署了《加强文物保护促进旅游发展备忘录》，省直文博系统配合第二届丝绸之路国际旅游节圆满完成旅游接待工作，敦煌莫高窟、麦积山石窟、炳灵寺石窟等省直对外开放单位全年接待游客90余万人次，安全、平稳地应对国庆黄金周游客“井喷”局面，确保了游客和文物安全。敦煌研究院依托文物数字化技术和资源，成立了甘肃恒真数字文化科技有限公司，敦煌研究院荣获第三届中国文化遗产动漫大赛精品佳作奖。

（史　勇）

民族事务

【民族团结教育活动】召开全省第九个民族团结宣传月活动新闻发布会，为藏区中小学校编印赠送《青少年法制知识通俗读本》。组织专家学者在全省5所高校、53所中学举行民族团结宣讲报告会，10万学生受到教育，重点加强藏区中学生的法制教育。在甘南临夏两州中小学开展民族团结有奖征文活动，指导各级学校开设民族团结教育课程。评选命名4个全省民族团结进步宣传教育基地和20个民族团结进步示范单位，召开全省民族团结进步创建活动现场会，提出了推进民族团结进步创建活动的工作任务和要求。研究部署社区民族工作、国有企业民族工作，举办200多人参加的全省社区民族工作培训班和100多人参加的全省国有企业、高等学校、科研院所民族工作座谈培训班，推动民族工作向社区、向高等学校、向科研院所、向国企延伸。

【民族政策法规落实情况督查】对全省14个市州、40个省直部门以及30所高校、科研院所和国有企业贯彻落实中央、全省民族工作会议精神和民族政策法规情况进行了督查和抽查，省委督查室印发了全省贯彻落实民族政策法规情况的督查报告。省民委、省文化厅在全省开展繁荣发展少数民族文化事业情况专项督查，重点对各市州贯彻落实《甘肃省人民政府贯彻落实〈国务院关于进一步繁荣发展少数民族文化事业若干意见〉的实施意见》文件精神情况进行全面督查。

【“两个共同”示范区建设有关工作】组织召开全省“两个共同”示范县(市、区)建设领导小组(扩大)会议、“两个共同”示范建设工作座谈会，分解落实“两个共同”示范建设工作任务，修订完善“两个共同”示范建设工作制度，协调落实“两个共同”示范建设帮扶项目，调研督查“两个共同”示范建设工作情况。研究提出在“两个共同”示范建设中开展“联村联户、为民富民”行动的意见，协调召开省直部门和相关单位张家川县推进“两个共同”示范县建设、双联活动恳谈会。2012年以来，全省通过“1414”对口支援计划争取项目共80余项、资金达23.8亿多元。全省共落实示范建设项目1200多项、资金总额205.2亿元。

【政策争取】积极争取对少数民族和民族地区发展的政策支持，国家将甘肃民族地区的18个县市纳入国家连片特困地区扶持范围，进一步加大对民族地区扶贫开发扶持力度。把全省57个土族聚居的行政村纳入扶持人口较少民族发展范围，使国家扶持的甘肃人口较少民族发展行政村由“十一五”的116个增加到“十二五”的269个。国家民委安排甘肃少数民族发展资金增至9827万元，比2011年增长54%，增幅高于全国平均水平。国家民委、财政部、人民银行确定甘肃105个企业为“十二五”全国少数民族特需商品定点生产企业，数量居全国第5位。省级财政配套少数民族特需商品生产企业补助资金500万元，纳入全省藏区发展范围的8个民族乡发展资金由10万元增加到20万元。

【“联村联户、为民富民”工作】召开省民委系统“联村联户、为民富民”行动动员大会，传达学习省委联村联户为民富民行动动员大会和有关文件精神，对省民委系统开展“双联”工作进行安排部署。前期省民委机关和直属单位44名干部分2批深入联系村，走访107户贫困户，发放《民心联系卡》。先后7次组织60多人次深入联系点，了解详细情况，调研和探讨制约村民脱贫致富的瓶颈，研究具体的帮扶措施，制定切实可行的帮扶方案。从8月起，每月下派2名干部长期蹲点，进一步密切干群关系。在“双联”行动中，积极开展项目帮扶，按照基层急需、群众所盼、民委所能的原则，研究确定了6个帮扶项目，共安排项目资金252万元，帮助三个村修路、引水，推广种植优质马铃薯、种植药材，修建文化站。

【少数民族文艺会演】组织和指导省民族歌舞团精心创作编排了以甘肃舟曲战胜灾害、重建家园为背景题材的大型歌舞剧《民族之舟大爱之曲》，组成甘肃省代表团赴北京参加会演，荣获本届全国文艺会演的创作金奖及最佳编剧等8个单项奖。

【民族教育、民族古籍、民族研究工作】国家民委已正式同意与甘肃省政府共建甘肃民族师范学院，并确定将在2013年签订共建协议。承办全国六省市区藏文古籍工作协作联络员会议，完成《中国少数民族古籍总目提要》甘南藏族文书类、书籍类卷和武威藏族文书类卷的编写任务。组织撰写《拉卜楞藏文典籍》、《甘肃少数民族对华夏文明的贡献》，出版《甘南藏区古城勘考》、《拉卜楞藏文典籍》，开展《甘肃民族地区维护社会稳定的民族政策保障研究》、《西北地区少数民族城市融入研究》、《新时期藏族文化特点及其作用》等研究课题。《甘肃藏区藏传佛教的区域性特点及发展趋势的调查》获国家民委优秀调研报告三等奖，《当代藏区社会分层与社会流动问题》研究获省优秀社科成果三等奖。

（马　萍）

人民防空建设

【理论学习与实践】在认真学习领会党的“十八大”和省第十二次党代会精神的基础上，省人防办对全省人防建设“十二五”规划进一步充实完善，调整任务指标和完成时限，为加快全省人防建设跨越式发展奠定了基础。与省军区司令部联合举办全省人防重点城市军事机关兼职副主任培训班，通过业务培训，赴先进省市考察学习，丰富了军事干部兼职副主任的工作经验，增强了事业心、责任感。拟制下发《全省人防系统开展“远学沈阳、近学酒泉”活动实施方案》，总结先进经验，提出主要任务，制定加快人防建设发展一栏表，进一步营造了市、县人防部门比学赶超的浓厚氛围。

【人防组织指挥】深化军事斗争人防应急准备，全省有13个市县区的人防地面应急指挥中心即将投入使用，指导22个街道、17个重要经济目标单位完成了组织指挥有关方案拟制任务。各重点城市人防办结合民兵整组之机，认真开展人防专业队伍整组和在岗训练，庆阳市人防办依托军分区组建庆阳市预备役人防大队。继续加快人口疏散基地建设，酒泉市人防办对人口疏散基地功能进行了完善，省人防办完成了省级人口疏散基地建设的前期调研论证。加强人防训练演练，各级人防部门积极开展机关室内演练，指导重要经济目标单位开展防护演练，组织在校学生、社区居民开展应急疏散演练，省人防办、天水市、酒泉市以及兰州市城关区人防机动指挥所与四川省人防机动指挥所联合开展跨区域应急训练，提升了参与防灾减灾和应急救援的能力。

【人防通信警报】省人防办开通了与张掖市人防地面应急指挥中心的视频、音频、数据传输网。8个市县的人防地面应急指挥中心正在进行信息系统方案设计。目前，省内西片大部分市、县人防办已建成人防地面应急指挥中心，人防信息化设施设备基本完善，为今后加快编织省内西片人防信息化“一张网”奠定了基础。各重点城市人防办按照省人防办的统一部署要求，认真抓好“9·18”防空警报试鸣，全省圆满完成各类防空警报器增设任务。省人防办指导各重点城市人防办完成了为期一个月的无线电台通信人员机上训练和考核。

【人防工程建设和管理】认真落实省委“3341”项目建设要求，2012年，全省续建新建人防自建项目19个，项目总投资达6亿多元。招商引资修建的武威文化广场人防工程即将投入使用，庆阳市西峰区救灾广场人防工程正在建设。全省储备项目17个，项目概算近10亿元。各重点城市人防办积极协调，在建立、落实“结建”政策的审批前置机制上狠下功夫，确保“应建尽建、应收尽收”。2012年，全省审批防空地下室面积大幅增长，人均工程占有面积提前三年实现“十二五”预定目标。省人防办在全省推行人防工程挂牌管理，通过设置人防工程标识牌、工程位置指示牌、工程战时使用须知牌、工程平面图、人员疏散导向标示牌、防护设备标识牌等，方便了群众熟悉了解人防工程，为战时防空、平时应急奠定了基础。

【人防行政执法】坚持依法建设、依法管理人防，省人防办成立执法检查组对4个城市7个县区落实人防法规政策情况进行执法检查，查处了一批少缴漏缴“结建”费和人防工程建设存在质量隐患的问题。各级人防部门认真落实新修订的《甘肃省实施〈人民防空法〉办法》，健全执法队伍，进行执法培训，开展执法检查，有效地推动了人民防空依法建设和管理。

【人防平战结合】省人防办在兰州举办了全省人防工程监理培训班，培训监理人员300多人。各重点城市人防办按照省人防办下发的《关于开展人防工程建设质量检查的通知》，认真开展工程质量普查，严把工程设计、图纸审查、质量监督和竣工验收等关口。推进人防平战结合，在武威市召开了全省人防平战结合工作会议，认真总结近五年来平战结合工作情况，明确了今后五年全省要以人防工程的平战结合为基础，兼顾其它设施设备的开发利用，努力为政府防灾减灾和应急救援服务。省人防办邀请省政府应急办、省国土厅、省地震局、省气象局等单位就人防通信警报设施服务防灾减灾进行座谈讨论。

【人防宣传教育】扎实开展人防宣传“进机关、进学校、进企业、进社区、进网络”活动，省人防办邀请解放军防化学院教授分别在省委党校和甘肃行政学院进行《新时期的国防和人防》宣讲，全省初级中学防空防灾知识教育开课学校达230所，受教育学生8万多人。省人防办拟制下发了《人防宣传教育进社区实施方案》，各重点城市人防办按照要求，认真抓好社区人防宣传试点工作。在全国人防产学研用管会议期间，国家人防办副主任柳庆森专程视察了兰州市城关区“社区人防宣传年”活动开展情况，并给予了充分肯定。

【机关“准军事化”建设】省人防办召开了机关创先争优活动表彰暨效能风暴行动动员大会，在张掖市、酒泉市召开了全省人防系统效能风暴行动动员大会，有效地促进了年度38项重点任务的落实。健全完善各项管理制度，规范了机关办公秩序。加强机关党建和党风廉政建设，实施“五大阳光”工程，确保了人员、工程、资金的“三个安全”。继续健全稳定人防机构，全省有8个县新成立了人防机构。截止目前，全省应成立人防机构的65个县市区已全部成立，16个人防重点城市全部落实了军事干部兼职副主任制度，另有30多个县区人防办已落实了武装部领导兼职副主任制度。2012年全省在16个建制镇、25个街道、32个重要经济目标单位和100个社区落实人防兼职工作人员370多名。

【“联村联户、为民富民”行动】省人防办先后5次召开党组会议和办公会议，专题研究“联村联户、为民富民”行动工作，先后派出6批45名干部（共259天）分别由办领导带队，赴庆阳市宁县宫刘村开展调查研究，通过走访贫困户、发放民意调查表和民心联系卡、与村干部座谈交流等形式，了解了民意，掌握了村情。认真制定落实“双联”行动中长期“一计划、两规划”，省人防办向帮扶村捐助4万多元的化肥和科谱书籍，投入资金17万元，完成3.4公里砂石路硬化任务，为宁县人防地面应急指挥中心项目投入资金30万元，为庆阳市人防地面应急指挥中心项目争取国家资金100万元。

（史永康）

残疾人事业

【基本情况】2012年，省委、省政府把农村贫困残疾人危房改造、重度残疾人护理补贴和贫困聋儿人工耳蜗康复救助项目列入为民办实事计划。积极争取各级政府加大残疾人事业资金支持力度，通过各种渠道投入残疾人事业的资金达4.35亿元，比上年翻了一番，其中经省残联投入的各类资金达3.38亿元，比上年增长84%。推动省市县政府逐级签订残疾人工作目标管理责任书，省政府残工委组织开展重点残疾人工作目标考核，各地政府普遍把残疾人工作纳入经济社会发展年度指标考核内容。

【扶贫与就业工作】2012年，全省完成1万户农村贫困残疾人家庭危房改造，通过实施项目和扶贫基地，辐射带动近万户残疾人家庭发展种养业，动员社会结对帮扶10.5万贫困残疾人，省残疾人福利基金会扶助1.1万名贫困残疾人。全省新增城镇残疾人就业9410人。对6万多名残疾人进行了职业技能和实用技术培训。完成残疾人就业岗位目录编制工作。组织开展残疾人就业援助月活动，帮助2534名残疾人实现就业，扶持6874名残疾人创业。依法推进残疾人按比例就业，残保金征收总额比上年翻了一番多。

【康复服务】实施残疾儿童康复救助“七彩梦行动计划”、彩票公益金辅具适配、白内障无障碍县市创建及国际奥比斯甘肃儿童新视界等重点康复项目，近4万残疾人得到重点康复服务。中国残联命名省康复中心为中国残疾人康复人才培养甘肃基地。为60万残疾人提供社区康复服务。

【特殊教育】实施彩票公益金、交通银行等扶残助学项目，扶助4200名残疾学生就学。积极协调帮助273名残疾考生进入全国各类高等院校；甘肃电大残疾人教育学院2012年招生率同比增长931.25%。协调争取将西北师范大学纳入国家特殊教育学校建设二期规划。

【“两个体系”建设】开展“两个体系”建设示范点创建工作，受到中国残联肯定。全省城乡居民养老保险残疾人参保率达到95%，90%的城镇残疾人纳入医疗保险范围，98%以上的残疾人参加新型农村合作医疗，42万残疾人纳入低保，12万多重病残疾人得到政府大病救助。服务设施建设取得重大突破，省残疾人综合服务基地征地322.5亩，已完成省康复中心医院平面图和施工图设计。全省为1.5万残疾人提供居家服务补贴，有53所残疾人托养机构投入运行。

【残疾人权益维护】推动省人大常委会颁布实施《甘肃省残疾人保障条例》，省政府常务会议审议通过《甘肃省残疾人就业办法》，协助省人大常委会开展执法检查。督导各地贯彻落实省委、省政府近两年来出台的重要文件。开展“残疾人扶助政策落实年”活动。新建38个残疾人法律救助工作站，为2286名残疾人提供法律救助服务；各级残联接待残疾人来信来访1.1万人次，办结率达98%。为1.4万名残疾人发放机动轮椅车燃油补贴。对1178户残疾人家庭实施无障碍改造。

【文体宣传活动】支持10个县区市规范建成公共图书馆盲人阅览室，5个市挂牌成立省残疾人特殊艺术培训基地。省残疾人艺术团应邀赴澳门文化交流演出获得圆满成功。3名残疾人运动员在第14届残奥会上夺得3金、2银和一个第5名，并打破一项世界纪录，创甘肃省在历届残奥会上的最好成绩；陈君飞等3名运动员和省残疾人体协被省政府各记一等功，省残联、省残疾人体育协会被中国残联、国家体育总局授予“第14届残奥会中国体育代表团突出贡献单位”荣誉称号。各类媒体刊登反映甘肃残疾人事业的新闻稿件9300多篇（条、幅），其中，《人民网》、《新华网》、《人民日报》、《甘肃日报》等主要媒体刊登390多次。

【各级残疾人组织建设】协调省委组织部制定出台《进一步加强各级残联领导班子和干部队伍建设的意见》；深入开展全省残疾人组织建设“强基育人”工程；100%的乡镇街道、46个县区市残联完成换届；为全省1.6万多名村专职委员落实每人每月100元省级补贴；建立并落实全省专职委员实名制档案、选聘等制度，实现专职委员队伍动态管理和由“有”向“好”的发展。

【重大活动与成果经验】召开多业务领域的全省残疾人工作会议，推进多项重点残疾人工作创新发展。广泛组织“全国助残日”、“爱耳日”等重大节日系列宣传、助残活动。省残联扎实开展“双联”行动，落实各类残疾人康复、扶贫、就业等项目资金500余万元。

省残联教育就业处被国务院表彰为“全国新型农村和城镇居民社会养老保险工作先进单位”，省残联信息中心被评为“全国残疾人统计工作先进集体”，省残联被评为“全省扶贫工作先进单位”。成功承办全国城乡社区残疾人组织建设工作经验交流会，“组织沉到底、服务零距离”的甘肃残疾人工作经验在全国推广，先后数次在全国会议上介绍有关工作经验。

（党永贵）

人民生活

城镇居民

【城镇居民收入】2012年，甘肃城镇居民人均可支配收入17156.89元，增速为14.47%，是过去十年来最快的增速。

一是工资性收入受多项增资政策影响，成为拉动收入增长的主要因素。2012年，甘肃省行政机关、企事业单位津补贴标准提高、困难生活补贴增加；许多大型企业及事业单位实行绩效工资改革，发放绩效奖、经济责任兑现奖，地区津贴和高龄补贴增加；机关事业单位发放科学发展业绩考核奖，陆续出台的促进就业政策，也使各级公共就业服务机构的帮扶措施收效显著，同时甘肃省吸引高端产业入驻所带来的新增岗位解决了大批低收入群体的就业困难，增加了收入来源，也相对稳定了就业形势。这一系列政策措施为收入的增长注入了强劲动力。2012年，甘肃省城镇居民人均工资性收入12514.92元，比上年增长11.79%。

二是对社会弱势群体保障力度进一步加大，居民转移性收入呈现较强增势。2012年，全省各级政府继续加大对社会弱势群体的转移支付力度，陆续出台提高基本养老金标准的政策及措施，对离退休人员执行居家养老优惠政策，持续调高离退休金、扩大基本养老保险覆盖范围，继续提高低保标准和补助水平，使离退休人员、低收入者受益明显。2012年，甘肃城镇居民养老金或离退休金人均为4055.81元，比上年增长15.58%。人均最低生活保障收入为170.22元，增长16.88%。人均转移性收入增速4598.23元，比上年增长15.07%。养老金或离退休金、最低生活保障收入占家庭总收入的比重由上年的21.57%和0.89%提高到21.93%和0.92%。

三是私营经济快速发展，经营净收入促进了居民收入多元化。2012年，省政府出台了《关于促进全省经济平稳较快发展的若干意见》，其中明确提出要制订全省百万人创业促进就业行动计划，对高校毕业生、登记失业人员、退役士兵和残疾人设立50万元以下有限责任公司的，实行创业注册资本“零首付”政策，鼓励自主创业和自谋职业。大部分市州对微利个体经营户继续实行减免税费政策，充分调动了居民自主创业积极性。多项措施共同推动，城镇居民人均经营净收入1125.68元，比上年增长23.12%。

四是财产性收入快速增长。随着各行业投资渠道的逐步拓宽和居民投资理财意识的增强，居民的财产性收入不断增长。一方面，由于甘肃经济快速发展，使城镇居民家庭资产逐渐积累；另一方面，随着城镇化加快，越来越多的乡镇居民涌入市区，推动了房屋租赁价格的不断攀升，加之商品房价格居高等因素，致使房租收入增长较快，成为财产性收入的重要来源。2012年，全省城镇居民人均财产性收入为259.63元，比上年增长60.60%，其中出租房屋收入增长77.87%。

五是低收入家庭就业人口增加，收入增长较快。2012年被调查的20%低收入组城镇居民家庭户均就业人口数为1.32人，比上年增长8.2%。低收入家庭人员的就业人口增加，使低收入人群的收入增长加快。2012年，20%低收入组城镇居民家庭人均可支配收入增长19.05%，高于全省平均水平4.58个百分点；工资性收入增长26.52%，高于全省平均水平14.73个百分点。低收入家庭人均可支配收入增长主要得益于就业人口的增加。

【生活消费】2012年，全省城镇居民消费呈现全面增长势头，人均消费性支出为12847.05元，比上年增长14.82%。从消费结构、内容看，家庭设备用品及服务、交通和通信、医疗保健、教育文化娱乐服务增速居前列。

一是食品、衣着、居住支出平稳增长。2012年城镇居民人均食品类支出为4602.33元，比上年增长10.04%。越来越多的居民选择在外就餐，且就餐档次提升。2012年，甘肃省城镇居民人均在外用餐12.74人次，增长4.08%；人均在外出用餐支出978.18元，增长9.84%。城镇居民人均衣着支出1631.4元，增长10.96%。随着城市建设步伐进一步加快和收入增加，居民更注重提高居住质量及改善居住环境，2012年，甘肃城镇居民人均居住支出1287.93元，增长12.99%。同时在当前建筑材料、房屋装修人工费用价格较高的情况下，甘肃城镇居民维修用建筑材料支出继续大幅上升，人均达96.81元，增长116.53%。

二是家庭设备用品及服务呈现上升趋势。随着商家经营方式不断变化进步，在不同季节、假日开展的打折优惠、促销活动越来越频繁，很大程度地调动了居民的消费积极性。2012年，全省城镇居民人均家庭设备用品及服务支出833.15元，比上年增长26.14%。家电以旧换新政策的实施，促进了城镇居民家庭设备用品中电冰箱、空调器和淋浴热水器等设备的更新换代，截止12月底，每百户居民家庭拥有电冰箱90.25台、空调器6.71台、淋浴热水器66.38台。同时，家庭每百户居民拥有钢琴2.19台、其他中高档乐器6.2台。

三是医疗保健支出增长。由于居民对身体健康关注程度越来越高，就医、养生保健等意识明显增强，加之近年来医疗、药品费用一直相对较高，城镇居民医疗保健支出增速较快。2012年，城镇居民人均医疗保健支出为1049.65元，比上年增长20.09%，其中，药品费为520.88元，增长12.75%；医疗费为455.5元，增长35.56%；滋补保健品为人均46.85元，增长13.49%。

四是教育文化娱乐服务类、交通和通信类较快增长。由于消费观念的不断改变，居民外出休闲、出门旅游逐渐成为人们享受生活的首选。同时，父母对于子女教育重视程度也不断提高，教育方面的投入力度不断加大。2012年，城镇居民人均教育文化娱乐服务支出为1388.21元，比上年增长19.85%，人均教育支出为517.32元，增长15.73%，人均培训班支出164.2元，增长43.96%，人均托幼费支出44.4元，增长37.76%。近年来，交通和通信消费一直增长较快。2012年，人均交通和通信支出1575.67元，比上年增长22.16%。家用汽车、助力车、摩托车进一步普及，百户拥有量分别为9.75辆、13.35辆、11.17辆。在快节奏信息化的今天，手机等通信工具在居民生活中发挥出巨大作用，全省人均通信支出为775.9元，增长13.37%，其中移动电话支出为1089.3元，增长36.47%。每百户拥有移动电话为197.3部，每百户拥有计算机63.19台。居民通讯设备的不断增加使得相关费用也不断增长。2012年，居民人均通信服务费628.57元，增长5.42%。

五是金银珠宝等享受型消费带动其他商品和服务较快增长。社会不断进步，经济迅速发展，人们的生活面貌也在发生着新的变化，许多居民除了注重吃穿外，美容、美发、高档饰品佩戴、金银珠宝收藏等享受型消费也在迅速普及，成为潮流，其他商品及服务消费不断增长。人均其他商品和服务支出478.72元，比上年增长15.81%。人均金银珠宝饰品支出124.79元，增长103.01%。

（陆柳亨）

农村居民

【农村居民收入】2012年，甘肃省委省政府在继续实施“六大工程”的同时，认真贯彻落实中央农村工作会议精神和国家各项惠农政策，不断加大城乡统筹力度和“三农”工作力度，坚持以实现农民增收致富为目标，创新思路，狠抓落实，农村居民纯收入快速增长。2012年，全省农村居民人均纯收入4506.7元，比上年增长15.3%。

一是家庭经营纯收入稳定增长，是农民增收的主要因素。2012年甘肃农村居民人均家庭经营纯收入2114.8元，比上年增长13.3%，占纯收入的46.9%；对纯收入增长的贡献率达到了41.5%，是农民增收的主要因素。农业生产全面丰收，一产纯收入增加一成多。农村居民人均第一产业经营纯收入为1792.5元，增长14.6%。其中：农业纯收入1442.4元，增长15.6%；牧业纯收入272.9元，增长7.0%；林业纯收入77.2元，增长26.8%。2012年是甘肃历史上少有的风调雨顺之年，由于降水充足，雨水合节，夏、秋作物长势良好，夏粮秋粮都取得了好收成，全年粮食产量增幅达9.4%，为农民增收打下坚实的基础。家庭生产经营非农产业稳定发展，为增收注入活力。农村居民家庭经营第二、三产业纯收入为322.3元，增长6.4%。主要是批零贸易业饮食业收入人均增加21.45元，增长16.7%；工业收入人均增加8.9元，增长46.3%；社会服务业收入人均增加5.1元，增长20.3%。

二是工资水平提高，务工收入仍然是增收的重要来源。2012年甘肃农村居民人均工资性收入1787.7元，比上年增长14.5%，占纯收入的39.7%，对纯收入增长的贡献率达到了37.8%。农村劳动力就近就业增加，收入明显增长。农民在本乡地域内劳动得到收入人均654.0元，增长21.4%，占工资性收入的36.6%，比重上升2.1个百分点。受用工工价提高、项目建设力度加大、本乡地域内就近就业渠道增多，就近打短工人数增加等因素影响，本乡地域劳动收入大幅增加。外出务工收入保持稳定增长。农民外出务工收入人均956.1元，增长9.4%，占工资性收入的53.5%。农民外出务工工资月平均水平为2175元，增长19.7%。工资水平的提高，是拉动工资性收入增长的主要因素。

三是强农惠农富农政策实施力度加大，转移性收入快速增长。甘肃农村居民人均转移性收入492.1元，比上年增长23.6%，占农村居民人均纯收入的10.9%，对纯收入增长的贡献率为15.7%。近年来甘肃在执行国家各项强农惠农政策的同时，根据本省的实际情况又增加了一系列强农惠农补贴。如：学校贫困寄宿生生活补助、农村特困家庭医疗救助、计划生育特困家庭救助等等，积极推进农村最低生活保障制度、农村新型医疗保险及农村社会养老保险制度，加大了对农村低收入户、贫困户等困难群体的扶持力度，直接增加了对农民的转移支付，拉动转移性收入大幅增长。

四是土地流转拉动财产性收入大幅增长。甘肃农村居民人均财产性收入112.1元，比上年增长35.9%，占农村居民人均纯收入的2.5%，对纯收入增长的贡献率为5.0%。调查资料显示，土地流转主要以大户一次性租赁为主，每亩耕地面积每年租费500~600元，以现金方式一次性支付，土地的大量流转直接拉动了财产性收入的大幅增加。

【生活消费】2012年甘肃农村居民人均生活消费支出4146.2元，比上年增长13.1%。

一是货币性消费增长。随着农村居民收入的不断增加和消费环境的改善，商品交换日趋活跃。甘肃农村居民生活消费中，现金消费支出额为3689.0元，比上年增长17.1%，现金消费支出占全部生活消费支出的比重为89.0%，比上年提高3.0个百分点。

二是食品消费支出占消费总支出的比重下降。甘肃农村居民人均食品消费支出1648.6元，比上年增长6.5%。农村居民家庭食品消费支出占消费总支出的比重由上年的42.2%下降至39.8%，下降了2.4个百分点。在食品消费支出中，副食消费支出占72.7%，所占份额比上年上升2.2个百分点，食品消费结构继续改善。

三是衣着消费显著增长。甘肃农村居民人均衣着消费支出为303.1元，比上年增长22.9%。其中，人均服装消费为209.0元，增长23.8%，占衣着消费支出比重为68.9%；人均鞋类消费为70.6元，增长28.1%。随着收入水平的提高，农民衣着消费观念发生了变化，服装追求时尚化。

四是住房条件进一步改善。甘肃农村居民人均居住消费支出682.3元，比上年增长14.4%。随着新农村建设的扎实推进和农村小城镇建设步伐的进一步加快，农村居民的居住质量和居住环境明显改善。据调查，全省农村居民家庭人均居住面积由上年的23.7平方米增加到24.1平方米，增长1.8%；其中楼房面积为1.8平方米，增长9.8%，钢筋混凝土结构住房面积达到4.4平方米，增长5.5%。

五是耐用家电消费档次提升。甘肃农村居民人均家庭设备及用品消费支出250.4元，比上年增长26.4%。其中，购买机电设备人均支出65.4元，增长19.3%。到年末每百户农村居民拥有彩色电视机106.3台，增长1.8%；洗衣机79.7台，增长8.1%；电冰箱32.9台，增长24.1%；空调机0.3台，增长25%；热水器17.0台，增长34.8%；微波炉5.7台，增长61.0%；家用计算机11.4台，增长27.0%。在保证生产和基本生活的前提下，购买各种中高档家用电器成为农民生活水平提高的又一个重要标志。

六是交通通讯成为消费的新亮点。甘肃农村居民人均用于交通和通信的支出为436.0元，比上年增长19.0%。交通通讯快速增长的主要原因：追求出行便利舒适，新一代交通工具开始进入寻常百姓家。2012年交通工具支出112.9元，增长31.6%。年末每百户农村居民家庭拥有汽车数量为2.8辆，拥有摩托车数量由上年末的67.9辆增加到71.9辆。同时，移动电话增加迅速。2012年通讯工具支出38.2元，增长42.0%。到年末每百户农村居民家庭拥有移动电话数量由上年末的177.4部增加到192.7部，接近户均两部的水平。

七是教育投资增加。甘肃农村居民人均文教娱乐消费支出327.3元，比上年增长11.8%。其中购买文教娱乐用品支出人均44.4元，增长3.1%，主要是计算机等新颖耐用品购买量的增加；购买书报杂志支出人均14.0元，增长13.7%；教育服务消费支出人均224.2元，增长11.6%；技术培训费支出人均16.6元，增长60.9%。

八是新型农村合作医疗制度惠及农户。随着新型农村合作医疗制度在全省的全面覆盖和平稳运行，广大农民群众受益匪浅。2012年，农村居民人均医疗保健消费支出398.0元，比上年增长17.3%。其中医疗费支出244.3元，增长20.7%；药品支出147.9元，增长12.0%。

（赵林红）

人力资源和社会保障

【就业】全省城镇新增就业36万人，完成年计划的120%，比上年增长22%，失业人员再就业13.6万人，增长17%，城镇登记失业率2.68%。高校毕业生就业率达到86.8%。一是继续把高校毕业生就业工作放在首位。继续统筹实施促进高校毕业生就业民生实事项目和“三支一扶”等基层就业项目，整合基层岗位1.9万个，全省13.1万名高校毕业生参与选拔。组织开展了高校毕业生就业服务月活动，全省共组织招聘会98场次，签订就业意向协议1.6万人，提供职业指导4万多人次，开展职业技能培训和创业培训2.7万多人，实施就业援助1万多人。组织开展了全国“民营企业招聘周”活动，全省共组织3067户民营企业提供岗位信息42.7万个，签订就业意向协议2.3万人。二是企业用工总体平稳。制定出台了《甘肃省失业预警应急预案》，得到了人社部的肯定。继续对全省市、州所在城市和部分大型国有企业实施失业预警、失业动态监测。纳入国家失业动态监测范围的8个城市的286户企业实际新增就业15582人，减少用工19008人，增减相抵净减少就业3426人，下降1.41%。三是各项就业政策落实到位。各地共支出就业补助资金15.56亿元，全省有28.6万人享受职业培训补贴10136.86万元，11万人享受职业介绍补贴2015.8万元，17.7万人享受社会保险补贴2.44亿元，8.3万人享受岗位补贴5.5亿元，8.5万人享受职业鉴定补贴2943万元，6436人享受见习补贴760万元。四是重点群体就业援助深入推进。共帮助2.9万多名登记失业高校毕业生实现就业，7814人享受了职业介绍补贴、职业培训补贴、小额担保贷款和税费减免政策，6436人享受了见习补贴政策；帮助2486户零就业家庭的2735人实现了就业再就业。开展“就业援助月”活动，1.5万名就业困难人员实现了就业再就业，2.2万名就业困难人员享受各项就业扶持政策。为岷县“5·10”雹洪灾害受灾的13个乡镇开发抢险救灾等特殊公益性岗位650个。五是扶持创业促进就业取得新进展。组建了全省全民创业行动协调推进领导小组，印发了《甘肃省全民创业行动实施方案》和小额担保贷款政策扶持等5个专项工作方案及考核办法。举办了全省第二届创业大赛。全省新发放贷款186亿元，扶持35.9

万人创业，带动吸纳78.5万人就业，新增担保基金10.6亿元。目前全省累计发放贷款353亿元，到期贷款回收率98.7%。首批开展国家级创业型城市创建工作的三个市受到国务院通报表扬。在白银、张掖、平凉、金昌4市和陇西县、临洮县、礼县3县开展了省级创业型城市创建活动。举办了“甘肃省促进全民创业及小额担保贷款大型成果展”，1.2万人次参观了展览。7月1日启动开展全民创业富民兴陇大型宣传月活动。六是城乡劳务输转稳步推进。不断强化农民工技能培训，劳务驻外工作机构筛选和发布用工信息，与京津塘、珠三角、长三角、新疆等用工需求量大的地区签订用工协议。先后在南京、福州召开甘肃省优秀务工人员表彰会暨劳务合作对接会。深入开展“春风行动”系列活动，全省各地共举办劳务对接专场招聘近300场，帮助170多万人实现就业，对14万人开展技能培训。

【社保体系】一是覆盖面不断扩大。全省城镇职工基本养老、基本医疗，城镇居民基本医疗，失业，工伤，生育保险参保人数分别为274.5万人、292.9万人、302.8万人、163.6万人、158.2万人、129万人，参保率分别为98.03%、99.98%、98%、90.7%、88.65%、72.3%。启动了最后一批22个县的城乡居民社会养老保险试点工作，全省城乡居民养老保险实现制度全覆盖。87个试点县(市)共计参保1231.39万人，平均参保率96%，累计为263.98万60周岁以上符合条件的城乡老年人发放养老金25.9亿元，发放率100%。全省共有5.1万多名村干部参加养老保险，参保率98.27%，积累养老保险基金1.2亿元；共有4.64万名被征地农民纳入社会养老保险。二是社会保险制度进一步健全。制定实施了《甘肃省实施〈工伤保险条例〉办法》，启动了《甘肃省实施〈失业保险条例〉办法》修订工作。基本实现了养老保险省级统筹。建立了失业、工伤保险省级调剂金制度，拟定了《甘肃省失业保险基金省级统筹实施方案》，全面规范了医疗生育保险市级统筹。积极推动混合式医疗保险付费方式改革。在部分市州开展了城镇职工基本医疗在兰异地就医直接结算试点工作，与陕西、海南开展异地就医结算服务工作。在6个市完成了定点医疗机构分级管理评定工作。三是待遇水平进一步提高。第八次提高了企业退休人员基本养老金标准，月人均增加养老金233元，平均达到1842元/月。城镇居民基本医疗保险财政补助标准由每人每年200元提高到240元，全省城镇职工和居民医保政策范围内住院医疗费用支付比例分别提高到80%和70%。全面推行了居民医保普通疾病门诊统筹。调整了全省失业保险金发放标准，全省平均达到672.5元/月，增幅30%，比全国平均水平高出了58.5元。工伤保险伤残津贴达到人均1570元/月。四是社保基金支撑能力进一步增强。制定出台了《关于进一步加强社会保险基金监督管理的意见》，全面加强对社保基金的监管。积极配合完成了全省社保资金审计工作，认真抓好审计问题整改工作。全省各项社会保险基金总收入281.3亿元，总支出233.1亿元，累计结余380亿元，基金支撑能力进一步增强。五是经办能力得到新提升。全面启动了社会保险业务档案达标验收和社会保险个人权益记录管理服务工作。企业离退休人员基本养老金全部实现社会化发放，社会化管理服务率98%，其中纳入社区管理率75%。

【人事人才工作】一是专业技术人才队伍建设取得重大进展。《甘肃省专业技术人才支撑体系建设专项人才开发配置计划实施方案》全面启动实施。圆满完成了领军人才考核办法试点工作，考核办法已报请省委、省政府审定。举办甘肃省领军人才三年成就回顾展，领军人才深受鼓舞。实施百名海外高层次留学人才引进计划，共引进急需海外高层次人才106人，其中10人入选国家“千人计划”。落实引进急需紧缺人才意见和7个配套办法，第一批10名急需紧缺高层次人才报省委人才领导小组审定。选拔评审第七批甘肃省优秀专家97人，向人社部申报甘肃省享受国务院特贴专家人选36名。兰州留学人员创业园进入快速发展期，全年引进博士以上学历留学回国人员23名，有18家留学人员企业入驻创业园。完成了留学回国人员科技项目择优资助项目、留学人员创业计划和海外赤子为国服务行动计划等项目申报工作，获得人社部资助项目12个，资助经费96万元。人社部批准甘肃省新增设博士后科研流动站11家，总数达到68家。甘肃省有36名博士后研究人员获得国家计划资助经费360万元，有28名在站博士后研究人员获得国家资助金额143万元。二是技能人才队伍建设进一步加强。甘肃省4所院校被评定为国家级高技能人才培训基地建设项目单位，4个企业被评定为国家级技能大师工作室建设项目单位，1人获中华技能大奖，填补了甘肃省空白。新增4所省属民办职业培训学校。全面完成了22万人的城乡居民职业技能培训民生实事项目，全年开展职业培训28万人，创业培训4万人，分别完成全年任务的140%和100%；开展职业技能鉴定32.85万人，完成全年计划的164.3%，其中在校学生职业技能鉴定首次突破10万人，农民工鉴定达到14.82万人。全省技能人才总量达到112万人，其中高技能人才达到25.8万人。启动实施了《国家兰州牛肉拉面制作专项职业能力考核规范》，认定了一批实训基地和考核示范店，促进兰州牛肉拉面品牌规范化、职业化、产业化发展。三是公务员管理水平进一步提高。深入推进甘肃省公务员法配套法规建设，依法推进公务员分类管理与职位管理工作，稳步推进省直机关公开遴选公务员试点工作。积极开展公务员“四类”培训，实施“基层公务员轮训工程”，选派1200余名公务员参加了东西部对口培训。深入开展了“带头创先争优争做人民满意公务员”活动。强化管理创新，着力打造考录“阳光工程”，完成了2012年度考试录用公务员工作，共招录2431人，有近9万人参加考试。在部分市州开展从优秀工人、农民中考试录用公务员试点工作。四是人事制度改革取得显著进展。全省14个市州事业单位全部建立了岗位管理制度。拟定了《关于进一步深化事业单位人事制度改革的实施意见》。全面落实《甘肃省事业单位公开招聘人员暂行办法》，全省有1601个事业单位实行了公开招聘，共招聘各类人员10655人。事业单位公开招聘工作得到了国务院纠风办的通报表扬并在全国会议上交流经验。争取国家支持，调整提高了省直机关公务员津贴补贴标准，报请省政府批准设立了离退休人员高龄补贴、落实应休未休年休假补贴、发放科学发展业绩考核奖等各项增收措施，努力提高甘肃省机关事业单位工作人员收入水平。会同省编办、监察厅和财政厅，认真开展清理整治机关事业单位“吃空饷”工作。制定出台了《关于进一步推进农村实用人才职称评价工作意见的通知》和《进一步加强非公有制经济组织和民营企业职称评审工作的通知》。国家中小学教师职称制度改革试点工作进展顺利。全年共审核办理了各类资格证71357个。五是引智工作取得显著成绩。深入实施“百千万引智工程”计划，以高端、紧缺为取向，全年引进国外经济技术专家202名，以项目带动，引进国（境）外专家、专业人才1000余名，组织以技术、技能人才为主的各类人才培训12000多人次；执行出国（境）培训项目28项、派出培训人员458名。推荐申报两家单位为国家引智示范基地和国家引智示范单位，评议通过了甘肃省第二批千村引智示范村285个、引智成果示范基地7个，全省现有引智示范基地30个，千村引智示范村累计达到292个。制定出台了《小额担保贷款促进引进国外智力项目发展实施意见》，在解决引智项目经费难题方面取得了突破性进展。六是积极推进军转安置改革。进一步细化计划分配军转干部安置办法，圆满完成中央下达的581名军转干部安置任务。继续组织实施“积分定岗”考试考核试点工作。圆满完成了自主择业军转干部地区津贴核定调整和退役金管理发放工作。小额贷款扶持自主择业军转干部创业工作稳步推进，累计发放贷款500多万元，带动300多人实现创业就业。

【劳动关系】一是劳动关系协调机制更加健全。报请省委省政府印发了《甘肃省构建和谐劳动关系工作实施方案》。深入开展“春暖行动”和“彩虹计划”，全省劳动合同签订率达92%。完成50户省属国有及国有控股用人单位14万余人劳动用工备案工作。再次调整最低工资标准，最低增幅达28.9%。研究发布了2012年度企业在岗职工工资调控目标，进一步规范企业负责人薪酬管理，深入推进工资集体协商，严格落实劳动标准管理。全省共收到农民工工资保证金3.2亿元。二是监察执法力度不断加大。先后三次在全省范围集中开展农民工工资支付情况、清理整顿人力资源市场秩序和社会保险法律法规执行情况专项检查，为4.61万名农民工支付拖欠工资1.18亿元，清欠比例为92.7%，6个市州实现了农民工工资100%清欠；责令改正违法行为122件，退赔求职者费用9.3万元，取缔非法职业介绍活动37件，吊销许可证6件；督促用人单位依法补签劳动合同4.59万人，责令支付工资2641.75万元，督促补缴社会保险费1563.73万元。查结群众投诉举报案件3312件，结案率100%。全省14个市州86个县区已全部完成网格建设，天水、张掖两市已实现“两网化”全覆盖。三是劳动人事争议调解仲裁水平不断提高。全省共受理劳动人事争议案件2831件，结案2839件(含上年度转接案件47件)，结案率98.64%。积极推进仲裁实体化建设，目前共有4个市州、12个县区成立了劳动人事争议仲裁院。四是信访维稳工作进一步加强。全年共接待群众来信来访4866件，督查督办信访案件122件，上级交办的信访案件76件，均按期办结并按要求上报结果。圆满完成了重大节日和敏感时期的信访接待工作。

地县概况

兰州市

【现任主要领导】

中共兰州市市委书记：

陆武成（10月止）

虞海燕（10月任）

兰州市人大常委会主任：牟少军

兰州市人民政府市长：袁占亭

政协兰州市委员会主席：王　冰

中共兰州市纪律检查委员会

书记：杨景海

【基本情况】兰州是甘肃省省会，位于祖国西部三大高原交汇处，是全省的政治、经济、文化中心。兰州地处黄河上游、甘肃省中部及我国陆域版图的几何中心，是西陇海兰新线经济带的重要支撑点和辐射源，也是新亚欧大陆桥通往中亚、西亚和欧洲的国际大通道和陆路口岸。总面积1.31万平方公里。市区东西黄河穿城而过，南北群山环抱，属中温带大陆性气候。2012年末，全市常住人口363.05万人，有汉、回、满、藏、东乡、裕固等56个民族，人口密度246人/平方公里。现辖永登、榆中、皋兰3县和城关、七里河、安宁、西固、红古5区，有26个乡、35个镇、52个街道办事处。

【资源优势】境内探明的有黑色金属、有色金属、贵金属、稀土等35个矿种，极具潜在经济开发价值。兰州水力资源丰富，以兰州为中心的黄河上游干流段可建25座大中型水电站，现已建成刘家峡、八盘峡、盐锅峡和大峡等水电站。兰州是闻名全国的"瓜果城"，盛产白兰瓜、黄河蜜瓜、软儿梨、白粉桃等瓜果，百合、黑瓜子、玫瑰、水烟等土特产品蜚声中外，素有"看景下杭州、品瓜上兰州"之说。兰州是丝绸之路大旅游区的中心，东有天水麦积山、平凉崆峒山，西有永靖炳灵寺，南有夏河拉卜楞寺，北有敦煌莫高窟。市域内有我国保存最为完好的土司衙门——鲁土司衙门，有"天下黄河第一桥"——中山铁桥，有"陇右第一名山"——兴隆山，有国家级森林公园——吐鲁沟、石佛沟、徐家山，有"母亲河、生命河"的象征——黄河母亲雕像。

【国民经济】全市以促进实体经济发展、提高经济首位度、加快"五个标准"建设、落实"3341"项目工程以及扩大投资消费政策措施为抓手，奋发向上、攻坚克难，经济社会保持了平稳较快发展的良好态势，为全面建成小康社会奠定了良好基础。兰州新区被批准为全国第五个、西北第一个国家级新区。2012年，全市实现生产总值1564.41亿元，比上年增长13.4%。其中：第一产业增加值45.14亿元，增长7.6%；第二产业增加值744.70亿元，增长12.2%；第三产业增加值774.57亿元，增长14.8%。三次产业比例为2.89 ∶ 47.60 ∶ 49.51。非公有制经济增加值617.9亿元，增长18.57%，占全市生产总值的比重为39.49%。完成固定资产投资1239.18亿元，增长42.34%。实现社会消费品零售总额749.12亿元，增长17.1%。完成公共财政预算收入103.73亿元，增长19.93%。公共财政预算支出202.43亿元，增长15.36%。

【"三农"工作】全力推进城乡统筹发展，切实落实各项强农惠农富农政策，调整农业产业结构，大力推广农业新技术应用，农业经济发展势头良好。2012年全市农作物播种面积333.36万亩，其中粮食作物播种面积195.25万亩，比上年下降0.95%，玉米全膜双垄覆盖栽培面积42.23万亩。粮食总产量44.20万吨，增长4.27%。通过继续大力发展日光温室，扩大精细菜和高原夏菜的生产，蔬菜播种面积达81.85万亩，增长8.45%；蔬菜产量229.29万吨，增长9.59%。年末拥有农业机械总动力153万千瓦，完成机耕116千公顷、机播74千公顷、机收37千公顷。全市新增有效灌溉面积1.28万亩，农用化肥施用实物量14.27万吨。

通过加大对"三农"的投入，农村生产生活条件有了新的改善。三电、西电大型泵站完成年度改造任务，实施农村饮水安全工程14项，解决12万人饮水安全问题。建设养护农村公路1200公里。新建农村安居住宅14533户，完成农村危旧房改造7070户。新建改造农村便利超市100个，建成10个食品药品安全示范乡镇、100家食品药品放心消费示范企业和门店。编制实施区域发展与扶贫攻坚规划，启动七里河区黄峪乡整乡推进扶贫开发试点工作。城乡一体化试点工作实施27个重点项目，总投资30多亿元。积极推进"联村联户、为民富民"行动，2000个单位40000多名干部下基层结对开展联扶工作，全面落实"八个全覆盖"、"五件实事"等帮扶措施，兴办各类实事1600多件，帮助农民解决了一大批生产生活难题。

【项目建设】2012年，全市以城市基础设施项目建设为重点，全面推进重点项目和民生工程。100个市列重大项目全部开工，开工率达100%，完成投资302.6亿元。农村饮水安全工程、中石油兰州石化300万吨/年柴油加氢装置项目、中铝连城分公司600KA超大容量电解槽研发项目，舟曲灾后重建兰州新区转移安置区项目等11个已建成；酒钢集团榆钢支持灾后重建项目、中铁建工兰州公司高端装备制造基地项目、兰州佛慈制药公司异地扩建项目等22个已部分建成投产；皋兰330千伏输变电工程、兰州陇星新能源大厦项目、九州恒大生态园、兰州国际商贸中心项目等26个已经完成或超额完成年度投资计划。积极开展产业招商、以商招商和定点招商，招商引资成效显著。引进实施了铁建重工、中国四联、名城企业集团、碧桂园等一批大项目。全年引资2173.37亿元，到位资金790亿元，增长92.17%。

【城市建设】制定实施"一横三环九纵"城市骨干路网规划，城市形象和面貌得到改善提升。城市轨道交通项目正式开工建设。南山路东段和金雁黄河大桥建成通车，圆通黄河大桥基本建成。小西湖等5个立交交通点改造启动实施。安宁至西站快速公交投入运营。兰州新区推进"四纵四横"主干道、兰秦快速通道水秦基本建成。

【人民生活】2012年，全市城镇居民人均可支配收入18443元，比上年增长15.61%；人均消费性支出14168元，增长14.70%。城镇居民家庭恩格尔系数为37.28%。农民人均纯收入6224元，增长18.51%；人均生活消费支出4760元，增长18.12%。农村居民家庭恩格尔系数为37.69%。城乡居民储蓄存款余额达到1743亿元，增长17.77%。

【环境保护】全面开展大气污染防治，完成燃煤锅炉改造363台3064吨，启动市区56家工业企业"出城入园"搬迁改造，拆除城区周边30家砖瓦企业，对167家工业企业实行冬季停产，完成8项重大涉气治污项目，减少空气污染物排放1.77万吨，城区空气质量明显改善。全年优质天数达到270天，比上年增加28天，优良率达到73.97%，空气质量综合污染指数为2.53，比上年下降6.64%。二氧化硫、二氧化氮和可吸入颗粒物3项主要污染物浓度均呈下降趋势，分别比上年下降14.58%、7.14%和1.45%。实施饮用水水源地保护、工业废水污染源治理、市区生活污水收集处理工程，建成运行生活污水处理厂6座，新建成污水收集管网206公里，日处理生活污水能力达到40万吨，黄河兰州段地表水水质总体较好，饮用水源水质为100%。

【社会保障】2012年，全市新增城镇就业人员8.3万人，输转城乡富余劳动力34万人次，城镇登记失业率为1.63%。完成了城乡低保和农村五保提标工作。保险覆盖面不断扩大。全市参加养老保险的单位5432户，参保职工36.93万人；参加失业保险的企事业单位达到4488户，参保职工56.05万人；参加基本医疗保险人数为79.86万人。

【社会事业】2012年，全市各类学校在校学生92.9万人。其中，高等学校37.7万人，中等专业学校8.5万人，普通中学18.4万人，小学20.4万人。各级各类教育事业全面发展，义务教育整体水平稳步提高。学龄儿童入学率达100%，普通初中升学率95.2%。近郊四区高中阶段教育入学率达97.4%。

全市拥有图书馆9个，文化馆10个。成功举办第二届兰州国际马拉松，被中国田径协会评为年度"金牌赛事"。广泛开展"中国西北游、出发在兰州"宣传推介，有效扩大了城市知名度和影响力。兰州创意文化产业园被评为国家文化产业示范基地。

全市拥有各级各类医疗卫生机构1603个，设置床位27492张，拥有卫生技术人员27668人，每千人拥有卫生技术人员7.6人。

城关区

【现任主要领导】

中共城关区区委书记：金祥明

城关区人大常委会主任：高　星

城关区人民政府区长：张国一

政协城关区委员会主席：冯广宸

中共城关区纪律检查委员会

书记：王胜太

【基本情况】城关区是甘肃省会兰州市的中心区，总面积220平方公里，建城区面积63平方公里。行政管辖24个街道148个社区、18个行政村。全区常住人口128.47万人，区内有汉、回、满、蒙古、藏、维吾尔等47个民族。

城关区具备典型的北温带半干旱大陆性气候特征，市区平均海拔1520米，年均气温11.2℃，年均降水量327.8毫米，蒸发量1437.7毫米，全年日照时数平均为2446小时，无霜期180天以上，年平均相对湿度56%。四季分明，气候温和，是适宜夏日消暑纳凉的理想之地。城关区是黄河唯一穿城而过的省会城市核心区，也是全国唯一的省、市、区三级党政军机关集于一地的县区，是名副其实的政治、经济、军事中心与决策指挥中心。区内有五泉山公园、白塔山公园、徐家山国家森林公园、兰州碑林等多处自然人文景区，更有水车博览园、黄河铁桥、百里黄河风情线等黄河文化胜境，具有西部山河之城、水车之都、丝路明珠的美誉。

城关区科技文化资源丰富，是省市知识与信息集散中心、观念创新中心。区内有兰州大学、中科院兰州分院、中国航天科技集团公司510研究所、中国农科院兰州兽研所等著名科研院所124家，其中国家级科研单位14个；有各类科技专业人才20万人，两院院士14名。作为历史文化名城，城关区文化底蕴深厚，丝路文化、黄河文化、伏羲文化、宗教文化在这里交汇融合，孕育出独具特色的地域文化。《读者》、《丝路花雨》、《大梦敦煌》、兰州太平鼓等一大批文化艺术成果不断走出金城，发展成长为世界级的文化艺术精品。

城关区人流、物流、资金流集散活跃，大中型商场拥有量占全市的80%以上，兰州东部批发市场等5个大型市场跻身"全国同类市场100强"。全区社会消费品零售总额约占全省的四分之一，占全市的五分之三。现代服务业发展迅猛，总部经济、楼宇经济快速崛起，第三产业增加值占经济总量的比重为78.94%。

【国民经济】2012年，全区坚持“稳中求进、好中求快、快字当前”总基调，严格按照“1556”工作布局，把调结构、强服务、稳增长、促和谐摆在更加突出的位置，抢抓机遇，自我加压，经济社会呈现速度加快、质量提升的良好势头，全年实现生产总值525.20亿元，比上年增长15.57%。其中：第一产业增加值1.43亿元，增长6.02%；第二产业增加值109.17亿元，增长16.54%；第三产业增加值414.6亿元，增长15.32%。三次产业结构比为0.27 ： 20.79 ： 78.94。

【人民生活】全年实现城镇居民人均可支配收入19339元，比上年增长15.37%；农民人均纯收入16274元，增长14.80%。城乡居民收入比为1.19 ： 1。城镇居民家庭恩格尔系数为38.19%，农村居民家庭恩格尔系数为36.95%。城镇居民人均住房面积27.14平方米，农村居民人均居住面积35.56平方米。每百户城镇居民家庭汽车拥有量14辆，每百户农村居民家庭汽车拥有量3辆。全年在岗职工平均工资为43942元，增长16%。

【社会保障】全年完成就业再就业培训1.65万人，新增城镇就业3.09万人，困难人员就业6500人。失业保险参保2万人，城镇登记失业率1.57%。通过开发公益性岗位新安置就业困难人员335人，公益性岗位总计安置就业困难人员5000人。为1408人发放小额贷款1.14亿元，创业带动就业5680人。免费提供政策咨询、职业指导、优惠政策落实、技能鉴定等服务15000多人次。培训农村富余劳动力1315人，实现劳务输转13567人，创劳务收入1.69亿元。

全年参加城镇基本养老保险人数5.72万人，参保单位1847户，完成征缴额4.74亿元。为2.47万名退休人员发放基本养老金3.22亿元，养老金社会化发放率、按时足额发放率均达100%。城镇居民基本医疗参保33.37万人，基金征缴0.26亿元；城镇职工基本医疗保险参保59.9万人，基金征缴0.92亿元。全年发放城镇居民低保金1.12万户2.02万人5160万元；发放临时物价补贴117万元；发放农村居民低保金391户941人209万元；医疗救助2.12万人次，发放救助资金877万元；发放困难群众一次性物价补贴663万元，救助人数2.21万人次；为1.89万城市低保对象、202户城市“三无对象”、1651户城市低收入家庭和391户农村低保对象发放冬季取暖补贴701万元。

【环境保护】全年完成95家185台1447蒸吨燃煤锅炉改造任务，对187家334台炉、窑摸底调查，停用或拆除锅炉27台。审批新、改、扩建设项目21个，建设项目“评价”执行率100%，“三同时”制度执行率100%。完成固定声源监测134家，完成施工工地监测13家，在34条主次干道布点监测交通噪声87个，有效监控噪声。严格监管黄河沿岸城关段117个污水排放口、25条排洪道。加大对辖区内23台（套）污水处理设施的现场巡查力度，确保处理设施正常运行率达到96%以上，处理达标率达到96%以上，规范处置危险废物，全年共检查危废企业4S店31家、医疗机构420余家、涉重金属企业6家、危险化学品企业5家。

【社会事业】全年共推荐省级科技计划项目12项、市级科技计划项目61项。国家创新基金项目立项14项，争取扶持资金780万元。申请专利量980余件，受理专利资助审核516件。全年拨付科技项目经费732万元，对“城关区政府五联工程”和“城关区电子政务网建设”等4个项目进行重点支持。“兰州市城关区数字化社会管理与服务平台示范”项目被国家科技部列为2012年科技民生项目，争取扶持资金1800万元。

年末，有幼儿园（所）101所，小学83所，初中17所，普通高中27所，高等本科院校4所，高等专科院校5所，独立高等院校1所，中等职业学校30所。小学及初中入学率、巩固率、毕业率均为100%。全年投入1.73亿元改善办学条件和发展教育工程，实施了8栋中小学教学楼和3所公办幼儿园新建改建；完成了33个单位及55所学校的带宽提升工作，建成了231间多媒体教室；改善了校园视频监控；完成了6所寄宿制学校食堂标准化灶具配备工程和电采暖安装工程；建成10所社区学校少年宫。

投入500万元建成了城关区文化艺术交流中心、10个标准化文化活动中心（室）和10个基层文化活动广场；建成了火车头艺术锣鼓队、兰铁七彩艺术团腰鼓队等50个群众文化活动点。不断加强文化市场管理，全年专项整治行动共计检查32次，查缴各类非法出版物11000多册，盗版淫秽光盘20000多盘，检查书报刊经营摊点148家，取缔无证经营摊点71家，取缔无证娱乐场所6家，无证网吧1家。

年末，有各级各类医疗卫生机构673个，其中，三级甲等医院8所（综合医院6所、中医院2所）；病床数9261张，每千人拥有医疗床位7.24张。全年建成3家标准化社区卫生服务中心，建成慢性病防治“健康小屋”30个。传染病疫情直报符合率达到100%。国家各类免疫规划疫苗接种率均达到95%以上。

年末，有体育场地322处，占地面积70.16万平方米，体育社团2个，体育指导员1032名。全区81%的社区和72%的村安装了健身器材，经常参加体育锻炼的人数占全区人口的43.3%左右。

七里河区

【现任主要领导】

中共七里河区区委书记：石镜如

七里河区人大常委会主任：郑元平

七里河区人民政府区长：王　宏

政协七里河区委员会主席：巴怀亮

中共七里河区纪律检查委员会书记：冯乐泉

【基本情况】七里河区位于兰州市中南部，东至雷坛河，与城关区相壤；

南与定西市临洮县为邻；东南与榆中县相邻；西南与临洮县、临夏州永靖县交界，西与西固区毗邻；北濒黄河，与安宁区和城关区靖远路街道徐家湾隔河相望，总面积397.25平方公里。现辖9个街道2个乡4个镇。有60个村民委员会、77个社区居民委员会。全区常住人口56.46万人，人口自然增长率4.75‰。

【国民经济】2012年，全区实现生产总值319.11亿元，比上年增长15.49%。其中：第一产业增加值3.74亿元，增长7.38%；第二产业增加值188.25亿元，增长18.01%；第三产业增加值127.12亿元，增长12.7%。完成公共财政预算收入6.42亿元，增长22.4%。全社会固定资产投资170.86亿元，增长48.53%。社会消费品零售总额132.42亿元，增长17.2%。

【“三农”工作】2012年，全区蔬菜产量19721万公斤，其中百合产量2533万公斤；粮食产量992.2万公斤。猪、牛、羊、禽的饲养量达到43.6万头只；肉蛋奶产量完成2739万公斤。完成农业机械总动力17.2万千瓦；完成机耕面积2.8万亩。

有效推进百合、蔬菜、设施农业等优势特色产业发展。新建百合标准示范园500亩，百合种植面积达到4.7万亩，百合收入占农民人均纯收入的45%。着力建设高原夏菜生产基地，在黄峪、彭家坪建立两个区级百亩精细特菜示范基地，新增高原夏菜5000亩、双垄三沟冷凉型蔬菜512亩，全区蔬菜面积达到11.6万亩。蔬菜生产由传统菜向特菜、瓜果以及食用菌、花卉、经济作物育苗等多领域发展。特菜收入每亩达到1.2万元左右。设施农业重点抓好日光温室设施蔬菜生产，实施总投资1200万元的兰州家栋稀特蔬菜试验示范基地建设、总投资1700万元的甘肃华泰天润公司出口净菜保鲜及速冻加工、总投资2800万元的甘肃鑫农有机农业集约化机械化种植项目，建成1座“多层膜钢结构连栋大棚温室”，日光温室的档次得到提升，日光温室面积达到0.38万亩，塑料大棚面积达到0.32万亩。

突出产业化发展，落实惠民政策。建立市级以上龙头企业6个，销售收入4.1亿元，带动区内及周边地区农户5万余户。新注册登记农民专业合作社37家，累计达88家，会员达1035人，入社农户已达1820户，注册资金3662万元，带动农户3860户。兰州振兴百合种植专业合作社被确定为全国农民专业合作社示范社（兰州市仅此一家）。

【项目建设】2012年，全区共实施各类项目570项，计划总投资445亿元，完成投资170亿元。其中计划投资过亿元的项目达75个、10亿元以上的8个。新签招商引资项目57个，占年计划的127%；开工建设项目52个；引进到位资金118.06亿元。101个区级重点项目已开工建设92个，完成投资77.53亿元。

【人民生活】2012年全区城镇居民人均可支配收入17685元，比上年增长15.39%，人均消费性支出12255元，增长10.8%，城镇居民家庭恩格尔系数为37.8%，下降3.4个百分点。农民人均纯收入9558元，增长21%，人均生活消费支出6635元，增长10.2%，农村居民家庭恩格尔系数38.4%，比上年下降0.5个百分点。

【扶贫开发】黄峪乡整乡推进扶贫开发工作全面展开，《黄峪乡整乡推进扶贫开发总体规划》及6个子规划的初稿、安居小区1～8号住宅楼的初步设计规划方案已完成，平整土地70亩，地质勘测正在实施，龚湖公路拓宽改造工程方案已上报市交通局，黄峪沟庄子咀人饮供水工程泵房建设已完成。实施渠道、人饮、堤防等水利工程22项。

【环境保护】建设南出口森林生态景观带，新建2个小游园、9个城乡篮球场、12条全民健身路径。完成28家68台700蒸吨锅炉清洁能源改造和26家锅炉烟尘超标排污单位限期治理任务，搬迁取缔煤炭无证经营户40户，在全市率先建立冬防三级网格化管理体系。出台《市容环境卫生层级管理绩效考评办法》等制度，组织开展了“百日会战”、风暴行动、周末大扫除等集中整治活动，城市脏、乱、差现象得到较大改观。

【社会保障】2012年，全区参加新农合农民8.52万人，参合率达到99.6%，报销1776.60万元，报销比例49.14%。在乡镇卫生院、村卫生所、社区卫生服务机构全面实施国家基本药物制度全覆盖，实行基本药物零差率销售和基本药物100%通过网上集中采购。全面完成7岁以下听障儿童的筛查任务；对所有实施基本药物制度的村卫生室村医实行每人每月200元的补助；全区参合农民每人每年筹资标准达到300元的任务。全区参加城镇基本养老保险1.93万人、城镇职工基本医疗保险2.53万人、工伤保险1.04万人、生育保险1.35万人，城市低保对象30.34万人次，农村低保对象4.54万人次。开工建设保障性住房2516套。城镇新增就业17158人；劳务输转23247人，实现劳务收入3.2亿元。全年累计发放低保金6137.52万元；发放城市低保对象临时物价补贴1755.42万元；发放城市低保对象取暖补贴753.91万元；发放农村低保对象取暖补贴37.74万元；为1378户城市低收入家庭发放取暖补贴81.3万元，全区已基本建成了以城乡低保、临时救助、大病医疗救助、救济救灾为主要内容的民政工作救助体系。

【社会事业】设立100万元的科技型中小企业创新基金、专利资助资金、专利成果转化基金，对设施农业、百合产业、奶牛产业、装备制造业、三维数字社区管理系统、公共卫生服务等方面给予支持；兰州百合无公害生产技术示范推广及产业化开发项目通过省级验收；科技三项经费支出达到本级财政预算支出的1.06%。

全面提高教学质量，不断改善办学条件，校舍D级危房全部消除，25所农村义务教育薄弱学校改造计划项目全部完成，华一校、五星坪、龚三校排危改造和王官营寄宿制小学建设完工并交付使用，建筑规模1.04万平方米。新建改建八里镇、黄峪乡幼儿园已竣工，彭家坪镇幼儿园已完成主体工程；为31所农村学校补助100万元，解决1010名学生午餐难题；购置通勤车5辆，解决农村学校教师交通问题。

文化产业发展工作正式启动，制定《文化产业发展规划》，出台《加快文化七里河建设的实施意见》，云顶山法显寺主题公园、象狮山建设、三位数字便民物联网等6个文化产业项目有序推进，2012年，全区共有文化产业机构103个，文化产业从业人数3401人，资产99012.17万元，实现文化产业增加值1.47亿元。成功举办兰州首届百合文化旅游节，提高七里河知名度。

西固区

【现任主要领导】

中共西固区区委书记：陶军锋

西固区人大常委会主任：王习军

西固区人民政府区长：李继龙

政协西固区委员会主席：周建湖

中共西固区纪律检查委员会

书记：王延凤

【基本情况】西固区位于甘肃中部，东西长约31公里，南北宽约29公里，区域面积385.02平方公里。东南与七里河区和永靖县相邻，西北与红古区和永登县接壤，东北一部分与安宁区接壤，一部分以黄河为界，与安宁区隔河相望。地势西南高，东北低，南北两山向河谷川区倾斜，海拔在1500米至2000米之间。西固城距兰州市中心约20公里。兰青、兰新铁路、公路均交汇于此，兰海高速贯穿于境，省道、区乡公路四通八达，交通十分便利。西固区是国家“一五”期间重点投资新建的大型石油化工基地之一，素有“西部石化明珠”之称。全区常住人口36.62万人，区境人口由汉、回、满、蒙古、藏等27个民族组成。区辖4个乡2个镇9个街道。

【国民经济】2012年，全区完成生产总值315.12亿元，比上年增长7.7%，第一、二、三产业分别实现增加值3.25亿元、239.54亿元、72.33亿元，分别增长7.26%、3.76%、14.74%；完成固定资产投资185.89亿元，增长42.1%；实现社会消费品零售总额83.92亿元，增长16.7%；完成公共财政预算收入5.25亿元，增长21.15%。农民人均纯收入达到10128元，增长16.4%；城镇居民人均可支配收入20440元，增长15.4%。

【项目建设】全年实施投资亿元以上项目32项，其中，年产300万吨柴油加氢等11个项目建成投产，兰高阀新厂区、鑫港建材物流园等21个项目顺利实施，南山路、兰渝铁路等省市重点项目的年度征地拆迁任务全面完成。按照省委“3341”项目工程要求，突出项目支撑，制定实施方案，明确了今后的重点领域和主攻方向。围绕四大支柱产业培育，凝炼储备项目171项。全年共签约引进项目91项，到位资金120.51亿元。

【物流新城建设】兰州东川铁路货运中心正式开工、征地拆迁全面展开，兰州铁路集装箱中心站等一批物流项目即将动工，物流园建设的框架全面拉开。园区基础设施加快建设，五·四黄河大桥建成通车，新维路、新冶路建设正在推进，农民安置房、园区配套道路和综合办公楼启动建设。深入开展“园区建设年”活动，调整和充实了西固园区工作力量，编制上报了新城工业园区增容扩区规划。

【石化新城建设】着力完善城市路网功能，市区投入8000多万元，完成了福利路、公园路、11号路和91条小街巷翻建改造；建成4座便民桥，维修了新城黄河新桥和牌坊路立交桥；建成公交枢纽站，改造了27条主次干道给排水和供热管网，西固污水处理厂投入使用。城市改造步伐加快，建成居民安置房15.5万平方米。加强和创新城市管理，投入400余万元的数字城管指挥中心建成运行，城市管理有了质的提升。开展道路交通等重点领域专项整治，拆除违法建设1.1万平方米。扎实开展冬季大气污染防治，拆除改造燃煤锅炉38台、337.5蒸吨，空气质量优良天数达270天，比上年增加28天。强化生态保护和建设，新增改造城市绿地3.2公顷，改建小游园、小广场4个。投入343万元，全面开展水源地保护区综合整治。启动了黄河水资源利用前期工作。查处土地违法案件32起，治理隐患点3处。

【商贸旅游业发展】围绕建设区域性商贸中心，引进和实施了12个重点商贸项目，精品汽车园一期、新博运国际家居博览中心投入运营，商业步行街二期全面建成，西固商贸中心、鸿安国际广场等项目顺利推进。加快完善城乡市场体系，新建了新安路、十一街2个标准化菜市场，16家蔬菜直销店投入运营，建成甘肃元泰蔬菜交易中心、兰州永利源冷藏保鲜库项目一期，新建、改造各类商业服务网点105个。注重政策引导和资金扶持，重点实施了关山观景平台、河口天香生态园等休闲观光旅游项目，成功举办首届西固红枣节、旅游摄影大赛，旅游知名度和影响力有新的提升。

【新农村建设】农业产业化水平不断提高，实施农业示范园区建设4项，新增精细蔬菜和特色种植面积4900亩，推广双垄全膜覆盖种植4400亩，建成规模化养殖小区10个，新建、改扩建农产品加工企业4户。农村基础设施不断完善，完成2项水利改造和2项农村饮水安全工程，新建改造乡村公路4条，完成农村安居康居建设13万平方米，改造农村危旧房140户，完成13个村的环境卫生连片整治。建设经济林2000亩，建成林业生态小康村镇4个。深入实施林权制度综合配套改革，全面推进集体土地确权登记，土地流转面积达1.1万亩。

【社会保障】全年用于就业和社会保障的资金达2.84亿元。积极推进就业再就业工作，城镇新增就业1万人，城镇登记失业率为1.89%；成立小额贷款担保中心，累计办理贷款6633万元；完成劳务输转3.04万人，创劳务收入4.3亿元。社会保险覆盖面进一步扩大，基金征缴任务超额完成，城乡居民养老保险全面推进，新农合参合率达98.92%。启动运行虚拟养老院，建成老年人日间照料站15个，发放高龄补贴860万元。着力提高社会救助水平，城乡低保分别提标15.6%和24%，累计发放各类救助金6300多万元。开工建设保障性住房11万平方米，配售经济适用房500套。深入实施双联帮扶“十大”工程。为民兴办的十件实事全面完成。

【社会事业】投入3630万元，实施了8项校安工程和3所幼儿园建设，全区高考上线率达96%，困难学生资助等政策得到较好落实。大力支持中小企业技术创新，完成了60项科技计划项目，全区专利申请量明显提升。成功举办元宵节焰火晚会、“西固之夏”等文化活动，建成文化信息资源基层服务点10个、综合文化活动中心3个，广播电视“户户通”工程实现全覆盖。政府举办的医疗卫生机构和村卫生所全部实行了“零差率”销售，城乡居民健康档案覆盖率达85%以上。大力实施人口计生五大工程，人口自然增长率为3.64‰。扎实开展道德讲堂“七进”和“西固好人”评选等文明创建活动，新建乡村学校少年宫5所，市民素质和城市文明程度有了新的提高。广泛开展全民健身活动，竞技体育在全市取得优异成绩。建成全省首家防震减灾科普基地。

【社会管理】加大矛盾纠纷排查调处力度，化解各类矛盾纠纷1530起；继续实行重点信访案件县级领导包案和“会商会诊制”，妥善解决了河口“插花地”等21件多年未结的信访积案。加强社会治安综合治理，全面完成禁毒各项指标，侦破各类刑事案件878起，增设治安视频探头700个。强化食品药品网格化监管责任，保障了人民群众饮食用药安全。

安宁区

【现任主要领导】

中共安宁区区委书记：席飞跃

安宁区人大常委会主任：王永生

安宁区人民政府区长：甘培岳

政协安宁区委员会主席：马玲媛

中共安宁区纪律检查委员会书记：

魏万宏（12月止）

宋锦荣（12月任）

【基本情况】安宁区位于兰州市黄河北岸，全区总面积82.82平方公里。辖区分别与城关区、七里河区、西固区、皋兰县相接。区辖8个街道59个社区。耕地面积2827亩，人均0.07亩；常住人口27.96万人，人口自增率3.83‰。区内百里黄河风情线纵贯全境，十里桃乡久负盛名。

【国民经济】2012年全区实现生产总值94.59亿元，比上年增长16.5%。其中：第一产业增加值0.27亿元，增长6%；第二产业增加值49.49亿元，增长17.7%；第三产业增加值44.83亿元，增长15.22%。三次产业结构比为0.29 ∶ 52.32 ∶ 47.39。全区规模以上工业增加值31.58亿元，增长18.5%。固定资产投资152.06亿元，增长48.84%。实现社会消费品零售总额44.3亿元，增长17.16%。公共财政预算收入完成6.41亿元，增长20.25%。

【“三农”工作】全年蔬菜播种面积4108亩，比上年增加13亩，蔬菜产量9521吨，比上年减少49吨；果园面积3219.78亩，比上年减少80.02亩，水果产量3434吨，比上年减少567吨；肉产量完成348.04吨，下降17.59%；蛋产量完成265吨，增长20.45%；奶产量完成813.4吨，下降46.45%。全年有效灌溉面积0.28万亩，农村用电量2417.4万千瓦时，农用化肥施用量（折纯）377.67吨，塑料薄膜使用量80.67吨。

依托仁寿山风景区旅游资源和多年来成功举办“桃花旅游节”和“蟠桃会”等优势，以改造景区现有农家乐、提升景区整体功能为重点，以全力打造“生态人文宜居区”为目标，采取高标准规划、多元化投入、大手笔建设、市场化运作的方式，对仁寿山景区内农家乐采取“一户一方案”的办法进行土地流转、资源整合，创建以明清御街为代表的“兰州市安宁区城乡统筹旅游服务产业园”。

依托兰渝铁路货运编组站优势和甘肃农业大学、省农科院等驻区农业单位科研、技术力量，加大对刘家堡种子市场、桃海农产品批发市场的规模化、信息化、规范化建设力度，基本形成集农业信息服务，农资农产品生产加工、销售、仓储、物流为一体的综合性商贸园区。

【项目建设】2012年全区大力实施“项目立区”工程，不断创新招商引资方式，全面推行重大项目指挥部模式，实行县级领导项目包干制，引进实施了一批投资强度大、带动能力强、税收贡献大的项目。全年新签约引进海峡两岸农产品物流城、煌歌·桃海商城和香格里拉五星级酒店等48个项目，合同总投资238.7亿元，到位资金51.43亿元。其中：1亿元以上项目26个，10亿元以上项目9个，开工项目36个，开工率达75%。全区新建续建各类项目共108个，开工率达90.7%。投资36亿元的立达国际建材家居博览城已开工建设；投资32亿元的荣光·陇阳广场征地拆迁工作基本完成，即将开工建设；新城综合医院获得省卫生厅批准，已征地92亩，拆迁1.2万平方米，完成投资5000万元；成功引进投资2.19亿元的北京实验二小兰州分校，填补了全省没有首都名校的空白。

【人民生活】全区深入贯彻实施《就业促进法》为主线，继续稳定和扩大就业。2012年新增城镇就业人员6584人，安置下岗失业人员再就业1847人，困难人员再就业959人；城镇登记失业率1.23%；就业技能培训人数5553人；全年全区共输转城乡富余劳动力6733人，劳务收入9089.55万元。

城乡居民收入继续增加，生活水平不断提高。2012 年全区城镇单位从业人员在岗职工月均工资 4027 元，比上年增长 19.78%；城镇居民人均可支配收入为 17916 元，增长 15.43%，消费性支出 14479 元，增长 27.81%；农民人均纯收入达 10514 元，增长 16.38%，农民生活消费支出达 8179 元，增长 11.1%。

【环境保护】大力实施“高位建区”和“生态宜区”工程，进一步加快基础设施建设步伐，加强城市管理，提升生态建设水平。投资 8300 多万元建成 S506#、B510# 等 5 条城市道路，开工建设 S524#、T511# 等 4 条道路。BRT 快速公交项目通车运营。清理整治深沟、大沙沟等 7 条洪道，清淤 2.8 万立方米。投资 1700 多万元对市政设施进行维修改造，全线更新安宁东西路自来水管道，铺设天然气管线 5.6 公里。

全区共建成主题公园 3 个、小游园 2 个、小广场 2 个。完成义务植树 53.5 万株，新增绿地 25.9 公顷，绿化覆盖率达 36.1%，人均公共绿地面积达 12.42 平方米。深入开展“大气污染治理整体战攻坚战”和“洗城净天”活动，争取省市资金 3125 万元，完成 62 台 439 吨锅炉改造任务。全区大气环境进一步改善，空气质量优良天数达到 270 天，比 2011 年增加 28 天。

【社会保障】全区养老保险、失业保险、医疗保险参保人数分别达到 16473 人、3946 人、11671 人，征缴基金分别达到 5245 万元、291 万元、2191 万元；工伤保险参保人数 2367 人，工伤保险基金征缴额 158 万元，支出额 137 万元；生育保险参保人数 7372 人，生育保险基金征缴额 160 万元，支出额 70 万元。

全区全年享受城市低保的共 104470 人次，累计发放保障金 1703 万元；农村低保 1106 人，累计发放保障金 93 万元；灾民生活救济费支出 10 万元；特困群众大病医疗救助金 350 万元；抚恤事业费 365 万元，城镇社会救济费 476 万元，农村社会救济费 91.3 万元。

【社会事业】全区共有中小学 33 所，其中小学 18 所、中学 15 所（含九年一贯制学校 4 所，初级中学 7 所，完全中学、独立高中 4 所），在校学生数 25244 人，其中小学生 12101 人，初中生 8106 人，高中生 5037 人，教职工 1748 人；幼儿园 29 所，其中公办幼儿园 15 所，民办幼儿园 14 所，在园幼儿 4859 人。全年新建和加固校舍 3.98 万平方米。

2012 年新增有线电视用户 2300 户，有线电视覆盖率达到 100%；全区建有调频广播站 2 个，标准化街道广播站 6 个，广播覆盖率达到 100%；卫星地面接收站 14 个。投资 1.85 亿元的安宁影视文化中心基本建成，康桥国际万达影院投入运营。

建成刘家堡、银滩路、沙井驿街道社区卫生服务中心，公开招聘 50 名医务人员，基层公共卫生服务水平进一步提升。全区区属卫生机构数共 41 个，病床位 453 张，卫生从业人员 547 人，其中：卫生服务中心（站）达到 30 个，社区卫生服务人员 285 人。

成功举办了 2012 年元旦春节系列文化活动，开展了第三届“和谐之春”春节民俗文化系列活动、春节团拜晚会、焰火晚会、社火等文化活动。组织开展了“2012 年安宁区文化馆青少年美术作品展”、“触摸网络世界，丰富阅读生活”电脑培训班、“甘肃文化——文化名人走进兰州理工大学”兰州鼓子讲座和演出活动、庆“三八”文艺汇演活动。全区积极组织开展体育活动近 20 次，参加人数 10 万余人。建成 10 条全民健身路径和 10 个室内体育健身活动室。

红古区

【现任主要领导】

中共红古区区委书记：咸大明

红古区人大常委会主任：陈芦骐

红古区人民政府区长：韩显明

政协红古区委员会主席：常学明

中共红古区纪律检查委员会

书记：高文阳

【基本情况】红古区是兰州市的远郊区，位于甘青两省交界，东邻西固区、北接永登县，西南与永靖县及民和县隔河相望，处于连接甘青两省，肩挑兰州、西宁两大省会城市的独特区域位置。总面积 535.14 平方公里。109 国道、甘青铁路、甘青高速公路穿越全境，大通河出享堂峡与湟水河相汇并穿越全境，属温带大陆季风性气候，境内有 4 条自流灌渠，灌溉面积达 5.8 万亩。现辖 7 个乡镇街道，18 个社区居委会，38 个村委会。全区矿产资源十分丰富，已查明的矿藏主要有黑色金属、有色金属、贵金属、非金属等 11 种，矿种主要有煤、石油、油叶岩、铁、沙金、超基性岩、石英闪长岩、煤矸石、砾石等。其中煤矿储量丰富，原煤产量分别占全省的 13% 和全市的 88.7%。因资源优势而伴生的水泥制造业得天独厚，发展较好。水泥产量分别占全省和全市的 8% 和 27%。境内有 12 处历史文化遗址。海石湾恐龙化石遗址，是上世纪 40 年代中期出土的亚洲最大的恐龙化石，被中国著名古脊椎动物学家杨钟健先生命名为——马门溪龙，现藏中国古动物馆。

【国民经济】2012 年，红古区完成生产总值 89.52 亿元，比上年增长 17.29%。第一、二、三产业分别实现增加值 7.3 亿元、61.17 亿元、21.05 亿元，分别增长 7.08%、19.2%、14.67%。完成固定资产投资 53.73 亿元，增长 49.4%。实现社会消费品零售总额 22.97 亿元，增长 17.12%。大口径财政收入完成 7.28 亿元，增长 10.45%；公共财政预算收入完成 1.69 亿元，增长 25.19%。农民人均纯收入达到 10155 元，增长 19.4%；城镇居民人均可支配收入达到 14808 元，增长 17.4%。单位生产总值能耗降低 3.7%，单位工业增加值能耗降低 6%，主要污染物排放控制在市上下达的指标之内。

【项目建设】2012年，红古区致力于项目建设，城市转型工作取得重大进展。抢抓资源枯竭城市转型的重大机遇，高起点编制了《红古区资源枯竭城市转型发展总体规划》，争取近两年资源枯竭城市中央财政转移支付资金2.93亿元。精心凝炼申报项目，优选近中期重大项目99个，概算总投资713亿元，实施产业培育、基础改造、民生改善、生态治理等方面的重点项目32项。紧扣转型政策，累计引进各类项目70项，总投资53.36亿元，开工67项，落实到位资金35.28亿元。窑街煤电集团公司被国家列为全国40个煤炭资源综合利用示范基地之一，连续五年给予政策补助资金4.6亿元。加大窑街沉陷区治理工作，清理煤场234个，搬迁住户219户，拆除临时建筑及危房1万多平方米，平整土地2000亩。全面启动了窑街旧城改造，完成总投资3.2亿元的窑街大什字棚户区改造、阳光小区、滨河路延伸、垃圾处理场、天然气加气站等重点工程，启动总投资8000万元的污水处理厂建设，"四纵四横"城市路网、自来水厂改扩建等工程完成前期工作。总投资达14.6亿元的海岗公路改扩建工程完成招投标工作，海窑公路保通工程基本完成路基建设，海窑隧道建设进入征地阶段。

【园区开发】2012年，红古区致力于园区开发，工业经济转型升级步伐加快。编制完成兰州经济区红古园区、连海经济区红古园区、兰州清真生物产业园总体规划。投资1.77亿元，基本完成经济区红古园区"两纵一横"道路、铁路涵洞等基础工程，建成公共生活服务区"两路一街一广场"工程。立足打造全国第一、世界一流的清真生物制品研发、生产基地和认证中心，启动了兰州清真生物产业园建设。依托园区平台，累计实施工业重大项目14项，完成投资23.13亿元，锂离子电池石墨负极材料、3000吨清真明胶、油页岩尾气与瓦斯混合发电、伊利乳品加工二期等项目建成投产，蓝天太阳能光热新材料、方大炭素技改等项目开工建设，新增规模以上企业10家，基本形成了以平安有色金属新材料、红古清真生物制品、海石湾高端炭素、窑街煤炭综合利用为重点的"四大板块"产业格局。

【基础设施】加快海石湾中心城扩容增量步伐，投资1.47亿元，完成了大通路东延、红山路拓建、花庄路改造和海石广场建设，实施了海石湾西口棚户区改造、绿地广场建设等项目。加强市政设施建设，投资6000多万元，实施了供热管网、供热分户计量、市政道路维修改造和天然气入户等一批市政工程，配备了果皮箱、路灯、道路隔离护栏、公厕等一批公用设施，划定了临时停车场位，启动了总投资达1.08亿元的污水处理厂建设，更新出租车120辆。加快城乡一体化发展，投资1亿多元，新建上海石、湟兴村等农村新住宅314户，建成农村公路20.7公里，改造农村危旧房650户，实施了农村环境连片整治、清洁工程示范村等项目，解决了平安镇1万多人的安全饮水问题。加强生态环境建设，实行绿化费征缴制度，完成造林绿化3900亩，全民义务植树34.5万棵，创建国家级生态乡镇1个、生态村5个。

【社会保障】千方百计促进就业和再就业，2012年城镇新增就业7938人，其中安置近五年城镇退役士兵120人；完成劳务输转1.31万人次，实现劳务收入1.91亿元。社会保障体系进一步健全，城镇职工"五大保险"累计扩面3960人，5741名"五七工、家属工"和438名被征地农民全部纳入城镇职工基本养老保险，城乡居民社会养老、城镇居民基本医疗保险参保率分别达到97.81%、100%，新农合参合率达到98.94%。低收入群体和困难群众生活得到保障，建成保障性住房204套，发放最低生活保障金、各类补贴和救助资金7500多万元。

【社会事业】投资3180万元，完成了海石湾一小、兰州二十五中综合教学楼主体工程，改造学校危旧房5077平方米，整合学校4所，高考上线率达到87.44%。投资1655万元，建成了区医院标准化建设项目主体工程，实现了乡镇卫生院职工工资财政全额发放。深入推进全国文明城市创建工作，争创省市级文明单位9个，涌现出了李成环等优秀人物。启动了文化体育中心建设，建成全民健身路径15条。争取省市价格调节基金1600万元，建成平价粮油副食直销店24个。落实了干部职工调资政策，足额兑现了基本医疗保险金和年终一次性奖金。加大财政对民生领域的投入，为民兴办的10件实事基本完成。

【行政效能】2012年，红古区致力于政府自身建设，行政效能和服务水平不断提升。深入开展"效能风暴"行动，全面推行"一线工作法"、重大项目指挥部模式、督查通报和行政问责等制度，政府部门服务意识、工作效率明显提升。办结人大代表意见建议81件、政协委员提案70件。注重网络问政，办结网民留言165条、市长专线电话62条。继续实行"一站式"、"一条龙"服务，集中受理办结行政审批事项5500多项。深入开展"双联"行动，市区乡近3000名干部与1850户困难家庭建立了帮扶关系，落实帮扶项目78个，兴办实事126件，捐资捐物217.4万元。

永登县

【现任主要领导】

中共永登县县委书记：魏旭昶

永登县人大常委会主任：张礼才

永登县人民政府县长：杨　平

政协永登县委员会主席：保元德

中共永登县纪律检查委员会书记：赵承顺

【基本情况】永登县位于甘肃省中部，兰州市西北部，是古"丝绸之路"的重镇，河西走廊的门户。全县总面积6090平方公里，现辖13个镇、5个乡、11个居委会、240个村委会，常住人口42.42万人。海拔高度在1500～3200米，年均气温5.5℃，年总降水量405.8毫米，年日照时数2381.8小时，无霜期173天。全县耕地137.78万亩，其中水浇地51.03万亩。

【国民经济】2012年，全县实现生产总值95.85亿元，比上年增长15.4%。其中，第一产业增加值10.42亿元，增长6.62%；第二产业增加值45.37亿元，增长19.2%，其中工业增加值32.32亿元，增长19.1%；第三产业增加值40.06亿元，增长13%。固定资产投资完成45.72亿元，增长47.9%。社会消费品零售总额完成14.65亿元，增长17.01%。大口径财政收入完成5.41亿元，增长1.8%；公共财政预算收入完成2.36亿元，增长18.2%；公共财政预算支出14.83亿元，增长19.3%。

【“三农”工作】加大强农惠农政策落实，各类涉农资金投入达到3800万元，实现农业增加值10.42亿元。特色优势产业全面发展，大力扶持苦水玫瑰、高原夏菜、红提葡萄、日光温室蔬菜、鲑鳟鱼、中药材、双垄玉米、大接杏八大优势特色产业，苦水玫瑰种植面积达到5.05万亩，推广双垄沟播种植面积12.3万亩、优质马铃薯22万亩，建成日光温室蔬菜基地1.44万亩，种植红提葡萄6900多亩、高原夏菜9.6万亩，畜禽规模养殖场（户）达2620个，规模养殖达226.1万头（只）。流转土地12.6万多亩，发展农民专业合作社298家，竭力打造全国最大的苦水玫瑰种植基地和全省一月红提、高原娃娃菜生产基地。农村基础设施建设持续加强，实施了一批道路、水利、生态等基础建设项目。建成通村水泥路214.8公里，改造危旧桥梁2座。完成5项农村饮水安全工程、7座病险水库除险加固和西罗灌区节水配套改造项目，有效解决了3.8万人的饮水安全问题；新修梯田2.48万亩，荣获全省梯田建设先进县称号。

【项目建设】2012年，项目带动、投资拉动实现新突破。坚持招商引资和争取国家投资并举，全县实施投资500万元以上的重点项目129项，其中1000万元以上项目70项，共完成投资30亿元，占固定资产投资总量的77%，对固定资产投资快速增长拉动作用明显。连铝投资3.1亿元的600KA超大容量电解槽研发和投资37.8亿元的40万吨环保节能技改续建项目建成投产，投资6.61亿元的红狮水泥干法生产线及配套余热发电项目、投资3.37亿元的镕凯电石炉产业升级循环经济改造项目、投资8.7亿元的恒利·嘉豪国际大酒店暨商住项目等重大项目处于在建当中。

【城市建设】2012年，永登县加强县城建设，城市形象发生新变化。实施“县城方位四区”战略规划，市政基础建设步伐进一步加快，城市发展空间进一步拓展。累计投资近1.6亿元，建成翻山岭水库城乡安全供水水源工程、庄浪河橡胶坝水面景观工程、污水处理厂、垃圾处理场等一批城市公用设施，实施了一批城市主次干道新建改造工程。尤其是仁寿路拓建工程的竣工通车，使“三纵六横”的县城路网架构全面形成，为缓解城区交通压力、开发建设西城区创造了条件。投资5066万元的县城天然气供气工程已完成部分管网敷设。积极开展“建设陇上锦绣乡村，打造金城文明县城”环境综合整治活动，城乡环境卫生、交通秩序、市容村貌、窗口行业形象、经营秩序等方面取得显著成效，人民公园成为全县创新社会管理和精神文明建设的宣教示范基地，群众对环境的满意度不断提升。

【人民生活】2012年，全县城镇居民人均可支配收入11597元，比上年增长15.86%，人均消费性支出为8138元，增长13.74%。农民人均纯收入4900元，增长20.9%，人均生活消费支出4251元，增长21.71%。城乡居民储蓄存款66.16亿元，增长23%。

【园区开发】着力推进经济平台建设，2012年园区开发呈现新亮点。以国家级兰州新区和省级兰州连海经济开发区为平台，推进树屏产业园、大通河川产业园和庄浪河川产业园开发建设，努力打造永登新的产业集聚区和开放开发示范区。三个产业园总体规划全面完成，基础设施建设启动实施，累计引进重大项目31个。

【环境保护】环境保护项目扎实开展。2012年，永登县加强减排项目监管，大气污染防治成效显著，流域治理和水源保护得到加强。尤其农村、生态环境工作稳步推进。共投入1020万元，建成树屏镇6个村生活垃圾转运体系、生活污水站工程、水源地保护工程。上报两个省级生态村和三个国家级生态村；完成县规模化畜禽养殖污染防治试点工作；开展了辖区内自然保护区管理与建设环保专项检查。庄浪河及大通河过境地表水水质按区域分别达到国家地面水质标准2、3类标准，水质达标率100%。全县空气中可吸入颗粒物年日均值、二氧化硫年日均值、二氧化氮年日均值分别小于0.16/m^3、0.06mg/m^3、0.045mg/m^3的约束值。

【社会保障】国家惠农政策全面落实，通过“一折统”发放各类补贴1.4亿元。新增城镇就业5260人，扶持高校毕业生就业374人，输转城乡富余劳动力12.2万人，创劳务收入17.88亿元，工资性收入占农民人均纯收入的60.7%。成立了县级小额信用担保贷款机构，为失业人员、农村妇女和回乡创业人员等发放贷款8863万元。社会保障水平不断提高，城乡低保和农村五保复核提标工作全面完成，新型农村合作医疗、城镇居民基本医疗保险实现全覆盖，城乡社会养老保险试点工作加速推进，城镇和农村居民参保率分别达到96.3%、96.4%，符合条件人员养老金发放率达到100%。保障性安居工程建设步伐加快，建成惠民花苑廉租房144套，74套已公开配租到户，金城花苑廉租房完成主体工程，完成农村危旧房改造4010户，城乡居民居住条件不断改善。积极筹措资金，发放了行政事业单位干部职工和离退休人员新增津补贴2500万元；扶贫攻坚成效明显，落实到位资金2275万元，实施4个整村推进项目、

1个整乡推进试点项目和1个连片开发试点项目，减少贫困人口1.2万人。

【社会事业】文化旅游事业加快发展，新建20个村级文化广场和10所乡村少年宫，实施了5个乡镇文化站基础设施配套工程，完成广播电视“户户通”工程57730户。首届连城土司文化旅游节成功举办，苦水玫瑰旅游节提升为中国玫瑰之乡·兰州玫瑰节，成为“中国西北游，出发在兰州”特色旅游品牌之一。教育事业夯实基础，“两免一补”政策和农村义务教育学生营养改善计划全面落实，进城务工人员随迁子女纳入义务教育保障体系；投资8000多万元，实施了新城区幼儿园、县城特殊教育学校、8个学前教育推进工程和51个薄弱学校改造等项目，办学条件明显改善。基本公共卫生服务均等化项目有序开展，国家基本药物制度稳步落实；在全市率先推行“先看病后付费”服务模式，看病贵问题得到缓解；农村医疗基础条件得到改善，投资224万元实施了民乐乡卫生院业务用房和8个村卫生室建设项目。倾力打造“百合计生”服务品牌，实施计划生育利益导向惠民等五大工程，符合政策生育率达到91.51%。

皋兰县

【现任主要领导】

中共皋兰县县委书记：徐大武

皋兰县人大常委会主任：辛秀先

皋兰县人民政府县长：宗满德

政协皋兰县委员会主席：魏泽邦

中共皋兰县纪律检查委员会

书记：张栋梁

【基本情况】皋兰县辖2乡5镇，常住人口13.39万人。总面积2556平方公里，耕地面积42.19万亩，其中水地面积22.18万亩，人均1.45亩。皋兰地处陇西黄土高原，山川相间，地势西北高、东南低，平均海拔1600米，属温带半干旱气候，年均气温7.5度，年均降水量262.1毫米，年均蒸发量1671.3毫米，年均日照2768小时，无霜期144天。气候温和，四季分明。县境与省城兰州、铜城白银和中川航空港零距离接壤，县城距兰州35公里、白银29公里，距兰州中川机场30公里。已经开通兰州至什川黄河豪华邮轮航线。

【资源优势】皋兰县有丰富的矿藏资源，金属矿有金、银、锌、铜等，非金属矿有石英砂、大理石、花岗岩、粘土等，具有较大的开采价值。县境内有大量可开发利用的土地资源。黄河流经皋兰县境内，年均流量311亿立方米，峡谷地带蕴藏可观的水能资源，引大入秦、西岔电力提灌、大砂沟电力提灌三大水利工程覆盖全县，安全饮水管网基本覆盖，拥有调蓄水库4座，容量达180万立方米，县城自来水厂2座，日处理水量10000立方米。

旅游资源得天独厚。东南部什川镇有“世外梨园”之美誉，以梨园景色、羊皮筏子、接官亭、骆驼石、大小峡电站库区等景点吸引八方游客，被誉为“中国第一古梨园”。荣获陇原唯一“中国县域节庆最具潜力奖”，什川镇荣获“兰州最美丽乡村”称号。举办第十届“兰州·什川之春”旅游节。全年接待游客86万人次，创收9040万元。

【国民经济】2012年，全县实现生产总值37.91亿元，比上年增长17.36%，三次产业结构比为15.4∶59.0∶25.6。完成固定资产投资总额25.3亿元，增长49.13%。实现社会消费品零售总额5.6亿元，增长17.08%。完成大口径财政收入4.45亿元，增长17.6%，完成公共财政预算收入1.98亿元，增长24.6%。

【都市农业】2012年，继续突出生产基地、示范园区、龙头企业三个关键环节，强力推进都市农业发展，着力打造都市农产品生产加工配送基地。县财政列支640万元，整合资金1995万元，扎实推进高原夏菜、富硒白兰瓜、旱砂西瓜、红砂洋芋、优质林果5个万亩标准化生产基地和7个千亩设施农业示范园区建设。新增标准化生产基地1.3万亩，累计达到13.8万亩，带动特色产业种植面积达到25.3万亩。新增设施农业3000亩，累计达到3万亩，实现户均1亩的目标，成功举办第一届“兰州白兰瓜节”。

【项目建设】2012年，始终把招商引资作为引领经济社会发展的突破口，认真落实招商引资33条优惠政策和项目保证金制，积极参加兰洽会、民企陇上行等活动，招商引资和项目建设取得新成果。2012年共签约引进项目35个，其中投资亿元以上项目21个，合同引资首次突破百亿元大关，开工24项。积极对接国家产业政策和投资导向，全面推行重大项目“指挥部”模式，实施政策性项目76个，开工70项，建成18项。投资3.4亿元完成主干道1号道路等5项基础设施建设。投资3.5亿元建成兰鑫钢铁120万吨高速线材生产线。投资3亿元建成鸿丰电石循环扩建项目。北龙口现代物流园投资10亿元建设现代物流城一期工程。什川生态文化旅游园投资10亿元的“林隐天下”景观示范项目成效显著。

【城乡一体化】2012年，坚持抓规划、兴建设、强管理，统筹推进城乡一体化进程，规划、建设、管理取得新成绩。继续推进节点城市“西扩南展”，投资633万元完成百合路东延和莲花路建设。投资6900万元建设县城污水处理厂。投资1000万元完成石洞寺森林公园二期工程。投资230万元建成广场主题雕塑。投资5052万元建成广林大厦和信合大厦。推进县城房地产开发，建成聚金兰庭等精品住宅23.9万平方米。城镇人口增加3493人，城镇化率达到43.6%。

【民生民利】城乡居民生活水平继续提高。2012年，全县在岗职工年平均工资45627元，比上年增长27.84%。城镇居民人均可支配收入9650元，增长17.0%。农民人均纯收入5083元，增长19.40%。

民生民利得到明显改善。落实各

项强农惠农和惠民政策，及时足额发放粮食等各类补贴1800万元。发放养老、失业、医疗、工伤、生育保险金6100万元。发放各类救助资金3524万元。农村居民转移性收入人均达到246元。投资1770万元的县城至兰州新区快速通道连接线基本建成。投资1514万元完成乡村道路18条61公里。投资565万元建成黑石川上三村、忠和崖川村农村饮水安全工程，有效解决了7632人的饮水安全问题。建成经济适用房、廉租房、公共租赁房、棚户区改造2313套。完成各类危旧房改造980户。公开选拔142名高校毕业生到基层就业。开发公益性岗位50个，新增城镇就业人员1005人。输转城乡富余劳动力3.4万人次，创劳务收入4.4亿元。

【环境保护】2012年，获得国家财政节能奖励项目6项；完成重点节能及循环经济项目6项；争取政策性项目64项，已落实到位56项；关闭小“地条钢”企业2户和小水泥1户；9户淘汰落后产能项目已全部通过国家核查验收，共淘汰落后产能63.9万吨，节能7.04万吨标准煤。

【社会事业】2012年，组织实施“利用耦合技术进行乳酸链球菌素发酵的产业化开发”、“高性能水泥集装袋”、“玻璃纤维缠绕增强热固性树脂夹砂压力管”、“精品蔬菜加工配送体系”等项目；建成中小企业创业孵化基地，入孵企业64家；争取市级以上科技计划项目13项，各类科技扶持资金206万元；申报专利5件，引进转化科技成果10多项；推广高新技术15项，引进新品种46个。

2012年，以提高“教育教学质量”为中心，突出“教研教改、办学条件、素质教育、师资队伍、校园文化、学校安全”六项重点工作，认真落实“两免一补”政策，继续健全“以县为主”农村义务教育管理体制，巩固和提升教育教学质量。“两基”迎国检工作获得市级先进集体，义务教育阶段入学率达100%，投资1734万元完成什川中学教学楼、魏家庄小学教学楼等5项校安工程；投资2213万元的西岔、城关等6所幼儿园建设进展顺利；投资760万元为中小学配备教学器材。高考再创佳绩，本科录取992人，净增102人。

投资420万元为县乡医院、卫生院购置了大中型医疗设备和中医诊疗设备，建成县上首家婴幼儿游泳馆。新型农村合作医疗不断完善，2012年新农合参合率96.3%，资金安全使用率100%。加快中医特色优势建设，开展中医适宜技术16项，乡级开展10项以上，54家村卫生室能够提供中医药服务。加强卫生人才队伍建设，招录16名大学生和1名执业医师充实到乡镇卫生院。

完成2.07万户“户户通”建设，有线电视数字用户累计达到4000户；有线电视用户累计达到2100户。广播人口综合覆盖率达96.41%，电视人口覆盖率达100.0%。

成功举办首届“农民艺术节”和“石洞寺文化庙会”，实现“一村一品”群众性文化精品创建工程、农民健身、文化信息资源共享和“农家书屋”建设工程全覆盖。夺得省第六届体校运动会5金4银3铜，县体校分别获得省市两级“业余训练先进单位”荣誉称号。

榆中县

【现任主要领导】

中共榆中县县委书记：周学海

榆中县人大常委会主任：黄宗利

榆中县人民政府县长：王　林

政协榆中县委员会主席：谢志明

中共榆中县纪律检查委员会

书记：唐伟尧

【基本情况】榆中县辖8镇15乡、4个社区、268个行政村，常住人口43.9万人，总面积3301.64平方公里，耕地105万亩，其中水浇地30万亩，山旱地75万亩。全县海拔在1480～3670米之间，年均降雨量350毫米，蒸发量1450毫米，年平均气温6.7℃，无霜期120天左右。境内有兴隆山、马啣山、官滩沟、青城古建民居等旅游风景名胜区。县城地处兰州市东郊，西靠兰州市城关区，东邻定西市安定区，西南与临洮县交界，北隔黄河与白银市相望，区位优势明显，距兰州市区30公里。境内312国道、109国道及宝兰铁路、兰渝铁路通过，道路交通发达。

【国民经济】2012年，全县生产总值达到70.19亿元，比上年增长15.02%。人均生产总值达到16021元，增长14.66%。固定资产投资额达到66.64亿元，增长49.09%。大口径财政收入5.8亿元，增长2.17%，公共财政预算收入2.84亿元，增长11.96%。

【产业发展】按照“一产抓特色、二产抓延伸、三产抓转型、整体抓提高”的要求，全县坚持抓产业、调结构，综合实力明显提升。积极发展现代农业，全年农作物播种面积121.66万亩，粮食总产量1.65亿公斤。完成双垄沟全膜种植30万亩、商品洋芋25万亩、中药材6.7万亩、高原夏菜30万亩，外销蔬菜10亿公斤，实现销售收入8亿元。农业专业合作组织达到390家，带动农户产业化生产3.6万户，促进农村土地流转10.3万亩，农业产业化进程不断加快。全年完成农业增加值12.31亿元，比上年增长6.91%。大力实施工业强县战略，全面落实保持工业经济增长的各项政策措施，全力做好省市重大项目的协调服务。榆钢二期、金川科技园三元正极材料生产线等工业项目建成投产，极大地增强了全县工业经济整体实力。全年完成规模以上工业增加值32.90亿元，增长19.1%。积极发展壮大第三产业，培育限上企业17家，完成第三产业增加值13.38亿元，增长12.40%。全年共接待游客136.88万人（次），比上年增长30%，实现旅游综合收入8.3亿元。加快发展商贸物流业，城乡消费市场日益活跃。陇鑫国际大酒店正式营业，瑞鑫国际商业城仓储楼全部封顶，全年完成社会消费品零售总额14.99亿元，增长16.99%。

【项目建设】2012年，新引进各类项目56项，其中上亿元项目12项，总投资45.7亿元，到位资金18.7亿元，结转项目16项，到位资金57.1亿元。全年共实施市列重大项目4项、县列重点项目58项，开工建设44项，完成投资48亿元，项目数量和投资规模均创历史最高水平。加快推进高新区榆中园区建设，兰州东部科技新城启动实施。榆钢二期项目建成投产，309国道改扩建定远至金崖段通车，"苑川欣城"住宅小区完成主体建设。

【扶贫开发】全年共争取扶贫专项资金3079.1万元。甘草店整乡推进、杨河等4个整村推进项目全面完成。新修梯田3700亩，新建提灌工程2处，新建塘坝1座，维修机井7眼，渠系配套10公里，硬化村社道路7.1公里，砂化村社道路21.2公里；扶持发展双垄沟播地膜6万亩，中药材种植3860亩，百合种植2250亩，蔬菜大棚116座，建标准化暖棚羊舍540座，舍饲养羊120户540只，肉牛170户170头，养鸡2万只，养猪210头。

【人民生活】2012年，全县在岗职工年平均工资34215元。农民人均纯收入为4263元，比上年增长19.02%。城镇居民人均可支配收入为11519元，增长16.24%。城乡居民储蓄存款余额70.77亿元，比年初增长19.28%。

【环境保护】积极争取省市各类污染治理资金及环保自身能力建设资金1252万元，在5个乡镇18个行政村实施了农村环境连片整治项目及企业污染减排和规模化畜禽养殖减排资金，有力地推动了环保项目的顺利实施。督促甘肃京兰水泥有限公司和甘草环保建材公司完成脱硝工程科研、环评审批等前期工作，并已动工建设。积极为县列重点建设项目做好环评审批协服工作。全年审批项目49个，验收项目13个，环评执行率和"三同时"执行率均为100%。

【社会保障】城乡居民养老保险试点工作有序推进，参保人数达25.83万人，全年发放养老金1.03亿元，按时足额发放率达到100%。新型农村合作医疗制度全面落实，参合农民36.1万人、参合率达到94.73%，规范和简化新农合报销程序，率先在省内启动新农合"先住院后付费"服务模式。

新增城镇就业人员2331人，输转城乡富余劳动力10.1万人次，创收11.5亿元，金融支持和服务"三农"试点工作成效显著，发放妇女小额贷款1.81亿元，组建中小企业信用担保公司，全县涉农贷款余额达到45.56亿元，占贷款余额的72%，有力促进了群众增收致富。

认真落实保障性住房建设任务，改造农村危旧房600户，建成保障性住房630套，集中配售经济适用房530套，切实解决了低收入群众住房难问题。今年共争取到位各类民政资金1.69亿元，其中城乡低保资金1.16亿元，五保供养资金423万元，救灾救济资金898万元，医疗救助资金1851万元，优抚安置资金2021.95万元，社会福利资金96.67万元。认真组织开展"联村联户、为民富民"行动，省市县乡四级联扶单位重点帮扶贫困户8371户，确定联扶项目178项，总资金2.1亿元，其中帮扶单位自筹资金4912万元，解决了一批事关农村发展和群众切身利益的实际问题。

【社会事业】规范基本公共卫生服务，城乡居民建档率93.08%，完成了银山、定远中心卫生院辅助设施和6所标准化村卫生所建设，投资3020万元完成了中医院综合楼主体建设。大力实施对口帮扶千人培训工程，县级医院接受乡镇卫生院专业技术人员进修培训94人次，组织人员到省、市医疗机构进修学习141人次，转岗培训21人次，乡村医生培训546人次，专业技术人员继续教育100%，医疗综合服务水平有了明显提高。

新建农家书屋54家，建成"一村一场"21个、健身路径21条，申报千村文化活动示范点15个。来紫堡乡冯湾村农家书屋被国家新闻出版总署授予"全国示范书屋"，清水驿乡文化站站长杨津被文化部授予"全国文化信息资源共享工程文化共享之星"称号。实施广播电视"村村通"、"户户通"工程，新增受益群众6.9万户。

嘉峪关市

【现任主要领导】

中共嘉峪关市市委书记：郑亚军
嘉峪关市人大常委会主任：祁永安
嘉峪关市人民政府市长：柳　鹏
政协嘉峪关市委员会主席：焦玉兰
中共嘉峪关市纪律检查委员会书记：边玉广

【基本情况】嘉峪关市位于甘肃省西北部，河西走廊中部偏西，是古丝绸之路的交通要道，是明代万里长城的西端起点，也是丝路文化和长城文化的交汇点，因举世闻名的万里长城天下第一雄关而得名，自古以来就被人们称为"河西重镇、边陲锁钥"。嘉峪关市是随着我国西北最大的钢铁联合企业——酒泉钢铁（集团）公司的建设而发展起来的一座新兴工业旅游城市，1965年设市，是亚欧大陆桥重要组成部分。2009年12月，嘉峪关市设立3个区，即长城区、镜铁区、雄关区。3个区为市委、市政府的派出机构。3个区下辖3个镇、8个街道办事处和1个镜铁山矿办事处。全市总面积2935平方公里，城区规划面积260平方公里，建成区面积63平方公里，城市常住人口23.43万人，城镇化率达到93.38%。

【国民经济】2012年，嘉峪关市实现生产总值269.1亿元，比上年增长16.4%。其中：第一产业增加值3.79亿元，增长7.2%；第二产业增加值220.2亿元，增长18.2%；第三产业增加值45.1亿元，增长12.2%。三次产业结构比为1.4 ∶ 81.8 ∶ 16.8。大口径财政收入完成36.5亿元，增长12.3%。城镇居民人均可支配收入22006元，增长16.24%，农民人均纯收入 10999 元，增长 18.2%。

【“三农”工作】全年共帮助农村居民办实事 440 余件，整修公路 21 公里，完成水利设施建设 23 项，捐赠各类物资折合人民币 400 余万元，确定帮扶项目 200 余项，总投资近亿元，有力推动了农村各项事业的全面发展。

投资 900 多万元安装太阳能路灯 2200 盏，实现了农村居民亮化工程全覆盖。投资 1700 万元，为各村配备了垃圾收集清运设施，建成污水处理站 5 座，乡镇生产生活垃圾处理率达到 100%。镇村组文化室、农家书屋、文化体育广场配套率达到 100%。农村广播电视“户户通”工程在全省率先完成。

落实蔬菜种植面积 2 万亩，占总播种面积的 33%；本着适当压缩面积、着力提高品质的原则，落实洋葱种植面积 1 万亩，较上年减少 5107 亩。啤酒花种植面积稳定在 2100 亩；积极推进高效制种业发展，落实高效制种面积 1.39 万亩，新增 6471 亩；扩大发展畜牧养殖业，新建暖棚圈舍 168 座，累计达到 1628 座，新增规模养殖户 46 户，累计达到 1730 户。2012 年共争取到各级财政补贴资金 285 万元，扶持新建标准化规模养殖场（小区）10 个，扩建 1 个。引导发展高效林业。新增林木育苗面积 451 亩，累计达到 1526 亩，拓展了高效林业发展空间。

【优势产业】钢铁主业产品包括碳钢和不锈钢两大系列，主要产品有碳钢系列的高速线材、高速棒材、中厚板材、热轧卷板、冷轧薄板以及不锈钢系列的热轧卷板与冷轧薄板等上百个品种。酒钢已通过 ISO9001：2000 版质量管理体系和 ISO14001 环境管理体系认证，理化检验通过了国家实验室认可。其中，A、B、D 级船板钢通过中国、英国、挪威、德国和日本五国船级社认证，热轧带肋钢筋获得国家产品质量免检证书。钢铁产品分别荣获中国冶金工业协会“金杯奖”、冶金行业“品质卓越产品奖”、甘肃省“名牌产品”。焊条焊丝钢、压力容器钢、桥梁用钢、管线钢、集装箱用钢、汽车结构钢、冷轧基料等产品在国内外市场享有广泛的声誉。产品先后打入长江三峡、黄河小浪底水电站、青藏铁路、北京奥运主场馆、西北风电基地、高铁工程等国家重点建设工程。非钢产业中具有代表性的紫轩酒业，是中国第一家通过国际国内有机产品双认证的葡萄酒生产企业，生产的紫轩系列葡萄酒屡获殊荣。2010 年，紫轩葡萄酒名扬上海世博会，被联合国馆指定专用并获“千年金奖”，紫轩商标也被评为中国驰名商标。2012 年，特色铝合金节能技术改造 45 万吨工程顺利运行，标志着酒钢在主业多元化发展和产业转型升级方面迈出了实质性的一步，成为国内第一家黑色、有色产品兼备的冶金企业。

旅游产业快速发展。2012 年接待旅游人数 281.4 万人次，比上年增长 27.7%；实现旅游收入 16.2 亿元，增长 33.4%。评定了 31 家星级农家乐并挂牌，完成了 3 家新酒店三星级酒店的初评，3 家星级饭店创建成为绿色饭店，中华孔雀苑创建成为国家 3A 级旅游景区。举办了“5·19”中国旅游日的系列宣传活动，“丝路明珠—嘉峪关”第十二届中国国际旅游经典电视片大赛，城市品牌效应进一步增强。

【项目建设】2012 年共实施建设项目 145 项，投产项目 71 项。完成固定资产投资 93.35 亿元，比上年增长 43.1%。已建成嘉峪关——酒泉城际一级公路，缩短了两市的路程，提升了道路质量，拓宽了道路面积，极大的改善了两市的交通条件。酒钢三中校址搬迁，投资 1.2 亿元新建校区。投资 11.3 亿元的酒钢 400 万吨铁选厂建设工程投入，进一步提升了铁选水平。

加强基础设施建设，推进农村城市化。实施续建讨赖河嘉峪关市区段生态环境治理工程，改建大草滩水库除险加固工程，新建文殊沙河治理等项目。发展节水灌溉面积 1000 亩，推广高效农田节水技术 3.6 万亩，加快推进节水型农业建设。

【环境保护】2012 年，以落实环保目标责任制为抓手，加强环境监管，规范排污行为，强化污染治理，狠抓污染减排，着力解决制约经济和环境协调发展的突出问题，全力推进各项目标任务，环境质量保持良好。全市空气可吸入颗粒物、二氧化硫、二氧化氮三项指标日平均值分别为 0.063 毫克 / 立方米、0.028 毫克 / 立方米、0.014 毫克 / 立方米，空气质量优良天数占全年总天数的 94.2%；地表水水质、地下水水质、饮用水水质达标率均为 100%。2012 年新增绿化面积 81.86 公顷，绿化覆盖率 37.1%，人均公共绿地 33.83 平方米，进一步改善了环境。

【社会保障】2012 年坚持社保惠民，全面提升民生保障水平，城镇基本养老保险缴费人数增长 13.97%；失业保险缴费人数增长 18.77%；城镇职工基本医疗保险缴费人数增长 14.11%；城镇居民基本医疗保险缴费人数增长 1.04%；城乡居民社会养老保险参保率 96.2%；城乡居民社会养老保险发放率 100%。新型农村合作医疗参合率、养老保险参保率分别达到 98.4% 和 95.6%。

严格执行最低工资标准政策，促进城镇居民收入增长。最低工资标准由 2010 年的 760 元 / 月，上调至 980 元 / 月；大幅提高最低生活保障标准，让经济发展成果惠及低保人员。低保标准在 2011 年的 230 元 / 月基础上，增加 99 元 / 月，增长 58.7%。

【社会事业】2012 年 2 月被中央政法委、中央综治委确定为全国社会管理创新典型培育城市，嘉峪关市结合市情特点，坚定建设和谐幸福城市这一目标不动摇，从执政的责任感和使命感出发，把加强和创新社会管理摆在统领全局的战略高度，实现了城乡户籍一元化。

一次性撤销了全市所有街道办事处，形成了“市—区—社区”三级社会管理架构，实行区直管社区，社区直接面对群众提供公共管理服务。在体制安排上，按照“1 万人左右，15 分钟办事服务圈”的标准，将全市 69

个城市社区整合为30个社区，在全市17个行政村进行社区化管理，使农村居民与城市居民享受同样高效便捷的服务。2012年投资2.1亿元，建成了社会管理服务中心、城乡一体化服务中心和社会矛盾大调解中心等“三大中心”，搭建了集信息资源共享、应急联动指挥、社会综合服务为一体的数字化平台，与城乡各社区联动开展家政服务、居家养老、矛盾化解、安全防范等为民服务。建立开通了“12345民生服务热线”，为市民提供政务咨询、居家养老、家政服务、报警求助等服务，实现了行政管理、服务水平、服务质量和行政效能的跨越提升。

（高　杰）

金昌市

【现任主要领导】

中共金昌市市委书记：张令平

金昌市人大常委会主任：方银天

金昌市人民政府市长：张应华

政协金昌市委员会主席：李生伟

中共金昌市纪律检查委员会

书记：马　森

【基本情况】金昌市地处甘肃省河西走廊东段，祁连山北麓，阿拉善台地南缘。北、东与民勤县相连，东南与武威市相靠，南与肃南裕固族自治县相接，西南与青海省门源回族自治县搭界，西与张掖市民乐、山丹县接壤，西北与内蒙古自治区阿拉善右旗毗邻。全境东西长144.78公里，南北宽134.6公里，边界线总长486公里。地势西南高，东北低，其间山地、平原、戈壁绿洲、洪荒大漠由南向北依此展开。南部祁连山海拔最高达4442米，北部海拔最低1327米，年均气温4.8℃，日照2878小时，无霜期134天，属典型的温带大陆性气候。2012年末，金昌市常住人口46.74万人，总面积8896平方公里，下辖永昌县、金川区，全市共有12个乡（镇），6个街道办事处。金昌因镍矿非常丰富而成为我国最大的镍钴和铂族金属生产中心，被誉为祖国的“镍都”。

【资源优势】矿产资源富饶。金昌市共发现矿产地101处。其中：黑色金属矿产15处，有色及贵金属矿产21处，能源矿产11处。矿种包括铁、铬、镍、铜、钴、金、银、铂、磷、硅石、萤石、膨润土、建材花岗岩、煤、石油等41种。其中镍矿储量丰富，列世界同类矿床第三位，铜矿储量居中国第二；镍和铂族金属产量占全国的90%以上，是国内最大的镍钴生产和铂族贵金属提炼中心。

旅游资源独具特色，有反映人类早期活动的二坝、三角城、鸳鸯池遗址；有以明代钟鼓楼、北海子、武当山为重点的古建筑群，以圣容寺、云庄寺为代表的佛教文化圣地；有揭示古罗马军团千古之迷的骊靬古城遗址；境内金川峡、皇城、西大河三大水库风景区是人们避暑休闲的理想去处。永昌景内的天山积雪、云庄铺翠、柳池漾月、金水潺潺、东岗晚照、西岭晴岚、南峪龙腾、北山狮伏等景观久负盛名；巴丹吉林沙漠、镍都“工业游”更是独一无二难得的旅游资源。

【国民经济】2012年，金昌市完成生产总值243.39亿元，比上年增长16.5%，第一、二、三次产业分别实现增加值13.38亿元、184.48亿元、45.53亿元，分别增长7.5%、17.3%、15.6%。完成固定资产投资184.87亿元，增长45.71%。实现社会消费品零售总额50.95亿元，增长17.6%。完成大口径财政收入37.26亿元，增长32.96%；公共财政预算收入13.32亿元，增长17.03%。城镇居民人均可支配收入23295元，增长16.04%；农民人均纯收入达到7885元，增长17.52%。

【项目建设】全年共实施投资项目329项，其中新开工建设211项，本年投产项目144项，是近年来项目数量最多、投资力度最大的一年。6万吨电解镍、110万吨铜渣选矿、150万吨捣固焦、20万吨合成氨、40万吨电石、60万吨洗煤等项目建成；1万吨羰基镍、30万吨铜材、40万吨离子膜烧碱二期、30万吨PVC、3万吨三氯乙烯、250万只圆筒印花镍网以及金武高速公路等项目加快建设，冶炼含铜废渣废酸资源化利用、镍阳极泥综合利用和白烟灰综合利用扩能改造等园区循环化改造项目顺利实施。风光电产业快速发展，风电开发和光伏发电场规划编制完成，164万千瓦风光电项目获批建设，年底装机规模达50万千瓦。

2012年共实施招商项目138项，其中，新建项目57项，续建项目53项，已建成项目28项，引进到位资金96.4亿元，比上年增长2.1倍。

【优势产业】工业引领全市经济快速发展，主导地位依然牢固。2012年，金昌市实现工业增加值162.93亿元，比上年增长17.61%，占全市经济的66.9%，贡献率达到78.3%。镍、铜等工业主导产品产量分别达到12.78万吨和59.99万吨；循环经济发展亮点频呈，硫化工、磷化工、氯碱化工、煤化工、氟化工和有色金属深加工、再生资源利用等循环产业链不断延伸。金昌经济技术开发区被认定为省级战略性新兴产业创新创业示范园，永昌氟材料循环经济示范园被列为省级循环经济试点园区，河西堡化工循环经济产业园快速壮大。

服务业健康发展。北京路市场改造、金三角商厦改扩建、金昌商会大厦、天庆惠民综合市场等项目全面推进，永昌万祥羊肉美食城建设进展顺利，金川区被命名为“中国羊肉美食文化名城”。物流业稳步发展，太西煤5000万吨物流园区等项目开工建设。旅游业快速发展，“中国·金昌首届骊靬文化国际旅游节”成功举办，骊靬古城主体完工，电影《骊靬情》拍摄完成，金川公园、金水湖成为国家“AAA”级景区。2012年，全市共接待游客135万人（次），增长45.2%；实现旅游收入7.5亿元，增长63%。

【“三农”工作】统筹城乡发展和新农村建设走在全省前列，形成了特征鲜明的“城中村”改造、近郊村集中居住区建设、远郊村高标准农宅建设和以土地流转集约经营为核心的“3331”产业分工、退宅复垦还耕等模式。现代农业加快发展，“一区三园两基地”初具规模。2012年，粮食产量达到33.80万吨，比上年增长2.36%。蔬菜产量59.77万吨，增长3.87%。畜禽总饲养量达到229.6万头（只），增长2.44%。金昌市各级联村单位为联系村帮办实事800余件，联户干部为联系户帮办实事18000多件。市财政列支1000万元专项资金培育富民产业，加快了农民群众脱贫致富奔小康步伐。制定出台了金昌市《关于在“双联”行动中加快推进妇女小额担保贷款工作的意见》，帮助6842户贫困农户落实妇女小额担保贷款资金4.6亿多元，有效解决了贫困农户发展资金不足的难题。

【环境保护】节能减排力度加大，环境治理成效进一步显现。全年金昌市完成环境治理项目6项，投入资金1.82亿元。全市化学需氧量排放量为1.38万吨，比上年下降2.51%；二氧化硫排放量10.88万吨，下降6.52%；市区环境空气质量稳定达标，二级和好于二级天数达到333天。

【社会保障】全年全市城镇新增就业人数9300人，全年共接收应届高校毕业生1700人；城镇登记失业人员4703人，城镇登记失业率3.11%。全市参加城镇基本养老保险的职工40256人，参加城镇失业保险人数74480人，参加城镇职工基本医疗保险人数116756人，参加工伤保险人数71802人，参加城镇职工生育保险人数31163人，农村社会养老保险投保人数148354人。城乡居民基本医疗保险参保率分别达到99.9%和96.67%。城市低保、农村低保和农村五保供养标准进一步提高，均高于全省平均水平。城市低保对象18787人，发放低保资金5422.39万元；农村低保对象12565人，发放低保金1316.4万元。城市低保标准提高到266元/月，农村低保标准达到1488元/年。

【社会事业】全年组织实施科技计划项目69项，安排市拨科技三项费240万元。共申报国家（省）级科技项目65项，批准立项18项，其中：国家级项目8项，省级项目10项；受理专利申请328件，已授权256件。

全市现有普通中小学91所；在校中小学生63773人。全市现有幼儿园66所。3～6岁儿童入园率达到79.01%；农村幼儿学前一年受教育率达到99.85%。小学学龄儿童净入学率100%，巩固率达到99.98%；初中学生入学率100%，巩固率达到99.66%；义务教育阶段中小学毕业率和完成率均达到99.86%。全市高中阶段毛入学率达到100.06%，普通高考专科以上上线率93.17%。

金昌大剧院等文化项目进展顺利，中央电视台《寻宝》栏目首次走进金昌，农村广播电视“户户通”工程建设任务全面完成。全市共有各种艺术表演团体1个，文化馆3个，公共图书馆4个。公共图书馆藏书总量34万册。已建成“农家书屋”164个，乡镇综合文化站12个，村文化室138个。有线电视用户7.1万户，其中已转换数字电视用户7.1万户，数字电视转换率达到100%。广播和电视综合人口覆盖率分别达到92.1%和94.41%。

全市共有卫生机构550个，其中：医院9所，乡镇卫生院12个，社区卫生服务中心（站）29个。卫生机构拥有床位数2151张；卫生机构人员总数3702人；卫生技术人员3233人，其他卫生技术人员87人。城市社区卫生服务机构覆盖率达到100%。

（梅泽乾）

金川区

【现任主要领导】

中共金川区区委书记：常家有

金川区人大常委会主任：李发祯

金川区人民政府区长：义战鹰

政协金川区委员会主席：徐　峰

中共金川区纪律检查委员会

书记：田世伦

【基本情况】金川区系金昌市人民政府所在地，是全市政治、经济、文化和社会活动中心，是新兴的工业城市，又是我国最大的镍钴生产基地和铂族元素提炼中心。东邻民勤，西靠山丹，南接永昌，北连内蒙古阿拉善右旗。区内常住人口23.06万人，总面积3019平方公里，辖2个镇和6个街道办事处，27个行政村，16个社区居委会。属于典型的温带大陆性气候，光照充足。

【国民经济】2012年，金川区完成生产总值191.59亿元，比上年增长16.86%。其中：第一产业增加值2.76亿元，增长7.25%；第二产业增加值159.21亿元，增长17.28%；第三产业增加值29.62亿元，增长14.95%。实现公共财政预算收入2.93亿元，增长20.08%。完成固定资产投资131.69亿元，增长44.12%。实现社会消费品零售总额35.63亿元，增长17.64%。城镇居民人均可支配收入23295元，增长16.04%；农民人均纯收入9133元，增长17.39%。

【“三农”工作】以发展现代农业、循环农业为方向，大力推进“菜篮子”工程、设施农业、养殖园区和高效节水特色农业建设。全区完成农作物播种面积23.13万亩，节水农业示范7.01万亩。完成特色产业种植4.77万亩，产量达到17.2万吨；新（改）建日光温室506座、新型塑料拱棚136座；建成标准化养殖小区4个，扶持发展规模养殖户2632户、养殖大户331户；新建高标准暖棚圈舍2000间、青贮氨化池5280立方米。引进鲜食玉米、红辣椒等农作物新品种60个，完成试验示范田30亩，新建标准化示范基地3.5万亩。制定出台《金川区统筹城乡综合配套改革实施方案》，融资组建区城投公司，在宁远堡镇新华村、双湾镇营盘村试点推行“3331”模式，完成土地入股集约968亩，新建恒温库2000立方、日光温室246座、暖棚圈

20座，作为集体经营性资产，全部实现租赁经营。积极引进中天生物、神农众和、金源牧业等龙头企业，初步建成金川循环农业综合示范园和金昌现代畜牧循环产业园。累计发展农民专业合作社83个，建成农超对接蔬菜直销店16个，农产品营销专业人员达到1380人，农业产业化水平进一步提升。

【优势产业】全年实现工业增加值140.79亿元，比上年增长17.65%。金川集团公司全年实现营业收入1500亿元，增长23.2%，生产有色金属及加工材93万吨，增长18%，位列2012年中国企业500强第91位，成为全省唯一进入前100位的企业。1500吨/年氧化亚镍扩能项目达产达标，600吨/年锂离子正极材料项目投产。科达环保、恒泰井圈井盖、同美肠衣等企业效益持续回升，沃力宝生物有机肥、华明云母、白玉豆制品等企业技改扩能项目顺利实施，冠百工贸争取到中央技改补助资金360万元，产能进一步提高。甘肃隆昌20兆瓦光伏发电项目已完成配电、太阳能板安装等工作，目前已进入并网发电的测试阶段。

商贸流通活跃，第三产业发展特色鲜明。成功举办金川区首届羊肉美食文化旅游节，被文化部华夏文化遗产保护中心授予“中国羊肉美食文化名城”称号。“万村千乡”市场工程和“家电下乡”惠民工程稳步推进，全区累计销售家电下乡产品达到25101台（部），销售金额5877.89万元，财政直接补贴金额597.79万元。商贸物流项目蒂欣果蔬二期、万和利营销协会和天一美居广场进展顺利，上海路汇金财富广场和豪丰五金加工一期已招商入驻，家政服务网络平台建设稳步推进。积极培育“农家乐”乡村饮食文化旅游项目，共培育休闲农庄78个，农家乐140个，全年接待158万（人次）。

【项目建设】2012年，是项目数量最多、投资力度最大的一年。6万吨电解镍、110万吨铜渣选矿、石羊河流域重点治理、中低产田改造、金昌机场路南侧经济林等项目已完工等项目建成。龙首矿西一采区贫矿开采、三矿区金川东部贫矿开采、1万吨羰基镍、30万吨铜材、40万吨离子膜烧碱二期、30万吨PVC、250万只圆筒印花镍网以及农村饮水、重点公益林、退耕还林等项目加快建设。冶炼含铜废渣废酸资源化利用、镍阳极泥综合利用和白烟灰综合利用扩能改造等循环化改造项目顺利实施。宁龙公路、双湾镇环镇公路、三角城—营盘村、金川—天生炕分场公路等约36.7公里农村公路新建与改造工程均已完工；双湾镇天然气架设项目正在实施项目外网的勘察、设计等工作。双湾镇镇区街景改造、2012年农村危旧房改造、第一、二批农村环境连片整治等项目均已完工；天庆家园高岸子新村、天庆惠民市场进展顺利；双湾镇物流配载中心、28区城中村改造等项目正在开展前期工作。

【环境保护】金川公园、金水湖景区顺利获得国家AAA级景区称号。国家矿山公园、北京路平交口及机场路等绿化工程全面完成。城区建成区绿化覆盖率32.91%；建成区绿地率29.12%；人均公园绿地14.29平方米；人均公共绿地面积18.3平方米。金川集团公司荣获全国循环经济先进企业称号，“金川经验”在全省发展循环经济工作会上得到充分肯定。循环经济产业链进一步延伸，资源综合利用水平持续提升，市区主要污染气体二氧化硫利用率达96%以上。蓝天碧水工程效应进一步显现，市区环境空气质量二级和好于二级标准天数达到333天。

【社会保障】城市低保标准由每月230元提高到了266元，农村低保标准由每月77元提高到了124元。全年共保障城市低保对象11479人，发放低保资金3348.82万元；农村低保对象3315人，发放低保金354.1万元。

900套农村危房改造任务圆满完成，120套公租房、60套廉租房主体封顶，配租配售廉租房1309套，发放租赁补贴1318户、250万元，全区城镇最低收入家庭住房保障实现全覆盖。

全区城镇居民基本医疗保险实际参保人数为58837人，参保率达到100.58%；农村居民基本医疗保险实际参保人数为44935人，参保率94.2%；全年共发放医疗救助金305.48万元。城乡居民社会养老保险参保人数37607人，参保率达到97.93%。

【社会事业】金川集团公司“复杂难处理镍钴资源高效利用关键技术与应用”项目获得国家科技进步一等奖，“高应力特大型镍矿床连续开采综合技术”项目获得国家科技进步二等奖。

“户户通”工程、“农家书屋”实现全覆盖。全年共完成中小学校舍安全工程6173平方米。为农村中小学生免除教科书和杂费共计431.9万元，补助寄宿生生活费134.7万元，为城市小学生免除杂费110万元。寄宿生周末班车开通运行。

（武恩洪）

永昌县

【现任主要领导】

中共永昌县县委书记：孟有柱

永昌县人大常委会主任：李福学

永昌县人民政府县长：马国兴

政协永昌县委员会主席：邓仕章

中共永昌县纪律检查委员会

书记：何立业

【基本情况】永昌县地处河西走廊东部，祁连山北麓，阿拉善台地南缘，东邻民勤、武威，西迎山丹，南依肃南、青海门源县，北与金川区接壤。县城距金昌市区50公里。全县辖6个镇4个乡，10个社区，111个村民委员会。总面积7439平方公里，总人口23.68万人，其中城镇人口9.78万人。境内地形以山地高原为主，山地、平川、戈壁、绿洲相连，属大陆性季风气候，平均海拔1950米，年平均气温5.7℃，年平均降水量196毫米，全年无霜期127天，干燥多风，昼夜温差大，春季回暖慢。

【资源优势】矿产资源：全县共发现矿产地74处。其中黑色金属矿产9处，能源矿产11处。矿种包括铁、磷、硅石、萤石、膨润土、建材花岗岩、煤等29种。

旅游资源：境内文物古迹较多，有新石器时代的鸳鸯池、二坝遗址；有西汉时期的骊靬遗址、汉明长城以及为数众多的汉墓群；有唐代圣容寺塔；有被誉为“河西中天一柱”的明代永昌钟鼓楼；有以北海子塔为主的古建筑群，成为旅游休闲的好去处。

【国民经济】2012年，永昌县完成生产总值51.8亿元，比上年增长15.2%，第一、二、三次产业分别实现增加值10.62亿元、25.28亿元、15.9亿元，分别增长7.62%、17.11%、16.87%。完成固定资产投资53.19亿元，增长49.8%。实现社会消费品零售总额15.32亿元，增长17.6%。完成公共财政预算收入2.19亿元，增长21.1%。农民人均纯收入达到7610元，增长18.2%；城镇居民人均可支配收入15460元，增长14.1%。

【项目建设】全县实施各类重点项目125项，固定资产投资完成44.41亿元，比上年增长43.2%。全年签订招商引资项目50个，落实到位资金14.68亿元，增长32%。着力打造“两区两园”。工业园区基础设施取得新进步，河西堡化工循环经济产业园纬一路、经三路建成通车，永昌工业区道路改造工程基本完工，清河农畜产品加工园基础设施建设有序推进，氟材料循环经济示范园被确定为全省循环经济试点园区之一。工业项目建设取得新进展，鑫华捣固焦洗煤工程、丰盛合成氨生产线建成试车，金泥电石、镕凯电石、日升隆兰炭等项目完成年度建设任务。新能源产业发展取得新突破，三峡新能源河清滩50兆瓦光电、正泰新能源100兆瓦光电项目并网发电，三峡新能源水泉子一期49.5兆瓦风电项目建成。坚持旅游资源开发不停步，加快推进骊靬文化产业园建设，骊靬古城完成主体工程，骊靬公园建设进展顺利，骊靬影视城完成前期工作。与省公航旅集团共同组建的骊靬文化旅游公司挂牌运营，骊靬大道建成通车，“十里栈道”项目启动实施，首届“民俗文化节”、骊靬文化国际旅游节成功举办。坚定不移地举全县之力推进北海子湿地风景区建设，完成狮伏山绿化1150亩，武当山宗教文化旅游区竣工开放；西湖路、文景路完成路基土方工程。着力完善市场服务体系，“万村千乡市场”工程深入实施，正安蔬菜批发市场、朱王堡农民创业园项目建设进展顺利。

【“三农”工作】以高效节水和草食畜牧业为重点的特色产业不断壮大。全年新改建日光温室1726座、塑料拱棚2304座、食用菌棚1385座，推广高效节水技术36.5万亩；草食畜牧业进一步壮大，建成万只羊场3个、标准化养殖小区14个，新改建养殖暖棚3151座，新增规模养殖户440户。流转土地15.1万亩，占家庭承包经营面积的27.2%。新改建干支斗渠119公里，建成高标准农田1万亩。全县畜禽总饲养量为192.11万头（只），比上年增长2.41%。新建通村公路6条63公里，全县99.6%以上的村通上了油路；制定了乡村道路养护管理办法，道路养护实现了制度化。新建农民集中居住点16个，改造农村危旧房1600套。认真组织实施农村环境连片整治项目，7个乡镇32个村污水处理及垃圾收集工程投入使用，创建国家级生态乡镇1个、省级生态乡镇2个、生态村4个。

【社会保障】全年城镇新增就业人数4289人，共安排高校毕业生就业367人；城镇下岗失业人员再就业2751人，就业困难人员实现就业936人；城镇登记失业人员1151人，城镇登记失业率3.31%。全年创劳务收入7.75亿元，劳务输转人数6.3万人（次）。全县参加城镇基本养老保险的职工1.33万人；参加城镇失业保险人数1.2万人；参加城镇职工生育保险人数1.5万人；城乡居民社会养老保险达到98.68%，享受待遇的人员达到24756人。城乡居民基本医疗保险参保率分别达到99%和97%，城乡居民基本医疗保险实现并轨运行，统一筹资标准，农村居民筹资标准由人均250元提高至290元。2012年末，全县城乡低保对象3728户7308人，共发放低保金2073.74万元。城市低保标准由每月230元提高到266元，月人均补差由218元提高到246元；农村低保标准达到每年1488元，农村低保月人均补助水平由77元提高到89元。

【环境保护】全年完成环境治理项目7项，投入资金5180万元。工业废气排放量22.68亿标立方米，较上年减少20%；全县工业二氧化硫排放量0.56万吨，减少15.26%；工业固体废物产生量42.21万吨，增长11.5%，工业固体废物综合利用率达到67.16%；化学需氧量排放总量0.31万吨，下降11.8%；城区环境空气质量二级和好于二级标准天数达到355天。

【社会事业】全年组织实施科技项目32项，安排科技三项费497.9万元。新建科技示范村11个，聘请农民技术员19名；落实科技实验示范项目40项，引进推广实用技术46项；建立科技示范基地（点）6个，新培养科技示范户560户，带动发展特色农业产业化示范基地8600余亩，科技对经济的贡献率达到51.3%；组织下派科技特派员42名，举办标准化种养殖培训班25期，受训人数5200多人（次）。文化广播事业不断发展。国家公共文化服务体系示范区创建工作深入推进，县文化中心建设进展较快，乡镇、村（社区）文化设施基本实现全覆盖；文化体制改革取得新进展，“三网融合”步伐加快。教育基础设施不断完善，七中、县城第二幼儿园及河西堡、水源、南坝中心幼儿园建设进展顺利。城乡医疗卫生水平不断提升，建成标准化村卫生室5个，新城子卫生院门诊楼完成主体工程。社会管理不断加强。群众诉求渠道进一步畅通，受理群众来信来访395件次，办结率97.2%；

县长热线受理群众来电1223件次，办复率100%。高度重视安全生产，强化食品药品监管，公共安全保障水平明显提高。

（姚　林）

白银市

【现任主要领导】

中共白银市市委书记：张智全

白银市人大常委会主任：宁金辉

白银市人民政府市长：汪海洲

政协白银市委员会主席：杨成堂

中共白银市纪律检查委员会

书记：张建平

【基本情况】白银市是全国唯一以贵金属命名的城市，正如其名一样，白银充满着神奇和魅力。据志书记载，白银矿藏的开采，始于汉代，明朝洪武年间，官方曾在现市政府驻地设立办矿机构“白银厂”，有“日出斗金”之说，白银缘此而得名。白银市地处黄土高原和腾格里沙漠过渡地带，海拔1275–3321米，年降水量110–352毫米，年蒸发量2101毫米，黄河流经全市258公里，流域面积14710平方公里。现辖白银、平川两区，会宁、靖远、景泰三县，全市共有48个乡，21个镇，9个街道办事处。辖区土地面积2.12万平方公里，2012年末，常住总人口为171.92万人，其中城镇人口71.42万人，乡村人口100.5万人。

【资源优势】境内矿产资源具有点多、面广、储量大的特点。有色金属矿种有铜、铅、锌、钴、金、银等。另外还有煤炭、石膏、石灰石、沸石、重晶石等，且矿石质量好，共生丰富的稀有贵重金属30多种，其中铟、铊、镉为省内唯一产地。煤炭保有储量在12亿吨以上，石膏储量7000万吨，石灰石储量1亿多吨。白银凹凸棒居全国第一，远景储量10亿吨；陶土居全省第一，远景储量超过20亿吨；伴生硫、耐火粘土、石膏、芒硝、石英石、硫铁矿居全省第五位，其中石英岩远景储量3000万吨。

白银历史悠久，文化灿烂，现已发现的新石器时代的文化遗址就有16处之多，汉墓群及北魏、唐、宋以来的石窟艺术，城堡建筑等历史遗迹散布白银境内。1936年10月，举世闻名的中国工农红军一、二、四方面军会师会宁县，在中国革命史册上写下了光辉的一页。建立在会宁县城的三军会师纪念塔、共和国将帅碑林、长征胜利景园，被国家确定为爱国主义教育基地。境内的黄河石林奇峰耸秀，怪石竞列，引人入胜；寿鹿山、屈吴山、哈思山、铁木山更加群星闪烁，美不胜收。白银既有浩瀚沙场，又有一马平川；既有塞外风光，又有江南毓秀。黄河、绿洲与沙漠同在，古刹、城堡与森林共存，是海内外旅游爱好者探险、漂流、攀岩、游乐的好地方。2012年，白银市荣获“亚洲金旅奖”，被授予“最具投资开发价值旅游市”，荣登“2012金旅奖·大中华区旅游文化榜·知名旅游品牌市”。全年接待旅游人数370.02万人次，比上年增长40.29%；实现旅游综合收入19.89亿元，增长42.62%。

【国民经济】2012年，全市实现生产总值433.77亿元，比上年增长14.68%。其中：第一产业增加值48.58亿元，增长7.33%；第二产业增加值248.6亿元，增长16.6%；第三产业增加值136.59亿元，增长14.04%。三次产业结构比为11.2 ∶ 57.31 ∶ 31.49。全市完成固定资产投资320.88亿元，增长44.95%。完成大口径财政收入55.86亿元，增长22.85%。公共财政预算收入24.09亿元，增长40.75%。公共财政预算支出113.54亿元，增长34.5%。年末全市金融机构各项存款余额466.45亿元，比上年末增长18.56%；金融机构各项贷款余额279.01亿元，增长23.86%。

【农村经济】黄河提灌农业是白银农业的主导，全市有效灌溉面积146.48万亩，占全市456.85万亩耕地总面积的32.06%。全市粮食总产量连续14年保持在50万吨以上，2012年达到72.13万吨，比上年增长2.46%。全年推广全膜双垄沟播面积127.45万亩、测土配方施肥374万亩，绿色和无公害农产品生产基地规模达到180多万亩。推广马铃薯脱毒品种6个，面积90.74万亩。薯类种植面积102.52万亩，产量14.54万吨。全市蔬菜种植面积27.12万亩，蔬菜产量128.82万吨，其中日光温室及塑料大棚蔬菜面积达到13.41万亩、产量78.43万吨。枸杞、红枣、文冠果等特色林果种植面积达到87.79万亩，其中挂果面积49.42万亩，果品总产量27.83万吨。

草畜产业进一步发展壮大。创建国家级农业标准示范基地6个、畜禽示范场3个，省级示范基地4个，示范场5个，市级标准化种植示范基地30个，示范基地面积80万亩，标准化养殖场（小区）156个。年末大牲畜存栏24.73万头，肉类总产量8.07万吨，增长1.51%；鲜蛋产量1.61万吨，增长1.9%；牛奶产量2.34万吨，增长5.41%。靖远县成为全省枸杞种植第一大县；蔬菜远销西北五省和东北、四川、重庆、内蒙古等省区；靖远羊羔肉已打出品牌。

农村基础设施进一步加强。全年发展有效灌溉面积5.32万亩，兴修梯田51.68万亩，建设农村户用沼气池2800座，解决了12.83万农村人口饮水安全问题。新建农村公路400公里、通乡油路80公里。引洮一期会宁北部供水工程已竣工，工农渠泵站改造工程有序推进。当年造林作业面积22.49万亩，封山育林面积26.13万亩，完成大环境绿化1.52万亩、“千村万户”绿化4.6万亩。

【工业经济】白银市是国家重要的有色金属工业基地、甘肃重要的能源、化工基地。2012年，十种有色金属产量58.33万吨，占全省总量的19.83%；发电量172.02亿千瓦时，占全省的15.88%；原煤产量1282.09万吨，占全省的26.28%。全年全市实现工业增加值212.59亿元，比上年增长17.2%，其中：规模以上工业企业完成增加值192.6亿元，比上年增长

19.6%。有色、煤炭、化工、电力四大行业完成工业增加值23.3亿元，占全市规模以上工业增加值的比重达到79.81%。全市规模以上工业实现销售产值604.45亿元，增长11.9%，产销率为93.3%。规模以上工业实现主营业务收入684.01亿元，增长20.5%；实现利润17.86亿元。

【项目建设】2012年，全市共有771个项目开工建设，其中新开工530个，当年投产项目460个，年末新增固定资产188亿元。稀土公司高性能稀土抛光粉生产线、颐通管业PE实壁管、雄信铝业铝型材深加工等项目建成投运，白银公司铜冶炼技术提升改造、锌冶炼资源综合利用、寿鹿山新型干法水泥生产线等项目加紧建设，白银市热电联产、鸿泰铝业铝合金产业链、东方钛业钛白粉等项目开工建设。白银红会至庆阳环县铁路、干塘至武威南增建二线白银段、兰白沿黄快速通道等项目前期工作加快推进，白银沿黄快速通道白桦连接线正在建设。甘宁两省中部生态移民扶贫开发供水工程等18个项目进入国家和省级战略规划。

【园区建设和招商引资】以白银国家高新技术产业开发区为龙头，包括银东、银西、刘川、平川、正路、会宁工业园，总规划面积300多平方公里的“一区六园”白银工业集中区空间格局初步形成。全年新开发平整土地40多平方公里，新配套水电路等基础设施建设20平方公里，完成基础设施投资近20亿元，园区逐步成为产业聚集的重要平台。全年签约招商引资项目12项，签约资金116.1亿元，到位资金67.59亿元，开工项目8个，完成固定资产投资25.51亿元。

外资利用成效显著。亚行贷款城市基础设施建设项目进入收尾阶段，亚行二期项目已列入中国政府亚行贷款2012~2014年备选项目。利用法国开发署贷款1000万欧元的白银市文冠果生物能源项目、世行贷款700万美元小城镇建设农村经济综合开发示范镇项目前期工作进展顺利。境外投资项目取得新进展，白银公司联合中非基金收购南非第一黄金公司项目完成境外投资3.8亿美元，与首钢秘鲁铁矿公司合资开发多金属尾矿一期项目已获得国家批准。

【商贸流通】完善商贸流通网络，改造完成“万村千乡”市场工程农家店200家，新建县乡商品配送中心9家、放心粮油示范店20家。开通市家政服务网络平台，扶持家政服务龙头企业4家、加盟企业400多家。建立价格调控联席会议和价格调节基金制度，加强市场供应和调节，价格总水平趋于稳定。全年实现社会消费品零售总额120.39亿元，比上年增长18.1%。

【人民生活】全年城镇居民人均可支配收入18532元，比上年增长16.12%；全年城镇居民人均消费支出13906元，增长11.04%；城镇居民家庭恩格尔系数为35.95%，比上年提高1.31个百分点。农民人均纯收入4497元，比上年增长17.9%；农村居民人均生活消费支出4083元，增长6.36%；农村居民家庭恩格尔系数为45.18%，比上年下降1.94个百分点。就业形势保持稳定。深入开展全民创业工程，全年发放就业创业补贴1.2亿元，新增城镇就业3.1万人，城镇登记失业率控制在4%以内；完成劳务输转30万人，创劳务收入31亿元。

【社会保障】城乡居民社会养老保险实现全覆盖，全市2.04万名“五七工”、“家属工”全部纳入企业基本养老保险。城乡低保标准分别提高15.5%、35.8%，农村五保供养标准提高400元。保障性安居工程年内可竣工1.41万套，改造农村危旧房1.53万户。15个防灾减灾项目全部完工，发放救助资金5.4亿元；帮扶援建的碌曲则岔石林游客服务中心建成投运。2012年，全市参加基本养老保险的人员达77718人。共征缴基本养老保险费45652万元，征缴失业保险费8202万元，基本医疗保险费39228万元，共为2272名失业人员发放失业保险待遇1199万元。

【节能减排】白银有色集团重金属废水治理、银光集团废水深度处理等环保项目建成投运；甘藏银晨公司16万吨铬渣解毒、东大沟流域农田重金属污染治理示范工程基本完成；西北矿冶院复杂多金属矿绿色高效捕收剂清洁生产与选矿新技术开发项目通过国家验收。农村环保工作得到加强，环境违法查处力度不断加大。单位GDP能耗和全市化学需氧量、二氧化硫等主要污染物排放总量持续下降，完成年初确定节能减排计划。全市自然保护区5个，保护区面积26489公顷，占辖区面积6.41%。市区空气中二氧化硫年日平均值0.037毫克/立方米；达到国家二级标准，空气质量达到二级和好于二级的天数为308天，占全年天数的84.38%。

【社会事业】新改扩建校舍23万平方米、幼儿园31所，建成职业教育实训基地6个；农村义务教育学生营养改善计划全面实施，受益学生13.31万人。学龄儿童入学率100%；初中入学率100%，高中阶段升学率88%。2012年全市普通高等学校录取人数达到26440人。

年末全市共拥有各类医疗卫生机构1127个。卫生床位数6620张，卫生技术人员6891人，其中执业医师2076人，执业助理医师392人，注册护士2636人。省中医院托管共建市中西医结合医院，制剂中心开工建设，各县区人民医院住院部和门诊大楼投入使用，白银有色集团、银光集团职工医院整体移交，县、乡、村公办医疗机构实现基本药物零差率销售全覆盖，新农合人均筹资标准由230元提高到290元。

5万平方米科技孵化器一期工程建成投运，入驻企业26家；引进国家“百千万人才工程”第一层次人才1人、科研团队3个；新增高新技术企业5家、创新型企业5家、企业技术中心3个、工程技术研究中心1个、产业技术创新战略联盟1个；“院士专家服务中心”挂牌成立。高新区世界首座超导变电站被评为“中国十项重大科技工程进展”。

文化出版和广播影视部门整体合并，市县电视网络公司成立并完成移交，靖远、会宁两县秦剧团完成改制，市群艺馆、博物馆、图书馆、渡河战役纪念馆等文化教育基地免费开放；新建农家书屋37个、乡镇综合文化站60个、村级文化大院10个，广播电视“村村通”完成3.8万户、“户户通”完成19万户。黄河大峡谷旅游开发公司、会宁西雁传媒公司等一批文化企业相继组建；尚文坊文化商业街、新天地文化商业街二期、长征胜利景园二期等产业基地建成运营，黄河假日城、大地院线影院等产业项目启动建设，全年文化产业完成增加值3.45亿元，增长35.05%。年末全市共有专业艺术表演团体2个，民间艺术表演团体75个，文化馆5个，群众艺术馆1个，公共图书馆6个，博物馆5个，纪念馆5个，文化广场12个，文化站78个，农家书屋737家。各类文物保护单位539处。全市现有广播电视台5座，广播人口综合覆盖率95.3%；电视人口综合覆盖率98.7%。

（刘兆伟）

白银区

【现任主要领导】

中共白银区区委书记：梁蓉兰

白银区人大常委会主任：王青山

白银区人民政府区长：李兰宏

政协白银区委员会主席：关玉卿

中共白银区纪律检查委员会

书记：刘正亮

【基本情况】白银区位于甘肃中部、白银市西部，黄河上游中段，地处陇西黄土高原西北边缘，地形总趋势西北高，东南低，平均海拔1946.5米。西与兰州市皋兰县接壤；南临黄河，与榆中县青城乡及靖远县平堡乡隔河相望；东与靖远县刘川乡毗邻；北与景泰县中泉乡为界。辖区东西长约47公里，南北宽约60公里，总面积1372平方公里。

白银区属中温带大陆性干旱、半荒漠气候区，总的气候特点是四季分明，光照充足，干旱多风，降雨稀少。年均降水量198毫米，年均蒸发量1997.1毫米。太阳年均辐射量141千卡/平方厘米。累年平均大风日数51.6天。年均无霜期183.8天。

现辖强湾、武川2个乡，四龙、水川、王岘3个镇和人民路、公园路、工农路、四龙路、纺织路5个街道办事处，有45个行政村，35个社区居委会。2012年末，户籍人口28.13万人，有汉、回、满、蒙、土家、苗等22个民族。

【资源优势】白银区矿产资源丰富，已探明的金属和非金属矿藏有铜、铅、锌、金、银、石灰石、石英石、芒硝等30多种。区域内有白银有色金属公司、银光化学工业公司等20多家大中型企业，是全国较大的有色金属工业基地和能源化工基地。白银区水电资源充足。黄河流经境内38公里，水力发电装机容量180万千瓦。白银区交通便利，南邻兰州，北通宁夏、内蒙，西经河西走廊直达新疆，东连陇东。白兰高速公路、包兰铁路贯穿境内，3条国家级公路、2条省级公路和乡村公路纵横交错，四通八达，市区距兰州中川机场70公里。

【国民经济】2012年，白银区实现生产总值211.9亿元，比上年增长15.1%。其中：第一产业增加值4.91亿元，增长6.86%；第二产业增加值135.04亿元，增长16.9%；第三产业增加值71.95亿元，增长14.5%。三次产业结构比为2.32 ：63.73 ：33.95。完成公共财政预算收入5.2亿元，增长32.0%。实现社会消费品零售总额62.63亿元，增长18.1%。固定资产投资完成162亿元，增长46.61%。

【项目建设】2012年实施重点项目30项，完成投资21.88亿元。其中，统一饮料生产线等8个工业项目，完成投资5.84亿元；水川沿黄快速通道连接线等10个基础设施项目，完成投资13.85亿元；工农渠大型泵站改造等8个农业项目，完成投资0.91亿元；湿地公园等4个社会事业项目，完成投资1.28亿元。

银西工业园开发低丘缓坡国有未利用土地作为建设用地，得到国土资源部和省市的肯定。黄河假日城、现代农业科技观光示范园和银西工业园三大园区开发面积达到2.21万亩，实现产值17.1亿元，初步搭建了承接产业转移的新平台，园区成为推进全区经济结构调整、城市转型跨越发展的主阵地。

【农业经济】农业经济在结构调整中稳步提升。着眼城郊农业，突出特色效益，“三农”投入达到5.23亿元。设施农业有了新发展。依托白银现代农业科技观光示范园建设，建成新型自动化日光温室115座，引进推广新品种124个，新认定无公害蔬菜面积5000亩，新增特色经济林1.26万亩。全区蔬菜总产量达到21万吨，果品总产量达到4.6万吨。新建标准化养殖小区（场）5个，全区畜禽饲养量达到133.5万头（只），肉蛋奶总产量达到2.04万吨。实施乡村道路、扶贫开发、民生水利等基础设施配套工程，完成投资4.48亿元；硬化村社道路42公里、养护公路461公里。2012年白银区被纳入国家六盘山片区扶贫规划实施范围；中小河流域治理东、西大沟堤防工程，小型病险水库除险加固工程完成当年建设任务；水川、四龙农村环境连片治理项目建成运行。

【人民生活】全年城镇居民人均可支配收入19442元，比上年增长18%；城镇居民人均消费支出13906元，增长11.04%。城镇居民恩格尔系数（即居民家庭食品消费支出占家庭消费总支出的比重）34.1%。全年农民人均纯收入7461元，增长18%。农村居民恩格尔系数34.8%。

【社会保障】年末辖区城乡居民基本养老保险参保人数132472人（不含省级统筹部分）；城镇居民参加基本医疗保险人数82416人，城镇职工参加基本医疗保险人数68376人，年末农村居民新型农村合作医疗保险参合人数66379人；参加工伤保险

76922人；参加生育保险40881人。

白银区共保障城市低保对象14872户36259人，占全区非农业人口的16.2%。全年发放低保资金9148.96万元；保障农村低保对象3439户8495人，占全区农业人口的12.9%，发放低保资金846万元。

【教育科技】白银区拥有学校109所，在校学生55271人，教职工人数4012人，校舍建筑面积509226平方米。2012年普通高等学校录取人数3966人。

白银区现代农业科技示范园建设、白银市特种野猪品种改良推广应用、全红杨引进试验与示范推广15个项目列为市级科技项目。街道社区多功能数字信息平台建设项目被省科技厅列为2012年民生科技项目，白银区核桃新品种栽培及示范推广、日光温室团队建设等8个项目，获省科技经费支持。海绵铜直接电解阴极铜、老旧污水处理厂提标改造用生物载体研制开发、工业固体废料中液相氯化法提取稀贵金属工艺研究及产业化等9个项目列入国家科技型中小企业技术创新基金项目。

（马　成）

平川区

【现任主要领导】

中共平川区区委书记：贯汝昌

平川区人大常委会主任：杜世润

平川区人民政府区长：高云翔

政协平川区委员会主席：郝进义

中共平川区纪律检查委员会

书记：胡朝生

【基本概况】平川区位于白银市中部偏北，南北与靖远县接壤，东北与宁夏回族自治区海原县毗邻，东南与会宁县相接，西北与景泰县相界。东南有秦岭作屏障，北近腾格里大沙漠，光热资源丰富，降水少、干旱多风。东西长91.5公里，南北宽75公里，总面积2106平方公里，由西北向东南呈一狭长地带，阶梯状多台阶地形。地势东南高、西北低，由东南向西北倾斜。境内最高峰屈吴山南沟大顶，海拔2858米。最低处水泉乡野麻村红麻湾，海拔1347米，高低差1511米。旱平川与西格拉滩为盆地式缓坡平川。由西向东甲盔山、水泉尖山、喀拉山、碑南泉、黄家洼、屈吴山构成平川区山脉的骨架。2012年，全区辖4乡、3镇、4个街道办，28个社区居委会，60个村民委员会，306个村民小组。居住着汉、回、满、蒙等11个民族。

平川区处于甘宁两省区交汇的枢纽地段，距兰州中川机场百余公里。距省会兰州135公里、西宁300公里、银川290公里、西安500多公里，境内交通通讯网络健全，平川区临河居川，白宝铁路和王家山、红会煤矿专用铁路贯穿全境，国道109线、省道308线、丹东——拉萨高速公路已全线贯通，途经平川，在平川境内留有3个出口，交通条件极为优越，非常方便产品外销。

【资源优势】平川境内蕴藏着煤炭、沙金、铜、铁、银、陶土、长石、石灰石等多种矿产资源。煤炭矿床东西长约70公里，南北宽约10公里，可采量4亿吨。现已探明的粘土储量超过20亿吨，花岗岩储量24亿立方米，石灰石保有储量2亿吨。水资源总量为270亿立方米，地下水充裕。

区内有省地级文物保护点15个，名胜古迹较多，有始建于北魏的红山古寺，保存完整的黄湾汉墓遗址、明成化十年修建的北武当山真武祖师庙、清康熙帝敕封的奋威将军陕甘提督加太子太保王进宝将军墓、乾隆御北的福寿山摩崖石刻、水泉小堡子兵变战场遗址、卞家台地下党活动遗址、红军会师纪念亭等历史遗迹，还有峰峦叠嶂、林木茂密的屈吴山自然景观。

【国民经济】2012年，全区完成生产总值73.8亿元，比上年增长14.6%。其中：第一产业增加值2.6亿元，增长8.4%；第二产业增加值58.8亿元，增长16.6%；第三产业增加值12.4亿元，增长14.5%。三次产业的结构比为3.5 ∶ 79.7 ∶ 16.8。完成大口经财政收入14.21亿元，下降2.9%，其中公共财政预算收入3.65亿元，增长17.65%；公共财政预算支出13.21亿元，增长43.2%。城镇居民人均可支配收入为19075元，比上年增长20.8%；农民人均纯收入为4822元，增长18%。全区职工工资总额217293万元，增长1.8%。全区金融机构各项贷款余额48.38亿元，增长39%；各项存款余额87.12亿元，增长6.3%，其中城乡居民储蓄存款余额50.61亿元，增长13.8%。

【“三农”工作】2012年，全区农作物播种面积达到25.87万亩，粮食作物播种面积达到20.48万亩，粮食总产量达到3.53万吨，增长1.6%。加大了以玉米为主的种植业结构调整力度，种植结构发生了较大的变化，玉米、小麦、马铃薯种植面积占总播种面积的83%，其中玉米的面积占到总播种面积的42%，成为该区的主要粮食作物。全区共完成造林绿化面积3.35万亩，推广全膜双垄沟播5.15万亩。

实施基础设施项目和产业化项目，落实资金209万元，协调贷款2.1亿元，兴办实事716件；累计发放妇女小额担保贴息贷款5.84亿元，争取中央财政贴息1538万元；实施村级公益事业“一事一议”项目35个，落实财政奖补资金1218万元；发放惠农财政补贴4354.6万元，农机具购置补贴270万元，农机柴油补贴95.9万元。农村危旧房改造2270户，打拉池农村饮水安全工程全面完成。村医补助、贫困听障儿童救治等卫生惠民工程全面落实，新农合参合率达到95.9%。劳务输转2.01万人，实现劳务收入1亿元。

2012年，加大扶贫开发力度，实施整村推进项目20个，农村生产生活条件明显提升。平川区安全饮水人口为7.3万人，占农业人口73%，增长15.8%；通电自然村达到60个，占自然村总数的100%；通公路的自然村60个，占自然村总数的100%。农村公共服务条件明显改善。有合格卫生室的行政村27个，增长17%；有合格乡村医生的行政村60个，农村广播电视“村村通”的行政村60个，有合格文化活动室的行政村60个。

【工业经济】平川区着力打造工业发展平台，2012年先后挂牌成立白银高新技术产业开发区平川工业园和水泉工业集中区。积极融入市上提出的“一区六园”发展格局，依托园区重点发展农产品深加工、陶瓷和高新技术三大主导产业，带动引领装备制造、物流、服务等相关产业发展。2012年，平川区完成工业增加值54.7亿元，辖区内原煤产量1140.7万吨，发电量92.8亿千瓦时，墙地砖产量1266万平方米。煤、电、陶三大支柱产业的优势突出显现，地方工业发展速度明显加快。水泉镇工业集中区以农副产品精深加工为主，积极引进金坪大枣、黄河养殖、桔瑞生物、博康养殖等一批农业产业化龙头企业，成为平川实施工业强区战略的新阵地。

高新技术和装备制造业取得新突破，纤维素酶、稀土抛光粉、电池材料、无极节能灯等一批工业项目落地实施。创新体制机制，助推陶瓷产业快速发展，全区陶瓷企业发展到15家，形成了4大门类、100多个品种的产业。积极培育发展新材料、生物工程等核心竞争力的新兴产业，全力推动德宝稀土抛光粉、锂电池阳极材料、高频无极灯等高科技产业，掌握关键核心技术及相关知识产权，增强自主创新能力。

【项目建设】2012年，平川区完成固定资产投资41.38亿元，比上年增长28.5%。施工项目个数为83个，其中：本年新开工项目66个、续建项目17个，本年完成项目50个。亿元以上项目8个，本年已完成投资7.43亿元；5000万元至1亿元项目20个，本年完成投资9.26亿元；500万元至5000万元项目54个，本年完成投资10.19亿元。完成工业投资9.68亿元，增长76.12%。大水头沙河治理二期完成投资4067万元，经济开发区基础设施建设完成投资1.2亿元，尚文坊文化一条街项目建成运营，完成投资1.5亿元。建成了魏家地、枣园、万庙等农村文化广场。

【社会保障】城乡低保、五保供养标准每年提高10%，养老、失业、工伤、生育保险、医疗救助和残疾人保障覆盖面不断扩大。全区共有6585人参加了养老保险；14717人参加了城镇职工基本医疗保险，45010人参加了城镇居民基本医疗保险；37056人了参加失业保险；10159人参加了工伤保险；6750人参加了生育保险。城市低保达到4856户11259人，全年共发放保障资金3102万元；农村低保达到4392户16084人，全年共发放保障资金2057万元。

【环境保护】2012年，平川区着力改善生态环境，实施退耕还林17万多亩，城区绿化总面积352.8公顷，绿化覆盖率提高到32.7%。城区建成面积达18平方公里，形成人工水面超过10万平方米，城市人居环境得到进一步优化。倾力打造城郊大环境绿化、水泉镇枣树矮化密植、共和镇荒山造林、黄峤乡文冠果种植、宝积乡苹果栽植、崛吴山乔灌混交林等六大亮点工程，在城区主要街道、公园、广场、单位庭院等场所补栽各类苗木14.4万株，新增绿地18.05公顷，人均公共绿地面积达到9.84平方米。

【社会事业】2012年，全区共有中小学校幼儿园103所，中小学生数34076人，中小学及幼儿园教职工3404人，专任教师人数3120人。全区中小学占地面积14万平方米，中小学校舍建筑总面积29万平方米，全区中小学图书77万册。全区中小学有计算机3308台，中小学固定资产总值45511万元。国家三类城市语言文字工作和教育工作顺利通过省市评估验收；成功举办第33届全国“红双喜”少儿乒乓球比赛。年末全区有区级广播电视转播台1座，乡村级卫星电视地面收转站55座，广播和电视综合人口覆盖率分别为95%和97%。

加大科技工作力度，申请专利25件，容和煤矿机械公司被认定为国家级高新技术企业。

全区共有卫生机构35个，卫生技术人员1325人，医疗床位数1649张。5岁以下儿童死亡率为5.56‰，孕产妇住院分娩比例达100%。

（马国明）

靖远县

【现任主要领导】

中共靖远县县委书记：郑　钰

靖远县人大常委会主任：陈其宝

靖远县人民政府县长：刘力江

政协靖远县委员会主席：雒联奎

中共靖远县纪律检查委员会

书记：王涛忠

【基本情况】靖远县位于黄河中上游，地处甘肃省中东部，白银市腹地。东临宁夏海原县，西接白银区，南邻会宁县，北与景泰县、宁夏中卫市毗邻。东西长120公里，南北宽135公里，总面积5809平方公里，其中耕地面积116.7万亩。属黄土高原丘陵沟壑区和干旱草原区。地势东高西低，由南向北倾斜，分为川区、山塬区和黄河谷地三类地形。平均海拔1398米。属温带半干旱气候。年最高气温35.3℃，最低气温-20.8℃，平均气温12.8℃。年无霜期172天，年降雨量222毫米，年日照时间2641.5小时，四季分明，日照充足。现辖3镇15乡，175个行政村。全县有汉、回、满等9个民族，2012年末总人口46.99万人，其中农业人口41.51万人，占总人口的88.33%。

【资源优势】境内已探明的有金、银、铜、铁、锰等金属矿藏，以及煤、石灰石、重晶石、高岭土、石膏、石英石、沸石等非金属矿藏。近年最新勘探发现的超亿吨坡缕石矿，品位及蕴藏量均居世界前列。黄河流经县境10个乡镇、154公里，流域面积100.49平方公里。水力、风能、太阳能资源丰富，水电资源300多万千瓦，黄河乌金峡水电站已建成发电，靖南峡水电站、黑山峡梯级水电站、北滩风电场正在规划建设。

境内有各级文物保护单位129处，其中国家级文保单位1处（北城滩明长城）、省级文保单位6处（法泉寺石窟、寺儿湾石窟、钟鼓楼、黑城子古城堡、潘育龙将军墓、北城滩古城遗址），旅游资源极富特色。154公里黄河风情线上，高山、峡谷等自然景观星罗棋布，黄河风情、名胜古迹、人文遗址、科技园区、森林公园、田园风光交相辉映。以法泉寺、寺儿湾为主的石窟文化游，以乌金峡、河心岛为主的黄河风情游，以平堡特色观光、大坝高科技示范园为主的观光农业游，以虎豹口红西路军强渡黄河遗址为主的红色文化游，以哈思山、泰和山、屈吴山为主的森林生态游，以北城滩、黑城子为主的历史文化游等旅游线路极具开发价值，发展黄河文化旅游产业潜力巨大，前景广阔。全年接待游客30.75万人次，实现旅游收入1.63亿元。

【国民经济】2012年，全县实现生产总值54.41亿元，比上年增长14.8%。其中：第一产业增加值18.53亿元，增长8.6%；第二产业增加值15.59亿元，增长17.8%；第三产业增加值20.29亿元，增长14.1%，三次产业结构比为34.0 ∶ 28.7 ∶ 37.3。工业增加值8.26亿元，增长18.8%。固定资产投资32.77亿元，增长74.38%。社会消费品零售总额15.09亿元，增长18.15%。完成大口径财政收入10.81亿元；完成公共财政预算支出24.22亿元，增长59.31%。年末金融机构各项存款余额49.22亿元，增长26.03%；各项贷款余额23.99亿元，增长25.30%。

【“三农”工作】大力推广旱作农业和农田节水技术，推广全膜双垄沟播技术10.19万亩、全膜覆土穴播小麦5000亩、高效农田节水技术30.26万亩、马铃薯脱毒种薯12.74万亩、测土配方施肥92万亩，粮食总产量18.7万吨。依托黄河资源优势和地域实际，通过多年的培育发展，蔬菜、畜禽、林果三大特色优势产业快速发展，新增蔬菜种植面积4.14万亩，总面积37.6万亩；新建标准化规模养殖小区38个，各类畜禽饲养量758万头（只）；新增枸杞、文冠果、大枣等特色林果面积5.77万亩，总面积25.4万亩。新增农民专业合作社175家，金桥蔬菜种植专业合作社被评为全国农民专业合作社示范社。“盘丰”蔬菜荣获甘肃省农产品交易会金奖，“高原宏”枸杞王荣获全国农产品博览会金奖，“靖远枸杞”顺利通过国家地理标志保护产品专家技术审查。退耕还林、三北防护林等重点生态工程顺利实施，完成造林绿化面积8.4万亩。全县森林覆盖率7.93%。实施了扶贫开发整村推进项目6个，搬迁移民2597人。组织输转劳务9.45万人，创劳务收入11.7亿元。

【项目建设】2012年，全县共组织实施固定资产项目个数127个，其中本年新建项目77个，续建项目50个。健全完善招商引资优惠政策、考核和奖励办法，主动对接“兰洽会”、“民企陇上行”等节会活动，全年共签约项目40项，签约资金100.69亿元，其中十八届兰洽会上签约资金96.45亿元；实施招商引资项目72项，到位资金17.07亿元，增长92.5%。2012年，房地产开发持续增长，当年完成投资5.75亿元，增长55.25%，新建保障性住房120套、8850平方米，完成农村危旧房改造、贫困残疾人危房改造3880户。

【城乡建设】近年来，按照改旧城、扩新城的发展思路，大力实施城市基础设施建设工程，城市环境明显改善，城区面积扩展到7.5平方公里，城镇化水平达到27.05%。城区交通秩序明显好转，大力推行数字化城市管理模式，主要路段全部安装交通信号灯和电子警察，对城区部分地名和主要街道进行了规范命名。村镇建设有序推进，五合白塔慈济移民项目开工建设，东关村新农村建设及城中村改造、三滩农村安全饮水、北湾镇道路及供排水等项目进展顺利，乌兰、东湾、北湾3个镇22个村农村环境连片综合整治工程投入使用。群众生产生活条件有效改善，完成整村推进项目6个，建成农田小水工程14处，新建沼气池840座。

【民生保障】全县单位从业人员16048人，单位从业人员年平均报酬33953元，增长4.74%。城乡居民收入继续增长，全年城镇居民人均可支配收入12980元，增长21.05%；农民人均纯收入4836元，增长17.7%。高度关注失业人群，就业和再就业力度加大，城镇新增就业3816人，安置高校毕业生375人。城镇登记失业率2.95%。城乡居民社会养老保险参保人员达到23.4万人，城乡低保人均月补助标准分别提高到213元、89元。

【社会事业】靖远崇文重教，人文荟萃，科技、教育事业蓬勃发展，先后被评为“全国科普示范县”和实现“全国科技进步先进县”四连冠。2012年，全县有各类学校241所，在校学生76394人，教职工总数6420人。有农家书屋175个，县影剧院、秦剧团转企改制全面完成；广播电视网络公司挂牌成立，农村广播电视“村村通”工程覆盖率达到98.8%；举办“广场文化月”、“百万农民健身”等文化体育活动12场次。成功举办法泉寺、雪山寺民俗文化旅游节，顺利承办环青海湖国际公路自行车赛靖远段和甘肃省第六届体育运动学校曲棍球锦标赛等体育赛事，《靖远起义》荣获第七届敦煌文艺奖三等奖，《王有林的文化大院》、《飘香的靖远羊羔肉》等节目在央视播出，靖远对外影响力和吸引力进一步扩大。

全县各类卫生机构236个（含诊所），其中医院、卫生院21个；疾病预防控制中心1个，妇幼保健院1个，计划生育服务站1个。全县卫生机构病床床位1438张，各类卫生技术人员1549人。新型农村合作医疗参合人数40.56万人，参合率达到95.82%。

（贾继仁）

会宁县

【现任主要领导】

中共会宁县县委书记：甘孝礼

会宁县人大常委会主任：刘汉宝

会宁县人民政府县长：王科健

政协会宁县委员会主席：宋维平

中共会宁县纪律检查委员会

书记：郝平英

【自然环境】会宁县位于甘肃中部，白银市南端，东与静宁、西吉、海原三县接壤，南同通渭县毗邻，西连定西、榆中两县，北靠靖远县、平川区，素有“秦陇锁钥”之称。南北长约140公里，北部东西宽约90公里，南部宽约50公里，总面积6439平方公里，耕地面积226.06万亩。312国道和平定高速公路穿越县城，将会宁融入兰州1小时经济圈；省道309线横贯东西、207线贯通南北，境内交通便利。县境群山连绵，梁峁交错，沟壑纵横，可概括为“七川八塬九道梁”，属典型的黄土高原丘陵沟壑区。四季气候特征为：春寒雨少刮风多，夏多冰雹不炎热，秋凉阴雨多早霜，冬月干燥少落雪。平均海拔2025米，年降水量389.5毫米，年蒸发量1454.3毫米，年平均气温7.6℃，年极端最高气温31.4℃，极端最低气温-25.1℃，地面平均温度10.3℃，年无霜期121天。主要河流有祖厉河、葫芦河、清水河三条，祖厉河贯穿南北，在靖远境内流入黄河。地下水系分四个水文地质单元，即大豹子川、厉河、关川河、祖厉河等四个河谷。水资源短缺，地表水大部分苦咸，干旱是主要自然灾害，霜冻、冰雹、风灾、洪灾、病虫害也比较突出。现辖22个乡6个镇。2012年末，全县常住人口54.55万人，有汉、回、东乡、藏、满、哈萨克、蒙古族等7个民族。

【名优特产】会宁海拔适中、光照充足、环境无污染，发展绿色产业具有得天独厚的优势。经过多年的发展，培育形成了马铃薯、草畜、小杂粮、籽瓜、杏等特色产业，“懿隆”荞麦米，“三利”荞麦挂面、良谷米、胡麻油，“万里缘”杏仁露，“祁连雪”马铃薯淀粉等产品获得国家绿色食品认证，会宁被中国特产之乡委员会命名为“中国小杂粮之乡”和“中国肉羊之乡”。

【旅游景点】会宁历史文化丰富。汉唐时期，会宁是古丝绸之路中西商旅要道，现存大量的历史文化遗迹。牛门洞新石器遗址出土的彩陶、磨制石器等文物，是甘肃仰韶文化马家窑类型、半山类型和齐家文化共存的见证；境内有古城遗址和以汉墓群为代表的古人类墓葬20多处，其中最具代表性的是筑于金代的郭哈蟆城和宋代的西宁城，属省级文物保护单位。省级森林公园铁木山，集文化遗产、人文景观和自然景观为一体，现存多处石窟和庙宇古建筑，地貌独特，森林葱郁，有“旱塬秀峰”之称。位于铁木山下的马明心教堂，始建于清乾隆年间，为伊斯兰哲赫忍耶门宦创始人马明心的创道传教遗址，是全国各地穆斯林进行宗教活动的主要圣地之一，有“小麦加”之称。会宁有光荣的革命传统。1936年10月，中国工农红军三大主力在会宁胜利会师，是中国革命走向胜利的转折点。会宁被列为全国30条红色旅游精品线路、100个红色旅游经典景区和20个重点红色旅游城市之一，成为享誉全国的红色旅游圣地。先后建成以“万分之一时间走完万分之一长征路”为主题，再现二万五千里长征艰辛悲壮情景的红军长征胜利景园，建成了目前国内规模最大、唯一全面反映长征历史的红军长征胜利纪念馆，建成了邓小平亲笔题名的中国工农红军一、二、四方面军会师纪念塔。会师旧址是全国首批百个爱国主义教育示范基地之一，是国家4A级旅游景区。红军会师楼被评选为“大国印记：1949~2009中国60大地标”之一，2010年8月，在“第六届中国旅游城市（县）发展大会”上被评为“中国优秀红色文化旅游名县”、“中国优秀红色旅游目的地”称号，提升了会宁的影响力。《会师山歌》作为甘肃省唯一入选歌曲，在北京举办的世界音乐教育大会上演唱。

【国民经济】2012年，全县实现生产总值45.94亿元，比上年增长14.5%。其中：第一产业增加值13.84亿元，增长7.7%；第二产业增加值14.80亿元，增长21.6%；第三产业增加值17.31亿元，增长14.0%；三次产业结构比为30.1 ∶ 32.2 ∶ 37.7。全县人均生产总值8435元，增长14%。粮食总产量33万吨，增长6.63%。公共财政预算收入9344万元，增长59.6%。实现消费品零售总额17.74亿元，增长18.05%；固定资产投资达到28亿元，增长96.38%。

【人民生活】2012年，全县城镇居民人均可支配收入10816.21元，比上年增长16.3%；城镇居民消费性支出8074.52元，增长15.98%；城镇居民家庭食品消费支出占消费总支出的比重为50.3%，比上年降低0.2个百分点；人均住房使用面积22.43平方米。农民人均纯收入3515.4元，增长17.7%；农村居民人均生活消费支出4097.65元，增长4.6%；农村居民家庭食品消费支出占消费总支出的比重为57.98%，比上年下降1.12个百分点；人均住房面积26.83平方米。城乡居民人均储蓄7190元，比上年增长25.5%。

【社会保障】2012年末，全县5440名城镇职工参加了基本养老保险；15013名城镇职工参加了基本医疗保险，城镇居民20009人参加了医疗保险，农村居民50.06万人参加新型农村合作医疗，参合率98.26%；参加失业保险人数为12051人，参加工伤保险人数为12826人，参加生育保险人数为10126人。继续提高城乡低保和农村五保供养标准。城市低保保障标准由每人每月184元提高到213元，提高15.76%，保障对象9997人，比上年增长5.2%，发放保障金2497.17万元，增长29.7%；农村低保标准提标后月人均补助水平达到89元，提高16%，保障对象116605人，与上年基本持平，发放保障金12459.5万元，增长17.1%。农村五保供养标准年人均增加了400元，全县享受待遇的3658人，发放五保供养金871.86万元；救助患大病城乡困难群众20.3万人次，全年累计发放城乡医疗救助资金2802.62万元，全年共救助城乡家庭临时生活困难群众1094户，发放救助资金116万元。

【社会事业】2012年，全县共有学校431所，在校学生11.29万人，比上年减少9797人，教职工总数8118人（不含代课教师701人，包含民办学校的111人）。适龄儿童入学率100%。高考二本上线3562人，其中重点上线1112人。年内大学(专、本科)录取人数9392人，比上年增加1068人。

2012年，全县广播人口覆盖率98%，电视人口覆盖率97%。年末移动电话用户达到22.46万户，本地电话用户3.8万户，电话普及率达到48.3部/百人。

2012年末，全县共有卫生机构37个（不含个体诊所），床位1240张，比上年增长7.36%；卫生技术人员931人，比上年增长3%。5岁以下儿童死亡率为8.3‰，婴儿死亡率为6.89‰，孕产妇住院分娩比例达98.78%，孕产妇死亡率达17.66/10万。食品卫生监督覆盖率县城达100%，食品抽检合格率为98.2%，餐具消毒抽检合格率为98%。健康教育覆盖率以村为单位达到100%。

（陈红霞）

景泰县

【现任主要领导】

中共景泰县县委书记：任文贵

景泰县人大常委会主任：郭永泰

景泰县人民政府县长：张世军

政协景泰县委员会主席：郭延健

中共景泰县纪律检查委员会

书记：何朝霞

【基本情况】景泰县位于甘肃省中部，东临黄河，西接武威，南邻白银、兰州，北依宁夏、内蒙古，地处黄土高原与腾格里沙漠过渡地带，为河西走廊东端门户。全县总面积5483平方公里，海拔1274～3321米，年降水量为183毫米。属温带大陆干旱气候，年均气温9.0℃，无霜期在186天左右。现辖6镇5乡，135个行政村，7个社区，总人口24.10万人。总耕地面积74.30万亩，其中水浇地41.93万亩，有天然草场522.8万亩。主要农产品有小麦、玉米、啤酒大麦、洋芋等；主要畜牧产品有羊肉、猪肉；特色产品有沙漠枸杞、大红枣、蜜瓜、蜂蜜、大接杏、早酥梨等。主要工业产品有水泥、石膏、石膏粉、石膏板、原煤、硅铁、电石、啤酒麦芽、面粉、配混合饲料等。

【基础设施】包兰(包头—兰州)、甘武（甘塘—武威）两条铁路在境内有11个火车站。公路以县城为中心，省道201线贯穿全境，308线西上武威至河西走廊，217线南通白银市，县城距中川机场不足百公里。境内电力充足，有220千伏输电线路1条，110千伏输电线路14条，35千伏输电线路8条，330变电所2座，年供电量60亿千瓦以上。大唐景泰电厂、兴泉风电一、二期建成投产，电力装机容量达到142万千瓦。兰成渝、涩宁兰、西气东输一、二线等6条油气管道穿越县境。引大英武水库建成蓄水，库后工程主体完工。6个乡镇农村饮水工程通水运行，中电、五佛灌区节水配套改造、寺滩沙河防洪工程、46处水利设施整治修复、251公里渠道衬砌等农田水利工程全面竣工。营双高速景泰段建设进展顺利，喜泉至正路52公里三级公路和红水镇3.8公里镇区道路竣工通车，黄河石林景区二级公路开工建设，硬化通村道路130公里，全县公路通畅率达78.2%，城乡道路体系更加完善。电信、广电、互联网“三网融合”工程进展顺利，信息化进程明显加快。城区环境综合整治及绿化美化工程进一步完善，完成城区绿化3.8万平方米，实施人民公园修缮工程，新架改造路灯240盏、交通信号灯11处，增设“电子警察”5处，城区污水处理厂主体工程完工，改造污水管网11公里，城区绿化覆盖率达24.1%，城区日供水能力达到7千吨以上。城市公共服务功能不断完善。

【资源优势】矿产资源丰富，石膏储量达3.85亿吨，居全国第二，石灰石8亿多吨，煤3.8亿吨，石英石2000多万吨，铜200多万吨，此外，金、银、锰、墨玉、陶土、蛇纹岩也有一定分布，地方工业主要有水泥、硅铁、麦芽、饲草料、石膏粉、煤炭六大行业。灌溉条件优越，境内有“中华之最”景电高扬程大型提灌工程两处，总装机容量24.56万千瓦，提水量28.6立方米/秒，是黄河上游重要的灌溉农业区。全县光热资源丰富，年日照时数为2812小时，日照百分率64%，太阳年平均辐射量147.8千卡/平方厘米，无霜期186天，是我国除青藏高原外光热资源最丰富的地区。

景泰旅游资源奇特壮观，有被誉为“中华自然奇观”的国家地质公园黄河石林、“沙漠绿色宝岛”寿鹿山省级森林公园、有开凿于北魏时期的五佛沿寺石窟、有建于明代万历年间的永泰龟城、明长城及享誉“中华之最”的景泰川电力提灌工程等诸多自然和人文景观。这些自然景观和历史遗迹越来越受到影视界青睐，成为国内外不可多得的影视基地。《最后一个冬日》、《西部热土》、《汉血宝马》、《天下粮仓》、《雪花那个飘》、《花木兰》、《决战刹马镇》、《惊沙》等40部影视剧曾分别在黄河石林、永泰龟城等处取景拍摄。国家唯一以敦煌体裁为内容的“大敦煌”影视城，被影视界看好，其大漠、敦煌、绿洲、黄河以其宏伟气势成为西部的一个精品影视基地。全年接待国内外游客105万人次，实现旅游综合收入5.6亿元，增长36%。

【国民经济】2012年，全县完成生产总值49.25亿元，比上年增长14.7%。其中，第一、二、三产业增加值分别为9.01亿元、24.38亿元、15.86亿元，分别增长8.26%、17.6%、14%。完成固定资产投资

44.17亿元，增长72.7%；实现大口径财政收入3.81亿元，增长21.34%；完成社会消费品零售总额11.00亿元，增长18.12%。城镇居民人均可支配收入12793元，增长21.34%；农民人均纯收入5238元，增长18%。

【项目建设】全年实施寿鹿山公司日产4500吨新型干法水泥、新石公司年产4000万平方米纸面石膏板、华电马昌山风电二期、中电国际上沙沃20兆太阳能光伏电站等重点项目86个，其中亿元以上15个，年内完成50项，完成投资39亿元，到位国投资金5亿元。农村安全饮水、景天公路改造、通村道路硬化等四大惠民工程27件实事基本完成，完成投资3.6亿元。凝炼储备重大项目330个，投资总规模760亿元，筛选上报2013年中央预算内投资项目29类128项。

【现代农业】全县农作物总播面积59.79万亩，粮食总产量14.7万吨。特色产业上档增效，订单种植面积达到30万亩以上，新增枸杞、红枣、优质梨等林果种植面积4.7万亩，累计达到18万亩；新增标准化养殖场（小区）15个，累计达到410个，羊、猪、鸡、牛养殖规模不断壮，肉类总产量1.52万吨。高效、节水农业快速发展，新建改建日光温室2000亩，新增有效灌溉面积8000亩，推广节水灌溉26万亩。农业品牌效益凸显，新增市级以上农业产业化龙头企业5家，累计达到36家，青茂农业科技股份公司成为全省首家股权挂牌交易的农业科技企业。标准化建设再上台阶，条农集团“条山”品牌通过中国驰名商标认证，“黄河石林”枸杞等15个农产品通过国家商标注册，13个农产品获得绿色食品认证，市场竞争力明显增强。

【生态建设】投入资金1860万元，完成绿色通道建设、龙湾景缘区绿化等造林面积6万亩，实施公益林管护36万亩，全县有林地和灌木林地面积达到103.6万亩，森林覆盖率为12.6%，林业建设取得新进展。促进工业“三废”等再生资源循环利用，宏泰公司废旧轮胎综合利用等8个循环经济项目进入省级项目库，规上工业企业万元增加值综合能耗下降6%。实施4个乡镇27个村环境集中连片整治，农业面源污染防治工作不断强化。倡导低碳办公，公共机构节能深入推进，环境保护、节能减排工作得到新加强。

【民生保障】各项惠民政策全面落实，兑现粮食直补等农业补助资金1.6亿元、教育补助及助学贷款3534万元，发放小额担保贷款3.2亿元，累计超过6亿元。全面启动城乡居民养老保险试点工作，2.3万名适龄城乡老人领取基础养老金，“五项保险”参保人数达到7.9万人次，征收基金突破1亿元，社会保险政策落实率达100%。落实民政保障资金5200万元，城乡低保应保尽保。建成两个农村老年人日间照料中心，为568名老人开展居家养老服务。新农合住院、门诊补偿累计达51.6万人次4895万元。发放大病救助资金652万元，惠及重大疾病患者2014人。景泰县被列入国家西部地区农民创业促进工程试点县，城镇新增就业3781人，其中下岗失业人员再就业1085名，城镇登记失业率为2.76%。。输转劳务5.6万人次，实现劳务收入近6亿元。编制实施联六盘山片区（景泰县）区域发展与扶贫攻坚规划》，争取扶贫专项资金2632万元，完成扶贫开发项目8个，建立扶贫互助协会38个。配租配售廉租住房2300套，发放住房补助550.8万元，改造农村危旧房2800户，困难群众住房条件得到有效改善。

【社会事业】建成3所农村寄宿制中小学综合楼、宿舍楼，新建城乡幼儿园6所，“两基”成果持续巩固，校园文化、高效课堂建设成效明显，高考二本上线率提高1.14个百分点，教育教学质量稳步上升。

县体育场主体工程完工，完成3万户“村村通”、“户户通”建设任务，承办第十一届环青海湖国际公路自行车景泰段赛事，全县有景泰影剧院、博物馆、11个乡镇综合文化站、135个“农村书屋”、52个村体育场等一批文体设施。城区有线电视覆盖率达100%。

县医院住院部大楼建成投用，妇幼保健站门诊楼主体完工，基层医药卫生综合体制改革深入推进，农村居民健康“一卡通”顺利推行，国家慢性非传染性疾病综合防控示范县创建成功，医疗卫生保障能力不断增强。落实计生奖励优惠资金1106万元，为1.8万名育龄群众提供生殖健康“六项”检查服务，人口和计划生育优质服务水平进一步提升。乡镇卫生院、社区卫生服务站、村卫生室实现全覆盖，疾病控制、卫生监督和突发公共卫生事件预警机制不断完善，城乡群众主要健康指标逐年提高。

（尚立信）

天水市

【现任主要领导】

中共天水市市委书记：马世忠

天水市人大常委会主任：柴金祥

天水市人民政府市长：王　锐

政协天水市委员会主席：杨维俊

中共天水市纪律检查委员会

书记：李美华

【基本情况】天水市位于甘肃省东南部，是甘肃的“东大门”，东邻陕西省宝鸡市，北、西、南分别与甘肃的平凉、定西、陇南接壤，总面积1.43万平方公里，现辖秦州、麦积两区和甘谷、武山、秦安、清水、张家川回族自治县五县，有46个镇，67个乡，10个街道办事处，有汉、回、满、蒙、藏等28个民族。

天水地处黄土高原南部沟壑区与西秦岭山脉结合地带，境内山脉纵横，地势西北高，东南低，海拔在1000～2100米之间，最高峰天爷梁，高达3120米；最低点牛背村，海拔760米。年平均降水量574毫米，年均日照2100小时，地跨长江、黄河两流域，以西秦岭为分水岭，北部地区为渭河流域，面积11673平方公里，占全市总面积的81.49%；南部地区为嘉陵江流域，面积2652平方公里，占全市总面积的18.51%。境内渭河流长约280公里，沿河接纳流域面积1000平方公里的支流有榜沙河、散渡河、葫芦河、藉河、牛头河。嘉陵江的主要支流有白家河、花庙河、红崖河等，流程较短，水量丰沛。

天水属华北、华中、蒙新和喜玛拉雅植物交汇处，树种成份复杂，森林资源丰富。现有森林总面积589.91万亩，天然林地主要分布在东部、东南部的陇山、西秦岭和关山林区。有木本植物87科224属804种，其中乔木312种，灌木437种，藤本55种，常绿植物122种。有野生药用植物660多种，其中常用药220多种。广阔的天然森林，繁衍了许多珍禽异兽，栖息着30多种野生动物，国家一类保护的有羚牛、梅花鹿、金猫、云豹等；二类保护的有羚麝、马麝、白臀鹿、斑羚、石貂、水獭、猞猁、猕猴、红腹角雉、兰马鸡、红腹锦鸡、大鲵、暗腹雪鸡、淡腹雪鸡、勺鸟、血雉、黑熊、秦岭红鳞鲑等。

天水因“天河注水”的传说而得名，有8000多年的文明史、3000年的文字记载史和2694年的建城史，是中华民族和华夏文明的重要发祥地之一。独具特色的历史文化主要有伏羲文化、大地湾原始部落文化、秦国早期文化、石窟艺术文化和三国古战场文化。境内古石窟、古建筑、古遗址、古墓群、古战场众多。有文物保护单位245处，风景旅游小区47个，景点228处，包括麦积山、大像山、水帘洞等古石窟6处，伏羲庙、兴国寺、南郭寺等古建筑50处，原始部落及秦汉古遗址86处，诸葛军垒、天水关、街亭等古战场遗址10余处等。位于市区西关的伏羲庙，是国内规模最大，保存最完整的祭祀人文始祖伏羲氏的场所。大地湾原始村落遗址距今8300年至4800年。麦积山风景名胜区1982年被国务院公布为全国第一批重点风景名胜区，2001年又被中央文明办、建设部、国家旅游局命名为全国文明风景旅游区示范点。中国四大石窟之一的麦积山石窟，素有“东方雕塑馆”美誉，现存194个洞窟，保存了十六国后秦至清代的泥塑和石雕7800余尊，壁画1300多平方米，目前正在向联合国申请世界历史文化和自然双遗产。

【国民经济】2012年，全市实现生产总值412.9亿元，比上年增长13.2%。其中：第一产业增加值78.4亿元，增长6.9%；第二产业增加值162.6亿元，增长16.5%；第三产业增加值171.9亿元，增长13%。粮食总产量116.7万吨，增长4.96%。全市规模以上工业企业实现工业增加值88.3亿元，比上年增长17.8%。其中市属工业企业完成增加值37.2亿元，增长15%。规模以上工业企业实现利润总额3.42亿元，增长41.3%；实现利税8.5亿元，增长22.6%。完成固定资产投资416.51亿元，比上年增长42.59%。实现社会消费品零售总额174.2亿元，比上年增长18.2%。完成进出口总额3.1亿美元，增长18.29%。完成大口径财政收入72.53亿元，比上年增长20.54%。其中公共财政预算收入23.05亿元，增长23.73%。年末全市金融机构人民币各项存款余额655.22亿元，比上年末增长20.93%，其中城乡居民储蓄存款443.49亿元，增长20.82%；人民币各项贷款余额329.67亿元，增长21.79%。城镇居民人均可支配收入15177元，比上年增长16.29%；农民人均纯收入3864元，增长18.31%。

【项目建设】2012年，全市实施千万元以上工业项目210项，总投资284.32亿元；签约工业合作项目136个，总投资666.1亿元。16个甘肃省名牌产品通过评审，其中有3户企业被认定为省级企业技术中心，2户企业被认定为省级工程技术研究中心；16户企业的78件新产品、新技术通过了省级鉴定，其中国际领先1件，国际先进22件。组织实施38个信息产业项目，总投资24.3亿元。

【城市建设和环境保护】2012年，全市人均城市道路面积8.76平方米，道路照明灯1.23万盏，用水普及率79.13%，生活垃圾处理率100%，燃气普及率63.28%，建成区绿化覆盖率33.82%，人均公园绿地面积6.34平方米。年末空气平均污染指数55，渭河水质达标率100%。

【社会保障】2012年，全市参加基本养老、失业、城镇职工基本医疗、工伤、生育五项社会保险人数分别达11.91万人、14.77万人、27.66万人、9.94万人和10.63万人。企业离退休人员7.52万人，养老保险基金支出14.44亿元，发放率100%。城镇基本医疗保险参保率98.5%，参加城镇职工基本医疗保险的农民工0.77万人，参加工伤医疗保险的农民工4.02万人。各类企业劳动合同签订率94.9%。共有城市最低生活保障对象4.38万户，10.8万人，累计发放低保补助资金2.58亿元；农村最低生活保障对象12.03万户，40.32万人，累计发放低保补助资金4.22亿元。农村临时救济0.69万人。城镇新增就业5.86万人，下岗失业人员再就业1.3万人，为有创业愿望的下岗失业人员和劳动密集型中小企业发放小额担保贷款19.91亿元。

【社会事业】2012年，全市共有普通高校3所，在校学生1.86万人；中等职业学校19所（不含技工学校），在校学生3.97万人；普通中小学校2536所（包括598个教学点），在校学生59.67万人。小学学龄儿童入学率99.74%，在校生巩固率96.38%；初中学龄儿童毛入学率99.39%，在校生巩固率96.51%。组织实施市级以上科技项目328项，取得科技创新成果205项，其中158项达到国内先进以上水平。建成国家、省级工程技术研究中心和企业技术中心5家，国家、省级创新型企业及试点企业1家，高新技术企业3家。广播、电视人口覆盖率分别达98.95%和98.75%。有线电视用户14.46万户；有线数字电视用户12.52万户，比上年增长24.7%。文化艺术表演团体7个，文化馆8个，乡镇综合文化站113个，农家书屋2454家，公共图书馆8个，各类藏书83余万册。卫生机构585个，其中医院、卫生院167个，妇幼保健院、所、站8个，社区卫生服务中心(站)39个。床位1.18万张，各类卫生技术人员1.03万人（含村卫生室卫生员），其中执业医师3709人（含卫生院执业医师）。年内国家免疫规划接种率稳定在96%以上。全民健身点137个，在校学生施标率、达标率分别达97.5%和94.3%，经常参加体育锻炼的约106万人。

秦州区

【现任主要领导】

中共秦州区区委书记：张明泰

秦州区人大常委会主任：文月平

秦州区人民政府区长：周继军

政协秦州区委员会主席：宋丕林

中共秦州区纪律检查委员会

书记：舒　健

【基本情况】秦州区位于甘肃省东南部，是天水市政治、经济、科技和文化中心。行政区域面积2442平方公里，城市建城区面积29平方公里。现辖7个街道办事处，41个社区居民委员会，10镇6乡420个村民委员会和2个镇辖居委会，有汉、回、蒙、藏等数10个民族。

秦州区地理位置独特，区位优势明显。扼陕甘川之要道，自古为陇右门户、战略要冲和商贸中心。古往今来，这里人流物聚，商贾云集，是陇东南最大的交通枢纽和商品物资集散地，受西安、兰州两大城市的双向辐射，是联系西北与中原、西南的交通枢纽。国道310、316线横贯境内，与12条省道和县（区）乡公路形成健全的交通网络，随着宝天、天定高速公路的开通，畅通能力进一步提高。全区基础设施不断完善，城区和农村16乡镇全部进入程控电话网络和移动通讯覆盖范围。城区供热、供水、供电及垃圾、污水处理设施不断完善，南北两山绿化初现成效，生态环境和人居环境质量不断提高。

【国民经济】2012年，全区实现生产总值138.3亿元，比上年增长14.1%。其中，第一产业增加值10.0亿元，增长7.3%；第二产业增加值68.9亿元，增长17%；第三产业增加值59.4亿元，增长12%。实现规模以上工业增加值31.25亿元，增长18%。实现社会消费品零售总额55.91亿元，增长18.2%。完成固定资产投资110.29亿元，增长42.21%。完成大口径财政收入14.16亿元，增长17.76%。城镇居民人均可支配收入15260元，增长16%。农民人均纯收入4252元，增长18.25%。

【城乡建设】新建以花牛苹果和秦州大樱桃为重点的果园6.75万亩，启动实施天水至大门、长河至李子林场、樋子滩至铁炉通乡油路3条40.5公里，筹资1.5亿元实施村村通水泥路320公里，完成水土流失综合治理面积32平方公里，投资6906万元完成堤防建设44.92公里，完成农村沼气项目任务800眼，新建规模养殖场8个，投资2842.7万元建成各类房屋2.3万平方米，关子、皂郊等8乡镇主街道安装路灯422盏，王家磨北山灾害避让搬迁安置用房建设顺利竣工，鸡儿嘴垃圾场封场工程开工建设，中国优秀旅游城市标志建设工程完成选址，完成天水郡至锦绣家园段环境综合整治工程，完成王家磨滨河路西延段道路建设工程，完成王家磨滨河路景观工程，完成山水新城道路建设及景观绿化工程，完成坚家河新路行道树、皇庙前花坛绿化栽植，完成邓宝珊将军纪念馆主展区主要建设工程、南郭寺景区上山道路维修及上山踏步改造工程和玉泉观景区古建筑维修工程。组织劳务输转6.58万人，创劳务收入11.62亿元。

【项目建设】2012年，全区实施招商引资项目48个，总投资77.7亿元，合同引资76.7亿元，完成投资25.6亿元，实际引进到位资金25.5亿元。总投资186.18亿元的46个区列重点项目已完成投资16.95亿元。落实国家、省、市各类项目56项，争取专项资金2.01亿元。

【社会保障】2012年，全区城乡居民社会养老保险参保24.4万人，收缴养老保险费5976.63万元。其中新型农村居民社会养老保险参保22.69万人，收缴养老保险费4794.92万元；城镇居民社会养老保险参保1.71万人，收缴养老保险费1181.71万元。为全区4.92万名符合领取条件的60周岁以上居民发放养老金4538.41万元，发放率100%。城镇职工基本养老保险参保1.77万人，其中在职职工参保9440人，离退休（职）人员参保8294人。征缴养老保险费4819.89万元，养老保险基金支出1.25亿元。城镇居民基本医疗保险参保12.27万人，城镇职工基本医疗保险参保2.72万人，其中失业保险参保9601人，工伤保险参保5551人，生育保险参保1.28万人。农村劳动力转移技能培训1.67万人，职业技能培训8521人，创业培训2206人。公益性岗位就业2121人，发放公益性岗位补贴1521万元。发放小额担保贷款5.58亿元，劳动合同签订率95.5%，城镇登记失业率3.24%。

【社会事业】2012年，全区高考二本上线1289人，共有区属公办中小学、幼儿园365所，教职工6233人，在校学生8.61万人。新列(结转)各级各类科技项目56项，科技资金投入289.1万元，取得科技成果18项，引进农业示范新品种50多个、新技术20多项，建立科技示范户30个，举办各类实用新科技培训500多期，新发展民营科技企业3家，专利申请268件，发展专利授权20件。医疗机构53家，卫生工作人员938人，卫生技术人员591人。

麦积区

【现任主要领导】

中共麦积区区委书记：张智明

麦积区人大常委会主任：贾应珍

麦积区人民政府区长：何　东（回）

政协麦积区委员会主席：杨续祥
中共麦积区纪律检查委员会
书记：吴方勇

【基本情况】麦积区位于甘肃省东南部，西秦岭北麓，渭河中上游，地处陕、甘、川之要冲，是甘肃省和天水市的“东大门”。境内森林覆盖率52.6%，年降雨量550毫米左右，年均气温11.6℃，无霜期200天左右，夏无酷暑，冬无严寒，四季分明，景色秀美，素有陇上“小江南”之美誉。境内已探明储量的矿产有50多种，主要有铅、锌、金、钼、粘土、石灰石、钾长石、白云石、大理石、石英、云母、石棉等。野生动植物资源和药材资源种类繁多，珍稀动物主要有牛羚、大鲵、猕猴、金猫、水獭、林麝等。中药材200多种，主要有党参、当归、天麻、大黄、茴香等。盛产苹果、西瓜、桃、杏、板栗、核桃、花椒、木耳、生漆等干鲜土特产。全境东西长123公里，南北宽50公里，总面积3484平方公里。现辖12个镇、5个乡、3个街道办事处，379个行政村，28个社区居委会，有蒙、回、藏、维等17个少数民族。

境内旅游资源丰富，国家5A级风景名胜区——麦积山风景区就镶嵌在东南部的秦岭群峰之中，景区内有驰名中外的麦积山石窟，秦州“第一洞天福地”的仙人崖，享有“小黄山”美誉的石门，湾湾有景、步步留情的曲溪，荟萃珍奇物种的小陇山植物园；净土寺，蛟龙寺以及诗圣杜甫流寓秦州时的东柯草堂，国画大师齐白石题匾的双玉兰堂；牧马滩秦汉古墓葬等许多古遗址、古建筑、古墓葬，是甘肃东部最佳森林旅游避暑胜地和中外游客观光的旅游胜地。

【国民经济】2012年，全区实现生产总值109.2亿元，比上年增长13.2%。其中，第一产业增加值11.1亿元，增长6.8%；第二产业增加值52.6亿元，增长17.1%；第三产业增加值45.5亿元，增长10.4%。实现规模以上工业增加值39.19亿元，增长17%。实现社会消费品零售总额55.14亿元，增长16.25%。完成固定资产投资67.73亿元，增长40.51%。完成大口径财政收入8.23亿元，增长6.2%。城镇居民人均可支配收入13804元，增长15.03%。农民人均纯收入3825元，增长18.58%。

【城乡建设】2012年，全区以区域性开发建设模式为主的颖川河流域综合开发启动实施项目53个，累计完成投资5.4亿元。新建果园6.8万亩、设施蔬菜2161亩，建成标准化养殖小区13个，新发展龙头企业22家、农民专业合作社55个，完成流域治理25.61平方公里，实施土地整理开发项目3个，新修梯田3.63万亩，完成生态造林3.3万亩，建成农村饮水安全工程1处，锻压厂至风台雷达站战备公路建成通车，硬化颖川河景观大道16.8公里，林场两路铺油改造工程启动，完成“双联”村道路硬化9.3公里、农村通畅工程22条93公里，宝天高速、310国道、北贾公路沿线8乡镇村庄整治取得初步成效，6镇27村环境连片整治示范项目全面完工，“一带两片”9个新农村试点扎实推进，82个小城镇建设项目有序实施，东路西坪和北路中滩两个生活垃圾处理工程全面实施，渭滨北路2处商业节点主体完工，全面推行城市网格化管理新机制，扎实开展“一城两线三河”集中整治。组织劳务输转10.9万人，创劳务收入11.6亿元。

【社会保障】2012年，全区城市和农村低保标准分别提高到月人均266元、89元，新农合参合率95.6%，新农合“一卡通”及城乡居民社会养老保险实现全覆盖，扶持高校毕业生就业450人，新增城镇就业1.5万人，落实妇女小额担保贷款4.08亿元、“双联”惠农贷款507万元，实施保障性住房2112户，发放廉租房补贴1072万元，改造农村危旧房2600户。

【社会事业】2012年，全区高考上线率逐年提高，校车安全工程全面启动，农村薄弱校改造、校舍安全等42个项目竣工，渭滨中学建设进展较好，农村义务教育学生营养改善计划有效落实。组织实施科技试验、示范及推广项目62项，获全市科技进步奖12项。区文广业务大楼建成使用，广播电视“村村通”、“户户通”工程全面完成。举办城区中小学生运动会、老干部运动会等文体活动。区中医院迁建、市四院门诊楼医技综合楼建成使用。

清水县

【现任主要领导】
中共清水县县委书记：刘天波
清水县人大常委会主任：阮珠有
清水县人民政府县长：马越珢
政协清水县委员会主席：陈喜祥
中共清水县纪律检查委员会
书记：牛永祯

【基本情况】清水县位于甘肃省东南部，天水市东北，陇山西南麓渭河支流牛头河流域，东界陕西省陇县、宝鸡，南连麦积、秦州两区，西接秦安，北临张家川回族自治县，距陇海铁路天水站40公里。属黄土梁峁沟壑区，是西北黄土高原边缘地带十分难得的山川秀美、物华天宝之地。最高海拔2201米，最低海拔1112米，年平均气温9.8℃，年均降水量550毫米左右，年日照时数2277.4小时，无霜期180天左右。夏无酷暑，冬无严寒，四季分明，气候宜人。境内有耕地130万亩，森林67万亩，荒山草坡18万亩。地表水2.3亿立方米，地下水1.0亿立方米，水源总量3.3亿立方。已发现铁、锰、铜、铅、钼、白云石、大理岩、钾长石等14种矿产资源。总面积2012平方公里，现辖6镇12乡，260个村民委员会，1118个村民小组，4个社区居委会。

清水县古称上邽，以“清泉四注”而得名，历史悠久，人杰地灵，系中原与西北的古通道，素有陇上要冲，关中屏障之称，早在五千多年前，人类先祖就在这里生息繁衍。境内发现马家窑——齐家文化古遗址30多处，出土珍贵文物3000多件，是中华人文初祖轩辕黄帝的诞生之地、秦统一全国的发祥地、西汉名将赵充国的桑梓故里。北逐匈奴、西击诸姜的战斗号角，秦先祖非子、一代天骄成吉思汗等历史人物都在这片土地上留下足迹。汤浴温泉已成为全国十三大名泉之一，庞公玉石被誉为"中国一绝"，轩辕文化、先秦文化、汉唐文化、宋金文化交融聚汇，三皇谷森林公园、万紫山、石洞山等陇上名胜独树一帜，使清水成为陇坂脚下的一方人文厚土，炎黄子孙寻根问祖、观光旅游的胜地。

【国民经济】2012年，全县实现生产总值28.4亿元，比上年增长12%。其中，第一产业增加值9亿元，增长7%；第二产业增加值6.2亿元，增长14.7%；第三产业增加值13.2亿元，增长14.2%。实现规模以上工业增加值1.59亿元，增长22.8%。实现社会消费品零售总额5.1亿元，增长18.3%。完成固定资产投资41.77亿元，增长42.37%。完成大口径财政收入1.9亿元，增长13.2%。城镇居民人均可支配收入13180元，增长16%；农民人均纯收入3713元，增长17.8%。

【城乡建设】2012年，全县新建干鲜果基地7.5万亩，完成补植补造6.1万亩，建成西灵山3.3万亩、铁炉梁2万亩、林沟流域1万亩优质核桃示范基地，种植蔬菜10.04万亩，建成泰山庙塬等5个千亩"菜篮子"示范基地和红堡咀头等10个蔬菜种植专业村，新增日光温室120亩、塑料大棚2100亩，发展以半夏为主的中药材2.7万亩，新建养殖小区8个、万头肉牛繁育基地1处，发展规模养殖户300户。永清马沟、红堡小泉等83村112个村级公益事业"一事一议"财政奖补项目全面竣工，新修梯田4.89万亩，建成红堡邓沟、王河响水河、白沙程沟流域3个万亩梯田示范点。新建堤防18.2公里，完成牛头河桐温大桥至鲁沟段等堤防治理工程3条18.2公里。太坪、山门玄头农村饮水安全工程全面完成，郭川乡、宋川村高效节水灌溉工程投入使用，完成农村"一池三改"户用沼气1000户，实施农业综合开发项目9个，改造中低产田4300亩，开发高标准农田1万亩，完成各类造林3.16万亩、补植1.08万亩。远门乡、大湾里等3个土地整理项目全面完成，东干沟泥石流灾害二期、清水一中崩塌2个地质环境治理项目顺利实施，红堡镇、贾湾村等2个市级城乡一体化试点村全面建成，永清、红堡等5乡镇31村"一池两改三化"工程全面实施，远门铁炉、红堡古道等4乡8村整村推进连片开发和白沙乡整乡推进示范点项目为主的扶贫项目完成建设，红堡半山、山门薛家等6村易地扶贫搬迁项目完成568户农户住宅主体工程及部分基础设施配套工程。轩辕桥、祝英台大道、永清路提升改造工程全面建成，轩辕湖、丰盛路、牛头河风情线东段建设全面推进，城区生活污水处理工程完成厂区主体建设，东城区集中供热工程批复立项，城区新增绿地1.2万平方米，统筹推进17个小城镇绿化、亮化、市场和商业一条街建设，庄天二级公路建成通车，上邽大道基本建成，清社公路改造、县城至温泉公路、秦亭至温沟通乡油路全面完工，后川河桥建成通车，铁炉至高川、山门至元龙公路和温泉大道完成路基工程，县二级货运车站信息中心大楼和草川、丰望、新城汽车站完成主体工程。续建390套保障性住房全面竣工，新建110套限价商品房完成主体，260套经济适用房稳步实施，1792套公租房全面启动。实施农村危旧房改造1600户，农村贫困残疾人危房改造160户。商品房竣工3.9万平方米。组织劳务输转6.71万人，创劳务收入7.18亿元。

【项目建设】2012年，全县争取各类项目200项，落实项目资金9亿元。筛选、储备500万元以上项目91项，涉及投资208.9亿元，其中亿元以上项目11项。实施各类重点建设项目80项，完成投资21.5亿元。新引进重点产业项目24项，总投资113.76亿元，其中5000万元以上重点项目12项。实施新、续建招商项目33项，到位资金13.67亿元。永清路提升改造、旱作农业推广、干鲜果基地建设等重点项目全面或超额完成投资计划，2×1000兆瓦火电、年产2万吨塑料编织袋、年产30万吨铸造件暨金属压延项目等28个重大项目成功签约或达成投资意向。

【社会保障】2012年，全县安置公益性岗位就业730人，新增城镇就业4166人，下岗失业人员再就业1236人，困难对象再就业708人。城乡居民社会养老保险试点参保13.64万人，参保率91.8%。为5.29万名城乡低保对象发放保障金5519.36万元，为1530名五保对象发放供养资金427.8万元，为5125名城乡救助对象发放医疗救助资金945万元。新型农村合作医疗参合率96%。

【社会事业】2012年，全县高考本科上线率提高1.52%，小学适龄儿童入学率与初中阶段入学率分别达100%和98.42%，实施山门中学宿舍楼等教育建设项目47个、建成校舍3.85万平方米，农村学生营养改善计划和校车安全工程项目全面实施。新发展科技示范乡镇3个、科技示范村18个、科技示范户100户，转化科技成果8项，完成普及型培训5.25万人次。广播电视"村村通"、"户户通"工程发展城乡有线电视用户771户，有线电视数字化转换平移2919户。成立甘肃省轩辕文化研究会，召开甘肃省轩辕文化研究会成立大会和2012年学术年会，大型秦腔歌舞剧《轩辕谷》完成剧本创作，轩辕文化产业园建设稳步推进，"三馆一站"免费开放。省级人口计生利益导向政策体系示范县创建活动通过验收，县人民医院公立医院综合改革试点工作稳步推进，县疾控中心卫生监督所综合楼投入使用。

秦安县

【现任主要领导】

中共秦安县县委书记：王东红

秦安县人大常委会主任：贾万祥
秦安县人民政府县长：程江芬
政协秦安县委员会主席：高霆钧
中共秦安县纪律检查委员会
书记：杨仁义

【基本情况】秦安县位于甘肃省东南部，天水市北部，渭河支流葫芦河下游，是天水市的北大门。属陇中黄土高原西部梁峁沟壑区，山多川少，梁峁起伏，沟壑纵横。最大河流葫芦河由四大支流清水河、南小河、显清河、西小河等河流汇成，自北而南，纵贯秦安中部。最低海拔1120米，最高海拔2020米。气候温和，日照充足，夏无酷暑、冬无严寒，大陆性季风气候显著，年平均气温10.9℃，年极端最高气温为37.8℃，极端最低气温为-18.9℃，年平均日照时数为1931.9小时（日照率43%），无霜期174天，年均降水量436.2毫米。东西长约65公里，南北宽约50公里，总面积1601.6平方公里，地势西北高而东南低。现辖5镇12乡，428个村委会，6个社区，1384个村民小组。

境内盛产苹果、桃、梨等，素有“瓜果之乡”的美称，先后被中共甘肃省委、省人民政府授予全省“经济林建设十强县”、“发展个体私营经济十强县”、“全省劳务经济先进县”和“乡镇企业十强县”，被国家科技部、林业局、文化部授予全国“科技工作先进县”、“中国名特优经济林桃之乡”、“文物工作先进县”，被中国果品流通协会授予全国“兴果富农”工程果业发展百强优质示范县和中国花椒之乡称号，被中国百县（市）优特经济专题调查办公室命名为中国甘肃优特苹果生产基地，秦安蜜桃、秦安花椒获得国家地理标志产品保护，其中秦安蜜桃“北京七号”荣获北京奥运推荐果品一等奖，并荣获“中华名果”称号。

秦安县古称成纪，历史悠久，文化积淀深厚，旅游资源丰富。据史书记载，人类始祖女娲就出生在这里，是华夏文明重要发祥地之一，素有“羲里娲乡”之称。文物古迹众多，有距今约8000年的全国重点文物保护单位——大地湾遗址，是我国新石器遗址中年代最早、历时最长、层次最完好的一处。著名的“街亭古战场”和女娲庙，元代建兴国寺、明代建文庙大成殿和清代建筑群泰山庙等旅游景点，也是不可多得的历史文化瑰宝。

【国民经济】2012年，全县实现生产总值41.4亿元，比上年增长11.9%。其中：第一产业增加值15亿元，增长7.7%；第二产业增加值10.2亿元，增长15.5%；第三产业增加值16.2亿元，增长13.5%。完成规模以上工业增加值2.1亿元，增长20.1%。完成固定资产投资31.8亿元，增长42.3%。实现社会消费品零售总额19.5亿元，增长18.2%。完成大口径财政收入2.1亿元，增长22.6%。城镇居民人均可支配收入13222元，增长22.7%。农民人均纯收入3909元，增长18.7%。

【城乡建设】2012年，全县完成新版县城总体规划修编和城乡一体化规划评审工作，拆除北坛、县一中等区域建筑物1.6万平方米，改造铺油环城西路、南小河南路、滨河北路延伸段等城区道路6.8公里，葫芦河、凤山生态公园及郭嘉、安伏、叶堡、魏店、王窑等小城镇建设进展良好，硬化农村道路45条118公里，新修产业路185公里，小湾河水库启动实施，新修梯田4.5万亩，治理小流域34.4平方公里、河道7公里，完成云山、王窑农村饮水安全工程，新建清水河堤防6.1公里，新增灌溉面积2600亩，完成荒山造林、三北五期、封山育林8100亩，栽植行道树159公里。城区污水处理厂试运行，城区生活垃圾填埋场、天然气引流入户等工程正在实施。428个行政村基本实现通达，169个行政村实现通畅。

【项目建设】2012年，全县落实国家投资项目307项，总投资8.5亿元。凤山生态公园工程、小湾河水库工程、城市生活污水处理厂和秦安·中国西部小商品城、宝兰铁路客运专线、750千伏输变电工程等重点项目开工建设。

【社会保障】2012年，全县社会养老保险参保8993人，发放养老金5664万元；城乡养老保险参保32万人，收缴参保资金2251.9万元，发放养老资金4500万元；失业保险参保9668人；城镇职工医疗保险参保2.13万人，保费收入2704万元，报销医药费975万元；城镇居民医疗保险参保2.03万人，保费收入495万元，报销医药费335万元；工伤保险参保5454人，保费收入36万元，报销医药费47万元；生育保险参保9009人，保费收入67万元，报销医药费45万元；大额医疗保险参保1.52万人，保费收入152万元，报销医药费98万元。供养五保老人3138人，有优抚对象1381人。7.86万人享受最低生活保障，其中城镇居民9132人。9119人享受医疗救助政策，发放民政救助金1858万元。参加新型农村合作医疗12.2万户，参合54.89万人，参合率95.8%。参合农民住院补偿3.3万人，补偿9797万元。

【社会事业】2012年，全县共有各类学校369所，在校学生10.54万人，教职工6208人。完成体育场塑胶跑道及人造草坪足球场建设，实施农村中小学生营养改善计划、校车安全工程，实施校舍安全及特殊教育学校、薄弱学校改造等工程，县二中、五中等5所学校初中部撤并剥离，桥南初中投入使用。建立科技特派员示范基地和利益共同体20个，组织实施科技项目34项，争取科技经费132.5万元，鉴定科技成果12项，其中达国内领先2项、国内先进7项、省内领先3项，获得市级科技进步奖7项。923个自然村通广播电视“村村通”、9.5万户使用“户户通”工程，有线电视用户1.2万户、转播节目46套，电视覆盖率99.5%。文化艺术表演团体1个，图书馆1个，各类藏书6.4万册，农村公共图书室428处，实施泰山庙维修工程，大地湾史前遗址博物馆、秦安县解放纪念馆建成并对外开放。各类卫生机构28个，其中医院、卫生院、卫生分院24个、疾病预防机构1个、妇幼保健机构1个、卫生监督机构1个、新农合机构1个，卫生技术人员893人，其中执业医师314人、助理医师75人、注册护士224人，床位976张。

甘谷县

【现任主要领导】

中共甘谷县县委书记：贯忠慧

甘谷县人大常委会主任：衡 斌

甘谷县人民政府县长：申君明

政协甘谷县委员会主席：王玺卿

中共甘谷县纪律检查委员会

书记：令建民

【基本情况】甘谷县位于甘肃省东南部，天水市西北部，渭河上游，东邻秦安县、麦积区，南接秦州区、礼县，西与武山县接壤，北与通渭县相连。渭河由西向东横贯全境，南部山区为秦岭山脉西延，北部山区为六盘山余脉。平均海拔1972米，最低1228米（六峰镇觉皇寺村东），最高2716米（古坡乡大条梁）。境内河流属黄河支流的渭河水系，河流总长131.1公里，平均径流8.29亿立方米，平均流量47.91万立方米。主要河流有四条，最大河流为渭河，属过境河，境内长度41.6公里，平均径流7.23亿立方米，其它三条主要河流为散渡河、古坡河和西小河。南北长60公里，东西宽49公里，总面积1572.6平方公里。现辖大像山、磐安、新兴、六峰、安远5镇，金山、西坪、大庄、大石、八里湾、谢家湾、礼辛、武家河、古坡、白家湾10乡，有405个村委会，6个社区。

【国民经济】2012年，全县实现生产总值42.3亿元，比上年增长11.6%。其中，第一产业增加值12.7亿元，增长7.6%；第二产业增加值15.3亿元，增长12%；第三产业增加值14.3亿元，增长14.8%。实现规模以上工业增加值4.63亿元，增长14.3%。实现社会消费品零售总额20.2亿元，增长18.28%。完成固定资产投资59.56亿元，增长40.37%。完成大口径财政收入3.52亿元，增长15.34%。农民人均纯收入3928元，增长18.14%。

【城乡建设】2012年，全县38个农业科学示范点完成建设，新增蔬菜1万亩，改造老果园8000亩，新建优质果品基地5.4万亩，新建标准化养殖小区（场）15个，发展农民专业合作社48个，推广全膜双垄沟播玉米21万亩、地膜穴播小麦16万亩，实施水利建设项目8项，小型农田水利重点县、山洪灾害非工程防治、中小河流治理等项目全面竣工，东北部农村饮水安全项目完成控制性重点工程，新筑堤防32.4公里，新修优质梯田4.3万亩，治理水土流失面积27平方公里，完成各类造林2.5万亩，推广使用各类农机具3300多台（套），实施整流域扶贫开发项目3个，316国道城区过境段、大小沙沟明洞渡槽、天定高速辅道、沙沟大桥、县行政服务中心、城区生活污水处理厂等重大项目建成并投入使用，大像山文化主题公园、城区供水管网工程和县工商局、交警队、消防队办公楼等项目完成建设，颖博滨河豪庭、叶茂花园、祁连山公司职工住宅等住宅小区开工建设，磐安、大石、安远、六峰、大庄、西坪等乡镇小城镇公共服务设施不断完善，姚庄渭河大桥拆除新建、姚杨公路铺油改造提前竣工通车，散渡河柏林沟大桥完成主体工程，以西大公路、谢贯公路、安远店子至八大路为主的24条131.9公里乡村水泥路全面建成。组织劳务输转12.3万人次，创劳务收入11.8亿元。

【项目建设】2012年，全县实施重点新建续建项目145项，总投资27.74亿元，当年完成投资16.5亿元。其中，实施城镇基础设施建设项目40项，完成投资8.26亿元；实施农业农村项目54项，完成投资3.24亿元；实施社会事业发展项目26项，完成投资1.08亿元；实施商贸流通项目9项，完成投资1.78亿元；实施工业发展项目8项，完成投资1.24亿元；实施政法基础设施及其它项目4项，完成投资900万元。投资10亿元的浙江商贸城、投资4亿元的冀城大酒店、投资1亿元的中材集团水泥产业延伸项目等12个项目成功签约，到位资金16.13亿元。建丰路二期工程启动实施，祁连山水泥公司余热发电、平光玻璃工艺生产线、纯净水系列生产线等项目建成投产，三陇安康药业、百居保温材料等3户入园企业开工建设，初步探明安远罗家峡磷灰石矿储量5500万吨、古坡滴水坪磁铁矿储量240万吨，新恒达化工公司漂洗工艺节能节水技术改造、翔达化工公司污水处理等重点环保项目建成投用，甘肃东部甘谷物流园区全面启动建设，完成“一横两纵”园区道路路基和排水管网铺设工程，果蔬批发市场改扩建项目开工建设，农产品检测中心竣工投用，浙江商贸城完成4.5万平方米会馆主体工程，新建、改扩建农村集贸市场7处，新增农家店45个。

【社会保障】2012年，全县共完成续建保障性住房724套6.1万平方米，新开工保障性住房600套5万平方米，改造农村危旧房2000户、棚户区危房32户，为3080户廉租住房家庭发放租赁补贴2643万元。城市低保、农村低保和五保供养人均每月补助标准分别提高14.8元、7.7元和28元，为1.59万户低收入患病群众发放医疗救助金2007万元，为450名孤儿发放生活保障费250万元。城乡居民社会养老保险参保30.79万人，参保率95.5%，扶持高校毕业生稳定就业567人，新增城镇就业6613人。发放各类学生资助资金4982万元，为2758名妇女发放创业担保贷款1.16亿元。提高新农合筹资标准、补偿比例和补偿封顶线，为97.4万人次补偿新农合基金1.32亿元。

【社会事业】2012年，全县高考二本上线2383人，学生营养改善计划和校车安全工程稳步实施，387所农村义务教育学校的7.7万名学生享受营养餐，25所学校的2400名学生享受校车补助，甘谷二中投资1.25亿元实施教育项目7大类70项，新开工建设县一幼、六峰、新兴、安远、金山、大石、礼辛、谢家湾8所中心幼儿园。

取得省级以上科技成果7项。完成广播电视“户户通”10万户。县文化馆、博物馆、图书馆、乡镇文化站免费开放，红军长征纪念馆建成开馆，新版《甘谷县地图》和《政区大典·天水卷》甘谷部分出版发行，省级精神文明先进县创建工作通过评估验收，县剧团改制任务全面完成，历史秦腔剧《姜维》荣获第六届中国秦腔艺术节优秀剧目奖和表演奖，县乡村三级文化信息资源共享工程实现全覆盖。县医院住院楼竣工使用，国家基本药物制度、零差率销售制度和十大类11项国家基本公共卫生服务项目全面落实。

武山县

【现任主要领导】

中共武山县县委书记：张建杰

武山县人大常委会主任：王永宏

武山县人民政府县长：索鸿宾

政协武山县委员会主席：颉卫星

中共武山县纪律检查委员会书记：苟钟灵

【基本概况】武山县位于甘肃省东南部，天水市西端，古“丝绸之路”咽喉要道。属温带大陆性半湿润季风气候区，冬无严寒，夏无酷暑，年降水量为412毫米，年均温10.2℃，年日照2263小时，无霜期215天。矿产资源品种多，储量大，主要有蛇纹岩（又名鸳鸯玉，储量3.2亿立方米，居世界第二）、石灰岩（15亿吨，氧化钙含量达58%）、花岗石（15亿立方米）、白云石、滑石、大理石等非金属矿藏和钼、铁、铜、铅、锌、金等金属矿藏。总面积2011平方公里，现辖6镇9乡，344个村委会，10个居委会，1602个村民小组。

武山县是中国古代文明的重要发祥地之一，是龙文化的故乡，是古“丝绸之路”上的一颗璀璨明珠。有分散在渭水南北的仰韶、马家窑和齐家文化遗址36处，属国家级文物保护单位的有始建于后秦的水帘洞石窟群，开凿于汉代，重建于明代的木梯寺石窟以及付家门、观儿下、西旱坪遗址和官寺古店等6处，县属文物保护单位20处。武山温泉是我国仅有的五家氡化矿泉之一，现有旅游馆、水疗楼、浴池、高尔夫球、网球、篮球等吃、住、行相对配套完善的各种休闲娱乐设施。水帘洞、温泉旅游度假村，草川大草原，卧牛山森林公园、木梯寺、老君山森林公园等旅游景点为人们旅游、疗养、避暑提供了绝好去处。

【国民经济】2012年，全县实现生产总值38.9亿元，比上年增长12.9%。其中：第一产业增加值14.9亿元，增长7.7%；第二产业增加值9.3亿元，增长19.9%；第三产业增加值14.7亿元，增长14.1%。完成规模以上工业增加值3.21亿元，增长31%。完成固定资产投资53.6亿元，增长40.6%。实现社会消费品零售总额14.8亿元，增长18.3%。完成大口径财政收入2亿元，增长18.1%。城镇居民人均可支配收入13306元，增长17%。农民人均纯收入3833元，增长19%。

【城乡建设】2012年，全县建成全长15.3公里的武山大道，火车站新区“四纵一横”道路和宁远生态园，城区污水处理厂、令川渭河大桥、火车站新区渭河人行桥、火车站集中供热等重点项目有力推进，人社、司法、林业等单位业务楼及玺华苑、渭水丽景、宁远新城、阳光水岸等住宅小区建设进展顺利，深入开展城区秩序和环境卫生集中整治，大力实施旧街改造和城区亮化、绿化、美化工程，小城镇建设和驻地村改造全面加快。马力镇硬化滨河大道、建成沙河三号大桥、完成后街拆迁改造，鸳鸯镇完成新区一号路和商务宾馆建设，滩歌镇建成南山商务宾馆、镇兴农贸市场，四门镇硬化南滨河路，榆盘、温泉、沿安、杨河、龙台等乡政府驻地村改造取得新进展，马力北顺、柴庄等省级新农村试点建设任务全面完成，新建洛门蓼阳、山丹车岸、高楼刘川等新村15个、休闲文化广场20个，建成洛门龙泉、西康两村污水厂，打造桦林到洛门城乡一体化示范长廊，创建武漳公路沿线“美丽乡村”示范带。新修通行政村水泥路37条110.7公里、农村“双通”工程43条71.1公里，建成南部山区农村饮水安全二期工程。修订完善县、乡、村小康建设规划，制定分年度实施计划、收入倍增计划，实施扶贫整村推进项目8个。组织输转劳务9.92万人，创收劳务收入10.5亿元。

【项目建设】2012年，全县实施各类项目265项，总投资81亿元。争取国家和省级投资项目168项，总投资11.5亿元。渭河干流治理工程、世行贷款农业可持续发展项目、棚户区改造、薄弱学校建设及兰成输油管道、中贵天然气管道等重点项目落地实施，完成六盘山片区武山扶贫攻坚项目规划，建成“3341”项目库，武漳公路、姚杨公路改扩建及县城集中供热、体育场馆、文化广场等重点项目建设完成前期工作，“一事一议”财政奖补、以工代赈、易地扶贫搬迁、校安工程、保障性住房等项目加快实施，洛礼二级公路开工建设，改造硬化城沿公路前段19.5公里。

【社会保障】2012年，全县新签劳动合同185份。五大保险参保5.2万人，征缴各项社会保险费5614.27万元。城乡居民社会养老保险参保23.03万人，征缴保费2050.91万元。为享受待遇的4.49万人员发放养老金2943.03万元，参保率95.05%。为4080名“计生”两户人员和重度残疾人落实县财政补贴49.08万元。对享受城乡居民社会养老保险待遇的4.86万人进行生存资格认定，查出死亡未报人员713人、重报5人、漏报23人。完成2927名企业退休人员养老金调标工作，为364名已退休的“五七工、家属工”分别增加养老金112元、98元、86元。为全县225名企业职工办理了退休手续，为符合条件的105名下岗失业人员发放失业金62.61万元，对全县3092名企业离退休人员进行了生存资格认证。1.2万人享受城镇职工基本医疗保险待遇，支付医疗保险费1601万元。其中城镇居民医疗保险享受住院待遇254人，工伤保险享受待遇36人，生育保险享受待遇26人。考录安置高校毕业生468名，就业培训3808人，新增城镇就业5400人，落实“雨露计划”补助资金437万元，发放城乡低保、五保供养和救灾救济等民政资金1.28亿元、惠农补贴资金2.72亿元。

【社会事业】2012年，全县高考本科上线1294人，落实义保经费、助学金等各类补助5862万元，办理生源地信用助学贷款2200万元，城关二小、洛门幼儿园等中小学校舍建设项目完工，城关初中、滩歌初中和特教学校整体搬迁，326所农村中小学5.87万名学生吃上“营养餐”。引进、示范和推广新技术13项，建成标准化示范基地2万亩、核心示范区2500亩。建成县广电业务大楼，安装广播电视“户户通”7.6万套。农家书屋实现行政村全覆盖，水帘洞石窟群文物保护工程全面完成，红军长征强渡渭河纪念馆建成开放，滩歌代沟村旋鼓舞文化传承广场投入使用，县文化馆、图书馆、博物馆和15个乡镇综合文化站免费开放，举办多彩宁远·大福武山系列文艺活动和宁远生态园纳凉晚会。新建村卫生室7个。

【依法行政】2012年，全县办理人大代表意见建议115件、政协委员提案122件，报备规范性文件4件，认真实施全国电子政务平台试点县项目，建成县政务服务中心大厅，将县、乡、村三级政务服务统一纳入电子政务平台集中管理，认真落实廉政建设责任制，扎实开展“效能风暴”行动，全面实施“六五”普法规划，深入开展“民主法治社区乡村”、“百日百案”集中化解活动，办理法律援助案件152件，调处矛盾纠纷2452件，破获刑事案件459起，查处行政案件1138起，办理群众来信来访62件、交办信访案件66件。

张家川回族自治县

【现任主要领导】

中共张家川回族自治县县委

书记：刘长江

张家川回族自治县人大常委会

主任：李肖锋（回族）

张家川回族自治县人民政府

县长：马中奇（回族）

政协张家川回族自治县委员会

主席：关春生（回族）

中共张家川回族自治县纪律检查委员会书记：夏　草

【基本情况】张家川回族自治县位于甘肃东南部，陇山西麓，东接陕西陇县，南邻清水县，西连秦安县，北毗华亭、庄浪两县。地势由东北向西南倾斜，最高海拔2659.4米，最低海拔1486米。年平均气温8.5℃，无霜期163天左右，年平均降雨量593毫米。境内植物有木本、草本、观赏和药用4大类，600多种。乔木类主要集中在东北部天然林区，有21目，32科，46属，84种，灌木类主要集中在东北部关山区，种类繁多；草木结构分为野生草本和人工牧草两大类，野生草本植物比较常见的有240多种，有31科、106属154种；观赏植物有70多种；药用植物包括野生和栽种两大类，中药材已达38科124种，其中野生药材112种，栽种药材12种。珍贵动物9种，均属国家二、三级保护动物。铁、铜、铅、锌、水晶、长石、大理石、花岗岩等20多种矿产资源，储量丰富。总面积1311.8平方公里，东西长62公里，南北宽48公里。现辖3镇12乡，255个行政村，1275个村民小组，4个居委会。

境内旅游资源和文化遗址较多，主要景观有：五龙山、老龙潭、斩蛇崖、小麦积、五指山、青石崖、石人峰等，主要文化遗址有五龙山云风寺遗址、佛爷崖太极八卦图、二郎神脚印石、栓马桩以及宣化岗拱北、清真寺、正觉寺、花果山石窟、摩崖石刻、老庵寺、街亭古战场遗址、秦亭遗址、马家塬战国古墓遗址等。

【国民经济】2012年，全县实现生产总值20.8亿元，比上年增长14.1%。其中，第一产业增加值4.9亿元，增长7.1%；第二产业增加值5.0亿元，增长15.6%；第三产业增加值10.9亿元，增长16.8%。实现规模以上工业增加值0.75亿元，增长20.6%。实现社会消费品零售总额4.75亿元，增长16.2%。完成固定资产投资33.81亿元，增长40.5%。完成大口径财政收入1.49亿元，增长16.1%。城镇居民人均可支配收入13120元，增长11.2%。农民人均纯收入3343元，增长17.2%。

【城乡建设】2012年，全县落实各项强农惠农资金3亿元，石峡灌区高效农业综合开发示范园区等产业化基地规模不断提升，蔬菜、中药材等特色种植面积稳定增加。建养殖场（小区）35个，养殖专业村5个，发展规模养殖户330户。完成连五梁、龙山镇农村饮水安全管网延伸工程，整合推进高标准农田、基本农田、土地整理等项目建设，建设梯田5.2万亩，完成流域治理33平方公里，完成山洪灾害防治非工程措施项目建设，启动实施马鹿河中小河流治理、后川河堤防和石峡灌区续建配套与节水改造工程，完成退耕还林、补植补造、“三北”防护林和水源地涵养林2.1万亩，绿化道路108公里，县城“双十工程”建设进展顺利，城区生活垃圾处理场、城区绿化工程全面完成，回乡风情园一期工程、城区供水管网改扩建、滨河路道路拓建、南北路网等完成年度建设，“三纵五横”城市路网结构基本形成，保障性住房和商品房开发建设积极推进，集中开展城区市场、交通、环卫、治安秩序综合整治行动，完成编制胡川等12个乡总体规划及15乡镇61村的村庄建设规划，恭门镇综合市场等“八大工程”进展顺利，完成张川镇西关和龙山镇北街城乡一体化试点工作，新修农田道路1081.79公里。组织劳务输转6.73万人，创劳务收入7.12亿元。

【项目建设】2012年，全县争取

各类项目138项，落实资金9.11亿元。其中1000万元以上15项，到位资金7.08亿元。开工建设项目65项，完成投资17.9亿元。县城至恭门火车站二级公路、富川水源工程、城区生活污水处理厂、县城至秦安陇城公路改造、阿阳中学、城区集中供热工程、750千伏输变电工程（张家川段）、天平铁路（张家川段）、廉租住房、农村危房改造、扶贫开发、一事一议财政奖补等项目建设顺利推进，庄天二级公路（张家川段）建成通车。

【社会保障】2012年，全县实现大学生就业963人，城镇新增就业3250人，城镇下岗失业人员再就业732人，城镇登记失业率控制在3.7%以内。深入开展城乡低保清理清查，全面完成城乡低保和农村五保供养提标提补工作，按时足额为7.67万名城乡低保户发放城乡低保资金8357.2万元，为1608户1669名农村五保供养对象发放资金466.6万元，为8930人（次）城乡困难群众发放医疗救助资金1154万元，为71.94万人（次）发放新农合补偿资金8572.45万元，社会保险金发放率100%。全面推行新农合“一卡通”工作，参合农民29.46万人，参合率95.9%。基层医疗卫生单位全部实现基本药物零差率销售。

【社会事业】2012年，全县高考本科上线597人，中小学校标准化“8+2”工程建成并投入使用，新建教育基础设施项目32个，新建校舍2.69万平方米，消除D级危房3982平方米，为全县255所学校3.69万名农村义务教育学生提供标准营养早餐。全面完成15个乡镇3.8万农户“户户通”工程。乡镇文化站和农家书屋实现全覆盖。县医院综合楼、卫生监督所、马鹿中心卫生院和5个村卫生所项目建设积极推进。

武威市

【现任主要领导】

中共武威市市委书记：火荣贵

武威市人大常委会主任：刘存禄

武威市人民政府市长：李志勋

政协武威市委员会主席：何　伟

中共武威市纪律检查委员会

书记：李学民

【基本情况】武威，位于甘肃省中部，河西走廊的东端，是中国旅游标志——马踏飞燕的出土地。东接兰州、南靠西宁、北临银川和内蒙、西通新疆，处于亚欧大陆桥的咽喉地位和西陇海兰新线经济带的中心地段，兰新、干武铁路、G30、G312国道贯穿全境，是河西重要的物流中心和商贸集散地。1986年被国务院命名为全国历史文化名城和对外开放城市，2001年5月经国务院批准撤地设市，2005年被命名为中国优秀旅游城市，2012年10月被命名为中国葡萄酒城。现辖凉州区、民勤县、古浪县和天祝藏族自治县，总面积3.3万平方公里，有93个乡镇、1125个村民委员会、8个街道办事处、71个居民委员会。常住人口182万人，其中城镇人口50万人，乡村人口132万人，聚居着汉、藏、回、蒙等38个民族。

【资源优势】武威历史悠久，公元前121年，汉武帝派骠骑将军霍去病远征河西，击败匈奴，为彰其“武功军威”命名武威。自汉武帝开辟河西四郡，历代王朝都曾在这里设郡置府。武威是古丝绸之路的要冲，境内名胜古迹众多，雪域高原、绿洲风光和大漠戈壁等自然景观与历史文化交相辉映，具有较高的文化旅游价值。

武威自古就是“人烟朴地桑柘稠”的富饶之地，地势平坦，光热资源丰富。武威是一个传统农业地区，是全省瓜果基地及肉类繁育生产基地，也是绿色食品最佳产区之一，尤其适宜发展酿造葡萄，产量占全省的65%。

【国民经济】2012年，武威市实现生产总值341.55亿元，比上年增长15.1%。其中：第一产业实现增加值82.71亿元，增长8.3%；第二产业实现增加值150.43亿元，增长18.6%；第三产业实现增加值108.41亿元，增长16%。三次产业结构为24.22 ：44.04 ：31.74。完成全部工业增加值109.07亿元，增长21.1%。其中：规模以上工业增加值88.93亿元，增长23.6%。实现社会消费品零售总额104.42亿元，增长18.1%。实现大口径财政收入26.66亿元，增长32.2%；公共财政预算收入14.5亿元，增长42.56%。全市金融机构存款余额486.92亿元，增长23.16%；金融机构各项贷款余额272.03亿元，增长34.07%。

【“三农”工作】全面推广“设施农牧业＋特色林果业”主体生产模式，大幅压减以小麦、大麦为主的高耗水低效益夏粮作物，农业结构调整和生产方式转变成效明显。全市粮食作物播种面积202.85万亩，下降9.43%；粮食总产量达101.8万吨，增长1.9%。粮经比由上年的60.9 ：39.1调整为55.7 ：44.3。新建设施农牧业9.84万亩，累计达到40万亩；发展特色林果业26.6万亩，累计达到58.1万亩。推广高效农田节水技术201.6万亩、旱作农业61.8万亩。新建养殖小区（场）293个，新增规模养殖户1.1万户。着力推行“储藏加工＋运输销售”营销模式，新发展专业合作组织446个，配套建设恒温贮藏保鲜库4个，新认证无公害、绿色、有机农产品17个，与北京、新疆等20多个大中城市的批发市场建立了稳定的合作关系，瓜菜和牛羊猪等大宗农畜产品外销量达到80%以上。

【项目建设】组织参加兰洽会、西洽会、津洽会等重点招商节会，先后赴外招商引资70多批次，签约招商引资项目222项，引进资金2147.45亿元，实施招商引资项目400项，实际到位资金约390.8亿元。全年实施500万元以上项目865项，比上年增加339项，其中新开工项目662项，增加261项。亿元以上项目187项，增加75项。完成固定资产投资415.95亿元，增长45.55%。

实施重点工业项目291项，其中亿元以上项目124项。青啤一期20万千升啤酒、荣华技改、荣宝2万盏太阳能路灯等120项重点项目建成投产或即将投产；中节能等1171兆瓦光伏发电、航天特谱200台（套）2兆瓦风机、承威3000台专用车等152项重点项目开工建设。

红沙岗百万千瓦级风电基地、武威至准东铁路等重大项目前期工作扎实开展。天祝臭牛沟南部详查区、民勤潮水盆地煤炭普查等地勘项目进展顺利，提交煤炭资源量2.5亿吨。

【人民生活】全年新增城镇就业2.26万人，城镇登记失业率3.05%。在行政事业单位增补津贴，离退休人员增加离退休费，全面提高企业养老或离退休费标准、部分单位兑现绩效工资等利好因素的助推下，城镇居民收入快速增长。全市城镇居民可支配收入达15397元，比上年增长16.1%。

通过实施城乡融合战略，输转劳动力43.6万人，实现劳务收入51.3亿元。特别是新开工项目和新增企业的增多，使农村劳动力在本地就业的机会增多。“设施农牧业+特色林果业”主体生产模式效应渐显，发放惠农资金18.64亿元，农民增收成效明显。农民人均纯收入达6135元，增长18.1%。

【扶贫开发】以基础设施建设、产业开发、移民扶贫为重点，建设移民安置点30处，完成“下山入川”移民19548人，减少贫困人口5.6万人，解决了18.8万人饮水安全问题，贫困片区农民人均纯收入增幅达20%，高于全省和全市平均水平。

落实扶贫项目8大类117项，落实扶贫专项资金9686万元，比上年增加2125万元。在贫困片区建成设施农牧业4万亩，特色林果8.5万亩，推广旱作马铃薯29.28万亩，高原夏菜达到14.1万亩。扶持建立龙头企业6家、专业合作组织4个。人参果、红提葡萄、肉羊、肉牛等产业规模不断扩大，成为群众增收的有力支撑。

全市“双联富民”行动形成了全覆盖、综合性、常态化，帮助贫困乡村新建基础设施、产业、公共服务项目1200个，资金达40多亿元。帮助化解矛盾纠纷9956件，各级各单位开展培训3100余场，培训农牧民44万人次。全年落实帮扶项目资金1375万元。

完成了古浪县六盘山连片特困地区区域发展与扶贫攻坚规划、“四省”藏区天祝县片区规划及实施规划、武威市特殊类型贫困片区区域发展与扶贫攻坚规划，涉及基础设施、产业开发、人力资源开发等项目6大类915项，总投资2191亿元。按省上五年基本消除贫困要求，编制完成了全市2013~2017年五年脱贫实施方案。

【环境保护】实施“生态屏障行动”，以建设节水型社会为中心，着力破解“结构性缺水”命题，坚持“南护水源、中调结构、北治风沙”的方针，统筹节水、造林、治沙、防污四个重点，建立“国家有投入、科技作支撑、农民有收益”的生态建设长效机制，推进生态持续好转。提前八年实现石羊河流域重点治理“两大约束性目标”，蔡旗断面过水量达到3.48亿立方米，民勤盆地地下水开采量控制为0.85亿立方米。青土湖观测井地下水位由2007年的4.02米上升到3.48米，形成水面15平方公里。完成人工造林46.5万亩、封山（沙）育林（草）35万亩、通道绿化128公里，义务植树1042万株。实施人工增雨雪作业475点次，平均降水量比历年同期增多20%。启动了红水河百里生态经济长廊建设工程，开展了大规模义务压沙活动。承包到户治沙生态林104.7万亩。严格落实“四禁”规定，加强封育和湿地保护恢复。全市生态恶化趋势得到有效遏制，年内未出现沙尘暴。

【社会保障】省列10项32件为民办实事全部完成。开工建设保障性住房2.68万套，完成投资36.38亿元。建设新型农村社区23个、新农宅1.43万户。农村危房改造完成投资31亿元。解决了18.77万户农村人口饮水安全问题。新增集中供热面积103万平方米。城乡居民社会养老参保88.1万人，参保率96.74%。城镇居民医疗补助由200元提高到240元。发放惠农资金18.64亿元，城市农村低保、五保供养、救灾及其它社会救助资金4.9亿元。

【社会事业】中小学校舍安全、校车安全、学前教育工程等项目顺利实施，改建校舍18万平方米，消除危房3.3万平方米，改建幼儿园35所。九年义务教育巩固率达到97.6%，高中阶段教育毛入学率达到82.2%，高考录取率达到83%。职业教育和普通高中教育招生比例趋于合理。加大急需紧缺人才引进力度，共引进各类人才476人，其中博士7人、硕士138人、“211工程”院校毕业生277人，集中引进工业人才104人，定向选调生12人。实施省部级以上科技项目31项、科普惠农项目7项；申请专利175项，授权专利102件。新农合保障水平不断提高，基本药物制度覆盖基层，公共卫生服务均等化项目全面实施。武威市乙肝防治示范区建设项目顺利实施，完成27万余人乙肝疫苗接种工作。农村妇女“两癌”普查率达到80%以上。人口出生率控制在9.16‰，农村符合政策生育率达到94%。深入开展重点行业和重点领域的安全隐患排查治理专项行动，有效预防了重特大事故发生。强化产品质量、食品药品安全和物价监管，确保了市场正常供应。着力整治城乡环境卫生，成功创建省级卫生城市。

（丁锡斌）

凉州区

【现任主要领导】

中共凉州区区委书记：李世英

凉州区人大常委会主任：沈开祥

凉州区人民政府区长：洪元涛
政协凉州区委员会主席：唐　祜
中共凉州区纪律检查委员会
书记：徐宝成

【基本情况】凉州区位于甘肃省河西走廊东端，面积5081平方公里，辖19镇18乡、2个乡建制生态建设指挥部、7个城区街道办事处，全区有449个村民委员会3779个村民小组，34个社区居委会。有汉、回、藏、满等20多个民族，常住人口101.43万人，是甘肃省人口最多的县级区，是中国的历史文化名城和全国优秀旅游城市。地势西南高东北低，平均海拔1632米，地形分为三部分，西南部为祁连山地，中部为走廊平原，东北部为沙漠。属冷温带干旱区，是典型的大陆性气候，日照充足，温差大，无霜期为150天，宜于粮油作物的生长。

【自然资源】凉州区素有“银武威”之称，有水源林和天然草场3公顷。出产鹿茸、麝香以及羌活、大黄、秦艽、干草、麻黄等多种药材。主要矿产有煤、石膏、萤石、花岗岩等。区内有四条内陆河，均发源于祁连山，年径流量10亿立方米，灌溉着百万亩良田。区东部和北部有比较丰富的地下水可供提灌。

【国民经济】2012年，全区实现生产总值214.83亿元，比上年增长15%；人均生产总值2.12万元，增长21.8%。完成工业增加值70.04亿元，增长21.83%，其中完成规模以上工业增加值57.81亿元，增长22.9%。实现社会消费品零售额61.59亿元，增长18.22%。实现大口径财政收入15.1亿元，增长32.85%；完成公共财政预算收入5.52亿元，增长46.91%。公共财政预算支出40.64亿元，增长29.01%。全年城镇居民人均可支配收入15397元，增长16.11%；农民人均纯收入7554元，增长17.5%。

【“三农”工作】全市完成农业增加值48.32亿元，增长8.28%。全区粮食总产量达到66.6万吨；蔬菜总产量达到135.53万吨，较上年增加8.65万吨。建成优质瓜菜基地35.06万亩，新增特色林果业面积11.56万亩，粮经比由2011年的62 ：38调整到2012年的60 ：40。以日光温室为主的瓜菜业占农业增加值的比重由2011年35.2%提高到2012年的38.5%。

全区畜牧业增加值达到16.8亿元，较2011年增加3.96亿元，占到农业增加值的34.8%；人均牧业纯收入达1959.8元，较2011年增加342.8元，占到农民人均纯收入的25.9%。全区大牲畜存栏36.75万头；猪存栏76.67万头，增长6.5%；羊存栏90.64万只，增长1.5%。牛、羊、猪出栏分别达12.92万头、45.37万只、87.64万头，肉类总产量达8.39万吨。

全年完成造林面积118.1万亩，较上年增加4.4万亩。年末全区机械总动力152.13万千瓦时，比上年增长4.7%；大中型、小型及手扶拖拉机5.6万台，增长73.5%；农用运输车5.2万台，增长11.4%。化肥使用量(折纯)88512万吨，下降0.34%；农村生产用电量30580万千瓦时，增长7.3%。

【项目建设】2012年，全区共实施各类项目467个，完成固定资产投资211.97亿元，比上年增长42.01%。其中：城镇固定资产投资194.16亿元，增长41.44%；房地产开发完成投资17.81亿元，增长48.58%；其他完成投资48.32亿元，增长282.18%。全区共签约招商引资项目102项，到位资金142.43亿元。

【优势产业】凉州以其“通一线于广漠，控五郡之咽喉”的军事战略要地和“车马相交错，歌吹日纵横”的商埠重镇为世人所瞩目史有“五凉古都，河西都会”之美称。区境内有可供游览、观光、考古、研究的古建筑群、古遗址、古墓葬等160多处，馆藏文物4万多件，有举世闻名的珍贵国宝西夏碑、被称为陇右学宫之冠的文庙、始建于北凉时期被称为石窟之祖的天梯山石窟、西藏正式纳入中国版图的历史见证地白塔寺、中国旅游标志铜奔马的出土地雷台汉墓等一批国家级重点文物保护单位。2012年，全年接待国内外游客304.5万人次，较上年增长46.5%。全区共投入旅游业建筑资金8000万元。实现旅游业总收入14.8亿元，增长55.65%。

凉州是河西地区重要的商品粮油基地，也是全省瓜果蔬菜生产基地和肉类繁育基地，独特的气候和良好的水土，为全区农业生产发展提供了得天独厚的有利条件，农作物和经济作物品种多，品质优，久负盛名，远销省内外，部分产品还销往东南亚和俄罗斯，特别是无壳瓜子为世界所独有。葡萄酒更是以悠久的栽培历史、科学的酿造工艺、上乘的产品质量享誉全国，凉州被称为“中国葡萄酒的故乡”。以猪、牛、羊等养殖为主的畜牧业和以小麦、玉米、蔬菜等作物为主的制种业，呈现出逢勃发展的景象。目前，蔬菜、畜牧、葡萄、制种已成为凉州区四大特色优势产业得到长足发展。区内以皇台、荣华、莫高三家上市公司为龙头，已形成了酒类酿造、玉米淀粉、食品加工、轻工业造纸、建筑建材、医药化工、机械制造、印刷包装等20多个大类的地方工业体系，主要产品有白酒、葡萄酒、啤酒、熏醋、淀粉、糖类、药品、水泥、机制纸、亚麻纱、装饰材料、文物复制品等1000多种。其中许多产品分别荣获全省和全国同行业优质产品称号。皇台酒、莫高葡萄酒、云晓熏醋、西凉啤酒、红太阳面粉等名牌产品畅销全国。

【扶贫开发】2012年，认真贯彻落实中央扶贫工作会议精神和全省十二五农村扶贫规划，把张义山区、沿山区和沿沙区三个连片贫困区域作为扶贫攻坚的主战场，以“联村联户、为民富民”行动为契机，以农民增收为核心，以产业扶贫为抓手，以项目建设为支撑，以科技培训为动力，加大帮扶力度，强化扶贫措施，着力走好专项扶贫、行业扶贫、社会扶贫“三位一体”的扶贫之路，贫困人口人均纯收入由2011年的1750元增加到2121元，增长21.2%；减少贫困人口20360人，下降10%。

【环境保护】全区有环境监测站

1个，环境监察机构1个。全年完成环境污染治理项目33个，工业污染企业废水达标率达到87%。城市空气质量全年平均达到二级标准。

【社会保障】2012年，全年新增城镇就业人数11875人，城镇登记失业率为3.76%。全区“新农合”参合率达到99.89%；城镇居民医疗保险参保率达99.32%；城镇职工养老保险参保人数达35041人。2012年新开工建设廉租住房1670套、83500平方米，发放廉租房租赁补贴6275户、16909人、1217.4万元；完成农村危旧房改造7615户（节能示范500户，残疾人170户），共发放补助资金8916.95万元。全区敬老院总数达到18所，集中供养对象768人。全区共保障各类城市低保对象12076户30725人，保障农村低保对象23066户56947人，全年共发放各类城乡低保资金14000.16万元。

【社会事业】全年共组织实施科技计划项目48项，其中组织实施星火科技项目35项，鉴定各类科技成果16项，获得市级科技进步奖10项。全区共有中小学校429所，比上年减少7所，在校学生159753人，比上年减少1964人。广播电视无线覆盖率为98%，数字电视信号覆盖率为95%，数字有线电视入户率为38.7%。全区有医疗卫生单位630个。共有床位数2826万张，有各类卫生技术人员3180人，其中临床执业（助理）医师1214人。全区群众体育锻炼人数达42万人，举办群众体育赛事活动7次，参与人数达3万人次。

（张　颖）

民勤县

【现任主要领导】

中共民勤县县委书记：费生云

民勤县人大常委会主任：潘从学

民勤县人民政府县长：黄　霓

政协民勤县委员会主席：张尚忠

中共民勤县纪律检查委员会

书记：李维中

【基本情况】民勤县地处甘肃省河西走廊东北部，石羊河流域下游，南依武威，西毗镍都金昌，东北和西北面与内蒙古阿拉善左、右旗相接，东西北三面被腾格里和巴丹吉林两大沙漠包围，是镶嵌在古丝绸之路要道上的一颗绿色宝石。现辖18个乡镇、249个村民委员会、12个居民委员会，总土地面积15907平方公里，常住人口24.16万人，其中城镇人口5.81万人，乡村人口18.35万人。

【资源优势】民勤历史悠久，素有“人居长城之外，文在诸夏之先”的美称，是全省文化之乡和教育名县。县域内名胜古迹和文物众多，沙生植物园、苏武山、圣容寺、瑞安堡和长城遗址等都具有较高的历史价值和艺术价值。

民勤自然资源丰富。全县已探明的矿产资源主要有煤、盐、石膏、芒硝、石灰石、水晶石、磷、铁、铜、镍、钾盐卤水等。民勤地势平坦，风光热资源丰富，极宜风、光电等清洁能源产业的发展。以洋葱、葵花、棉花、茴香、蜜瓜等为主的大宗特色农副产品遐迩闻名，以锁阳、苁蓉、甘草为主的沙生产业发展前景广阔。

【国民经济】2012年，全县实现生产总值51.79元，比上年增长15.1%。其中，第一产业增加值19.25亿元，第二产业增加值17.05亿元，第三产业增加值15.49亿元，分别增长8.3%、20%和18%。按常住人口计算，人均生产总值为21437.8元。三次产业结构为37.2 ∶ 32.9 ∶ 29.9。全县完成全部工业增加值12.05亿元，增长25.0%。其中，规模以上工业增加值8.65亿元，增长28.8%。招商引资实际到位资金98.46亿元，增长279.35%。实现大口径财政收入3亿元，增长47.19%；公共财政预算收入1.84亿元，增长50.04%。实现社会消费品零售总额15.31亿元，增长15.7%。城镇居民人均可支配收入增长18.8%，达到12513元；农民人均纯收入增长19.1%，达到7035元。全县金融机构存款余额74.86亿元，增长21.98%；金融机构各项贷款余额43.47亿元，增长25.92%。

【“三农”工作】2012年完成农业增加值19.25亿元，比上年增长8.3%。全县农作物播种面积72.65万亩。其中粮食作物播种面积20.44万亩，增长4%，粮食总产量达12.64万吨，增长17.9%。经济作物播种面积45.95亩，下降9.9%。粮经比例由上年的27 ∶ 73调整为28.1 ∶ 71.9。累计建成设施农牧业面积8.64万亩，其中当年新建2万亩，发展以葡萄、枸杞、红枣为主的特色林果业面积18.96万亩。着力推行“储藏加工＋运输销售”营销模式，建成高效农田节水示范区7个，发展节水高效作物面积48万亩；培育农业产业化龙头企业99个，新发展各类农民专业合作经济组织67个，新认证无公害农产品6个，与北京、新疆、兰州等20多个大中城市的批发市场建立了稳定的合作关系，瓜菜产品外销量达到80%以上。

【项目建设】围绕民勤红沙岗百万千瓦级风电基地建设，加快风光电等清洁能源产业发展步伐，有力推动了全县固定资产投资持续快速增长。全县共实施500万元以上项目147项，比上年增加40项，其中新开工项目126项，增加34项；亿元以上32项，增加7项。在建的147个项目平均投资规模达9230万元，扩大937万元，投产项目108个，增长31.7%，投产率达73.5%。完成固定资产投资93.99亿元，增长49.05%。

实施重点工业项目56项，其中新开工投资千万元以上项目39项，完成工业固定资产投资65亿元。太西煤集团民勤实业有限公司红沙岗年产240万吨原煤一号矿井竣工投产，中广核一期、华电新能源红沙岗一期10兆、二期9兆瓦光伏发电项目正式并网发电，中广核二期49.5兆瓦风电、国电一期发电项目即将并网发电，锆钥20万吨钛精粉等项目投入试生产，威龙公司葡萄榨汁扩规，紫轩2万吨葡萄酒生产、红沙岗二矿、荣达60万吨电石、潮水盆地煤炭资源和油气勘查、兰电和大唐49.5兆瓦风电、甘肃汇能等397兆瓦光伏发电等项目稳步推进。

【扶贫开发】加快扶贫开发，助推经济发展，坚持专业扶贫、行业扶贫、社会扶贫三位一体的工作方针，按照"种草养畜调结构，压沙造林保生态，开发产业建基地，夯实基础增后劲"的思路，培育五大产业，走好六条路子，扶贫开发各项工作成效初显。农民人均纯收入达2359元，比上年增加401元，当年脱贫6650人。

争取落实财政扶贫项目资金831万元，落实扶贫项目13项，其中：投资50万元引进基础母牛100头；投资54万元栽植枸杞1080亩；投资15万元种植葵花300亩；投资16万元修建养殖暖棚32座；投资20万元引进品种羊200只；投资54万元完成省外劳务移民600人；投资80万元培训两后生651人；投资30万元完成科技培训1500人次；投资50万元建成新农宅100套；投资33万元衬砌U型渠道5.5公里；投资54万元修建砂砾道路9公里；投资65万元扶持扶贫龙头企业3家。投资120万元，建成号顺村整村推进项目。建成新农宅80套，新建砂砾道路7公里，栽植枸杞400亩，修建养殖暖棚80座，衬砌渠道4公里。

【环境保护】大力实施生态立县战略，生态环境持续好转。蔡旗断面过水量达到3.48亿立方米，民勤盆地地下水开采量控制为0.85亿立方米。青土湖观测井地下水位由2007年的4.02米上升到3.48米，形成水面15平方公里，提前八年实现石羊河流域重点治理"两大约束性目标"。红崖山水库淤积治理试验工程累计完成清淤232万方。完成人工造林17.18万亩、封山（沙）育林（草）19万亩、义务植树220万株。实施人工增雨雪作业97点次。严格落实"五禁"规定，加强封育和湿地保护恢复。

年内，县城污水处理厂实现稳定达标运行，建成农村户用沼气池2000口，全县共削减化学需氧量815.37吨、氨氮90.39吨、二氧化硫20.78吨、氮氧化物11.86吨，全面完成了市政府下达的年度主要污染物削减任务。

【社会保障】全县新增城镇就业3896人，城镇登记失业率3.57%；农村劳动力转移就业61698人，实现劳务收入7.25亿元，发放惠农资金3.31亿元。建设公租房3400套，廉租房500套，经济适用房119套，改造农村危房4300户。扎实开展"双联富民"行动，协调落实妇女小额贷款和双联惠农贷款资金1.52户、7.07亿元。2012年底，全县养老保险参保人数166304人，增长7.96%；参加失业保险人数9009人，增长5.95%；发放养老保险金6504万元，增长23.56%；失业保险金52.12万元，下降34.76%；支付医疗保险金3142万元，增长72.73%；新型农村合作医疗参合人数20.95万人，参合率达96.06%；全县城乡居民最低生活保障享受户21235户，增长46.65%；保障人数35941人，增长0.31%；年末社会性福利机构5个，收养人员629人。

【社会事业】整合教育资源，不断改善办学条件，高考综合录取率达到95.19%；实施广播电视"户户通"工程4.8万户。计划生育利益导向政策体系进一步完善，计划生育"创优"成果得到巩固提升，人口出生率控制在10‰以内，总出生人口男女性别比下降到102。

（王玉琴）

古浪县

【现任主要领导】

中共古浪县县委书记：马国荣

古浪县人大常委会主任：薛　华

古浪县人民政府县长：孙　伟

政协古浪县委员会主席：倪天祯

中共古浪县纪律检查委员会

书记：徐国鸿

【基本情况】古浪地处河西走廊东端，东南分别与景泰、天祝两县相连，西北与凉州区接壤，北邻腾格里沙漠，为古丝绸之路要冲。境内享誉古今的"金关银锁"古浪峡，"扼甘肃之咽喉，控走廊之要塞"，自古就以"驿路通三辅，峡门控五凉"的重要地理位置而闻名。东西长约102公里，南北宽约88公里，总面积5103平方公里，从南到北依次为山地、平原绿洲和沙漠，分别约占国土总面积的三分之一。属全省58个国家级扶贫开发工作重点县和18个干旱县之一。现辖9镇10乡1个街道办事处，258个村（居）委会，1979个村民小组，9.01万户，总人口39.82万人，其中农业人口35.57万人。境内居住着汉、回、藏、蒙、苗、满、东乡、土、毛南、瑶等10个民族。

【资源优势】历史文化悠久。汉武帝元狩二年（公元前121年）始置县。县境内有仰韶、马家窑、齐家、沙井等多处文化遗址，存有大量的彩陶、汉代青铜器、唐代鎏金佛、宋元瓷器等文物，尤以明清水陆画和《甘珠尔》大藏经最为著名。人文景观荟萃，国家级自然保护区昌灵山，素有"西北小武当"之称，是世界上距沙漠最近的原始次生林带；全国农业旅游示范点——马路滩林场，集观光农业、生态治理、沙漠探险、狩猎娱乐为一体，每年都吸引着大量的游客。西路红军纪念馆、烈士墓及展览馆等红色旅游资源，被评定命名为全省爱国主义、国防教育和党史教育基地。

矿产资源丰富，开发潜力较大。境内石灰石探明储量为4.5亿吨以上，煤炭、石膏、花岗岩、铁、铜、高岭土、沙金等矿藏富有开采价值。

【国民经济】2012年，古浪县实现生产总值35.19亿元，比上年增长15.6%。其中：第一产业增加值9.94亿元，增长8.27%；第二产业增加值14.1亿元，增长20%，其中工业增加值8.85亿元，增长25%；第三产业增加值11.15亿元，增长16%。全社会固定资产投资65.41亿元，增长80.12%。大口径财政收入2.21亿元，增长34%。公共财政预算收入1.29亿元，增长48.38%。社会消费品零售总额12.12亿元，增长17.7%。三次产业结构比为28.2∶40.1∶31.7。城镇居民人均可支配收入11389元，增长18.6%。农民人均纯收入3559元，增长20%。

【“三农”工作】 着力破解农业投入不足、发展基础薄弱的难题，多渠道筹措投入支农资金11.5亿元，是2011年的2.1倍，其中争取涉农项目资金5.4亿元，发放妇女小额担保贷款和双联惠农贷款5.7亿元，有力提升了农业综合生产效益。

大力扶持推广“设施农牧业＋特色林果业”主体生产模式和“储藏加工＋运输销售”营销模式，加快农业结构调整步伐。新建设施农牧业1.8万亩，规模饲养量185万头（只），新建特色林果业4.15万亩，推广旱作农业25万亩、高效农田节水技术36.3万亩，发展高原夏菜2.2万亩、优质牧草10万亩。建成500亩以上特色林果示范点23个、旱作农业万亩乡镇6个。加快推进农业产业化进程，积极推行实施马铃薯脱毒种薯繁育等农业产业化项目3个，培植运销大户65户，新发展农民专业合作组织205个，完成农产品无公害产地认定1.1万亩、绿色产品认证10个。

【项目建设】 全年争取国家投资项目111项，落实中央、省市投资9.2亿元，比上年增长53.9%。实施各类项目129项，其中500万元以上项目（不含农村投资）115项，完成投资48.41亿元，增长50.91%。实施工业废气余热发电、西气东输余热发电、光伏发电、电网改造升级等能源项目6项，完成投资6亿元。双营高速、金色大道、农村道路通畅工程、工业园区道路等交通项目13项，完成投资37.2亿元。农村饮水安全、灌区节水改造、工业园区供水工程、大靖峡水库除险加固、三座水库淤积治理等水利项目21项，完成投资6.5亿元。保障性住房、县城道路改扩建及供热供水工程、大靖镇道路及供排水工程等城建项目41项，完成投资12.9亿元。中小学校舍安全工程、乡镇中心幼儿园、乡镇卫生院改扩建、就业和社会保障服务中心等社会事业项目14项，完成投资1.2亿元。围绕六盘山集中连片特困地区扶持政策，谋划上报项目6大类193项，总投资983.6亿元，其中84项已纳入全省六盘山片区实施规划。

【优势产业】 深入实施多极突破行动，招商引资与培强骨干企业同步推进，坚持招商引资和工业园区建设同步推进，大力改善工业发展的基础条件，加快构建新型工业体系和培育多元化支柱产业。按照“一区多园”工业发展格局，重新编制并评审了工业集中区总体规划及双塔、土门园区重点地区控制性详规，鑫森公司循环经济产业总体规划通过省工信委评审。积极对接东部产业转移，寻风而动，主动出击，搭建平台，组织参加兰洽会、甘皖洽谈会、西洽会等重点招商节会，成功引进了润峰电力、华鹏玻璃、振发新能源、力拓节能、莫高葡萄酒、天域制药等一批知名企业，招商引资工作实现较大突破。大力发展以华鹏高档玻璃制品为龙头的轻工产业，润峰集团为龙头的装备制造业，天域药业为龙头的生物制药业，鑫森公司为龙头的精细化工业，祁连山集团为龙头的新型建材业，以振发集团为龙头的沙漠光伏发电等六大产业。

【扶贫开发】 抢抓国家六盘山片区区域发展与扶贫攻坚规划启动实施和双联富民行动两大机遇，立足于从根本上解决高深山区群众脱贫问题，按照“四下四进四转变”扶贫开发新模式，全力推进“下山入川”工程。投资17.87亿元的生态移民暨扶贫开发黄花滩项目启动实施，水利骨干工程古浪段基本建成，完成投资3.5亿元。千方百计整合各类基础设施建设项目，投资1.3亿元率先建成感恩新村社区，搬迁入住山区群众917户4300人。按照“下山进镇”模式启动建设7号移民点，商铺和基础设施初具规模。扎实开展“联村联户、为民富民”行动，省市县乡四级共247个单位的6184名干部和98名市县“两委员一代表”，联系帮扶251个行政村、10114户贫困户，实现了贫困村和特困户全覆盖。全力落实“八个全覆盖”、“五件实事”，各级双联单位共为群众兴办实事650多件，新修渠道40多公里，新建、改建村组道路150多公里。在省纪委的大力指导和协调帮助下，全县谋划的总投资90.6亿元的51个县级重点项目，争取到位资金1.6亿元，总投资2亿元的252个联村项目，已批复158项，到位资金4831万元。积极推进劳务移民，开展技能型劳动力培训6200人，输转劳动力10.1万人，实现劳务收入10.6亿元，向县外移民1400人。

【环境保护】 深入实施生态立县战略，依托生态功能区建设、“三北五期”、天然林保护工程等重点生态项目，完成治沙造林4.2万亩，封山（沙）育林（草）9万亩，通道绿化300公里，农田林网建设3000亩，退耕还林补植补造2.2万亩，义务植树217万株。全民动员治沙造林，全县公职人员人均治沙达1亩。在民调渠沿线完成沙漠枸杞栽培试验3500亩、梭梭接种肉苁蓉1300亩，在南部山区建成生态经济兼用林1.2万亩。全面落实石羊河流域后期治理措施，严格水资源总量控制，水资源使用量未突破控制指标。古浪河、古丰灌区节水改造骨干工程全面完工，配套田间节水面积14万亩。严格落实“五禁”规定和草原生态保护补奖政策，生态治理成果进一步巩固。

【社会事业与民生保障】 坚持优先发展教育，投资7300多万元，大力改善办学条件，消除D级危房9440平方米，建成乡镇中心幼儿园5所，撤并中小学20所。稳步推进医药卫生体制改革，药品“零差率”销售覆盖乡村两级，县级医院改革启动实施。新农合参合率达到97.3%，政府补贴标准从200元提高到240元。开工建设公租房、廉租房等保障性住房5260套，主体完工4744套，完成投资3.97亿元，是2011年的10.2倍；发放廉租住房租赁补贴850户214万元。城乡居民社会养老保险参保率达96%，为4万多人发放养老保险金3000多万元。安置高校毕业生450人。提高了城乡低保、五保供养标准，发放农资综合补贴、粮食直补等各类惠农资金4.1亿元、各类救助救灾资金1.2亿元。

认真办理民生实事。县财政投入4646万元，省市确定的32件实事和县政府承诺的8件实事全部办理完毕。

（胡东山）

天祝藏族自治县

【现任主要领导】

中共天祝藏族自治县县委

书记：杨得中

天祝藏族自治县人大常委会

主任：王元林（藏族）

天祝藏族自治县人民政府

县长：李万岳（藏族）

政协天祝藏族自治县委员会

主席：郭兴荣（藏族）

中共天祝藏族自治县纪律检查委员会

书记：曾荣祖

【基本情况】天祝藏族自治县地处甘肃省中部，武威市南部；位于河西走廊和祁连山东端，东有景泰县，西邻青海省门源、互助、乐都3县，南接永登县，北靠凉州区、古浪县，西北与肃南县交界。东西宽142.6千米，南北长158.4千米，面积7149平方千米，兰新铁路和312国道穿境而过。县城华藏寺镇东南距省城兰州145千米，距中川机场80千米，西北距武威市135千米。县辖8镇11乡、15个居民委员会、176个村民委员会、783个村民小组。2012年末全县常住人口为17.62万人，比上年增加0.06万人。

【国民经济】2012年，全县实现生产总值39.73亿元，比上年增长18.1%。其中：第一产业实现增加值5.19亿元，增长8.26%；第二产业实现增加值23.31亿元，增长22.2%；第三产业实现增加值11.23亿元，增长16%。三次产业结构比为13.06 ∶ 58.67 ∶ 28.27。完成全部工业增加值18.13亿元，增长23.7%，其中规模以上工业完成增加值15.66亿元，增长25.9%。完成大口径财政收入5.00亿元，增长21.94%。其中公共财政预算收入2.32亿元，增长38.22%；完成公共财政预算支出23.1亿元，增长30.36%。完成固定资产投资72.20亿元，增长72.86%。实现社会消费品零售总额15.72亿元，增长17.67%。城镇居民可支配收入为15024元，增长19.5%。农牧民人均纯收入3842元，增长20.1%。金融机构存款余42.62亿元，增长19.96%，居民储蓄存款余额25.42亿元，增长26.31%；金融机构贷款余额20.98亿元，增长28.17%。

【农村经济】以促进农牧民增收为主线，以“联村联户、为民富民”行动为载体，抢抓各类政策机遇，以调整产业结构、夯实发展基础、创新农业科技、保障和改善民生为突破口，积极推进金强川经济综合发展核心区建设和高深山区农牧民“下山入川”工程，全县农村经济形势呈现良好发展势头。一是农林牧渔业增加值持续增长。2012年，全县农作物播种面积33.22万亩，比上年增长5.49%。实现农林牧渔业增加值5.19亿元，增长8.26%。二是农业产业结构调整力度大。加快建立“设施农牧业＋特色林果业”的主体生产模式，大力压减小麦、青稞等低效益农作物种植面积，积极发展高效设施农业、旱作农业和高原夏菜，新建果蔬菌日光温室，农业设施化经营步伐加快。全县蔬菜种植面积达8.52万亩，比上年增长80.61%；其中日光温室种植1.72万亩，增长4.88%。三是畜牧业生产稳步发展。抢抓省上“牛羊大县”建设的机遇，大力发展牛羊产业，不断加快生产方式的变革，努力实现传统畜牧业向现代畜牧业的转变，畜牧业生产稳步发展。年末大牲畜12.47万头，增长0.4%，大牲畜出栏4.72万头，增长8.01%。

【项目建设】2012年全县在建投资项目171个，比上年增加48个，其中新开工项目121个，增加42个；亿元项目36个，比上年增加8个，占项目个数的21%，5000万元至1亿元项目68个，占项目总数的39.76%。

争取落实国家各类项目资金11.42亿元，比2011年增加2.18亿元，其中，争取藏区专项2.17亿元。积极承接产业转移，寻风而动，主动出击，先后赴外招商12批次，签约招商引资项目70多项，总投资达192.6亿元，引进国内500强企业6家。新建续建神鹰建材干法水泥、宏诚煤业洗精煤生产线、毛藏河神树水电站等招商引资项目92项，落实到位资金76.64亿元，增长266.88%。全年实施农林水牧、工交能源、城乡建设、社会事业、扶贫开发等各类项目172项，总投资174亿元。投资2.52亿元的石门河调蓄引水工程、投资10亿元的甘广电天祝云计算数据中心和投资0.69亿元的G30华藏寺互通立交等一批事关全县经济社会发展的重大项目开工建设。

【扶贫开发】紧紧抓住国家提高贫困人口界定标准和支持藏区经济社会发展等政策叠加机遇，认真开展新标准下贫困人口甄别和建档立卡工作，科学编制完成《天祝藏区区域发展与扶贫攻坚规划（2011~2020年）》和《天祝藏区区域发展与扶贫攻坚规划（2011~2015年）》，总投资273.02亿元的6大类148个项目初步纳入全省藏区扶贫攻坚实施规划。初步编制完成了《甘肃藏区天祝县五年基本消除贫困目标实施方案（2013~2017年）》，明确了基本消除贫困的目标任务和工作措施。进一步加大扶贫开发项目的筛选论证和衔接争取，共争取各类扶贫资金8921万元（其中：国家扶贫资金4367万元，藏区对口帮扶资金1394万元，省、市联村单位帮扶资金3160万元），增长82.6%。组织实施了以连片开发、整乡推进、整村推进、移民搬迁等为重点的扶贫项目170余项，其中实施整乡推进项目1个，整村推进项目10个，连片开发项目1个，目前所有项目已基本完成建设任务，并发挥效益。

【社会保障】全县城镇新增就业人数3746人，完成目标任务2400人的156.08%。失业人员实现就业459人，就业困难对象实现就业240人。全县完成职业技能培训1730人，完成创业能力培训735人。城镇登记失业率为3.01%。输转城乡富余劳动力5.1415万人，创劳务收入6.1331亿元。完成劳动力职业技能培训6500人。

城镇低保保障标准由每月203元提高到235元，月人均补差由150元提高到170元；农村低保保障标准由每年1096元提高到1488元，月人均补助水平由78元提高到89元。全年发放城市居民低保金4103户9505人2345.19万元，农村低保金16288户55274人6135.7万元，代缴城市一、二类对象医疗保险参保金1603人3.2万元。县五保供养对象1518人，将五保对象年供养标准由上年的2000元提高到现在的2400元，发放供养金356.36万元，代缴合作医疗救助金7.6万元，发放门诊医疗救助款75.9万元。同时，全额救助五保人员医疗费用，实现了农村五保供养人员看病零负担。城市散居孤儿640元/月，农村散居孤儿440元/月，农村福利机构集中供养孤儿590元/月，发放孤儿基本生活费155名92.15万元。

【教育事业】2012年，全县现有各级各类学校142所，在校学生29760人，教职工3366人。普通高等院校录取1940人，录取率达82.24%，比2011年提高4.28个百分点。

张掖市

【现任主要领导】

中共张掖市市委书记：陈克恭

张掖市人大常委会主任：王开堂

张掖市人民政府市长：

栾克军（11月止）

黄泽元（11月任）

政协张掖市委员会主席：徐永成

中共张掖市纪律检查委员会书记：

王立泰（11月止）

苟海龙（11月任）

【基本情况】张掖古称甘州，西汉以“张国臂掖，以通西域”而得名，位于青藏高原和蒙古高原交汇的河西走廊中段，地贯东西、交通南北，历代为华夏咽喉之地，战略地位极为重要。总面积近4万平方公里，辖甘州、临泽、高台、山丹、民乐、肃南一区五县，2012年末全市常住人口120.76万人，其中城镇人口44.81万人，有汉、裕固、藏、蒙、回等38个民族，其中分布于祁连山区的裕固族是全国独有的少数民族。

【资源优势】张掖自古就有“塞上江南”、“金张掖”之美称。祁连山水源涵养区、黑河绿洲、荒漠戈壁三大生态系统交错衔接，雪山冰川、森林草原、七彩丹霞、田畴沃野、湿地候鸟、荒漠沙丘等地貌交相辉映，异彩纷呈，使张掖成为坐落在祁连山、黑河湿地两个国家级自然保护区之上的城市，被国家列为生态文明示范工程试点市。境内河流众多，阳光充足，土地肥沃，灌溉便利，可利用水资源26.5亿立方米，灌溉面积360万亩，是国家现代农业示范区，是全国最大的玉米制种区和重要的粮食、蔬菜、瓜果、油料和牛羊生产基地。也是全省以钨钼、铜、金、铁、煤、粘土、钾盐等矿种为主的金属、非金属矿产集中区和水能、光能、风能开发区。张掖既有“半城芦苇”的自然美景，也有“半城塔影”的历史风貌，文化沉积深厚，人文景观丰富，是国务院公布的国家级历史文化名城和中国优秀旅游城市。这里有祁连山草原、张掖丹霞、黑河湿地、黑河峡谷，有全国最大的山丹马场、保存最完整的汉明长城、历史文化名山焉支山、名城骆驼城，有距城市最近的七一冰川、沙漠公园，有全国最大的室内泥塑卧佛张掖大佛、坐佛山丹大佛，有与敦煌莫高窟同时代的马蹄寺石窟群，还有红西路军烈士陵园和独特的裕固族、蒙古族、藏族风情等等。

【国民经济】2012年，张掖市实现生产总值291.92亿元，增长12.2%。人均生产总值24204元，比上年增长11.9%。三次产业结构调整为28.1∶35.5∶36.4。粮食总产量达12.35亿公斤，连续10年实现增产增收。完成工业增加值75.52亿元，增长14.6%。完成固定资产投资209.6亿元，增长44.3%。实现社会消费品零售总额94.5亿元，增长18%。大口径财政收入突破30亿元，达到30.15亿元，增长20.5%。其中公共财政预算收入12.66亿元，增长23.3%。

【项目建设】2012年，张掖市开工建设各类项目578项，全年续建、新建计划投资上亿元项目72项，完成投资79.7亿元。其中，新开工建设项目54项，完成投资56.2亿元。全年签约招商引资项目134项，总投资743亿元，开工建设110项，落实到位资金119亿元。

【新农村建设】围绕玉米制种、马铃薯、高原夏菜、肉牛养殖等特色优势产业，建成产业化基地面积290.7万亩，占总耕地面积的75%。当年新开工投资上千万元的农产品加工重点龙头企业16家，完成投资3.92亿元；年销售收入2000万元以上农产品龙头企业达到60家，占规模以上工业企业的46.9%；农产品加工龙头企业年加工消耗农产品178万吨，农产品加工转化率达到55.9%。设施农业发展势头良好。全市设施农业种植面积9.95万亩。

【人民生活】2012年，全市城镇居民人均可支配收入达到14395元，比上年增长16.1%。城镇居民消费性支出12486元，增长13.3%。城镇居民家庭食品消费支出占消费总支出的比重为32.37%，比上年上升0.38个百分点。农民人均纯收入达到7504元，增长16%。农村居民人均生活消费支出6349元，增长21.8%。农村居民家庭食品消费支出占消费总支出的比重为37.47%，比上年下降1.59个百分点。

【社会保障】2012年末，全市城镇单位从业人员11.41万人，比上年末增长2.8%。城镇登记失业率为2.51%，比上年末下降0.37个百分点。城镇新增就业28386人，比上年末增加9470人。失业人员再就业12733人，困难人员就业3627人。年末全市参加城镇基本养老保险10.11万人，增长5.09%；参加城镇职工基本医疗保险13.06万人，下降1.87%；参加城镇居民基本医疗保险16.11万人，增长0.32%；参加失业保险6.92万人，增长0.91%；参加工伤保险7.69万人，增长13.02%；参加生育保险6.94万人，增长3.48%；参加农村社会养老保险人数达到67.91万人。年末各项社会保险基金总收入12.93亿元，增长21.28%；各项社会保险基金总支出9.66亿元，增长37.52%。年末全市参加新型农村合作医疗农民95.32万人，增长1.35%，参合率达到99.14%，较上年提高0.63个百分点。全年新型农村合作医疗基金支出总额为27413万元，比上年增长34%，累计受益336.37万人次。全年城市医疗救助1.44万人次，救助资金1230万元；农村医疗救助4.56万人次，救助资金2200万元。年末全市享受城镇最低生活保障的居民57593人，增长2.9%；全年共发放城市低保资金16473.65万元，增长13.6%。全市享受农村最低生活保障的居民84046人，比上年增长2.7%；全年共发放农村低保资金8779.74万元，增长18.3%。

【环境保护】全市现有自然保护区2个，总面积218.02万公顷，占国土面积的51.9%。空气可吸入颗粒物年日均值0.078mg/m³，二氧化硫年日均值0.023mg/m³，二氧化氮年日均值0.013mg/m³，区域环境噪声平均值52.3dB，交通干线噪声平均值67.0dB，地面水质达标率100%，饮用水源水质达标率100%。全年能源消费总量比上年增长7.35%，单位生产总值能耗下降4.32%。

【社会事业】2012年末全市事业单位拥有各类专业技术人员2.15万人，拥有科研机构5个。全年财政科学技术支出4704万元，比上年增长2.7%。全年共取得市、省级以上科技成果64项，比上年增加2项。全年授权专利109件，比上年增加20项；授予发明专利权21件，比上年增加1项。全年共签订技术合同42项，比上年增加17项，技术合同成交金额7.5亿元，增长47.1%。全市学龄儿童入学率达到100%，初中入学率达到99.99%，向全国各类高、中等专业院校输送新生12216人，比上年下降3.87%。高考录取率达到95.11%，比上年提高4.64个百分点。年末全市共有艺术表演团体6个，群艺馆1个，文化馆7个，图书馆7个，博物馆7个，档案馆7个，乡镇文化站60个。电视台7座，电视发射机13部，广播调频发射机27部。年末广播节目综合人口覆盖率为97.96%；电视节目综合人口覆盖率为98.35%。年末全市共有医疗卫生机构1391个，卫生技术人员8424人，其中执业医师和执业助理医师2343人，注册护士1994人。医疗卫生机构床位6676张，其中医院、卫生院4379张。

甘州区

【现任主要领导】

中共甘州区区委书记：张　健

甘州区人大常委会主任：朱乔正

甘州区人民政府区长：张玉林

政协甘州区委员会主席：王洪德

中共甘州区纪律检查委员会

书记：杨翠琴

【基本情况】甘州区位于河西走廊中部，古“丝绸之路”南北两线和“居延古道”交汇点上，南枕祁连山，北依合黎、龙首二山，全国第二大内陆河——黑河横穿全境，形成了闻名遐迩的张掖绿洲，素有“塞上江南”之美誉，总面积4240平方公里，其中城市面积27平方公里。全区辖1个工业园区、18个乡镇、5个街道办事处。2012年末全区常住人口51.05万人，有汉、回、蒙古、满、藏、裕固等22个民族。

【资源优势】全区已发现并初步探明地质储量相对比较丰富的矿产资源有10种，分别是煤、锰、铁、锌、铅、冶金用石英岩（硅石）、石膏、水泥用灰岩（石灰石）、砖瓦用粘土、建筑用砂石矿等。黑河、山丹河、酥油口河、大野口河等河流贯穿而过，年径流量24亿立方米，水能蕴藏量达2.2亿千瓦，地下水储量10亿立方米。甘州古迹甚多，景观奇特。既有西夏大佛寺、明代镇远楼、隋代木塔、黑水国遗址、唐代五松园遗址、古汉墓群等名胜古迹，又有丹霞地貌等绚丽的自然景观。现共有旅游景点30多处，其中张掖大佛寺、张掖国家湿地公园为国家4A级景区。

【国民经济】2012年，甘州区完成生产总值123.82亿元，比上年增长10.4%。其中：第一产业增加值33.17亿元，增长6.84%；第二产业增加值36.41亿元，增长7.9%；第三产业增加值54.24亿元，增长14.5%。完成固定资产投资73.93亿元，增长44.67%。实现社会消费品零售总额58.47亿元，增长18.6%。完成大口径财政收入10.67亿元，增长21.23%。

【项目建设】2012年全区开工建设各类项目146个，比上年下降29.13%，完成投资58.5亿元，增长32.12%。全年续建、新建计划投资上亿元的项目35项，完成投资33.1亿元，其中新开工建设25项，完成投资26.2亿元。全年全区招商引资签约项目52项，开工建设41项，占签约项目的78.8%，落实到位资金20.78亿元。

【新农村建设】围绕玉米制种、马铃薯、高原夏菜、肉牛产业等特色优势产业，建成产业化基地面积75万亩，占总耕地面积的78.95%。农业产业化省级重点龙头企业达到16家，销售收入达到12.96亿元；年销售收入2000万元以上农产品龙头企业达到39家，占规模以上的工业企业的57.3%。依法登记注册各类农民专业合作社648个，全区土地流转面积达到20.16万亩，涉及17个乡镇、196个行政村、1186合作社、25362户农户，签订土地流转合同25362份。广播电视节目综合覆盖率达到100%；城乡数字电视整体转换工作顺利推进。共输转富余劳动力8.48万人，创劳务收入8.89亿元。

【人民生活】2012年全区城镇居民人均可支配收入15071元，比上年增长16.2%；城镇居民人均消费支出14248元，增长17.7%；城镇居民家庭恩格尔系数为30.9%，比上年上升0.3个百分点。农民人均纯收入7953元，增长15.8%；农村居民人均生活消费支出6848元，增长22.1%；农村居民家庭恩格尔系数为36.4%，比上年降低1.9个百分点。居民储蓄存款余额124.6亿元，增长16.1%。

【社会保障】2012年末全区参加城镇基本养老保险人数为59113人，比上年末增长19.96%；参加城镇居民基本医疗保险人数为90971人，增长0.1%；参加城镇职工基本医疗保险人数为63912人，增长0.08%；参加失业保险人数为34637人，下降14.22%；参加工伤保险人数为41441人，增长7.86%；参加生育保险人数为40887人，增长2.57%。全年各项社会保险基金总收入达到70595万元，各项社会保险基金总支出50570万元。年末参加新型农村合作医疗农民人数为35.1万人，参合率达到100%，较上年提高0.21个百分点。全年新型农村合作医疗统筹基金支出10197.74万元，累积受益159.59万人次。全年城市医疗救助1563人次，农村医疗救助2131人次，民政部门资助农村合作医疗24417人。全区享受城镇最低生活保障的居民29315人，比上年增长1.4%；城镇居民得到政府最低生活保障资金8708万元，增长10.2%。全区享受农村最低生活保障的居民21756人，比上年增长3.6%；农村居民得到政府最低生活保障资金2210万元，增长21.0%。

【环境保护】全区现有自然保护区2个，总面积23960.27公顷，占全区土地面积的5.64%。全区空气可吸入颗粒物年日均值≤0.15mg/m^3，二氧化硫年日均值≤0.06mg/m^3，二氧化氮年日均值≤0.08mg/m^3，区域环境噪声平均值55dB，交通干线噪声平均值70dB，地面水质达标率100%，饮用水源水质达标率100%。全年完成造林面积1.55万亩，其中：人工造林1万亩，封山育林0.55万亩，湿地保护示范区景观绿化等生态建设项目强势推进，湿地恢复与治理工程和重点湿地区域景观恢复工程如期完工；城区绿化覆盖率达到12.04%；全区森林覆盖率达到16.77%。

【社会事业】2012年末全区拥有科研机构5个，全年科学技术支出229万元。全年共取得市、省级以上科技成果43项，比上年增加23项。全年授权专利41件；授予发明专利权10件，比上年下降9.1%。全年共签订技术合同16项，技术合同成交金额2.11亿元，增长104.85%。全面落实义务教育各项政策，“两基”成果得到巩固，教育水平稳步提高。2012年，全区小学适龄儿童入学率和初中适龄少年入学率均达到100%，向全国各类高、中等专业院校输送新生4741人，高考录取率达到92.2%。年末全区共有文化馆1个，公共图书馆1个，博物馆1个，档案馆1个。广播电视台1座，电视发射机1部，广播调频发射机1部。年末广播节目综合人口覆盖率100%，电视节目综合人口覆盖率100%。全年实现文化产业增加值1.856亿元，比上年增长27.1%。年末全区共有各类医疗卫生机构469个，卫生机构拥有床位2631张，其中医院和卫生院拥有床位1080张。卫生技术人员3048人，其中注册执业医师999人和执业助理医师152人，注册护士1109人。

肃南裕固族自治县

【现任主要领导】

中共肃南裕固族自治县县委

书记：李宏伟

肃南裕固族自治县人大常委会

主任：秦学仁（藏族）

肃南裕固族自治县人民政府

县长：高林俊（裕固族）

政协肃南裕固族自治县委员会

主席：安玉冰（裕固族）

中共肃南裕固族自治县纪律检查委员会书记：白　勇

【基本情况】肃南裕固族自治县地处河西走廊中部，祁连山北麓一线，东西长650公里，南北宽120~200公里，总面积23887平方公里，东邻天祝藏族自治县，西接肃北蒙古族自治县，南与青海省相邻，北与武威、永昌、山丹、民乐、张掖、临泽、高台、酒泉、嘉峪关、玉门等14个县（市）接壤。境内草原广袤、土地肥沃、森林茂密、河流纵横、矿藏丰富，除明花乡属沙漠外，其余均系山地。平均海拔约3200米。祁连山主峰素珠莲及著名的“七一冰川”即在境内。由于地势复杂，气候差异明显，全年平均气温3.6℃，日照时数3085小时。无霜期83天左右。动植物资源除原始森林和种类繁多的优质牧草外，还有100多种中药材和19种主要珍贵野生动物。全县辖2镇6乡、101个村委会、3个社区和9个国有林牧场，是个多民族聚居的少数民族县，境内居有裕固、藏、蒙古、回及少量的满、东乡、保安等13个少数民族。2012年全县总人口为3.75万人，少数民族人口2.11万人，占56.57%，其中裕固族10152人，占总人口的26.98%。人口密度为每平方公里1.56人。

【资源优势】矿产资源：截止到2012年底，已探明的矿产27种。已探明的主要金属矿产有铜、铁、钨、铬、锰等。非金属矿有萤石、石灰岩、石英沙、硫、粘土、石膏、石棉、磷镁、白云岩、玉石、芒硝、重晶石、大理石、矿泉水等16种。其中已探明的钨矿储藏量在全国单个矿山储藏量中排名前5位，储藏量达46万吨。

水资源：石羊河、黑河、疏勒河横贯全境，总流域面积为2.15万平方公里，水能蕴藏量达204万千瓦时，冰川蓄藏量159亿立方米，共有大小河流33条，年径流总量为43.11亿立方米，人均流量12.2万立方米，是河西绿洲灌溉的主要水源。

旅游资源：从人文资源看，既有建于北魏时期的马蹄寺、文殊寺、金塔寺等历史文化遗迹，又有裕固族等独特的民族风情和历史文化；既有可与敦煌莫高窟相媲美的石窟壁画艺术，又有博大精深的藏传、汉传佛教等宗教文化。从自然资源看，既有雪山冰川、又有大漠戈壁；既有草原森林，又有河流瀑布；既有幽谷深涧，又有绿洲平原。2012年开工建设中华裕固风情走廊项目，康乐水韵商业街、祁连山滑雪场、高车穹庐景点基本建成，景区道路改造升级工程加快推进，景区看点亮点不断增加。实施马蹄寺景区世行贷款、祁连山彩虹霞谷、文殊寺景区建设等旅游项目，全县旅游功能进一步完善，知名度和品位不断提升。

【国民经济】2012年全县完成生产总值23.39亿元，比上年增长16.8%。其中：第一产业增加值3.25亿元，增长6.4%；第二产业增加值16.1亿元，增长22%；第三产业增加值4.04亿元，增长12.2%。人均生产总值达到6.89万元。完成工业增加值14.91亿元，增长23%，其中规模以上工业增加值12.92亿元，增长24.9%。实现社会消费品零售总额3.04亿元，增长18%。大口径财政收入5.18亿元，增长20.2%。公共财政预算收入2.38亿元，增长23.5%。公共财政预算支出11.3亿元，增长25.9%。城镇居民人均可支配收入14648元，增长16%；农牧民人均纯收入9470元，增长17.5%。

【项目建设】2012年争取国家政策性投资项目116项，到位资金4.37亿元。创新招商引资方式，加大招商引资力度，签约项目18项，落地资金6.2亿元。全年开工各类项目92项，完成固定资产投资40.32亿元，比上年增长42.8%。认真落实县级领导包挂项目工作机制，加快推进10项重点工作和重点建设项目，争取实施游牧民集中定居、张肃二级公路、扶持人口较少民族发展、“两个共同”示范县建设等重大项目，甘祁公路、皇城大湖滩公路、农网改造升级、牧区节水灌溉等项目稳步推进，皇城营盘村、大河一排松和康乐上游村等人畜饮水工程全面完工，解决了3400多人的安全饮水问题。一批涉及群众切身利益的水、电、路等基础设施有效改善。

【民生保障】全面落实国家强农惠农政策，认真办理省、市分解下达的36件和县上确定的10件惠民实事，全年投入民生及社会事业领域的资金达到6.4亿元，占财政总支出的56%，一批群众关心关注的重大问题得以解决。统筹解决就业问题，高校毕业生就业率达到94%。社会保障进一步扩面提标，城乡居民养老保险工作受到国务院表彰，居民低保、五保供养、孤儿基本生活费、企业职工退休金、重点优抚对象抚恤金等标准进一步提高。全年发放困难群众临时救助金65.9万元、低保金1036万元、廉租住房补贴104万元。

【环境保护】实施祁丰观山和县城北山泥石流滑坡地质灾害恢复治理、隆畅河白银段、大瓷窑河河道治理等工程，成立了专门的环保监测机构，关闭和搬迁了一批产能落后、影响生态环境的选矿企业。加大节能减排力度，稳步推行公共机构节能改造，全面加强工业废水处理、饮水水源地保护和农牧村面源污染治理，全县万元生产总值、万元工业增加值能耗分别比上年下降3.5%和9%，化学需氧量、二氧化硫排放量分别下降2.54%和4%。

祁连山水源涵养区生态保护与综合治理规划已经国务院正式批准，即将启动实施。全面推进生态文明示范工程，继续争取实施天然林保护、三北防护林建设、集镇绿化及环境连片整治和矿区环境恢复治理等生态工程，动员全县干部职工集中开展草原鼠害防治。全年完成退牧还草50万亩，退耕还林封育2.1万亩，人工造林3500亩，草原灭鼠110万亩，药物灭蝗84.5万亩、生物治蝗20万亩，有效促进了生态系统修复，提高了祁连山水源涵养能力。

【社会事业】深入推进“三免两补”免费教育，进一步提高幼儿教育经费补助标准，开工建设肃南二中、祁丰、马蹄等学校校舍改造工程。普通高考录取率达95.2%，职教“三校生”高考录取率达92%。

医药卫生体制改革不断深入，实现药品零差率和药物电子监管全覆盖，基本公共卫生均等化服务工作有序推进。进一步强化卫生服务基础能力，立项建设县卫生业务综合楼等项目，县医院顺利通过省卫生厅“二级甲等医院”评审。

深化文化体制改革，完成了广播电视网络公司的划转组建，深入推进广播电视“村村通”工程，为边远村户配发“户户通”设备2860套，完成数字电视整体转换120多户。不断加大文物保护力度，积极发掘整理非物质文化遗产，稳步推进博物馆布展和文物征集工作。继续实行“四馆一站”免费开放，充分发挥乡镇综合文化站和村级“农家书屋”等文化阵地的作用，全年举办大型群众性文化活动60余场次，丰富了群众精神文化生活。

民乐县

【现任主要领导】

中共民乐县县委书记：杨　君

民乐县人大常委会主任：马多静

民乐县人民政府县长：张学勇

政协民乐县委员会主席：韩延琪

中共民乐县纪律检查委员会

书记：梁顺海

【基本情况】民乐县地处河西走廊中段，张掖市东南部，地势南高北低，地形分山地和倾斜高原两大类，总面积3687.32平方公里，海拔1589～5027米，年平均气温4.4℃，年平均降水量338毫米，无霜期117天，属温带大陆性荒漠草原气候。全县辖6个镇、4个乡、1个社区管理委员会，172个行政村，6个居民委员会。2012年底全县常住人口22.11万人，其中，城镇人口6.36万人，占总人口比重28.78%，人口自然增长率6.13‰。全县有汉、藏、回、壮、土、蒙、白、满、裕固、维吾尔等18个民族。

【资源优势】县境内矿产资源有煤、铬、铁、石灰石、石膏、金、铜、粘土等。县境内有大小河流13条，年地表水径流量4.2亿立方米，地下水总量2.5亿立方米。现有中小型水库7座，总库容7052.8万立方米，年有效灌水面积72万亩。民乐旅游资源丰富。因短距离大幅度地理落差，形成了由北到南包括荒漠戈壁、田园绿洲、森林草原、高山峡谷、雪山冰川等全景式的高原生态旅游景观。全县共有石窟、寺庙、雕塑、壁画以及汉墓群、烽燧等文物古迹105处，其中国家级文物保护单位1处，省级文物保护单位9处，有反映人类新石器时代生活、生产情况的东灰山、西灰山农牧业村落遗址；有魏晋时代的六坝圆通寺塔、童子寺；有明清以来的圣天寺、青龙寺、魁星楼、三台阁；有县城中心广场、民乐公园、海潮坝森林公园、扁都口风景旅游区等旅游景点，并分别以国道227、甘民公路、民永公路为主线，串连自然和人文景观。

【国民经济】2012年，全县实现生产总值32.99亿元，比上年增长14.1%。其中：第一产业增加值11.39亿元，增长5.9%；第二产业增加值11.71亿元，增长21.4%，第二产业中工业增加值9.85亿元，增长22.8%，其中规模以上工业增加值7.76亿元，增长24.8%；第三产业增加值9.89亿元，增长14%。按常住人口计算，全县人均生产总值14925元，增长13.9%。完成大口径财政收入2.53亿元，增长30.28%，其中公共财政预算财政收入1.18亿元，增长28.2%。

【“三农”工作】着眼于加快传统农业向现代农业转型，制定出台《关于加快发展现代农业促进农业转型升级增加农民收入的意见》的1号文件和支持土地整理、中药材、草畜产业、专业合作社发展等8个配套文件，整合资金9000万元，加大奖补力度，发放妇女小额担保贷款4.3亿元，充分激发了广大群众发展现代农业的积极性。坚持特色产业向优势产区集中、现代设施农业沿主要通道集中布局，种植中药材15.5万亩、马铃薯25万亩、制种13.3万亩，新建日光温室2420座、食用菌大棚547座、标准化养殖小区44个。“三大”基地、“三条”长廊、“三个”中心加快建设，现代农业快速发展。加强扶持引导，整理土地4万亩，流转15万亩，土地集约化经营水平进一步提高。新建“四化”示范村10个，精心组织实施农村危旧房改造、通乡通村道路、农田水利等基础设施建设项目，农村生产生活条件持续改善。

【项目建设】2012年，全县计划投资500万元以上城镇施工项目86个，其中新开工项目59个，已投产项目45个。全年完成固定资产投资23.67亿元，比上年增长44.68%。分产业看，第一产业完成投资3.53亿元；第二产业完成投资8.01亿元，第三产业完成投资12.13亿元。全年完成房地产开发投资7.91亿元，增长2.42倍。

【人民生活】2012年，全县农村居民人均纯收入达6393元，比上年增长16.2%；农村居民人均生活消费支出5130.5元。城镇居民人均可支配收入13068元，增长16%；城镇居民人均消费性支出11198元，增长16.5%。城市居民人均居住面积28.12平方米。年末在岗职工总人数9689人，在岗职工工资总额38409万元，在岗职工年平均工资39642元。

【社会保障】2012年末，全县参加城乡居民社会养老保险人数137330人，领取待遇人数24790人，其中：参加农村居民社会养老保险人数133576人，领取待遇人数24242人，参加城镇居民社会养老保险人数3754人；城镇职工养老保险人数4690人，比上年增加15人；城镇职工医疗保险参保人数10782人，失业保险人数6849人。年末城镇享受低保户数为2730户，发放保障金2057万元；年末农村享受低保户数为11154户，发放保障金2396万元。参加农村合作医疗的人数194827人，参合率达99.66%。筹集资金5580.97万元，补偿人数达370236人，补偿金额达5002.37万元，其中住院人数25522人，补偿金额3684.93万元。

【基础设施】基础设施日臻完善。基础设施建设完成投资4.6亿元，县城建成区面积由4.5平方公里扩大到7.8平方公里，城镇化率提高1.7个百分点。启动实施新一轮县城总体规划，改造城区主干道路18.9公里、人行道7.6公里，硬化临街巷道65条，特别是集中供热、供水管网改造、污水处理等重点项目的立项建设，极大地改善了城市基础设施条件，为城市快速发展奠定了坚实基础。新建一幼、老年福利中心等社会公建工程50项、保障性住房10.56万平方米、商品房35.8万平方米。积极探索，创新模式，城中村改造稳步推进。大力实施城市绿化亮化工程，新增绿地面积6.2万平方米，架设路灯178盏、电子监控设施45套。建成通乡公路4条133公里、通村道路267条802公里，通达能力明显提升。兰新铁路第二双线征地拆迁安置任务全面完成，工程建设进展顺利。累计投资7.1亿元，先后实施国家基本农田保护示范区、新增粮食生产能力、大堵麻大型灌区续建配套与节水改造、巩固退耕还林成果等农业基础设施项目102项；建成各类防渗衬砌渠道438公里，灌溉水利用率提高到51.6%。

【社会事业】全面落实省、市、县为民所办实事，群众受益面不断扩大。稳步发展教育事业，义务教育、学前教育、高中教育、职业教育协调发展，高考录取率达95.76%。积极推进文化体制综合改革，广播电视有线网络整合进展有序，河西解放纪念馆、赵思温艺术馆建成开放。深入推进医药卫生体制改革，不断完善医疗卫生服务体系，医疗保障能力持续提升。城乡居民社会养老保险制度启动实施，城乡低保提标提补任务全面完成，避难场所、殡仪服务中心建成投入使用。加大就业创业扶持力度，新增就业

3939 人。

临泽县

【现任主要领导】

中共临泽县县委书记：王洁岚

临泽县人大常委会主任：李长喜

临泽县人民政府县长：陈　晰

政协临泽县委员会主席：韩起祥

中共临泽县纪律检查委员会

书记：冯　军

【基本情况】临泽县地处河西走廊中段，东邻甘州区，西接高台县，南依祁连山与肃南裕固族自治县接壤，北靠合黎山与内蒙古阿拉善右旗连界，总面积 2727.29 平方公里。全县地形呈南北高中部低分布，由东南向西北逐渐倾斜，分三个类型区：南部祁连山中部山区，中部走廊平原区，北部合黎山剥蚀残山区。全县辖 5 镇 2 乡，71 个行政村、4 个社区居委会、699 个村民小组。2012 年末全县常住人口 13.52 万人，有汉、回、藏、蒙、裕固等 11 个民族。

【资源优势】全县海拔 1380~2278 米，海拔最高为 2278 米，最低 1380 米。境内山地占总面积 20%，矿产资源丰富，已发现的矿种有锰铁、磁铁、石墨、玻璃用石英、钾长石、石膏、凹凸棒石粘土、膨润土、砖瓦用粘土、耐火粘土（红粘土）、矿泉水，贵重金属有沙金。着力打造“中国枣乡、七彩丹霞、戈壁水乡、红色圣地”为主的旅游品牌，双泉湖垂钓园、香古寺、烈士陵园、天鹅湖、黑河烟林、昭武故地、城郊农家园等景区成为旅游休闲的好去处。张掖丹霞景区被命名为国家级地质公园和国家 4A 级旅游景区。成功举办“中国枣乡·魅力临泽”旅游文化艺术节，“中国枣乡”、“七彩丹霞”、“戈壁水乡”、“红色圣地”旅游名片效应不断凸显。全年接待国内外游客 73.46 万人次，实现旅游综合收入 2.57 万元，分别比上年增长 68.9% 和 88.5%。

【国民经济】2012 年，全县实现生产总值 36.69 亿元，比上年增长 15.0%。其中：第一产业增加值 12.10 亿元，增长 6.9%，第二产业增加值 13.43 亿元，增长 22.2%；第三产业增加值 11.16 亿元，增长 14.0%。人均生产总值 27160 元，增长 14.6%。完成固定资产投资 25.05 亿元，增长 43.86%; 实现社会消费品零售总额 7.35 亿元，增长 18.5%。完成大口径财政收入 2.35 亿元，增长 20.94%。其中，公共财政预算收入 1.11 亿元，增长 29.68%。

【“三农”工作】着力实施农民增收重点工程行动计划，进一步加大扶农助农工作力度，落实粮食直补、农资及农机具补贴、退耕还林（草）补助、良种奶牛补贴、能繁母猪补贴等强农惠农补贴资金 8147.6 万元。以制种玉米、加工番茄和棉花为主的订单农业面积 34.54 万亩，占农作物总播种面积的 78.41%。全县粮食总产量 15.14 万吨，比上年增长 4.21%。种植各类蔬菜 7.08 万亩。发展设施葡萄 1510 亩，露地鲜食葡萄 310 亩，发展优质杂果 1150 亩，肉苁蓉 4000 亩。以全市新农村“四化”示范村建设为契机，新建小康住宅示范点 14 个，辐射带动全县新建小康住宅 2344 户，累计达 28618 户，占总农户的 84.39%。劳务经济不断壮大，全县输转劳动力 2.83 万人，实现劳务收入 3.45 亿元，增长 31.18%。

【项目建设】全年开工建设重点项目 95 项，完成投资 24 亿元，其中投资上千万元的 50 项，完成投资 18.67 亿元。中种迪卡 3.5 万吨种子加工中心、裕晟种业公司 2 万吨玉米种子加工及果穗烘干生产线、中电投黄河上游水电开发公司 9 兆瓦光伏发电项目、高载能园区铁合金生产线建设项目、城市天然气输配工程、2.5 万吨高白料玻璃制品生产线、华兴铁合金公司特种合金炉扩建等到项目已建成并投产运行。

【人民生活】2012 年，全县城镇居民人均可支配收入 13543 元，比上年增加 2027 元；农民人均纯收入 7992 元，比上年增加 1117 元。全县在岗职工年平均工资 35343 元，比上年增长 26.93%。城乡居民的居住条件进一步改善，城镇居民人均住房使用面积 36 平方米，农村居民人均住房面积 40 平方米。全县移动电话用户 13.58 万户，增长 3.66%；互联网络用户 13208 户，增长 32.0%。

【扶贫开发】依托“三西”专项资金，围绕移民区基础设施建设、产业开发，科技扶贫、劳务技能培训等重点，实施整村推进，不断改善移民区群众生产生活条件，着力提高广大移民群众科技文化水平，大力扶持发展增收产业，努力增强群众自我发展能力，较快地促进了贫困群众增收和区域协调发展。2012 年共完成“三西”项目投资 180 万元，项目涉及 13 个移民村社，各项工程建设任务已全面完成。

【环境保护】2012 年，全县工业企业主要污染物排放总量控制在下达指标以内，城市环境污染得到进一步治理，县城空气环境质量明显好转。城区绿化美化水平不断提高，新增绿地 20 万平方米，绿化覆盖率 41.5%，人均新增绿地面积 4.4 平方米，城区人均占有公共绿地面积 27.11 平方米。狠抓退耕还林、风沙治理、城区绿化等林业生态工程建设，全县完成人工造林 2.5 万亩，其中，以红枣为主的经济林 0.5 万亩，防风固沙林 1.7 万亩，农田防护林 0.3 万亩；完成退耕还林工程补植补造面积 0.5 万亩，育苗面积 0.16 万亩。完成三北防护林四期工程 0.65 万亩。城区绿化共栽植各类树木 180 万株，种植移栽各类花卉 37.5 万株，被住建部命名为国家园林县城。

【社会保障】全年新增就业 3138 人，共有 451 名高校毕业生实现了就业，帮助 851 名下岗失业人员实现了再就业，年末城镇登记失业率为 1.98%。城市低保和农村低保对象分别达 4829 人和 8289 人，城市低保标准提高了 15%，农村低保标准由 1096

元提高到1488元，为城乡低保、五保对象和重点优抚对象发放保障金2122.76万元，发放临时物价补贴309万元。严格执行廉租住房租赁补贴制度，为1247户城镇住房困难户发放补贴208.9万元。截止2012年年底，97.16%的适龄农业人口纳入新型农村社会养老保险范围，为15735名农村老年人发放养老金1113.08万元。全县参加城镇职工养老保险人数4486人，为1709名企业退休人员发放了基本养老金2452万元；参加失业保险人数5834人，为227人次符合条件的失业人员发放失业保险金77.97万元；参加城镇职工医疗保险人数12067人，为1510人次住院患者支付医疗费用788万元；参加工伤保险人数5788人，为工伤职工支付工伤保险费用297.3万元；参加生育保险人数4912人，共为149对生育夫妇支付生育保险费用18.9万元。全县各类企业劳动合同签订率达99.1%。

【社会事业】年内全县各企业共引进应用科技成果和技术21项，在四化示范村建设和科技兴农中，重点引进21项新技术和35个农、林、牧新品种，建立各类科技示范点10个。中职生减免学费政策全面落实，职普教育协调发展。高考重点本科录取率突破10%，二本及以上录取率42.5%，高考录取率99.17%。广播电视覆盖率100%。全县有线电视数字化整体转换工作有序推进，有线电视用户35300户，新增700户，入户率86%。全县新建、扩建村宣传文化室7个，累计达58个，占总村数的81.79%。年末全县共有医疗卫生机构99个，卫生技术人员683人，实有医疗病床795张。全县参加新型农村合作医疗农户34479户，118839人，参合率98.45%；财政补助标准由每人200元提高到240元；共为11940名参合住院患者报销医药费2512.74万元，全年享受新农合大病补助人数445人，发放大病补助金249.14万元；新农合门诊报销人数294125人，报销门诊资金756.39万元。成功举办第十一届环青海湖国际公路自行车临泽段比赛、张掖市第三届运动会高中组篮球比赛、首届环大沙河景区山地自行车比赛等大型赛事，开展了第四个“全民健身日”、欢度新春.全民健身“体彩杯”、“健康生活·快乐临泽”健身舞、“美丽临泽·健康生活”广播操等群众体育活动。全县共开展群众性体育健身娱乐活动125次，参加人员4.8万人，占全县总人口34.3%。

高台县

【现任主要领导】

中共高台县县委书记：鞠　毅

中共高台县人大常委会主任：杨建平

高台县人民政府县长：杨成林

政协高台县委员会主席：赵　春

中共高台县纪律检查委员会

书记：梁吉东

【基本情况】高台县地处甘肃河西走廊中部，黑河中游下段。地势南北高、中间低，形如马鞍。总面积4425平方公里，城区面积3.67平方公里，全境海拔在1260米至3140米之间，气候属于大陆性温带干旱气候，全年无霜期150天左右，全年降水总量128.2mm，年均气温8.3℃，全年日照时数为3240.7小时。2012年末全县常住人口14.42万人，有回、藏、维、彝、裕固、东乡等16个少数民族。现辖6个乡、3个镇、136个村委会、7个居委会、1005个村民小组。

【资源优势】县境内已发现和探明的矿产资源有10多种，其中：芒硝储量1278万吨，原盐储量149万吨，萤石储量46万吨，钾盐（KCl）储量26万吨。此外还有钛铁、蛭石、石英、重金石、石灰、煤炭等。境内文物资源丰富，历史悠久，有北凉古都骆驼城、佛教胜地梧桐泉寺、古长城、烽燧等文物古迹，其中：北凉古都骆驼城遗址及墓群和许三湾古遗址及墓群已被国务院列为国家文物保护单位；有大湖湾风景区、月牙湖公园、祁连葡萄庄园3个国家“AAA”级风景区，月牙湖公园被命名为“国家级全民健身户外活动基地”。中国工农红军西路军纪念馆建成开馆，被列为“全国百家红色旅游经典景区”。湿地公园被国家住房和城乡建设部命名为“国家级城市湿地公园”。

【国民经济】2012年，高台县实现生产总值37.61亿元，比上年增长15.2%。第一、二、三产业分别实现增加值14.11亿元、14.18亿元、9.32亿元，分别增长6%、26%、14%。完成固定资产投资22亿元，增长44.69%；实现社会消费品零售额8.02亿元，增长18.5%；完成大口径财政收入2.87亿元，增长3.25%，其中公共财政预算收入1.22亿元，增长24.41%；公共财政预算支出10.67亿元，增长17.17%；农民人均纯收入7555元，增长16.25%；城镇居民人均可支配收入13512元，增长16%。

【项目建设】全年共开工建设各类项目85项，完成投资22亿元。其中：投资11.35亿元，完成华亿洗煤年产120万吨精煤生产线建设、山川硅业年产10万吨石英砂及玻璃制品项目、甘肃博峰肥牛10万头肉牛屠宰生产线建设、浙江正泰100兆瓦光伏发电项目等19个工业项目；投资7.65亿元，完成330KV送变电工程、中国工农红军西路军纪念馆出口道路改建工程、黑河湿地公园基础设施建设项目、水之印广场建设等52个城镇化建设项目；投资1.14亿元，完成宇阳大酒店建设、南华滩公墓建设项目、大湖湾湖心岛建设、祁连葡萄庄园观光酒窖建设等11个社会事业项目。

【新农村建设】全面落实各项强农惠农政策，发放粮食、农资、农机补贴1.79亿元。大力发展设施农业、草畜产业和高效节水农业，农业综合生产能力和水平显著提升。全县订单农业面积达到27.69万亩，占总播面积的51.7%，制种、蔬菜、番茄、棉花、葡萄等主导产业面积占总播面积的70%以上。继续实施贴息贷款扶持政策，鼓励发展规模养殖和设施农业，发放贷款4.8亿元，财政贴息3505.53万元。新建日光温室528座、钢架大棚1043座，建成连片示范点17个，设施农业累计达2.3万座。土地流转经营步伐明显加快，实施土地整理项目3个，建成万亩土地流转示范点1个、千亩示范点7个，土地流转面积达到11.27万亩，其中规模化经营面积达到6.6万亩。创新畜牧业发展模式，采用BOT建设方式和正大模式建设的天军生态、玫瑰溪谷等标准化万头生猪养殖园区投入使用，养殖智能化水平达到国际先进水平；开工建设华谊、裕泽、众一等农林牧科技综合示范区和南华明水滩、骆驼城西滩肉牛肉羊规模养殖小区（场）56个，牛、羊、猪饲养量分别达到15.4万头、48.83万只和28.76万头，分别增长5.99%、4.05%和6.09%。高台渔种场被评为“全国休闲渔业示范基地”。加大科技推广力度，推广各类农业实用技术12项、高产优质品种300多个，引进推广农机新技术8项、新型机具1100多台（套），开展常规节水、高新节水技术示范19.4万亩，完成农业标准化生产面积36.54万亩，农业节本增效技术覆盖率达到85%，被授予“国家级农业标准化示范县”称号。

【旅游产业】立足“一山一水一湿地”的自然属性，强力推进以黑河湿地公园、新城区和大湖湾文化旅游风景区为重点的“大湖湾生态新区”建设，以红色旅游和特色文化为重点的文化旅游产业发展，以造林绿化为重点的生态环境建设，全县“宜居宜游”建设成效显著，特色凸显。大湖湾湖心岛木屋、崇文楼建成投入运营；祁连葡萄庄园观光酒窖、纪念馆游客接待中心投入使用；红西路军纪念馆国家4A级旅游景区创建工作通过省上验收。2012年，全县共接待县内外游客54.5万人次，实现旅游综合收入1.19亿元，分别比上年增长29%和40%。

【人民生活】2012年，全县城镇居民人均可支配收入13512元，比上年增长16%；人均消费性支出9343元，增长21.72%，恩格尔系数29.46%。农民人均纯收入7555元，增长16.25%；人均生活消费支出6913元，增长26.03%，恩格尔系数40.26%。职工年均工资35696元，增长18.27%。城乡居民储蓄继续增加，存款余额达269397万元，增长17.03%。

【社会保障】2012年末全县参加基本养老保险人数99662人；参加城镇职工基本医疗保险人数12855人，下降0.63%；参加城镇居民基本医疗保险人数14906人，增长3%；参加失业保险人数5143人；参加工伤保险人数9188人，增长28.7%；参加生育保险人数6112人，增长5.45%。城镇新增就业3780人，城镇人口登记失业率为2.21%。全县农民参加新型农村合作医疗12.31万人，参合率98.15%，共为14061名参合农民报销住院费用2905.45万元，平均报销比59.24%。社会福利事业不断完善。年末全县农村五保供养服务机构10个，集中供养五保对象458人，全县低保户6877户、13981人。全县共有优扶对象927人，农村五保户1285人。全年共发放城市低保金1070万元、农村低保金1047万元、医疗救助429万元、自然灾害生活救助471万元。

【社会事业】2012年，全年共筛编制选上报科技项目8项，已争取到2项。其中：《高台县加工番茄标准化栽培示范及产业化开发后续项目》争取资金215万元，《多功能玉米穴播机研发与制造项目》争取资金16万元。文化广电服务中心和2个乡镇综合文化站建成投入使用；骆驼城、许三湾遗址抢险加固工程全面完工，博物馆完成主体工程；新建农家书屋8个，全县农家书屋达到163个。全面推进广播电视“户户通”工程，完成户户通工程任务1435户。成功举办了全国甲级女篮四强对抗赛、全国钓手公开赛暨甘肃省第十二届钓鱼锦标赛、甘肃·高台丝绸之路汽车越野拉力赛等大型文体活动。年末共有各类医疗卫生机构156个，全县各类卫生机构拥有病床765张，全县每千人拥有病床位4.82张，卫生专业技术人员701人。

年末全县共有各类学校66所，全县在校中小学、幼儿园学生23395人，下降5.4%；专任教师1903人。向大专以上院校输送新生1251人，大专以上录取率达97.64%。

山丹县

【现任主要领导】

中共山丹县县委书记：赵学忠

山丹县人大常委会主任：李仲文

山丹县人民政府县长：刘晓云

政协山丹县委员会主席：马得胜

中共山丹县纪律检查委员会

书记：李仲杰

【基本情况】山丹县位于甘肃省西部河西走廊中段，是张掖市的东大门，素有“走廊蜂腰”、“甘凉咽喉”之称。总面积5402平方公里，海拔在1550米至4441米之间，属大陆性高寒半干旱气候。全县辖5乡、3镇、110个行政村、6个居民委员会、754个村民小组。

【资源优势】土地资源：山丹县土地总面积5402平方公里，折合810.36万亩。可耕地85.71万亩，草地、荒地365.83万亩，耕地、草地占80.59%。

矿产资源：境内已发现矿种24种，各类矿产地54处，现已开发利用的有煤、粘土、铁、石灰岩、硅石、滑石、金、银、白云岩、花岗石等10种。通过对全县矿产资源的普查、详查，初步查明可开采的煤炭储量为4.03亿吨，白云岩3.85亿吨，耐火土2.86亿吨、高岭土1.5亿吨，硅石6700万吨、铁矿石449万吨、莹石56万吨。主要工业产品有水泥、硅铁、耐火材料、焦炭、煤炭、白酒、植物油等。

水资源：全县水资源总量1.945亿立方米，自产自用水资源总量1.24亿立方米，其中地表水资源0.857亿立方米，地下水资源0.383亿立方米。境内河流有马营河、霍城河、寺沟河和山丹河以及大黄山浅山区的小沟小岔。

旅游资源：主要旅游景点有国家4A级景区焉支山森林公园、国家3A级景区南湖公园、山丹马场大草原、窟隆峡、保存完整的汉明长城、硖口城堡、艾黎捐赠文物陈列馆、山丹培黎图书馆、艾黎与何克陵园、大佛寺、红寺口关隘等。"世博圣地、五彩山丹"、"焉支风、长城魂、马场梦、佛山缘、艾黎情"旅游品牌效应逐步显现，旅游产业带动能力明显增强。2012年共接待游客112.2万人次，比上年增长43.5%。实现旅游综合收入3.36亿元，增长60%。

【国民经济】2012年，山丹县实现生产总值34.95亿元，比上年增长14.4%。其中：第一产业增加值7.94亿元，增长7.1%；第二产业增加值12.47亿元，增长18.6%，其中工业增加值7.73亿元，增长20.8%；第三产业增加值14.53亿元，增长14%。人均生产总值21519元，增长14.1%。全年完成固定资产投资24.61亿元，增长45.02%；实现社会消费品零售总额8.60亿元，增长18.6%。完成大口径财政收入3.0亿元，增长31.6%，其中公共财政预算收入1.36亿元，增长31.4%；公共财政预算支出12.87亿元，增长21.6%。

【项目建设】全年共开工建设各类项目85项，完成投资31.2亿元，比上年增长83.9%。投资19亿元的花草滩循环经济产业区一期、投资6.5亿元的长山子煤矿、投资3.5亿元的日产2500吨新型干法水泥及余热发电等项目取得突破性进展。投资上亿元的祁连山水源涵养区生态环境保护与综合治理、欧洲框架贷款生态林业、城区供热系统节能改造及光伏发电、风力发电等项目有序推进。累计投资6.6亿元，高标准建成艾黎大道2.8公里、仁和大道0.9公里，城市新区"七纵八横"的道路框架基本形成。中央商务综合写字楼、艾黎国际大酒店、检察院业务大楼等重点工程主体已完工。世博丽景、南湖中央花园、绿城山水等高标准住宅小区开发建设稳步推进，建设商品房16.89万平方米、保障性住房2.22万平方米。

【新农村建设】新建设施农业面积1293亩。种植高原夏菜6.6万亩，种植砂田西瓜6000亩，中药材2.17万亩。全县土地流转面积达到19.5万亩，占总播种面积的36.5%，涉及农户17912户，占农村总户数的47.1%，流转千亩以上的村达到59个，千亩以上规模经营户达到28户，流转比例居全省之首。开工建设养殖小区12个，肉羊饲养量达到113万只，肉牛饲养量达到3.5万头。全县硬化通村道路198公里，开工修建小康住宅3350户。开工建设住宅楼的示范点达到4个，修建农民公寓住宅楼12幢478户。完成村庄道路绿化18公里，栽植各类苗木2万余株，建成垃圾处理点90个，农村人居环境得到显著改善。全县输转劳动力6.15万人，实现劳务收入7.22亿元，其中境外输出1500人。

【人民生活】2012年全县城镇居民人均可支配收入13935元，比上年增长16%；城镇居民人均消费支出10565元，增长15.36%。城镇居民家庭恩格尔系数为35.2%。农民人均纯收入7316元，增长16.2%；农民人均消费支出5328元，增长16.9%。农村居民家庭恩格尔系数为38.11%。城乡居民储蓄存款余额29.7亿元，比年初增加5.2亿元。

【社会保障】全县新增城镇就业3926人，安置下岗失业人员1587名。全县城镇职工6265人参加失业保险，3785人参加养老保险，24730人参加职工医疗保险，26278人参加居民医疗保险，10.05万人参加新农村社会养老保险。2012年末参加新型农村合作医疗农民人数为14.16万人，参合率为98%。全县抚恤、补助各类优抚对象669人，金额达378.7万元；全县城镇居民得到政府最低生活保障的人数为10117人，发放城镇最低生活保障金2997万元；农村居民得到政府最低生活保障的人数为17455人，发放最低生活保障金1864万元。年末拥有养老院9所，床位数达217张，收养人数173人。

【社会事业】2012年，全县向全国各类高等专业院校输送新生1602名，高考录取率达97.33%；向中等专业学校输送新生1000名。在校学生体育达标率达100%。幼儿园在园幼儿4688人。广播和电视综合人口覆盖率分别为100%和100%。2012年末，全县拥有卫生机构207个。卫生技术人员1086人，其中执业医师97人，执业助理医师215人，注册护士246人，其它卫生技术人员253人。医疗卫生机构床位1110张，其中乡镇卫生院400张。

平凉市

【现任主要领导】

中共平凉市市委书记：陈　伟

平凉市人大常委会主任：赵景山

平凉市人民政府市长：臧秋华

政协平凉市委员会主席：赵成城

中共平凉市纪律检查委员会

书记：高淑美

【基本情况】平凉市位于甘肃省东部，地处陕、甘、宁三省（区）交汇处，横跨陇山（关山），东邻陕西咸阳，西连甘肃定西、白银，南接陕西宝鸡和甘肃天水，北倚宁夏固原、甘肃庆阳，是古"丝绸之路"必经重镇，素有陇上"旱码头"之称。全市辖泾川、灵台、崇信、华亭、庄浪、静宁六县和崆峒一区，102个乡镇，3个街道办事处，1457个村民委员会。总土地面积1.1万平方公里，海拔在890～2857米之间。年均气温9.2℃，降水量为453.6毫米。全市总人口233.97万人，常住人口达208.19万人，其中城镇人口65.89万人。人口密度每平方公里209人。区域内有汉、回、蒙、满、朝鲜等20多个民族，民俗风情浓郁。

【资源优势】平凉是甘肃省主要农林产品生产基地和畜牧业、经济作物主产区，盛产小麦、玉米、谷类、荞麦、油菜、胡麻、林果、烤烟等，具有开发“两高一优”农业的广阔前景，曾与庆阳地区以“陇东粮仓”闻名遐迩。旱作山区盛产胡麻、葵花、土豆、莜麦和豆类等；阴湿山区林草茂盛，是西北重要的畜牧业基地、皮毛集散地和各类中药材的重要产地，目前大牲畜存栏84.52万头，年交易各种畜皮200多万张。中药材主要有党参、黄芪、甘草、大黄、贝母、冬花等150多种。山药、百合、蕨菜、甲鱼等极具地方特色，皮毛肉类远近闻名。全市有国家级森林公园1个，省级森林公园6个，总面积78947.07公顷，天然林面积88.86万亩，人工林面积419.89万亩，森林覆盖率27.74%。植物种类共51科254种，野生动物31种。林业资源在省内有较大优势。

矿产资源：平凉在甘肃省内及周边地区煤炭和石灰岩有比较优势。市内的华亭煤田是鄂尔多斯聚煤盆地中煤层最厚的地段，总面积150平方公里，是甘肃省第一大煤田，煤层平均厚度达28.7米，探明总储量34.7亿吨，且煤质优良，具有高活性、高发热量、低灰、低硫、低熔点的特性，不仅是优质动力用煤，而且也是目前我国最好的气化用煤。目前预测石灰岩总储量30多亿吨，但勘探程度低，探明储量约3亿吨，主要分布在崆峒区和华亭县；庄浪县卧龙石灰岩矿床为远景储量，约2亿吨。对石灰岩的利用，目前主要是生产水泥、石灰和建筑石料。另外还有粘土、石英砂等，主要分布在华亭县安口镇一带，开采利用历史较早，目前主要用于生产日用陶瓷、高低压电瓷、灯泡等。

旅游资源：现已发现各个时期的古文化遗址465处，省级以上文物保护单位25处。其中“道教第一山”——崆峒山（崆峒区）、王母宫——西王母降生处的回中山（泾川县）、人文第一祖——伏羲氏诞生地古成纪（静宁县）、西周第一台——古灵台（灵台县）等历史遗址和西周青铜器（灵台县）、南宋银本位货币银合子、佛舍利金银棺（泾川县），被誉为“中华之最”。崆峒山道教文化、西王母文化、大云寺佛教文化、皇甫谧文化独具魅力。平凉也是祖国针炙学鼻祖、晋代医学家皇甫谧（灵台县），唐代著名宰相牛僧儒（灵台县），南宋抗金名将吴玠、吴璘（庄浪县），明代“嘉靖八才子”之一赵时春（崆峒区）的故乡。平凉以国家重点风景名胜区、国家首批5A级旅游景区、国家地质公园的崆峒山为中心，以国家级森林公园云崖寺、王母宫、柳湖、南石窟寺、龙隐寺、莲花台、紫荆山、明代宝塔、李元谅墓等为网点的风景名胜、文物古迹星罗棋布，都是寻根访古、观光旅游、避暑休闲的好去处。

【国民经济】2012年，平凉市实现地区生产总值325.36亿元，增长14.1%。其中：第一产业增加值69.38亿元，增长8.38%；第二产业增加值153.91亿元，增长16%；第三产业增加值102.07亿元，增长15%。人均生产总值为15648元，比上年增长13.8%。三次产业结构比为21.32 ：47.31 ：31.37。工业增加值125.40亿元，增长16.5%。全市居民消费价格上涨3.2%。实现社会消费品零售总额122.21亿元，增长18%。完成大口径财政收入完成44.13亿元，增长19.2%；其中公共财政预算收入21.39亿元，增长29.3%。财政支出达到124.06亿元，增长21.6%。年末金融机构本外币各项存款余额472.72亿元，增长19.24%，金融机构各项贷款余额294.3亿元，增长4%。

【“三农”工作】2012年，平凉市紧扣助农增收、为民富民主题，紧密结合产业开发、扶贫攻坚、农村基础设施建设、社会管理创新、基层组织建设等农业农村重点工作，扎实开展进村入户大走访，梳理群众提出的困难问题18939条，已解决8878条；扎实开展政策技术大宣讲，宣传政策2万多场（次），开展技术培训14.8万人次；扎实开展矛盾纠纷大排查，化解矛盾纠纷4807条；扎实开展示范典型大培育，总结推广了各级开展行动的特色做法，树立了一批先富带后富的典型；扎实开展助农增收大帮扶，制定联系村小康目标建设规划1302个，联系户脱贫致富计划4.58万个，覆盖面均达到100%；规划扶持产业发展项目482项，已扶持发展424项，完成投资2.5亿元，开工建设农村道路589条2292.69公里，开建人饮、提灌、河道维修等水利工程124项。

【项目建设】全市固定资产投资完成417.95亿元，比上年增长44.34%。全市实施500万元以上建设项目893个，比上年增加115项，完成投资388.28亿元，增长42.2%；亿元以上项目125项，比上年增加39项，完成投资218.28亿元，增长70.9%。重大项目支撑作用明显。红河油田原油产能开发项目完成15.36亿元；泾川县石油资源勘探开发完成投资9.64亿元；华泓汇金公司年产70万吨烯烃项目完成投资投资20.62亿元；邵寨煤矿建设项目完成投资1.49亿元；平凉城区热电联产集中供热项目完成投资3.58亿元；平凉天元煤电化有限公司五举煤矿完成投资0.66亿元。

【优势产业】2012年，平凉市按照适宜区全覆盖的要求，集中实施百万头肉牛增效、百万亩果园提质、百万吨蔬菜保障，强力推进牛、果、菜特色优势产业开发。全市突出规模扩张、基础保护、饲草利用和科技应用，全年新建标准化养牛小区56处，补贴保护基础母牛5.03万头，冻配改良肉牛20.41万头。年末，大牲畜存栏84.52万头，比上年增长3.82%。牛存栏70.9万头、出栏40万头，分别增长6.07%和1.63%；果菜继续以扩大基地规模、落实标准化管理措施为重点，突出新植、幼园管理、标准园创建和各类基地认证，新植果园29.2万亩，果园面积发展到147.34万亩，比上年增长6.45%。全年水果产量达到93万吨，比上年增长8.14%。蔬菜生产以建设集中区为重点，坚持设施生产与露地种植相结合，大力推广幼园套种，集中连片规模推进，新建、扩建蔬菜生产集中区15个，新增设施蔬菜1.16万亩，累计达到4.41万亩，种植蔬菜79.74万亩，增长8.15%；蔬菜产量达到106.51万吨，增长4.09%。

旅游产业开发力度进一步加大，启动了崆峒山生态文化旅游示范区建设。崆峒山创建为首批“全国旅游标准化示范单位”，“神奇崆峒·养生平凉”品牌影响力进一步扩大，中远程客源明显增多，全市实现旅游综合收入35.33亿元，比上年增长39%，接待国内外游客700.69万人次，比上年增长32%。

【人民生活】城乡居民人均可支配收入继续稳步增长。全年城镇居民人均可支配收入15505.8元，比上年增长16.1%；人均消费性支出达9387.91元，增长24.07%。全年农民人均纯收入为4215元，比上年增长17.7%；人均消费性支出达4299.49元，增长12.8%。城乡居民人均储蓄存款余额达到14217元，增长21.58%。

【扶贫开发】2012年，平凉市加快省列新农村建设试点泾川县，市列3个城乡一体化试点乡镇，市、县列61个新农村建设试点村和127个“三清五改”示范村建设，累计完成投资20.67亿元。完成了全市80.30万贫困人口的建档立卡工作，落实到位财政扶贫资金1.31亿元，比上年增长24.7%；全市39个整村推进、5个六盘山特困片区整乡推进试点和华亭县黑河流域500万元省级片区开发项目共计完成投资5.2亿元。农村社会事业全面发展，开工建设校安工程项目73个，建成校舍21.9万平方米，消除D级危房9.5万平方米，18.5万名农村中小学生免费享受国家义务教育学生营养改善计划；新建、改扩建标准化村卫生室31个、乡镇卫生院7个；实施农家书屋建设项目34个；新型农村社会养老保险试点5县（区）农村居民平均参保率达到93.36%。农村劳动力培训13.59万人，全年输转劳务47万人，劳务收入52亿元。

【环境保护】城市环境质量进一步提高，全市六项主要污染物均控制在目标值之内，总控率达到100%。大气环境可吸入颗粒物年日均值为0.072mg/m^3，二氧化硫年日均值为0.021mg/m^3，二氧化氮年日均值为0.017mg/m^3。泾河地表水水质达标率为66.7%，饮用水源水质达标率为100%。区域环境噪声和交通干线噪声平均值分别为54.9分贝和69.7分贝。全市环保投资达到4.7亿元，其中污染源治理4.1亿元，生态环境建设和农村环保5552万元，环保能力建设511万元。

【社会保障】年末全市福利院有床位490张，收养361人；建立城镇社区服务中心14个。全年城镇就业人数33.75万人，比上年增长8.7%，其中本年新增城镇就业人数4.08万人，下岗失业人员再就业1.33万人；年末城镇登记失业率为3.56%。年末全市城镇参加基本养老保险人数9.8万人，比上年末增长0.53%；城镇职工基本医疗保险参保人数13.56万人，增长1.3%。城镇居民医疗保险参保人数22.53万人，参保率为99.73%。7个县（区）开展了新型农村合作医疗工作，182.07万农民参加了新型农村合作医疗，参合率为98.8%。参加失业保险人数8.89万人，其中新纳入参保缴费1431人。参加工伤保险人数8.17万人，增长11.21%；参加生育保险人数6.03万人，增长5.95%；参加农村社会养老保险人数112.25万人，增长27.21%。年末领取失业保险金人数1048人。全年5.83万城镇居民和21.64万农村居民得到政府最低生活保障。企业离退休人员基本养老金、失业人员失业保障金发放率均达到100%。

【社会事业】全年共争取国家和省上科技项目35项，资金1224万元。其中国家项目7项，落实资金704万元，省列项目28项，落实资金520万元。安排实施市列科技项目25项，经费100万元。全市共有各级各类学校1517所，各类学校在校学生达到41.95万人。全市高考上线率93.84%，其中一本上线率7.9%，二本上线率23.5%。全市共有各种艺术表演团体8个，公共图书馆8个，博物馆8个。全市有广播电台8座，广播电视卫星收转站46.96万座，广播综合覆盖率达99.04%，电视综合覆盖率达97.33%。有线电视用户达8.88万户，比上年增长6.13%。年末全市共有卫生机构(包括村卫生室、诊所)2687个，其中医院、卫生院143个，妇幼保健医院8个，疾病预防控制中心8个，社区卫生服务中心（站）44个。卫生技术人员8902人，执业医师和执业助理医师3081人。实有床位数8845张，医疗机构病床使用率为81.63%。

（王康列）

崆峒区

【现任主要领导】

中共崆峒区区委书记：王大睿

崆峒区人大常委会主任：邓玉珠

崆峒区人民政府区长：赵小林

政协崆峒区委员会主席：张新平

中共崆峒区纪律检查委员会书记：高跟信

【基本情况】崆峒区地处甘肃东部，六盘山东麓，东邻泾川、镇原，南依华亭、崇信，西与宁夏回族自治区的泾源、原州区接壤，北与彭阳、镇原县毗邻。在历史上为丝绸古道西进北上甘凉的第一座关隘重镇。亦为陕甘宁三省交通要塞和陇东传统商品集散地，素有“旱码头”之称。区域属陇东黄土高原丘陵沟壑区，境内西北高峻多山，东南丘陵起伏，中部河谷密布，平均海拔1540米。气候属半干旱、半湿润季风型大陆性气候。最高气温32.7℃，最低气温-18℃，平均气温9.2℃，年降雨量453.6毫米，日照2335.1小时，无霜期186天。全区森林覆盖率达21.83%。

全区辖13个乡、4个镇、3个街道办事处、1个工业园区和1个开发区，有252个村、14个城市社区(居委会)。全区总土地面积1936.18平方公里，城市规划区面积48平方公里。全区常住人口51.35万人，人口密度265人/平方公里，人口自然增长率6.22‰，有回、满、藏、布依等30多个少数民族。

【资源优势】自然资源：地下矿藏有煤、铁、铜、磷、石灰岩、水泥灰岩、白云岩、陶土、粘土、耐火粘土、石膏等16种12大矿点，其中水泥石灰岩和化工石灰岩品位较高，储量达5亿多立方米。地表水可利用量1.1亿立方米，地下水储量12亿立方米。植物资源1300多种，动物资源50多种。

旅游资源：区境内先后发掘出仰韶、齐家和商周文化遗址150多处，重点文物保护单位40余处，珍藏文物1300多件。崆峒玄鹤、太统屯云、龙泉滴珠、柳湖晴雪、宝塔曦照、东湖荷花、天坛月夜和泼谷烟村等十大景观闻名省内外。国家5A级风景名胜区、国家级地质公园、“天下道教第一山”——崆峒山，有八台九宫十二院四十二座建筑群，名胜古迹百余处，山势雄伟，烟波浩淼，林海幽深，建筑独特。2012年，全区接待游客304.14万人（次），旅游综合收入完成15.06亿元，分别增长29.29%和31.01%。

电力资源：电力供应充足。境内有240万千瓦火电厂1座，330、110千伏和35千伏等变电站15座，小水电站1座，企业自备电厂2座；750变电所是连接“西电东送”枢纽工程——750千伏高压输变电工程的核心站所。

【国民经济】2012年实现生产总值101.52亿元，比上年增长14.5%。其中：第一产业增加值12.6亿元，增长8.43%；第二产业增加值42.29亿元，增长14.3%；第三产业增加值46.63亿元，增长15.5%。三次产业结构比为12.4 ∶ 41.6 ∶ 46。全区人均生产总值为19802元。全年工业增加值33.28亿元，比上年增长14.4%。规模以上工业增加值19.04亿元，增长13.6%。社会消费品零售总额51.21亿元，增长18.40%。大口径财政收入完成4.44亿元，增长23.45%，其中公共财政预算收入完成2.77亿元，增长23.26%。全年公共财政预算支出17.71亿元，增长14.63%。年末金融机构存款余额为189.64亿元，增长25%，其中城乡居民储蓄存款达102.33亿元，增长22%；金融机构各项贷款余额117.65亿元，增长9%。

【“三农”工作】2012年建成上杨乡新庄湾等7个千头、西阳乡唐湾等3个百头肉牛养殖小区，肉牛饲养量达到38.9万头，出栏21.4万头。大力实施北部塬区果产业开发整塬推进工程，新植果树经济林2.2万亩，建成千亩以上新植点9个，完成果园标准化管理5.12万亩。全面实施泾河川设施蔬菜整川推进工程，新建拱棚1762亩、日光温室258亩，蔬菜种植面积达到20.07万亩，蔬菜产量达到34.4万吨。大力推广旱作农业集成技术，完成全膜双垄沟播技术推广15.39万亩，全膜覆土穴播小麦推广1万亩，粮食总产量达到22.26万吨，比上年增长9.42%。整合各类涉农项目资金7792万元，加大产业开发和基础设施建设力度。实施重点农业项目46项，完成投资13.95亿元。建成新农村示范点19个，小康住宅1832户，完成危旧房改造3400户，大寨乡扶贫开发整乡推进和5个整村推进项目全面建成。高标准整修梯田3万亩，造林绿化3.4万亩，建成农村公路126.7公里，南部山区安全饮水工程全面建成，自来水入户率达到90%以上。

【项目建设】2012年全区围绕新型工业化发展、现代农业发展、城市规划建设管理、壮大旅游产业、改善民计民生、社会管理六个方面，实施重点建设项目186项，完成投资58.9亿元，其中新型工业化项目44项，完成投资14.35亿元；现代农业发展项目46项，完成投资13.51亿元；城市规划建设管理项目52项，完成投资29.38亿元，辖区固定资产投资完成131.96亿元。

【人民生活】建成廉租房72套0.36万平方米，有效地解决了低收入家庭的住房问题。安置高校毕业生586名，安置公益性岗位1698名，城镇新增就业11410人，城镇登记失业率为3.95%。农村居民人均纯收入5359.69元，比上年增长16.87%，城镇居民人均可支配收入15307.42元，增长16%，城乡居民人均消费性支出分别为9930.24元和5399.32元，分别增长18.1%和21.71%。

【扶贫开发】抢抓列入六盘山集中连片特困地区机遇，坚持以南部阴湿林缘区、北部干旱山塬区和少数民族聚居区三个贫困片带为重点，重点实施整村、整乡推进项目。2012年实施的上杨乡石灰沟村、大秦乡大秦村、花所乡潘口村、安国乡颉沟村、西阳乡高梁村5个整村推进项目目前累计完成投资5879万元，其中财政资金848万元。注重村容村貌整治和家居环境改善，狠抓移民搬迁、村社道路等基础设施建设，完成机修梯田1000亩，五改三建220户，村内移民30户，硬化村组道路9.4公里。大力发展牛果菜特色产业，扶持贫困户450户，购买投放良种基础母牛450头，新植枣树800亩，核桃树200亩。加大科技扶贫项目的推广力度，发放太阳灶550台，建成村文化卫生培训设施5处，完成农业技术培训1000多人次。大寨乡整乡推进试点项目完成投资3248.5万元，完成村内移民100户，硬化村组道路5.2公里，铺设管涵34处，铺埋供水管道17.5公里，自来水入户100户，通电100户，栽植核桃1900亩，建成村部、卫生所各一处，农民培训1500人次。加大劳务输出力度，完成劳务输转8.55万人次，实现劳务收入13.09亿元。

【环境保护】全年环境污染治理完成总投资1.6亿元。二氧化硫排放总量11892.31吨、化学需氧量排放总量14229.77吨、氨氮排放总量1014.48吨、氮氧化物排放总量41231.8吨，均在规定的控制指标值以内。2012年完成污染减排化学需氧量922.8吨、氨氮21吨、二氧化硫0吨、氮氧化物106.11吨。大气环境质量指标：可吸入颗粒物日均浓度0.073mg/m^3，二氧化硫日均浓度0.021mg/m^3，二氧化氮日均浓度0.018mg/m^3，城市空气质量优良天数超过99%。地表水水质达标率达到50%（三类水），城市饮用水源水质达标率达到100%，区域环境噪声与交通干线噪声平均值均符合《声环境质量标准》要求。

【社会保障】区属参加基本养老保险人数达到14152人，失业保险人数13363人，医疗保险人数27049人，工伤保险人数10350人，生育保险人数5213人。共有11316户18549名城镇居民、11808户23700名农村居民得到政府最低生活保障。全区农村“五保”1538户1728人，6所农村敬老院集中供养128户143人。新型农村合作医疗参合人数为311888人，参合率为99.34%，城乡居民基本医疗保险参保人数为108767人。报销城乡居民住院费用13344.14万元，发放城乡低保、“五保”供养资金和临时生活及物价补贴11638.79万元，支付各类社会保险金2.59亿元。

【社会事业】新建改建校舍3.85万平方米、医疗用房1.03万平方米，城乡公共服务条件显著改善。全区有各级各类学校278所，中小学在校学生73245人。全面落实“两免一补”等优惠政策，为6.14万名学生免除学杂费5515.06万元。区属医疗卫生机构49个，村卫生室252个，农村个体诊所105个，实有床位1650张，卫生机构人员数1848人，卫生技术人员917人。

（曹　勇）

泾川县

【现任主要领导】

中共泾川县县委书记：李全中

泾川县人大常委会主任：贯仁全

泾川县人民政府县长：王廷佐

政协泾川县委员会主席：程永忠

中共泾川县纪律检查委员会

书记：景忠科

【基本情况】泾川县位于秦陇交界处，312国道、银武高速、西平铁路横贯全境，是西兰银三大中心城市交汇处和全省东部重要的交通枢纽，区位优势独特。全县总面积1409.3平方公里，总人口35.36万人，共辖14个乡镇、1个经济开发区，215个行政村。境内历史遗存丰富，始建于西汉元丰年间的王母宫是目前中国仅存的一处祭祀西王母之地，被誉为“天下王母第一宫”；佛教文化积淀深厚，北魏、隋唐时期最为鼎盛，境内遗迹遍布、规模宏大。旅游资源丰富，大云寺·王母宫和田家沟生态风景区为国家4A级旅游景区；大云寺地宫出土的14枚佛祖骨舍利为国家级文物，王母宫石窟、南石窟寺为国家级文物保护单位。生态环境良好，年均降水555毫米，全县水土流失治理程度82.4%，森林覆盖率37.13%，先后荣获“甘肃省实现绿化第一县”、“全国水土保持先进县”、“全国林业生态建设先进县”等称号。产业资源富集，全县栽植果园42万亩，被誉为“中国红富士苹果之乡”，培育形成了果蔬畜三大农村特色产业集群；煤炭石油资源丰富，初步测算，煤炭地质资源量273.6亿吨，探明石油储量1.8亿吨。

【国民经济】2012年，全县实现生产总值42.68亿元，比上年增长13.4%。其中：第一产业增加值14.43亿元，增长8.39%；第二产业增加值12.96亿元，增长16.0%；第三产业增加值15.29亿元，增长15.6%。三次产业结构比为33.8∶30.4∶35.8。按常住人口计算，人均生产总值15104元，增长13.9%。大口径财政收入1.84亿元，增长61.3%，其中公共财政预算收入实现1.07亿元，增长55.2%；公共财政预算支出12.95亿元，增长22.6%。年末各项存款余额54.42亿元，增长24.2%；各项贷款余额24.16亿元，增长16.5%。全年累计接待游客129.3万人次，比上年增长25.7%，实现旅游业综合收入1.55亿元，增长40%。全年城镇居民人均可支配收入14583.52元，比上年增长15.8%。农民人均纯收入4344.32元，比上年增长16.97%。

【“三农”工作】全年新建果园5.5万亩，果品冷藏保鲜库37座，果品产量24.09万吨，比上年增长7.4%；建办标准化肉牛养殖小区10个，肉鸡养殖小区20个，搭建蔬菜大中拱棚1100座，建成日光温室200座，带动全县种植各类蔬菜14.23万亩，蔬菜产量19.05万吨，增长4.9%。全年粮食播种面积72.11万亩，产量16.98万吨，粮食生产保持了9年连续丰产。实施的农电网改造、农村饮水安全工程、畜牧养殖、梯田建设等项目有力促进了农村路、电、水等基础设施建设，全县油路通村率达到75.3%，自来水通村率、入户率分别达到98%、95.2%，农村电网改造覆盖面达到79.45%。农业机械总动力达到15.13万千瓦，比上年增长12.6%。

【项目建设】2012年，全县争取各类专项资金和项目资金7.2亿元，实施新开工及续建项目183项，完成固定资产投资44.66亿元，比上年增长45.95%。实施亿元以上项目10个，累计完成投资31.13亿元，占固定资产投资总额的69.7%。西平铁路、泾渗公路等国省重大项目，红河油田产能建设、天纤棉业生产线续建等市列重大项目以及通乡油路建设、农村饮水安全等县列“十大项目”顺利实施。城北综合开发取得新进展，城区水源地、生活污水处理厂等工程全面完工，农村道路交通、安全饮水、造林绿化、河堤治理、梯田建设等工程扎实推进，城乡生产生活条件进一步改善。

【扶贫开发】全县继续把扶贫开发整村推进作为实事办理，实施整村推进、产业扶贫、科技扶贫和劳动力转移培训等扶贫项目，多方改善基础条件，大力培育特色产业，全面发展社会事业，综合提升农民素质。当年解决贫困人口4000人，贫困村农民人均纯收入达到1908元，比上年增加291元，增长18.5%。重点实施了党原乡和高平镇2个整乡推进试点乡和太平乡寨子村、汭丰乡郑家沟村等4个整村推进项目。争取上级资金1875万元，完成了村组道路硬化、水利设施建设、电网改造、村级文化设施配套建设等基础硬件建设;完成乡村干部、农民技术员培训1800多人。通过投放蔬菜籽种,组织贫困村组干部群众参观学习先进县区农业生产模式等提高科技扶贫力度,完成了423名“两后生”和79名“一村一名大学生”资格审核和招生任务。扶持组建贫困村互助社10个。培育形成了一批跨乡镇、联片区、整区域推进的新农村建设片带,高质量完成了全省新农村建设二轮试点工作任务。

【环境保护】2012年,全县化学需氧排放量6086.95吨,比上年下降8.48%;氨氮排放量187.32吨,下降8.6%;二氧化硫排放量1019吨,下降0.2%;氮氧化物排放量1231吨,下降1.2%;地表水水质达标率为75%,集中式饮用水源水质达标率75%。

【社会保障】2012年末,城乡就业人员18.57万人,比上年增长1%。年末城镇登记失业人员2139人,登记失业率3.48%,安置高校毕业生837人,新增就业岗位4210个,下岗人员实现再就业1258人。全年纳入城市低保人员0.53万人,纳入农村低保人员2.37万人,城乡低保资金支出3855万元。年末城镇职工基本养老保险参保人数0.91万人,城镇职工基本医疗保险参保人数1.33万人,失业保险参保职工0.81万人,工伤保险参保职工0.64万人,生育保险参保职工0.83万人,城镇居民医疗保险参保人数2.09万人,新型农村合作医疗参加人数30.69万人,平均参合率为98.4%。城乡居民社会养老保险全面启动,参加人数20.03万人,参保率95.3%。

【社会事业】教育事业取得新进展,义务教育阶段中小学入学率均达到100%。高考本科上线人数964人。九年义务教育营养餐供应人数3.25万人,投入资金总额1606万元,泾川四中建设全面启动。国家基本药物制度实现了全覆盖;农村广播电视“村村通”、“户户通”工程全面完成。民计民生工作全面加强。省市列实事、县列“十件实事”全面落实,农业综合开发、农村危房改造等惠民工程加快实施,安全生产、信访维稳、社会治安综合治理等工作全面加强。

(王海峰)

灵台县

【现任主要领导】

中共灵台县县委书记:王学书

灵台县人大常委会主任:魏惠琴

灵台县人民政府县长:刘　凯

政协灵台县委员会主席:边安玉

中共灵台县纪律检查委员会

书记:杨静福

【基本情况】灵台县位于陇东黄土高原南缘,地势西北高、东南低,海拔在890～1520米之间,其中县城海拔966.8米;年平均气温9.6℃,最高气温35.2℃,最低气温-19.7℃;年平均降水量473.3毫米,降雨分布不均匀,7、8、9三个月降水量占全年降水量的65.3%;年平均日照总时数1996.9小时,全年无霜期186天;全县森林覆盖率36%。境内有一塬(什字塬)一山(南部山区)两道川(达溪河、黑河川区),全境东西长78公里,南北宽40公里,总流域面积2038平方公里,属黄土高原沟壑区。东南与陕西长武、彬县、麟游、千阳、陇县接壤,西北与崇信、泾川县毗邻。全县辖5镇8乡1个街道办事处,4个居委会、184个行政村、1429个村民小组。2012年末全县城乡共计73989户,总人口22.98万人。民族以汉族居多,占96.7%,少数民族有回、藏、满、苗、蒙古族等,占3.3%。

灵台历史人文优势厚重。远在史前就有先民繁衍生息,商周时期建有密须国和密国,隋大业元年(公元605年)置灵台县,距今已有1400多年历史。曾诞生过西晋医学家、世界针灸医学鼻祖皇甫谧,唐代名相牛僧孺等杰出人物。境内已发现仰韶、齐家文化遗址441处,古墓葬40多处,发掘文物上万件。1996年被省政府命名为“甘肃省历史文化名城”。

【国民经济】2012年,全县完成生产总值25.93亿元,比上年增长14%。其中:第一产业增加值9.74亿元,增长7.9%;第二产业增加值6.11亿元,增长20.6%;第三产业增加值10.08亿元,增长16.2%。人均生产总值达到14226元,比上年增长14%。三次产业结构比为37.6∶23.6∶38.8。完成固定资产投资28.39亿元,增长45.6%;实现社会消费品零售总额8.30亿元,增长18.5%。全县大口径财政收入首次突破亿元大关,全年完成1.18亿元,增长52.4%,公共财政支出完成14.94亿元,增长32.4%。年末金融机构各项存款余额37.18亿元,增长26.04%;金融机构各项贷款余额14.14亿元,增长19.62%。全年接待旅游人数94.8万人次,比上年增长21%,旅游业综合收入46498.2万元,增长21%。全县城镇居民人均可支配收入13229.02元,增长16.5%,人均消费支出9749元,增长5.96%,恩格尔系数为30.46%。农民人均纯收入达到4279.19元,增长17.85%,人均生活消费支出达到3512.18元,恩格尔系数为40.35%。

【“三农”工作】强力推进牛果主导产业和蔬菜产业扩量提质增效,大力推广旱作农业技术,坚持抗旱保粮增收和防灾减灾,促使农业和农村经济全面发展。全县出栏肉牛6.07万头,比上年增长5.38%,实现总产值19424万元,增长20.44%。全县水果产量达到4.6万吨,其中苹果产量达到3.51万吨,增长19%。全县蔬菜总产量达到15.42万吨,增长3.49%。全县完成全膜双垄沟播技术推广种植面积13.78万亩,增长6.41%,播种各类农作物107.09万亩,增长0.36%。在播种的各类农作物中,粮食作物75.24万亩,增长0.24%,全年粮食总产量达到18.37万吨,增长4.97%。粮食总产量再创历史新高,实现了“八连增”。全县紧紧围绕“打造生态化”和“提升产业化”的工作思路,持续加强生态环境建设,促使林业及林下经济较快发展。完成育苗2700亩,三荒造林

2万亩，投资1912万元建办林下养殖示范点35个，放养生态土鸡70多万只，组建林业专业合作社60个，林下种植药材、牧草6.3万亩，树种改优6.6万亩。

【项目建设】全县坚定不移地实施项目带动战略，抢抓扶持政策叠加的历史机遇，争取全国小型农田水利建设重点县等国省投资1000万元以上项目8项，到位投资3.02亿元，比上年增长50%，尤其是精心谋划和组织实施了煤炭开发、路网升级、西城区开发等八大过亿元工程，涉及项目28项，教育布局优化、灵北煤田精查、保障性住房建设等项目全面完成，泾渗二级公路续建、灵台330千伏变电站和邵寨煤矿建设等跨年度项目进展顺利，天然气利用工程建成投入使用，运动休闲养生主题公园、污水处理厂、汽配城等项目年度任务全面完成。4个重点小城镇投资1.6亿元，实施提质扩容和基础配套工程30项。论证储备前期项目177项，县城集中供热工程、新集水库建设等62个进入“十二五”规划的重点项目批复立项或取得积极进展。坚持依托优势资源抓招商，与神华神东集团、酒钢集团天元公司签署了战略合作框架协议，全县实施招商引资项目17项，落实到位资金15.2亿元，比上年增长68.5%，特别是在第18届“兰洽会”上，成功签约招商项目8项，协议引资97.1亿元，创历届“兰洽会”最好成绩。

【扶贫开发】着力改善农村人居环境和贫困村生产生活条件，新农村建设和扶贫开发工作成效显著。全县投资2.13亿元，抓建新农村建设示范点13处，新建文明生态家园728户，实施“三清五改”1005户，改建村部13处、卫生所11处，新建广场11处、学校3所。全县共实施财政扶贫项目5类15个，总投资8845万元，其中财政扶贫投资2057万元。按照省市的统一安排部署，积极开展“联村联户、为民富民”行动，大力推进片带式扶贫开发，各级联村干部与120个贫困村和4385个贫困户联姻结对，投入帮扶资金4586万元，解决突出问题265个，全县净减贫困人口8830人。

【社会保障】全县开展了城镇“零就业家庭”和就业困难人员就业援助活动，不断加强就业和劳务工作。考录安置高校毕业生382人，城镇新增就业2736人，其中下岗失业人员再就业1106人，城镇登记失业率为2.9%，外出务工人员达4.73万人，实现劳务收入6.22亿元。努力扩大社会保险覆盖面，不断完善社保体系。全县城镇职工养老、失业、医疗、生育、工伤五大保险参保人数分别达到3609人、6514人、10878人、4903人和3161人；城镇居民医疗保险参保人数达到9174人；全县城乡居民社会养老保险参保131523人，参保率95.02%。为符合条件的1051名企业离退休人员提高了养老金标准，人均月增资252.24元，人均养老金达到1567.91元。及时落实各项社会保险待遇，为1071名企业离退休人员发放养老金1893万元；为82名失业职工发放失业金63万元；为739名城镇居民医疗保险参保人员支付医疗保险待遇245.28万元；为956名城镇职工支付医疗费565万元，支付工伤保险待遇57万元，支付生育保险待遇21万元；为27959名60周岁以上老年人发放养老金1505万元，发放率100%；为26670名城乡低保对象发放保障金3370万元。

【社会事业】在6个乡镇28所学校新、改、扩建校舍5.3万平方米，完成投资1.33亿元，超过前四年投资总和；灵台一中顺利迎接了省级示范性普通高中创建验收，全县高考二本以上上线824人，上线率达到39%，创历史最好水平；实施农村义务教育学生营养改善计划，2.1万名学生吃上了免费的营养早餐。深入推进医药卫生体制改革，国家基本药物制度和乡镇卫生院药品零差率销售稳步施行；新农合“一卡通”全面普及，人均筹资标准提高到290元，参合率达到98.72%，报销医药费5161.2万元；新建乡镇卫生院住院楼3幢、标准化村卫生所10个。县广播电台正式开播，电影公司和秦剧团改制顺利完成，实施广播电视“户户通”1.9万户、“村村通”7500户，城区有线电视数字化转换顺利推进。省市县列实事全部办结，新续建廉租住房792套、经济适用房150套，完成棚户区改造72户、农村危旧房改造1600户。

（李德文）

崇信县

【现任主要领导】

中共崇信县县委书记：吕鹏举

崇信县人大常委会主任：章进录

崇信县人民政府县长：崔仁杰

政协崇信县委员会主席：刘志仓

中共崇信县纪律检查委员会

书记：景晓东

【基本情况】崇信县位于甘肃省平凉市东部，关山东麓，泾河之南。东靠泾川、灵台，西连华亭，北依崆峒区，南与陕西陇县接壤。全县辖2镇4乡，79个行政村，410个村民小组。总人口10.27万人，农业人口8.28万人。土地面积850平方公里，耕地36.69万亩。海拔1085.4～1728米。气候属暖温带半干旱大陆性气候，四季比较分明，2012年全年平均气温9.8℃，日照1982.7小时，无霜期186天，降水量493.8毫米。地形被汭河、黑河、达溪河三条河流分割为三川两塬，形成丘陵沟壑区。

境内自然资源丰富。主要矿藏有煤炭、陶土、坩泥、石灰石、石英砂、矿泉水等，尤以煤炭资源最为丰富，现已探明储量18.3亿吨。县内干线公路四通八达，宝中铁路跨越境内，省道304线横贯全境。程控电话、移动电话、卫星宽带网和有线电视普及率日趋提高。

崇信县历史文化积淀深厚。县城北有闻名秦陇、有一千多年历史的国家4A级旅游景区龙泉寺。县城西有风景秀丽的省级名胜区五龙山，有秀景天成的唐帽山森林公园，有直插云宵的人间仙山水泉岭和独具特色的世外桃源樱桃沟。县城内有武康王庙，为国家级文物保护单位。有西周时期的古墓群和仰韶文化、齐家文化遗址等。距今一千多年的娑罗树，为渭河以北仅有的一棵，有二千八百多年的“华夏第一槐”和闻名遐迩的“三义柏”。

【国民经济】2012 年，全县实现生产总值 31.62 亿元，比上年增长 12.5%。其中：第一产业增加值 5.38 亿元，增长 8.3%；第二产业增加值 22.48 亿元，增长 13%；第三产业增加值 3.76 亿元，增长 15.2%。人均地区生产总值 30790 元，增长 12.3%。三次产业结构比为 17.0 ：71.1 ：11.9。固定资产投资 38.20 亿元，增长 43.1%，社会消费品零售总额 4.85 亿元，增长 18.3%。大口径财政收入 6.44 亿元，增长 43%，其中公共财政预算收入 2.68 亿元，增长 40.7%。金融机构各项存款余额 24.76 亿元，增长 24.17%；各项贷款余额 13.52 亿元，增长 15.37%。

【“三农”工作】扎实开展“科技推广年”活动，全面推广以全膜双垄沟播为重点的旱作农业技术，配套应用测土配方施肥、“三沼”综合利用等增产增效技术，农业综合生产能力和科技含量进一步提高。加快农村基础设施建设，争取实施各类农业项目 41 项，完成投资 5.78 亿元，增长 56%。加快农田水利基本建设，新修梯田 3.9 万亩，治理重点小流域 2 条，修建河堤 22.8 公里，造林绿化 1.19 万亩，恢复治理农村撂荒地 1.2 万亩。铺油硬化村社道路 40.2 公里，建成沼气生态示范户 1000 户、乡村客运车辆停靠站（点）15 个，实施自来水入户 1035 户，改造农村电网 8.7 公里，农村环境集中连片整治项目通过市级验收。深化农村改革创新，集体林权制度配套改革和集体土地确权登记发证试点工作进展顺利，草原生态奖补等政策全面落实。

【项目建设】2012 年，抢抓国家启动实施新一轮西部大开发和支持甘肃发展等政策机遇，全力以赴抓项目、争资金，五举煤矿、赤城煤矿、崇信电厂铁路集煤站、崇白路改造等事关全县经济社会长远发展的十大过亿元工程全部开工建设，市列“十大工程”、38 个市县列项目典型和 53 个千万元项目全面完成年度建设任务，崇信电厂二期、小型农田水利重点县和赤五路等项目前期工作加快推进，为推动经济社会转型跨越发展培育了新的增长点。全年共实施 500 万元以上固定资产投资项目 101 项，完成投资 38.2 亿元。高度重视节能减排和环境保护，实施了大柳、新安、新柏等煤矿井下废水治理工程，扶持建办新型建材企业 5 户，建成了再生资源回收分拣加工市场。与甘肃酒钢、江苏悦达、平凉新世纪等集团公司建立了新的战略合作关系，共引进实施各类招商引资项目 48 项，到位资金 31.5 亿元。

【优势产业】2012 年，继续加大财政奖补力度，牛果菜等优势产业扩量提质。加快推进肉牛规模养殖，新建养殖小区 11 个，创建了黄花塬省级标准化养殖小区，全县牛饲养量达到 11 万头，玉米秸秆转化率达到 85%。扎实开展“果园管理质量年”活动，培育了黄寨乡北沟村、木林乡野羊村等标准化管理示范园，累计新植果园 2.1 万亩，完成综合管理 8.2 万亩。加快蔬菜生产基地建设，新建日光温室 199 座、蔬菜大棚 5026 座，建办蔬菜生产示范点 8 处，蔬菜种植面积达到 6.3 万亩。以旅游商贸为重点的第三产业协调发展。围绕打造“山水龙泉·养生崇信”旅游品牌，实施了五龙山游步道、龙泉寺景区扩容提质等旅游产业开发项目，成功举办了第一届“山水龙泉·亲水休闲”生态旅游节和旅游文化产业开发利用学术研讨会，崇信旅游的知名度和竞争力不断提升。全年共接待各类游客 85 万人次，比上年增长 20%，实现旅游综合收入 2.7 亿元，增长 22%。深入推进文化体制改革，加快发展文化产业，完成了县秦剧团转企改制和广播电视网络运营整合，成立了龙泉文艺演出有限责任公司。

【人民生活】2012 年，城镇居民人均可支配收入 18901 元，比上年增长 15.7%；农民人均纯收入达到 4401 元，增长 18.1%。城镇居民人均生活消费支出 15323.24 元，食品消费占城镇居民人均消费支出的 25%；农村居民人均生活消费支出 4145.87 元，食品消费占农村居民人均消费支出的 33.2%。城乡居民储蓄存款余额 14.86 亿元，增长 23.6%。

【扶贫开发】实施新村建设和旧村改造示范点 15 个，新建康居住宅 718 户，实施“三清五改”示范户 507 户，改造农村危旧房屋 2200 户，全县新农村建设覆盖面达到 81%。加大扶贫攻坚力度，深入开展“联村联户，为民富民”行动，实施扶贫开发整村推进项目 2 个，干部职工累计投入帮扶资金 530 多万元，为群众措办实事 2400 多件，实现减贫 3046 人。采用集中培训、现场示范、外出参观学习等方式，培训农民 1500 人次，培养了一批“土专家”、“田秀才”。投入财政扶贫资金 50 万元，对符合条件的 400 名贫困户“两后生”进行了技能培训，使贫困家庭“两后生”学到一技之长，达到了“培训一人，输出一人，就业一人，脱贫一户”的目标。

【环境保护】2012 年，城市环境质量进一步提高。全县主要污染物化学需氧量控制在 4213 吨以内，比上年下降 2.45%；二氧化硫控制在 6473 吨以内，下降 73.38%；氨氮控制在 147 吨以内，下降 0.68%；氮氧化物控制在 16823 吨以内，下降 0.07%；空气质量达到功能区标准，可吸入颗粒物年日平均值控制到 0.09mg/m 以内；二氧化硫年日平均值控制到 0.01mg/m 以内，二氧化氮年日平均数控制到 0.01mg/m 以内；地表水和城乡饮用水水质达标率达到 100%；区域环境噪声平均值控制在 53.4 分贝以内；交通干线噪声平均值控制到 67.3 分贝以内；全县未发生严重环境违法行为和重大环境辐射安全事件。

【社会保障】全面启动城乡居民社会养老保险工作，参保率达到

97%。城乡低保、医疗救助、新农合提标政策全面落实。全县城镇职工参加失业保险2775人，参加养老保险2624人，职工参加医疗保险4758人，居民参加医疗保险5364人，工伤保险4403人，生育保险3424人。参加新型农村合作医疗人口8.1万人，参合率达到99.1%。全县8700名困难群众享受农村低保，2139名城镇困难居民享受城市低保，五保供养人数344人。率先实施了离任村干部、农村老党员和60岁以上残疾人生活补贴制度，累计发放各类保障救助资金2540.06万元。县社会福利服务中心投入运营。加快保障性住房建设，新建限价商品房204套，配售廉租房461套、经济适用房55套，配售率达到93.2%。加强就业指导和服务，新增城镇就业1496人，高校毕业生实现就业633名，招募县选“三支一扶”生163名，引进各类紧缺人才70名，应届高校毕业生就业率达到97%以上。

【社会事业】2012年，全县高考录取率达到95%，学龄儿童入学率达到99.6%。年末全县卫生机构数15个，床位306张，卫生机构人员370人，执业医师112人，护士110人；村卫生室88个，村医生94人，个体诊所30所。农村广播“村村响”、“户户通”工程顺利建成，电视覆盖率、广播覆盖率均达到100%。建成文化信息资源共享工程村级服务点79个，建成3个农家书屋和14个乡村级体育场，组织各类文化活动13项、18场次，年放映农村公益电影800多场次，剧团演出360多场次。

（张文文）

华亭县

【现任主要领导】

中共华亭县县委书记：孟小金

华亭县人大常委会主任：邵海荣

华亭县人民政府县长：王宏林

政协华亭县委员会主席：闫学明

中共华亭县纪律检查委员会

书记：脱德涛

【基本情况】华亭位于甘肃省东部、关山东麓，东临崇信县，西连庄浪县和宁夏回族自治区泾源县，南接张家川回族自治县和陕西省陇县，地处陕甘宁三省（区）交汇处。华亭属黄土高原丘陵沟壑区、温带湿润性气候。境内山川兼有，气候宜人，年平均气温7.6℃，降雨量610.2毫米，平均海拔1300米。河流交叉纵横，汧河、汭河等4条河流源于本县，年总径流量2.19亿立方米。现辖5镇、5乡、1个街道办事处、1个省级工业园区，101个行政村，25个社区，总面积1183平方公里。2012年底，全县总人口18.55万人，总户数62254户，其中非农业人口9.19万人，镇化率达到45.2%。

【资源优势】华亭素有“煤城瓷镇”之称。主要矿藏有煤炭、陶土、坩泥、石灰石、石英砂等，其中煤炭储量33.74亿吨，占全省煤炭储量的40.2%，华亭煤炭具有“三高三低”（高挥发性、高化学活性、高发热量，低灰、低硫、低磷）的优良品质，是优质的动力、气化和化工用煤。境内林草丰茂，植被良好，植物种类达400多种，规模种植的大黄、独活、当归、党参、柴胡等地道中药材50余种，野生中药材208种，天然林和人工林地12.9万亩，草场38万亩，森林覆盖率37.7%，是陇东优质肉牛、核桃和中药材生产基地。

华亭是古丝绸之路的必经之地，环境优美，人文古迹甚多。古人类遗址、古墓葬群、石窟石雕、古城堡遗址、名胜景地和古动物化石点达106处之多，馆藏珍贵文物30余件。国家级森林公园莲花台、风光绮丽的五台山、规模宏大的石佛群和石拱寺、神奇的海龙洞、药王洞、仙姑山等景点，风景秀丽，交通便捷，是旅游度假的好去处。利用采空塌陷区建设的占地10万平方米的人民广场，成为人文品位颇高的休闲娱乐场所。秀美如画、景色宜人的莲花湖公园、米家沟生态园、双凤山公园先后通过国家3A级旅游景区验收命名，雷神山生态园正在申报之中。莲花台、玄凤山景区开发工程进展良好。全县正在围绕以华亭县城为核心，以省道304线为轴线，以西部关山生态旅游和东部绿色工业旅游为两翼的“一心一轴两翼”旅游产业发展布局，全力打造关山休闲避暑旅游区。

【国民经济】2012年，全县实现生产总值达到72.82亿元，比上年增长14.4%。其中：第一产业增加值6.13亿元，增长8.2%；第二产业增加值58.55亿元，增长15.8%；第三产业增加值8.14亿元，增长15.8%。三次产业结构比为8.42 ∶ 80.40 ∶ 11.18，按常住人口计算，全县人均生产总值37712元，增长13.0%。固定资产投资95.85亿元，增长42.9%。社会消费品零售总额14.01亿元，增长18.1%。大口径财政收入18.02亿元，其中公共财政预算收入6.92亿元。年末全县金融机构本外币存款余额75.31亿元。全县金融机构各项贷款余额64.90亿元。辖区内煤炭产量1404.34万吨，发电量16.74亿千瓦时。全县城镇化率达到45.2%。城镇居民人均可支配收入19887元，增长15.6%；农村居民人均纯收入4986元，增长17.5%。

【“三农”工作】2012年，全县粮食总产量达到9.02万吨，实现了连年稳定增产，核桃面积累计达到24.3万亩，大牲畜存栏达11.06万头，农民人均纯收入达到4986元。建成无公害千亩药材示范基地、药材种植面积达到8.07万亩。设施蔬菜集中区不断扩大，蔬菜面积突破7万亩，砚峡蔬菜加工交易中心建成投用，宏源肉牛屠宰加工生产线已全面完工，“一园三区”建设成效明显，农业“短腿”局面得到扭转。继续开展了“五村联创”和“和谐五星”创建活动，有力增强了全县“三农”发展后劲。组织实施片区开发、整村推进、产业开发、技能培训等财政扶贫项目4类15个，县列整村推进项目13个，配套了村级休闲广场、便民服务中心及村文化站（室）

等公共设施同步建设，全县新村建设和旧村改造覆盖面达到76%，农村生态建设、环境综合整治取得明显成效。

【项目建设】2012年，论证实施500万元以上项目237个，完成投资93.08亿元，增长39.3%，县内7户房地产开发企业完成投资2.77亿元。“十大项目”完成投资14.7亿元，华石路、环城北路、汭南大道三条主干道路全线贯通，福华公司技改一期项目全面建成，20万吨聚丙烯、华星煤业公司新井建设等项目进展顺利。落实招商引资项目68个，完成投资36.11亿元，增长70%。

【扶贫开发】以开展“五村联创”活动为载体，突出整村推进项目建设，纵深推进产业开发和劳务培训输转，扎实开展“双联”行动，走“县为单位、整合资源、整村推进、连片开发”扶贫开发新路子，全县累计投放各类扶贫资金1.56亿元。组织实施片区开发、整村推进、产业开发、技能培训等财政扶贫项目4类15个。策底镇盘坡、西华镇什民、河西乡景洼3个省列整村推进及黑河流域片区开发项目和马峡、策底、河西、神峪等贫困乡镇13个县列整村推进项目全面完成，巩固提升整村推进项目20个，全县40个贫困村近3.2万名贫困群众受益。同时，充分利用县上在北京、天津、上海、深圳等29个大中型城市设立的87个劳务基地和省、市扶贫部门在福建泉州、晋江等地联系的扶贫订单劳务输转基地，输转贫困乡村务工人员2.1万人次，创收1.5亿元，当年稳定脱贫4300人，贫困面降低到29.3%。

【环境保护】2012年，全力组织实施环境保护第二个“165”目标任务，全面完成污染减排、空气、水、噪声等环境保护约束性指标和城市环境质量目标。不断强化监管措施，环保大队和三站抽调监察执法人员对全县污染源情况开展了全面调查，建立了污染源台账、污染治理设施台帐，摸清了污染状况。集中开展了工业危险废物、医疗废物、电磁辐射、核与辐射、重点化工企业、塑料制品回收加工、高考环境噪声污染整治、环保专项行动等检查。争取项目资金600万元，在3镇10村实施以“饮用水源地保护、生活污水处理、生活垃圾处理、畜禽养殖污染治理”为主要内容的农村环境连片整治项目。省环保厅、民政厅表彰前岭社区为第四批全省绿色社区，东华镇、西华镇为2012年全省国家级生态乡镇。

【社会保障】2012年，财政用于民生方面的支出达到9.3亿元。就业再就业、城乡居民社会养老保险等社会保障覆盖范围不断扩大，城镇职工五项社会保险参保人数、征缴基金、支付社保待遇分别增长3.4%、20.7%和54.9%。城乡居民社会养老保险参保率达到97.31%，为60岁以上老人发放养老金1423.7万元，发放率达到100%，华亭县社会福利院建成使用，入住老人4人，收养孤儿15名，覆盖城乡居民的社会保障体系更加完善。

【社会事业】2012年，华亭县继续组织实施“118”工作计划，坚持每年措办十件惠民实事，办学条件、医疗卫生条件、城乡安全饮水、城乡电网提升改造、移动通讯基站建设等基础设施建设不断完善，群众文化活动、全民健身运动蓬勃开展。县城扩容提升力度加大，新建改建街路24条39.95公里，建成了便民市场、停车场、公厕等一批市政设施，广场、莲花湖等重点区域绿化亮化档次进一步提升，在全省率先建成了广播电视“户户通”和“村村通”工程，社会公益性基础设施建设明显改观。全面实施农村义务教育阶段学生营养餐改善计划，积极推行校车安全工程，教育教学质量和办学水平不断提高，高考上线率达到98.5%；积极开展公共卫生服务进社区、进村社活动，促进城乡基本公共卫生服务均等化，全面落实国家基本药物制度，医疗服务水平明显提升。

（辛树军）

庄浪县

【现任主要领导】

中共庄浪县县委书记：陈　铎

庄浪县人大常委会主任：陈　亮

庄浪县人民政府县长：宋树红

政协庄浪县委员会主席：王　兴

中共庄浪县纪律检查委员会

书记：白文革

【基本情况】庄浪位于甘肃中部，六盘山西麓，属黄土高原丘陵沟壑区，是国家扶贫开发重点县和甘肃省18个干旱贫困县之一。全县辖18个乡镇、1个街道办事处、293个村、1521个社，总面积1553平方公里，总户数10.6万户，总人口44.76万人，其中农业人口41.30万人，人口密度为288人/平方公里。有耕地91.65万亩，农业人均2.22亩。境内有402道梁峁、2500条沟壑，海拔在1405～2857米之间，年平均降雨量535.2毫米，年平均气温8.0℃，无霜期186天。2012年全国水土保持生态文明县创建通过了国家水利部验收。

【国民经济】2012年，全县实现生产总值27.91亿元，比上年增长13.6%。其中：第一产业增加值9.83亿元，增长8.3%；第二产业增加值7.19亿元，增长18.8%；第三产业增加值10.89亿元，增长15.6%。人均生产总值8063元，增长13.7%。三次产业结构比为35.21 ∶ 25.78 ∶ 39.01。完成固定资产投资31.43亿元，增长44.5%；社会消费品零售总额11.93亿元，增长18.3%；完成大口径财政收入11262万元，增长49.9%，其中公共财政预算收入7505万元，增长51.0%。城镇居民人均可支配收入16021.26元，增长16.1%；农民人均纯收入3529.6元，增长18.6%。城镇居民人均生活消费支出11114.42元，增长15.5%；农村居民人均生活消费支出3989.14元，下降7.8%。

【“三农”工作】马铃薯“庄薯3号”选育与示范推广项目被评为省科技进步一等奖，“茂源淀粉”水晶粉条在全国农产品加工投资贸易洽谈会上荣获金奖。全年粮食总产量17.27万吨，比上年增长13.9%，油料产量8063吨，增长7.0%，蔬菜产量16.55万吨，增长2.8%，水果总产量12.08万吨，增长15.2%。年末大家牲畜13.77万头，增长8.6%，肉类总产量1.60万吨，增长37.2%。

【项目建设】实施500万元以上各类建设项目125项，其中当年新开工项目109项。全年固定资产投资完成31.43亿元，比上年增长44.5%。其中，项目建设投资30.47亿元，房地产开发投资0.96亿元，分别增长43.3%和96.0%。引进各类招商项目79个，招商到位资金5.5亿元。马铃薯精淀粉、纸板纸箱厂等一批工业项目建成投产。建成了南城区“三横七纵”路网框架和梯田文化广场，完成了新昌路、北滨河路西段等老城区道路改造铺油，完善了重点小城镇基础设施。建成新农村示范村36个，搬迁困难群众2493人，改造农村危旧房4500户。新建通村油路、硬化路61公里，全面建成了苏庄公路、良邑至南湖至卧龙通乡公路改造铺油和韩社公路庄浪段，新修梯田产业路1171公里。完成了饮水安全工程续建，解决了3万人的饮水困难，治理河堤46.6公里。

【优势产业】全县坚持扩量提质增效并重，加快推进果品产业整乡、整流域全覆盖，着力提升洋芋、畜牧、蔬菜等区域特色产业的发展层次，取得了明显成效。目前，四大产业人均纯收益达到1273元，占农民人均纯收入的36.8%。同时，以梯田综合开发为主攻方向，大力调整农业结构，扩大产业基地规模，着力培育龙头企业，建设梯田产业强县；围绕建设陇上生态文化名县和平凉文化产品生产交易大县，深入挖掘以“梯田王国”文化为代表的地域特色文化资源，着力打造庄浪文化产业品牌。切实加强旅游基础设施建设，全县旅游产业呈现出了由点到面、不断提升、加快发展的良好态势。云崖寺被省政府命名为省级地质公园。年内累计接待游客60.2万人次，实现旅游综合收入2.8亿元，比上年分别增长20.2%和20.8%。

【扶贫开发】扶贫开发坚持基础设施建设与产业开发相结合，着力提升贫困户自我发展能力，改善贫困群众生产生活条件，培育特色优势产业、提高农村劳动力素质，形成了政府主导，专项、行业和社会扶贫三位一体的“大扶贫”格局。在韩店武家等10乡（镇）10村大力实施整村推进项目建设，共完成投资7328万元；在朱店镇王川、三台山、赵山、窑洼和柳李等贫困村实施整乡推进项目。按照全县产业发展总体规划，积极争取财政扶贫资金830万元，调供苗木300多万株，在朱店等13个乡镇81个村新植果园8.3万亩；投入财政扶贫资金164万元，建成马铃薯良种繁育基地8200亩，带动全县种植洋芋31.5万亩，建成优质脱毒种薯基地6万亩；争取财政扶贫资金92万元，扶持发展养牛户170户，投放基础母牛170头；投入财政扶贫资金183万元，在水洛、朱店、良邑、南坪4个乡镇扶持新建蔬菜大棚700座；争取财政扶贫资金100万元，在全县推广旱作农业5万亩。围绕优势产业开发，先后开展农牧业实用技术培训2270人（次）。依托县“两后生”技能培训基地，为470名贫困家庭“两后生”和80名“一村一名大学生”发放2012年第一学年补助资金82.5万元。全县112个帮扶单位共投入帮扶资金323.08万元，为贫困村社投放农资和生产、生活资料。开展了全县农民人均纯收入2300元新贫困标准以下的贫困人口建档立卡工作。共甄别贫困人口46745户，21.44万人。

【社会保障】建成保障性住房402套8.5万平方米，年末全县参加失业保险人数9232人，参加基本养老保险人数8715人，参加基本医疗保险的人数28769人。享受城镇居民最低生活保障4386人，全年发放最低生活保障金1095.7万元，增长56.8%；农村低保已保58852人，全年发放保障金6158万元。新型农村合作医疗参合39.58万人，参合率98.6%；医疗基金累计支出10857万元。新农保参保24.13人，参保率96.59%。为符合待遇享受条件5.49万名60岁以上老人发放养老金3545.63万元，发放率100%。

【社会事业】完成校舍安全工程6万平方米，建成了第四中学教学综合楼和第三幼儿园。农村广播电视实现了全覆盖。年末有各级各类学校284所，教职工5501人，其中专任教师5110人。有中小学生85845人，在园（班）幼儿5933人。中小学专任教师与学生比为1∶16.02，校舍建筑面积达47.24万平米，图书143.62万册，计算机5841台，固定资产35992.9万元。高考二本以上上线1529人。农村义务教育学生营养改善计划健康运行。全县广播人口覆盖率98.0%，电视人口覆盖率98.0%，有线广播电视用户达到8782户。年末共有各种卫生机构27个，病床位1198张，卫生技术人员1017人。

（王珍琴）

静宁县

【现任主要领导】

中共静宁县县委书记：王晓军

静宁县人大常委会主任：张自杰

静宁县人民政府县长：徐　毅

政协静宁县委员会主席：王智国

中共静宁县纪律检查委员会

书记：王发永

【基本情况】静宁县位于甘肃省东部，地处华家岭以东，六盘山以西。东、北与宁夏回族自治区隆德、西吉县接壤，西、南与通渭、秦安县毗连，西北与会宁县为邻，东南同庄浪县相依。县境南北长81公里，东西宽68.75公里，土地总面积2193.9平方公里。地貌属典型的黄土高原丘陵沟壑区，地势由西北向东南倾斜，海拔在1340～2245米之间，气候属中温带、半干旱气候。户籍总人口48.89万人，非农业人口5.22万人，主要有汉、回两个民族，人口密度223人/平方公里。现辖5个镇、19个乡、1个街道办事处、333个村民委员会、2319个村民小组、5个居民委员会、10个居民小组。

【资源优势】矿产资源：县境内已发现的非金属矿产有石灰石、煤、高岭土、火山岩棉、硅石、粘土；金属矿产有铅锌矿、钒钛磁铁矿、黄铁矿、铁锰矿。主要有威戎受家峡铅锌矿、仁大高家峡铁矿、雷大麻峡石灰岩矿、界石铺罐子峡煤矿、李店杜家大湾铁矿。

旅游资源：境内有大地湾文化、仰韶文化、马家窑文化、齐家文化等丰厚的古文化遗存；有人文始祖伏羲诞生地——古成纪遗址；有明代风格的建筑群静宁文庙、站院清真寺；有古朴典雅、规模宏大的国家3A级旅游景点成纪文化城；有全省爱国主义教育基地——界石铺红军长征纪念园；有奇峰错列、幽谷盈香的仙人峡和大地滩十万亩休闲农业观光园等旅游景点；有供居民休闲娱乐的西岭公园、文屏山公园及烽台山公园。

【国民经济】2012年，全县生产总值达到30.00亿元，比上年增长14.2%。第一、二、三次产业分别实现增加值11.36亿元、10.62亿元、8.02亿元，分别增长8.45%、18.7%、15.7%，人均生产总值7081元，增长14.2%。三次产业结构比为37.87∶35.40∶26.73。完成固定资产投资47.45亿元，增长44.22%，实现社会消费品零售总额16.72亿元，增长18.34%。完成大口径财政收入14069万元，增长34.7%，其中公共财政预算收入8531万元，增长30.2%。城镇居民人均可支配收入14870.67元，增长16.3%；农民人均纯收入3642元，增长18.9%。

【“三农”工作】2012年，全县持续推进农业特色产业深度开发，果、畜、薯等产业在扩量、提质、增效、创牌方面实现了新的突破。苹果产业不断壮大。新植果园8.7万亩，补植4.3万亩，建成4个5000亩以上示范带和16个千亩以上示范点。畜牧产业取得突破。紧密结合“双联”行动，协调落实妇女小额担保贷款等各类资金1亿多元，集中力量扶持发展养殖小区和分散养殖户，建成养殖企业（小区）40户、养牛示范村4个、养牛示范户400户，完成黄牛冻配改良1.2万头，青贮玉米秸秆17.5万吨，全县牛饲养量达到10.51万头。薯菜产业较快发展。以西北部乡镇为重点，集中连片发展全膜洋芋和全膜秋播大蒜，培育壮大了区域特色产业，进一步拓宽了农民增收渠道。全县种植洋芋38.5万亩、全膜秋播大蒜1万亩；建成拱棚1250座，种植瓜菜面积11.7万亩。旱作农业全面推广。落实全膜双垄沟播和良种良法配套技术，全县发展旱作农业76.6万亩，建成了18个万亩示范带和23个千亩示范点，部分乡镇旱作农业基本实现了整山整流域全覆盖。

【项目建设】2012年，全县实施固定资产建设项目100个，其中：新建项目75个，续建项目25个，总投资完成47.45亿元，比上年增长44.22%。实施农村安全饮水、城区居民饮用水水质改善等重点水利项目7项，治理河堤21.4公里，完成威戎武高等2座病险水库除险加固，建成甘沟北山等二期农村集中供水工程6处，有效解决了4.9万人的饮水安全问题。坚持“坝、窖、池”建设与产业开发一体推进的工作思路，新建塘坝21座，走出了干旱山区产业培育、人畜饮水和生态修复同步发展的新路子。实施通畅、通达工程32项，硬化通村道路25条143公里，维修养护县乡道路320公里，建成威戎梁马大桥和南河桥，进一步改善了群众出行条件。实施了退耕还林成果巩固、高速公路沿线绿化等重点生态工程，完成造林7.22万亩，新增水平梯田6.38万亩，开发整理土地1.8万亩，建成户用沼气2185座。新建110千伏李店输变电站供电用房，新增移动通信基站48个。编制各类建设规划20个，建设滨河路小广场等重点市政工程25项。

【优势产业】静宁是农业部划定的西北黄土高原苹果优势产区之一。果品产业从1986年起步发展以来，紧密结合全国产业规划，充分发挥独特的自然条件和区位优势，目前初步形成基地规模化、生产标准化、产品品牌化、营销市场化、服务社会化的发展格局。建成30万亩全国绿色食品原料（苹果、梨）标准化生产基地、4000亩良好农业规范（GAP）基地和4.5万亩出口创汇基地，基地认证规模达到34.9万亩，占全县果园总面积的43.6%。相继扶持建成了常津公司、恒达纸箱、鼎元纸业、通达果汁等贮藏营销型、包装配套型、加工增值型龙头企业40余家，年贮藏能力达40.1万吨，加工转化能力达7万吨，年纸箱生产能力2.1亿平方米，实现产值6.3亿元。具有自营出口权的企业6家，果品畅销国内20多个大中城市和东南亚、俄罗斯、欧盟等国家和地区，近六年累计直接出口果品4.6万吨，成为全省果品出口创汇第一县。发展各级各类协会组织48个。建成李店、城川综合性果品批发市场2处，初步形成了产前、产中、产后相互配套的产业体系。成功举办了2012“中国苹果年会暨中国·平凉金果博览会”，得到了国家有关部委和省委、省政府的充分肯定，苹果产业知名度进一步提升。2012年，苹果产业在扩量、提质、增效方面迈出了实质性步伐，总产量达到40.5万吨，产值13.79亿元。

【扶贫开发】2012年全县共争取中央财政扶贫资金、省级配套资金4103万元，比上年增长45.2%。其中，“三西”专项扶贫资金351万元，中央财政扶贫资金3752万元。在项目布局和资金分配上，坚持突出重点、均衡发展的原则，在保证整村推进等重点项目和西北部等重点贫困片带的同时，努力向全县产业发展的重点区域倾斜，使24乡镇全部得到扶贫资金的扶持，其中，贫困村安排资金占到95%以上。实施整村推进项目11个1640万元。在项目村完成危旧房改造1417户，配套建成“一池三改”沼气综合利用示范户1000户，硬化村庄巷道32公里，发放太阳灶1400台，建设村文化卫生培训设施12处，高标准配套村民活动中心5处。通过综合治理，极大地改善了群众生产生活条件。以项目村为依托，以流域为范围，加快农业产业结构调整，采取幼园立体栽培模式，套种瓜菜、大蒜、洋芋等经济作物4.6万亩。发展旱作农业7万亩。建成标准化暖棚圈舍140座，配套青贮池120座，投入基础母牛395头，初步走出了旱作农业支持养畜、畜禽粪便入池、沼渣沼液还田的生态循环农业新模式。

【环境保护】城市绿化覆盖率达到33%。区域环境噪声和交通干线噪声均控制在了国家规定的排放限值之内。节能减排工作扎实开展，切实加强重点行业和企业污染治理，建成了城区生活污水处理厂、恒达公司废水深度处理和城川靳寺等10个农村环境连片整治项目，完成了水泥公司政策性关闭改制工作。化学需氧量减排508吨，下降11.15%；二氧化硫排放量1900吨，与2011年排放量持平；工业固体废物综合利用率达到75.8%。

【社会保障】2012年，县财政用于民生的支出达到16.5亿元，占总支出的80.2%。新增城镇就业人数1356人，安置下岗失业人员759名，城镇登记失业率控制在3.19%。城镇“五大社会保险”累计参保职工63181人，征缴社会保险费6331.22万元，发放社会保险待遇6126.56万元。全县城乡居民医疗保险参保人数为32983人，征缴保险费100万元，支付住院医疗费413.51万元。城乡居民养老保险参保249298人，征缴保险费2302.21万元。全县有社会福利院、农村敬老院18所，床位数419张，收养人数173人。抚恤、补助各类优抚对象2526人，金额达733.84万元；发放临时救助资金93万元；发放城乡医疗救助资金1749.1万元；供养五保户1983人，供养资金506.05万元；全县纳入最低生活保障的人员达7.14万人，发放最低生活保障金9557.5万元。参加农村新型合作医疗41.79万人，参合率达98.17%，累计补偿122.53万人次，发放金额1.1亿元。建设保障性住房740套，发放住房租赁补贴650户，补贴资金122万元；改造农村危旧房3100户，保障了困难群众的基本生活。

【社会事业】2012年末，适龄儿童入学率达100%，初中入学率100%，高考二本上线人数达2350人，其中重本上线690人。静宁文屏教育园区已开工建设，实验中学和文萃中学两所一期工程将于2013年建成投入使用；全面实施学前教育推进工程、中小学校安工程、农村薄弱学校改造工程，新建、续建项目26个，建筑总面积5.9万平方米。农村义务教育阶段学生营养改善计划全面落实，国家三类城市语言文字创建工作顺利通过验收。建成体育惠民工程2个，安装“户户通”7.5万户，新增有线电视用户960户，发展手持移动电视用户500户。2012年末全县共有农家书屋396个，千瓦以上电视发射台和转播台2个，电视综合人口覆盖率达97%。年末，全县卫生机构总数538个，专业公共卫生机构3家（疾控中心、妇幼站、卫生监督所），床位数1510张，卫生技术人员1528人，每千人拥有卫生技术人员3.2人。国家基本药物制度全面落实，全县所有乡村医疗机构实现了基本药物零差率销售，成功创建省级药品安全示范县。新农合市级统筹全面实施，城乡医疗卫生服务体系更加完善，健康教育、预防接种等公共卫生项目和传染病防治有序开展。县医院门诊住院综合楼全面启用，建成标准化村卫生室129个并投入使用。

（马　飞）

酒泉市

【现任主要领导】

中共酒泉市市委书记：马光明

酒泉市人大常委会主任：詹吉有

酒泉市人民政府市长：康　军

政协酒泉市委员会主席：杨　林

中共酒泉市纪律检查委员会

书记：都　伟

【基本情况】酒泉地处河西走廊西端，南接青海，西邻新疆，北界内蒙古并与蒙古国接壤，总面积19.2万平方公里，年日照时数3033～3317小时，年平均气温3.9℃～9.3℃，平均无霜期118～159天，属典型的温带大陆性气候。总人口110.44万人，境内聚居着汉、回、蒙、哈萨克、裕固等40个民族，辖1区2市4县，有64个乡镇、65个社区。境内和周边分布着玉门石油管理局、酒泉钢铁公司、四O四核工业城等一批国有重点大中型企业。酒泉是敦煌艺术的故乡、中国航天事业的摇篮、全国首座千万千瓦级风电基地、我国石油工业和核工业的发祥地。

【资源优势】酒泉有丰富的风能和太阳能。据评估，酒泉市风能资源的理论总储量为1.5亿千瓦，可开发量4000万千瓦以上；风能资源可开发利用面积近1万平方公里，占全市总面积的5.15%；10米高度风功率密度均在每平方米250～310瓦以上，年平均风速5.7米/秒以上，年有效风速达6300小时以上，具有建设大型风电场的良好资源条件。太阳年平均日照时数3000小时以上，是全国最具开发潜力的清洁能源基地。有丰饶富庶、开发便利的水土资源，水资源可利用量29亿立方米。光热条件优越，农副产品种类多，量大质优，特别是粮食、棉花、蔬菜资源丰富，是全国、全省的商品粮棉基地、瓜果蔬菜基地和最具优势的对外瓜菜制种、花卉制种基地。矿藏种类多，储量大，品位高，有5个成矿带，共有矿点572处，构成矿床92处，矿种48个。旅游资源得天独厚，全市境内已查明的文物景点1153处，其中国家级文物景点14处、省级208处，目前已开发利用98处。敦煌莫高窟、月牙泉、西汉胜迹、酒泉卫星发射中心等景区成为国内外游客向往的旅游目的地，敦煌文化、边塞文化和航天科技享誉海内外，酒泉曾被评为“最具人气的西部名城”，是中国优秀旅游城市。

【国民经济】2012年，全市生产总值达到574.6亿元，比上年增长16.1%。其中：第一产业增加值69.8亿元，增长7.6%；第二产业增加值307.3亿元，增长20.2%；第三产业增加值197.4亿元，增长12.9%。大口径财政收入突破70亿元，达到72.2亿元，增长20.3%。固定资产投资达到784亿元，增长45.4%。社会消费品零售总额达到124.4亿元，增长18.2%。居民消费价格涨幅控制在3%以内。

【"三农"工作】2012年，全市财政投入"三农"资金17.8亿元，增长19.8%。调整优化农业结构，新增蔬菜、瓜类、制种、啤酒花、油料、药材、孜然等高效特色产业面积15.12万亩，达到169.2万亩。特色农产品稳定增产，蔬菜、瓜类、水果、药材、经济作物制种产量分别达到151.39万吨、36.82万吨、19.82万吨、8.52万吨和1.02万吨，分别比上年增长31.3%、20.3%、15.1%、11.7%和18.8%。推进牛羊产业大县建设，畜牧业发展势头良好，新建扩建养殖小区150个，规模养殖场户达到2.5万户。猪、牛、羊饲养量分别达到45.54万头、23.58万头和581.45万只，分别增长5.2%、0.7%和2.4%。全市市级以上农业产业化龙头企业47家，年销售收入亿元以上的龙头企业9家，5000万元以上的30家。农产品年加工转化能力150万吨，加工增值率达53.4%，辐射带动农产品生产基地165万亩，带动农户13.5万户。劳动力输转步伐不断加快，全年开展农民工技能培训2.83万人，输转农村劳动力16.93万人，比上年增长2.2%；创劳务收入19.32亿元，增长18.4%。

【项目建设】全年共开工建设项目1732个，比上年增加575个。风电二期首批300万千瓦项目核准开工建设，正泰150兆瓦太阳能电池组件生产线建成投产，京城控投电机制造、万盛太阳能等项目开工建设，三新硅业一期工程建成投产，肃阿公路、金嘉公路开工建设，瓜星高速公路建成通车，东方铝业铝型材生产项目、酒泉酒文化博览园项目、大型风机示范项目和光电建设项目等一批计划总投资10亿元以上的重点项目加快实施和相继建成。

【优势产业】特色农业加快发展。全市已初步形成以温室蔬菜、名优果品、现代制种、啤酒原料、中药材等为主的节水高效特色产业带，高效特色产业面积累计达到169.2万亩，占全市农作物播种面积的66.7%。新型工业体系建设加快推进，以新能源为主的首位产业快速发展，冶金、有色、建材、食品等传统优势产业不断壮大。2012年，全市首位产业实现工业增加值69.1亿元，比上年增长19.3%，其中新能源产业实现工业增加值66.1亿元，增长17.1%。风光电发电量达到85.6亿千瓦时，增长31.3%，占全市发电量的64.2%。装备制造、电力、石化、冶金、有色、建材、食品等传统优势产业实现工业增加值174.4亿元，占全市规模以上工业增加值的89.4%，比上年提高3.5个百分点。

【人民生活】2012年全市城镇居民人均可支配收入20062元，比上年增长16.2%；城镇居民人均消费性支出16627元，增长16.8%；城镇居民恩格尔系数32.5%，下降0.8个百分点。农民人均纯收入9645元，增长18.2%；农民人均生活消费支出7121元，增长10.2%；农村居民恩格尔系数为31.6%，提高0.6个百分点。

【扶贫开发】深入开展"联村联户、为民富民"行动，加大扶贫开发力度，脱贫致富工作取得新进展。制定实施新一轮移民集中安置区扶贫开发规划，落实扶贫资金2.3亿元，发展特色种植15万亩，肉羊饲养量达到30万只，比上年增加5万只。移民乡村电话普及率达到97%，有线电视覆盖率达到98%，新农合参保率达到98%。移民人均纯收入达到2650元，比上年增长20%。

【环境保护】2012年末城市污水日处理能力8万立方米；城市污水处理率73%，比上年提高13.1个百分点；生活垃圾无害化处理率96.3%，提高1.2个百分点；集中供热面积1751.8万平方米；建成区绿化覆盖率33.13%，提高0.13个百分点；人均公园绿地面积10.09平方米，增长2%；燃气普及率98.17%，提高0.2个百分点。全市建成烟尘控制区9个，总面积96.3平方公里，覆盖率100%；建成环境噪声达标小区9个，环境噪声达标区面积77.7平方公里，覆盖率100%；区域环境噪声平均值为52分贝，交通干线噪声平均值为64分贝。空气污染指数为92.8%。主要污染物二氧化硫排放量为3.31万吨，化学需氧量排放量为2.95万吨，均完成了省上下达的双控目标任务。

【社会保障】2012年全市社会保障和就业支出11.66亿元，比上年增长13.8%。年末城镇基本养老保险、医疗保险、失业保险、工伤保险和生育保险参保人数分别达到10.34万人、30.31万人、6.9万人、7.42万人和4.72万人。城镇基本养老参保率达到95.5%，比上年提高1.8个百分点。城镇居民医保参保率和新农合参合率均达到98%。新型农村合作医疗基金支出总额1.93亿元，受益61.63万人。年末有15.64万城乡居民得到政府最低生活保障救济，发放保障金2.46亿元，比上年增长28.1%。

【社会事业】2012年全市财政投入科技经费6782万元，比上年增长22%。专利申请继续大幅增加，达到961项，比上年增加480项；授权专利307项，增加137项。登记市级以上科技成果80个，比上年增加15个。全年签订技术合同46份，比上年增长27.8%；技术合同成交额7.9亿元，增长52%。2012年普通高校招生人数达到2501人，比上年增加133人；在校学生数6952人，增加411人。普通中等专业学校、普通高中分别招生3288人和8018人，分别比上年增加314人和116人。普通高校考生本科上线率25.94%，比上年提高3.6个百分点。普通高校录取学生7126人，录取率达82.1%，比上年提高4.9个百分点。全市完成文化产业增加值7.07亿元，比上年增长38.3%。公共图书馆图书总藏量50万册，全年出版报纸681万份，出版杂志1.3万册，发行图书480万册。广播人口覆盖率99.1%，比上年提高0.6个百分点；电视人口覆盖率98.94%，比上年提高0.33个百分点。数字电视用户数21.12万户，增加2.25万户，入户率达到73.3%，提高14.3个百分点。全年向各类大专院校输送体育人才156名。全市举办运动赛会208次，参加人数达40万人。全市共有11.9万名适龄学生达到《国家体育锻炼标准》。继续加快推进新型农村合作医疗制度建设步伐，全面开展城镇居民基本医疗保险工作，不断健全城乡医疗救助制度，继续完善社区卫生和农村卫生投入政策，支持突发公共卫生事件医疗救治等体系建设。2012年底，医疗服务机构继续增加，全市共有医疗卫生机构987个，卫生机构床位数6005张。医生执业医师和助理医师2766人，比上年增加543人；注册护士3174人，增加1082人。

肃州区

【现任主要领导】

中共肃州区区委书记：杨克忠

肃州区人大常委会主任：王世万

肃州区人民政府区长：杨金泉

政协肃州区委员会主席：连德礼

中共肃州区纪律检查委员会

书记：杨晓东

【基本情况】肃州区位于甘肃省西部，河西走廊西段，是古丝绸之路上的重要历史文化名城，与现代驰名世界的中国航天城——酒泉卫星发射中心、世界闻名的敦煌莫高窟、“天下第一雄关”嘉峪关、中国最早的石油工业基地玉门油田、国家重要的核工业基地四O四厂、西北最大的钢铁基地酒泉钢铁公司接壤紧邻。全区常住人口43.39万人，总面积3386平方公里，辖7个建制镇、8个乡，123个村；7个街道办事处，20个城市社区居委会。

【国民经济】2012年，全区实现生产总值184.52亿元，比上年增长16.8%。其中：第一产业增加值22.83亿元，增长6.9%；第二产业增加值101.96亿元，增长21%；第三产业增加值59.73亿元，增长13.3%。三次产业结构比为12.4 ：55.2 ：32.4。人均生产总值达到42526元，增长16%。公共财政预算收入达到8.31亿元，增长18.6%。实现工业增加值89.46亿元，增长21%。实现社会消费品零售总额52.5亿元，增长18.3%。

【“三农”工作】围绕做精一产，加快推进现代农业，加快实施“2+2”富民增收工程。国家现代农业示范区获得农业部正式认定批复，十大产业园全面启动建设，高效设施农业迅速发展。2012年，全区实现农业增加值22.83亿元，比上年增长6.9%。蔬菜面积达到20万亩，增长7.6%；产量56.84万吨，增长11.9%，其中日光温室面积2.36万亩，增长2.2%；塑料大棚面积3.81万亩，增长27%。狠抓设施规模养殖，新建标准化养殖园区17个，规模养殖场10个，发展万元养殖户1.2万户，畜禽饲养总量达到815.41万头只。大力发展劳务经济，全年农村劳动力技能培训1.16万人，输转农村劳动力5.47万人，实现劳务收入6.37亿元。

【项目建设】深入开展招商引资和项目建设年活动，东洞滩百万千瓦光伏发电示范基地建设快速推进，新能源产业链条不断延伸，光伏装备及发电项目建设取得突破性进展。2012年，全区开工建设各类项目391个，其中亿元以上83个，固定资产投资完成169.9亿元，比上年增长72.5%，其中500万元以上项目完成投资169.92亿元，增长72.5%。

【人民生活】2012年，全区城镇居民人均可支配收入达到20062元，比上年增长16.2%。农民人均纯收入达到9334元，增长18%。深入开展“联村联户、为民富民”行动，农村困难群众生活条件明显改善。区政府承诺的10件惠民实事得到落实，省、市下达的各项惠民实事任务全面完成，实现了居民养老保险、医疗机构基本药物零差率销售、新农合报销“一卡通”、“三馆一站”免费开放、妇女小额担保贷款、低保提标六个城乡全覆盖。

【社会保障】城乡居民养老保险全面启动，医疗、工伤、失业等保险覆盖面持续扩大，低保提标扩面稳步推进，社会综合保障能力全面提升。2012年，全区城镇基本养老保险参保人数达到2.52万人，农村社会养老保险参保人数14.1万人，城镇基本医疗保险参保人数9.74万人，工伤保险参保人数2.05万人，失业保险参保人数1.19万人，生育保险参保人数0.72万人。2012年，城市居民最低生活保障人数15876人，农村居民最低生活保障人数21083人。年末参加农村新型合作医疗人数达到21.42万人。

【社会事业】积极组织企业、技术单位争取申报国家、省、市科技项目36项，其中国家级5项，省级12项，市级19项。成果专利稳中有增，全年荣获市级以上科技进步奖18项，其中一等奖5项；申请受理专利349件，其中发明专利73件，实用新型251件，外观设计25件，专利总数比上年增加136件，增长64%。全区有大专院校1所，在校学生6952人，教职工433人；中专（中职）学校5所，在校学生8778人，教职工406人；中学22所，在校学生27262人，教职工2238人；小学75所，在校学生29873人，教职工1690人；特殊教育学校1所，在校学生103人，教职工39人。全年播发新闻7434条。积极发展农村数字电视，全区农村数字电视用户累计达到4.21万户，农村数字电影放映达到2232场次。文化遗产保护持久深入，编纂校对并改版印刷了《酒泉宝卷》，建立健全了田野文物区、乡、村三级管理保护网络。全面实现了“三馆一站”免费开放。文化活动丰富多彩，举办各种主题系列文化展览、品牌文化体育活动，切实满足群众文化需求。全区共有各类卫生机构230个，其中医院、卫生院31家，卫生防疫站2个，妇幼保健所、站2个，其它卫生机构195个；医院、卫生院卫生技术人员2115人，其中医生数864人。医院和卫生院住院床位数达到2348张，卫生服务覆盖率达到100%。

金塔县

【现任主要领导】

中共金塔县县委书记：郎吉忠

金塔县人大常委会主任：王振宇

金塔县人民政府县长：任晓敏

政协金塔县委员会主席：李学年

中共金塔县纪律检查委员会

书记：孙向明

【基本情况】金塔县位于河西走廊中端北部边缘，古丝绸之路沿线，东北与内蒙古额济纳旗接壤，西与嘉峪关、玉门市毗连，南同肃州区、张掖市为邻，举世闻名的酒泉卫星发射中心坐落于县境内。辖区总面积1.88万平方公里，其中绿洲面积180万亩，现辖10个乡镇、89个行政村，总人口14.88万人。县域南北环山，内居平山地带，地形开阔，地势平坦，源于祁连山冰川群中的黑河、讨赖河流经全境，多年平均径流量达到14.5亿立方米，境内有鸳鸯池、解放村、北河湾等水库14座，总库容量达1.8亿立方米，灌溉着金塔、鼎新两大绿洲。金塔县历史悠久、文化灿烂，旅游资源丰富，境内有国家级文物保护单位汉代大湾城、地湾城、肩水金关、长城烽燧等古城堡遗迹。

【国民经济】2012年，全县实现生产总值58.2亿元，比上年增长16.3%。其中：第一产业增加值15.75亿元，增长6.6%；第二产业增加值20.51亿元，增长28.2%；第三产业增加值21.91亿元，增长15%。按常住人口计算，人均生产总值为39094元。完成固定资产投资64.7亿元，增长1.2倍；实现社会消费品零售总额8.54亿元，增长18%；大口径财政收入达到2.56亿元，增长37.4%。

【“三农”工作】全年发放惠民补贴资金1.26亿元，县财政投入“三农”扶持资金1.24亿元，比上年增长18%，为促进农业转型和农民增收提供了保障。积极调整优化种植结构，推广农田节水技术16.6万亩，高效经济作物达到30.4万亩，增长15%。新改建标准化养殖场区124个，肉羊饲养量达到137万只。积极推行“企业+基地+农户”经营模式，新建兴农辣椒、鲟鱼养殖等农业产业化项目5个。“一乡一业、多村一品”产业发展格局初步形成，有力带动了高效农业集约规模发展。

【项目建设】2012年全县开工建设项目266个，比上年增长18.2%。其中亿元以上项目17个，完成投资25.3亿元，增长2.6倍；千万元以上项目114个，完成投资额31亿元，增长1.6倍。粤水电50兆瓦、江苏浚昱20兆瓦、中科恒源9兆瓦等光伏项目开工建设，工业、能源、交通、商贸旅游、社会发展等一大批重大项目陆续落地开工，大部分已建成投运。宏运矿产10万吨铁精粉生产、陇冠矿业10万吨轻烧镁加工、兴农辣椒6000吨辣椒深加工、鑫磊石材100万平方米花岗岩板材加工、太阳岛20万套太阳能光伏构建生产、黑石矿业10万吨红柱石耐火材料精选等重点项目建成投产。二期58兆瓦光电项目完成并网验收，新获批的7个248兆瓦光电项目正在加紧建设，200万千瓦火电厂项目完成可研报告，红柳洼110千伏变电站续建项目、北河湾线等3项工程已全面完工投入运行。金嘉公路、汽车客运站、北河湾园区道路建设等10项工程正在抓紧施工。

【优势产业】金塔县确定以资源开发为基础的能源和高载能产业作为首位产业。全县光热条件优越，矿产资源丰富，发展新能源和高载能产业优势明显、潜力巨大。已建的红柳洼光电产业区，建成太阳能光伏并网发电项目7个，装机规模达100兆瓦。2012年，金塔县被中国国际贸易促进委员会评为“中国新能源最佳投资环境城市”、光电园区被评为“中国新能源最具投资价值园区”。

【人民生活】全县城镇居民人均可支配收入19903元，比上年增长16.5%；人均消费支出15973元，增长16.1%。农村居民人均纯收入9684元，增长18.1%；人均生活消费支出7112.5元，增长9%。城镇居民家庭恩格尔系数为32.44%，比上年提高0.1个百分点；农村居民家庭恩格尔系数为37.35%，比上年下降4.3个百分点。全县城镇居民人均住房面积32.8平方米，增长0.3%；农村居民人均住房面积39.2平方米，增长1.3%。

【扶贫开发】金塔县按照国家农村低保和扶贫开发“两项制度”有效衔接的要求，根据2300元的扶贫新标准，对全县低收入人口中的低保人口和扶贫对象重新进行科学识别，结合“联村联户”行动的开展，坚持从贫困群众最迫切、最急需、最关心的问题入手，加快基础设施和公益服务设施建设。投入扶贫专项资金159万元，衬砌灌溉渠道9.5公里，埋设低压灌溉管道4.5公里。投资9万元，埋设人饮管道3公里，解决了48户255人的安全饮水问题。投入135万元，铺筑村组道路27公里，改善移民群众500多户2100多人的农产品运输和居民出行条件，解决了移民群众行路难的问题。

【环境保护】全县环保投资8582万元。城乡饮用水达标率分别为100%和55.7%，工业废气废水排放达标率达到100%，城区生活垃圾集中处理率达到100%。

【社会保障】年末全县参加城镇基本养老保险5947人，城镇基本医疗保险8556人，失业保险4306人，工伤保险7095人。参加城镇居民医疗保险15554人，参保率为99%。新型农村养老保险参保74088人，参保率达到98.9%。新型农村合作医疗参合111820人，参合率达到99.8%。新开工建设城镇保障性安居工程住房312

套，其中廉租住房180套，限价商品住房96套，公共租赁住房36套。

【社会事业】全县组织实施各类科技项目27项，取得科技成果8项。全年引进各类农林牧渔新品种76个，新建农业科技示范园区14个。开展科技培训420场次，培训干部群众5.1万人次。全县科技成果转化率为72%，农业科技覆盖率达到98%。全县普通高中、初中、小学在校生分别为3044人、7902人和12136人。年末全县有文化馆1个，公共图书馆1个，馆藏图书5.6万册，流通量2.5万册次，流通人数2.5万人次。广播和电视综合人口覆盖率分别达到95.1%和99.9%。数字电视入户率达到92.0%。年末全县共有卫生机构148个，卫生机构病床床位498张，卫生技术人员821人。

瓜州县

【现任主要领导】

中共瓜州县县委书记：马世林

瓜州县人大常委会主任：董生录

瓜州县人民政府县长：方学贵

政协瓜州县委员会主席：李树生

中共瓜州县纪律检查委员会

书记：高生荣

【基本情况】瓜州县原为安西县，地处甘肃省河西走廊最西端，南望祁连，北枕大漠，南北与肃北蒙古族自治县相接，东连石油名城玉门，西邻旅游胜地敦煌，西北经猩猩峡与新疆哈密市接壤，总面积2.36万平方公里，辖5镇10乡，有74个行政村，467个村民小组，8个社区居委会。有汉、回、蒙、藏、满、东乡、裕固等21个民族。总人口14.72万人，其中城镇人口4.68万人，农村人口10.04万人。其中：整建制移民乡镇6个，移民人口8.06万人，占全县总人口的54.8%。

瓜州地域辽阔，物产丰富，县境东西长185公里，南北宽220公里，地形地貌复杂多样，山地、高原、平川、河流、沙漠、绿洲类型齐全，交错分布；地势南北高，中间由东向西渐低，海拔在1100～1500米之间；占县境面积8.5%的绿洲被戈壁、山地、丘陵分割为东、西、南三大块，西热东凉和南山地区多泉眼湿地的特点；境内少雨、干旱，平均年降雨量不足50毫米，蒸发量却高达4000毫米以上，昼夜温差较大，是典型的荒漠、半荒漠气候，适宜于小麦、棉花、蜜瓜、酒花等多种农作物的生长。疏勒河、榆林河两大水系流域面积分别达1.24万平方公里和0.57万平方公里，有各类水库、塘坝36座，总蓄水量2.53亿立方米，其中双塔水库库容达2.5亿立方米，是甘肃省最大的农业灌溉水库。境内建有国家级戈壁荒漠草地自然保护区，栖息着雪豹、金雕等国家一、二级保护动物28种。

【国民经济】2012年，全县实现生产总值60.64亿元，比上年增长18.9%。其中：第一产业增加值8.24亿元，增长6.7%；第二产业增加值34.39亿元，增长25.7%；第三产业增加值18.02亿元，增长12.7%。按常住人口计算，人均生产总值达到41199元，增长5.5%。全年完成大口径财政收入6.69亿元，增长61.6%。实现社会消费品零售总额14.33亿元，增长17.9%。完成固定资产投资223.6亿元，增长12.2%。城镇居民人均可支配收入18725元，增长16%；人均消费性支出14124元，增长12.7%。农民人均纯收入9443元，增长17.6%；人均生活消费支出8463元，增长36.9%。

【“三农”工作】全县农作物总播种面积55.52万亩，比上年增长5.1%，其中粮食面积6.86万亩，棉花面积13.33万亩，瓜类面积9.68万亩。棉花总产量达到1.11万吨，增长16.6%。蜜瓜、枸杞、葡萄、甘草、蔬菜等特色经济作物种植面积达到32.8万亩，占农作物种植面积的59%。完成高效田43.8万亩，新建塑料大棚2272亩，日光温室418座。畜牧业增加值达到15516万元，增长15.1%；畜牧业增加值占农林牧渔业增加值的比重达到18.8%。牛羊饲养量达到75.9万头(只)，增长19.9%。新改扩建标准化规模养殖小区（场）30个，新建暖棚圈舍500座，落实肉牛肉羊育肥专业村7个、专业组16个，培育万元规模养殖户2000户，调引投放种公羊350只，基础母羊1.68万只。

【项目建设】全年开工建设亿元以上项目40项，比上年增加13个，增长48.1%。亿元以上项目完成投资177.7亿元，占500万元以上投资额的79.5%。县域内风能资源独具特色，利用价值高，千万千瓦级风电基地加紧建设。风电企业全年完成发电量56.44亿千瓦时，比上年增长35.1%。风电及装备制造业实现增加值9.64亿元，上缴税金6399万元。

【扶贫开发】2012年，疏勒河和九甸峡移民人均纯收入3010元，比上年增长32.1%。全年整合投入资金1.4亿元，实施整村推进项目6个，改造危旧房屋1455户，改良盐碱板结地2.5万亩，营造防风林2760亩，硬化乡村道路67.6公里，衬砌渠道117公里。枸杞、甘草等特色产业累计达到8.4万亩，占移民乡播种面积的50%。新建日光温室130座，修建养殖小区18个、暖棚圈舍500座，输转劳动力1.5万人次，实现劳务收入1.3亿元，全年减少贫困人口5100人。90%的移民农户搬出“藏头房”，住进安居房，渠、路、林网配套率分别达到41%、55%和33%，“两西”移民安全饮水问题彻底解决。

【环境保护】全县有自然保护区2个，其中，国家级自然保护区1个，省级自然保护区1个，自然保护区总面积112.42万公顷，占全县国土总面积的46.5%。城区环境噪声达标区覆盖率100%，饮用水达标率100%，城市生活垃圾无害化处理率达到95%，城市污水处理率86%，城市建成区绿化覆盖率29.9%。

【社会保障】全年开发就业岗位3180个，发放下岗失业人员担保贷款3255万元，妇女小额担保贷款4亿元。

吸纳带动城乡就业2万人，城镇登记失业率控制在2.6%以内。城乡居民社会养老保险启动实施，实现全面覆盖，失业、医疗、工伤、生育等社会保险参保比例稳步提高，发放各类保障救助资金1.2亿元。新农合参合率达到99.2%，报销比例从60%提高到70%，最高支付限额由5万元提高到10万元。交付入住保障性住房420套，新建政府回购房、廉租房、限价房、棚户区安置房440套。发放低收入家庭住房租赁补贴1260户138万元，改造残疾人危旧房65户，最大程度地满足了困难群众住房需求。

【社会事业】新增校舍面积2.8万平方米，消除危旧校舍1.1万平方米。高考录取率达85%，本科录取率达40.1%。高考专科以上上线率达73.4%。全县普通中学10所，普通小学70所，初（高）中及小学在校学生22242人。全县教职工人数达到1650人。全县共申请专利75件，授理50件，其中发明专利10件，实用新型专利10件，外观设计专利30件。草圣故里文化产业园如期开园，中书协组联工作会、首届“张芝奖”全国书法大展、第七届“玄奘之路”戈壁挑战赛等全国有影响力的文化活动成功举办，瓜州县被命名为“全省书法家创作基地”，草圣文化成为瓜州对外展示的新名片，集聚人气的新品牌。全年完成重要节庆专场演出120场次。电视人口覆盖率达到79.2%，广播综合人口覆盖率达到100%。年末全县共有卫生医疗机构129个，其中医院3所。卫生机构床位数608张，其中医院452张。全县共有卫生技术人员531人，其中执业医师及执业助理医师239人，注册护士257人。全县共有乡镇卫生院14所，床位数156张，卫生技术人员238人。农村有医疗点的村占总村数的比重达90%，乡村医生和卫生员105人。全县有体育中心管理的体育经营场所38个，2个乡镇健身中心、5个乡镇文体广场和40个“一村一场”项目投入使用。全年组织开展各类大型体育比赛活动、全民健身活动展示200余场次，参与人数达10万人次。

肃北蒙古族自治县

【现任主要领导】

中共肃北蒙古族自治县县委

书记：席忠平

肃北蒙古族自治县人大常委会

主任：巴图巴依尔（蒙古族）

肃北蒙古族自治县人民政府

县长：胡晓华（蒙古族）

政协肃北蒙古族自治县委员会

主席：马宗国

中共肃北蒙古族自治县纪律检查委员会书记：朱建军

【基本情况】肃北蒙古族自治县位于甘肃河西走廊西段的南北两侧，是甘肃省唯一一个以蒙古族为主体的边防少数民族自治县。全县总面积66748平方公里，约占甘肃省总面积的14%，是甘肃省占地面积最大的一个县。周边与一个国家（蒙古国）三个省区（新疆、青海、内蒙古）11个县市接壤。辖地分南北两部分，北部马鬃山是甘肃唯一的边境地区，边境线长65.017公里；南部是县政府所在地，海拔为2158米。现辖1乡2镇26个村委会，全县常住人口1.5万人，其中蒙古族4397人。

【资源优势】肃北县地域辽阔，矿产资源富集，已探明矿种41个，矿点376处，主要有金、银、铜、铁、煤、铬、钨、镍、菱镁、铅锌等。其中，塔尔沟钨矿储量居全国第2位，大道尔吉铬矿是全国第三大铬矿，别盖菱镁矿储量居全国第5位，德勒诺尔铁矿远景储量达4.5亿吨。风光水资源丰富，风电、光电、水电发展前景广阔。自然景观独特，雪山、草地、河流、湖泊、湿地星罗棋布，冰川资源尤为突出，其中透明梦柯冰川被中国地理杂志评为中国最美丽的六大冰川之一。境内野生动物种类繁多，有雪豹、熊、盘羊、野马、野驴、猞猁、白唇鹿等国家重点保护动物32种。野生植物分布广泛，有国家一级保护植物裸果木，二级保护植物黑刺、红景天，盛产名贵药材雪莲、麻黄、锁阳。先后建立了盐池湾国家级自然保护区和马鬃山省级自然保护区。民族文化底蕴深厚，蒙古族服饰、饮食和歌舞文化独具特色，浮雕、绘画、银器制作工艺久负盛名。境内分布着大量的岩画、石窟、壁画、浮雕、彩塑、遗址和塞墙、烽燧等文化古迹，5处被列入省级保护文化点，其中马鬃山汉代玉矿遗址是甘肃境内目前所见年代最早的一处古代玉矿遗址，引起了海内外专家学者的高度重视。

【国民经济】2012年，全县实现生产总值37.62亿元，比上年增长23.7%。其中：第一产业增加值0.4亿元，增长6.1%；第二产业增加值32.58亿元，增长25.9%；第三产业增加值4.64亿元，增长15.1%。大口径财政收入达到5.7亿元，增长35.7%。城镇居民人均可支配收入达到20457元，增长15.6%；牧农民人均纯收入达到14025元，增长50%。社会消费品零售总额达到1.34亿元，增长17.7%。

【“三农”工作】投资376万元引进多胎羊、骆驼等优质畜种1271头（只），引导扶持农户种植优质马铃薯、胡麻等特色经济作物4967亩。牧农业基地建设有力推进，投资450万元配套完成了县牧农业科技示范园区供排水、道路硬化、电网改造、绿化等基建工程；建成高标准日光温室15座，维修牧区棚圈103座，新修棚圈90座；完成了党城湾镇城北村居民点门面改造、城关村街道硬化、芦草湾整体搬迁新居等项目。草原补奖机制稳步实施，兑现草原补奖资金6354万元。强农惠农政策全面落实，发放农资补贴和粮食直补资金133万元，争取国家农机具补贴120万元，受益牧农户90户。

【项目建设】全年开工建设各类项目108个，其中亿元以上项目18个，千万元以上项目55个。完成固定资产投资43.43亿元，增长82.9%。全年招商引资签约项目48个，签约资金达

277.8 亿元，累计到位资金 50.89 亿元，签约项目开工 20 个，开工率 54.1%；建成投产项目 10 个，投产率 27%。全年实施重点工业项目 29 个，

【社会保障】深入开展“全民创业年”活动，稳步推进服务业综合改革试点工作，设立服务业发展引导资金 250 万元、创业扶持资金 100 万元，城镇新增就业 208 人，新增创业实体 101 个，对 483 人发放小额担保贷款 2689 万元，带动各类就业 539 人。不断完善社会保障救助体系，全县城乡居民社会养老保险参保率达到 95%，城乡低保再次提标，全年发放各类保障金和生活补助金 700 万元。聚焦民生改善，全县机关、企事业单位职工遗属生活困难补助每月提高 100 元，将原国企退休职工遗属生活费全部纳入财政预算，落实民兵补助政策 284 人，落实机关事业单位离退休人员高龄补贴 379 人，为全县 1139 户城乡低保户和残疾人家庭每户发放取暖补助 600 元。

【社会事业】设立县长教育基金、校长奖励基金、教师培训专项、教育质量奖励、教育督导等经费 150 万元，建立起了教育发展长效激励机制；落实教育发展资金 9130 万元，开设蒙汉双语教学班，实现了学前至高中阶段的双语教学全覆盖。在全面落实“四免一补”的基础上，高中阶段和义务教育阶段寄宿学生生活补助再次提标，酒泉、敦煌就读学生补助从 3400 元 / 人提高到 4500 元 / 人，内蒙古就读学生从 6600 元 / 人提高到 7500 元 / 人。全县完成文化产业投资 5052 万元，文化产业增加值达 2400 万元。启动实施“党河之春”广场文化艺术节，参与人数达 13000 多人。成功举办那达慕民族风情旅游节暨孟赫嘎拉艺术节，并被第三届中国节庆创新论坛暨 2012 中国品牌节会授予“2012 节庆中国榜 · 最佳民俗风情旅游节庆”称号。文化遗产保护工作有序推进，在完成文物普查工作的基础上，110 处文物点通过省文物局鉴定，由县政府公布确定为第二批县级文物保护单位。广播电视有线网络整合工作进展顺利，电视节目由 78 套增加到 120 套，实现了城乡有线数字电视收视全免费。全县有医疗卫生单位及卫生院 7 所，床位数达 115 张，卫生技术人员 107 人。新型农村合作医疗工作稳步推进，参合 5755 人，参合率达到 99.5%。新农合筹资标准由上年的 350 元 / 人提高到 410 元 / 人，县、乡定点医疗机构住院报销比例分别提高到 80% 和 85%。稳步推进医药卫生体制改革，启动实施在校学生、干部职工、离退休人员健康免费体检关爱行动，健康电子档案建档率达 90%。不断提高计生工作服务水平，妇女“两癌”普查和免费孕前优生健康检查顺利完成。

阿克塞哈萨克族自治县

【现任主要领导】

中共阿克塞哈萨克族自治县县委

书记：黄从光

阿克塞哈萨克族自治县人大常委会

主任：何正军

阿克塞哈萨克族自治县人民政府

县长：银　雁（哈萨克族）

政协阿克塞哈萨克族自治县委员会

主席：塞麦提（哈萨克族）

中共阿克塞哈萨克族自治县纪律检查委员会书记：张　琦

【基本情况】阿克塞哈萨克族自治县位于甘肃省酒泉市最西端，介于甘肃、青海、新疆三省（区）交界处。东与肃北蒙古族自治县接壤，北与敦煌市毗邻，南与青海省相连。西与新疆自治区相望。是一个以哈萨克族为主体，汉、回、维、藏、土、裕固、撒拉等 12 个民族共同居住的少数民族自治县。阿克塞县于 1954 年 8 月建县，县辖 2 乡 1 镇 11 个行政村，总人口 8796 人，其中少数民族人口 3313 人，占总人口的 37.7%；总土地面积 3.14 万平方公里，其中天然草场面积 98.64 万公顷，占总面积的 29.47%。

【国民经济】2012 年，全县完成生产总值 11.27 亿元，比上年增长 17.9%，三次产业分别实现增加值 0.44 亿元、7.37 亿元和 3.46 亿元，分别增长 6.1%、20.9% 和 14.1%。完成固定资产投资 18.1 亿元，增长 68.2%；社会消费品零售总额 1.32 亿元，增长 17.8%；完成大口径财政收入 1.42 亿元，增长 18.3%。

【“三农”工作】全面落实草原生态奖补政策，发放奖补资金 2902 万元。实施牛羊产业项目，设施养殖规模达到 2.6 万头（只）。积极改善畜群结构，引进优质种畜 1066 头（只），良种覆盖率达到 91%，适龄母畜比例达到 68%；做精现代农业，发展特色林果产业，投资 500 万元建成多坝沟 400 亩葡萄种植基地。发展设施高效农业，投资 2017 万元建设红柳湾日光温室 76 座、拱棚 20 座。投资 3648 万元实施国家公益林、退牧还草等生态项目，投资 6396 万元实施长草沟河道治理、红柳湾饲草基地引水、牧区节水灌溉、农村节水改造、农牧村饮水安全工程，投资 8007 万元建成多坝沟、燕丹图等通乡通村公路 7 条。

【项目建设】全年共开工建设各类项目 85 个，开工率达 88%。其中 5000 万元以上项目 23 个，比上年增加 16 个。开工建设招商引资项目 16 项，开工率达 94%，引进到位资金 30 亿元。

【优势产业】大力推进传统畜牧业向现代畜牧业转变，优化布局促转型，建立绒山羊产业区、骆驼产业区。全县各类牲畜饲养量达 25.65 万头（只），繁殖成活各类仔畜 9.85 万头（只），仔畜繁活率达 95.7%。育草基地达到 8 个，种植面积达到 4699 亩。依靠石棉优势资源，工业经济发展水平明显提高。石棉产业完成工业增加值 4.44 亿元，增长 32.6%，占全县规模以上工业的比重达 76.1%。

【人民生活】2012 年全县城镇居民人均可支配收入 20594 元，比上年增长 15.7%；城镇居民人均消费性支出 17560 元，增长 8.2%；城镇居民恩格尔系数 43%，降低 0.8 个百分点。

农牧民人均纯收入达到15000元，增长50%；农村居民人均消费性支出7500元，增长25.4%；农村居民恩格尔系数41.8%，降低1.2个百分点。

【扶贫开发】不断加大扶贫工作力度，近年来共投入各类农牧村基础设施建设和社会保障资金2.56亿元，其中省级扶贫开发专项资金87万元。着力解决农牧村低收入家庭住房问题，建成廉租住房204套，发放租赁补贴620户108万元。投入资金250万元，改造以贫困户为主的农牧村危旧住房350户。

【环境保护】加强生态环境保护，投资3648万元实施了国家公益林、“三北”防护林、小苏干湖湿地保护、退牧还草、退耕还林等生态项目。建立健全电信、移动、电力等辐射源登记台账，设施完好率、检查率均达到100%。主要污染物总控率达到100%，地表水、地下水水质达标率达到100%。

【社会保障】全县城镇基本养老保险、失业保险、工伤保险和生育保险覆盖率继续保持在100%。城乡低保标准上调15.5%，达到月人均321元，五保供养标准年人均提高400元。建立多层次住房保障体系，改造农村危旧住房120户，建设廉租住房30套、经济适用住房60套。发放租赁住房补贴75户11.52万元。

【社会事业】年末全县在校学生1672人，普通高考录取率达88.3%。年末共有各级各类医疗卫生机构17个，卫生技术人员87人，病床总数82张，每千人拥有床位9张。深入开展群众性文化活动，先后组织大型文艺演出5场、赛马会13期、广场周周乐8场、送文化下乡3场、书画摄影展4场，举办各类小型文艺演出50余场。推广普及第九套广播体操和哈萨克黑走马广播操，完善赛马场基础设施，成功举办第五届全民运动会和第十一届阿肯阿依特斯。年内新增数字电视用户300户，安装1500户广播电视卫星接收设备。

玉门市

【现任主要领导】

中共玉门市市委书记：雒兴明
玉门市人大常委会主任：张　勇
玉门市人民政府市长：宋　诚
政协玉门市委员会主席：张家明
中共玉门市纪律检查委员会
书记：顾正年

【基本情况】玉门是中国石油工业的摇篮，“铁人”王进喜的故乡。地处河西走廊西端，东临钢城嘉峪关和西部名城酒泉，西通旅游胜地敦煌，南接肃北蒙古族自治县，北达中蒙边境马鬃山口岸。历来是中原通往新疆、青海、西藏和连接蒙古、中亚、欧洲的重要通道，素有“塞垣咽喉，表里藩维”之美称。东西长114公里，南北宽112.5公里，总面积1.35万平方公里。辖新老两个市区和4镇9乡。辖区内常住人口16.16万人，有回、满、藏、土、东乡等32个少数民族1.68万人。

【资源优势】玉门自然条件良好，境内主要河流有疏勒河、石油河、白杨河和小昌马河，年径流量11亿立方米，平均海拔1500米，年日照时间约3269小时，平均无霜期133天，年平均降水量61.8毫米，光照、水、土等自然条件得天独厚，人参果、韭菜、枸杞、葡萄、食葵、蜜瓜、辣椒、啤酒花、孜然等特色农产品享誉省内外。境内有富足的风、水、光能资源，蕴藏风能达3000万千瓦以上，石油、煤、石灰石、云母、石棉、硫磺、芒硝、重晶石、金刚石、食盐以及铁、锰、铜、金等20多种矿藏储量较大，开发潜力巨大。境内文物古迹、人文景观和自然景观众多，有县级以上保护景点144处，其中著名的有3700年前的火烧沟遗址、中国最早的伊斯兰教传播者吾艾斯拱北及汉长城遗址、五代时期昌马石窟、硅化木地质公园、“中国石油第一井”、赤金峡水利风景区和“铁人”王进喜纪念馆等文化旅游胜地。

【国民经济】2012年，全市实现生产总值130.26亿元，比上年增长11.3%。其中：第一产业增加值7.9亿元，增长6.8%；第二产业增加值85.7亿元，增长13.8%；第三产业增加值36.7亿元，增长6.2%。三次产业结构比为6 ：66 ：28。完成固定资产投资171.3亿元，增长30.8%。实现社会消费品零售总额18.85亿元，增长18.1%。完成大口径财政收入6.53亿元，增长17.6%。

【“三农”工作】以服务城市、富裕农民为目标，切实加大“三农”投入。市财政统筹涉农资金4500万元，带动全社会投资6.8亿元，其中发放农村妇女小额担保贷款3.5亿元。围绕“做精一产”，加速扩张特色产业基地，新建日光温室2400亩，搭建拱棚4200亩，千亩人参果、万亩温室韭菜基地基本建成。新植特色林果3.8万亩，达到10.5万亩，其中葡萄1.1万亩、枸杞9.4万亩。调引种羊2万只，羊只饲养量达到117万只，“蔬菜产业大县”、“百万只养羊大县”、优质林果基地建设成果得到巩固提升。新农村建设快速推进，新建和改造农村危旧房5767户，75%的农户完成住房改造，实施了5个乡镇12个村环境连片整治，玉门被评为首批“全国社会主义新农村建设示范县”。投资1.3亿元铺筑乡村油路230公里，投资6300万元改善水利基础设施，全市70%的农村居民吃上“放心水”。

【项目建设】全年实施重点项目183个，其中投资10亿元以上项目9个，亿元以上项目36个，千万元以上项目105个。引进浩海焦化、商业石油储备库、混合芳烃、腐殖酸盐、众鑫能源等一大批大项目和好项目。全年签约招商引资项目131个，签约金额556亿元，落地建设项目100个，引进到位资金131亿元，净增49亿元。

【优势产业】深入实施“攻风电、战双百”行动，强力推进新能源基地建设。新增风电份额75万千瓦、光电份额177兆瓦。华电、洁源、大唐、中节能、中电国际等大型风机示范项目顺利建成，风电装机累计达190万千瓦，其中3兆瓦风机24万千瓦，玉门成为全国陆上连片最大的国产3兆瓦大型风机示范基地。全市各类电力装机累计达到237万千瓦，风电上网负荷达到70%，麻黄滩至玉门镇330千伏输变电工程进展顺利，电力输出瓶颈逐步破解。

【人民生活】全市城镇居民人均可支配收入19689元，比上年增长15.8%。农民人均纯收入9488元，增长17.7%。城乡居民储蓄存款余额达到43.44亿元，增长17.2%。城乡居民居住条件和生活质量进一步改善和提高，城乡居民人均住房面积分别达到29.82平方米和31.57平方米。每百人拥有电话机和手机79部，互联网用户达到10128户。

【扶贫开发】深入开展“联村联户、为民富民”行动，落实扶贫和帮扶资金2100万元，实施了盐碱地改良、生态治理、道路建设、村庄改造、公益设施等一批基础工程，全面推进移民“321”增收致富计划，户均养羊22只，人均种植高效田1.2亩，户均实现1人搞劳务，移民人均纯收入增长30%，移民群众生活质量有了较大提升。

【环境保护】加强生态环境建设。重点实施国家重点公益林保护、昌马水库库区水土保持等生态治理工程，完成人工造林2.84万亩。全市有自然保护区3个，保护区面积17.72万公顷，占辖区面积的13.3%。新市区污水处理率达到80%，生活垃圾无害化处理率100%，城市绿化覆盖率36.13%，人均公共绿地面积24.1平方米。

【社会保障】年末全市新增城镇就业3406人，采取“十项选拔”、公开招考等措施，223名高校毕业生实现就业，城镇登记失业率控制在3.8%以内。不断完善社会保障体系，养老、失业、医疗保险实现全覆盖，生育保险正式启动，为1.2万名60岁以上城乡老人发放养老金993万元。市财政统筹资金1718万元将3426名关停破产和困难企业退休人员一次性纳入了职工医疗保险，为4312名行政事业单位工作人员办理了工伤保险。城乡低保全面提标，发放各类救助资金6818万元，保障了困难群众的基本生活。

【社会事业】全市各类企业共实施科技项目33项，企业用于科技活动的经费支出达3164万元，其中研究与试验发展（R&D）项目31个，经费支出2782万元，成功创建“全国科技进步先进市”。全市拥有各级各类学校61所。其中职业中专1所，高级中学1所。在校学生数24772人，其中高中学生2509人，职业中专学生1939人。教职工1571人，其中专任教师1387人。高考二本以上录取率达到28%，综合录取率达93%。全市城乡广播覆盖率达100%，电视覆盖率达100%，有线电视入户率达88.5%。全市实现文化产业增加值5800万元，比上年增长18.37%。年末全市拥有卫生机构102个。其中综合医院6所，中医医院1所，基层医疗卫生机构92个，其中乡镇卫生院12所。卫生技术人员707人，病床893张。年内全市共举办各种形式的运动会12次，参加人数达5万人次。参加省、地举办的各种体育比赛5次。

敦煌市

【现任主要领导】

中共敦煌市市委书记：詹顺舟

敦煌市人大常委会主任：瞿福林

敦煌市人民政府市长：贾泰斌

政协敦煌市委员会主席：边振国

中共敦煌市纪律检查委员会书记：

宋锦霞（7月止）

张朝晖（7月任）

【基本情况】敦煌市位于河西走廊最西端，甘、青、新三省（区）交汇处。境内东有三危山，南有鸣沙山，西与塔克拉玛干相连，北面是戈壁，与天山余脉相接。1987年撤县设市，总面积3.12万平方公里，辖7镇2乡，11个城市社区居民委员会，56个村民委员会，381个村民小组，包括青海油田公司敦煌生活基地在内敦煌市总人口达18.75万人。

【资源优势】矿产资源储量丰富，境内已探明的矿产有金属钒、金、锰、钨、铁和非金属花岗岩、石灰岩、白云岩、方解石、芒硝等矿种26个，已探明的矿产资源有金、银、钒、铁、磷、硫、石棉、芒硝等26个品种，品位高、贮量大、易开采。已探明钒资源储量153.86万吨，占全国总量的5%，位居全国第四，主要分布在方山口地区；钨初步探明的金属储量15.2万吨，白云岩资源储量约2亿吨，花岗岩（大理岩）资源储量约为360亿立方米，石灰石资源储量约5亿吨以上。敦煌是甘肃省瓜果、棉花、蔬菜主要产地之一，全市耕地面积25万亩，以葡萄为主的优质林果面积18万亩，敦煌红地球葡萄、敦煌无核白葡萄被中国农学会葡萄分会评为“中华名果”，敦煌葡萄生产基地被中国果品流通协会授予“全国优质葡萄生产基地”称号。2012年，敦煌市被确定为第一批省级现代农业示范区。旅游资源得天独厚。敦煌境内现存各类文物景点241处，其中国家级重点文物保护单位3处（莫高窟、玉门关、悬泉置遗址），省级文物保护单位9处，市级文物保护单位35处，另有4A级景点3处（鸣沙山·月牙泉、阳关和雅丹地貌国家地质公园），3A级景点4处（敦煌影视城、三危山景区、敦煌沙洲夜市和同舟岛景区），2A级1处，1A级1处，国家级水利风景区1处。特别是被称为“文化瑰宝”的莫高窟，在国内外享有盛誉，1987年，被联合国教科文组织列入世界文化遗产名录。

【国民经济】2012年，敦煌市实现生总值78.26亿元，比上年增长16.5%。三次产业结构比为17.0∶32.4∶50.6。实现大口径财政收入5.51亿元，比上年增长23.3%；工业增加值17.5亿元，增长37.3%；固定资产投资92.99亿元，增长97%；社会消费品零售总额27.5亿元，增长18.2%。全年共接待国内外游客312万人次，增长49.3%，实现旅游总收入 26.87 亿元，增长 50.1%。

【“三农”工作】全市实现农业增加值 13.9 亿元，比上年增长 6.5%。大力推进生态与现代农业融合，建成标准化农业科技示范园区 33 个，新植葡萄、大枣 3.4 万亩，特色林果面积累计达到 18 万亩，种植瓜菜 8.2 万亩，在酒泉率先实现了农民人均 1 亩“万元田”。推进农业产业化进程，建成葡萄、红枣深加工等产业化龙头项目 14 个，新注册农民专业合作社 33 个，创建省级示范合作社 3 个，流转土地 10521 亩。推进农业标准化进程，3.1 万亩葡萄、红枣获得绿色认证，丰农西甜瓜等农产品获得无公害产品与产地一体化认证，敦煌葡萄获得国家地理标志产品保护认证。被认定为首批省级现代农业示范区和全国休闲农业与乡村旅游示范县。加快灌区节水改造，建成骨干渠道 27 公里，田间节水工程 8.7 万亩，落实高效节水技术农田 20.8 万亩。积极争取公益林保护项目，新增国家重点生态公益林保护面积 20 万亩。加大造林绿化力度，完成生态造林 7000 亩，封滩育林 2 万亩，义务植树 50 万株。

【项目建设】2012 年，全市组织实施各类建设项目 280 个，完成固定资产投资 92.99 亿元，比上年增长 97%。MEMC18 兆瓦、西北勘测院 30 兆瓦等项目建成并网发电；大成 200 万平方米花岗岩板材加工、西域新材 6000 吨薄膜生产线、润元 1 万吨宽幅彩印等项目建成投产。文化创意产业园、文化雕塑博览园、雷音寺扩建等项目顺利推进。党河灌区节水改造、退牧还草、精品农业示范园等项目全部完工。农贸市场、交通客运枢纽站建设和污水处理厂升级改造等项目已建成投用。

【人民生活】全年城镇居民人均可支配收入 20939 元，比上年增长 16.8%；农民人均纯收入 10254 元，增长 17.8%。城镇居民消费恩格尔系数为 27.6%，比上年降低 0.66 个百分点；农村居民消费恩格尔系数 26.3%，比上年降低 0.05 个百分点。年末城镇居民人均住宅建筑面积 35.38 平方米，比上年增加 0.03 平方米；农村居民人均住房面积 57.85 平方米，比上年减少 1.02 平方米。

【环境保护】全市二氧化硫、化学需氧量等硬性指标全面下降，超额完成节能减排控制目标。空气质量优于国家二级标准，地面水质达标率为 100%，饮用水源水质达标率为 100%。区域环境噪声平均值和城市交通干线噪声平均值均小于目标值。

【社会保障】新开发公益性岗位 233 个，城镇新增就业人数 3988 人，发放再就业小额担保贷款 4.23 亿元。继续扩大社会保险覆盖面，完成城乡低保提标工作，发放落实城乡低保金 2682 万元，发放各类救助资金 1649 万元。建成流浪乞讨人员救助管理站。全市五保供养对象达到了“应保尽保”，供养标准由每人每年 2400 元提高到 2800 元，供养人数达到 356 人，累计发放供养资金 103 万元；现有敦煌市社会福利院、3 所敬老院和 3 个农村五保家园，集中供养率达 24%。社会保险、社会救助扩面提标，启动实施了城乡居民社会养老保险制度，累计完成参保缴费 71788 人，参保率达到 98%，征收养老基金 1598 万元，为 13462 人发放养老金 493 万元。

【社会事业】2012 年，全市申报专利 211 项，其中发明专利 117 项，实用新型 94 项。广泛开展文化体育活动，以第二届“敦煌行·丝路之路国际旅游节”为契机，举办了 2012“音乐敦煌”演出节，月牙泉之夜明星演唱会等大型文化活动，承办了迎青奥长跑、沙滩手球、沙滩排球等国家级赛事。优先发展教育事业，合并搬迁敦煌中学，成立北街小学，新建 5 所农村中心幼儿院，改建 4 所农村学校，实施了“公交派校车”措施。全市城乡幼儿入园率达到 100%，学前三年教育普及率达到 98.4%，初中毕业升入高中阶段升学率达到 94.5%，高考上线率、二本以上上线率、重点上线率分别达到 92.2%、32.8% 和 9.5%。大力发展卫生事业，深入推进医药卫生体制改革，公立医院实行基本药物和医用耗材零差率销售，120 急救中心建成投入使用，积极创建省级中医示范市，引进建设中医养生园和藏医专科医院，顺利通过省级卫生城复审验收。人口出生率和自然增长率分别控制在 7.38‰和 1.92‰。

庆阳市

【现任主要领导】

中共庆阳市市委书记：

张晓兰（8 月止）

夏红民（8 月任）

庆阳市人大常委会主任：付振伟

庆阳市人民政府市长：

周　强（8 月止）

栾克军（8 月任）

政协庆阳市委员会主任：张文礼

中共庆阳市纪律检查委员会书记：李学宏

【基本情况】庆阳市位于甘肃省东部，习称“陇东”。东接陕西省的宜君、黄陵、富县、甘泉、志丹等县；北邻陕西省吴起、定边及宁夏回族自治区的盐池县；西与宁夏的同心、固原县接壤；南与本省的泾川县及陕西的长武、彬县、旬邑县相连。南北长 207 公里，东西跨 208 公里，总面积 27119 平方公里。辖庆城、环县、华池、合水、正宁、宁县、镇原 7 县和西峰区，116 个乡（镇），3 个街道办事处，58 个社区。地形北高南低，海拔在 885 ~ 2082 米之间，中南部为黄土高原沟壑区，北部为黄土丘陵沟壑区，东部为黄土丘陵区；山、川、塬兼有，沟、峁、梁相间，高原风貌雄浑独特。全境有 10 万亩以上大塬 12 条。董志塬面积为 136.47 万亩，平均海拔 1421 米，平畴沃野，一望无垠，是世界上面积最大、土层最厚、保存最完整的黄土塬面，堪称“天下黄土第一塬”。地处东南部的子午岭，林木茂密，水草丰盛，其 470 多万亩次生林，为植被最好的水源涵养林，有“天然水库”之美誉。庆阳市为大陆型气候，四季分明，年均降水量 420.7 ~ 537.5 毫米，年平均气温 8.7℃ ~ 9.5℃，年日照 2006 ~ 2531 小时。

【自然资源】庆阳能源富集、物产丰富。庆阳是甘肃的石油天然气化工基地、长庆油田的主产区。已探明油气总资源量 40 亿吨，占鄂尔多斯盆地总资源量的 41%，其中石油地质储量 16.2 亿吨，2012 年原油产量为 575.87 万吨；庆阳煤藏覆盖全市，预测储量 2360 亿吨，是全省预测储量的 96%。截止 2012 年底，庆阳已探明煤炭资源 183 亿吨。刘园子、甜水堡 1 号矿井已建成，核桃峪、新庄、马福川、甜水堡 2 号正在建设，毛家川、钱阳山、九龙川等煤田正在进行前期工作。

庆阳素有“陇东粮仓”之美誉，盛产小麦、玉米、油料；荞麦、小米、燕麦、黄豆等特色小杂粮久负盛名，备受推崇。庆阳地处全国苹果生产最佳纬度区，是农业部确定的西北黄土高原苹果优生带。是全国规模最大的白瓜籽仁加工出口和杏制品加工基地，是全国品质最优、发展面积最大的黄花菜基地，是国家有关部门和单位命名的“中国优质苹果之乡”、“中国黄花菜之乡”、“中国小杂粮之乡”和“中国杏乡”。庆阳还是中医药之乡，产有甘草、黄芪、麻黄、穿地龙、柴胡等 300 多种中草药，其中 69 种已列入《中华人民共和国药典》。

【民俗文化】庆阳市民俗文化源远流长，博大精深，风格鲜明，自成体系。庆阳民歌享誉“黄土歌魂”。唱遍全国的《咱们的领袖毛泽东》、《绣金匾》、《军民大生产》等红色歌曲，是当地孙万福、汪庭有等农民歌手的佳作。评剧戏曲片《刘巧儿》，是依据陕甘宁边区时期庆阳市华池县青年农民封芝琴争取婚姻自主的真实故事而创作的艺术精品。在陇东道情的基础上长期孕育而诞生的陇剧，堪为新中国剧苑的奇葩。庆阳剪纸巧夺天工，成为传承人类文明、解读远古文化的珪璧。以香包为代表的民间刺绣，文化底蕴深厚，蜚声四海。庆阳已被中国民俗学会命名为“周祖农耕文化之乡”、“香包刺绣之乡”、“徒手秧歌之乡”、“民间剪纸之乡”、“窑洞民居之乡”、“荷花舞之乡”和中国民间民俗文化调研基地。环县被命名为“皮影道情之乡”。道情皮影、香包刺绣、唢呐进入全国第一批非物质文化遗产保护名录。在 2004 年中央电视台和央视国际网络共同组织的西部名城评选活动中，庆阳荣获“最具艺术气质的西部名城”殊誉。

【古代遗址】国家重大考古发现的“环江翼龙”和“黄河古象”古生物化石，均发掘于庆阳境内。标志中国旧石器时代肇始的华夏第一块旧石器，出土于华池县赵家岔。具有重大文物价值的境内新石器时代的仰韶、齐家文化遗址和历代古建筑、石刻、墓葬及古生物化石点有近千处。战国秦长城在华池、环县、镇原三县均有遗存。秦直道沿子午岭穿越正宁、宁县、合水、华池四县。开凿于北魏永平二年的北石窟寺为甘肃四大石窟之一。

【红色旅游】庆阳是甘肃惟一的革命老区。1927 年，中国共产党在宁县建立了甘肃第一个农村党支部。1931 年，刘志丹等建立了西北较早革命武装——南梁游击队。1934 年，刘志丹、谢子长、习仲勋等革命早期领导人创建了西北最早的陕甘边区苏维埃政权——南梁政府。以南梁为中心的陕甘边根据地是我党在第二次国内革命战争时期“硕果仅存”的革命根据地，后与陕北革命根据地连成一片，形成的西北革命根据地，为长征红军和党中央提供了落脚点和抗日战争的出发点。陕甘宁边区时期，毛泽东主席为原陇东地委书记马文瑞、专员马锡五、华池县长李丕福分别题词：“密切联系群众”、“一刻也离不开群众”、“面向群众”，为中国共产党群众思想路线的形成与践行奠定了指导方针。现存的华池“南梁政府”旧址、环县河连湾陕甘宁省委省政府旧址、山城堡战役等革命遗址，是国家、省、市分别确定的爱国主义和革命传统教育基地。在血与火的斗争中铸就的庆阳老区精神，是我们宝贵的思想财富。近年来，市、县将南梁革命纪念馆、列宁小学、陕甘边区军委、苏维埃政府旧址、中国人民抗日军政大学七分校校部旧址和大凤川军民大生产基地旧址整体修复开发，建成国家 AAA 级红色旅游景区，对开发红色旅游产业，建设社会主义精神文明具有深远的历史意义。2011 年 11 月 12 日，庆阳市被评为“中国红色文化休闲名城和中国十大特色休闲城市”。

【国民经济】2012 年，全市实现生产总值 529.36 亿元，比上年增长 15.9%。其中：第一产业 73.00 亿元，增长 7.5%；第二产业 329.5 亿元，增长 18.2%；第三产业 126.87 亿元，增长 14.5%。完成规模以上工业增加值 281.23 亿元，增长 19.0%。完成固定资产投资总额 889.91 亿元，增长 41.8%。完成社会消费品零售总额 130.64 亿元，增长 18.2%。大口径财政收入 129.96 亿元，增长 23.0%，其中公共财政预算收入 53.11 亿元，增长 19.8%。年末全市金融机构各项存款余额 506.07 亿元，比年初增加 95.19 亿元，各项贷款余额 243.67 亿元，比年初增加 67.08 亿元。城镇居民人均可支配收入 16662 元，增长 15.8%；农民人均纯收入 4262 元，增长 16.0%。

【“三农”工作】2012 年，粮食作物产量达到 155.75 万吨，比上年增长 27.2%，创历史新高。特色产业不断壮大，全市蔬菜总产量 79.75 万吨，增长 5.4%；肉类总产量 6.26 万吨，增长 5.0%；水果产量 52.06 万吨，增长 9.3%。新栽苹果 21.3 万亩，种植设施蔬菜 10 万亩。畜牧业稳步增长。全市大牲畜存栏 58.94 万头，增长 0.3%，生猪饲养量突破百万头。新建专业合作经济组织 216 个，新建、改扩建龙头加工企业 41 户。2 个农产品品牌被认定为中国驰名商标。新农村建设和扶贫开发力度持续加大，减少贫困人口 12.4 万人。

【资源开发】根据全市的资源禀赋、区域特色和产业基础，紧紧围绕建设大型能源化工基地的发展定位，着力培育油煤气能源开发产业，能源资源开发效应逐步显现。一是石化产业开发快速推进。2012年原油产量575.87万吨，增长27.5%，加工量310.25万吨。庆阳石化600万吨升级改造项目前期工作全面启动。二是煤炭资源开发快速推进。煤炭勘查快速推进，累计探明煤炭储量180亿吨；刘园子煤矿试生产，7个矿井加快建设。三是风电开发快速推进。环县南湫10万千万风电场提前并网发电，实现风电发电量29764万千瓦时，填补了全市新能源建设的空白。

【项目建设】《陕甘宁革命老区振兴规划》经国务院批准实施，全市11类120多个重点项目纳入国家战略层面。全年500万元以上投资项目1926个，比上年增长40.7%；其中新开工项目1669个，增长46.9%。庆阳机场4C级改扩建完成并顺利复航；雷西高速路基工程基本完成；国道211线甜罗高速前期工作取得重大进展；3条二级公路建设进展良好，建成通乡通村油路570公里。158处水利工程扎实推进，新宁县良平330千伏和3个110千伏送变电工程完成年度任务。实施城镇建设项目368个，城市展览馆、市区南北大街等68个重点基础建设项目取得新进展；开工建设保障性住房6365套，占省上下达任务的129%。

【社会事业】2012年末，全市事业单位各类专业技术人员40997人，其中，高级技术人员1737人。全年共组织实施农业、工业、医疗卫生和社会公益事业等各类国家、省、市科技计划项目192项，其中国列10项，省列33项，共投入科技经费1718万元。全市普通高等学校招生4475人，在校学生14387人，毕业2853人。全市大专以上高考录取人数21496人，增长16.22%，录取率87.7%，比上年提高10.2个百分点。全市共有专业文化艺术表演团体9个，全年演出1876场（次），观众161.94万人次；年末共有公共图书馆9个，藏书62.50万册；博物馆、纪念馆16个，文物藏量3.11万件；综合性档案馆9个，馆藏各类档案43.28万卷、13.81万件，资料11.44万册，照片1.88万张；文化站9个。年末，全市医疗卫生机构总数1841个，年末实有医疗床位7811张。全市共有卫生技术人员7175人，其中执业医师2406人，助理执业医师573人，注册护士2430人。

【社会保障】2012年末全市参加城镇企业基本养老保险人数7.50万人，比上年末增加0.17万人。其中参保职工5.15万人，参保离退休人员2.35万人。参加城镇基本医疗保险人数27.98万人，增加0.30万人。其中，参加城镇职工基本医疗保险人数13.85万人，参加城镇居民基本医疗保险人数14.13万人。参加失业保险人数8.28万人，增加0.17万人。参加工伤保险人数4.77万人，增加1.11万人。参加生育保险人数8.61万人，增加0.04万人。8县（区）开展了新型农村合作医疗工作，新型农村合作医疗参合率97.64%。新型农村合作医疗基金支出总额6.57亿元，累计受益278.04万人次。2012年末，全市城市低保22501户、56138人，农村低保104921户、345379人。

【环境保护】2012年，全市废水排放量2824.5万吨。废水中主要污染物化学需氧量排放量15763吨，比上年增长2.45%；氨氮排放量1756吨，下降4.41%；大气中主要污染物二氧化硫排放量14805吨，增长2.61%；氮氧化物排放量14723吨，增长3.68%。

西峰区

【现任主要领导】

中共西峰区委书记：章志兼

西峰区人大常委会主任：赵海东

西峰区人民政府区长：解　平

政协西峰区委员会主席：罗亚林

中共西峰区纪律检查委员会

书记：张　恢

【基本情况】西峰地处甘肃省东部，泾河上游，位于董志塬腹地，北靠庆城县，南接宁县，西和镇原县毗邻，东与合水县相望。属陕、甘、宁三省区金三角地带。全区共辖5乡2镇3个街道办事处，100个行政村，956个自然村。年末全区总人口37.25万人，常住人口38.06万人，其中乡村人口19.3万人，城镇人口18.76万人。西峰系黄土高原沟壑区，海拔1421.0米，地势由东北向西南倾斜。地形呈一扇状，南北长约47.7公里，东西宽约34.8公里，塬面较为完整，地势平坦广阔，耕地以黑垆土为主，微碱性，土壤肥沃，疏松、保水保肥，垂直渗透力强。属半干旱大陆性气候，具有季风及黄土高塬气候的双重特点，冬春多干旱，夏秋雨水较多，暴雨多集中在七、八月份。主要农作物以小麦、玉米为主、并盛产谷子、洋芋、油菜，苹果栽培处于最佳纬度区，近几年已初具规模。什社小米以其色泽黄亮、营养丰富而成为具有地方特色的珍品，黄花菜被国家经贸委认定为“西北特级金针菜”。主要旅游资源有发掘多处的新石器时代仰韶文化、齐家文化遗址；北魏永平二年开凿的北石窟寺，二十世纪六十年代建设的巴家咀水库大坝，宽539米，高74米，肖金宋代金城寺砖塔、小崆峒山、南小河沟等自然景观以及以周祖农耕文化为主线的公刘庙、老洞山等历史遗迹。有国列重点文物保护专业单位2处，旅游景点8处。民间艺术有剪纸、刺绣、雕刻、面塑、泥塑，臊子面、玉米发糕、高粱卷、小米稀饭等令人称道。

【国民经济】2012年，全区实现生产总值161.37亿元，比上年增长8.2%。其中：第一产业实现增加值10.88亿元，增长8.4%；第二产业实现增加值104.19亿元，增长6.9%；第三产业实现增加值46.30亿元，增长11.3%。三次产业结构比为6.7：64.6：28.7。按常住人口计算，人均生产总值达到42398.06元。全年粮食总产量13.27万吨。固定资投资完成18.0亿元，增长46.4%。社会消费品零售总额42.42亿元。大口径财政收入9.89亿元，增长5.7%，公共财政预算收入6.53亿元，增长0.2%；公共财政预算支出20.98亿元，增长18.3%。年末全区金融机构各项存款余额177.68亿元，增长23.4%；各项贷款余额97.90亿元，增长45.8%。

【“三农”工作】新农村建设投入资金1.64亿元。新建市级试点村4个，巩固、提高区级试点村10个，新建、完善乡级试点村10个，新编、修编村庄规划36个；实施农村卫生环境整治乡镇7个、行政村50个；城乡统筹投入资金3.49亿元。新建显胜岳岭、温泉齐楼等千亩示范点3处，3670亩。建成什社乡新兴、庆丰等千亩果品示范园3处，4260亩。完成百亩以上流转土地示范园16处。创建国家级苹果标准园1处、1150亩，省级苹果标准园4处、2150亩。试点村完成通砂石路和油路共计26.5公里，乡村柏油路硬化率达到100.0%，开挖自来水管线13公里，绿化通村道路、小康住宅点道路20公里，维修病池（沼气池）185座，启动小康住宅点建设17处471户。在7乡镇所在地和高速公路、西合公路等交通主干道积极实施村容村貌整治工程。于西长凤高速公路现代农业景观带道路绿化34.8公里，共栽植刺柏、杨树、楸树等绿化树木4.78万株。经济林栽植0.18万亩，义务植树105万株，公路行道新栽植49.2公里，新建千亩造林点6个6000亩。

【城市建设】全年开工建设各类保障性住房2050套16.46万平方米。组织实施南北大街、九龙路2条道路提质改造工程和林荫大道等7条城市道路建设年度任务，完成投资2.7亿元。实施红杏山庄雨水排放、兰州东路排洪、雨润集团污水临时排放工程3个城区排洪项目，从根本上解决了西峰城区25平方公里的城市防汛排洪问题。实施污水处理厂扩容改造等6个供排水项目，实施东湖公园扩建等5大园林绿化工程，地下人防和应急救灾广场工程已开挖土方30万立方米，完成了西侧综合管沟支护和3.8万个灰土挤密桩等工程施工；解放东路人行道提质改造、电信局南侧小游园，庆化大道南段等11条城市道路绿化已全面建成投用。完成了肖金镇总体规划修编及董志镇庄子洼村、后官寨乡帅堡村等40个村庄规划的编制及评审工作。全年按照“户报、村评、乡审、区定”的程序，在严格审查、认真公示的基础上扎实细致推进全区危旧房改造工作，确定了1500户农村危旧房改造任务已全面完成并通过验收。

【环境保护】全年创建绿色家庭6户、绿色单位10个、绿色学校6所、绿色社区2个、绿色医院4个、绿色饭店7个。农村环境连片整治示范项目全部完成，在董志镇的董志村、冯堡村建成了一体化地埋式生活污水处理设备，共计新建面源回收屋77座，实现了农村生活垃圾无害化处置。全年污水污染物中COD、BOD、SS、氨氮、PH值、总磷等均符合《污水综合排放二级标准》；全区二氧化硫、氮氧化物、化学需氧量、氨氮分别控制在4345吨，703吨，2385吨，439吨内，全面完成污染减排下达指标。城市可吸入颗粒物年日平均值为0.15mg/m^3，二氧化硫年日平均值为0.06mg/m^3，二氧化氮年日平均值为0.08mg/m^3，饮用水源地水质达标率100.0%，地面水水质达标率100.0%，区域环境噪声平均值55分贝，交通干线噪声平均值70分贝。

【社会保障】辖区参加基本养老保险的职工人数为22109人，其中离退休人员15196人；参加失业保险40432人；参加工伤保险17240人；参加职工基本医疗保险45472人；参加城镇居民基本医疗保险51311人。城市低保参保人数达到6750户、17499人，发放保障金4946万元，人均标准由上年的213元提高到246元。农村低保参保人数12888人，发放保障金1444万元，人均标准由上年的72元提高到89元。

【社会事业】全区共有2个高标准乡镇科技活动中心和6个村级科技活动室，区级农业科技推广机构8个，开展养殖技术培训30场次，培训养殖专业技术人员1500多名。举办各类科技培训服务活动300场次，培训群众10000余人，开展技术骨干培训26场次，培训专业技术人才2140人，培育科技示范户586户。发放科普资料3000余份，受训群众0.3万人次。建立利益共同体2个，推广应用新品种30余种，新技术18项。创建科技特派员基层创业示范点10个。辖区内共有各类学校213所，其中大学本科院校1所。各类学校共有教职工7273人，其中专任教师6481人。在校学生108855人。全年学前一年幼儿入园率达到了80.0%，适龄儿童小学入学率达到100.0%，初中达到99.3%，高中阶段入学率达86.7%。普通高校录取2893人，录取率85.3%，二本以上进线人数775名，进线率27.7%。广播人口覆盖率达到100.0%，电视人口覆盖率达到100.0%，城区有线电视覆盖率91.7%。开展“和谐西峰大舞台”群众文化活动，全面实施民俗文化产业开发、成功承办了第十届庆阳香包民俗文化节。组织了元宵节社火踩街巡演、焰火晚会、灯谜灯展、新春音乐会、梨园迎春、健美操比赛、唢呐班社邀请赛等10项大型文化活动。举办特色文化活动280多场次，举办艺术节、农民职工书画展、农民职工体育运动会、演讲赛等各类形式的文化活动32场次。拥有卫生机构285个，实有医疗病床3111张，卫生技术人员2768人，其中：执业（助理）医师1064人。新型农村合作医疗年度参合人数236422人，参合率达到了98.9%，农村五保户、特困户等困难和弱势群体参合率保持在100%。

庆城县

【现任主要领导】

中共庆城县县委书记：葛　宏

庆城县人大常委会主任：刘建民

庆城县人民政府县长：辛少波

政协庆城县委员会主席：王　超

中共庆城县纪律检查委员会

书记：何骁玲

【基本情况】庆城县位于甘肃省东部，地处陕甘宁三省区交汇地带，祖国大陆版图的几何中心，泾河上游，东邻合水，西濒黑河，与镇原县相望，南与西峰毗邻，北与环县、华池接壤。全县辖5镇10乡2个办事处，常住人口26.27万人，总土地面积2692.6平方公里，山川塬兼有。县城坐落于群山环抱之中，两水环绕，形似飞凤，又名“凤城”。庆城县是华夏农耕文化的发祥地之一，也是原陕甘宁边区的重要组成部分。

【资源优势】县内矿产资源丰富，尤以石油、天然气储量较大，现有长庆油田和中油庆化集团两大企业从事石油、天然气的开发利用。目前境内探明石油储量4.3亿吨，有油井1000多口，年产原油200万吨以上，是长庆油田主产区。庆城县是国家农业部确定的“无公害果蔬”生产基地。盛产的红元帅、红富士苹果为部优产品；黄花菜被国家外经贸部命名为“西北特级金针菜”，远销东南亚和西欧；草畜产业发展较快，为陇东重要的肉制原料品供应地之一。

【国民经济】2012年，全县实现生产总值77.8亿元，比上年增长16.6%。固定资产投资66.1亿元，增长44.7%；地方规模以上工业增加值5.17亿元，增长43.4%；大口径财政收入5.43亿元，增长24.9%；公共财政预算收入3.21亿元，增长30.3%；城镇居民人均可支配收入19215元，增长24%；农民人均纯收入4287元，增长15.9%；社会消费品零售总额20.1亿元，增长24%；粮食总产达到15万吨。

【农村经济】围绕“三点两区四带”建设，深入推进林果、瓜菜、草畜三大支柱产业开发。依托西北农林科技大学新技术，新栽与改造同步推进，新栽苹果5.1万亩，矮化密植2037亩，间伐改造1700亩，建成无公害科技示范园10处。大力发展舍饲养殖，引进小尾寒羊11011只，新增规模养殖户1080户，建成标准化养殖场10个；种植紫花苜蓿13.1万亩，完成秸秆青贮16.1万吨，实现了草畜互动、良性发展的新格局。以“一城三川两基地十五核心”为重点，全年种植瓜菜15.5万亩，其中新增设施瓜菜2526亩，特别是投资1250万元建成卅铺、玄马2栋智能日光温室，有效解决了菜农“用苗难”问题；引进新上果蔬包装生产线，扩大销售领域，实现农超对接，农业产业化进程明显加快。探索发展林下经济，栽植核桃2万亩，种植中药材2万亩，改造山杏1000亩，进一步拓宽了群众增收渠道。以“三沟三线”为重点，造林绿化13万亩，林木绿化率提高了3.2个百分点。推广运用农业机械和旱作技术，种植全膜玉米20万亩，小麦30万亩，粮食总产达到15万吨，创40年来历史最高水平。

【项目建设】全年实施规模以上项目304个，其中千万元以上项目220个，亿元以上项目14个，完成投资87.4亿元，比上年增长92%，项目支撑引领和投资拉动效应明显增强。

【招商引资】全年共实施招商引资项目43个，投资总额30.75亿元，实际到位资金18.08亿元。加快两大工业集中区建设，收储土地428亩，“七通一平”建设取得新突破；深入推进管理体制改革，加快工业企业建办，全年实施工业项目60个，联创体育、梦圆纸箱、亨阳中药饮片等企业建成投产，拓展了工业发展新领域；新增规模以上企业5户，累计达到21户，占到全市总量的三分之一。积极推行“一站式”服务，全力支持油田上产达标，原油产量达到140万吨，新增产量25万吨；加快赤城、高楼区块煤炭资源勘查步伐，钻探孔位18个，为煤炭资源开发奠定了基础。

【基础建设】旧城改造突出品位提升、环境优化两大主题，投资5亿元，实施重点工程12项，中街开发、古城墙加固、保障性住房等工程完成年度建设任务。新区开发全面启动，完成土地、林地及环评审批，实施整体搬迁195户，一期土地整理、公墓建设全面展开。小城镇建设按照既定思路，扩规模、强功能、创亮点，白马、驿马、桐川等乡镇面貌明显改观，高楼小城镇“三个一”模式在全市创造了经验。完成市级“2镇7村”和县级“1乡10村”新农村示范点建设，实施土桥整乡推进、太白梁片区连片开发项目，完成金家川等9个整村推进和马园、杨湾2个农综开发项目，农村基础面貌焕然一新。新建农村安全饮水工程4处、村组道路14条89.8公里，新修梯田3.6万亩，完成6乡镇16个行政村农网升级改造，治理水土流失60平方公里，群众行路、吃水、用电等问题得到较好解决。

【联村联户】扎实开展“联村联户、为民富民”行动，全县153个村6859户贫困户，得到省市县乡299个单位3688名干部一对一结对帮联，实现了社会力量广泛参与、联村联户全覆盖。双联行动开展以来，全县共排查调处矛盾纠纷400多起，帮办实事1600多件，解决了群众生产生活中的实际问题。

【社会事业】科技创新能力明显增强，对经济的贡献率达到50%。教育事业全面实施农村中小学营养餐改善工程，17所新建幼儿园全部开工，庆城幼儿园已建成投用。顺利通过省政府督导和陇东中学省级示范性高中复评验收。新农合补助提标扩面，全年为群众报销医疗费6560.96万元；实行基本药物零差价销售，全年让利患者300多万元；试点推行新农合意外伤害保险，全民医保体系更加健全。顺利通过省级食品、药品安全示范县验收命名。农耕文化展览馆二次装修布展全面完成，农耕文化、岐黄文化成为对外宣传、提升影响力的一张靓丽名片；创办文化企业5户，设立文化产品销售窗口7家，文化优势开始向经济效益转变；安装广播电视“户户通”5万套，山区群众看电视难的问题得到彻底解决。坚持以创业带动就业，新增城镇就业岗位6800个，其中一次性安置大中专毕业生160人；

全年输转富余劳动力4万人，实现劳务经济4.5亿元。不断提高社会保障水平，城乡居民养老保险全覆盖，城乡低保应保尽保，工伤、生育、失业等社会保险参保率均达到95%以上。

环县

【现任主要领导】

中共环县县委书记：王　谦

环县人大常委会主任：田建堂

环县人民政府县长：何英禅

政协环县委员会主席：朱芳明

中共环县纪律检查委员会

书记：高鹏程

【基本情况】环县踞陕、甘、宁三省（区）之交界，鄂尔多斯盆地之腹中，大西北经济圈之中枢，银(川)(长)武大动脉纵贯全境，神府、宁东、华亭、彬长四大煤田分布四周，中石化、中石油、延长油矿开采区块均有分布。西距兰州480公里，北距银川260公里，南距西安420公里，东距榆林280公里、延安320公里。全县辖20个乡镇、1个旅游开发办、251个行政村，1487个村民小组，总土地面积9236平方公里，2012年末全县常住人口30.54万人。境内海拔高度在1200～2089米之间，年均降雨量541.2毫米，年平均日照时间2580.8小时。

【资源优势】环县是绿色杂粮的原产地，品质优良，物美价廉。环县位于毛乌素沙漠与黄土高原的交汇地带，气候凉爽，干旱少雨，特殊的土壤、气候和降雨量造就了环县盛产荞麦、糜子、谷子、洋芋、燕麦等小杂粮和胡麻、葵花、黄豆、中药材等多种经济作物，质优品良，属绿色无公害产品。其中小杂粮产量居全省之首，被命名为“中国小杂粮之乡”。全县羊只饲养量居全省第二，是西北羊绒、羊毛、皮张和各种肉食品的主产地之一。环县矿产资源丰富，境内有石油、天然气、石灰岩、煤炭、白云岩等多种矿藏。石油地质储量达5亿多吨，是长庆油田的主产区之一；优质石灰岩储量达2000多万吨，正在开发利用；白云岩储量达18亿吨，属特优品位；全县煤炭预测储量684亿吨，其中千米以浅整状煤田预测储量51亿吨，煤层气预测储量3480亿立方米。现已探明千米以浅整状煤田储量达16.47亿吨，甜水堡千米以浅煤炭储量2亿吨，构造简单，煤质优良，具备建设亿吨级煤田的条件。

【国民经济】2012年，全县实现生产总值54.96亿元，比上年增长23%。固定资产投资80.47亿元，增长44.7%；社会消费品零售总额9.96亿元，增长29.7%；公共预算财政收入34588万元，增长82.16%；农民人均纯收入3636元，增长17.78%；城镇居民人均可支配收入18820元，增长22.01%。

【项目建设】全年共实施扬黄续建、旱作农业、新农村建设、通乡通村油路、煤炭风电资源开发、城南新区拓建等500万元以上项目158个，完成投资80.47亿元。开工实施各类新建续建工业项目35个，完成投资49.55亿元。开工实施农业项目34个，累计完成投资9.57亿元。开工实施交通能源项目21个，完成投资4.66亿元。实施各类城镇基础设施建设项目52个，完成投资17亿元。

【农村经济】全膜双垄沟播玉米喜获丰收，平均亩产超过500公斤，全年粮食产量达到41.1万吨，继2009年之后，再次被农业部命名为“全国粮食生产先进县”。南湫乡五名农民种植万亩洋芋、收入千万元，探索出了流转土地发展规模经营的新模式。大力发展设施农业，实现了布局、规模、品种三个新突破。新增紫花苜蓿20万亩，扶持养殖户2140户，建成标准化规模养殖小区23个，青贮玉米秸秆10万吨。扶持发展重点龙头企业9户，新建专业合作经济组织22个。积极发展循环农业，回收废旧农膜2560吨。补贴投放各类农机具5142台（部）。扎实推进13个新农村试点村、14个整村推进和21处易地搬迁工程，项目村基础条件改善、富民产业培育和社会公益事业发展取得明显成效。全年培训农民4万多人次，输转劳务7万人，创收7.9亿元。

【工业发展】“和谐模范油区”创建纵深推进，原油产量突破110万吨。以皮影产业开发和畜产品、小杂粮等绿色农产品精深加工为重点的地方工业趋稳向好、活力增强，创办小微企业81户，新增个体工商户945户，完成地方规模以上工业增加值1.63亿元，比上年增长51.4%。

【基础建设】大力推进以治三水、植三绿、修三路、建三房、创三城“五个三”工程为重点的城镇建设，全年实施各类建设项目116个，完成投资10.6亿元。开通了城南新区环江大道等8条主要市政道路，并完成了面粉厂巷、陵园路改造治理工程。30里环江旅游风情线一期工程、规划区内河道整治工程全面建成。城北区集中供热工程按期建成，县城近80万平方米实现了集中供暖。建成廉租房288套、公租房91套，实施农村危旧房改造3700户。甜南、洪罗两条120公里通乡油路全部建成，实现了乡乡通油路。新建通村油路（水泥路）6条87公里，通乡、通村油路安保工程全面竣工。启动实施了新城区配网自动化工程，旧城区电网改造全面完成。93处苦咸水地区农村饮水安全工程建成机井82眼、淡化站30处，农村学校饮水安全工程、赵沟门至刘台段堤防工程和川台区小型提灌工程全面完成，杨黄续建工程支管线建设进展顺利，县城供水改扩建工程投入运行，实现了黄河水通县城。狠抓生态环境建设，完成荒山造林3.85万亩、东山造林1000亩，县城新增绿地面积4万平方米。新修梯田15.74万亩，累计达到133万亩，人均4亩。全面实施农村环境连片整治项目，生态县建设持续推进。

【环境保护】2012年，全县悬浮颗粒物控制在0.15毫克/立方米，二氧化硫年平均值控制在0.06毫克/立方米，二氧化氮年平均值控制在0.08毫克/立方米；区域环境噪声平均值

55分贝，交通干线噪声平均值70分贝。地表水水质达标率≥86%，饮用水源水质达标率100%，完成了市政府下达的2012年全年污染减排计划项目，所有指标均控制在目标值之内。

【社会事业】建成18所乡镇公办幼儿园，新建、改扩建学校食堂240处。高考二本以上录取首次突破千人大关。探索创新了“一个热鸡蛋、一个热馒头、一杯热开水、一碟鲜热菜、一碗热稀饭”五个一为主要内容的农村义务教育阶段学生营养早餐改善计划，使285所农村学校的30434名学生吃上了免费早餐。深入开展文化建设年活动，组建了“道情皮影艺术团”，道情皮影赴新西兰、韩国进行了交流展演，进一步扩大了影响。广播电视网络整合、文化市场综合执法机构改革全面完成。全面实施广播电视“村村通”、“户户通”工程，广播和电视覆盖率分别提高到92.2%和92.7%。县全民健身中心获国家体育总局命名资助。曲环工委革命遗迹维修保护等红色旅游资源开发工作进展顺利，东老爷山通过国家3A级旅游景区评定，山城堡战役纪念馆公布为甘肃省党史教育基地。新农合制度、基本公共卫生服务项目“三个全覆盖”，重大传染病防控、妇幼保健、食品安全综合监管、卫生监督、地方病和爱卫工作成效明显。

【社会保障】社会保障水平不断提高，全年累计发放各类救助资金12260万元。农村低保标准由年保障1096元提高到1488元，共保障23414户（86077人），发放保障金8549万元；城市低保标准由月保障213元提高到246元，共保障1626户（3494人），发放保障金及物价补贴902万元；农村五保集中供养标准提高到2600元，分散供养标准提高到2400元，共发放五保供养金376万元。为39667名60岁以上老人发放养老金2833.4万元。新农合补助标准由人均240元提高到300元，参合农民报销医药费用8212万元。为10192名城乡劳动者投放小额担保贷款3.19亿元，扶持创业致富，新增城镇就业4321人。为251个村级残协专职委员每人每月落实误工补贴250元。高度重视农民工权益保障工作，共为668名农民工追讨工资911.7万元。

华池县

【现任主要领导】

中共华池县县委书记：赵昌军

华池县人大常委会主任：王长清

华池县人民政府县长：张万福

政协华池县委员会主席：张刚宁

中共华池县纪律检查委员会

书记：杨万香

【基本情况】华池县位于甘肃省东部，东、北与陕西省志丹、吴旗、定边县接壤，西、南与省内环县、庆城、合水为邻，总土地面积3791平方公里，耕地总面积6.89万公顷，其中水平梯田3.67万公顷。石油储存面积2200平方公里，储油量8.6亿多吨。初步预测悦乐矿区储煤面积约2364平方公里，预测储量约80亿吨。全县共辖4镇11乡，4.18万户，13.42万人，人口自然增长率6.0‰。有汉、蒙、回、藏、维、苗、壮、满、侗、土家、彝、布依、朝鲜等13个民族。境内丘陵起伏，梁峁相间，沟壑纵横，属黄土高原丘陵沟壑区。年平均降雨量510毫米左右，且多集中在7、8、9三个月。年平均气温8.7℃，无霜期178天。干旱、霜冻、暴雨为主要天气灾害。境内有元城河、柔远河、城壕河、二将川河四条主要河流，年总流径量10220万立方米。

【优势产业】华池县物产丰富，开发前景广阔。农作物主要有小麦、玉米、高粱、糜谷、荞麦、黄豆、胡麻、白瓜子等。其中黄豆、白瓜子、荞麦、洋芋、玉米以量大质优而远近闻名。全县共审批井位360个，实现产能70万吨，原油产量达到177.3万吨。现有长庆油田下属的城壕、华池、南梁、温台、元城、华庆、五蛟、乔河8个石油生产作业区及华池1个生活基地。煤炭资源开发得到大力开发，并注册成立了淮北矿业庆阳能源有限公司。全县造林面积达到2.98万亩，有杏、梨、桃、苹果、葡萄、酸蜜果等十多种果品，年产水果5.9万公斤。布尔山羊、绒山羊、小尾寒羊、早胜牛已初步形成规模养殖。野生药材以甘草、茵陈、黄岑、茜草、川地龙、麻黄、山桃仁、秦艽、杏仁、远志、柴胡等为主，尤其是甘草，质优量大，最为有名。

【国民经济】2012年，全县实现生产总值（含油田）80.03亿元，比上年增长14.2%。其中：第一产增加值4.7亿元，增长9.9%；第二产增加值65.8亿元，增长14.0%；油田工业增加值61.29亿元，增长21.7%；第三产业增加值9.52亿元，增长17.4%。三次产业结构比为5.9 ∶ 82.2 ∶ 11.9。固定资产投资72.36亿元，增长44.7%。大口径财政收入和公共财政预算收入分别达到3.2亿元和2.07亿元，分别增长19.9%和16.3%；金融机构人民币存款余额29.35亿元，增长21.9%；人民币贷款余额9.9亿元，增长39.4%；规模以上工业增加值2840万元，增长17.5%；万元GDP能耗降低率控制在3.5%以内；社会消费品零售总额7.2亿元，增长21.0%；粮食产量12.33万吨，增长5.1%。

【“三农”工作】全县深入推进产业开发富民和基础设施建设安民两大工程，全力促进农民增收、农业增效、农村发展。实现农林牧渔业增加值4.7亿元，比上年增长9.9%。种植紫花苜蓿18.4万亩，全膜玉米21.48万亩，设施蔬菜7050亩，小杂粮20.37万亩，洋芋15.99万亩。建成投资100万元以上规模养殖场32个，大家畜饲养量达到65842头。建成沼气池1582口。整修梯田3.08万亩。建成水利设施11处，新增有效灌溉面积2800亩，有效解决了5289人的安全饮水问题。落实农机补贴资金713万元，为3444户农户购置各类农业机械4508台（件）。农业机械总动力13.5万千瓦，增长17.4%。年内化肥使用量14677吨，地膜使用量1349.42吨。农村电网设施不断完备。全年新架设及维修10千伏农电线路34公里，新建0.4千伏线路51.4公里，新安装配电12台。新增容量2480千伏。落实扶贫资金900万元，增长4.0%。农村公路通车总里程达到1169.84公里。

【项目建设】开工建设各类项目308个，其中实施1000万元以上重点项目142个。马锡五审判方式陈列馆及庆阳法官教育培训基地、中央财政中小型农田水利牧区灌溉项目等131个重点项目批复立项并开工建设。新南二级公路、南梁红色旅游小镇改造建设等149个重点项目建设进展顺利。招商引资工作不断加强，引进泛华馨居建设项目、悦乐矿区煤炭资源开发等各类招商项目25个，投资总额19.25亿元。保障性住房建设逐步加强，建成保障性住房720套，共投资9920万元。完成投资7.21亿元，实施了县城职工安居及华池林业总场棚户区改造、县城南部新区集中供热等建设项目15个。

【人民生活】2012年全县城镇居民人均可支配收入达到19040元，比上年增长22.0%；农民人均纯收入达到4155元，增长16.1%。城镇居民恩格尔系数为20.9%，降低3.6个百分点。农村居民恩格尔系数为46.9%，降低8.8个百分点。年末城镇居民人均住房面积为28.65平方米，农村居民人均住房面积为16.5平方米。

【扶贫开发】全年共争取扶贫项目49个，落实资金2656万元，其中：中央、省财政扶贫资金1801万元，“三西”专项资金355万元，中央专项彩票公益金500万元。共新修梯田8370亩、新修村组道路87.1公里、建涵洞17处、桥梁12座，新建集雨场100处、人饮工程1处，新打小电井60眼、水窖60眼，完成危窑房改造333户，改造农电线路1.5公里。引进良种羊只2888只、良种牛160头，新建羊舍608座，扶持种植全膜玉米59000亩，种植优质核桃450亩、中药材6050亩、洋芋8300亩、牧草3200亩，新建蔬菜大棚80座，扶持发展龙头企业1户，贷款400万元。新建农村卫生文化培训中心2处，举办各类农业实用技术和项目管理等培训班20期，培训乡村干部、专业技术人员和贫困人口5050人次，开展技术服务咨询11场次。甄别扶贫低保户15750人，贫困人口11919户49100人。

【社会事业】全县共有学校147所，教职员工1775人，在校学生22231人，毕业6302人，13～15岁儿童教育普及率99.84%；小学生巩固率100%。新建、改建校舍10699.8平方米，维修校舍3010平方米。全县组织实施农业省列科技计划项目1项，共投入科技经费20万元。各类专业技术人员3373人（含兼岗133人），其中：高级技术人员88人。全县共有医疗卫生机构28个，卫生技术人员445人，实有医疗床位690张。全县有专业文化艺术表演团体4个，全年演出240场次，观众36万人次。乡镇文化站15个，广播机构16个。

【社会保障】2012年全县参加城镇基本养老保险2591人，参加城镇基本医疗保险14362人；参加失业保险4711人；参加工伤保险2347人；参加生育保险5785人。城镇低保1638户、3565人，发放低保金889.5万元；农村居民低保5189户、18976人，发放低保金1892万元，享受五保人数618人。新型农村合作医疗参合农民107399人，参合率97.5%；新型农村合作医疗支出总额3440.6万元，累计受益9.4万人次。

合水县

【现任主要领导】

中共合水县县委书记：柴　春

合水县人大常委会主任：谢守成

合水县人民政府县长：沈文祥

政协合水县委员会主席：朱克勤

中共合水县纪律检查委员会

书记：张　强

【基本情况】合水县位于甘肃东部，东临陕西富县，西连庆阳县，南接宁县，北靠华池县及陕西志丹县，总土地面积2941.78平方公里，现有森林面积251.01万亩，森林覆盖率为56.88%。境内海拔1298.4米，年平均降雨量为560～590毫米，平均气温7.4～9.1度，无霜期151～160天，有马莲河、县川河、固城河、苗村河、葫芦河5条河流，年平均总径流5950万立方米。全县共辖3镇9乡，80个行政村，498个自然村，53972户，常住人口14.71万人，城镇化率28.4%。

【资源优势】合水县地处子午岭山麓，境内地势东北高，西南低，子午岭斜贯全境。岭上有穿境而过的“秦直道”闻名遐迩；岭下有“小江南”之称的太白川，林草茂密。县内物华天宝，沃野千里，资源丰富，植被良好，稻田如茵，绿水如镜，光照充足，雨量充沛，四季分明，气候宜人。苹果、草畜、黄花菜、白瓜籽、黑木耳、鹿茸久负盛名，誉满中外；秦艽、甘草、麻黄、柴胡、远志、枣仁等150多种贵重中药材及核桃仁、花椒、槐米、稻米等土特产品倍受客商青睐；梅花鹿、狐、黄羊、野猪等140余种野生动物与200多万亩森林依栖相伴，生息繁衍。名胜古迹多彩灿烂，目前发掘出土古遗址196处，出土文物2600余件，国家级文物44件。千年酸枣树、碧落霞天这些古文物与新开辟的森林公园、秦直山庄等成为人们旅游观光的新亮点。1973年春，在板桥乡穆旗村挖掘出土的第四季早期完整的黄河剑齿象化石，曾轰动世界，书写了合水历史上最有价值、最辉煌的一页。

【国民经济】2012年，全县完成生产总值37.44亿元，比上年增长20.1%。其中：第一产业增加值6.36亿元，增长7.2%；第二产业增加值25.03亿元，增长25.8%；第三产业增加值6.05亿元，增长15.2%。规模以上工业增加值达到7500万元，增长39.6%；固定资产投资达到68.26亿元，增长44.6%；大口径财政收入达到1.87亿元，增长37.6%，其中公共预算财政收入达到1.3亿元，增长34.5%；金融机构各项存款余额达到

32.6亿元，净增7.1亿元，各项贷款余额达到14.3亿元，净增4.1亿元；社会消费品零售总额达到6.68亿元，增长16.2%。人口自然增长率7.25‰，城镇登记失业率为3.3%，万元GDP能耗下降3.5%。全年农民人均纯收入为4120元，比上年增长15.7%；生活消费支出3331元，增长49.5%。城镇居民人均可支配收入17530元，增长25%；人均消费性支出11897.79元，增长16.56%。

【“三农”工作】果、菜、畜、林“1234”的产业格局初步形成，新栽苹果树2.13万亩，果品产值达3.07亿元，长富2号等3个品种在全省名优果品评鉴会上获金奖。种植各类瓜菜11.6万亩，其中设施瓜菜1.5万亩，瓜菜产值达1.7亿元，板桥白黄瓜、丑家川水萝卜获全省农产品交易会优质农产品金奖。新建养殖小区（场）24个，新增规模养殖户420户，全县生猪、肉牛、肉绒羊饲养量分别达到10.8万头、4.8万头、30.2万只，畜牧产值达到1.59亿元。完成荒山造林2.5万亩，补植补造5.6万亩，实现林业产值3600万元。种植全膜玉米、马铃薯7.4万亩，完成太白水稻机械化种植4078亩，全县粮食总产达10.56万吨，创历史新高。实施扶贫整村推进项目7个，扶持6800人实现脱贫，贫困人口下降11.8%。新建农民专业合作经济组织34个、乡镇农村土地流转服务站2个。整修梯田2.4万亩，流域治理36.8平方公里，新建区域气象站3个，完成了县气象观测站新建任务。

【项目建设】全年论证储备项目228个，完成前期42个，概算投资175.3亿元；争取国家、省市各类项目和补助资金549项5.8亿元；开工实施亿元以上项目8个，500万元以上项目188个，完成投资76.6亿元。先后组团赴福建莆田、山东青岛等地开展招商活动12次，签约招商引资及启动民资项目50个，签约资金37.05亿元，到位资金13.16亿元，较上年增长98%。雷西高速公路、农村安全饮水、合拓通乡油路、学前教育工程、采油一处生活基地等事关发展全局和民生利益的重点项目取得重大突破。

【优势产业】不断深化“一站式”服务，全力支持油田企业扩能上产，原油产能达到90万吨、产量达到71.2万吨；争取油田支地资金2200万元，新修企地共建道路9条69公里，实现石油税收2410万元。争取省煤炭勘探基金5500万元，布设探井69口，吉岘、何家畔2个区块507平方公里的详查全面结束，探明储量31.8亿吨，即将进入开发阶段；板桥、瓦岗川、固城3个区块的普查全面铺开。大力发展地方工业，建办小微企业15户，新增个体工商户240户，完成非公经济增加值6.08亿元，增长11.1%；工业集中区签约入驻企业7户，古象乳业、振海塑业等地方骨干企业逐步壮大，旭晟源、天顺等招商引资企业已投产运营，陇勃重机、鼎诚商砼等新上企业开工建设。

【社会事业】积极实施“科教兴县”战略，引进推广新品种、新技术48项，成功申报专利65项，培育科技示范户530户。投资8691万元，实施校安工程、薄弱学校改造等重点项目16处，新建、改扩建各类幼儿园74所，实现了学前教育全覆盖；发放寄宿生生活补助、学生营养餐改善、困难学生资助资金2011万元，受益学生达4.53万人次；全面完成了体育惠民工程和“一村一场”建设任务。深入推进文化体制改革，完成了县剧团转企改制和广播电视有线网络整合，安装“村村通”1.07万户，“户户通”1.8万户。发展文化产业公司21家，完成香包、刺绣等民俗文化产品32万件；建成旅游农家乐15户，旅游收入达到8019万元。基层医疗机构综合改革和公立医院改革不断深化，县、乡、村三级卫生服务网络不断完善。发放计划生育惠民资金1500万元，被国家人口委命名为全国首批利益导向创建示范县，金凤凰计划生育利益导向和村民自治诚信计生两大品牌被树立为全省典型。

【社会保障】扎实开展“联村联户、为民富民”行动，实施帮联项目34个，完成帮扶投资4370万元，帮扶群众现金、物资160多万元。全面落实各项强农惠农政策，发放强农惠农资金1.5亿元。完成了城乡低保提标扩面，共发放城乡低保、农村“五保”供养、大病医疗救助等各类保障金1.3万户4683万元，为19.1万人次参合患者报销医疗费用4522.2万元；城镇居民养老保险、新型农村社会养老保险参保率分别达到96.8%和95.7%，共发放养老金2064万元，受到国务院表彰奖励；新建各类保障性住房593套，发放廉租住房租赁补贴1887户449.7万元；完成农村危旧房改造1700户、残疾人危旧房改造100户；新增城镇就业2900人，开发公益性岗位43个，安置高校毕业生327人；开展农村劳动力技能培训0.61万人次，劳务输转4.7万人次，实现劳务收入5.3亿元。。

正宁县

【现任主要领导】

中共正宁县县委书记：吴丽华
正宁县人大常委会主任：郭亚宁
正宁县人民政府县长：张龙杰
政协正宁县委员会主席：袁喜言
中共正宁县纪律检查委员会
书记：柴世伟

【基本情况】正宁县位于甘肃省庆阳市东南部、子午岭西麓，属陇东黄土高塬沟壑区。东与陕西省黄陵县以子午岭为界，南与陕西省旬邑县，西南与陕西省彬县相邻，西与陕西省长武县以泾河为界，北与本省宁县相接。地形东高西低、东宽西窄，略呈三角形，东部为子午岭林区，中西部为平原沟谷宜农区。境内被支党河、嘉峪河、四郎河分割为四塬三川，平均海拔1460米，年均气温8.7℃，降水量630毫米，蒸发量1500毫米，无霜期160天左右。全县辖4镇6乡、

94个行政村、7个社区居委会、677个村民小组。县域总面积1319.5平方公里，耕地面积43万亩。

正宁具有深厚的历史文化底蕴，孕育了绚丽多彩的民间艺术瑰宝，全县共有香包、刺绣、剪纸、泥塑、民歌、社火、秧歌、唢呐、拉板糖、木偶戏、窑洞民居、民俗礼仪等非物质文化遗产15大类香包、剪纸、刺绣等工艺品古朴典雅、巧夺天工，被誉为“活的文物”，深受专家学者和游客喜爱，手工香包“小布老虎”被联合国教科文组织收藏。县内旅游资源丰富，人文景观为世所珍，古迹斑斑的仰韶文化遗址、闻名遐迩的黄帝古冢、穿境而过的秦直道、蓊郁苍劲的汉古柏、风韵犹存的宋承天观碑、雄伟壮观的明赵氏牌坊、傲然挺立的清铁旗杆，风景优美的调令关。

正宁气候湿润、土壤肥沃，物产富饶，是天然的绿色农产品生产基地，素有“陇东粮仓”之称，农产品种类繁多，品质优良，“陇蜜”苹果、“宫河”大葱、罗川旱烟享誉陇原，形成了“塬面果烟、川区蔬菜、林缘草畜、全县劳务”的特色产业格局。

正宁煤炭资源富集，是庆阳作为“东翼”主战场和建设亿吨级大煤田的主要组成部分，已探明煤炭储量19亿多吨，由中国华能集团公司投资开发，核桃峪年产800万吨矿井进入了建设阶段，宁长二级运煤通道顺利实施，随着正宁电厂、煤田供水工程等重大项目以及周家煤电工业集中区、中铝罗川煤电铝一体化循环经济区的开工建设。

【国民经济】2012年，全县实现生产总值21.34亿元，比上年增长14.4%。大口径财政收入、公共财政预算收入分别完成1.34亿元、1.03亿元，分别增长25.73%和29.85%。全县公共财政预算支出10.56亿元，增长22.92%。固定资产投资90.92亿元，增长44.63%。社会消费品零售总额完成9.18万元，增长16.3%。城镇居民人均可支配收入完成17590元，增长22%。农民人均纯收入4624元，增长14.6%。年末城镇居民人均住房建筑面积31.48平方米，农村居民人均住房面积31平方米。城乡居民家庭恩格尔系数分别为32.8%和36.2%。

【“三农”工作】全年实现农业增加值7.67亿元，比上年增长9%。全县粮食总产量达90137吨，增长0.15%。全年油料播种面积9.45万亩，产量1.5万吨，增长6.1%。新建日光温室40座、骨架大棚260座、大小拱棚2.1万座，设施种菜面积达到1.7万亩；大葱面积3万亩，产量6.4万吨。林果生产成效明显，全县果园面积19.82万亩，水果产量7.3万吨，增长13.5%，全年共完成工程造林面积0.5万亩，新育苗木面积0.56万亩，四旁植树81万株，新栽苹果2.1万亩，果园面积累计达到19.82万亩。畜牧生产稳步增长，肉产量达到2962吨，增长6.8%。新农村建设“五大行动”扎实推进。修编村庄规划40个，建成中心村6处、小康农宅440户，改造农村危旧房2200户，农村水、电、路、网等基础设施配套到位，体制机制不断健全，试点工作顺利通过省市验收。扶贫开发力度持续加大，六盘山贫困片带扶贫规划正式启动，争取财政扶贫资金1437万元，扶持减贫6330人。全年输转劳务5.702万人，实现劳务收入6.32亿元。

【项目建设】全年论证储备项目302个，资金规模75.4亿元。项目资金明显增多，争取到西罗周公路、校安工程、宫河塬供水工程等项目165个、资金及经费补助6.52亿元，比上年增长63.4%。重点项目建设进展顺利，组织实施产业开发、工业建设、基础设施、社会事业等500万元以上项目239个。2012年全县完成固定资产投资90.92亿元，增长44.63%。

【社会保障】城镇基本养老保险参保4986人，其中在职3705人，退休1281人；失业保险完成参保5691人；城镇职工医疗保险完成参保9015人；工伤保险完成参保6023人；生育保险完成参保7477人；居民医疗保险完成参保9096人；城乡居民社会养老保险完成当年参保12.47万人，参保率达到95.81%。其中，新型农村社会养老保险完成当年参保12.2万人，参保率达到95.79%；城镇居民养老保险完成当年参保2617人，参保率达到96.9%。发放企业职工基本养老金2453万元；支付城镇职工医疗保险费1739万元；支付城镇居民医疗保险259万元；支付生育保险19.6万元；发放城乡居民社会养老保险1962万元，发放率达到100%。新增城镇就业5895人，城镇失业人员再就业1134人，安置复退军人45名，招录高校毕业生156人，高校毕业生就业率86.5%以上，城镇登记失业率控制在3.83%。城乡低保、五保供养、医疗救助、优抚安置、慈善助残等政策全面落实，城乡居民养老参保率达到96%，实施残疾人危房改造180户，保障性住房核定425户，发放住房租赁补贴674户。

【社会事业】2012年，全年共论证储备科技项目8个；上报科技部项目2个，立项1个；上报省科技厅项目8个，立项3个。完成专利申报57件。安排乡镇科技创先经费200万元，设立工业发展基金300万元。坚持引进与自主开发相结合，县财政列支科技专家经费、科普经费、新品种引进试验示范费等31万元，研制成功地轮式、滚筒式起垄施肥全覆膜机和施肥起垄机等四种机具，在省内外十多个县进行了试验和大面积推广应用，获得好评。全县共有各级各类学校153所，在校学生30665名，共有教职工3060人，其中专任教师2906人。建成中心小学以上学校食堂27个，农村小学食堂77个，对营养餐供应商进行了公开招标，采取食堂供餐与蛋、奶供应相结合的模式进行供餐。全县114个医疗单位已全部实行了药品零差率销售，累计销售药品1770.9万元，让利群众227.7万元；全县门诊补偿119520人次、256.04万元，住院补偿9014人次、2997.33万元；县级两所医院门诊人数、住院人数、业务收入分别较医改前增长51.5%、45.9%、33.7%，人均住院费用降低了633.4元，人均自费比例降低到3.2%，群众满意率达到98.3%。全年开展广场舞蹈培训70场次，演出节目50场次，下乡培训60余次，培训广场健身舞蹈2套；成功举办了秦腔大赛、乡镇农民文艺汇演、2012年声乐器乐舞蹈大赛和庆十八大胜利召开专场文艺晚会。立足县域民俗文化底蕴深厚、资源丰富的优势，主攻以香包、刺绣为主的民俗文化产业开发，辐射带动了各类新型文化产业的发展。县文化产业从业人员达15000多人，实现增加值4508万元。

【环境保护】先后出动执法人员120人次整治建筑施工、商业网点、文化娱乐噪声3起，制止夜间违规施工3起，治理餐饮业油烟污染1起，处理环境信访案件7件，结案率达到100%。全县环境质量二级，良；地表水水质达标率94%，集中式饮用水源地水质达标率100%；区域环境噪声和交通噪声达到声环境质量标准。

宁县

【现任主要领导】

中共宁县县委书记：马　斌

宁县人大常委会主任：李百选

宁县人民政府县长：侯昌明

政协宁县委员会主席：刘　政

中共宁县纪律检查委员会

书记：梁运通

【基本情况】宁县位于甘肃省庆阳市东南部，东倚子午岭，南通陕西，西临泾河和蒲河，北与庆阳市合水、西峰接壤，扼甘、陕、宁三省之要冲，是三省结合部人流、物流、信息流、资金流的窗口，具有显著的区位优势。全县总土地面积2653.72平方公里，耕地95.4万亩，辖18个乡镇(8镇10乡)、257个行政村，13个社区，总人口54.89万人，常住人口40.15万人。其中农村人口51.0万人。年降水总量496.6毫米，年均气温9.5℃，全年无霜期186天左右，属典型大陆性季风气候。海拔860~1760米，境内主要有九龙河、马莲河、泾河、蒲河等9条河流，土壤以黑垆土、黄绵土为主，是小麦、玉米、油料、黄豆等作物的主产区，素有“陇东粮仓”之美称。宁县地处鄂尔多斯盆地腹地，境内矿藏资源储量丰富。已探明的有石油、煤炭、煤层气等化石性矿产能源资源。石油资源预测含油面积1000平方公里，预测石油储量超过1亿吨。煤炭资源总储量1027亿吨，其中1000米以浅的预测储量为77亿吨。煤层气资源也十分丰富，预测储量2150亿立方米，开发前景十分广阔。

【国民经济】2012年，全县实现生产总值47.54亿元，比上年增长20.3%。其中：第一产业完成增加值13.20亿元，增长6.3%；第二产业完成增加值17.59亿元，增长38.4%，第三产业完成增加值16.75亿元，增长14.1%。三次产业结构比为27.8 ∶ 37.0 ∶ 35.2。完成固定资产投资131.19亿元，增长44.7%；完成工业增加值6.25亿元，增长22.3%，其中规模以上工业实现增加值2.28亿元，增长45.4%。社会消费品零售总额完成19.33亿元，增长23.1%。完成大口径财政收入2.31亿元，实现公共财政预算收入1.84亿元。城镇居民人均可支配收入14780元，增长23.0%，农民人均纯收入4296元，增长16.1%。

【“三农”工作】立足资源优势，坚持专业化布局，加快发展高效特色产业，种植结构不断优化。全县农作物播种面积149.11万亩，粮食播种面积97.41万亩，粮食总产量达到24.47万吨，比上年增长1.3%。以万亩设施瓜菜基地建设、高原夏菜和无公害西瓜种植为重点，抓点示范，整体推进，种植瓜菜23.1万亩，瓜菜产量高达47.78万吨。以宁县富士苹果，曹杏，九龙金枣，黄干桃，核桃等为主的经济林果种植总面积达到25.87万亩，园林水果产量3.02万吨，增长15.7%。全年共完成造林作业面积2.5万亩，封山育林面积12.28万亩，年末实有育苗面积2.03万亩，本年出售树苗1903万株，当年苗木产量19003万株，当年退耕造林面积1000亩。畜牧业在加快优良品种引进消化的基础上，积极推广设施化，规模化养殖，促进了畜牧业的快速发展。宁州肉羊成为新的收入增长点，在肉羊示范村的带动下，大力推广“30+1”模式，建基地、抓大户、带农户，简称千只以上规模羊场22个，规模户2000户。积极推广“青贮银行，青贮合作社”等五种饲草青贮模式，青贮饲草28.4万吨。年末大家畜存栏8.9万头，全年肉类总产量1.26万吨。

【项目建设】全年共实施500万元以上项目381个，固定资产投资131.19亿元，比上年增长44.7%。全面推进县城新区开发与旧城改造，新区建成中医院，居民住宅小区，购物中心，完成土地整改，基础路网、地下综合管沟及绿化、供热等27项工程，完成投资8.9亿元；老城区实施了“三江两岸”综合景观、进出口改造、四山绿化和污水处理厂建设等重点工程，共完成投资4亿元；完成宁北—合水东、宁北—合水西煤田详查；宁长二级公路除桥梁工程外全部建成通车，完成投资7.8亿；修建通乡油路，通村水泥路、通村沙路193.6公里。强化电力保障，良平330千伏输变电工程建成运营，新建10千伏线路26.33公里，0.4千伏线路19.41公里。顺利完成和盛初中搬迁，建成县城新区小学和15所乡镇中心幼儿园；建成乡镇综合文化站5个，农民健身广场17个，完成广播电视“户户通”、“村村通”工程11.38万户。

【扶贫开发】2012年完成减贫任务1.84万人，全年共投入财政扶贫资金4160万元，其中基础设施1916.93万元，增收项目1451.47万元，科技扶贫747.6万元，其它44万元。新修梯田0.5万亩；新打机井14眼，维修机井5眼，建高位水塔24座，建蓄水池2座，打小电井150个，建自来水管线91.43公里；建涵洞24处，建漫水桥3座，新修村组道路332.6公里，危房危窑改造691户。“雨露计划”实施方式改革试点扶持贫困家庭初、高中毕业后未就业的新生劳动力参加职业教育培训3773人，贫困家庭两后生600人，全部输送至北京、广州、上海等地多家大型企业。

【社会事业】全县有医疗卫生机构25个，拥有床位1206张，卫生工作人员1268人，其中卫生技术人员603人，执业医师和执业助理医师279人，注册护士296人，检验师和放射医师28人。全县拥有科研推广机构144个，从事科研活动人员数1125人。全年共向省市申报争取科技项目13个，目前已立项下达1个，实施科技项目53个，其中科技部项目3个，省级项目5个，市级项目13个，县级项目32个。积极组织科技下乡活动，共举办各类专题培训班347期，普及培训7.8万人次，骨干培训0.8万人次，全县累计引进推广实用技术78项，高新技术17项。全年科学技术支出完成1450万元，增长15.1%。年末，全县拥有各类中小学校313所，教学班级2076个，全县拥有各类中小学313所，全县在校中小学生65875人。拥有校舍建筑面积582152平方米，全县中小学教职工5791人，专任教师5233人，其中大学本科及以上学历教师2056人。

【社会保障】新型农村合作医疗、城镇居民基本医疗保险、农村低保制度全面建立。新型农村合作医疗参合人数达到482456人，参合率97.84%。城镇居民最低生活保障家庭达到54615户次，保障13.52万人次。年末参加城镇养老保险人数7579人，参加城镇医疗保险人数30562人，参加城镇失业保险人数8143人。

镇原县

【现任主要领导】

中共镇原县县委书记：周　伟

镇原县人大常委会主任：薛　渊

镇原县人民政府县长：李崇暄

政协镇原县委员会主席：黄清文

中共镇原县纪律检查委员会

书记：王文剑

【基本情况】镇原县位于甘肃省庆阳市西南部，东临庆城县、西峰区，西接宁夏回族自治区彭阳县，南界平凉市泾川县、崆峒区，北靠环县。平均海拔1450米；南北长91.24公里，东西宽78.3公里；总土地面积3500平方公里。全年日照总时长2455.1小时，太阳辐射总量132.8 ~ 140.2千卡/平方厘米，年平均气温9.6℃，无霜期186天，全年降雨量434.4毫米。全县共辖7镇12乡、215个村民委员会、5个社区居委会、1991个村民小组。2012年末常住人口41.73万人，全年人口自然增长率7.2‰。镇原沃土平畴，物产称丰。全县小麦、玉米、药材、黄花菜、杏子、瓜菜、石油、煤炭等资源丰富。

【国民经济】2012年，全县实现生产总值45.69亿元，比上年增长19.1%。其中：第一产业增加值13.96亿元，增长9.2%；第二产业增加值15.02亿元，增长33.5%；第三产业增加值16.71亿元，增长16.3%。三次产业结构比为30.5 ∶ 32.9 ∶ 36.6。完成社会消费品零售总额16.52亿元，增长20.99%。全县大口径财政收入完成2.9亿元，增长43.22%，其中，公共财政预算收入完成2.22亿元，增长45.97%。年末金融机构各项存款余额53.23亿元，增长24.73%，其中，储蓄存款余额42.82亿元，增长26.03%；各项贷款余额27.48亿元，增长18.47%。

【“三农”工作】全年完成农业总产值23.15亿元，比上年增长9.67%；粮食总产量达到30万吨，增长17.28%。全县农作物播种面积202.10万亩，增长3.13%；粮食作物播种面积150.43万亩，增长10.63%。建成千亩标准化苹果示范园5处5650亩。建成了开边兰沟500亩设施蔬菜生产示范园。坚持“小规模、大群体”的发展路子，建成规模养殖场及养殖小区11个，发展规模养殖户520户，大家畜饲养量达到35万头。中盛公司肉鸡养殖基地完成选址49个，建成10个，投资达到3400万元。全膜粮食面积达到74万亩，全膜玉米增产增收效果进一步显现。建成了平泉马洼、开边陈坪等一批新农村建设试点村，完成投资3.6亿元，示范带动效应非常明显。实施易地扶贫搬迁、整乡整村推进等项目35个，完成投资8200万元；“双联”行动累计争取项目资金及帮扶物资3亿元，实现3.5万人稳定脱贫。

【工业强县】2012年，全县完成规模以上工业总产值14.97亿元，比上年增长41.3%。实现工业增加值13.83亿元，增长48.69%。地企共建迈上新台阶，油田企业投资1.3亿元，实施了9个支地项目。县城加气站建成投用，天然气入户850户。金龙工业集中区二期建设有序推进，三期建设全面启动，入驻企业15户，被确定为省级“新型工业化示范产业基地”和“循环经济示范园区”。全力支持非公经济发展，新增规模以上企业4户、民营企业75户，是近年来发展势头最好的一年。

【项目建设】严格实行“五个一”和领导干部包抓责任制，加强环境整治和工期调度，开工实施50万元以上项目318个，完成投资77.9亿元，比上年增长49.7%。2012年，全县500万元以上固定资产投资完成62.58亿元，比上年增长46.41%。庆镇二级公路、石油开发、农村安全饮水、县城新区开发建设等一批事关长远发展的重点项目推进顺利。修订完善了招商引资优惠政策和考核办法，全方位拓宽开放领域，多形式开展合作交流，用真情打动客商签约，全年共实施招商引资项目29个，完成投资21.8亿元。中盛公司、新一代搬迁新建等重点项目顺利落地实施。各类项目的大规模实施，为全县经济社会转型跨越发展奠定了基础。

【人民生活】2012年，全县城镇居民人均可支配收入17262元，比上年增长23%；人均消费支出13048元，增长12%。农民人均纯收入3915元，增长16.67%。全县职工年平均工资为37490元，增长14.02%，就业形势逐年好转。年末全县单位从业人员14053人，比上年增加590人，增加4.39%。年内有803名下岗失业人员通过各种渠道实现了再就业，年末城镇登记失业率为3.65%。组织输转富余劳动力7.91万人，年劳务总收入达到16.28亿元，比上年增长33.9%。

【社会事业】省、市交办的29件实事全部落实。累计发放各类民生保障资金6.8亿元，49.4万人受益。落实小额担保贷款4.1亿元，新农合报销医疗费1.44亿元。安置高校毕业生327人，新增城镇就业6540人。实施农村危房改造2000户，建设各类保障性住房1564套10.06万平方米。县社会福利中心投入使用，建成乡镇公益性公墓5处。积极筹措4903万元解决了城区征地、造纸厂改制等一批历史遗留问题，千方百计化解历年债务4740万元。实施了123所学校、幼儿园的新建、改造项目，镇原二中一期建成招生。全县各类在校学生74339人。文化体制改革顺利完成，实施广播电视“户户通”10.11万户，全县有线电视数字用户达到3767户。全面推进医药卫生体制改革，药品价格平均下降了18.2%；县一院住院楼及3个乡镇卫生院业务楼完成主体。

【社会保障】全县参加基本养老保险的单位72个6710人，基本养老保险基金收入1773.05万元；参加失业保险8151人，失业保险基金收入345.73万元；参加城镇职工基本医疗保险222户17446人，医疗保险基金收入2351.43万元；参加农村新型合作医疗的群众46.75万人，参合率达到97.05%，医疗保险基金收入1449.12万元。全县城镇居民共有2707户6034人得到政府最低生活保障救济；农村共有23726户68014人得到政府最低生活保障救济。

定西市

【现任主要领导】

中共定西市市委书记：杨子兴

定西市人大常委员会主任：牛兴民

定西市人民政府市长：常正国

政协定西市委员会主席：成柏恒

中共定西市纪律检查委员会书记：陈尊峰

【基本情况】定西市位于甘肃省中部，取“安定西边”之意而得名，通称“陇中”，东接天水、西靠兰州、北邻白银，南连陇南，并与甘南、临夏接壤，具有承东启西，南连北展的区位优势。全市总面积20330平方公里，总耕地面积771.14万亩，农民人均2.9亩。现辖1区6县，119个乡镇、2个街道办。居住着汉、回、藏等18个民族。定西地处黄土高原西部边缘地带和西秦岭末端，以渭河为界，形成中北部黄土丘陵干旱区和南部高寒阴湿的两种独特自然气候。地势南高北低，全市海拔在1420~3941米之间，东南暖湿气流受阻，大陆性气候明显，年平均气温7℃左右，年总降水量400~600毫米，无霜期100~160天。

【资源优势】农业资源：定西的土壤气候极适合中药材、马铃薯生长。所产马铃薯形整、质优、储存期长、淀粉含量高，产量和质量在全省及全国均处于一流水平，是全省各地乃至周边省区的良种马铃薯供应中心。定西是地道的中药材主产地，中药材资源十分丰富，已查明的中药材有300多种，尤以岷归、党参驰名中外，党归、党参产量分别占全国的70%和40%。处于洮河上游的岷县自古就有“千年药乡”之称，所产党归世称“岷归”，被列为国家原产地认证保护产品。渭源县被称为党参“故里”，种植的党参体胖梢长，皮肉坚实，质量优良，功能与人参近似。

旅游资源：定西是黄河上游文明的重要发祥地之一，自战国秦置陇西郡以来，已有2200多年的历史，境内有著名的新石器时代马家窑文化和青铜器时代齐家文化、寺洼文化、辛店文化遗址以及西起临洮绵延本市300余公里的战国秦长城遗址；有海内外李氏同胞寻根祭祖的“陇西堂”；还有一批以漳县贵清山、遮阳山国家4A级景区为代表的自然景区和被列入全国百个红色旅游经典景区的红军长征通渭“榜罗会议”和岷县“岷州会议”纪念馆等；有独具风格的渭源灞陵桥、气势雄伟的陇西威远楼。

矿产资源：区内主要矿产资源有花岗岩、大理石、红柱石、汉白玉、硅石矿、高岭土、硫铁矿等，其中花岗岩、大理石、红柱石等矿产开采条件好，储量大。

【国民经济】2012年，全市实现生产总值223.27亿元，比上年增长12.7%。其中：第一产业增加值67.71亿元，增长7.4%；第二产业增加值60.19亿元，增长17.7%；第三产业增加值95.37亿元，增长13.0%。三次产业结构为30 ∶ 27 ∶ 43。全市完成固定资产投资392.29亿元，比上年增长44.2%。实现社会消费品零售总额73.34亿元，增长17.3%。完成大口径财政收入23.21亿元，增长30.68%，其中公共财政预算收入13.11亿元，增长31.06%；实现公共财政预算支出148.67亿元，增长26.31%。

【项目建设】2012年，定西市坚持把项目建设作为加快发展的重要举措，编制完成专项规划32个，谋划生成总投资1.58万亿元的2055个项目，其中围绕全省“3341”项目工程，谋划项目1068个、总投资4562亿元。争取到国家政策性资金65.4亿元，增长23%。执行招商引资项目274个，到位资金182.5亿元，增长111.2%，其中境外省外项目181项，到位资金129.89亿元，增长131.6%。引进甘肃招金贵金属冶炼等亿元以上项目88个，到位资金97.3亿元，增长168.8%；第十八届“兰洽会”签约重点项目总投资505亿元，是前五年总和的1.3倍。

【农业经济】全市紧紧围绕农

业增效、农民增收这一目标，以打造“中国薯都”和“中国药都”为重点。全市共播种各类农作物856.04万亩，其中粮食作物674.15万亩，经济作物181.89万亩。全市粮食总产量达137.37万吨，增长11.17%，粮食生产实现连续五年增产，总产达到历史最高水平。年末大牲畜存栏59.1万头，比上年增长1.6%。全年肉产量8.48万吨，增长2.54%；禽蛋产量9514吨，下降0.42%；牛奶产量7598吨，增长52.87%。

【优势产业】“中国薯都”建设依托产业园及良种繁育供应、标准化种植、精深加工和现代物流加快推进，并得到农业部确认和支持。生产马铃薯脱毒原原种5.1亿粒，建立原种扩繁基地4.5万亩、一二级良种基地160万亩、标准化种植基地268万亩，马铃薯种植面积326万亩、鲜薯产量达498万吨。新建马铃薯贮藏窖4780座，改造提升马铃薯贮藏设施9.14万眼，全市各类马铃薯贮藏设施达到93.5万眼，贮藏能力320万吨以上。全市万吨以上马铃薯加工企业达到27家，精淀粉生产能力达到45万吨。成功举办了“中国·定西马铃薯大会”，积极参加“中国国际薯业博览会”，“定西马铃薯”荣获中国驰名商标；中国证监会同意以甘肃省马铃薯为单独期货合约上市，安定区被确定为陇薯期货交割基准地，省政府与国家农业部签署了建设覆盖西北地区的全国首个国家级马铃薯批发市场备忘录。“中国药都”建设依托产业园及标准化种植、多层次加工和规模化交易加速推进。建立中药材优质种子种苗繁育基地6.4万亩、标准化种植基地51万亩，中药材种植面积108.13万亩、总产量22.43万吨，较上年增加5.3万吨。畜草产业发展势头强劲。投入财政扶持资金6000万元，新建规模养殖场（小区）233个，发展规模养殖户1万户，引进广德福丰等大型养殖龙头企业27户。全市畜禽规模养殖比重提高到35%，畜禽养殖总量达到1800万头（只），较上年增长44%。马铃薯、中医药、畜草产业“三足鼎立”发展局面开始形成。

【工业强市】全市深入实施工业发展十大行动计划，实施华能华家岭风电一期等千万元以上工业项目216个，完成工业固定资产投资98.5亿元，比上年增长35.6%。安排财政专项资金1.56亿元，扶持工业企业发展壮大，新增规模以上工业企业30户，累计达到80户。全市完成工业增加值38.58亿元，比上年增长20.2%。规模以上工业企业完成增加值20.51亿元，增长23.3%。

【社会事业】2012年，全市有各级各类学校1700所，在校学生5220人，各级各类学校共有教职工35145人，其中专任教师33711人。全市高考二本以上上线人数9226人。加大力度实施校车安全工程，为1.12万名农村寄宿学生提供了校车服务。组织实施农村义务教育学生营养改善计划，为26万学生提供了营养餐服务。组织申报各类科技计划项目191项，其中：国家科技部33项，省级科技计划项目158项，项目申报数比上年增长38.3%。共争取批复国家、省级科技计划项目62项，到位资金3398万元，增长40%。其中《脱毒马铃薯快速繁育技术》等20个项目获得国家创新基金立项支持。313家新建农家书屋全面建成，实现了全市1816个行政村农家书屋全覆盖。建成文化共享工程县级支中心7个，建成农村村级基层终端接收站点1766个。105个新建乡镇文化站全面建成，实现了乡乡都有综合文化站。年末广播节目综合人口覆盖率达到95.77%，电视节目综合人口覆盖率达到96.69%。6所县级医疗机构、6所县卫生监督所及医疗急救体系基础建设进展顺利，28个乡镇卫生院改扩建、89个标准化村卫生室建设任务圆满完成。年末全市共有医疗卫生机构2434个，卫生技术人员9419人，其中执业医师和执业助理医师3362人，注册护士2481人。医疗卫生机构床位10827张。新增公共体育场地面积13万平方米。25%的行政村实现“一村一场”（篮球场），14%的乡镇建成乡镇体育健身中心，在119个乡镇实现“一乡一站”（体育活动站）的基础上，在其中20个乡镇又进行乡镇农民体育健身提升工程重新覆盖。

【人民生活】全年城镇居民人均可支配收入14281元，比上年增长16.2%；城镇居民人均消费支出10429元，增长16.11%；城镇居民家庭恩格尔系数为32.97%，比上年降低2.05个百分点。农民人均纯收入3612元，增长17.5%；农村居民人均生活消费支出3569元，增长18.8%；农村居民家庭恩格尔系数为42.93%，比上年降低0.1个百分点。全部职工年平均工资为36401元，增长13.6%。在岗职工平均工资36839元，增长12.6%。

【社会保障】发放小额担保贷款6.45亿元，新增城镇就业1.63万人，带动就业3.2万人。多渠道安置高校毕业生5554人。全市城镇职工参加养老、失业、医疗、工伤和生育保险的人数分别达到8.7万人、8.16万人、14.06万人、7.81万人和8.05万人。参加城镇居民基本医疗保险人数为15.39万人，下降11.2%（全市有2万人城乡结合部人员退出城镇居民医保参加农村新农合）；参加农村社会养老保险人数为150.16万人，增长57.99%。全年各项社会保险基金总收入达到12.33亿元，增长27%，各项社会保险基金总支出9.34亿元，增长40%。年末全市参加新型农村合作医疗农民人数为232.49万人，参合率达到95.38%，较上年提高0.31个百分点。全年新型农村合作医疗基金支出总额为62315.2万元，比上年增长45.3%；累计受益313.72万人次，比上年增长84.2%。全年城市医疗救助1.97万人次，农村医疗救助9.90万人次，民政部门资助的农村合作医疗人数6.23万人。城市低保、农村低保和农村“五保”人均供养标准分别提高15.5%、35.8%和14%，保障对象分别达到5.83万人、50.96万人和1.37万人。

（陈益民）

安定区

【现任主要领导】

中共安定区区委书记：位志荣

安定区人大常委会主任：郭景虎

安定区人民政府区长：赵众炜

政协安定区委员会主席：景利军

中共安定区纪律检查委员会

书记：贯记贤

【基本情况】安定区地处甘肃省中部、定西市北部，距省会兰州90公里，东北及东部邻会宁，东南接通渭，南部与陇西、渭源毗连，西南连临洮，西部至西北与榆中接壤，自古就有“甘肃咽喉”、“兰州门户”之称。全区地势自西南向东北倾斜，全区海拔在1671～2577米之间。城区所在地海拔为1898.7米。全境处祖厉河支流关川河流域，大地构造属祁连山加里东褶皱带东部、陇西旋卷体的一部分。气候属中温带干旱、半干旱区，大陆性季候风气候显著。年平均太阳辐射量141.4千卡/平方厘米，年平均日照2500.1小时。年均气温6.3℃，无霜期141天。年均降水量400毫米，多集中在秋季，蒸发量高达1500多毫米，是一个干旱、冰雹、霜冻、低温等自然灾害频繁的农业区。全区辖12镇7个乡和2个办事处，有317个村（居）委会，2389个社（组），年末常住人口42.15万人，其中乡村人口36.26万人。总流域面积3638.7平方公里，其中耕地171.54万亩，是“中国马铃薯之乡”。

【国民经济】2012年，全区完成生产总值46.41亿元，较上年增长14%。其中：第一产业增加值9.86亿元，增长6.5%；第二产业增加值13.11亿元，增长20.3%；第三产业增加值23.44亿元，增长14%。三次产业结构比为21∶28∶51。完成固定资产投资85.7亿元，增长51.12%。大口径财政收入完成5.16亿元，其中公共财政预算收入2.24亿元，分别增长27.2%和22.5%。公共财政预算支出21.16亿元，增长14%。城镇居民人均可支配收入达到14286元，增长16.13%；农民人均纯收入达到3632元，增长17.1%。社会消费品零售总额完成24.58亿元，增长17.3%。全区各类金融机构存、贷款余额分别达到126.63亿元和80.55亿元，分别增长18.33%和33.54%。

【“三农”工作】全区共完成粮食作物播种166.08万亩（夏粮21.35万亩，秋粮144.73万亩），粮食总产量达到51.13万吨，增幅达到83.9%；完成蔬菜种植8.3万亩，产量达到56万吨，增长16.7%。年底畜禽饲养量达312.49万头（只），其中各类畜禽存栏182.02万头（只、匹），出栏各类畜禽130.46万头（只、匹）。肉蛋奶产量3.24万吨。畜牧业产值达4.1亿元，增长26.1%；人均牧业收入达640元，增长27.2%。全年共输转城乡劳动力11万人，其中通过能人带动和政府引导，组织输转人数6.8万人，自谋输转4.15万人，培训城乡劳动力3.5万人，其中技能培训1.8万人，引导性培训1.7万人，实现劳务总收入12.1亿元。

【项目建设】重点实施了基础设施建设、保障性住房建设、城乡规划编制、棚户区改造、重点项目房屋征收、公共设施建设等方面的项目61个，总投资136.2亿元，年内完成投资24.7亿元，同比增长126.6%。年内通过招商引进项目4个，到位资金5526.3万元。园区建设方面，共实施安定工业园经一路建设、巉口镇区道路等7个项目，项目总投资4.51亿元，已完成投资4400.6万元。安定工业园经一路南、北段，巉口镇区道路，安定工业园巉北片纬三路、纬八路，巉口镇区巉口四路已全面建成并通车；南川现代物流园道路建设项目正在进行场地平整；安定食品加工园9条道路及3座桥梁已完成立项、选址，进入设计阶段。

【环境保护】全区环境主要指标趋于良好，监测数据显示，2011年11月至2012年10月，定西市区二氧化硫平均值为0.034mg/m^3，二氧化氮平均值为0.020mg/m^3，可吸入颗粒物（PM10）平均值为0.059mg/m^3。根据监测结果，全区城市空气质量优良天数占总天数的99.6%；地表水水质达标率和集中式饮用水源地水质达标率均保持100%。区域环境噪声平均值50.09分贝，交通干线噪声平均值64.8分贝，均控制在范围目标之内。

【社会保障】2012年，全区城镇新增就业2523人，城镇登记失业率为3.8%；完成培训下岗失业人员1820人，职业技能鉴定1604人，筹集小额担保贷款基金480万元，为907名创业人员提供贷款4535万元，带动就业1900多人。争取就业专项资金1230万元，420名创业人员享受职业技能鉴定补贴13.2万元，150名下岗失业人员享受职业介绍补贴0.3万元，660名农民工享受职业培训补贴26.6万元，1070名灵活就业人员享受社会保险补贴194.4万元。全区城镇职工基本养老保险、失业保险、城镇职工基本医疗保险、城镇居民基本医疗保险、工伤保险、生育保险缴费人数增长率分别达到15.93%、41.84%、16.4%、10.7%、28.11%、33.22%，城乡居民社会养老保险参保率95.25%，城乡居民养老金发放率100%。全区企业普遍建立了劳动合同台帐，劳动合同签订率达到92%。

【社会事业】义务教育水平不断巩固和提高。全区小学、初中适龄儿童入学率分别达到100%、98.5%；初等教育、初级中等教育完成率分别达到99.8%、98.2%。定西市特教学校已完成建设任务。全区“三残”儿童、少年入学107人，入学率为92.2%。普通高中教育稳步推进。积极筹措资金建设高中四类通用实验室2个，一类实验室6个，为普通高中课程标准的落实提供了有力支撑。卫生事业健康发展，医药卫生体制综合改革取得阶段性成效，基层医疗卫生机构药品零差率销售实现全覆盖。

（郑　鹏）

通渭县

【现任主要领导】

中共通渭县县委书记：令续鹏

通渭县人大常委会主任：吕裕民

通渭县人民政府县长：邵志刚

政协通渭县委员会主席：陈维山

中共通渭县纪律检查委员会

书记：宗学谦

【基本情况】通渭县位于甘肃省东南部，定西市东侧，海拔高度为2521 ~ 1410米。东西长约78公里，南北宽约64公里，总面积2908.5平方公里。东南、南分别与秦安、甘谷县接壤，西南、西分别与武山、陇西县相邻，西北、北、东北分别与安定、会宁和静宁县毗连。全县现辖6镇、12乡，332个村民委员会、10个社区居委会，2440个村民小组。通渭县地处黄土高原南部边缘地带，为黄土丘陵沟壑区，地势西北高，东南低。全县属温带半湿润向半干旱过渡区。年平均风速1.7米／秒，年平均气温7.6℃，总降水量300~600毫米，年无霜期120~170天，年总日照时数2100~2430小时。全县现有耕地面积183.27万亩，县内主要河流牛谷河、金牛河、安逸河、清溪河、苦水河，由于干旱少雨，加之地下水位下降，部分河流出现断流。

【资源优势】全县的矿藏资源主要有花岗岩、硅石矿、汉白玉、高岭土、硫铁矿、地热温泉和煤等。花岗岩分布仅露地储量在6亿立方米以上，高岭土开采贮量187万吨，硅铁矿总储量300万立方米，地热资源3处，距县城8公里处的地热温泉有“陇上神泉”之美誉，“浴可治百病，饮可提神美容”。全县适宜于多种农作物的生长，粮食作物以冬小麦、春小麦为主，其次为玉米、马铃薯、豆类（扁豆、豌豆、蚕豆）、糜子、谷子、莜麦、荞麦等；经济作物主要有油料（胡麻、油菜）、蔬菜、甜菜等；药材主要有党参、柴胡、黄芪、甘草、板蓝根等。通渭历史悠久。县内建有榜罗红军长征纪念馆、义岗红军烈士陵园、红军长征纪念碑等革命纪念建筑。鹿鹿山、尖岗山、清凉山是避暑、游玩的理想场所。全县地表水资源9542万立方米，地下水资源1478万立方米。

【国民经济】2012年，全县完成生产总值24.9亿元，比上年增长13%，其中第一、二、三产业增加值分别完成8.83亿元、3.14亿元和12.93亿元，分别增长7.4%、20.1%和15.1%，三次产业结构比为35.5 ∶ 12.6 ∶ 51.9。完成固定资产投资32.76亿元，增长54.4%。社会消费品零售总额5.02亿元，增长17.4%。大口径财政收入11302万元，增长39.76%；公共财政预算支出18.51亿元，增长23.29%。金融机构存款余额29.63亿元，增长35.04%；贷款余额16.57亿元，增长19.95%。

【“三农”工作】2012年，编制完成了玉米、马铃薯、中药材、林果和草畜等产业发展十年规划，制定了中药材种植、牛羊养殖、秸秆转化、土地流转、农机推广等扶持政策，县财政投入奖补资金460万元。全年种植全膜玉米88.7万亩，并完成秋覆膜105万亩；种植马铃薯38.3万亩，其中，建成脱毒原种繁育基地1400亩、标准化生产基地30万亩，新建10吨以上贮藏窖604座；引导甘肃金铃公司、陇西中天公司、瀛海堂公司等企业，建成中药材标准化生产基地6761亩、育苗育种基地1230亩，中药材种植面积达4万亩；新发展林果面积4.6万亩。引进天耀草业、春寅乳业等5户企业入园建设；全面落实“奖、补、贴、借”等扶持政策，发展规模养殖户1383户，新建养殖场（小区）31个，引进基础母牛3635头、基础母羊3680只，青贮氨化玉米秸秆36.5万吨。组建农民专业合作社40个，推广新型农机1030台（套）；成立了县土地流转服务中心和18个乡镇土地流转服务工作站，流转土地7.7万亩，培育了一批特色产业大户。

【项目建设】全年争取到政策性资金7.5亿元，比上年增长14%。实施各类项目195个，完成投资36.5亿元、增长58.7%；新签约招商引资项目23个，到位资金15.1亿元、增长129.3%。一批重大项目建设取得突破性进展，华家岭风电开发一期工程建成并网发电，引洮一期陇通农村供水通渭配套工程完成投资2.9亿元，马陇、通榜二级公路前期工作进展顺利。落实项目前期经费500万元，编制完成了六盘山片区通渭县发展与扶贫攻坚实施规划和循环经济发展规划，论证储备项目713个、总投资1944.3亿元。

【社会保障】2012年，全县用于民生方面的支出达6.6亿元，占公共财政预算支出的34.9%。实施了完善农村低保制度试点和城乡低保提标工作，城乡低保月人均补助标准分别提高到170元和87元；拨付资金765万元救助困难群众12万人，投资665万元建成救灾物资储备库和应急避难场所；城乡居民社会养老保险实现全覆盖；全面落实城乡居民基本医疗保障制度，城镇居民基本医疗保险参保率达98.9%，新型农村合作医疗参保率达95.1%，报销医药费8328万元，落实资金876.6万元救助大病患者1981人。认真落实各项就业再就业政策，新增城镇就业2749人，下岗失业人员再就业1021人、安置高校毕业生566人；输转富余劳动力10.2万人，创劳务收入11.3亿元。

【社会事业】2012年，全县制定了实施科教优先战略促进教育均衡发展的意见和教师队伍管理、教育教学质量考核奖励等办法，对教育工作的支持力度进一步加大；审慎推进学校布局结构调整，县二中初、高中部分设办学，新成立了平襄初级中学；积极推行新录用教师按成绩公开自主择岗和进城教师公开招考制度，强化教师培训和教研教改工作，教育教学管理不断加强；实施教育项目75个、完成投资9839万元，县职专整体搬迁项目进展顺利，城乡办学条件明显改善；实施农村义务教育阶段学生营养改善计划、惠及学生4.7万名，启动了校车安全工程。不断深化医药卫生体制改革，深入开展“医德医风建设年”活动，实施县120急救中心、陇山卫生院、卫生监督所等项目；与省中医院联合办院，在县中医院挂牌成立了甘肃省中医院通渭分院，新建中医馆21个，县医院和县中医院成功创建为二级甲等医院。建成县体育馆和陇川乡体育健身中心、12个农民体育健身“一村一场”工程，全民健身活动蓬勃开展。科技创新不断加强，申报国家专利32项，实施科技项目5项，实行科技特派员制度，给工业企业和农业科技示范点选派科技特派员109人。

（赵亮亮）

陇西县

【现任主要领导】

中共陇西县县委书记：鲁　泽

陇西县人大常委会主任：包志宏

陇西县人民政府县长：陈彦吉

政协陇西县委员会主席：张小平

中共陇西县纪律检查委员会

书记：马栩健

【基本情况】陇西县位于甘肃省东南部，定西市中部，总面积2408平方公里，辖9镇8乡，215个村，11个社区，1287个村民小组，总人口50.5万人，其中农业人口42.4万人，耕地面积165.7万亩，农业人口人均占有耕地3.9亩。全县海拔1612~2778米，年均气温7.7℃，日照时数2292小时，降雨量445.8毫米，无霜期146天，属黄土高原地区，温带大陆性季风气候。

【国民经济】2012年，完成地区生产总值50.35亿元，比上年增长14.2%，其中第一、二、三产业增加值分别完成13.09亿元、17.8亿元和19.46亿元，分别增长7.4%、20%和12.7%。完成固定资产投资84.06亿元，增长51.4%。完成社会消费品零售总额17.81亿元，增长17.4%。完成大口径财政收入5.01亿元，增长48.67%；完成公共财政预算支出21.45亿元，增长27.82%。

【项目建设】落实项目前期经费650万元，谋划生成总投资3590.66亿元的各类项目1019项，其中围绕全省“3341”项目工程谋划项目927个、总投资929亿元。累计争取到位中央和省上投资项目234项7.67亿元，比上年增长18.19%；新引进各类项目17项43.33亿元，到位资金19亿元，分别增长35.4%和85.4%；激活县内民间资本，参与建设项目30项，完成投资37.47亿元，增长65%。实施500万元以上各类项目87项，开工建设县列重点建设项目60项，完成投资65.57亿元，增长66.8%，其中亿元项目20项，完成投资55.67亿元。

【优势产业】大力发展马铃薯、中医药、畜草等特色优势产业，现代农业发展步伐进一步加快。以土地流转和GAP基地建设为切入点，着力提升中医药产业发展水平，全县药材面积稳定在30万亩，建成GAP种植基地12.3万亩、种苗基地3.69万亩，总产量达到6万吨。以良种扩繁和加工转化升级为切入点，建立原原种和一、二级种薯扩繁基地8.45万亩，种植面积达到47万亩，总产量达到58.6万吨，精淀粉及其制品加工能力达到7700吨，总投资1.5亿元的清吉公司3亿桶无矾方便粉丝生产线4月中旬投产，马铃薯产业呈现全产业链推进态势。以秸秆转化和龙头带动为切入点，全年共加工转化玉米秸秆42.4万吨，协调发放贷款8000万元，发展养殖大户100户，引进投放基础母牛羊1.82万头（只），畜草产业总产值达到2.32亿元。新建日光节能温室218座、塑料大棚1000亩，培育核桃苗木30亩，建设核桃和化心梨基地1.18万亩。

【地方工业】实施市列工业十大行动计划项目23项，完成投资15.6亿元。积极扶持小微企业发展壮大，县财政安排企业技改扩能、电价补贴资金1367万元，争取实施循环化改造和陇药产业发展等项目资金9670万元，协调发放信贷资金6.5亿元，新增规模以上工业企业1户，累计达到13户，规上工业增加值达到4.46亿元，比上年增长26%。积极承接产业资本转移，投资2亿元加强经济开发区“一区四园”基础设施建设，不断提升承载功能，新入驻企业15家，有力地推动了工业经济提质增效。

【社会保障】坚持以改善民生为根本、和谐稳定为基础，积极推进基本公共服务均等化，全县财政投入民生和社会事业发展资金8.12亿元，比上年增长12%。积极开展防灾减灾工作，安排专项资金500万元，修复道路9条，成功排除危险堰塞湖2处，治理地质隐患点17处。高度重视就业工作，发放下岗职工再就业贷款4100万元，公益性岗位安置失业人员1565人；切实加强大学生就业工作，组织公开招考录用乡镇公务员、事业单位工作人员、三支一扶、进村进社和特岗教师702名；加大劳动力转移输出力度，输转城乡富余劳动力13.99万人，实现劳务收入15.5亿元。统筹推进城乡社保体系建设，城乡居民社会养老保险参保率达95.8%，累计为55969名60岁以上的老人发放养老金3349万元，人均达到616元，为30458名失地农民补贴养老保险金1115.94万元；城市和农村低保标准分别达到每人每月142.2元和85.5元，共发放低保金9164.8万元。积极改善城乡住房困难家庭居住条件，发放住房租赁补贴689.86万元，2080套续建保障性安居工程全面完成建设并实现配售1636套，1659套新建工程完成主体工程的70%，2515户农村危旧房改造工程全部建成投用。

【社会事业】农村义务教育学生营养餐改善计划全面启动实施，惠及全县267所学校的50827名学生；总投资6184万元的34所薄弱学校改造、44所校安工程、6所乡镇幼儿园改扩建工程全面完成年度建设任务；高考本科上线人数达到2384人，上线率连续14年位居全市第一。努力解决农村群众就医难问题，新建标准化村卫生室44个，总数达到47个；共配备村医273人，年工资补助标准达到8000

元以上；新农合参合率达96.04%，累计报销医疗费用1.05亿元，人均达到228.85元；全面完成广播电视数字化整体转换工程和8.8万户“户户通”建设任务。不断加大科技创新力度，共申报国家和省级科技项目32项。

（田永昌）

渭源县

【现任主要领导】

中共渭源县县委书记：吉　秀

渭源县人大常委会主任：张亚农

渭源县人民政府县长：蔺红军

政协渭源县委员会主席：杨　谦

中共渭源县纪律检查委员会

书记：赵　华

【基本情况】渭源县位于甘肃省中部，定西市西南部，顾名思义为古老渭河之发源地。渭源县地处西秦岭山脉南动地槽与黄土高原台地的交汇地带，也是渭河与洮河两大水系的分水岭，海拔在1930~3941米之间，总土地面积2065平方公里，辖8镇8乡，217个行政村，1560个社，2012年年末常住人口32.64万人，其中乡村人口27.03万人。耕地面积80.07万亩。年降雨量621.2毫米，年平均气温5.8℃，无霜期176天。全县气候分为三类：北部干旱区，干旱少雨，植被稀少，土地面积大，农作物产量低；川沿河谷区，海拔较低，光热资源相对丰富，水肥条件较好，全县11万亩水浇地大部分集中在这个区域；南部高寒阴湿区，雨量较多，低温寡照，植被良好，首阳山、天井峡、太白山等旅游景点分布在这个区域，渭源县是定西市气候差异较为明显的县区。

【旅游资源】境内有始建于明洪武年间（公元1368～1398年）的灞陵桥，有葬着孤竹国二圣伯夷、叔齐的首阳山，有渭河源国家级森林公园，有鸟鼠同穴渭水源，有十里“画廊”天井峡，有云端仙境太白山，有三国古道双十门以及秦长城遗址等16处旅游景点。这里气候湿润、凉爽，夏天蚊不叮虫不咬，是纳凉避暑胜地。成功举办了第二届“敦煌行·丝绸之路国际旅游节”、渭源县文化旅游资源暨招商引资兰州推介会，进一步加大了旅游资源宣传推介力度，提升了“华夏文明渭河源”的品牌影响力。全年共接待游客48.0万人，实现旅游综合收入17952万元。

【国民经济】2012年，全县完成生产总值20.32亿元，比上年增长12.2%。其中：第一产业增加值9.18亿元，增长6.4%；第二产业增加值2.42亿元，增长18.1%；第三产业增加值8.72亿元，增长16.2%。完成固定资产投资38.21亿元，增长49.4%；社会消费品零售总额4.64亿元，增长17.3%；完成大口径财政收入16682万元，增长35.49%，公共财政预算支出15.66亿元，增长23.52%；全县金融机构各项存款余额达到34.30亿元，增长30.44%，贷款余额达到13.20亿元，增长38.42%；农民人均纯收入达到3517元，增长17.51%；城镇居民可支配收入达到13064元，增长16.8%。

【优势产业】渭源县是“中国马铃薯良种之乡”，年种植面积40万亩，年产量62万吨以上。2012年，启动建设了总投资12.23亿元的马铃薯种薯现代农业示范区。全县新建瓶苗组培温室4000平方米，原原种日光温室240座，千吨贮藏窖20栋。建成种薯示范基地21个，发展原种田2.2万亩、一二级种薯田37.8万亩。渭源县有“千年药乡”的美誉，被中国农学会评为“中国党参之乡”。由于海拔高、气候凉爽、昼夜温差大等因素，出产的中药材以品质好、无污染、药用价值高而久负盛名，自古就有“渭水当归传两广”和“党参故里”之说。野生药材多达400种，人工种植药材主要有当归、党参、红芪、黄芪等，还种植生地、大黄、板蓝根、防风、柴胡、甘草、秦艽等10多种名贵药材。2012年，共种植各类中药材25万亩，建成中药材标准化种植基地9个、设施育苗试验示范点3个，完成中药材GAP种植12万亩、种子种苗繁育3万亩。新发展中药材加工企业10家、GSP认证企业14家，“颜裕”牌中药材商标被评定为甘肃省著名商标。全县畜牧业产值达1.94亿元，占第一产业总产值的15.32%，肉类总产量0.85万吨。人工种植多年生牧草留床面积16万亩。2012年，规划建设了路园、北寨、莲峰3个千亩综合养殖园区，已入驻养殖企业27家，其中建成投产12家。新发展养殖企业和养殖小区38家、养殖专业村16个，规模养殖户1650户，建成南山放养虫草鸡规模放养点55个。培训劳务人员2万人，累计输转劳动力7.61万人，实现劳务收入8.37亿元。

【项目建设】坚持把项目建设作为经济工作的第一抓手，投入项目前期费用739万元，谋划论证项目451个，编制前期项目121个，争取国家投资6.23亿元，增长72%，其中灾后重建资金8517万元。组织实施项目142个，总投资72.4亿元，完成投资22.8亿元，增长166%。召开了亳州中医药产业招商引资推介会、组团参加了“兰洽会”，新签约招商项目39项35.8亿元，到位资金18.3亿元。兰渝铁路、引洮工程等重大项目建设进展顺利。

【社会保障】年末全县单位从业人员9495人，全年劳动报酬35435万元，比上年增长15.4%。城镇新增就业人数1766人，城镇登记失业率3.65%。城镇职工参加基本养老保险人数2918人、医疗保险人数11031人、失业保险人数7614人、生育保险10759人。参加新型农村合作医疗291990人，参合率达到96.0%，共计为47.33万人次报销住院及门诊费用7672.94万元。参加新型农村社会养老保险187645人，参保率96.9%。全县五保供养对象1719人，发放五保供养金430.74万元。享受城镇最低生活保障的居民4512人，发放保障金931.98万元；享受农村最低生活保障的居民达到79467人，发放保障金9499.6万元。全县农村自来水入户率66%，累计入户45770户。

【社会事业】2012年，全县完成教育基础设施投资1.45亿元。年内本科上线人数1015人，本科录取率26.94%。全县医疗卫生机构床位数1386张，卫生技术人员845人。年内门诊就诊人数53.96万人次，住院人数3.13万人次。孕产妇住院分娩率99.42%，婴儿死亡率6.98‰。年内共获得专利授权10件，科技计划项目获得批复立项7项，其中：国家级2项，省级5项。全年实施科技项目10项，全年累计下派科技特派人员38名。全县有线数字电视用户5400户，广播和电视综合人口覆盖率分别为96.4%和96.1%。

（朱增贵）

临洮县

【现任主要领导】

中共临洮县县委书记：郭维团

临洮县人大常委会主任：王耀洲

临洮县人民政府县长：石　琳

政协临洮县委员会主席：陈永寿

中共临洮县纪律检查委员会

书记：李作明

【基本情况】临洮，古称狄道，位于甘肃省中部，定西市西部，东临安定区，北接兰州市，南连渭源县，西与临夏回族自治州东乡、广河、康乐县接壤。地处古丝绸之路要道，是黄河古文化的重要发祥地之一，素有“彩陶之乡”、“文化县”之称。全县总面积2851平方公里，辖18乡镇，6个社区、323个村委会，2376个村民小组，年末常住人口51.12万人，其中城镇人口13.85万人，城镇化率27.09%，乡村人口37.27万人。全县耕地面积108万亩，海拔1730～3670米，年平均气温7℃，年降水量300～700毫米，无霜期80～190天。

【资源优势】境内分布高岭土、方解石、花岗岩、荧石矿等矿产资源，洮河沿岸有2万亩滩涂地可供开发。水电资源充裕，黄河上游最大的支流——洮河，流经县内9个乡镇115公里，年过境水量46亿立方米，属国家一级保护水系，水能资源可开发蕴藏量达32万千瓦。已建成和在建水电站达14座，总装机容量达22万千瓦。

【国民经济】2012年，全县生产总值43.35亿元，比上年增长13.7%，其中第一、二、三产业增加值分别完成12.51亿元、14.96亿元和15.88亿元，分别增长6.4%、19.9%和14%。固定资产投资73.24亿元，增长44%。社会消费品零售总额12.4亿元，增长17.3%。大口径财政收入3.72亿元，增长30.1%；公共财政预算支出19.56亿元，增长20.1%。

【项目建设】2012年，深入开展了“项目建设落地年”和“建设工程质量年”活动，谋划实施了一批拉动投资快、综合效益好的重大项目，累计安排前期费1004万元，论证储备各类项目326个、投资268亿元；争取各类项目206个、资金6.92亿元；开工建设重点项目167个；引进合同、协议项目31个，总投资75亿元，续建和新建项目累计到位资金18.6亿元，比上年增长53%。

【优势产业】依托洮河谷地良好的气候条件和38万亩水浇地，大力发展马铃薯、蔬菜、花木、畜牧等特色优势产业，培育形成了60万亩马铃薯、17万亩蔬菜、3万亩花木种植和600万头（只）畜禽养殖基地，农业产业化经营格局初具雏形。新建日光温室208座、塑料大棚3824亩，推广旱作农业32.2万亩，粮食总产量达22.1万吨，被农业部评为全国粮食生产先进县。建成马铃薯良种繁育基地16万亩，生产脱毒原原种1.4亿粒。扶持新建养殖小区（企业）31个，引进基础母牛2235头、母羊1.6万只，新建青贮池417座5.1万平方米，建成3万吨饲草配送中心。启动建设了临洮花木市场，新增花木面积7000亩。临洮花卉先后在各类花博会上获得70多个奖项。新培育市级以上龙头企业11家，组建农民专业合作社50个，新改建农产品市场4个，认证蔬菜品牌9个。输转劳动力11.3万人，实现劳务收入11.8亿元。

【地方工业】县财政投资2661万元，全力推进开发区建设，完成基础设施投资8668万元。中铺工业园引进招金贵金属冶炼等重大项目7个，动工建设5个，新建和续建项目完成投资1.7亿元；三易水泥等8家投产企业实现工业增加值1.4亿元、税金5088万元。康家崖农副产品集散加工园编制完成了控制性详规，引进了海博陆港南部商品交易集散中心项目。实施临铝公司电解铝产能等量置换等重点工业项目38个，完成投资9.1亿元，恒通管业保温管生产、薯界淀粉公司5万吨变性淀粉等11个项目建成试生产。新增规模以上工业企业3家，总数达到15家。

【社会事业】建成了椒山初中综合教学楼和第三实验小学，投资1.2亿元新改建校舍6.9万平方米，成立了县关心下一代助学基金会，全面推行农村义务教育学生营养改善计划，高考本科上线1806人，上线率26.1%，被评为全省“两基”工作先进县。实施了县体育场维修改造工程，临洮体育训练基地项目完成投资7000万元。发放广播电视户户通设备6.5万套，被评为全省文化体制改革先进单位。建成了洮之苑文化休闲街区，王家大庄被列为省级乡村旅游示范村。建成了洮阳中心卫生院门诊楼和中铺、窑店卫生院业务楼，成功创建全国农村中医药工作先进单位。人口自然增长率控制在7‰之内。下派134名科技特派员进村入企开展科技服务，科技转化应用水平不断提升。

【社会保障】争取各类扶贫项目38个、资金4103万元，贫困村发展条件持续改善。发放小额贷款2.2亿元，全力扶持创业就业。认真落实城乡低保和农村五保提标政策，发放各类保障金9638万元，投资1890万元建成了社会福利服务中心。全面推行城乡居民养老保险，参保率达93%。

（周桂花）

漳县

【现任主要领导】

中共漳县县委书记：党建中

漳县人大常委会主任：贾占渊

漳县人民政府县长：刘　静

政协漳县委员会主席：包平福

中共漳县纪律检查委员会

书记：谢占武

【基本情况】漳县位于定西地区南部，地处西秦岭和黄土高原过渡地带，东连武山，西邻卓尼，南靠岷县，北与陇西、渭源接壤，地势东高西低，版图呈琵琶型。全县辖4镇9乡，136村，2012年末常驻人口19.5万人。总土地面积2164.4平方公里，海拔1640米至3941米，相对高差2301米。年平均气温8.2度，无霜期155天，日照时数2313小时，年降雨量在500毫米左右，属湿润半湿润气候。

【资源优势】农业资源：全县有耕地面积46.77万亩，土壤以淀土、黑垆土为主，土质肥沃。农作物品种繁多，主要农作物有25科、68种，其中粮食作物以小麦、蚕豆、洋芋、玉米为主。经济作物以油料和当归、党参、红（黄）芪等中药材为主。

林业资源：全县宜林地面积81万亩，森林面积39万亩，现有木寨岭林场和石川林场两个国有林场，进行林木改造和林业管理。经济林以苹果、沙棘为主，主要品种“红元帅”曾多次荣获部优、省优产品。全县现有果园面积1.2万亩，果品年产量达4916吨以上。

畜草资源：全县有天然草场131万亩，占总面积的40.4%，产草量为55万吨，载畜量为60万个羊单位，畜禽主要有牛、马、羊、猪、鸡、鸭等。

药材及野生蔬菜资源：药材共约440个品种，主要有当归、党参、冬虫夏草、大黄、贝母、元胡、红芪、黄芪等。漳县所产当归俗称“岷归”，由于气候条件适宜，土质较好，产量达到5000吨左右。另有蕨菜、羊肚菌、乌龙头等野生蔬菜质纯味美，餐用极佳，远销韩国和东南亚等地。

水资源：境内有漳河、龙川河、榜沙河三条主要河流，河道总长154.2里，年径流量3.582立方米，入境水1.661立方米，共计5.243立方米。

矿产资源：非金属矿有岩盐、红柱石、石灰石、大理石、冰洲石、白云石、重晶石、萤石、方解石、透辉石、透闪石、硅灰石、石墨等19种，金属矿有金、银、铜、铁、铅、锌等6种。岩盐是漳县优势最大的一种矿产资源，已探明储量达5000多万吨。石灰石是漳县得天独厚的又一矿产资源，储量在16亿立方米以上。红柱石作为高级耐材料适用于冶金、建材、陶瓷等行业，漳县境内的红柱石矿属世界第四、国内第一的大型矿床，远景储量约1亿吨。红柱石精矿粉三氧化二铝含量达到56%以上。经选矿试验，精矿品位达56%，耐火度大于1830度，精矿质量达到国家标准，开发利用价值极高。大理石储量约15亿立方米，氧化钙含量为54%，方解石含量95%。硫铁矿储量309万吨，品位达到30%。菱铁矿储量为21.9吨。金矿为中型矿床，品位为15克/吨。

旅游资源：现有国家级森林公园一处、新石器文化遗迹三处、省级文物保护单位三处。贵清山森彬公园坐落于漳县城南70公里处。景区南北长7.5公里，东西宽2.5公里，面积62平方公里，史称“贵清仙境，”被游人誉为“兼有华山之险，黄山之奇、峨眉之秀、九寨沟之美”，是镶嵌在丝绸之路黄金旅游线的一颗璀璨明珠。已一次性通过了国家旅游局AAAA级旅游风景区终评。位于漳县城南5里，被称为海内之最的汪家坟元墓群，葬有元代被封为“三王十国公”的汪氏家族近200人，是研究元明历史的珍贵史料。

【国民经济】2012年，全县完成生产总值13.99亿元，比上年增长15%，其中：第一产业增加值5.28亿元，增长6.2%，第二产业增加值2.7亿元，增长38.1%，第三产业增加值6.02亿元，增长13.2%。固定资产投资29.3亿元，增长43.8%，工业增加值1.8亿元，增长53.9%；大口径财政收入1.21亿元，增长34.2%；公共财政预算支出9.85亿元，增长25.67%；社会消费品零售总额2.58亿元，增长17.4%；城镇居民人均可支配收入达到12596元，增长18%；农民人均纯收入达到3467元，增长17.1%。

【项目建设】2012年，全县组织实施各类项目108项，其中投资过亿元项目19个、5000万元以上项目22个，完成投资31.9亿元，增长56.5%。60个重点建设项目竣工32个，完成投资18.3亿元。争取到位东泉至草滩公路、武阳幼儿园等国家投资项目94个，下达国家政策性资金5.3亿元，增长32.4%。制定出台招商引资优惠办法和考核奖罚办法，新引进项目37个，当年到位资金13.3亿元，增长47.3%。

【“三农”工作】编制完成劳务、中药材、蚕豆、草畜、沙棘、蔬菜等特色产业发展规划，流转土地1.5万亩，建成殪虎桥千亩蚕豆新品种示范基地、大草滩当归标准化种植基地等农业示范点26个，漳县蚕豆高产栽培技术通过省科技厅成果鉴定，达到同类研究国内领先水平。新建塑料大棚510亩、日光温室227座，新寺黄瓜、番茄通过无公害产品认证，实现农超对接。制定出台加快畜草产业发展意见，规模养殖实现突破，新建养殖企业5个、养殖小区6个，新增规模养殖户1023户，种植优质牧草2.1万亩，青贮氨化玉米秸秆2万吨，发放草原生态保护补奖资金795万元。全面启动集体林权制度配套改革，大力推进林业生态工程建设，完成漳河南坡绿化6000亩、泰山公园提升改造2000亩、裸露山体综合治理100亩。硬化农村公路111公里，新修梯田1.79万亩，完成水土流失综合治理31平方公里，清淤疏浚河道40.6公里，新增喷灌面积1800亩，解决了1.27万农村人口的饮水不安全问题。编制完成六盘山片区漳县区域发展与扶贫攻坚实施规划，争取到位财政扶贫资金2538万元，增长57%。大力发展劳务经济，培训城乡劳动力3.9万人，输转5.6万人，创劳务收入6.16亿元。

【社会保障】坚持多渠道开发就业岗位，城镇新增就业1884人，其中高校毕业生就业423人，发放创业小额担保贷款8002万元。城镇居民社会养老保险参保率达到94%，全县事业单位和社会组织在职职工工伤保险、城镇职工团体意外伤害保险参保率均达100%。新型农村社会养老保险全国试点工作成效明显，全县参保人数10.6万人，参保率96%，全县农村60岁以上老人领取基础养老金达到1390万元。城乡低保提标扩面工作全面完成，城市低保标准由每人每月152元提高到167元，农村低保标准由年人均纯收入728元提高到850元，保障面分别达到23%、27.5%，全县5.6万城乡困难群众基本生活得到有效保障，发放城乡低保金6777万元，农村五保供养金199万元。发放救灾面粉4.2万袋、大病医疗和救灾救助资金455万元，困难群众生产生活得到妥善安排。“5·10”灾害778户重建户和898户维修加固户全面完成建设任务，配套设施开工建设。人口自增率控制在6.3‰。

【环境保护】大气环境质量中总悬浮微粒年日均值控制在国家标准之内，二氧化硫、氮氧化物年日均值控制在国家一级标准之内。城镇、农村饮用水水质达标率继续保持在100%。区域环境噪声和交通干线噪声分别控制在了国家规定的排放限值之内。

【社会事业】全县高考本科上线434人，上线率19.82%，专科以上录取1058人。改造中小学校舍3000平方米，2.12万名农村义务教育阶段学生享受免费营养餐。5180户“村村通”和1.7万户“户户通”完成建设任务，免费开放县图书馆、文化馆。推广科技成果转化项目3个，获得专利授权2件。生态环保鲟鱼养殖等8项科技创新获国家专利，紫斑牡丹育种开发项目获国家部委科技进步二等奖。新型农村合作医疗参合人数达到16.43万人，参合率95.3%，全年共补偿农民医药费4729.5万元。

（成春江）

岷县

【现任主要领导】

中共岷县县委书记：郭世杰

岷县人大常委会主任：杨水涛

岷县人民政府县长：梁德铭

政协岷县委员会主席：梅彦忠

中共岷县纪律检查委员会

书记：杜万忠

【基本情况】岷县古称岷州，位于甘肃西南部，洮河中游，地处青藏高原东麓与秦岭陇南山区接壤区。岷县地理位置优越，区位优势明显，是定西、天水、甘南三市州的几何中心，自古就是“西控青海，南通巴蜀，东去三秦”的战略要地，自古商贾贸易活跃，享有陇原“旱码头”之美称。全县辖9乡9镇、300个行政村，10个居委会。居住着汉、回、藏、东乡、蒙古族等7个民族。除汉族外，回族群众占有较大比重。总土地面积3500平方公里，耕地面积64.49万亩。岷县气候属于高原性大陆气候，年平均日照时数1974.6小时，年平均气候6℃，年平均相对湿度60%，年平均无霜天数155天，年总降水量699.7毫米。境内大部分地方海拔高，受大陆性气团、副热带暖湿气团的交替影响和地形对大气抬升的作用，形成高寒阴湿这一气候特点。降雨量多，气温低，无霜期短，多冰雹等自然灾害。

【资源优势】探明金属，非金属矿30种，矿点、矿化点40多个，其中金、锑、铅、锌、锰、花岗岩、汉白玉、大理石、硅石、泥炭等矿储藏量大，开发前景广阔。岷县水资源丰富，境内水系分长江、黄河两大流域，3个水系。有大小河流22条，年平均径流量42.09亿立方米。地下水总储量2.36亿立方米。水能蕴藏量32.56万千瓦，年发电量28.5亿度。县内主要有“彩陶之乡”马家窑文化、寺洼文化、齐家文化等文化遗迹6处。明代建于县城的真武庙至今保存完好。岷县又称“花儿”故乡，在省内外颇有名气，是我国民间文化的一支奇葩。被誉为中国“四大名砚”之一“归一砚”闻名中外。岷县二郎山国家级森林公园集自然景观与人文景观于一体，与城北玉女峰遥遥相对，山上三峰插天、绿树成荫；1935年、1936年中国工农红军长征突破“天险腊子口”两次到达岷县，召开了中共中央西北局岷州会议；现园内建有“红军战役纪念塔”和“三千红军烈士纪念碑”。

【国民经济】2012年，全县完成生产总值23.93亿元，比上年增长13.2%。其中：第一产业增加值8.96亿元，增长6.4%；第二产业增加值6.06亿元，增长20.1%；第三产业增加值8.91亿元，增长14.9%。三次产业结构比为37.4∶25.3∶37.3。完成固定资产投资48.49亿元，增长43.5%；完成工业增加值3.53亿元，增长24.9%；完成规模以上工业增加值2.03亿元，增长28.8%；完成社会消费品零售总额7.03亿元，增长17.23%；城镇居民人均可支配收入13438元，增长16.5%；农民人均纯收入3384元，增长17.09%；完成大口径财政收入2.48亿元，增长49.96%（剔除“5·10”灾害捐款收入后增长24%），公共财政预算收入1.57亿元，比上年增长56.44%（剔除“5·10”灾害捐款收入后增长13.55%），公共财政预算支出25.27亿元，增长71.4%；全县金融机构各项存款余额为49.84亿元，增长36.23%；各项贷款余额为21.68亿元，增长14.48%。

【抢险救灾】“5·10”岷县特大冰雹山洪泥石流灾害发生后，在各级党委、政府的关怀支持和县委、县政府的坚强领导下，全县干部群众有力有序有效地展开了抢险救灾各项工作，全力搜救失踪人员、迅速安置受灾群众、奋力抢修基础设施、扎实疏浚淤积河道、广泛开展卫生防疫、科学核查评估灾情、同步恢复农业生产，短短两个月时间，取得了抢险救灾工作的全面胜利，弘扬了以人为本、为民负责，团结协作、顾全大局，忠诚履职、勇于担当，率先垂范、无私奉献的“岷县精神”。县政府及时下发了《关于进一步加强抢险救灾资金物资管理使用监督检查工作的通知》，切实加强对应急资金、社会捐款和捐助物资的严格管理；修改完善了《岷县自然灾害预警体系建设方案》，进一步健全了覆盖全县城乡的预警信息员队伍和预警预报长效机制。“8·16”持续强降雨发生后，由于预警预报、群众转移、河道疏浚等基础工作充分有效，实现了人员零伤亡，受到省委、省政府充分肯定，做法被中央电视台《新闻调查》栏目以《预警山洪》为题作了宣传推广。

【灾后重建】抢险救灾基本完成后，7月上旬全面转入灾后重建。通过积极衔接和全力争取，省政府印发的《岷县特大冰雹山洪泥石流灾害灾后恢复重建总体规划》投资总额达到27.09亿元，为岷县提供了强大的物质支撑。县上把灾民建房作为当年灾后重建的首要任务和民生工程，努力克服气候多变、施工期短、建材需求量大、用工紧张等诸多困难，加强领导，周密部署，强化措施，狠抓落实，到11月中旬全面完成了10089户重建户、10118户维修加固户的建设任务，其中5265户已迁入新居，被外界誉为“岷县速度”，做法先后被省委办公厅《甘肃工作交流》和《甘肃日报》刊载。与此同时，其他灾后重建项目的前期工作基本完成，已有95个（302小项）开工建设，4个（21小项）建成使用。

【项目建设】2012年确定县级领导及部门（乡镇）责任制实施项目188项，总投资52.58亿元，已开（复）工建设163项，完成投资21.59亿元；争取到位中央预算内等各类项目资金5.39亿元（不含灾后重建资金），比上年增长41.93%。年内实施招商引资项目63项，其中新建项目31项，投资总额63.6亿元，实际到位资金21.1亿元，增长67.1%。

【优势产业】全县种植中药材25.28万亩（其中当归10.72万亩），新增中医药加工企业3户、市级龙头企业2户、GMP生产线4条，中药材加工能力达到8万吨，中医药增加值达13亿元，比上年增长23.8%，并被农业部确定为“全国农业标准化示范县（当归）”。种植各类牧草10.3万亩，累计建成蕨麻猪繁育养殖小区34个、林草放养鸡小区12个，新建各类养殖小区38个，注册养殖农民专业合作社10个，发展规模养殖户1258户；发展中蜂养殖户2140户，养殖中蜂1.6万箱；全县畜禽总饲养量达到149.55万头（只）。畜草产业增加值达1.94亿元，比上年增长27%。建成日光温室130座、钢架塑料大棚500亩（1500座），生产食用菌100万棒，“岷县平菇”通过省农牧厅无公害农产品认证初审，设施农业初具规模。全县旅游景区完成投资2822.9万元，实现旅游接待人数57.2万人次，旅游收入2.17亿元；创建三星级旅游饭店1家，发展农家乐24户，新建旅游公路两条6.8公里。

【地方工业】年内共开工建设工业项目19个，其中新建7个、续建12个，完成投资6.07亿元；新发展私营企业28户，新增个体工商户650户。岷县中医药循环经济产业园控制性详规通过评审，园区基础设施建设和引企入园陆续展开；西川工业园清理整顿取得阶段性成效，当归城物流园改造扩容取得新进展，闾井建材园建设顺利推进。依托“一区四园”建设，中医药产业开发、矿产开发、畜草产品加工、地方食品和传统工艺加工等工业板块初步形成。

【扶贫开发】争取省、市财政扶贫资金5541万元，比上年增长86%。2011年度10个整村推进项目通过验收，2012年度12个整村推进项目基本完成建设任务，累计投资1493万元；争取村级互助资金235万元，实施村级互助资金的村达28个；世行贷款中国贫困片区产业扶贫项目初步确定贷款2500万元；争取中国进出口银行援建村级卫生室项目165个。编制上报了《岷县六盘山连片特困地区区域发展与扶贫攻坚实施规划（2011～2020年）》，谋划项目6大类34小类609个。结合“双联”行动的开展，省市县263个部门和单位共联系263个贫困村、7047户特困户，帮助他们制定发展规划263个、帮扶计划7000多份，确定产业发展、基础设施建设等方面的项目124个。年内共有2.3万人脱贫，贫困人口由2011年底的22.17万人减少到19.87万人。

【社会事业】积极争取受灾地区高考优惠政策，二本上线人数达633人，较上年增加124人；着力改善办学条件，开工建设项目62个，总投资1.42亿元；落实农村义务教育阶段学生营养改善计划资金4043万元，累计受益学生12.85万人次；发放生源地助学贷款1303人、793.48万元。严格执行基本药物制度，所有药品实行零差价销售，中医药工作特色明显；开展了医疗机构综合监督检查，有效控制了过度医疗行为。加大科技成果转化力度，共申请专利20项，选派科技特派员158名。建设“村村通”1.63万户、“户户通”5.2万户；博物馆、文化馆、图书馆、乡镇综合文化站免费开放工作顺利推进；开展“文化遗产”保护，规范文化市场管理，巴当舞纪录片在省、市广播电视评优作品中分别荣获三等奖、一等奖；对省级文物保护单位山咀白塔进行了保护修缮，并着手谋划引洮工程博物馆建设；开展了首届“岷州文艺奖”评选等活动。

【社会保障】落实惠农政策35项，发放资金8.09亿元。扎实推进城乡居民养老保险试点工作，参保率达91.8%，为4.5万名60周岁以上人员发放基础养老金743万元。深入推进新型农村合作医疗保险制度，参合率达到95%以上，共报销7983万元；城镇居民基本医疗保险参保1.8万人，报销医药费335.8万元；为5.84万名城乡大病患者发放医疗救助金1585万元。完成了城乡低保提标任务，保障面分别达到18.8%、23.1%；城镇基本养老保险、失业保险、工伤保险、生育保险等社会保障体系进一步完善。城镇新增就业2260人，下岗失业人员再就业855人；结合高校毕业生就业工作的实际，共有664名高校毕业生实现就业。发放小额创业贷款1045万元、妇女小额贷款5657万元，扶持1700多人自主创业。培训“两后生”800人、贫困户劳动技能3250人。

（包建科）

陇南市

【现任主要领导】

中共陇南市市委书记：王玺玉

陇南市人大常委会主任：黄泽元

陇南市人民政府市长：孙雪涛

政协陇南市委员会主席：杨全社

中共陇南市纪律检查委员会

书记：李东新

【基本情况】陇南市位于甘肃南部，东邻陕西，南接四川，地处中国大陆二级阶梯向三级阶梯的过渡地带，位于秦巴山区、青藏高原、黄土高原三大地形交汇区域，西部向青藏高原边缘过渡，北部向陇中黄土高原过渡，东部与西秦岭和汉中盆地连接，南部向四川盆地过渡，整个地形西北高东南低，西秦岭和岷山两大山系分别从东西两方伸入全境，境内形成了高山峻岭与峡谷盆地相间的复杂地形，是甘肃省唯一的长江流域地区。辖一区八县，共195个乡镇，3201个村委会，其中86个居委会。2012年末，全市总人口284.94万人，常住人口256.95万人，其中城镇人口60.05万人；分布着汉、回、藏、蒙等29个民族。总面积2.78万平方公里，耕地面积829.52万亩。陇南处于北亚热带向暖温带的过渡地区，年平均气温10~15℃，年降雨量400~1000毫米之间，无霜期120~260天。海拔在550~4187米之间。境内地貌俊秀，气候宜人，雨量充沛、光照充足，森林覆盖率高，素有“陇上江南”之美称。

【资源优势】一是矿产资源富集，全市由北至南分布有三个大的成矿带，现已发现和探明矿产34种，矿产地445处，其中有铅、锌、金、锑、铜、锰、汞、石灰岩、白云岩、重晶石、硅石、熔剂大理岩、冰洲石、石膏等14种优势矿种。二是水力资源丰裕，境内水量充沛，江河众多，有嘉陵江、白龙江、白水江、西汉水四大水系，大小河流3760条，年径流量279亿立方米，水能蕴藏量425.76万千瓦，水力可开发量260.42万千瓦，约占全省的三分之一。全市森林覆盖率达到42%，比全国平均水平高14个百分点，树种多达1300多种，中药材1200多种。三是生物资源多样，油橄榄、茶叶、银杏、木耳、红芪、纹党等闻名省内外。野生动物619种，其中大熊猫、金丝猴等国家一级保护动物16种，植物2500种，其中珙桐、银杏等国家一级保护植物6种。四是旅游资源独特，国家4A级旅游景区4个（武都万象洞、宕昌官鹅沟、康县阳坝、成县西狭颂），著名人文景观有礼县先秦文化、祁山三国古战场，西和仇池国遗址，成县西狭摩崖石刻，康县阳坝原生态风光，徽县三滩高山草甸，文县洋汤天池，武都万象洞，宕昌官鹅沟国家级森林公园等，构成了绿色陇南、山水陇南、人文陇南、民俗陇南的地方风情图。

【国民经济】2012年，全市实现生产总值226.0亿元，比上年增长13.1%。分产业看，第一产业实现增加值57.4亿元，增长6.37%；第二产业实现增加值69.1亿元，增长18.3%；第三产业实现增加值99.5亿元，增长12.6%。三次产业结构比为25.4 ：30.6 ：44.0。实现工业增加值49.36亿元，增长20.4%。规模以上工业实现增加值35.3亿元，增长21.5%。完成固定资产投资410.35亿元，增长41.1%。实现社会消费品零售总额57.41亿元，增长17.5%。进出口总额为568万美元，下降58.8%。完成大口径财政收入33.89亿元，增长24.6%；公共预算财政收入为16.01亿元，增长22.6%；公共财政预算支出147.04亿元，增长33.52%。

【“三农”工作】2012年，全市上下深入落实市委、市政府对“三农”工作的决策部署，采取有效措施，圆满完成了各项目标任务。全年粮食种植面积为469.34万亩，比上年增长0.09%；油料种植面积32.53万亩，下降0.85%；蔬菜种植面积52.43万亩，增长7.61%。全年粮食总产量达到104.32万吨，增长1.67%。全年农牧产业新增基地面积17.24万亩，累计达到412.13万亩，增长4.4%；新发展农民专业合作社376个，累计达到1409个，带动农户17.6万户。农民专业合作社建设工作成效显著，新增土地流转面积8.38万亩，增长47.5%，土地流转总面积达到26.03万亩。新发展500亩以上规模经营主体22个，累计达到35个。土地流转工作取得了突破性进展。争取农机具补贴资金2920万元。指导农村妇女大力发展小额贷款业务，全市妇女小额贷款10.78亿元。共计组织输送劳务移民2430户、8713人。

【扶贫工作】全年共安排实施扶贫整村推进145个。争取并落实整村推进财政扶贫资金21483万元。2012年共投入扶贫互助资金1945万元，新建扶贫互助社107个，贫困农户利用村级扶贫互助资金购买发展产业急需的化肥、种子和农机具等，切实解决了贫困群众在产业发展中贷款难、筹资难的问题。2012年全市共争取财政扶贫资金35257万元。在联村联户为民富民行动中，省市县乡1504个单位联系2498个贫困村；32506名干部联系特困户99350户，实现了对贫困村的全覆盖联系和与特困户的稳定对接。联村单位和联户干部按照“八个全覆盖”和“五件实事”的工作要求，结合各自实际，大力开展帮扶工作，累计投入帮扶资金15845万元，为群众帮办实事4900多件，有力推进了大扶贫工作格局的形成。

【项目建设】2012年全市共确定重点建设项目210项（续建117项、

新开工项目93项），总投资944亿元，2012年计划完成投资236亿元。其中，工业项目57项，总投资134亿元，2012年投资计划43.4亿元；农业项目18项，总投资7.7亿元，2012年投资计划4.5亿元；基础设施项目106项，总投资788亿元，2012年投资计划177亿元；社会事业项目33项，总投资13.6亿元，2012年投资计划10.2亿元；防灾减灾及其他项目2项，总投资0.8亿元，2012年投资计划0.5亿元。

【特色产业】充分发挥资源优势，采取有效措施，大力开发农业特色产业，将农业特色产业发展推向了新的阶段。形成了以核桃、花椒、油橄榄、茶叶为主的经济林果产业，以红芪、当归、党参、大黄、半夏为主的中药材产业，以牛羊为主的草畜产业，以"三蒜"、冬播洋芋等反季节冬春蔬菜为主的蔬菜产业等四大支柱产业和以苹果、食用菌、水产养殖、蚕桑、银杏、蜂蜜、烤烟等为主的区域性特色产业和特色产品，为进一步发展农业特色产业奠定了坚实的基础。

【社会事业】2012年末全市学校总数2240所，专任教师26705人。在校学生数457208人，学龄儿童入学率99.08%，适龄初中入学率95.8%。全市共有艺术表演团体6个，全年演出1001场，观众达260.6万人次；文化馆6个；公共图书馆6个，藏书46.1万册；博物馆7个；文化古迹250处，其中国家级2处、省级25处、市级20处；文物藏量9004件，其中：一级文物116件。广播和电视综合覆盖率分别为92.24%和94.26%，分别比上年提高0.24和0.56个百分点。数字有线电视用户4.08万户，比上年下降25%。全市有公立医疗卫生机构1592个，共有卫生技术人员7647人，其中执业医师和执业助理医师2584人，注册护士1489人。

【人民生活】2012年，全市城镇居民人均可支配收入14076.7元，比上年增长16.11%；城镇居民人均消费性支出10152元，增长13.7%；农民人均纯收入3088元，增长17.8%。城乡居民储蓄存款余额达到267.63亿元。

【社会保障】年末，全市登记失业人数5716人，比上年下降0.02%；城镇职工医疗保险13.2万人，下降4.6%；城镇居民医疗保险16.37万人；养老保险5.25万人，增长2.7%；工伤保险6.33万人，增长54%。城镇居民最低生活保障对象6.23万人，发放低保金1.4亿元；农村低保对象46.95万人，发放低保金4.78亿元。

【环境保护】城市环境质量进一步提高。全市有环保机构10个，环境监测站2个，二氧化硫排放量控制在12670.86吨，下降0.7%；化学需氧量控制在36462.31吨，增长0.7%。区域内环境噪声平均值为57.2分贝，交通干线噪声平均值67.2分贝。

（李　荣）

武都区

【现任主要领导】

中共武都区区委书记：田广慈

武都区人大常委会主任：景学书

武都区人民政府区长：李平生

政协武都区委员会主席：曹永先

中共武都区纪律检查委员会

书记：贾周云

【基本情况】武都区地处甘肃东南部，白龙江中游，东与康县、成县、陕西省宁强县为邻；南与文县、四川省青川县接壤；西与宕昌、舟曲县相靠，北与西和、礼县毗连。全区南北极长为100.8公里，东西最宽为76.2公里，总土地面积4683平方公里，辖36个乡镇684村。年末全区总人口55.99万人，自然增长率7.03‰。耕地面积70.23万亩，属南秦岭山系，地形复杂。白龙江自区西北入境，向东南流过。地势西北高，东南低，山脉多呈西北—东南走向，境内峰峦起伏，群山环绕，沟壑纵横，山势陡峻，平均海拔998米，境内由于群山丛错，山高谷深，形成了气候、土壤的垂直差异，农业生产条件也随平均海拔、坡向的不同，有明显的垂直变化，呈现"立体农业"的特点，自古就有着"天旱收高山，雨涝收半山，不涝不旱收沿川"和"一眼望四季"的说法。境内海拔600~3600米之间，年平均气温14.7℃，年日照时数1911.3小时，年降雨量400毫米左右，无霜期210~240天，属亚热带半湿润气候。

【优势产业】武都区气候条件得天独厚，温暖湿润，光热资源比较充，适宜于多种农作物生长。有各类动物1300多种，有各类中药材1200多种，其中"米仓红芪"、"武都黄连"饮誉中外。有核桃、花椒、桔柑、油橄榄、茶叶等经济林果百余种，其中"武都大红袍花椒"品质优良，畅销国内外，白龙江河谷地带则被专家认为是全国油橄榄最佳适生地。水资源总量55.7亿立方米，水能资源蕴藏量73.12万千瓦，可开发利用21.5万千瓦。境内有神奇的万象洞、朝阳仙洞、水濂瀑布、千坝草原、太白积雪、五凤彩云、六月冰泉、南宋古建筑广严院和红桐河自然保护区等。

【国民经济】2012年，全区实现生产总值68.1亿元，比上年增长13.7%。其中：第一产业增长6.7%，第二产业增长18.8%，第三产业增长13.9%。粮食总产量达到16.8万吨，增长1.57%。规模以上工业企业完成增加值2.08亿元，比上年增长33.4%。社会消费品零售总额19.45亿元，增长17.85%。大口径财政收入达到7.46亿元，增长30.4%；公共财政预算收入2.88亿元，增长18.2%。公共财政预算支出20.67亿元，增长14.67%。年末金融机构各项存款余额140.12亿元，较年初增长13.5%；全年金融机构各项贷款余额83.47亿元，较年初增长24.8%。城镇居民人均可支配收入14076.7元，增长16.11%；农民人均纯收入2958元，增长17%。

【"三农"工作】全区共完成粮食播种面积82.01万亩，全年粮食总产量达16.8万吨，完成退耕还林0.71

万亩，荒山造林3.98万亩，新植核桃2.8万亩，完成蔬菜播种面积15.05万亩，全年肉类总产量15974.7吨，比上年增长6.4%，水产品产量376吨，增长5.7%，全年新增有效灌溉面积0.69万亩，增长3.7%，农业机械总动力达到30.2万千瓦，比上年增长9.2%，劳务输转15.8万人次，劳务创收13.9亿元，人均劳务收入达到9011元。自筹资金2000多万元，新建、维修农村公路和桥梁工程90项、370.25公里。不断加强水利建设，新修河提1.61公里，新建水利灌溉工程22项，新增有效灌溉面积6850亩、节水灌溉面积10500亩。大力实施"一池三改"工程，不断完善农村环卫设施，新建垃圾屋、垃圾池135座，农村环境卫生明显改善。积极推进生态环境建设与保护，新修梯田1.1万亩，治理水土流失47.5平方公里，实施天然林保护132.91万亩，义务植树230万株，新建生态林3.23万亩，新建绿色长廊129公里。

【项目建设】全区完成固定资产投资105.1亿元，比上年增长38.6%。按城乡分，城镇固定资产投资完成98.69亿元，增长38.06%；农村固定资产投资完成0.45亿元，下降40.6%。城镇固定资产投资中，第一产业完成投资4.31亿元，增长136.8%；第二产业完成投资83.43亿元，增长32.58%，第三产业完成投资10.95亿元，增长62.7%。

【扶贫开发】积极编报专项规划，秦巴山片区区域发展与扶贫攻坚规划已经批复，"两江一水"流域综合治理规划已上报待批。高标准推进扶贫开发项目建设，按照新农村建设标准实施28个整村推进项目，当年减少贫困人口2.2万人。整合各方面的培训项目和资源开展劳动力技能培训，进一步加大了劳务输转力度，全年共培训劳动力2.55万人次，输转劳动力13.8万人次，创劳务收入16.5亿元。深入推进"联村联户、为民富民"行动，努力改善贫困村的生产生活条件，促进贫困村群众尽快脱贫致富。

【社会保障】全区累计参加社会养老保险的人数达到11072人，参保企业37户，供养离退休人员1286人，共发放企业离退休人员养老金3113万元；缴纳养老金2696万元，征缴失业金312万元。通过各种途径城镇新增就业2810人，实现下岗失业人员再就业1058人。发放城镇居民最低生活保障金3694.2万元，城镇居民最低生活保障制度运行良好。

【社会事业】各教育工作以"两基"攻坚为重点，加快实施农村寄宿制学校、中小学危房改造等建设项目，办学条件明显改善，顺利实现"两基"达标。科技工作以农村经济结构调整为突破口，围绕"万元田"、"多千田"建设和特色产业开发，开展多种形式的技术服务和科技培训工作。新建各类科技示范点150多个，培训乡村干部和农民技术人员2.85万人次。卫生工作以建立新型农村合作医疗制度为重点，不断加强公共卫生体系建设，36所基层卫生院重建工程基本完工，医疗卫生体制改革全面实施，基层卫生院全部实行了国家基本药物零差率销售。

（宗春荣）

宕昌县

【现任主要领导】

中共宕昌县县委书记：朱宝莹

宕昌县人大常委会主任：陈社忠

宕昌县人民政府县长：李建功

政协宕昌县委员会主席：孙书诚

中共宕昌县纪律检查委员会

书记：刘永成

【基本情况】宕昌县位于甘肃南部，陇南市西北部，东接礼县，南连武都，西邻舟曲，北靠岷县。宕昌县属青藏高原边缘和西秦岭、岷山两大山系支脉的交错地带，加之受岷江、白龙江等河流的长期冲刷、切割，境内山峦起伏，沟壑纵横，地形地貌异常复杂，山岳特征显著。地势由西北向东南倾斜，地形由山地、丘陵、河谷三大单元构成，南部多深山峡谷，北部多黄土梁峁。县境平均海拔2300米。年平均气温10.0℃，年平均无霜期180天，年平均降水量635.5毫米，年蒸发量1180.9毫米，年平均日照时数2085.1小时，境内气候温和，光照充足，冬无严寒，夏无酷暑，属大陆温带季风气候区。全县辖19个乡、6个镇、334个行政村，幅员3331平方公里，2012年总人口31.53万人，其中常住人口27.12万人，城镇人口5.14万人。

【资源优势】一是驰名中外的中药材，有当归、大黄、党参、红芪、丹参、柴胡等636种，尤以当归、党参、红芪、大黄四大药材质优量大，远销中外。二是种类繁多的矿产资源，已探明的矿产有锑、铜、铅、锌、金、铁等金属，石灰石、石膏、重晶石、煤、泥、炭、玛瑙等非金属。三是珍稀动物有金钱豹、香獐、鹿、熊、狐等。四是林副特产主要有野生蕨菜、松花蜂蜜、生漆、羊肚菌、花椒、核桃、柳编工艺品、手工地毯等。五是丰富的旅游资源，主要旅游景点有：哈达铺红军长征纪念馆、素有"小九寨沟"之称的大河坝森林公园、官鹅自然风景区、南阳牛头寺、高庙山公园等。

【国民经济】2012年，全县完成生产总值15.27亿元，比上年增长12.9%。第一、二、三产业增加值分别为4.08亿元、4.33亿元、6.85亿元，分别增长6.7%、20%和12.4%。农民人均纯收入达到2503元，增长18.01%；完成规模以上工业增加值1.46亿元，增长24.7%；完成固定资产投资28.54亿元，增长48.6%；完成社会消费品零售总额5.05亿元，增长17.02%。

【"三农"工作】以开展"联村联户、为民富民"行动为契机，以办好"五件实事"、落实"八个全覆盖"为重点，科学制定方案，积极争取项目，整合资金1.86亿元，为民兴办实事好事6.3万件次。特别是通过加强与省市联村单位的衔接回访，借助联村单位支持，集中培育了阿坞乡麻界村等一批双联行动示范村，树立了样板，创造了经验，受到各方面的肯定和认同。以秦巴山片区发展与扶贫攻坚规划启动为契机，争取财政扶贫资金5806万元，比2011年增长48.3%，完成了车拉整乡扶贫综合开发和阿坞、哈达铺、官鹅沟等4个片区开发工程，实施整村推进项目26个，扶贫开发进程明显加快。整合资金1000多万元，以推广膜侧种植、顶凌覆膜等先进实用技术，推动新优品种更新换代为目的，集中建成了24个高产量、高效益的特色农业示范点。为打造千年药乡品牌，做大做强中药材产业，建成了官鹅沟中药材博物馆、百味中药材示范园和理川中药材市场，成功举办了2012中国甘肃陇南（宕昌）中药材产销对接洽谈会，签订了总资金5.39亿元的25个产销合作协议。高度重视"三品一标"申报工作，完成了3个地理标志、2个有机食品和1个无公害农产品的认证工作。切实加强新优品种选育工作，自主培育的马铃薯宕薯5号和宕薯6号，正式通过省科技厅审定并作为马铃薯新优品种在全省推广。扎实推进规模养殖，新建养殖小区4个、养殖场11个，新发展规模养殖户110户。全县中药材种植面积达到38.3万亩，总产量达到7万吨；马铃薯种植面积达到30.4万亩，总产量达到45.6万吨；发展蔬菜大棚280座，累计达到830座；发展核桃1.8万亩、花椒1.9万亩、油橄榄0.36万亩、梨0.2万亩；畜禽出栏70.18万头只，肉蛋奶总产量达到1.56万吨，水产品产量达到35.2吨。大力加强生态建设，完成生态林建设3.02万亩、公路绿化124.5公里，完成义务植树176万株。狠抓劳务产业，完成劳务培训5.06万人，向外输转劳务工9.96万人，其中有组织输出5.4万人，创劳务收入10.47亿元；向新疆输送劳务移民1033户3567人。

【项目建设】争取中央补助资金6211.5万元，大力实施了农村危旧房改造工程，在计子川开工建设廉租房、公租房308套。实施整村推进项目26个，推广太阳灶6635台、节柴灶2161台、太阳能热水器1474台。基本建成了城区供水工程并已通水。建成城关镇计子川至临江铺、哈达铺镇金木至王家、理川河拉大路至大舍等9项堤防工程，新建河堤29.4公里，加固加高河堤5.9公里。完成了大河坝旅游公路硬化工程，新建通畅公路25条124.7公里，建成便民桥15座。建成城区公园四处，硬化城区巷道13条2万平方米。建成了哈达铺南滨河路，完成了哈达铺迎宾大道填方及碾压工程。完成了理川中药材市场一期工程，哈达铺中药材市场正在实施项目前期道路建设。开工建设教师周转宿舍310套，已竣工74套，完成主体126套，在建110套。

【社会事业】认真落实教育优先发展战略，投入资金2292万元，完成学校、幼儿园续建项目10个，新增校舍1.7万平方米；开工新建教育项目26个，建筑面积1.5万平方米。认真实施学生营养改善计划，全面落实了教育"两免一补"政策。争取社会团体和企业助学资金618万元，办理生源地助学贷款812万元，发放高中生资助金190万元，加大了贫困生资助力度。狠抓教育教学质量，高考二本以上上线241人，上线率17.6%。调整完善《新农合补偿实施方案》，提高了报销范围和比例，全年共参合26.2万人，参合率达95.2%；全年大病报销3.09万人次6933万元，门诊补偿34万人次1775万元。建成乡镇文化站19个、文化小广场20个、农家书屋76个；积极实施"村村通"、"户户通"工程，安装开通"村村通"8040户、"户户通"3.7万户。

【社会保障】全面落实各项保障民生政策，启动实施了城乡居民养老保险工作，全年共参保17.6万人，参保率达到95.2%，发放养老金3.4万人1122万元。完成了城乡低保和五保供养的提标工作，城市低保标准提高10%，农村低保月人均补助水平由69元提高到73元，农村五保供养标准提高20%，城乡困难群体基本生活得到有效保障。认真落实党的民族宗教政策，投入各类项目资金4210万元，有力支持了民族乡村经济社会发展。

（韩黎明）

成县

【现任主要领导】

中共成县县委书记：李　祥

成县人大常委会主任：段志俊

成县人民政府县长：李鹏军

政协成县委员会主席：张启仁

中共成县纪律检查委员会

书记：吕红菊

【基本情况】成县位于甘肃省南部的陇南市，东北与徽县接壤，西与西和相邻，南以西汉水为界与康县相望，东南与陕西省略阳县毗邻。属西秦岭余脉，地势呈西北高，东南低，海拔在750~2377米之间，境内多高山峡谷，地貌特征南北为山地，中部为丘陵。属暖温带半湿润气候，四季分明，冷暖适度，年均气温12.1℃。无霜期186天，年日照时数1468.5小时。年均降雨量581.6毫米左右，相对湿度75%。境内有犀牛江、东河、南河、洛河等"一江三河"丰富的水资源。全县辖12镇5乡，15个居民委员会，245个村民委员会，1472个合作社。总户数7.37万户，总人口26.5万人，常住人口为24.42万人，人口自然增长率为5.57‰，城镇化水平37.5%。土地总面积1676.54平方公里，其中耕地41.03万亩，林地118.65万亩，天然草场15.5万亩。

【资源优势】一是自然资源丰富，是国家生态环境建设示范县和全省重要的商品粮生产基地。县内已知植物种类达1958种，动物种类54种。粮食作物主要为冬小麦、玉米、大豆、荞麦、薯类等；经济作物以冬油菜、大蒜和多种四季蔬菜为主；经济林果主要有核桃、柿子、樱桃、板栗等，还有天麻、茯苓、杜仲等名贵药材及千余种药用植物；有梅花鹿、豹、熊、画眉、红腹锦鸡等十余种珍稀野生动物。二是成县矿产资源富集。境内初步探明的金属矿藏有铅、锌、黄金、白银、铁、锰等17种，尤以铅锌储量较大，为全国第二大铅锌矿带，其地质储量约1100万金属吨，目前已初步形成了以铅锌为主导，建筑建材、酒类酿造、农副产品加工、能源化工等为支撑的工业体系。三是成县县域生态环境良好，自然景观奇特，文化胜迹众多，风光秀丽，山水有致。有国家级重点保护文物汉隶《西狭颂》摩崖石刻，古西汉栈道，风光峻奇；诗圣杜甫流寓同谷纪念地“杜少陵祠”，合山环水，景幽文蕴；南宋抗金名将吴挺陵园，历史蕴藏丰富；以及国家级森林公园鸡峰山和唐韵遗风裴公莲沼等人文景观和五龙山红色旅游景区，是处于麦积山、九寨沟、西安、汉中等多条黄金旅游链上的重要“驿站”。

【国民经济】2012年，全县完成生产总值38.20亿元，比上年增长14.2%。其中：第一产业增加值7.78亿元，增长6.3%；第二产业增加值16.3亿元，增长19.1%；第三产业增加值14.1亿元，增长12.7%。实现工业增加值11.6亿元，增长21.4%，其中，规模以上企业完成工业增加值9.35亿元，增长31.9%。完成大口径财政收入5.39亿元，增长15.7%。完成固定资产投资38.02亿元，增长51.7%。实现社会消费品零售总额6.81亿元，增长17.4%。城镇居民人均可支配收入13680元，增长14.5%；农民人均纯收入达到4290元，增长16.5%。城乡居民储蓄存款余额达到40.52亿元，比上年增长20.8%。

【“三农”工作】粮食播种面积51.03万亩，粮食总产量达到14.47万吨，比上年增长0.65%。肉类总产量达到9366.2吨，水产品产量达到162吨，禽蛋产量达到1551吨。初步形成了以核桃为主的主导产业和以草畜、蔬菜、中药材、蚕桑、烤烟为主的区域特色产业发展格局。蔬菜总产量达到102501吨。大力发展柴胡、党参、辛荑、天麻、黄芪、桔梗等药材品种，全县中药材种植面积达到1.85万亩，中药材总产量达到7841.8吨。栽植烤烟0.56万亩，烟叶产量达到952吨。引育西洋樱桃、油桃、金太阳杏、李子、葡萄、梨等优质果树苗木10万多株，新发展果园648亩，全县鲜果面积达到1.04万亩，鲜果总产量达到9010吨。新增特色产业基地面积2.85万亩。全县共输转劳动力5.96万人，实现劳务收入6.2亿元。建成了汇丰特种养殖场、兴明蔬菜示范园等7个农业产业园区；实施了2个乡镇农业综合开发中低产田改造项目、2个整乡连片开发和7个整村推进项目、44个“一事一议”财政奖补项目，建成了陈院梁楼、抛沙东罗、苏元水坝、黄渚王台等16个生态文明新农村，新建农村文化广场16个。县财政多方筹资1500万元担保基金，积极争取政策，发放农村妇女小额担保贷款3667户1.8亿元，发放“双联”贷款199户984万元，有力地推动了产业发展和农民增收。

【项目建设】实施各类项目164项，完工109项，累计完成投资38.02亿元。全力推进了成武高速、十天高速、中贵输油输气、陇南成州民用机场、城区天然气供气工程等重点项目。坚持狠抓整合重组、重点项目和园区建设三大重点，全面完成了厂坝矿区资源整合资产重组工作。实施工业建设项目20项，完成投资7.78亿元。开工建设了厂坝公司300万吨原矿技改扩能工程、祁连山200万吨干法水泥生产线等工业重点项目，6000吨白酒配套工程即将投入使用，锌冶炼厂污酸污水循环利用等4个项目已投入试生产。

【社会事业】全面实施了农村义务教育学校学生营养改善计划，启动了校车安全工程，完成了8个农村薄弱学校、4个学前教育幼儿园新建、改造项目；8·12灾后教育重建项目全部建成投用；成州高中完成总工程量的75%；高考二本以上上线人数265人，上线率13.05%；全县学校总数191所，教职工0.29万人，在校学生3.19万人。县医院、中医院新建项目主体完工，13项卫生灾后重建维修项目全部竣工投用；全面落实了公共卫生服务均等化项目，基本公共卫生项目扩展到12项；扎实推进了医疗卫生体制改革，启动实施了新农合“一卡通”试点工作，新农合参保率达到97%以上。全面实施了国家免费孕前优生健康检查项目，推进了人口信息网格化和计生优质服务工作。全面实施了城乡居民社会养老保险工作，参保缴费率达96%。高标准编制了《西狭颂文化产业园修建性详细规划》并开始招商，完成了县文工团改革和广电网络整合；建成了文化遗产博物馆、同谷书画院和成县美术馆，完成了体育馆主体工程；新建农家书屋40个，实施农民体育健身工程、文化资源共享工程236项，实施广播电视户户通工程4.3万户，基本实现了全覆盖。

（张宏军）

康　县

【现任主要领导】

中共康县县委书记：李廷俊

康县人大常委会主任：杜登芳

康县人民政府县长：文元旦

政协康县委员会主席：黄义成

中共康县纪律检查委员会书记：易红斌

【基本情况】康县位于甘肃省东南部，东邻陕西略阳县，南接陕西宁强县，西邻武都区，北隔西汉水（犀牛江）同成县相望。地处西秦岭南侧陇南山中，地质构造为昆仑秦岭地槽褶皱地带，地势西高东低，中部高，南北低；地貌形态上，山势陡峻，居中高山地。最高海拔2483米，最低海拔560米，平均海拔1426米；境内气候属典型亚热带向暖温带过渡气候，温和湿润，雨量充沛，年平均气温10.7度，无霜期212天，日照时数1328.7小时，年降水量664.4毫米。全县总面积2958.46平方公里，现有耕地总资源面积62.41万亩，常用实有耕地31.21万亩。县辖21个乡镇、350个村、8个社区居委会，总人口19.7万人，汉族占总人口的99.7%，有回、满、壮、藏、蒙、瑶、维吾尔等少数民族。

【资源优势】境内有高等植物172科1000余种，各种菌类100多种，有天麻、杜仲等野生药材570多种，国家野生保护动物数百种，农特产品300多种。其中，茶叶、黑木耳、薇菜、核桃仁等上百种山野食品在国内外享有盛誉。生态优势，境内植被良好，现有森林约339万亩，活立木蓄积量1267.3多万立方米，森林覆盖率达到66.7%，林木绿化率高达70.4%。有国家和省列珍贵树种如香樟、银杏、红豆杉等28种。康县属于陕南、陇南、川北“金三角”的一部分，金矿是县内优势资源，黄金储量丰富，岩金矿在境内大部分地区均有分布。铜矿已探明铜矿石资源储量269.54万吨，铁矿探明矿区资源量为43.61万吨。全县共有一江十四河，其中跨境河流7条，境内河流8条。水能蕴藏量（理论）9.98万千瓦，可开发量约占3.68万千瓦。

境内生态旅游资源丰富，全县从南到北无山不青、无水不秀，山川秀美，风光旖旎，景色迷人。茶园、竹海、灵山、秀水、幽谷、茂林、飞瀑、流泉、构成了康县独具特色自然生态风光，千峰叠翠，万峡溢绿，悬泉飞瀑，百鸟争鸣，是西北天然生物园和野生动物园，已成为西北地区较有名的生态旅游胜地。旅游景点主要有白云山森林公园、梅园沟、幽梦谷、海棠谷、龙神沟、红豆谷、清河、响水泉、白马关古城遗址、托河溶洞等百处自然和人文景观。距县城84公里的国家4A级阳坝亚热带生态旅游风景区，是全省十大旅游景点之一。

【国民经济】2012年，全县实现生产总值12.9亿元，比上年增长12.5%。其中：第一产业增加值3.6亿元，增长6.6%；第二产业增加值3.9亿元，增长19.1%；第三产业增加值5.4亿元，增长12.0%。三次产业结构比为28.0 ∶ 30.3 ∶ 41.7，全县人均生产总值7198元。完成大口径财政收入2.1亿元，增长21.74%，公共财政预算收入0.9亿元，增长19.17%。实现社会消费品零售总额4.6亿元，增长17.23%。实现工业增加值3.61亿元，比上年增长19.6%。规模以上工业实现增加值3.07亿元，增长24.5%。完成固定资产投资43.4亿元，增长44.5%。年末各项存款余额30.6亿元，比年初增长8.94%；各项贷款余额11.7亿元，比年初增长22.68%。城镇居民人均可支配收入9504元，增长15.3%；农民人均纯收入2894元，增长17.7%。

【项目建设】成武高速、中贵天然气管道工程等国家重大项目建设进展顺利，全年实施项目数量和完成投资大幅增长。当年共实施项目87项，累计完成投资45亿元，占计划总投资的89.42%。继续完善了招商引资工作机制，招商引资取得了明显成效，全年签约招商项目16个，签约资金10.58亿元，到位资金5.07亿元，项目开工率94%。

【“三农”工作】全年粮食产量达67029.6吨，增长1.64%。强力推动各项惠农政策落实，农民享受惠农补贴资金1.8亿元。以特色农业产业提质增效为核心，不断扩大基地面积，新发展核桃2.48万亩，桑园2000亩，花椒0.87万亩，蔬菜2.3万亩，中药材3.28万亩。全面落实核桃树“双十”综合管理措施，完成经济林综合管理62.88万亩，提升了特色农业产业开发效益。建成了城关孙家院500亩无公害蔬菜示范园、大鲵种群扩繁、太平鸡繁育等24个特色农业示范点，有力推动了特色农业产业化发展。新发展农民专业合作经济组织5个。完成农民科技培训和转移培训2.71万人次，输转劳动力6.39万人次，实现劳务收入5.14亿元。编制完成了秦巴山特困片区扶贫开发规划，精心实施了王坝乡整乡推进项目和11个整村推进项目，完成投资6280万元，当年减少贫困人口1.03万人。认真开展村级公益事业建设“一事一议”财政奖补试点，实施试点项目126个，完成投资5571万元，受益18325户77055人。确立了“统筹城乡一体发展、建设生态美丽康县”的目标，提出了“基础设施配套化、经济发展产业化、村容村貌园林化、家庭院落花园化、村风民风和谐化、管理机制长效化”的“六化”建设重点，全面完成了132个新农村村庄规划编制，高标准完成了50个生态文明新农村创建工作，

【社会事业】全县现有各级各类学校138所，在校学生23896人，专任教师1748人。全县现有医疗卫生机构26个，医疗卫生机构拥有各类医疗设备千余台件，拥有床位499张，每千人拥有床位2.5张；有卫生技术人员479人，其中：医生159人，注册护士92人，每千人拥有卫技人员1.52人。全年完成10件专利申报和授权工作（其中：发明专利3件，实用新型专利1项，外观专利6件），完成技术合同交易额678万元。全面启动广播电视“两通”工程，全县村村通用户达到24166户，户户通用户达到21000户。全县广播节目综合人口覆盖率达98.2%，电视节目综合人口覆盖率达98.2%。积极推进文化产业园区项目建设，规划论证了一批文化产业项目，深入挖掘县内茶马古道文化、红色文化、民俗文化。全县建成文化休闲小广场累计达到146个，农民健身工程累计达到88个。成功举办了康县阳坝“天然氧吧”甘、陕、川、青四省14市围棋象棋邀请赛。

【社会保障】全县参加城镇基本养老保险人数3705人，城镇居民养老保险参保率55%；参加城镇基本医疗保险人数17302人（其中职工人数8251人），参加失业保险人数1151人；城镇居民最低生活保障已保4287人，发放保障资金1021万元，农村贫困低保已保35922人，农村五保供养1363人，共发放农村保障资金3224.3万元；参加农村合作医疗167114人，参合率达97.0%，参加农村社会养老保险126550人，参保率达98.0%，基础

养老金发放率为100%。建成廉租住房648套，积极稳妥地完成了廉租房实物配租配售；安置高校毕业生586人，新增城镇就业1857人，城镇登记失业率下降到3.95%。

（肖 平）

文 县

【现任主要领导】

中共文县县委书记：苏彦君

文县人大常委会主任：韩平松

文县人民政府县长：张立新

政协文县委员会主席：马克武

中共文县纪律检查委员会

书记：高玉龙

【基本情况】文县位于甘肃南陲，位于甘、川、陕三省交界处，地处秦巴山地，素有“陇上江南”、“甘肃西双版纳”、“大熊猫故乡”之美誉，既有北国之雄奇，又有南疆之灵秀。全县辖4镇16乡，305个村民委员会，7个社区，1305个村民小组。全县总户数8.49万户，总人口24.09万人，其中农业人口20.38万人，居住着汉、藏、回等7个民族，全县少数民族人口达到5818人。全县总土地面积4994平方公里，有耕地面积30.70万亩。全年农作物播种面积达到50.24万亩，其中粮食作物达到37.32万亩。粮食作物主要以小麦、水稻、玉米、薯类为主，经济作物及林果产品以蔬菜、纹党、花椒、核桃、茶叶为主。地理位置处于亚热带向暖温带过渡地带，素有“一山有四季，十里不同天”的特征，年平均气温15.2℃，无霜期274天，年均降雨450至800毫米，海拔550米至4187米。

【资源优势】一是水力资源富甲陇原，境内有“两江八河”和360多条溪流，年径流总量90多亿立方米，水能理论蕴藏量303万千瓦，其中可开发利用的达210万千瓦，目前已开发利用67.66万千瓦，仅占可开发利用水能的32.2%。二是矿产资源富集，金属和非金属矿藏达20多种，种类多，储量大，品位高，已探明黄金储量300余吨，硅矿1亿多吨，铜金属储量5万多吨，重晶石矿3200多万吨，锰矿储量119万吨，其中阳山金矿为我国最大的金矿。三是旅游资源独特，有洋汤天池、白马藏族民俗村、阴平古道、白水江自然保护区等一批旅游景点，发展旅游业前景广阔，可与九寨沟、黄龙连成一条黄金旅游线。

【国民经济】2012年，全县完成生产总值17.37亿元，比上年增长13.3%。其中：第一产业增加值4.39亿元，增长6.6%；第二产业增加值6.36亿元，增长19.2%；第三产业增加值6.63亿元，增长12.1%。完成全部工业增加值5.42亿元，增长20.1%，其中规模以上工业增加值3.23亿元，增长35.9%。完成固定资产投资60.07亿元，增长38.4%。实现社会消费品零售总额4.69亿元，增长17.6%。完成大口径财政收入3.34亿元，增长20.6%；完成公共财政预算收入1.54亿元，增长16.4%；公共财政预算支出11.46亿元，增长18.6%。金融机构各项存款余额为43.33亿元，增长6.6%；贷款余额为30.66亿元，增长22.7%。城镇居民人均可支配收入11200元，增长14.9%；农民人均纯收入2680元，增长18.2%。

【项目建设】全县全年实施500万元以上项目64个（续建15项、新建49项），全年竣工项目54个，项目竣工率达到84.4%，建成了临江20万KVA铁合金生产基地、新关金矿、横丹电站、文县明辉硅业有限公司碳化硅厂、赵天路、文县影剧院、文昌宫等一批重点项目。

【“三农”工作】全年粮食总产量达到68328吨，比上年增长0.8%。农业基础条件不断改善，全县大搞农田水利建设，兴修水平梯田0.62万亩，累计达到23.50万亩；新增集雨节灌面积0.34万亩，新增有效灌溉面积0.12万亩，全县有效灌溉面积累计达到9.55万亩；人饮解困工程得到较好实施，累计解决了271个村4.34万户16.49万人的饮水困难问题；农业特色产业得到发展，全年农业特色产业总产值达到25264万元，增长5.3%；扶贫开发和新农村建设稳步推进，全年完成了23个贫困村整村推进建设任务，年内减少贫困人口2.21万人；全年建成生态文明新农村23个。

【社会事业】优先发展教育事业，启动实施了教育振兴三年行动计划，出台了加强学校管理提高教学质量的政策措施。大力发展卫生事业，建成标准化乡镇卫生院24所、规范化村级卫生室86个。大力发展文化事业，确立了建设特色文化名县战略目标，设立文化事业发展基金200万元，建成乡村文化广场20个、文化站20个、文化大院7个、非物质文化传习所6个、农家书屋76个。大力发展广播电视事业，全年实施广播电视“村村通”工程1.23万套、“户户通”工程2.1万套，广播电视覆盖面进一步扩大。

【社会保障】全年投入改善和保障民生方面的资金达到2.23亿元。认真落实就业扶持政策，城镇新增就业人员1875人，安置高校毕业生346名；城镇低保对象全额保障标准由人均每月的184元提高到213元，农村低保对象人均每月补助提高到86.5元，五保户供养对象保障标准由每年的2000元提高到2400元；年末参加城镇基本养老保险的人数为4580人，参加城镇基本医疗保险的人数为15782人，参加失业保险的人数为5200人，城镇居民最低生活保障人数8523人，农村居民最低生活保障人数46258人，五保户供养人数1421人，参加农村合作医疗的人数187542人，参加农村社会养老保险的人数108853人；全年为1949名城镇职工和居民核报医药费1265万元，共补偿参合农民29.6万人次，报销医药费5473.9万元。

（崔耀文）

西和县

【现任主要领导】

中共西和县县委书记：周子强

西和县人大常委会主任：宋小平

西和县人民政府县长：郝爱龙

政协西和县委员会主席：年高龄

中共西和县纪律检查委员会

书记：王　辉

【基本情况】西和县位于甘肃省东南部，西秦岭南侧，系长江流域西汉水上游。东临徽县、成县，南依武都、康县，西北与礼县交界，东北与礼县、天水秦州区接壤。行政区域面积为1861平方公里。境内地形由西北向南倾斜，南部为土石质山原峡谷区，北部为沟壑梁峁区，平均海拔1692米。年平均气温8.4℃，无霜期149天至214天，日照时数1500~1800小时，年降水量451~734.7毫米。属大陆性季风气候。辖6个建制镇14个乡，行政村384个，2012年底全县人口40.43万人。

【资源优势】西和县资源富集，被著名地质学家李四光称为“宝贝的复杂地带”。金属矿产资源丰富，有色金属有铅、锌、金、铜、铁等。县境东南部属全国铅锌矿第二大矿产带的西成矿带，探明储量521.7万吨，金属量14.93万吨；黄金矿散布全县。非金属矿产有大理石、冰洲石、陶土等。农副特产品有洋芋、柴胡，野生药材西贝母、淫阳霍等，是久负盛名的“中国半夏之乡”。加工业产品有亚麻、粉条、粉丝、挂面等，编织业产品有背蒌、席等，手工艺品有泥塑、根雕及剪纸、刺绣等。

【旅游景点】西和县是中华人文始祖伏羲的诞生地。在这片古老神奇的土地上，仰韶文化、寺洼文化、齐家文化交相辉映；晋魏时仇池立国四百余年，有仇池胜境，绚丽别致的自然景观十分诱人，有“圭峰秋月”之称的八佛崖；有“九眼鼎沸”之称的九眼泉，新建旅游景点：晚霞湖（晚家峡水库），湖光山色，景色宜人。全力推进“一湖九园”十大景区开发建设，建成了仇池碑林、晚霞湖环湖景观带、湿地观赏区、隍城休闲广场、观山杏林山庄等景观设施，成功开发了仇池石、绣花保健枕、西和麻纸等系列文化旅游产品，成功举办了三届中国乞巧文化旅游节。

【国民经济】2012年，全县实现生产总值22.15亿元，比上年增长13.4%。其中：第一产业增加值5.59亿元，增长6.7%。第二产业增加值5.74亿元，增长20.2%；第三产业增加值10.81亿元，增长13.2%。人均生产总值5332元。完成固定资产投资49.3亿元，增长46.9%。粮食总产量达17.69万吨，增长5.1%。实现工业增加值4.58亿元，增长21.6%。规模以上工业增加值3.72亿元，增长27.8%。社会消费品零售总额完成4.75亿元，增长17.19%。大口径财政收入完成2.59亿元，增长22.47%。2012年产全县金融机构各项存款余额51.4亿元，各项贷款余额19.8亿元。农民人均纯收入2858元，比上年增长18.8%。

【“三农”工作】大力推行“1+5”现代农业发展方式，五大特色优势产业开发取得了新成效。何坝马铃薯专业交易市场和西高山、晚霞湖环山2个万亩优质核桃示范基地全面建设。何坝民旺马铃薯专业合作社被农业部授予“全国农民专业合作社示范社”称号，欣鑫果业和金盛果品专业合作社选送3个品种获“2012年甘肃省名优苹果鉴评”铜奖，润泉牌杂粮挂面荣获2012年度陇南名牌产品。输出务工人员11.87万人，创劳务收入14.2亿元。全县以马铃薯为主的优势主导产业，以八盘梨、猪苓、食用菌、大鲵等为主的地方特色产品蓬勃发展，特色产业规模进一步扩大，全县马铃薯、蔬菜、中药材面积分别达到36.28万亩、5.9万亩、5.65万亩。为有效解决全县农业产业化发展贷款难、担保难的问题，组建成立了西和县农业产业化信用担保公司。完成各类新农村建设投资9954.07万元，集中实施了一批基础设施、产业发展、公共设施项目和文化墙等基础设施建设，全县九大新农村示范长廊层次和水平进一步提升。

【项目建设】文化广场和乞巧民俗展览馆全面建成，启动实施了晚霞湖绿化造景工程。筛选提出重大前期工作项目59个，实施重点建设项目107个，完成投资49.3亿元。新建通乡通村水泥路89公里，西晒路水毁修复及何专至河口至洛峪、西姜路王磨至姜席斜坡公路硬化工程建成通车，公用型汽车站完成主体工程，十天高速西和段拆迁等前期工作进展顺利。“一事一议”财政奖补、流域治理、土地开发整理、农田水利建设等项目全面完成。解决了2.92万农村人口和部分学校师生饮水安全问题，完成各类造林5.5万亩。政务大厦、城北建材市场、滨河西路、城南供热站全面完工，城区污水处理厂和滨河东路等项目加快建设，城南改造“两路两街”道路工程即将开工建设，城北594亩土地征收任务基本完成。完成新农村建设投资1.64亿元，打造建设了不同类型的生态文明新农村29个，实施整村推进项目15个，高标准规划建设了祁西文明长廊，城乡面貌焕然一新。

【社会事业】新建各类校舍2.31万平方米，新建二中、汉源初中、永丰小学建成投用。文化大厦和洛峪镇中心图书馆全面建成，栏桥遗址和宁家庄遗址被确定为第七批省级文物保护单位，大型民俗秦腔剧《七月七》荣获第六届中国西北五省区秦腔艺术优秀剧目奖、主演获一等奖。甘肃省广播电视网络公司西和分公司组建运行，7.5万户“户户通”任务全面完成。成功承办了市七运会羽毛球和乒乓球赛事活动。评出县级科技进步奖15项。积极推行农村低保申请规程与动态管理试点，建立了城镇职工大额补充医疗保险，全县城乡居民社会养老保险率达到97%。发放妇女小额担保贷款1.4亿元。安置高校毕业生665名。大力实施整村推进、片区开发等扶贫工程，减少贫困人口2.31万人。新建廉租住房和公共租赁房144套，完成配售233套。加大文化公共服务建设投入，累计建成村级文化室54个、农家书屋295个，设立城乡阅报栏662个。

（孙玉峰）

礼 县

【现任主要领导】

中共礼县县委书记：方新生

礼县人大常委会主任：李 明

礼县人民政府县长：曹 勇

政协礼县委员会主席：王作斌

中共礼县纪律检查委员会

书记：朱建西

【基本情况】礼县地处甘肃省东南部、陇南市西北部、长江流域嘉陵江水系西汉水上游，东邻天水、西和，西接宕昌、岷县，南连武都，北与武山、甘谷接壤。全县幅员面积4263.58平方公里，辖4镇25乡，11个社区568个村，全县总人口54.29万人。民族构成以汉族人口为主，占全县总人口的98.2%，另外还有回、藏、满、蒙、苗、彝等6个少数民族。境内海拔最高3312米，最低1080米，年均气温10.4℃，年降水量575.9毫米，全年日照1565.4小时，无霜期196天。礼县是国家扶贫开发工作重点县，有乡村人口47.36万人，占总人口87.24%，有耕地103.23万亩。礼县是全国苹果重点生产县、全省无公害苹果生产基地、牛羊产业大县和梯田建设大县。

【资源优势】礼县矿产资源丰富，主要矿藏有金、锑、铅、锌和花岗岩等，已探明黄金储量200吨、远景储量300吨以上，花岗岩大理石地质储量400万立方米，远景储量1200万立方米以上。礼县畜牧产业开发优势得天独厚，有天然草场144万亩，载畜量达800多万个羊单位。礼县经济林果优势明显，现有苹果30.01万亩、核桃36万亩、花椒11.85万亩，产业初具规模。礼县境内生物资源丰富，有大黄、当归、红芪、党生、半夏等中药材534种，大黄出口量曾占全国的56%，被誉为“中国铨黄”。

礼县是先秦文化与中华原生文明的摇篮，也是世界首个国家制度诞生地和黄河仰韶文化与长江巴蜀文化的交汇点。礼县旅游开发前景广阔，境内不仅有秦皇湖、大香山和上坪草原等自然景观，以秦人第一陵园大堡子山秦西垂陵园、诸葛亮“六出祁山”遗址祁山武侯祠、发祥于周代的卤城古盐井为代表的先秦、三国等历史遗存珍贵，开发文化旅游产业潜力巨大。

【国民经济】2012年，礼县完成生产总值22.78亿元，比上年增长12.5%。其中：第一产业增加值8.15亿元，第二产业增加值6.26亿元，第三产业增加值8.37亿元，分别增长6.7%、19.6%、13.7%。全县人均生产总值达4994元，增长12.7%。三次产业结构比为35.77 ： 27.50 ： 36.74。规模以上工业企业完成总产值6.82亿元，增长18.1%。完成固定资产投资39.60亿元，增长39.58%。实现社会消费品零售总额5.88亿元，增长17.51%。金融机构存款余额549650万元，增长22.55%。城镇居民人均可支配收入8886万元，增长17%；农民人均纯收入3000元，增长18.8%。

【“三农”工作】全年粮食总产量146063.1吨，较上年增长2.77%。其中，小麦69158.7吨，增长1.36%；玉米26285.9吨，增长10.47%；洋芋42731吨，下降0.67%。农业特色产业开发势头强劲，全年苹果产量达62170吨，增长9.88%；花椒产量2235吨，增长10.04%；核桃产量4250吨，增长14.99%。畜牧产业稳步增长，全县畜牧业总产值完成35123.37万元，大牲畜存栏达12.85万头，增长4.56%；生猪存栏11万头，增长6.59%；肉类总量15231.22吨，增长5.25%。劳务经济成效显著，全县全年累计输出劳务13.37万人，下降0.45%；实现劳务收入15.45亿元，增长7.74%，劳务输转成为农民增收主要渠道。

【社会事业】2012年，全县承包科研项目12项，已验收6项。科技推广户达4768户，科技示范户达2536户。全县共有学校458所，教师5247人，在校学生88189人。礼县一中建成投用，县二中、实验中学等教育重点项目进展顺利，办学条件显著改善。文化事业较快发展。全县有乡镇文化站29个、568个农家书屋，甘肃秦文化博物馆正式开馆，图书馆馆藏各类书籍13万册。大力实施村村通、户户通项目，广播和电视人口综合覆盖率有了较大提高，电视人口覆盖率达到100%。全县共有医疗机构38个，乡镇卫生院29个，病床880张，卫生技术人员914人，其中执业医师304人。落实各项节育措施5352例，计划生育率85.31%，人口自然增长率控制在7.08‰。

【社会保障】健全完善社会保障体系，实施积极的就业政策，多方拓宽就业渠道，鼓励支持自主创业，积极稳妥解决大中专毕业生择业与城镇零就业家庭就业问题。加强医疗卫生与养老失业保障，完善城镇职工、居民基本医疗保险、新型农村合作医疗保障、大病医疗救助等制度。2012年农村最低生活保障人数达104209人，城镇最低生活保障人数达8573人，参加基本养老保险职工数达6965人，参加基本医疗保险职工数达37020人，参加农村合作医疗保险的人数451478人。

（苏 麟）

两当县

【现任主要领导】

中共两当县县委书记：梁 英

两当县人大常委会主任：唐启荣

两当县人民政府县长：孙根林

政协两当县委员会主席：丁考顺

中共两当县纪律检查委员会

书记：刘小研

【基本情况】两当县位于甘肃省东南部，地处陕甘川交界的秦岭山区，属长江上游嘉陵江水系。北靠天水，西邻徽县，东南二面与陕西宝鸡、汉中相连。全县辖3镇9乡，118个行政村，4个社区，总人口5万人，其中：农村人口3.7万人。全县总面积1374平方公里，总耕地面积12.03万亩。最高海拔2738米，最低海拔773米，年平均气温11.3℃，平均降雨量630毫米，无霜期193天，有一江七河八大水系，全长209.93公里。年径流量3377.2万立方米。粮食作物主要以小麦、玉米、黄豆为主；经济作物主要以油菜、葵花、瓜果、蔬菜为主；经济林果主要以核桃、板栗、苹果为主。

【资源优势】县境内已探明的矿产资源有金、银、铜、煤炭、陶土、大理石等10多种；有羚羊、獐子、水獭、大鲵、麝、锦鸡等珍稀动物；有红豆杉、铁杉、银杏、香樟、合欢、白皮松等珍稀树种；有油松、华山松、落叶松、红桦等用柴树种；出产鹿茸、麝香、猪苓、五灵脂、天麻、杜种、黄姜等中药材400多种。县内生态良好，植被覆盖率达73.3%，森林覆盖率达49.3%。

两当县文化旅游有张果老“登真洞”，《王羲之家谱》；红色旅游有“两当兵变”遗址；绿色自然景观游有“琵琶秋水”、“天门锁云”、“香泉望月”等八大景观和灵官峡省级白皮松自然保护区、张家黑河省级自然保护区和云屏三峡自然风景区，风景秀丽，景色怡人。

【国民经济】2012年，全县实现生产总值4.93亿元，比上年增长12%。其中：第一产业增加值1.77亿元，增长6.4%；第二产业增加值0.65亿元，增长28.5%；第三产业增加值2.51亿元，增长12.7%。三次产业结构比为35.9∶13.1∶50.9。完成固定资产投资14亿元，增长25.3%。大口径财政收入达到5433万元，增长22.8%。实现社会消费品零售总额1.53亿元，增长17.48%。年末全县金融机构本外币各项存款余额16.68亿元，比年初增加31697万元，金融机构本外币各项贷款余额6.42亿元，比年初增加12962万元。农民人均纯收入2447元，增长18.5%。

【“三农”工作】2012年全县粮食总产量达到35187吨，比上年增长1.83%。水平梯田总面积8.83万亩，增长5.63%；农业机械总动力6.1万千瓦，增长12.96%。大力发展“核桃、中药材、畜禽、蔬菜、烤烟”五大特色农业产业，在“一主四辅”五大产业外重点发展食用菌产业，县财政筹集200万元产业发展扶持资金，全力争创全市菌业发展示范县。全县累计实现灵芝种植40万窝、袋料香菇产量108吨、地栽袋料黑木耳30万袋，实现产值2600余万元，菌类产业发展格局初步形成。核桃完成高接换优30万株。完成生态林建设1.5万亩。建成的30万枝核桃接穗贮藏冷库，有力的支撑了全县核桃产业发展；发展烤烟3837亩，烤烟产量758.6吨；新发展中药材1.1万亩；新建标准化规模养殖场3处、养殖小区1个，创建省级示范点1个、市级示范点2个，全县畜禽存栏19.69万头（只）；新建蔬菜大棚289座、种植蔬菜2.63万亩，蔬菜产量达到4500万公斤，创建了杨店豆坪蔬菜标准化示范园省级示范点。推进农田水利建设，完成了巩固退耕还林成果基本口粮田建设工程；实施了农村饮水安全、生态家园沼气池建设项目，完成人畜饮水工程6处，解决了3000人安全饮水问题。实施了显龙、梁垭、聂沟、乔河、下滩等5个整村推进项目。编制了63个新农村建设规划，整合项目资金2000余万元，精心打造了13个新确定的生态文明新农村示范点，完善了21个巩固提升型新农村示范点的基础设施。

【项目建设】金润玉石业公司已完成办公楼、宿舍楼、接待中心、厂房及设备安装工作，年产200万平方米大理石生产线项目张家大理石开采加工项目进入试产。中金集团甘肃分公司太阳金矿，完成供电线路及矿库区、行政办公区基础设施建设，井下工程全面展开。两当县污水处理厂，完成综合楼、办公楼主体、粗格栅主体、CASS底板池壁。果老仙酒厂升级改造项目，完成厂房建设。民乐农业综合开发专业合作社核桃加工综合工厂建成投产。加大交通建设力度，农村公路通畅工程、两当至站儿巷主干线硬化工程、杨店乡谭家磨、云屏乡侯家磨、站儿巷镇银杏、左家乡鱼茨等4座便民桥全面完工。完成了国道316线过境段及站云路生态文明长廊行道树补植补造40公里，在两杨段、两徽段公路沿线新建以展示果老文化、红色旅游、两当风光、新风新貌等为主要内容的文化墙12处3500平方米，建成绿化板块22个、面积1.4万平方米。依托县内生态、人文、红色三大旅游资源，实施了张果老登真洞景区入口服务区建设项目，完成了凤凰雕塑、渡仙桥、景区入口大门、仿木栈道、观景台等工程。

【工业发展】工业经济结构不断优化，全县工业经济逐步走出低谷，呈现出快速回升的态势，招金矿业已进入规模以上工业行列，实现规模以上工业零突破。2012年全县实现工业增加值5326万元，增长33.2%。

【社会事业】2012年末，全县拥有学校46所，教职工627人。全县有公立医疗卫生机构16个，医院、卫生院床位数196床，医院、卫生院技术人员177人。

【社会保障】开展了社会保险扩面、小额信贷、城乡居民基本养老保险、职工大额补充医疗保险及团体人身意外伤害保险工作，提高了农村家庭财产统保标准。年末全县参加失业保险3170人，城镇职工医疗保险5960人，城镇居民医疗保险3673人，养老保险1590人，工伤保险1519人，城镇居民最低生活保障对象2120人，发放低保金440.68万元；农村低保对象6790人，发放低保金620.66万元。

徽县

【现任主要领导】

中共徽县县委书记：王　强

徽县人大常委会主任：王瀚东

徽县人民政府县长：肖庆康

政协徽县委员会主席：辛晓尧

中共徽县纪律检查委员会书记：马 智

【基本情况】徽县位于甘肃省东南部，西秦岭南麓，嘉陵江上游，东邻秦川，南通巴蜀，素有“陇上江南”之美誉。全县辖15个乡镇、213个村民委员会，总面积2722平方公里，耕地面积39.44万亩，年末总人口22.13万人。主要有汉族、回族、藏族、蒙古族、壮族、锡伯族、满族、畲族、土家族、苗族10个民族，少数民族以回族为主，约1.1万人，分布在全县14个乡镇，有7个民族聚集村。境内海拔在700~2500米之间，南北为山地，中部为浅山丘陵，属北暖温带向亚热带过渡性气候，年均气温12.3℃，无霜期208天，全年降雨量732毫米。

【资源优势】徽县自然资源丰富。全县森林面积189万亩，森林覆盖率48%。境内有大小河流600多条，属长江流域嘉陵江水系，年径流量19.86亿立方米，水能资源蕴藏量14.76万千瓦，可开发量8.46万千瓦。现已探明的矿藏有铅、锌、铁、金、铜、汞、硫、砷石、大理石、石灰石等4大类22种矿产资源，储量丰富。全县主产小麦、玉米、大豆、油菜籽、稻米等粮油作物，盛产核桃、银杏、板栗、柿子、生漆、狼牙蜜等林副产品，出产杜仲、柴胡、黄芩、金银花、天麻等100多种中药材。全县有各类野生植物250多种，百年以上银杏树遍布全县。有野生动物200多种，其中有羚牛、红腹锦鸡、白唇鹿、长臂猿、梅花鹿、大鲵等珍贵动物10多种。

徽县地质构造复杂，地貌奇特，自然风光集北国之雄奇与南国之灵秀于一体，景色怡人，民风淳朴，文化古迹众多，旅游资源丰富独特。境内的三滩风景名胜区总面积约800平方公里，森林覆盖率达80%以上，保持着原始如初的自然风貌，高山草甸、峡谷溶洞、飞瀑流泉、云海日出、奇花异卉、珍稀动植物和人文古迹融为一体，是徽成盆地的绿色屏障和天然动植物乐园，也是闻名省内外的旅游胜地，被誉为陇上的“西双版纳”。南宋名将吴玠抗金的蜀道要塞仙人关、闻名天下的青泥古道和具有重要历史文物价值的“新修白水路记碑”、佛爷崖唐代摩崖石刻、栗川郇庄宋代白塔等众多文物古迹，极具文化研究和旅游开发价值。

【国民经济】2012年，全县实现生产总值33.75亿元，比上年增长14%。其中：第一产业增加值10.29亿元，增长6.6%；第二产业增加值14.04亿元，增长19.5%；第三产业增加值9.42亿元，增长13.5%。三次产业结构比为30.5 ∶ 41.6 ∶ 27.9。完成工业增加值9.31亿元，增长22.3%；规模以上工业企业完成增加值8.8亿元，增长21.7%。完成大口径财政收入6.43亿元，增长27.2%，公共财政预算支出10.87亿元，增长20.5%。年末全县金融机构各项存款余额45.3亿元，比上年增长18.6%，各项贷款余额为30.5亿元，下降1.3%。

【“三农”工作】农业在保障粮食生产安全的基础上，继续调整优化产业结构，突出抓好“两主四辅”（两主：即核桃产业和畜牧主导产业；四辅：即瓜菜、育苗、烤烟、蚕桑辅助产业）特色产业发展，大力推进现代农业。强化农业和农村基础设施建设，全面落实强农惠农政策，加快新农村建设步伐，农业和农村经济健康平稳发展，实现了农业增效、农民增收核心目标任务。2012年，粮食种植面积55.24万亩，总产量16.01万吨。

【项目建设】全县紧抓国家支持甘肃经济发展的重大战略机遇，坚持投资拉动型的增长模式，依托项目建设扩大投资，强化招商引资扩大投资，鼓励全民创业扩大投资，着力打造最佳人居环境，城区品味和新农村建设，经济发展的硬环境取得了新突破，小城镇建设步伐加快，新农村建设成效显著，有力地改善了城乡居民的生产生活环境，全县固定资产投资继续保持了强劲增长态势。全年完成全社会固定资产投资32.3亿元，比上年增长33.9%，其中：城镇固定资产投资31.5亿元，增长30.8%。

【社会事业】科技进步贡献率53.3%，科技成果转化率48.5%。全县适龄儿童入学率和初中入学率分别100%和98.41%，本科上线855人（含三本）。初中五科合格率13.78%，小学双科合格率85.27%。全县有文化站15个，乡镇广播电视站15个，电视人口覆盖率96%。城区有线电视节目增至114套，城乡有线电视用户1.8万户，城乡人民文化生活水平得到显著提高。年末全县共有卫生机构23（不含个体）个，其中：县级卫生机构2个，乡镇卫生院17个。有病床531张，卫生技术人员515人，其中执业医师131人。每千人拥有卫生技术人员2.3人，拥有病床2.4张，村卫生室覆盖率达100%。全县共举办各类群众运动会18次，参加运动员2250人次。

【人民生活】年末全县总人口为22.13万人，按地域分：城镇人口6.46万人，乡村人口15.67万人。全县城镇居民人均可支配收入13628元，比上年增长15.9%。农民人均纯收入4391元，增长17.5%。单位从业人员年人均劳动报酬达到33698元，居民住房条件显著改善。

【社会保障】年末全县参加基本养老保险人数13.43万人，其中：参加城镇企业职工基本养老保险人数7463人，参加城乡居民社会养老保险人数12.68万人；参加城镇职工基本医疗保险人数1.32万人；参加失业保险人数0.39万人；参加工伤保险人数0.65万人；参加生育保险人数0.19万人。全年征缴基本养老保险费3337.8万元，征缴城镇职工基本医疗保险1971.51万元。全县农民参加新型农村合作医疗17.99万人，参合率98.25%，共为7.85万名参合农民报销住院费用4578万元。全县享受城市低保的共5893人，累计发放保障金1013.1万元；农村低保2.51万人，累计发放保障金1649.4万元；特困群众大病医疗救助金1019.4万元；抚恤事业费（不含退役安置费）372万元，社会临时救济费240.54万元，五保供养资金285.27万元。

（周 琳）

临夏回族自治州

【现任主要领导】

中共临夏回族自治州州委书记：

冉万祥（8月止）

周 强（8月任）

临夏回族自治州人大常委会

主任：韩季安（撒拉族）

临夏回族自治州人民政府

州长：马青林（回族）

政协临夏回族自治州委员会

主席：吴家白

中共临夏回族自治州纪律检查委员会

书记：马天民（回族）

【基本情况】临夏回族自治州地处甘肃中部西南，北邻兰州市，南靠甘南藏族自治州，东连定西市，西接青海省，州府仅距省会150公里。全州土地面积8169平方公里，平均海拔2000米，最高处4636米，最低处1563米。年平均气温7.3℃，无霜期170天，年平均降雨量494.5毫米，属温带大陆性气候。全州总人口215.02万人，常住人口197.62万人，州内聚居回、汉、东乡、保安、撒拉等31个民族，其中东乡族、保安族是临夏独有的民族。

【资源优势】一是古动物化石富集。近年发掘出土的和政古动物化石以其数量、品种、规模和完整程度占据了六项世界之最，刘家峡恐龙国家地质公园有世界上最大的恐龙足印化石群地质遗迹，具有重大的古生物地质遗迹保护价值和旅游开发价值，引起了国内外专家学者的广泛关注。二是民族风情浓郁。临夏回族自治州是国内穆斯林群众聚居区，是全国仅有的两个回族自治州之一，伊斯兰文化、儒家文化、道教文化、佛教文化等多元文化在这里交汇融合，特别是伊斯兰文化源远流长，民族风情浓郁，独特的文化背景、鲜明的生活习俗、风格迥异的民族建筑、色香味俱佳的清真小吃，形成了临夏五彩纷呈、极富吸引力的民族风情画卷。三是文化积淀深厚。临夏早在远古时期就有先民居住，州内以“马家窑文化”为代表的各类文化遗址众多，是我国新石器文化最集中、考古发掘最多的地区之一，现有各类文物遗址584处，因出土现珍藏于中国国家博物馆的“彩陶王”，被誉为“中国的彩陶之乡”。距今1600多年历史的炳灵寺石窟，是我国著名的十大石窟之一，也是第一批国家重点文物保护单位。临夏回族自治州是民歌“花儿”的发源地，被中国民间艺术家协会命名为“中国花儿之乡”。四是黄河风光奇特。临夏是大禹治水的源头，黄河文化在临夏源远流长，我国最早的地理书《禹贡》中记载：“大禹导河自积石，至龙门，入于沧海”。黄河流经全州102公里，水资源总量达336.15亿立方米，是黄河上游重要的水资源补给区，黄河两岸风光瑰丽，景色宜人，境内有国家4A级旅游景区黄河三峡，有西北最大的人工湖泊刘家峡水库，有中国第一座百万千瓦级水电站、国家首批工业旅游示范点刘家峡水电站，有甘肃炳灵丹霞地貌省级地质公园炳灵石林，有黄河中上游最大人工湿地太极岛。五是生态资源丰富。全州生态环境优美，自然风光秀丽，有国家4A级景区松鸣岩和莲花山、太子山自然保护区，是甘肃中南部森林生态观光游览的胜地。

【国民经济】2012年，全州实现生产总值151.89亿元，比上年增长14.8%。其中：第一产业增加值32.1亿元，增长8.5%；第二产业增加值46.44亿元，增长18.2%；第三产业增加值73.35亿元，增长15.5%。三次产业结构比为21.13 ∶ 30.57 ∶ 48.30。实现工业增加值32.45亿元，增长20.3%，其中规模以上工业增加值15.7亿元，增长17.8%。完成固定资产投资202.11亿元，增长44.63%。实现社会消费品零售总额47.51亿元，增长18.2%。完成大口径财政收入17.47亿元，增长26.56%，增长32.68%；公共财政预算支出137.39亿元，增长23.83%。年末金融机构人民币各项存款余额285.73亿元，增长26.61%；各项贷款余额164.96亿元，增长29.18%。

【“三农”工作】全州完成粮食作物播种面积196.33万亩，其中全膜双垄沟播面积128万亩。粮食总产量达到70万吨，比上年增长8.78%，再创历史新高。新建日光节能温室、塑料大棚1.16万亩，完成蔬菜种植面积16.4万亩、双低油菜19.5万亩、中药材5.3万亩。完成造林26.9万亩，增长50%，新增特色林果12.5万亩，其中啤特果4.73万亩、花椒2.45万亩、核桃4.85万亩，新育苗2.4万亩。新建规模养殖场（小区）124个，新发展规模养殖户1052户。牛存栏26.94万头，下降1.5%；羊存栏136.43万只，增长1.84%。输转劳务48.17万人次；实现劳务收入46.02亿元，增长24.34%。新修梯田14万亩，改善灌溉面积3.6万亩，治理水土流失面积144平方公里。

【项目建设】全年全州新开工千万元以上项目267项，完成投资110.32亿元；续建项目128项，完成投资48.41亿元。全年在建重大项目55个，本年完成投资78.23亿元。其中本年完成投资超过亿元的项目有27个。市县一体化快速通道、回中迁建、州文化馆图书馆综合楼、州广电产业中心综合楼、黄泥湾330千伏输变电工程等项目开工建设，州医院迁建项目已落实建设用地并开展前期工作。临合高速公路，沿黄快速通道，折达、临大、锁折、临康和4条二级公路，积石山引水工程正在抓紧实施。州职业技术学校一期工程、州博物馆、州中医院整体搬迁、刘家峡库区水土保持综合治理一期工程、东乡县中西部农村饮水安全工程基本建成。东乡县城地质灾害综合治理工程基本完成，46个灾后恢复重建项目已完成前期工作、其中36个项目已开工建设。

【优势产业】形成了以神韵和能成公司为重点的砖雕，宏良公司为重点的皮革，八坊清河源、康美牛业为龙头的清真食品，学和为龙头的民族服饰，昌盛铸钢为骨干的机械零部件加工业，兴强和雪羚公司为重点的手工地毯，刘化公司为重点的精细化工，中天公司为重点的氯碱化工龙头骨干企业。全年旅游接待总人数440.8万人次，比上年增长42.1%，其中海外游客0.08万人次；旅游总收入17.86亿元，增长59.5%，其中国际旅游外汇收入15.98万美元。

【扶贫开发】2012年重点实施了94个整村推进、16个整乡推进、1个国家级和5个省级连片开发试点项目，新建人饮工程16处，拓宽硬化村社道路342.87公里，改造危旧房2224户，改造暖棚圈舍3580座，建村文化卫生设施32处，维修村小学16所，发放太阳灶3455台。共投入产业扶贫资金1.07亿元，扶持全膜双垄沟播玉米17万亩、脱毒马铃薯1.23万亩，新建日光温室和蔬菜大棚336座，引进良种牛1875头、羊1.97万只。安排扶贫贷款贴息资金580万元，为和政云发、康乐康美等30家扶贫龙头企业进行了扶贫贷款贴息扶持，落实扶贫贴息信贷资金1.74亿元，有力地促进了扶贫企业发展，发挥了"龙头动、产业兴"的示范带动作用，带动103个贫困村、4.2万贫困人口的产业发展。全年投入财政扶贫资金465.4万元，培训贫困劳动力4401人，组织输转贫困劳动力3668人。帮扶全州的5个国家单位，共计投入各类帮扶资金和物资折价达854.5万元。"双联"行动中，联系1150个贫困村的1268个省州县乡单位的4.33万名干部同6.59万户特困户结成对子，捐款捐物折价2700多万元，共为贫困群众办理实事5.8万多件，协调落实各类帮扶资金14.6亿元。

【人民生活】2012年，城镇居民人均可支配收入11428元，比上年增长17.1%；农民人均纯收入3167元，增长17.6%。城镇居民人均消费性支出7560元，增长12.5%；农村居民人均消费支出3100元，增长30.6%。实施了18项农村饮水安全工程，农村自来水入户率达到87.4%，完成保障性住房5860套39.3万平方米，改造农村危旧房2.75万户，新建改建农村道路1453公里，建设户用沼气2万座。

【社会保障】2012年，全州参加失业保险4.43万人，领取失业保险金509人；参加基本养老保险4.02万人；参加基本医疗保险25.93万人；新型农村合作医疗参合人数159.97万人，参合率达98.42%。全社会低保户数15.96万户，其中农村11.9万户，城镇4.06万户；低保人数58.65万人，其中农村46万人，城镇12.65万人。

【社会事业】全年共组织实施各类科技计划项目105项，其中国家级、省级30项，州级75项；全年共取得科技成果27项，其中15项达到国内领先水平，12项达到国内先进水平；全年申请专利112项。年末全州共有中学90所，小学1135所，九年一贯制学校12所，中专及职业技术学校12所，幼儿园117所。普通中学在校学生数12.60万人，小学在校学生数20.28万人，中专及职校在校学生数5746人。全州中专及职校专任教师581人，中学专任教师8286人，小学专任教师10075人。学龄儿童入学率99.8%。全州拥有州级文化单位民族歌舞团、博物馆、文化馆、图书馆、美术馆、影剧院、民族文化艺术研究所、文化市场综合执法支队各1个；县（市）文化馆8个，公共图书馆8个，博物馆（纪念馆）12个，文物管理所4所，乡镇综合文化站123个，农家书屋1165个；建成文化信息资源共享工程县级支中心8个。全州广播发射台和转播台9座，千瓦以上电视发射台和转播台9座，广播人口覆盖率95.61%，电视人口覆盖率96.08%。全州共有医疗单位183个，其中县级以上医院13个，乡（镇）卫生院129个，病床6679张，专业卫生技术人员4324人。建成乡镇及社区体育健身中心7个，较高标准农民体育健身工程8个，村级体育健身场所70个。

【环境保护】2012年，全州二氧化硫、氮氧化物、化学需氧量、氨氮削减量分别为2687吨、1379吨、2108吨和73吨，四项主要污染物排放总量控制在了省上下达的指标以内。全州共有环境监测站9个，环境保护监测人员114人，境内自然保护区4处，面积达到1177.33平方公里。建成烟尘控制区1个，控制面积15平方公里，城市污水集中处理率70%，城市生活垃圾无害化处理率80%。全年完成工业污染治理项目10个，工业污染治理总投资1996万元。

（马百平）

临夏市

【现任主要领导】

中共临夏市市委书记：马学礼（回族）

临夏市人大常委会主任：马　锋（回族）

临夏市人民政府市长：吴国峻

政协临夏市委员会主席：边旭东

中共临夏市纪律检查委员会书记：谭得胜（回族）

【基本情况】临夏市地处黄河上游，距省会兰州117公里。平均海拔1917米，地势自西向东倾斜，相对高度差398.3米，四季分明，属温带大陆性气候。临夏市地狭人稠，区域总面积88.6平方公里，辖4个镇41个行政村，常住人口为27.78万人，是全国人口高密度县市之一；有汉、回、东乡、土族、保安、撒拉等18个民族，穆斯林风情浓郁。

【旅游资源】临夏市域内已经发现古文化遗址6处，其中省级以上文物保护单位4个，馆藏文物2000多件。独具特色的八坊民俗文化住宅区和中阿艺术相结合的清真寺建筑风格别致；清真文化历史悠久、独具一格；回族砖雕、汉族木刻、藏族彩绘、葫芦雕刻和回族武术"天启棍"等非物质文化遗产丰富；紫斑牡丹冠绝国内，"花儿”艺术自成一脉、源远流长；东郊公园、万寿山公园、枹罕山庄等旅游景点，地势开阔，风景别致，秀色宜人，各具特色；东公馆、蝴蝶楼、清真老王寺、南关清真大寺、大拱北、万寿观等10多处名胜古迹及其砖雕、木雕艺术闻名遐迩。

【国民经济】2012年，实现生产总值38.03亿元，比上年增长15.1%。其中：第一产业增加值3.29亿元，增长7.7%；第二产业增加值8.43亿元，增长18.3%；第三产业增加值26.31亿元，增长15.0%。三次产业结构比为8.6 ：22.2 ：69.2。全年完成大口径财政收入5.12亿元，增长11.8%，其中公共财政预算收入完成2.29亿元，增长32.9%；公共财政预算支出17.23亿元，增长35.2%。全部工业增加值4.9亿元，增长21.8%，其中规模以上工业增加值1.83亿元，增长19.7%。完成社会消费品零售总额24.31亿元，增长18.2%。全年旅游总收入达3.31亿元，增长91.4%；旅游接待总人数82.3万人次，增长74.0%。城镇居民人均可支配收入11428元，增长17.1%；农民人均纯收入为6376元，增长18.8%。

【“三农”工作】坚持“农业稳市”战略和“产业富民”思路，大力发展花卉和养殖两大主导产业，促进农民增收。以建设社会主义“新农村”和“联村联户、为民富民”行动为契机，硬化村社道路57公路，衬砌渠道24公里，绿化农村道路22公里，自来水入户率、村社道路硬化率基本达到100%，农村基础设施进一步完善。2012年完成农业总产值4.12亿元，比上年增长8.5%。全年粮食种植面积3.3万亩，增长0.91%；粮食产量22896吨，增长4.1%。肉类总产量4200吨，增长1.2%；奶类产量3270吨，增长12.6%；禽蛋产量114吨，增长0.9%。

【项目建设】2012年全市固定资产投资施工项目114个，其中新建项目66个，续建项目48个。施工重大项目10个，本年完成投资79094万元，占固定资产投资的20.3%。其中：临夏市雪羚地毯搬迁及生产线完成投资1600万元；州职业技术学校计划总投资完成投资247万元；临夏市城区供水水源工程完成投资1076万元；拜家集改造工程完成投资3500万元；河湟国际饭店完成投资9033万元；临夏市城中村改造和谐苑住宅小区完成投资19020万元；甘肃雪玲地毯公司河州商展中心完成投资8600万元；临夏穆斯林物流园区一二三期工程完成投资13700万元；临合高速完成投资21434万元，折达二级公路完成投资884万元。

【优势产业】围绕发展商贸物流业，实施了牛津河滨河大道、河州商贸会展中心、河湟宾馆、义乌国际商业广场等重点项目，穆斯林物流园区和东区商贸核心区两大平台加速形成，商贸发展基础不断夯实。围绕发展文化旅游业，实施了八坊十三巷古街民居保护、河州花儿文化艺术苑、拜家民俗村寨等文化旅游项目。围绕发展清真食品和民族特需用品加工业，强化政策引导和项目扶持，一批骨干企业规模不断壮大。

【社会保障】全年共发放各类惠民补助资金3.17亿元保障了群众的基本生活。发放妇女小额担保贷款321户、1630万元，“双联”惠农贷款121户、2007万元。实施了锦绣嘉园、和谐苑四期808套廉租房建设，改造农村危旧房1500户，新纳入廉租补贴1000户，解决困难群众住房条件。2012年全市参加失业、养老保险的单位168户，参加失业保险的职工4318人，养老保险的职工3076人，支付职工养老保险费5073万元。参加职工医疗保险人数为1.33万人。参加农村合作医疗的人数达6.74万人，参合率97.96%。参加城市居民医疗保险的人数达7.43万人，参保率98.0%。全市累计发放低保资金1.88亿元，保障对象达7.93万人。

【扶贫开发】2012年全市共争取扶贫项目23个，争取各类扶贫资金1435万元，比上年增长77.6%。第一批争取整村推进、基础设施建设、科技培训等扶贫项目11个，扶贫资金750万元，所列项目已基本完成；第二批、第三批争取整乡推进、基础设施建设、产业扶贫、贷款贴息、贫困村互助金等扶贫项目12个，扶贫资金685万元。将枹罕镇拜家村、青寺村和南龙镇高邓村列为整村推进村，将折桥镇折桥村列为整村推进新农村建设村，4个村项目总投资达7300多万元，其中省、州下达财政扶贫资金589.5万元，整合部门资金6427万元，群众投资投劳280万元。集中实施了渠道衬砌、道路硬化、危房改造、人畜安全饮水、养殖增收、科技扶贫等项目。认真开展了新扶贫标准下贫困人口甄别与建档立卡工作，按2300元新扶贫标准核定，全市扶贫对象3.06万人，贫困面为33.9%。

【社会事业】2012年，全市共有各类学校111所。全市拥有各级各类医疗卫生机构20个，其中：医院4所，疾控中心2所，妇幼保健站2所，镇卫生院4所，卫生监督所2所，社区卫生服务中心4所，采供血机构1个，医学科学研究机构1个。卫生机构拥有床位数2047床，卫生技术人员1691人。新建村文化广场2个，举办了万人健步行、万人长跑、焰火晚会和社区文艺汇演等多种形式的文体活动，丰富了群众文化生活。

【环境保护】年末全市共有环境监测站2个，环境保护监测人员21人。建成烟尘控制区1个，控制面积14平方公里，城市污水集中处理率75%，城市生活垃圾无害化处理率100%。全年完成畜禽养殖污染治理2个，污染治理总投资23万元。化学需氧量排放量7969吨。氨氮排放量616吨。二氧化硫排放量4050吨。氮氧化物排放量430吨。全市共有大小供热站（点）115个，供热面积410万平方米。

（刘旭光）

临夏县

【现任主要领导】

中共临夏县县委书记：安华山

临夏县人大常委会主任：高建平

临夏县人民政府县长：马正业（回族）

政协临夏县委员会

主席：王英山（东乡族）

中共临夏县纪律检查委员会

书记：唐　芳

【基本情况】临夏县位于甘肃省中部，临夏回族自治州西南部，黄河南岸。县境东西宽53.1公里，南北长59.85公里，总面积1212.4平方公里。地貌为青藏、黄土高原参半，多山沟，兼有塬、川。地势东北低、西南高，海拔1735~4636米。临夏县地处温带半湿润区和高寒湿润区的过渡带，属温带半湿润气候，具有大陆性、季风性山地气候特点，气候因素随地势高度变化十分明显。年均日照时数为2030.5小时，日照率为52%，年平均气温7.6℃，无霜期170天左右，年降水量628.5毫米。现辖19个乡，6个镇，219个行政村，2101个村民小组，2个居委会，11个居民小组。

【优势产业】发展壮大无公害蔬菜，2012年种植蔬菜5.36万亩，蔬菜总产量达到5.11万吨，实现产值8704万元。临夏砖雕、葫芦雕刻、民间刺绣、布鞋加工、草莓、人参果、花椒、蕨菜、当归、柴胡等产品产量高、品质好，万顷塬上的无公害蔬菜享誉临夏市场，临夏黄酒、虫草黄酒、还有虫草、鹿茸等药膳食品在国内外市场享有盛誉。

【旅游资源】太子山、凤凰山、土门关、曳湖峡、万顷塬等都是有名的旅游景区，可供游览的名胜景点有龙首山、石佛寺、北山公园、五女山林场、刘家峡水库、临夏县生态园、古城公园、莲花台、大河金沙湾度假村、关滩沟风景区、祥云生态园、北塬生态园、土桥花园、三岔坪林场等。全年旅游接待人数达15万人次，比上年增加4.8万人次，实现旅游收入5410.65万元，增长48.34%。

【国民经济】2012年，全县实现生产总值22.29亿元，比上年增长15.30%。其中：第一产业5.97亿元，增长9.20%；第二产业3.47亿元，增长19.20%；第三产业12.86亿元，增长17.20%。实现工业增加值1.79亿元，增长24.20%，其中规模以上工业增加值7623万元，增长23.00%。实现社会消费品零售总额4.32亿元，增长18.27%。全年完成大口径财政收入1.19亿元，增长23.87%；公共财政预算支出21.91亿元，增长59.54%。年末全县金融机构各项存款余额达到26.94亿元，增长27.23%；各项贷款余额为12.61亿元，增长48.03%。全县农民人均纯收入为3165元，增长19.0%。

【项目建设】2012年，全县实施重点项目58个，全年完成固定资产投资19.03亿元，比上年增长49.18%。其中：项目建设完成投资18.37亿元，增长55.01%，房地产业完成投资6574万元，下降27.14%。实施基础设施建设项目11个，投资9872万元；实施工业生产项目16个，投资4.05亿元；实施商贸旅游项目4个，投资6792万元；实施改善群众生活项目8个，投资4.58亿元；其他方面的项目有19个，投资8.08亿元。

【“三农”工作】全面落实各项惠民政策，发放惠农资金2.23亿元。以旱作农业为突破口，增加粮食产量，全年粮食总产量达到14.51万吨，比上年增长7.6%。全县完成造林合格面积4.83万亩，其中：经济林3.7万亩，防护林1.13万亩；新育苗木2900亩；发展庭院经济3.66万亩实现林下经济收入145万元，促进了林业生产的进一步发展。全年花椒产量达到1792.7吨，增长13.37%。全年肉类总产量达到8342.75吨，增长4.51%。牛奶产量15564.72吨，下降1.14%。禽蛋产量2362.5吨，增长1.90%。结合全县农业生产实际，井沟、红台、榆林、漫路、民主、黄泥湾、路盘、新集、南塬、坡头、麻尼寺沟11个旱作区乡镇的82个行政村完成全膜双垄沟播玉米种植10.46万亩，共建立集中连片示范点25个，项目总投资774.41万元。

【社会保障】紧紧围绕“266”的扶贫开发思路，全面推进扶贫开发工作的开展。投资2亿元改造危房4000户，低保覆盖面由2011年的18.6%扩大到2012年的27.1%。2012年底全县贫困人口14.88万人，占全县农村人口的41.60%。

全县年末优抚对象1028人，其中参战参核人员355人。得到政府最低生活保障的城镇居民15441人，占城镇人口的29.02%。得到政府最低生活保障的农村居民96535人，占农村人口的26.77%。参加农村新型合作医疗的人数达到3.402万人，占全县农业常住人口的98.94%；全县养老保险、失业保险、城镇残疾居民保险等参保达到8112人；参加城镇基本医疗保险人数达到2.33万人。

【社会事业】全县自来水受益村213个，占全县总村数的97.26%；农村自来水受益户占农村总户数的91.05%；农村自来水受益人口占农村人口的91.014%。全县各乡镇、各村全部通电、通公路、通汽车、通邮、通电话，实现了“五通”，通电的户数占总农户的99.99%；通电话的户数占总农户的44.59%。全县共有各类学校225所，教职工3705人，在校学生51954人。全县共有医疗机构38个，床位1095张，专业卫生技术人员852人，其中乡镇卫生院28所，床位553张，专业卫生技术人员341人。村卫生室274个，个体诊所107个，村级卫生从业人员534人。

【环境保护】进一步加大了环境保护工作力度，加强了县域内的环境整治工作。主要污染物排放总量得到有效控制，环境污染得到明显遏制，环境质量持续改善，工作成效明显。2012年，临夏县化学需氧量排放量为3360吨，二氧化硫排放量为140吨，排放量进一步减少。通过实施工程造林、天然林保护、滩涂治理等项目，全县的生态环境有了明显改善。

（李红卫）

康乐县

【现任主要领导】

中共康乐县县委书记：乔跃俭

康乐县人大常委会主任：马学义（回族）

康乐县人民政府县长：雍桂英（回族）

政协康乐县委员会主席：郭亚林

中共康乐县纪律检查委员会

书记：赵玉海

【基本情况】康乐县位于甘肃省中南部，临夏回族自治州东南端，洮河下游西侧。地势自西南向东北倾斜，海拔1898~3908米。境内峰峦突兀，河谷相间，山川交错，蔚为壮观。西南部的莲花山、白石山、尖石山为秦岭西延部分，其支脉延伸全境。地貌以黄土丘陵和河谷阶地为主。全年平均气温7.0℃，年降雨量676.8毫米，无霜期173天，年日照百分率49%。全县总面积1083平方公里，辖5镇10乡，总人口26.83万人。

【资源优势】康乐县种植党参、柴胡等中药材300余种，松、柏、杨柳等200多个树种，金钱豹、鹿、猞猁等近百种，蓝马鸡、鹰、雁等珍禽60多种。矿产资源丰富，现已探明的有方解石储量1800万吨、海洋古生物化石储量300万立方米，铜、金、石蜡矿产资源等储量大。旅游资源极为丰富，主要有药水峡森林风景区、莲花山国家森林公园、麻山峡、后墩湾风景区、西蜂窝寺、亥姆寺、白云寺、西拱北、赵家湾拱北等自然和人文景区。药水峡由于受地质变化的影响，群峰突兀，山势陡峭，峡谷幽深，四季分明，气候凉爽湿润，孕育了典型而丰富的生物种群。2012年，全县共接待国内外游客33万人次，增长47.98%，旅游综合收入13731.59万元，增长70.7%。

【国民经济】2012年，全县实现生产总值13.12亿元，比上年增长15.6%。其中：第一产业增加值4.47亿元，增长8.7%；第二产业增加值1.69亿元，增长19.4%；第三产业增加值6.96亿元，增长19.3%。全部工业企业实现增加值7960万元，增长26.9%，其中规模以上工业增加值4228万元，增长28.7%。完成社会消费品零售总额3.57亿元，增长18.2%。完成大口径财政收入8322万元，增长49.09%；公共财政预算支出12.67亿元，增长24.47%。年末全县金融机构各项存款余额达到22.46亿元，增长20.85%；各项贷款余额达到10.97亿元，增长32.82%。全县农民人均纯收入3184元，增长19.4%。

【“三农”工作】2012年，全县草食畜饲养量达36.2万头（只），其中肉牛饲养量13.2万头，存栏8.22万头，增长10.2%；绵山羊饲养量22.57万只，其中存栏15.65万只，增长8.9%。生猪存栏3.6万口，增长2.8%。肉蛋奶总产量14997.5吨，增长9.2%。全年共输转农村劳动力6.69万人，劳务收入达6.18亿元，培训劳动力3.58万人。全年农作物播种面积为33.23万亩，其中粮食作物播种面积为26.46万亩；粮食总产量9.75万吨，增长10.93%。

【项目建设】全年完成固定资产投资14.1亿元，比上年增长40.8%。开工建设项目22项，总投资19.06亿元，开工率88.7%。临洮－康乐－和政二级公路建设正在路基施工；康乐县吉利电站、龙宝苑住宅小区建设工程、貂蝉大酒店、天盛润苑商住楼建设、甘肃建筑职业技术学院康乐分院、2012年廉租房及附属设施建设、康凤路凤北路仿古商贸街建设、康乐县锦绣中华商业广场等工程已全面峻工。莲麓道路与供排水工程全面完工，并通过了竣工验收；城区生活垃圾处理工程已建成投入使用；城区生活污水处理厂项目正在加紧施工，土建和管网已经完工，完成投资2800万元；城东新区基础设施工程已完成管网敷设、路基工程和人行道铺装；集中供暖项目正在建设。

【优势产业】2012年，育苗产业新增投资8000多万元，新育各类苗木2万亩，留床面积达4.0万亩；全县95%的农户参与畜牧养殖，1万多户群众从事育苗产业。全县草食畜饲养量达36.2万头（只），完成畜牧业产值18.98亿元，畜牧业增加值1.39亿元；农民人均牧业收入596元，草食畜牧业特别是肉牛产业呈现出了强劲的发展势头。全县中药材种植面积3.42万亩，占农作物播种面积的10.17%，占经济作物总面积的53.52%，比上年提高1.18%，年产各类中药材1.31万吨。

【社会保障】参加基本养老保险人数1867人，城镇基本养老保险缴费人数增长率25.55%，基本养老保险费征缴487万元。参加失业保险人数2048人，失业保险费征缴31万元。全县城乡居民养老保险应参保15.32万人，已参保13.57万人，农村居民、城镇居民参保率分别为88%和96%。养老金发放率为100%。全县共收缴养老金1356.49万元。其中农村居民收缴1301.89万元，城镇居民收缴54.6万元。全县享受待遇人员26620人，发放养老金2395.8万元。其中：农村居民26201人，发放养老金2358.09万元；城镇居民419人，发放养老金37.71万元。

【扶贫开发】2012年狠抓12个整村推进建设项目的扫尾工作，完成整修村社道路36公里，硬化15公里，扶持320户贫困群众修建标准化暖棚圈舍320座，引进发放良种母牛320头，维修文化卫生培训设施8处，维修村小学6所，培训农业实用技术人员2100人次。落实财政扶贫资金800万元，硬化村社道路8.77公里；治理河堤2300米；新建沼气池50座；扶持827户贫困户修建暖棚圈舍827座，引进发放基础母牛827头；完成农业实用技术人员培训1000人次，贫困户普通技能培训333人次；美化亮化村小学1所；为2个村购置了体育用品、健身器材及篮球架；新建村办公场所3处；推广种植双垄沟播玉米4000亩。

【社会事业】2012年公开选调教师36名，为全县368名长期在基层、在一线、在偏远山区授课的代课教师增加了工资，最低每月能拿到800元，最高能拿到1200多元。投资10.5万元修建了标准化村卫生室，建筑面积

68.44平方米；开展计划免疫、结核病防治、基本公共卫生常识、生殖健康、新农合、医改等方面的健康知识培训。巩固省级优质服务县成果。大力改善基层计划生育硬件设施条件，投资122万元的县计划生育服务中心已立项，莲麓、五户、康丰3个基层计生服务所正在积极争取。

【环境保护】建成投入使用沼气9800座，可节煤8500吨。在集中供暖二期工程投入运行，新拆除锅炉5台，可节煤2000吨。全年化学需氧量减排量6565吨，二氧化硫减排量298吨，氮氧化物减排量56吨。

（周　玉）

永靖县

【现任主要领导】

中共永靖县县委书记：赏进孝

永靖县人大常委会主任：赵贤章

永靖县人民政府县长：尹宝山

政协永靖县委员会主席：康建才

中共永靖县纪律检查委员会

书记：拜淑玲（回族）

【基本情况】永靖县位于甘肃省中部西南，临夏回族自治州以北，素称“河州北乡”，东界兰州市西固区、临洮县，南濒黄河，与东乡、临夏、积石山县为邻，西毗青海省民和县，北滨湟水，与兰州市红古区相望。县域海拔1560~2851米，年降水量260毫米左右，蒸发量1500毫米以上，属大陆性、温带半干旱气候。全县总面积1863.6平方公里，现辖10镇7乡，10个居委会，140个行政村，总人口20.56万人，其中：汉族17.8万人，回族2.21万人，其它少数民族0.55万人。少数民族占总人口的13.42%。

【资源优势】永靖县是黄河上游古文化积淀最密集的地域，遗存有仰韶文化、齐家文化和辛甸文化遗迹，被列为“中国傩文化研究基地”、“联合国教科文组织民歌考察采录基地”，“花儿”列入首批国家非物质文化遗产名录，被誉为中国彩陶之乡、傩文化之乡、花儿之乡、恐龙之乡。

永靖县旅游资源富集，黄河呈“S”形流经县域107公里，形成炳灵峡、刘家峡、盐锅峡三大峡谷景观，构成了黄河三峡国家4A级风景名胜区，区内旅游景点星罗棋布，古今文化交相辉映。以国家重点文物保护单位炳灵寺石窟为代表的佛教文化历史悠久，有炳灵寺、罗家洞等庙宇古刹10多处；以恐龙足印群化石地质遗迹为代表的史前文化，堪称世界之最；以炳灵石林为代表的石林丹霞地貌面积达30多平方公里；以炳灵湖为代表的“高峡平湖”水域面积达32.7万亩；黄河上游最大的自然湿地太极岛芦苇丛生，栖息着38种、2万多只珍禽益鸟；以吧咪山为代表的原始森林景区，是避暑旅游的绝好之地；刘家峡水电站被确定为全国工业旅游示范点。永靖县水电资源充沛，是西北地区水资源大县。2012年，接待中外游客168.2万人次，增长30.34%；旅游总收入达6.19亿元，增长31.52%。

【国民经济】2012年，全县实现生产总值32.99亿元，比上年增长15.1%。其中：第一产业增加值5.09亿元，增长8.3%；第二产业增加值20.88亿元，增长17.1%；第三产业增加值7.02亿元，增长14.2%。完成社会消费品零售总额4.24亿元，增长18.05%。完成大口径财政收入5.08亿元，增长19.31%；公共财政预算支出14.79亿元，增长15.01%。完成固定资产投资45.09亿元，增长40.4%。其中亿元以上项目投资30.28亿元，增长69.9%。农村居民人均纯收入3161元，增长17.2%。农村居民人均生活消费支出3723.79元，增长12.89%。

【“三农”工作】全面落实国家新十年扶贫开发纲要，认真实施连片特困地区扶贫开发规划，不断加大对“三农”工作的资金投入，实施村庄改造、易地搬迁、安全饮水、南山绿化、旱作农业“五个大会战”，农村投资达到6.8亿元，着力推进农村经济繁荣、农业增产增效、农民增收致富。一是村庄改造大会战取得新成效。整合资金开展村庄改造大会战，村社巷道硬化和村容村貌整治，由县上统一提供水泥，各乡镇整合资源，发动群众备砂投劳，基本完成了川塬区所有村社、山区居住比较集中的村、易地搬迁安置点村社道路及巷道硬化，全面改善了农村出行条件。二是安全饮水工程全面完成。实现了饮水安全全覆盖，全县基本吃上了安全、干净、卫生的自来水。三是特色农业发展迅猛。以“扩规模、提品质、增效益”为目标，培育现代农业示范园区，建设温棚蔬菜和高原夏菜生产基地，壮大农合组织，加快农产品交易市场建设，注重农业先进技术的推广应用，引进优良品种和适用农机具。加快农产品生产标准化体系建设，不断提高“刘家峡蔬菜”品牌效益。四是积极推广旱作农业技术。东西山区坚持大力发展旱作农业，推广“六个一”循环农业模式，坚持种养加结合，加大玉米秸秆、废旧地膜、废渣废液等综合利用，以千家万户养殖为基础，扶持发展联户养殖、专业村养殖。

【社会保障】社会保障和社会福利事业取得新的成效。年末全县参加城镇职工基本养老保险人数3120人，参加城镇职工基本医疗保险人数为1.42万人，参加城镇居民基本医疗保险人数为1.79万人，参加失业保险人数为0.73万人，参加工伤保险人数为0.71万人；全县参加农村社会养老保险人数为9.7万人，参加新型合作医疗农民人数13.85万人，参合率为99.03%。全县城市医疗救助389人，农村医疗救助1926人，全县城镇居民得到政府最低生活保障的人数为0.74万人，农村居民得到政府最低生活保障的人数3.82万人。年末全县各种社会敬老院6个，敬老院拥有床位78张，供养人员24人。

【扶贫开发】2012年，永靖县坚持城镇与农村并重、山区与川塬并重、基础与产业并重、发展与稳定并重，走好“吃读书饭、种科技田、发养殖财、挣外地钱、往好处搬”的扶贫开发路子，共争取到各类财政扶贫资金4401万元，比上年多争取438万元，整合资金2500多万元，比上年多整合1000万元，是近几年整合资金总量的10倍多。坚持“集中使用，统筹安排，渠道不乱，用途不变，各司其职，各记其功”的原则，按照县委、县政府的工作重点，积极调整工作思路，加大资金整合力度，重点用于村庄改造大会战、安全饮水及农田水利、易地扶贫搬迁、特色农业增收、旅游富民、绿化美化等县上确定的六大扶贫工程建设，使全县农村贫困人口的生产生活条件得到了显著改善，贫困地区的经济社会事业得到了较快发展。

【社会事业】全县共有各级各类学校161所，其中：完全小学89所，教学点54个，独立高中2所，独立初中10所，职业中学1所，九年一贯制学校3所。在校学生人数29465人，其中：高中6253人，初中7864人，小学15348人。2012年高考上省定二本线考生233人。共有医院、卫生院23所，病床数700张，专业卫生技术人员1059人。儿童建卡率100%，单苗单针次接种率98%以上。

【环境保护】全县有环境监测站1个，环境保护监测人员20人，境内自然保护区面积达到19500公顷。城市污水集中处理率86%，城市生活垃圾无害化处理率100%。年内完成工业污染治理项目1个。

（潘尚科）

广河县

【现任主要领导】

中共广河县县委书记：马宗明（回族）

广河县人大常委会主任：

马绍先（回族）

广河县人民政府县长：马东升（回族）

政协广河县委员会主席：

马学成（回族）

中共广河县纪律检查委员会

书记：马志勇（东乡族）

【基本情况】广河古称太子寺，广河县位于甘肃省中部西南方，临夏回族自治州东南部，整个版图宛如一只奔兔。地理特征可概况为“一川两山，一路两河”，即中部广通河沿线为川区，南北为山地，平均海拔1953米，属温带半干旱气候，年平均气温6.8℃，年平均降雨量628.2毫米，全年无霜期174天，平均日照2212.9小时。四季分明，气候宜人。康临高速纵贯全境，广通河、洮河流经辖区，水能资源相对丰富。全县总面积538平方公里，辖3乡6镇，年末总人口24.92万人，人口密度463人/平方公里。

【旅游资源】境内自然遗产丰富，文物古迹众多，是我国新时期时代与夏商过渡时期的典型文化——齐家文化的发祥地，有马家窑文化遗址和蕴藏丰富的古动物化石遗迹，在国内外享有一定声誉，有“齐家文化摇篮”的美称。

广河县名族特色鲜明，穆斯林风情浓郁。回族、东乡族等少数民族占全县总人口的97.9%，婚丧嫁娶、民俗礼仪、饮食起居，节日盛会等别具特色。全县有530余处清真寺和拱北，有中国式殿堂建筑，也有仿中亚或阿拉伯式，还有中西合璧式，集古典、现代和阿拉伯风格于一身，融汇回族砖雕、汉族木刻、藏族彩绘为一体，形成了独特的清真寺艺术风格，享誉西北，有“穆斯林风情大观园”的美誉。

【国民经济】2012年，广河县实现生产总值12.82亿元，比上年增长16%。其中：第一产业增加值2.73亿元，增长8.4%；第二产业增加值3.82亿元，增长20.7%；第三产业增加值6.27亿元，增长16.6%。三次产业结构比为21.29 ∶ 29.29 ∶ 48.92。实现工业增加值3.06亿元，增长22.8%，其中规模以上工业增加值1.57亿元，增长22.3%。实现社会消费品零售总额4.44亿元，增长18.29%。完成大口径财政收入1.47亿元，增长49%；公共财政预算支出12.03亿元，增长35.76%。年末全县金融机构各项存款余额达到17.47亿元，比年初增长24.4%，各项贷款余额达到14.53亿元，增长18.5%。农民人均纯收入3459元，增长16.56%。城乡居民储蓄存款余额达到12.81亿元，增长20.05%。

【“三农”工作】全年粮食总产量9.68万吨，比上年增长7.4%；完成造林面积1.85万亩；肉类总产量2284.82吨，增长1.95%。以开发抚贫为重点，实施了红星、牙和、宋家山等8个村的整村推进项目。中南部农村饮水安全工程全线通水，解决了全县22万多人的吃水困难。并着眼解决北部山区3万多群众的吃水难题，启动建设北部人饮工程，已完成投资1280万元，全面建成后全县自来水入户率达到100%。新修水平梯田1.51万亩，现有农田有效灌溉面积10.7万亩。

初步形成“以种促养、以养带种、种养结合、互促共赢”的广河模式。新发展牛羊饲养农民专业合作社13个，累计达到18个；联户养殖小区（场）发展到169个，新增65个；规模养殖户发展到7657户，新增162户；新建青贮窖366座6.1万方；完成秸秆加工饲料46.24万吨，其中调制全贮、青贮、黄贮饲料15万吨，揉丝打包饲料2.5万吨，秸秆粗加工草粉28.74万吨，秸秆加工利用率达到68%。全县共发放畜牧养殖贷款2.5亿元，发放农村妇女小额畜牧业贷款1112户4182万元，发放“双联”惠农贷款3660万元。

进一步深化集体林权制度改革。投资140万元，完成荒山造林1.85万亩，占任务的100%。对县城北山、行道树、生态林等重点造林工程进行承包绿化，有效提高了苗木成活率。加大梯田建设力度，投资1028万元，在4个乡镇的7个村实施梯田1.51万亩；积极推广农村户用沼气技术，投资874万元，建成户用沼气池3800个。

【项目建设】全县共实施500万元以上重点项目59项，总投资39.98亿元。其中，新开工项目39项，总投资27.03亿元。项目建设坚持“集中精力、集中财力，抓重点、保重点”

的原则，伊尊民族用品生产线项目、伊兰商业中心、兴达花园、工商大厦、龙丰沁园建设等39个新开工项目按期动工建设，完成投资21.69亿元，其中县城生活污水处理工程、三甲集茶城、三甲集物流中心、行政中心等工程等20个项目已全面竣工。各类项目累计完成投资34.18亿元。

【扶贫开发】2012年，广河县争取省州下达扶贫资金总计2876万元，比上年增长15.92%，经过实施整村推进扶贫开发项目和产业化扶持项目，全县低收入人口减少2.08万人，贫困面比上年降低10.1个百分点。

全县8个整村推进项目完成项目投资4878万元。其中基础设施建设项目投资3609万元；增收项目投资1253万元；科技扶贫项目投资16万元，完成8个整村推进项目村农业实用技术培训1600人次。

加大对旱作农业的投入力度，投资2070万元，完成全膜双垄沟播玉米技术推广35.5万亩，完成脱毒马铃薯种植6.5万亩；使近3.45万农户受益；科技培训项目投资16万元，培训乡村干部、农民技术员1600人次。

【社会保障】2012年新增城镇就业2160人，城镇下岗失业人员再就业79人，开发公益性就业岗位99个，城镇登记失业率控制在3.8%，着力实施转移就业工程，转移就业人数达到5.6万人，其中，大中专毕业生491名，“两后生”3645名。全县城镇企业职工基本养老保险参加人数2255人，参加失业保险人数3316人，参加医疗保险人数6386人。企业离退休人员养老金发放率达100%，全县城镇参加低保1820户、4811人，发放最低生活保障金1020万元；农村贫困户参加低保1.51万户、5.51万人，发放最低生活保障金5883万元。新型农村合作医疗工作正常运行，共有19.47万人参加新型农村合作医疗，参合率达到98.22%。城乡养老保险工作开局良好，全县60岁以上城乡居民养老参保人员共计2.43万人，发放养老金1748.5万元。

【社会事业】发放农村义务教育阶段贫困家庭经济困难寄宿生生活补助费597.92万元，受益学生达9600人次。53所中小学减免了学生作业本费，做到了学生入学“零收费”。为67名农村中小学特岗教师发放以奖代补资金26.8万元。认真开展国家生源地信用助学贷款发放和学生救助、奖励工作，共发放助学贷款587.73万元，受益学生1149人次；救助贫困大学生405人，救助资金81.7万元；奖励成绩优秀的学生23人、教师16人，奖励资金11.2万元。全县参加全国普通高校招生考试的1017名考生中，二本以上上线率为40.37%，录取率为87.7%。积极筹措资金，改善办学条件，新建、改建和维修学校39所，扩建、维修中小学28所，开工修建广河五中等7所学校的食堂、教师宿舍，新建、改扩建幼儿园11所。全县有县广播放大站47个、电视覆盖率达到92.6%；电视卫星地面接收站47座。有线电视用户5300户。农村电影放映范围覆盖了全县102个行政村。建成了齐家文化博物馆、“三馆一中心”和体育场，陈列各类文物1600多件，各类藏书25000多册。全力实施农家书屋和乡镇综合文化站等项目，建成农家书屋102家，实现了行政村农家书屋全覆盖。共有医疗卫生单位14个，村卫生室69所。县内10家公立医疗机构共设置床位592张，卫生技术人员278人。新型农村合作医疗制度覆盖面不断扩大，农村参合率达98.2%。

（马成华）

和政县

【现任主要领导】

中共和政县县委书记：李国辉

和政县人大常委会

主任：马祥辉（东乡族）

和政县人民政府县长：丁光东（回族）

政协和政县委员会主席：蔡映山

中共和政县纪律检查委员会

书记：张丰忠

【基本情况】和政县位于甘肃省南部，古称“宁河”，平均海拔2200米，年降雨量736.1毫米，年平均气温5.5℃。全县辖6镇7乡，122个村民委员会，县城距省城兰州市120公里，距州府临夏市30公里。2012年末全县总人口20.98万人，全县人口城镇化率18.36%。名优特产有啤特果汁，大禹、迎宾系列名酒，大红蒜、蕨菜、乌龙头，党参、当归、黄芪，蚕豆、双低杂交油菜等品质好，在国内外市场享有盛誉。

【旅游资源】境内比较有名的旅游景点有：国家4A级风景名胜区松明岩；古动物化石博物馆，铁沟风景区，三岔沟风景区，柳梅滩风景区，南阳山森林公园，滴珠山公园，清虚观等。被联合国教科文卫组织评为世界民俗（花儿）采录基地，每年举行“花儿”演唱比赛。全年旅游接待总人数115万人次，比上年增长34.5%，其中海外游客1500人次；实现旅游业总收入4.19亿元，增长39.8%。

【国民经济】2012年，全县实现生产总值10.16亿元，比上年增长14.4%。其中：第一产业增加值3.49亿元，增长7.8%；第二产业增加值2.19亿元，增长20.6%；第三产业增加值4.48亿元，增长16.6%。人均生产总值5419元，增长14.6%。实现社会消费品零售总额2.1亿元，增长18.3%。完成大口径财政收入1.12亿元，增长26.08%，其中公共财政预算收入7707万元，增长22.24%；公共财政预算支出12.18亿元，增长27.24%。年末全县金融机构各项存款余额18.56亿元，增长39.4%；各项贷款余额9.19亿元，增长29.4%。农民人均纯收入2962元，增长17.5%；农村居民人均消费性支出2970元，增长18.05%。

【“三农”工作】建成双低油菜制种等“五个三百亩”农作物种植示范点，成功创建“全国平安农机示范县”。加快现代农业发展，建设了以林下经济为主的三十里铺现代农业示范园区，以循环农业为主的云发现代农业示范园区，以设施农业为主的创启现代农业园区。全年粮食种植面积16.61万亩，比上年增长6%。全年完成造林面积3.17万亩，增长99.37%。肉类总产量5856.08吨，增长2.97%。实施了南部吊滩饮水安全工程等一大批民生水利项目，饮水安全工程入户率达到92%。争取资金6481亿元，全力实施通畅工程、一事一议财政奖补等项目，硬化、拓宽道路72条201公里，通过道路硬化率达93%。完成新庄乡关滩沟等10个村的整村推进和松鸣镇整乡推进项目，有效改善了项目区群众的生产生活条件。

【项目建设】全年完成固定资产投资24.95亿元，比上年增长40.0%，其中建设项目投资24.69亿元，增长41.63%。在建亿元以上重大项目6个，本年完成投资7.39亿元，占固定资产投资的29.6%。亿元以上的重大项目有：八八啤特果有限公司扩建啤特果果汁饮料生产线项目、和政县桦林古动物化石保护馆二期项目、甘肃复兴厚生物医药科技公司中药饮片及提取物生产线项目、和政县兰和粮油贸易公司5万吨菜籽油及蛋白饲料生产线项目、前川新区廉租房建设项目、临康和二级公路项目等。

【优势产业】稳步推广全膜双垄沟播玉米，实现适宜区全覆盖，大力实施大果榛子、水果玉米种植等五个千亩示范点建设。依托云发、三十里铺等现代农业示范园区，大力发展设施农业、循环农业和观光农业。持续加大中药材种植力度，依托甘肃复兴厚等龙头企业，扩大中药材种植面积，不断增加群众收入。建成5万吨菜籽油及蛋白饲料生产线项目，通过成份研究、宣传推介、精心包装等措施，做大做强油菜产业。大力推广“公司+基地+农户”的养殖模式，提高科技对畜牧业的贡献率。狠抓品种改良、秸秆饲料转化利用，不断扩大规模养殖，带动千家万户养殖。加大啤特果营养成份研究和新产品的研发，延伸产业链条，提高产品附加值。全年累计劳务输出5.36万人，增长1.52%，劳务收入4.91亿元，增长23.06%。

【社会保障】年末参加城镇基本养老保险人数为3473人，增长36.7%；参加城镇基本医疗保险人数16071人，增长1.9%；参加农村合作医疗人数165282人，参合率97.79%；报销医疗费用4272.16万元；参加失业保险职工人数805人，增长0.12%；全县享受城镇最低生活保障的居民4075户、8040人，发放低保3845.6万元；享受农村最低生活保障的居民15784户、50824人，发放低保5439.65万元；累计救济人数3626人次，累计投入救济资金6029.4万元。

【扶贫开发】完成新营乡炭市村等10个整村推进项目，启动实施了2012年新庄乡关滩沟等10个整村推进项目，建成户用沼气2000座，和政县被评为“十一五“时期残疾人扶贫开发工作先进集体、全省扶贫开发综合考核县（区）一等奖、全州扶贫开发先进集体。

【社会事业】全年共组织实施各类科技计划项目1项，其中州级1项；全年申请专利6件。年末全县共有各类学校129所，教职工2075人，在校学生数3.26万人。年末全县有花儿艺术团、文化馆、图书馆、博物馆、文学艺术界联合会、综合执法大队各1个，乡镇综合文化站10个，农家书屋122个。全县广播发射台和转播台4座，千瓦以上的电视发射台和转播台2座，广播电视人口覆盖率分别为98%和97%，有限电视用户3915户（数字电视）。全年文化产业增加值1421.11万元，比上年增长37.42%；文化产业从业人员达到484人；文化产业完成投资4838万元。全县共有医疗单位18个，医院、卫生院病床413张，卫生技术人员565人。

【环境保护】年末全县共有环境监测人员10人，境内自然保护区1处。集中处理了3个企业污水，企业污水集中处理率85%。城市生活垃圾无害化处理率100%。

（孟小军）

东乡族自治县

【现任主要领导】

中共东乡族自治县县委

书记：高世太（回族）

东乡族自治县人大常委会

主任：马福荣（东乡族）

东乡族自治县人民政府

县长：张忠学（东乡族）

政协东乡族自治县委员会

主席：刘玉源

中共东乡族自治县纪律检查委员会

书记：马振华（东乡族）

【基本情况】东乡族自治县是全国唯一的以东乡族为主的少数民族自治县，是国列省扶的重点县。全县总面积1510平方公里，海拔在1735~2664米，气温在5~9℃，降水量216~600毫米，年蒸发量1400多毫米，无霜期138天，气候特征是冬长夏短，春秋相连，无霜期短，日照丰富，降水量少，蒸发量大。现辖5镇19乡，229个村民委员会，1893个村民小组，2012年底，全县总户数达到5.56万户，农业户数5.33万户，总人口达到32.43万人。全县经济以农业为主，主要农作物有春小麦、洋芋、玉米、油菜等，名牌产品有东乡洋芋，东乡手抓羊肉，唐汪大接杏，唐汪葵花籽，唐汪大红枣，河滩花椒，东乡天然地耳等。

【国民经济】2012年，全县实现生产总值12.12亿元，比上年增长14.3%。其中：第一产业增加值4.23亿元，增长7.6%，第二产业增加值2.52亿元，增长21.1%，第三产业5.38亿元，增长15.9%。工业增加值达到1.22亿元，增长28.8%，其中规模以上工业增加值0.63亿元，增长33.8%。固定资产投资17.55亿元，增长47.2%；社会消费品零售总额达到1.52亿元，增长18.05%。大口径财政收入1.03万元，增长72.26%。农民人均纯收入2413元，增长17.02%。

【项目建设】重点实施了锁折和

折达二级公路、农村公路建制村通畅工程、东乡县中西部农村饮水安全工程、达板电站、天福型材、幸福苑商住楼项目、县城重建项目、整村推进等项目，其中粮食储备库等36个县城重建项目全面开工建设，12个已完成主体工程。柳河路、赵广路、巴谢河堤防工程等32个新建、续建项目建成竣工，东乡家苑、国有林场棚户区改造等47个新建项目取得良好进展，农业综合开发、柳坪项目水保工程等5个续建项目完成了年度建设任务。锁折二级公路、中西部农村饮水安全工程、县城灾后重建、河滩城镇开发、达板园区建设等一大批事关区域发展的大项目相继实施。

【“三农”工作】积极采取各种有效措施，合理调整种植结构，扩大洋芋种植面积，大力推广农业科技，实施全膜双垄沟播玉米和洋芋脱毒工程，全县洋芋种植实现了良种化；强化农业基础，加快支柱产业发展步伐，使粮食生产获得了较好收成，基本实现了农业增产、农民增收的目标，促进了农业和农村经济的全面发展。2012年全县年末耕地面积为36.79万亩，粮食播种面积为37.41万亩，粮食总产量达到7.91万吨，比上年增长8.34%。肉类总产量达到1.27万吨，增长3.11%。2012年全县共完成各类造林面积4.28万亩，育苗0.28万亩。花椒产量达到230吨，增长10.58%，水果产量达到10152.6吨，增长5.52%。

【优势产业】县委县政府立足县情实际，把养羊、洋芋、花椒林果、劳务作为增加农民收入的四大支柱产业来抓。2012年全县四大支柱产业人均收入达到2062元，占纯收入比重达到85%，增长13.73%，支柱产业发展有力地促进了农民增收。在养羊产业方面，“东乡手抓”商标成功注册，采取以稳定存栏，扩大出栏，提高商品率，增加农民收入为目标，2012年发放良种羊8500只，修建暖棚3600座，发展规模养殖场（小区）10个，新增规模养殖大户150户，全县羊饲养量达到97.27万只。在花椒林果产业方面，投资120万元种植以薄皮核桃、啤特果、花椒、啤特果、大接杏为主的经济林1.4万亩，花椒林果基地面积不断扩大，花椒林果人均收入花椒林果收入63元，占农民人均纯收入的2.61%，增长16.67%。

【扶贫开发】2012年，共争取财政扶贫资金6155万元，比上年增长38.35%。全力实施整村推进项目，累计完成投资17920万元，全面完成了21个整村推进项目，同时对东塬毛沟村和东塬村、春台乡阳洼村、百和乡刘家村、柳树乡仲家山村、风山乡岭村和池滩村、考勒乡他家塬、龙泉乡马场村、坪庄乡双树村9处实施了易地扶贫搬迁工程。

【社会保障】编制了县乡村“双联”行动“4+4”发展规划体系，省州县乡四级联系单位共为联系村、联系户帮助实施基础项目403个，捐助物资298万元，发放“双联”惠农贷款1391户、6620万元，名列全州第一、全省第二。加强了城乡养老保险工作，城乡养老保险参保率达到95.8%，对全县60周岁以上的老龄人口发放养老金2205万元。加强城乡低保的动态管理，完成了提标扩面工作。进一步完善城乡低保、五保供养、城镇养老保险、失业保险、医疗保险、工伤保险等各项制度，全县纳入城镇低保1.24万人，农村低保10.5万人，五保人员3460人，孤儿1423人，救助城乡大病患者1038人，保障优抚对象653人。工伤保险应参保人数2622人，生育保险参保人数4937人，全县应参保城镇居民基本医疗保险10790人，其中城镇职工基本医疗保险参保人数8993人，基本实现了应保尽保，均按政策标准落实了补助金。狠抓水库移民后期扶持工作，累计发放扶持资金972.4万元。全县粮食直补、农资综合补贴、五保供养等23项惠民财政补贴累计落实惠民资金5.69亿元，有效保障了广大群众的生产生活。

【社会事业】实施科技兴县战略为目标，大力推广地膜覆盖、大力推广全膜双垄沟播旱作农业、马铃薯良种繁育、航天育种、日光温室、塑料大棚等高效农业增产项目，深入开展了文化、科技、卫生“三下乡”活动，加大了科技推广和应用的力度，人才总量稳步上升。投资8300万元新建扩建中小学、幼儿园66所，考录充实山区学校教师153名。2012年全县现有各级各类学校211所，教职工2507人，在校生50432人。本科上线人数508名，上线率69.97%，特别是19名考生跻身全州文、理科前50名。新建乡镇文化站4个，示范建设“四位一体”村民综合活动中心3处，全面完成了广播电视“户户通”工程建设任务，累计乡镇综合文化站达到24个，农家书屋229个，安装开通“户户通”4.11万户，通过实施“户户通”项目，全县广播、电视覆盖率分别为95.7%、98.2%。全县共有医疗机构34个，共有医务人员644人，病床达到415张，千人拥有病床数达到1.5张，参合农民27.73万人，参合率达98.56%。

（唐占英）

积石山保安族东乡族撒拉族自治县

【现任主要领导】

中共积石山保安族东乡族撒拉族自治县县委书记：马国兴（东乡族）

积石山保安族东乡族撒拉族自治县人大常委会主任：喇正彪（回族）

积石山保安族东乡族撒拉族自治县人民政府县长：马邦才（保安族）

政协积石山保安族东乡族撒拉族自治县委员会主席：李耀林

中共积石山保安族东乡族撒拉族自治县纪律检查委员会书记：张文梅（东乡族）

【基本情况】积石山保安族东乡族撒拉族自治县是国列省列扶贫开发重点县，成立于1981年，是甘肃省唯一的多民族自治县。位于甘肃省西南部，地处黄土高原与青藏高原的过渡地带。东南与临夏县相连，西与青海省循化县接壤，北与青海省民和县隔河相望，东北与永靖县以黄河为界。总面积910平方公里。地势西南高、东北低，海拔1735～4309米。西南部为高寒阴湿地区，中部为二阴山区，东北部为高寒干旱山区，属典型的大陆性季风气候。年平均气温6.3℃，年日照时数2278小时，年降水量667.2毫米，无霜期为158天。全县共有4个镇，13个乡，6个居委会，145个村民委员会。总人口25.99万人，有保安、东乡、撒拉、回、汉、土、藏、维吾尔、羌、蒙古等10个民族，少数民族人口占总人口的53.93%，其中保安族是本县独有的稀有民族，总人口17778人，占全国保安族人口的80%以上。

【资源优势】旅游资源独具特色。境内有享誉中外的积石雄关、禹王庙遗址、临津古渡、鲁班石等历史古迹。与青海的塔尔寺、孟达天池近在咫尺。三坪遗址汇集了马家窑、马厂、齐家、辛家四种类型的古文化层，现珍藏于中国历史博物馆的“彩陶王”出土于本县安集乡三坪村。被联合国教科文组织评为世界民俗（花儿）采录基地，每年举行“花儿”演唱比赛，特别是五月端阳这一天，到处是“花儿”的山场。香水坪、吊水峡瀑布、盖新坪、黄草坪、积石民俗村等自然景观，别具一格的清真寺建筑的砖雕艺术，保安族特有的民族风情具有很大的开发价值。

水能资源丰富。黄河贯穿全县流程达42公里，水资源总量达228.5亿立方米，对发展电站、提灌有得天独厚的条件。县域内黄河干流上已建成积石峡、炳灵（寺沟峡）水电站，正在建设大河家水电站。

矿产资源丰富。县内有石英石、花岗岩储量大、品位高，花岗岩储量达12亿立方米，石英石储量达300万吨。中药材种类繁多。野生和种植的药材达40余种，当地的当归、党参、黄芪、大黄、甘草被誉为“五大宝”，驰名全国，远销海外。

土特产和工艺品繁多。民族工艺品——保安腰刀闻名遐迩，是保安族标志性的文化特质，具有典雅精美、经久耐用等诸多特点，保安腰刀锻制技艺已列入国家首批非物质文化遗产保护名录，系列产品有什样锦、雅吾其、波日季等，新开发的景泰蓝手杖剑、将军剑已获得国家专利，远销尼泊尔、印度、巴基斯坦等国家。黄河沿岸干旱山区栽植的花椒，产量高、品质好、香味浓，已成为全县农村经济的支柱产业和特色产业，累计栽植量达29万亩。沿积石山麓的蕨菜资源丰富，质地脆嫩、色味俱佳，是纯天然的无公害绿色食品，年出口量达60吨以上。大河家生产的“鸡蛋皮核桃”皮薄、仁多、营养丰富，蛋皮核桃获得了国家地理标志产品。

【国民经济】2012年，全县实现生产总值9.98亿元，比上年增长14.8%。其中：第一产业增加值2.81亿元，增长9.7%；第二产业增加值1.14亿元，增长21%；第三产业增加值6.03亿元，增长16.2%。三次产业结构比为28.19∶11.43∶60.38。实现社会消费品零售总额3.02亿元，增长18.17%。完成大口径财政收入1.02亿元，增长62.45%，公共财政预算收入0.66亿元，增长55.59%；完成公共财政预算支出14.25亿元，增长9.49%。年末金融机构各项存款余额为16.82亿元，增长62.45%，金融机构各项贷款余额为9.04亿元，增长53.2%。全年农民人均纯收入2690元，比上年增长18.0%。

【“三农”工作】着力培育草食畜牧、劳务、特色林果等富民产业，在东北部干旱山区完成以双垄沟播玉米为主的旱作农业16.5万亩，在西南部高寒阴湿地区种植膜侧油菜3.02万亩，在北部川水地区积极发展现代设施农业，建成高标准蔬菜大棚97座。全县粮食总产量达8.93万吨，增长13.68%。认真实施国家天然林资源保护工程，已完成天保一期工程，正在实施二期工程，完成造林3.93万亩，当年新栽花椒1.5万亩、核桃1.78万亩，全县林业用地48.4万亩，森林覆盖率13.2%。

【优势产业】大力发展特色种植、草食畜牧业、林果业和劳务产业。围绕建设全省核桃产业基地和花椒生产加工基地，坚持扩基地、扶龙头、创品牌、拓市场，使全县花椒面积超过30万亩，核桃面积达到8.5万亩，形成以东北部干旱山区和沿黄区域为主的特色林果产业带，使花椒、核桃成为主产区群众增收的主导产业。不断加大对畜牧业的投入，大力发展家庭养殖，推广联户养殖，努力投建标准化养殖场，发展养殖大户，在加快斌海养殖厂建设的基础上，开工建设大河家韩陕家滩万头牛场，新建标准化养殖场（小区）10个、发展养殖大户150户。加大农民工技能培训和有组织输转力度，全年共输转劳务6.65万人次，增长2.15%，实现劳务收入6.17亿元，增长19.8%。

【项目建设】2012年，全县完成固定资产完成投资16.07亿元，比上年增长47.20%。本年实施的亿元项目有：投资12.35亿元的大河家电站，投资7.4亿元的省道309线临夏至大河家公路，投资3.8亿元的引水工程，投资1.9亿元大河家旧城改造项目，投资2.9亿元的积石商贸城，投资1.05亿元的县城花园廉租住房小区，投资1亿元的大河家物流园区。

【社会保障】实施保障性住房1848套10.12万平方米，改造农村危旧房6000户，硬化农村道路100公里，建设户用沼气4000座。多渠道解决就业问题，输转“两后生”和大中专毕业生116人，考录大学毕业生107人，新增城镇就业2352人，开发公益性岗位283个，城镇登记失业率控制在3.8%之内。社会保障不断加强，城乡低保对象月人均补差分别提高到144元和88元，确定城市低保对象1668户5247人、农村低保对象1.57万户6.50万人。参加新型农村合作医疗人数18.63万人，参合率达到98.35%。农村五保实现了应保尽保，建立健全基本养老、失业、工伤和生育保险制度，参保人数分别达到11.7万人、3040人、

2470 人和 1409 人。

【扶贫开发】2012 年采取县上补助和群众自筹的方式，投资 3800 万元在大河家镇周家村高标准、高起点建成新农宅 100 户，户均占地 0.43 亩，建筑面积 167 平方米，每户投资 27 万元，户均补助 7 万元。在大河家镇实施整乡推进试点项目，从道路建设、危旧房改造、新农村建设、畜牧养殖等 6 个方面进行重点扶持，共硬化村社道路 53.3 公里，衬砌主干渠 33 公里、支干渠 15 公里，新增灌溉面积 1200 亩，完成贫困户危房改造 330 户，新建暖棚 640 座、投放良种羊 3200 只，栽植蛋皮核桃 1000 亩，完成农业实用技术培训 3100 人次。

【社会事业】修订完善了“三包”优惠政策和奖励措施，促进了教育提质发展和均衡发展。2012 年底，全县适龄儿童入学率达到 99.34%。全县共有学校 189 所，在校学生 4.67 万人。全县共有各级医疗卫生机构 21 个，其中县医院 1 所，疾控中心 1 所，妇幼保健站 1 所，乡镇卫生院 17 所。共有医务人员 307 名，全县拥有病床数 753 张。

（韩英明）

甘南藏族自治州

【现任主要领导】

中共甘南藏族自治州州委

书记：魏建荣

甘南藏族自治州人大常委会

主任：李　钰

甘南藏族自治州人民政府

州长：毛生武（藏族）

政协甘南藏族自治州委员会

主席：安锦龙（藏族）

中共甘南藏族自治州纪律检查委员会

书记：王　勇（回族）

【基本情况】甘南藏族自治州是全国十个藏族自治州之一，地处青藏高原东北边缘，甘肃省西南部，甘、青、川交界处。全州总面积 4.5 万平方公里，处于青藏高原和黄土高原过渡地带，地势西北部高，东南部低。境内海拔 1100~4900 米，大部分地区在 3000 米以上。全州分为三个自然类型区，南部为岷迭山区，山大沟深，气候比较温和，是全省重要林区之一；东部为丘陵山地，高寒阴湿，农林牧兼营；西北部为广阔的草甸草原，是全省主要牧区。2012 年，全州总人口 73.65 万人，州内有藏、汉、回、土、蒙等 24 个民族，其中：藏族人口 40.05 万人，占总人口的 54.4%。全州常住人口 69.31 万人，其中城镇人口 18.01 万人，城镇化率 26.0%。州府合作市海拔 2960 米，年平均气温 3℃，年降雨量 639.8 毫米，没有绝对无霜期。自治州成立于 1953 年，现下辖 7 县 1 市，95 个乡镇、4 个街道办。

【国民经济】2012 年，全州实现生产总值 96.74 亿元，比上年增长 13.0%。其中：第一产业增加值 21.76 亿元，增长 7.3%；第二产业增加值 26.03 亿元，增长 16.3%；第三产业增加值 48.95 亿元，增长 14.0%。三次产业结构比为 22.5 ∶ 26.9 ∶ 50.6。全州人均生产总值 14004 元，增长 12.8%。完成全部工业增加值 23.54 亿元，增长 16.0%。完成固定资产投资 174.50 亿元，增长 41.0%。实现社会消费品零售总额 26.77 亿元，增长 18.0%。完成大口径财政收入 11.77 亿元，增长 25.4%，其中，公共财政预算收入 6.76 亿元，增长 24.7%；公共财政预算支出 103.15 亿元，增长 15.2%。金融机构各项存款余额 192.67 亿元，增长 14.7%；贷款余额 108.16 亿元，增长 27.0%。

【“三农”工作】新建农牧村人畜安全饮水工程 238 处，解决了 11.8 万人的饮水安全问题，治理水土流失面积 15 万平方公里。实施以工代赈项目 61 个，安排易地扶贫搬迁 1754 户 10536 人。完成农牧村危旧房改造 1.55 万户。实施农牧村电气化建设及以电代薪项目 11 个，新建农牧村户用沼气 1600 户。甘南州把高原特色生态畜牧业作为第一产业的首位发展产业，投入 6 亿多元，牦牛、藏羊产业五大示范区和退牧还草、牛羊大县等现代畜牧产业建设加快推进。新建“一特四化”试点村 130 个、联户牧场 440 个、养殖小区 27 个，培育专业养殖户 3254 户。全州各类牲畜年末存栏 383.81 万头（只）；肉类总产量 63031 吨，增长 5.1%；牛奶产量 86254 吨，增长 3.3%。高原特色种植业加快发展，种植藏中药 9813 公顷。新建设施蔬菜科技示范区 9 个，日光温室和塑料大棚 905 座。全州粮食总产量 86446 吨，油料总产量 18962 吨，药材产量 28155 吨，蔬菜产量 15994 吨。

【项目建设】2012 年，全州共组织施工项目 715 个，比上年增长 14.2%。其中：新开工项目 459 个，增加 31 个，增长 7.2%。投产项目 410 个，增长 38.0%。36 个州庆项目及其它重点项目进展顺利，甘南机场建设进度过半，甘南大剧院等 5 个重点项目主体完工，“引洮济合”、“引洮入潭”工程开工建设，保障性住房和农牧村危旧房改造等惠民工程加快建设。临合高速、宕迭二级、合冶二级等交通项目建设顺利。落实国家和省上城镇基础设施各类建设资金 5.8 亿元，各县市城区供水、集中供热、污水处理等 42 项市政设施建设进度加快。舟曲 170 个灾后重建项目完成 169 个，累计完成投资 47.5 亿元，占规划总投资的 97%。

【优势产业】全州以畜牧业为基础，把畜产品加工业作为全州第二产业的首位优势产业来打造，加快实施雪顿牦牛液态奶生产线项目、安多畜牧园区肉制品加工等工业龙头项目，积极培育知名品牌和拳头产品，增强对全州畜牧业的辐射带动作用。2012 年，全州规模以上畜产品加工业完成工业增加值 0.84 亿元，生产鲜冻畜肉 4014 吨，乳制品 6752 吨。

甘南良好的生态环境，造就了境内自然风光秀丽，民族特色浓郁，风土人情独特。甘南还是古丝绸之路唐蕃古道的重要通道，也是离内地最近的雪域高原。全州有国家 A 级景区 14

处，其中：4A 级 4 处，分别为拉卜楞寺、冶力关景区、大浴沟景区、拉尕山景区；3A 级 1 处，为腊子口景区；2A 级 9 处。全州把旅游文化产业作为第三产业的首位产业来打造。2012 年，投资 9 亿元新建续建旅游项目 50 个，当周草原景区建设等 19 个项目竣工，合作市森林公园旅游接待中心等 31 个项目加快推进。成功举办九色甘南香巴拉旅游艺术节等系列宣传推介活动。“玛曲黄河第一弯”等 3 个旅游品牌列入“中国大黄河旅游十大精品线路”。扶持发展旅游专业村 10 个，新增“农（牧）家乐”120 户。全年共接待国内外游客 307.7 万人次，比上年增长 28.0%；实现旅游综合收入 13.12 亿元，增长 45.0%。

【人民生活】2012 年，全州城镇居民人均可支配收入 13970 元，比上年增长 15.8%；城镇居民人均生活消费支出 10742 元，增长 15.9%。农牧民人均纯收入 3610 元，增长 16.2%；农牧民人均生活消费支出 2540 元，增长 5.2%。个人储蓄存款余额 91.90 亿元，增长 26.9%。

【扶贫开发】2012 年，争取专项扶贫资金近 3 亿元，实施了一批整乡推进、整村推进、连片开发试点、贫困村互助资金等扶贫项目。发放各类惠农补贴 2.3 亿元。省州“双联”行动、省内外对口帮扶等社会扶贫扎实推进。全年劳务输转 12.35 万人，实现劳务收入 12.48 亿元。全州扶贫对象人均纯收入增长 19%，脱贫 7 万人。

【环境保护】全州有自然保护区 9 个，其中：国家级自然保护区 2 个，省级保护区 5 个，县级保护区 2 个。造林面积 4393 公顷，增长 31.0%；封山育林面积 12.4 万公顷，增长 14.0%。零星（四旁）植树 188.09 万株，增长 4.3%。育苗面积 700 公顷，增长 1.5 倍，其中：新育面积 527 公顷，增长 7.8 倍。州政府所在地合作市饮用水水质达标率为 100%。空气自动站运行联网率达 85% 以上，空气质量优良天气达 95% 以上。二氧化硫平均值 0.024mg/m^3，二氧化氮平均值 0.015mg/m^3，区域环境噪声平均值 54.8 分贝，道路交通噪声平均值 68.2 分贝，以上指标值均在控制范围之内。

【社会保障】全州城乡居民参加各项社会保险人数 58.03 万人，参保率 85.3%。其中：城镇参加各项保险人数 22.50 万人，参保率 91.1%。在城镇各项参保人数中，城镇基本养老保险参保人数 1.77 万人，城镇职工基本医疗保险参保人数 6.42 万人，城镇居民基本医疗保险参保人数 4.24 万人，失业保险参保人数 2.74 万人，工伤保险参保人数 4.68 万人，生育保险参保人数 2.65 万人。全年城镇各项社会保险基金征缴 3.24 亿元，增长 3.2%，各项社会保险费支出 2.96 亿元，增长 24.4%。全州城乡居民社会养老保险参保人数 35.53 万人，参保率 97.3%。全年征缴个人养老保险费 0.32 亿元，为 7.01 万 60 周岁以上人员领取养老金 0.50 亿元。

年末新型农村合作医疗保险参保人数达到 51.70 万人，增长 1.0%，参合率 98.6%。全年新型农村合作医疗筹集基金总额 1.50 亿元，增长 27.6%。新型农村合作医疗基金累计支出 1.44 亿元，增长 82.1%；受益参合患者 91.62 万人次，增长 1.6 倍。新农合看病、报销“一卡通”实现全覆盖。

全州城市低保人数 3.85 万人，发放低保资金 9109 万元。农村低保人数 16.78 万人，发放低保资金 13194 万元。五保供养对象 4338 人，发放供养资金 848 万元。重点优抚对象 1876 人，发放各类优抚安置资金 649 万元。

全州城市医疗救助 24527 人次，发放救助资金 617 万元。农村医疗救助 89617 人次，发放救助资金 2115 万元。临时救助 8612 人次，发放救助资金 218 万元。全年发放临时生活补贴 4767 万元。

【社会事业】全州共有各级各类学校 472 所，在校学生 140705 名，教职工 10812 名。各级各类学校及幼儿园校舍面积 128.82 万平方米，危房面积 22.26 万平方米。实行藏汉“双语”教学的中小学生 51363 名，占全州中小学生数的 37.1%。全州九年义务教育巩固率达到 77.7%，高中阶段毛入学率达到 75.7%。全州录取到普通高校的考生 4772 人，录取率 86.8%。组织开展科技活动周、科技下乡和科技培训活动，全年培训农牧民群众 56012 人次、农牧民骨干 6275 人次；共举办 3 期“甘南州 2012 年农牧村科技致富带头人培训班”，300 余名村支部书记和科技致富带头人参加了培训；州县乡共选派科技特派员 226 人，参与实施科技项目 30 项。全年申报 2012 年度甘肃省列科技项目 46 项，全部符合条件，已受理。53 项专利获得国家知识产权局的申请受理。《高寒区粗茎秦艽种植示范基地建设》项目已经科技部和财政部立项。年末全州有艺术表演团体 8 个，演出 1286 场，观众 31.88 万人次；群艺（文化）馆 9 个，组织文艺活动 29 次，举办展览 21 个；博物馆（纪念馆）12 个，举办展览 27 个。乡、镇文化站 105 个。广播和电视人口综合覆盖率均达到 100% 和 100%，分别比上年提高 10.69 和 5.67 个百分点。年末全州共有各类卫生机构 798 个，卫生机构实有床位 2122 张，各类卫生机构卫生技术人员 3578 人。成功举办中国·九色甘南香巴拉·玛曲第六届格萨尔赛马大会。组织开展了以“寻梦香巴拉·魅力冶力关”为主题的“甘肃临潭·冶力关 2012 中国拔河公开赛暨洮州拔河节”和“元旦春节百万农民健身活动”。

（王立宏　蔡春辉）

合作市

【现任主要领导】

中共合作市市委书记：杨　雄（藏族）

合作市人大常委会

主任：党　智（藏族）

合作市人民政府市长：周　梅（藏族）

政协合作市委员会主席：周恒亮

中共合作市纪律检查委员会

书记：才项当智（藏族）

【基本情况】合作市地处甘南藏族自治州北部。东连卓尼，南靠碌曲，西接夏河，北倚临夏州和政、临夏两县。平均海拔2936米，年均气温3.8℃，没有绝对无霜期，属高寒阴湿地区，夏季受印度洋暖湿气流的影响，形成湿润凉爽的气候特征。市区四周山阜罗列、山清水秀，是西北高原一颗璀璨的明珠。合作藏语为“黑措”，意为羚羊聚居的地方，确是一方吉祥的热土，是夏季旅游避暑的圣地。全市总面积2670平方公里，辖6乡4个街道办，38个村民委员会，249个村民小组，8个社区（居委会）。2012年，全市总人口9.18万人，其中：藏族人口4.90万人，占总人口的53.4%；常住人口9.23万人。

【资源优势】合作市境内水力资源丰富，水能蕴藏量27.7万千瓦，可开发利用11万千瓦。矿产资源开发前景广阔，已查明现有矿种20余种，其中：金属矿石储量345.6万吨；非金属矿石储量中查明泥炭28万立方米，花岗岩292万立方米。可利用草场面积13.85万公顷，是甘南州主要牧区之一，素有高原之舟的牦牛、藏羊和“蕨麻猪”品种优良，驰名省内外。林地面积13267公顷。

【国民经济】2012年，全市实现生产总值23.51亿元，比上年增长16.4%。其中：第一产业增加值1.59亿元，增长6.6%；第二产业增加值5.81亿元，增长31.1%；第三产业增加值16.11亿元，增长13.1%。三次产业结构比为6.76 ：24.71 ：68.53。全部工业实现增加值5.02亿元，增长31.2%，其中：规模以上工业实现增加值4.11亿元，增长60.4%。实现社会消费品零售总额8.83亿元，增长18.0%。完成大口径财政收入2.66亿元，增长44.3%，其中：公共财政预算收入1.1亿元，增长36.6%；公共财政预算支出9.2亿元，增长16.5%。年末金融机构各项存款余额53.73亿元，增长21.6%；各项贷款余额48.41万元，增长40.5%。

【“三农”工作】“农牧互补”战略深入推进，新建“一特四化”试点村7个，引进优质奶牛1831头，建成养畜暖棚373座，种植优质牧草480公顷，发展农牧业专业合作社8个。培育青稞高产示范田667公顷，种植藏中药材80公顷。各类牲畜年末存栏29.40万头（匹、只），肉类产量4255吨，牛奶产量6608吨。农作物播种面积8120公顷，比上年增长4.6%，粮、经、饲的比例为61.24 ：21.92 ：16.84。粮食总产量8903吨，增长16.9%；油料总产量2432吨，增长7.9%。认真落实各项强农惠农政策，发放各项补贴资金5000多万元，人均受益1443元劳务输转5200人次，创收5400万元。

【项目建设】2012年，全市完成固定资产投资34.70亿元，比上年增长62.5%。全年实施各类项目159个，新开工项目105个；完成重点建设项目前期工作32个，争取重点项目31个；争取落实国家预算内项目资金3.65亿元。州庆五大献礼工程强力推进，“引洮（博）济合”供水工程开工建设，西城区集中供热工程建成投运，城市基础设施改造、森林公园综合开发、天然气入合等项目建设加快。临合高速、合冶二级公路建设进展顺利，合作汽车北站投入运营，建设通乡油路3条55公里、通村公路10条63公里。招商引资成效明显，新签约项目6个，资金达6.69亿元，年内开工建设4个。

【人民生活】全市城镇居民人均可支配收入13867元，比上年增长17.5%；人均消费支出10357元，增长12.2%。农牧民人均纯收入3702元，增长16.2%；人均生活消费支出2678元，增长17.3%。城镇居民人均住房面积29平方米，增长0.8%；农村居民人均住房面积18平方米，增长1.3%。城乡居民储蓄存款23.52亿元，增长25.1%。

【扶贫开发】争取专项扶贫资金2562万元，实施整乡推进项目1个、整村推进项目9个、贫困村互助资金项目16个，农牧民科技培训4700多人。平凉市及中海油、兰石集团落实对口支援帮扶资金1900万元，实施各类帮扶项目4个。各级“双联”帮扶单位落实项目资金700万元，兴办实事37件。投资1400万元建成“一事一议”财政奖补和农业综合开发项目，受益农牧民1.30万人。全年减贫目标全面完成，年内完成减贫人口4000人。投资750万元实施完成勒秀乡加门村、勒秀乡邓应高村、卡加曼乡海克尔村、卡加道乡土房村、那吾乡多河村整村推进项目5个。投资16万元在佐盖曼玛岗岔村种植优质牧草53公顷；投资35万元实施农牧民适用技术培训1750人次；投资35万元培训“两后生”282人；投资2万元培训“一村一名农牧民大学生”；实施种养业贴息贷款40万元。合作市五年基本消除贫困实施方案共计建设项目28项，估算总投资22.86亿元。

【环境保护】继续推进甘南黄河重要水源补给区生态保护与建设等重大生态项目，完成荒山造林533公顷、封山育林1333公顷、公益林管护8440公顷、草原鼠虫害综合治理2万公顷，新增牧草灌溉面积133公顷，游牧民定居150户。实施城区生态环境修复与保护工程建设，投资4175万元在面山植树种草631公顷，建设绿色长廊13.9公里。积极扶持农牧民发展林下养殖基地1处，建成苗圃2处25公顷。全面落实草原生态保护补奖政策。加大治污减排力度，依法取缔无证采砂厂7家，取缔选矿、冶炼厂6家，实施农牧村环境连片整治项目。

【社会保障】全市城乡居民参加各项社会保险7.59万人。其中：城镇参加基本养老、失业、基本医疗、工伤、生育保险、城镇居民社会养老保险人数5.28万人；农牧村参加新型农村社会养老保险人数2.31万人。年末全市城镇基本养老保险参保人数0.22万人；城镇职工基本医疗保险参保人数0.46万人，覆盖率100%；城镇居民基本医疗保险参保人数2.74万人，参保率为95.2%；城镇居民社会养老保险参保人数0.81万人，参保率95.8%。年末新型农村合作医疗保险参保人数3.20万人，参合率98.9%。

全年新型农村合作医疗筹集基金总额928万元，增长26.3%；新型农村合作医疗基金累计支出1025万元，增长143.8%；受益参合患者4.44万人次，增长255.2%。

全年城镇居民享受政府最低生活保障人数1.23万人，增长3.4%；发放低保金3249万元，增长20.9%。农牧村居民享受政府最低生活保障人数0.88万人，发放低保金840万元。全市共有城市医疗救助对象896户2469人，救助城市居民80人，增长8.2%，救助资金累计支出36万元。全市共有农牧村医疗救助对象4919户12410人，救助农牧民193人，增长135.4%，救助资金累计支出26万元。

【社会事业】投入3198万元，建成市中学、卡加曼乡中心学校学生宿舍楼和市三小教学楼，新建、改建中小学校舍6所、幼儿园（学前班）5个、农牧村义务教育薄弱学校食堂4所。实施校车安全工程，3688名农牧村学生享受到了免费营养餐。九年义务教育巩固率达到77.1%，高中毛入学率达到75.2%。国家基本药物制度实现全覆盖，新建乡卫生院2个、村级卫生室1个。市文化馆、图书馆和文化站免费开放，举办元宵节大型焰火晚会、民族运动会等活动，安装广播电视“户户通”工程设备5265套。争取到国家科技富民强县专项行动项目，引进和推广新技术、新品种13项。

（金永禄　荣皋仑）

临潭县

【现任主要领导】

中共临潭县县委书记：房和平

临潭县人大常委会

主任：何子彪（藏族）

临潭县人民政府县长：李生文

政协临潭县委员会主席：牛汝霖

中共临潭县纪律检查委员会

书记：陈玉兰（女）

【基本情况】临潭县位于甘肃省南部，甘南藏族自治州东部，北接康乐县和渭源县，东临岷县与卓尼县，西南两侧均与卓尼县接壤。总面积1557.7平方公里，地貌大致可分为河谷川塬、低山丘陵、高山深谷三种类型，海拔在2209～3926米之间，平均海拔2825米。基本气候特征是春季回暖慢，降雨量少，夏季多雷暴和冰雹，秋季降温迅速，冬季寒冷，四季不分明，属典型的高寒阴湿地区。平均气温3.94℃；全年降水量546毫米，总日照时数为2302小时。辖3镇13乡，3个社区居委会，141个村委会，716个村民小组。全县户籍人口15.77万人，非农业人口占13.57%，其中少数民族占总人口35.64%；常住人口13.64万人，城镇化率24.27%。民间工艺有手工竹柳编制、首饰及马拢头、银铜器加工铸造工艺。常用耕地17677公顷，主要种植小麦、青稞、蚕豆、豌豆、洋芋、油菜、药材等农作物；林地蕴藏着蕨菜、人参果、鹿角菜、羊肚菌、木耳、当归、党参、秦艽、羌活等中富的野生菜、药材等。境内蕴藏着丰富的水利和矿产资源。

【国民经济】2012年，全县实现生产总值12.19亿元，比上年增长14.3%。其中：第一产业增加值2.66亿元，增长7.4%；第二产业增加值1.98亿元，增长21.2%；第三产业增加值7.55亿元，增长16.4%。三次产业结构比为21.8：16.3：61.9。全部工业企业增加值达到1.72亿元，增长19.5%。社会消费品零售总额2.81亿元，增长17.1%。实现大口径财政收入0.64亿元，增长26.2%，其中公共财政预算收入0.37亿元，增长32.7%；公共财政预算支出9.58亿元，增长23.4%。年末金融机构各项存款余额21.13亿元，增长18.4%；各项贷款余额9.96亿元，增长30.4%。城乡居民人均储蓄存款9676元，增长29.8%。城镇居民人均可支配收入13557元，增长17.52%；城镇居民人均消费性支出10406元，增长17.5%。农村居民人均纯收入3260元，增长16.4%；农村居民人均生活消费支出2198元，增长2.6%。

【“三农”工作】2012年，全县农作物总播种面积1.78万公顷，粮、经、饲的比例由上年的31：56：13调整为28：60：12。粮食总产量13282吨，下降9%；油料产量5730吨，下降33%；中药材产量19596吨，增长56.1%，蔬菜产量1134吨，增长6%。年末各类牲畜存栏23.3万头（只），肉类总产量5941吨，增长6.5%；牛奶产量6370吨，增长2.1%。全县新组建农牧民专业合作社74个，累计130个。建设“三位一体”循环农牧业示范基地2个，清查维护户用沼气池4914座，新建“一池三改”沼气池500座，建设服务网点8处。畜牧业生产加快发展。“一特四化”试点村36个，建设暖棚969座，储草棚738座。建立杂交油菜标准化生产示范点、藏中药材标准化生产示范点、青稞高产示范田，推广青稞全膜覆土穴播、脱毒马铃薯并建立示范点。行政村通电率100%，通电话率100%，移动网络覆盖率100%，广播和电视覆盖率100%。

【项目建设】2012年，全县固定资产投资16.05亿元，比上年增长27.6%。全年共组织施工项目75个，增长23%，其中：新开工项目52个，增长53%；竣工项目51个，增长45.7%。县城干戈河河道治理与维护工程、岷县至合作二级公路临潭段、冶峡隧道及接线工程、合作至冶力关公路临潭段建设项目、临潭县第二中学教学实验综合楼等重点项目均已开工建设。2011年游牧民定居工程、2011年牛羊育肥小区建设项目、2012年农村饮水安全工程、中小河流治理项目、20户以下自然村“村村通”工程等项目已竣工并投入使用。引洮入潭工程、干戈河防洪及河道综合治理项目、城区道路改造工程、城区特色化改造及“五化”工程等州庆献礼项目进展顺利。

【优势产业】临潭县旅游文化资源非常丰富，有仰韶文化、齐家文化、马家窑文化，辛甸文化等文化遗址等文化遗产；东晋吐谷浑所筑古战牛头城遗址；明洪武十二年所筑洮州卫城、新城苏维埃遗址；有绿涛茫茫的国家森林公园、波光潋滟的天池冶海、神态逼真的十里睡佛、峰峦叠嶂的石林佳境、神气隐秘的阴阳石、怪异幽静的赤壁幽谷等自然景观。旅游文化产业逐步成为全县的优势产业。成功举办2012“冶力关杯”中国拔河公开赛暨第四届甘肃临潭拔河节活动；第二届“冶力关杯”摄影大奖赛等多项文化体育活动。邀请中央电视台旅游卫视等栏目组考察拍摄了冶力关国家4A级旅游景区风光片；邀请中央电视台中文国际频道《走遍天下》栏目组拍摄了电视系列片《中国古镇之新城—雪域江南》。在冶力关景点已成功拍摄《新西游记》等外景之后，又一次成功拍摄了大型历史剧《炎黄大帝》外景。全县全年共接待游客71.12万人次，增长26.6%，创旅游综合收入2.93亿元，增长36.3%。

【扶贫开发】2012年，全县通过实施整村推进、劳务输出、产业扶贫、小额信贷扶贫、科技扶贫等措施，有1.52万贫困人口解决了温饱。省、州全年下达全县各类财政扶贫资金0.51亿元，增长20.83%。整村推进项目总投资1.22亿元，项目已建设完工。全面完成了2010～2012年度“县为单位、整合资金、整村推进、连片开发”试点建设项目，共投入资金0.67亿元，项目涉及6个重点村，4大类17个子项目；城关镇整乡推进试点建设项目的基础设施建设已完成；八角乡整乡推进试点建设项目正在建设中。店子乡业仁等14个村级发展互助资金试点工作正在注册组建阶段，投入资金300万元。“雨露计划”为全县1800人发放补助共计300万元；对374户贫困计生户扶持良种牛142头、羊638只，建沼气池21座，危房改造223户，资金达137万元。

【社会保障】年末全县城镇职工医疗保险参保人7160人，报销支出1302万元；城镇居民医疗保险参保人8594人，报销支出119万元；居民养老保险参保人2030人，发放养老金722万元；居民失业保险参保人3364人，发放保险费72万元；居民工伤保险参保人5360人；居民生育保险参保人1451人。享受城镇居民最低生活保障的有5760人，发放资金1576万元。

农村新型合作医疗保险参保人数12.34万人，基金总额3608万元，报销支出3672万元。农村新型养老保险参保人数8.55万人，发放养老金1160万元。农村五保供养1043人，供养支出169万元；有4.19万人享受农村最低生活保障，供养支出4266万元。全县为农村退役军人发放优待金36万元；为1308人农牧民报销医疗救助金578万元，代缴农村低保一、二类参合金116万元；为全县2.6万农牧村特困群众下发生活补助金1161万元。临时救助城乡困难群众874人，资金达20万元。

【社会事业】2012学年，全县有各级各类学校139所。小学适龄儿童20112人，入学率100%；初中阶段适龄少年8670人，入学率99.67%。普通高中在校学生3245名，高中毛入学率为75.15%。进城务工人员随迁子女320人，入学率为100%。九年义务教育巩固率达到77.63%。有1071名学生考入各类高等院校，录取率达87.4%。年末，小学、初中生均校舍建筑面积分别为5.15平方米、6.98平方米。全县各类卫生机构32个，其中：综合医院3个，卫生院17个。国家免疫规划类疫苗接种率达到98%，乙肝疫苗全程接种率达85%以上。农村安全饮水覆盖率达到90%。全县共有文化企业事业单位14家，从业人员432人，实现文化产业增加值690万元，比上年下降35.5%。有乡镇综合文化站16个；农家书屋131个，增长59.8%，藏书15万册。放映队6支，全年放映1692场次。艺术团体1个，演出120场，增长42.9%。

（李爱君　焦振华）

卓尼县

【现任主要领导】

中共卓尼县县委书记：杨晓南（藏族）

卓尼县人大常委会主任：王　忠

卓尼县人民政府县长：韩明生（藏族）

政协卓尼县委员会

主席：朱凤翔（藏族）

中共卓尼县纪律检查委员会

书记：杨志荣

【基本情况】卓尼县位于甘肃省南部，甘南藏族自治州东南部，东邻岷县、漳县和渭源县，北靠康乐县、和政县，西连合作市、碌曲县和夏河县，南接迭部县和四川省若尔盖县。海拔高度2000~4972米，年均气温6.7℃，全年降水量461.9毫米，属大陆性气候。现辖3个镇，12个乡，3个居委会，97个村委会，461个村民小组。土地总面积5419.68平方公里，耕地面积11333公顷，林地面积24.07万公顷，草场面积27.40万公顷。2012年，全县总人口10.98万人，其中藏族人口7.63万人，占总人口的69.5%；常住人口10.23万人。

【国民经济】2012年，全县完成生产总值10.67亿元，比上年增长14.2%。其中：第一产业增加值3.04亿元，增长6.7%；第二产业增加值3.12亿元，增长16.5%；第三产业增加值4.54亿元，增长18%。全部工业增加值3.08亿元，增长17%。固定资产投资完成14.51亿元，增长32.7%。大口径财政收入1.24亿元，增长11.7%，其中公共财政预算收入0.57亿元，下降3.4%；公共财政预算支出12.50亿元，增长17.9%。社会消费品总额2.48亿元，增长14.0%。年末金融机构各项存款余额为17.83亿元，增长37.82%；各项贷款余额为9.57亿元，增长22.89%。

【“三农”工作】2012年新建设试点村32个，培育发展专业合作社61个，新建联户牧场12个。年末全县各类牲畜存栏46.81万头（只），总增率、出栏率、商品率分别达到

33.75%、45.73% 和 37.01%，肉产量 9866 吨，牛奶产量 4770 吨，农牧业增加值达 3.04 亿元，增长 6.7%。全年农作物播种面积 10580 公顷，粮食产量 1.23 万吨、油料产量达 0.43 万吨。新建 20 座蔬菜日光温室，继续完善已建成日光温室基础设施，更换棚模 600 座、安装卷帘机 251 台、更换草帘 370 座、更新供水设备 100 座，2012 年共有 741 座日光温室投入生产，为农业增效、农牧民增收奠定了坚实的基础。

【项目建设】共组织实施项目 77 项，其中续建项目 26 个，新建项目 51 个。2012 年整村推进项目、小型农田水利建设项目、中小河流治理项目和基本口粮田建设项目已全面完成建设任务。小河口水电站续建项目已试运行发电；入吾水电站全面完成建设任务，两台机组运营发电；联珠桥水电站续建项目计划 2013 年试运行发电。多坝至一线天公路改建工程、通畅工程和“村村通”工程已全面完成建设任务并交付使用。县城生活垃圾处理工程已竣工并投入使用，城区生活污水处理工程已竣工待验收，城区供水管网改扩建项目已开工建设。州庆献礼项目方面，上卓沟地质灾害治理项目、滨河路东段道路及给排水工程和城区洮河堤防延伸一、二期工程已全面完成建设任务；城区民族特色化改造及“五化”项目正在加紧建设；天然气入卓工程已完成前期各项工作；2012 年廉租住房已完成 65% 的主体工程；农牧村危旧房改造工程已全面完成建设任务。2012 年与州政府签订的 10 个项目前期工作和 10 个重点争取项目已全部完成，部分项目已开工建设。

【优势产业】卓尼县境内有马家窑文化、齐家文化和寺洼文化遗址；有历史悠久、环境清幽的安多古刹——禅定寺、旗布寺、杓哇寺、贡巴寺等十多处寺院，灿烂的古文化源远流长。民族风情五彩缤纷，独特的“觉乃藏族三格毛”头饰和服饰别具一格，多姿多彩，具有浓郁的地方特色。自然景观雄浑壮美、独具特色、景色迷人。有 8 大景区，100 多处主要景点，其中：精心打造的 4A 级大峪沟森林生态游、九天石门览胜游、麻路佳境多彩游、觉乃藏俗体验游、康多奇峡画廊游等为五大精品景区旅游产品。卓尼还是中国三大名砚之一的洮砚的出产地。这里的天然草场广袤无垠，浩瀚的森林郁郁葱葱，奇峰峻崖雄伟壮观。这些人文和自然景观成就了卓尼县为甘南州旅游资源大县，同时也是甘南新崛起的旅游胜地。2012 年，全县游客达到 23.2 万人次，旅游综合收入 1.04 亿元。

【人民生活】2012 年全县城镇居民家庭人均可支配收入 13695 元，比上年增长 17.5%；城镇居民家庭人均消费性支出 10259 元，增长 13.1%。农牧民人均纯收入达到 3271 元，增长 16.6；农牧民生活消费支出 1633 元，增长 7.4%。

【扶贫开发】全年完成了 10 个整村推进项目。就地就近发展劳务经济，努力增加农牧民非农产业收入，输转劳务 1.74 万人次，劳务创收达到 1.65 亿元。社会帮扶成效明显，积极与兰州市、省电力投资集团公司等帮扶单位衔接汇报，大力争取，部分援建项目和资金已落实到位。解决绝对贫困人口 1 万人。在藏巴哇乡和洮砚乡发展林果业基地栽植经济林果 3.33 公顷。在九甸峡库区建立了 5 个网箱养鱼，投放鱼苗 11.5 万尾，年产 25 吨、产值达 150 万元。林果经济和养鱼业的试验成功为库区群众的生产生活开创了一条新的出路。

【民生工作】利用“三支一扶”、“进村社区”、事业单位公开招考等多种途径，安置大中专毕业生和复退军人共 364 名；严格落实“一册明、一折统”的资金兑现，全年发放粮食直补、“家电下乡”补贴、农资综合补贴等各项惠农资金 7455 万元；对人均居住面积 15 平方米以下城镇居民及时发放廉租住房租赁补贴 195 万元；提高新型农村合作医疗和城镇居民基本医疗保险政府补助标准，及时报销各类医疗费用 1786 万元；切实加强价格监管，整顿市场秩序，全县居民消费价格涨幅控制在 4% 以内。

【社会保障】2012 年末，卓尼县享受城镇低保 3889 人，农村低保 27203 人；职工养老保险参保人数 1386 人；参加医疗保险人数 14651 人，城镇医疗保险参保人数 8539 人，其中：职工医疗保险参保人数 8596 人，居民医疗保险参保人数 6055 人；工伤保险参保人数 1518 人；生育保险参保人数 1172 人。参加农村社会养老保险参保人数 54087 人。参加农村新型合作医疗保险人数 82388 人。

【社会事业】2012 年卓尼县各类学校 117 所，在校学生 20124 人，各类学校教职工人数 1636 人。“两免一补”政策得到全面落实，共发放补助资金 1963 万元；全面实施农牧村义务教育阶段营养改善计划，发放营养改善补助资金 726 万元，1.1 万多名学生受益；严格执行普通高中国家助学金发放工作，为 890 名困难家庭学生发放助学金 133 万元；进一步规范生源地助学贷款，为 503 名学生发放助学贷款 249 万元。全县有卫生机构 48 个，卫生机构床位 307 张，卫生技术人员 460 人，其中执业医生 156 人。有线电视用户 3770 户。广播综合覆盖率达到 87.2%，电视综合覆盖率达到 93.3%。

（何建明　牛彦春）

舟曲县

【现任主要领导】

中共舟曲县县委书记：冯文戈

舟曲县人大常委会

主任：杨永海（藏族）

舟曲县人民政府县长：石华雄

政协舟曲县委员会

主席：梁吉效（藏族）

中共舟曲县纪律检查委员会

书记：俞春广（藏族）

【基本情况】舟曲县地处青藏

高原东端南秦岭山区，东西至西北走向的岷山山系贯穿全境，位于甘肃省南部，甘南藏族自治州东南部，东邻陇南市武都区，北接宕昌县，西南与迭部县、文县以及四川省九寨沟县接壤。气候属暖温带区，海拔高度1173~4504米。地势西北高，东南低，境内山大沟深，地形复杂，沟壑纵横，高差悬殊，是典型的高山峡谷区，气候垂直变化明显，“一山有四季，十里不同天”的气温特征十分显著。年平均气温13.2℃，年降雨量400～800毫米，年日照时数1842小时，土地总面积3010平方公里。辖17个乡，2个镇，210个村委会，3个社区居委会，532个村民小组，分布在403个自然村。全县总人口14.07万人，其中：藏族人口5.01万人，占总人口的35.6%；常住人口13.05万人。

【文化旅游】全县19个乡镇综合文化站投入使用，县朵迪艺术团转企改制工作顺利完成。石门沟栈道遗址等6处文物入选《甘肃省第三次全国文物普查重要新发现》。编辑出版了一批文化丛书。全力打造“藏乡江南·山水舟曲”旅游品牌，旅游基础设施得到全面恢复。拉尕山旅游景区与海航集团签约实现市场化运营，舟曲第一家旅行社挂牌成立。成功举办博峪采花节、巴藏朝水节、铁坝天干吉祥节和“8·8”特大山洪泥石流两周年系列纪念活动，以宣传舟曲为主题的电影《佐瑞姑娘》和《感恩祖国》大型文艺节目进一步扩大了舟曲的对外影响。2012年共接待游客12.04万人次，旅游收入4900万元，分别增长40%和51.6%。

【国民经济】2012年，全县实现生产总值10.82亿元，比上年增长14.8%。其中：第一产业增加值3.06亿元，增长6.4%；第二产业增加值2.2亿元，增长34.5%；第三产业增加值5.56亿元，增长13.6%。大口径财政收入1.84亿元，增长33.3%，其中：公共财政预算收入1.06亿元，增长32.5%；公共财政预算支出16.15亿元，下降6.1%。年末金融机构各项存款余额44.51亿元，下降10.3%；各项贷款余额12.1亿元，增长26.4%。社会消费品零售总额2.44亿元，增长16.8%。

【“三农”工作】全县认真贯彻落实中央一号文件精神和国家一系列支农惠农政策，加大农牧业产业结构调整力度，大力发展农牧业特色产业，农业结构不断优化，农牧互补战略和“一特四化”建设进展顺利。全县粮食产量31478吨，增长2.5%，油料产量3134吨，增长12.1%，药材产量2994吨，增长12.3%，水果产量7785吨，增长5.4%。完成造林面积2580公顷，四旁植树45.22万株。各类牲畜年末存栏10.96万头（只），其中：大牲畜4.93万头、羊2.6万只、猪3.43万头，肉类总产量5343吨，增长3.4%。

【项目建设】2012年，全县固定资产投资48.4亿元，比上年增长26.2%。全年新签约招商引资项目4个，合同引资6.51亿元，其中已建成1个，在建2个，特别是兰州新区舟曲产业园总投资20亿元的16个项目已达成意向性协议。灾后重建扎实推进，170个项目有169个已完成建设任务，累计完成投资47.5亿元，占规划投资的97%，实现了省委、省政府确定的“三年任务两年基本完成”的目标。插岗乡恰瓦等4村、507户易地扶贫搬迁住房项目已完成；13条、82.2公里“8·8”农村道路重建项目全面完成。拉尕山气象雷达站、各乡镇自动气象站、峰迭新区避难场所和地质灾害气象预警系统已建成，25处地质灾害治理工程竣工。巴藏、喜儿沟、凉风壳、锁儿头、南峪等电站建设进展顺利，新建10千伏和0.4千伏农村电网65公里，喜儿沟110千伏输变电工程、新老城区电网重建工程建成投用。

【优势产业】全县把水电、药材、林果、特色养殖、设施种植、劳动力六大资源优势通过强化基础产业发展、基础设施建设、基础工作落实来努力打造为优势产业。大力发展现代农业，积极推进高半山地带中藏药材、畜牧业、草产业发展步伐。扩大全膜双垄沟播为主的旱作农业种植推广，在河川地带大力发展精品高效设施农业，巩固扩大“一特四化”成果，农村经济得到不断壮大。加大电力输送网络配套建设力度，最大限度的把水电资源优势转化为经济优势，加大对农产品加工龙头企业建设的扶持力度，畅通物流和销售渠道，延长产业链，推动工业发展。到2012年底，全县已建成水电站45座，装机容量19.36万千瓦。以中组部对口扶贫和江苏宜兴对口帮扶培训工作为重点，坚持技能培训和引导培训、县内务工和向外输转相结合，劳务经济不断增强，全年累计完成培训4.3万人次，输转劳务3.81万人次，创收3.84亿元。

【人民生活】全面落实省州确定的23件民生实事，全力组织实施县上确定的一大批民生实事，使一些群众最关心、最直接、最现实的民生问题得到了有效解决。通过“一册明，一折统”方式，足额兑现各类支农惠民政策，使人民群众进一步得到实惠。2012年，全县农村居民人均纯收入达到3601元，比上年增长18.2%；人均生活消费支出2367元，增长6.7%。城镇居民人均可支配收入14673元，增长16.6%；城镇居民人均生活消费支出9812元，增长10.5%。

【扶贫开发】紧抓中组部对口帮扶和省州党委、政府重点支持扶贫工作的大好机遇，紧紧围绕《舟曲县十二五扶贫攻坚规划》确定的“三大目标”、“九大任务”、“五项工程”，深入研究和统筹谋划区域发展，将全县19个乡镇整体考虑，进行集中连片扶贫开发。总投资2700万元的18个整村推进项目和投资3737万元的10个村扶贫开发与防灾减灾专项扶贫项目已全面完成。结合千名干部培训、百名干部挂职工程，智力扶贫3449人。结合农牧互补、“一特四化”战略的实施，大力发展以养牛、养猪为主，养羊为辅的养殖业项目和以中藏药材为主、大棚蔬菜为辅的种植业项目，全力促进农民增收。全年建设各类项目40个，完成投资6.1亿元，解决贫困人口 2.5 万人。

【社会保障】150 户棚户区改造任务配建到峰迭新区廉租住房二期项目中，已竣工。300 套廉租房已完成主体工程，共为 520 户低收入困难家庭发放廉租住房补贴 119 万元。全年投入 933 万元，为全县 19201 名学生改善了营养早餐。新农合农民个人缴费由 30 元提高到 50 元，补助标准由 200 元提高到 240 元；城镇居民个人缴费由 60 元提高到 80 元，县级财政补助由 20 元提高到 30 元。新农保工作进展顺利，参保人数 7.34 万人；新农合参合人数 11.3 万人，参合率 99.25%。全年共为参合农民报销医疗费用 13.71 万人次，报销补偿医疗费 3255 万元。参加失业保险 3622 人，城镇职工基本养老保险 2441 人，工伤保险 3531 人。进一步加大社会保障工作力度，将全县城市低保月人均补助标准由 202 元提至 225 元（含物价补贴），农村低保由 76 元提至 89 元，农村五保由 160 元提至 200 元。为 89 名 90 ~ 94 岁高龄老人按 800 元 / 年的标准发放生活补贴 7 万元；为 1272 名 80 ~ 89 岁高龄老人按 300 元 / 年的标准发放生活补贴 38 万元。在全面落实的省州 23 件民生实事中，本级财政筹资 4008 万元进行了配套，并投入“一事一议”财政奖补资金 1205 万元，在 19 个乡镇、66 个行政村实施了道路、小型水利设施、桥涵、路灯等一批项目；足额兑现各类支农惠民资金 7824 万元，群众进一步得到实惠。

【社会事业】年末各级各类学校数 93 所在校中小学生 29992 人，专任教师 1889 人。高考考生突破千人大关，录取率达 90.1%，录取人数创历年之最。全县有医疗机构 27 个，医务人员 619 人，病床数 557 张。村级和个体医疗服务站（所）197 个，全县儿童计划免疫入保率 100%。卫生重建项目全部建成投用，全面改善了医疗卫生基础设施条件。基本药物零差率销售等 5 项改革深入推进，医药卫生体制进一步规范。

（马志文　高忠明　尹云海）

迭部县

【现任主要领导】

中共迭部县县委

书记：仁青东主（藏族）

迭部县人大常委会主任：段庆发

迭部县人民政府县长：焦维忠

政协迭部县委员会

主席：宝　珠（藏族）

中共迭部县纪律检查委员会

书记：乔　梅

【基本情况】迭部县位于甘肃省南部，地处白龙江上游的甘肃和四川两省结合部，土地总面积 5108 平方公里。古称“叠州”，藏语的意思是“大拇指”，被称为是山神“摁”开的地方，境内重峦叠嶂，群山连绵，森林广袤，河流纵横，冬无严寒，夏无酷暑。可供开发利用的水能、矿产、森林、旅游、山野珍品等资源十分丰富。白龙江横贯全境 110 公里，是县内最大河流。大小支流 30 多条，水能蕴藏量 80.74 万千瓦。矿产资源 20 余种；木本植物种类 60 科、123 属、314 种；野生山野菜菌类 130 种；野生珍稀动物 27 种；药用植物有 545 种，其中著名的藏中药药用植物 127 种。与驰名中外的九寨沟山水相连，是得天独厚的天然“氧吧”。全县辖 11 个乡镇、52 个村委会、233 个村民小组。2012 年，全县总人口 5.92 万人，其中藏族人口 4.88 万人，占总人口的 82.4%；常住人口 5.22 万人。

【国民经济】2012 年，全县实现生产总值 79079 万元，比上年增长 14.2%。其中：第一产业增加值 18504 万元，增长 6.4%；第二产业增加值 25549 万元，增长 15.3%；第三产业增加值 35026 万元，增长 17.5%。全县人均生产总值 15149 元，增长 20.4%。三次产业结构比为 23.5 ∶ 32.3 ∶ 44.2。全部工业增加值 1.78 亿元，增长 20.2%；社会消费品零售额 2.18 亿元，增长 18.84%。大口径财政收入 1.12 亿元，增长 16.14%。年末金融机构各项存款余额 16.67 亿元，增长 31.9%；各项贷款余额 12.34 亿元，增长 3%。

【“三农”工作】完成藏中药材种植面积 333 公顷；在洛大乡建成 20 座塑料大棚，在电尕镇更古村创建县级蔬菜标准化示范园区 1 处；全县种植苗木近 200 公顷。培育种草养畜专业户 2302 户，各类牲畜存栏 19.63 万头（只），牲畜耳标配带率达到 95% 以上。培育奶牛、牦牛养殖和育肥村 22 个。围绕牦牛、藏羊、草产业带建设，以村民小组为单位，组建各类专业合作社 78 个；落实良种补贴资金 55 万元，解决化肥、农药补贴资金 4 万元；在益哇、电尕、达拉、旺藏等 8 个乡镇新建暖棚 1041 座，建设面积 5.21 万平方米；新建贮草棚 838 座，建设面积 2.51 万平方米。按照试点村种草面积不低于种草任务 80% 的要求，验收种草面积 773 公顷，建设半人工刈割草场 12233 公顷，圈滩种草 560 公顷。全年共培训专业技术人员、农牧民及村级防疫员 68 场次 8790 人次。全年共调运各类农作物良种 86 吨，引进各种良种 114 吨，推广应用 83 吨。

【项目建设】全年完成固定资产投资 20.68 亿元，增长 40.2%。全年共争取项目 64 个，总投资达 11.3 亿元，总投资 6.12 亿元的县城中心区综合开发项目累计完成投资 3.60 亿元，中心广场已投入使用，开发区内排水管道埋设已完成。2012 年新建 2500 套全部开工。第一、二批共 900 户的危旧房改造任务全面完成；完成在力傲灾后重建任务；县城污水处理厂竣工验收；县城集中供热工程已实现局部供暖。液化天然气城市气化站网建设项目已累计完成投资 1000 万元，敷设主管网 8 公里，站区基础设施基本建成，天然气小区入户 1200 户；宕迭二级公路改建工程已完成投资 10.2 亿元，工程总体完成 51%；麻牙至阿夏、卡坝至达拉、牙利坝至卡坝的通乡油路工程均通过竣工验收，多儿库区道路改造项目已完成；2012 年下达的 5 条农村公路修建项目，总里程 50.1 公里，工程按计划进度顺利推进。

【优势产业】育苗业是迭部县的优势产业。迭部培育的苗木质量在苗木市场极具竞争力，销量占州内销售市场的60%，在西部地区的销售总量稳步上升。培育种苗出现多样化，有云杉、冷杉、柏树等造林绿化种苗，其中云杉面积最大，占全县苗木总面积的90%以上，还有花椒、核桃等经济林种苗，育苗面积逐年扩大。

清洁能源是全县的第二优势产业。全县水能理论蕴藏量80.74万千瓦，可开发利用量为65万千瓦，已形成以水电工业为主的新的支柱产业体系，现已建成水电站有17座、总装机容量为30.43万千瓦；在建水电站有6座、总投资11.3亿元。

旅游业是全县的又一优势产业。境内旅游资源丰富，举世闻名的天险腊子口、俄界会议遗址、次日那毛主席旧居、翠谷仓开仓放粮遗址、巧夺天工的大峡谷等人文、自然景观以及浓厚纯朴的民族风情形成了一道壮丽无比的风景线。2012年共接待境内外游客23.44万人次，增长29.8%；实现旅游综合收入0.97亿元，增长55.4%。

【人民生活】全县全面落实了省、州确定的21件民生实事和各项强农惠农政策，完善了基本养老、失业、医疗、工伤和生育等保险机制并付诸实施，解决了群众最关心、最现实的困难和问题。2012年全县城镇居民人均可支配收入达14287元，比上年增长17.71%；农民人均纯收入3644元，增长16%。完成城镇居民保障性住房、农牧村危房改造、安全饮水、通村道路、沼气等民生工程，全面落实了各项强农惠农政策，累计发放支农资金5591万元。居民个人存款8.83亿元，增长34.35%。

【社会保障】全年新增就业人员450人，培训农民工劳动技能1350余人次，完成能力培训和鉴定308人；劳务输转6150人次，实现劳务收入6017万元；全县低保对象1.55万人，五保对象548人，供养标准达到月人均200元；全年为孤儿发放生活补助款33万元，并将7名孤儿送到州儿童福利院集中供养，县社会福利院已设儿童部，对有重度残疾的7名儿童安排入住；全县692名僧人全部纳入低保、医保和养老保险等保障范畴，每人年均享受各类补贴2100余元；投资217万元在全县23座寺院修建了100～200平方米不等的“四位一体”活动室。扎实做好就业工作，从应往届大中专毕业生中招录318名事业单位工作人员。防灾救灾工作扎实有效，累计发放各类救灾资金639万元。

【社会事业】筹措资金190万元，为县高级中学购置了大灶餐厅用具和学生宿舍设备，实现了年内入住，并发放了高中住校生生活补助。全面落实义务教育阶段“两免一补”政策，发放2012年春秋季寄宿生生活补助1068万元，为455名学生提供助学贷款234万元，妇联、团委积极争取“春蕾女童”、“希望工程”等项目17万元，解决了贫困大学生的上学难问题；全面实施校车安全工程，制定了《校车安全服务方案》，落实了校车租赁资金；招录县高级中学紧缺学科教师21名。全县11个乡镇的12个卫生院和2个县级医疗机构全部实施了国家基本药物制度，实行了药品零差价销售。全面推进医药卫生体制改革，切实加强中藏医工作，在全县12所乡镇（站）卫生院设立了中医科，建成具有中藏医特色的乡镇卫生院2个，完成了藏药“仁青佐太”的研制任务，填补了全县藏医事业发展中的空白。

【环境保护】完成封山育林667公顷、中幼林抚育10000公顷、造林绿化147公顷、退耕还林补植149公顷的任务。认真开展森林防火工作，全年未发生森林火灾。开展了第四次大熊猫野外调查工作。经过积极争取，迭部县被国家发改委、财政部、国家林业局评为“西部地区生态文明示范工程试点县”；《迭部县扎尕那农林牧复合系统文化遗产》申报工作进展顺利。在全县筛选了3个乡镇、50个村民小组进行生态文明试点建设，累计投入水土保持资金872万元，小流域水土流失治理工作初见成效。认真落实各项节能减排措施，淘汰落后产能1.07万吨；积极推广太阳能热水器、太阳能灶、节柴灶等新技术和新产品；大力普及新型节能建筑材料，新型墙体材料使用率达到了80%以上；加大了对生态环境破坏的整治力度，环保“三同时”执行率和污染防治设施正常运行率达95%以上，执行合格率达100%，完成排污申报登记156家。

（马育宏　桑杰次力）

玛曲县

【现任主要领导】

中共玛曲县县委书记：张正雄

玛曲县人大常委会主任：卢雪梅（藏族）

玛曲县人民政府县长：王　力（藏族）

政协玛曲县委员会主席：华　艺（藏族）

中共玛曲县纪律检查委员会

书记：姜鸿信（藏族）

【基本情况】玛曲县位于甘南藏族自治州西南部，青藏高原东端，甘、青、川三省结合部，境内海拔3300～4806米，全县土地总面积10191平方公里，年降水量592.7毫米，日照时间为2663.4小时，年平均气温3.0℃，全年没有绝对的无霜期。境内河流纵横，黄河从青海久治县门堂乡流入县境木西合乡，经西、南、东、北环流全县，最后返流至青海河南蒙古族自治县，形成久负盛名的“天下黄河第一弯”，全境流程433.7公里，流域面积10190平方公里，入境流量137亿立方米/年，出境流量164.1亿立方米/年。全县辖7乡1镇，2个居民委员会，36个村民委员会。2012年，全县总人口5.27万人，其中藏族人口4.93万人，占总人口的93.5%；常住人口5.57万人。

【国民经济】2012年，全县实现生产总值12.43亿元，比上年增长2.9%。其中，第一产业增加值3.73亿元，增长7%；第二产业增加值4.54亿元，下降7.4%；第三产业增加值4.17

万元，增长9.7%。完成工业增加值4.51亿元，下降7.3%。大口径财政收入2.14亿元，增长9.8%。固定资产投资8.32亿元，增长25.4%。社会消费品零售总额2.36亿元，增长17.5%。年末金融机构各项存款余额11.28亿元，增长17.63%；贷款余额4.51亿元，增长29.15%。农民人均纯收入4798元，增长12.0%；农民人均消费性支出5134元，增长14.2%；城镇居民人均可支配收入15861元，增长13.9%；城镇居民人均消费性支出11035元，增长11.7%。

【"三农"工作】2012年，全县整合各类涉牧资金2.59亿元，重点投向牧村水、电、路等基础设施建设和扶持产业开发上。一是深入实施农牧互补战略。继续落实"一特四化"专项补助资金900万元，新增试点村7个，建成示范点15个，培育组建各类专业合作社28个，新建养殖小区3个，标准化暖棚930座、储草棚470座，提高了专业化生产和产业化经营水平。实施牲畜良种工程，阿孜科技示范园区被国家农业部授予"国家肉牛标准化养殖场"。成立赛马协会和藏獒协会，开工建设河曲藏獒保种选育及会展中心，《河曲藏獒文化及产业发展规划》、《河曲马文化及产业规划》通过省级评审。二是加大动物疫病防控、草原森林防火和抗灾保畜力度。全年没有发生动物疫情，建立草原森林防火四级管护机制。筹措资金270万元采购玉米1000吨，充实了饲草料储备库。全年各类牲畜存栏104万头（只、匹），总增28万头（只、匹）；牲畜出栏达28.6万头（只、匹）；商品畜达27.8万头（只、匹），实现牧业增加值3.68亿元。

【项目建设】2012年，全县共组织实施各类项目114个，总投资20.5亿元，完成投资9.21亿元。其中：续建项目11个，新建项目87个。实施州庆献礼项目6个，完成投资2.67亿元。在尼玛镇、阿万仓乡、欧拉乡等13个牧民定居点实施了供水入户工程，解决了1592户9000人的饮水困难问题，完成了木西合乡噶绕河、欧拉乡克琼河、阿万仓乡沃特沟的防洪治理工程，完成了河曲马场、阿万仓乡电路改造。开工建设欧拉至欧拉秀玛、木西合乡至木拉村、尼玛镇至河南县公路，哈儿钦至久治沙木多黄河大桥建成通车

【优势产业】玛曲县为纯牧业县，全县的优势产业有畜牧业、畜产品加工业和旅游业。全县有天然草场85.87万公顷，其中可利用草场面积83.03万公顷，占草场面积的96.7%。天然草场植被覆盖良好，植物种类丰富，素有"亚洲第一草场"美誉。主要畜种有牦牛、欧拉羊和河曲马，均为适应高寒草场放牧条件的世栖土种畜，2012年，全县牛羊肉产量达1.54万吨。全县规模以上畜产品加工企业完成增加值5782万元。同时，成立玛曲县中小企业信用担保公司为五家畜产品加工企业落实牦牛、藏羊收购资金5000万元，提高最低收购标准。优越的生态环境，丰富的高寒草原特有的野生动植物，久负盛名的"天下黄河第一弯"和格萨尔文化的发祥地，构成了玛曲县丰富的旅游文化资源。为加快发展旅游文化产业，2012年，组团参加"西洽会"、"津洽会"和"兰洽会"，新签招商引资项目8个，签约资金6.7亿元。开工建设游客集散中心，完善了格萨尔发祥地、阿万仓贡赛喀木道和天下黄河第一弯旅游景点基础设施，发展"藏家乐"、"牧家乐"20户。玛曲县成功晋升为国家级湿地自然保护区和国家级黄河水利风景区。全年共接待国内外游客17.5万人次，实现旅游收入7210万元。

【扶贫开发】2012年，全县争取扶贫项目10个，资金1768万元，完成了2011年尼玛镇整乡推进和帐篷更新改造等项目的收尾工作。启动欧拉乡整乡推进项目、阿万仓乡连片开发项目，完成2012年整村推进项目6个。把扶贫开发与"联村联户"行动相结合，组织全县2456名干部与贫困群众结成帮扶对子4373个，协调项目11项，落实帮扶资金500余万元，为群众办事实173件，捐款捐物95万元。同时，发放草原生态保护补助奖励资金1.6亿元，牧村小额担保贷款0.35亿元、妇女小额贴息贷款32万元，集体林管护补助资金132万元，支付牦牛藏羊死亡赔付金3199万元，受益群众达8095户4万余人，贫困人口下降10%。

【社会保障】多渠道开发公益性岗位，新增城镇就业273人，妥善安置各类大中专毕业生565人。把"五大生"生活补贴从每月800元提高到2000元，新增小额担保贷款450万元、小额担保贷款基金75万元，完成职业技能培训546人，实现劳务输出1900人，实现劳务收入1500万元，城镇登记失业率控制在3.79%。把城镇低保从184元提高到213元，牧村低保从1200元提高到1488元，发放城乡低保金1500万元，五保供养金104万元，社会养老金996万元，发放廉租房租赁补贴191户54万元，困难群众生活补助480万元。

【社会事业】教育方面，拨付公用经费696万元，学生生活补助1459万元，营养改善资金195万元，县教育基金会发放助学金36.8万元，县学生资助管理中心发放助学贷款82万元，受益贫困学生296名，全县适龄儿童入学率100%，九年义务教育巩固率77%，高中阶段毛入学率75%。

卫生方面，新建曼日玛、采日玛、河曲马场标准化卫生院，卫生局、卫生监督所办公楼已竣工，鼠疫炭疽实验室完成主体。筹集新牧合基金1166万元，人均参合资金从246元提高到306元，参合率99%，共为1.79万名患者报销医疗费632万元。

文化广播方面，以"感动中国人物"王万青的事迹为素材，拍摄电影《甘南曼巴》，以此宣传和推介玛曲，促进了文化产业发展。

【环境保护】争取川西北甘南沙化草地综合治理项目，完成基本草原划定85.87万公顷，草原承包经营权证、草原使用权证和草原承包合同书发放率达100%。实施鼠害综合防治

项目，栽植招鹰架900根，完成地下鼠人工捕捉2.93万公顷，鼠害地补播0.40万公顷；调运发放燕麦草籽160吨，完成人工种草2267公顷，圈滩种草2467公顷，发展半人工刈割草场11333公顷。实施天然林资源保护工程，集体林权制度改革全面完成，勘界确权率、合同签订率、登记发证率均达100%。

（马　彪）

碌曲县

【现任主要领导】

中共碌曲县县委书记：梁明光（藏族）
碌曲县人大常委会主任：张　忠
碌曲县人民政府县长：杨永华（藏族）
政协碌曲县委员会
主席：尕藏南杰（藏族）
中共碌曲县纪律检查委员会
书记：陈锁平

【基本情况】碌曲县地处青藏高原东部，位于甘南藏族自治州西南部，在甘、青、川三省交界处，南邻四川省若尔盖县，西界青海省河南县，西南与本州玛曲县接壤，东连本州卓尼县，北部与本州夏河县毗邻。地势西高东低，东西长126公里，南北宽93公里，海拔最高处额日宰4483米，最低处吾乎扎滩2860米，平均海拔在3000米以上，年均气温3.2℃，其气候特征是：高寒、阴湿、降温频繁，全年无夏。年降水量583.8毫米，洮河及其支流遍及全县，白龙江发源于郎木寺，河流纵横，水量充沛溪流清泉遍布，使碌曲县水能资源十分丰富，已建成5座水电站发电。境内矿产资源丰富，已探明的有金、铁、汞、锑、煤、泥炭、石灰岩、白云岩等十几种矿产。全县总面积5299平方公里。现辖5乡2镇、24个村委会、95个村民小组。总人口3.55万人，其中牧业人口2.82万人，藏族人口3.14万人，是一个多民族杂居的纯牧业县。

【国民经济】2012年，全县实现生产总值7.09亿元，比上年增长11.5%。其中：第一产业增加值2.17亿元，增长6.2%；第二产业增加值2.72亿元，增长12.3%；第三产业增加值2.20亿元，增长15.6%。实现全部工业增加值24482万元，增长11.6%。大口径财政收入7480万元，增长10.0%，其中公共财政预算收入5505万元，增长10.3%；公共财政预算支出6.92亿元，下降1.6%。社会消费品零售总额1.75亿元，增长22.8%。金融机构各项存款余额7.87亿元，增长18.5%，各项贷款余额3.21亿元，增长6.9%。

【“三农”工作】积极落实州兴发畜牧业担保公司贷款担保金300万元，累计担保贷款900万元。在巩固“四大示范区”试点村的基础上，新增9个专业化布局试点村，培育专业养殖户942户，组建联户牧场15个，建立半人工刈割草场7533公顷，圈滩种草307公顷，种植优质牧草133公顷。种畜基地引进半野血牦牛种公牛41头，选购良种牛350头、种羊500只，成功申办了省级藏羊、牦牛种畜禽生产经营许可证。黄河项目建设暖棚199座，建成5个牦牛、藏羊养殖小区。草原综合防治面积59000公顷、草场补播5000公顷。争取省上扶持资金300万元，建成洮河源活畜产品综合交易市场和贡巴村活畜交易市场。完成青稞基地1333公顷，油菜基地480公顷，苗木基地3.5公顷，藏中药材种植27公顷，建成蔬菜大棚31座、面积4.7公顷。购置农机具137台(套)，发放农机补贴14万元。

【优势产业】畜牧业是碌曲的支柱产业，草场总面积39.35万公顷，其中可利用草场面积35.74万公顷。年末全县各类牲畜存栏66.3万头（只、匹），其中大牲畜20.0万头（匹），绵山羊45.7万只，猪0.6万头。全县肉类总产量6790吨。全县牛奶产量14908吨，绵羊毛产量456吨。

碌曲旅游资源得天都厚。群鸟聚集的尕海湖被誉为高原明珠，神奇的则岔石林被誉为人间仙境，中国魅力名镇郎木寺被誉为“东方小瑞士”之称。恢宏、神奇的郎木寺、西仓藏传佛教寺院等人文景观和浓郁、纯朴的藏民族民俗风情交相辉映，吸引着一批批的旅游者。建立健全旅游管理机构，成立郎木寺、则岔石林和尕海旅游景区管委会，举办碌曲首届锅庄舞大赛暨香浪节活动。全年共接待国内外游客28.9万人次，增长39.6%；实现旅游综合收入1.37亿元，增长25.7%；旅游从业人数325人，增长20.4%。

【项目建设】全年落实项目前期费500万元，完成前期工作的项目44个，争取项目110个，争取国家投资2.99亿元；新签约招商引资项目3个，引进资金5.8亿元。州庆项目郎木寺景区基础设施、农牧村危旧房改造、城镇保障性住房、多功能体育场、城区民族特色化改造及五化建设项目进展顺利；天然气覆盖项目完成场地平整、管网铺设、加气站厂房建设等工作。全年实施各类投资项目71个，其中500万元以上的项目36个。全县完成固定资产投资7.0亿元，增长31.4%。

【人民生活】积极筹措资金1.76亿元，完成了省、州列26项和县列7项民生实事。城镇居民人均可支配收入14064元，城镇居民人均生活消费支出13155元。农牧民人均纯收入4368元，农村居民人均生活消费支出2328元。尕海加仓等13处农村饮水工程全面建成，解决了农牧村6000人的饮水问题。完成农牧村危旧房改造900户，残疾人危房改造40户，国有林场危旧房改造223户。安置残疾人就业19人。发放廉租住房补贴48万元。完成农牧民科技培训2000人次。

【扶贫开发】全年争取扶贫专项资金2580万元，编制完成碌曲县藏区特困片区扶贫攻坚规划和五年内基本消除贫困实施规划。投资926万元，新建村组道路29.7公里、排水渠1100米、便民桥5座、人畜引水1处、危旧房改造106户，引进良种藏羊1461只、牦雌牛1108头，发放种养殖贷款贴息126万元，科技培训农牧民3000人次，成立贫困村互助协会8个。投资220万元，为贫困农牧民发放帐篷

537顶、光伏电源537台等。争取到阿拉乡整乡推进项目资金430万元，项目计划2013年实施。全年输转农牧村富余劳动力1975人，创劳务经济收入1588万元。

【社会保障】全年安置大中专毕业生就业231名，新增城镇就业人员255人，城镇登记失业率控制在3.5%；职业技能培训482人，创业能力培训31人，职业技能鉴定110人。

全年共发放城乡低保金1169万元、医疗及临时救助金90万元、救灾资金357万元，五保供养及孤儿救助金88万元、困难群众补助259万元，落实80岁以上高龄老人特殊生活津贴22万元。全县所有寺庙教职人员全部纳入了低保、生活补助等政策范围内，全年共发放僧侣各类生活补贴资金170万元。给农牧村7944人代缴参合金48万元。全县养老保险参保人数779人，失业保险参保人数1465人，城镇职工基本医疗保险参保人数达3137人，城镇居民基本医疗保险参保人数达2775人，工伤保险参保职工人数3050人，1017名城镇职工纳入到生育保险范围。城乡居民养老保险参保人数16432人，参保率达到95.1%以上，为3169名待遇享受人员累计发放养老金210万元，发放率达100%。全县农牧村新农合参合人数达26291人，参合率为98.8%；全县累计发放各类补偿支出664万元，参合农牧民受益人数45181人次。

【社会事业】巩固提高“两基”工作成果，九年义务教育巩固率达到77.16%。全县综合医院2个，妇幼保健站、疾病预防控制中心、卫生监督机构、新型农村合作医疗办公室、社区服务中心各1个，乡镇卫生院6个，村卫生室24个。县城床位175张，乡镇卫生院床位20张。县藏医院制剂品种达198种，已注册87个品种，年产量2000余千克；结合临床研制出肝胆病专科方剂12种，风湿专科方剂6种。加强食品药品监管力度，餐饮食品安全量化分级率达到96%以上，国家基本药物抽验率、规范药房建设率、食品药品专项整治覆盖率均达到100%。电视覆盖率96%，广播覆盖率91%；文化产业完成增加值510万元，增长339.7%。积极申报了尖顶牛毛帐篷非物质文化遗产项目。

（刘　鹏）

夏河县

【现任主要领导】

中共夏河县县委书记：唐志峰

夏河县人大常委会

主任：仁青东知（藏族）

夏河县人民政府

县长：张志红（藏族）

政协夏河县委员会

主席：才　高（藏族）

中共夏河县纪律检查委员会

书记：李青为

【基本情况】夏河县位于甘肃省西南部，甘南藏族自治州西北部，地处青藏高原的东部边缘，属于青藏高原和黄土高原的过渡带，东南面分别与合作市、碌曲县相邻，北依临夏县及青海省循化县、同仁县，全县土地总面积为6274平方公里，大部分地区海拔高度在3000～4200米之间，最高点为甘加达里加山主峰，海拔4636米，最低点在夏临交界处的土门关一带，海拔2200米，气候寒冷湿润。2012年，年平均温3.7℃，降水量409毫米，平均无霜期56天，全年日照时间2296小时。辖10个乡，3个镇，65个村委会，4个社区（居委会），436个村民小组。有藏、汉、回、撒拉、蒙古、朝鲜、土等14个民族。全县总人口8.91万人，其中：藏族人口7.03万人，占总人口的78.9%；常住人口8.75万人。

【国民经济】2012年，全县实现生产总值12.09亿元，比上年增长12.8%。其中：第一、二、三产业分别实现增加值3.43亿元、3.10亿元和5.56亿元，分别增长6.1%、21.7%和11.8%。实现工业增加值3.08亿元，增长22.1%。实现社会消费品零售总额3.87亿元，增长15.3%。完成大口径财政收入1.04亿元，增长53.7%，公共财政预算收入0.51亿元，增长33.3%，公共财政预算支出12.13亿元，增长22.3%。金融机构年末各项存款余额20.74亿元，增长40.2%，贷款余额8.22亿元，增长15.7%。旅游业恢复性增长，年内游客达71.5万人次，实现旅游收入3.2亿元。全县城镇居民人均可支配收入13280元，增长17%；人均消费支出达到12107元，增长37.9%。农牧民人均纯收入3707元，增长16.3%；人均生活消费支出3094元，增长3.5%。

【“三农”工作】加快青稞基地建设，开展高原油菜产业基地建设。加强动物疫病防控工作，在50个行政村实施村级防疫点项目，开工建设动物疫病应急物资储备库项目，提高突发重大动物疫情的应急处理能力。2012年，农作物播种面积呈“两增一减”，即粮、油播种面积增加，饲料播种面积减少，粮、油、饲比为43.5∶20.2∶36.3。全县完成农作物播种面积9067公顷，比上年减少253公顷。粮食总产量9659吨，增长1.9%。油料播种面积1833公顷，下降2.8%，总产量2934吨，增长6.6%。饲料作物播种面积3293公顷，下降15.8%。各类牲畜总增33.09万头（只），提高1.5个百分点；出栏各类牲畜41.03万头（只）。商品数37.7万头（只）；各类牲畜年末存栏86.84万头（只）。

【项目建设】2012年，全县完成固定资产投资24.85亿元，增长80%。夏河机场、临合高速公路、县城至机场二级公路、拉卜楞寺文物保护工程等12个州庆重点项目和献礼工程完成投资20.36亿元。庆阳援建的拉卜楞民俗文化中心、县人民医院传染病区、拉卜楞小学综合楼3个项目已投入使用，累计完成投资0.76亿元；拉卜楞寺游客接待中心、县体育中心、阿木去乎公共服务均等化示范项目完成年度建设任务。中海油援建的牧民帐篷新生活项目在9个乡实施，涉及

600户，完成投资530万元。殡仪馆、救助站职工楼等5个安居工程完成投资3780万元。第二批建制村通畅公路8条村道完成投资870万元。年内争取到各类专项资金7.4亿元。编制完成《夏河县“十二五”藏区经济社会发展规划建设项目方案》，涉及民生改善、基础设施建设、产业升级、生态环境、基层政权建设五大领域86个项目，概算总投资146.62亿元，正在积极争取落实。

【优势产业】全县把草原畜牧业作为第一产业的首位产业常抓不懈。2012年，紧紧围绕牦牛和藏羊养殖为出发点，大力新建养殖试点村49个、联户牧场12个，发展专业合作社78个、养殖专业户4320户，全县牲畜暖棚数量达到1908座，养殖各类牲畜54万余头（只）。全年种草2933公顷，草产量达到4万吨。

以畜牧业为基础，把畜产品加工业作为全县第二产业的首位优势产业来打造，紧紧围绕雪顿乳业、安多畜牧园区肉制品加工等龙头企业，积极培育知名品牌和拳头产品，增强对全县畜牧业的辐射带动作用，加快第二产业的发展。

夏河是一个以藏族为主体的多民族聚居区，境内有藏传佛教格鲁派六大宗主寺之一的拉卜楞寺，心旷神怡的桑科草原，晶莹剔透的达尔宗湖，是一个集自然景观、宗教文化、历史遗迹、民俗风情于一身的旅游胜地。全县把旅游业作为第三产业的首位优势产业来发展，2012年全县接待国内外游客71.5万人次，增长50%；实现旅游综合收入3.2亿元，增长66%；新增旅游就业人数283人，增长23%。

【扶贫开发】2012年，扶贫开发工作有序推进，《藏区连片特困地区夏河县区域发展与扶贫攻坚实施规划》、《夏河县五年基本消除贫困实施方案》通过评审，涉及今后10年扶贫开发领域521个项目。投资1374万元，完成了曲奥乡清水村等9个村的整村推进任务。整合资金4972万元，开展了甘加乡八角城村等4个新农村试点村建设工作。通过“双联”行动，省州县帮扶单位投入各类资金1065万元。成立了担保公司，筹措担保基金2760万元，通过“双联”贷款、中小企业贷款、妇女小额担保贷款等各种渠道，争取贷款2533万元，切实解决了产业发展资金筹措难问题。落实资金1655万元，开展了政策性牛羊保险工作，承保牲畜38.3万头（只）。狠抓抗灾保畜工作，为受灾乡村调运饲草料1245吨，发放救灾救济资金486万元。积极开展劳务输转及各类种植、养殖技术培训，培训城乡居民4731人，劳务输转7710人次，实现劳务收入7602万元，全年脱贫6900人，减贫率达25%。

【环境保护】2012年，县城泥石流地质灾害治理工程及门乃合山体崩塌治理项目完成投资810万元；扎油拉代金矿矿山地质环境恢复治理项目完成投资2175万元；山洪灾害非工程措施项目完成投资603万元；草原鼠害综合防治项目完成投资404万元；博拉、吉仓土地整理开发项目完成投资1011万元；扎实开展6个农牧村环境集中连片整治活动，完成投资360万元；落实草原生态奖补资金4094万元；投入资金300万元，完成造林107公顷、栽植树木8万多株。

【社会保障】2012年积极推进劳务经济和就业援助工作，城镇新增就业443人，新增小额担保贷款831万元。通过事业单位公开招考等形式安置177名大中专毕业生和22名复转军人。输转各类劳务人员7602人，实现劳务收入7710万元。征缴医疗保险基金1417万元、失业保险基金110万元、城镇基本养老保险基金1135万元。工伤保险基金征缴60万元，城乡居民社会养老保险参保率95%，农村、城镇居民医疗保险参保率分别达到97%和98%。

【社会事业】2012年，全县落实援藏、校安工程、农牧村薄弱学校改造等教育项目，有效改善教育基础条件。其中：校安工程等教育项目全面实施，累计完成投资1080万元；投入资金19万元，启动了校车安全工程，投入资金572万元，实施了农牧村义务教育学生营养改善计划；落实了高中阶段农牧村学生“两免一补”政策。2012年全县各类学校46所。完成了4所村级卫生室建设，实施了县人民医院儿科、远程会诊系统项目，完成了高压氧舱和配套附属设施建设。落实资金131万元，对513种基本药物实行了零差率销售。全年为6458名儿童进行了听力筛查，为22名乡村医生发放差额补助5.3万元，全县拥有各类卫生机构21所。儿童计划免疫四苗覆盖率达到99.35%。乙肝首针及时接种率达到90%以上。全县建成乡镇综合文化站14个、农牧民书屋48个。实施“村村通”工程2500户、“户户通”工程8000户，全县广播电视综合覆盖率达到87.2%

1

综合

General Survey

简要说明

一、本篇资料主要内容

本篇资料主要包括甘肃省行政区划、河流基本情况、国民经济和社会发展综合资料及私营个体经济基本情况资料。

二、本篇资料来源

本篇国民经济和社会发展综合资料由省统计局国民经济综合处搜集、加工整理。

1. 甘肃行政区划资料是截止 2012 年末全省行政区划变更情况汇总，由省民政厅提供。
2. 河流资料由省水利厅提供。
3. 国民经济和社会发展综合资料是由省统计局国民经济综合处抽取全书的精华，通过对各篇章主要统计指标及其速度、结构、比例和效益等加工计算，来反映国民经济和社会发展的总体情况。
4. 全省私营个体经济资料来自省工商行政管理局。

1-1 行政区划（2012）
Divisions of Administrative Areas in Gansu (2012)

单位：个 (unit)

地级区划名称	Prefectural Regions and Autonomous Regions	地级 City	县级 County Level 合计 Numbers of Regions at County Level	县 Counties	自治县 Autonomous Counties	市 Cities	市辖区 Districts under the Jurisdiction of Cites	乡镇级 Townships Level 合计 Number of Regions at Townships Level	镇 Towns	乡 Townships	民族乡 Ethnic Community Townships	街道办事处 Street Communities
甘肃省	**Gansu**	**14**	**86**	**58**	**7**	**4**	**17**	**1228**	**471**	**723**	**34**	**116**
兰州市	Lanzhou	1	8	3			5	61	35	26		52
嘉峪关市	Jiayuguan	1						3	3			
金昌市	Jinchang	1	2	1			1	12	8	4		6
白银市	Baiyin	1	5	3			2	69	21	47	1	9
天水市	Tianshui	1	7	4	1		2	113	47	66		10
武威市	Wuwei	1	4	2	1		1	93	43	50		8
张掖市	Zhangye	1	6	4	1		1	60	30	26	4	5
平凉市	Pingliang	1	7	6			1	102	32	61	9	3
酒泉市	Jiuquan	1	7	2	2	2	1	67	31	29	7	8
庆阳市	Qingyang	1	8	7			1	116	37	78	1	3
定西市	Dingxi	1	7	6			1	119	60	59		2
陇南市	Longnan	1	9	8			1	195	62	129	4	
临夏州	Linxia	1	8	5	2	1		123	46	73	4	6
甘南州	Gannan	1	8	7		1		95	16	75	4	4

注：街道办事处不包括矿区街道。
a)Street communites excluding the street of Mining Area.

1-2 河流基本情况
Major Rivers

名称	River	流域面积（万平方公里） Drainage Area (10 000 sq.km)	河流长度（公里） Length (km)	年径流量（亿立方米） Annual Flow (100 million cu.m)
长　江	Yangtze River	3.85	3484.66	97.59
#白龙江	Bailong River	1.81	450.00	73.19
黄　河	Huanghe River (Yellow River)	14.59	7752.46	132.78
#洮　河	Taohe River	2.52	673.00	53.19
内陆河	Inland Rivers	27.00	4691.00	62.36
#疏勒河	Shulehe River	17.00	583.00	23.92
黑　河	Heihe River	5.94	413.00	22.08
石羊河	Shiyanghe River	4.07	179.60	16.36

1-3 国民经济和社会发展总量与速度指标

指标	Item	1995	2000
人口与就业	**Population and Employment**		
人口	**Population**		
年底总人口（万人）	Population at the Year-end (10 000 persons)	2437.95	2515.31
城镇人口	Urban	562.06	603.93
乡村人口	Rural	1875.89	1911.38
就业	**Employment**		
从业人员数（万人）	Employees (10 000 persons)	1483.32	1476.45
#在岗职工人数	Staff and Workers		201.20
城镇登记失业人数（万人）	Urban Registration Unemployment (10 000 persons)	9.13	7.35
宏观经济	**Macro Economy**		
国民经济核算	**National Accounting**		
生产总值（亿元）	Gansu Gross Product (100 million yuan)	557.76	1052.88
第一产业	Primary Industry	110.65	194.10
第二产业	Secondary Industry	256.83	421.65
#工业	Industry	226.29	327.60
第三产业	Tertiary Industry	190.28	437.13
支出法生产总值（亿元）	Gansu Gross Product by Expenditure Approach (100 million yuan)	557.76	1052.88
#最终消费	Final Consumption Expenditure	385.35	635.71
居民消费	Household Consumption Expenditures	291.08	496.35
政府消费	Government Consumption Expenditures	94.27	139.37
资本形成总额	Gross Capital Formation	221.20	453.44
固定资本形成	Gross Fixed Capital Formation	146.35	373.90
存货增加	Changes in Inventories	74.84	79.54
固定资产投资	**Investment in Fixed Assets**		
固定资产投资总额（亿元）	Total Investment in Fixed Assets (100 million yuan)	194.67	441.35
第一产业	Primary Industry		
第二产业	Secondary Industry		
第三产业	Tertiary Industry		
财政	**Finance**		
财政收入（亿元）	Revenue (100 million yuan)	68.41	108.38
公共财政预算支出（亿元）	Public Finance Budget Expenditure (100 million yuan)	81.39	188.23
物价总指数（上年=100）	**Price Indices (preceding year=100)**		
商品零售价格指数	Retail Price Index	116.5	99.1
居民消费价格指数	Consumer Price Index	119.8	99.5
工业生产者出厂价格指数	Producer Price Indices for Industrial Products	115.0	107.2
农业生产资料价格指数	Price Indices for Farm Products	129.6	103.9
能源生产与消费（万吨标煤）	**Production and Consumption of Energy (10 000 tons of SCE)**		
能源生产总量	Total Energy Production	2276.89	1914.59
能源消费总量	Total Energy Consumption	2737.59	3011.62

注：1.2010年度以前（含2010年）固定资产投资数据为全社会口径，全社会口径中包含农户投资和跨区域项目投资，与2011年数据不可比（下表同）。

2.从2011年起，固定资产投资的起点标准从计划总投资50万元提高到500万元，500万元以下项目不再纳入固定资产投资统计范围（下表同）。

Principal Aggregate Indicators on National Economic and Social Development and Their Related Indices and Growth Rates

总 量 指 标 Aggregate Data				速度指标（%） Indices and Growth Rates							
				指 数（2012 年为以下各年%） Index (2012 as Percentage of the Following Years)					年平均增长速度 Average Annual Growth Rate		
2005	2010	2011	2012	1995	2000	2005	2010	2011	"十五"时期 2001-2005	"十一五"时期 2006-2010	2011-2012
2545.10	2559.98	2564.19	2577.55	105.73	102.47	101.27	100.69	100.52	0.24	0.12	0.34
764.04	924.66	952.60	998.80	177.70	165.38	130.73	108.02	104.85	4.82	3.89	3.93
1781.06	1635.32	1611.59	1578.75	84.16	82.60	88.64	96.54	97.96	-1.40	-1.69	-1.74
1391.36	1499.56	1500.26	1491.59	100.56	101.03	107.20	99.47	99.42	-1.18	1.51	-0.27
188.49	187.96	188.33	194.23		96.54	103.05	103.34	103.13	-1.30	-0.06	1.65
9.26	10.72	10.80	9.78	107.12	133.06	105.62	91.23	90.56	4.73	2.97	-4.48
1933.98	4120.75	5020.37	5650.20	574.72	358.60	215.33	126.65	112.56	10.74	11.20	12.54
308.06	599.28	678.75	780.50	226.82	198.16	147.23	113.14	106.84	6.12	5.41	6.37
838.56	1984.97	2377.83	2600.09	658.77	417.30	243.60	131.58	114.21	11.37	13.11	14.71
685.80	1602.87	1923.95	2070.24	637.26	452.46	250.18	133.11	114.45	12.58	13.45	15.37
787.36	1536.50	1963.79	2269.61	719.57	375.33	213.02	125.55	112.47	11.99	11.15	12.05
1933.98	4120.75	5020.37	5650.20	574.72	358.60	215.33	126.65	112.56	10.74	11.20	12.54
1217.63	2462.03	2967.02	3327.97	529.35	360.78	209.27	124.77	111.50	11.51	10.37	11.70
893.15	1594.37	1919.68	2196.03	428.16	300.77	186.64	125.44	112.20	10.01	7.53	12.00
324.48	867.66	1047.34	1131.94	907.70	574.73	270.47	123.42	110.10	16.27	16.99	11.10
916.96	2343.52	2872.27	3298.05	899.24	513.31	277.93	135.84	116.80	13.05	15.39	16.55
874.52	2177.89	2685.76	3128.68	1204.27	586.70	275.93	138.42	117.80	16.29	14.80	17.65
42.44	165.63	186.51	169.37	181.26	173.50	325.59	103.43	102.00	-11.83	25.78	1.70
874.53	3378.10	4180.24	6013.42					143.85	14.66	31.03	
	137.99	191.45	238.04					124.34		28.87	
	1597.61	2032.99	3211.64					157.98		25.45	
	1642.50	1955.80	2563.74					131.08		32.92	
254.57	745.25	933.62	1079.90	1578.57	996.40	424.20	144.90	115.67	18.62	23.97	20.38
429.35	1468.58	1791.24	2059.56	2530.49	1094.17	479.69	140.24	114.98	17.93	27.88	18.42
99.9	104.6	105.4	102.6								
101.7	104.1	105.9	102.7								
109.6	115.0	111.0	96.8								
109.00	101.7	107.6	105.2								
3605.12	4640.88	4898.34	5369.88	235.84	280.47	148.95	115.71	109.63	13.49	5.18	7.57
4367.67	5923.13	6495.78	7007.04	255.96	232.67	160.43	118.30	107.87	7.72	6.28	8.77

a) Before 2010(including 2010),data of fixed asset investment are the caliber of total society. Farm households investment and cross-regional project investment is included in the caliber of total society, and different from the data of 2011 (The same applies to all tables following).

b) Since 2011, the standards of starting point of investment in fixed assets statistics is changed from a planned total investment of 500,000 yuan to 500 million.Project of below 500 million is no longer included in the investment in fixed assets statistics range (The same applies to all tables following).

1-3 续表 1

指　标	Item	1995	2000
产　业	**Industry**		
农业	**Agriculture**		
耕地面积（千公顷）	Cultivated Areas (1 000 hectares)	3482.49	3433.20
农林牧渔业从业人员（万人）	Employed Persons of Agriculture, Forestry, Animal, Husbandry & Fishery (10 000 persons)	667.45	697.53
农林牧渔业总产值（亿元）	Gross Output Value of Agriculture Forestry, Animal Husbandry and Fishery (100 million yuan)	269.45	320.12
主要农产品产量（万吨）	Output of Major Farm Products (10 000 tons)		
粮食	Grain	626.78	713.48
棉花	Cotton	2.29	5.75
油料	Oil-bearing Crops	31.69	41.68
甜菜	Beet Roots	107.01	37.90
水果	Fruits	80.36	121.59
肉类	Meat	47.33	57.33
猪牛羊肉	Pork,Beef,Mutton	44.02	52.77
工业	**Industry**		
规模以上工业增加值（亿元）	Value-added of Industry above Designated Size (100 million yuan)		263.42
主要工业产品产量	Output of Major Industrial Products		
原煤（万吨）	Coal (10 000 tons)	2466.13	1632.71
天然原油（万吨）	Natural Crude Oil (10 000 tons)	267.83	250.15
发电量（亿千瓦小时）	Electricity (100 million kwh)	237.75	280.27
粗钢（万吨）	Crude Steel (10 000 tons)	131.95	229.94
水泥（万吨）	Cement (10 000 tons)	561.48	732.10
乙烯（万吨）	Ethene (10 000 tons)	7.28	16.72
卷烟（万箱）	Cigarettes (10 000 pack)	28.75	28.99
建筑业	**Construction**		
建筑业企业人数（万人）	Number of Employed Persons (10 000 persons)		33.17
建筑业增加值（亿元）	Value-added (100 million yuan)	30.54	94.04
施工房屋面积（万平方米）	Floor Space of Buildings under Construction (10 000 sq.m)	958.98	1914.12
竣工房屋面积（万平方米）	Floor Space of Buildings Completed (10 000 sq.m)	408.68	1066.18
交通运输	**Transportation**		
货运量（万吨）	Freight Traffic (10 000 tons)	20275	22722
# 铁路	Railways	2555	2885
公路	Highways	17719	19800
空运	Civil Aviation	1.00	1.09

注：从 2011 年开始，规模以上工业统计范围的工业企业起点标准从年主营业务收入在 500 万元提高到 2000 万元（下表同）。

continued

总量指标 Aggregate Data				速度指标（%） Indices and Growth Rates							
				指数（2012年为以下各年%） Index (2012 as Percentage of the Following Years)					年平均增长速度 Average Annual Growth Rate		
2005	2010	2011	2012	1995	2000	2005	2010	2011	"十五"时期 2001-2005	"十一五"时期 2006-2010	2011-2012
3421.05	3493.81	3503.01	3530.91	101.39	102.85	103.21	101.06	100.08	-0.07	0.42	0.53
761.37	724.82	715.42	697.64	104.52	100.02	91.63	96.25	97.51	1.77	-0.98	-1.89
549.71	1057.02	1187.76	1358.16	275.19	203.15	146.79	112.07	106.35	6.72	5.54	5.86
836.89	958.30	1014.60	1109.70	177.05	155.53	132.60	115.80	109.37	3.24	2.75	7.61
11.05	7.56	7.60	8.10	353.83	140.92	73.33	107.19	106.67	13.96	-7.31	3.53
50.31	64.05	63.52	67.00	211.43	160.76	133.18	104.61	105.49	3.84	4.95	2.28
14.54	22.02	18.08	24.65	23.04	65.04	169.53	111.97	136.32	-17.44	8.65	5.82
172.45	299.46	330.84	359.71	447.62	295.84	208.59	120.12	108.73	7.24	11.67	9.60
69.81	86.78	88.46	92.28	194.97	160.96	132.19	106.33	104.31	4.02	4.45	3.12
64.09	80.77	82.49	86.18	195.77	163.31	134.47	106.69	104.47	3.96	4.74	3.29
601.80	1376.34	1782.85	1931.37				133.17	114.60	13.83	14.17	15.40
3619.84	4547.20	4700.65	4878.08					103.77	17.26	4.67	
304.55	382.14	502.66	629.52					125.24	4.01	4.64	
506.17	791.53	1027.91	1083.25					105.38	12.55	9.35	
458.44	662.25	819.80	810.16					98.82	14.80	7.63	
1553.29	2414.11	2746.82	3515.06					127.97	16.23	9.22	
24.57	69.48	69.39	64.67					93.20	8.00	23.11	
71.00	80.00	82.00	88.00					107.32	19.62	2.42	
42.77	45.76	46.00	56.26		169.61	131.54	122.94	122.31	5.22	1.36	10.88
152.76	382.10	453.88	529.85	828.62	298.83	250.18	125.17	113.14	6.65	11.58	11.88
3008.48	5032.63	5925.09	8179.58	852.95	427.33	271.88	162.53	138.05	9.47	10.84	27.49
1455.17	2013.88	2409.80	3257.61	797.10	305.54	223.86	161.76	135.18	6.42	6.71	27.18
25843	29009	34179	45856	226.17	201.81	177.44	158.08	134.16	2.61	2.34	25.73
3274	4926	5355	6313	247.08	218.82	192.82	128.16	117.89	2.56	8.51	13.21
22520	24050	28790	39517	223.02	199.58	175.48	164.31	137.26	2.61	1.32	28.18
1.08	1.13	1.22	1.34	134.00	122.94	124.07	118.58	109.84	-0.18	0.91	8.90

a) Since 2011,the cut-off point of Industrial enterprises covered by statistics of industrial enterprises above designated size are raised from revenue from principal business of 5 million yuan to 20 million yuan. (The same applies to the tables following).

1-3 续表 2

指　标	Item	1995	2000
客运量（万人）	Passenger Traffic (10 000 persons)	10547	12907
铁路	Railways	942	1039
公路	Highways	9563	11600
民航	Civil Aviation	42	76
邮电通信业	**Postal and Telecommunication Services**		
邮电业务总量（亿元）	Business Volume of Postal and Telecommunication Services (100 million yuan)	7	42
函件（万件）	Number of Letters Delivered (10 000 pieces)	9104	9919
报刊期发数（万份）	Number of Newspapers and Magazines Distributed (10 000 copies)	496	679
移动电话年末用户（万户）	Number of Mobile Telephone Subscribers at Year-end(10 000 subscribers)	2	65
固定电话年末用户（万户）	Number of Fixed Telephone Subscribers at Year-end (10 000 subscribers)	43	180
局用交换机容量（万门）	Capacity of Local Telephone Exchanges (10 000 lines)		
国内商业	**Domestic Trade**		
社会消费品零售总额（亿元）	Total Retail Sales of Consumer Goods (100 million yuan)	240.65	379.61
对外经济贸易	**Foreign Trade**		
进出口总额（万美元）	Total Value of Exports and Imports (USD 10 000)	30494	56953
进口额	Imports	8542	15458
出口额	Exports	21951	41495
利用外资额	**Utilization of Foreign Capital**		
签订利用外资协议额（万美元）	Foreign Capital Signed by Contracts (USD 10 000)	44199	32250
实际利用外资额（万美元）	Utilization of Foreign Capital (USD 10 000)	35854	20122
金融业	**Financial Intermediation**		
金融机构人民币各项存款（亿元）	Deposits of National Banking System (100 million yuan)	628.28	1402.93
金融机构人民币各项贷款（亿元）	Loans of National Banking System (100 million yuan)	681.08	1171.14
证券交易额（亿元）	Value of Securitys Exchange (100 million yuan)		745.87
保险公司保费收入（亿元）	Insurance Premium of Insurance Companies (100 million yuan)	6.42	19.05
保险公司赔付支出（亿元）	Indemnity Expenditure and Payment of Insurance Companies (100 million yuan)	3.90	6.49
教育、科技、文化	**Education, Science and Technology and Culture**		
教育	**Education**		
专任教师数（人）	Number of Full-time Teachers (person)		
#普通高等学校	Institutions of Higher Education	6284	7208
普通中学	Secondary Schools	62669	74082
普通小学	Primary Schools	130032	125172
在校学生数（万人）	Students Enrollment (10 000 persons)		
#普通高等学校	Institutions of Higher Education	4.55	8.17
普通中学	Secondary Schools	91.53	131.47
普通小学	Primary Schools	273.71	316.46
地方财政用于教育的支出（亿元）	Government Expenditures on Education (100 million yuan)	14.68	31.15
科技	**Science and Technology**		
R&D 经费内部支出（亿元）	Internal Expenditures on R & D (100 million yuan)		

注：1. 邮电业务总量 2010 年按 2000 年可比价格计算，2011 年按 2010 年可比价格计算。
2. 2011 年起，取消原“各项存款”下的企业存款、农业存款等存款分类项目，重新设置了具有主题分类标志的单位存款、个人存款、财政性存款和临时存款等项目，2011 年数据与历年数据不可比（下表同）。

continued

总 量 指 标 Aggregate Data				速度指标（%） Indices and Growth Rates							
				指 数（2012 年为以下各年 %） Index (2012 as Percentage of the Following Years)					年平均增长速度 Average Annual Growth Rate		
2005	2010	2011	2012	1995	2000	2005	2010	2011	"十五"时期 2001-2005	"十一五"时期 2006-2010	2011-2012
17803	53776	60906	64477	611.33	499.55	362.17	119.90	105.86	6.64	24.74	9.50
1230	2178	2353	2383	252.97	229.36	193.74	109.41	101.27	3.43	12.11	4.60
16247	51404	58355	61884	647.12	533.48	380.89	120.39	106.05	6.97	25.91	9.72
85	100	102	117	277.86	153.55	137.29	116.46	114.41	2.26	3.35	7.91
136	453	195	188					96.34	26.42	27.24	
5071	3806	3277	3560	39.11	35.89	70.21	93.54	108.63	-12.56	-5.58	-3.28
175	210	201	226	45.56	33.27	129.14	107.57	112.33	-23.76	3.72	3.71
408	1390	1614	1764	95327.03	2713.15	431.78	126.87	109.27	44.43	27.76	12.64
548	412	396	378	872.02	209.67	68.93	91.71	95.29	24.92	-5.55	-4.23
712	439	438	413			57.94	93.98	94.19		-9.22	-3.06
638.08	1394.50	1648.00	1906.50	792.23	502.23	298.79	136.72	115.69	10.95	16.93	16.93
263136	736975	875059	889940	2918.41	1562.59	338.21	120.76	101.70	35.81	22.87	9.89
154038	573178	656526	532575	6234.78	3445.30	345.74	92.92	81.12	58.38	30.06	-3.61
109098	163797	218533	357365	1628.01	861.22	327.56	218.18	163.53	21.33	8.47	47.71
53996	44015	60222	43587	98.62	135.15	80.72	99.03	72.38	10.86	-4.01	-0.49
25639	51921	38524	37210	103.78	184.92	145.13	71.67	96.59	4.97	15.16	-15.34
2895.86	7115.37	8394.04	10033.40	1596.96	715.17	346.47	141.01	119.53	15.60	19.70	18.75
1923.46	4433.05	5468.81	6829.42	1002.73	583.14	355.06	154.06	124.88	10.43	18.17	24.12
467.68	5229.95	3723.21	3075.58		412.35	657.62	58.81	82.61	-8.91	62.07	-23.31
48.24	146.34	140.93	158.77	2473.01	833.43	329.12	108.50	112.66	20.42	24.85	4.16
11.83	31.18	38.20	48.18	1235.45	742.41	407.29	154.52	126.14	12.76	21.39	24.30
14816	20761	22066	23232	369.70	322.31	156.80	111.90	105.28	15.50	6.98	5.78
99150	120689	123055	124844	199.21	168.52	125.91	103.44	101.45	6.00	4.01	1.71
130841	140381	141324	140235	107.85	112.03	107.18	99.90	99.23	0.89	1.42	-0.05
22.95	38.15	40.53	43.11	947.40	527.62	187.83	112.99	106.36	22.95	10.70	6.29
194.38	203.10	194.25	184.51	201.58	140.34	94.92	90.84	94.98	8.13	0.88	-4.69
303.58	237.04	220.07	206.35	75.39	65.21	67.97	87.05	93.77	-0.83	-4.83	-6.70
75.22	228.23	284.33	367.92	2506.61	1181.15	489.15	161.20	129.40	19.28	24.86	26.97
19.49	41.59	48.53	60.48			310.26	145.42	124.63		16.37	20.59

a) Business volume of telecommunication services in 2010 was calculted at 2000 constant prices,and that in 2011 was calculated at 2010 constant prices.

b) Since 2011,canceled the original "Total Deposits" of corporate deposits, deposits and other deposits classification items,reseted the items of corporate Deposits,personal deposits,Fiscal Deposits and temporary deposits etc. which have the subject classification flag.Data of 2011 are uncomparable with historical data.

1-3 续表 3

指 标	Item	1995	2000
文化	**Culture**		
图书（万册）	Number of Books Published (10 000 Volumes)	6180	7218
杂志（万册）	Number of Magazines Issued (10 000 Volumes)	6214	8064
报纸（万份）	Number of Newspapers Issue (10 000 Copies)	22556	25661
家庭、生活、环境	**Family, People's livehood, Environment**		
家庭	**Family**		
家庭总户数（万户）	Total Number of Households (10 000 households)	554.26	615.27
城镇居民平均每户家庭人口（人）	Average Household Size in Urban Areas (person)	3.29	3.08
农村居民平均每户家庭人口（人）	Average Household Size in Rural Areas (person)	5.14	4.73
婚姻	**Marriages and Divorces**		
结婚登记总数（对）	Registered Number of Marriages (couples)	155553	127799
离婚数（对）	Number of Divorces (couples)		
居住	**Housing**		
城市居民人均居住面积（平方米）	Per Capita Net Floor Space of Urban Residents (sq.m)	10.74	15.21
农村居民人均居住面积（平方米）	Per Capita Net Floor Space of Rural Residents (sq.m)	15.64	18.00
生活	**People's Livelihood**		
城镇居民人均可支配收入（元）	Per Capita Annual Disposable Income of Urban Households (yuan)	3153	4916
农村居民人均纯收入（元）	Per Capita Net Income of Rural Residents (yuan)	880	1429
城乡储蓄存款余额（亿元）	Outstanding Amount of Saving Deposits in Urban and Rural Areas (100 million yuan)	380.17	818.76
工资	**Wages**		
在岗职工工资总额（亿元）	Total Wages of Fully-employed staff and workers(100 million yuan)	136.70	179.98
在岗职工平均工资（元）	Average Wage of Fully-employed Staff and Workers (yuan)		
卫生	**Health Care**		
卫生机构数（个）	Number of Health Care Institutions (unit)	4131	7191
#医院、卫生院	Number of Hospitals	1843	1867
卫生机构床位数（张）	Number of Beds in Health Care Institutions (unit)	56378	59441
#医院、卫生院	Number of Hospital Beds	52788	56557
卫生技术人员（人）	Number of Medical Tenchnical Personnel (person)		
#执业（助理）医师	Number of Licensed (Assistant) Doctors		

注：2012 年卫生机构包括村卫生室。

continued

总 量 指 标 Aggregate Data				速度指标（%） Indices and Growth Rates							
				指 数（2012 年为以下各年 %） Index (2012 as Percentage of the Following Years)					年平均增长速度 Average Annual Growth Rate		
2005	2010	2011	2012	1995	2000	2005	2010	2011	"十五"时期 2001-2005	"十一五"时期 2006-2010	2011-2012
5895	6737	6747	6614	107.02	91.63	112.20	98.17	98.03	-3.97	2.71	-0.92
14766	11082	11152	11420	183.77	141.62	77.34	103.05	102.40	12.86	-5.58	1.51
37900	40714	45776	49990	221.63	194.81	131.90	122.78	109.21	8.11	1.44	10.81
682.79	690.04	792.92	805.26	145.29	130.88	117.94	116.70	101.56	2.10	0.21	8.03
2.89	2.76	2.81	2.83	86.02	91.88	97.92	102.54	100.71	-1.27	-0.92	1.26
4.65	4.60	4.40	4.40	85.60	93.02	94.62	95.65	100.00	-0.34	-0.22	-2.20
114554	142294	169112	167518	107.69	131.08	146.23	117.73	99.06	-2.16	4.43	8.50
22260	27926	30473	32908			147.83	117.84	107.99		4.64	8.55
24.16	27.89	28.04	28.45	264.90	187.05	117.76	102.01	101.46	9.70	2.91	1.00
18.71	20.96	23.65	24.08	153.96	133.78	128.70	114.89	101.82	0.78	2.30	7.18
8087	13189	14989	17157	544.23	348.98	212.16	130.09	114.47	10.47	10.28	14.06
1980	3425	3909	4507	511.93	315.44	227.61	131.59	115.28	6.74	11.58	14.71
1586.66	3598.24	4231.41	5050.08	1328.37	616.80	318.28	140.35	119.35	14.15	17.79	18.47
290.22	560.63	624.02	749.56	548.32	416.47	258.27	133.70	120.12	10.03	14.07	15.63
	29588	32906	38440				129.92	116.82			13.98
11849	10267	10065	26258						10.50	-2.83	
1741	1728	1769	1785						-1.39	-0.15	1.64
63638	94883	101108	111979	198.62	188.39	175.96	118.02	110.75	1.37	8.32	8.64
59856	82422	89576	98986	187.52	175.02	165.37	120.10	110.51	1.14	6.61	9.59
66926	97387	106252	111907			167.21	114.91	105.32		7.79	7.20
29701	38249	41121	43302			145.79	113.21	105.30		5.19	6.40

a) Date of 2012 included of villages clinics.

1-4 国民经济和社会发展结构指标
Structural Indicators on National Economic and Social Development

单位：% (%)

指 标	Item	1995	2000	2005	2010	2011	2012
人口与就业	Population and Employment						
人口	Population						
城乡结构	Urban and Rural Composition						
城镇	Urban	23.17	24.01	30.02	36.12	37.15	38.75
乡村	Rural	76.83	75.99	69.98	63.88	62.85	61.25
性别结构	Sexual Composition						
男	Male	51.54	51.83	51.44	51.08	51.05	51.09
女	Female	48.46	48.17	48.56	48.92	48.95	48.91
就业	Employment						
产业结构	Industrial Composition						
第一产业	Primary Industry	63.53	59.64	63.67	61.61	61.26	60.45
第二产业	Secondary Industry	18.97	18.95	14.66	15.36	15.43	15.64
第三产业	Tertiary Industry	17.50	21.41	21.67	23.03	23.31	23.91
国民经济核算	National Accounting						
生产总值产业结构	Industrial Composition						
第一产业	Primary Industry	19.84	18.44	15.93	14.54	13.52	13.81
第二产业	Secondary Industry	46.05	40.05	43.36	48.17	47.36	46.02
第三产业	Tertiary Industry	34.12	41.52	40.71	37.29	39.12	40.17
投资	Investment in Fixed Assets						
固定资产投资结构	Composition of Total Investment in Fixed Assets						
产业结构	Industrial Composition						
第一产业	Primary Industry				4.08	4.58	3.96
第二产业	Secondary Industry				47.29	48.63	53.41
第三产业	Tertiary Industry				48.62	46.79	42.63
资金来源结构	Composition of Funding Sources						
国家预算内资金	State Budget	4.23	12.33	9.62	17.19	17.49	15.25
国内贷款	Domestic Loans	31.11	26.37	19.90	19.25	11.69	12.22
利用外资	Foreign Investment	5.00	1.74	1.65	0.56	0.42	0.30
自筹资金	Self-raising Funds	44.36	44.67	55.31	55.06	57.65	65.56
其他投资	Other Investments	15.30	14.89	13.52	12.74	9.95	10.20
产业经济	Industry						
农业	Agriculture						
农林牧渔业产值结构	Composition of Gross Output Value of Agriculture						
农业	Agriculture	69.97	69.60	66.01	71.67	71.43	72.47
林业	Forestry	2.41	3.48	2.89	1.75	1.45	1.48
牧业	Animal Husbandry	22.98	21.50	20.80	17.20	17.73	17.06
渔业	Fishery	0.29	0.37	0.19	0.11	0.13	0.13
农林牧渔服务业	Service for Agriculture,Forestry, Animal Husbandry and Fishery			10.11	9.27	9.25	8.86
工业	Industry						
规模以上工业总产值结构	Composition of Industry above Designated Size						
轻工业	Light Industry	25.25	24.03	18.77	14.09	10.84	12.94
重工业	Heavy Industry	74.75	75.97	81.23	85.91	89.16	87.06

1-4 续表 1 continued

单位：% (%)

指 标	Item	1995	2000	2005	2010	2011	2012
建筑业	**Construction**						
建筑业总产值结构	Composition of Gross Output Value of Construction Industry						
国有经济	State-owned Enterprise		42.13	37.22	17.33	24.44	23.48
城镇集体经济	Collective-owned Enterprises		27.43	11.97	7.72	8.04	7.92
其他	Others		30.44	50.81	74.95	67.52	68.61
运输业	**Transportation**						
货运量结构	Composition of Freight Traffic						
铁路	Railways	12.60	12.70	12.67	16.98	15.67	13.77
公路	Highways	87.39	87.14	87.14	82.91	84.23	86.18
国内商业	**Domestic Trade**						
社会消费品零售总额构成	Composition of Retail Sales of Consumer Goods						
城镇	Urban				80.55	80.28	81.67
# 城区	# City Subdivision				59.86	60.20	62.48
乡村	Rural				19.45	19.72	18.33
对外经济贸易	**Foreign Trade**						
进出口总值构成	Composition of Imports and Exports						
进口	Imports	28.01	27.14	58.54	77.77	75.03	59.84
出口	Exports	71.99	72.86	41.46	22.23	24.97	40.16
教育、科技	**Education,Science and Technology**						
教育	**Education**						
普通学校在校学生结构	Composition of Student Enrollment in Regular Schools						
大学生	College and University Students	1.23	1.79	4.40	7.98	8.91	9.93
中学生	Secondary School Students	24.75	28.82	37.32	42.46	42.71	42.52
小学生	Primary School Students	74.02	69.38	58.28	49.56	48.38	47.55
普通学校专任教师结构	Composition of Full-time Teachers in Regular Schools						
大学	Colleges and Universities	3.16	3.49	6.05	7.37	7.70	8.06
中学	Secondary Schools	31.49	35.88	40.50	42.82	42.96	43.30
小学	Primary Schools	65.35	60.63	53.45	49.81	49.34	48.64
科技	**Science and Technology**						
R&D 经费内部支出结构	Composition of Intramural Expenditure on R&D by Sources						
基础研究	Basic Research				13.58	14.10	13.72
应用研究	Applied Research				21.05	18.93	19.80
试验发展	Experimental Development				65.37	66.97	66.48

1-4 续表 2 continued

单位：%　　(%)

指　标	Item	1995	2000	2005	2010	2011	2012
生活	**People's Living Conditions**						
农村居民消费结构	Consumption Composition of Urban Residents						
食品类	Food	70.94	48.45	47.20	44.71	42.24	39.76
衣着类	Clothing	4.97	5.58	5.07	6.25	6.73	7.31
居住	Residence	10.20	15.79	13.23	18.75	16.28	16.46
家庭设备用品及服务	Household Appliances and Service	3.38	3.90	4.07	5.00	5.40	6.04
交通通讯	Transport and Communications	1.48	4.04	8.52	8.73	10.00	10.52
文教娱乐用品及服务	Education, Cultural and Recreation Services	5.01	13.27	14.17	8.09	7.99	7.89
医疗保健	Health Care and Medical Services	3.19	6.51	6.26	6.90	9.26	9.60
其他商品和服务	Miscellaneous Goods and Services	0.83	2.46	1.48	1.57	2.10	2.42
城镇居民消费结构	Consumption Composition of Urban Residents						
食品类	Food	51.69	37.63	36.04	37.41	37.38	35.82
衣着类	Clothing	14.14	12.53	12.35	12.69	13.14	12.70
居住	Residence	5.96	7.33	10.43	9.20	10.19	10.03
家庭设备用品及服务	Household Appliances and Services	6.70	9.74	5.61	6.04	5.90	6.49
医疗保健	Health Care and Medical Services	3.93	6.60	7.54	11.49	7.81	8.17
交通通讯	Transport and Telecommunications		6.43	9.78	8.37	11.53	12.26
教育文化娱乐服务	Education, Cultural and Recreation and Services		13.65	14.44	10.88	10.35	10.81
其他商品及服务	Other Goods and Services		6.09	3.82	3.92	3.69	3.73
卫生	**Health Care**						
卫生机构人员结构	Composition of Health Agency Personnel						
# 执业医师	Licensed Doctors			28.65	27.14	22.82	23.10
执业助理医师	Licensed (Assistant) Doctors			7.99	6.02	5.29	5.34
注册护士	Registered Nurses			27.64	25.70	23.05	24.43
药师（士）	Pharmacist			6.20	4.38	3.63	3.67
检验技师（士）	Laboratory Technician			4.27	4.79	3.97	3.81
医院床位结构	Composition of Hospital Beds						
# 医院	Hospitals	72.84	73.20	73.97	64.25	66.57	68.14
卫生院	Health Centers	20.79	21.95	20.09	22.62	22.03	20.26

1-5 国民经济和社会发展比例及效益指标
Indicators on Proportions and Efficiency in National Economic and Social Development

指 标	Item	1995	2000	2005	2010	2011	2012
人口与就业	**Population and Employment**						
出生率（‰）	Birth Rate (‰)	20.65	14.38	12.59	12.05	12.08	12.11
死亡率（‰）	Death Rate (‰)	6.49	6.41	6.57	6.02	6.03	6.05
自然增长率（‰）	Natural Growth Rate (‰)	14.16	7.97	6.02	6.03	6.05	6.06
城镇登记失业率（%）	Registered Unemployment Rate in Urban Areas(%)	3.11	2.70	3.26	3.21	3.11	2.68
国民经济核算	**National Accounting**						
全社会劳动生产率（元／人）	Overall Labor Productivity (yuan/person)	3760	7131	13900	27480	33463	37880
第一产业	Primary Industry	1174	2204	3478	6487	7385	8656
第二产业	Secondary Industry	9124	15071	41114	86179	102718	111458
第三产业	Tertiary Industry	7332	13828	26108	44491	56155	63639
人均生产总值（元）	Per Capita Gross Regional Product (yuan)	2316	4129	7477	16113	19595	21978
固定资产投资	**Investment in Fixed Assets**						
全社会房屋建筑面积竣工率（%）	Rate of Total Floor Space of Buildings Completed in Construction (%)	68.29	61.00	45.82	25.59	23.65	22.51
财政	**Government Finance**						
财政收入相当于生产总值比例（%）	Proportion of Government Revenue to Gross Regional Product (%)	12.27	10.29	13.16	18.09	18.60	19.11
公共财政预算支出支出相当于生产总值比例（%）	Proportion of Public Finance Budget Expenditure to Gross Regional Product (%)	14.59	17.88	22.20	35.64	35.68	36.45
农业	**Agriculture**						
人均耕地面积（公顷）	Per Capita Cultivated Land (hectare)	0.15	0.14	0.13	0.14	0.14	0.14
每公顷耕地用电量（千瓦小时）	Electric Consumption per Hectare of Cultivated Land (kwh)	634	857	989	1226	1286	1355
每公顷耕地化肥施用量（千克）	Chemical Fertilizer Consumption per Hectare of Cultivated Land (kg)	67	188	222	244	249	261
每公顷耕地生产的农业产值（元）	Agricultural Output Value per Hectare of Cultivated Land (yuan)	7737	9324	16068	30254	33907	38465
农业从业者人均农产品产量（千克）	Output of Farm Corps per Agricultural Laborer (kg)						
粮食	Grain	939.1	1022.9	1099.2	1322.1	1418.2	1590.6
棉花	Cotton	3.43	8.24	14.51	10.43	10.62	11.61
油料	Oil-bearing Crops	47.47	59.75	66.08	88.37	88.79	96.04
猪牛羊肉	Pork,Beef and Mutton	86.51	75.65	84.18	111.44	115.31	123.53
每公顷播种面积农产品产量（千克）	Output of Farm Crops Per Hectare of Sown Area (kg)						
粮食	Grain	2140	2550	3235	3423	3581	3908
棉花	Cotton	1270	1657	1728	1578	1585	1682

1-5 续表 continued

指 标	Item	1995	2000	2005	2010	2011	2012
工业	**Industry**						
总资产贡献率（%）	Ratio of Total Assets to Industrial Output Value (%)	7.45	5.10	8.37	11.01	10.61	10.03
资产负债率（%）	Assets-Liability Ratio (%)	65.03	65.05	58.70	62.32	64.04	62.34
流动资产周转次数（次/年）	Number of Times of Annual of Turnover Circulating Funds (times/year)	1.32	1.08	1.96	2.05	2.19	2.21
成本费用利润率（%）	Ratio of Profits to Industrial Cost (%)	1.03	1.35	3.49	4.73	4.38	3.89
产品销售率（%）	Proportion of Products Sold (%)				95.15	95.48	93.14
建筑业	**Construction**						
技术装备率（元/人）	Value of Machinery per Laborer (yuan/person)	3047	4748	9018	7814	9465	11287
产值利税率（%）	Ratio of Pre-tax Profits to Gross Output Value (%)	2.20	5.52	3.80	8.10	7.40	8.07
全员劳动生产率（元/人）（按总产值计算）	Overall Labor Productivity (yuan/person) (By Gross Output Value)	28887	38234	73456	164323	183754	261487
对外经济贸易	**Foreign Trade**						
进出口总额相当于生产总值比例（%）	Proportion of Total Value of Imports & Exports to Gross Product (%)	4.54	4.48	11.16	11.84	10.98	9.90
金融	**Financial Intermediation**						
金融机构存款相当于生产总值比例（%）	Deposits of Financial Institutions as Percentage of GDP (%)	112.64	133.25	149.74	172.67	167.20	177.58
金融机构贷款相当于生产总值比例（%）	Loans of Financial Institutions as Percentage of GDP (%)	122.11	111.23	99.46	107.57	108.93	120.87
教育	**Education**						
学龄儿童净入学率（%）	Net Enrollment Ratio of Primary Schools (%)	96.92	98.83	98.87	99.46	99.56	99.68
小学升学率（%）	Promotion Rate from Primary Schools to Junior Secondary Schools (%)	86.20	90.98	96.67	95.67	95.41	94.29
初中升学率（%）	Promotion Rate from Junior Secondary Schools to Senior Secondary Schools (%)	39.80	33.48	48.58	48.31	48.35	51.08
学校师生比（教师人数=1）	Student-teacher Ratio (number of Teacher =1)						
普通高等学校	Colleges and Universities	7	12	15	18	19	19
普通中等学校	Regular Institutions of Secondary Education	9	12	20	23	21	21
普通中学	Secondary Schools	15	18	20	17	16	15
普通小学	Primary Schools	21	25	23	17	15	15
科技	**Science and Technology**						
R&D 经费内部支出相当于生产总值比例 (%)	Proportion of Intramural Expenditure on R&D to GDP (%)			1.01	1.01	0.97	1.07
卫生	**Health Care**						
每万人口执业（助理）医师（人）	Number of Doctors per 10 000 Persons (person)		15	14	15	16	17
每万人医院、卫生院床位数（张）	Number of Beds of Hospitals and Health Centers per 10 000 Population(unit)	23	23	25	32	35	38
婚姻	**Marriages and Divorces**						
离婚率（‰）	Divorce Rate (‰)	0.38	0.43	1.72	2.18	2.38	2.55

1-6 甘肃国民经济主要指标占全国比重（2012）
Percentage of Gansu's National Economy in the Whole Nation (2012)

指 标	Item	全 国 Whole Nation	甘 肃 Gansu	甘肃省占全国 % As Percentage of the Whole Nation
年底总人口（万人）	Population at the Year-end (10 000 persons)	135404	2578	1.90
从业人员（万人）	Employment at the Year-end (10 000 persons)	76704	1492	1.94
国内生产总值（亿元）	Gross Regional Product (100 million yuan)	519322	5650	1.09
第一产业	Primary Industry	52377	781	1.49
第二产业	Secondary Industry	235319	2600	1.10
第三产业	Tertiary Industry	231627	2270	0.98
固定资产投资（亿元）	Total Investment in Fixed Assets (100 million yuan)	302396	6013	1.99
财政收入（亿元）	Government Revenue (100 million yuan)	117210	1080	0.92
公共财政预算支出（亿元）	Public Finance Budget Expenditure (100 million yuan)	125712	2060	1.64
在岗职工平均工资（元）	Average Wage of Fully Employed Staff and Workers (yuan)	47593	38440	-9153.00
城镇居民人均可支配收入（元）	Per Capita Disposable Income of Urban Residents (yuan)	24565	17157	-7408.11
农民人均纯收入（元）	Per Capita Net Income of Rural Residents (yuan)	7917	4507	-3410.30
主要农产品产量（万吨）	Output of Major Agricultural Products (10 000 tons)			
粮 食	Grain	58958	1110	1.88
棉 花	Cotton	684	8	1.19
油 料	Oil-Bearing Crops	3437	67	1.95
肉 类	Output of Meat	8387	92	1.10
主要工业产品产量	Output of Major Industry Products			
农用化肥（万吨）	Chemical Fertilizers (10 000 tons)	7296	79	1.09
原 煤（亿吨）	Coal (100 million tons)	36.5	0.5	1.34
天然原油（万吨）	Natural Crude Oil (10 000 tons)	20748	630	3.03
发电量（亿千瓦小时）	Electricity (100 million kwh)	49378	1083	2.19
粗 钢（万吨）	Crude Steel (10 000 tons)	71716	810	1.13
水 泥（万吨）	Cement (10 000 tons)	221000	3515	1.59
邮电业务总量（亿元）	Business Volume of Postal and Telecommunication Services (100 million yuan)	15022	188	1.25
社会消费品零售总额（亿元）	Total Retail Sales of Consumer Goods (100 million yuan)	210307	1907	0.91
进出口总额（亿美元）	Totel Exports and Imports (USD 100 million)	38668	89	0.23
# 出口额	Exports	20489	36	0.17
普通高等学校在校学生数（万人）	Students Enrollment in Institutions of Higher Education (10 000 persons)	2391	43	1.80
医疗卫生机构数（万个）	Number of Health Care Institutions(10 000 units)	95	3	2.76
医疗卫生机构床位数（万张）	Number of Hospital Beds(10 000 units)	572	11	1.96
执业（助理）医师（万人）	Licensed (Assistant) Doctors (10 000 persons)	262	4	1.66

1-7 甘肃的一天
Average Daily Social and Economic Activities in Gansu

指　标	Item	1995	2000	2005	2010	2011	2012
每天创造的财富	**Daily Production**						
生产总值（万元）	Gross Regional Product (10 000 yuan)	15281	28846	52986	112897	137544	154800
第一产业	Primary Industry	3032	5318	8440	16419	18596	21384
第二产业	Secondary Industry	7036	11552	22974	54383	65146	71235
# 工业	Industry	6200	8975	18789	43914	52711	56719
第三产业	Tertiary Industry	5213	11976	21572	42096	53802	62181
财政收入（万元）	Government Revenue (10 000 yuan)	1874	2969	6974	20418	25579	29586
财政支出（万元）	Government Expenditures (10 000 yuan)	2230	5157	11763	40235	49075	56426
粮食（万吨）	Grain (10 000 tons)	1.72	1.95	2.29	2.63	2.78	3.04
棉花（吨）	Cotton (ton)	62.74	157.53	302.74	207.10	208.11	221.99
油料（吨）	Oil-bearing Crops (ton)	868.22	1141.92	1378.36	1754.90	1740.26	1835.72
肉类（吨）	Meat (ton)	1296.71	1566.39	1912.60	2377.66	2423.64	2528.22
原煤（万吨）	Coal (10 000 tons)	6.76	4.47	9.92	12.46	14.24	13.36
发电量（万千瓦小时）	Electricity (10 000 kwh)	6514	7679	13868	21686	28162	29678
卷烟（箱）	Cigarette (pack)	788	794	1945	2192	2247	2411
粗钢（吨）	Crude Steel (ton)	3615	6300	12560	18144	22460	22196
水泥（吨）	Cement (ton)	15383	20058	42556	66140	75255	96303
每天消费量	**Daily National Consumption**						
最终消费（万元）	Final Consumption Expenditure (10 000 yuan)	10558	17417	33360	66722	81288	91177
居民消费	Resident Consumption	7975	13599	24470	42951	52594	60165
农村居民	Rural Households	4148	5646	9075	13898	17688	19941
城镇居民	Urban Households	3827	7953	15395	29053	34906	40225

1-7 续表 continued

指　标	Item	1995	2000	2005	2010	2011	2012
政府消费	Government Consumption Expenditure	2583	3818	8890	23772	28694	31012
城镇居民每人生活消费支出（元）	Per Capita Living Expenditare of Urban Residents (yuan)	7.17	11.31	17.89	27.11	30.65	35.20
# 食品消费	Food Consumption	3.71	4.25	6.45	10.14	11.46	12.61
农民每人生活消费支出（元）	Per Capita Living Expenditare of Rural Residents (yuan)	2.51	2.97	4.99	8.06	10.04	11.36
# 食品消费	Food Consumption	1.78	1.44	2.35	3.60	4.24	4.52
社会消费品零售总额（万元）	Total Retail Sales of Consumer Goods (10 000 yuan)	6593	10400	17482	38205	45151	52233
每天其他经济活动	**Other Daily Economic Activities**						
房屋建筑竣工面积（万平方米）	Floor Space of Buildings Completed (10 000 sq.m)	4.27	5.03	6.53	6.31	6.47	7.76
# 住宅	Residential Buildings	3.20	3.68	4.40	3.61	4.10	4.12
货运量（万吨）	Freight Traffic (10 000 tons)	55.55	62.25	70.80	79.48	93.64	125.63
客运量（万人）	Passenger Traffic (10 000 persons)	28.90	35.36	48.78	147.33	166.87	176.65
函件（万件）	Letters Delivered (10 000 copies)	24.94	27.17	13.89	10.43	8.98	9.75
出版报纸（万份）	Newspaper Published (10 000 copies)	61.80	70.30	103.84	111.55	125.41	136.96
居民储蓄额（万元）	Amount of Savings Deposit (10 000 yuan)	10416	22432	43470	98582	115929	138358
每天人口变动和婚姻	**Daily Population Changes and Marriages**						
出　生（人）	Births (person)	1379	1007	892	844	850	853
死　亡（人）	Deaths (person)	433	449	466	422	424	426
结　婚（对）	Marriages (couples)	426	350	314	390	463	459
离　婚（对）	Divorces (couples)	12	15	61	77	83	90

1-8 人均国民经济主要指标
Per Capita Major Indicators of National Economy

指 标	Item	1995	2000	2005	2010	2011	2012
人均生产总值（元）	Per Capita Gross Regional Product (yuan)	2316	4129	7477	16113	19595	21978
第一产业	Primary Industry	459	768	1211	2343	2649	3036
第二产业	Secondary Industry	1065	1667	3297	7762	9281	10114
第三产业	Tertiary Industry	789	1729	3096	6008	7665	8828
主要工农业产品产量	Output of Major Industry and Agricultural Products						
粮食（千克）	Grain (kg)	260	280	329	375	396	431
棉花（千克）	Cotton (kg)	1	2	4	3	3	3
油料（千克）	Oil-Bearing (kg)	13	16	20	25	25	26
禽蛋（千克）	Eggs (kg)	3	4	4	4	4	4
牛奶（千克）	Milk (kg)	4	5	12	17	18	19
粗钢（千克）	Crude Steel (kg)	55	90	180	259	320	315
原煤（千克）	Coal (kg)	1111	640	1423	1778	1835	1897
发电量（千瓦小时）	Electricity (kw·h)	987	1099	1990	3095	4012	4214
固定资产投资额（元）	Total Investment in Fixed Assets (yuan)	807	1745	3439	13209	16316	23391
社会消费品零售总额（元）	Total Retail Sales of Consumer Goods (yuan)	997	1501	2509	5453	6432	7416
财政收入（元）	Financial Revenue (yuan)	284	429	1001	2914	3644	4201
公共财政预算支出（元）	Public Finance Budget Expenditure (yuan)	337	744	1688	5742	6991	8011
职工平均工资（元）	Average Annual Wage of Staff and Workers (yuan)	5493	7913	14172	28963	32906	38440
城镇居民人均可支配收入（元）	Per Capita Disposable Income of Urban Residents (yuan)	3153	4916	8087	13189	14989	17157
农民人均纯收入（元）	Per Capita Net Income of Rural Residents (yuan)	880	1429	1980	3425	3909	4507
城乡居民储蓄存款余额（元）	Saving Depositin Urban and Rural Areas (yuan)	1579	3238	6239	14070	16515	19643

注：从 2011 年起职工平均工资为在岗职工平均工资。

a) Since 2011, Average annual wage of staff and workers of are average wage of staff and workers.

1-9 个体工商业基本情况（2012）
Basic Statistics on Individual Industrial and Commercial Business (2012)

行 业	Itme	户数（户）Number of Household (household)	从业人员（人）number of Engaged Persons (person)	资金数额（万元）Amount of Funds (10 000 yuan)
合 计	**Total**	**663204**	**1261371**	**2603350**
农、林、牧、渔业	Agriculture,Forestry,Animal Husbandry and Fishery	4617	15038	93017
采矿业	Mining	1138	4669	29830
制造业	Manufacturing	33150	77580	160241
电力、燃气及水的生产和供应业	Production and Supply of Electricity, Gas and Water	69	217	4027
建筑业	Construction	737	3598	7221
交通运输、仓储和邮政业	Transport,Storage and Post	3049	5428	21696
信息传输、计算机服务和软件业	Information Transmission,Computer Services and Software	3668	7237	20196
批发和零售业	Wholesale and Retail Trades	448243	763078	1519136
住宿和餐饮业	Hotels and Catering Services	78973	213862	418277
金融业	Financial Intermediation	1	1	5
房地产业	Real Estate	185	281	721
租赁和商务服务业	Leasing and Business Services	5480	12772	30419
科学研究、技术服务和地质勘查业	Scientific Research and Technical Services and Geological Prospecting	614	1210	3340
水利、环境和公共设施管理业	Management of Water Conservancy, Environment and Public Facilities	13	71	322
居民服务和其他服务业	Services to Households and Other Services	71971	131696	214729
教育	Education	32	114	577
卫生、社会保障和社会福利业	Health and Social Securities and Social Welfare	5410	11258	32284
文化、体育和娱乐业	Culture, Sports and Entertainment	4013	9879	39469
其他	others	1841	3382	7842

1-9 续表 continued

行　业	Itme	总产值（万元） Total Ouput Value (10 000 yuan)	销售总额（或营业收入）（万元） Total Sales Value (10 000 yuan)	社会消费品零售额（万元） Retail Sales Value of Consumer Goods (10 000 yuan)
合　计	**Total**	**805464.67**	**6106713.74**	**4288874.48**
农、林、牧、渔业	Agriculture,Forestry,Animal Husbandry and Fishery	73875.67	43936.56	34763.80
采矿业	Mining	53448.19	28228.61	25345.95
制造业	Manufacturing	581734.32	212945.55	238682.07
电力、燃气及水的生产和供应业	Production and Supply of Electricity, Gas and Water	66374.56	1536.06	4999.40
建筑业	Construction	30031.93	18245.06	6955.61
交通运输、仓储和邮政业	Transport,Storage and Post		162444.36	149614.89
信息传输、计算机服务和软件业	Information Transmission,Computer Services and Software		86922.10	66057.71
批发和零售业	Wholesale and Retail Trades		3653971.76	2375457.13
住宿和餐饮业	Hotels and Catering Services		923518.73	668354.06
金融业	Financial Intermediation		1060.00	
房地产业	Real Estate		14638.91	6377.60
租赁和商务服务业	Leasing and Business Services		44770.21	31425.44
科学研究、技术服务和地质勘查业	Scientific Research and Technical Services and Geological Prospecting		816.41	257.23
水利、环境和公共设施管理业	Management of Water Conservancy, Environment and Public Facilities		2491.92	53.39
居民服务和其他服务业	Services to Households and Other Services		785512.16	537536.21
教育	Education		165.94	88.12
卫生、社会保障和社会福利业	Health and Social Securities and Social Welfare		56502.55	94764.02
文化、体育和娱乐业	Culture, Sports and Entertainment		56063.85	42080.95
其他	others		12943.00	6060.90

1-10 私营企业基本情况（2012）
Basic Conditions of Private Enterprises (2012)

行业	Item	户数（户）Number of Enterprises (unit)	投资者人数（人）Number of Investor (person)	雇工人数（人）Number of Engaged Persons (person)	注册资本（金）（万元）Registered Capital (10 000 yuan)
合计	**Total**	**96166**	**196456**	**801713**	**24514714**
农、林、牧、渔业	Agriculture,Forestry,Animal Husbandry and Fishery	4993	9815	43596	1238947
采矿业	Mining	1321	2875	22721	719281
制造业	Manufacturing	10608	24649	144960	3183728
电力、燃气及水的生产和供应业	Production and Supply of Electricity, Gas and Water	873	2719	10001	644073
建筑业	Construction	5818	12049	96872	2648136
交通运输、仓储和邮政业	Transport,Storage and Post	2975	6499	25678	544386
信息传输、计算机服务和软件业	Information Transmission,Computer Services and Software	3632	5949	17191	409687
批发和零售业	Wholesale and Retail Trades	43969	89572	280822	7743987
住宿和餐饮业	Hotels and Catering Services	2426	4250	40253	364932
金融业	Financial Intermediation	526	2298	3309	1311600
房地产业	Real Estate	3820	7795	34872	2599943
租赁和商务服务业	Leasing and Business Services	7865	14654	34440	1837316
科学研究、技术服务和地质勘查业	Scientific Research and Technical Services and Geological Prospecting	1651	3294	8250	510263
水利、环境和公共设施管理业	Management of Water Conservancy, Environment and Public Facilities	392	811	2558	135256
居民服务和其他服务业	Services to Households and Other Services	3551	6317	23348	398080
教育	Education	342	420	2686	20027
卫生、社会保障和社会福利业	Health and Social Securities and Social Welfare	194	293	1726	31637
文化、体育和娱乐业	Culture, Sports and Entertainment	951	1714	5845	157601
其他	others	259	483	2585	15835

1-10 续表 continued

行 业	Item	总产值（万元）Gross Output Value (10 000 yuan)	销售总额（或营业收入）（万元）Sales Revenue (10 000 yuan)	社会消费品零售额（万元）Retail Sales Value of Consumer Goods (10 000 yuan)
合 计	**Total**	**2672802.35**	**6307289.06**	**3343762.30**
农、林、牧、渔业	Agriculture,Forestry,Animal Husbandry and Fishery	398581.17	291131.17	83045.27
采矿业	Mining	325593.56	190323.38	71380.83
制造业	Manufacturing	1034035.04	355770.08	364455.57
电力、燃气及水的生产和供应业	Production and Supply of Electricity, Gas and Water	177063.80	51295.70	27228.00
建筑业	Construction	737528.78	426418.27	243657.15
交通运输、仓储和邮政业	Transport,Storage and Post		166541.01	114393.61
信息传输、计算机服务和软件业	Information Transmission,Computer Services and Software		137513.75	69927.35
批发和零售业	Wholesale and Retail Trades		2843086.12	1454249.33
住宿和餐饮业	Hotels and Catering Services		293612.40	220257.43
金融业	Financial Intermediation		138238.40	15268.00
房地产业	Real Estate		1115362.04	499622.02
租赁和商务服务业	Leasing and Business Services		98831.71	48275.78
科学研究、技术服务和地质勘查业	Scientific Research and Technical Services and Geological Prospecting		7099.18	4038.46
水利、环境和公共设施管理业	Management of Water Conservancy, Environment and Public Facilities		3332.30	1716.61
居民服务和其他服务业	Services to Households and Other Services		120360.50	81968.26
教育	Education		3341.64	1800.25
卫生、社会保障和社会福利业	Health and Social Securities and Social Welfare		21258.63	19122.36
文化、体育和娱乐业	Culture, Sports and Entertainment		28955.78	14663.27
其他	others		14817.00	8692.75

1-11 各地区私营企业从业人数 (2012)
Number of Engaged Persons in Private Enterprises at Year-end by Region (2012)

地　区	Region	户　数（户） Number of Enterprises (unit)	投资者人数（人） Number of Investor (person)	雇工人数（人） Number of Engaged Persons (person)
兰州市	Lanzhou	45469	88933	279473
嘉峪关市	Jiayuguan	2737	5385	9689
金昌市	Jinchang	2038	4895	28032
白银市	Baiyin	5766	12451	55414
天水市	Tianshui	5918	12605	77945
武威市	Wuwei	4341	7105	37785
张掖市	Zhangye	4534	10766	49452
平凉市	Pingliang	3336	7044	30585
酒泉市	Jiuquan	5877	13099	48893
庆阳市	Qingyang	4614	9402	42880
定西市	Dingxi	3849	7571	48586
陇南市	Longnan	3598	7780	38115
临夏州	Linxia	3008	7070	44783
甘南州	Gannan	1081	2350	10081

1-12 各地区个体从业人数 (2012)
Number of Self-employed Individuals at Year-end by Region (2012)

地　区	Region	个体户数（户） Number of Households (unit)	个体从业人员（人） Number of Engaged Persons (person)
兰州市	Lanzhou	127094	299001
嘉峪关市	Jiayuguan	13379	17322
金昌市	Jinchang	15683	27197
白银市	Baiyin	43615	68395
天水市	Tianshui	67096	167165
武威市	Wuwei	59834	123429
张掖市	Zhangye	37676	73068
平凉市	Pingliang	45988	72955
酒泉市	Jiuquan	37431	60825
庆阳市	Qingyang	45971	85615
定西市	Dingxi	63586	95055
陇南市	Longnan	55688	91865
临夏州	Linxia	34272	56069
甘南州	Gannan	15891	23410

主要指标解释

行政区划 指国家对行政区域的划分。根据有关法规规定，我国的行政区域划分如下：(1) 全国分为省、自治区、直辖市；(2) 省、自治区分为自治州、县、自治县、市；(3) 自治州分为县、自治县、市；(4) 县、自治县分为乡、民族乡、镇；(5) 直辖市和较大的市分为区、县；(6) 国家在必要时设立的特别行政区。

企业（单位）登记注册类型 是以在工商行政管理机关登记注册的各类企业为划分对象，以工商行政管理部门对企业登记注册的类型为依据，将企业登记注册类型分为内资企业、港澳台商投资企业和外商投资企业三大类。内资企业包括国有企业、集体企业、股份合作企业、联营企业、有限责任公司、股份有限公司、私营公司和其他企业；港澳台商投资企业和外商投资企业分别包括合资经营企业、合作经营企业、独资经营企业和股份有限公司。对不在工商行政管理部门进行登记注册的行政机关、事业单位和社会团体，主要按其经费来源和管理方式进行划分。

国有企业 指企业全部资产归国家所有，并按《中华人民共和国企业法人登记管理条例》规定登记注册的非公司制的经济组织。不包括有限责任公司中的国有独资公司。

集体企业 指企业资产归集体所有，并按《中华人民共和国企业法人登记管理条例》规定登记注册的经济组织。

股份合作企业 指以合作制为基础，由企业职工共同出资入股，吸收一定比例的社会资产投资组建，实行自主经营，自负盈亏，共同劳动，民主管理，按劳分配与按股分红相结合的一种集体经济组织。

联营企业 指两个及两个以上相同或不同所有制性质的企业法人或事业单位法人，按自愿、平等、互利的原则，共同投资组成的经济组织。联营企业包括国有联营企业、集体联营企业、国有与集体联营企业和其他联营企业。

有限责任公司 指根据《中华人民共和国公司登记管理条例》规定登记注册，由两个以上、五十个以下的股东共同出资，每个股东以其所认缴的出资额对公司承担有限责任，公司以其全部资产对其债务承担责任的经济组织。有限责任公司包括国有独资公司以及其他有限责任公司。

股份有限公司 指根据《中华人民共和国公司登记管理条例》规定登记注册，其全部注册资本由等额股份构成并通过发行股票筹集资本，股东以其认购的股份对公司承担有限责任，公司以其全部资产对其债务承担责任的经济组织。

私营企业 指由自然人投资设立或由自然人控股，以雇佣劳动为基础的营利性经济组织。包括按照《公司法》、《合伙企业法》、《私营企业暂行条例》规定登记注册的私营有限责任公司、私营股份有限公司、私营合伙企业和私营独资企业。

其他企业 指上述企业之外的其他内资经济组织。

与港澳台商合资经营企业 指港澳台地区投资者与内地企业依照《中华人民共和国中外合资经营企业法》及有关法律的规定，按合同规定的比例投资设立、分享利润和分担风险的企业。

与港澳台商合作经营企业 指港澳台地区投资者与内地企业依照《中华人民共和国中外合作经营企业法》及有关法律的规定，依照合作合同的约定进行投资或提供条件设立、分配利润和分担风险的企业。

港澳台商独资经营企业 指依照《中华人民共和国外资企业法》及有关法律的规定，在内地由港澳台地区投资者全额投资设立的企业。

港澳台商投资股份有限公司 指根据国家有关规定，经原外经贸部依法批准设立，其中港、澳、台商的股本占公司注册资本的比例达 25% 以上的股份有限公司。凡其中港、澳、台商的股本占公司注册资本的比例小于 25% 的，属于内资企业中的股份有限公司。

中外合资经营企业 指外国企业或外国人与中国内地企业依照《中华人民共和国中外合资经营企业法》及有关法律的规定，按合同规定的比例投资设立、分享利润和分担风险的企业。

中外合作经营企业 指外国企业或外国人与中国内地企业依照《中华人民共和国中外合作经营企业法》及有关法律的规定，依照合作合同的约定进行投资或提供条件设立、分配利润和分担风险的企业。

外资企业 指依照《中华人民共和国外资企业法》及有关法律的规定，在中国内地由外国投资者全额投资设立的企业。

外商投资股份有限公司 指根据国家有关规定，经原外经贸部依法批准设立，其中外资的股本占公司注册资本的比例达 25% 以上的股份有限公司。凡其中外资股本占公司注册资本的比例小于 25% 的，属于内资企业中的股份有限公司。

2

国民经济核算

National Accounts

简要说明

一、本篇资料主要内容

本篇资料主要包括甘肃省国民经济核算基本情况资料。

二、本篇资料来源

本篇资料由省统计局国民经济核算处汇总、加工整理。

1. 地区生产总值数据是由省统计局国民经济核算处根据不同产业部门、不同支出构成的特点和资料来源情况而采用不同方法计算的。如果遇到普查，在能够获得更详细的基础资料的情况下，地区生产总值的历史数据还会发生变动。
2. 由于采取分级核算，各地区数据相加不等于全省总计。

2-1 历年生产总值
Gansu Gross Regional Product

单位：亿元　　本表按当年价格计算。Data in this table are caculated at current prices.　　(100 million yuan)

年 份 Year	生产总值 Gross Regional Product	第一产业 Primary Industry	第二产业 Secondary Industry	工 业 Industry	建筑业 Construction	第三产业 Tertiary Industry	人均生产总值（元） Per Capita Gross Regional Product (yuan)
1978	64.73	13.21	39.04	34.66	4.38	12.48	348
1979	67.51	12.89	40.98	36.90	4.08	13.64	359
1980	73.90	16.46	39.85	35.25	4.60	17.59	388
1981	70.89	17.63	35.30	31.33	3.97	17.96	367
1982	76.88	19.68	38.54	33.63	4.91	18.66	393
1983	91.50	27.65	42.92	37.52	5.40	20.93	462
1984	103.17	27.83	49.98	43.65	6.33	25.36	515
1985	123.39	33.08	58.81	50.54	8.27	31.50	608
1986	140.74	38.02	65.27	56.01	9.26	37.45	684
1987	159.52	45.27	68.40	58.26	10.14	45.85	764
1988	191.84	52.77	81.33	67.28	14.05	57.74	905
1989	216.84	59.01	91.79	77.62	14.17	66.04	1007
1990	242.80	64.06	98.33	83.93	14.40	80.41	1099
1991	271.39	66.55	111.91	97.19	14.72	92.93	1204
1992	317.79	74.20	128.66	110.21	18.45	114.93	1384
1993	372.24	87.43	159.96	136.74	23.22	124.85	1600
1994	453.61	103.87	198.67	174.56	24.11	151.07	1921
1995	557.76	110.65	256.83	226.29	30.54	190.28	2316
1996	722.52	188.12	311.98	276.37	35.61	222.42	2946
1997	793.57	190.21	337.79	286.70	51.09	265.58	3199
1998	887.67	202.76	373.43	311.25	62.17	311.48	3541
1999	956.32	191.84	410.07	326.99	83.08	354.42	3778
2000	1052.88	194.10	421.65	327.60	94.04	437.13	4129
2001	1125.37	207.96	458.08	355.51	102.56	459.34	4386
2002	1232.03	215.51	501.69	389.38	112.31	514.83	4768
2003	1399.83	237.91	572.02	448.23	123.78	589.91	5429
2004	1688.49	286.78	713.30	574.00	139.30	688.41	6566
2005	1933.98	308.06	838.56	685.80	152.76	787.36	7477
2006	2277.35	334.00	1043.19	868.13	175.06	900.16	8945
2007	2703.98	387.55	1279.32	1063.84	215.48	1037.11	10614
2008	3166.82	462.27	1470.34	1188.78	281.56	1234.21	12421
2009	3387.56	497.05	1527.24	1203.70	323.54	1363.27	13269
2010	4120.75	599.28	1984.97	1602.87	382.10	1536.50	16113
2011	5020.37	678.75	2377.83	1923.95	453.88	1963.79	19595
2012	5650.20	780.50	2600.09	2070.24	529.85	2269.61	21978

注：1.1994 年起为经济普查调整数。

2.2003 年及以前年份第一产业不包括农林牧渔服务业；交通运输仓储和邮政业包括电信业，不包括城市公共交通业；批发与零售业包括餐饮业（下表同）。

3.2006 年、2007 年根据农业普查结果进行了数据调整。

4.2008 年、2009 年根据第二次经济普查结果进行了数据调整。

a) Data are economic census adjustment data since 1994.

b) In 2003 and preceding years, the primary industry did not include service of agriculture, forestry, animal husbandry and fishery; Transport, storage and post included telecommunication services, but did not include urban public transport; Wholesale and retail trades included catering services. The same as the following table.

c) Data of 2006 and 2007 were adjusted according to the Second National Agricultural Census.

d)Data of 2008 and 2009 were adjusted according to the Second National Economic Census.

2-2 历年生产总值构成
Composition of Gansu Gross Regional Product

单位：% 本表按当年价格计算。Data in this table are caculated at current prices. (%)

年份 Year	生产总值 Gross Regional Product	第一产业 Primary Industry	第二产业 Secondary Industry	工业 Industry	建筑业 Construction	第三产业 Tertiary Industry
1978	100	20.41	60.31	53.55	6.77	19.28
1979	100	19.09	60.70	54.66	6.04	20.20
1980	100	22.27	53.92	47.70	6.22	23.80
1981	100	24.87	49.80	44.20	5.60	25.34
1982	100	25.60	50.13	43.74	6.39	24.27
1983	100	30.22	46.91	41.01	5.90	22.87
1984	100	26.97	48.44	42.31	6.14	24.58
1985	100	26.81	47.66	40.96	6.70	25.53
1986	100	27.01	46.38	39.80	6.58	26.61
1987	100	28.38	42.88	36.52	6.36	28.74
1988	100	27.51	42.39	35.07	7.32	30.10
1989	100	27.21	42.33	35.80	6.53	30.46
1990	100	26.38	40.50	34.57	5.93	33.12
1991	100	24.52	41.24	35.81	5.42	34.24
1992	100	23.35	40.49	34.68	5.81	36.17
1993	100	23.49	42.97	36.73	6.24	33.54
1994	100	22.90	43.80	38.48	5.31	33.31
1995	100	19.84	46.05	40.57	5.48	34.12
1996	100	26.04	43.18	38.25	4.93	30.78
1997	100	23.97	42.57	36.13	6.44	33.47
1998	100	22.84	42.07	35.06	7.00	35.09
1999	100	20.06	42.88	34.19	8.69	37.06
2000	100	18.44	40.05	31.11	8.93	41.52
2001	100	18.48	40.70	31.59	9.11	40.82
2002	100	17.49	40.72	31.60	9.12	41.79
2003	100	17.00	40.86	32.02	8.84	42.14
2004	100	16.99	42.24	33.99	8.25	40.77
2005	100	15.93	43.36	35.46	7.90	40.71
2006	100	14.67	45.81	38.12	7.69	39.53
2007	100	14.33	47.31	39.34	7.97	38.35
2008	100	14.60	46.43	37.54	8.89	38.97
2009	100	14.67	45.08	35.53	9.55	40.24
2010	100	14.54	48.17	38.90	9.27	37.29
2011	100	13.52	47.36	38.32	9.04	39.12
2012	100	13.81	46.02	36.64	9.38	40.17

2-3 历年生产总值指数（上年 =100）
Indices of Gansu Gross Regional Product (preceding year=100)

本表按不变价格计算。Data in this table are caculated at constant prices.

年份 Year	生产总值 Gross Regional Product	第一产业 Primary Industry	第二产业 Secondary Industry	工业 Industry	建筑业 Construction	第三产业 Tertiary Industry	人均生产总值 Per Capita Gross Regional Product
1978	113.21	95.97	115.05	109.61	129.24	131.00	112.05
1979	101.41	87.43	104.89	106.45	97.21	108.88	100.04
1980	109.08	123.87	98.00	95.92	112.14	127.91	107.79
1981	91.56	93.83	85.90	84.07	86.29	102.79	90.32
1982	108.92	116.13	108.25	107.21	113.28	103.39	107.09
1983	114.86	112.64	113.14	112.07	119.42	110.13	113.41
1984	113.76	111.18	112.91	111.96	110.92	118.66	112.73
1985	113.19	108.13	113.51	110.30	129.78	118.20	111.81
1986	111.03	106.88	106.16	106.08	113.21	124.86	109.66
1987	108.92	106.54	102.41	101.94	103.42	122.05	107.21
1988	113.65	107.64	113.94	111.20	118.77	117.84	112.21
1989	108.75	105.99	109.75	108.79	108.23	109.33	106.52
1990	105.63	104.97	105.36	106.10	102.40	106.45	103.43
1991	106.57	101.61	108.99	108.90	108.90	107.70	104.49
1992	109.89	105.80	110.22	109.10	109.90	112.78	107.88
1993	111.57	108.81	113.58	114.10	110.20	111.09	110.08
1994	110.78	106.08	111.02	111.25	109.42	113.99	109.28
1995	110.36	103.15	109.99	110.09	109.29	115.87	108.23
1996	111.96	109.90	110.41	110.48	109.91	115.14	114.45
1997	109.08	98.06	110.02	110.26	108.31	114.52	103.59
1998	109.72	105.13	108.83	107.46	118.60	113.05	108.57
1999	109.03	99.48	108.48	97.67	178.65	114.15	107.99
2000	109.70	101.56	110.08	110.16	109.80	112.67	108.89
2001	109.76	107.56	109.51	109.99	107.84	110.99	109.07
2002	109.86	105.86	110.22	110.86	107.94	111.25	109.11
2003	110.74	105.48	111.73	112.86	107.62	111.96	110.98
2004	111.51	105.92	112.26	114.03	105.47	112.97	111.80
2005	111.84	105.80	113.15	115.25	104.47	112.82	111.20
2006	111.51	105.18	114.25	115.25	109.77	111.06	111.39
2007	112.30	104.18	116.80	116.50	118.50	110.50	112.28
2008	110.14	107.12	108.43	109.45	103.70	113.17	110.05
2009	110.29	105.10	111.02	110.46	113.79	111.18	110.15
2010	111.77	105.48	115.25	115.79	112.69	109.88	111.57
2011	112.52	105.90	115.21	116.30	110.63	111.63	112.32
2012	112.56	106.84	114.21	114.45	113.14	112.47	112.17

2-4 历年生产总值指数 (1978=100)
Indices of Gansu Gross Regional Product (year of 1978=100)

本表按不变价格计算。Date in this table are calculated at constant prices.

年份 Year	生产总值 Gross Regional Product	第一产业 Primary Industry	第二产业 Secondary Industry	工业 Industry	建筑业 Construction	第三产业 Tertiary Industry	人均生产总值 Per Capita Gross Regional Product
1979	101.41	87.43	104.89	106.45	97.21	108.88	100.04
1980	110.62	108.30	102.79	102.11	109.01	139.27	107.79
1981	101.28	101.62	88.30	85.84	94.07	143.15	97.39
1982	110.32	118.01	95.58	92.03	106.56	148.01	104.30
1983	126.71	132.92	108.14	103.14	127.25	163.00	118.29
1984	144.14	147.79	122.10	115.47	141.15	193.42	133.34
1985	163.16	159.80	138.60	127.37	183.18	228.62	149.08
1986	181.15	170.79	147.14	135.11	207.38	285.45	163.48
1987	197.31	181.96	150.68	137.73	214.47	348.39	175.26
1988	224.25	195.87	171.69	153.16	254.73	410.55	197.54
1989	243.87	207.60	188.43	166.62	275.69	448.85	210.42
1990	257.60	217.92	198.53	176.79	282.31	477.80	217.65
1991	274.52	221.43	216.38	192.52	307.43	514.59	227.41
1992	301.67	234.27	238.49	210.04	337.87	580.36	245.32
1993	336.57	254.91	270.88	239.65	372.33	644.72	270.05
1994	372.85	270.40	300.73	266.63	407.40	734.89	295.10
1995	411.47	278.92	330.76	293.52	445.24	851.50	319.40
1996	460.70	306.53	365.20	324.29	489.38	980.43	365.55
1997	502.53	300.58	401.79	357.58	530.03	1122.79	378.69
1998	551.38	316.01	437.26	384.26	628.61	1269.37	411.15
1999	601.19	314.36	474.33	375.31	1123.01	1448.94	444.00
2000	659.51	319.24	522.13	413.42	1233.08	1632.51	483.49
2001	723.91	343.37	571.80	454.73	1329.81	1811.86	527.32
2002	795.32	363.48	630.23	504.11	1435.41	2015.76	575.34
2003	880.74	383.39	704.17	568.93	1544.75	2256.85	638.53
2004	982.12	406.08	790.48	648.76	1629.28	2549.45	713.90
2005	1098.47	429.88	894.45	747.71	1702.06	2876.38	793.86
2006	1224.87	452.14	1021.89	861.71	1868.29	3194.61	884.29
2007	1375.50	470.23	1193.60	1004.00	2214.00	3530.00	992.86
2008	1514.98	503.71	1294.22	1098.88	2295.92	3994.90	1092.62
2009	1670.87	529.40	1436.84	1213.82	2612.53	4441.53	1203.54
2010	1867.53	558.41	1655.96	1405.48	2944.06	4880.35	1342.81
2011	2101.34	591.36	1907.83	1634.57	3257.01	5447.93	1508.24
2012	2365.27	631.81	2178.93	1870.77	3684.98	6127.29	1691.79

2-5 历年第三产业增加值
Value-added of the Tertiary Industry

单位：亿元　　本表按当年价格计算。Data in this table are calculated at current prices.　　(100 million yuan)

年份 Year	第三产业 Tertiary Industry	#交通运输、仓储和邮政业 Transport,Storage and Post	#批发和零售业 Wholesale and Retail Trades	#住宿和餐饮业 Hotels and Catering Services	#金融业 Financial Intermediation	#房地产业 Real Estate
1978	12.48	3.23	4.55			
1979	13.64	3.26	4.83			
1980	17.59	3.27	6.86			
1981	17.96	3.50	7.07			
1982	18.66	3.74	7.18			
1983	20.93	4.07	8.63			
1984	25.36	5.14	10.16			
1985	31.50	7.36	11.40			
1986	37.45	9.33	12.71			
1987	45.85	10.67	15.67			
1988	57.74	10.94	22.55			
1989	66.04	11.82	29.08			
1990	80.41	12.01	30.64			
1991	92.93	12.45	31.17			
1992	114.93	14.18	39.15			
1993	124.85	15.03	43.11			
1994	151.07	21.40	50.17			
1995	190.28	28.72	66.99			
1996	222.42	33.66	78.86			
1997	265.58	43.74	89.54			
1998	311.48	52.20	98.34			
1999	354.42	60.26	107.15			
2000	437.13	78.38	112.81			
2001	459.34	89.00	121.28			
2002	514.83	107.01	129.91			
2003	589.91	124.99	140.18			
2004	688.41	121.91	117.54			
2005	787.36	144.70	130.78	53.53	44.73	63.78
2006	900.16	169.58	145.89	59.56	50.51	73.21
2007	1037.11	181.24	166.85	68.21	61.60	83.52
2008	1234.21	211.11	196.93	77.21	72.49	93.80
2009	1363.27	213.64	231.21	88.52	88.27	101.37
2010	1536.50	227.18	272.13	97.40	100.54	110.02
2011	1963.79	280.33	351.97	123.61	145.05	134.25
2012	2269.61	319.66	398.52	141.68	184.43	146.32

2-6 历年第三产业增加值构成
Composition of Value-added of the Tertiary Industry

单位：% 本表按当年价格计算。Data in this table are calculated at current prices. (%)

年 份 Year	第三产业 Tertiary Industry	#交通运输、仓储和邮政业 Transport,Storage and Post	#批发和零售业 Wholesale and Retail Trades	#住宿和餐饮业 Hotels and Catering Services	#金融业 Financial Intermediation	#房地产业 Real Estate
1978	100.00	25.88	36.46			
1979	100.00	23.90	35.41			
1980	100.00	18.59	39.00			
1981	100.00	19.49	39.37			
1982	100.00	20.04	38.48			
1983	100.00	19.45	41.23			
1984	100.00	20.27	40.06			
1985	100.00	23.37	36.19			
1986	100.00	24.91	33.94			
1987	100.00	23.27	34.18			
1988	100.00	18.95	39.05			
1989	100.00	17.90	44.03			
1990	100.00	14.94	38.10			
1991	100.00	13.40	33.54			
1992	100.00	12.34	34.06			
1993	100.00	12.04	34.53			
1994	100.00	14.16	33.21			
1995	100.00	15.09	35.20			
1996	100.00	15.14	35.46			
1997	100.00	16.47	33.72			
1998	100.00	16.76	31.57			
1999	100.00	17.00	30.23			
2000	100.00	17.93	25.81			
2001	100.00	19.38	26.40			
2002	100.00	20.79	25.23			
2003	100.00	21.19	23.76			
2004	100.00	17.71	17.07			
2005	100.00	18.38	16.61	6.80	5.68	8.10
2006	100.00	18.84	16.21	6.62	5.61	8.13
2007	100.00	17.48	16.09	6.58	5.94	8.05
2008	100.00	17.10	15.96	6.26	5.87	7.60
2009	100.00	15.67	16.96	6.49	6.47	7.44
2010	100.00	14.79	17.71	6.34	6.54	7.16
2011	100.00	14.27	17.92	6.29	7.39	6.84
2012	100.00	14.08	17.56	6.24	8.13	6.45

2-7 历年第三产业增加值指数（上年＝100）
Indices of Value-added of the Tertiary Industry (preceding year=100)

本表按不变价格计算。Data in this table are calculated at constant prices.

年份 Year	第三产业 Tertiary Industry	#交通运输、仓储和邮政业 Transport,Storage and Post	#批发和零售业 Wholesale and Retail Trades	#住宿和餐饮业 Hotels and Catering Services	#金融业 Financial Intermediation	#房地产业 Real Estate
1978	131.00	105.47	122.01			
1979	108.88	99.98	104.99			
1980	127.91	104.36	136.72			
1981	102.79	105.21	106.03			
1982	103.39	102.97	101.84			
1983	110.13	113.70	112.24			
1984	118.66	120.99	117.92			
1985	118.20	129.54	112.04			
1986	124.86	109.69	150.03			
1987	122.05	110.21	135.24			
1988	117.84	111.10	124.30			
1989	109.33	112.20	114.20			
1990	106.45	97.30	105.60			
1991	107.70	105.40	109.20			
1992	112.78	108.00	120.10			
1993	111.09	109.60	116.70			
1994	113.99	121.07	115.19			
1995	115.87	122.91	116.16			
1996	115.14	121.77	115.38			
1997	114.52	124.56	109.34			
1998	113.05	119.04	109.61			
1999	114.15	116.58	111.29			
2000	112.67	119.80	108.21			
2001	110.99	114.42	108.51			
2002	111.25	121.77	108.74			
2003	111.96	121.77	108.13			
2004	112.97	122.88	108.86			
2005	112.82	114.28	111.02	111.90	102.10	107.80
2006	111.06	107.57	110.23	110.00	110.20	110.70
2007	110.50	106.40	109.50	104.90	107.50	110.10
2008	113.17	107.99	109.38	99.11	109.38	101.38
2009	111.18	100.81	115.33	108.94	120.13	107.03
2010	109.88	103.75	112.73	103.72	109.56	103.47
2011	111.63	111.93	113.30	108.11	110.49	105.30
2012	112.47	110.55	110.38	108.63	124.17	106.49

2-8 历年第三产业增加值指数 (1978 年 = 100)
Indices of Value-added of the Tertiary Industry (year of 1978=100)

本表按不变价格计算。Data in this table are calculated at constant prices.

年 份 Year	第三产业 Tertiary Industry	# 交通运输、仓储和邮政业 Transport,Storage and Post	# 批发和零售业 Wholesale and Retail Trades	# 住宿和餐饮业 Hotels and Catering Services	# 金融业 Financial Intermediation	# 房地产业 Real Estate
1979	108.9	100.0	105.0			
1980	139.3	104.3	143.5			
1981	143.2	109.8	152.2			
1982	148.0	113.0	155.0			
1983	163.0	128.5	174.0			
1984	193.4	155.5	205.1			
1985	228.6	201.4	229.8			
1986	285.5	221.0	344.8			
1987	348.4	243.5	466.4			
1988	410.5	270.5	579.7			
1989	448.9	303.5	662.0			
1990	477.8	295.3	699.1			
1991	514.6	311.3	763.4			
1992	580.4	336.2	916.8			
1993	644.7	368.5	1069.9			
1994	734.9	446.1	1232.5			
1995	851.5	548.3	1431.7			
1996	980.4	667.7	1651.9			
1997	1122.8	831.7	1806.1			
1998	1269.4	990.0	1979.7			
1999	1448.9	1154.2	2203.2			
2000	1632.5	1382.6	2384.0			
2001	1811.9	1582.0	2586.7			
2002	2015.8	1926.4	2812.9			
2003	2256.8	2345.8	3041.5			
2004	2549.4	2882.4	3310.9			
2005	2876.4	3294.1	3675.9	100.0	100.0	100.0
2006	3194.6	3543.3	4051.9	110.0	110.2	110.7
2007	3530.0	3770.1	4436.9	115.4	118.5	121.9
2008	3994.9	4071.3	4853.0	114.4	129.6	123.6
2009	4441.5	4104.3	5597.0	124.6	155.7	132.3
2010	4880.4	4258.2	6309.5	129.2	170.6	136.9
2011	5448.0	4766.2	7148.7	139.7	188.5	144.2
2012	6127.4	5269.0	7890.7	151.8	234.1	153.6

注：住宿和餐饮业、金融业、房地产业均以 2005 年为不变价格计算。（2005 年 =100）。

a) Hotels and catering services, financial intermediation, real estate are all calculated at constant prices of 2005.

2-9 生产总值项目构成（2012）
Composition of Gansu Gross Regional Product by Item (2012)

单位：亿元 (100 million yuan)

项 目	Item	增加值 Added Value	劳动者报酬 Compensation of Employees	生产税净额 Net Taxes on Production	固定资产折旧 Depreciation of Fixed Asset	营业盈余 Operating Surplus
生产总值	**Gross Regional Product**	**5650.20**	**2628.86**	**987.21**	**923.16**	**1110.98**
第一产业	Primary Industry	780.50	717.08		63.42	
第二产业	Secondary Industry	2600.09	790.53	689.88	463.64	656.04
工业	Industry	2070.24	544.72	606.44	420.75	498.33
建筑业	Construction	529.85	245.81	83.44	42.88	157.71
第三产业	Tertiary Industry	2269.61	1121.24	297.32	396.10	454.94
交通运输、仓储和邮政业	Transport,Storage and Post	319.66	152.92	23.77	57.17	85.80
信息传输、计算机服务和软件业	Information Transmission,Computer Services and Software	145.39	13.68	15.27	67.07	49.36
批发和零售业	Wholesale and Retail Trades	398.52	49.39	183.27	14.38	151.49
住宿和餐饮业	Hotels and Catering Services	141.68	60.11	23.04	17.26	41.28
金融业	Financial Intermediation	184.43	52.47	29.12	12.01	90.82
房地产业	Real Estate	146.32	8.65	9.59	123.94	4.14
租赁和商务服务业	Leasing and Business Services	67.53	40.16	3.85	19.15	4.37
科学研究、技术服务和地质勘查业	Scientific Research,Technical Services and Geologic Prospecting	73.32	42.86	2.80	21.94	5.72
水利、环境和公共设施管理业	Management of Water Conservancy, Environment and Public Facilities	30.81	20.00	0.20	7.76	2.85
居民服务和其他服务业	Services to Households and Other Services	87.41	71.19	3.61	4.36	8.26
教育	Education	203.72	189.11	0.27	14.34	
卫生、社会保障和社会福利业	Health,Social Security and Social Welfare	100.32	93.07	0.29	5.01	1.94
文化、体育和娱乐业	Culture, Sports and Entertainment	33.42	23.15	1.54	5.46	3.27
公共管理和社会组织	Public Management and Social Organizations	337.09	304.48	0.70	26.26	5.65

注：本表按新的国民经济行业划分标准统计。

a) Data in this table are counted according to the new classification criteria of national economy sector .

2-10 三次产业贡献率
Share of the Contributions of the Three Strata of Industry to the Increase of Gross Regional Product

单位：% 本表按不变价格计算。Date in this table are calculated at constant prices. (%)

年 份 Year	生产总值 Gross Regional Product	第一产业 Primary Industry	第二产业 Secondary Industry	#工 业 Industry	第三产业 Tertiary Industry
1995	100	7.12	41.52	36.66	51.36
1996	100	18.10	37.35	32.90	44.55
1997	100	-4.59	46.70	41.88	57.89
1998	100	10.20	38.76	28.75	51.05
1999	100	-1.07	39.74	-9.46	61.33
2000	100	2.71	43.75	34.40	53.54
2001	100	14.27	39.02	31.84	46.71
2002	100	10.72	41.39	34.32	47.89
2003	100	8.88	43.78	37.67	47.34
2004	100	8.52	43.07	39.08	48.41
2005	100	7.89	45.20	42.21	46.91
2006	100	7.17	53.69	46.98	39.14
2007	100	4.87	60.57	48.93	34.56
2008	100	9.77	38.42	35.43	51.81
2009	100	6.81	48.69	38.34	44.50
2010	100	6.01	59.32	50.74	34.67
2011	100	6.86	58.51	50.64	34.63
2012	100	7.45	55.82	46.28	36.73

注：产业贡献率指各产业增加值增量与生产总值增量之比。

a) Share of the contributions of the three strata of industry to the increase of gross regional product refers to the proportion of the increment of the value-added of each industry to the increment of GDP.

2-11 三次产业对生产总值增长的拉动
Contribution of the Three Strata of Industry to GDP Growth

单位：百分点 本表按不变价格计算。Date in this table are calculated at constant prices. (perecentage points)

年 份 Year	生产总值 Gross Regional Product	第一产业 Primary Industry	第二产业 Secondary Industry	#工 业 Industry	第三产业 Tertiary Industry
1995	10.36	0.74	4.30	3.80	5.32
1996	11.96	2.17	4.47	3.94	5.33
1997	9.08	-0.42	4.24	3.80	5.26
1998	9.72	0.99	3.77	2.79	4.96
1999	9.03	-0.10	3.59	-0.85	5.54
2000	9.70	0.26	4.24	3.34	5.19
2001	9.76	1.39	3.81	3.11	4.56
2002	9.86	1.06	4.08	3.39	4.72
2003	10.74	0.95	4.70	4.05	5.08
2004	11.51	0.98	4.96	4.50	5.57
2005	11.84	0.93	5.35	5.00	5.55
2006	11.51	0.82	6.18	5.41	4.51
2007	12.30	0.60	7.45	6.02	4.25
2008	10.14	0.99	3.90	3.59	5.25
2009	10.29	0.70	5.01	3.95	4.58
2010	11.77	0.71	6.98	5.97	4.08
2011	12.52	0.86	7.32	6.34	4.34
2012	12.56	0.94	7.01	5.81	4.61

注：三次产业拉动指生产总值增长速度与各产业贡献率之乘积。

a) Contribution of the three strata of industry to GDP growth refers to the growth rate of GDP multiplied by the contribution share of every industry.

2-12 历年按支出法计算的生产总值

Gansu Gross Regional Product by Expenditure Approach

本表按当年价格计算。Data in this table are caculated at current prices .

年 份 Year	支出法生产总值（亿元） Gross Regional Product by Expenditure Approach (100 million yuan)	最终消费 Final Consumption Expenditures	资本形成总额 Gross Capital Formation	货物和服务净出口 Net Exports of Goods and Services	投资率（%） Capital Formation Rate (%)	消费率（%） Final Corsumption Rate (%)
1978	64.73	43.12	30.73	-9.12	47.47	66.62
1979	67.51	46.57	30.04	-9.10	44.50	68.98
1980	73.90	53.77	24.38	-4.25	32.99	72.76
1981	70.89	57.24	22.32	-8.67	31.49	80.74
1982	76.88	61.32	25.34	-9.78	32.96	79.76
1983	91.50	68.10	31.58	-8.18	34.51	74.43
1984	103.17	73.43	35.46	-5.72	34.37	71.17
1985	123.39	86.23	47.16	-10.00	38.22	69.88
1986	140.74	104.24	60.02	-23.52	42.65	74.07
1987	159.52	119.56	62.02	-22.06	38.88	74.95
1988	191.84	139.60	77.57	-25.33	40.43	72.77
1989	216.84	158.00	90.06	-31.22	41.53	72.86
1990	242.80	170.20	104.91	-32.31	43.21	70.10
1991	271.39	195.73	113.17	-37.51	41.70	72.12
1992	317.79	227.96	130.90	-41.07	41.19	71.73
1993	372.24	263.00	152.27	-43.03	40.91	70.65
1994	453.61	322.59	177.10	-46.09	39.04	71.12
1995	557.76	385.35	221.20	-48.78	39.66	69.09
1996	722.52	503.16	277.46	-58.10	38.40	69.64
1997	793.57	543.95	323.18	-73.56	40.72	68.54
1998	887.67	563.03	366.34	-41.70	41.27	63.43
1999	956.32	592.61	413.12	-49.41	43.20	61.97
2000	1052.88	635.71	453.44	-36.27	43.07	60.38
2001	1125.37	702.29	523.05	-99.97	46.48	62.41
2002	1232.03	770.54	586.44	-124.95	47.60	62.54
2003	1399.83	863.46	672.98	-136.61	48.08	61.68
2004	1688.49	1047.66	817.23	-176.40	48.40	62.05
2005	1933.98	1217.63	916.96	-200.61	47.41	62.96
2006	2277.35	1367.12	1090.73	-180.50	47.89	60.03
2007	2703.98	1593.89	1322.52	-212.43	48.91	58.95
2008	3166.82	1897.06	1621.28	-351.52	51.20	59.90
2009	3387.56	2127.01	1915.97	-655.42	56.56	62.79
2010	4120.75	2462.03	2343.52	-684.80	56.87	59.75
2011	5020.37	2967.02	2872.27	-818.92	57.21	59.10
2012	5650.20	3327.97	3298.05	-975.82	58.37	58.90

2-13 历年最终消费及构成
Final Consumption Expenditures and Its Composition

本表按当年价格计算。Data in this table are caculated at current prices .

年份 Year	最终消费（亿元） Final Consumption Expenditures (100 million yuan)	居民消费 Household Consumption Expenditures	农村居民 Rural Household	城镇居民 Urban Household	政府消费 Government Consumption Expenditures	最终消费 = 100 Final Consumption Expenditures=100 居民消费 Household Consumption	政府消费 Government Consumption	居民消费 = 100 Resident Consumption Expenditures=100 农村居民 Rura Household	城镇居民 Urban Household
1978	43.12	31.90	17.98	13.92	11.22	73.98	26.02	56.36	43.64
1979	46.57	34.98	19.74	15.24	11.59	75.11	24.89	56.43	43.57
1980	53.77	39.81	21.82	17.99	13.96	74.04	25.96	54.81	45.19
1981	57.24	42.74	24.50	18.24	14.50	74.67	25.33	57.32	42.68
1982	61.32	47.05	26.52	20.53	14.27	76.73	23.27	56.37	43.63
1983	68.10	51.54	29.44	22.10	16.56	75.68	24.32	57.12	42.88
1984	73.43	55.99	31.73	24.26	17.44	76.25	23.75	56.67	43.33
1985	86.23	66.10	37.98	28.12	20.13	76.66	23.34	57.46	42.54
1986	104.24	77.82	42.84	34.98	26.42	74.65	25.35	55.05	44.95
1987	119.56	90.63	49.94	40.69	28.93	75.80	24.20	55.10	44.90
1988	139.60	107.43	58.73	48.70	32.17	76.96	23.04	54.67	45.33
1989	158.00	120.26	67.34	52.92	37.74	76.11	23.89	56.00	44.00
1990	170.20	130.36	72.14	58.22	39.84	76.59	23.41	55.34	44.66
1991	195.73	147.60	82.55	65.05	48.13	75.41	24.59	55.93	44.07
1992	227.96	170.10	96.85	73.25	57.86	74.62	25.38	56.94	43.06
1993	263.00	194.69	105.48	89.21	68.31	74.03	25.97	54.18	45.82
1994	322.59	239.33	127.98	111.35	83.26	74.19	25.81	53.47	46.53
1995	385.35	291.08	151.39	139.69	94.27	75.54	24.46	52.01	47.99
1996	503.16	397.93	197.35	200.59	105.23	79.09	20.91	49.59	50.41
1997	543.95	430.74	196.38	234.37	113.21	79.19	20.81	45.59	54.41
1998	563.03	437.87	194.33	243.54	125.16	77.77	22.23	44.38	55.62
1999	592.61	460.49	195.83	264.66	132.13	77.70	22.30	42.53	57.47
2000	635.71	496.35	206.07	290.28	139.37	78.08	21.92	41.52	58.48
2001	702.29	538.73	218.26	320.46	163.57	76.71	23.29	40.51	59.49
2002	770.54	594.61	220.11	374.50	175.92	77.17	22.83	37.02	62.98
2003	863.46	668.37	244.85	423.52	195.08	77.41	22.59	36.63	63.37
2004	1047.66	775.53	277.09	498.44	272.13	74.02	25.98	35.73	64.27
2005	1217.63	893.15	331.22	561.93	324.48	73.35	26.65	37.08	62.92
2006	1367.12	970.01	332.90	637.11	397.11	70.95	29.05	34.32	65.68
2007	1593.89	1094.83	356.57	738.26	499.06	68.69	31.31	32.57	67.43
2008	1897.06	1261.14	424.29	836.85	635.92	66.48	33.52	33.64	66.36
2009	2127.01	1406.38	465.83	940.55	720.63	66.12	33.88	33.12	66.88
2010	2462.03	1594.37	515.54	1078.83	867.66	64.76	35.24	32.34	67.66
2011	2967.02	1919.68	645.60	1274.08	1047.34	64.70	35.30	33.63	66.37
2012	3327.97	2196.03	727.83	1468.20	1131.94	65.99	34.01	33.14	66.86

2-14 历年资本形成及构成
Gross Capital Formation and Its Composition

本表按当年价格计算。Data in this table are caculated at current prices .

年 份 Year	资本形成总额（亿元） Gross Capital Formation (100 million yuan)	固定资本形成总额 Gross Fixed Capital Formation	存货增加 Change in Inventories	构成（资本形成总额为 100）Composition（Total=100） 固定资本形成总额 Gross Fixed Capital Formation	存货增加 Change in Inventories
1978	30.73	28.16	2.57	91.64	8.36
1979	30.04	27.42	2.62	91.28	8.72
1980	24.38	22.18	2.20	90.98	9.02
1981	22.32	19.79	2.53	88.66	11.34
1982	25.34	21.87	3.47	86.31	13.69
1983	31.58	26.84	4.74	84.99	15.01
1984	35.46	29.65	5.81	83.62	16.38
1985	47.16	39.17	7.99	83.06	16.94
1986	60.02	45.83	14.19	76.36	23.64
1987	62.02	52.19	9.83	84.15	15.85
1988	77.57	53.64	23.93	69.15	30.85
1989	90.06	59.78	30.28	66.38	33.62
1990	104.91	67.19	37.72	64.05	35.95
1991	113.17	76.47	36.70	67.57	32.43
1992	130.9	85.73	45.17	65.49	34.51
1993	152.27	98.42	53.85	64.64	35.36
1994	177.10	116.57	60.54	65.82	34.18
1995	221.20	146.35	74.84	66.16	33.84
1996	277.46	188.67	88.79	68.00	32.00
1997	323.18	229.49	93.69	71.01	28.99
1998	366.34	258.10	108.24	70.45	29.55
1999	413.12	310.90	102.22	75.26	24.74
2000	453.44	373.90	79.54	82.46	17.54
2001	523.05	463.13	59.91	88.55	11.45
2002	586.44	534.75	51.70	91.18	8.82
2003	672.98	617.62	55.37	91.77	8.23
2004	817.23	756.02	61.21	92.51	7.49
2005	916.96	874.52	42.44	95.37	4.63
2006	1090.73	1027.78	62.95	94.23	5.77
2007	1322.52	1221.96	100.56	92.40	7.60
2008	1621.28	1493.47	127.81	92.12	7.88
2009	1915.97	1788.34	127.63	93.34	6.66
2010	2343.52	2177.89	165.63	92.93	7.07
2011	2872.27	2685.76	186.51	93.51	6.49
2012	3298.05	3128.68	169.37	94.86	5.14

2-15 居民消费支出
Household Consumption Expenditure

单位：亿元　　本表按当年价格计算。Data in this table are caculated at current prices.　　(100 million yuan)

指　标	Item	2005	2009	2010	2011	2012
居民消费	**Resident Consumption**	**893.15**	**1406.38**	**1594.37**	**1919.68**	**2196.03**
农村居民	Rural Household	331.22	465.83	515.54	645.60	727.83
食　品	Food	157.04	191.77	216.90	242.77	257.40
衣　着	Clothing	16.88	26.41	30.38	38.68	47.33
居　住	Residence	20.32	34.81	52.65	39.69	44.59
家庭设备、用品及服务类	Household Facilities,Articles and Services		24.66	27.12	33.42	41.10
医疗保健	Health Care and Personal Articles	20.84	58.71	65.27	89.20	107.73
交通和通讯类	Transportation and Communications		39.95	18.97	57.49	68.08
文教娱乐用品及服务	Recreation,Education and Culture Articles	47.15	36.50	39.25	45.90	51.10
银行中介服务消费支出	Financial Service		14.20	13.64	14.53	18.75
保险服务消费	Insurance Service		7.25	9.28	9.77	10.17
其他	Others		31.57	42.08	74.15	81.58
城镇居民	Urban Household	561.93	940.55	1078.83	1274.08	1468.20
食　品	Food	178.43	293.52	336.16	400.90	444.33
衣　着	Clothing	61.14	102.20	114.02	140.93	157.50
居　住	Residence	51.63	70.01	82.63	109.26	124.34
家庭设备、用品及服务类	Household Facilities,Articles and Services		48.85	54.31	64.40	80.44
医疗保健	Health Care and Personal Articles	37.33	92.73	102.56	88.76	106.16
交通和通讯类	Transportation and Communications		78.14	97.80	123.63	152.12
文教娱乐用品及服务	Recreation,Education and Culture Articles	71.49	89.60	103.25	111.03	134.03
银行中介服务消费支出	Financial Service		40.35	41.03	46.51	60.68
保险服务消费	Insurance Service		18.35	22.76	25.10	26.40
其他	Others		106.80	124.31	163.56	182.20

2-16 历年居民消费水平及指数
Household Consumption Level and Indices

本表绝对数按当年价格计算，指数按不变价格计算。

Level in this table are calculated at current prices, while indices are calculated at constant prices.

年 份 year	居民消费水平（元/人） Household Consumption Level (yuan/person)	农村居民 Rural Household	城镇居民 Urban Household	指数（1978年=100） Index (1978=100)	农村居民 Rural Household	城镇居民 Urban Household	指数（上年=100） Index (precceding year=100)	农村居民 Rural Household	城镇居民 Urban Household
1978	168.00	112.00	535.00	100.00	100.00	100.00	112.77	103.33	102.23
1980	208.00	133.00	647.00	115.09	120.43	122.03	111.59	103.70	114.74
1985	323.00	220.00	881.00	171.72	192.46	150.19	105.41	109.15	102.57
1990	590.00	392.00	1608.00	194.27	226.95	160.22	99.44	99.27	98.55
1991	655.00	440.00	1730.00	203.57	234.30	170.62	104.79	103.24	106.49
1992	741.00	508.00	1888.00	218.27	244.21	186.84	107.22	104.23	109.51
1993	837.00	547.00	2241.00	231.37	251.54	201.42	106.00	103.00	107.80
1994	1013.38	685.95	2245.06	248.37	278.20	206.85	107.35	110.60	102.70
1995	1208.76	817.05	2515.96	268.46	303.50	208.20	108.09	109.09	100.65
1996	1622.62	1049.18	3510.23	298.86	334.19	233.42	111.33	110.11	112.12
1997	1736.50	1035.69	4010.13	307.70	319.42	259.48	102.96	95.58	111.16
1998	1746.73	1016.87	4087.98	310.37	313.92	267.10	100.87	98.28	102.94
1999	1819.41	1017.46	4365.14	330.75	290.01	319.83	106.57	92.38	119.74
2000	1946.66	1063.96	4735.77	360.95	305.97	356.74	109.13	105.50	111.54
2001	2099.43	1123.04	5147.58	384.67	315.90	385.82	106.57	103.25	108.15
2002	2301.22	1139.42	5742.92	424.91	322.73	433.57	110.46	102.16	112.38
2003	2592.36	1295.01	6160.18	473.50	361.68	460.84	111.43	112.07	106.29
2004	3015.85	1496.51	6923.35	523.21	396.65	492.01	110.50	109.67	106.76
2005	3452.80	1811.55	7409.81	573.34	447.18	512.09	109.58	112.74	104.08
2006	3810.00	1883.00	8190.00	624.37	458.36	559.20	108.90	102.50	109.20
2007	4298.00	2048.00	9150.00	667.45	468.90	593.87	106.90	102.30	106.20
2008	4947.00	2480.00	9975.00	709.50	522.35	599.21	106.30	111.40	100.90
2009	5509.00	2774.00	10765.00	779.74	571.46	641.16	109.90	109.40	107.00
2010	6234.00	3126.00	11881.00	847.57	621.74	677.70	108.70	108.80	105.70
2011	7493.00	3977.00	13574.00	945.89	734.28	719.04	111.60	118.10	106.10
2012	8542.00	4563.00	15048.00	1057.51	828.27	780.88	111.80	112.80	108.60

2-17 各地区生产总值（2012）
Gross Regional Product by Region (2012)

单位：万元 (10 000 yuan)

地区	Region	地区生产总值 Gross Regional Product	第一产业 Primary Industry	第二产业 Secondary Industry	工业 Industry	建筑业 Construction	第三产业 Tertiary Industry	#交通运输、仓储和邮政业 Transport, Storage and Post	#信息传输、软件和信息技术服务业 Information Transmission,Software and Information Technology Services	#批发和零售业 Wholesale and Retail Trades
兰州市	Lanzhou	15638163	445481	7447002	5624200	1822802	7745681	1085644	285489	1486575
嘉峪关市	Jiayuguan	2691460	37517	2202138	2133338	68800	451805	106803	42717	110524
金昌市	Jinchang	2433952	133850	1844847	1629347	215500	455255	50764	13667	81162
白银市	Baiyin	4337651	485807	2485950	2125863	360087	1365894	255961	70838	274558
天水市	Tianshui	4128747	783625	1625905	1157605	468300	1719217	302926	93594	339025
武威市	Wuwei	3404992	816621	1504253	1090653	413600	1084118	245976	27000	169680
张掖市	Zhangye	2919280	818743	1036841	755241	281600	1063695	171233	50866	181459
平凉市	Pingliang	3245086	685246	1539100	1254000	285100	1020740	127584	74000	96274
酒泉市	Jiuquan	5736605	688617	3073569	2587207	486362	1974419	301075	66816	382652
庆阳市	Qingyang	5293638	729992	3294992	3012792	282200	1268654	137659	79356	178071
定西市	Dingxi	2232711	677067	601914	385814	216100	953730	143694	37435	116014
陇南市	Longnan	2259756	573581	691028	493628	197400	995147	141866	35409	92851
临夏州	Linxia	1518901	317142	464423	324450	139973	737336	43568	38636	72426
甘南州	Gannan	967400	214940	260277	235377	24900	492183	34417	9370	41040

2-17 续表 continued

单位：万元 (10 000 yuan)

地区	Region	#住宿和餐饮业 Hotels and Catering Services	#金融业 Financial Intermediation	#房地产业 Real Estate	#科学研究、技术服务和地质勘查业 Scientific Rsearch,Technical Service and Geologic Prospecting	#水利、环境和公共设施管理业 Management of Water Conservancy, En-vironment and Public Facilities	#教育 Education	#卫生、社会保障和社会福利业 Health,Social Security and Social Welfare	人均生产总值（元） Per Capita Gross Regional Product (yuan)
兰州市	Lanzhou	386269	593127	454890	412611	67231	625392	214572	43175
嘉峪关市	Jiayuguan	10466	43417	28263	3337	3266	18103	11079	115123
金昌市	Jinchang	26317	51830	22846	2777	4383	35994	17914	52157
白银市	Baiyin	73547	88105	66879	24358	16920	139556	98443	25274
天水市	Tianshui	78289	57071	145794	40524	11620	206651	60700	12593
武威市	Wuwei	26412	27495	125881	21267	22628	128844	54964	18701
张掖市	Zhangye	45381	65866	67283	13957	20553	106337	42601	24204
平凉市	Pingliang	41058	101677	103935	30395	7760	108861	45609	15607
酒泉市	Jiuquan	128029	124884	323827	47168	62424	106534	143634	52028
庆阳市	Qingyang	130849	71402	72725	11700	12730	211762	42839	23882
定西市	Dingxi	47484	45668	92267	12522	4936	132304	47426	8157
陇南市	Longnan	45553	77349	77970	14803	5783	142477	68231	8809
临夏州	Linxia	42374	42072	59872	10046	7958	91712	26694	7712
甘南州	Gannan	26017	36978	17041	6275	2773	65072	24256	14004

2-18 各地区生产总值构成（2012）
Composition of Gross Regional Product by Region(2012)

单位：%　　　　(%)

地　区	Region	地区生产总值 Gross Regional Product	第一产业 Primary Industry	第二产业 Secondary Industry	工业 Industry	建筑业 Construction	第三产业 Tertiary Industry	#交通运输、仓储和邮政业 Transport,Storage and Post	#批发和零售业 Wholesale and Retail Trades	#住宿和餐饮业 Hotels and Catering Services
兰州市	Lanzhou	100	2.85	47.62	35.96	11.66	49.53	6.94	9.51	2.47
嘉峪关市	Jiayuguan	100	1.39	81.82	79.26	2.56	16.79	3.97	4.11	0.39
金昌市	Jinchang	100	5.50	75.80	66.94	8.86	18.70	2.09	3.33	1.08
白银市	Baiyin	100	11.20	57.31	49.01	8.30	31.49	5.90	6.33	1.70
天水市	Tianshui	100	18.98	39.38	28.04	11.34	41.64	7.34	8.21	1.90
武威市	Wuwei	100	23.98	44.18	32.03	12.15	31.84	7.22	4.98	0.78
张掖市	Zhangye	100	28.04	35.52	25.87	9.65	36.44	1.55	5.87	6.22
平凉市	Pingliang	100	21.12	47.43	38.64	8.79	31.45	3.93	2.97	1.27
酒泉市	Jiuquan	100	12.00	53.58	45.10	8.48	34.42	5.25	6.67	2.23
庆阳市	Qingyang	100	13.79	62.24	56.91	5.33	23.97	2.60	3.36	2.47
定西市	Dingxi	100	30.32	26.96	17.28	9.68	42.72	6.44	5.20	2.13
陇南市	Longnan	100	25.38	30.58	21.84	8.74	44.04	6.28	4.11	2.02
临夏州	Linxia	100	20.88	30.58	21.36	9.22	48.54	2.87	4.77	2.79
甘南州	Gannan	100	22.22	26.90	24.33	2.57	50.88	3.56	4.24	2.69

2-19 各地区生产总值指数（2012）
Indices of Gross Regional Product by Region(2012)

（上年 =100）　　　　(preceding year=100)

地　区	Region	地区生产总值 Gross Regional Product	第一产业 Primary Industry	第二产业 Second-ary Industry	工业 Industry	建筑业 Construction	第三产业 Tertiary Industry	#交通运输、仓储和邮政业 Transport, Storage and Post	#批发和零售业 Wholesale and Retail Trades	#住宿和餐饮业 Hotels and Catering Services	人均生产总值 Per Capita Gross Regional Product
兰州市	Lanzhou	113.4	106.7	112.2	111.8	113.4	114.8	119.3	108.8	108.8	113.2
嘉峪关市	Jiayuguan	116.4	106.2	117.9	118.1	112.2	110.3	108.9	107.3	107.6	110.3
金昌市	Jinchang	116.5	106.5	117.3	117.6	113.4	115.6	118.8	116.9	112.6	116.2
白银市	Baiyin	114.7	107.3	116.6	117.2	113.5	114.0	117.0	116.2	112.9	114.4
天水市	Tianshui	113.2	106.9	116.5	117.6	113.9	113.0	113.1	116.1	114.6	113.0
武威市	Wuwei	115.1	107.0	118.6	121.1	113.0	116.0	119.5	114.8	111.2	115.4
张掖市	Zhangye	112.3	106.1	114.3	114.6	113.4	114.8	115.5	110.6	111.7	111.9
平凉市	Pingliang	113.8	107.1	116.0	116.5	113.6	115.0	119.0	118.0	113.9	113.5
酒泉市	Jiuquan	116.1	106.6	120.2	121.6	113.1	112.9	114.4	113.9	116.5	115.7
庆阳市	Qingyang	115.9	107.5	118.2	118.7	113.3	114.5	117.8	116.6	114.8	115.8
定西市	Dingxi	112.7	107.4	117.7	120.2	113.4	113.0	113.2	115.7	117.3	109.6
陇南市	Longnan	112.8	106.4	118.3	120.4	113.2	112.6	118.6	108.1	111.0	115.9
临夏州	Linxia	114.8	107.2	118.2	120.3	113.6	116.0	116.4	115.9	111.2	114.9
甘南州	Gannan	113.0	106.3	116.3	116.0	119.1	114.4	118.6	110.6	103.7	112.8

2-20 各地县生产总值（2012）
Gross Regional Product by Region, County (2012)

单位：万元 (10 000 yuan)

地区	Region	地区生产总值 Gross Regional Product	第一产业 Primary Industry	第二产业 Secondary Industry	工业 Industry	建筑业 Construction
兰州市	**Lanzhou**	**15638163**	**445481**	**7447002**	**5624200**	**1822802**
城关区	Chengguan	5251958	14292	1091681	447930	643751
七里河区	Qilihe	3191096	37442	1882499	1512499	370000
西固区	Xigu	3151213	32463	2395435	2086100	309335
安宁区	Anning	945889	2711	494900	338800	156100
红古区	Honggu	895279	73027	611734	507900	103834
永登县	Yongdeng	958453	104196	453707	323207	130500
皋兰县	Gaolan	379133	58300	223599	180089	43510
榆中县	Yuzhong	701880	123050	445019	380019	65000
嘉峪关市	**Jiayuguan**	**2691460**	**37517**	**2202138**	**2133338**	**68800**
金昌市	**Jinchang**	**2433952**	**133850**	**1844847**	**1629347**	**215500**
金川区	Jinchuan	1916011	27732	1592067	1407929	184138
永昌县	Yongchang	517939	106118	252780	221418	31362
白银市	**Baiyin**	**4337651**	**485807**	**2485950**	**2125863**	**360087**
白银区	Baiyin	2119007	49098	1350404	1214802	135602
平川区	Pingchuan	737944	25651	588087	547052	41035
靖远县	Jingyuan	537627	178803	155941	87927	68014
会宁县	Huining	459437	138381	147958	78944	69014
景泰县	Jingtai	496214	93874	243762	197241	46521
天水市	**Tianshui**	**4128747**	**783625**	**1625905**	**1157605**	**468300**
秦州区	Qinzhou	1383179	100283	688694	498372	190322
麦积区	Maiji	1092037	110862	526083	439843	86240
清水县	Qingshui	283516	89663	61834	38931	22903
秦安县	Qinan	413970	150248	102186	56091	46095
甘谷县	Gangu	422898	126733	152938	73301	79637
武山县	Wushan	388811	148805	93230	53470	39760
张家川县	Zhangjiachuan	207970	49265	49977	36883	13094
武威市	**Wuwei**	**3404992**	**816621**	**1504253**	**1090653**	**413600**
凉州区	Liangzhou	2131330	466208	959747	700400	259347
民勤县	Minqin	520370	194932	170509	120501	50008
古浪县	Gulang	360349	107846	141005	88543	52462
天祝县	Tianzhu	393080	47635	233113	181330	51783
张掖市	**Zhangye**	**2919280**	**818743**	**1036841**	**755241**	**281600**

2-20 续表 1 continued

单位：万元 (10 000 yuan)

地 区	Region	地区生产总值 Gross Regional Product	第一产业 Primary Industry	第二产业 Secondary Industry	工业 Industry	建筑业 Construction
甘州区	Ganzhou	1238167	331749	364056	233706	130350
肃南县	Sunan	233956	32508	161058	149058	12000
民乐县	Minle	329995	113912	117122	98465	18657
临泽县	Linze	366936	121019	134263	98100	36163
高台县	Gaotai	376122	141122	141800	104800	37000
山丹县	Shandan	348469	78433	124731	77306	47425
平凉市	**Pingliang**	**3245086**	**685246**	**1539100**	**1254000**	**285100**
崆峒区	Kongtong	1010595	121367	422928	332816	90112
泾川县	Jingchuan	424221	141681	129630	82730	46900
灵台县	Lingtai	259344	97444	61100	32800	28300
崇信县	Chongxin	316215	50223	224776	216456	8320
华亭县	Huating	725817	58891	585520	569620	15900
庄浪县	Zhuanglang	279084	98266	71955	42417	29538
静宁县	Jingning	303526	117373	104635	64892	39743
酒泉市	**Jiuquan**	**5736605**	**688617**	**3073569**	**2587207**	**486362**
肃州区	Suzhou	1845202	228272	1019624	894624	125000
金塔县	Jinta	581722	157509	205096	149096	56000
瓜州县	Guazhou	606449	82362	343877	211377	132500
肃北县	Subei	376164	3971	325789	317789	8000
阿克塞县	Akesai	112663	4382	73713	68363	5350
玉门市	Yumen	1302563	79092	856890	770640	86250
敦煌市	Dunhuang	782635	133029	253836	174986	78850
庆阳市	**Qingyang**	**5293638**	**729992**	**3294992**	**3012792**	**282200**
西峰区	Xifeng	1613670	108778	1041886	901694	140192
庆城县	Qingcheng	779654	77090	602562	562145	40417
环 县	Huanxian	549619	88486	341142	331879	9263
华池县	Huachi	797008	43748	658022	625739	32283
合水县	Heshui	374447	63641	250346	248837	1509
正宁县	Zhengning	213364	76662	20109	14779	5330
宁 县	Ningxian	475390	132005	175895	125511	50384
镇原县	Zhenyuan	456915	139582	150220	147398	2822
定西市	**Dingxi**	**2232711**	**677067**	**601914**	**385814**	**216100**
安定区	Anding	464076	98570	131091	84190	46901
通渭县	Tongwei	249060	88333	31362	13386	17976

2-20 续表 2 continued

单位：万元 (10 000 yuan)

地 区	Region	地区生产总值 Gross Regional Product	第一产业 Primary Industry	第二产业 Secondary Industry	工业 Industry	建筑业 Construction
陇西县	Longxi	503457	130879	177988	143270	34718
渭源县	Weiyuan	203209	91825	24204	9875	14329
临洮县	Lintao	433584	125073	149650	81782	67868
漳 县	Zhangxian	139930	52770	26964	18016	8948
岷 县	Minxian	239325	89616	60586	35295	25291
陇南市	**Longnan**	**2259756**	**573581**	**691028**	**493628**	**197400**
武都区	Wudu	681000	116871	146100	51600	94500
成 县	Chengxian	382014	77783	163232	115950	47282
文 县	Wenxian	173730	43859	63582	54157	9425
宕昌县	Tanchang	152702	40862	41715	23810	17905
康 县	Kangxian	129424	36239	39183	36060	3123
西和县	Xihe	221452	55920	57400	45800	11600
礼 县	Lixian	227795	81475	62633	47572	15061
徽 县	Huixian	337483	102853	140465	93062	47403
两当县	Liangdang	49304	17719	6474	5326	1148
临夏州	**Linxia**	**1518901**	**317142**	**464423**	**324450**	**139973**
临夏市	linxia	380313	32226	85010	49732	35278
临夏县	linxia	222923	59150	34657	17936	16721
康乐县	Kangle	131228	44327	16922	7960	8962
永靖县	Yongjing	329421	50386	208848	180206	28642
广河县	Guanghe	128208	27278	38197	30557	7640
和政县	Hezheng	101558	34303	21912	9847	12065
东乡县	Dongxiang	119574	40584	25243	12235	13008
积石山县	Jishishan	99795	28887	11401	11401	
甘南州	**Gannan**	**967400**	**214940**	**260277**	**235377**	**24900**
合作市	Hezuo	235053	15883	58061	50173	7888
临潭县	Lintan	121891	26561	19837	17197	2640
卓尼县	Zhuoni	106966	30376	31172	30807	365
舟曲县	Zhouqu	108215	30653	22018	18998	3020
迭部县	Diebu	79079	18504	25549	17814	7735
玛曲县	Maqu	124326	36942	45373	45082	291
碌曲县	Luqu	70922	21682	27218	24482	2736
夏河县	Xiahe	120972	34339	31049	30824	225

2-20 续表 3 continued

单位：万元 (10 000 yuan)

地　区	Region	第三产业 Tertiary Industry	# 交通运输、仓储和邮政业 Transport,Storage and Post	# 批发和零售业 Wholesale and Retail Trades	# 住宿和餐饮业 Hotels and Catering Services	人均生产总值（元） Per Capita Gross Regional Product (yuan)
兰州市	**Lanzhou**	**7745681**	**1085644**	**1486575**	**386269**	**43175**
城关区	Chengguan	4145985	315017	933905	231412	40871
七里河区	Qilihe	1271155	258365	249045	55149	55489
西固区	Xigu	723315	117292	210058	43097	86122
安宁区	Anning	448278	2271	69840	18927	33686
红古区	Honggu	210518	67602	24668	16234	63271
永登县	Yongdeng	400550	167071	28283	20820	22594
皋兰县	Gaolan	97234	25693	12506	5299	28315
榆中县	Yuzhong	133811	20828	19730	16243	16021
嘉峪关市	**Jiayuguan**	**451805**	**106803**	**110524**	**10466**	**115123**
金昌市	**Jinchang**	**455255**	**50764**	**81162**	**26317**	**52157**
金川区	Jinchuan	296212	32889	61559	20509	83226
永昌县	Yongchang	159041	17875	19603	5808	21903
白银市	**Baiyin**	**1365894**	**255961**	**274558**	**73547**	**25274**
白银区	Baiyin	719505	135091	157040	51520	71716
平川区	Pingchuan	124206	17966	24741	6074	37751
靖远县	Jingyuan	202883	33728	35225	14474	11726
会宁县	Huining	173098	13431	20695	6090	8435
景泰县	Jingtai	158578	41602	39778	8026	22035
天水市	**Tianshui**	**1719217**	**302926**	**339025**	**78289**	**12593**
秦州区	Qinzhou	594202	37447	114780	47559	21362
麦积区	Maiji	455092	115595	121060	21173	19609
清水县	Qingshui	132019	26384	13032	4743	10537
秦安县	Qinan	161536	27204	37501	6161	7995
甘谷县	Gangu	143227	31439	41094	12726	7531
武山县	Wushan	146776	54841	21292	7605	8984
张家川县	Zhangjiachuan	108728	16460	14187	3024	7171
武威市	**Wuwei**	**1084118**	**245976**	**169680**	**26412**	**18701**
凉州区	Liangzhou	705375	236766	93446	14190	21015
民勤县	Minqin	154929	12275	24344	7051	21438
古浪县	Gulang	111498	15629	10210	2830	9252
天祝县	Tianzhu	112332	11144	26593	10497	22347
张掖市	**Zhangye**	**1063695**	**171233**	**181459**	**45381**	**24204**

2-20 续表 4 continued

单位：万元 (10 000 yuan)

地 区	Region	第三产业 Tertiary Industry	# 交通运输、仓储和邮政业 Transport,Storage and Post	# 批发和零售业 Wholesale and Retail Trades	# 住宿和餐饮业 Hotels and Catering Services	人均生产总值（元） Per Capita Gross Regional Product (yuan)
甘州区	Ganzhou	542362	83486	108725	31242	24283
肃南县	Sunan	40390	3012	5857	2117	68912
民乐县	Minle	98962	7498	15604	2176	14945
临泽县	Linze	111654	29601	12615	5710	27160
高台县	Gaotai	93200	7265	13470	4944	26120
山丹县	Shandan	145305	29331	17094	5765	21457
平凉市	**Pingliang**	**1020740**	**127584**	**96274**	**41058**	**15607**
崆峒区	Kongtong	466300	76291	55802	32374	19711
泾川县	Jingchuan	152910	20219	25333	9589	15104
灵台县	Lingtai	100800	18724	6345	2153	14226
崇信县	Chongxin	41216	5899	4613	1079	30820
华亭县	Huating	81406	8616	15571	3768	37588
庄浪县	Zhuanglang	108863	12191	9677	4015	7296
静宁县	Jingning	81518	10244	8151	527	7164
酒泉市	**Jiuquan**	**1974419**	**301075**	**382652**	**128029**	**52028**
肃州区	Suzhou	597306	140549	117366	51189	42526
金塔县	Jinta	219117	40505	31603	9126	39094
瓜州县	Guazhou	180210	48677	36549	13709	41199
肃北县	Subei	46404	18155	4628	1415	250776
阿克塞县	Akesai	34568	6467	3981	1397	128026
玉门市	Yumen	366581	24779	79738	15979	80604
敦煌市	Dunhuang	395770	74140	95011	44914	55115
庆阳市	**Qingyang**	1268654	**137659**	**178071**	**130849**	**23882**
西峰区	Xifeng	463006	66152	67779	54055	42532
庆城县	Qingcheng	100002	8865	8141	12276	29701
环 县	Huanxian	119991	9072	11547	11353	18056
华池县	Huachi	95238	9864	5534	6653	65436
合水县	Heshui	60460	4966	5708	5164	25560
正宁县	Zhengning	116593	10027	12308	10796	11769
宁 县	Ningxian	167490	13389	38311	14264	11770
镇原县	Zhenyuan	167113	16238	24442	12350	10960
定西市	**Dingxi**	**953730**	**143694**	**116014**	**47484**	**8157**
安定区	Anding	234415	37171	15773	6649	10981
通渭县	Tongwei	129365	18448	17574	4740	6621

2-20 续表 5 continued

单位：万元 (10 000 yuan)

地 区	Region	第三产业 Tertiary Industry	# 交通运输、仓储和邮政业 Transport,Storage and Post	# 批发和零售业 Wholesale and Retail Trades	# 住宿和餐饮业 Hotels and Catering Services	人均生产总值（元） Per Capita Gross Regional Product (yuan)
陇西县	Longxi	194590	40863	38079	12647	11048
渭源县	Weiyuan	87180	9569	11066	4998	6241
临洮县	Lintao	158861	17583	22937	10925	8502
漳 县	Zhangxian	60196	5978	3917	1927	7204
岷 县	Minxian	89123	8534	8763	4921	5285
陇南市	**Longnan**	**995147**	**141866**	**92851**	**45553**	**8809**
武都区	Wudu	418029	69489	96770	20770	12202
成 县	Chengxian	140999	22739	26143	9432	15669
文 县	Wenxian	66289	4631	5950	2585	8107
宕昌县	Tanchang	70125	4626	11363	2925	5643
康 县	Kangxian	54002	5260	5480	2312	7198
西和县	Xihe	108132	13706	11703	4190	5584
礼 县	Lixian	83687	6579	10727	4786	4990
徽 县	Huixian	94165	16750	10029	7430	16799
两当县	Liangdang	25111	1272	1934	644	10981
临夏州	**Linxia**	**737336**	**43568**	**72426**	**42374**	**7712**
临夏市	linxia	263077	14159	31610	20260	13725
临夏县	linxia	129116	7083	8408	2364	6757
康乐县	Kangle	69979	5223	5282	4019	5558
永靖县	Yongjing	70187	6327	8774	7080	18180
广河县	Guanghe	62733	3323	8961	3110	5543
和政县	Hezheng	45343	3156	5031	1664	5422
东乡县	Dongxiang	53747	3951	844	1042	4142
积石山县	Jishishan	59507	3205	6415	2088	4191
甘南州	**Gannan**	**492183**	**34417**	**41040**	**26017**	**14004**
合作市	Hezuo	161109	9416	10412	7613	25466
临潭县	Lintan	75493	7892	7656	3155	8953
卓尼县	Zhuoni	45418	2564	4043	2375	10456
舟曲县	Zhouqu	55544	6293	6157	2447	8311
迭部县	Diebu	35026	2005	3371	2120	15149
玛曲县	Maqu	42011	799	3463	2741	22321
碌曲县	Luqu	22022	1153	2326	1275	19592
夏河县	Xiahe	55584	6836	5913	4211	13825

2-21 各地县生产总值指数（2012）
Indices of Gross Regional Product by Region, County (2012)

（上年 =100） (preceding year=100)

地 区	Region	地区生产总值 Gross Regional Product	第一产业 Primary Industry	第二产业 Secondary Industry	工 业 Industry	建筑业 Construction
兰州市	**Lanzhou**	**113.4**	**106.7**	**112.2**	**111.8**	**113.4**
城关区	Chengguan	115.6	106.0	116.5	116.5	116.6
七里河区	Qilihe	115.5	107.4	118.0	118.3	117.0
西固区	Xigu	106.4	107.2	103.7	101.5	119.2
安宁区	Anning	116.5	106.1	117.6	117.9	117.0
红古区	Honggu	117.3	107.0	119.2	119.4	118.1
永登县	Yongdeng	115.4	106.6	119.2	119.1	119.3
皋兰县	Gaolan	117.4	106.5	120.8	121.6	117.3
榆中县	Yuzhong	115.0	106.8	119.2	119.1	119.8
嘉峪关市	**Jiayuguan**	**116.4**	**106.2**	**117.9**	**118.1**	**112.2**
金昌市	**Jinchang**	**116.5**	**106.5**	**117.3**	**117.6**	**113.4**
金川区	Jinchuan	116.9	106.0	117.3	117.6	113.2
永昌县	Yongchang	115.3	106.9	117.1	117.3	115.0
白银市	**Baiyin**	**114.7**	**107.3**	**116.6**	**117.2**	**113.5**
白银区	Baiyin	115.8	106.6	116.9	117.3	113.5
平川区	Pingchuan	114.4	107.8	114.9	115.0	114.2
靖远县	Jingyuan	113.0	107.7	117.8	118.9	116.4
会宁县	Huining	114.7	108.9	121.6	118.7	124.9
景泰县	Jingtai	114.7	106.4	117.6	118.0	115.8
天水市	**Tianshui**	**113.2**	**106.9**	**116.5**	**117.6**	**113.9**
秦州区	Qinzhou	114.1	107.3	117.0	117.5	115.6
麦积区	Maiji	113.2	106.8	117.1	117.8	114.0
清水县	Qingshui	112.0	107.0	114.7	116.2	112.0
秦安县	Qinan	111.9	107.7	115.5	117.7	112.8
甘谷县	Gangu	111.6	107.6	112.0	110.8	113.2
武山县	Wushan	112.9	107.7	119.9	123.3	115.5
张家川县	Zhangjiachuan	114.1	107.1	115.6	116.2	114.0
武威市	**Wuwei**	**115.1**	**107.0**	**118.6**	**121.1**	**113.0**
凉州区	Liangzhou	115.0	107.2	121.3	121.8	115.4
民勤县	Minqin	115.1	107.7	120.9	125.0	115.2
古浪县	Gulang	115.2	107.1	120.6	136.7	103.5
天祝县	Tianzhu	117.9	106.8	122.2	123.3	116.6
张掖市	**Zhangye**	**112.3**	**106.1**	**114.3**	**114.6**	**113.4**

2–21 续表 1 continued

（上年 =100） (preceding year=100)

地 区	Region	地区生产总值 Gross Regional Product	第一产业 Primary Industry	第二产业 Secondary Industry	工业 Industry	建筑业 Construction
甘州区	Ganzhou	110.4	106.8	107.9	105.5	113.5
肃南县	Sunan	116.8	106.4	122.0	123.0	111.3
民乐县	Minle	114.1	105.9	121.4	122.8	112.8
临泽县	Linze	115.0	106.9	122.2	125.3	112.8
高台县	Gaotai	115.2	106.0	126.0	129.2	116.6
山丹县	Shandan	114.4	107.1	118.6	120.8	113.5
平凉市	**Pingliang**	**113.8**	**107.1**	**116.0**	**116.5**	**113.6**
崆峒区	Kongtong	113.9	107.0	114.3	114.4	113.7
泾川县	Jingchuan	112.8	106.9	116.0	117.2	113.6
灵台县	Lingtai	114.0	107.9	120.6	125.9	113.0
崇信县	Chongxin	112.5	106.7	113.0	113.0	113.9
华亭县	Huating	114.4	107.8	114.9	114.9	113.8
庄浪县	Zhuanglang	113.6	108.3	118.8	122.3	113.5
静宁县	Jingning	113.8	108.2	118.7	121.4	113.4
酒泉市	**Jiuquan**	**116.1**	**106.6**	**120.2**	**121.6**	**113.1**
肃州区	Suzhou	116.8	106.9	121.0	121.3	118.8
金塔县	Jinta	116.3	106.5	128.2	136.0	114.4
瓜州县	Guazhou	118.9	106.7	125.7	137.5	110.5
肃北县	Subei	123.7	106.1	125.9	126.4	110.9
阿克塞县	Akesai	117.9	106.1	120.9	121.7	113.3
玉门市	Yumen	111.3	106.8	113.8	114.0	111.1
敦煌市	Dunhuang	116.5	106.6	127.6	137.2	112.2
庆阳市	**Qingyang**	**115.9**	**107.5**	**118.2**	**118.7**	**113.3**
西峰区	Xifeng	107.9	108.4	106.5	108.4	95.1
庆城县	Qingcheng	116.6	106.4	118.2	117.9	122.2
环 县	Huanxian	123.0	112.0	128.9	135.2	59.1
华池县	Huachi	114.1	108.3	114.0	113.6	131.6
合水县	Heshui	120.1	107.2	125.8	125.5	195.9
正宁县	Zhengning	114.4	109.0	128.4	122.2	156.8
宁 县	Ningxian	120.3	106.3	138.0	131.6	158.0
镇原县	Zhenyuan	119.6	109.2	133.5	133.9	114.0
定西市	**Dingxi**	**112.7**	**107.4**	**117.7**	**120.2**	**113.4**
安定区	Anding	114.0	106.5	120.3	124.2	113.4
通渭县	Tongwei	113.0	107.4	120.1	123.6	117.5

2-21 续表 2 continued

（上年 =100） (preceding year=100)

地　区	Region	地区生产总值 Gross Regional Product	第一产业 Primary Industry	第二产业 Secondary Industry	工业 Industry	建筑业 Construction
陇西县	Longxi	114.2	107.4	120.0	121.5	113.4
渭源县	Weiyuan	112.2	106.4	118.1	125.2	113.4
临洮县	Lintao	113.7	106.4	119.9	125.6	113.4
漳　县	Zhangxian	115.0	106.2	138.1	153.9	113.4
岷　县	Minxian	113.2	106.4	120.1	124.9	113.4
陇南市	**Longnan**	**112.8**	**106.4**	**118.3**	**120.4**	**113.2**
武都区	Wudu	113.7	106.7	118.8	122.9	116.4
成　县	Chengxian	114.2	106.3	119.1	121.4	113.8
文　县	Wenxian	113.3	106.6	119.2	120.1	121.2
宕昌县	Tanchang	112.9	106.6	120.0	122.9	116.0
康　县	Kangxian	112.5	106.6	119.1	119.6	113.4
西和县	Xihe	113.4	106.7	120.2	121.6	113.6
礼　县	Lixian	112.5	106.7	119.6	121.1	114.7
徽　县	Huixian	114.0	106.6	119.5	122.3	114.6
两当县	Liangdang	112.0	106.4	128.5	133.2	112.9
临夏州	**Linxia**	**114.8**	**107.2**	**118.2**	**120.3**	**113.6**
临夏市	linxia	115.1	107.2	118.6	122.4	113.6
临夏县	linxia	115.3	107.1	119.2	124.2	114.0
康乐县	Kangle	115.6	107.0	119.4	126.9	113.3
永靖县	Yongjing	115.1	107.2	117.1	117.6	114.1
广河县	Guanghe	116.0	106.5	120.7	122.8	113.0
和政县	Hezheng	114.1	106.9	120.6	131.1	113.0
东乡县	Dongxiang	113.8	106.0	121.1	128.8	114.5
积石山县	Jishishan	114.3	107.5	121.0	121.0	
甘南州	**Gannan**	**113.0**	**106.3**	**116.3**	**116.0**	**119.1**
合作市	Hezuo	116.4	106.6	131.1	131.2	130.4
临潭县	Lintan	114.3	107.4	115.1	119.5	93.1
卓尼县	Zhuoni	114.2	106.7	116.5	117.0	86.9
舟曲县	Zhouqu	114.8	106.4	134.5	124.3	234.1
迭部县	Diebu	114.2	106.4	115.3	120.2	107.9
玛曲县	Maqu	102.9	106.0	92.6	92.7	80.1
碌曲县	Luqu	111.5	106.2	112.3	111.6	118.7
夏河县	Xiahe	112.8	106.1	121.7	122.1	86.5

2–21 续表 3 continued

（上年 =100）　　(preceding year=100)

地 区	Region	第三产业 Tertiary Industry	# 交通运输、仓储和邮政业 Transport,Storage and Post	# 批发和零售业 Wholesale and Retail Trades	# 住宿和餐饮业 Hotels and Catering Services	人均生产总值 Per Capita Gross Regional Product
兰州市	**Lanzhou**	**114.8**	**119.3**	**108.8**	**108.8**	**113.2**
城关区	Chengguan	115.3	114.5	111.9	109.6	115.4
七里河区	Qilihe	112.7	115.5	105.5	107.0	126.0
西固区	Xigu	114.7	115.4	117.8	108.5	106.2
安宁区	Anning	115.2	109.6	109.3	110.7	118.3
红古区	Honggu	114.7	109.1	115.3	110.4	117.3
永登县	Yongdeng	113.0	115.1	115.7	110.1	107.4
皋兰县	Gaolan	115.7	115.2	140.2	109.4	115.5
榆中县	Yuzhong	112.5	116.1	110.9	112.7	115.0
嘉峪关市	**Jiayuguan**	**110.3**	**108.9**	**107.3**	**107.6**	**110.3**
金昌市	**Jinchang**	**115.6**	**118.8**	**116.9**	**112.6**	**116.2**
金川区	Jinchuan	114.9	119.1	118.1	112.3	116.9
永昌县	Yongchang	117.7	115.0	113.1	113.7	114.6
白银市	**Baiyin**	**114.0**	**117.0**	**116.2**	**112.9**	**114.4**
白银区	Baiyin	114.5	113.3	115.1	115.1	117.1
平川区	Pingchuan	114.5	110.0	116.0	112.0	113.0
靖远县	Jingyuan	114.1	116.9	115.5	108.0	113.2
会宁县	Huining	114.0	111.6	116.0	114.3	114.1
景泰县	Jingtai	114.0	115.5	116.7	114.5	114.4
天水市	**Tianshui**	**113.0**	**113.1**	**116.1**	**114.6**	**113.0**
秦州区	Qinzhou	112.0	117.8	109.1	112.4	113.7
麦积区	Maiji	110.4	107.2	114.6	110.8	112.0
清水县	Qingshui	114.2	119.2	115.4	112.5	111.8
秦安县	Qinan	113.5	119.7	117.0	113.0	111.8
甘谷县	Gangu	114.8	111.9	124.4	134.4	111.0
武山县	Wushan	114.1	115.9	118.3	117.7	112.8
张家川县	Zhangjiachuan	116.8	115.0	114.3	113.8	113.8
武威市	**Wuwei**	**116.0**	**119.5**	**114.8**	**111.2**	**115.4**
凉州区	Liangzhou	114.4	116.8	112.7	114.1	120.8
民勤县	Minqin	118.0	113.4	123.0	114.5	115.1
古浪县	Gulang	116.0	108.7	113.5	112.0	115.4
天祝县	Tianzhu	116.4	116.7	119.3	115.7	117.6
张掖市	**Zhangye**	**114.8**	**115.5**	**110.6**	**111.7**	**111.9**

2-21 续表 4 continued

（上年 =100） (preceding year=100)

地 区	Region	第三产业 Tertiary Industry	# 交通运输、仓储和邮政业 Transport,Storage and Post	# 批发和零售业 Wholesale and Retail Trades	# 住宿和餐饮业 Hotels and Catering Services	人均生产总值 Per Capita Gross Regional Product
甘州区	Ganzhou	114.5	115.6	114.8	111.4	110.1
肃南县	Sunan	112.2	112.8	115.0	119.8	117.2
民乐县	Minle	114.0	119.6	118.8	113.8	113.9
临泽县	Linze	114.0	117.4	113.1	110.9	114.6
高台县	Gaotai	114.0	111.0	115.9	113.0	114.9
山丹县	Shandan	114.0	115.3	113.7	111.8	114.1
平凉市	**Pingliang**	**115.0**	**119.0**	**118.0**	**113.9**	**113.5**
崆峒区	Kongtong	115.5	120.4	120.7	118.3	113.0
泾川县	Jingchuan	115.6	123.2	134.2	115.4	113.9
灵台县	Lingtai	116.2	118.7	118.9	122.4	114.0
崇信县	Chongxin	115.2	118.2	119.8	114.2	112.3
华亭县	Huating	115.8	124.2	117.6	114.7	113.0
庄浪县	Zhuanglang	115.6	117.3	118.7	122.2	113.7
静宁县	Jingning	115.7	122.1	118.6	115.9	114.0
酒泉市	**Jiuquan**	**112.9**	**114.4**	**113.9**	**116.5**	**115.7**
肃州区	Suzhou	113.3	108.9	113.7	118.4	116.0
金塔县	Jinta	115.0	120.6	122.3	95.4	115.7
瓜州县	Guazhou	112.7	113.0	118.0	108.7	104.6
肃北县	Subei	115.1	118.5	111.7	270.5	123.7
阿克塞县	Akesai	114.1	118.5	112.1	99.8	116.6
玉门市	Yumen	106.2	111.9	96.6	114.2	110.4
敦煌市	Dunhuang	114.2	113.5	110.0	112.4	116.5
庆阳市	**Qingyang**	**114.5**	**117.8**	**116.6**	**114.8**	**115.8**
西峰区	Xifeng	111.3	117.3	113.1	112.5	99.6
庆城县	Qingcheng	112.9	116.6	115.8	112.6	116.7
环 县	Huanxian	117.5	116.3	118.8	127.6	132.2
华池县	Huachi	117.3	116.9	113.8	114.8	113.4
合水县	Heshui	115.2	116.9	114.4	110.9	119.0
正宁县	Zhengning	115.8	114.9	113.7	116.3	114.4
宁 县	Ningxian	114.1	116.9	113.6	114.0	121.0
镇原县	Zhenyuan	116.3	112.8	114.8	120.8	120.3
定西市	**Dingxi**	**113.0**	**113.2**	**115.7**	**117.3**	**109.6**
安定区	Anding	114.0	113.3	111.1	113.9	113.7
通渭县	Tongwei	115.1	119.4	115.1	118.5	105.2

2-21 续表 5 continued

（上年 =100） (preceding year=100)

地　区	Region	第三产业 Tertiary Industry	# 交通运输、仓储和邮政业 Transport,Storage and Post	# 批发和零售业 Wholesale and Retail Trades	# 住宿和餐饮业 Hotels and Catering Services	人均生产总值 Per Capita Gross Regional Product
陇西县	Longxi	112.7	114.1	114.7	117.4	113.5
渭源县	Weiyuan	116.2	119.2	117.7	114.9	112.2
临洮县	Lintao	114.0	119.0	117.1	116.5	113.3
漳　县	Zhangxian	113.2	118.2	116.8	116.6	114.5
岷　县	Minxian	114.9	118.9	117.1	116.0	112.9
陇南市	**Longnan**	**112.6**	**118.6**	**108.1**	**111.0**	**115.9**
武都区	Wudu	113.9	115.2	111.1	113.7	119.1
成　县	Chengxian	112.7	109.5	112.2	116.4	116.0
文　县	Wenxian	112.6	116.5	113.0	116.0	132.5
宕昌县	Tanchang	112.4	118.9	111.5	113.4	136.0
康　县	Kangxian	112.0	111.2	112.4	112.4	120.1
西和县	Xihe	113.2	112.4	111.3	112.5	120.7
礼　县	Lixian	113.7	115.4	117.8	119.4	115.4
徽　县	Huixian	113.5	118.0	115.9	112.3	126.8
两当县	Liangdang	112.7	110.4	111.3	111.8	128.4
临夏州	**Linxia**	**116.0**	**116.4**	**115.9**	**111.2**	**114.9**
临夏市	linxia	115.0	117.1	114.1	110.8	116.5
临夏县	linxia	118.3	117.3	113.8	110.2	115.5
康乐县	Kangle	120.2	123.0	114.0	111.2	116.2
永靖县	Yongjing	114.2	114.4	113.1	111.2	114.7
广河县	Guanghe	117.5	117.5	113.1	111.0	115.6
和政县	Hezheng	116.6	122.9	114.9	111.8	113.6
东乡县	Dongxiang	115.9	117.5	114.5	111.3	116.1
积石山县	Jishishan	116.5	117.3	115.0	112.5	114.8
甘南州	**Gannan**	**114.4**	**118.6**	**110.6**	**103.7**	**112.8**
合作市	Hezuo	113.1	101.8	108.6	106.1	109.7
临潭县	Lintan	116.4	117.5	120.0	110.4	114.6
卓尼县	Zhuoni	118.0	120.7	118.6	110.0	119.0
舟曲县	Zhouqu	113.6	119.5	118.2	106.5	115.5
迭部县	Diebu	117.5	117.5	116.8	115.5	114.2
玛曲县	Maqu	110.7	120.0	117.4	107.5	106.8
碌曲县	Luqu	115.6	101.6	127.9	108.1	111.5
夏河县	Xiahe	112.4	120.0	108.8	105.6	114.9

主要指标解释

国内生产总值(GDP) 指按市场价格计算的一个国家(或地区)所有常住单位在一定时期内生产活动的最终成果。国内生产总值有三种表现形态，即价值形态、收入形态和产品形态。从价值形态看，它是所有常住单位在一定时期内生产的全部货物和服务价值超过同期投入的全部非固定资产货物和服务价值的差额，即所有常住单位的增加值之和；从收入形态看，它是所有常住单位在一定时期内创造并分配给常住单位和非常住单位的初次收入之和；从产品形态看，它是所有常住单位在一定时期内最终使用的货物和服务价值减去货物和服务进口价值。在实际核算中，国内生产总值有三种计算方法，即生产法、收入法和支出法。三种方法分别从不同的方面反映国内生产总值及其构成。

劳动者报酬 指劳动者因从事生产活动所获得的全部报酬。包括劳动者获得的各种形式的工资、奖金和津贴，既包括货币形式的，也包括实物形式的，还包括劳动者所享受的公费医疗和医药卫生费、上下班交通补贴、单位支付的社会保险费、住房公积金等。

生产税净额 指生产税减生产补贴后的余额。生产税指政府对生产单位从事生产、销售和经营活动以及因从事生产活动使用某些生产要素(如固定资产、土地、劳动力)所征收的各种税、附加费和规费。生产补贴与生产税相反，指政府对生产单位的单方面转移支出，因此视为负生产税，包括政策亏损补贴、价格补贴等。

固定资产折旧 指一定时期内为弥补固定资产损耗按照规定的固定资产折旧率提取的固定资产折旧，或按国民经济核算统一规定的折旧率虚拟计算的固定资产折旧。它反映了固定资产在当期生产中的转移价值。

营业盈余 指常住单位创造的增加值扣除劳动者报酬、生产税净额和固定资产折旧后的余额。它相当于企业的营业利润加上生产补贴，但要扣除从利润中开支的工资和福利等。

支出法国内生产总值 是从最终使用的角度反映一个国家(或地区)一定时期内生产活动最终成果的一种方法，包括最终消费支出、资本形成总额及货物和服务净出口三部分。计算公式为：

支出法国内生产总值 = 最终消费支出 + 资本形成总额 + 货物和服务净出口

最终消费支出 指常住单位为满足物质、文化和精神生活的需要，从本国经济领土和国外购买的货物和服务的支出。它不包括非常住单位在本国经济领土内的消费支出。最终消费支出分为居民消费支出和政府消费支出。

居民消费支出 指常住住户在一定时期内对于货物和服务的全部最终消费支出。居民消费支出除了直接以货币形式购买的货物和服务的消费支出外，还包括以其他方式获得的货物和服务的消费支出，即所谓的虚拟消费支出。居民虚拟消费支出包括如下几种类型：单位以实物报酬及实物转移的形式提供给劳动者的货物和服务；住户生产并由本住户消费了的货物和服务，其中的服务仅指住户的自有住房服务和付酬的家庭雇员提供的家庭和个人服务；金融机构提供的金融媒介服务。

政府消费支出 指政府部门为全社会提供的公共服务的消费支出和免费或以较低的价格向居民住户提供的货物和服务的净支出，前者等于政府服务的产出价值减去政府单位所获得的经营收入的价值，后者等于政府部门免费或以较低价格向居民住户提供的货物和服务的市场价值减去向住户收取的价值。

资本形成总额 指常住单位在一定时期内获得减去处置的固定资产和存货的净额，包括固定资本形成总额和存货增加两部分。

固定资本形成总额 指常住单位在一定时期内获得的固定资产减处置的固定资产的价值总额。固定资产是通过生产活动生产出来的，且其使用年限在一年以上、单位价值在规定标准以上的资产，不包括自然资产。可分为有形固定资本形成总额和无形固定资本形成总额。有形固定资本形成总额包括一定时期内完成的建筑工程、安装工程和设备工器具购置(减处置)价值，以及土地改良、新增役、种、奶、毛、娱乐用牲畜和新增经济林木价值。无形固定资本形成总额包括矿藏的勘探、计算机软件等获得减处置。

存货增加 指常住单位在一定时期内存货实物量变动的市场价值，即期末价值减期初价值的差额，再扣除当期由于价格变动而产生的持有收益。存货增加可以是正值，也可以是负值，正值表示存货上升，负值表示存货下降。存货包括生产单位购进的原材料、燃料和储备物资等存货，以及生产单位生产的产成品、在制品和半成品等存货。

货物和服务净出口 指货物和服务出口减货物和服务进口的差额。出口包括常住单位向非常住单位出售或无偿转让的各种货物和服务的价值；进口包括常住单位从非常住单位购买或无偿得到的各种货物和服务的价值。由于服务活动的提供与使用同时发生，一般把常住单位从非常住单位得到的服务作为进口，非常住单位从常住单位得到的服务作为出口。货物的出口和进口都按离岸价格计算。

3

人口

Population

简要说明

一、本篇资料主要内容

本篇资料主要包括甘肃省 2012 年及历年人口方面的基本情况；计划生育情况。

二、本篇资料来源

1. 本篇资料由省统计局人口与就业处整理。
2. 总人口指当地户籍人口与户口待定人口之和，包括户籍外出人口，不包括外来人口。
3. 常住人口是指实际经常居住在某地区半年以上的人口，包括离开户籍地半年以上的外来人口，不包括当地户籍外出半年以上的外出人口。常住人口包括：居住在本乡镇街道、户口在本乡镇街道或户口待定的人；居住在本乡镇街道、离开户口所在乡镇街道半年以上的人；户口在本乡镇街道、外出不满半年或在境外工作学习的人。
4. 家庭户是指以家庭成员关系为主、居住一处共同生活的人组成的户。
5. 城乡人口是指居住在城镇、乡村地域上的人口，城镇、乡村是按 2008 年国家统计局《统计上划分城乡的规定》划分的。
6. 计划生育资料来源于省人口和计划生育委员会。

3-1 历年人口数及构成
Population and Its Composition

单位：万人 (10 000 persons)

年份 Year	年末总人口 Total Population (year-end)	按性别分 By Sex 男 Male 人口数 Population	比重(%) Proportion	女 Female 人口数 Population	比重(%) Proportion	按城乡分 By Urban and Rural 城镇人口 Urban 人口数 Population	比重(%) Proportion	乡村人口 Rural 人口数 Population	比重(%) Proportion
1978	1870.05	965.88	51.65	904.17	48.35	269.44	14.41	1600.61	85.59
1979	1893.79	977.39	51.61	916.40	48.39	279.89	14.78	1613.90	85.22
1980	1918.43	989.72	51.59	928.71	48.41	290.65	15.15	1627.78	84.85
1981	1941.40	1004.29	51.73	937.11	48.27	304.72	15.70	1636.68	84.30
1982	1974.88	1021.41	51.72	953.47	48.28	305.83	15.49	1669.05	84.51
1983	1999.84	1034.52	51.73	965.32	48.27	324.91	16.25	1674.93	83.75
1984	2025.88	1047.58	51.71	978.30	48.29	345.18	17.04	1680.70	82.96
1985	2052.89	1063.19	51.79	989.70	48.21	366.71	17.86	1686.18	82.14
1986	2085.39	1078.36	51.71	1007.03	48.29	389.58	18.68	1695.81	81.32
1987	2115.73	1093.41	51.68	1022.32	48.32	413.88	19.56	1701.85	80.44
1988	2148.15	1110.38	51.69	1037.77	48.31	439.69	20.47	1708.46	79.53
1989	2184.86	1128.92	51.67	1055.94	48.33	467.12	21.38	1717.74	78.62
1990	2254.67	1151.95	51.09	1102.72	48.91	496.25	22.01	1758.42	77.99
1991	2284.92	1180.85	51.68	1104.07	48.32	508.76	22.27	1776.16	77.73
1992	2314.19	1197.59	51.75	1116.60	48.25	521.59	22.54	1792.60	77.46
1993	2345.23	1194.25	50.92	1150.98	49.08	534.75	22.80	1810.48	77.20
1994	2387.25	1222.27	51.20	1164.98	48.80	548.23	22.96	1839.02	77.04
1995	2437.95	1256.49	51.54	1181.46	48.46	562.06	23.05	1875.89	76.95
1996	2466.86	1276.67	51.75	1190.19	48.25	572.07	23.19	1894.79	76.81
1997	2494.20	1278.57	51.26	1215.63	48.74	582.26	23.34	1911.94	76.66
1998	2519.37	1289.16	51.17	1230.21	48.83	592.63	23.52	1926.74	76.48
1999	2542.58	1292.05	50.82	1250.53	49.18	603.18	23.72	1939.40	76.28
2000	2515.31	1303.69	51.83	1211.62	48.17	603.93	24.01	1911.38	75.99
2001	2523.35	1307.85	51.83	1215.50	48.17	618.47	24.51	1904.88	75.49
2002	2530.76	1311.95	51.84	1218.81	48.16	656.99	25.96	1873.77	74.04
2003	2537.19	1313.00	51.75	1224.19	48.25	694.68	27.38	1842.51	72.62
2004	2541.48	1314.45	51.72	1227.03	48.28	727.12	28.61	1814.36	71.39
2005	2545.10	1309.20	51.44	1235.90	48.56	764.04	30.02	1781.06	69.98
2006	2546.79	1308.54	51.38	1238.25	48.62	791.80	31.09	1754.99	68.91
2007	2548.19	1308.50	51.35	1239.69	48.65	804.97	31.59	1743.22	68.41
2008	2550.88	1309.11	51.32	1241.77	48.68	820.11	32.15	1730.77	67.85
2009	2554.91	1310.16	51.28	1244.75	48.72	834.18	32.65	1720.73	67.35
2010	2559.98	1307.64	51.08	1252.34	48.92	924.66	36.12	1635.32	63.88
2011	2564.19	1309.02	51.05	1255.17	48.95	952.60	37.15	1611.59	62.85
2012	2577.55	1316.87	51.09	1260.68	48.91	998.80	38.75	1578.75	61.25

注：1.2001–2009年数据根据2010年人口普查数据做了调整。
2.2000年及以后数据按常住人口口径统计。

a) Data of 2001 to 2009 are adjusted according to the results of 2010 National Population Census.
b) Data since 2000 are obtained from the standand of permanent population.

3-2 历年人口自然变动情况
Natural Changes of Population

单位：‰ (‰)

年 份 Year	出生率 Birth Rate	死亡率 Death Rate	自然增长率 Natural Growth Rate
1978	17.77	5.87	11.90
1980	16.53	5.15	11.38
1985	18.31	5.46	12.85
1986	21.14	5.91	15.23
1987	20.55	5.71	14.84
1988	20.41	5.06	15.35
1989	22.57	5.60	16.97
1990	20.68	6.08	14.60
1991	19.38	6.05	13.33
1992	19.37	6.64	12.73
1993	20.16	6.84	13.32
1994	20.82	6.84	13.98
1995	20.65	6.49	14.16
1996	18.43	6.64	11.79
1997	17.22	6.20	11.02
1998	16.45	6.41	10.04
1999	15.61	6.44	9.17
2000	14.38	6.41	7.97
2001	13.58	6.43	7.15
2002	13.16	6.45	6.71
2003	12.58	6.46	6.12
2004	12.43	6.52	5.91
2005	12.59	6.57	6.02
2006	12.86	6.62	6.24
2007	13.14	6.65	6.49
2008	13.22	6.68	6.54
2009	13.32	6.71	6.61
2010	12.05	6.02	6.03
2011	12.08	6.03	6.05
2012	12.11	6.05	6.06

3-3 六次人口普查基本情况

Basic Statistics on National Population Census in 1953, 1964, 1982, 1990, 2000 and 2010

指　标	Item	1953	1964	1982	1990	2000	2010
总人口（万人）	**Total population (10 000 persons)**	**1109.36**	**1263.06**	**1956.93**	**2237.11**	**2512.43**	**2557.53**
男	Male	580.80	657.17	1012.37	1159.28	1302.17	1306.41
女	Female	528.56	605.89	944.56	1077.83	1210.26	1251.11
性别比（以女性为 100）	Sex Ratio (female=100)	109.88	108.46	107.18	107.56	107.59	104.42
家庭户规模（人／户）	**Average Family Household Size (person/household)**	**5.40**	**4.95**	**5.17**	**4.58**	**3.99**	**3.49**
各年龄组人口（%）	**Population by Age Group (%)**						
0-14 岁	Aged 0-14	39.56	40.18	36.32	27.97	27.00	18.16
15-64 岁	Aged 15-64	57.35	57.75	60.19	67.97	68.00	73.61
65 岁及以上	Aged 65 and Over	3.09	2.07	3.49	4.06	5.00	8.23
民族人口	**Population by Ethnicity**						
汉族（万人）	Han (10 000 persons)	1013.18	1167.50	1802.03	2051.50	2292.51	2316.48
占总人口比重（%）	Percentage to Total Population (%)	91.33	92.43	92.08	91.70	91.25	90.57
少数民族（万人）	Ethnic Minorities (10 000 persons)	96.18	95.56	154.90	185.61	219.92	241.05
占总人口比重（%）	Percentage to Total Population (%)	8.67	7.57	7.92	8.30	8.75	9.43
每十万人拥有的各种受教育程度人口（人）	**Population with Various Education Attainments Per 100 000 Persons (person)**						
大专及以上	Junior College and Above			551	1104	2665	7520
高中和中专	Senior Secondary School and Technical Secondary School			6246	7825	9863	12686
初　中	Junior Secondary School			12190	16851	23925	31213
小　学	Primary School			27679	29127	36907	32504
文盲人口及文盲率	**Illiterate Population and Illiterate Rate**						
文盲人口（万人）	Illiterate Population (10 000 persons)			634.48	631.06	361.32	222.22
文盲率（%）	Illiterate Rate (%)			50.91	39.17	19.68	8.69
城乡人口（万人）	**Population by Residence (10 000 persons)**						
城镇人口	Urban Population	111.27	140.58	300.19	493.06	603.23	923.66
乡村人口	Rural Population	998.09	1122.48	1656.74	1744.05	1909.20	1633.87
平均预期寿命（岁）	**Life Expectancy (year old)**			**65.75**	**68.25**	**70.39**	**72.23**
男	Male			65.05	67.42	69.28	70.60
女	Female			66.49	69.17	71.88	74.06

注：2000 年、2010 年总人口为常住人口。

a) Total population of 2000 and 2010 are permanent population.

3-4 各地区人口年龄构成和抚养比（2012）
Age Composition and Dependency Ratio of Population by Region (2012)

地区	Region	年末常住人口（万人）Permanent Population at Year-end (10 000 persons)	0-14 岁 Aged 0-14	15-64 岁 Aged 15-64	65 岁及以上 Aged 65 and Over	总抚养比（%）Gross Dependency Ratio (%)	少年儿童抚养比 Children Dependency Ratio(%)	老年人口抚养比 Old Dependency Ratio(%)
甘肃省	**Gansu**	**2577.55**	**444.89**	**1915.89**	**216.77**	**34.54**	**23.22**	**11.31**
兰州市	Lanzhou	363.05	46.51	281.25	35.29	29.08	16.54	12.55
嘉峪关市	Jiayuguan	23.43	3.54	18.05	1.84	29.81	19.61	10.19
金昌市	Jinchang	46.74	7.87	35.17	3.70	32.90	22.38	10.52
白银市	Baiyin	171.92	26.92	131.45	13.55	30.79	20.48	10.31
天水市	Tianshui	328.22	65.94	235.83	26.45	39.18	27.96	11.22
武威市	Wuwei	182.16	29.67	137.61	14.88	32.37	21.56	10.81
张掖市	Zhangye	120.76	20.76	91.11	8.89	32.54	22.79	9.76
平凉市	Pingliang	208.19	41.51	147.57	19.11	41.08	28.13	12.95
酒泉市	Jiuquan	110.44	17.65	83.24	9.55	32.68	21.20	11.47
庆阳市	Qingyang	221.84	40.26	162.50	19.08	36.52	24.78	11.74
定西市	Dingxi	276.92	50.90	202.07	23.95	37.04	25.19	11.85
陇南市	Longnan	256.95	49.44	185.13	22.38	38.79	26.71	12.09
临夏州	Linxia	197.62	42.88	138.57	16.17	42.61	30.94	11.67
甘南州	Gannan	69.31	16.29	48.50	4.52	42.91	33.59	9.32

3-5 各地区城乡人口数及构成（2012）
Population of Urban and Rural and Its composition by Region (2012)

单位：万人 (10 000 persons)

地 区	Region	年末常住人口 Permanent Population at Year-end	城镇人口 Urban Population		乡村人口 Rural Population	
			人口数 Population	比重 (%) Proportion	人口数 Population	比重 (%) Proportion
甘肃省	**Gansu**	**2577.55**	**998.80**	**38.75**	**1578.75**	**61.25**
兰州市	Lanzhou	363.05	284.41	78.34	78.64	21.66
嘉峪关市	Jiayuguan	23.43	21.88	93.37	1.55	6.63
金昌市	Jinchang	46.74	29.97	64.13	16.77	35.87
白银市	Baiyin	171.92	71.42	41.54	100.50	58.46
天水市	Tianshui	328.22	102.11	31.11	226.11	68.89
武威市	Wuwei	182.16	56.25	30.88	125.91	69.12
张掖市	Zhangye	120.76	44.81	37.11	75.95	62.89
平凉市	Pingliang	208.19	65.89	31.65	142.30	68.35
酒泉市	Jiuquan	110.44	57.59	52.15	52.85	47.85
庆阳市	Qingyang	221.84	62.14	28.01	159.70	71.99
定西市	Dingxi	276.92	71.53	25.83	205.39	74.17
陇南市	Longnan	256.95	60.05	23.37	196.90	76.63
临夏州	Linxia	197.62	52.74	26.69	144.88	73.31
甘南州	Gannan	69.31	18.01	25.98	51.30	74.02

3-6 各地、县人口（2012）
Population by Region,County (2012)

单位：万人 (10 000 persons)

地区	Region	年末常住人口 Permanent Population at Year-end	#女性 Female	出生率 Birth Rate (‰)	死亡率 Death Rate (‰)	自然增长率 Natural Growth Rate (‰)
兰州市	**Lanzhou**	**363.05**	**177.35**	**9.57**	**4.63**	**4.94**
城关区	Chengguan	128.47	63.32	8.59	3.27	5.32
七里河区	Qilihe	56.46	26.78	9.53	4.78	4.75
西固区	Xigu	36.62	17.80	7.85	4.21	3.64
安宁区	Anning	27.96	13.58	6.82	2.99	3.83
红古区	Honggu	13.83	6.71	10.23	5.36	4.87
永登县	Yongdeng	42.42	21.13	12.91	6.44	6.47
皋兰县	Gaolan	13.39	6.60	12.88	6.43	6.45
榆中县	Yuzhong	43.90	21.42	11.68	5.61	6.07
嘉峪关市	**Jiayuguan**	**23.43**	**10.92**	**9.22**	**3.73**	**5.49**
金昌市	**Jinchang**	**46.74**	**22.40**	**9.82**	**4.89**	**4.93**
金川区	Jinchuan	23.06	11.10	9.21	5.15	4.06
永昌县	Yongchang	23.68	11.30	10.24	4.62	5.62
白银市	**Baiyin**	**171.92**	**83.59**	**10.81**	**5.19**	**5.62**
白银区	Baiyin	29.73	14.29	9.67	4.93	4.74
平川区	Pingchuan	19.38	9.18	9.78	4.66	5.12
靖远县	Jingyuan	45.91	22.40	11.11	5.26	5.85
会宁县	Huining	54.55	26.77	11.51	5.47	6.04
景泰县	Jingtai	22.35	10.94	10.89	5.34	5.55
天水市	**Tianshui**	**328.22**	**162.70**	**12.61**	**5.74**	**6.87**
秦州区	Qinzhou	64.85	31.88	11.49	5.27	6.22
麦积区	Maiji	55.82	27.22	11.97	5.61	6.36
清水县	Qingshui	27.04	13.43	13.27	5.83	7.44
秦安县	Qinan	51.95	26.06	13.17	6.03	7.14
甘谷县	Gangu	56.21	28.57	12.65	5.61	7.04
武山县	Wushan	43.35	21.01	12.63	5.67	6.96
张家川县	Zhangjiachuan	29.00	14.52	14.19	6.43	7.76
武威市	**Wuwei**	**182.16**	**88.48**	**10.52**	**5.23**	**5.29**
凉州区	Liangzhou	101.43	49.12	10.23	4.87	5.36
民勤县	Minqin	24.16	11.78	9.97	6.10	3.87
古浪县	Gulang	38.95	19.03	10.84	5.15	5.69
天祝县	Tianzhu	17.62	8.54	12.18	6.22	5.96
张掖市	**Zhangye**	**120.76**	**59.09**	**11.39**	**6.17**	**5.22**

3-6 续表 1 continued

单位：万人 (10 000 persons)

地　区	Region	年末常住人口 Permanent Population at Year-end	# 女　性 Female	出生率 Birth Rate (‰)	死亡率 Death Rate (‰)	自然增长率 Natural Growth Rate (‰)
甘州区	Ganzhou	51.05	25.02	10.17	5.03	5.14
肃南县	Sunan	3.40	1.59	11.55	5.17	6.38
民乐县	Minle	22.11	10.63	12.06	5.93	6.13
临泽县	Linze	13.52	6.63	11.58	6.55	5.03
高台县	Gaotai	14.42	7.12	11.18	6.44	4.74
山丹县	Shandan	16.26	8.09	11.42	5.33	6.09
平凉市	**Pingliang**	**208.19**	**103.43**	**12.12**	**6.14**	**5.98**
崆峒区	Kongtong	51.35	25.13	11.18	4.96	6.22
泾川县	Jingchuan	28.28	14.27	12.44	6.70	5.74
灵台县	Lingtai	18.24	9.05	12.39	6.34	6.05
崇信县	Chongxin	10.27	4.84	12.68	6.16	6.52
华亭县	Huating	19.43	9.21	11.12	5.27	5.85
庄浪县	Zhuanglang	38.25	19.65	12.83	6.80	6.03
静宁县	Jingning	42.37	21.27	12.60	6.90	5.70
酒泉市	**Jiuquan**	**110.44**	**53.42**	**9.83**	**5.22**	**4.61**
肃州区	Suzhou	43.39	21.47	10.10	4.62	5.48
金塔县	Jinta	14.88	7.23	8.52	5.95	2.57
瓜州县	Guazhou	14.72	6.86	9.69	4.48	5.21
肃北县	Subei	1.50	0.59	9.68	4.48	5.20
阿克塞县	Akesai	1.04	0.44	11.52	3.39	8.13
玉门市	Yumen	16.16	7.62	11.46	5.96	5.50
敦煌市	Dunhuang	18.75	9.21	8.86	6.13	2.73
庆阳市	**Qingyang**	**221.84**	**109.23**	**13.55**	**6.41**	**7.14**
西峰区	Xifeng	38.06	18.76	12.91	5.89	7.02
庆城县	Qingcheng	26.27	12.73	13.20	6.12	7.08
环　县	Huanxian	30.54	14.81	13.22	6.01	7.21
华池县	Huachi	12.25	5.88	13.10	6.04	7.06
合水县	Heshui	14.71	7.16	13.66	6.41	7.25
正宁县	Zhengning	18.13	9.02	13.18	6.14	7.04
宁　县	Ningxian	40.15	20.22	13.65	6.49	7.16
镇原县	Zhenyuan	41.73	20.65	13.45	6.25	7.20
定西市	**Dingxi**	**276.92**	**136.02**	**12.25**	**6.67**	**5.58**
安定区	Anding	42.37	20.77	12.07	6.81	5.26
通渭县	Tongwei	40.21	20.23	11.59	6.26	5.33

3-6 续表 2 continued

单位：万人 (10 000 persons)

地　区	Region	年末常住人口 Permanent Population at Year-end	#女　性 Female	出生率 Birth Rate (‰)	死亡率 Death Rate (‰)	自然增长率 Natural Growth Rate (‰)
陇西县	Longxi	45.69	22.31	12.25	6.71	5.55
渭源县	Weiyuan	32.64	15.82	12.08	6.57	5.50
临洮县	Lintao	51.12	25.38	12.64	6.86	5.78
漳　县	Zhangxian	19.50	9.42	12.45	6.54	5.91
岷　县	Minxian	45.39	22.13	12.61	6.78	5.83
陇南市	**Longnan**	**256.95**	**123.16**	**13.01**	**6.76**	**6.25**
武都区	Wudu	55.86	26.63	13.21	6.18	7.03
成　县	Chengxian	24.42	11.85	12.41	6.84	5.57
文　县	Wenxian	21.46	10.32	12.87	6.21	6.66
宕昌县	Tanchang	27.12	12.93	13.94	6.97	6.97
康　县	Kangxian	17.99	8.44	10.54	9.52	1.02
西和县	Xihe	39.75	19.35	13.97	6.66	7.31
礼　县	Lixian	45.76	21.80	13.77	6.69	7.08
徽　县	Huixian	20.10	9.75	11.64	6.34	5.30
两当县	Liangdang	4.49	2.10	7.88	7.48	0.40
临夏州	**Linxia**	**197.62**	**97.61**	**14.79**	**7.01**	**7.78**
临夏市	linxia	27.78	13.72	11.65	5.38	6.27
临夏县	linxia	33.09	16.39	14.96	7.52	7.44
康乐县	Kangle	23.68	11.85	14.86	7.42	7.44
永靖县	Yongjing	18.15	8.85	11.45	6.51	4.94
广河县	Guanghe	23.23	11.55	17.43	7.33	10.10
和政县	Hezheng	18.79	9.29	15.36	7.43	7.93
东乡县	Dongxiang	29.03	14.08	17.39	7.23	10.16
积石山县	Jishishan	23.87	11.87	14.52	7.29	7.23
甘南州	**Gannan**	**69.31**	**33.58**	**14.74**	**7.03**	**7.71**
合作市	Hezuo	9.23	4.46	12.91	5.60	7.31
临潭县	Lintan	13.64	6.66	13.75	7.54	6.21
卓尼县	Zhuoni	10.23	4.94	17.07	7.82	9.25
舟曲县	Zhouqu	13.05	6.35	13.88	7.41	6.47
迭部县	Diebu	5.22	2.55	14.62	6.91	7.71
玛曲县	Maqu	5.57	2.60	18.18	6.46	11.72
碌曲县	Luqu	3.62	1.76	16.91	7.51	9.40
夏河县	Xiahe	8.75	4.25	13.71	6.48	7.23

3-7 各地、县总户数及农业、非农业人口（2012）

Number of Households and Agriculture, Non-agricultural Population by Region,County (2012)

单位：人 (person)

地　区	Region	年末总户数（户）Number of Households (household)	年末总人口 Total Population (year-end)	农业人口 Agricultural Population	非农业人口 Non-Agricultural Population
甘肃省	**Gansu**	**8052602**	**27129996**	**19702229**	**7427767**
兰州市	**Lanzhou**	**1031727**	**3215205**	**1190188**	**2025017**
城关区	Chengguan	309672	926018	14242	911776
七里河区	Qilihe	158664	468825	77214	391611
西固区	Xigu	112640	325846	55812	270034
安宁区	Anning	60559	200846		200846
红古区	Honggu	51058	142274	47112	95162
永登县	Yongdeng	158178	529693	454172	75521
皋兰县	Gaolan	59785	183606	152167	31439
榆中县	Yuzhong	121171	438097	389469	48628
嘉峪关市	**Jiayuguan**	**64310**	**197647**		**197647**
金昌市	**Jinchang**	**163849**	**460013**		**460013**
金川区	Jinchuan	77224	207570		207570
永昌县	Yongchang	86625	252443		252443
白银市	**Baiyin**	**530549**	**1757187**	**1276967**	**480220**
白银区	Baiyin	99212	281267	66414	214853
平川区	Pingchuan	65503	210262	103974	106288
靖远县	Jingyuan	136911	469879	415067	54812
会宁县	Huining	160483	564112	508479	55633
景泰县	Jingtai	68440	231667	183033	48634
天水市	**Tianshui**	**1004047**	**3689510**	**2666329**	**1023181**
秦州区	Qinzhou	196097	687174	345128	342046
麦积区	Maiji	180541	621215	313250	307965
清水县	Qingshui	85696	325960	296501	29459
秦安县	Qinan	160607	613353	467935	145418
甘谷县	Gangu	171482	631102	568911	62191
武山县	Wushan	122769	456244	372545	83699
张家川县	Zhangjiachuan	86855	354462	302059	52403
武威市	**Wuwei**	**558111**	**1860035**	**1513063**	**346972**
凉州区	Liangzhou	303481	1002274	771895	230379
民勤县	Minqin	77355	271727	231632	40095
古浪县	Gulang	113474	376186	343160	33026
天祝县	Tianzhu	63801	209848	166376	43472
张掖市	**Zhangye**	443546	1308441	948116	360325

注：本表为2012年省公安厅户籍统计人口数据。

a)Data from household registration of Gansu Provincial Public Security Department in 2012.

3-7 续表 1 continued

单位：人 (person)

地区	Region	年末总户数（户）Number of Households (household)	年末总人口 Total Population (year-end)	农业人口 Agricultural Population	非农业人口 Non-Agricultural Population
甘州区	Ganzhou	173323	515031	329342	185689
肃南县	Sunan	14554	37579	25543	12036
民乐县	Minle	78692	246261	207293	38968
临泽县	Linze	52685	150662	125363	25299
高台县	Gaotai	54979	158335	130677	27658
山丹县	Shandan	69313	200573	129898	70675
平凉市	**Pingliang**	**696551**	**2315172**	**1882191**	**432981**
崆峒区	Kongtong	168477	511355	340579	170776
泾川县	Jingchuan	105853	353558	318415	35143
灵台县	Lingtai	73989	229752	205049	24703
崇信县	Chongxin	31330	99885	81872	18013
华亭县	Huating	62254	185499	93565	91934
庄浪县	Zhuanglang	120706	446203	409523	36680
静宁县	Jingning	133942	488920	433188	55732
酒泉市	**Jiuquan**	**338883**	**1013072**	**655195**	**357877**
肃州区	Suzhou	131444	407088	230133	176955
金塔县	Jinta	49369	150174	118750	31424
瓜州县	Guazhou	40298	128101	102013	26088
肃北县	Subei	4985	11741	5831	5910
阿克塞县	Akesai	15444	33527	2931	30596
玉门市	Yumen	47567	140472	94206	46266
敦煌市	Dunhuang	49776	141969	101331	40638
庆阳市	**Qingyang**	**776030**	**2622513**	**2290928**	**331585**
西峰区	Xifeng	113586	372520	259014	113506
庆城县	Qingcheng	91781	285573	242393	43180
环　县	Huanxian	96941	351828	323302	28526
华池县	Huachi	41754	130644	111793	18851
合水县	Heshui	53942	173184	150817	22367
正宁县	Zhengning	73768	239577	210502	29075
宁　县	Ningxian	156142	548897	509962	38935
镇原县	Zhenyuan	148116	520290	483145	37145
定西市	**Dingxi**	**844162**	**2962624**	**2596459**	**366165**
安定区	Anding	143718	465606	367119	98487
通渭县	Tongwei	118708	431436	386614	44822

3-7 续表 2 continued

单位：人 (person)

地 区	Region	年末总户数(户) Number of Households (household)	年末总人口 Total Population (year-end)	农业人口 Agricultural Population	非农业人口 Non-Agricultural Population
陇西县	Longxi	142673	505091	423816	81275
渭源县	Weiyuan	100338	342473	317160	25313
临洮县	Lintao	157399	534275	479682	54593
漳　县	Zhangxian	55149	206739	185687	21052
岷　县	Minxian	126177	477004	436381	40623
陇南市	**Longnan**	**806869**	**2806389**	**2343674**	**462715**
武都区	Wudu	174922	576279	436489	139790
成　县	Chengxian	80129	260353	160072	100281
文　县	Wenxian	84922	240887	203788	37099
宕昌县	Tanchang	80767	302081	276037	26044
康　县	Kangxian	61926	197510	177037	20473
西和县	Xihe	110251	433401	386970	46431
礼　县	Lixian	130103	526540	478370	48170
徽　县	Huixian	66961	219877	186469	33408
两当县	Liangdang	16888	49461	38442	11019
临夏州	**Linxia**	**583501**	**2185710**	**1774925**	**410785**
临夏市	linxia	73517	244507	86760	157747
临夏县	linxia	104082	398156	364136	34020
康乐县	Kangle	70916	273150	249002	24148
永靖县	Yongjing	63062	204729	159227	45502
广河县	Guanghe	58758	257111	230516	26595
和政县	Hezheng	63308	213817	166859	46958
东乡县	Dongxiang	82382	332315	283845	48470
积石山县	Jishishan	67476	261925	234580	27345
甘南州	**Gannan**	**210467**	**736478**	**564194**	**172284**
合作市	Hezuo	27949	91815	35395	56420
临潭县	Lintan	45474	157708	136355	21353
卓尼县	Zhuoni	30098	109772	91854	17918
舟曲县	Zhouqu	41857	140668	119470	21198
迭部县	Diebu	16897	59162	40775	18387
玛曲县	Maqu	16136	52733	43056	9677
碌曲县	Luqu	9608	35529	26898	8631
夏河县	Xiahe	22448	89091	70391	18700

3-8 计划生育情况
Statistics of Family Planning

项　目	Item	2005	2009	2010	2011	2012
全省计划生育状况	**Family Planning**					
政策计划内生育（万人）	Births under Control (10 000 persons)	21.85	23.79	24.48	25.31	26.85
符合政策计划生育率（%）	Family Planning Rate (%)	87.29	90.45	91.36	91.76	92.71
已婚育龄妇女人数（万人）	Married Women at Childbearing Age (10 000 persons)	524.08	540.11	562.33	562.99	578.95
实际采取节育措施的人数（万人）	Number of Married People Adopting Birth Control Measures (10 000 persons)	472.83	478.52	490.28	494.03	506.97
独生子女领证率（%）	Coverage of One-child Certificate (%)	11.77	12.40	9.75	11.36	11.65
城市计划生育状况	**Urban Areas**					
政策计划内生育（万人）	Births Under Control (10 000 persons)	3.53	3.49	3.75	4.42	4.39
符合政策计划生育率（%）	Family Planning Rate (%)	99.39	99.07	99.03	98.65	99.07
已婚育龄妇女人数（万人）	Married Women at Childbearing Age (10 000 persons)	93.99	103.30	113.69	114.31	121.27
实际采取节育措施的人数（万人）	Number of Married People Adopting Birth Control Measures (10 000 persons)	82.62	88.97	93.89	95.30	101.13
独生子女领证率（%）	Coverage of Only-child Certificate (%)	57.29	49.49	33.06	38.38	37.57
农村计划生育状况	**Rural Areas**					
政策计划内生育（万人）	Births under Control (10 000 persons)	18.12	20.01	20.65	20.89	21.53
符合政策计划生育率（%）	Family Planning Rate (%)	85.24	89.00	90.08	90.42	91.29
已婚育龄妇女人数（万人）	Married Women at Childbearing Age (10 000 persons)	422.33	425.43	436.70	434.48	439.10
实际采取节育措施的人数（万人）	Number of Married People Adopting Birth Control Measures (10 000 persons)	383.42	380.07	388.58	388.16	391.70
独生子女领证率（%）	Coverage of Only-child Certificate (%)	1.83	3.72	3.93	4.40	4.76

主要指标解释

人口数 指一定时点、一定地区范围内有生命的个人总和。年末统计的年末人口数指每年12月31日24时的人口数。

城镇人口和乡村人口 城镇人口是指居住在城镇范围内的全部常住人口；乡村人口是除上述人口以外的全部人口。

出生率（又称粗出生率） 指在一定时期内（通常为一年）一定地区的出生人数与同期内平均人数（或期中人数）之比，用千分率表示。本资料中的出生率指年出生率，其计算公式为：

$$出生率=\frac{年出生人数}{年平均人数}\times 100\%$$

式中：出生人数指活产婴儿，即胎儿脱离母体时（不管怀孕月数），有过呼吸或其他生命现象。年平均人数指年初、年底人口数的平均数，也可用年中人口数代替。

死亡率（又称粗死亡率） 指在一定时期内（通常为一年）一定地区的死亡人数与同期内平均人数（或期中人数）之比，用千分率表示。本资料中的死亡率指年死亡率，其计算公式为：

$$死亡率=\frac{年死亡人数}{年平均人数}\times 100\%$$

人口自然增长率 指在一定时期内（通常为一年）人口自然增加数（出生人数减死亡人数）与该时期内平均人数（或期中人数）之比，用千分率表示。

总抚养比 也称总负担系数。指人口总体中非劳动年龄人口数与劳动年龄人口数之比。通常用百分比表示。说明每100名劳动年龄人口大致要负担多少名非劳动年龄人口。用于从人口角度反映人口与经济发展的基本关系。计算公式为：

$$GDR=\frac{P_{0\sim14}+P_{65^+}}{P_{15\sim64}}\times 100\%$$

其中：GDR为总抚养比；

$P_{0\sim14}$ 为0～14岁少年儿童人口数；

P_{65^+} 为65岁及65岁以上的老年人口数；

$P_{15\sim64}$ 为15～64岁劳动年龄人口数。

老年人口抚养比 也称老年人口抚养系数。指某一人口中老年人口数与劳动年龄人口数之比。通常用百分比表示。用以表明每100名劳动年龄人口要负担多少名老年人。老年人口抚养比是从经济角度反映人口老化社会后果的指标之一。计算公式为：

$$ODR=\frac{P_{65^+}}{P_{15\sim64}}\times 100\%$$

其中：ODR为老年人口抚养比；

P_{65^+} 为65岁及65岁以上的老年人口数；

$P_{15\sim64}$ 为15～64岁的劳动年龄人口数。

少年儿童抚养比 也称少年儿童抚养系数。指某一人口中少年儿童人口数与劳动年龄人口数之比。通常用百分比表示。以反映每100名劳动年龄人口要负担多少名少年儿童。计算公式为：

$$CDR=\frac{P_{0\sim14}}{P_{15\sim64}}\times 100\%$$

其中：CDR为少年儿童抚养比；

$P_{0\sim14}$ 为0～14岁少年儿童人口数；

$P_{15\sim64}$ 为15～64岁劳动年龄人口数。

4

就业人员和职工工资

Employment and Wages

简要说明

一、本篇资料主要内容

本篇资料反映甘肃省劳动经济方面基本情况，主要包括经济活动人口数、就业人员及职工人数，城镇登记失业人数，职工工资总额，平均工资及指数变化等情况。

二、本篇资料来源

本篇资料来源于劳动工资统计年报，由省统计局人口与就业处整理提供。

4-1 就业基本情况
Employment

项　目	Item	2005	2009	2010	2011	2012
经济活动人口（万人）	**Economically Active Population (10 000 persons)**	**1400.61**	**1498.91**	**1510.28**	**1511.06**	**1501.29**
就业人员（万人）	**Total Number of Employed Persons (10 000 persons)**	1391.36	1488.63	1499.56	1500.26	1491.59
第一产业	Primary Industry	885.82	923.09	923.88	919.06	901.67
第二产业	Secondary Industry	203.96	227.16	230.33	231.49	233.28
第三产业	Tertiary Industry	301.58	338.38	345.35	349.71	356.64
就业人员构成（合计 =100）	**Composition of Employed Persons (total=100)**					
第一产业	Primary Industry	63.67	62.01	61.61	61.26	60.45
第二产业	Secondary Industry	14.66	15.26	15.36	15.43	15.64
第三产业	Tertiary Industry	21.67	22.73	23.03	23.31	23.91
按城乡分就业人员（万人）	**Number of Employed Persons by Urban and Rural Areas (10 000 persons)**					
城镇就业人员	Urban Employed Persons	364.07	413.84	433.64	452.24	492.71
单位就业人员	Unit Employed Persons	194.26	192.98	194.29	199.29	211.33
国有单位	State-owned Units	158.98	147.24	147.36	150.05	158.62
城镇集体单位	Urban Collective-owned Units	12.60	7.32	6.88	7.46	8.06
股份合作单位	Cooperative Units	4.49	1.01	1.03	0.87	0.92
联营单位	Joint Ownership Units	2.36	0.27	0.46	1.68	0.16
有限责任公司	Limited Liability Corporations	9.31	23.79	23.84	23.96	28.06
股份有限公司	Share-holding Corporations Ltd.	3.50	9.57	10.36	11.16	11.31
其他	Others	1.78	2.27	3.12	2.93	2.87
港澳台商投资单位	Units with Funds from Hong Kong, Macao & Taiwan	0.62	0.54	0.47	0.29	0.40
外商投资单位	Foreign Funded Units	0.62	0.97	0.77	0.89	0.93
私营企业	Privite Enterprises	67.70	79.24	79.96	80.64	82.14
个　体	Self-employed Individuals	102.11	141.62	159.39	172.31	199.24
乡村就业人员	Rural Employed Persons	1027.29	1074.79	1065.92	1048.02	998.88
在岗职工人数（万人）	**Number of Staff and Workers (10 000 persons)**	**188.49**	**187.50**	**187.96**	**188.33**	**194.23**
国有单位	State-owned Units	154.73	143.04	142.46	142.44	146.65
城镇集体单位	Urban Collective-owned Units	11.92	6.79	6.76	6.98	7.28
其他单位	Units of Other Types of Ownership	21.84	37.68	38.74	38.91	40.30
城镇单位女性就业人员（万人）	**Number of Female Employed Persons in Urban Units (10 000 persons)**	**64.34**	**62.56**	**63.56**	**67.43**	**71.69**
城镇新增就业人员（万人）	**New Increased Urban Employed Persons (10 000 persons)**		**27.80**	**29.30**	**30.00**	**36.00**
城镇登记失业人数（万人）	**Number of Registered Unemployed Persons in Urban Areas (10 000 persons)**	**9.26**	**10.28**	**10.72**	**10.80**	**9.78**
城镇登记失业率（%）	**Registered Unemployment Rate in Urban Areas(%)**	**3.26**	**3.25**	**3.21**	**3.11**	**2.68**

注：从业人员按常住人口口径统计。

a) Data are obtained from the standand of permanent population.

4-2 从业人员
Employed Persons

单位：万人 (10 000 persons)

年 份 Year	经济活动人口 Economically Active Population	从业人员 Employed Persons	按三次产业分 By Three Strata of Industry 第一产业 Primary Industry	第二产业 Secondary Industry	第三产业 Tertiary Industry	按城乡分 By Urban and Rural Areas 城 镇 Urban Areas	乡 村 Rural Areas
1978		694.00				160.40	533.60
1979		713.00				164.00	549.00
1980	804.60	796.00				172.90	623.10
1981	852.80	842.00				182.30	659.70
1982	879.00	870.00				186.80	683.20
1983	998.90	993.80	797.10	108.10	88.60	191.00	802.80
1984	1051.30	1047.00	803.30	124.30	119.40	205.30	841.70
1985	1088.60	1081.40	785.90	153.00	142.50	211.30	870.10
1986	1106.00	1098.90	789.50	178.70	130.70	221.00	877.90
1987	1150.50	1139.70	753.70	171.20	214.80	231.20	908.50
1988	1190.80	1178.80	798.30	188.90	191.60	236.30	942.50
1989	1227.70	1214.00	824.20	183.60	206.20	237.30	976.70
1990	1304.90	1292.40	899.40	186.30	206.70	240.20	1052.20
1991	1313.70	1302.40	900.00	197.60	204.80	257.10	1045.30
1992	1315.40	1305.90	898.50	205.00	202.40	264.10	1041.80
1993	1427.90	1417.80	973.94	232.26	211.60	271.10	1146.70
1994	1449.20	1438.81	936.37	256.80	245.64	281.81	1157.00
1995	1492.40	1483.32	942.30	281.50	259.52	283.33	1199.99
1996	1531.00	1521.46	961.30	288.80	271.36	288.28	1233.18
1997	1538.70	1530.32	945.55	308.47	276.30	284.47	1245.85
1998	1548.10	1539.80	922.30	310.50	307.00	320.10	1219.70
1999	1496.80	1489.00	878.50	297.80	312.70	336.00	1153.00
2000	1484.19	1476.45	880.56	279.78	316.11	320.19	1156.26
2001	1496.33	1488.93	886.66	274.85	327.42	324.37	1164.56
2002	1509.25	1500.59	888.80	278.36	333.43	326.91	1173.68
2003	1520.15	1510.85	890.04	282.23	338.58	332.71	1178.14
2004	1529.99	1520.46	890.61	284.63	345.22	339.27	1181.19
2005	1400.61	1391.36	885.82	203.96	301.58	364.07	1027.29
2006	1411.05	1401.36	886.08	207.26	308.02	371.73	1029.63
2007	1424.27	1414.76	886.48	212.26	316.02	382.73	1032.03
2008	1455.77	1446.34	901.79	218.63	325.92	397.74	1048.60
2009	1498.91	1488.63	923.09	227.16	338.38	413.84	1074.79
2010	1510.28	1499.56	923.88	230.33	345.35	433.64	1065.92
2011	1511.06	1500.26	919.06	231.49	349.71	452.24	1048.02
2012	1501.29	1491.59	901.67	233.28	356.64	492.71	998.88

注 :2005 年及以后从业人员按常住人口口径统计。

a) Data of Employed Persons since 2005 are obtained from the standard of permanent population.

4-3 按登记注册类型和行业分城镇单位就业人员数（2012）
Number of Employed Persons in Urban Units at Year-end by Status of Registration and Sector in Detail (2012)

单位：万人 (10 000 persons)

项 目	Item	合 计 Total	国有单位 State-owned Units	城镇集体单位 Urban Collective-owned Units	其他单位 Units of Other Types of Ownership
城镇单位就业人员	**Urban Unit Employed Persons**	**211.33**	**158.62**	**8.06**	**44.66**
按企、事业和机关分	**By Enterprises, Institutions and Agencies**				
企业	Enterprises	107.33	55.65	7.65	44.04
事业	Institutions	71.00	70.54	0.34	0.13
机关	Agencies & Organizations	32.71	32.41		0.30
民间非盈利组织	Folk Non-profit Organization	0.02			0.02
其他	Other	0.27	0.02	0.07	0.18
按国民经济行业分	**By Sector**				
农、林、牧、渔业	Agriculture, Forestry, Animal Husbandry and Fishery	5.55	5.38	0.03	0.14
采矿业	Mining	9.66	3.62	0.30	5.75
制造业	Manufacturing	33.81	15.78	1.59	16.44
电力、热力、燃气及水的生产和供应业	Production and Supply of Electricity, Gas and Water	7.22	5.98	0.03	1.21
建筑业	Construction	22.99	9.47	3.44	10.08
批发和零售业	Wholesale and Retail Trades	6.01	2.29	0.50	3.22
交通运输、仓储和邮政业	Transport,Storage and Post	10.36	8.57	0.10	1.69
住宿和餐饮业	Hotels and Catering Services	1.93	0.99	0.14	0.79
信息传输、软件和信息技术服务业	Information Transmission,Software and Information Technology Services	2.04	1.06	0.02	0.96
金融业	Financial Intermediation	7.19	3.13	1.30	2.75
房地产业	Real Estate	1.88	0.84	0.02	1.02
租赁和商务服务业	Leasing and Business Services	1.71	1.32	0.24	0.15
科学研究和技术服务业	Scientific Research and Technical Services	5.61	5.35	0.03	0.24
水利、环境和公共设施管理业	Management of Water Conservancy, Environment and Public Facilities	5.19	5.18		0.01
居民服务、修理和其他服务业	Services and Repair to Households and Other Services	0.40	0.34	0.04	0.02
教育	Education	36.84	36.76	0.02	0.06
卫生和社会工作	Health and Social Work	11.69	11.38	0.24	0.07
文化、体育和娱乐业	Culture, Sports and Entertainment	2.57	2.51	0.02	0.04
公共管理、社会保障和社会组织	Public Management,Social Security and Social Organizations	38.69	38.67		0.02

4-4 年底在岗职工人数
Number of Staff and Workers at Year-end

单位：万人 (10 000 persons)

行 业	Sector	2007	2008	2009	2010	2011
在岗职工人数	**Number of Staff and Workers**	**190.51**	**188.20**	**187.50**	**187.96**	**188.33**
农、林、牧、渔业	Agriculture,Forestry,Animal Husbadry and Fishery	5.76	5.83	5.19	5.19	5.13
采矿业	Mining	11.01	8.45	8.60	8.87	9.29
制造业	Manufacturing	39.23	36.50	38.09	34.54	31.53
电力、燃气及水的生产和供应业	Production and Supply of Electricity,Gas and Water	6.72	6.37	6.57	6.60	6.67
建筑业	Construction	13.73	15.28	13.15	14.32	17.20
交通运输、仓储和邮政业	Transport, Storage, Post and Telecommunication Services	9.79	9.92	10.10	9.93	9.93
信息传输、计算机服务和软件业	Information Transmission,Computer Service and Software	1.64	1.49	2.16	1.66	1.49
批发和零售业	Wholesale and Retail Trade	6.97	5.95	5.50	5.59	5.39
住宿和餐饮业	Hoteling and Catering Services	2.09	1.91	1.94	1.82	1.76
金融业	Financial Intermediation	6.15	6.19	6.33	6.59	6.38
房地产业	Real Estate	1.89	1.40	1.68	1.68	1.54
租赁和商务服务业	Renting and Business Services	1.76	1.88	1.44	1.33	1.34
科学研究、技术服务和地质勘查业	Scientific Research,Technical Services and Geologic Prospecting	4.89	4.77	4.88	5.01	4.78
水利、环境和公共设施管理业	Management of Water,Environment,and Public Facilities Conservancy	3.44	3.30	3.14	3.05	3.63
居民服务和其他服务业	Services to Households and Other Services	0.35	0.34	0.34	0.22	0.36
教 育	Education	30.58	33.19	32.81	33.40	34.26
卫生、社会保障和社会福利业	Health Care,Social Security,Social Welfare	8.46	8.68	8.87	9.66	10.36
文化、体育和娱乐业	Culture,Sports and Recreations	2.18	2.37	2.43	2.76	2.34
公共管理和社会组织	Public Management and Social Organizations	33.87	34.37	34.28	35.73	34.92

4-4 续表 1 continued

单位：万人 (10 000 persons)

行 业	Sector	2012
在岗职工人数	**Number of Staff and Workers**	**194.23**
农、林、牧、渔业	Agriculture, Forestry, Animal Husbandry and Fishery	5.25
采矿业	Mining	9.20
制造业	Manufacturing	30.81
电力、热力、燃气及水的生产和供应业	Production and Supply of Electricity, Gas and Water	6.84
建筑业	Construction	17.75
批发和零售业	Wholesale and Retail Trades	5.57
交通运输、仓储和邮政业	Transport,Storage and Post	9.56
住宿和餐饮业	Hotels and Catering Services	1.83
信息传输、软件和信息技术服务业	Information Transmission,Software and Information Technology Services	1.60
金融业	Financial Intermediation	6.39
房地产业	Real Estate	1.78
租赁和商务服务业	Leasing and Business Services	1.18
科学研究和技术服务业	Scientific Research and Technical Services	5.41
水利、环境和公共设施管理业	Management of Water Conservancy, Environment and Public Facilities	4.71
居民服务、修理和其他服务业	Services and Repair to Households and Other Services	0.39
教育	Education	35.78
卫生和社会工作	Health and Social Work	10.76
文化、体育和娱乐业	Culture, Sports and Entertainment	2.43
公共管理、社会保障和社会组织	Public Management,Social Security and Social Organizations	36.98

注：从 2012 年起行业分类按照《国民经济行业分类》（GB/T 4754-2011）划分。

a) Since 2012, classification of industry according to the "National Industry Classification"(GB/T 4754-2011).

4-5 按登记注册类型和细行业分年底在岗职工人数（2012）
Number of Staff and Workers at Year-end by Status of Registration and Sector in Detail (2012)

单位：人 (person)

项目	Item	合计 Total	国有单位 State-owned Units	城镇集体单位 Urban Collective-owned Units	其他单位 Units of Other Types
在岗职工人数	**Number of Staff and Workers**	**1942285**	**1466456**	**72788**	**403041**
按企、事业和机关分	**By Enterprises, Institutions and Agencies**				
企业	Enterprises	949091	482392	69108	397591
事业	Institutions	678345	674135	2981	1229
机关	Agencies & Organizations	312411	309690	23	2698
民间非盈利组织	Folk Non-profit Organizations	152			152
其他	Other	2286	239	676	1371
按国民经济行业分	**By Sector**				
农、林、牧、渔业	**Agricultrue,Forestry,Animal Husbadry and Fishery**	**52489**	**50988**	**239**	**1262**
农业	Farming	20239	19798	65	376
林业	Forestry	13535	13485	47	3
畜牧业	Animal Husbandry	911	839	72	
渔业	Fishery	21	21		
农、林、牧、渔服务业	Services in Support of Agriculture	17783	16845	55	883
采矿业	**Mining**	**92030**	**34676**	**2960**	**54394**
煤炭开采及洗选业	Mining and Washing of Coal	70495	29373	2686	38436
石油和天然气开采业	Extraction of Petroleum and Natural Gas	9874			9874
黑色金属矿采选业	Mining and Processing of Ferrous Metal Ores	1208			1208
有色金属矿采选业	Mining and Processing of Non-Ferrous Metal Ores	9672	4699	226	4747
非金属矿采选业	Mining and Processing of Non-metal Ores	480	310	48	122
开采辅助活动	Ancillary Activities of Mining	117	110		7
其他采矿业	Mining of Other Ores	184	184		
制造业	**Manufacturing**	**308067**	**143119**	**14121**	**150827**
农副食品加工业	Processing of Food from Agricultural Products	10784	1173	187	9424
食品制造业	Manufacture of Foods	3446	422		3024
酒、饮料和精茶制造业	Manufacture of Liquor, Beverages and Refined Tea	12231	1839	412	9980
烟草制品业	Manufacture of Tobacco	2590	2590		
纺织业	Manufacture of Textile	4115	100	8	4007
纺织服装、服饰业	Manufacture of Textile Wearing, Apparel Industry	875		299	576
皮革、毛皮、羽毛(绒)及其制品和制鞋业	Manufacture of Leather, Fur, Feather and Related Products and Shoes	956	770	98	88
木材加工及木.竹、藤、棕、草制品业	Processing of Timber, Manufacture of Wood, Bamboo, Rattan, Palm and Straw Products	601			601
家具制造业	Manufacture of Furniture	562	53	9	500
造纸及纸制品业	Manufacture of Paper and Paper Products	1379	205	210	964
印刷业和记录媒介复制业	Printing and Reproduction of Recording Media	2816	1910	226	680

4–5 续表 1 continued

单位：人 (person)

项 目	Item	合 计 Total	国有单位 State-owned Units	城镇集体单位 Urban Collective-owned Units	其他单位 Units of Other Types
文教、工美、体育和娱乐用品制造业	Manufacture of Articles for Culture, Education and Sport Activities	761		48	713
石油加工、炼焦和核燃料加工业	Processing of Petroleum, Coking, Processing of Nucleus Fuel	7573	3493	4080	
化学原料及化学制品制造业	Manufacture of Raw Chemical Materials and Chemical Products	43524	26388	240	16896
医药制造业	Manufactare of Medicines	9022	2991	78	5953
化学纤维制造业	Manufacture of Chemical Fibres	1486	1481		5
橡胶和塑料制品业	Manufacture of Rubber and Plastic	3733	252	470	3011
非金属矿物制品业	Manufacture of Non-metallic Mineral Products	25017	7344	646	17027
黑色金属冶炼和压延加工业	Smelting and Pressing of Ferrous Metals	36033	29473	2178	4382
有色金属冶炼和压延加工业	Smelting and Pressing of Non-ferrous Metals	76916	43315	3499	30102
金属制品业	Manufacture of Metal Products	4352	1956	22	2374
通用设备制造业	Manufacture of General Purpose Machinery	14132	5544	563	8025
专用设备制造业	Manufacture of Special Purpose Machinery	14193	2609	13	11571
汽车制造业	Manufacture of Automobile	1245	570		675
铁路、船舶、航空航天和其他运输设备制造业	Manufacture of Railway Equipment, Ships, Aerospace Equipment and Other Transport Equipment	7053	5108	65	1880
电气机械及器材制造业	Manufacture of Electrical Machinery and Equipment	12452	3395	718	8339
计算机、通讯和其他电子设备制造业	Manufacture of Computers,Communicationt and Other Electronic Equipment	7351	47		7304
仪器仪表制造业	Manufacture of Measuring Instruments	1432			1432
其他制造业	Other Manufacturing	153	17	32	104
废弃资源综合利用业	Recycling and Disposal of Waste				
金属制品、机械和设备修理业	Repair Industry of Metal Products, Machinery and Equipment	1284	74	20	1190
电力、燃气及水的生产和供应业	**Electric Power, Gas and Water Production and Supply**	**68428**	**56778**	**275**	**11375**
电力、热力生产和供应业	Production and Supply of Electric Power and Heat Power	55413	44627	237	10549
燃气生产和供应业	Production and Supply of Gas	1791	1456		335
水的生产和供应业	Production and Supply of Water	11224	10695	38	491
建筑业	**Construction**	**177451**	**61240**	**29592**	**86619**
房屋建筑业	Construction of Buildings	133644	40197	22175	71272
土木工程建筑业	Construction of Civil Engineering	33048	15848	4837	12363

4-5 续表 2 continued

单位：人 (person)

项 目	Item	合 计 Total	国有单位 State-owned Units	城镇集体单位 Urban Collective-owned Units	其他单位 Units of Other Types
建筑安装业	Building Installation	9249	4616	2527	2106
建筑装饰业和其他建筑业	Building Decoration and Other Construction	1510	579	53	878
批发和零售业	**Wholesale and Retail Trades**	**55686**	**21966**	**4895**	**28825**
批发业	Wholesale Trade	25593	11926	1466	12201
零售业	Retail Trade	30093	10040	3429	16624
交通运输、仓储和邮政业	**Transport, Storage and Post**	**95646**	**78690**	**1023**	**15933**
铁路运输业	Railway Transport	46957	46957		
道路运输业	Road Transport	35340	19611	826	14903
水上运输业	Water Transport	47	47		
航空运输业	Air Transport				
管道运输业	Transport Via Pipelines				
装卸搬运与运输代理业	Loading, Unloading and Transportation Agencies	3634	2834		800
仓储业	Storage	3322	2934	197	191
邮政业	Post	6346	6307		39
住宿和餐饮业	**Hotels and Catering Services**	**18321**	**9368**	**1433**	**7520**
住宿业	Hotels	14899	9149	1112	4638
餐饮业	Catering Services	3422	219	321	2882
信息传输、软件和信息技术服务业	**Information Transmission,Software and Information Technology Services**	**16034**	**8912**	**156**	**6966**
电信、广播电视和卫星传输服务	Telecommunication,Radio and Television, Satellite Transmission Services	13976	8405	119	5452
互联网和相关服务	Internet and Related Services	1119	373		746
软件和信息技术服务业	Software and Information Technology Services	939	134	37	768
金融业	**Financial Intermediation**	**63940**	**27740**	**12457**	**23743**
货币金融服务	Financial Services of Currency	49586	23991	12001	13594
资本市场服务	Capital Markets Services	146	116		30
保险业	Insurance	14161	3586	456	10119
其他金融活动	Other Financial Activities	47	47		
房地产业	**Real Estate**	**17773**	**7791**	**145**	**9837**
租赁和商务服务业	**Leasing and Business Services**	**11757**	**8181**	**2100**	**1476**
租赁业	Leasing	257	49	63	145
商务服务业	Business Services	11500	8132	2037	1331

4-5 续表 3 continued

单位：人 (person)

项　目	Item	合　计 Total	国有单位 State-owned Units	城镇集体单位 Urban Collective-owned Units	其他单位 Units of Other Types
科学研究和技术服务业	**Scientific Research and Technical Services**	**54130**	**51565**	**250**	**2315**
研究与试验发展	Research and Experimental Development	13041	12438	154	449
专业技术服务业	Professional Technical Services	30037	28187	52	1798
科技推广和应用服务业	Services of Science and Technology Promotion and Application	11052	10940	44	68
水利、环境和公共设施管理业	**Management of Water Conservancy, Environment and Public Facilities**	**47050**	**47005**		**45**
水利管理业	Management of Water Conservancy	22110	22099		11
生态保护和环境治理业	Ecological Protection and Environmental Governance Industry	3752	3718		34
公共设施管理业	Management of Public Facilities	21188	21188		
居民服务、修理和其他服务业	**Services and Repair to Households and Other Services**	**3902**	**3351**	**395**	**156**
居民服务业	Services to Households	2448	2116	325	7
机动车、电子产品和日用产品修理业	Motor Vehicles, Electronics Products and Household Products Repair Industry	1085	1020	54	11
其他服务业	Other Services	369	215	16	138
教育	**Education**	**357838**	**357080**	**172**	**586**
卫生、社会工作	**Health and Social Work**	**107608**	**104606**	**2382**	**620**
卫生	Health	102066	99067	2382	617
社会工作	Social Work	5542	5539		3
文化、体育和娱乐业	**Culture,Sports and Entertainment**	**24298**	**23748**	**166**	**384**
新闻和出版业	Journalism and Publishing Activities	4380	4297	63	20
广播、电视、电影和影视录音制作业	Broadcasting, Movies,Television and Audiovisual Activities	7653	7631		22
文化艺术业	Cultural and Art Activities	10315	10043	103	169
体育	Sports Activities	1286	1281		5
娱乐业	Entertainment	664	496		168
公共管理、社会保障和社会组织	**Public Management,Social Security and Social Organizations**	**369837**	**369652**	**27**	**158**
中国共产党机关	Organs of Communist Party of China	20430	20430		
国家机构	Government Agencies	331293	331266	27	
人民政协和民主党派	People's Political Consultative Conference and Democratic Parties	3982	3982		
社会保障	Social Security	1892	1892		
群众团体、社会团体和其他成员组织	Non-Governmental Organizations, Social Organizations and Other Member Organizations	12240	12082		158
基层群众自治组织	Grass Roots Self-governing Organizations				

4-6 城镇登记失业人数及失业率
Registered Unemployment Persons and Unemployment Rate in Urban Areas

单位：人 (person)

年 份 Year	本年失业人员就业人数 Number of Re-employment Persons This Year	城镇登记失业人数 Number of Registered Unemployed Persons in Urban Areas	城镇登记失业率（%） Registered Unemployment Rate in Urban Areas (%)
2000	97724	73518	2.70
2001	97879	74414	2.80
2002	96969	86559	3.20
2003	103372	93095	3.40
2004	103221	95256	3.40
2005	126865	92554	3.26
2006	123175	96866	3.63
2007	135566	95101	3.34
2008	145302	94308	3.20
2009	183157	102826	3.25
2010	196919	107224	3.21
2011	176028	108000	3.11
2012	260547	97839	2.68

4-7 就业再就业工作情况
Work Situation of Employment and Re-employment

单位：万人 (10 000 persons)

年 份 Year	城镇新增就业人员 Newly Increased Urban Employee	城镇下岗失业人员实现再就业人数 Number of Re-employment of Urban Laid-off Workers	城镇就业困难对象再就业人数 Number of Re-employment of the Object of Urban Employment Difficulties	年末城镇登记失业人数 Number of Registered Unemployed Persons in Urban Areas
2006	18.4	7.4	2.5	9.7
2007	22.7	9.2	3.6	9.5
2008	25.6	11.7	4.8	9.4
2009	27.8	10.9	4.4	10.3
2010	29.3	10.9	4.7	10.7
2011	29.6	11.7	4.6	10.8
2012	36.0	13.6	5.2	9.8

4-8 各地区就业再就业工作情况（2012）
Work Situation of Employment and Re-employment by Region (2012)

单位：人 (person)

地 区	Region	城镇新增就业人员 Newly Increased Urban Employee	城镇下岗失业人员再就业人数 Number of Re-employment of Urban Laid-off Workers	城镇就业困难对象再就业人数 Number of Re-employment of the Object of Urban Employment Difficulties	城镇登记失业率（%） Registered Unemployment Rate in Urban Areas (%)
兰州市	Lanzhou	83634	31710	14718	1.63
嘉峪关市	Jiayuguan	9170	3105	492	2.70
金昌市	Jinchang	8655	8514	1809	3.72
白银市	Baiyin	43369	11538	4645	2.61
天水市	Tianshui	58648	12993	5777	3.17
武威市	Wuwei	22610	6943	2124	3.00
张掖市	Zhangye	28386	12733	3627	2.51
平凉市	Pingliang	40759	13286	6510	3.56
酒泉市	Jiuquan	21100	6110	2068	2.98
庆阳市	Qingyang	46257	11093	3443	3.77
定西市	Dingxi	16344	5920	2128	3.68
陇南市	Longnan	5300	2096	331	3.60
临夏州	Linxia	20657	3910	2343	3.57
甘南州	Gannan	4683	1871	1006	2.81

4-9 各地区按行业分城镇单位就业人员数（2012）
Number of Employed Persons in Urban Units at Year-end by Sector and Region(2012)

单位：万人 (10 000 persons)

地 区	Region	合 计 Total	农、林、牧、渔业 Agriculture,Forestry, Animal Husbandry and Fishery	采矿业 Mining	制造业 Manufacturing	电力、热力、燃气及水的生产和供应业 Production and Supply of Electricity, Gas and Water	建筑业 Construction	批发和零售业 Wholesale and Retail Trades
甘肃省	**Gansu**	**211.33**	**5.55**	**9.66**	**33.81**	**7.22**	**22.99**	**6.01**
兰州市	Lanzhou	54.06	0.16	1.33	12.36	1.42	10.36	1.77
嘉峪关市	Jiayuguan	6.35	0.01		4.16	0.18	0.48	0.10
金昌市	Jinchang	10.16	0.31	0.10	4.65	0.31	2.67	0.10
白银市	Baiyin	15.32	0.20	2.35	3.11	0.64	0.82	0.23
天水市	Tianshui	21.09	0.48	0.03	3.61	0.59	2.24	1.23
武威市	Wuwei	10.58	0.41	0.13	0.82	0.33	1.03	0.23
张掖市	Zhangye	11.41	1.10	0.35	1.48	0.63	0.59	0.35
平凉市	Pingliang	15.32	0.29	3.18	0.34	0.56	1.97	0.65
酒泉市	Jiuquan	11.18	0.75	1.23	1.18	0.38	0.95	0.39
庆阳市	Qingyang	10.52	0.07	0.01	0.12	0.36	0.37	0.17
定西市	Dingxi	11.37	0.18	0.02	0.81	0.37	0.71	0.20
陇南市	Longnan	11.57	0.41	0.83	0.42	0.56	0.42	0.27
临夏州	Linxia	9.63	0.15		0.53	0.55	0.20	0.19
甘南州	Gannan	6.32	1.00	0.10	0.22	0.19	0.12	0.06

4-10 各地县在岗职工人数（2012）
Number of Staff and Workers by Region,County (2012)

单位：人 (person)

地 区	Region	在岗职工人数 Number of Staff and Workers	国有单位 State-owned Units	城镇集体单位 Urban Collective-owned Units	其他单位 Units of Other Types
兰州市	**Lanzhou**	**521800**	**334146**	**19341**	**168313**
城关区	Chengguan	219254	152681	7266	59307
七里河区	Qilihe	110363	52993	709	56661
西固区	Xigu	86584	63815	4966	17803
安宁区	Anning	31699	21462	1220	9017
红古区	Honggu	23086	6919	257	15910
永登县	Yongdeng	22536	14182	1166	7188
皋兰县	Gaolan	8481	6928	665	888
榆中县	Yuzhong	19797	15166	3092	1539
嘉峪关市	**Jiayuguan**	**48637**	**40302**	**2994**	**5341**
金昌市	**Jinchang**	**69938**	**59186**	**3823**	**6929**
金川区	Jinchuan	51951	45133	3635	3183
永昌县	Yongchang	17987	14053	188	3746
白银市	**Baiyin**	**147186**	**78748**	**8840**	**59598**
白银区	Baiyin	60433	25475	2613	32345
平川区	Pingchuan	39361	10351	4216	24794
靖远县	Jingyuan	16159	14130	1080	949
会宁县	Huining	17350	16375	694	281
景泰县	Jingtai	13883	12417	237	1229
天水市	**Tianshui**	**184874**	**133044**	**4704**	**47126**
秦州区	Qinzhou	70340	45682	895	23763
麦积区	Maiji	50193	29731	964	19498
清水县	Qingshui	9281	8412	160	709
秦安县	Qinan	13556	12949	386	221
甘谷县	Gangu	18132	14639	1286	2207
武山县	Wushan	12585	12351	121	113
张家川县	Zhangjiachuan	10787	9280	892	615
武威市	**Wuwei**	**100252**	**81274**	**5759**	**13219**
凉州区	Liangzhou	67881	50587	5657	11637
民勤县	Minqin	10797	9482		1315
古浪县	Gulang	12079	11717	102	260
天祝县	Tianzhu	9495	9488		7
张掖市	**Zhangye**	**103326**	**79254**	**2309**	**21763**

4-10 续表 1 continued

单位：人 (person)

地 区	Region	在岗职工人数 Number of Staff and Workers	国有单位 State-owned Units	城镇集体单位 Urban Collective-owned Units	其他单位 Units of Other Types
甘州区	Ganzhou	53600	37965	1410	14225
肃南县	Sunan	4009	3318	87	604
民乐县	Minle	9800	6538		3262
临泽县	Linze	8628	6740	166	1722
高台县	Gaotai	8230	7341	355	534
山丹县	Shandan	19059	17352	291	1416
平凉市	**Pingliang**	**149394**	**124871**	**6547**	**17976**
崆峒区	Kongtong	39499	36790	1045	1664
泾川县	Jingchuan	12515	10383	232	1900
灵台县	Lingtai	8486	8136	148	202
崇信县	Chongxin	13612	8797	88	4727
华亭县	Huating	35499	30114	2171	3214
庄浪县	Zhuanglang	17078	17063	15	
静宁县	Jingning	22705	13588	2848	6269
酒泉市	**Jiuquan**	**106467**	**65430**	**5062**	**35975**
肃州区	Suzhou	37313	21650	422	15241
金塔县	Jinta	9257	6682	610	1965
瓜州县	Guazhou	8374	6029	184	2161
肃北县	Subei	2810	1924	45	841
阿克塞县	Akesai	2024	1761	28	235
玉门市	Yumen	26023	10109	3375	12539
敦煌市	Dunhuang	13073	9949	398	2726
庆阳市	**Qingyang**	**101736**	**92597**	**1679**	**7460**
西峰区	Xifeng	29497	25565	514	3418
庆城县	Qingcheng	9567	9451	116	
环 县	Huanxian	12537	9186	168	3183
华池县	Huachi	7003	6805	188	10
合水县	Heshui	6949	6778	171	
正宁县	Zhengning	8469	7932	155	382
宁 县	Ningxian	13661	12975	219	467
镇原县	Zhenyuan	14053	13905	148	
定西市	**Dingxi**	**112087**	**98405**	**1375**	**12307**
安定区	Anding	26402	24014	327	2061
通渭县	Tongwei	17324	13142	185	3997

4-10 续表 2 continued

单位：人 (person)

地区	Region	在岗职工人数 Number of Staff and Workers	国有单位 State-owned Units	城镇集体单位 Urban Collective-owned Units	其他单位 Units of Other Types
陇西县	Longxi	20935	20564	365	6
渭源县	Weiyuan	9037	8874	163	
临洮县	Lintao	19461	14418		5043
漳　县	Zhangxian	6734	6133	106	495
岷　县	Minxian	11280	11051	229	
陇南市	**Longnan**	**114266**	**100292**	**6135**	**7839**
武都区	Wudu	27099	26126	327	646
成　县	Chengxian	16336	12740	2703	893
文　县	Wenxian	11262	9120	1062	1080
宕昌县	Tanchang	10015	9873	128	14
康　县	Kangxian	6591	5811	152	628
西和县	Xihe	15047	11592	636	2819
礼　县	Lixian	14401	13658	345	398
徽　县	Huixian	9286	8268	318	700
两当县	Liangdang	4229	3104	464	661
临夏州	**Linxia**	**94575**	**86112**	**3761**	**4702**
临夏市	linxia	28962	22958	2238	3766
临夏县	linxia	10712	10312	229	171
康乐县	Kangle	8835	8532	254	49
永靖县	Yongjing	13558	12658	329	571
广河县	Guanghe	7234	7129	105	
和政县	Hezheng	6736	6461	261	14
东乡县	Dongxiang	10004	9799	187	18
积石山县	Jishishan	8534	8263	158	113
甘南州	**Gannan**	**61500**	**57254**	**749**	**3497**
合作市	Hezuo	14691	12891	127	1673
临潭县	Lintan	8200	7791	120	289
卓尼县	Zhuoni	8987	8895	92	
舟曲县	Zhouqu	8354	8198	145	11
迭部县	Diebu	7402	7260	70	72
玛曲县	Maqu	4764	3611	62	1091
碌曲县	Luqu	3781	3419	50	312
夏河县	Xiahe	5321	5189	83	49

4-11 城镇单位就业人员工资总额
Total Wage Bill of Employed Persons in Urban Units

单位：万元 (10 000 yuan)

年 份 Year	工资总额 Total Wage Bill	国有单位 State-owned Units	城镇集体单位 Urban Collective-owned Units	其他单位 Units of Other Types of Ownership
2004	2534312	2167233	122895	244185
2005	2838270	2450917	117662	269691
2006	3296705	2552452	104095	640158
2007	3925014	3104484	107857	712673
2008	4610436	3613034	116787	880615
2009	5177207	4129160	139368	908679
2010	5689458	4443116	155806	1090536
2011	6240152	4775310	197167	1267675
2012	7967933	6066343	264201	1637389

4-12 城镇单位就业人员工资总额指数
Indices of Total Wage Bill of Employed Persons in Urban Units

（上年=100） (preceding year=100)

年 份 Year	工资总额指数 Indices of Total Wage Bill	国有单位 State-owned Units	城镇集体单位 Urban Collective-owned Units	其他单位 Units of Other Types of Ownership
2005	111.99	169.56	95.74	110.45
2006	108.01	939.17	88.47	237.38
2007	128.04	13.49	103.61	111.32
2008	109.22	107.48	108.28	123.57
2009	120.77	123.76	119.34	103.19
2010	109.89	107.60	111.79	120.01
2011	109.68	107.48	126.55	116.24
2012	127.69	127.04	134.00	129.16

4-13 城镇单位就业人员平均工资
Average Wage of Employed Persons in Urban Units

单位：元 (yuan)

年 份 Year	平均工资 Average Wage				
	合计 Total	#在岗职工 Staff and Workers	国有单位 State-owned Units	城镇集体单位 Urban Collective-owned Units	其他单位 Units of Other Types of Ownership
2004	13328	13623	14393	8191	11495
2005	14654	14939	15840	9089	11626
2006	16843	17246	17108	11411	15313
2007	20657	20987	21968	12858	17681
2008	23524	24017	24625	15761	20801
2009	26743	27177	28082	18914	23191
2010	29096	29588	29889	22084	27375
2011	32092	32906	33232	28129	32565
2012	37679	38440	38401	32580	36074

4-14 城镇单位就业人员平均工资指数
Indices of Average Wage of Employed Persons in Urban Units

(上年=100) (preceding year=100)

年 份 Year	平均工资指数 Indices of Average Wage					平均实际工资指数 Indices of Average Real Wage				
	合 计 Total	#在岗职工 Staff and Workers	国有单位 State-owned Units	城镇集体单位 Urban Collective-owned Units	其他单位 Units of Other Types of Ownership	合 计 Total	#在岗职工 Staff and Workers	国有单位 State-owned Units	城镇集体单位 Urban Collective-owned Units	其他单位 Units of Other Types of Ownership
2005	109.95	109.66	110.05	110.96	101.14	108.11	107.83	108.21	109.11	99.45
2006	114.94	115.44	108.01	125.55	131.71	113.46	113.96	106.62	123.94	130.02
2007	122.64	121.69	128.41	112.68	115.46	116.25	115.35	121.72	106.81	109.44
2008	113.88	114.44	112.09	122.58	117.65	105.25	105.77	103.60	113.29	108.73
2009	113.68	113.16	114.04	120.01	111.49	112.22	111.71	112.58	118.47	110.06
2010	108.80	108.87	106.43	116.76	118.04	104.51	104.58	102.24	112.16	113.39
2011	110.30	111.21	111.18	127.37	118.96	104.15	105.01	104.99	120.27	112.33
2012	117.41	117.21	115.55	115.82	110.78	114.32	114.13	112.51	112.78	107.87

4-15 按行业分城镇单位就业人员平均工资（2012）

Average Wage of Employed Persons in Urban Units by Sector (2012)

单位：元 (yuan)

项 目	Item	合 计 Total	国有单位 State-owned Units	城镇集体单位 Urban Collective-owned Units	其他单位 Units of Other Types of Ownership
城镇单位就业人员平均工资	**Average Wage of Employed Persons in Urban Units**	**37679**	**38401**	**32580**	**36074**
按企、事业和机关分	**By Enterprises, Institutions and Agencies**				
企业	Enterprises	39606	43290	32701	36202
事业	Institutions	35818	35851	27990	38028
机关	Agencies & Organizations	35375	35473	38087	24891
民间非盈利组织	Folk Non-profit Organization	21085			21085
其他	Other	27207	28657	41019	20834
按国民经济行业分	**By Sector**				
农、林、牧、渔业	Agriculture, Forestry, Animal Husbandry and Fishery	24971	24787	17868	33615
采矿业	Mining	59549	56017	35635	63367
制造业	Manufacturing	41815	52166	42515	31906
电力、热力、燃气及水的生产和供应业	Production and Supply of Electricity, Gas and Water	41118	40153	18076	46360
建筑业	Construction	33312	38029	29728	30199
批发和零售业	Wholesale and Retail Trades	27122	35324	15289	23105
交通运输、仓储和邮政业	Transport,Storage and Post	43603	46443	25357	30390
住宿和餐饮业	Hotels and Catering Services	22865	25320	21740	19917
信息传输、软件和信息技术服务业	Information Transmission,Software and Information Technology Services	33062	31482	18205	35071
金融业	Financial Intermediation	44437	41908	38646	50077
房地产业	Real Estate	31397	35992	21481	27900
租赁和商务服务业	Leasing and Business Services	28884	29310	27653	27161
科学研究和技术服务业	Scientific Research and Technical Services	41814	41818	20287	44104
水利、环境和公共设施管理业	Management of Water Conservancy, Environment and Public Facilities	28195	28180		35380
居民服务、修理和其他服务业	Services and Repair to Households and Other Services	24604	25691	18711	16152
教育	Education	37631	37644	27570	32031
卫生和社会工作	Health and Social Work	35730	35801	34258	29579
文化、体育和娱乐业	Culture, Sports and Entertainment	35478	35635	44910	21336
公共管理、社会保障和社会组织	Public Management,Social Security and Social Organizations	34481	34487	22308	21728

4-16 按行业分城镇私营单位就业人员平均工资（2012）
Average Wage of Employed Persons in Urban Private Units by Sector (2012)

单位：元 (yuan)

项 目	Item	2012
甘肃省	**Gansu**	**20922**
农、林、牧、渔业	Agriculture, Forestry, Animal Husbandry and Fishery	15366
采矿业	Mining	24488
制造业	Manufacturing	19536
电力、热力、燃气及水的生产和供应业	Production and Supply of Electricity, Gas and Water	18746
建筑业	Construction	22158
批发和零售业	Wholesale and Retail Trades	21971
交通运输、仓储和邮政业	Transport,Storage and Post	23037
住宿和餐饮业	Hotels and Catering Services	18661
信息传输、软件和信息技术服务业	Information Transmission,Software and Information Technology Services	23540
金融业	Financial Intermediation	16818
房地产业	Real Estate	15803
租赁和商务服务业	Leasing and Business Services	22243
科学研究和技术服务业	Scientific Research and Technical Services	19670
水利、环境和公共设施管理业	Management of Water Conservancy, Environment and Public Facilities	17052
居民服务、修理和其他服务业	Services and Repair to Households and Other Services	16549
教育	Education	25631
卫生和社会工作	Health and Social Work	21298
文化、体育和娱乐业	Culture, Sports and Entertainment	17270
公共管理、社会保障和社会组织	Public Management,Social Security and Social Organizations	13622

4-17 历年职工平均工资及指数
Average Wage of Staff and Workers and Related Indices

年份 Year	平均货币工资（元） Average Money Wage (yuan)				指数（上年=100） Indices (preceding year=100) 货币工资 Average Money Wage				实际工资 Average Real Wage			
	合计 Total	国有单位 State-owned Units	城镇集体单位 Urban Collective-owned Units	其他单位 Other Ownership Units	合计 Total	国有单位 State-owned Units	城镇集体单位 Urban Collective-owned Units	其他单位 Other Ownership Units	合计 Total	国有单位 State-owned Units	城镇集体单位 Urban Collective-owned Units	其他单位 Other Ownership Units
1978	708	751	437									
1979	792	824	557		111.8	109.7	127.5		110.7	108.6	126.2	
1980	875	896	676		110.5	108.7	121.4		105.0	103.3	115.4	
1981	878	904	676		100.3	100.9	100.0		98.1	98.7	97.8	
1982	907	937	649		103.3	103.6	96.0		102.2	102.5	95.0	
1983	944	973	702		104.1	103.8	108.2		103.7	103.4	107.8	
1984	1200	1251	866		127.1	128.6	123.4		123.0	124.5	119.5	
1985	1363	1400	1116	1640	113.6	111.9	128.9		102.7	101.2	116.5	
1986	1555	1630	1090	1848	114.1	116.4	97.7	112.7	106.6	108.8	91.3	105.3
1987	1680	1761	1188	1880	108.0	108.0	109.0	101.7	99.6	99.6	100.6	93.8
1988	1949	2040	1400	2331	116.0	115.8	117.8	124.1	96.2	96.0	97.7	102.9
1989	2207	2317	1577	1927	113.2	113.5	112.6	82.7	95.8	96.0	95.3	70.0
1990	2407	2546	1675	2058	109.1	109.9	106.2	106.8	107.1	107.9	104.2	104.8
1991	2566	2706	1918	2155	106.6	106.3	114.5	104.7	100.9	100.6	108.3	99.1
1992	2902	3077	2127	2205	113.1	113.7	110.9	102.3	105.4	106.0	103.4	95.3
1993	3422	3627	2457	3389	117.9	117.9	115.5	153.7	102.3	102.3	100.3	133.4
1994	4796	5059	3506	4409	140.2	139.5	142.7	130.1	112.5	112.0	114.5	104.4
1995	5493	5747	3944	6534	114.5	113.6	112.5	148.2	96.3	95.5	94.6	124.6
1996	5882	6131	4471	6734	107.1	106.7	113.4	103.1	97.1	96.7	102.8	93.5
1997	6182	6445	4598	6703	105.1	105.1	102.8	99.5	102.2	102.2	100.0	96.8
1998	6418	6757	4774	5528	103.8	104.8	103.8	82.5	104.8	105.9	104.8	83.3
1999	6928	7311	5118	5837	107.9	108.2	107.2	105.6	111.0	111.3	110.3	108.6
2000	7913	8278	6228	6504	114.2	113.2	121.7	111.4	115.1	114.1	122.7	112.3
2001	9177	9690	5929	8244	116.0	113.2	95.2	126.8	112.6	109.9	92.4	123.1
2002	10272	10925	6127	8712	111.9	112.7	103.3	105.7	112.7	113.5	104.0	106.4
2003	11419	12079	6674	10115	111.2	110.6	108.9	116.1	110.2	109.6	107.9	115.1
2004	12711	13427	7676	10957	111.3	111.2	115.0	108.3	109.9	109.8	113.5	106.9
2005	14939	15840	9291	11827	117.5	118.0	121.0	107.9	116.1	116.6	119.6	106.6
2006	17246	18108	11514	15515	115.4	114.3	123.9	131.2	114.1	112.9	122.4	129.6
2007	20987	22314	12979	17948	121.7	123.2	112.7	115.7	115.7	117.1	107.1	110.0
2008	24017	25284	16179	20966	114.4	113.3	124.7	116.8	105.9	104.9	115.5	108.1
2009	27177	28565	19453	23360	113.2	113.0	120.2	111.4	112.2	112.0	119.1	110.4
2010	29588	30475	22249	27616	108.9	106.7	114.4	118.2	104.3	102.2	109.6	113.2
2011	32906	33232	28129	32565	111.2	109.0	126.4	117.9	104.9	102.8	119.2	111.2
2012	38440	39177	32524	36896	116.8	117.9	115.6	113.3	113.7	114.8	112.6	110.3

注：2005年起职工工资为在岗职工平均工资。

a) Since 2005 , data in this table are average wage of staff and workers.

4-18 按行业分在岗职工工资总额（2012）
Total Wages of Staff and Workers by Sector (2012)

单位：万元 (10 000 yuan)

项目	Item	合计 Total	国有单位 State-owned	城镇集体单位 Urban Collective-owned	其他 Others
工资总额	**Total**	**7495588**	**5745887**	**236342**	**1513359**
按企、事业和机关分	**By Enterprises, Institutions and Agencies**				
企业	Enterprises	3897190	2174020	224565	1498605
事业	Institutions	2466606	2452948	8863	4795
机关	Agencies & Organizations	1125314	1118241	88	6986
民间非盈利组织	Folk Non-profit Organization	297			297
其他	Other	6181	678	2827	2676
按国民经济行业分	**Grouped by Sector**				
农、林、牧、渔业	Agriculture,Forestry,Animal Husbandry and Fishery	134701	129974	460	4267
采矿业	Mining	561994	198234	11587	352174
制造业	Manufacturing	1327276	775661	62707	488908
电力、热力、燃气及水的生产和供应业	Production and Supply of Electricity, Gas and Water	287089	232023	497	54569
建筑业	Construction	597511	234599	82624	280288
批发和零售业	Wholesale and Retail Trades	156034	78966	7433	69635
交通运输、仓储和邮政业	Transport,Storage and Post	434356	381558	2586	50212
住宿和餐饮业	Hotels and Catering Services	42210	24071	3117	15021
信息传输、软件和信息技术服务业	Information Transmission,Software and Information Technology Services	55289	29212	284	25793
金融业	Financial Intermediation	293174	119733	47757	125684
房地产业	Real Estate	57138	28771	397	27970
租赁和商务服务业	Leasing and Business Services	35840	25784	6206	3850
科学研究和技术服务业	Scientific Research and Technical Services	228326	218093	515	9718
水利、环境和公共设施管理业	Management of Water Conservancy, Environment and Public Facilities	137108	136986		122
居民服务、修理和其他服务业	Services and Repair to Households and Other Services	9703	8707	739	257
教育	Education	1360776	1358444	474	1858
卫生和社会工作	Health and Social Work	391387	381366	8154	1868
文化、体育和娱乐业	Culture, Sports and Entertainment	87944	86375	746	823
公共管理、社会保障和社会组织	Public Management,Social Security and Social Organizations	1297732	1297331	58	343

4-19 按行业分在岗职工平均工资（2012）

Average Wage of Staff and Workers by Sector(2012)

单位：元 (yuan)

项 目	Item	合计 Total	国有单位 State -owned	城镇集体单位 Urban Collective-owned	其他 Others
职工平均工资	**Per Capita Wage of Staff and Workers**	**38440**	**39177**	**32524**	**36896**
按企、事业和机关分	**By Enterprises, Institutions and Agencies**				
企业	Enterprises	40385	44124	32540	37024
事业	Institutions	36537	36563	29902	38309
机关	Agencies & Organizations	36227	36317	38087	25892
民间非盈利组织	Folk Non-profit Organization	21085			21085
其他	Other	27447	28381	42190	20828
按国民经济行业分	**Grouped by Sector**				
农、林、牧、渔业	Agriculture,Forestry,Animal Husbandry and Fishery	25733	25560	19264	33970
采矿业	Mining	60399	56866	33304	64287
制造业	Manufacturing	42314	52520	42762	32319
电力、热力、燃气及水的生产和供应业	Production and Supply of Electricity, Gas and Water	41594	40632	18076	46763
建筑业	Construction	33696	38415	28852	30830
批发和零售业	Wholesale and Retail Trades	27969	35730	15254	24170
交通运输、仓储和邮政业	Transport,Storage and Post	44732	47536	25398	31512
住宿和餐饮业	Hotels and Catering Services	23017	25442	21754	20193
信息传输、软件和信息技术服务业	Information Transmission,Software and Information Technology Services	33431	31906	18205	35394
金融业	Financial Intermediation	45891	42930	38740	53048
房地产业	Real Estate	31664	35929	25468	28274
租赁和商务服务业	Leasing and Business Services	30708	31573	30170	26550
科学研究和技术服务业	Scientific Research and Technical Services	42190	42240	20287	43501
水利、环境和公共设施管理业	Management of Water Conservancy, Environment and Public Facilities	29299	29289		35048
居民服务、修理和其他服务业	Services and Repair to Households and Other Services	24804	25905	18711	16494
教育	Education	38173	38188	27570	32031
卫生和社会工作	Health and Social Work	36737	36823	34544	30369
文化、体育和娱乐业	Culture, Sports and Entertainment	35948	36117	44910	21440
公共管理、社会保障和社会组织	Public Management,Social Security and Social Organizations	35318	35325	22308	21728
国际组织	International Organizations				

4-20 各地区在岗职工平均工资 (2012)
Average Wage of Staff and Workers by Region (2012)

单位：元　　(yuan)

地　区	Region	合计 Total	国有单位 State-owned	城镇集体单位 Urban Collective-owned	其他单位 Others
甘肃省	**Gansu**	**38440**	**39177**	**32524**	**36896**
兰州市	Lanzhou	44492	48081	33889	38538
嘉峪关市	Jiayuguan	51796	55684	37311	40110
金昌市	Jinchang	53087	54716	55706	37081
白银市	Baiyin	44866	39799	36120	52709
天水市	Tianshui	34525	39301	24435	22562
武威市	Wuwei	29731	31716	22261	20685
张掖市	Zhangye	33448	35788	32635	25079
平凉市	Pingliang	43431	44818	24076	40791
酒泉市	Jiuquan	43687	42530	41317	46025
庆阳市	Qingyang	37936	38914	34357	29313
定西市	Dingxi	36839	38000	33480	27959
陇南市	Longnan	33859	35646	23608	19247
临夏州	Linxia	38161	39176	31694	25244
甘南州	Gannan	43568	44307	44688	31630

4-21 各地区按行业分在岗职工平均工资 (2012)
Average Wage of Staff and Workers by Sector and Region (2012)

单位：元　　(yuan)

地　区	Region	合计 Total	农、林、牧、渔业 Agriculture, Forestry, Animal Husbandry and Fishery	采矿业 Mining	制造业 Manufacturing	电力、热力、燃气及水的生产和供应业 Production and Supply of Electricity, Gas and Water	建筑业 Construction	批发和零售业 Wholesale and Retail Trades
甘肃省	**Gansu**	**38440**	**25733**	**60399**	**42314**	**41594**	**33696**	**27969**
兰州市	Lanzhou	44492	30509	53126	50288	44302	34909	27913
嘉峪关市	Jiayuguan	51796	50150		52622	82764	39812	45791
金昌市	Jinchang	53087	30695	47542	58007	54215	56664	42513
白银市	Baiyin	44866	34636	66410	41818	62862	38821	33672
天水市	Tianshui	34525	34507	39289	27071	36132	32481	21818
武威市	Wuwei	29731	30247	24264	22511	29812	21374	24485
张掖市	Zhangye	33448	21884	29570	25437	29812	26661	23511
平凉市	Pingliang	43431	32487	70599	30733	43565	26442	24768
酒泉市	Jiuquan	43687	25356	78537	44853	41945	33426	26318
庆阳市	Qingyang	37936	43744	43204	24716	36482	25648	56801
定西市	Dingxi	36839	25614	38176	29733	40435	28724	33790
陇南市	Longnan	33859	30566	25555	20395	37432	22697	39487
临夏州	Linxia	38616	34706		37936	59682	24225	32155
甘南州	Gannan	43568	27136	41926	29288	34839	35324	36802

4-21 续表 1 continued

单位：元 (yuan)

地 区	Region	交通运输、仓储和邮政业 Transport, Storage and Post	住宿和餐饮业 Hotels and Catering Services	信息传输、软件和信息技术服务业 Information Transmission, Software and Information Technology Services	金融业 Financial Intermediation	房地产业 Real Estate	租赁和商务服务业 Leasing and Business Services	科学研究和技术服务业 Scientific Research and Technical Services
甘肃省	**Gansu**	**44732**	**23017**	**33431**	**45891**	**31664**	**30708**	**42190**
兰州市	Lanzhou	34174	23667	39675	63933	32619	32175	53260
嘉峪关市	Jiayuguan	29418	27515	53465	74800	49764	41762	45593
金昌市	Jinchang	44202	24000	36513	49414	37315	25848	39474
白银市	Baiyin	34668		61779	51327	20016	21827	41084
天水市	Tianshui	31082	16292	21338	35460	21464	34072	32937
武威市	Wuwei	29811	20564	27258	32163	23211	31126	33024
张掖市	Zhangye	30303	19699	26321	29566	31469	23153	36649
平凉市	Pingliang	27968	21254	29098	35040	24619	31081	35854
酒泉市	Jiuquan	28327	23679	52431	40915	30177	28459	45097
庆阳市	Qingyang	30966	22474	35018	37216	32164	34211	38374
定西市	Dingxi	33187	22933	36018	35886	24807	36100	39474
陇南市	Longnan	30597	19028	21071	40081	35738	20500	36111
临夏州	Linxia	30703	24988	23986	48278	33302	31955	39522
甘南州	Gannan	38687	19391	34877	43025		25218	52901

4-21 续表 2 continued

单位：元 (yuan)

地 区	Region	水利、环境和公共设施管理业 Management of Water Conservancy, Environment and Public Facilities	居民服务、修理和其他服务业 Services and Repair to Households and Other Services	教 育 Education	卫生和社会工作 Health and Social Work	文化、体育和娱乐业 Culture, Sports and Entertainment	公共管理、社会保障和社会组织 Public Management, Social Security and Social Organizations
甘肃省	**Gansu**	**29299**	**24804**	**38173**	**36737**	**35948**	**35318**
兰州市	Lanzhou	30372	29452	51903	46347	42649	46708
嘉峪关市	Jiayuguan	25340	87500	51232	53097	43183	49285
金昌市	Jinchang	36730	36407	37747	36447	42156	41260
白银市	Baiyin	29963	16031	39520	44284	34708	36287
天水市	Tianshui	33675	10426	43310	37856	33023	38531
武威市	Wuwei	28147	28816	34559	29158	31662	32889
张掖市	Zhangye	35890	18255	42203	44481	36173	40586
平凉市	Pingliang	30711	34122	44500	40703	31787	38821
酒泉市	Jiuquan	38017	29670	45945	38599	39079	43170
庆阳市	Qingyang	29328	40688	40265	38255	39729	38721
定西市	Dingxi	32030	42649	39754	37798	39154	38415
陇南市	Longnan	33184	22785	36068	33768	31949	36350
临夏州	Linxia	30554	18993	38342	34857	35650	37642
甘南州	Gannan	47657	22167	49328	48757	49303	49721

主要指标解释

经济活动人口 指在16周岁及以上，有劳动能力，参加或要求参加社会经济活动的人口。包括就业人员和失业人员。

从业人员 指在16周岁及以上，从事一定社会劳动并取得劳动报酬或经营收入的人员。这一指标反映了一定时期内全部劳动力资源的实际利用情况，是研究我国基本国情国力的重要指标。

单位从业人员 指在各级国家机关、政党机关、社会团体及企业、事业单位中工作，取得工资或其他形式的劳动报酬的全部人员。包括在岗职工、再就业的离退休人员、民办教师以及在各单位中工作的外方人员和港澳台方人员、兼职人员、借用的外单位人员和第二职业者。不包括离开本单位仍保留劳动关系的职工。各单位的就业人员反映了各单位实际参加生产或工作的全部劳动力。

城镇私营和个体从业人员 城镇私营从业人员指在工商管理部门注册登记，其经营地址设在县城关镇(含县城关镇)以上的私营企业从业人员，包括私营企业投资者和雇工。城镇个体就业人员指在工商管理部门注册登记，并持有城镇户口或在城镇长期居住，经批准从事个体工商经营的就业人员，包括个体经营者和在个体工商户劳动的家庭帮工和雇工。

职工 指在国有、城镇集体、联营、股份制、外商和港、澳、台投资、其他单位及其附属机构工作，并由其支付工资的各类人员。不包括下列人员：(1) 乡镇企业就业人员；(2) 私营企业就业人员；(3) 城镇个体劳动者；(4) 离休、退休、退职人员；(5) 再就业的离、退休人员；(6) 民办教师；(7) 在城镇单位中工作的外方及港、澳、台人员；(8) 其他按有关规定不列入职工统计范围的人员。

在岗职工 指在本单位工作并由单位支付工资的人员，以及有工作岗位，但由于学习、病伤产假等原因暂未工作，仍由单位支付工资的人员。

城镇登记失业人员 指有非农业户口，在一定的劳动年龄内(16周岁至退休年龄)，有劳动能力，无业而要求就业，并在当地就业服务机构进行求职登记的人员。

城镇登记失业率 城镇登记失业人员与城镇单位就业人员(扣除使用的农村劳动力、聘用的离退休人员、港澳台及外方人员)、城镇单位中的不在岗职工、城镇私营业主、个体户主、城镇私营企业和个体就业人员、城镇登记失业人员之和的比。计算公式为：

$$\text{城镇登记失业率}=\frac{\text{城镇登记失业人数}}{\text{城镇单位就业人员}-\text{使用的农村劳动力}-\text{聘用的离退休人员}-\text{聘用的港澳台及外方人员}+\text{不在岗职工}+\text{城镇私营业主}+\text{城镇个体户主}+\text{城镇私营企业及个体就业人员}+\text{城镇登记失业人数}}\times100\%$$

工资总额 指各单位在一定时期内直接支付给本单位全部就业人员的劳动报酬总额。工资总额的计算原则应以直接支付给就业人员的全部劳动报酬为根据。各单位支付给就业人员的劳动报酬以及其他根据有关规定支付的工资，不论是计入成本的还是不计入成本的，不论是按国家规定列入计征奖金税项目的，还是未列入计征奖金税项目的，不论是以货币形式支付的还是以实物形式支付的，均包括在工资总额内。

平均工资 指企业、事业、机关单位的就业人员在一定时期内平均每人所得的货币工资额。它表明一定时期职工工资收入的高低程度，是反映就业人员工资水平的主要指标。计算公式为：

$$\text{平均工资}=\frac{\text{报告期实际支付的全部就业人员工资总额}}{\text{报告期全部就业人员平均人数}}$$

平均工资指数 指报告期就业人员平均工资与基期就业人员平均工资的比率，是反映不同时期就业人员货币工资水平变动情况的相对数。计算公式为：

$$\text{平均工资指数}=\frac{\text{报告期就业人员平均工资}}{\text{基期就业人员平均工资}}\times100\%$$

平均实际工资指数 就业人员平均实际工资指扣除物价变动因素后的就业人员平均工资。就业人员平均实际工资指数是反映实际工资变动情况的相对数，表明就业人员实际工资水平提高或降低的程度。计算公式为：

$$\text{平均实际工资指数}=\frac{\text{报告期就业人员平均工资指数}}{\text{报告期城镇居民消费价格指数}}\times100\%$$

5

固定资产投资

Investment in Fixed Assets

简要说明

一、本篇资料主要内容

本篇资料主要内容包括：固定资产投资及其主要分组；分地区500万元及以上项目施工、竣工房屋建筑面积和价值以及500万元及以上项目能源工业投资情况；全省重点项目建设情况；房地产开发企业基本情况等。

二、本篇资料的统计范围

固定资产投资的统计范围包括：城乡500万元及以上固定资产投资项目投资（不含军工、国防、人防建设项目）、房地产开发投资。从2011年起，固定资产投资的起点标准从计划总投资50万元提高到500万元，500万元以下项目不再纳入固定资产投资统计范围。

三、本篇资料来源

本篇资料由省统计局固定资产投资处汇总、加工整理。

5-1 固定资产投资
Investment in Fixed Assets

指 标	Item	2010	2011	2012	2012年比上年增长（%）Growth Rate in 2012 over 2011(%)
固定资产投资（亿元）	**Investment in Fixed Assets (100 million yuan)**	**3378.10**	**4180.24**	**6013.42**	**43.85**
#项目投资	Project Investment		3817.36	5452.40	42.83
#房地产开发	Real Estate Development	266.41	362.88	561.02	54.60
按隶属关系分	**By Subordination**				
中央项目	Central	515.82	280.95	319.27	13.64
地方项目	Local	2862.28	3899.29	5694.15	46.03
按构成分	**Group by Structure**				
建筑安装工程	Construction and Installation	2409.13	3077.78	4413.86	43.41
设备工具器具购置	Purchase of Equipment and Instruments	628.92	716.34	1099.76	53.52
其他费用	Others	340.05	386.12	499.80	29.44
按产业分	**By Industry**				
第一产业	Primary Industry	137.99	191.45	238.04	24.34
第二产业	Secondary Industry	1597.61	2032.99	3211.64	57.98
第三产业	Tertiary Industry	1642.50	1955.80	2563.74	31.08
按资金来源分	**By Source of Funds**				
国家预算资金	State Budget	580.81	731.12	916.94	25.41
国内贷款	Domestic Loans	650.17	488.68	734.93	50.39
利用外资	Foreign Investment	18.79	17.63	18.13	2.81
自筹资金	Self-raising Funds	1860.08	2410.08	3942.12	63.57
其他资金	Others	430.45	416.64	613.62	47.28

注：1.2010年固定资产投资数据为全社会口径，全社会口径中包含农户投资和跨区域项目投资。
2.2011年起，固定资产投资的起点标准从计划总投资50万元提高到500万元，500万元以下项目不再纳入固定资产投资统计范围（下表同）。

a) Data of fixed asset investment are the caliber of total society. in 2010 Farm households investment and cross-regional project investment is included in the caliber of total society.

b) Since 2011, the cut-off size of fixed assets investment projected rose from 500 thousand yuan to 5 million yuan.Project of below 500 million is no longer included in the investment in fixed assets statistics range (The same applies to all tables following).

5-1 续表 continued

指 标	Item	2010	2011	2012	2012年比上年增长（%）Growth Rate in 2012 over 2011(%)
按登记注册类型分	**By Registration Categories**				
内 资	Domestic Funded Enterprises	3212.93	4127.66	5936.88	43.83
国 有	State-owned Enterprises	1903.06	2186.61	2815.10	28.74
集 体	Collective-owned Enterprises	59.10	128.88	187.16	45.22
股份合作	Cooperative Enterprises	11.16	11.12	29.83	168.16
联营企业	Joint Ownership Enterprises	9.01	9.13	32.21	252.60
国有联营	State Joint Ownership Enterprises	0.62	0.50	4.45	789.98
集体联营	Collective Joint Ownership Enterprises	1.02	3.25	1.09	-66.58
国有与集体联营	Joint State-collective Enterprises	0.09		5.60	
其他联营	Other Joint Ownership Enterprises	7.29	5.39	21.07	290.91
有限责任公司	Limited Liability Corporations	625.65	861.87	1208.62	40.23
国有独资公司	State Sole Funded Corporations	50.20	48.57	59.74	23.00
其他有限责任公司	Other Limited Liability Corporations	575.45	813.30	1148.88	41.26
股份有限公司	Share-holding Corporations Limited	168.14	295.40	321.41	8.80
私 营	Private Enterprises	321.83	498.96	917.80	83.94
其 他	Other Enterprises	114.98	135.67	424.75	213.07
港澳台商投资	Enterprises with Funds from Hong Kong ,Macao and Taiwan	36.29	19.28	11.18	-42.03
外商投资经济	Foreign Funded Enterprises	17.97	19.52	28.39	45.40
个体经营	Individual	110.91	13.79	36.98	168.21
房屋建筑面积（万平方米）	**Floor Space of Buildings (10 000 sq.m)**				
施工面积	Floor Space under Construction	8994.68	9980.70	12586.24	26.11
#住 宅	Residential Buildings	5278.01	6686.04	7110.33	6.35
竣工面积	Floor Space Completed	2302.00	2360.92	2832.87	19.99
#住 宅	Residential Buildings	1316.72	1496.24	1503.50	0.49

5-2 历年固定资产投资
Investment in Fixed Assets

单位：亿元 (100 million yuan)

指 标 Item	固定资产投资 Investment in Fixed Assets		国有经济 State-owned Units	集体经济 Collective-owned Units	个体经济 Individuals	其他经济 Others
	绝对数 Absolute Number	比上年增长 Growth Rate (%)				
1978	9.30		9.26	0.04		
1979	11.22	20.63	11.15	0.07		
1980	12.65	12.74	12.57	0.08		
1981	14.10	11.52	11.73	0.76	1.61	
1982	15.69	11.23	13.36	1.07	1.26	
1983	18.91	20.53	16.42	0.92	1.57	
1984	24.51	29.62	19.98	1.71	2.81	
1985	33.90	38.32	25.97	3.95	3.97	
1986	40.42	19.26	31.09	3.99	5.34	
1987	47.91	18.51	38.39	3.11	6.41	
1988	59.54	24.29	47.00	4.76	7.78	
1989	51.19	-14.02	40.65	3.33	7.22	
1990	59.35	15.93	49.27	3.06	7.02	
1991	68.59	15.57	57.03	3.48	8.09	
1992	85.13	24.11	71.76	4.45	8.93	
1993	122.08	43.41	95.70	14.17	12.21	
1994	159.05	30.28	125.18	9.93	13.66	10.29
1995	194.67	22.39	156.61	7.71	17.71	12.65
1996	214.83	10.36	153.90	12.70	21.68	26.55
1997	264.39	23.07	186.03	13.58	35.07	29.70
1998	331.01	25.20	224.67	16.74	50.68	38.92
1999	384.08	16.03	255.85	23.36	51.77	53.10
2000	441.35	14.91	297.30	27.70	54.13	62.21
2001	505.42	14.52	337.88	28.33	56.31	82.90
2002	575.83	13.93	382.12	35.48	50.94	107.29
2003	655.07	13.76	407.18	41.32	50.90	155.67
2004	756.01	15.41	468.53	49.68	53.48	184.31
2005	874.53	15.68	510.76	58.06	54.00	251.71
2006	1024.87	17.19	567.67	25.25	62.33	369.61
2007	1310.38	27.86	700.09	48.29	67.06	494.93
2008	1735.79	32.47	961.33	53.41	97.21	623.85
2009	2479.60	42.85	1430.94	62.86	124.49	861.31
2010	3378.10	36.24	1953.88	71.28	110.91	1242.03
2011	4180.24	40.16	2235.68	143.25	13.79	1787.52
2012	6013.42	43.85	2879.29	218.08	36.98	2879.07

注：1. 本表国有经济为大口径，含国有、国有联营和国有独资公司；集体经济为大口径，含集体、集体联营和股份合作。
2. 2010 年度以前（含 2010 年）固定资产投资数据为全社会口径，包括城镇投资和农村投资。
3. 2011 年起固定资产投资包括 500 万元及以上城镇项目、非农户项目和房地产开发投资，未包含农村农户投资。

a) Data of state-owned units in this table are based on wide coverage,including state-owned, state joint ownership and state sole funded corporations; collective-owned enterprises are based on wide coverage,including collective-owned enterprises, collective joint ownership enterprises and cooperative enterprises.

b) Before 2010 (including 2010) , data of investment in fixed asset are the caliber of total society including investment of urban and rural area.

c) Since 2011, data of investment in fixed assets in this table are the caliber of urban ,rural non-farm households and real estate development investment in fixed assets with the standard of more than 5 million yuan, not include farm households of rural area.

5-3 按主要行业分的固定资产投资
Investment in Fixed Assets by Main Sector

单位：万元 (10 000 yuan)

指　标	Item	2010	2011	2012
农、林、牧、渔业	Agriculture,Forestry,Animal Husbandry and Fishery	1125728	1914486	2380396
采矿业	Mining	1414124	2232626	3703818
制造业	Manufacturing	5206706	7871541	11714931
电力、热力、燃气及水的生产和供应业	Production and Supply of Electricity, Gas and Water	5521322	5086109	6732143
建筑业	Construction	3073700	5139575	9965494
批发和零售业	Wholesale and Retail Trades	623167	1036512	1814614
交通运输、仓储和邮政业	Transport,Storage and Post	1952900	2377927	3081362
住宿和餐饮业	Hotels and Catering Services	257800	433821	780478
信息传输、软件和信息技术服务业	Information Transmission,Software and Information Technology Services	222728	361002	417902
金融业	Financial Intermediation	30097	88868	145503
房地产业	Real Estate	1608711	2780664	3291838
租赁和商务服务业	Leasing and Business Services	255707	182087	360655
科学研究和技术服务业	Scientific Research and Technical Services	236789	263222	392459
水利、环境和公共设施管理业	Management of Water Conservancy, Environment and Public Facilities	1353379	2816518	4869537
居民服务、修理和其他服务业	Services and Repair to Households and Other Services	100313	120075	538518
教育	Education	616341	705734	990767
卫生和社会工作	Health and Social Work	389001	529219	576433
文化、体育和娱乐业	Culture, Sports and Entertainment	252722	390894	731738
公共管理、社会保障和社会组织	Public Management,Social Security and Social Organizations	2920140	3842739	2035100
国际组织	International Organizations			300

注：本表固定资产投资口径为500万元及以上城镇和非农户项目投资（不含房地产开发投资），以上三年为可比口径。

a) Data of investment in fixed assets in this table are the caliber of urban and rural non-farm households investment in fixed assets with the standard of more than 5 million yuan(excluding investment in real estate development).The caliber of 2010-2011 and 2012 are comparable scope.

5-4 各地区固定资产投资（2012）
Investment in Fixed Assets by Region (2012)

单位：万元 (10 000 yuan)

地区	Region	固定资产投资额 Investment in Fixed Assets	#项目投资 Project Investment	#房地产开发投资 Investment in Real Estate Development
甘肃省	**Gansu**	**60134171**	**54523986**	**5610185**
兰州市	Lanzhou	12391809	10158716	2233093
嘉峪关市	Jiayuguan	933488	738614	194874
金昌市	Jinchang	1848746	1771984	76762
白银市	Baiyin	3208842	3010178	198664
天水市	Tianshui	4165061	3804925	360136
武威市	Wuwei	4159526	3930541	228985
张掖市	Zhangye	2095929	1785002	310927
平凉市	Pingliang	4179455	3882788	296667
酒泉市	Jiuquan	7840020	7557115	282905
庆阳市	Qingyang	7518772	7011465	507307
定西市	Dingxi	3922905	3470797	452108
陇南市	Longnan	4103517	4043985	59532
临夏州	Linxia	2021101	1626631	394470
甘南州	Gannan	1745000	1731245	13755

注：庆阳市不含长庆油田数据。
a) Investment in Qingyang city is not including data of Changqing oilfield.

5-5 项目固定资产投资（不含房地产开发投资）
Investment in Fixed Assets of Project (Excluding Investment in Real Estate Development)

指 标	Item	2010	2011	2012
投资额（亿元）	**Total Investment (100 million yuan)**	**2716.14**	**3817.36**	**5452.40**
按产业分	**By Industry**			
第一产业	Primary Industry	112.57	191.45	238.04
第二产业	Secondary Industry	1521.59	2032.99	3211.64
#工业	Industry	1214.22	1519.03	2215.09
第三产业	Tertiary Industry	1081.98	1592.92	2002.72
按资金来源分	**By Source of Funds**			
国家预算内资金	State Budgetary Appropriation	527.67	731.12	916.94
国内贷款	Domestic Loans	443.13	421.65	605.85
债券	Bonds		0.56	1.02
利用外资	Foreign Investment	18.55	17.63	18.13
自筹资金	Self-raising Funds	1529.72	2240.27	3637.15
其他资金	Others	229.19	262.25	395.40
按构成分	**By Structure**			
建筑安装工程	Construction and Installation	1869.54	2788.61	3949.17
设备工具器具购置	Purchase of Equipment and Instruments	600.27	714.28	1093.08
其他费用	Others	246.33	314.47	410.15
按隶属关系分	**By Subordination**			
中央	Central	292.41	268.52	302.29
地方	Local	2423.73	3548.84	5150.11

5-5 续表 continued

指 标	Item	2010	2011	2012
按登记注册类型分	**By Registration Categories**			
内 资	Domestic Funded Enterprises	2665.86	3779.48	5383.78
国 有	State-owned Enterprises	1606.96	2146.37	2750.34
集 体	Collective-owned Enterprises	53.71	127.60	181.46
股份合作	Cooperative Enterprises	10.45	10.24	28.48
联营企业	Joint Ownership Enterprises	8.84	9.13	32.21
国有联营	State Joint Ownership Enterprises	0.60	0.50	4.45
集体联营	Collective Joint Ownership Enterprises	1.02	3.25	1.09
国有与集体联营	Joint State-collective Enterprises	0.09		5.60
其他联营	Other Joint Ownership Enterprises	7.14	5.39	21.07
有限责任公司	Limited Liability Corporations	498.48	707.41	931.83
国有独资公司	State Sole Funded Corporations	47.43	48.57	58.69
其他有限责任公司	Other Limited Liability Corporations	451.05	658.84	873.15
股份有限公司	Share-holding Corporations Limited	158.79	279.44	307.29
私 营	Private Enterprises	218.48	366.59	730.94
其 他	Other Enterprises	110.15	132.68	421.23
港澳台商投资	Enterprises with Funds from Hong Kong ,Macao and Taiwan	34.80	15.16	6.61
外商投资经济	Foreign Funded Enterprises	8.82	8.93	25.03
个体经营	Individual	6.66	13.79	36.98
房屋建筑面积（万平方米）	**Floor Space of Buildings (10 000 sq.m)**			
施工面积	Floor Space under Construction	5552.84	6170.70	6951.29
#住 宅	Residential Buildings	2656.29	3544.77	2679.12
竣工面积	Floor Space Completed	1562.15	1704.93	1988.37
#住 宅	Residential Buildings	772.05	942.09	793.47

5-6 按建设性质分项目固定资产投资（2012）
Investment in Fixed Assets of Project by Type of Construction (2012)

单位：万元 (10 000 yuan)

行业	Sector	投资额 Total Investment	#新建 New Construction	#扩建 Expansion	#改建 Reconstruction
总计	**Total**	**54523986**	**43092790**	**5718079**	**4002102**
农、林、牧、渔业	Agriculture,Forestry,Animal Husbandry and Fishery	2380396	1967461	315716	81146
采矿业	Mining	3703818	2834220	277679	541376
制造业	Manufacturing	11714931	8236016	1687837	1570517
电力、热力、燃气及水的生产和供应业	Production and Supply of Electricity, Gas and Water	6732143	5703179	635175	343900
建筑业	Construction	9965494	8711153	651740	281773
批发和零售业	Wholesale and Retail Trades	1814614	1301907	344618	79882
交通运输、仓储和邮政业	Transport,Storage and Post	3081362	2354121	349652	284183
住宿和餐饮业	Hotels and Catering Services	780478	622111	56066	76712
信息传输、软件和信息技术服务业	Information Transmission,Software and Information Technology Services	417902	208417	5351	178604
金融业	Financial Intermediation	145503	83497	7544	1870
房地产业	Real Estate	3291838	2582224	324271	65031
租赁和商务服务业	Leasing and Business Services	360655	240603	69754	6982
科学研究和技术服务业	Scientific Research and Technical Services	392459	296973	32782	15150
水利、环境和公共设施管理业	Management of Water Conservancy, Environment and Public Facilities	4869537	4272417	302479	274918
居民服务、修理和其他服务业	Services and Repair to Households and Other Services	538518	443306	57060	12145
教育	Education	990767	792339	120398	20859
卫生和社会工作	Health and Social Work	576433	333342	79375	47546
文化、体育和娱乐业	Culture, Sports and Entertainment	731738	581012	43150	77133
公共管理、社会保障和社会组织	Public Management,Social Security and Social Organizations	2035100	1528192	357432	42375
国际组织	International Organizations	300	300		

注：本表数据不含房地产投资。

a) Data in this table excluding real estate investment.

5-7 按构成分项目固定资产投资（2012）
Investment in Fixed Assets of Project in Urban Area by Structure (2012)

单位：万元 (10 000 yuan)

行业	Sector	投资额 Investment	建筑工程 Construction	安装工程 Installation	设备工器具购置 purchase of Equipment and Instruments	其他 Others
总计	**Total**	**54523986**	**34946234**	**4545480**	**10930813**	**4101459**
农、林、牧、渔业	Agriculture,Forestry,Animal Husbandry and Fishery	2380396	1637088	149013	196540	397755
采矿业	Mining	3703818	1646916	384704	1220305	451893
制造业	Manufacturing	11714931	5612337	1285412	4172191	644991
电力、热力、燃气及水的生产和供应业	Production and Supply of Electricity, Gas and Water	6732143	2525867	1069469	2942987	193820
建筑业	Construction	9965494	8374440	494730	537284	559040
批发和零售业	Wholesale and Retail Trades	1814614	1405925	131496	162781	114412
交通运输、仓储和邮政业	Transport,Storage and Post	3081362	2486086	122184	340046	133046
住宿和餐饮业	Hotels and Catering Services	780478	584941	82483	71523	41531
信息传输、软件和信息技术服务业	Information Transmission,Software and Information Technology Services	417902	124798	62794	212330	17980
金融业	Financial Intermediation	145503	70684	13700	58177	2942
房地产业	Real Estate	3291838	2927528	164271	72918	127121
租赁和商务服务业	Leasing and Business Services	360655	222339	30194	67161	40961
科学研究和技术服务业	Scientific Research and Technical Services	392459	236420	13733	89544	52762
水利、环境和公共设施管理业	Management of Water Conservancy, Environment and Public Facilities	4869537	3440828	313695	235247	879767
居民服务、修理和其他服务业	Services and Repair to Households and Other Services	538518	376738	30343	52823	78614
教育	Education	990767	790811	48234	86307	65415
卫生和社会工作	Health and Social Work	576433	349854	36773	160499	29307
文化、体育和娱乐业	Culture, Sports and Entertainment	731738	510981	46488	72778	101491
公共管理、社会保障和社会组织	Public Management,Social Security and Social Organizations	2035100	1621353	65764	179372	168611
国际组织	International Organizations	300	300			

注：本表数据不含房地产投资。

a) Data in this table excluding real estate investment.

5-8 项目固定资产投资项目个数及新增固定资产（2012）
Number of Investment Projects in Fixed Assets and Newly Increased Fixed Assets (2012)

行　业	Sector	施工项目（个） Number of Projects under Construction (unit)	全部建成投产项目（个） Number of Projects Completed and Put into Use (unit)	建成项目投产率（%） Rate of Projects Comleted and Put into Use (%)	新增固定资产（万元） Newly Increased Fixed Assets (10 000 yuan)
总　计	**Total**	**12873**	**8496**	**66 .00**	**36122553**
农、林、牧、渔业	Agriculture,Forestry,Animal Husbandry and Fishery	970	728	75.05	1731817
采矿业	Mining	444	279	62.84	1733414
制造业	Manufacturing	2601	1668	64.13	8276829
电力、热力、燃气及水的生产和供应业	Production and Supply of Electricity, Gas and Water	905	528	58.34	3162897
建筑业	Construction	2530	1673	66.13	6455601
批发和零售业	Wholesale and Retail Trades	524	358	68.32	1543283
交通运输、仓储和邮政业	Transport,Storage and Post	529	342	64.65	2030214
住宿和餐饮业	Hotels and Catering Services	196	128	65.31	541125
信息传输、软件和信息技术服务业	Information Transmission,Software and Information Technology Services	108	81	75.00	359004
金融业	Financial Intermediation	48	35	72.92	139498
房地产业	Real Estate	627	359	57.26	2361254
租赁和商务服务业	Leasing and Business Services	98	48	48.98	215161
科学研究和技术服务业	Scientific Research and Technical Services	113	76	67.26	269290
水利、环境和公共设施管理业	Management of Water Conservancy, Environment and Public Facilities	1285	916	71.28	3617598
居民服务、修理和其他服务业	Services and Repair to Households and Other Services	175	118	67.43	294403
教育	Education	512	355	69.34	753814
卫生和社会工作	Health and Social Work	218	153	70.18	511751
文化、体育和娱乐业	Culture, Sports and Entertainment	250	145	58.00	520685
公共管理、社会保障和社会组织	Public Management,Social Security and Social Organizations	739	506	68.47	1604915
国际组织	International Organizations	1			

注：本表数据不含房地产投资。

a) Data in this table excluding real estate investment.

5-9 各地区固定资产投资项目个数及项目新增固定资产（2012）
Number of Projects of Investment in Fixed Assets and Newly Increased Fixed Assets of Project by Region (2012)

地 区	Region	施工项目（个） Number of Projects under Construction (unit)	全部建成投产项目（个） Number of Projects Completed and Put into Use (unit)	建成项目投产率（%） Rate of Projects Completed and Put into Use (%)	新增固定资产（万元） Newly Increased Fixed Assets (10 000 yuan)	固定资产交付使用率（%） Rate of Projects of Fixed Assets Completed and Put into Use(%)
总 计	Total	12873	8496	66.00	36122553	66.25
兰州市	Lanzhou	1605	1143	71.21	9040986	89.00
嘉峪关市	Jiayuguan	145	71	48.97	706304	95.63
金昌市	Jinchang	329	144	43.77	983023	55.48
白银市	Baiyin	736	460	62.50	1711554	56.86
天水市	Tianshui	1129	833	73.78	3123110	82.08
武威市	Wuwei	865	385	44.51	1396211	35.52
张掖市	Zhangye	577	398	68.98	1179589	66.08
平凉市	Pingliang	893	735	82.31	2483782	63.97
酒泉市	Jiuquan	1732	1068	61.66	3717202	49.19
庆阳市	Qingyang	1917	1429	74.54	4236942	60.43
定西市	Dingxi	902	482	53.44	2210990	63.70
陇南市	Longnan	860	668	77.67	3099933	76.66
临夏州	Linxia	468	270	57.69	1118757	68.78
甘南州	Gannan	715	410	57.34	1114170	64.36

5-10 各地区项目施工、竣工房屋建筑面积和价值（2012）
Floor Space and Value of Projects under Construction and Buildings Completed by Region (2012)

地 区	Region	施工房屋建筑面积（万平方米） Floor Space of Buildings under Construction (10 000 sq.m)	#住 宅 Residential Buildings	竣工房屋建筑面积（万平方米） Floor Space of Buildings Completed (10 000 sq.m)	#住 宅 Residential Buildings	竣工房屋价值（万元） Value of Buildings Completed (10 000 yuan)	#住 宅 Residential Buildings
总 计	**Total**	**6951.29**	**2679.12**	**1988.37**	**793.47**	**4083680**	**1453698**
兰州市	Lanzhou	2267.80	880.99	914.90	252.93	2058877	544549
嘉峪关市	Jiayuguan	26.03	0.27	0.06	0.01	65	5
金昌市	Jinchang	183.26	81.20	12.43	5.50	30399	12840
白银市	Baiyin	340.77	226.35	176.87	122.97	321312	229746
天水市	Tianshui	1077.52	109.92	220.79	32.41	464983	39092
武威市	Wuwei	394.89	245.86	32.71	24.34	51558	36710
张掖市	Zhangye	202.67	92.98	28.20	11.57	49956	18687
平凉市	Pingliang	423.05	194.42	130.55	84.02	302913	185135
酒泉市	Jiuquan	296.08	108.58	97.16	26.10	143810	41022
庆阳市	Qingyang	150.95	22.35	14.30	0.50	45331	9800
定西市	Dingxi	535.90	234.03	153.51	110.71	115101	82334
陇南市	Longnan	200.53	114.23	64.26	50.03	136733	95654
临夏州	Linxia	621.47	292.78	46.06	23.78	127704	52863
甘南州	Gannan	230.38	75.18	96.56	48.60	234938	105261

5-11 各地区固定资产投资项目计划总投资（2012）
Total Planned Investment of Investment in Fixed Assets Projects by Region (2012)

单位：万元 (10 000 yuan)

地 区	Region	施工项目计划总投资 Total Planned Investment of Projects under Construction		新开工项目计划总投资 Total Planned Investment of Newly Started Projects		新开工项目占施工项目比重 (%) Newly Started Projects as Percentage of Projects under Construction(%)	
		2012	比上年增长（%）Growth Rate (%)	2012	比上年增长（%）Growth Rate (%)	2011	2012
总 计	**Total**	**110711727**	**33.83**	**64755576**	**55.30**	**50.40**	**58.49**
兰州市	Lanzhou	20593337	15.78	9282455	-0.52	52.46	45.08
嘉峪关市	Jiayuguan	1665662	44.36	806910	45.22	48.16	48.44
金昌市	Jinchang	5084548	28.79	2372770	92.45	31.23	46.67
白银市	Baiyin	6091133	31.33	3214903	77.98	38.95	52.78
天水市	Tianshui	6986287	28.34	4454685	84.68	44.31	63.76
武威市	Wuwei	11174155	74.88	6446794	52.84	66.02	57.69
张掖市	Zhangye	3704729	38.79	2560699	111.70	45.31	69.12
平凉市	Pingliang	7038762	50.27	4792223	81.28	56.44	68.08
酒泉市	Jiuquan	14039957	38.93	9994583	143.50	40.62	71.19
庆阳市	Qingyang	11044006	12.71	7714382	44.49	54.49	69.85
定西市	Dingxi	6801004	41.44	3869393	41.42	56.90	56.89
陇南市	Longnan	8791151	57.18	4433003	38.13	57.38	50.43
临夏州	Linxia	3747897	21.34	2248966	45.09	50.18	60.01
甘南州	Gannan	3949099	50.72	2563810	90.32	51.41	64.92

5-12 各地区计划总投资上亿元重大项目（2012）
Total Planned Investment of Major Projects of 100 Million Yuan and More by Region(2012)

地 区	Region	投资额（万元）Total Investment (10 000 yuan)	占城镇项目投资的比重（%）As Percentage of Investment of Projects in Urban Area
甘肃省	**Gansu**	**26947965**	**49.42**
兰州市	Lanzhou	5681683	55.93
嘉峪关市	Jiayuguan	577791	78.23
金昌市	Jinchang	1347868	76.07
白银市	Baiyin	1587406	52.73
天水市	Tianshui	908698	23.88
武威市	Wuwei	2516975	64.04
张掖市	Zhangye	797008	44.65
平凉市	Pingliang	2182829	56.22
酒泉市	Jiuquan	4676953	61.89
庆阳市	Qingyang	1402995	20.01
定西市	Dingxi	1665176	47.98
陇南市	Longnan	2087714	51.63
临夏州	Linxia	782314	48.09
甘南州	Gannan	732555	42.31

5-13 各地区能源工业投资（2012）
Investment in Energy Industry by Region (2012)

单位：万元　　(10 000 yuan)

地　区	Region	合 计 Total	煤炭开采及洗选业 Mining and Washing of Coal	石油及天然气开采业 Extraction of Petroleum and Natural Gas	石油加工、炼焦及核燃料加工业 Processing of Petroleum, Coking, Processing of Nucleus Fuel	电力、热力及燃气的生产和供应业 Production and Supply of Electricity,Gas and Water
甘肃省	**Gansu**	**9316840**	**1454748**	**753431**	**376518**	**6732143**
兰州市	Lanzhou	833095	146465	8000	242109	436521
嘉峪关市	Jiayuguan	246394			499	245895
金昌市	Jinchang	770299	4816		49400	716083
白银市	Baiyin	403809	81905			321904
天水市	Tianshui	140839				140839
武威市	Wuwei	843543	180079		3500	659964
张掖市	Zhangye	442129	129138			312991
平凉市	Pingliang	952156	412815	249927	49000	240414
酒泉市	Jiuquan	2811189	132996	38142	16960	2623091
庆阳市	Qingyang	1004266	361289	448362	4750	189865
定西市	Dingxi	151641			10300	141341
陇南市	Longnan	416582	2845	9000		404737
临夏州	Linxia	140080				140080
甘南州	Gannan	160818	2400			158418

5-14 重点项目建设情况（2012）
Construction Situation of Key Projects (2012)

单位：万元 (10 000 yuan)

项目名称	Project	计划总投资 Total Plan Investment	至2012年底累计完成投资 Accumulative Investment by 2012	本年计划投资 Plan Investment	本年完成投资 Achieved Investment
总计	**Total**	**58290286**	**11248508**	**8040740**	**8586146**
续建项目	**Continued Construction Project**	**28143494**	**11175967**	**5163676**	**6568495**
（一）农林水利项目	**Projects of Agriculture and Forestry and Water Conservancy**	**1263756**	**407978**	**200282**	**241659**
引洮供水一期工程	Water Supply from Taohe River(First Phase)	372167	331700	39967	78400
敦煌水资源合理利用与综合保护项目	Rational Use and Comprehensive Protection Projects of Water Resources in Dunhuang	472200	1188	44433	13900
引洮供水一期定西市配套工程	Water Supply from Taohe River(First Phase) of Conveyance System Dingxi City	121026	47800	73226	82144
靖远双永供水工程	Shuangyong Water Supply Project in Jingyuan	41995	1000	17000	17340
古浪县生态移民暨扶贫开发黄花滩项目水利骨干工程	Ecological Immigration and Poverty Alleviation and Development of Yellow Beach Project Water Key Projects in Gulang County	37700	1000	14000	35000
甘南黄河重要水源补给生态功能区生态保护与建设项目	Ecological Protection and Construction Projects of Yellow Important Source of Water Supply Ecological Function Zones in Gannan	173268	20290	6656	8230
石羊河流域防沙治沙及生态恢复工程	Anti-desertification and Ecological Restoration Projects in Shiyang River Basin	45400	5000	5000	6645
（二）交通项目	**Transportation Projects**	**18859677**	**7905840**	**2834871**	**3806423**
兰渝铁路（甘肃段，含兰州北编组站）	Lanzhou-Chongqing Railway (Gansu Section, Including Partial Hub Project)	4200000	2461492	446680	557129
西安至平凉铁路（甘肃段）	Xi'an-Pingliang Railway (Gansu Section)	293000	230000	39000	41000
天水至平凉铁路	Tianshui-Pingliang Railway	511000	398000	80000	80000
兰新铁路第二双线（甘肃段）	Lanzhou-Xinjiang Railway Second Double (Gansu Section)	5800000	1844000	600000	1030000
兰州至中川机场铁路	Lanzhou-Zhongchuan Airport Railway	1371000		40000	30000
GZ45 线永登（徐家磨）至古浪	GZ45 Line of Yongdeng (Xujiamo) to Gulang	586902	478412	108490	138800
连霍公路瓜州至猩猩峡	Lianhuo Highway - Guazhou to Xingxingxia Highway	220000	214000	6000	83000

5-14 续表 1 continued

单位：万元 (10 000 yuan)

项目名称	Project	计划总投资 Total Plan Investment	至 2012 年底累计完成投资 Accumulative Investment by 2012	本年计划投资 Plan Investment	本年完成投资 Achieved Investment
青兰国家高速雷家角（陕甘界）至西峰段	Dracocephalum National High-speed Section of Leijiajiao(Shaanxi-Gansu Border) to Xifeng	818000	300000	165070	265589
定武国家高速营盘水（宁甘界）至双塔	Ding Wu National High-speed Yingpanshui (Ningxia and Gansu border) to Shuangta	744000	285000	150000	300000
成县至武都高速公路	Highway of Cheng County to Wudu	1200000	350000	300000	350000
G212 线临罐路武都至罐子沟	G212 Line of Linguan Road of Wudu to Guanzigou	1171342	682000	300000	300000
金昌至武威高速公路	Highway of Jinchang to Wuwei	315400	51000	130000	84200
武威市城乡融合发展核心区金大快速通道	Jinda Fast Track of Core Area of Development of Integration of Urban and Rural in Wuwei City	456900	86000	80000	129000
全省通县二级公路建设项目（8 个）	Second Class Construction Projects to County Level of Whole Province (8)	901223	467070	342360	337790
五〇四厂黄河大桥工程	Yellow River Bridge Project by Five Zero Four Factory	8968	3100	6000	3165
兰州中川机场扩建工程	Expansion Project of Lanzhou Zhongchuan Airport	152323	11748	20230	21700
庆阳机场扩建工程	Expansion Project of Qingyang Airport	38637	13018	11041	5050
夏河机场	Xiahe Airport	70982	31000	10000	50000
（三）能源项目	**Energy Projects**	**6565225**	**2308314**	**1590227**	**2071138**
陇南白龙江橙子沟水电站	Chengzi Ditch Hydropower of Bailongjiang River in Longnan	124821	59572	34700	38171
酒泉大型风机示范风电场工程	Demonstration Wind Farm Project of Large Fan of Jiuquan	561743	37593	260000	215000
正泰 100MW 光伏并网发电工程	100MW PV Grid Power Project of Chint Group	160000	100200	59800	59800
核桃峪煤矿	Walnut Valley Coal	1066876	614057	104658	78599
马福川煤矿	Mafuchuan Coal	401962	17127	37538	1368
灵台邵寨矿井	Shaozhai Mine of Lingtai County	199823	39765	33531	41942
民勤红沙岗煤矿二号井	Hongsha Hillock 2nd Mine of Minqin County	54000	18000	26000	5430
兰州原油商业储备库	Lanzhou Commercial Reserve Library of Crude Oil	166000	132000	34000	15476

5-14 续表 2 continued

单位：万元 (10 000 yuan)

项目名称	Project	计划总投资 Total Plan Investment	至 2012 年底累计完成投资 Accumulative Investment by 2012	本年计划投资 Plan Investment	本年完成投资 Achieved Investment
长庆油田产能建设	Changqing Oilfield Capacity Building Project	3000000	950000	600000	980352
中卫—贵阳输气管道（甘肃段）	Zhongwei to Guiyang Gas Contact Pipeline (Gansu Section)	530000	220000	310000	360000
兰州—成都原油管道（甘肃段）	Lanzhou to Chengdu Crude Oil Pipeline(Gansu Section)	300000	120000	90000	275000
（四）工业项目	**Industrial Projects**	**1238923**	**401195**	**489000**	**371978**
白银公司铜冶炼技术提升改造项目	Enhance the Transformation Project of Copper Smelting Technology of Baiyin Nonferrous Metals Company	265923	47195	30000	9488
酒钢集团榆钢支持灾后重建项目	Support the Post-disaster Reconstruction Projects of JISCO Yuzhong Steel Company	550000	270000	280000	244123
三一重工股份有限公司混凝土搅拌站设备生产项目	Concrete Mixing Station Equipment Production Project of SANY Heavy Industry	63000	9000	54000	17000
金川集团 6 万吨 / 年电解镍扩能改造	60,000 t/y Electrolytic Nickel Expansion and Reconstruction Project of Jinchuan Group Co., Ltd.	160000	35000	80000	78367
（五）高技术产业项目	**High-tech Industry Projects**	**132265**	**89100**	**33165**	**28379**
金川集团年产 1 万吨羰基镍高技术产业化	Annual Output of 10,000 Tons of Nickel Carbonyl High-tech Industry of Jinchuan Group Co., Ltd.	90865	68500	22365	17199
天水华天科技公司集成电路封装测试生产线工艺升级技术改造	Crafts Upgrades and Technology Transform of IC Packaging and Testing Production Line of Tianshui Huatian Technology, Inc.	41400	20600	10800	11180
（六）社会事业项目	**Social Undertakings Projects**	**83648**	**63540**	**16131**	**48918**
省妇幼保健院保健医疗综合楼	Provincial MCH Health Care General Building	31590	25977	5613	32424
省中医院门诊医技综合楼	Provincial Hospital Outpatient Medical Technology General Building	14124	11913	2211	9443

5-14 续表 3 continued

单位：万元 (10 000 yuan)

项目名称	Project	计划总投资 Total Plan Investment	至 2012 年底累计完成投资 Accumulative Investment by 2012	本年计划投资 Plan Investment	本年完成投资 Achieved Investment
敦煌莫高窟保护利用工程	Protection and Utilization of Facilities Projects of Dunhuang Mogao Grottoes	26547	20570	2000	5401
甘肃黄河剧院拆除重建项目	Demolition and Reconstruction Projects of Gansu Huanghe Theater	11387	5080	6307	1650
计划新开工项目	**Planed Newly-commenced Projects**	**13697325**	**72541**	**2877064**	**2017651**
（一）农林水利项目	**Projects of Agriculture and Forestry and Water Conservancy**	**205937**	**4000**	**14000**	**5230**
引洮入潭工程	Projects of Diversion from Tao River to Lintan	19948	1000	6000	2030
积石山引水工程	Diversion Project of Jishishan	39932	1000	3000	3200
引洮供水一期会宁北部供水工程	Diversion from Taohe River(First Phase) Water Supply Project in the North of Huining	86000	2000	2000	
引洮（博）济合工程	Projects of Diversion from Taohe River (Bola River) to Hezuo City	60057		3000	
（二）交通项目	**Transportation Projects**	**9141400**		**600000**	**541360**
宝鸡至兰州客运专线（甘肃段，含兰州西客站）	Baoji-Lanzhou Passenger Railway Line(Gansu Section,include Lanzhou West Railway Station)	5760000		200000	50000
十堰至天水高速公路大石碑至天水段公路	Highway of Dashibei Cheng County to Tianshui Section	1881000		200000	201360
兰州至郎木寺高速公路临夏至合作段	Lanzhou to Langmusi Highway Linxia to Hezuo Section	889100		100000	210000
兰州（新城）至永靖沿黄河快速通道	Lanzhou (New Area)to Yongjing Fast-track Along the Yellow River	611300		100000	80000

5-14 续表 4 continued

单位：万元 (10 000 yuan)

项目名称	Project	计划总投资 Total Plan Investment	至 2012 年底累计完成投资 Accumulative Investment by 2012	本年计划投资 Plan Investment	本年完成投资 Achieved Investment
（三）能源项目	**Energy Projects**	**3378442**	**63594**	**2044749**	**1425442**
803 电厂"上大压小"热电联产工程	"Great Pressure on Small" Cogeneration Project of 803 Power Plant	293723	1000	81197	1520
金昌热电联产工程	Jinchang Cogeneration Project	298442	44236	141023	124270
武威热电联产工程	Wuwei Cogeneration Project	301292	17858	45993	2547
酒泉风电基地二期第一批 300 万千瓦风电场	The First Batch of 3 Million Kilowatts Wind Farm of Jiuquan Wind Power Base Two Period	2100000		1700000	1245600
华家岭风力发电项目	Huajialing Wind Power Project	94072	500	46536	35505
750 千伏兰州东－天水－宝鸡输变电工程（甘肃境内）	750 KV Power Transmission Project-East of Lanzhou to Tianshui to Baoji in Gansu Section	290913		30000	16000
（四）工业项目	**Industrial Projects**	**884531**	**100**	**183315**	**35410**
华煤集团年处理 60 万吨甲醇制 20 万吨聚丙烯（FMTP）科技示范项目	600,000 t/y Methanol Project of Coal and 200,000 t/y of Polypropylene (FMTP) Technology Demonstration Projects of Huating Zhongxu Coal Chemical Co., Ltd.	254031		63315	3417
长城电工天水产业园建设项目	Tianshui Industrial Park Construction Project of Great Wall Electrical Co.,LTD	210500		50000	8695
甘肃东兴铝业公司酒嘉风电基地高载能特色铝合金节能技术改造工程电解铝一期	Electrolytic Aluminum First Phase of High-energy Features Aluminum Saving Technological Transformation Projects of Jiajiu Wind Power Base of Gansu Dongxing Aluminum Company Co.,LTD	420000	100	70000	23298
（五）社会事业项目	**Social Undertakings Projects**	**32315**	**27**	**5000**	**1483**
兰州大学第二医院 2 号医疗综合楼	No. 2 Medical Comprehensive Building of Second Hospital of Lanzhou University	32315	27	5000	1483
（六）党群及经贸项目	**Projects of the Party and the Masses, Economic and Trade**	**54700**	**4820**	**30000**	**8726**
甘肃科技馆项目	Gansu Science and Technology Museum Project	26700	3000	5000	714
甘肃鑫港金属建材物流市场	Gansu Xingang Metal Building Materials Logistics Market	28000	1820	25000	8012

5-15 房地产开发企业基本情况
Basic Conditions of Enterprises for Real Estate Development

指 标	Item	2005	2010	2011	2012
开发企业个数（个）	Number of Enterprises (unit)	843	1185	1249	1359
内资	Domestic Funded	787	1158	1222	1336
# 国有	State-owned Enterprises	73	60	56	57
集体	Collective-owned Enterprises	37	24	25	23
港澳台投资经济	Funded by Entrepreneurs from Hong Kong, Macao and Taiwan	35	16	16	15
外商投资经济	Foreign Funded	21	11	11	8
资产总计（亿元）	Total Assets (100 million yuan)	303.32	866.84	1174.05	1665.51
固定资产累计折旧（亿元）	Accumulated Depreciation of Fixed Assets (100 million yuan)	6.60	13.39	12.79	17.17
# 本年折旧	Depreciation This Year	0.96	1.97	2.68	4.00
负债合计（亿元）	Total Liabilities (100 million yuan)	216.10	639.29	882.78	1298.98
所有者权益合计（亿元）	Owners' Equity (100 million yuan)	87.22	227.55	291.28	366.53
资产负债率（%）	Ratio of Debts to Assets(%)	71.25	73.75	75.19	77.99
主营业务收入（亿元）	Revenue from Principal Business (100 million yuan)	51.76	190.68	219.27	305.29
土地转让收入	Land Transferred	1.16	1.14	1.78	2.09
商品房屋销售收入	Commercial Houses Sold	46.83	180.89	209.07	276.37
房屋出租收入	Houses Leased	1.01	3.90	2.54	4.07
其他收入	Others	2.76	4.75	5.88	22.76
营业税金及附加	Business Taxes and Surcharges	0.25	13.78	27.67	19.68
营业利润（亿元）	Business Profits (100 million yuan)	1.93	11.12	6.99	10.558
利润总额（亿元）	Total Profits (100 million yuan)	2.98	10.09	3.81	10.81
本年购置土地面积（万平方米）	Land Space Purchased This Year (10 000sq.m)	188.23	286.71	287.57	419.33
# 地 方	Local	188.23	286.71	280.57	419.33
竣工房屋造价（元 / 平方米）	Value of Buildings Completed (yuan/sq.m)	1293	1828	2250	2107

注：营业税金及附加 :2005 年为经营税金及附加；2010 为主营业务税金及附加；2011 和 2012 年为营业税金及附加。

a) Business Tax and Surcharges:Figures of 2005 are operate taxes and surcharges,of 2010 are taxes and extra charges from principal business,of 2011 and 2012 are business tax and surcharges.

5-16 房地产开发投资完成情况
The Completion of Real Estate Development Investment

指标	Item	2005	2009	2010	2011	2012
房地产开发投资（亿元）	**Real Estate Development Investment (100 million yuan)**	**85.75**	**204.14**	**266.41**	**362.88**	**561.02**
#地 方	Local	85.29	202.60	263.69	350.45	544.04
按构成分	**By Composing**					
建筑工程	Construction	62.76	136.17	190.26	255.68	410.44
安装工程	Installation	7.35	14.74	17.80	33.49	54.24
设备工器具购置	Purchase of Equipment and Instruments	1.53	1.14	1.86	2.07	6.68
其他费用	Others	14.11	52.09	56.49	71.64	89.66
按工程用途分	**By Purpose**					
住 宅	Residential Buildings	60.31	137.32	187.93	258.06	412.51
办公楼	Office Buildings	3.13	2.90	5.61	6.38	11.06
商业营业用房	Houses for Business Use	11.05	21.40	27.02	36.88	65.41
其 他	Others	11.26	42.52	45.85	61.57	72.04
按资金来源分	**By Source of Funds**					
国内贷款	Domestic Loans	15.69	41.32	56.60	67.02	129.08
利用外资	Foreign Investment					
自筹资金	Self-raising Funds	39.70	96.72	132.80	169.81	304.97
其 他	Others	37.27	107.45	128.17	153.82	217.19
新增固定资产（亿元）	**Newly Increased Fixed Assets (100 million yuan)**	**47.48**	**105.23**	**143.35**	**169.41**	**215.42**
#地 方	Local	44.95	105.23	143.35	165.50	215.42
房屋施工面积（万平方米）	**Floor Space of Buildings under Construction (10 000 sq.m)**	**1449.43**	**2536.32**	**3130.40**	**3810.00**	**5634.95**
房屋竣工面积（万平方米）	**Floor Space of Buildings Completed (10 000 sq.m)**	**338.88**	**540.56**	**598.66**	**655.99**	**844.50**
商品房屋销售面积（万平方米）	**Floor Space of Commercialized Buildings Sold (10 000 sq.m)**	**340.37**	**696.26**	**756.51**	**815.89**	**978.44**
#住 宅	Residential Buildings	299.17	657.33	692.07	734.38	893.36
商品房屋销售额（亿元）	**Total Sales of Commercialized Buildings (100 million yuan)**	**64.11**	**174.59**	**227.81**	**276.95**	**349.32**
#住 宅	Residential Buildings	50.98	159.50	201.47	235.55	301.60

5-17 房地产施工、竣工面积及价值（2012）
Floor Space of Buildings under Construction,Completed and Its Value for Real Estate (2012)

项　目	Item	施工房屋面积（万平方米）Floor Space of Buildings under Construction (10 000 sq.m)	#新开工 Started This Year	竣工房屋面积（万平方米）Floor Space of Buildings Completed (10 0000 sq.m)	竣工房屋价值（万元）Value of Buildings Completed (10 000 yuan)
甘肃省	**Gansu**	**5634.95**	**2404.51**	**844.50**	**1779057**
住宅	Residential Buildings	4431.21	1933.52	710.03	1447690
#别墅、高档公寓	Villas and Good Apartments	23.00	8.00		
经济适用房	Economical Houses				
办公楼	Office Buildings	99.85	23.22	8.56	25099
商业营业用房	Houses for Business Use	632.82	251.68	93.85	238397
其他	Others	471.07	196.09	32.06	67871

5-18 各地区房地产开发企业建设投资总规模及完成情况（2012）
General Scale of Construction and Actually Completed Investment of Enterprises for Real Estate Development by Region (2012)

单位：万元　　(10 000 yuan)

地　区	Region	计划总投资 Total Planned Investment	自开始建设至本年底累计完成投资 Accumulative Investment Actually Completed Since the Start of Construction to the End of This Year	#本年完成投资 Investment Completed This Year
甘肃省	**Gansu**	**22766511**	**12471135**	**5610185**
兰州市	Lanzhou	12862026	6643032	2233093
嘉峪关市	Jiayuguan	567917	394477	194874
金昌市	Jinchang	333433	200202	76762
白银市	Baiyin	636946	379097	198664
天水市	Tianshui	1187545	795110	360136
武威市	Wuwei	730324	392761	228985
张掖市	Zhangye	789712	447600	310927
平凉市	Pingliang	721088	446258	296667
酒泉市	Jiuquan	1095505	546437	282905
庆阳市	Qingyang	1276088	693561	507307
定西市	Dingxi	1346108	786390	452108
陇南市	Longnan	229720	97952	59532
临夏州	Linxia	949799	634503	394470
甘南州	Gannan	40300	13755	13755

5-19 各地区按用途分房地产开发企业（单位）投资完成额（2012）
Investment Actually Completed by Enterprises for Real Estate Development by Use,Region (2012)

单位：万元 (10 000 yuan)

地　区	Region	本年完成投资额 Investment Completed This Year	住 宅 Residential Buildings	#别 墅、高档公寓 Villas,High-grade Apartments	办公楼 Office Buildings	商业营业用房 Houses for Business Use	其 他 Others
甘肃省	**Gansu**	**5610185**	**4125139**	**11506**	**110565**	**654094**	**720387**
兰州市	Lanzhou	2233093	1407609	2569	60412	241832	523240
嘉峪关市	Jiayuguan	194874	156109	2240	80	20869	17816
金昌市	Jinchang	76762	58076		60	15175	3451
白银市	Baiyin	198664	141047	99	4315	34615	18687
天水市	Tianshui	360136	309352		14663	23697	12424
武威市	Wuwei	228985	189464		2730	27548	9243
张掖市	Zhangye	310927	254365	2098	1011	39015	16536
平凉市	Pingliang	296667	224611		4011	38764	29281
酒泉市	Jiuquan	282905	245949		1346	27146	8464
庆阳市	Qingyang	507307	402411	4500	6701	79818	18377
定西市	Dingxi	452108	356374		12446	42888	40400
陇南市	Longnan	59532	37116		200	17081	5135
临夏州	Linxia	394470	332039		1622	44096	16713
甘南州	Gannan	13755	10617		968	1550	620

5-20 各地区商品房屋销售情况（2012）
Sales of Commercialized Buildings by Region (2012)

地　区	Region	商品房销售面积（万平方米）Floor Space of Commercialized Buildings Sold (10 000 sq.m)	#住　宅 Residential Buildings	商品房销售额（万元）Total Sale of Commercialized Buildings (10 000 yuan)	#住　宅 Residential Buildings
甘肃省	**Gansu**	**978.44**	**893.36**	**3493180**	**3016035**
兰州市	Lanzhou	214.26	198.71	1157623	1019465
嘉峪关市	Jiayuguan	83.14	66.81	259785	206970
金昌市	Jinchang	41.74	41.03	97750	95125
白银市	Baiyin	68.99	56.98	230975	169878
天水市	Tianshui	98.79	95.18	325119	300837
武威市	Wuwei	27.17	26.60	84266	82607
张掖市	Zhangye	76.43	71.84	208868	187546
平凉市	Pingliang	71.03	66.80	230717	208909
酒泉市	Jiuquan	90.73	87.29	244607	233892
庆阳市	Qingyang	39.39	29.43	169283	108919
定西市	Dingxi	56.71	49.91	172286	136960
陇南市	Longnan	10.25	8.93	29176	24254
临夏州	Linxia	98.01	92.07	278152	236100
甘南州	Gannan	1.79	1.79	4573	4573

5-21 各地区房地产开发企业建设房屋面积和造价（2012）
Floor Space and Cost of Buildings Developed by Enterprises for Real Estate Development by Region (2012)

地　区	Region	施工房屋面积（万平方米）Floor Space of Buildings under Construction (10 000 sq.m)	竣工房屋面积（万平方米）Floor Space of Buildings Completed (10 000 sq.m)	房屋建筑面积竣工率(%) Rate of Floor Space of Buildings Completed (%)	竣工房屋价值（万元）Value of Buildings Completed (10 000 yuan)	竣工房屋造价（元/平方米）Cost of Buildings Completed (yuan/sq.m)
甘肃省	**Total**	**5634.95**	**844.50**	**14.99**	**1779057**	**2107**
兰州市	Lanzhou	2547.53	193.53	7.60	448180	2316
嘉峪关	Jiayuguan	184.41	78.61	42.63	145826	1855
金昌市	Jinchang	86.03	36.01	41.86	71181	1977
白银市	Baiyin	230.17	80.55	35.00	168477	2092
天水市	Tianshui	348.68	43.18	12.38	92486	2142
武威市	Wuwei	141.68	20.88	14.74	45394	2174
张掖市	Zhangye	261.38	86.23	32.99	174725	2026
平凉市	Pingliang	263.73	66.03	25.04	148431	2248
酒泉市	Jiuquan	292.63	71.01	24.26	139187	1960
庆阳市	Qingyang	320.80	74.58	23.25	143816	1928
定西市	Dingxi	349.00	32.03	9.18	67717	2114
陇南市	Longnan	46.83	17.71	37.82	40808	2304
临夏州	Linxia	543.41	44.15	8.12	92829	2103
甘南州	Gannan	18.67				

5-22 各地县固定资产投资和新增固定资产（2012）
Investment in Fixed Assets and Newly Increased Fixed Assets by Region, County (2012)

单位：万元 (10 000 yuan)

地　区	Region	投资总额 Total Investment	第一产业 Primary Industry	第二产业 Secondary Industry	第三产业 Tertiary Industry	#住　宅 Residential Buildings	新增固定资产 Newly Increased Fixed Assets
兰州市	**Lanzhou**	**12391809**	**249364**	**3878839**	**8263606**	**2136540**	**9512818**
城关区	Chengguan	3038129	5600	323885	2708644	1014238	1740558
七里河区	Qilihe	1708557	14840	475255	1218462	393896	1144158
西固区	Xigu	1858947	27000	1113183	718764	187809	1729742
安宁区	Anning	1520601	6067	216354	1298180	331053	987872
红古区	Honggu	537338	62574	274738	200026	78005	392598
永登县	Yongdeng	457181	19450	356488	81243	6810	525789
皋兰县	Gaolan	252959	15038	160628	77293	19888	272254
榆中县	Yuzhong	666427	22195	432433	211799	9823	393175
兰州新区	Lanzhou New Area	2351670	76600	525875	1749195	95018	2326672
嘉峪关市	**Jiayuguan**	**933488**	**4171**	**631764**	**297553**	**156584**	**863158**
金昌市	**Jinchang**	**1848746**	**96010**	**1519062**	**233674**	**86627**	**983023**
金川区	Jinchuan	1316885	67115	1181104	68666	66193	685140
永昌县	Yongchang	531861	28895	337958	165008	20434	297883
白银市	**Baiyin**	**3208842**	**185514**	**2043489**	**979839**	**492206**	**1880031**
白银区	Baiyin	1620046	13982	1129206	476858	277770	746601
平川区	Pingchuan	413775	34713	273924	105138	99358	229683
靖远县	Jingyuan	352074	51856	182302	117916	65672	226555
会宁县	Huining	285321	1100	145337	138884	41972	262333
景泰县	Jingtai	537626	83863	312720	141043	7434	414859
天水市	**Tianshui**	**4165061**	**345636**	**1447477**	**2371948**	**378670**	**3289199**
秦州区	Qinzhou	1102858	41904	371927	689027	159788	1008345
麦积区	Maiji	677268	90428	141765	445075	38954	221588
清水县	Qingshui	417686	63468	43667	310551	54383	352117
秦安县	Qinan	317714	11417	134239	172058	9960	318840
甘谷县	Gangu	595645	20606	269427	305612	14894	485988
武山县	Wushan	535910	97339	233858	204713	34274	467918
张家川县	Zhangjiachuan	338122	20474	119158	198490	55617	254545
天水经济开发技术开发区	Tianshui Economic and Technological Development Zone	179858		133436	46422	10800	179858
武威市	**Wuwei**	**4159526**	**213693**	**2726285**	**1219548**	**345577**	**1463018**
凉州区	Liangzhou	2119656	47212	1517997	554447	178084	121435
民勤县	Minqin	939944	90470	724377	125097	46506	557659
古浪县	Gulang	509987	34315	160139	315533	63961	379205
天祝县	Tianzhu	589939	41696	323772	224471	57026	404719
张掖市	**Zhangye**	**2095929**	**109318**	**988176**	**998435**	**324789**	**1404713**

5-22 续表 1 continued

单位：万元 (10 000 yuan)

地　区	Region	投资总额 Total Investment	第一产业 Primary Industry	第二产业 Secondary Industry	第三产业 Tertiary Industry	#住　宅 Residential Buildings	新增固定资产 Newly Increased Fixed Assets
甘州区	Ganzhou	739349	13260	295363	430726	154139	398435
肃南县	Sunan	403210	8878	257177	137155	6240	406781
民乐县	Minle	236654	35283	80092	121279	76572	209146
临泽县	Linze	250540	26810	108815	114915	39096	183817
高台县	Gaotai	220080	2626	122364	95090	24452	130534
山丹县	Shandan	246096	22461	124365	99270	24290	76000
平凉市	**Pingliang**	**4179455**	**281963**	**2144875**	**1752617**	**353854**	**2654357**
崆峒区	Kongtong	1319600	11799	779138	528663	259859	830764
泾川县	Jingchuan	446621	16687	338395	91539	1480	92460
灵台县	Lingtai	283926	19691	186116	78119	1232	172535
崇信县	Chongxin	382042	3766	142280	235996	1228	178104
华亭县	Huating	958500	134774	456164	367562	45300	696211
庄浪县	Zhuanglang	314289	23360	83435	207494	25763	318512
静宁县	Jingning	474477	71886	159347	243244	18992	365771
酒泉市	**Jiuquan**	**7840020**	**399360**	**5360767**	**2079893**	**663394**	**3876112**
肃州区	Suzhou	1699198	95622	761030	842546	319648	597157
金塔县	Jinta	647073	95941	437377	113755	64483	518469
瓜州县	Guazhou	2235805	46635	1839634	349536	71469	1185296
肃北县	Subei	434338	11388	373984	48966	3135	143901
阿克塞县	Akesai	181145	3209	134929	43007	2388	44786
玉门市	Yumen	1712542	108979	1247820	355743	61642	723020
敦煌市	Dunhuang	929919	37586	565993	326340	140629	663483
庆阳市	**Qingyang**	**7518772**	**130797**	**5103586**	**2284389**	**47037**	**4744249**
西峰区	Xifeng	1800075	60700	813236	926139		1465653
庆城县	Qingcheng	660850	1454	656350	3046	45387	282331
环　县	Huanxian	804738	5948	524838	273952		291819
华池县	Huachi	723650	560	472020	251070		641275
合水县	Heshui	682582	8034	577646	96902		373482
正宁县	Zhengning	909214	54101	503542	351571		538045
宁　县	Ningxian	1311881		930702	381179		1043557
镇原县	Zhenyuan	625782		625252	530	1650	108087
定西市	**Dingxi**	**3922905**	**234729**	**1726703**	**1961473**	**234207**	**2312203**
安定区	Anding	856954	64283	200376	592295		445396
通渭县	Tongwei	327637	15644	130997	180996	45565	152433

5-22 续表 2 continued

单位：万元 (10 000 yuan)

地 区	Region	投资总额 Total Investment	第一产业 Primary Industry	第二产业 Secondary Industry	第三产业 Tertiary Industry	#住 宅 Residential Buildings	新增固定资产 Newly Increased Fixed Assets
陇西县	Longxi	840555	43330	404811	392414		288704
渭源县	Weiyuan	382078	65779	210860	105439		211005
临洮县	Lintao	732370	29549	471163	231658	89229	555111
漳 县	Zhangxian	293086	1200	69089	222797	14000	264377
岷 县	Minxian	484924	14944	239407	230573	85413	395177
省属项目	Provincial Project	5301			5301		
陇南市	**Longnan**	**4103517**	**65872**	**3014916**	**1022729**	**189787**	**3160081**
武都区	Wudu	1050944	43059	951217	56668		633104
成 县	Chengxian	380222	2260	323168	54794	47864	345066
文 县	Wenxian	600700		581864	18836	14120	426947
宕昌县	Tanchang	285366		52665	232701	6605	288366
康 县	Kangxian	434066		207638	226428	30852	489679
西和县	Xihe	493008	1000	457286	34722	86456	421418
礼 县	Lixian	395973	19553	118137	258283	3890	227427
徽 县	Huixian	322958		182661	140297		328074
两当县	Liangdang	140280		140280			
临夏州	**Linxia**	**2021101**	**39230**	**673755**	**1308116**	**153762**	**1224735**
临夏市	linxia	390232	1740	84061	304431	33949	191085
临夏县	linxia	190250	2330	92500	95420	26010	63708
康乐县	Kangle	140968		36784	104184	7000	133715
永靖县	Yongjing	450971	15948	107168	327855	22081	210212
广河县	Guanghe	262909	3002	100174	159733	41918	207430
和政县	Hezheng	249549	12721	148115	88713	10700	208758
东乡县	Dongxiang	175524	3489	56358	115677	12104	160266
积石山县	Jishishan	160698		48595	112103		49561
甘南州	**Gannan**	**1745000**	**24739**	**856692**	**863569**	**161284**	**1114195**
合作市	Hezuo	346860		130461	216399		75646
临潭县	Lintan	160549	4500	119689	36360		128592
卓尼县	Zhuoni	145129	4623	89606	50900	46335	95613
舟曲县	Zhouqu	483960	8858	215446	259656	114916	558462
迭部县	Diebu	206803	1800	86566	118437		47492
玛曲县	Maqu	83173	315	53744	29114		80803
碌曲县	Luqu	70048		48085	21963		9170
夏河县	Xiahe	248478	4643	113095	130740	33	118417

主要指标解释

固定资产投资 是以货币形式表现的在一定时期内建造和购置固定资产的工作量以及与此有关的费用的总称。该指标是反映固定资产投资规模、结构和发展速度的综合性指标，也是观察工程进度和考核投资效果的重要依据。固定资产投资按登记注册类型可分为国有、集体、个体、联营、股份制、外商、港澳台商、其他等。

固定资产项目投资 指各级政府和主管部门审批、核准和备案并在本年开工或往年开工本年继续施工的新建、扩建建设项目。包括需要各级政府审批的政府投资项目；企业投资在政府核准的投资项目目录范围内的需要政府核准的项目；企业投资无需核准（核准目录之外），向当地投资主管部门备案的项目。

房地产开发投资 指各种登记注册类型的房地产开发公司、商品房建设公司及其他房地产开发法人单位和附属于其他法人单位实际从事房地产开发或经营活动的单位统一开发的包括统代建、拆迁还建的住宅、厂房、仓库、饭店、宾馆、度假村、写字楼、办公楼等房屋建筑物和配套的服务设施，土地开发工程（如道路、给水、排水、供电、供热、通讯、平整场地等基础设施工程）的投资；不包括单纯的土地交易活动。

固定资产投资的资金来源 根据固定资产投资的资金来源不同，分为国家预算资金、国内贷款、债券、利用外资、自筹资金和其他资金。

国家预算资金 包括中央预算资金和地方预算资金，分为一般预算、政府性基金预算、国有资本经营预算和社保基金预算。各类预算中用于固定资产投资的资金全部作为国家预算资金，其中一般预算中用于固定资产投资的部分包括基建投资、车购税、灾后恢复重建基金和其他财政投资。各级政府债券也应归入国家预算资金。中央预算资金指上述各类财政资金中来源于中央财政的部分。

国内贷款 指报告期固定资产投资项目单位向银行及非银行金融机构借入的用于固定资产投资的各种国内借款，包括银行贷款、非银行金融机构贷款等。

银行贷款：是指向各商业银行、政策性银行借入的用于固定资产投资的各项贷款。

非银行金融机构贷款：是指向除上述银行之外从事金融业务的机构借入的用于固定资产投资的各项贷款。

投资项目单位从上级部门、总公司或公司股东处取得的用于固定资产投资的资金中，来源于银行或非银行金融机构贷款的部分，也应归入国内贷款。

债券 指企业或金融机构为筹集用于固定资产投资的资金向投资者出具的承诺按一定发行条件还本付息的债务凭证，包括金融债券和企业债券。

利用外资 指报告期收到的用于固定资产建造和购置的国外资金(包括设备、材料、技术在内)。包括对外借款(外国政府贷款、国际金融组织贷款、出口信贷、外国银行商业贷款、对外发行债券和股票)、外商直接投资、外商其他投资(包括利用外商投资收益在国内进行固定资产再投资活动的资金)。不包括我国自有外汇资金(国家外汇、地方外汇、留成外汇、调济外汇和国内银行自有资金发放的外汇贷款等)。

自筹资金 指固定资产投资单位在报告期收到的，由各企事业单位筹集用于固定资产投资的资金，包括各类企事业单位的自有资金和从其他单位筹集的用于固定资产投资的资金，但不包括各类财政性资金、从各类金融机构借入资金和国外资金。自筹资金包括以下三项内容：企、事业单位自有资金、股东投入资金、借入资金。

固定资产投资按隶属关系分 是按建设单位或企业、事业、行政单位的主管上级机关确定的。

(1) 中央：是指中共中央、人大常委会和国务院各部、委、局、总公司以及直属机构直接领导的建设项目和企业、事业、行政单位。这些单位的固定资产投资计划由国务院各部门直接编制和下达，建设中所需物资、主要设备以及建设中的问题都由中央有关部门安排和解决。

(2) 地方：是由省（自治区、直辖市）、地区（州、盟、省辖市）、县（旗、县级市）三级政府及业务主管部门直接领导和管理的建设项目、企业、事业、行政单位。地方项目还包括不隶属以上各级政府及主管部门的建设项目和企业、事业单位，如外商投资企业和无主管部门的企业等。

固定资产投资按建设性质分 建设项目的性质指固定资产再生产的性质，按照整个建设项目情况来确定，一个建设项目只能有一种建设性质。一般分为新建、扩建、改建和技术改造、单纯建造生活设施、迁建、恢复、单纯购置。

(1) 新建：是指从无到有"平地起家"开始建设的项目。现有企业、事业、行政单位投资的项目一般不属于新建。但如有的单位原有基础很小，经过建设后新增的固定资产价值超过该企业、事业、行政单位原有固定资产价值(原值)三倍以上的，也应作为新建。

(2) 扩建：是指在厂内或其他地点，为扩大原有产品的生产能力（或效益）或增加新的产品生产能力，而增建的生产车间（或主要工程）、分厂、独立的生产线的企业、事业单位。行政、事业单位在原单位增建业务性用房（如学校增建教学用房、医院增建门诊部、病房等）也作为扩建。

现有企、事业单位为扩大原有主要产品生产能力或增加新的产品生产能力，增建一个或几个主要生产车间(或主要工程)、分厂，同时进行一些更新改造工程的，也应作为扩建。

(3) 改建和技术改造：是指现有企业、事业单位对原有设施进行技术改造或更新（包括相应配套的辅助性生产、生活福利设施）的建设项目。改建项目包括现有企业、事业单位为适应市场变化的需要，而改变企业的主要产品种类（如军工企业转民产品等）的建设项目。技术改造具体包括以下内容: 机器设备和工具的更新改造; 生产工艺改革、节约能源和原材料的改造；厂房建筑和公共设施的改造；保护环境进行的“三废”治理改造；劳动条件和生产环境的改造等。

固定资产投资按构成分 固定资产投资活动按其工作内容和实现方式分为建筑工程、安装工程，设备、工具、器具购置，其他费用三个部分。

(1) 建筑工程 是指各种房屋、建筑物的建造工程，又称建筑工作量。这部分投资额必须兴工动料，通过施工活动才能实现，是固定资产投资额的重要组成部分。

(2) 安装工程 是指各种设备、装置的安装工程，又称安装工作量。安装工程包括：

(3) 设备、工具、器具购置 指建设单位或企、事业单位购置或自制的，达到固定资产标准的设备、工具、器具的价值。新建单位及扩建单位的新建车间，按照设计或计划要求购置或自制的全部设备、工具、器具，不论是否达到固定资产标准均计入“设备、工具、器具购置”中。

施工项目个数 是指本年正式进行过建筑或安装施工活动的建设项目个数。包括本年新开工项目，以前年度开工跨入本年继续施工项目，本年全部建成投产项目、以前年度全部停缓建在本年恢复施工的项目，本年进行过施工又在本年内全部停缓建的项目。

、 **本年投产项目个数** 是指报告期内按设计文件规定建成主体工程和相应配套的辅助设施，形成生产能力或工程效益，经过验收合格，并且已正式投入生产或交付使用的建设项目。建成投产项目个数是反映报告期建设成果和考核投资效果的重要依据。

本年新开工项目个数 是指报告期内新开工的建设项目。包括新开工的新建项目、扩建项目、改建项目、单纯建造生活设施项目、迁建项目和恢复项目。新开工项目的确定以总体设计或计划文件中所规定的永久性工程正式开工为准。本年新开工项目个数是反映全年新开工的固定资产投资规模的指标。

房屋施工面积 指报告期内施工的全部房屋建筑面积。包括本期新开工的面积、上期跨入本期继续施工的房屋面积、上期停缓建在本期恢复施工的房屋面积、本期竣工的房屋面积以及本期施工后又停缓建的房屋面积。多层建筑应填各层建筑面积之和。

房屋竣工面积 指在报告期内房屋建筑按照设计要求已全部完工，达到住人和使用条件，经验收鉴定合格或达到竣工验收标准，可正式移交使用的各栋房屋建筑面积的总和。竣工面积以房屋单位工程（栋）为核算对象，在整栋房屋符合竣工条件后按其全部建筑面积一次性计算，而不是按各栋施工房屋中已完成的部分或层次分割计算。

房屋竣工价值 指在报告期内按规定已经上报竣工的房屋本身的建造价值。一般按房屋设计和预算规定的内容计算。包括竣工房屋本身的基础、结构、房屋、装修以及水、电、卫等附属工程的建造价值，也包括作为房屋建筑组成部分而列入房屋建筑工程预算内的设备（如电梯、通风设备等）的购置和安装费用。竣工房屋价值不仅包括该竣工房屋在报告期内完成的价值，也包括跨年施工的房屋在本期以前完成的价值，一般按结算价格计算。

房屋建筑面积竣工率 指一定时期内房屋竣工面积占同期房屋施工面积的比率。

新增固定资产 指报告期内已经完成建造和购置过程，并已交付生产或使用单位的固定资产价值。包括本年内建成投入生产或交付使用的工程投资和达到固定资产标准的设备、工具、器具的投资及有关应摊入的费用。该指标是表示固定资产投资成果的价值指标，也是反映建设进度，计算固定资产投资效果的重要指标。

项目建成投产率 指一定时期内全部建成投产项目个数与同期施工项目个数的比率。该指标是从建设单位建设速度的角度反映投资效果的指标。

固定资产交付使用率 指一定时期新增固定资产与同期完成投资额的比率。该指标是反映固定资产动用速度，衡量建设过程中宏观投资效果的综合指标。由于新增固定资产是较长时期内形成的结果，而投资额则是当年完成的，因此，该指标一般适宜于反映较长时期内固定资产的动用情况。

商品房销售面积 指报告期内出售商品房屋的合同总面积(即双方签署的正式买卖合同中所确定的建筑面积)。由现房销售建筑面积和期房销售建筑面积两部分组成。

商品房销售额 指报告期内出售商品房屋的合同总价款(即双方签署的正式买卖合同中所确定的合同总价)。该指标与商品房销售面积同口径，由现房销售额和期房销售额两部分组成。

6

对外经济贸易

Foreign Trade and Economic Cooperation

简要说明

一、本篇资料主要内容

本篇综合反映甘肃省对外贸易、利用外资、对外经济合作的历年概况，重点反映对外经济贸易的近期发展状况。

二、本篇资料来源

本篇资料由省统计局贸易外经处搜集整理。数据来源于兰州海关、省商务厅、省工商局。

6-1 对外经济贸易
Foreign Trade and Economic Cooperation

指 标	Item	2005	2010	2011	2012
进出口总额（万美元）	**Total Imports and Exports (USD 10 000)**	**263136**	**736975**	**875059**	**889940**
出口总额	Total Exports	109098	163797	218533	357365
进口总额	Total Imports	154038	573178	656526	532575
进出口差额	Balance	-44940	-409381	-437993	-175210
对外签订利用外资协议（合同）项目（个）	**Number of Projects for Utilization of Foreign Capital in the Signed Agreements or Contracts (unit)**	**51**	**32**	**34**	**27**
对外借款	Foreign Borrowing	17	4	6	7
外商直接投资	Foreign Direct Investments	34	28	28	20
对外签订利用外资协议（合同）金额（万美元）	**Total Amount of Foreign Capital to be Utilized in the Signed Agreements or Contracts (USD 10 000)**	**53996**	**44015**	**60222**	**43587**
对外借款	Foreign Borrowing	40600	25000	33500	25000
外商直接投资	Foreign Direct Investments	13396	19015	26722	18587
外商其他投资	Other Foreign Investments				
实际利用外资额（万美元）	**Total Amount of Foreign Investment Actually Utilized (USD 10 000)**	**25639**	**51921**	**38524**	**37210**
对外借款	Foreign Borrowing	23595	38400	31500	31100
外商直接投资	Foreign Direct Investments	2044	13521	7024	6110
外商其他投资	Other Foreign Investments				
外商投资企业基本情况	**Registered Foreign-funded Enterprises**				
年底登记户数（户）	Number of Registered Enterprises (household)	658	399	381	391
投资总额（万美元）	Total Investment (USD 10 000)	316957	628872	639371	697873
注册资本（万美元）	Registered Capital (USD 10 000)	198853	276599	285702	310846
# 外方	Capital from Foreign Investors	137173	185949	190615	206066
对外经济合作（万美元）	**Economic Cooperation with Foreign Countries & Regions (USD 10 000)**				
合同金额	Contracted Value	9626	40710	54691	20607
# 对外承包工程	Contracted Projects	9626	40710	54691	20138
对外劳务合作	Labor Services				469
完成营业额	Value of Turnover Fulfilled	5789	19143	29664	26494
# 对外承包工程	Contracted Projects	5723	19140	29664	26106
对外劳务合作	Labor Services	66	3		388

6-2 历年进出口贸易总额
Total Imports and Exports

年 份 Year	人民币（万元） RMB 10 000				美 元（万元） USD 10 000			
	进出口总额 Total Imports & Exports	出口总额 Total Exports	进口总额 Total Imports	差 额 Balance	进出口总额 Total Imports & Exports	出口总额 Total Exports	进口总额 Total Imports	差 额 Balance
1978	5941	5941		5941	3454	3454		3454
1979	5905	5905		5905	3972	3972		3972
1980	5883	5883		5883	3927	3927		3927
1981	8871	7683	1188	6495	5129	4336	793	3543
1982	8850	7743	1107	6636	5069	4330	739	3591
1983	10151	8529	1622	6907	5695	4612	1083	3529
1984	20638	15849	4789	11060	6631	4573	2058	2515
1985	37917	29382	8535	20847	10004	7098	2906	4192
1986	59353	47126	12227	34899	13648	10107	3541	6566
1987	68291	57706	10585	47121	15504	12660	2844	9816
1988	67085	61837	5248	56589	16624	15205	1419	13786
1989	103668	87955	15713	72242	18674	15338	3336	12002
1990	102965	95208	7757	87451	20221	18574	1647	16927
1991	144052	131730	12322	119408	27649	25284	2365	22919
1992	231656	195936	35720	160215	41590	35177	6413	28764
1993	275937	161578	114359	47129	48435	28347	20088	8259
1994	431631	316295	115336	200959	50960	37343	13617	23726
1995	253405	182413	70984	111429	30494	21951	8542	13409
1996	395553	225972	169581	56391	47135	26778	20356	6422
1997	398636	299860	98776	201084	51169	37778	13392	24386
1998	378081	292517	85564	206953	45574	35261	10313	24948
1999	336358	262468	73890	188578	40623	31699	8924	22776
2000	471570	343578	127992	215586	56953	41495	15458	26037
2001	644789	394279	250510	143769	77887	47631	30256	17375
2002	726263	454328	271935	182393	87740	54893	32847	22046
2003	1098872	726322	372550	353772	132714	87720	44994	42726
2004	1459880	825003	634877	190126	176314	99638	76676	22962
2005	2157715	894604	1263111	-368507	263136	109098	154038	-44940
2006	3059600	1207400	1852200	-644800	382450	150925	231525	-80600
2007	4176914	1260999	2915915	-1654916	549594	165921	383673	-217752
2008					609355	160217	449138	-288921
2009					386175	73551	312624	-239073
2010					736975	163797	573178	-409381
2011					875059	218533	656526	-437993
2012					889940	357365	532575	-175210

注：货物进出口差额负数为逆差。

a) A negative balance indicates trade deficit.That is,imports surpassing exports.

6-3 海关进出口商品分类金额（2012）
Value of Imports and Exports by HS Section and Division(2012)

单位：万美元 (USD 10 000)

商品类别	Categories of Commodities	进出口总额 Total of Imports and Exports	# 出口 Exports
总　额	**Total Value**	**889940**	**357365**
活动物、动物产品	Live Animals & Animal Products	1644	1630
植物产品	Vegetable Products	22587	20100
动、植物油、脂及分解产品；精制食用油脂；动、植物蜡	Animal or Vegetable Fats and Oils and their Cleavage Products; Prepared Edible Fats; Animal or Vegetable Waxes	309	
食品；饮料、酒及醋；烟草及烟草代用品的制品	Prepared Foodstuffs; Beverages,Spirits And Vinegar; Tobacco and Manufactured Tobacco Substitutes	9500	9342
矿产品	Mineral Products	319170	260
化学工业及其相关工业的产品	Products of The Chemical or Industries Allied	19848	15686
塑料及其制品；橡胶及其制品	Plastics and Articles Thereof Rubber and Articles Thereof	30139	29588
生皮、皮革、毛皮及其制品；鞍具及挽具；旅行用品、手提包及类似品；动物肠线（蚕胶丝除外）制品	Raw Hides and Skins, Leather, Fur Skins and Articles Thereof; Saddlery and Harness; Travel Goods, Handbags and Similar Containers;Articles of Animal Gut (Other Than Silk-Worm Gut)	17994	17988
木及木制品；木炭；软木及软木制品；稻草、秸秆、针茅或其他编结材料制品；篮筐及柳条编结品	Wood and Articles of Wood; Wood Charcoal; Cork and Articles of Cork; Manufactures of Straw, of Esparto or of Other Plaiting Materials; Basket Ware and Wickerwork	266	256
木浆及其他纤维状纤维素浆；纸及纸板的废碎品；纸、纸板及其制品	Pulp of Wood or of Other Fibrous Cellulosic Material; Waste and Scrap of Paper or Paperboard; Paper and Paperboard and Articles Thereof	8990	8615
纺织原料及纺织制品	Textiles and Textile Articles	30261	29996
鞋、帽、伞、杖、鞭及其零件；已加工的羽毛及其制品；人造花；人发制品	Footwear, Headgear, Umbrellas, Sun Umbrellas, Walking-Sticks, Seat-Sticks, Whips, Riding-Crops and Parts Thereof; Prepared Feathers and Articles Made Therewith; Artificial Flowers; Articles of Human Hair	16475	16467
石料、石膏、水泥、石棉、云母及类似材料的制品；陶瓷产品；玻璃及其制品	Articles of Stone, Plaster, Cement, Asbestos, Mica or Similar Materials; Ceramic Products; Glass and Glassware	30684	30382
天然或养殖珍珠、宝石或半宝石、贵金属、包贵金属及其制品；仿首饰硬币	Natural or Cultured Pearls, Precious or Semi-Precious Stones, Precious Metals, Metals Clad With Precious Metal and Stones, Precious Metals, Metals Clad With Precious Metal and Articles Thereof; Imitation Jewellery; Coin	15	15
贱金属及其制品	Base Metals and Articles of Base Metal	231084	53595
机器、机械器具、电气设备及其零件；录音机及放声机、电视图像、声音的录制和重放设备及其零件、附件	Machinery and Mechanical Appliances; Electrical Equipment; Parts Thereof; Sound Recorders and Reproducers,Television Image and Sound Recorders and Reproducers; and Parts and Accessories of Recorders and Reproducers; and Parts and Accessories of Such Artic	78366	55093
车辆、航空器、船舶及有关运输设备	Vehicles, Aircraft, Vessels And Associated Transport Equipment	2705	2670
光学、照相、电影、计量、检验、医疗或外科用仪器及设备、精密仪器及设备；钟表；乐器；上述物品的零附件	Optical, Photographic, Cinematographic, Measuring, Checking, Precision, Medical or Surgical Instruments and Apparatus; Clocks And Watches; Musical Instruments; Parts and Accessories Thereof	10985	6769
武器、弹药及其零件、附件	Arms and Ammunition; Parts and Accessories Thereof	1	1
杂项制品	Miscellaneous Manufactured Articles	58625	58619
艺术品、收藏品及古物	Works of Art, Collectors' Pieces and Antiques	296	296

6-4 甘肃省同主要国家（地区）海关进出口总额
Value of Imports and Exports by Main Country(Region) of Gansu Province

单位：万美元 (USD 10 000)

国别（地区）	Coutry (Territory)	2011 进出口总额 Total Imports & Exports	2011 出口总额 Total Exports	2011 进口总额 Total Imports	2012 进出口总额 Total Imports & Exports	2012 出口总额 Total Exports	2012 进口总额 Total Imports
总　计	**Total**	**875059**	**218533**	**656526**	**889940**	**357365**	**532575**
# 中国香港	Hongkong,China	10125	9588	537	13607	13333	275
中国台湾	Taiwan,China	7070	4018	3052	8354	3936	4418
印度尼西亚	Indonesia	14675	2474	12201	14299	9802	4497
日本	Japan	26442	25131	1311	12058	10228	1830
马来西亚	Malaysia	20098	5248	14850	23615	16288	7327
新加坡	Singapore	3920	1644	2276	13923	10350	3573
韩国	Korea	21738	20600	1138	9725	8016	1709
泰国	Tailand	5602	5407	195	8099	8031	68
英国	United Kingdom	3855	3355	500	9752	9194	558
法国	France	1937	1519	418	4620	3967	652
比利时	Belgium	1691	1175	516	5465	3250	2215
德国	Germany	15746	7720	8026	21481	13259	8221
意大利	Italy	5495	4456	1039	8766	6889	1877
荷兰	Netherlands	5241	4987	254	10511	9548	963
瑞士	Switzerland	247	44	203	616	109	507
俄罗斯	Russia	21727	3519	18208	39994	4856	35139
巴西	Brazil	3069	2996	73	13074	3433	9642
智利	Chile	53383	1518	51865	58063	2297	55766
加拿大	Canada	10711	2254	8457	20187	8287	11900
美国	United States	33616	23636	9980	68150	62593	5557
澳大利亚	Australia	177841	1493	176348	96800	3870	92931
新西兰	New Zealand	454	454		710	710	

6-5 海关出口主要商品金额 (2012)
Main Export Commodities(in Value) (2012)

单位：万美元 (USD 10 000)

品 名	Item	2012
炉用碳电极	Furnace with Carbon Electrodes	13342
塑料制小雕塑品及其他装饰品	Plastic Small Sculptures and Other Decorations	10840
其他装软垫的金属框架的坐具	Other Upholstered Desks of Metal Frame	7984
野生动物皮革制面的其他鞋靴（外底用橡胶、塑料、皮革及再生皮革以外的材料制成）	Other Footwear Uppers used Wildlife's Leather (Outer soles were made of materials other than rubber, plastics, leather and recycled materials)	7689
其他未搪瓷钢铁餐桌、厨房等家用器具及零件	Other Non-enamelled Steel Dining Table, Kitchen etc. Household Appliances and Parts	7283
9405 所列货品的玻璃制零件	9405 Listed for Glass Products Parts	2617
棉制针织或钩编的女裤	Cotton Knitted or Crocheted Women Pants	2305
圣诞节用品	Christmas Articles	2266
塑料制人造花、叶、果实及其零件和制品	Plastic Artificial Flowers, Leaves, Fruits and Parts and its Products	2130
其他钢铁丝制品	Other Steel Wire Products	1939
塑料或纺织材料面的置于口袋或手提包内物品	Items Placed in a Pocket or Handbags with Plastic of Textile Materials as Surface	1894
陶制塑像及其他装饰品	Ceramic Statuettes and other Ornaments	1785
家具的零件	Furniture Parts	1770
未列名切成形的纸、纸板等纸及纸（浆）制品	Not Otherwise Specified Paper, Cardboard which Cut to Shape and other Paper and Paper (Paddle) Products	1759
酪蛋白	Casein	1741
其他镀或涂锌普通钢铁板材	Other Ordinary Steel Plated or Coated with Zinc	1692
其他餐桌或厨房用玻璃器皿	Other Glassware Used in Dining Table or Kitchen	1669
其他玻璃杯	Other Glasses	1663
家具用其他贱金属制附件及架座	Accessories and Mountings with Other Base Metal for Furniture Use	1646
棉制针织或钩编的男裤	Cotton Knitted or Crocheted Men Pants	1627

6-6 海关进口主要商品金额 (2012)
Main Import Commodities(in Value) (2012)

单位：万美元 (USD 10 000)

品 名	Item	2012
铜矿砂及其精矿	Copper Ores	149712
未精炼铜；电解精炼用的铜阳极	Unrefined Copper; Copper Anodes for Electrolytic Refining	88483
镍矿砂及其精矿	Nickel Ores and Concentrates	46065
5-7 号燃料油	Fuel Oil of No. 5 to 7	45724
其他精炼铜的阴极（未锻轧的）	Other Refined Copper Cathode (Unwrought)	38834
已烧结的铁矿砂及其精矿	Iron Ore and Concentrates been Sintered	29686
未烧结铁矿砂及其精矿（平均粒度小于 0.8mm 的，焙烧黄铁矿除外）	Not Sintered Iron Ore and Concentrates (Excluding Average Particle Size of Roasted Iron Pyrites is Less than 0.8mm)	23128
镍锍	Nickel Matte	22251
镍湿法冶炼中间品	Intermediate Products of Nickel Hydrometallurgy	13354
平均粒度大于 6.3mm 的未烧结铁矿砂及其精矿	More than Not Sintered Iron Ore and Concentrates (Its Average Particle Size is Greater than 6.3mm)	9429
钴湿法冶炼中间品	Intermediate Products of Cobalt Hydrometallurgy	7519
未烧结的铁矿砂及其精矿	Not Sintered Iron Ore and Concentrates	7062
镍铁	Nickel-iron	3378
锌矿砂及其精矿	Zinc Ores and Concentrates	3342
数控矫直机床	CNC Straightening Machine Tool	3312
其他集成电路	Other Integrated Circuit	3238
钴及其制品	Cobalt and its Products	2315
未列名处理金属的机械	Not Otherwise Specified Processing Metal Mechanical	2135
处理器及控制器，不论是否带有存储器，转换器，逻辑电路，放大器，时钟及其他电路	Processors and Controllers (Whether or not contain the memory, converters, logic circuits, amplifiers, clock and other circuitry)	2061
钴矿砂及其精矿	Cobalt Ores and Concentrates	2047
其他干豌豆	Other Dried Peas	1353
1,2—乙二醇	1,2 - Ethylene Glycol	1240
齿轮及其他变速、传动装置；滚珠螺杆传动轴	Gears and other Gear Shift, Transmission means; Ball Screw Transmission Shaft	1082

6-7 海关出口货物数量和金额
Export Commodities in Volume and Value

单位：万美元 (USD 10 000)

品 名	Item	2011 数 量 Volume	2011 金 额 Value	2012 数 量 Volume	2012 金 额 Value
盐渍绵羊肠衣（吨）	Salted Sheep Casings (ton)	203	1350	159	1375
蕨菜干（吨）	Dried Tterribothyte (ton)	54	43	14	9
干扁豆（吨）	Dried Haricot (ton)	8075	672	5568	438
干蚕豆（吨）	Dried Horsebean (ton)	3291	525	4102	508
荞麦（吨）	Buckwheat (ton)	4419	457	402	21
当归（吨）	Angelica (ton)	25	18	104	67
黄芪（吨）	Astragalus (ton)	8	6	1	1
苦杏仁（吨）	Bitter Almonds (ton)	1367	539	274	71
黑瓜子（吨）	Black Melon Seeds (ton)	1395	350		
番茄酱罐头（吨）	Canned Tomato Paste (ton)	15842	1147	20145	1436
硫化钠（吨）	Sulfuration Natrium (ton)	5597	252	6452	276
氧化铈（吨）	Oxygenation Cerium (ton)			1	2
已梳无毛山羊绒（吨）	Non-Hair Cashmere (ton)	52	506	33	267
交流发电机（台）	AC Alternator (unit)	147	16	48	6
滚珠轴承（万套）	Ball Bearing (10 000 sets)	1443	1217	1724	1219

6-8 利用外资
Utilization of Foreign Capital

单位：个、万美元 (unit,USD 10 000)

年 份 Year	总 计 Total		对外借款 Foreign Loans		外商直接投资 Direct Foreign Investments	
	项目 Number of Projects	金额 Value	项目 Number of Projects	金额 Value	项目 Number of Projects	金额 Value
签订利用外资协议（合同）额 Total Amount of Foreign Capital to be Utilized through the Signed Agreements and Contracts						
1995	177	44199	21	25224	156	18975
1996	138	34365	16	25813	122	8552
1997	69	30882	7	20160	62	10722
1998	72	27995	4	19631	68	8364
1999	73	28592	5	19150	68	9442
2000	84	32250	8	19910	76	12340
2001	78	26230	6	10720	72	15510
2002	63	32026	12	21000	51	11026
2003	73	69464	14	45000	59	24464
2004	92	57031	29	24467	63	32564
2005	51	53996	17	40600	34	13396
2006	49	53533	11	44977	38	8556
2007	44	34242	9	19080	35	15162
2008	49	35776	12	6840	37	28936
2009	32	79533	6	45000	26	34533
2010	32	44015	4	25000	28	19015
2011	34	60222	6	33500	28	26722
2012	27	43587	7	25000	20	18587

6-8 续表 continue

单位：个、万美元

年 份 Year	金额总计 Total	对外借款 Foreign Loans	外商直接投资 Direct Foreign Investments
实际利用外资额 Total Amount of Foreign Investment Actually Utilized			
1995	35854	24900	10954
1996	29317	20315	9002
1997	21638	16368	5270
1998	14552	10688	3864
1999	20746	16642	4104
2000	20122	13887	6235
2001	20558	13119	7439
2002	22620	17392	5228
2003	24609	20722	3887
2004	26297	22758	3539
2005	25639	23595	2044
2006	27241	24287	2954
2007	38202	26400	11802
2008	47642	34800	12842
2009	51383	38000	13383
2010	51921	38400	13521
2011	38524	31500	7024
2012	37210	31100	6110

6-9 外商直接投资项目和投资额（2012）
Foreign Investment Through Signed Contract and It's Value (2012)

单位：万美元 (USD 10 000)

项　目	Rtem	签订合同项目（个） Number of Contracts (unit)	签订合同投资额 Contracted Value	实际吸收外资金额 Amount of Foreign Capital Actually Used
合　计	**Total**	**20**	**18587**	**6110**
按登记注册类型分	**By Investment Manner**			
合资经营	Equity Jonint Venture	7	6599	982
合作经营	Contractural Jonint Venture	3	7842	
外资经营	Wholly Foreign-owned Enterprise	10	4146	5128
外商投资股份制	FDI Shareholding Inc.			
其他	Others			
按行业分	**By Sector**			
农、林、牧、渔业	Agriculture, Forestry, Animal Husbandry and Fishery	2	1924	314
采矿业	Mining	1	2627	
制造业	Manufacturing	7	5643	941
电力、燃气及水的生产和供应业	Production and Supply of Electricity, Gas and Water	2	2555	4739
建筑业	Construction			
交通运输、仓储和邮政业	Transport, Storage and Post		90	90
信息传输、计算机服务和软件业	Information Transmission,Computer Services and Software			
批发和零售业	Wholesale and Retail Trade	5	5302	20
住宿和餐饮业	Hotels and Catering Services			
金融业	Financial Intermediation			
房地产业	Real Estate			
租赁和商务服务业	Leasing and Business Servicess	1	-73	2
科学研究、技术服务和地质勘查业	Scientific Research, Technical Service and Geologic Prospecting	2	519	
水利、环境和公共设施管理业	Management of Water Conservancy, Environment and Public Facilities			
居民服务和其他服务业	Services to Households and Other Services			
教育	Education			
卫生、社会保障和社会福利业	Health, Social Security and Social Welfare			
文化、体育和娱乐业	Culture, Sports and Entertainment			4
公共管理和社会组织	Public Management and Social Organizations			
其他	Others			
按国别（地区）分	**by Countries or Regions**			
中国香港	Hong Kong,China	12	15813	1482
阿拉伯联合酋长国	United Arab Emirates	1	16	
塞舌尔	Seychelles	1	243	166
丹麦	Denmark			473
荷兰	Netherlands	1	206	
希腊	Greece	1	54	
西班牙	Spain	1	63	
英属维尔京群岛	British Virgin Islands	1	-104	400
美国	United States	1	-28	6
马绍尔群岛共和国	Marshall Islands	1	13	
其它	Others	1	2311	3583

6-10 年末登记外商投资企业行业分布情况（2012）
Sector Distribution Registered of Foreign-Funded Enterprises at the Year-end (2012)

行　业	Sector	企业数（户）Number of Registered Enterprises (unit)	投资总额（万美元）Total Investment (USD 10 000)	注册资本（万美元）Registered Capital (USD 10 000)	#外方 Capital Invested by Foreign Partner
合 计	**Total**	**391**	**697873**	**310846**	**206066**
农、林、牧、渔业	Agriculture, Forestry, Animal Husbandry and Fishery	36	66230	28190	16919
采矿业	Mining	10	10388	5136	4240
制造业	Manufacturing	142	117828	70933	4 4411
电力、燃气及水的生产和供应业	Production and Supply of Electricity, Gas and Water	21	374735	125392	76400
建筑业	Construction	15	2365	1756	1420
交通运输、仓储和邮政业	Transport, Storage and Post	1	264	214	136
信息传输、计算机服务和软件业	Information Transmission,Computer Services and Software	10	38923	21540	21540
批发和零售业	Wholesale and Retail Trade	66	35094	23522	16769
住宿和餐饮业	Hotels and Catering Services	21	10538	6335	3782
金融业	Financial Intermediation				
房地产业	Real Estate	30	20836	13394	8852
租赁和商务服务业	Leasing and Business Servicess	15	9222	5848	4635
科学研究、技术服务和地质勘查业	Scientific Research, Technical Service and Geologic Prospecting	12	7014	5426	4334
水利、环境和公共设施管理业	Management of Water Conservancy, Environment and Public Facilities	2	1759	733	514
居民服务和其他服务业	Services to Households and Other Services	6	599	566	552
教育	Education	2	19	19	16
卫生、社会保障和社会福利业	Health, Social Security and Social Welfare				
文化、体育和娱乐业	Culture, Sports and Entertainment	2	2061	1842	1548
公共管理和社会组织	Public Management and Social Organizations				
其他	Others				

6-11 各地区外商直接投资合同项目和投资额（2012）
Foreign Investment Through Signed Contract and It's Value by Region(2012)

地　区	Region	签订合同项目（个）Number of Contracts (unit)	签订合同投资额（万美元）Contracted Value (USD 10 000)	实际吸收外资金额（万美元）Amount of Foreign Capital Actually Attracted (USD 10 000)
甘肃省	**Gansu**	20	18587	6110
兰州市	Lanzhou	9	3748	751
嘉峪关市	Jiayuguan	1	237	
金昌市	Jinchang			400
白银市	Baiyin			1189
天水市	Tianshui	1	191	129
武威市	Wuwei	1	4980	484
张掖市	Zhangye			
平凉市	Pingliang			
酒泉市	Jiuquan	3	3401	3115
庆阳市	Qingyang	1	206	
定西市	Dingxi	3	3197	42
陇南市	Longnan	1	2627	
临夏州	Linxia			
甘南州	Gannan			
构成（%）	**Constitute (%)**			
兰州市	Lanzhou	45.00	20.16	12.29
嘉峪关市	Jiayuguan	5.00	1.28	
金昌市	Jinchang			6.55
白银市	Baiyin			19.46
天水市	Tianshui	5.00	1.03	2.11
武威市	Wuwei	5.00	26.79	7.92
张掖市	Zhangye			
平凉市	Pingliang			
酒泉市	Jiuquan	15.00	18.30	50.98
庆阳市	Qingyang	5.00	1.11	
定西市	Dingxi	15.00	17.20	0.69
陇南市	Longnan	5.00	14.13	
临夏州	Linxia			
甘南州	Gannan			

6-12 各地区进出口及外商投资企业进出口商品总值（2012）
Import and Export Value and that of Foreign Funded Enterprises by Region (2012)

单位：万美元 (USD 10 000)

地 区	Region	进出口商品总值 Total value of Imports and Exports Commodities		
		进出口 Total	出 口 Exports	进 口 Imports
甘肃省	**Gansu**	**889940**	**357365**	**532575**
兰州市	Lanzhou	339667	269160	70507
嘉峪关市	Jiayuguan	85161	3367	81793
金昌市	Jinchang	343720	4257	339464
白银市	Baiyin	52792	22797	29995
天水市	Tianshui	30930	22285	8645
武威市	Wuwei	1855	1855	
张掖市	Zhangye	1813	1715	97
平凉市	Pingliang	1838	1821	18
酒泉市	Jiuquan	7278	6809	469
庆阳市	Qingyang	7326	7326	
定西市	Dingxi	2064	553	1512
陇南市	Longnan	568	503	65
临夏州	Linxia	1830	1830	
甘南州	Gannan	13099	13089	9

6-12 续表 continue

单位：万美元 (USD 10 000)

地 区	Region	外商投资企业进出口商品总值 Total value of Imports and Exports Commodities of Foreign-funded Enterprises		
		进出口 Total	出 口 Exports	进 口 Imports
甘肃省	**Gansu**	**11796**	**9806**	**1990**
兰州市	Lanzhou	9195	7443	1753
嘉峪关市	Jiayuguan			
金昌市	Jinchang			
白银市	Baiyin	217	14	203
天水市	Tianshui	31	31	
武威市	Wuwei			
张掖市	Zhangye	114	102	13
平凉市	Pingliang			
酒泉市	Jiuquan	1931	1910	22
庆阳市	Qingyang	304	304	
定西市	Dingxi	3	3	
陇南市	Longnan			
临夏州	Linxia			
甘南州	Gannan			

主要指标解释

进出口总额 指实际进出我国国境的货物总金额。包括对外贸易实际进出口货物，来料加工装配进出口货物，国家间、联合国及国际组织无偿援助物资和赠送品，华侨、港澳台同胞和外籍华人捐赠品，租赁期满归承租人所有的租赁货物，进料加工进出口货物，边境地方贸易及边境地区小额贸易进出口货物(边民互市贸易除外)，中外合资企业、中外合作经营企业、外商独资经营企业进出口货物和公用物品，到、离岸价格在规定限额以上的进出口货样和广告品(无商业价值、无使用价值和免费提供出口的除外)，从保税仓库提取在中国境内销售的进口货物，以及其他进出口货物。该指标可以观察一个国家在对外贸易方面的总规模。我国规定出口货物按离岸价格统计，进口货物按到岸价格统计。

商品经营单位所在地进、出口额 指在所在地海关注册登记的有进出口经营权的企业实际进、出口额。

利用外资 指我国各级政府、部门、企业和其他经济组织通过对外借款、吸收外商直接投资以及用其他方式筹措的境外现汇、设备、技术等。

对外借款 指通过对外正式签订借款协议，从境外筹措的资金，包括外国政府贷款、国际金融组织贷款、外国银行商业贷款、出口信贷以及对外发行债券等。1996年及以前还包括对外发行股票。该指标是我国利用外资的重要部分。

外商直接投资 指外国企业和经济组织或个人(包括华侨、港澳台胞以及我国在境外注册的企业)按我国有关政策、法规，用现汇、实物、技术等在我国境内开办外商独资企业、与我国境内的企业或经济组织共同举办中外合资经营企业、合作经营企业或合作开发资源的投资(包括外商投资收益的再投资)，以及经政府有关部门批准的项目投资总额内企业从境外借入的资金。

外商其他投资 指除对外借款和外商直接投资以外的各种利用外资的形式。包括企业在境内外股票市场公开发行的以外币计价的股票(目前主要是在香港证券市场发行的H股和在境内证券市场发行的B股)发行价总额，国际租赁进口设备的应付款，补偿贸易中外商提供的进口设备、技术、物料的价款，加工装配贸易中外商提供的进口设备、物料的价款。

对外承包工程 指我国境内企业法人或者其他经济组织按照国际通行做法，在国外及港澳台地区承揽、实施工程建设项目的勘察、设计、施工、监理、设备材料采购、安装调试、工程咨询、工程管理等经营活动。

对外劳务合作 指我国境内企业法人与国(境)外允许招收或雇用外籍劳务人员的公司、中介机构或私人雇主签订合同，并按合同约定的条件有组织地招聘、选拔、派遣我国公民到国(境)外为外方雇主提供劳务服务并进行管理的经济活动。

7

能源

Energy

简要说明

一、本篇资料主要内容

本篇资料主要包括：能源生产量、能源消费量，能源消费的行业构成和品种构成，综合能源平衡表和主要能源品种的单项平衡表，能源生产和消费弹性系数，分主要能源品种的消费量及万元生产总值能耗、电耗数据。

二、本篇资料的统计范围

本篇资料的统计范围为全社会。

三、本篇资料来源

本篇资料由省统计局能源处搜集、加工整理，7-1 表来自工业产品产量统计，并以此为依据计算；其他表数据均来自历年能源平衡表。

7-1 能源生产总量及构成
Total Production of Energy and Its Composition

年份 Year	能源生产总量（万吨标准煤）Total Energy Production (10 000 tons of SCE)	占能源生产总量的比重(%) As Percentage of Total Energy Production (%)			
		原煤 Coal	原油 Crude Oil	天然气 Natural Gas	水电、风电 Hydro-power, Wind Power
2005	3605.12	71.72	12.07	0.57	15.64
2006	3798.83	71.88	12.50	0.52	15.10
2007	3985.59	70.78	12.61	0.49	16.13
2008	4069.28	68.71	12.82	0.42	18.06
2009	4232.34	67.10	12.15	0.46	20.29
2010	4640.88	68.17	11.76	0.28	19.79
2011	4898.34	64.47	14.66	0.21	20.66
2012	5369.88	60.23	16.75	0.31	22.71

注：1. 电力折算标准煤的系数根据当年平均发电煤耗计算（下表同）。

2. 2008年以前数据根据经济普查年份调整（下表同）。

a) The coefficient for conversion of electric power into SCE (standard coal equivalent) is calculated on the basis of the data on average coal consumption in generating electric power in the same year. The same applies to the tables following.

b) Some data were revised before 2008 according to the Second National Economic Census.The same applies to the relevant tables.

7-2 能源消费总量及构成
Total Consumption of Energy and Its Composition

年份 Year	能源消费总量（万吨标准煤）Total En ergy Consumption (10 000 tons of SCE)	占能源消费总量的比重(%) As Percentage of Total Energy Consumption (%)			
		煤炭 Coal	石油 Crude Oil	天然气 Natural Gas	水电、风电 Hydro-power, Wind Power
2005	4367.67	68.32	15.93	2.84	12.91
2006	4743.05	69.56	15.07	3.28	12.09
2007	5109.29	69.26	14.86	3.30	12.58
2008	5346.33	69.03	14.31	2.92	13.74
2009	5481.60	66.66	14.72	2.95	15.67
2010	5923.13	67.03	14.36	3.11	15.50
2011	6495.78	67.13	14.12	3.17	15.58
2012	7007.04	65.19	13.65	3.76	17.40

7-3 综合能源平衡表
Overall Energy Balance Sheet

单位：万吨标准煤 (10 000 tons of SCE)

项　目	Item	2005	2010	2011	2012
可供消费的能源总量	**Total Energy Available for Consumption**	**4367.67**	**5923.13**	**6495.70**	**7007.04**
一次能源生产量	Primary Energy Output	3605.12	4640.88	4898.34	5369.88
回收能源	Recovery of Energy	133.83	179.85		
调入量	Imports	2793.02	4065.14	5456.91	6234.62
调出量	Exports	-2124.21	-2981.37	-3706.58	-4449.22
年初年末库存差额	Stock Changes in the Year	-40.09	18.64	-152.97	-148.24
能源消费总量	**Total Energy Consumption**	**4367.67**	**5923.13**	**6495.78**	**7007.04**
在总量中：	Consumption by Sector				
农、林、牧、渔业	Agriculture,Forestry,Animal Husbandry,Fishery	240.24	261.16	269.14	272.17
工 业	Industry	3195.43	4376.64	4827.42	5235.57
建筑业	Construction	58.17	79.44	91.23	99.88
交通运输、仓储和邮政业	Transportation,Storage and Post	282.51	395.78	414.48	456.62
批发、零售业和住宿、餐饮业	Wholesale and Retail Trades,Hotels and Catering Services	53.18	77.17	86.52	97.52
其他	Others Sectors	69.50	122.04	145.14	147.39
生活消费	Household Consumption	468.64	610.90	661.84	697.89
在总量中：	Consumption by Usage				
终端消费	End-use Consumption	4111.51	5576.22	6086.04	6797.65
#工 业	Industry	2939.30	4029.73	4417.69	5026.19
加工转换损失量	Losses During the Process of Energy Conversion	182.65	209.02	301.40	255.80
#炼 焦	Coking	7.40	45.46	41.21	40.60
炼 油	Petroleum Refining	172.74	99.88	183.08	143.36
损失量	Energy Losses	73.48	137.89	138.62	144.32
#输变电损失量	Losses in Transmission and Subelectricity	72.87	137.89	133.89	144.32
平衡差额	**Balance**			**-0.08**	

7-4 石油平衡表
Petroleum Balance Sheet

单位：万吨 (10 000 tons)

项　目	Item	2005	2010	2011	2012
可供量	**Total Energy Available for Consumption**	**472.79**	**607.54**	**662.21**	**690.96**
生产量	Output	304.55	382.14	502.66	629.52
调入量	Imports	1032.19	1062.56	1936.01	1524.11
调出量	Exports	-847.36	-875.23	-1769.45	-1425.57
年初年末库存差额	Stock Changes in the Year	-25.71	38.07	-7.01	-37.1
消费量	**Total Energy Consumption**	**472.79**	**607.54**	**662.21**	**690.96**
在消费量中：	Consumption by Sector				
农、林、牧、渔、水利业	Agriculture, Forestry, Animal Husbandry, Fishery and Water Conservancy	25.41	32.9	34.04	35.12
工　业	Industry	281.47	357.151	396.77	389.20
建筑业	Construction	18.73	22.8	24.1	26.90
交通运输、仓储和邮政业	Transport, Storage and Post	130.86	163.91	176.5	205.06
批发、零售业和住宿、餐饮业	Wholesale and Retail Trades, Hotels and Catering Services	4.50	7.71	7.35	7.75
其他行业	Other Sectors	5.97	11.21	11.2	12.03
生活消费	Household Consumption	5.85	11.86	12.25	14.90
在消费量中：	Consumption by Usage				
终端消费	End-use Consumption	374.00	502.68	492.77	547.74
#工　业	Industry	182.68	252.29	227.33	245.98
中间消费（用于加工转换）	Intermediate Consumption (Consumed in Conversion)	98.37	104.86	169.44	143.22
发　电	Power Generation	1.03	0.59	0.62	1.99
供　热	Heating	9.97	11.35	13.04	11.28
制　气	Gas Production				
炼油损失量	Losses in Petroleum Refining	87.37	92.92	155.78	129.95
损失量	Energy Losses	0.42			
平衡差额	**Balance**				

注：生产量为原油产量。

a) Data on output refer to the output of crude oil.

7-5 煤炭平衡表
Coal Balance Sheet

单位：万吨 (10 000 tons)

项　目	Item	2005	2010	2011	2012
可供量	**Total Energy Available for Consumption**	**3750.67**	**5389.57**	**6303.37**	**6557.53**
生产量	Outputs	3620.00	4688.25	4700.65	4878.08
调入量	Imports	1107.45	2353.75	2963.84	4045.44
调出量	Exports	-980.32	-1610.87	-1162.58	-2222.20
年初年末库存差额	Stock Changes in the Year	3.54	-41.56	-198.54	-143.79
消费量	**Total Energy Consumption**	**3750.67**	**5389.57**	**6303.37**	**6557.53**
在消费量中：	Consumption by Sector				
农、林、牧、渔业	Agriculture,Forestry,Animal Husbandry, Fishery	35.01	58.80	60.99	61.80
工 业	Industry	3215.01	4691.07	5603.98	5852.73
建筑业	Construction	23.80	28.00	27.20	29.00
交通运输、仓储和邮政业	Transportation,Storage and Post	48.07	50.00	50.20	46.00
批发、零售业和住宿、餐饮业	Wholesale and Retail Trades,Hotels and Catering Services	21.08	33.00	30.00	29.60
其他	Others Sectors	12.00	22.00	23.00	22.70
生活消费	Household Consumption	395.70	506.70	508.00	515.70
在消费量中：	Consumption by Usage				
终端消费	End-use Consumption	1480.80	1748.95	1907.21	2153.38
#工 业	Industry	945.14	1050.45	1207.82	1448.58
中间消费	Intermediate Consumption	2269.87	3640.62	4396.16	4404.15
（用于加工转换）	(Consumed in Conversion)				
发 电	Power Generation	1597.00	2771.89	3427.40	3445.38
供 热	Heating	293.70	439.89	496.02	430.57
炼 焦	Coking	372.30	388.55	413.24	470.56
制 气	Gas Production	8.46	9.29	7.61	5.73
洗选损耗	Losses in Coal Washing and Dressing	13.50	31.00	51.89	51.91
平衡差额	**Balance**				

7-6 电力平衡表
Electricity Balance Sheet

单位：亿千瓦小时 (100 million kw·h)

项　目	Item	2005	2010	2011	2012
可供量	**Total Energy Available for Consumption**	**489.48**	**804.43**	**923.45**	**994.56**
生产量	Output	506.17	874.51	1027.91	1107.04
水电、风电及其他发电	Hydropower,Wind Power and other Power	166.47	283.16	318.00	389.53
火 电	Thermal Power	339.70	591.35	709.91	717.51
调入量	Imports	51.14	119.73		167.39
调出量	Exports	-67.83	-189.81	-104.46	-279.87
消费量	**Total Energy Consumption**	**489.48**	**804.43**	**923.45**	**994.56**
在消费量中：	Consumption by Sector				
农、林、牧、渔业	Agriculture,Forestry,Animal Husbandry, Fishery	51.70	54.37	55.89	56.47
工 业	Industry	364.46	617.13	712.53	774.87
建筑业	Construction	4.08	8.33	11.55	12.60
交通运输、仓储和邮政业	Transportation,Storage and Post	15.34	32.57	31.89	33.29
批发、零售业和住宿、餐饮业	Wholesale and Retail Trades,Hotels and Catering Services	6.72	11.41	14.83	16.29
其他	Others Sectors	14.72	27.11	34.31	35.04
生活消费	Household Consumption	32.46	53.52	62.45	66.00
在消费量中：	Consumption by Usage				
终端消费	End-use Consumption	467.96	761.91	881.38	948.46
# 工 业	Industry	342.94	574.61	670.46	728.77
输配电损失量	Losses in Transmission	21.52	42.52	42.07	46.10
平衡差额	**Balance**				

7-7 分行业能源消费总量和主要能源品种消费量（2012）

行 业	Sector	能源消费总量（万吨标准煤）Total Energy Consumption (10000 tons of SCE)	煤 炭（万吨）Coal (10 000 tons)
消 费 总 计		**7007.04**	**6557.53**
农、林、牧、渔业	**Agricultrue,Forestry,Animal Husbadry and Fishery**	**272.17**	**61.80**
工业	**Industry**	**5235.57**	**5852.73**
采矿业	**Mining**	**328.33**	**305.01**
煤炭开采和洗选业	Mining and Washing of Coal	202.17	279.69
石油和天然气开采业	Extraction of Petroleum and Natural Gas	70.75	9.50
黑色金属矿采选业	Mining and Processing of Ferrous Metal Ores	17.94	5.30
有色金属矿采选业	Mining and Processing of Non-Ferrous Metal Ores	27.37	5.72
非金属矿采选业	Mining and Processing of Non-metal Ores	8.16	4.30
开采辅助活动	Mining Support Activities	1.95	0.50
其他采矿业	Mining of Other Ores		
制造业	**Manufacturing**	**4419.99**	**2085.15**
农副食品加工业	Processing of Food from Agricultural Products	46.87	35.53
食品制造业	Manufacture of Foods	20.76	15.19
酒、饮料和精制茶制造业	Manufacture of Liquor, Beverages and Refined Tea	30.41	23.28
烟草制品业	Manufacture of Tobacco	2.51	0.64
纺织业	Manufacture of Textile	4.21	1.60
纺织服装、服饰业	Manufacture of Textile, Apparel and Accessories	0.90	0.79
皮革、毛皮、羽毛及其制品和制鞋业	Manufacture of Leather, Fur, Feather and Related Products and Shoes	2.15	2.20
木材加工及木、竹、藤、棕、草制品业	Processing of Timber, Manufacture of Wood, Bamboo, Rattan, Palm and Straw Products	0.08	0.10
家具制造业	Manufacture of Furniture	0.06	
造纸及纸制品业	Manufacture of Paper and Paper Products	14.02	13.60
印刷和记录媒介复制业	Printing and Reproduction of Recording Media	1.12	0.94
文教、工美、体育和娱乐用品制造业	Manufacture of Articles for Culture, Education and Sport Activities	0.06	0.01
石油加工、炼焦和核燃料加工业	Processing of Petroleum, Coking, Processing of Nucleus Fuel	619.04	121.11
化学原料和化学制品制造业	Manufacture of Raw Chemical Materials and Chemical Products	576.53	217.99
医药制造业	Manufactare of Medicines	17.90	12.97
化学纤维制造业	Manufacture of Chemical Fibres	8.26	10.63
橡胶和塑料制品业	Manufacture of Rubber and Plastic	10.93	5.30
非金属矿物制品业	Manufacture of Non-metallic Mineral Products	626.53	512.64
黑色金属冶炼和压延加工业	Smelting and Pressing of Ferrous Metals	1430.52	624.39
有色金属冶炼和压延加工业	Smelting and Pressing of Non-ferrous Metals	933.84	455.98
金属制品业	Manufacture of Metal Products	8.61	2.66
通用设备制造业	Manufacture of General Purpose Machinery	12.75	7.93
专用设备制造业	Manufacture of Special Purpose Machinery	9.93	4.85
汽车制造业	Manufacture of Automobile	1.59	1.25
铁路、船舶、航空航天和其他运输设备制造业	Manufacture of Railway Equipment, Ships, Aerospace Equipment and Other Transport Equipment	2.92	1.28
电气机械和器材制造业	Manufacture of Electrical Machinery and Equipment	8.17	3.60
通信设备、计算机和其他电子设备制造业	Manufacture of Communication Equipment, Computers and Other Electronic Equipment	6.13	1.73
仪器仪表制造业	Manufacture of Measuring Instruments	0.66	0.48
其他制造业	Other Manufacturing	18.79	2.90
废弃资源综合利用业	Recycling and Disposal of Waste	2.71	2.60
金属制品、机械和设备修理业	Metal Products, Machinery and Equipment Repair Industry	1.01	0.98
电力、燃气及水的生产和供应业	**Electric Power, Gas and Water Production and Supply**	**487.24**	**3462.58**
电力、热力的生产和供应业	Production and Supply of Electric Power and Heat Power	478.80	3462.16
燃气生产和供应业	Production and Supply of Gas	2.41	
水的生产和供应业	Production and Supply of Water	6.04	0.42
建筑业	**Construction**	**99.88**	**29.00**
交通运输储运业和邮政业	**Transport, Storage and Post**	**456.62**	**46.00**
批发、零售业和住宿、餐饮业	**Wholesale, Retail Trades,Hotels and Catering Services**	**97.52**	**29.60**
其他行业	**others**	**147.39**	**22.70**
城乡居民生活	**Urban and Rural Residents Living**	**697.89**	**515.70**

Consumption of Total Energy and Its Main Varieties by Sector(2012)

焦炭 （万吨） Coke (10 000 tons)	原油 （万吨） Crude Oil (10 000 tons)	汽油 （万吨） Gasoline (10 000 tons)	煤油 （万吨） Kerosene (10 000 tons)	柴油 （万吨） Diesel Oil (10 000 tons)	燃料油 （万吨） Fuel Oil (10 000 tons)	液化石油气 （万吨） Liquefied Petroleum Gas (10 000 tons)	天然气 （亿立方米） Natural Gas (100 million cu.m)	电力 （亿千瓦小时） Electricity (100 million kw·h)
654.07	**1544.21**	**65.80**	**5.23**	**258.03**	**9.25**	**7.05**	**19.97**	**994.56**
		4.10	**0.02**	**31.00**				**56.47**
654.07	**1544.21**	**9.70**	**0.16**	**27.18**	**9.25**	**0.51**	**15.35**	**774.87**
1.05	**18.51**	**1.65**		**10.43**			**0.58**	**33.08**
		0.43		2.65				14.22
	18.51	0.65		2.86			0.58	7.83
1.05		0.10		1.62				3.33
		0.18		1.23				6.72
		0.10		1.82				0.68
		0.19		0.25				0.30
651.42	**1525.70**	**7.09**	**0.15**	**15.06**	**9.17**	**0.51**	**14.75**	**626.28**
0.30		0.62		0.43				5.79
0.20		0.06		0.04				2.87
		0.16		0.23			0.27	2.83
		0.09		0.03			0.06	0.34
		0.01						0.70
		0.01						0.09
		0.01						0.15
		0.01						0.01
		0.02						1.21
		0.02						0.11
								0.01
	1525.70	1.23		2.80	2.82	0.02	5.36	20.30
97.12		0.36	0.08	0.88	0.09	0.48	6.03	68.02
		0.17		0.10			0.16	1.81
		0.01						0.09
0.18		0.10		0.07				2.09
21.92		0.40		3.80			1.28	58.27
497.12		1.82		1.96	0.08		0.02	218.20
33.55		1.42	0.01	3.89	6.17		1.11	232.87
		0.21		0.18			0.03	1.31
0.89		0.13	0.01	0.15	0.01		0.01	1.72
		0.10		0.06			0.17	1.14
		0.02		0.03				0.18
0.01		0.01		0.15			0.05	0.33
0.10		0.04		0.04			0.14	1.09
		0.01					0.04	1.37
0.02		0.01						0.08
		0.01		0.08				3.04
		0.02		0.10				0.19
		0.01	0.03	0.02				0.06
1.60		**0.96**	**0.02**	**1.69**	**0.08**		**0.02**	**115.51**
1.60		0.83	0.02	1.65	0.08		0.01	113.10
		0.05		0.02			0.01	0.70
		0.08		0.02				1.71
		9.80		**13.90**				**12.60**
		19.40	**5.05**	**180.60**		**0.01**	**1.41**	**33.29**
		4.60		**2.82**		**0.33**	**0.99**	**16.29**
		9.80		**2.23**			**0.23**	**35.04**
		8.40		**0.30**		**6.20**	**1.99**	**66.00**

7-8 能源生产弹性系数
Elasticity Ratio of Energy Production

年 份 Year	能源生产比上年增长（%） Growth Rate of Energy Production over Preceding Year (%)	电力生产比上年增长（%） Growth Rate of Electricity Production over Preceding Year (%)	甘肃生产总值比上年增长（%） Growth Rate of Gansu Gross Product over Preceding Year (%)	能源生产弹性系数 Elasticity Ratio of Energy Production	电力生产弹性系数 Elasticity Ratio of Electricity Production
2000	-13.06	6.83	9.70		0.70
2001	5.39	8.26	9.76	0.55	0.85
2002	37.66	12.53	9.86	3.82	1.27
2003	16.84	18.71	10.74	1.57	1.74
2004	17.71	13.18	11.51	1.54	1.15
2005	7.29	10.70	11.84	0.62	0.90
2006	5.39	5.08	11.51	0.47	0.44
2007	4.92	16.33	12.30	0.40	1.33
2008	2.10	11.58	10.14	0.21	1.14
2009	4.01	1.86	10.29	0.39	0.18
2010	9.65	24.35	11.77	0.82	2.07
2011	5.55	17.54	12.52	0.44	1.40
2012	9.63	7.70	12.56	0.77	0.61

7-9 能源消费弹性系数
Elasticity Ratio of Energy Consumption

年 份 Year	能源消费比上年增长（%） Growth Rate of Energy Consumption over Preceding Year (%)	电力消费比上年增长（%） Growth Rate of Electricity Consumption over Preceding Year (%)	甘肃生产总值比上年增长（%） Growth Rate of Gross Product of Gansu over Preceding Year (%)	能源消费弹性系数 Elasticity Ratio of Energy Consumption	电力消费弹性系数 Elasticity Ratio of Electricity Consumption
2000	3.23	1.29	9.70	0.33	0.13
2001	1.88	1.58	9.76	0.19	0.16
2002	4.36	11.84	9.86	0.44	1.20
2003	11.82	16.36	10.74	1.10	1.52
2004	15.78	13.47	11.51	1.37	1.17
2005	11.77	8.29	11.84	0.99	0.70
2006	8.59	9.57	11.51	0.75	0.83
2007	7.73	14.62	12.30	0.63	1.19
2008	4.64	10.25	10.14	0.46	1.01
2009	2.53	4.09	10.29	0.25	0.40
2010	8.05	14.02	11.77	0.68	1.19
2011	9.67	14.79	12.52	0.77	1.18
2012	7.87	7.70	12.56	0.63	0.61

7-10 能源加工转换效率
Efficiency of Energy Conversion

单位：%　　　　(%)

年　份 Year	总效率 Total Efficiency	火力发电效率 Generation Efficiency of Thermal Power	炼 焦 Coking	炼 油 Petroleum Refining
2005	72.97	36.30	97.74	90.13
2006	73.11	36.78	84.54	91.67
2007	73.40	37.17	97.70	89.31
2008	72.81	37.29	94.76	93.25
2009	73.61	37.53	94.00	93.06
2010	70.36	37.95	87.02	94.88
2011	69.28	38.62	89.05	92.07
2012	70.14	39.26	90.88	93.42

7-11 分品种生活能源年消费总量
Average Annual Energy Consumption for Households by Variety

能 源 品 种	Item	2005	2010	2011	2012
合计（万吨标准煤）	**Total (10 000 tons of SCE)**	**468.64**	**610.90**	**661.84**	**697.89**
煤炭（万吨）	Coal (10 000 tons)	395.70	506.70	508.00	515.70
煤油（万吨）	Kerosene (10 000 tons)	0.01			
液化石油气（万吨）	Liquefied Petroleum Gas (10 000 tons)	4.92	5.62	5.58	6.20
焦炉煤气（亿立方米）	Coke Oven Gas (100 million cu.m)	0.37	1.09	0.15	0.15
天然气（亿立方米）	Natural Gas (100 million cu.m)	0.40	1.35	1.38	1.99
热力（万百万千焦）	Heat (10 billion kilo-joule)	1681.01	1877.16	2020.00	1881.61
电力（亿千瓦小时）	Electricity (100 million kw·h)	32.46	53.52	62.45	66.00

7-12 平均每天各种能源消费量
Average Daily Energy Consumption by Type of Energy

能源品种	Item	2005	2010	2011	2012
合计（万吨标准煤）	**Total (10 000 tons of SCE)**	**11.97**	**16.23**	**17.80**	**19.20**
煤炭（万吨）	Coal (10 000 tons)	10.28	14.77	17.27	17.97
焦炭（万吨）	Coke (10 000 tons)	1.16	1.48	1.65	1.79
原油（万吨）	Crude Oil (10 000 tons)	3.37	3.84	4.48	4.23
燃料油（万吨）	Fuel Oil (10 000 tons)	0.04	0.04	0.03	0.03
汽油（万吨）	Gasoline (10 000 tons)	0.24	0.15	0.16	0.18
煤油（万吨）	Kerosene (10 000 tons)	0.01	0.01	0.01	0.01
柴油（万吨）	Diesel Oil (10 000 tons)	0.32	0.58	0.61	0.71
天然气（亿立方米）	Natural Gas (100 million cu.m)	0.03	0.04	0.04	0.06
电力（亿千瓦小时）	Electricity (100 million kw·h)	1.34	2.20	2.53	2.72

7-13 每人年平均生活用能源消费量
Annual Average per Capita Energy Consumption of Households

年　份 Year	平均每人生活消费能源（千克标准煤） Annual per Capita Consumption for Households (kg of SCE)	#煤　炭（千克） Coal (kg)	#电　力（千瓦小时） Electricity (kw·h)	#液化石油气（千克） Liquefied Petroleum Gas (kg)	#天燃气（立方米） Natrual Gas (cu.m)	#煤气（立方米） Coal Gas(cu.m)
2000	164.00	155.00	84.00	2.09		
2001	174.00	152.00	88.31	1.60		
2002	156.00	150.00	89.49	1.50		
2003	172.00	149.00	91.34	1.62		
2004	169.00	147.00	105.29	1.61		
2005	184.13	155.48	127.54	1.93	1.57	1.53
2006	186.52	156.71	132.32	1.96	2.75	1.61
2007	198.58	159.72	142.45	1.96	2.83	1.73
2008	210.37	169.75	159.28	2.14	2.98	2.27
2009	227.94	172.02	181.34	2.16	3.05	2.86
2010	238.63	197.93	209.06	2.20	5.27	4.45
2011	258.11	198.11	243.55	2.18	5.38	0.58
2012	270.76	200.07	256.06	2.41	7.72	0.58

7-14 能源消耗
Energy Consumption

年 份 Year	单位生产总值能耗 Energy Consumption per Unit of GRP		单位生产总值电耗 Electricity Consumption per Unit of GRP		单位工业增加值能耗 Energy Consumption per Unit of Industrial Value-added	
	绝对值（吨标准煤／万元） Absolute Value ton of SCE/10 000 yuan)	上升或下降（±%） (±%) Change(±%)	绝对值（千瓦小时／万元） Absolute Value (kw·h/10 000yuan)	上升或下降（±%） (±%) Change(±%)	绝对值（吨标准煤／万元） Absolute Value ton of SCE/10 000 yuan)	上升或下降（±%） (±%) Change(±%)
2000	2.86		2805			
2001	2.72		2720			
2002	2.57		2779			
2003	2.52		2846			
2004	2.31		2677			
2005	2.26		2531		4.99	
2006	2.20	-2.61	2487	-1.74	4.59	-3.03
2007	2.11	-4.09	2537	2.02	4.29	-6.53
2008	2.00	-5.00	2539	0.09	4.05	-5.66
2009	1.86	-6.97	2399	-5.55	3.53	-12.84
2010	1.80	-3.40	2445	2.01	3.25	-7.94
2011	1.40	-2.51	1993	2.07	2.82	-1.96
2012	1.34	-4.21	1906	-4.31	2.59	-8.10

注：1. 2000-2004 年地区生产总值和工业增加值是按当年价格计算，2005-2010 年地区生产总值和工业增加值按 2005 年价格计算，2011 年以后地区生产总值和工业增加值按 2010 年价格计算。
2. 工业增加值为规模以上工业增加值。

a) GDP and industrial added value of 2000-2004 is based on current prices.GDP and industrial added value of 2005-2010 is based on price of 2005.GDP and industrial added value of 2011 is based on price of 2010 since 2011.
b) Industrial added value refers to the designated industrial added value."

主要指标解释

能源生产总量 指一定时期内，一次能源生产量的总和。该指标是观察能源生产水平、规模、构成和发展速度的总量指标。一次能源生产量包括原煤、原油、天然气、水电、核能及其他动力能（如风能、地热能等）发电量，不包括低热值燃料生产量、生物质能、太阳能等的利用和由一次能源加工转换而成的二次能源产量。

能源消费总量 指一定时期内，各行业和居民生活消费的各种能源的总和。该指标是观察能源消费水平、构成和增长速度的总量指标。能源消费总量包括原煤和原油及其制品、天然气、电力，不包括低热值燃料、生物质能和太阳能等的利用。能源消费总量分为终端能源消费量、能源加工转换损失量和能源损失量三部分。

(1) 终端能源消费量：指一定时期内，全国（省）生产和生活消费的各种能源在扣除了用于加工转换二次能源消费量和损失量以后的数量。

(2) 能源加工转换损失量：指一定时期内，全国（省）投入加工转换的各种能源数量之和与产出各种能源产品之和的差额。该指标是观察能源在加工转换过程中损失量变化的指标。

(3) 能源损失量：指一定时期内，能源在输送、分配、储存过程中发生的损失和由客观原因造成的各种损失量，不包括各种气体能源放空、放散量。

能源生产弹性系数 是研究能源生产增长速度与国民经济增长速度之间关系的指标。计算公式：

$$能源生产弹性系数=\frac{能源生产总量年平均增长速度}{国民经济年平均增长速度}$$

电力生产弹性系数 是研究电力生产增长速度与国民经济增长速度之间关系的指标。一般来说，电力的发展应当快于国民经济的发展，也就是说电力应超前发展。计算公式为：

$$电力生产弹性系数=\frac{电力生产量年平均增长速度}{国民经济年平均增长速度}$$

能源消费弹性系数 反映能源消费增长速度与国民经济增长速度之间比例关系的指标。计算公式为：

$$能源消费弹性系数=\frac{能源消费量年平均增长速度}{国民经济年平均增长速度}$$

电力消费弹性系数 反映电力消费增长速度与国民经济增长速度之间比例关系的指标。计算公式为：

$$电力消费弹性系数=\frac{电力消费量年平均增长速度}{国民经济年平均增长速度}$$

能源加工转换效率 指一定时期内，能源经过加工、转换后，产出的各种能源产品的数量与同期内投入加工转换的各种能源数量的比率。该指标是观察能源加工转换装置和生产工艺先进与落后、管理水平高低等的重要指标。计算公式为：

$$能源加工转换效率=\frac{能源价格转换产出率}{能源加工转换投入量}\times100\%$$

单位国内生产总值能耗 指一定时期内，一个国家或地区每生产一个单位的国内（地区）生产总值所消耗的能源。

单位国内生产总值电耗 指一定时期内，一个国家或地区每生产一个单位的国内生产总值所消耗的电力。计算公式为：

$$单位国内生产总值电耗=\frac{全社会用电量}{国内生产总值}$$

单位工业增加值能耗 指一定时期内，一个国家或地区每生产一个单位的工业增加值所消耗的能源。

8

财政、金融、保险

Government Finance,
Financial,
Insurance

简要说明

一、本篇资料主要内容

本篇反映甘肃省财政收支状况；金融业的发展情况。主要包括地方财政收支、政府性基金收支资料；金融机构存贷及现金收支等活动；保险业务情况。

二、本篇资料来源

本篇资料由省统计局国民经济核算处搜集、加工整理：

1. 财政收支资料来源于省财政厅。

2. 金融资料来源于中国人民银行兰州中心支行。

3. 保险数据来源于中国保监会甘肃监管局。

8-1 历年财政收支
Financial Revenue and Expenditure

单位：万元　　　　　　　　　　　　　　　　　　(10 000 yuan)

年　份 Year	财政收入 Government Revenue	#公共财政预算收入 Public Finance Budget Revenue	各项税收 Taxes	#附：上划中央税收 Turn over Revenue to the Central Government	公共财政预算支出 Public Finance Budget Expenditure
1978	205280		79168		143429
1979	184606		79407		141810
1980	149348		44606		123045
1981	129859		43143		111955
1982	124713		82870		127857
1983	109003		92004		155256
1984	132338		114322		211510
1985	163814		189074		239971
1986	197635		210832		300125
1987	225831		235266		317747
1988	249786		267766		363835
1989	315242		317768		412645
1990	342065		341541		459395
1991	399801		359225		513188
1992	399736		393208		534786
1993	521132		520393		631676
1994	626198	290797	270086	335401	723817
1995	684142	339211	302594	344931	813908
1996	822714	433733	367663	388981	909538
1997	919259	494108	416575	425151	1067215
1998	974793	540253	465578	434540	1253382
1999	1030025	583657	490034	446368	1477868
2000	1083752	612849	516624	470903	1882322
2001	1241396	699485	587853	541911	2354643
2002	1503365	762432	654283	740933	2740111
2003	1771750	876561	722434	895189	3000070
2004	2158581	1041600	823382	1104105	3569366
2005	2545665	1235026	919615	1310639	4293479
2006	2949750	1412152	1108360	1537598	5285946
2007	3918687	1909107	1420532	2009580	6753372
2008	4709361	2649650	1628049	2059711	9684336
2009	6039849	2865898	1760411	3173951	12462817
2010	7452511	3535833	2202883	3916678	14685810
2011	9336165	4501188	2840435	4834977	17912432
2012	10798983	5203993	3477792	5594990	20595638

注：财政收入为大口径财政收入，不含基金收入。

a) Revenue refers to the large-caliber financial income, does not include the fund's income.

8-2 各项税收
Taxes

单位：万元 (10 000 yuan)

年 份 Year	各项税收 Taxes	# 增值税 Value-added Tax	# 营业税 Business Tax	# 企业所得税 Corporate Income Tax	# 个人所得税 Individual Income Tax
1994	270086	86783	63912	27011	4471
1995	302594	90356	77345	33393	6242
1996	367663	93094	101939	32494	8706
1997	416575	104079	120340	39864	10271
1998	465578	108318	142508	44537	14399
1999	490034	111778	147031	66686	18349
2000	516624	119471	158995	60957	25921
2001	587853	133758	173483	104045	38788
2002	654283	150720	209747	66054	40920
2003	722434	181230	240705	53111	36776
2004	823382	216152	270531	63182	43112
2005	919615	253337	315890	84320	51793
2006	1108360	314071	372674	106902	57884
2007	1420532	403624	434006	179740	71513
2008	1628049	379120	531536	206233	81306
2009	1760411	371096	652494	169511	89876
2010	2202883	440902	868425	199868	111253
2011	2840435	489460	1100499	285861	140563
2012	3477792	605180	1367172	365313	135407

注："各项税收"为一般预算收入中的税收收入。

a) "Taxes" refers to the tax revenue of the general budget revenue .

8-3 财政收入情况
Financial Revenue

单位：万元 (10 000 yuan)

项　目	Item	2010	2011	2012
财政收入	**Government Revenue**	**7452511**	**9336165**	**10798983**
公共财政预算收入	**Public Finance Budget Revenue**	**3535833**	**4501188**	**5203993**
税收收入	Tax Revenue	2202883	2840435	3477792
国内增值税	Domestic Value Added Tax	440902	489460	605180
营业税	Business Tax	868425	1100499	1367172
企业所得税	Corporate Income Tax	199868	285861	365313
企业所得税退税	Tax Rebate for Corporate Income Tax	-52	-124	-12
个人所得税	Individual Income Tax	111253	140563	135407
资源税	Resource Tax	61833	143586	166232
城市维护建设税	City Maintenance and Construction Tax	212182	236219	289096
房产税	House Property Tax	83574	89644	111672
印花税	Stamp Tax	44211	46099	60355
城镇土地使用税	Urban Land Use Tax	44208	100087	136800
土地增值税	Land Appreciation Tax	30227	54596	67649
车船税	Tax on Vehicles and Boat Operation	25753	32752	49885
耕地占用税	Farm Land Occupation Tax	19457	31656	23302
契税	Deed Tax	59847	88214	97605
烟叶税	Tobacco Leaf Tax	1195	1323	2136
其他税收收入	Other Tax Revenue			
非税收收入	Non-tax Revenue	1332950	1660753	1726201
专项收入	Special Program Receipts	590249	848417	754587
行政事业性收费收入	Charge of Administrative and Institutional Units	190170	376888	432750
罚没收入	Penalty Receipts	81211	105620	124586
国有资本经营收入	Profit from Stat-owned Assets	233807	49831	97321
国有资源（资产）有偿使用收入	Paid Use of State-owned Resources (Assets)	90957	130247	207438
其他收入	Other Non-tax Receipts	146556	149750	109519
上划中央税收收入	**Revenue Turned over to the Central Government**	**3916678**	**4834977**	**5594990**
# 国内增值税	Domestic Value Added Tax	1438530	1660425	2008789
消费税	Consumption Tax	1385862	1839848	2053533
企业所得税	Corporate Income Tax	304935	453617	541650
个人所得税	Individual Income Tax	166875	210843	203114
车辆购置税	Vehicle Purchase Tax	181665	202238	239778

8-4 财政支出情况
Financial Expenditure

单位：万元 (10 000 yuan)

项 目	Item	2010	2011	2012
公共财政预算支出	**Public Finance Budget Expenditure**	**14685810**	**17912432**	**20595638**
一般公共服务	Expenditures for General Public Pervices	1457540	1749150	2295005
外交	Expenditures for Foreign Affairs			
国防	Expenditures for National Defense	17739	18539	18503
公共安全	Expenditures for Public Security	704526	803139	952174
#公安	Police	372659	428142	502830
检察	Procuratorate	82458	81575	96614
法院	Court	103175	117076	137380
监狱	Prison	51299	52635	58398
教育	Expenditures for Education	2282329	2843320	3679154
#教育管理事务	Education Management Affairs	39849	52107	46720
普通教育	General Education	1890353	2363686	3119137
科学技术	Expenditures for Science and Technology	108879	132215	161855
文化体育与传媒	Expenditures for Culture, Sport and Media	297753	330710	498667
#文化	Culture	105401	105427	135454
体育	Sport	46724	38618	43157
广播影视	Broadcasting, Film and Television	65847	80506	152550
社会保障和就业	Expenditures for Social Safety Net and Employment Effort	2150927	2792219	2946396
#行政事业单位离退休	Administrative Institutions Retired	586691	728072	765935
就业补助	Employment Subsidies	141623	184055	207339
医疗卫生	Expenditures for Medical and Health Care	1004018	1431803	1482095
#医疗保障	Medical Security	472121	696451	749177
食品药品监督管理事务	Food and Drug Regulatory Affairs	22920	24935	30266
节能环保	Expenditures for Energy Saving and Environmental Protection	683070	849919	720006
#污染防治	Pollution Prevention	156980	164396	146958
城乡社区事务	Expenditure for Urban and Rural Communities Affairs	568208	658825	805161
农林水事务	Expenditure for Agriculture, Forestry and Water Conservancy Affairs	1962667	2376560	3023726
#农业	Agriculiture	760584	900828	1094227
林业	Forestry	188094	254795	316088
水利	Water Conservancy	544998	670368	894945
扶贫	Poverty Alleviation	219173	267833	354431
交通运输	Expenditure for Transportation	665767	1589122	1264299
资源勘探电力信息等事务	Expenditure for Affairs of Exploration, Power and Information	278850	293099	383668
商业服务业等事务	Expenditure for Affairs of Commerce and Services	176575	169520	191257
金融监管等事务	Expenditure for Affairs of Financial Supervision	72439	24653	80978
地震灾后恢复重建支出	Expenditure for Post-earthquake Recovery and Reconstruction	941459	87665	170226
国土资源气象等事务	Expenditure for Affairs of Land and Weather	367685	410584	439116
住房保障支出	Expenditure for Affairs of Housing Security	580978	925756	1021656
粮油物资管理事务	Expenditure for Affairs of Management of Grain & Oil Reserves	98063	79195	95645
国债还本付息支出	Interest Payment for Domestic and Foreign Debts	55321	88301	116443
其他支出	Other Expenditure	211017	258138	249608

8-5 政府性基金收支情况
Renvenue and Expenditure of Government Fund

单位：万元 (10 000 yuan)

项　目	Item	2011	2012
政府性基金收入合计	**Total Renvenue of Government Funds**	**1864486**	**1919200**
地方教育附加收入	Additional Revenue of Local Education	76044	92128
新增建设用地土地有偿使用费收入	Add the Land Compensation for the Use of Land for Building Fee Income	85125	74840
地方水利建设基金收入	Revenue of Local Water Conservancy Construction Funds	9931	28218
残疾人就业保障金收入	Income of Disabled Person Employment Security Payments	8614	11743
政府住房基金收入	Government Housing Fund Income	40507	53749
城市公用事业附加收入	Additional Income of Urban Public Utilities	9959	2880
国有土地收益基金收入	Fund Revenue Receipts of State-owned Land	6479	5777
农业土地开发资金收入	Revenue of Agricultural Land Development Capital	6161	8504
国有土地使用权出让收入	Income of State-owned Land Use Right Transfer	1287481	1109668
彩票公益金收入	Lottery and Public Welfare Funds Revenue	38682	47999
城市基础设施配套费收入	Revenue of Urban Infrastructure Fee	58088	60948
车辆通行费	Revenue of Vehicle Tolls	168203	341233
其他各项政府性基金收入	Other Funds Revenue	69212	81513
政府性基金支出合计	**Total Expenditure of Government Fund**	**1913415**	**2012582**
地方教育附加安排的支出	Additional Arrangements Expenditure for Local Education	68099	85030
新增建设用地有偿使用费安排的支出	Arrangements Expenditure for the Use of Land for Building Fee Income	122746	119193
地方水利建设基金支出	Expenditure for Local Water Conservancy Construction Funds	8679	46362
残疾人就业保障金支出	Expenditure for Disabled Person Employment Security Payments	8721	8307
政府住房基金支出	Government Housing Fund Expenditure	42668	45350
城市公用事业附加安排的支出	Additional Arrangements Expenditure of Urban Public Utilities	12189	2757
国有土地收益基金支出	Fund Expenditure Receipts of State-owned Land	1556	1469
农业土地开发资金支出	Expenditure for Agricultural Land Development Capital	4919	4933
国有土地使用权出让收入安排的支出	Arrangements Expenditure for State-owned Land Use Right Transfer	1203135	1110831
彩票公益金安排的支出	Lottery and Public Welfare Funds Expenditure	54693	85455
城市基础设施配套费安排的支出	Arrangements Expenditure for Urban Infrastructure Fee	57225	62737
车辆通行费安排的支出	Expenditure for Vehicle Tolls	215101	326991
其他各项政府性基金支出	Other funds Expenditure	113684	113167

8-6 各地区财政收入（2012）
Financial Revenue by Region(2012)

单位：万元 (10 000 yuan)

地　区	Region	公共财政预算收入 Public Finance Budget Revenue	# 税收收入 Tax Revenue	# 国内增殖税 #Value Added Tax	# 营业税 Business Tax	# 企业所得税 Company Income Tax	# 个人所得税 Individual Income Tax
兰州市	Lanzhou	1037303	816790	103850	272035	77186	27876
嘉峪关市	Jiayuguan	128537	112221	22885	28312	9106	2460
金昌市	Jinchang	133214	115206	28865	26783	3688	1599
白银市	Baiyin	240912	153516	33872	38319	10341	4028
天水市	Tianshui	230548	143368	29064	47162	5852	3065
武威市	Wuwei	145000	90583	15625	35929	6425	3727
张掖市	Zhangye	126623	95830	17255	35342	7107	3509
平凉市	Pingliang	213898	147969	39438	37845	11842	3864
酒泉市	Jiuquan	211778	148143	16297	57338	11715	3572
庆阳市	Qingyang	531091	337874	108042	63860	4560	5487
定西市	Dingxi	131115	92496	13523	41679	3889	2067
陇南市	Longnan	160104	100474	22439	35805	6546	3637
临夏州	Linxia	90706	55288	10348	23440	4623	1202
甘南州	Gannan	67571	38027	5628	21537	3383	1188

8-7 各地区财政支出（2012）
Financial Expenditure by Region(2012)

单位：万元 (10 000 yuan)

地　区	Region	公共财政预算支出 Public Finance Budget Expenditure	# 一般公共服务 General Public Service	# 教育 Education	# 社会保障和就业 Social Security and Emploment Effort	# 医疗卫生 Medical and Health Care	# 农林水利事务 Agriculture, Forestry and Water Conservancy
兰州市	Lanzhou	2025976	270651	403815	205137	171908	166182
嘉峪关市	Jiayuguan	192245	20378	20581	23918	12242	9895
金昌市	Jinchang	335796	40839	53972	42467	24600	54998
白银市	Baiyin	1128420	93058	232863	150866	88520	172363
天水市	Tianshui	1591448	148808	348281	295410	169637	221652
武威市	Wuwei	1223734	93290	208794	158532	96682	218096
张掖市	Zhangye	853561	81156	149867	117181	67873	173685
平凉市	Pingliang	1238966	116578	307471	171343	103425	181283
酒泉市	Jiuquan	889284	99442	142167	114752	61803	162313
庆阳市	Qingyang	1586064	263342	321540	235397	131076	248410
定西市	Dingxi	1486708	135749	307267	268582	126218	265774
陇南市	Longnan	1470433	171396	283952	198412	131984	226583
临夏州	Linxia	1373911	246189	230230	257265	102469	202908
甘南州	Gannan	1029825	149860	141499	129994	56226	183778

8-8 各地县财政收支（2012）
Financial Revenue and Expenditure by Perfecture ,County(2012)

单位：万元 (10 000 yuan)

地 区	Region	公共财政预算收入 Public Finance Budget Revenue	公共财政预算支出 Public Finance Budget Expenditure	地 区	Region	公共财政预算收入 Public Finance Budget Revenue	公共财政预算支出 Public Finance Budget Expenditure
兰州市	**Lanzhou**	**1037303**	**2025976**	瓜州县	Guazhou	25820	116139
城关区	Chengguan	168279	279573	肃北县	Subei	28531	66565
七里河区	Qilihe	64159	137026	阿克塞县	Akesai	6185	43588
西固区	Xigu	52495	99873	玉门市	Yumen	27452	138154
安宁区	Anning	64148	87627	敦煌市	Dunhuang	26734	120392
红古区	Honggu	16895	79992	**庆阳市**	**Qingyang**	**531091**	**1586064**
永登县	Yongdeng	23614	148336	西峰区	Xifeng	65336	209817
皋兰县	Gaolan	19754	98611	庆城县	Qingcheng	32061	147841
榆中县	Yuzhong	28364	161863	环 县	Huanxian	34588	231291
嘉峪关市	**Jiayuguan**	**128537**	**192245**	华池县	Huachi	20728	123970
金昌市	**Jinchang**	**133214**	**335796**	合水县	Heshui	13066	120743
金川区	Jinchuan	29302	76225	正宁县	Zhengning	10270	105586
永昌县	Yongchang	21952	123683	宁 县	Ningxian	18357	189001
白银市	**Baiyin**	**240912**	**1128420**	镇原县	Zhenyuan	22152	204967
白银区	Baiyin	52048	136729	**定西市**	**Dingxi**	**131115**	**1486708**
平川区	Pingchuan	36506	132052	安定区	Anding	22428	211624
靖远县	Jingyuan	56108	242166	通渭县	Tongwei	7457	185063
会宁县	Huining	9344	243849	陇西县	Longxi	25892	214483
景泰县	Jingtai	16214	141629	渭源县	Weiyuan	10098	156615
天水市	**Tianshui**	**230548**	**1591448**	临洮县	Lintao	21516	195606
秦州区	Qinzhou	58005	229118	漳 县	Zhangxian	7101	98500
麦积区	Maiji	25780	198006	岷 县	Minxian	15682	252687
清水县	Qingshui	9795	149620	**陇南市**	**Longnan**	**160104**	**1470433**
秦安县	Qinan	11553	189549	武都区	Wudu	28810	206715
甘谷县	Gangu	20490	196723	成 县	Chengxian	28452	120504
武山县	Wushan	9004	165678	文 县	Wenxian	15407	114625
张家川县	Zhangjiachuan	8419	155426	宕昌县	Tanchang	10227	144930
武威市	**Wuwei**	**145000**	**1223734**	康 县	Kangxian	9033	100122
凉州区	Liangzhou	55230	406654	西和县	Xihe	12316	155251
民勤县	Minqin	18383	191816	礼 县	Lixian	13004	205105
古浪县	Gulang	12851	221038	徽 县	Huixian	23290	108654
天祝县	Tianzhu	23233	229588	两当县	Liangdang	2884	56223
张掖市	**Zhangye**	**126623**	**853561**	**临夏州**	**Linxia**	**90706**	**1373911**
甘州区	Ganzhou	33167	198230	临夏市	linxia	22909	172280
肃南县	Sunan	23899	111543	临夏县	linxia	7531	189567
民乐县	Minle	11816	123200	康乐县	Kangle	4178	126678
临泽县	Linze	11060	91890	永靖县	Yongjing	22368	147851
高台县	Gaotai	12249	96333	广河县	Guanghe	6271	120348
山丹县	Shandan	13600	114655	和政县	Hezheng	7708	121765
平凉市	**Pingliang**	**213898**	**1238966**	东乡县	Dongxiang	5519	197341
崆峒区	Kongtong	27697	182450	积石山县	Jishishan	6639	142518
泾川县	Jingchuan	10719	129536	**甘南州**	**Gannan**	**67571**	**1029825**
灵台县	Lingtai	8251	149371	合作市	Hezuo	10971	91362
崇信县	Chongxin	26833	91318	临潭县	Lintan	3669	123190
华亭县	Huating	69247	136527	卓尼县	Zhuoni	5687	125069
庄浪县	Zhuanglang	7505	185523	舟曲县	Zhouqu	10575	161545
静宁县	Jingning	8532	203402	迭部县	Diebu	6057	97716
酒泉市	**Jiuquan**	**211778**	**889284**	玛曲县	Maqu	13943	92716
肃州区	Suzhou	30281	163172	碌曲县	Luqu	5505	69202
金塔县	Jinta	9908	92650	夏河县	Xiahe	5137	119862

8-9 金融机构本外币信贷资金平衡表
Balance Sheet of Credit Funds of Financial Institutions (in RMB and Foreign Currency)

单位：万元　　（年末余额）(year-end balance)　　(10 000 yuan)

项　目	Item	2005	2010	2011	2012
资金来源合计	**Funds Sources**	**20162940**	**48083513**	**85644684**	**102828224**
各项存款	Total Deposits	29313714	71466602	84609427	101296940
单位存款	Corporate Deposits			39419275	47291137
#活期存款	Demand Deposits			26471125	29877786
定期存款	Time Deposits			8187013	10902520
个人存款	Personal Deposits			42587883	51120904
#储蓄存款	Savings Deposits			42500258	50702165
财政性存款	Fiscal Deposits			1878727	2007423
临时性存款	Temporary Deposits			170593	165314
委托存款	Designated Deposits			195831	252501
其他存款	Other Deposits			357118	459660
金融债券	Financial Bonds			99561	398390
各项准备	Total Reserve Funds			1623019	1976416
所有者权益	Owner's Equity			2798869	3924610
#实收资本	Paid-in Capital			1413262	1810717
资金运用合计	**Funds Uses**	**20162940**	**48083513**	**85644684**	**102828224**
各项贷款	Total Loans	19428318	45766780	57361994	71965984
境内贷款	Domestic Loans			57183069	71618876
#短期贷款	Short-term Loans	9389532	16903197	19705434	25270170
#个人贷款及透支	Personal Loans and Overdraft			4329083	6120339
单位普通贷款及透支	Unit Ordinary Loans and Overdraft			14305378	17643722
中长期贷款	Medium-term & Long-term Loans	8951126	27287077	35113732	42207101
#个人贷款	Personal Loans			7995435	10504384
单位普通贷款	Corporate Ordinary Loans			26224950	30003949
境外贷款	Foreign Loans			178926	347108

注：1.2005、2010、2011、2012 年的汇率分别为 8.0702、6.6227、6.3009、6.2855。
2.2011 年起人民银行以原人民币“全科目”统计指标为基础，在资产方和负债及所有者权益方取消第一层次按期限划分的分类方式。新的第一层次以金融工具、金融产品为主线，增设境外或非居民交易对手，调整了“全科目”统计指标顺序，同时对部分指标的名称、统计内容进行了规范。
3.2011 年起，“汇出汇款”、“汇入汇款”和“银行本票保证金”项目纳入“各项存款”统计（下表同）。
4.2011 年起，取消原“各项存款”下的企业存款、农业存款等存款分类项目，重新设置了具有主题分类标志的单位存款、个人存款、财政性存款和临时存款等项目，2011 年数据与历年数据不可比（下表同）。
5.2011 年起调整了部分信贷表中委托存款、委托投资基金、委托贷款、委托投资项目归属（下表同）。

a) The exchange rate of 2005,2010,2011,2012-year were 8.0702,6.6227,6.3009,6.2855.
b) Since 2011, the People's Bank of China canceled the classification of the first level which divided by deadline at the asset side and the liabilities and equity side,which based on "Total Subject" statistical indicators of original RMB.The new first level made the financial instruments and financial products as the main line, increased the counterparty of outside or non-resident, adjusted the order of "Total Subject" statistical indicators,at the same time,made specification to the name of part indexs and the statistical content.
c) Since 2011,"outward remittance","inward remittance" and "bank draft security deposit" were included in the statistics of the total deposits.(The same applies to the tables following.)
d) Since 2011,canceled the original "Total Deposits" of corporate deposits, deposits and other deposits classification items,reseted the items of corporate Deposits,personal deposits,Fiscal Deposits and temporary deposits etc. which have the subject classification flag.Data of 2011 are uncomparable with historical data.
e) Since 2011,attribution of entrusted deposits,entrusted investment funds, entrusted loans and entrusted investment in some credit tables are made adjust.

8-10 金融机构人民币信贷资金平衡表
Balance Sheet of Credit Funds of Financial Institutions(RMB)

单位：万元　　（年末余额）(year-end balance)　　(10 000 yuan)

项　目	Item	2005	2010	2011	2012
资金来源合计	**All Sources**	**28980441**	**70329227**	**84174786**	**101163067**
#各项存款	Total Deposits	28958610	71153682	83940441	100333999
单位存款	Corporate Deposits			38927064	46528133
#活期存款	Demand Deposits			25995917	29152881
定期存款	Time Deposits			8185563	10901438
个人存款	Personal Deposits			42399473	50916860
#储蓄存款	Savings Deposits			42314086	50500815
财政性存款	Fiscal Deposits			1900069	2025807
临时性存款	Temporary Deposits			160890	151045
委托存款	Designated Deposits			195831	252501
其他存款	Other Deposits			357114	459653
金融债券	Financial Bonds			99561	398390
各项准备	Total Reserve Funds			1614192	1845886
所有者权益	Owner's Equity			2744032	3973025
#实收资本	Paid-in Capital			1413262	1810717
资金运用合计	**Funds Uses**	**28980441**	**70329227**	**84174768**	**101163067**
#各项贷款	Total Loans	19234608	44330455	54688112	68294189
境内贷款	Domestic Loans		44330455	54687923	68294040
#短期贷款	Short-term Loans	9362352	16167653	17617397	22915466
#个人贷款及透支	Personal Loans and Overdraft		4228156	4328958	6120116
单位贷款及透支	Unit Ordinary Loans and Overdraft		11459989	12402210	15529442
中长期贷款	Medium-term & Long-term Loans	8949730	27009392	34706768	41237124
#个人贷款	Personal Loans		5327347	7995435	10504384
单位贷款	Corporate Ordinary Loans		21073797	25886789	29629333
境外贷款	Foreign Loans			189	149

8-11 金融机构外汇信贷资金平衡表
Balance Sheet of Financial Institutions Foreign Exchange Credit Funds

单位：万美元　　（年末余额）(year-end balance)　　(USD 10 000)

项　目	Item	2005	2010	2011	2012
资金来源合计	**All Sources**	**49358**	**220158**	**528293**	**682318**
# 各项存款	Total Deposits	44002	47250	106173	153200
单位存款	Corporate Deposits			78118	121391
# 活期存款	Demand Deposits			75419	115330
定期存款	Time Deposits			230	172
个人存款	Personal Deposits			29902	32463
# 储蓄存款	Savings Deposits			29547	32034
财政性存款	Fiscal Deposits			-3387	-2925
临时性存款	Temporary Deposits			1540	2270
委托存款	Designated Deposits				
其他存款	Other Deposits			1	1
金融债券	Financial Bonds				
各项准备	Total Reserve Funds			1401	20767
所有者权益	Owner's Equity			8703	-7703
# 实收资本	Paid-in Capital				
资金运用合计	**Funds Uses**	**49358**	**220158**	**528293**	**682318**
各项贷款	Total Loans	24003	216879	424365	584169
境内贷款	Domestic Loans		196887	395998	528969
# 短期贷款	Short-term Loans	3368	111064	331387	374625
# 个人贷款及透支	Personal Loans and Overdraft			20	36
单位普通贷款及透支	Unit Ordinary Loans and Overdraft			302047	336374
中长期贷款	Medium-term & Long-term Loans	173	21937	64588	154320
# 个人贷款	Personal Loans				
单位普通贷款	Corporate Ordinary Loans			53669	59600
境外贷款	Foreign Loans		19993	28367	55200

注：2005、2010、2011、2012 年的汇率分别为 8.0702、6.6227、6.3009、6.2855。

a) The exchange rate of 2005,2010,2011,2012 year were 8.0702, 6.6227, 6.3009, 6.2855.

8-12 各地区金融机构人民币存款（2012）
Deposits of Banking Institutions by Region(RMB)(2012)

单位：万元 (10 000 yuan)

地区	Region	各项存款 Total Deposits	#单位存款 Corporate Deposits	活期 Demand Deposits	定期 Time Deposits	#个人存款 Personal Deposits	储蓄存款 Savings Deposits	#财政性存款 Fiscal Deposits
兰州市	Lanzhou	45892564	26365051	13806316	7572234	17712064	17431811	1072597
嘉峪关市	Jiayuguan	2517117	1506667	488510	415901	973338	961796	32533
金昌市	Jinchang	2152611	784045	468893	261306	1353925	1345920	11182
白银市	Baiyin	4664450	2005921	1257184	600534	2614858	2601529	41619
天水市	Tianshui	6552181	1973210	1633661	236032	4434912	4405505	113412
武威市	Wuwei	4869160	1500680	1211706	199929	3255614	3247517	101785
张掖市	Zhangye	3730576	1289919	1035999	195326	2361301	2349217	78167
平凉市	Pingliang	4723060	1574457	1343571	168243	2966047	2955705	167285
酒泉市	Jiuquan	6520810	2790995	1799290	775135	3671721	3650487	27839
庆阳市	Qingyang	5060716	1488859	1358201	113588	3411518	3405925	157982
定西市	Dingxi	4099475	1419162	1259338	77037	2639902	2635535	37475
陇南市	Longnan	4767250	2007268	1840002	134323	2681480	2676269	63289
临夏州	Linxia	2857314	866733	765526	83318	1921206	1915664	68974
甘南州	Gannan	1926715	955166	884684	68531	918975	917935	51669

8-13 各地区金融机构人民币贷款（2012）
Loans of Banking Institutions by Region(RMB)(2012)

单位：万元 (10 000 yuan)

地区	Region	各项贷款 Total Loans	境内贷款 Domestic Loans	#短期贷款 Short-term Loans	#个人贷款及透支 Personal Loans and Overdraft	#单位普通贷款及透支 Unit Ordinary Loans and Overdraft	#中长期贷款 Medium-term & Long-term Loans	#个人贷款 Personal Loans	#单位普通贷款 Unit Ordinary Loans	境外贷款 Foreign Loans
兰州市	Lanzhou	36728523	36728462	9835047	1576271	7541378	23088349	2595035	19489566	61
嘉峪关市	Jiayuguan	2744658	2744658	2083506	81756	1693045	577994	174116	403878	
金昌市	Jinchang	1435508	1435508	886019	183091	673932	509962	254843	245969	
白银市	Baiyin	2790144	2790144	1629314	497196	1053418	1085196	455695	629501	
天水市	Tianshui	3296708	3296708	873432	280818	554680	2403682	794996	1608686	
武威市	Wuwei	2720320	2720320	980739	271131	696768	1704740	849231	855509	
张掖市	Zhangye	2202279	2202279	920267	431325	480912	1267157	706319	558938	
平凉市	Pingliang	2606100	2606100	791209	264265	511808	1800953	815002	984260	
酒泉市	Jiuquan	3769963	3769963	1507885	485072	990222	2225796	538465	1653092	
庆阳市	Qingyang	2436692	2436604	723155	376497	337498	1712850	947468	759982	88
定西市	Dingxi	2394446	2394446	1043550	539896	497733	1336358	712208	623150	
陇南市	Longnan	2437592	2437592	640727	380558	254669	1796466	955085	796601	
临夏州	Linxia	1649622	1649622	791797	582001	204796	854811	392764	460546	
甘南州	Gannan	1081634	1081634	208822	170238	38583	872813	313158	559654	

8-14 保险事业发展情况
Insurance Business Development

项 目	Item	2005	2010	2011	2012
保险事业机构（个）	**Number of Insurance Institution(unit)**	**650**	**1242**	**1276**	**1300**
省 级	Province	12	21	23	23
地市级	Prefecture	42	146	156	175
县 级	County	596	1075	1097	1102
财产保险	Property Insurance	181	491	512	547
人身保险	Personal Insurance	469	751	764	753
年末实有职工人数（人）	**Number of Staff and Workers at Year-end (person)**	**25998**	**53787**	**57497**	**55237**
财产保险	Property Insurance	4974	10357	12700	13749
人身保险	Personal Insurance	21024	43430	44797	41488

注：以上指标均按公司类型划分。
a)The above indicators are divided on the type of companies.

8-15 保险业务情况
Major Indicators of Insurance Business

单位：万元 (10 000 yuan)

项 目	Item	2005	2010	2011	2012
保费收入	**Premium Income**	**482372**	**1463354**	**1409270**	**1587675**
财产保险	Property Insurance	129667	388224	464949	559391
#机动车辆险	Motor Vehicle Insurance	89142	314573	369357	435063
企业财产险	Enterprise Property Insurance	26891	30129	36633	38303
家庭财产险	Family Property Insurance	848	1165	1248	890
人身保险	Life Insurance	352705	1075130	944321	1028284
寿 险	Life Insurance	309786	989821	841570	908419
健康险	Health Insurance	13905	58756	68436	82566
意外伤害险	Accidents Insurance	29014	26553	34315	37300
赔付支出	**Payment**	**118321**	**311829**	**381962**	**481825**
财产保险	Property Insurance	71458	163246	193968	269345
#机动车辆险	Motor Vehicle Insurance	51575	132848	156905	209064
企业财产险	Enterprise Property Insurance	15230	14974	16223	19738
家庭财产险	Family Property Insurance	318	253	241	322
人身保险	Life Insurance	46863	148583	187994	212480
寿 险	Life Insurance	29984	118911	156872	176974
健康险	Health Insurance	12338	21221	21399	24541
意外伤害险	Accidents Insurance	4542	8451	9723	10966

主要指标解释

财政收入 指国家财政参与社会产品分配所取得的收入，是实现国家职能的财力保证。主要包括：

(1) 各项税收：包括国内增值税、国内消费税、进口货物增值税和消费税、出口货物退增值税和消费税、营业税、企业所得税、个人所得税、资源税、城市维护建设税、房产税、印花税、城镇土地使用税、土地增值税、车船税、船舶吨税、车辆购置税、关税、耕地占用税、契税、烟叶税等。

(2) 非税收入：包括专项收入、行政事业性收费、罚没收入和其他收入。

财政支出 指国家财政将筹集起来的资金进行分配使用，以满足经济建设和各项事业的需要。主要包括：

(1) 一般公共服务：指政府提供基本公共管理与服务的支出，包括人大事务、政协事务、政府办公厅（室）及相关机构事务、发展与改革事务、统计信息事务、财政事务、税收事务、审计事务、海关事务、人力资源事务、纪检监察事务、人口与计划生育事务、商贸事务、知识产权事务、工商行政管理事务、国土资源事务、海洋管理事务、测绘事务、地震事务、气象事务、民族事务、宗教事务、港澳台侨事务、档案事务、共产党事务、民主党派事务及工商联事务、群众团体事务、彩票事务等。

(2) 外交：指政府外交事务支出，包括外交行政管理、驻外机构、对外援助、国际组织、对外合作与交流、边界勘界联检等方面的支出。

(3) 国防：指政府用于国防方面的支出，包括用于现役部队、预备役部队、民兵、国防科研事业、专项工程、国防动员等方面的支出。

(4) 公共安全：指政府维护社会公共安全方面的支出，包括武装警察、公安、国家安全、检察、法院、司法行政、监狱、劳教、国家保密、缉私警察等。

(5) 教育：指政府教育事务支出，包括教育行政管理、学前教育、小学教育、初中教育、普通高中教育、普通高等教育、初等职业教育、中专教育、技校教育、职业高中教育、高等职业教育、广播电视教育、留学生教育、特殊教育、干部继续教育、教育机关服务等。

(6) 科学技术：指用于科学技术方面的支出，包括科学技术管理事务、基础研究、应用研究、技术研究与开发、科技条件与服务、社会科学、科学技术普及、科技交流与合作等。

(7) 文化教育与传媒：指政府在文化、文物、体育、广播影视、新闻出版等方面的支出。

(8) 社会保障和就业：指政府在社会保障与就业方面的支出，包括社会保障和就业管理事务、民政管理事务、财政对社会保险基金的补助、补充全国社会保障基金、行政事业单位离退休、企业改革补助、就业补助、抚恤、退役安置、社会福利、残疾人事业、城市居民最低生活保障、其他城镇社会救济、农村社会救济、自然灾害生活救助、红十字事务等。

(9) 医疗卫生：指政府医疗卫生方面的支出，包括医疗卫生管理事务支出、医疗服务支出、医疗保障支出、疾病预防控制支出、卫生监督支出、妇幼保健支出、农村卫生支出等。

(10) 环境保护：指政府环境保护支出，包括环境保护管理事务支出、环境监测与监察支出、污染治理支出、自然生态保护支出、天然林保护工程支出、退耕还林支出、风沙荒漠治理支出、退牧还草支出、已垦草原退耕还草、能源节约利用、污染减排、可再生能源和资源综合利用等支出。

(11) 城乡社区事务：指政府城乡社区事务支出，包括城乡社区管理事务支出、城乡社区规划与管理支出、城乡社区公共设施支出、城乡社区住宅支出、城乡社区环境卫生支出、建设市场管理与监督支出等。

(12) 农林水事务：指政府农林水事务支出，包括农业支出、林业支出、水利支出、扶贫支出、农业综合开发支出等。

(13) 交通运输：指政府交通运输和邮政业方面的支出，包括公路运输支出、水路运输支出、铁路运输支出、民用航空运输支出、邮政业支出等。

(14) 工业商业金融等事务：指政府对工业、商业及金融等方面的支出，包括采掘业支出、制造业支出、建筑业支出、工业和信息产业监管支出、国有资产监管支出、商业流通事务支出、金融业监管支出、旅游业管理与服务支出等。

信贷资金 指金融机构以信用方式积聚和分配的货币资金。金融机构信贷资金的来源有各项存款、金融债券、对国际金融机构负债、流通中现金、其他项目等；信贷资金的运用有各项贷款、有价证券及投资、金银占款、外汇占款、财政借款及在国际金融机构中的资产等。

存款 指企业、机关、团体或居民根据资金必须收回的原则，把货币资金存入银行或其他信贷机构保管并取得一定利息的一种信用活动形式。根据存款对象或性质的不同可划分为企业存款、财政存款、机关团体存款、城乡储蓄存款、农业存款、信托及委托类存款、其他存款等科目。它是银行信贷资金的主要来源。

贷款 指银行或其他信贷机构根据资金必须归还的原则，按一定利率，为企业、个人等提供资金的一种信用活动形式。我国银行贷款分为短期贷款、委托及信托类贷款、其他类贷款等。

保险公司 在中国境内的、经过保险监督管理部门批准设立，并依法登记注册的各类商业保险公司。

保险金额 指保险人承担赔偿或者给付保险金责任的最高限额。

保费 指投保人为取得保险人在约定范围内所承担赔偿责任而支付给保险人的费用。

赔款 指保险人根据保险合同的规定，向被保险人支付的赔偿保险责任损失的金额。

给付 包括死伤医疗给付和满期给付。死伤医疗给付是指保险人根据人寿保险及长期健康保险合同的规定，因被保险人在保险期内发生保险责任范围内的保险事故支付给被保险人（或受益人）的金额。满期给付是指被保险人生存期满，保险人按人寿保险合同规定支付给被保险人的满期保险金额。

9

价格指数

Price Indices

简要说明

一、本篇资料主要内容

本篇资料反映了全省生产、投资、流通、消费等环节价格变动状况，主要包括居民消费、商品零售、生产资料、工业生产者、固定资产投资、房地产等价格指数。

二、本篇资料来源

1. 居民消费、商品零售和农业生产资料价格指数来源于消费价格统计调查年报，由国家统计局甘肃调查总队消费价格调查处整理提供。

2. 工业品出厂、原材料燃料动力购进、固定资产投资、房地产等价格指数来源于生产投资价格统计调查年报，由国家统计局甘肃调查总队生产投资价格调查处整理提供。

9-1 历年各种价格指数
Price Indices

（上年=100） (preceding year=100)

年份 Year	居民消费价格指数 Consumer Price Index	城市 Urban Areas	农村 Rural Areas	商品零售价格指数 Retail Price Index	农业生产资料价格指数 Price Index for Means of Agricultural Production	工业生产者出厂价格指数 Producer Price Index for Industrial Products	工业生产者购进价格指数 Purchasing Price Index for Industrial Producers	固定资产投资价格指数 Price Index for Investment in Fixed Assets
1978	100.6	100.8		100.5	100.2			
1979	101.1	101.1	101.0	100.8	100.2			
1980	104.2	105.2	102.7	104.1	100.2			
1981	101.7	102.2	100.7	101.6	99.8			
1982	101.1	101.1	101.1	101.2	101.3			
1983	100.4	100.4	100.4	100.6	104.4			
1984	102.5	103.3	101.5	103.0	108.3			
1985	109.2	110.6	107.1	108.5	104.6			
1986	106.6	107.0	106.0	106.0	100.6			
1987	107.6	108.4	106.5	107.4	104.8			
1988	119.1	120.6	116.0	118.6	114.3			
1989	117.9	118.2	117.6	116.4	113.7			
1990	103.2	101.9	104.7	103.4	111.2			105.6
1991	104.9	105.7	104.5	104.6	104.5	104.2		109.0
1992	107.2	107.3	106.4	105.8	106.7	110.3		117.4
1993	115.4	115.2	115.8	113.0	120.1	125.3		126.2
1994	123.7	124.6	123.5	122.5	123.2	121.2		112.6
1995	119.8	118.9	120.3	116.5	129.6	115.0	113.7	109.4
1996	110.2	110.3	109.7	106.6	110.7	104.4	107.6	104.9
1997	102.9	102.8	102.9	101.6	101.4	105.0	102.2	102.7
1998	99.0	99.0	98.9	98.2	96.3	95.2	96.4	100.3
1999	97.6	97.2	98.2	97.2	95.8	98.2	98.3	101.0
2000	99.5	99.2	100.1	99.1	103.9	107.2	111.8	102.5
2001	104.0	103.0	105.5	99.6	98.6	98.5	101.4	102.0
2002	100.0	99.3	100.9	98.9	100.4	97.9	98.4	100.2
2003	101.1	100.9	101.4	100.2	101.8	110.0	105.6	101.7
2004	102.3	101.3	104.3	102.1	107.4	114.3	112.5	105.5
2005	101.7	101.2	103.0	99.9	109.0	109.6	109.9	102.2
2006	101.3	101.2	101.4	101.2	104.4	109.8	108.8	104.1
2007	105.5	105.2	106.3	104.4	107.1	105.5	104.3	102.8
2008	108.2	108.0	108.7	107.9	114.7	104.9	110.2	106.7
2009	101.3	100.9	102.2	101.8	99.0	91.0	90.5	101.5
2010	104.1	104.4	103.6	104.6	101.7	115.0	114.4	103.5
2011	105.9	106.0	105.7	105.4	107.6	111.0	115.1	104.7
2012	102.7	102.5	103.1	102.6	105.2	96.8	98.7	102.1

注：2011年以前工业生产者出厂价格指数为工业品出厂价格指数；工业生产者购进价格指数为原材料、燃料和动力购进价格指数。（下表同）

a) Before 2011,data of industrial producer price index data refer to producer price index for manufactured goods;data of industrial producer purchase price index refer to purchasing price index for raw material,fuel and power,and uncomparable to history data.

9-2 历年各种价格定基指数
Fixed-based Price Indices

（1978 年 =100） (year of 1978 =100)

年 份 Year	居民消费价格指数 Consumer Price Index	城 市 Urban Areas	农 村 Rural Areas	商品零售价格指数 Retail Price Index	农业生产资料价格指数 Price Index for Means of Agricultural Production
1978	100.0	100.0	100.0	100.0	100.0
1979	101.1	101.1	101.0	100.8	100.2
1980	105.3	106.4	103.7	104.9	100.4
1981	107.1	108.7	104.5	106.6	100.2
1982	108.3	109.9	105.6	107.9	101.5
1983	108.7	110.3	106.0	108.5	106.0
1984	111.5	113.9	107.6	111.7	114.8
1985	121.7	126.1	115.3	121.2	120.0
1986	129.8	134.9	122.2	128.5	120.8
1987	139.6	146.2	130.1	137.9	126.6
1988	166.3	176.3	150.9	163.6	144.7
1989	196.1	208.4	177.5	190.5	164.5
1990	202.3	212.4	185.8	196.9	182.9
1991	212.2	224.5	194.2	206.0	191.1
1992	227.5	240.9	206.6	217.9	203.9
1993	262.6	277.5	239.3	246.4	244.9
1994	324.8	345.7	295.5	301.8	301.8
1995	389.1	411.1	355.5	351.6	391.1
1996	428.8	453.4	389.9	374.8	432.9
1997	441.2	466.1	401.3	380.8	439.0
1998	436.8	461.5	396.9	373.9	422.7
1999	426.3	448.5	389.7	363.2	405.0
2000	424.2	444.9	390.1	360.2	420.8
2001	441.2	458.3	411.6	358.8	414.9
2002	441.2	455.1	415.3	354.9	416.5
2003	446.1	459.2	421.1	355.6	424.0
2004	456.4	465.2	439.2	363.1	455.4
2005	464.2	470.8	452.4	362.7	496.4
2006	470.2	476.4	458.7	367.1	518.2
2007	496.1	501.2	487.1	383.4	555.0
2008	536.8	541.3	529.5	413.7	636.6
2009	543.8	546.2	541.2	421.2	630.2
2010	566.1	570.2	560.7	440.6	640.9
2011	599.5	604.4	592.7	464.4	689.6
2012	615.7	619.5	611.1	476.5	725.5

9-3 居民消费价格分类指数（2012）
Consumer Price Indices by Category(2012)

（上年=100） (preceding year =100)

项　目	Item	全　省 Provincal Indices	城　市 Urban Indices	农　村 Rural Indices
居民消费价格指数	**Consumer Price Index**	**102.7**	**102.5**	**103.1**
食品	**Food**	**104.1**	**103.8**	**104.7**
粮食	Grain	102.3	102.3	102.3
# 大米	Rice	102.9	102.2	104.0
面粉	Flour	101.3	101.8	100.9
淀粉及制品	Starches and Processed Product	99.9	101.4	98.2
干豆类及豆制品	Beans and Bean Products	104.1	104.0	104.3
油脂	Oil or Fat	104.5	104.8	104.0
肉禽及其制品	Meal, Poultry and Processed Products	104.2	103.3	105.7
蛋	Eggs	97.4	96.1	100.3
水产品	Aquatic Products	105.2	104.5	107.5
菜	Vegetables	108.5	108.1	109.5
# 鲜菜	Fresh Vegetables	110.7	109.9	112.7
调味品	Flavoring	106.0	107.2	105.3
糖	Sugar	103.8	103.9	103.6
茶及饮料	Tea and Beverages	102.3	103.6	100.7
茶叶	Tea	101.1	101.9	100.2
饮料	Beverages	103.2	104.8	101.2
干鲜瓜果	Dried and Fresh Melons and Fruits	98.0	95.4	103.8
# 鲜果	Fresh Fruits	96.5	93.1	103.8
糕点饼干面包	Cake, Biscuit and Bread	102.8	102.6	103.2
液体乳及乳制品	Milk and Its Products	103.0	102.0	105.6
在外用膳食品	Dining Out	106.5	106.9	105.7
其它食品	Other Foods	103.0	104.1	100.1
烟酒	**Tobacco,Liquor**	**103.0**	**103.4**	**102.7**
烟草	Tobacco	100.2	100.4	100.0
酒	Liquor	108.0	108.0	107.9
衣着	**Clothing**	**102.6**	**102.3**	**103.1**
服装	Garments	102.8	102.5	103.4
衣着材料	Clothing Material	101.2	101.9	100.4
鞋袜帽	Footgear and Hats	101.7	101.1	102.6
# 鞋	Shoes	101.8	101.2	102.9
衣着加工服务费	Clothing Manufacturing Services	106.1	106.4	105.0
家庭设备用品及维修服务	**Household Facilities,Articles and Services**	**101.1**	**100.8**	**101.9**
耐用消费品	Durable Consumer Goods	100.1	100.0	100.3
家具	Furniture	101.4	101.7	100.8
家庭设备	Household Facilities	99.1	98.8	99.9

9-3 续表 continued

（上年 =100） (preceding year =100)

项　目	Item	全　省 Provincal Indices	城　市 Urban Indices	农　村 Rural Indices
室内装饰品	Interior Decorations	100.9	100.2	102.0
床上用品	Bed Articles	100.4	99.0	103.8
家庭日用杂品	Daily Use Household Articles	101.7	101.7	102.1
家庭服务及加工维修服务	Household Services and Maintenance and Renovation	105.5	105.8	105.4
医疗保健和个人用品	**Health Care and Personal Articles**	**103.8**	**103.1**	**104.9**
医疗保健	Health Care	104.3	103.5	105.3
医疗器具及用品	Medical Instrument and Articles	101.9	103.3	99.3
中药材及中成药	Traditional Chinese Medicine	108.6	107.6	109.8
西药	Western Medicine	102.5	102.7	102.2
保健器具及用品	Health Care Appliances and Articles	100.6	100.6	100.6
医疗保健服务	Health Care Services	102.8	101.5	104.2
个人用品及服务	Personal Articles and Services	102.5	102.3	103.1
化妆美容用品	Cosmetics	103.9	103.5	105.0
清洁化妆用品	Sanitation Articles	102.2	102.7	101.2
个人饰品	Personal Ornaments	101.6	101.7	101.3
个人服务	Personal Services	104.8	103.2	108.2
交通和通信	**Transportation and Communication**	**100.4**	**100.3**	**100.6**
交通	Transportation	102.0	102.3	101.6
交通工具	Transportation Facility	100.4	100.0	100.7
车用燃料及零配件	Fuels and Parts	102.3	103.4	101.8
车辆使用及维修费	Fees for Vehicles Use and Maintenance	104.2	104.0	104.5
市区公共交通费	Incity Traffic Fare	101.0	101.4	99.3
城市间交通费	Intercity Traffic Fare	103.4	103.8	102.7
通信	Communication	98.9	98.7	99.4
通信工具	Communication Facility	94.2	91.7	97.5
通信服务	Communication Service	99.8	99.8	99.9
娱乐教育文化用品及服务	**Recreation, Education and Culture Articles**	**101.0**	**100.9**	**101.1**
文娱用耐用消费品及服务	Durable Consumer Goods for Cultural and Recreational Use and Services	97.7	97.0	99.1
教育	Education	101.2	100.9	101.6
教材及参考书	Teaching Materials and Reference Books	100.3	98.9	102.2
教育服务	Educational Services	101.3	101.0	101.5
文化娱乐	Cultural and Recreational	102.6	103.3	100.4
文化娱乐用品	Cultural and Recreational Articles	100.4	100.7	100.1
书报杂志	Newspapers and Magazines	100.0	100.2	99.6
文娱费	Expenditure on Culture and Recreation	104.2	104.3	102.0
旅游	Touring and Outing	102.3	102.3	101.5
居住	**Residence**	**101.8**	**102.1**	**101.4**
建房及装修材料	Building and Building Decoration Materials	101.4	100.8	101.6
住房租金	Renting	100.6	100.0	101.4
自有住房	Private Housing	101.8	102.2	100.4
水、电、燃料	Water, Electricity and Fuels	102.5	102.4	102.6

9-4 历年居民消费价格指数
Consumer Price Index

（上年 =100） (preceding year =100)

项　目	Item	2005	2010	2011	2012
居民消费价格指数	**Consumer Price Index**	**101.7**	**104.1**	**105.9**	**102.7**
食品	**Food**	**101.2**	**109.4**	**111.4**	**104.1**
#粮食	Grain	102.1	120.8	110.5	102.3
油脂	Oil or Fat	96.9	101.0	114.1	104.5
肉禽及其制品	Meal, Poultry and Processed Products	102.3	105.2	122.4	104.2
蛋	Eggs	104.8	109.1	116.0	97.4
水产品	Aquatic Products	103.0	108.8	109.1	105.2
菜	Vegetables	100.7	109.8	103.4	108.5
干鲜瓜果	Dried and Fresh Melons and Fruits	102.7	117.1	115.1	98.0
烟酒	**Tobacco,Liquor**	**97.9**	**102.8**	**101.8**	**103.0**
衣着	**Clothing**	**97.1**	**100.0**	**101.3**	**102.6**
家庭设备用品及维修服务	**Household Facilities,Articles and Services**	**99.4**	**100.6**	**101.6**	**101.1**
医疗保健个人用品	**Health Care and Personal Articles**	**103.3**	**103.5**	**105.8**	**103.8**
交通和通信	**Transportation and Communication**	**97.3**	**99.3**	**101.1**	**100.4**
#交通工具	Transportations Facility	99.7	99.5	100.5	100.4
通信工具	Communication Facility	85.1	84.1	92.8	94.2
通信服务	Communication Services	95.0	99.7	100.1	99.8
娱乐教育文化用品及服务	**Recreation, Education and Culture Articles**	**104.1**	**100.4**	**102.9**	**101.0**
#教材及参考书	Teaching Materials and Reference Books	103.0	105.0	104.8	100.3
文化娱乐用品	Cultural and Recreational Articles	100.4	99.8	99.9	100.4
居住	**Residence**	**109.1**	**104.1**	**105.7**	**101.8**

9-5 各地区居民消费价格指数（2012）
Consumer Price Indices by Prefecture (2012)

（上年=100） (preceding year =100)

地 区 Region		居民消费价格指数 Consumer Price Index	食品 Food	烟酒及用品 Tobacco, Liquor and Article	衣着 Clothing	家庭设备用品及维修服务 Household Facilities, Articles and Services	医疗保健和个人用品 Health Care and Personal Articles	交通和通讯 Transportation and Communication	娱乐教育文化用品及服务 Recreation, Education and Culture Articles	居住 Residence
兰州市	Lanzhou	102.4	105.5	104.2	101.3	100.3	101.9	99.9	99.3	100.7
嘉峪关市	Jiayuguan	101.7	102.8	101.6	101.1	101.2	101.0	100.7	101.2	101.0
金昌市	Jinchang	101.6	102.8	100.0	106.5	100.0	99.3	99.7	99.2	100.6
白银市	Baiyin	102.2	106.2	100.5	98.4	99.6	100.6	100.0	100.4	100.7
天水市	Tianshui	102.4	102.6	104.7	104.0	101.7	103.7	99.0	102.7	101.1
武威市	Wuwei	102.5	104.1	100.0	101.5	98.7	102.5	100.1	102.1	103.3
张掖市	Zhangye	102.4	104.6	98.9	105.7	98.0	103.8	97.8	99.6	101.3
平凉市	Pingliang	103.2	104.1	103.1	100.6	100.7	108.1	101.5	101.6	103.2
酒泉市	Jiuquan	102.9	101.6	106.4	102.4	102.7	105.6	103.2	101.5	104.6
庆阳市	Qingyang	104.4	104.9	103.6	106.8	102.8	105.5	99.9	107.5	101.7
定西市	Dingxi	102.8	103.2	107.4	100.1	100.6	106.2	101.1	101.9	100.8
陇南市	Longnan	102.5	104.5	100.6	100.6	102.9	102.1	100.8	100.5	103.0
临夏州	Linxia	101.8	101.6	101.5	103.9	102.4	104.1	100.2	100.0	101.1
甘南州	Gannan	103.9	107.1	104.1	105.0	105.9	101.9	100.2	99.0	101.5

注：本表数据为各市、州调查点数据，不完全代表各市、州价格总水平。

a) Data in this table are obtained from the sampling points in municipalities and prefectures, not entirely represent the general level of prices of them .

9-6 商品零售价格分类指数（2012）
Retail Price Indices by Category of Commodities(2012)

（上年=100）　　(preceding year =100)

项　目	Item	全省 Provincal	城市 Urban Indices	农村 Rural Indices
商品零售价格指数	**Retail Price Index**	**102.6**	**102.3**	**103.3**
食品	**Food**	**104.3**	**104.3**	**104.5**
粮食	Grain	102.4	101.9	103.0
#大米	Rice	103.0	101.7	104.7
面粉	Flour	101.3	101.4	101.2
淀粉	Starches	102.0	103.1	100.0
干豆类及豆制品	Beans and Bean Products	104.2	104.2	104.0
油脂	Oil or Fat	104.5	105.4	102.6
#食用植物油	Plant Oil	104.8	105.5	102.8
植物油制品	Plant Oil Products	107.1	107.5	106.2
肉禽及其制品	Meats, Poultry and Processed Products	103.8	103.6	104.4
食用畜肉及副产品	Meat and Sideline Product	103.3	103.3	103.1
#猪肉	Pork	96.6	96.8	95.7
牛肉	Beef	118.7	118.7	118.9
羊肉	Mutton	112.8	113.3	111.3
禽	Poultry	102.5	102.9	101.7
加工肉禽	Processed Meat and Poultry	107.0	105.9	108.7
蛋	Eggs	97.7	96.2	101.0
#鲜蛋	Fresh Eggs	97.2	95.9	100.6
水产品	Aquatic Products	105.2	104.8	106.8
鱼	Fish	105.4	104.8	107.6
其它水产品	Other Aquatic Products	104.6	104.8	103.6
菜	Vegetables	109.6	109.3	110.4
#鲜菜	Fresh Vegetables	111.4	110.9	112.9
干菜及菜制品	Dry Vegetables and Processed Products	102.2	99.3	105.6
调味品	Flavoring	105.9	107.3	103.8
糖	Sugar	103.2	103.5	102.7
干鲜瓜果	Dried and Fresh Melons and Fruits	98.1	96.5	104.4
鲜瓜果	Fresh	96.5	94.4	104.6
干（坚）果	Dried	101.8	101.3	103.8
糕点饼干面包	Cake, Biscuit and Bread	102.7	102.8	102.6
液体乳及乳制品	Milk and Its Products	102.6	102.2	103.9
#巴氏杀菌奶或消毒奶	Pasteurized Milk or Processed Milk	102.8	102.3	105.2
在外用膳食品	Outward Dinner Food	106.5	106.9	105.6
主食	Staple Food	104.9	104.3	106.4
炒菜	Fried Dishes	106.5	107.4	103.6

9-6 续表 1 continued

（上年 =100） (preceding year =100)

项　目	Item	全省 Provincal	城市 Urban Indices	农村 Rural Indices
地方小吃	Local Snack	110.1	111.9	107.9
其他食品	Other Food	103.1	104.1	99.8
饮料、烟酒	**Beverages, Tobacco and Liquor**	**103.6**	**103.8**	**103.0**
茶及饮料	Tea and Beverages	102.9	103.2	101.9
烟草	Tobacco	100.1	100.1	100.0
酒	Liquor	109.6	109.7	109.3
服装、鞋帽	**Garments, Shoes and Hats**	**103.2**	**102.3**	**105.4**
# 服装	Garments	103.8	102.8	106.4
鞋袜帽	Footgear and Hats	101.9	101.3	103.3
纺织品	**Textiles**	**101.8**	**100.3**	**105.0**
衣着材料	Clothing Material	102.1	102.7	100.7
床上用品	Bed Articles	101.7	98.5	107.4
家用电器及音像器材	**Household Appliances,Music and Video Equipment**	**98.7**	**98.5**	**99.2**
家庭设备	Household Appliances	99.1	98.7	100.0
洗衣机	Washing Machine	98.5	98.0	99.8
电风扇	Electric Fan	100.3	97.0	102.7
电冰箱（柜）	Refrigerator and Freezer	98.2	97.6	99.8
吸排油烟机	Smoke Absorber	100.6	100.4	101.0
空调器	Air Conditioner	99.5	99.2	101.5
热水器	Water Heater	99.8	99.8	99.6
微波炉	Microwave Oven	98.1	97.7	99.3
电炊具	Electric Cooking Appliances			
文娱用耐用消费品	Durable Consumer Goods for Recreational Use	98.0	97.8	98.4
# 电视机	Television Set	97.7	97.4	98.1
摄像机	Pickup Camera	99.4	99.5	98.9
家用音响	Household Audio	100.5	101.3	99.6
专业音像器材	Household Appliances and Hifi	100.0	100.0	99.8
文化办公用品	**Cultural and Office Appliances**	**99.9**	**99.7**	**100.5**
日用品	**Articles for Daily Use**	**102.3**	**102.5**	**101.8**
日用百货	General Merchandise for Daily Use	101.6	102.4	100.9
日用杂品	Miscellaneous for Daily Use	101.1	100.0	104.9

9–6 续表 2 continued

（上年 =100）　　(preceding year =100)

项　目	Item	全省 Provincal	城市 Urban Indices	农村 Rural Indices
洗涤用品	Articles for Washing	107.8	108.1	103.5
体育娱乐用品	**Sports and Recreation Articles**	**100.2**	**100.2**	**100.1**
体育用品	Sports Goods	99.9	99.7	100.4
娱乐用品	Recreation Articles	100.6	101.0	99.8
交通、通信用品	**Transportation and Communication Appliances**	**95.1**	**93.5**	**98.6**
交通运输机械	Transportation Equipments	96.2	95.2	100.8
# 轿车	Cars	97.5	97.4	99.7
通信器材	Communication Equipments	94.4	92.0	98.0
# 固定电话机	Fixed Telephone	97.8	99.8	97.4
移动电话机	Mobile Telephone	93.2	90.9	98.1
家具	**Furniture**	**100.5**	**100.6**	**100.4**
化妆品	**Cosmetics**	**103.0**	**103.5**	**101.9**
金银珠宝	**Jewelry**	**105.6**	**105.4**	**106.1**
# 金饰品	Gold	109.3	109.6	108.4
中西药品及医疗保健用品	**Chinese Traditional and Western Medicines and Health Care Articles**	**104.9**	**104.7**	**105.4**
医疗器具及用品	Medical Apparatus and Article	104.4	104.7	101.7
中药材及中成药	Traditional Chinese Medicinal Materials and Medicines	108.3	107.7	109.7
西药	Western Medicines	102.7	103.0	102.3
保健器具及用品	Health Care Appliances and Articles	100.3	100.2	101.9
书报杂志及电子出版物	**Books,Newpapers,Magazines and Electronic Publications**	**100.6**	**100.0**	**101.6**
教材及参考书	Teaching Materials and Reference Books	100.9	99.6	102.9
书报杂志	Newspapers and Magazines	100.1	100.3	99.7
电子音像制品	E-journal	100.3	100.5	100.0
燃料	**Fuels**	**102.6**	**102.1**	**104.1**
煤炭及制品	Coal and Coal Products	104.4	103.7	105.2
石油及制品	Petroleum and Related Products	101.8	101.8	102.4
# 液化石油气	Liquefied Petroleum Gas	102.5	102.4	103.5
管道燃气	Pipeline Gas	100.0	100.0	100.0
建筑材料及五金电料	**Building Materials and Hardware**	**100.4**	**99.4**	**102.4**
建筑装璜材料	Building Decoration Materials	100.4	99.4	102.4
五金电料	Hardware	101.4	101.4	101.5

9-7 历年商品零售价格指数
Retail Price Indices

（上年=100） (preceding year=100)

项 目	Item	2005	2010	2011	2012
商品零售价格指数	**Retail Price Index**	**99.9**	**104.6**	**105.4**	**102.6**
食品	**Food**	**101.2**	**109.7**	**111.3**	**104.3**
#粮食	Grain	102.8	122.2	110.8	102.4
油脂	Oil or Fat	96.1	99.4	112.5	104.5
肉禽及其制品	Meats, Poultry and Processed Products	103.8	104.6	122.5	103.8
蛋	Eggs	104.5	109.3	114.5	97.7
水产品	Aquatic Products	103.6	108.3	108.7	105.2
菜	Vegetables	99.4	110.8	103.6	109.6
调味品	Flavoring	101.1	105.2	105.5	105.9
糖	Sugar	102.3	109.3	115.2	103.2
干鲜瓜果	Dried and Fresh Melons and Fruits	100.3	117.0	116.1	98.1
糕点饼干面包	Cake, Biscuit and Bread	101.7	102.9	109.9	102.7
液体乳及乳制品	Milk and Its Products	100.3	102.4	102.3	102.6
在外用餐食品	Outward Dinner Food	100.6	106.2	110.0	106.5
饮料、烟酒	**Beverages, Tobacco and Liquor**	**98.2**	**103.6**	**103.2**	**103.6**
茶及饮料	Tea and Beverages	99.7	102.0	103.5	102.9
烟草	Tobacco	97.1	100.2	100.1	100.1
酒	Liquor	98.4	108.3	108.4	109.6
服装、鞋帽	**Garments, Shoes and Hats**	**96.9**	**99.7**	**100.5**	**103.2**
#服装	Garments	98.0	100.4	100.5	103.8
鞋袜帽	Footgear and Hats	93.8	97.9	100.6	101.9
纺织品	**Textiles**	**100.1**	**100.8**	**102.1**	**101.8**
衣着材料	Clothing Material	100.2	101.7	106.6	102.1
床上用品	Bed Articles	100.0	100.1	99.2	101.7
家用电器及音像器材	**Household Appliances,Music and Video Equipment**	**95.9**	**98.0**	**98.1**	**98.7**
文化办公用品	**Cultural and Office Appliances**	**97.6**	**98.6**	**99.7**	**99.9**
日用品	**Articles for Daily Use**	**98.4**	**100.2**	**102.9**	**102.3**
#日用百货	General Merchandise for Daily Use	100.0	100.7	102.9	101.6
日用杂品	Miscellaneous for Daily Use	95.4	100.7	104.9	101.1
体育娱乐用品	**Sports and Recreation Articles**	**99.5**	**100.1**	**100.1**	**100.2**
交通、通信用品	**Transportation and Communication Appliances**	**93.8**	**103.4**	**95.7**	**95.1**
家具	**Furniture**	**100.0**	**100.2**	**100.5**	**100.5**
化妆品	**Cosmetics**	**100.6**	**100.4**	**101.5**	**103.0**
金银珠宝	**Jewelry**	**104.0**	**111.4**	**114.5**	**105.6**
中西药品及医疗保健用品	**Traditional Chinese and Western Medicines and Health Care Articles**	**97.7**	**103.6**	**108.7**	**104.9**
#中药材及中成药	Traditional Chinese Medicine	94.6	106.9	119.8	108.3
西药	Western Medicine	99.3	101.9	101.9	102.7
书报杂志及电子出版物	**Books,Newpapers,Magazines and Electronic Publications**	**98.6**	**102.3**	**104.4**	**100.6**
燃料	**Fuels**	**113.0**	**111.1**	**110.7**	**102.6**
建筑材料及五金电料	**Building Materials and Hardware**	**102.4**	**102.3**	**101.8**	**100.4**

9-8 各地区商品零售价格指数（2012）
Retail Price Indices by Region (2012)

(上年=100) (preceding year=100)

地区	Region	商品零售价格指数 Retail Price Index	食品 Food	饮料烟酒 Beverages, Tobacco and Liquor	服装鞋帽 Clothing, Shoes and Hats	纺织品 Textiles	家用电器及音像器材 Household Appliances, Music and Video Equipment	文化办公用品 Cultural and Office Appliances	日用品 Articles for Daily Use	体育娱乐用品 Sports and Recreation Articles
兰州市	Lanzhou	102.4	105.8	103.9	101.3	98.9	99.3	95.3	101.8	99.2
嘉峪关市	Jiayuguan	101.3	102.8	101.8	100.9	100.6	99.1	101.0	99.3	100.0
金昌市	Jinchang	101.4	102.4	100.0	105.7	100.0	98.6	100.0	100.0	100.0
白银市	Baiyin	102.2	106.2	100.1	98.5	98.7	98.9	101.5	99.7	99.2
天水市	Tianshui	101.9	102.2	103.9	104.1	100.6	99.9	99.8	102.4	101.4
武威市	Wuwei	102.3	104.6	100.0	101.5	100.0	96.2	98.9	100.1	101.6
张掖市	Zhangye	102.1	105.3	98.8	104.0	104.5	94.3	102.6	100.9	99.7
平凉市	Pingliang	102.6	102.8	104.0	100.4	103.1	97.5	102.9	106.5	100.1
酒泉市	Jiuquan	102.6	101.5	107.7	102.7	99.9	97.1	99.4	106.0	102.0
庆阳市	Qingyang	104.2	103.9	105.0	108.0	103.6	97.3	100.9	104.3	99.8
定西市	Dingxi	102.5	103.3	104.3	100.0	100.1	100.0	100.3	100.1	100.0
陇南市	Longnan	102.4	104.0	100.7	100.7	101.9	99.5	99.3	102.4	101.2
临夏州	Linxia	102.5	102.0	100.1	102.3	110.2	96.0	102.5	102.5	111.4
甘南州	Gannan	104.6	107.3	103.2	104.9	109.3	99.8	100.0	106.7	100.1

注：本表数据为各市、州调查点数据，不完全代表各市、州价格总水平。

a) Data in this table are obtained from the sampling points in municipalities and prefectures, not entirely represent the general level of prices of them.

9-8 续表 continued

(上年=100) (preceding year=100)

地区	Region	交通、通信用品 Transportation and Communication Appliances	家具 Furniture	化妆品 Cosmetics	金银珠宝 Gold, Sliver and Jewelery	中西药品及医疗保健用品 Traditional Chinese and Western Medicines and Health Care Articles	书报杂志及电子出版物 Books, Newpapers, Magazines and Electronic Publications	燃料 Fuels	建筑材料及五金电料 Building Materials and Hardware
兰州市	Lanzhou	97.8	100.0	103.8	105.0	101.6	100.0	100.6	98.9
嘉峪关市	Jiayuguan	98.8	99.7	100.1	101.1	101.6	101.7	102.5	100.4
金昌市	Jinchang	100.0	100.0	99.6	101.3	100.9	100.0	102.0	100.0
白银市	Baiyin	98.5	99.6	101.9	103.9	100.5	101.7	101.7	98.6
天水市	Tianshui	92.7	99.0	100.6	102.0	103.8	100.4	104.4	100.1
武威市	Wuwei	99.8	100.3	107.9	109.2	103.0	101.0	102.5	101.7
张掖市	Zhangye	81.5	93.9	106.7	99.1	105.5	100.7	102.7	101.2
平凉市	Pingliang	92.0	100.1	98.5	102.7	116.5	98.6	103.8	99.8
酒泉市	Jiuquan	92.7	111.8	106.5	103.9	105.5	99.8	106.1	103.1
庆阳市	Qingyang	99.5	99.6	104.3	105.5	103.7	99.8	107.5	104.7
定西市	Dingxi	100.0	100.1	100.0	110.9	107.9	100.5	103.3	100.0
陇南市	Longnan	100.0	102.3	100.9	102.3	104.5	99.9	103.1	102.6
临夏州	Linxia	96.2	104.7	106.5	105.5	108.6	99.9	100.4	102.3
甘南州	Gannan	95.5	100.2	103.5	101.8	102.0	104.0	103.6	105.9

9-9 农业生产资料价格指数
Price Indices of Means Agricultural Production

（上年 =100） (preceding year =100)

项　目	Item	2005	2010	2011	2012
农业生产资料价格指数	**General Index**	**109.0**	**101.7**	**107.6**	**105.2**
# 农用手工工具	Farm Handtools	105.7	104.4	104.3	103.2
饲料	Forage	100.3	126.3	114.5	103.8
产品畜	Commodity Animals	113.6	82.6	117.3	136.5
半机械化农具	Semi-mechanized Farm Tools	100.8	98.6	100.1	100.8
机械化农具	Mechanized Farm Machinery	96.9	101.8	101.1	100.4
化学肥料	Chemical Fertilizer	114.3	97.8	110.5	103.1
农药及农药器械	Pesticide and Its Appliances	103.6	102.1	103.5	106.5
农用机油	Oil for Farm Machinery	115.1	108.1	107.4	101.7
其他农业生产资料	Other Means of Agricultural Production		103.8	103.2	102.8
农业生产服务	Service for Agricultural Production		101.8	104.0	100.9

9-10 固定资产投资价格指数
Price Indices for Investment in Fixed Assets

（上年 =100） (preceding year =100)

项　目	Item	2005	2010	2011	2012
固定资产投资价格指数	**Price Index for Investment in Fixed Assets**	**102.2**	**103.5**	**104.7**	**102.1**
建筑安装工程	Construction and Installtion	102.4	105.0	106.7	102.5
# 人工费	Labour Cost	106.5	108.0	112.2	111.3
材料费	Materials	101.4	104.2	105.2	98.8
机械使用费	Usage in Machinary	101.3	103.7	105.6	105.5
设备、工器具购置	Purchase of Equipment and Instruments	102.2	100.8	99.0	100.3
其他费用	Others	100.6	103.1	103.3	102.3

9-11 农产品生产价格指数
Producer Price Indices for Farm Products

(上年=100)　　(preceding year =100)

指 标	Item	2005	2010	2011	2012
农产品生产价格指数	**Producer Price Indices for Farm Products**	**103.1**	**113.8**	**112.9**	**106.4**
种植业产品	**Planting Products**	**103.3**	**119.5**	**111.7**	**106.9**
谷物（原粮）	Cereal (Unprocessed Food Grains)	105.1	110.8	117.7	101.9
#小麦	Wheat	106.4	106.8	116.9	102.3
稻谷	Rice				
玉米	Corn	101.4	119.4	109.9	105.3
豆类	Beans	101.1	109.4	104.8	96.7
#大豆	Beans	100.0	106.3	105.4	104.2
蚕豆	Broad Bean	110.5	154.8	106.6	77.1
薯类	Tubers	105.4	185.0	99.5	97.8
油料	Oil-bearing Crops	101.1	107.1	104.7	103.4
#油菜籽	Rapeseeds	97.3	103.9	109.3	106.3
胡麻籽	Benne	107.4	104.9	99.6	94.2
棉花（籽棉）	Cotton (Unginned Cotton)	98.2	176.2	113.1	87.3
糖料	Sugar				
蔬菜	Vegetable	101.6	114.2	103.3	115.1
水果（含果用瓜）	Fruit (Fruit Included Melons)	107.5	127.6	109.3	119.5
#苹果	Apple	103.9	142.9	108.5	117.2
梨	Pear	113.3	105.8	93.3	86.7
桃	Peach	116.0	151.9	120.0	115.5
杏	Apricot	98.7	116.3	93.1	95.2
西瓜	Water Melon	106.9	103.3	121.6	137.8
中药材	Traditional Chinese Medicinal Materials	96.7	124.1	145.3	113.1
#党参	Codonopsis	94.2	156.9	154.7	151.5
当归	Angelica	98.9	92.7	194.4	56.7
黄芪	Astragalus	97.9	127.9	160.3	92.2
甘草	Licorice	83.9	122.9	123.1	125.0
林业产品	**Forestry Products**	**99.7**	**144.9**	**123.5**	**98.9**
畜牧业产品	**Animal Husbandry Products**	**102.7**	**101.6**	**117.8**	**102.7**
#牛的饲养	Cattle Raising	99.5	104.6	103.6	109.5
羊的饲养	Sheep Raising	101.5	103.5	118.8	106.6
猪的饲养	Pig Raising	103.0	92.1	122.2	95.0
鸡	Chicken	103.6	118.7	104.0	117.3
奶产品	Milk Products	102.2	129.2	114.4	117.7
鸡蛋	Eggs	103.6	110.1	110.1	96.5
渔业	**Fishing Products**	**101.4**	**115.5**	**120.3**	**108.7**

注：2012年起，国家实行新方法制度，对分类进行了调整并增加了品种。

a)Since 2012,the new method system was implemented, classification of producer price indices for farm products was adjusted and increased breed.

9-12 工业生产者购进价格指数
Purchasing Price Index for Industrial Producers

（上年 =100）

类　别	Types	2005	2010	2011	2012
工业生产者购进价格指数	**Purchasing Price Index for Industrial Producers**	**109.9**	**114.4**	**115.1**	**98.7**
燃料、动力类	Fuel and Power	113.7	118.4	110.0	98.2
黑色金属材料类	Ferrous Metals	107.3	109.4	108.3	92.7
# 钢材	Rolled Steel	105.9	103.7	105.7	95.0
有色金属材料和电线类	Nonferrous Metals and Electric Wire	112.6	118.8	109.3	96.5
化工原料类	Raw Chemical Materials	113.3	112.0	112.8	98.7
木材及纸浆类	Timber and Paper Pulp	102.1	104.4	103.8	102.6
建筑材料及非金属矿类	Building Materials and Nonmetal Mine	103.2	102.3	110.8	105.5
其他工业原材料及半成品类	Other Industrial Raw and Processed Materials	103.1	103.6	111.5	104.7
农副产品类	Farm and Sideline Products	104.6	111.5	116.3	99.2
纺织原料类	Textile Materials	100.4	108.0	128.5	106.7

9-13 工业生产者出厂价格指数
Producer Price Index for Industrial Products

（上年 =100） (preceding year =100)

项　目	Item	2005	2010	2011	2012
工业生产者出厂价格指数	**Producer Price Index for Industrial Products**	**109.6**	**115.0**	**111.0**	**96.8**
按轻重工业分	**Grouped by Light & Heavy Industry**				
轻工业	Light Industry	102.2	104.0	105.6	102.5
以农产品为原料	Using Farm Products as Raw Materials	100.6	103.2	106.2	102.4
以非农产品为原料	Using Non-farm Products as Raw Materials	104.3	105.1	101.9	102.9
重工业	Heavy Industry	112.0	116.7	111.5	96.2
采掘工业	Mining and Quarrying	118.8	116.3	127.7	100.4
原料工业	Raw Materials Industry	112.5	118.5	111.6	96.3
加工工业	Manufacturing Industry	102.4	102.4	104.8	94.1
按两大部类分	**Grouped by Division**				
生产资料	Means of Production	110.9	116.1	111.6	96.2
采掘	Mining & Quarrying Industry	118.3	113.6	127.7	100.4
原料	Raw Materials Industry	112.5	118.8	111.6	96.3
加工	Manufacturing Industry	103.1	103.9	105.2	94.1
生活资料	Consumer Goods	101.0	102.4	104.5	102.5
食品	Food	100.7	102.7	104.9	102.6
衣着	Clothing	103.2	105.4	112.1	107.6
一般日用品	Articles for Daily Use	101.9	102.9	103.1	101.6
耐用消费品	Durable Consumer Goods	100.4	90.5	97.6	102.5
按工业部门分	**Grouped by Sector**				
冶金工业	Metallurgical Industry	108.2	122.0	107.4	85.4
电力工业	Power Industry	103.6	100.7	105.2	103.7
煤炭及炼焦工业	Coal Industry	108.6	101.7	120.6	104.4
石油工业	Petroleum Industry	120.0	120.1	121.4	102.7
化学工业	Chemical Industry	112.1	107.9	113.7	103.0
机械工业	Machine Manufacturing Industry	103.9	101.4	99.0	101.0
建筑材料工业	Building Materials Industry	100.1	104.6	99.9	92.5
森林工业	Timber Industry	100.9	102.1	101.0	102.6
食品工业	Food Industry	100.4	103.0	105.5	103.0
纺织工业	Textile Industry	99.8	111.4	120.5	95.1
缝纫工业	Tailoring Industry	103.0	104.2	111.4	107.0
皮革工业	Leather Industry	105.8	103.6	103.4	94.9
造纸工业	Paper Industry	100.2	104.7	110.2	100.5
文教艺术用品工业	Cultural,Educational & Handicrafts Articles	100.5	102.6	107.3	105.9
其他工业	Others	105.3	108.5	101.8	101.8

9-14 按行业分工业生产者出厂价格指数
Producer Price Indices for Industrial Products by Sector

(上年 = 100)

行 业	Sector	2005	2010	2011	2012
工业生产者出厂价格指数	**Producer Price Indices for Industrial Products**	**109.6**	**115.0**	**111.0**	**96.8**
煤炭开采和洗选业	Mining and Washing of Coal	108.8	101.2	120.8	104.5
石油和天然气开采业	Extraction of Petroleum and Natural Gas	124.9	122.6	137.1	98.1
黑色金属矿采选业	Mining and Processing of Ferrous Metal Ores	138.5	110.6	106.6	104.5
有色金属矿采选业	Mining and Processing of Non-Ferrous Metal Ores	111.7	113.0	111.5	100.8
非金属矿采选业	Mining and Processing of Nonmetal Ores	106.3	98.0	107.6	101.3
农副食品加工业	Processing of Food from Agricultural Products	100.4	104.3	108.2	104.7
食品制造业	Processing of Foodstuff	101.6	104.6	104.3	100.8
饮料制造业	Manufacture of Beverages	100.9	102.4	106.6	102.8
烟草制品业	Manufacture of Tobacco	99.2	101.4	100.0	100.8
纺织业	Manufacture of Textile	99.9	111.3	120.6	95.1
纺织服装、鞋、帽制造业	Manufacture of Textile Wearing Apparel, Footware, and Caps	102.6	103.8	109.6	108.1
皮革、毛皮、羽毛(绒)及其制品业	Manufacture of Leather, Fur, Feather and Related Products	105.8	103.6	103.4	94.9
木材加工及木、竹、藤、棕、草制品业	Processing of Timber, Manufacture of Wood, Bamboo, Rattan, Palm and Straw Products	101.9	100.3	102.4	109.5
家具制造业	Manufacture of Furniture	100.1	103.3	100.6	100.6
造纸及纸制品业	Manufacture of Paper and Paper Products	100.2	104.7	110.2	100.5
印刷业和记录媒介的复制	Printing, Reproduction of Recording Media	100.7	102.6	107.3	105.9
文教体育用品制造业	Manufacture of Articles for Culture, Education and Sport Activities	98.9	99.9		
石油加工、炼焦及核燃料加工业	Processing of Petroleum, Coking, Processing of Nuclear Fuel	118.2	119.8	117.3	103.9
化学原料及化学制品制造业	Manufacture of Raw Chemical Materials and Chemical Products	111.3	109.0	116.6	104.0
医药制造业	Manufacture of Medicines	101.0	106.0	102.9	98.5
化学纤维制造业	Manufacture of Chemical Fibers	91.4	103.5		
橡胶制品业	Manufacture of Rubber	99.3	106.6	121.4	100.4
塑料制品业	Manufacture of Plastics	118.8	101.4	106.4	101.0
非金属矿物制品业	Manufacture of Non-metallic Mineral Products	100.0	109.2	100.6	94.5
黑色金属冶炼及压延加工业	Smelting and Pressing of Ferrous Metals	100.5	107.5	107.4	88.1
有色金属冶炼及压延加工业	Smelting and Pressing of Non-ferrous Metals	111.3	133.1	107.4	81.6
金属制品业	Manufacture of Metal Products	100.0	105.0	106.4	103.5
通用设备制造业	Manufacture of General Purpose Machinery	100.3	100.9	106.6	98.2
专用设备制造业	Manufacture of Special Purpose Machinery	115.0	93.0	81.4	112.2
交通运输设备制造业	Manufacture of Transport Equipment	100.7	96.1	94.1	98.9
电气机械及器材制造业	Manufacture of Electrical Machinery and Equipment	105.2	111.8	104.3	94.2
通信设备、计算机及其他电子设备制造业	Manufacture of Communication Equipment, Computers and Other Electronic Equipment	96.7	100.0	113.2	108.2
仪器仪表及文化、办公用机械制造业	Manufacture of Measuring Instruments and Machinery for Cultural Activity and Office Work	99.6	101.8	96.5	100.1
工艺品及其他制造业	Manufacture of Artwork and Other Manufacturing	105.6	96.6	100.0	100.3
废弃资源和废旧材料回收加工业	Recycling and Disposal of Waste		106.9		
电力、热力的生产和供应业	Production and Supply of Electric Power and Heat Power	103.6	100.7	105.2	103.7
燃气生产和供应业	Production and Supply of Gas	102.4	106.9	114.2	100.8
水的生产和供应业	Production and Supply of Water	105.0	98.6	96.3	102.5

9-15 房地产价格指数
Price Indices of Real Estate

(上年=100) (preceding year=100)

项目	Item	2002	2003	2004	2005	2006
房屋销售价格指数	**Selling Price Indices of Houses**	**104.3**	**101.8**	**108.8**	**105.6**	**104.7**
#新建住宅	Newly Built Residential Building	107.9	103.0	111.4	106.8	105.7
二手住宅	Second-hand House				101.7	102.1
房屋租赁价格指数	**Renting Price Indices of Houses**	**100.3**	**97.8**	**97.8**	**100.0**	**99.7**
#住宅租赁	Renting Price Indices of Residential Buildings	100.1	100.0	99.9	101.6	100.4
物业管理价格指数	**Property Management Price Indices**				**101.4**	**100.2**
土地交易价格指数	**Transactions Price Indices of Land**	**100.0**	**100.0**	**100.0**	**100.0**	**100.0**

9-15 续表 continued

项目	Item	2007	2008	2009	2010	2011	2012
房屋销售价格指数	**Selling Price Indices of Houses**	**106.0**	**109.8**	**104.1**	**107.3**		
#新建住宅	Newly Built Residential Building	107.7	109.8	104.0	106.5	107.1	100.1
二手住宅	Second-hand House	103.5	113.2	105.1	110.5	101.1	96.5
房屋租赁价格指数	**Renting Price Indices of Houses**	**100.3**	**101.5**	**102.7**	**102.3**		
#住宅租赁	Renting Price Indices of Residential Buildings	100.5	102.8	104.6	103.0	117.6	102.9
物业管理价格指数	**Property Management Price Indices**	**101.7**	**100.1**	**101.4**	**101.0**	**101.4**	**101.4**
土地交易价格指数	**Transactions Price Indices of Land**	**100.0**	**100.0**	**100.0**	**100.0**	**100.0**	**100.0**

注：房地产价格指数为兰州市城市房地产价格数据。

a) Data of price indices of real estate come from Lanzhou city.

主要指标解释

居民消费价格指数 是反映一定时期内城乡居民所购买的生活消费品价格和服务项目价格变动趋势和程度的相对数，是对城市居民消费价格指数和农村居民消费价格指数进行综合汇总计算的结果。该指数可以观察和分析消费品的零售价格和服务价格变动对城乡居民实际生活费支出的影响程度。

城市居民消费价格指数 是反映一定时期内城市居民家庭所购买的生活消费品价格和服务项目价格变动趋势和程度的相对数。该指数可以观察和分析消费品的零售价格和服务项目价格变动对城镇职工货币工资的影响，作为研究职工生活和确定工资政策的依据。

农村居民消费价格指数 是反映一定时期内农村居民家庭所购买的生活消费品价格和服务项目价格变动趋势和程度的相对数。该指数可以观察农村消费品的零售价格和服务项目价格变动对农村居民生活消费支出的影响，直接反映农民生活水平的实际变化情况，为分析和研究农村居民生活问题提供依据。

商品零售价格指数 是反映一定时期内城乡商品零售价格变动趋势和程度的相对数。商品零售物价的变动直接影响到城乡居民的生活支出和国家的财政收入，影响居民购买力和市场供需的平衡，影响到消费与积累的比例关系。因此，该指数可以从一个侧面对上述经济活动进行观察和分析。

农业生产资料价格指数 指反映一定时期内农业生产资料价格变动趋势和程度的相对数。农业生产资料价格指数 分为小农具、饲料、幼禽家畜、半机械化农具、机械化农具、化学肥料、农药及农药械、农机用油等八大类。其编制目的是了解农业生产中物质资料投入价格的变动状况，服务于国民经济核算。1994 年以前，农业生产资料价格指数仅仅是商品零售价格指数的一个类别，此后，从商品零售价格指数中分离出来，单独编制。

农产品生产价格指数 是反映一定时期内，农产品生产者出售农产品价格水平变动趋势及幅度的相对数。该指数可以客观反映全国农产品生产价格水平和结构变动情况，满足农业与国民经济核算需要。其中某代表品生产价格指数是通过对全部有出售该产品行为的调查单位的个体指数进行几何平均求得的，类价格指数是通过对其所属的类（或代表品）的价格指数进行加权平均求得的。季度累计价格指数的计算方法与分季指数的计算方法相同。

工业生产者价格指数 是工业企业产品第一次出售时的出厂价格和企业为中间投入的原材料、燃料、动力购进价格在某个时期内变动的相对数，反映全部工业生产者出厂和购进价格变化趋势和变动幅度。中国的工业生产者价格指数有工业生产者出厂价格指数和工业生产者购进价格指数两部分组成。通常我们把工业生产者出厂价格指数称为PPI。

固定资产投资价格指数 是反映一定时期内固定资产投资品及项目的价格变动趋势和程度的相对数。固定资产投资额是由建筑安装工程投资完成额、设备工器具购置投资完成额和其他费用投资完成额三部分组成的。编制固定资产投资价格指数应首先分别编制上述三部分投资的价格指数，然后采用加权算术平均法求出固定资产投资价格总指数。

房地产价格指数 是反映一定时期内房地产价格变动趋势和程度的相对数，包括房屋销售价格指数、房屋租赁价格指数、土地交易价格指数和物业管理价格指数。这四套指数的计算方法相似，均采用由下到上逐级汇总的方法。

10

人民生活

People' s Living Conditions

简要说明

一、本篇资料主要内容

本篇资料反映了城乡居民储蓄存款；城镇、农村居民的家庭收支、居住、耐用消费品拥有、生产和生活等方面的情况。

二、本篇资料来源

1. 城乡居民储蓄存款数据取自中国人民银行兰州中心支行，由省统计局国民经济核算处提供。

2. 城镇居民家庭相关资料来源于城镇住户调查年报，由国家统计局甘肃调查总队城镇住户调查处整理提供。

3. 农民家庭相关资料来源于农村住户调查年报，由国家统计局甘肃调查总队农村住户调查处整理提供。

10-1 人民物质文化生活情况
Basic Statistics on People's Living Conditions

项目	Item	2005	2010	2011	2012
就业	**Employment**				
每一农村劳动力负担人数（人）	Number of Dependents per Rural Laborer (person)	1.67	1.56	1.54	1.54
每一城镇就业者负担人数（人）	Number of Dependents per Urban Employee (person)	1.90	2.01	2.07	2.04
城镇登记失业率（%）	Registered Urban Unemployment Rate (%)	3.26	3.21	3.11	2.68
收入	**Income of Rural and Urban Residents**				
农村居民家庭人均纯收入（元）	Annual per Capita Net Income of Rural Households (yuan)	1980	3425	3909	4507
城镇居民家庭人均可支配收入（元）	Annual per Capita Disposable Income of Urban Households (yuan)	8087	13189	14989	17157
在岗职工平均工资（元）	Average Wage of Staff and Workers （yuan)	14939	29588	32906	38440
消费水平（元）	**Annual per Capita Consumption (yuan)**				
全体居民	Per Capita Consumption of All Residents	3453	6234	7493	8542
农村居民	Rural Households	1812	3126	3977	4563
城镇居民	Urban Households	7410	11881	13574	15048
储蓄	**Savings Deposit**				
城乡居民年底储蓄存款余额（亿元）	Balance of Savings Deposit of Rural and Urban Households (year-end)(100 million yuan)	1587	3598	4231	5050
人均储蓄存款余额（元）	Per Capita Balance of Saving Deposit (yuan)	6134	14070	16515	19643
住房面积（平方米）	**Per Capita Floor Space of Residential Buildings (sq.m)**				
农村居民人均居住面积	Per Capita Living Space of Rural Households	18.71	20.96	23.70	24.10
城镇居民人均居住面积	Per Capita Living Space of Urban Households	24.16	27.89	28.04	28.45

10-1 续表 continued

项　目	Item	2005	2010	2011	2012
文　化	**Culture**				
城镇每百户有彩色电视机（台）	Number of Color TV Sets per 100 Urban Households (set)	118.0	110.0	106.7	108.2
农村每百户有彩色电视机（台）	Number of Color TV Sets per 100 Rural Households (set)	86.4	104.0	104.4	106.3
广播人口覆盖率（%）	Radio Coverage Rate of the Population (%)	90.50	93.47	93.70	96.89
电视人口覆盖率（%）	TV Coverage Rate of the Population (%)	90.80	93.72	94.05	97.56
教　育	**Education**				
学龄儿童入学率（%）	Enrollment Ratio of School-age Children (%)	98.87	99.46	99.56	99.68
每万人口中在校大学生数（人）	Number of University Students per 10 000 Population (person)	88	149	158	168
卫　生	**Public Health**				
每万人口医院、卫生院床位数（张）	Number of Beds of Hospitals and Health Centers per 10 000 Population (bed)	25	32	35	38
每万人口执业（助理）医师数（人）	Number of Licensed (Assistant) Doctors per 10 000 Population (person)	14	15	16	17

10-2 城乡居民人民币储蓄存款年底余额

Savings Deposit Balance of Urban and Rural Households at Year-end

单位：万元 (10 000 yuan)

年　份 Year	年底余额 Balance at Year-end			年增加额 Year-on-year Increase		
	总 计 Total	城 镇 Urban	农 户 Rural	总 计 Total	城 镇 Urban	农 户 Rural
2000	8187607	7093513	1094094	814000	675776	138224
2001	9207078	7995286	1211792	1020647	902950	117697
2002	10422181	8979129	1443052	1213625	984936	228689
2003	12173882	10517505	1656377	1749967	1536641	213326
2004	13831098	11914297	1916801	1657216	1396792	260424
2005	15866560	13520146	2346414	2035462	1605849	429613
2006	18254366	15388163	2866203	2387806	1868017	519789
2007	19152386	15532987	3619399	898020	144824	753196
2008	24618977	19548344	5070633	5466591	4015357	1451234
2009	30269418	23420414	6849004	5650441	3872070	1778371
2010	35982361	27355167	8627194	5712943	3934753	1778190
2011	42314086	31343529	10970557	6331725	3988362	2343363
2012	50500815	36867737	13633078	8186729	5524208	2662521

10-3 各地县金融机构城乡居民人民币储蓄存款（2012）

Savings Deposit of Financial Institutions of Urban and Rural Households by Region, County(2012)

单位：万元　　(10 000 yuan)

地　区	Region	城乡居民储蓄存款 Savings Deposit of Urban and Rural Households	地　区	Region	城乡居民储蓄存款 Savings Deposit of Urban and Rural Households
兰州市	**Lanzhou**	**17431811**	瓜州县	Guazhou	283703
城关区	Chengguan	9447078	肃北县	Subei	33599
七里河区	Qilihe	2636843	阿克塞县	Akesai	30796
西固区	Xigu	1827471	玉门市	Yumen	432882
安宁区	Anning	1130399	敦煌市	Dunhuang	1020292
红古区	Honggu	430902	**庆阳市**	**Qingyang**	**3405925**
永登县	Yongdeng	660129	西峰区	Xifeng	1064891
皋兰县	Gaolan	389270	庆城县	Qingcheng	497744
榆中县	Yuzhong	707660	环　县	Huanxian	244540
嘉峪关市	**Jiayuguan**	**961796**	华池县	Huachi	159798
金昌市	**Jinchang**	**1345920**	合水县	Heshui	201630
金川区	Jinchuan	902988	正宁县	Zhengning	299996
永昌县	Yongchang	442932	宁　县	Ningxian	509235
白银市	**Baiyin**	**2601529**	镇原县	Zhenyuan	428091
白银区	Baiyin	1078070	**定西市**	**Dingxi**	**2635535**
平川区	Pingchuan	506036	安定区	Anding	658964
靖远县	Jingyuan	337670	通渭县	Tongwei	211304
会宁县	Huining	391513	陇西县	Longxi	523740
景泰县	Jingtai	288240	渭源县	Weiyuan	219240
天水市	**Tianshui**	**4405505**	临洮县	Lintao	603916
秦州区	Qinzhou	1833987	漳　县	Zhangxian	126239
麦积区	Maiji	844615	岷　县	Minxian	292132
清水县	Qingshui	218263	**陇南市**	**Longnan**	**2676269**
秦安县	Qinan	502701	武都区	Wudu	631180
甘谷县	Gangu	473527	成　县	Chengxian	403872
武山县	Wushan	320926	文　县	Wenxian	230793
张家川县	Zhangjiachuan	211486	宕昌县	Tanchang	198483
武威市	**Wuwei**	**3247517**	康　县	Kangxian	156738
凉州区	Liangzhou	2110504	西和县	Xihe	344973
民勤县	Minqin	558869	礼　县	Lixian	362973
古浪县	Gulang	323954	徽　县	Huixian	279092
天祝县	Tianzhu	254190	两当县	Liangdang	68165
张掖市	**Zhangye**	**2349217**	**临夏州**	**Linxia**	**1915664**
甘州区	Ganzhou	1236983	临夏市	linxia	814914
肃南县	Sunan	68551	临夏县	linxia	197262
民乐县	Minle	222112	康乐县	Kangle	147934
临泽县	Linze	255136	永靖县	Yongjing	308271
高台县	Gaotai	269397	广河县	Guanghe	127999
山丹县	Shandan	297038	和政县	Hezheng	132657
平凉市	**Pingliang**	**2955705**	东乡县	Dongxiang	77977
崆峒区	Kongtong	1023295	积石山县	Jishishan	108650
泾川县	Jingchuan	420651	**甘南州**	**Gannan**	**917935**
灵台县	Lingtai	262335	合作市	Hezuo	235178
崇信县	Chongxin	148637	临潭县	Lintan	131719
华亭县	Huating	431282	卓尼县	Zhuoni	85225
庄浪县	Zhuanglang	335167	舟曲县	Zhouqu	208406
静宁县	Jingning	334338	迭部县	Diebu	88294
酒泉市	**Jiuquan**	**3650487**	玛曲县	Maqu	54800
肃州区	Suzhou	1400195	碌曲县	Luqu	33514
金塔县	Jinta	280861	夏河县	Xiahe	80799

10-4 历年城镇居民家庭生活基本情况
Basic Conditions of Urban Households

年份 Year	每一城镇就业者负担人数（人） Number of Dependents per Urban Employee (person)	城镇居民人均可支配收入（元） Annual Per Capita Disposable Income of Urban Households (yuan)	城镇居民人均消费性支出（元） Annual Per Capita Consumption Expenditures of Urban Households (yuan)	#食品 Food	恩格尔系数（%） Engle's Coefficient (%)	人均居住面积（平方米） Per Capita Living Space (sq.m)
1978		407.53				
1979		418.07				4.63
1980	2.64	403.44	399.00	211.88	53.10	4.82
1981	1.80	447.73	433.38	238.20	54.96	5.60
1982	1.75	473.52	447.40	252.36	56.41	6.01
1983	1.74	490.62	482.30	273.84	56.78	6.74
1984	1.70	571.89	552.16	310.44	56.22	7.11
1985	1.83	640.77	625.21	316.32	50.59	7.44
1986	1.83	776.76	737.11	375.66	50.96	7.51
1987	1.82	870.52	828.94	430.83	51.97	7.65
1988	1.84	978.92	1026.53	501.71	48.87	8.29
1989	1.82	1132.70	1065.36	586.45	55.05	8.55
1990	1.87	1196.72	1030.54	556.73	54.02	8.86
1991	1.85	1368.80	1234.86	665.77	53.91	9.09
1992	1.75	1707.78	1457.40	765.22	52.51	8.99
1993	1.73	2002.56	1679.74	851.76	50.71	8.96
1994	1.84	2658.13	2209.08	1117.20	50.57	10.44
1995	1.86	3152.52	2617.74	1353.01	51.69	10.74
1996	1.82	3353.94	2838.52	1443.01	50.84	11.10
1997	1.89	3592.43	2946.27	1439.30	48.85	12.70
1998	1.91	4009.61	3099.36	1432.76	46.23	13.30
1999	1.71	4475.23	3681.50	1525.57	41.44	15.16
2000	1.80	4916.25	4126.47	1552.77	37.63	15.21
2001	1.86	5382.91	4420.31	1639.17	37.08	15.54
2002	1.96	6151.42	5064.22	1792.60	35.40	21.55
2003	1.98	6657.24	5298.91	1908.10	36.01	22.27
2004	1.85	7376.74	5937.30	2204.04	37.12	22.90
2005	1.90	8086.82	6529.20	2352.82	36.04	24.16
2006	1.92	8920.59	6974.21	2408.37	34.53	25.60
2007	1.87	10012.34	7875.78	2824.42	35.86	27.04
2008	2.00	10969.41	8308.62	3183.79	38.32	27.19
2009	1.99	11929.78	8890.79	3359.30	37.78	27.35
2010	2.01	13188.55	9895.35	3702.18	37.41	27.89
2011	2.07	14988.68	11188.57	4182.47	37.38	28.04
2012	2.04	17156.89	12847.05	4602.33	35.82	28.45

注：2002 年以后人均居住面积口径为建筑面积。

a) Per capita living space refers to per capita building space since 2002.

10-5 城镇居民家庭生活基本情况
Basic Conditions of Urban Households

指 标	Item	2005	2010	2011	2012
调查户数（户）	**Number of Households Surveyed (household)**	**880**	**880**	**880**	**880**
平均每户家庭人口（人）	Average Household Size (person)	2.89	2.76	2.81	2.83
平均每户就业人口（人）	Average Number of Employed Persons per Household (person)	1.52	1.37	1.36	1.39
平均每户就业面（%）	Proportion of Employment per Household (%)	52.60	49.64	48.40	49.12
平均每一就业者负担人数（含就业者本人）(人)	Number of Dependents per Employee (including the employee himself or herself)(person)	1.90	2.01	2.07	2.04
平均每人全部年收入（元）	**Per Capita Annual Income (yuan)**	**8738.11**	**14307.28**	**16267.37**	**18498.46**
工资性收入	Income From Wages and Salaries	6486.84	9882.50	11195.26	12514.92
工资及补贴收入	Wage and Subsidies	6314.79	9507.91	10857.87	12250.17
其它劳动收入	Other Income from Work	172.05	374.59	337.39	264.76
经营净收入	Net Business Income	373.84	687.96	914.30	1125.68
财产性收入	Income from Properties	39.58	72.23	161.66	259.63
#利息收入	Interest Income	9.63	23.42	21.34	25.03
股息与红利收入	Capital Bonus Income	5.84	10.74	15.07	21.25
转移性收入	Income from Transfer	1837.84	3664.59	3996.15	4598.23
#养老金或离退休金	Endowment Insurance or Pension	1594.64	3208.63	3509.06	4055.81
人均可支配收入（元）	**Per Capita Disposable Income (yuan)**	**8086.82**	**13188.55**	**14988.68**	**17156.89**
平均每人借贷收入（元）	**Average per Capita Borrowing (yuan)**	**2677.74**	**4350.25**	**3735.28**	**5482.63**
平均每人家庭总支出（元）	**Per Capita Annual Expenditures (yuan)**	**8631.90**	**12551.98**	**14311.11**	**16766.83**
平均每人消费性支出（元）	**Per Capita Annual Consumption Expenditure (yuan)**	**6529.20**	**9895.35**	**11188.57**	**12847.05**
食 品	Food	2352.82	3702.18	4182.47	4602.33
衣 着	Clothing	806.26	1255.69	1470.26	1631.40
居 住	Residence	680.78	910.34	1139.85	1287.93
家庭设备用品及服务	Household Facilities and Articles	366.20	597.72	660.48	833.15
医疗保健	Health Care and Medical Services	492.23	828.57	874.05	1049.65
交通通信	Transport and Communications	638.63	1076.63	1289.80	1575.67
教育文化娱乐服务	Education, Cultural and Recreation Services	942.75	1136.70	1158.30	1388.21
其他商品和服务	Other Goods and Services	249.46	387.53	413.37	478.72
平均每人借贷支出（元）	**Average per Capita Lending (yuan)**	**2641.15**	**5982.09**	**5169.12**	**6747.37**

10-6 按收入等级分城镇居民家庭平均每人全部年收入及构成（2012）
Per Capita Annual Income of Urban Households and Its Composition by Level of Income(2012)

单位：元 (yuan)

指标	Item	全省平均 Average	最低收入户 Lowest Income Households	低收入户 Low Income Households	较低收入户 Lower Middle Income Households	中等收入户 Middle Income Households	较高收入户 Higher Income Households	高收入户 High Income Households	最高收入户 Highest Income Households
平均每人全部年收入	**Per Capita Annual Income**	**18498.46**	**7016.23**	**9964.18**	**13279.92**	**18341.66**	**23667.10**	**29993.46**	**41845.87**
工资性收入	Income from Wages and Salaries	12514.92	4485.10	7308.89	8676.62	12887.31	17481.33	18195.62	26314.72
#工资及补贴收入	Wage and Subsidies	12250.17	4138.70	7047.38	8457.02	12651.02	17161.64	17927.96	26133.56
经营净收入	Net Business Income	1125.68	879.13	1041.21	997.70	1164.91	804.56	528.66	3323.23
财产性收入	Income from Properties	259.63	38.08	79.23	176.53	318.65	343.86	407.12	638.01
转移性收入	Income from Tranfers	4598.23	1613.91	1534.86	3429.08	3970.78	5037.35	10862.04	11569.92
#可支配收入	Disposable Income	17156.89	6524.31	9319.59	12375.93	16954.18	21869.33	28093.36	38562.66
平均每人全部年收入构成（%）	**Composition of per Capita Annual Income (%)**								
工资性收入	Income from Wages and Salaries	67.65	63.92	73.35	65.34	70.26	73.86	60.67	62.88
#工资及补贴收入	Wage and Subsidies	66.22	58.99	70.73	63.68	68.97	72.51	59.77	62.45
非工资性收入	Income From Non-wages	32.35	36.08	26.65	34.66	29.74	26.14	39.33	37.12

10-7 城镇居民家庭平均每人总支出
Per Capita Annual Expenditure of Urban Households

单位：元 (yuan)

指标	Item	2005	2010	2011	2012
平均每人总支出	**Per Capita Annual Expenditure**	**8631.90**	**12551.98**	**14311.11**	**16766.83**
消费性支出	Consumption Expenditure	6529.20	9895.35	11188.57	12847.05
#服务性消费支出	Service Consumption Expenditure	1794.00	2585.66	2874.59	3322.72
财产性支出	Expenses on Properties	0.61	16.95	25.12	26.71
转移性支出	Expenses on Transfers	856.09	1298.01	1568.00	1648.03
#交纳所得税	Income Tax Payment	40.40	44.79	41.61	22.05
捐赠支出	Gift Expenditure	450.01	814.91	926.89	1069.16
赡养支出	Support Expenditure	316.85	364.13	479.84	447.76
社会保障支出	Social Security Expenditure	583.96	1008.92	1175.79	1241.52
#个人交纳的养老基金	Annuities	204.51	386.78	454.22	437.53
个人交纳的住房公积金	Housing Accumulation Fund	254.33	445.16	516.33	577.72
个人交纳的医疗基金	Iatrical Accumulation Fund	71.26	133.57	159.14	174.15
购房与建房支出	Expenditures on Purchasing and Building	662.04	332.75	353.63	1003.52
#购房	House Purchase	653.78	332.75	353.63	
借贷支出	**Debit and Credit Expenditure**	**2641.15**	**5982.09**	**5169.12**	**6747.37**
#存入储蓄款	Deposit Money in Bank	2131.27	5622.46	4679.93	6267.32
归还借款	Returning Loans	103.15	72.65	113.30	78.94
储蓄性保险支出	Save up Premiums	137.08	111.87	159.93	143.92
购买有价证券	Buy Nogotiable Securities	63.19	2.75	10.66	2.36
归还住房贷款	Return the Housing Provide a Loan	94.05	136.66	136.39	190.13

10-8 按收入等级分城镇居民家庭平均每人全年消费支出（2012）
Per Capita Annual Living Expenditure of Urban Households by Level of Income(2012)

单位：元 (yuan)

指　标	Item	全省平均 Average	最低收入户 Lowest Income Households	低收入户 Low Income Households	较低收入户 Lower Middle Income Households	中等收入户 Middle Income Households	较高收入户 Higher Income Households	高收入户 High Income Households	最高收入户 Highest Income Households
消费性支出	**Total Consumption Expenditure**	**12847.05**	**6069.45**	**8396.77**	**9541.58**	**13239.49**	**16061.60**	**19970.78**	**24387.67**
食品	**Food**	**4602.33**	**2563.28**	**3210.20**	**3826.13**	**4714.10**	**5668.63**	**6479.72**	**7631.40**
# 粮食	Grain	404.81	378.81	349.00	402.24	376.34	426.40	466.45	497.42
淀粉及薯类	Starches and Tubers	48.52	43.42	42.83	49.45	44.79	52.93	53.85	57.30
干豆类及豆制品	Beans and Bean Products	49.60	40.89	45.25	45.48	43.48	62.39	56.19	61.87
油脂类	Oil and Fats	161.61	146.19	147.85	167.92	150.48	178.04	179.36	164.53
肉禽蛋水产品类	Meat, Poultry,eggs and Aquatic Products	881.16	518.31	680.87	781.93	904.12	1002.75	1229.14	1386.79
# 猪肉	Pork	335.19	217.99	282.03	297.63	349.36	354.84	481.75	489.33
蛋类	Eggs	87.86	67.06	75.73	87.51	83.51	91.32	119.87	113.91
水产品类	Aquatic Products	88.24	32.39	66.11	73.34	90.45	109.07	121.73	172.44
蔬菜类	Vegetables	509.66	330.95	429.98	464.55	528.72	588.32	649.86	690.27
# 鲜菜	Fresh Vegetables	484.27	317.52	412.14	444.27	503.11	552.19	615.18	654.08
烟草类	Tobacco	279.55	84.48	142.39	233.35	287.30	371.89	379.66	614.43
酒类	Liquor	173.04	54.28	89.04	127.51	205.62	209.12	281.87	347.96
饮料	Beverages	90.40	47.57	61.76	72.58	95.59	129.79	108.05	132.82
干鲜瓜果类	Dried and Fresh Melons and Fruits	443.60	233.68	302.36	346.22	483.45	557.78	633.96	717.74
糕点	Cake	74.23	40.35	45.01	57.39	82.62	97.26	101.52	118.22
奶及奶制品	Milk and Processed Products	221.40	106.24	147.30	176.49	205.94	316.89	346.94	342.42
其他食品	Other Food	171.88	105.87	120.59	155.15	184.59	194.94	233.75	258.38
食品加工服务费	Food Processing Service Fees	0.90	0.30	0.35	0.35	1.32	1.49	0.29	2.38
在外用餐	Dining out	978.18	342.39	511.98	636.44	1008.37	1347.82	1623.53	2095.58

10–8 续表 1 continued

单位：元 (yuan)

指　标	Item	全省平均 Average	最低收入户 Lowest Income Households	低收入户 Low Income Households	较低收入户 Lower Middle Income Households	中等收入户 Middle Income Households	较高收入户 Higher Income Households	高收入户 High Income Households	最高收入户 Highest Income Households
衣着	**Clothing**	**1631.40**	**701.25**	**941.46**	**1184.24**	**1656.47**	**2269.67**	**2473.41**	**3065.05**
# 服装	Garments	1165.08	469.96	628.80	829.76	1159.02	1643.27	1882.74	2237.62
衣着材料	Clothing Materials	12.51	8.92	8.03	10.80	15.48	15.64	17.44	9.70
鞋类	Shoes	375.59	179.82	245.21	289.68	396.61	512.88	466.41	677.37
居住	**Residence**	**1287.93**	**778.09**	**932.46**	**903.02**	**1337.26**	**1552.09**	**2184.67**	**2064.00**
# 住房	Housing	315.92	54.60	156.35	99.18	360.35	441.71	870.15	606.34
# 租赁房房租	Rent	62.64	54.13	82.68	30.01	99.45	49.95		136.65
水电燃料及其他	Water, Electricity, Fuels and Others	868.67	665.16	675.89	726.16	888.94	978.89	1185.90	1250.99
# 水	Water	69.07	63.76	58.58	61.05	66.41	79.06	78.35	88.83
电	Electricity	267.24	196.69	224.15	211.55	270.81	307.13	370.69	394.88
家庭设备用品及服务	**Houshold Facilities, and Articles**	**833.15**	**281.49**	**516.41**	**582.20**	**821.45**	**1103.13**	**1325.61**	**1846.40**
耐用消费品	Durable Consumer Goods	356.06	58.94	222.82	220.22	370.50	441.00	556.74	1006.61
室内装饰品	Articles for Interior Decoration	26.90	6.49	8.32	4.58	40.56	31.99	63.33	64.37
床上用品	Bed Articles	61.11	30.51	46.35	46.46	50.63	85.93	96.09	109.73
家庭日用杂品	Household Articles for Daily Use	338.12	182.05	221.50	272.91	320.08	460.11	509.28	545.31
家具材料	Furniture Materials	13.55			2.65	15.20	22.04	61.87	11.60
家庭服务	Household Services	37.42	3.49	17.41	35.39	24.47	62.07	38.30	108.79
医疗保健	**Health Care and Medical Services**	**1049.65**	**510.74**	**677.89**	**886.86**	**1126.86**	**1261.86**	**1657.87**	**1663.63**
# 药品费	Medication	520.88	319.45	387.43	403.52	518.38	680.00	872.41	656.78
滋补保健品	Nourishing Health Products	46.85	9.88	10.76	12.90	45.91	63.17	87.09	178.38
医疗费	Medical Expenses	455.50	176.48	264.71	459.91	543.42	482.31	619.68	763.26

10-8 续表 2 continued

单位：元 (yuan)

指 标	Item	全省平均 Average	最低收入户 Lowest Income House-holds	低收入户 Low Income House-holds	较低收入户 Lower Middle Income Households	中等收入户 Middle Income House-holds	较高收入户 Higher Income House-holds	高收入户 High Income House-holds	最高收入户 Highest Income House-holds
交通和通讯	**Transport and Communications**	**1575.67**	**584.12**	**1306.62**	**882.97**	**1619.10**	**1901.98**	**2606.68**	**3667.20**
交通	Transport	799.76	176.17	854.89	309.22	794.90	819.74	1543.02	2363.38
# 交通费	Transport Fee	332.82	118.13	134.89	228.24	321.25	382.93	515.54	1008.30
通信	Communications	775.90	407.94	451.74	573.75	824.20	1082.25	1063.66	1303.82
教育文化娱乐服务	**Education,Culture and Recreation Services**	**1388.21**	**490.89**	**596.46**	**1019.05**	**1516.05**	**1719.04**	**2472.18**	**2896.40**
文化娱乐用品	Recreation Articles	386.78	92.54	140.17	251.23	414.69	527.72	684.40	922.77
# 彩色电视机	Color TV	63.25		14.53	29.74	99.63	64.84	116.78	183.07
家用电脑	Computer	82.78	11.30	2.89	73.21	99.81	64.24	136.73	295.66
书报杂志	Books,Newpapers and Magazines	40.78	18.45	29.38	28.99	44.53	52.28	54.47	78.39
文化娱乐服务	Cultural and Recreational Services	484.11	77.89	119.27	290.98	575.86	538.21	1034.15	1319.07
# 参观游览	Sightseeing	71.07	8.60	12.79	43.67	99.97	77.14	121.85	198.62
团体旅游	Team Tour	231.96	13.58	7.06	106.59	293.27	248.50	639.88	658.83
教育	Education	517.32	320.45	337.02	476.84	525.50	653.11	753.62	654.56
# 非义务教育学杂费	Non-compulsory Education Tuition	140.55	100.42	77.24	168.84	96.79	140.46	181.16	300.65
义务教育学杂费	Compulsory EducationTuition	24.28	19.71	30.22	23.35	26.78	15.24	41.66	23.21
托幼费	Child Care	44.40	33.15	59.81	46.10	61.82	20.39	44.35	49.80
家教费	Home Tutor	30.08	21.66	23.33	30.12	19.65	40.76	44.71	41.85
其他商品和服务	**Other Commodities and Services**	**478.72**	**159.60**	**215.26**	**257.11**	**448.20**	**585.21**	**770.64**	**1553.60**
# 金银珠宝饰品	Jewelry	124.79	11.63	28.56	32.96	52.47	168.63	298.45	617.85
理发美容用具	Hairdressing and Beauty Appliances	3.80	2.37	1.30	1.50	4.76	5.59	5.37	7.69
化妆品	Cosmetics	114.55	36.69	74.12	82.43	131.56	146.83	182.67	209.11
旅馆住宿费	Hotel Charges	31.02	3.86	3.52	8.89	21.09	36.35	49.08	173.48
理发洗澡费	Barber and Bathing Fee	40.06	16.96	26.26	28.35	46.74	50.63	50.92	79.73
美容费	Cosmetology Fee	16.48	4.87	10.04	8.22	10.81	24.74	33.17	46.91
其他服务费	Other Services	36.40	15.99	8.22	27.10	43.49	24.01	18.10	168.59

10-9 按收入等级分城镇居民家庭平均每人全年购买主要商品数量（2012）

Per Capita Annual Purchases of Major Commodities of Urban Households by Level of Income (2012)

指 标	Item	全省平均 Average	最低收入户 Lowest Income Households	低收入户 Low Income Households	较低收入户 Lower Middle Income Households	中等收入户 Middle Income Households	较高收入户 Higher Income Households	高收入户 High Income Households	最高收入户 Highest Income Households
粮食（千克）	Grain (kg)	87.61	91.99	76.10	88.47	79.08	88.87	96.38	103.68
#大米（千克）	Rice (kg)	18.46	14.60	18.22	18.41	17.88	19.53	21.24	22.19
面粉（千克）	Flour (kg)	34.65	44.03	30.22	37.15	27.82	32.87	34.65	38.95
鲜菜（千克）	Fresh Vegetables(kg)	106.33	77.44	95.18	103.23	109.89	115.62	123.04	135.03
食用植物油（千克）	Edible Vegetable Oil (kg)	10.17	9.40	9.74	10.72	9.62	10.98	10.46	9.91
猪肉（千克）	Pork (kg)	12.67	8.22	10.68	11.49	13.26	13.39	17.86	18.16
牛肉（千克）	Beef (kg)	2.01	1.38	1.41	1.97	2.03	2.43	2.11	3.00
羊肉（千克）	Mutton (kg)	1.32	0.54	0.78	1.22	1.27	1.76	1.87	2.36
禽类（千克）	Poultry (kg)	5.46	3.47	4.43	4.67	5.89	6.24	6.41	8.69
鲜蛋（千克）	Fresh Eggs (kg)	9.12	7.32	7.96	9.18	8.51	9.38	12.21	11.69
水产品（千克）	Aquatic Products (kg)								
#鱼	Fish	2.90	1.22	2.40	2.52	2.98	3.46	4.12	4.91
白酒（千克）	Liquor (kg)	1.16	0.58	0.77	1.18	1.27	1.25	1.48	1.94
啤酒（千克）	Beer (kg)	3.63	1.62	3.42	3.04	4.03	2.91	4.87	8.58
碳酸饮料（千克）	Soda Pop and Coke (kg)	0.84	0.56	1.00	1.05	0.61	0.81	0.81	1.24
鲜果（千克）	Fresh Fruits (kg)	40.43	25.38	33.72	33.14	42.84	47.72	52.23	61.33
鲜瓜（千克）	Fresh Melons (kg)	20.84	11.55	15.33	18.70	23.25	23.26	28.56	31.35
糕点（千克）	Cake (kg)	3.89	2.44	2.55	3.09	4.09	5.01	5.52	5.69
鲜乳品（千克）	Fresh Milk (kg)	17.76	10.48	14.62	17.19	18.19	19.45	24.89	24.51
奶粉（千克）	Milk Powder (kg)	0.53	0.31	0.40	0.29	0.41	0.89	1.04	0.69
服装（件）	Garments (piece)	7.75	4.48	6.21	6.38	7.95	9.76	10.91	10.99
鞋类（双）	Shoes (pair)	2.91	2.21	2.67	2.56	3.08	3.46	3.21	3.43
水（吨）	Water (ton)	29.74	26.43	25.27	26.54	29.35	32.59	33.25	41.27
电（度）	Electricity (kw.h)	506.08	364.99	426.36	401.21	515.99	584.26	702.93	741.94
煤炭（千克）	Coal (kg)	40.74	68.24	45.72	44.61	51.39	29.09	6.30	8.42
灌装液化石油气（千克）	Liquefied Petroleum Gas(kg)	8.41	11.32	11.19	9.32	6.32	6.15	8.31	7.56
管道天然气（立方米）	Piped Natural Gas (cu.m)	35.79	12.55	29.43	25.93	32.37	43.44	55.42	84.26

10-10 按收入等级分城镇居民家庭平均每百户年底耐用消费品拥有量 (2012)
Ownership of Durable Consumer Goods Per 100 Urban Households at Year-end by Level of Income (2012)

指标	Item	全省平均 Average	最低收入户 Lowest Income Households	低收入户 Low Income Households	较低收入户 Lower Middle Income Households	中等收入户 Middle Income Households	较高收入户 Higher Income Households	高收入户 High Income Households	最高收入户 Highest Income Households
摩托车（辆）	Motorcycle (unit)	11.17	10.79	11.28	9.73	12.57	11.37	14.10	8.14
助力车（辆）	Hand Car (unit)	13.35	10.08	8.93	11.59	12.21	17.46	9.19	23.15
家用汽车（辆）	Automobile (unit)	9.75	6.61	1.59	5.26	8.28	12.05	18.67	19.16
洗衣机（台）	Washing Machine (set)	98.88	95.91	95.44	100.15	95.57	99.83	105.19	101.70
电冰箱（台）	Refrigerator (set)	90.25	63.96	75.81	91.03	93.50	98.91	99.79	101.01
彩色电视机（台）	Color TV Set (set)	108.22	102.83	103.31	103.99	105.39	110.52	113.36	122.91
家用电脑（台）	Computer (set)	63.19	26.57	32.83	56.22	63.89	83.03	72.35	99.56
组合音响（套）	Hi-Fi Stereo Component System (set)	20.72	12.99	13.31	14.68	22.31	26.62	25.02	29.33
摄像机（架）	Video Camera (set)	5.70	2.03	1.01	2.16	5.92	7.96	7.61	14.33
照相机（架）	Camera (set)	27.44	8.70	9.65	15.10	28.86	35.72	49.39	48.61
钢琴（架）	Piano (set)	2.19	1.17		0.19	1.73	4.43	4.11	3.90
其他中高档乐器（件）	Other Medium and High Grade Musical Instrument (unit)	6.20	2.21	2.29	3.21	6.59	7.78	13.80	8.77
微波炉（台）	Microwave Oven (unit)	38.84	17.03	17.93	28.52	42.16	48.95	54.71	61.74
空调器（台）	Air Conditioner (unit)	6.71	2.06	1.01	6.16	5.08	8.78	11.56	13.10
淋浴热水器（台）	Water Heater Shower (unit)	66.38	39.60	47.71	53.11	71.65	74.82	89.12	90.73
消毒碗柜（台）	Disinfection Cupboard (unit)	1.70			2.10	1.00	1.90	3.38	3.88
洗碗机（台）	Dishwasher (unit)	0.54			0.74	0.69	0.54		1.57
健身器材（台）	Health Equipment (set)	3.27			1.05	4.19	5.62	5.07	6.20
固定电话（部）	Fixed Telephone (unit)	53.29	40.13	42.49	48.75	58.12	56.14	62.79	63.00
移动电话（部）	Mobile Telephone (unit)	197.30	155.07	178.90	196.90	218.03	212.61	193.93	198.75

10-11 城镇居民家庭平均每人全年购买的主要商品数量
Per Capita Annual Purchases of Major Commodities in Urban Households

项　目	Item	2005	2010	2011	2012
粮食（千克）	Grain（kg）	80.59	91.70	87.96	87.61
#大米（千克）	Rice (kg)	18.83	21.70	19.66	18.46
#面粉（千克）	Flour (kg)	33.81	37.61	38.03	34.65
食用植物油（千克）	Edible Vegetable Oil (kg)	9.88	10.34	9.94	10.17
猪肉（千克）	Pork (kg)	12.33	11.73	11.17	12.67
牛肉（千克）	Beef (kg)	1.71	2.28	2.26	2.01
羊肉（千克）	Mutton (kg)	2.17	1.48	1.51	1.32
禽类（千克）	Poultry (kg)	4.84	4.96	5.24	5.46
鲜蛋（千克）	Fresh Eggs (kg)	9.38	8.27	8.71	9.12
水产品（千克）	Aquatic Products(kg)				
#鱼（千克）	Fish (kg)	3.35	3.22	3.14	2.90
鲜菜（千克）	Fresh Vegetables (kg)	110.31	115.3	110.26	106.33
酒　（千克）	Liquor（kg）	4.67	4.56	5.24	4.99
啤酒（千克）	Beer (kg)	2.73	3.14	3.47	3.63
鲜果（千克）	Fresh Fruits (kg)	42.40	34.69	35.58	40.43
鲜瓜（千克）	Fresh melons (kg)	28.88	25.29	20.36	20.84
鲜乳品（千克）	Fresh Dairy Products (kg)	32.39	19.8	16.71	17.76
服装（件）	Garments (piece)	6.74	7.68	7.59	7.75
煤炭（千克）	Coal (kg)	56.35	39.53	42.93	40.74
灌装液化石油气（千克）	Liquefied Petroleum Gas(kg)	13.64	8.21	9.63	8.41
管道天然气（立方米）	Piped Natural Gas (cu.m)	24.29	26.57	27.62	35.79
水（吨）	Water (ton)	22.99	22.33	26.37	29.74
电（千瓦时）	Electricity (kw·h)	284.67	410.91	463.71	506.08

注："灌装液化石油气"在2007年以前为"液化石油气"，"管道天然气"在2006之前为"管道煤气"。

a) Before 2007,filling liquefied petroleum gas is liquefied petroleum gas. Before 2006, pipeline natural gas is pipeline gas.

10-12 城镇居民家庭平均每百户年底耐用消费品拥有量
Number of Major Durable Consumer Goods Owned Per 100 Urban Households at Year-end

项　目	Item	2005	2010	2011	2012
摩托车（辆）	Motorcycle (unit)	10.83	7.75	10.19	11.17
助力车（辆）	Hand Car (unit)	5.60	8.21	11.14	13.35
家用汽车（辆）	Automobile (unit)	0.46	3.53	7.33	9.75
洗衣机（台）	Washing Machine (set)	98.35	98.09	97.94	98.88
电冰箱（台）	Refrigerator (set)	89.08	85.84	87.80	90.25
彩色电视机（台）	Color TV Set (set)	117.98	109.99	106.66	108.22
照相机（架）	Camera (set)	42.83	26.49	23.99	27.44
家用电脑（台）	Computer (set)	22.99	42.90	56.14	63.19
摄像机（架）	Video Camera (unit)	2.06	3.40	5.38	5.70
微波炉（台）	Microwave Oven (unit)	28.13	36.18	36.23	38.84
空调器（台）	Air Conditioner (unit)	3.61	5.43	5.16	6.71
淋浴热水器（台）	Water Heater Shower (unit)	59.93	62.34	64.61	66.38
健身器材（台）	Health Equipment (set)	1.78	2.34	2.17	3.27
固定电话（部）	Fixed Telephone (unit)	82.38	61.30	55.28	53.29
移动电话（部）	Mobile Telephone (unit)	120.52	159.58	186.54	197.30

10-13 各地区城镇居民家庭平均每人全年总收入（2012）
Per Capita Annual Total Income of Urban Households by Region (2012)

单位：元 (yuan)

地 区	Region	总收入 Total Income	工资性收入 Income from Wages and Salaries	经营净收入 Net Business Income	财产性收入 Income from Properties	转移性收入 Income from Transfers	可支配收入 Disposable Income
兰州市	Lanzhou	19823.45	12457.39	864.84	432.99	6068.23	18442.76
嘉峪关市	Jiayuguan	24985.72	18441.20	1757.02	779.05	4008.45	22005.87
金昌市	Jinchang	27351.29	20753.89	1467.39	194.33	4935.67	23295.10
白银市	Baiyin	20242.25	15247.84	1428.40	89.44	3476.57	18532.68
天水市	Tianshui	16348.45	11846.68	1133.75	84.32	3283.69	15177.29
武威市	Wuwei	16658.89	10955.94	1933.86	68.87	3700.23	15397.41
张掖市	Zhangye	15451.80	11277.56	1336.23	138.71	2699.30	14394.74
平凉市	Pingliang	16722.15	12667.14	1205.02	205.37	2644.62	15505.80
酒泉市	Jiuquan	22198.78	14714.87	3722.44	111.57	3649.90	20062.05
庆阳市	Qingyang	17436.08	13152.35	634.38	303.03	3346.31	16661.53
定西市	Dingxi	15429.01	11352.38	359.09	34.70	3682.84	14280.84
陇南市	Longnan	15040.32	12385.30	855.23	8.59	1791.21	14076.70
临夏州	Linxia	11634.96	7443.56	1837.22	4.91	2349.27	11428.39
甘南州	Gannan	15442.34	13891.33	759.61	1.14	790.27	13670.61

注：数据为各地区调查点数据。
a) Data in this table are survey data from regions.

10-14 各地区城镇居民家庭平均每人全年消费性支出 (2012)
Per Capita Annual Consumption Expenditure of Urban Households by Region (2012)

单位：元 (yuan)

地 区	Region	消费性支出 Consumption Expenditures	食 品 Food	衣着 Clothing	居住 Residence	家庭设备用品及服务 Household Facilities and Articles	医疗保健 Health Care and Medical Services	交通通信 Transport and Communications	教育文化娱乐服务 Education, Culture and Recreation Services	其他商品和服务 Other Goods and Services	恩格尔系数（%）Engle's Coefficient (%)
兰州市	Lanzhou	14167.90	5281.28	1667.52	1496.10	996.33	1177.36	1567.00	1485.87	496.45	37.28
嘉峪关市	Jiayuguan	14761.68	5548.11	1698.68	925.28	1203.99	635.26	2288.33	1876.47	585.57	37.58
金昌市	Jinchang	18754.27	6287.49	2261.44	1178.77	1147.42	1436.53	2917.50	2860.58	664.53	33.53
白银市	Baiyin	13906.41	4998.71	2283.13	1056.40	940.86	560.89	2153.84	1419.67	492.91	35.95
天水市	Tianshui	10469.25	3873.43	1418.19	962.33	465.18	685.80	1519.35	1116.75	428.22	37.00
武威市	Wuwei	11315.76	4564.58	1612.59	1432.39	530.76	755.57	928.85	1206.00	285.02	40.34
张掖市	Zhangye	12486.21	4042.15	2187.86	1431.83	853.69	1066.54	970.90	1378.37	554.89	32.37
平凉市	Pingliang	10171.91	3310.48	1476.18	1065.66	666.16	986.51	1168.77	1097.93	400.23	32.55
酒泉市	Jiuquan	16627.03	5408.79	2191.80	1203.88	778.11	1565.93	3053.05	1637.49	788.00	32.53
庆阳市	Qingyang	12600.53	4210.65	1758.80	1296.09	782.34	1143.67	1381.31	1390.39	637.28	33.42
定西市	Dingxi	10428.77	3438.18	1458.47	1609.52	832.22	776.67	1009.69	1004.54	299.48	32.97
陇南市	Longnan	10152.31	4241.51	1894.87	792.06	926.85	392.99	908.90	623.38	371.74	41.78
临夏州	Linxia	7560.12	3480.07	1068.13	850.48	379.79	388.67	642.37	498.64	251.97	46.03
甘南州	Gannan	10357.49	3826.77	1881.23	1133.73	747.41	564.06	961.26	872.82	370.21	36.95

10-15 历年农村居民家庭生活基本情况
Basic Conditions of Rural Households

年 份 Year	每个农村劳动力负担人数（人） Average Number of Dependents per Labour Force (person)	农民人均纯收入（元） Per Capita Annual Net Income (yuan)	农民人均生活消费支出（元） Per Capita Annual Expenditure for Consumption (yuan)	#食 品 Food	恩格尔系数（%） Engle's Coefficient (%)	人均居住面积（平方米） Per Capita Living Space (sq.m)
1978	2.42	100.93	88.18	65.98	74.82	
1979	2.36	111.57	96.69	69.69	72.08	
1980	2.32	153.41	125.54	81.35	64.80	13.87
1981	2.25	158.63	135.23	92.99	68.76	12.75
1982	2.14	174.16	141.05	95.65	67.81	13.53
1983	1.95	213.06	162.68	103.62	63.70	12.95
1984	1.91	221.05	178.39	113.01	63.35	12.96
1985	1.75	257.00	204.61	123.52	60.37	13.24
1986	1.73	282.89	232.79	137.84	59.21	13.44
1987	1.73	302.82	252.84	144.42	57.12	13.93
1988	1.70	345.14	276.98	152.24	54.96	14.32
1989	1.69	375.80	296.38	163.80	55.27	14.67
1990	1.67	430.99	339.24	205.22	60.49	11.88
1991	1.68	446.42	403.41	238.21	59.05	12.85
1992	1.69	489.47	419.68	247.76	59.04	13.13
1993	1.67	550.83	537.76	297.20	55.27	13.77
1994	1.57	723.73	674.17	443.92	65.85	14.54
1995	1.66	880.34	915.25	649.29	70.94	15.64
1996	1.63	1100.59	986.34	669.36	67.86	14.15
1997	1.67	1210.00	976.27	561.40	57.50	14.56
1998	1.65	1393.05	939.55	556.85	59.27	16.47
1999	1.65	1412.98	944.90	531.27	56.22	18.22
2000	1.72	1428.70	1084.00	525.17	48.45	18.00
2001	1.69	1508.61	1127.37	519.78	46.11	17.58
2002	1.69	1590.30	1153.29	531.37	46.07	17.58
2003	1.66	1673.00	1336.85	586.38	43.86	17.60
2004	1.64	1852.00	1464.34	703.41	48.04	17.88
2005	1.67	1980.00	1819.58	858.89	47.20	18.71
2006	1.64	2134.00	1855.49	865.99	46.67	19.12
2007	1.60	2328.92	2017.21	944.14	46.80	19.46
2008	1.59	2723.80	2400.95	1132.53	47.17	19.87
2009	1.57	2980.10	2766.45	1142.05	41.28	20.55
2010	1.56	3424.70	2941.99	1315.25	44.71	20.96
2011	1.54	3909.40	3664.91	1548.19	42.24	23.65
2012	1.54	4506.70	4146.24	1648.60	39.76	24.08

10-16 农村居民家庭生活基本情况
Basic Conditions of Rural Households

指 标	Item	2005	2010	2011	2012
调查户数（户）	**Number of Households Surveyed (household)**	**1800**	**1800**	**1800**	**1800**
平均每户常住人口（人）	Average Number of Permanent Residents per Household (person)	4.7	4.6	4.4	4.4
平均每户整半劳动力（人）	Average Number of Full/Semi Labor Force per Household (person)	2.8	2.9	2.9	2.9
平均每个劳动力负担人口（含本人）（人）	Average Number of Dependents per Labour Force (including the laborer himself or herself) (person)	1.7	1.6	1.5	1.5
平均每人年收入（元）	**Per Capita Annual Income (yuan)**				
总收入	Total Revenue	2888.0	4771.9	5878.0	6705.0
工资性收入	Income from Wages and Salaries	586.7	1199.5	1562.0	1787.7
家庭经营收入	Income from Household Operations	2159.4	3193.8	3778.5	4259.5
财产性收入	Income from Properties	20.6	39.9	82.5	112.1
转移性收入	Income from Transfers	121.3	338.8	455.0	545.7
现金收入	Cash Income	2217.4	3856.0	4914.0	5668.4
工资性收入	Income from Wages and Salaries	586.2	1198.5	1558.4	1786.7
家庭经营收入	Income from Household Operations	1496.6	2290.5	2835.8	3241.6
财产性收入	Income from Properties	14.8	31.9	71.4	106.5
转移性收入	Income from Transfers	119.8	335.1	448.5	533.6
农民人均纯收入	Per Capita Net Income of Rural Households	1980.0	3424.7	3909.4	4506.7
平均每人年支出（元）	**Per Capita Annual Expenditures (yuan)**				
总支出	Total Expenditure	2828.9	4528.5	5932.3	6657.4
家庭经营费用支出	Expenditure for Household Operations	790.7	1192.4	1625.9	1849.6
购置生产性固定资产	Purchase of Productive Fixed Assets	115.5	176.3	215.4	175.9
税费支出	Taxes and Fees	4.5	4.4	3.9	2.1
生活消费支出	Expenses on Consumption	1819.6	2942.0	3664.9	4146.2
财产性支出	Expenses on Properties	3.9	7.8	7.6	6.5
转移性支出	Expenses on Transfers	93.1	204.9	414.0	473.4
现金支出	Cash Expenditure	2170.1	3734.5	5208.1	6056.4
家庭经营费用支出	Expenditure for Household Operations	656.8	1012.6	1419.9	1711.4
购置生产性固定资产	Purchase of Productive Fixed Assets	115.5	176.3	215.4	175.9
税费支出	Taxes and Fees	4.2	4.4	3.9	2.1
生活消费支出	Expenses on Consumption	1295.7	2329.4	3151.1	3689.0
财产性支出	Expenses on Properties	3.9	7.8	7.6	6.5
转移性支出	Expenses on Transfers	92.4	203.3	409.6	467.9

10-17 农村住户总收入及构成
Total Income of Rural Households and Its Composition

指 标	Item	2005	2010	2011	2012
总收入（元）	**Total Income(yuan)**	**2888.0**	**4771.9**	**5878.0**	**6705.0**
工资性收入	Wages Income	586.7	1199.5	1562.0	1787.7
在非企业组织中的劳动收入	Working in Non-enterprise	108.0	186.7	149.6	177.6
在本地劳动得到收入	Working in Local Enterprise	169.4	343.8	538.8	654.0
外出从业得到收入	Income from Outworker	309.3	669.0	873.6	956.1
家庭经营收入	Income from Household Operations	2159.4	3193.8	3778.5	4259.5
农业收入	Farming	1440.0	2294.1	2491.2	2792.4
林业收入	Forestry	43.7	42.0	90.3	121.8
牧业收入	Animal Husbandry	372.1	499.6	693.5	797.4
渔业收入	Fishery	0.7	1.3	0.3	0.01
工业收入	Industry	34.8	14.4	30.8	42.0
建筑业收入	Construction	38.6	49.6	24.7	14.7
交通、运输、邮电业收入	Transport, Postal and Telecommunication Services	81.4	114.2	140.5	155.7
批发和零售贸易、餐饮业收入	Wholesale and Retail Trades and Catering Services	93.8	105.1	207.4	235.4
社会服务业收入	Social Services	18.1	38.4	34.6	42.7
文教卫生业收入	Culture,Education and Health Care	7.8	12.8	30.5	30.3
其它产品和行业收入	Others	28.4	22.3	34.8	27.0
财产性收入	Income from Properties	20.6	39.9	82.5	112.1
转移性收入	Income from Transfers	121.3	338.8	455.0	545.7
构成（总收入=100）	**Composition (Total Income = 100)**				
工资性收入	Wages Income	20.3	25.1	26.6	26.7
家庭经营收入	Income from Household Operations	74.8	66.9	64.3	63.5
财产性收入	Income from Properties	0.7	0.8	1.4	1.7
转移性收入	Income from Transfers	4.2	7.2	7.7	8.1

10-18 农村居民家庭人均纯收入及构成
Per Capita Net Income of Rural Households and Its Composition

指　标	Item	2005	2010	2011	2012
农民人均纯收入（元）	**Net Income(yuan)**	**1980.00**	**3424.70**	**3909.40**	**4506.70**
工资性收入	Wages Income	586.71	1199.45	1561.97	1787.72
在非企业组织中的劳动收入	Working in Non-enterprise	107.96	186.70	149.57	177.62
在本地劳动得到收入	Working in Local Enterprise	169.41	343.78	538.80	654.01
外出从业得到收入	Income from Outworker	309.34	668.97	873.59	956.08
家庭经营纯收入	Net Income from Household Operations	1263.42	1855.99	1866.77	2114.75
第一产业纯收入	Net Income from Primary Industry	1080.21	1585.80	1563.82	1792.47
农业收入	Farming	871.95	1376.60	1247.88	1442.37
林业收入	Forestry	30.19	27.06	60.86	77.16
牧业收入	Animal Husbandry	177.54	181.93	255.21	272.95
渔业收入	Fishery	0.53	0.21	-0.14	-0.01
第二产业纯收入	Net Income from Secondary Industry	38.11	52.01	34.85	36.35
工业收入	Industry	14.63	8.70	19.33	28.27
建筑业收入	Construction	23.48	43.32	15.52	8.08
第三产业纯收入	Net Income from Tertiary Industry	145.09	218.18	268.11	285.93
交通、运输、邮电业收入	Transport, Postal and Telecommunication Services	42.98	72.13	67.80	66.77
批发和零售贸易、餐饮业收入	Wholesale and Retail Trades and Catering Services	58.36	85.22	128.09	149.54
社会服务业收入	Social Services	13.49	30.68	25.34	30.48
文教卫生业收入	Culture,Education and Health Care	6.24	11.67	20.54	19.50
其它行业收入	Others	24.02	18.48	26.32	19.64
财产性收入	Income from Properties	20.57	39.87	82.49	112.12
转移性收入	Income from Transfers	109.18	329.34	398.18	492.12
构成（农民人均纯收入 =100）	**Composition (Per Capita Net Income of Rural Households = 100)**				
工资性收入	Wages Income	29.6	35.0	40.0	39.7
家庭经营纯收入	Net Income from Household Operations	63.8	54.2	47.8	46.9
财产性收入	Income from Properties	1.0	1.2	2.1	2.5
转移性收入	Income from Transfers	5.5	9.6	10.2	10.9

10-19 农村居民按纯收入分组的户数占调查户比重
Percentage of Rural Households Grouped by Per Capita Annual Net Income

项　目	Item	2005	2010	2011	2012
按纯收入分组户数占调查户比重 (%)	**Percentage of Households Grouped by Per Capita Annual Net Income (%)**				
100 元以下	Less Than 100 Yuan		0.06		
100-200 元	100-200 Yuan	0.44	0.06	0.17	0.06
200-300 元	200-300 Yuan	0.17	0.11	0.06	0.06
300-400 元	300-400 Yuan	0.72	0.17	0.33	0.17
400-500 元	400-500 Yuan	0.89	0.06	0.17	0.06
500-600 元	500-600 Yuan	1.28	0.22	0.28	0.28
600-800 元	600-800 Yuan	4.67	1.44	0.50	0.67
800-1000 元	800-1000 Yuan	7.50	1.94	1.22	1.06
1000-1200 元	1000-1200 Yuan	9.00	3.83	2.06	1.39
1200-1300 元	1200-1300 Yuan	3.89	1.78	1.28	1.28
1300-1500 元	1300-1500 Yuan	9.39	3.33	3.17	1.89
1500-1700 元	1500-1700 Yuan	9.89	4.22	3.22	2.45
1700-2000 元	1700-2000 Yuan	12.22	6.61	7.67	4.84
2000-2500 元	2000-2500 Yuan	12.94	13.10	19.89	13.13
2500-3000 元	2500-3000 Yuan	8.61	12.94	5.28	7.57
3000-3500 元	3000-3500 Yuan	4.39	9.06	6.00	7.40
3500-4000 元	3500-4000 Yuan	4.00	7.17	5.78	6.84
4000-4500 元	4000-4500 Yuan	3.56	6.17	6.33	6.46
4500-5000 元	4500-5000 Yuan	2.00	5.17	4.83	6.51
5000 元以上	5000 Yuan and over	4.44	22.56	31.78	37.90

10-20 农村住户总支出及构成
Total Expenditure of Rural Households and Its Composition

指 标	Item	2005	2010	2011	2012
总支出（元）	**Total Expenditure(yuan)**	**2828.88**	**4528.50**	**5932.29**	**6657.37**
家庭经营费用支出	Expenditure for Household Operations	790.73	1192.36	1625.93	1849.58
农业生产支出	Farming	490.04	817.02	1086.68	1184.32
林业生产支出	Forestry	13.05	14.64	27.43	43.88
牧业生产支出	Animal Husbandry	183.95	299.31	409.52	491.54
渔业生产支出	Fishery	0.13	0.96	0.40	0.02
工业生产支出	Industry	18.73	2.83	7.50	12.27
建筑业生产支出	Construction	15.05	4.83	8.51	6.33
交通、运输、邮电业支出	Transport, Postal and Telecommunication Services	27.97	27.90	34.49	50.77
批发和零售贸易、餐饮业支出	Wholesale and Retail Trades and Catering Services	33.56	15.41	33.19	40.93
社会服务业支出	Social Services	4.13	6.47	6.00	8.16
文教卫生业支出	Culture, Education and Health Care		0.45	7.50	8.22
其他家庭经营支出	Others	4.12	2.52	4.71	3.16
购置生产性固定资产支出	Purchase of Productive Fixed Assets	115.53	176.25	215.44	175.91
税费支出	Taxes and Fees	4.45	4.36	3.91	2.08
生活消费支出	Expenses on Consumption	1819.58	2941.99	3664.91	4146.24
财产性支出	Expenses on Properties	3.86	7.76	7.64	6.51
转移性支出	Expenses on Transfers	93.07	204.87	413.96	473.41
构成（总支出=100）	**Composition (Total Expenditure = 100)**				
家庭经营费用支出	Expenditure for Household Operations	27.95	26.33	27.41	27.78
购置生产性固定资产支出	Purchase of Productive Fixed Assets	4.08	3.89	3.63	2.64
税费支出	Taxes and Fees	0.16	0.10	0.07	0.03
生活消费支出	Expenses on Consumption	64.32	64.97	61.78	62.28
财产性支出	Expenses on Properties	0.14	0.17	0.13	0.10
转移性支出	Expenses on Transfers	3.29	4.52	6.98	7.11

10-21 农村居民家庭平均每人生活消费支出
Per Capita Living Expenditure of Rural Households

单位：元

指 标	Item	2005	2010	2011	2012
生活消费支出	**Expenses on Consumption**	**1819.6**	**2942.0**	**3664.9**	**4146.2**
#服务性支出	Services	495.5	778.3	943.9	1084.5
食 品	Food Consumption Expenditures	858.9	1315.3	1548.2	1648.6
食品消费品支出	Food Consumption	802.4	1189.5	1369.2	1462.6
谷 物	Cereal	310.4	384.8	353.3	357.5
薯 类	Tubers	34.1	78.4	42.7	33.6
豆 类	Beans	9.2	14.6	7.9	7.6
食用油	Edible Oil	29.9	52.3	76.1	90.3
蔬菜及制品	Vegetables and Processed Products	41.8	81.6	106.1	112.9
肉、禽、蛋、奶及制品	Meat,Poultry,Eggs,Milk and Processed Products	202.3	255.2	345.9	365.3
水产品及制品	Aquatic Products and Processed Products	2.0	4.2	6.2	9.1
烟、酒	Cigarette,Liquor	86.6	155.5	199.1	232.5
茶叶、饮料	Tea,Beverages	10.5	25.0	27.1	34.8
其它类食品	Other Food	75.6	138.0	204.7	219.1
食品消费服务性支出	Expenditure on Food Consumption	56.5	125.7	179.0	186.0
在外饮食	Dining Out	42.1	110.4	163.1	169.8
食品加工费	Food Processed Service Fee	12.9	14.0	14.9	15.6
其他服务性支出	Other Services	1.5	1.3	1.0	0.6
衣 着	Expenditure on Clothing Consumption	92.3	184.2	246.7	303.1
衣着消费品支出	Clothing Consumption	91.1	183.4	245.1	302.2
衣着消费服务性支出	Closthing Services	1.2	0.8	1.6	0.9
居 住	Expenditure on Residence Consumption	240.7	551.6	596.6	682.3
居住消费品支出	Residence Consumption	189.8	378.6	457.4	516.1
居住消费服务性支出	Residence Services	51.0	173.0	139.2	166.2
家庭设备、用品及服务	Expenditure on Household Facilities and Articles Consumption	74.1	146.9	198.1	250.4
家庭设备用品支出	Household Facilities and Articles Products Consumption	60.8	139.4	191.5	239.2
家庭设备服务消费支出	Household Facilities and Articles Services	13.3	7.5	6.6	11.2
交通和通讯	Expenditure on Transport and Communication Comsumption	155.0	256.7	366.6	436.0
交通和通讯用品支出	Transport and Communication Products Consumption	69.2	115.4	190.4	234.0
交通和通讯服务消费支出	Transport and Communication Services	85.9	141.4	176.1	202.0
文化教育、娱乐用品及服务	Expenditure on Culture,Education and Recreation Consumption	257.9	238.0	292.7	327.3
文化教育、娱乐用品	Consumer Goods for Culture, Education and Recreation	43.5	52.1	79.0	83.7
教育服务消费支出	Education Services	211.3	178.1	200.9	224.2
文化、体育、娱乐服务消费支出	Culture,Sport and Recreation Services	3.1	7.8	12.8	19.4
医疗保健	Expenditure on Health Care and Medical Services	114.0	203.1	339.3	398.0
医疗保健用品	Consumer Goods for Health Care and Medical	53.3	79.6	134.5	152.1
医疗保健服务消费支出	Medical and Medical Services	60.7	123.5	204.7	245.9
其他商品和服务	Expenditure on Other Commodities and Serveics	26.7	46.1	76.8	100.4
其他商品支出	Other Expenditure on Commodities	14.0	25.7	53.9	71.8
其他消费服务支出	Other Expenditure on Consume Services	12.7	20.4	22.9	28.6

10-22 农村居民家庭平均每人生活消费支出构成
Composition of Per Capita Living Expenditure of Rural Households

单位：%

指　标	Item	2005	2010	2011	2012
生活消费支出	**Living Consumption Expenditure**	**100.00**	**100.00**	**100.00**	**100.00**
食品	Food	47.20	44.71	42.24	39.76
衣着	Clothing	5.07	6.25	6.73	7.31
居住	Residence	13.23	18.75	16.28	16.46
家庭设备用品及服务	Household Facilities and Articles	4.07	5.00	5.40	6.04
交通和通讯	Transport and Communications	8.52	8.73	10.00	10.52
文教娱乐用品及服务	Cultural,Educational and Recreation	14.17	8.09	7.99	7.89
医疗保健	Health Care and Medical Services	6.26	6.90	9.26	9.60
其他商品和服务	Other Goods and Services	1.46	1.57	2.10	2.42
生活消费现金支出	**Cash Consumption Expenditure**	**100.00**	**100.00**	**100.00**	**100.00**
食品	Food	26.80	30.58	33.66	32.80
衣着	Clothing	7.11	7.90	7.83	8.22
居住	Residence	17.67	23.26	18.10	17.99
家庭设备用品及服务	Household Facilities and Articles	5.70	6.32	6.29	6.79
交通通讯	Transport and Communications	11.97	11.02	11.63	11.82
文教娱乐用品及服务	Cultural,Educational and Recreation	19.90	10.22	9.29	8.87
医疗保健	Health Care and Medical Services	8.80	8.72	10.77	10.79
其他商品及服务	Other Goods and Services	2.05	1.98	2.44	2.72

10-23 按收入五等份分农村居民家庭基本情况 (2012)
Basic Conditions of Rural Households of Income Quintile (2012)

指 标	Item	全省平均 Average	低收入户 Low Income Households	中低收入户 Lower Middle Income Households	中等收入户 Middle Income Households	中高收入户 Upper Middle Income Households	高收入户 High Income Households
平均每户常住人口（人）	Average Number of Usual Residents per Household (person)	4.43	5.09	4.87	4.50	4.35	3.36
平均每户整半劳动力（人）	Average Number of Full/Semi Labour Force Per Household (person)	2.88	3.09	3.10	2.95	2.76	2.48
平均每个劳动力负担人口（人）	Average Number of Dependents Per Labour Force (person)	1.54	1.65	1.57	1.52	1.58	1.36
平均每人总收入（元）	Per Capita Annual Income (yuan)	6704.96	3274.57	4036.80	5698.99	8394.51	14935.47
# 现金收入	Cash Income	5668.42	2458.39	3057.27	4645.26	7301.59	13578.08
平均每人总支出（元）	Per Capita Annual Expenditures (yuan)	6657.37	4371.52	4526.74	5772.61	7785.48	12937.12
# 现金支出	Cash Expenditures	6056.44	3832.58	3927.68	5152.20	7222.00	12217.09
平均每人纯收入（元）	Per Capita Annual Net Income (yuan)	4506.70	1622.09	2692.34	4063.66	5862.34	10350.06
工资性收入	Income from Wages and Salaries	1787.72	531.39	1197.63	1717.28	2425.51	3817.38
家庭经营纯收入	Income from Household Operations	2114.75	732.87	1084.94	1787.13	2774.75	5287.77
财产性收入	Income from Properties	112.12	38.71	30.60	70.82	113.65	394.67
转移性收入	Income from Transfers	492.12	319.12	379.17	488.42	548.43	850.24

10-24 按收入五等份分农村居民家庭平均每人生活消费支出 (2012)
Per Capita Consumption Expenditure of Rural Households by Income Quintile (2012)

单位：元 (yuan)

指标	Item	全省平均 Average	低收入户 Low Income Households	中低收入户 Lower Middle Income Households	中等收入户 Middle Income Households	中高收入户 Upper Middle Income Households	高收入户 High Income Households
生活消费总支出	**Consumption Expenditure**	**4146.24**	**2667.43**	**3029.00**	**3904.99**	**4781.63**	**7509.09**
食品	Food	1648.60	1241.41	1360.70	1567.65	1809.79	2583.25
衣着	Clothing	303.14	166.63	217.96	274.28	377.54	576.00
居住	Residence	682.30	433.86	500.68	718.62	661.36	1300.74
家庭设备用品及服务	Household Facilities and Articles	250.43	136.16	172.80	230.76	330.37	459.16
交通通讯	Transport and Communications	436.03	315.78	246.48	352.19	545.94	863.18
文教娱乐用品及服务	Education, Cultural and Recreation	327.30	120.89	173.86	277.36	457.54	761.11
医疗保健	Health Care and Medical Services	398.01	204.74	300.79	406.05	466.41	732.73
其他商品及服务	Other Goods and Services	100.42	47.97	55.74	78.07	132.69	232.92
生活消费现金支出	**Cash Consumption Expenditure**	**3689.03**	**2245.26**	**2554.11**	**3428.81**	**4355.96**	**7008.97**
食品	Food	1210.04	841.54	908.17	1112.02	1397.46	2095.15
衣着	Clothing	303.10	166.63	217.96	274.09	377.54	576.00
居住	Residence	663.71	411.56	478.31	698.27	648.02	1288.77
家庭设备用品及服务	Household Facilities and Articles	250.43	136.15	172.80	230.76	330.37	459.16
交通通讯	Transport and Communications	436.03	315.78	246.48	352.19	545.94	863.18
文教娱乐用品及服务	Education, Cultural and Recreation	327.30	120.89	173.86	277.36	457.54	761.11
医疗保健	Health Care and Medical Services	398.01	204.74	300.79	406.05	466.41	732.73
其他商品及服务	Other Goods and Services	100.41	47.97	55.74	78.07	132.69	232.87

10-25 农村居民家庭平均每人主要消费品消费量
Per Capita Consumption of Major Consumer Goods by Rural Households

单位：千克 (kg)

品 名	Item	2005	2010	2011	2012
粮食（原粮）	Grain (Unprocessed)	265.69	229.03	192.02	189.12
豆类及豆制品	Beans and Bean Products	5.31	5.15	3.14	3.05
蔬菜	Vegetables	43.57	43.14	49.43	44.39
食油	Edible Oil	3.61	4.13	5.99	6.40
猪肉	Pork	14.87	12.30	12.71	10.87
牛肉	Beef	0.41	0.35	0.42	0.36
羊肉	Mutton	1.28	0.80	1.27	0.91
家禽	Poultry	0.81	1.29	1.41	1.48
蛋及蛋制品	Eggs and Processed Products	1.66	2.58	3.42	3.93
奶和奶制品	Milk and Processed Products	1.36	2.72	4.67	4.51
水产品	Aquatic Products	0.21	0.30	0.42	0.54
瓜果	Melons and Fruits	12.56	16.39	18.97	21.89
食糖	Sugar	0.75	0.97	1.08	1.11
酒	Liquor	4.88	7.28	8.24	8.86

10-26 农村居民家庭平均每百户年底耐用消费品拥有量
Number of Durable Consumer Goods Owned Per 100 Rural Households at Year-end

品 名	Item	2005	2010	2011	2012
洗衣机（台）	Washing Machine (set)	39.06	60.06	73.72	79.67
电冰箱（台）	Refrigerator (set)	7.06	17.39	26.50	32.89
热水器（台）	Water Heater (unit)	2.27	8.30	12.61	17.00
自行车（辆）	Bicycle (set)	102.50	71.56	71.11	73.94
摩托车（辆）	Motorcycle (set)	37.05	55.22	67.94	71.94
黑白电视机（台）	Black and White TV Set (set)	19.67	6.44	1.83	1.50
彩色电视机（台）	Color TV Set (set)	86.44	104.00	104.44	106.28
影碟机（台）	Video Disc Player (set)	31.78	37.94	29.56	27.83
照相机（架）	Camera (set)	2.78	2.05	1.67	2.67
固定电话（部）	Fixed Telephone (unit)	54.56	54.89	30.39	29.00
移动电话（部）	Mobile Telephone (unit)	42.56	112.39	177.44	192.72
家用电脑（台）	Computer (set)		4.42	9.00	11.39

10-27 农村住户建房和居住情况
Newly Built Residential Buildings and Housing Condition in Rural Areas

指 标	Item	2005	2010	2011	2012
建房情况（户均）	**Conditions of Newly Built Buildings (per household)**				
年内新建（购）房屋面积（平方米）	Floor Space of Newly Built(Purchased) Residential Buildings within the Year (sq.m)	2.5	1.6	3.8	2.3
#砖木结构面积	Brick and Wood Structure	1.3	0.6	1.9	1.3
钢筋混凝土结构面积	Reinforced Concrete Structure	0.8	0.9	1.5	1.0
年内新建（购）房屋价值（元）	Value of Newly Built (Purchased) Houses This Year (yuan)	776.0	1057.4	3119.2	2158.9
新建（购）楼房面积（平方米）	Floor Space of Newly Built (Purchased) Storied Houses (sq.m)	0.4	0.6	0.8	0.3
居住情况（户均）	**Housing Condition (per household)**				
年末住房面积（平方米）	Floor Space of Houses at Year-end (sq.m)	87.0	95.6	105.1	106.7
#砖木结构面积	Brick and Wood Structure	30.5	31.8	41.3	42.9
钢筋混凝土结构面积	Reinforced Concrete Structure	5.0	13.0	18.3	19.3
年末住房价值（万元）	Value of Houses at Year-end (10 000 yuan)	1.59	2.45	5.65	5.84
人均指标（平方米）	**Per Capita Indices (sq.m)**				
平均每人年末住房面积	Per Capita Floor Space of Houses at Year-end	18.7	21.0	23.7	24.1
平均每户本年新建（购）房屋	Newly Built (purchased) Residential Buildings per Household This Year	2.5	1.6	3.8	2.3
平均每人年内新建（购）房屋面积	Floor Space of Newly Built (Purchased) Residential Buildings per Household This Year	0.5	0.4	0.9	0.5
平均每户新建（购）楼房面积	Floor Space of Newly Built (Purchased) Storied Houses per Household	0.4	0.6	0.8	0.3

10-28 各地县农民人均纯收入（2012）
Per Capita Net Income of Rural Households by Region, County (2012)

单位：元 (yuan)

地 区	Region	农民人均纯收入 Annual Per Capita Net Income of Rural Residents	工资性收入 Income from Wages and Salaries	家庭经营纯收入 Income from Household Operations	财产性收入 Income from Properties	转移性收入 Income from Transfers
兰州市	**Lanzhou**	**6224**	**3316**	**2068**	**414**	**426**
城关区	Chengguan	16274	6398	1735	6908	1233
七里河区	Qilihe	9558	4669	4206	486	197
西固区	Xigu	10128	6449	2146	378	1156
安宁区	Anning	10514	7670	54	1190	1600
红古区	Honggu	10155	3205	6117	580	253
永登县	Yongdeng	4900	3273	1192	88	347
皋兰县	Gaolan	5083	1671	3082	86	244
榆中县	Yuzhong	4263	2188	1695	62	318
嘉峪关市	**Jiayuguan**	**10999**	**6021**	**3418**	**1109**	**452**
金昌市	**Jinchang**	**7885**	**2402**	**4187**	**793**	**502**
金川区	Jinchuan	9133	2592	4773	1126	642
永昌县	Yongchang	7610	2361	4059	720	471
白银市	**Baiyin**	**4497**	**1770**	**2162**	**11**	**555**
白银区	Baiyin	7461	2516	4696	2	247
平川区	Pingchuan	4822	2991	1350	48	434
靖远县	Jingyuan	4836	1693	2670	15	457
会宁县	Huining	3515	1514	1216		785
景泰县	Jingtai	5238	1737	3182	19	299
天水市	**Tianshui**	**3864**	**1879**	**1608**	**43**	**334**
秦州区	Qinzhou	4252	2461	1524	26	241
麦积区	Maiji	3825	2059	1488	63	215
清水县	Qingshui	3713	1947	1493		273
秦安县	Qinan	3909	1174	2301	61	373
甘谷县	Gangu	3928	2105	1281	66	477
武山县	Wushan	3833	1699	1712	30	391
张家川县	Zhangjiachuan	3343	1847	1178	19	299
武威市	**Wuwei**	**6135**	**1774**	**3854**	**139**	**368**
凉州区	Liangzhou	7551	2414	4671	236	231
民勤县	Minqin	7035	887	5356	30	762
古浪县	Gulang	3555	1169	2010	60	316
天祝县	Tianzhu	3842	1353	1920	9	560
张掖市	**Zhangye**	**7504**	**2143**	**4814**	**92**	**455**

10-28 续表 1 continued

单位：元 (yuan)

地区	Region	农民人均纯收入 Annual Per Capita Net Income of Rural Residents	工资性收入 Income from Wages and Salaries	家庭经营纯收入 Income from Household Operations	财产性收入 Income from Properties	转移性收入 Income from Transfers
甘州区	Ganzhou	7943	1850	5556	139	397
肃南县	Sunan	9469	1984	5744	37	1704
民乐县	Minle	6393	2095	3799	7	491
临泽县	Linze	7992	1530	6077	30	355
高台县	Gaotai	7555	2453	4691	44	368
山丹县	Shandan	7316	3119	3505	200	491
平凉市	**Pingliang**	**4215**	**1780**	**1810**	**87**	**538**
崆峒区	Kongtong	5360	2348	2037	211	763
泾川县	Jingchuan	4344	1684	1920	71	669
灵台县	Lingtai	4279	1698	2032	33	516
崇信县	Chongxin	4401	2611	1461	20	309
华亭县	Huating	4986	2580	1736	45	625
庄浪县	Zhuanglang	3530	1863	1345	49	272
静宁县	Jingning	3642	992	1996	93	561
酒泉市	**Jiuquan**	**9645**	**2061**	**6785**	**239**	**560**
肃州区	Suzhou	9334	1427	6808	537	562
金塔县	Jinta	9684	2338	6950	22	374
瓜州县	Guazhou	9443	2003	6859	9	573
肃北县	Subei	14025	708	6247	140	6930
阿克塞县	Akesai	15000	2837	7814	162	4187
玉门市	Yumen	9488	2687	6123	149	529
敦煌市	Dunhuang	10254	2642	7141	167	304
庆阳市	**Qingyang**	**4262**	**1838**	**1858**	**121**	**445**
西峰区	Xifeng	5443	2595	2371	181	297
庆城县	Qingcheng	4287	1973	1734	135	445
环　县	Huanxian	3636	1374	1666	177	419
华池县	Huachi	4155	1580	1589	133	853
合水县	Heshui	4120	1399	2213	55	453
正宁县	Zhengning	4624	1550	2507	179	388
宁　县	Ningxian	4296	2141	1501	130	524
镇原县	Zhenyuan	3915	1691	1811	28	385
定西市	**Dingxi**	**3612**	**1325**	**1798**	**70**	**419**
安定区	Anding	3632	1265	1484	157	726
通渭县	Tongwei	3365	1449	1303	2	611

10-28 续表 2 continued

单位：元 (yuan)

地 区	Region	农民人均纯收入 Annual Per Capita Net Income of Rural Residents	工资性收入 Income from Wages and Salaries	家庭经营纯收入 Income from Household Operations	财产性收入 Income from Properties	转移性收入 Income from Transfers
陇西县	Longxi	3924	1737	1667	60	460
渭源县	Weiyuan	3517	1143	1818	196	360
临洮县	Lintao	3841	801	2770	40	230
漳 县	Zhangxian	3467	1698	1434	27	307
岷 县	Minxian	3384	1413	1685	33	253
陇南市	**Longnan**	**3088**	**1466**	**1234**	**67**	**321**
武都区	Wudu	2958	1144	1445	45	324
成 县	Chengxian	4290	2092	1782	41	375
文 县	Wenxian	2680	1280	1180	15	205
宕昌县	Tanchang	2503	1210	917	71	305
康 县	Kangxian	2894	1458	1100	33	303
西和县	Xihe	2858	1891	736	48	183
礼 县	Lixian	3000	1237	1208	36	519
徽 县	Huixian	4391	2049	1753	375	213
两当县	Liangdang	2447	844	1362	2	240
临夏州	**Linxia**	**3167**	**1196**	**1519**	**64**	**388**
临夏市	linxia	6376	1977	3395	479	525
临夏县	linxia	3165	1256	1571	96	241
康乐县	Kangle	3184	1401	1480	10	293
永靖县	Yongjing	3161	759	1649	20	732
广河县	Guanghe	3459	1578	1573	-0	307
和政县	Hezheng	2962	1092	1445	119	306
东乡县	Dongxiang	2413	596	1380	46	390
积石山县	Jishishan	2690	1396	895	24	376
甘南州	**Gannan**	**3610**	**1070**	**1948**	**56**	**536**
合作市	Hezuo	3702	824	2642	14	221
临潭县	Lintan	3260	1344	1402	4	510
卓尼县	Zhuoni	3271	845	2201	125	100
舟曲县	Zhouqu	3601	1853	1129	24	595
迭部县	Diebu	3642	848	2335	39	419
玛曲县	Maqu	4798	4	3440	14	1341
碌曲县	Luqu	4368	520	3620	77	151
夏河县	Xiahe	3707	495	2061	173	978

10-29 各地县农民平均每人生活消费性支出（2012）

Per Capita Consumption Expenditure of Rural Households by Region, County (2012)

单位：元 (yuan)

地 区	Region	生活消费支出 Consumption Expenditures	食品 Food	衣着 Clothing	居住 Residence	家庭设备用品及服务 Household Facilities and Articles	医疗保健 Health Care and Medical Services	交通和通讯 Transport and Communications	文教娱乐用品及服务 Education, Culture and Recreation Articles and Services	其他商品和服务 Other Goods and Services
兰州市	**Lanzhou**	**5078**	**2052**	**476**	**932**	**318**	**383**	**424**	**399**	**94**
城关区	Chengguan	12756	4718	1365	3082	747	692	738	1152	262
七里河区	Qilihe	6716	2596	830	937	507	503	756	475	112
西固区	Xigu	7358	3188	802	848	641	465	651	553	211
安宁区	Anning	8222	3423	1001	1114	338	601	704	784	257
红古区	Honggu	4017	1516	409	566	366	270	406	358	125
永登县	Yongdeng	4675	1799	401	960	242	424	407	362	79
皋兰县	Gaolan	3784	1510	299	859	213	286	322	254	40
榆中县	Yuzhong	4080	1810	319	732	272	278	279	327	64
嘉峪关市	**Jiayuguan**	**8817**	**3005**	**659**	**1048**	**609**	**641**	**1550**	**1119**	**187**
金昌市	**Jinchang**	**7425**	**2209**	**626**	**1647**	**210**	**658**	**1189**	**679**	**207**
金川区	Jinchuan	12966	2839	918	3936	312	644	2833	1267	218
永昌县	Yongchang	6206	2070	562	1143	188	662	827	549	204
白银市	**Baiyin**	**4181**	**1845**	**302**	**701**	**254**	**253**	**384**	**348**	**94**
白银区	Baiyin	5028	1869	364	1143	170	180	404	504	395
平川区	Pingchuan	3431	1353	259	474	207	328	258	521	31
靖远县	Jingyuan	3977	1409	391	789	294	156	477	327	133
会宁县	Huining	4208	2376	185	638	211	234	281	257	28
景泰县	Jingtai	4688	1612	430	627	343	530	520	514	113
天水市	**Tianshui**	**3526**	**1503**	**276**	**580**	**222**	**245**	**338**	**271**	**90**
秦州区	Qinzhou	3263	1350	267	605	269	172	348	133	119
麦积区	Maiji	4087	1899	420	403	248	287	436	304	90
清水县	Qingshui	3885	1554	224	691	265	385	430	237	98
秦安县	Qinan	3329	1480	197	555	175	190	316	373	44
甘谷县	Gangu	4069	1603	304	739	262	348	363	313	136
武山县	Wushan	3657	1427	302	730	223	191	295	384	105
张家川县	Zhangjiachuan	1950	1065	185	254	86	142	149	40	27
武威市	**Wuwei**	**3671**	**1475**	**204**	**998**	**145**	**243**	**284**	**285**	**35**
凉州区	Liangzhou	4044	1646	153	1498	109	200	195	226	17
民勤县	Minqin	5239	2031	431	579	184	570	654	674	115
古浪县	Gulang	2289	861	150	490	206	120	268	172	21
天祝县	Tianzhu	2694	1214	238	364	131	243	211	254	38
张掖市	**Zhangye**	**6410**	**2380**	**486**	**983**	**474**	**462**	**915**	**551**	**159**

10–29 续表 1 continued

单位：元 (yuan)

地区	Region	生活消费支出 Consumption Expenditures	食品 Food	衣着 Clothing	居住 Residence	家庭设备用品及服务 Household Facilities and Articles	医疗保健 Health Care and Medical Services	交通和通讯 Transport and Communications	文教娱乐用品及服务 Education, Culture and Recreation Articles and Services	其他商品和服务 Other Goods and Services
甘州区	Ganzhou	6879	2492	570	683	727	541	1035	576	256
肃南县	Sunan	10492	3979	679	1974	556	524	1923	669	187
民乐县	Minle	5176	1918	443	951	340	400	792	286	46
临泽县	Linze	7057	2563	394	1233	457	643	910	700	157
高台县	Gaotai	7053	2783	522	1647	283	385	569	701	163
山丹县	Shandan	5363	2031	369	792	255	281	949	600	88
平凉市	**Pingliang**	**5422**	**2261**	**321**	**870**	**339**	**548**	**553**	**433**	**96**
崆峒区	Kongtong	5436	1787	400	914	358	854	579	383	161
泾川县	Jingchuan	9340	5001	362	1221	521	723	825	505	181
灵台县	Lingtai	3599	1417	205	558	219	503	337	261	99
崇信县	Chongxin	4285	1379	372	861	320	492	367	404	91
华亭县	Huating	4752	1861	340	863	254	517	636	201	81
庄浪县	Zhuanglang	4065	1659	305	814	294	245	304	405	39
静宁县	Jingning	5150	1875	291	792	321	531	692	605	44
酒泉市	**Jiuquan**	**8022**	**3039**	**611**	**1137**	**451**	**615**	**1200**	**788**	**181**
肃州区	Suzhou	7012	2768	559	1116	332	698	716	688	136
金塔县	Jinta	7375	2657	673	1113	507	734	771	841	79
瓜州县	Guazhou	8604	3259	525	796	474	442	2243	637	228
肃北县	Subei	7657	2383	721	919	706	366	1811	669	82
阿克塞县	Akesai	7527	3139	604	699	561	512	1091	802	120
玉门市	Yumen	9629	4615	504	1366	473	473	1378	616	203
敦煌市	Dunhuang	8778	2278	851	1366	586	644	1432	1291	330
庆阳市	**Qingyang**	**3878**	**1372**	**288**	**733**	**254**	**419**	**472**	**237**	**103**
西峰区	Xifeng	4169	1871	471	322	199	386	478	303	139
庆城县	Qingcheng	4472	1487	323	1091	176	654	372	269	100
环　县	Huanxian	4703	1822	294	1170	209	246	626	218	118
华池县	Huachi	3599	1636	299	501	155	283	420	246	60
合水县	Heshui	3339	1117	173	706	185	332	554	171	101
正宁县	Zhengning	3494	1242	301	499	339	263	519	267	63
宁　县	Ningxian	3525	1139	297	573	227	501	436	165	186
镇原县	Zhenyuan	3649	1060	189	814	392	482	417	279	15
定西市	**Dingxi**	**3628**	**1532**	**237**	**690**	**227**	**283**	**357**	**246**	**56**
安定区	Anding	3959	1792	233	743	296	278	385	217	16
通渭县	Tongwei	2657	1246	180	325	148	199	230	273	56

10-29 续表 2 continued

单位：元 (yuan)

地 区	Region	生活消费支出 Consumption Expenditures	食品 Food	衣着 Clothing	居住 Residence	家庭设备用品及服务 Household Facilities and Articles	医疗保健 Health Care and Medical Services	交通和通讯 Transport and Communications	文教娱乐用品及服务 Education, Culture and Recreation Articles and Services	其他商品和服务 Other Goods and Services
陇西县	Longxi	4100	1876	227	817	163	279	325	371	42
渭源县	Weiyuan	6043	2245	361	807	366	667	934	503	161
临洮县	Lintao	3042	1085	184	795	270	331	178	159	40
漳 县	Zhangxian	2620	1293	158	423	136	120	308	118	64
岷 县	Minxian	3099	1324	306	760	196	103	284	86	39
陇南市	**Longnan**	**2964**	**1375**	**266**	**451**	**179**	**229**	**257**	**148**	**59**
武都区	Wudu	2872	1664	234	334	147	140	200	119	33
成 县	Chengxian	4359	1573	413	673	295	604	412	227	162
文 县	Wenxian	2926	1446	218	316	219	204	289	195	40
宕昌县	Tanchang	2220	1051	195	369	139	157	253	35	20
康 县	Kangxian	3038	1430	251	375	184	309	267	146	75
西和县	Xihe	2784	1299	280	522	167	121	207	148	41
礼 县	Lixian	2831	1318	192	570	145	211	238	126	31
徽 县	Huixian	3559	1109	551	425	254	358	344	328	189
两当县	Liangdang	2101	989	138	328	164	182	222	50	27
临夏州	**Linxia**	**3108**	**1310**	**229**	**645**	**210**	**305**	**275**	**84**	**50**
临夏市	linxia	5271	2078	450	1004	306	588	447	289	110
临夏县	linxia	3484	1608	320	580	301	196	286	137	56
康乐县	Kangle	3895	1148	292	793	340	745	397	106	74
永靖县	Yongjing	3739	1565	264	761	331	302	259	145	112
广河县	Guanghe	2769	1432	227	481	140	118	290	56	27
和政县	Hezheng	2970	1133	256	621	226	302	387	16	29
东乡县	Dongxiang	1981	994	103	505	114	92	135	12	25
积石山县	Jishishan	2621	1286	153	627	87	199	166	80	23
甘南州	**Gannan**	**2547**	**1442**	**216**	**321**	**102**	**71**	**269**	**74**	**52**
合作市	Hezuo	2679	1495	274	309	98	109	320	47	27
临潭县	Lintan	2208	1293	129	285	65	33	283	98	23
卓尼县	Zhuoni	1804	998	175	292	71	84	162	11	12
舟曲县	Zhouqu	2371	1426	150	384	112	67	173	42	17
迭部县	Diebu	2451	1277	173	341	172	60	171	153	104
玛曲县	Maqu	5134	2958	639	357	198	91	459	157	275
碌曲县	Luqu	2366	1356	279	211	33	51	320	93	23
夏河县	Xiahe	3094	1586	291	336	134	123	457	79	88

主要指标解释

一、城镇住户

城镇家庭人口 指居住在一起，经济上合在一起共同生活的家庭成员。凡计算为家庭人口的成员其全部收支都包括在本调查表中。

城镇就业面 指就业人口占家庭人口的百分比。

城镇就业者负担人数 指家庭人口与就业人口之比。

城镇家庭总收入 指家庭成员得到的工薪收入、经营净收入、财产性收入、转移性收入之和，不包括出售财物收入和借贷收入。

城镇家庭可支配收入 指家庭成员得到可用于最终消费支出和其它非义务性支出以及储蓄的总和，即居民家庭可以用来自由支配的收入。它是家庭总收入扣除交纳的所得税、个人交纳的社会保障支出以及记账补贴后的收入。计算公式为：

可支配收入 = 家庭总收入 – 交纳所得税 – 个人交纳的社会保障支出 – 记帐补贴

城镇家庭总支出 指除借贷支出以外的全部家庭支出。包括消费性支出、购房建房支出、转移性支出、财产性支出、社会保障支出。

城镇家庭消费性支出 指家庭用于日常生活的支出，包括食品、衣着、家庭设备用品及服务、医疗保健、交通和通信、娱乐教育文化服务、居住、杂项商品和服务等八大类支出。

恩格尔系数 指食物支出金额在消费性总支出金额中所占的比例。计算公式为：

$$\text{恩格尔系数} = \frac{\text{食品支出金额}}{\text{生活消费总支出金额}} \times 100\%$$

二、农村住户

农村住户 指农村常住户。农村常住户指长期(一年以上)居住在乡镇(不包括城关镇)行政管理区域内的住户，以及长期居住在城关镇所辖行政村范围内的农村住户。户口不在本地而在本地居住一年及以上的住户也包括在本地农村常住户范围内；有本地户口，但举家外出谋生一年以上的住户，无论是否保留承包耕地都不包括在本地农村住户范围内。

常住人口 指全年经常在家或在家居住6个月以上，而且经济和生活与本户连成一体的人口。外出从业人员在外居住时间虽然在6个月以上，但收入主要带回家中，经济与本户连为一体，仍视为家庭常住人口；在家居住，生活和本户连成一体的国家职工、退休人员也为家庭常住人口。但是现役军人、中专及以上(走读生除外)的在校学生、以及常年在外(不包括探亲、看病等)且已有稳定的职业与居住场所的外出从业人员，不算家庭常住人口。家庭常住人口主要作为计算农村住户平均每人收入、消费和积累水平及分析家庭人口状况的依据。

总收入 指调查期内农村住户和住户成员从各种来源渠道得到的收入总和。按收入的性质划分为工资性收入、家庭经营收入、财产性收入和转移性收入。

工资性收入 指农村住户成员受雇于单位或个人，靠出卖劳动而获得的收入。

家庭经营收入 指农村住户以家庭为生产经营单位进行生产筹划和管理而获得的收入。农村住户家庭经营活动按行业划分为农业、林业、牧业、渔业、工业、建筑业、交通运输业邮电业、批发和零售贸易餐饮业、社会服务业、文教卫生业和其他家庭经营。

财产性收入 指金融资产或有形非生产性资产的所有者向其他机构单位提供资金或将有形非生产性资产供其支配，作为回报而从中获得的收入。

转移性收入 指农村住户和住户成员无须付出任何对应物而获得的货物、服务、资金或资产所有权等，不包括无偿提供的用于固定资本形成的资金。一般情况下，是指农村住户在二次分配中的所有收入。

现金收入 指农村住户和住户成员在调查期内得到以现金形态表现的收入。按来源分成工资性收入、家庭经营现金收入、财产性收入、转移性收入。

纯收入 指农村住户当年从各个来源得到的总收入相应地扣除所发生的费用后的收入总和。计算方法：

纯收入 = 总收入 – 税费支出 – 家庭经营费用支出 – 生产性固定资产折旧 – 赠送农村亲友支出

纯收入主要用于再生产投入和当年生活消费支出，也可用于储蓄和各种非义务性支出。“农民人均纯收入”按人口平均的纯收入水平，反映的是一个地区或一个农户农村居民的平均收入水平。

总支出 指农村住户用于生产、生活和再分配的全部支出。家庭经营费用支出、购置生产性固定资产支出、生产性固定资产折旧、税费支出、生活消费支出、财产性支出和转移性支出。

11

城市概况

General Survey of Cities

简要说明

一、本篇资料主要内容

本篇资料反映了甘肃省各城市主要社会经济和城市公用事业基本情况。城市公用事业基本情况包括市政建设、设施水平、供水、供气、供热、公共交通、园林绿化、环境卫生等。

二、本篇资料来源

本篇资料中 11-1、11-8 表数据资料由省统计局社会科技处依据国家统计局制定的《市、县社会经济基本情况统计报表制度》提供，其余各表数据的资料来源于省住房和城市建设厅《城市建设统计年报》，由省统计局社会科技处整理提供。

三、本篇资料的统计范围

本篇资料的统计范围是 12 个地级城市，为市辖区数据。

11-1 分城市主要社会经济指标（2012）
Main Social and Economic Indicators by Cities (2012)

指　标	Item	兰州市 Lanzhou	嘉峪关市 Jiayuguan	金昌市 Jinchang
年底人口数（万人）	Population (year-end)(10 000 persons)	206	20	23
年底单位从业人员（万人）	Number of Employed Persons (year-end) (10 000 persons)	48	7	8
生产总值（亿元）	Gross Regional Product (100 million yuan)	1344	269	192
第一产业	Primary Industry	16	4	3
第二产业	Secondary Industry	648	220	159
第三产业	Tertiary Industry	680	45	30
人均生产总值（元）	Per Capita Gross Regional Product (yuan)	47240	115123	83244
生产总值增长率（%）	Growth Rate of GDP (%)	11	16	17
地方财政一般预算收入（亿元）	General Budgetary Revenue (100 million yuan)	97	13	3
地方财政一般预算支出（亿元）	General Budgetary Expenditure(100 million yuan)	162	20	8
年末金融机构各项存款余额（亿元）	Deposits of Financial Institution (year-end)(100 million yuan)	4287	262	156
#城乡居民储蓄存款	Savings Deposits of Urban and Rural Households	1567	97	91
年末金融机构各项贷款余额（亿元）	Loans of Financial Institutions(year-end) (100 million yuan)	3511	298	117
规模以上工业总产值（亿元）	Gross Industrial Output Value of Industrial Enterprises above Designated Size (100 million yuan)	1753	718	615
规模以上工业企业	Industrial Enterprises above Designated Size			
主营业务收入（亿元）	Revenue from Principal Business (100 million yuan)	1533	1096	1632
利润总额（亿元）	Total Profit(100 million yuan)	-16	33	17
邮电局所数（个）	Number of Postal and Telecommunication Offices (unit)	96	12	9
全社会用电量（万千瓦时）	Annual Electricity Consumption (10 000 kw·h)	1672923	1298559	
#工业用电量	Electricity Consumption of Industry	1199276	1201508	
社会消费品零售总额（亿元）	Total Retail Sales of Consumer Goods (100 million yuan)	714	33	36
外商直接投资	Foreign Direct Investment			
外商直接投资合同项目（个）	Number of Projects for Contracted Foreign Direct Investment (unit)	8		
当年实际使用外资金额（万美元）	Amount of Foreign Capital Actually Utilized of Current Year(10000 USD)	751		
固定资产投资额（亿元）	Total Investment in Fixed Assets (100 million yuan)			
#固定资产投资（不含农户）	Investment in Fixed Assets(Excluding Rural Households)	876	93	132
#房地产开发投资额	Total Investment in Real Estate Development	230	19	6
#住宅	Residential Buildings	139	16	4
在校学生数（万人）	Student Enrollment (10 000 persons)			
普通高等学校	Regular Institutions of Higher Education	30.66	0.32	0.17
中等职业技术学校	Specialized Secondary Schools	8.19	0.74	0.25
普通中学	Number of Regular Secondary Schools	11.83	1.47	1.33
小学	Number of Primary Schools	14.29	1.63	1.14
医院、卫生院数（个）	Number of Hospitals (unit)	109	8	10
医院、卫生院床位数（张）	Number of Beds of Hospitals (bed)	18024	1478	1272
执业（助理）医师（人）	Licensed (Assistant) Doctors (person)	9944	778	754
在岗职工工资总额（万元）	Total Wages of Staff and Workers (10 000 yuan)	2168622	311525	303865

11-1 续表 1 continued

指　标	Item	白银市 Baiyin	天水市 Tianshui	武威市 Wuwei	张掖市 Zhangye	平凉市 Pingliang
年底人口数（万人）	Population (year-end)(10 000 persons)	49	132	102	52	54
年底单位从业人员（万人）	Number of Employed Persons (year-end) (10 000 persons)	10	14	7	6	4
生产总值（亿元）	Gross Regional Product (100 million yuan)	286	248	215	124	101
第一产业	Primary Industry	7	21	48	33	12
第二产业	Secondary Industry	194	121	96	36	42
第三产业	Tertiary Industry	84	105	71	54	47
人均生产总值（元）	Per Capita Gross Regional Product (yuan)	58033	20499	21182	24282	19711
生产总值增长率（%）	Growth Rate of GDP (%)	14	14	15	10	14
地方财政一般预算收入（亿元）	General Budgetary Revenue (100 million yuan)	16	17	5	5	3
地方财政一般预算支出（亿元）	General Budgetary Expenditure(100 million yuan)	50	73	39	32	18
年末金融机构各项存款余额（亿元）	Deposits of Financial Institution (year-end)(100 million yuan)	312	413	315	205	190
#城乡居民储蓄存款	Savings Deposits of Urban and Rural Households	158	268	211	125	102
年末金融机构各项贷款余额（亿元）	Loans of Financial Institutions(year-end) (100 million yuan)	184	236	188	127	118
规模以上工业总产值（亿元）	Gross Industrial Output Value of Industrial Enterprises above Designated Size (100 million yuan)	553	182	233	64	73
规模以上工业企业	Industrial Enterprises above Designated Size					
主营业务收入（亿元）	Revenue from Principal Business (100 million yuan)	661	91	154	51	68
利润总额（亿元）	Total Profit(100 million yuan)	22	5	3	3	-3
邮电局所数（个）	Number of Postal and Telecommunication Offices (unit)	31	56	42	36	20
全社会用电量（万千瓦时）	Annual Electricity Consumption (10 000 kw·h)	792177	222985	107007	33892	120323
#工业用电量	Electricity Consumption of Industry	767831	73418	67448	12516	91233
社会消费品零售总额（亿元）	Total Retail Sales of Consumer Goods (100 million yuan)	75	111	60	58	51
外商直接投资	Foreign Direct Investment					
外商直接投资合同项目（个）	Number of Projects for Contracted Foreign Direct Investment (unit)					
当年实际使用外资金额（万美元）	Amount of Foreign Capital Actually Utilized of Current Year(10000 USD)					
固定资产投资额（亿元）	Total Investment in Fixed Assets (100 million yuan)					
#固定资产投资（不含农户）	Investment in Fixed Assets(Excluding Rural Households)	203	196	260	74	132
#房地产开发投资额	Total Investment in Real Estate Development	11	18	18	15	21
#住宅	Residential Buildings	7	18	14	12	16
在校学生数（万人）	Student Enrollment (10 000 persons)					
普通高等学校	Regular Institutions of Higher Education	0.29	3.46	1.56	1.96	0.68
中等职业技术学校	Specialized Secondary Schools	1.12	2.53	0.77	0.67	1.26
普通中学	Number of Regular Secondary Schools	4.35	7.48	7.89	3.48	3.06
小学	Number of Primary Schools	3.59	10.22	7.89	3.32	4.27
医院、卫生院数（个）	Number of Hospitals (unit)	34	66	120	40	32
医院、卫生院床位数（张）	Number of Beds of Hospitals (bed)	3301	5927	4635	2410	2845
执业（助理）医师（人）	Licensed (Assistant) Doctors (person)	1392	3936	3008	1151	752
在岗职工工资总额（万元）	Total Wages of Staff and Workers (10 000 yuan)	473863	377469	192820	169107	135855

11-1 续表 2 continued

指 标	Item	酒泉市 Jiuquan	庆阳市 Qingyang	定西市 Dingxi	陇南市 Longnan
年底人口数（万人）	Population (year-end)(10 000 persons)	41	37	47	58
年底单位从业人员（万人）	Number of Employed Persons (year-end) (10 000 persons)	4	3	3	2
生产总值（亿元）	Gross Regional Product (100 million yuan)	185	161	46	68
第一产业	Primary Industry	23	11	10	12
第二产业	Secondary Industry	102	104	13	14
第三产业	Tertiary Industry	60	46	23	43
人均生产总值（元）	Per Capita Gross Regional Product (yuan)	42526	42532	10981	12202
生产总值增长率（%）	Growth Rate of GDP (%)	17	8	14	14
地方财政一般预算收入（亿元）	General Budgetary Revenue (100 million yuan)	4	7	2	3
地方财政一般预算支出（亿元）	General Budgetary Expenditure(100 million yuan)	16	21	21	21
年末金融机构各项存款余额（亿元）	Deposits of Financial Institution (year-end)(100 million yuan)	255	177	123	140
#城乡居民储蓄存款	Savings Deposits of Urban and Rural Households	140	107	66	63
年末金融机构各项贷款余额（亿元）	Loans of Financial Institutions(year-end) (100 million yuan)	164	98	81	83
规模以上工业总产值（亿元）	Gross Industrial Output Value of Industrial Enterprises above Designated Size (100 million yuan)	253	265	26	7
规模以上工业企业	Industrial Enterprises above Designated Size				
主营业务收入（亿元）	Revenue from Principal Business (100 million yuan)	176	214	20	7
利润总额（亿元）	Total Profit(100 million yuan)	9	2		1
邮电局所数（个）	Number of Postal and Telecommunication Offices (unit)	27	10	21	23
全社会用电量（万千瓦时）	Annual Electricity Consumption (10 000 kw·h)	96316	40723	12108	14861
#工业用电量	Electricity Consumption of Industry	57192	29587	2020	2760
社会消费品零售总额（亿元）	Total Retail Sales of Consumer Goods (100 million yuan)	53	42	25	19
外商直接投资	Foreign Direct Investment		1	2	
外商直接投资合同项目（个）	Number of Projects for Contracted Foreign Direct Investment (unit)				
当年实际使用外资金额（万美元）	Amount of Foreign Capital Actually Utilized of Current Year(10000 USD)		400	79	
固定资产投资额（亿元）	Total Investment in Fixed Assets (100 million yuan)				
#固定资产投资（不含农户）	Investment in Fixed Assets(Excluding Rural Households)	185	180	86	105
#房地产开发投资额	Total Investment in Real Estate Development	13	27	23	5
#住宅	Residential Buildings	11			5
在校学生数（万人）	Student Enrollment (10 000 persons)				
普通高等学校	Regular Institutions of Higher Education	0.70	1.44	0.71	
中等职业技术学校	Specialized Secondary Schools	0.90	1.44	1.28	0.90
普通中学	Number of Regular Secondary Schools	2.73	3.30	1.71	2.42
小学	Number of Primary Schools	2.99	3.12	2.35	4.56
医院、卫生院数（个）	Number of Hospitals (unit)	36	17	28	51
医院、卫生院床位数（张）	Number of Beds of Hospitals (bed)	2348	3111	2045	2240
执业（助理）医师（人）	Licensed (Assistant) Doctors (person)	1109	1064	1599	1080
在岗职工工资总额（万元）	Total Wages of Staff and Workers (10 000 yuan)	139672	126630	109522	78250

11-2 城市公用事业基本情况
Basic Statistics on City Public Utilities

指　标	Item	2010	2011	2012
城市建设	**City Areas and Floor Space of Buildings**			
建成区面积（平方公里）	Area of Built Districts (sq.km)	633	656	682
城市建设用地面积（平方公里）	Area of Land Used for Urban Construction (sq.km)	594	615	643
城市人口密度（人/平方公里）	Population Density of Citt Districts (person/sq.km)	3793	3824	4369
城市供水、燃气	**Water Supply and Gas Supply**			
全年供水总量（万吨）	Annual Volume of Total Water Supply (10 000 tons)	62713	55703	54243
#居民家庭用水	Water Consumption for Residential Use	20662	20291	20708
人均日生活用水量(升)	Per Capita Daily Water Consumption for Residential Use (liter)	155	146	144
用水普及率（%）	Coverage Rate of Urban Population with Access to Tap Water (%)	91.57	92.50	102.38
供气总量（人工、天然气）（万立方米）	Volume of Gas Supply（Coal Gas,Natural Gas）(10 000cu.m)	82400	89717	113756
#家庭用量	Consumption of Gaswork Gas for Residential Use	19200	18958	23736
液化石油气供气总量（万吨）	Volume of Liquefied Petroleum Gas（10 000 ton)	18.55	15.17	15.14
#家庭用量	Consumption of Gaswork Gas for Residential Use	14.32	7.04	7.04
燃气普及率（%）	Coverage Rate of Urban Population with Access to Gas (%)	74.29	75.62	85.87
城市公共交通	**Public Traffic**			
城市市政建设	**Municipal Infra-structure**			
年末实有道路长度（公里）	Length of Paved Roads at Year-end (km)	3399	3503	3580
城市排水管道长度（公里）	Length of City Sewaeg Pipes (km)	3092	3144	3282
城市绿化和园林	**City Greening**			
城市绿地面积（公顷）	Area of Urban Green Land (hectare)	15275	18260	23069
人均拥有公园绿地面积（平方米）	Per Capita Area of Parks and Green Land (sq.m)	8.12	8.32	9.52
公园数（个）	Number of Parks and Zoos (unit)	83	92	97
公园面积（公顷）	Area of Parks (hectare)	2451	2572	2629
城市环境卫生	**Environmental Sanitation**			
生活垃圾清运量（万吨）	Volume of Garbage Disposal (10 000 tons)	278.25	276.18	270.54
粪便清运量（万吨）	Volume of Disposal of Excrement and Urine (10 000 tons)	20.97	16.22	17.07
生活垃圾无害化处理率（%）	Harmless Treatment Rate of Garbage (%)	37.95	41.71	41.68

11-3 各地区城市建设情况（2012）
Statistics on City Construction by Region (2012)

地　区	Region	城区面积（平方公里）Urban Area(sq.km)	建成区面积（平方公里）Area of Build Disticts(sp.km)	城市建设用地面积（平方公里）Area of Land Used for Urban Construction (sq.km)	征用土地面积（平方公里）Land Put in Requisition for State Construction Projects (sq.km)	城市人口密度（人/平方公里）Population Density of Urban Area (person/sq.km)
甘肃省	**Gansu**	**1292.43**	**681.55**	**642.69**	**52.88**	**4369**
兰州市	Lanzhou	212.07	198.67	198.07	28.87	9361
嘉峪关市	Jiayuguan	120.00	63.00	61.93		2098
金昌市	Jinchang	42.00	39.36	39.35	0.91	4583
白银市	Baiyin	99.24	58.16	56.82	0.75	4160
天水市	Tianshui	60.00	45.80	45.80	1.37	11362
武威市	Wuwei	31.00	31.00	30.35	5.00	10226
张掖市	Zhangye	53.70	37.22	32.98	2.48	3393
平凉市	Pingliang	255.00	36.00	33.19	0.45	1180
酒泉市	Jiuquan	232.00	46.80	39.05		1490
庆阳市	Qingyang	25.44	23.50	22.63	2.13	7193
定西市	Dingxi	35.88	23.44	14.02	1.16	4978
陇南市	Longnan	40.00	10.40	9.20		3740
临夏州	Linxia	27.50	20.00	20.00	8.96	7920
甘南州	Gannan	12.44	8.98	5.29	0.50	4445

注：临夏州、甘南州数据为临夏市、合作市数据。（下表同）

a) Data of Linxia State, Gannan State refer to data of Linxia City,Hezuo City.(The same applies to the table following.)

11-4 各地区城市供水情况（2012）
Basic Statistics on Tap Water Supply in Cities by Region (2012)

地　区	Region	年末供水综合生产能力（万立方米/日）Production Capacity of Tap Water Supply(year-end)(10 000cu.m/day)	年末供水管道长度（公里）Length of Water Supply Pipelines (year-end)(km)	全年供水总量（万立方米）Total Annual Volume of Water Supply (10 000 cu.m)	#居民家庭用水 Water for Households Use	#生产运营用水 Water for Production Operations Use	用水人口（万人）Number of Residents with Access to Tap Water (10 000 persons)	人均日生活用水量（升）Per Capita Daily Consumption of Tap Water for Residential Use (liter)
甘肃省	**Gansu**	**370.44**	**4718.99**	**54243.42**	**20707.77**	**18995.13**	**523.79**	**144.02**
兰州市	Lanzhou	150.78	759.82	26827.67	9644.75	12112.25	186.46	190.62
嘉峪关市	Jiayuguan	51.74	753.31	3657.06	579.90	207.87	25.17	152.48
金昌市	Jinchang	33.00	350.84	2699.85	920.80	646.00	19.15	171.94
白银市	Baiyin	48.40	289.57	6574.10	2895.00	2475.50	41.28	197.92
天水市	Tianshui	11.00	202.70	3264.79	1797.60	288.65	53.94	134.60
武威市	Wuwei	10.00	221.40	1714.26	763.78	315.74	28.65	100.66
张掖市	Zhangye	12.00	186.09	2111.75	978.04	859.71	18.22	155.34
平凉市	Pingliang	4.60	298.43	1076.63	452.00	401.00	29.90	51.95
酒泉市	Jiuquan	15.40	338.90	2153.11	777.80	747.41	34.56	94.62
庆阳市	Qingyang	5.32	356.80	684.80	373.00	85.00	18.02	72.22
定西市	Dingxi	5.00	155.83	520.00	210.00	120.00	16.43	44.69
陇南市	Longnan	1.67	65.10	411.40	199.00	45.00	9.63	83.76
临夏州	Linxia	5.00	137.90	733.00	434.10	83.00	18.64	76.00
甘南州	Gannan	1.53	57.50	359.00	120.00	160.00	4.50	87.06

11-5 各地区城市燃气情况 （2012）
Basic Statistics on Supply of Gas in Cities by Region (2012)

地　区	Region	人工煤气生产能力（万立方米/日） Production Capacity of Gaswork Gas (10 000 cu.m/day)	管道长度（公里） Length of Gas Pipelines (km)			全年供气总量 Volume of Gas Supply			用气人口（万人） Population with Access to Gas (10 000 persons)		
			人工煤气 Coal Gas	液化石油气 Liquefied Petroleum Gas	天然气 Natural Gas	人工煤气（万立方米） Coal Gas (10 000cu.m)	液化石油气（吨） Liquefied Petroleum Gas(ton)	天然气（万立方米） Natural Gas(10 000 cu.m)	人工煤气 Coal Gas	液化石油气 Liquefied Petroleum Gas	天然气 Natural Gas
甘肃省	**Gansu**	**10.8**	**392.7**		**1701.0**	**1658**	**151392**	**112098**	**18.6**	**168.8**	**252.0**
兰州市	Lanzhou				701.2		101250	98493		12.6	163.5
嘉峪关市	Jiayuguan	10.8	392.7		29.0	1658	42	142	18.6	0.1	6.5
金昌市	Jinchang				47.8		500	972		7.6	3.9
白银市	Baiyin				316.4		1900	4662		11.0	18.0
天水市	Tianshui				84.1		6705	750		29.2	14.0
武威市	Wuwei				61.5		3360	1405		13.3	3.2
张掖市	Zhangye				47.1		4260	170		13.1	5.1
平凉市	Pingliang				39.5		3160	17		13.2	6.8
酒泉市	Jiuquan				50.8		15000	506		25.0	9.5
庆阳市	Qingyang				46.4		8218	1551		14.4	0.6
定西市	Dingxi						602	62		9.7	0.3
陇南市	Longnan				20.0		1008	169		5.2	1.8
临夏州	Linxia				50.2		701	1122		1.6	7.6
甘南州	Gannan						1365			5.0	

11-6 各地区城市集中供热情况 （2012）
Basic Statistics on Heating in Cities by Region (2012)

地　区	Region	供应能力 Heating Capacity		供热总量 Quantity of Heat Supplied		管道长度 Length of Heating Pipelines		供热面积（万平方米） Area of Centralized Heating (10 000 sq.m)
		蒸汽（吨/小时） Steam (ton/hour)	热水（兆瓦） Hot Water (mega watts)	蒸汽（万吉焦） Steam (10 000 gigajoules)	热水（万吉焦） Hot Water (10 000 gigajoules)	蒸汽（公里） Steam (km)	热水（公里） Hot Water (km)	
甘肃省	**Gansu**	**384**	**12758**	**305**	**7569**	**125**	**3825**	**12943**
兰州市	Lanzhou		4566		3339		551	4511
嘉峪关市	Jiayuguan		1142		738		511	1076
金昌市	Jinchang	50	197	167	210	34	398	702
白银市	Baiyin	174	1433	78	510	78	636	1199
天水市	Tianshui		348		332		92	565
武威市	Wuwei		1522		422		170	900
张掖市	Zhangye		372		166		32	440
平凉市	Pingliang		360		265		572	715
酒泉市	Jiuquan		840		600		307	930
庆阳市	Qingyang		304		145		37	396
定西市	Dingxi		460		184		52	496
陇南市	Longnan		50		40		12	13
临夏州	Linxia		368		229		43	342
甘南州	Gannan		116		75		51	110

11-7 各地区城市市政设施（2012）
Basic Statistics on Municipal Infrastructure in Cities by Region (2012)

地 区	Region	年末实有道路长度（公里）Length of Paved Roads (year-end) (km)	年末实有道路面积（万平方米）Area of Paved Roads (year-end) (10 000 sq.m)	城市桥梁（座）Number of City Bridges (unit)	城市排水管道长度（公里）Length of City Sewage Pipes (km)	城市污水处理厂日处理能力（万立方米）Daily Disposal Capacity of City Sewage (10 000 cu.m)	城市道路照明灯（盏）Number of Street Lights (unit)
甘肃省	**Gansu**	**3580**	**7093**	**385**	**3282**	**133**	**225814**
兰州市	Lanzhou	927	2219	205	832	72	78120
嘉峪关市	Jiayuguan	308	373	9	359	3	25143
金昌市	Jinchang	180	440	16	93	8	16505
白银市	Baiyin	403	582	22	165	4	11400
天水市	Tianshui	305	597	36	315	12	12322
武威市	Wuwei	151	276	6	147	9	6778
张掖市	Zhangye	121	395	1	127	4	8273
平凉市	Pingliang	168	558	31	304	5	17473
酒泉市	Jiuquan	280	434		264	4	12414
庆阳市	Qingyang	150	245	2	186	2	7229
定西市	Dingxi	87	214	9	135	3	5468
陇南市	Longnan	41	64	13	56	2	2888
临夏州	Linxia	101	195	20	70	2	12197
甘南州	Gannan	26	82	13	32	1	2315

11-8 各地区城市公共交通情况（2012）
Basic Statistics on Public Transportation in Cities by Region (2012)

地 区	Region	年末实有公共汽（电）车营运车辆数（辆）Number of Public Vehicles under Operation at Year-end (unit)	年末实有出租汽车数（辆）Number of Taxi (unit)
兰州市	Lanzhou	2693	6745
嘉峪关市	Jiayuguan	106	703
金昌市	Jinchang	153	510
白银市	Baiyin	301	1880
天水市	Tianshui	369	1369
武威市	Wuwei	306	1152
张掖市	Zhangye	185	1225
平凉市	Pingliang	238	666
酒泉市	Jiuquan	289	820
庆阳市	Qingyang	350	1300
定西市	Dingxi	82	445
陇南市	Longnan	29	300
临夏州	Linxia		
甘南州	Gannan		

11-9 各地区城市绿地和园林（2012）
Basic Statistics on Parks and Green Areas in Cities by Region (2012)

地 区	Region	城市园林绿地面积（公顷）Area of Parks and Green Land (hectare)	#公园绿地 Park Green Areas	公园（个）Number of Parks (unit)	公园面积（公顷）Area of Parks (hectare)	建成区绿化覆盖率（%）Green Covered Area as % of Completed Area (%)
甘肃省	**Gansu**	**18548**	**5373**	**97**	**2629**	**30.02**
兰州市	Lanzhou	5494	1762	14	566	30.01
嘉峪关市	Jiayuguan	2262	361	7	398	37.14
金昌市	Jinchang	1130	275	2	68	30.72
白银市	Baiyin	1597	349	13	308	29.11
天水市	Tianshui	1334	432	18	326	33.82
武威市	Wuwei	685	473	5	96	19.97
张掖市	Zhangye	1213	543	3	108	36.11
平凉市	Pingliang	1442	245	6	133	33.33
酒泉市	Jiuquan	1345	310	5	234	34.64
庆阳市	Qingyang	608	110	2	23	30.26
定西市	Dingxi	280	185	3	164	25.98
陇南市	Longnan	26	22	6	8	2.98
临夏州	Linxia	122	70	3	69	15.95
甘南州	Gannan	65	32	2	17	6.46

注：公园全省合计数不含玉门、敦煌公园数。

a) Total number of province's parks doesn't contain the number of parks of Yumen and Dunhuang.

11-10 各地区城市市容环境卫生情况（2012）
Basic Statistics on Urban Sanitation in Cities by Region (2012)

地 区	Region	清扫保洁面积（万平方米）Area under Cleaning Program (10 000 sq.m)	生活垃圾清运量（万吨）Volume of Garbage Disposal (10 000 tons)	粪便清运量（万吨）Volume of Excrement and Urine Disposal (10 000 tons)	市容环卫专用车辆设备总数（台）Number of Special Vehicles for Environmental Sanitation (unit)	公共厕所（座）Number of Public Lavatories (unit)	#三类以上 Third Grade and above
甘肃省	**Gansu**	**6235**	**271**	**17.07**	**1499**	**1334**	**949**
兰州市	Lanzhou	1633	118	6.48	952	440	301
嘉峪关市	Jiayuguan	454	9	0.22	40	103	83
金昌市	Jinchang	610	13	0.46	52	80	63
白银市	Baiyin	549	16	0.18	85	90	79
天水市	Tianshui	290	21		27	48	29
武威市	Wuwei	254	17		51	96	70
张掖市	Zhangye	388	8	1.67	15	69	38
平凉市	Pingliang	510	13	6.80	16	75	60
酒泉市	Jiuquan	535	11	0.50	59	65	60
庆阳市	Qingyang	245	14		71	68	52
定西市	Dingxi	160	5		33	49	44
陇南市	Longnan	57	6		24	42	
临夏州	Linxia	147	10	0.55	38	25	25
甘南州	Gannan	51	3	0.11	7	12	

11-11 各地区城市设施水平（2012）
Level of Public Facilities in Cities by Region (2012)

地区	Region	城市用水普及率（%）Coverage Rate of Urban Population with Access to Tap Water (%)	城市燃气普及率（%）Coverage Rate of Urban Population with Access to Gas (%)	人均城市道路面积（平方米）Per Capita Area of Paved Roads (sq.m)	人均公园绿地面积（平方米）Per Capita Public Green Areas (sq.m)
甘肃省	**Gansu**	**92.77**	**77.81**	**12.56**	**9.52**
兰州市	Lanzhou	93.93	88.71	11.18	8.88
嘉峪关市	Jiayuguan	100.00	100.00	14.82	14.34
金昌市	Jinchang	99.48	59.53	22.88	14.29
白银市	Baiyin	100.00	70.25	14.09	8.45
天水市	Tianshui	79.13	63.28	8.76	6.34
武威市	Wuwei	90.38	51.89	8.72	14.92
张掖市	Zhangye	100.00	100.00	21.68	29.80
平凉市	Pingliang	99.34	66.38	18.53	8.14
酒泉市	Jiuquan	100.00	99.68	12.56	8.97
庆阳市	Qingyang	98.47	82.08	13.40	6.01
定西市	Dingxi	91.99	55.88	12.01	10.36
陇南市	Longnan	64.37	46.52	4.29	1.47
临夏州	Linxia	85.58	42.06	8.97	3.21
甘南州	Gannan	81.37	90.42	14.85	5.79

主要指标解释

建城区面积 指市政区范围内经过征用的土地和实际建设发展起来的非农业生产建设地段，包括市区集中连片的部分以及分散在近郊区与城市有着密切联系，具有基本完善的市政共用设施的城市建设用地（如机场、污水处理厂、通讯电台）。

供水综合生产能力 指城建部门系统自来水公司所属自来水厂及各单位自备水源取水、净化、送水、出厂输水干管等环节的综合生产能力，以四个环节中最薄弱的环节为主确定能力，超负荷运行增加的能力不应计算。

年末供水管道长度 指从送水泵至用户水表之间所有管道的长度。不包括新安装尚未使用、水厂内以及用户建筑物内的管道。

全年供水总量 指报告期供水企业(单位)供出的全部水量。包括有效供水量和损失水量。

生活用水量 包括公共服务用水和居民家庭用水。公共服务用水指为城市社会公共生活服务的用水。包括行政事业单位、部队营区和公共设施服务、社会服务业、批发零售贸易业、旅馆饮食业以及其他公共服务业等单位的用水。居民家庭用水指城市范围内所有居民家庭的日常生活用水。包括城市居民、农民家庭、公共供水站用水。

用水普及率 指城市用水人口数与城市人口总数的比率。

人工煤气生产能力 指报告期末人工煤气生产厂制气、净化、输送等环节的综合生产能力，不包括备用设备能力。一般按设计能力计算，如果实际生产能力大于设计能力时，应按实际测定的生产能力计算。测定时应以制气、净化、输送三个环节中最薄弱的环节为主。

供气管道长度 指报告期末从气源厂压缩机的出口或门站出口至各类用户引入管之间的全部已经通气投入使用的管道长度。不包括煤气生产厂、输配站、液化气储存站、灌瓶站、储配站、气化站、混气站、供应站等厂(站)内的管道。

全年供气总量 指全年燃气企业(单位)向用户供应的燃气数量。包括销售量和损失量。

燃气普及率 指报告期末使用燃气的城市人口数与城市人口总数的比率。

年末道路长度 指年末道路长度和与道路相通的桥梁、隧道的长度，按车行道中心线计算。在统计时只统计路面宽度在3.5米(含3.5米)以上的各种铺装道路，包括开放型工业区和住宅区道路在内。

年末运营车数 指年末城市用于公共交通运营业务的全部车辆数。新购、新制和调入的运营车辆，自投入之日起开始计算；调出、报废和调作他用的运营车辆，自上级主管机关批准之日起不再计入。

城市园林绿地面积 指报告期末用作园林和绿化的各种绿地面积。包括公园绿地、生产绿地、防护绿地、附属绿地和其他绿地的面积。

公园绿地面积 指开放的各级各类公园绿地。

清扫保洁面积 指报告期末对城市道路和公共场所（主要包括城市行车道、人行道、车行隧道、人行过街地下通道、道路附属绿地、地铁站、高架路、人行过街天桥、立交桥、广场、停车场及其他设施等）进行清扫保洁的面积。一天清扫多次的，按清扫保洁面积最大的一次计算。

市容环卫专用车辆 指用于环境卫生作业、监察的专用车辆和设备，包括用于道路清扫、冲洗、洒水、除雪、垃圾粪便清运、市容监察以及与其配套使用的车辆和设备。

每万人拥有公共交通车辆 指报告期末城区内每万人平均拥有的公共交通车辆标台数。

12

资源和环境

Resources and Environment

简要说明

一、本篇资料主要内容

本篇资料主要反映甘肃省自然资源状况和环境保护事业发展情况。自然资源状况包括气候情况、矿产储量、水资源情况、土地情况等。环境保护事业发展情况包括自然保护情况工业废水和生活污水的排放及治理情况；废气排放及处理情况；工业固体废物的产生、处理及利用情况；环境污染与破坏事故情况；环境污染治理投资；城市空气质量等内容。

二、本篇资料来源

本篇资料中气候情况由省气象局提供；矿产、土地情况由省国土资源厅提供；水资源、供水用水情况由省水利厅提供；其余资料由省环境保护厅提供。

12-1 气候情况
Climate Conditions

指 标	Indicators	2012	指 标	Indicators	2012
年平均气温（℃）	Annual Average Temperature (℃)	8.0	年蒸发量（毫米）	Annual Exaporation (mm)	1512.0
年最高气温（℃）	Annual Utmost Highest Air Temperature (℃)	14.8	年降水量（毫米）	Annual Preciptation (mm)	439.2
年最低气温（℃）	Annual Utmost Lowest Air Temperature (℃)	2.9	年降雨日数（天）	Annual Rainy Days (day)	8009.0
年日照时数(小时)	Annual Sunshine Time (hour)	2343.3	年无霜期（天）	Annual Frost-free Period(day)	13063.0

月 份	Month	平均气温（℃） Monthly Average Temperature(℃)	日照时数（小时） Sunshine Time (hour)	降雨量（毫米） Preciptation (mm)
1 月	Jan.	-7.1	167.0	7.0
2 月	Feb.	-3.7	158.3	3.1
3 月	Wen.	3.5	189.7	14.4
4 月	Apr.	10.8	242.0	24.6
5 月	May.	15.1	216.5	60.8
6 月	Jun.	19.0	237.8	55.2
7 月	Jul.	20.7	188.6	94.0
8 月	Aug.	19.9	204.0	83.2
9 月	Sep.	14.0	191.5	66.0
10 月	Oct.	8.5	191.8	19.9
11 月	Nov.	0.2	180.2	7.7
12 月	Dec.	-4.7	176.0	3.2
年（平均）	Annual Total (Average)	8.0	2343.3	439.2

12-2 主要矿产保有资源储量
Identified Reserves of Major Mineral

项　目	Item	2009	2010	2011
石油（万吨）	Petroleum (10 000 tons)	13798.8	16085.4	15529.2
天然气（亿立方米）	Natural Gas (100 million cu.m)	163.6	191.8	191.6
煤炭（亿吨）	Coal (100 million tons)	140.5	150.7	181.6
铁矿（矿石，亿吨）	Iron (Ore, 100 million tons)	9.0	8.7	10.5
锰矿（矿石，万吨）	Manganese (Ore, 10 000 tons)	433.3	920.0	817.8
铬矿（矿石，万吨）	Chromium Ore (Ore, 10 000 tons)	189.4	212.1	212.1
钒矿（万吨）	Vanadium (10 000 tons)	156.3	157.2	157.2
原生钛铁矿（万吨）	Titanium Ore (10 000 tons)	0.1	0.1	0.1
铜矿（铜，万吨）	Copper (Metal, 10 000 tons)	352.7	355.2	356.4
铅矿（铅，万吨）	Lead (Metal, 10 000 tons)	300.3	342.0	334.9
锌矿（锌，万吨）	Zinc (Metal, 10 000 tons)	948.5	1068.5	1015.6
铝土矿（矿石，万吨）	Bauxite (Ore, 10 000 tons)			
镍矿（镍，万吨）	Nickel (Metal, 10 000 tons)	426.1	426.9	426.8
钨矿 (WO_3，万吨）	Tungsten (WO_3, 10 000 tons)	39.3	39.3	40.3
锡矿（锡，万吨）	Tin (Metal, 10 000 tons)	0.7	0.7	0.7
钼矿（钼，万吨）	Molybdenum (Metal, 10 000 tons)	12.4	12.5	11.6
锑矿（锑，万吨）	Antimony (Metal, 10 000 tons)	23.1	22.8	13.7
金矿（金，吨）	Gold (Metal, ton)	511.8	564.9	543.5
银矿（银，吨）	Silver (Metal, ton)	6850.4	7268.7	7453.3
稀土矿（氧化物，万吨）	Rare Earths (REO, 10 000 tons)	2.4	2.6	2.6
菱镁矿（矿石，万吨）	Magnesite Ore (Ore, 10 000 tons)	467.3	466.5	3075.6
普通萤石（矿物，万吨）	Fluorspar Mineral (Mineral, 10 000 tons)	14.1	14.1	82.2
硫铁矿（矿石，万吨）	Pyrite Ore (Ore, 10 000 tons)	500.0	500.0	496.9
磷矿（矿石，亿吨）	Phosphorus Ore (Ore,100 million tons)	0.5	0.5	0.5
钾盐 (KCl，万吨）	Potassium KCl (KCl, 10 000 tons)	25.9	25.2	26.1
盐矿 (NaCl，亿吨）	Sodium Salt NaCl (NaCl, 100 million tons)	0.1	0.1	0.1
芒硝 (Na_2SO4，亿吨）	Mirabilite (Na_2SO4, 100 million tons)	0.6	0.6	0.6
重晶石（矿石，万吨）	Barite Ore (Ore, 10 000 tons)	4228.9	4219.0	2634.6
玻璃硅质原料（矿石，万吨）	Silicon Materials for Glass Ore (Ore, 10 000 tons)			
石墨（矿物，万吨）	Graphite Mineral (Crystal) (Mineral, 10 000 tons)	102.2	102.2	102.2
滑石（矿石，万吨）	Talc Ore (Ore, 10 000 tons)	10.4	10.4	10.4
高岭土（矿石，万吨）	Kaolin Ore (Ore, 10 000 tons)	2937.0	2937.0	2937.0

注：石油和天然气的数据为剩余技术可采储量。

a) The data for petroleum and natural gas are the remaining technical recoverable reserves. The same applies to the table following.

12-3 水资源情况
Water Resources

年 份 Year	水资源总量（亿立方米）Total Amount of Water Resources (100 million cu.m)	地表水资源量 Surface Water Resources	地下水资源量 Groundwater Resources	地表水与地下水资源重复量 Duplicated Measurement Between Surface Water and Groundwater	人均水资源量（立方米/人）Per Capita Water Resources (cu.m/person)
2000	218.7	207.1	145.8	134.1	855.5
2001	221.7	210.5	136.5	125.3	861.1
2002	190.4	178.6	139.5	127.7	734.2
2003	279.5	269.6	136.9	126.9	1073.8
2004	199.7	191.0	105.2	96.5	762.4
2005	304.4	295.2	150.2	140.9	1173.5
2006	220.9	212.2	128.8	120.1	846.8
2007	268.9	259.2	136.9	127.3	1027.4
2008	217.7	210.6	113.2	106.2	828.4
2009	244.1	236.9	123.6	116.4	926.3
2010	254.4	245.9	124.2	115.7	987.8
2011	272.1	263.8	128.4	120.1	1061.3
2012	300.7	292.7	139.1	131.2	1166.6

12-4 供水用水情况
Water Supply and Water Use

年 份 Year	供水总量（亿立方米）Water Supply (100 million cu.m)	地表水 Surface Water	地下水 Groundwater	其 他 Others	用水总量（亿立方米）Water Use (100 million cu.m)	农 业 Agriculture	城镇公共 Urban Public	工 业 Industry	生 活 Consumption	生 态 Ecological Protection	人均用水量（立方米/人）Per Capita Water Use (cu.m/person)
2000	123.1	93.9	28.8	0.4	123.1	97.8	1.4	17.2	6.3		481.3
2001	121.8	93.5	27.8	0.5	121.8	96.7	1.7	16.5	6.7		473.0
2002	122.6	94.0	28.2	0.5	122.6	97.2	1.7	16.6	6.8		473.1
2003	122.0	93.4	28.2	0.4	122.0	97.5	1.6	16.7	5.9	0.2	468.5
2004	121.5	92.8	28.3	0.4	121.5	97.8	1.6	16.8	6.1	0.2	463.8
2005	123.0	92.4	28.9	1.7	123.0	97.5	1.7	14.7	6.2	3.1	474.0
2006	123.4	93.0	28.8	1.6	123.4	98.4	1.8	14.4	6.3	2.7	473.0
2007	123.1	93.3	27.9	2.0	123.1	98.5	1.9	13.4	6.4	2.9	470.4
2008	121.5	93.7	25.9	1.9	121.5	97.0	1.9	13.2	6.5	3.0	462.3
2009	120.6	95.2	24.0	1.4	120.6	95.6	2.0	13.1	7.0	3.0	457.7
2010	121.8	96.1	24.2	1.5	121.8	95.8	2.0	13.9	7.2	3.0	473.0
2011	122.9	97.0	24.4	1.5	122.9	95.3	2.0	15.4	7.2	3.0	479.0
2012	123.1	95.9	25.7	1.5	123.1	95.2	2.0	15.7	7.3	3.0	478.0

12-5 土地状况
Land Characteristics

项　目	Item	面积 Area	占总面积 (%) Percentage to Total Area(%)
总面积（万平方公里）	**Total Land Area (10 000 sq.km)**	**42.58**	
按特征分（万公顷）	By Land Use (10 000 hectares)		
农用地	Agricultural Land	2544.87	59.77
建设用地	Construction Land	101.43	2.38
城镇村及工矿	Village of Urban and Mining	90.94	2.13
交通运输	Transportation	7.61	0.18
水域及水利设施	Waters and Water Conservancy facilities	2.88	0.07
未利用地	Unused Land	1611.70	37.85

12-6 土地利用情况
Land Use

单位：万公顷　　(10 000 hectares)

年份 Year	土地调查面积 Area under Land Survey	农用地 Land for Agriculture Use	#园地 Garden Land	#牧草地 Grazing and Pasture Land	建设用地 Land for Construction	居民点及工矿用地 Land for Inhabitation, Mining and Manufacturing	交通运输用地 Land for Transport Facilities	水利设施用地 Land for Water Conservancy Facilities
2003	4540	2536.38	19.10	1417.87	95.76	87.01	5.95	2.80
2004	4540	2540.89	20.17	1412.68	96.37	87.30	6.25	2.82
2005	4540	2541.44	20.46	1411.29	96.66	87.41	6.41	2.83
2006	4540	2541.73	20.54	1410.99	96.93	87.60	6.47	2.86
2007	4540	2541.79	20.54	1410.84	97.19	87.81	6.51	2.87
2008	4540	2541.66	20.60	1410.69	97.67	88.17	6.63	2.88
2009	4540	2541.66	20.60	1410.69	97.67	88.17	6.63	2.88
2010	4540	2541.22	20.56	1410.53	98.17	88.57	6.73	2.87
2011	4540	2541.22	20.56	1410.53	98.17	88.57	6.73	2.87
2012	4258	2544.87	20.43	1410.99	101.43	90.94	7.61	2.88

12-7 自然保护情况
Basic Statistics on of Natural Protection

指　标	Item	2010	2011	2012
自然保护区情况	**Nature Reserves**			
自然保护区个数（个）	Number of Nature Reserves (unit)	59	60	60
#国家级	National Level	15	16	17
省　级	Provincal Level	40	41	40
自然保护区面积（万公顷）	Area of Nature Reserves (10 000 hectares)	976	976	976
#国家级	National Level	720	724	724
省　级	Provincal Level	245	244	244
生态功能保护区个数（个）	Number of Ecological Functional Conservation Areas (unit)	2	2	2
生态功能保护区面积（万公顷）	Area of EFCAs (10 000 hectare)	766	766	766
集中式饮用水水源情况	**Centralized Drinking Water Sources**			
地表水集中式饮用水源保护区个数（个）	Number of Protected Areas of Surface Water Source for Centralized Drinking Water (unit)	166	166	54
地表水集中式饮用水源保护区面积（平方公里）	Protection Area of Surface Water Source for Centralized Drinking-water (sq.km)	2565	2565	4482
地下水集中式饮用水源保护区个数（个）	Number of Protected Areas of Groundwater Source for Centralized Drinking Water (unit)	198	198	72
地下水集中式饮用水源保护区面积（平方公里）	Protection Area of Groundwater Source for Centralized Drinking-water (sq.km)	1962	1962	7101
集中式饮用水源服务人口（万人）	Service Population of Centralized Drinking Water Source (10 000 persons)	1188	1188	776

12-8 “三废”排放、处理及综合利用情况
Emission,Disposal and Comprehensive Utilization of Waste Water, Waste Gas and Solid Wastes

项 目	Item	2011	2012
废水	**Waste Water**		
废水排放量（万吨）	Waste Water Emissions (10 000 tons)	59232	62813
工业废水	Industry	19720	19188
生活污水	Consumption	39491	43589
化学需氧量排放量（万吨）	Discharge Amount of COD (10 000 tons)	39.66	38.93
工业废水	Industry	9.61	9.30
生活污水	Consumption	15.23	14.99
农业污染源	Agricultural Pollution Source	14.66	14.48
集中式治理设施	Centralized Treatment Facilities	0.16	0.16
氨氮排放量（万吨）	Ammonia Nitrogen Emissions (10 000 tons)	4.26	4.10
工业	Industry	1.40	1.39
生活	Consumption	2.25	2.13
农业	Agriculture	0.59	0.57
集中式治理设施	Centralized Treatment Facilities	0.01	0.01
其他主要污染物排放量（吨）	Other Major Pollutant Emissions (ton)		
#石油类	Oil	332.10	264.36
挥发酚	Volatile Phenols	10.17	2.51
氰化物	Cyanide	0.33	0.18
铅	Plumbum	6.88	6.79
汞	Mercury	0.07	0.09
镉	Cadmium	1.42	1.30
六价铬	Hexavalent Chromium	0.24	0.40
总铬	Total Chromium	4.67	5.02
砷	Arsenic	5.74	3.75
工业废水治理设施数（套）	Number of Facilities for Treatment of Waste Water(set)	553	631
工业废水处理量（万吨）	Disposal Capacity of Industrial Waste Water (10 000 tons)	22546	33001
生活污水处理量（万吨）	Disposal Capacity of Consumption Waste Water (10 000 tons)	25148	21929
废气	**Waste Gas**		
工业废气排放量（亿标立方米）	Industrial Waste Gas Emission (100 million cu.m)	12891.93	13899.67
二氧化硫排放量（万吨）	Sulphur Dioxide Emissions (10 000 tons)	62.39	57.25
#工业	Industry	52.77	47.99
生活	Consumption	9.60	9.24
氮氧化物排放量（万吨）	Nitrogen Oxide Emissions (10 000 tons)	48.09	47.34
#工业	# Industry	35.60	34.10
生活	Consumption	1.17	1.44
烟（粉）尘排放量（万吨）	Soot (Dust) Emissions (10 000 tons)	23.62	20.76
#工业	# Industry	18.77	15.66
生活	Consumption	4.06	4.25

12-8 续表 1 continued

项 目	Item	2011	2012
工业二氧化硫去除量（万吨）	Industrial Sulphur Dioxide Removed (10 000 tons)	205.41	234.21
固体废物	**Solid Wastes**		
工业固体废物产生量（万吨）	Industrial Solid Wastes Produced (10 000 tons)	6523.79	6671.17
# 危险废物	Hazardous Wastes	24.68	29.09
工业固体废物排放量（万吨）	Industrial Solid Wastes Discharged (10 000 tons)	6.59	0.37
工业固体废物综合利用量（万吨）	Industrial Solid Wastes Comprehensive Utilized (10 000 tons)	3341.77	3593.44
工业固体废物处置量（万吨）	Volume of Industrial Solid Wastes Disposed (10 000 tons)	2041.16	2109.73
环境污染	**Pollution**		
突发环境事件次数（次）	Number of Environmental Emergencies (times)	4	
环境污染治理投资总额（亿元）	Investment in Pollution Treatment (100 million yuan)	19.04	48.04
工业污染源治理投资	Control Investment for Pollution Source of Inderstry	12.84	28.48
建设项目“三同时”环保投资	Environmental Investment for Construction Projects of “Three Simultaneous”	6.20	19.56
工业污染治理项目及投资情况	**Industrial Pollution Treatment Projects**		
当年施工污染治理项目数（个）	Projects under Construction of the Year (unit)	78	85
污染治理项目本年完成投资（万元）	Investment Completed in Pollution Treatment Projects (10 000 yuan)	128395	179384
治理废水	Waste Water	30085	31085
治理废气	Waste Gas	69925	62224
治理固体废物	Solid Wastes	389	53499
治理噪声	Noise Pollution	98	51
治理其他	Others	27898	32525

12-9 各地区城市空气质量指标（2012）
Ambient Air Quality by Region (2012)

单位：毫克/立方米 (mg/m³)

地区	Region	可吸入颗粒物 Particulate Matters	二氧化硫 Sulphur Dioxide	二氧化氮 Nitrogen Dioxide	空气质量达到及好于二级的天数（天） Days of Air Quality Equal to or Above Grade II (days)	空气质量达到二级以上天数占全年比重(%) Proportion of Days of Air Quality Equal to or above Grade II in the Whole Year (%)
兰州市	Lanzhou	0.136	80408.00	107024.00	270	74.0
嘉峪关市	Jiayuguan	0.074	51252.01	37277.76	342	93.7
金昌市	Jinchang	0.094	108775.00	28742.00	333	91.2
白银市	Baiyin	0.113	109083.12	81282.29	308	84.4
天水市	Tianshui	0.059	11075.00	21849.88	352	96.4
武威市	Wuwei	0.065	31915.06	14957.04	353	96.7
张掖市	Zhangye	0.078	48188.74	18334.77	355	97.3
平凉市	Pingliang	0.072	40896.00	82268.00	365	100.0
酒泉市	Jiuquan	0.091	33110.22	22390.39	340	93.2
庆阳市	Qingyang	0.073	14805.00	14723.00	353	96.7
定西市	Dingxi	0.057	11823.00	15327.00	365	100.0
陇南市	Longnan	0.078	12152.00	11275.00	348	95.3
临夏州	Linxia	0.096	12010.00	10931.51	303	83.0
甘南州	Gannan	0.051	3033.24	4312.00	365	100.0

12-10 各地区工业固体废物产生及处理利用情况（2012）
Production, Disposal and Utilization of Industrial Solid Wastes by Region (2012)

单位：万吨 (10 000 tons)

地区	Region	工业固体废物产生量 Volume of Industrial Solid Wastes Produced	#危险废物 Hazardous Wastes	工业固体废物综合利用量 Volume of Industrial Solid Wastes Comprehensively Utilized	工业固体废物贮存量 Stock of Industrial Solid Wastes	工业固体废物处置量 Volume of Industrial Solid Wastes Disposed	工业固体废物排放量 Volume of Industrial Solid Wastes Discharged
甘肃省	**Gansu**	6671.17	29.09	3593.44	991.53	2109.73	0.37
兰州市	Lanzhou	627.88	6.14	623.54	1.66	23.19	
嘉峪关市	Jiayuguan	700.82	3.19	282.47		418.35	
金昌市	Jinchang	1236.79	1.42	210.04	145.88	880.88	
白银市	Baiyin	679.97	9.57	337.74	251.65	90.58	
天水市	Tianshui	53.25	0.01	52.86		0.40	
武威市	Wuwei	65.51		56.88	3.91	7.12	
张掖市	Zhangye	888.79	0.85	611.14	102.33	175.31	
平凉市	Pingliang	499.46		229.87	17.89	252.68	
酒泉市	Jiuquan	1236.69	0.18	745.39	322.42	168.87	
庆阳市	Qingyang	14.16	0.34	13.89	0.00	0.26	
定西市	Dingxi	15.96		13.59	2.37		
陇南市	Longnan	492.00	7.01	372.96	27.24	91.80	
临夏州	Linxia	13.25	0.02	12.87			0.37
甘南州	Gannan	132.60		23.01	109.29	0.29	

12-11 各地区废水排放及处理情况（2012）
Emission and Disposal of Waste Water by Region (2012)

单位：万吨

地 区	Region	废水治理设施数（套） Number of Facilities for Treatment of Waste Water (set)	废水排放量 Waste Water Emissions Amount	# 工业废水排放总量 Total Volume of Waste Water Emissions	# 生活污水排放量 Ammonia Nitrogen Emissions from Industrial Waste Water
甘肃省	**Gansu**	631	62813.42	19188.35	43588.75
兰州市	Lanzhou	109	18317.87	4624.55	13687.50
嘉峪关市	Jiayuguan	2	2440.67	1505.48	935.13
金昌市	Jinchang	69	3271.39	1848.03	1423.03
白银市	Baiyin	57	4210.73	1046.41	3162.88
天水市	Tianshui	50	5192.57	541.36	4639.80
武威市	Wuwei	30	3248.44	947.48	2299.81
张掖市	Zhangye	68	4156.01	2034.65	2120.39
平凉市	Pingliang	37	4855.23	1958.64	2896.49
酒泉市	Jiuquan	37	3590.03	1060.11	2529.45
庆阳市	Qingyang	20	2573.99	277.37	2289.53
定西市	Dingxi	43	2947.89	298.86	2649.02
陇南市	Longnan	90	4078.85	1784.01	2293.75
临夏州	Linxia	10	2363.79	441.89	1921.62
甘南州	Gannan	6	775.37	28.90	740.34

12-11 续表 continued

单位：万吨 (10 000 tons)

地 区	Region	化学需氧量排放量 Emissions Amount of COD	# 生活污水中化学需氧量排放量 COD Emissions from Consumption Waste Water	# 工业废水中化学需氧量排放量 COD Emissions from Industrial Waste Water	# 农业化学需氧量排放量 Agricultural Chemical Oxygen Demand Emissions	氨氮排放量 Nitrogen Oxide Emissions	# 工业废水中氨氮排放量 Consumption Waste Water Emissions	# 生活污水中氨氮排放量 Ammonia Nitrogen Emissions from Consumption Waste Water	# 农业氨氮排放量 Agricultural Chemical Oxygen Demand Emissions
甘肃省	**Gansu**	38.93	14.99	9.30	14.48	4.10	1.392	2.13	0.57
兰州市	Lanzhou	4.96	3.78	0.43	0.70	0.86	0.264	0.55	0.04
嘉峪关市	Jiayuguan	0.43	0.11	0.19	0.12	0.07	0.061	0.00	0.01
金昌市	Jinchang	1.38	0.17	0.44	0.76	0.53	0.472	0.04	0.02
白银市	Baiyin	2.34	1.28	0.52	0.54	0.64	0.437	0.17	0.04
天水市	Tianshui	2.34	1.76	0.10	0.44	0.30	0.002	0.26	0.03
武威市	Wuwei	4.83	0.56	0.84	3.42	0.23	0.017	0.11	0.10
张掖市	Zhangye	3.52	0.63	1.90	0.98	0.17	0.025	0.11	0.03
平凉市	Pingliang	4.39	1.21	1.43	1.74	0.27	0.054	0.16	0.06
酒泉市	Jiuquan	2.95	0.70	1.19	1.05	0.14	0.013	0.10	0.02
庆阳市	Qingyang	1.58	1.01	0.13	0.43	0.18	0.014	0.13	0.03
定西市	Dingxi	2.13	1.20	0.71	0.22	0.19	0.003	0.16	0.02
陇南市	Longnan	3.77	1.25	0.31	2.20	0.29	0.000	0.16	0.13
临夏州	Linxia	3.13	0.96	0.80	1.37	0.18	0.024	0.13	0.03
甘南州	Gannan	0.90	0.37	0.02	0.50	0.06	0.002	0.05	0.01

12-12 各地区废气及主要污染物排放情况（2012）
Emission of Waste Gas and Major Pollutants by Region (2012)

地 区	Region	工业废气排放量（亿立方米）Emission of Industrial Waste Gas (100 million cu.m)	二氧化硫（吨）Sulfur Dioxide (ton)	#工业二氧化硫 Industrial Sulfur Dioxide
甘肃省	**Gansu**	13899.67	572489.40	479937.90
兰州市	Lanzhou	3954.42	80408.00	68654.36
嘉峪关市	Jiayuguan	1897.37	51252.01	50985.54
金昌市	Jinchang	832.77	108775.00	104951.27
白银市	Baiyin	1061.73	109083.12	106941.62
天水市	Tianshui	196.65	11075.00	9910.04
武威市	Wuwei	467.69	31915.06	15230.70
张掖市	Zhangye	791.32	48188.74	30226.90
平凉市	Pingliang	2234.15	40896.00	33795.95
酒泉市	Jiuquan	1477.16	33110.22	25960.68
庆阳市	Qingyang	86.06	14805.00	5740.42
定西市	Dingxi	352.50	11823.00	6417.30
陇南市	Longnan	211.78	12152.00	7427.00
临夏州	Linxia	153.28	12010.00	7782.10
甘南州	Gannan	57.88	3033.24	1951.03

12-12 续表 continued

地 区	Region	氮氧化物（吨）Nitrogen Oxides (ton)	#工业氮氧化物 Industrial Nitrogen Oxides	烟（粉）尘（吨）Soot and Dust (ton)	#工业烟（粉）尘 Industrial Soot and Dust
甘肃省	**Gansu**	473380.64	341040.17	207563.66	156645.65
兰州市	Lanzhou	107024.00	83804.03	35993.75	33598.53
嘉峪关市	Jiayuguan	37277.76	34953.25	22100.50	21652.45
金昌市	Jinchang	28742.00	23827.84	13655.43	11669.93
白银市	Baiyin	81282.29	66802.26	15610.38	12154.68
天水市	Tianshui	21849.88	13053.77	11975.63	8422.47
武威市	Wuwei	14957.04	6738.51	14452.47	8293.46
张掖市	Zhangye	18334.77	11187.49	22528.91	17173.53
平凉市	Pingliang	82268.00	69798.17	15728.04	9805.57
酒泉市	Jiuquan	22390.39	12414.31	17868.02	12627.40
庆阳市	Qingyang	14723.00	2595.40	10927.64	5277.33
定西市	Dingxi	15327.00	3649.78	5894.85	3072.90
陇南市	Longnan	11275.00	6155.17	6396.87	3292.09
临夏州	Linxia	10931.51	1631.29	6975.31	4168.06
甘南州	Gannan	4312.00	1742.91	2983.45	964.83

主要指标解释

气候 指地球与大气之间长期能量交换与质量交换所形成的一种自然环境状态，它是多种因素综合作用的结果。气候既是人类生活和生产的环境要素之一，又是供给人类生活和生产的重要资源。气温、降水、湿度等气象要素的多年平均值是用来描述一个地区气候状况的主要参数，而各种气象要素某年、某月的平均值（或总量）则可以反映出该时期天气气候状况的重要特征。

自然资源 指人类可以直接从自然界获得，并用于生产和生活的物质资源。自然资源一般可以分成可再生资源和非再生资源两大类。可再生资源指在较短时间内可以再生、可以循环利用的资源，包括土地资源、水资源、气候资源、生物资源和海洋资源等。非再生资源指在使用后不能再生的资源，包括矿产资源和地热能源。

土地资源 土地指陆地的表层部分，它主要由岩石、岩石的风化物和土壤构成。土地资源按利用类型可以分为农用地、建筑用地和未利用地。农用地包括耕地、园地、林地、牧草地和水面。建筑用地包括居民点及工矿用地、交通用地和水利设施用地。未利用地指农用地和建筑用地以外的土地，包括滩涂、荒漠、戈壁、冰川和石山等。

矿产资源 矿产资源指由地质作用形成的，具有利用价值的，呈固态、液态、气态的自然资源，是社会生产发展的重要物质基础。目前我国已发现矿种有170多种，按其特点和用途，可分为能源矿产（如煤炭、石油、天然气、地热）、金属矿产（如铁矿、锰矿、铜矿、铅矿、铝土矿）、非金属矿产（如金刚石、石灰岩、粘土）和水气矿产（如地下水、矿泉水、二氧化碳气）四大类。其中：金属矿产按其物质成份和性质又可分为：黑色金属矿产、有色金属矿产、贵金属矿产、稀有金属矿产、稀土金属矿产、分散元素金属矿产六类。

矿产基础储量 基础储量是查明矿产资源的一部分。它能满足现行采矿和生产所需的指标要求，是控制的、探明的并通过可行性或预可行性研究认为属于经济的、边界经济的部分，用未扣除设计、采矿损失的数量表示。

气温 指空气的温度，我国一般以摄氏度（℃）为单位表示。气象观测的温度表是放在离地面约1.5米处通风良好的百叶箱里测量的，因此，通常说的气温指的是离地面1.5米处百叶箱中的温度。其统计计算方法为：

月平均气温是将全月各日的平均气温相加，除以该月的天数而得。

年平均气温是将12个月的月平均气温累加后除以12而得。

相对湿度 指空气中实际所含水蒸气密度和同温度下饱和水蒸气密度的百分比值。其统计方法与气温相同。

降水量 指从天空降落到地面的液态或固态（经融化后）水，未经蒸发、渗透、流失而在地面上积聚的深度。其统计计算方法为：

月降水量是将全月各日的降水量累加而得。

年降水量是将12个月的月降水量累加而得。

日照时数 指太阳实际照射地面的时间。其统计方法与降水量相同。

水资源总量 指评价区内降水形成的地表和地下产水总量，即地表产流量与降水入渗补给地下水量之和，不包括过境水量。

地表水资源量 指评价区内河流、湖泊、冰川等地表水体中可以逐年更新的动态水量，即当地天然河川径流量。

地下水资源量 指评价区内降水和地表水对饱水岩土层的补给量，包括降水入渗补给量和河道、湖库、渠系、渠灌田间等地表水体的入渗补给量。

地表水与地下水资源重复量 指地表水和地下水相互转化的部分，即天然河川径流量中的地下水排泄量和地下水补给量中来源于地表水的入渗补给量。

供水总量 指各种水源工程为用户提供的包括输水损失在内的毛供水量之和，不包括海水直接利用量。

地表水源供水量 指地表水体工程的取水量，按蓄、引、提、调四种形式统计。从水库、塘坝中引水或提水，均属蓄水工程供水量；从河道或湖泊中自流引水的，无论有闸或无闸，均属引水工程供水量；利用扬水站从河道或湖泊中直接取水的，属提水工程供水量；跨流域调水指水资源一级区或独立流域之间的跨流域调配水量，不包括在蓄、引、提水量中。

地下水源供水量 指水井工程的开采量，按浅层淡水、深层承压水和微咸水分别统计。城市地下水源供水量包括自来水厂的开采量和工矿企业自备井的开采量。

其他水源供水量 包括污水处理再利用、集雨工程、海水淡化等水源工程的供水量。

用水总量 指分配给各类用户的包括输水损失在内的毛用水量之和，不包括海水直接利用量。

农业用水 指农田灌溉用水、林果地灌溉用水、草地灌溉用水和鱼塘补水。

工业用水 指工矿企业在生产过程中用于制造、加工、冷却、空调、净化、洗涤等方面的用水，按新水取用量计，不包括企业内部的重复利用水量。

生活用水 包括城镇生活用水和农村生活用水。城镇生活用水由居民用水和公共用水（含第三产业及建筑业等用水）组成；农村生活用水除居民生活用水外，还包括牲畜用水在内。

森林覆盖率 指一个国家或地区森林面积占土地总面积的百分比。森林覆盖率是反映森林资源的丰富程度和生态平衡状况的重要指标。在计算森林覆盖率时，森林面积包括郁闭度 0.2 以上的乔木林地面积和竹林地面积，国家特别规定的灌木林地面积、农田林网以及四旁(村旁、路旁、水旁、宅旁)林木的覆盖面积。计算公式为：

$$\text{森林覆盖率（\%）}=\frac{\text{森林面积}}{\text{土地总面积}}\times 100\%$$

自然保护区 指对有代表性的自然生态系统、珍稀濒危野生动植物物种的天然分布区、水源涵养区、有特殊意义的自然历史遗迹等保护对象所在的陆地、陆地水体或海域，依法划出一定面积进行特殊保护和管理的区域。以县及县以上各级人民政府正式批准建立的自然保护区为准(包括“六五”以前由部门或“革委会”批准且现仍存在的自然保护区)。风景名胜区、文物保护区不计在内。

生态示范区 指省级以上环境保护行政主管部门批准，以省、地、县政府为主按批准的生态示范区建设规划实施的行政区域。包括已经过国家或省级环境保护行政主管部门验收的和正在开展试点工作的。

环境污染治理投资 指在工业污染源治理和城市环境基础设施建设的资金投入中，用于形成固定资产的资金。包括工业新老污染源治理工程投资、建设项目“三同时”环保投资，以及城市环境基础设施建设所投入的资金。

工业废水排放量 指经过企业厂区所有排放口排到企业外部的工业废水量。包括生产废水、外排的直接冷却水、超标排放的矿井地下水和与工业废水混排的厂区生活污水，不包括外排的间接冷却水(清污不分流的间接冷却水应计算在内)。

工业废水排放达标量 指报告期内废水中各项污染物指标都达到国家或地方排放标准的外排工业废水量，包括未经处理外排达标的，经废水处理设施处理后达标排放的，以及经污水处理厂处理后达标排放的。

工业废水排放达标率 指工业废水排放达标量占工业废水排放量的百分率，计算公式为：

$$\text{工业废水排放达标率}=\frac{\text{工业废水排放达标量}}{\text{工业废水排放量}}\times 100\%$$

生活污水排放量 指城镇居民每年排放的生活污水。用人均系数法测算。测算公式为：

$$\begin{matrix}\text{生活污水}\\\text{排放量}\end{matrix}=\begin{matrix}\text{城镇生活污水}\\\text{排放系数}\end{matrix}\times\begin{matrix}\text{市镇非}\\\text{农业人口}\end{matrix}\times 365$$

生活污水中化学需氧量(COD)排放量 指城镇居民每年排放的生活污水中的 COD 的量。用人均系数法测算。测算公式为：

$$\begin{matrix}\text{城镇生活污水}\\\text{中 COD 排放量}\end{matrix}=\begin{matrix}\text{城镇生活污水中}\\\text{COD 产生系数}\end{matrix}\times\begin{matrix}\text{市镇非}\\\text{农业人口}\end{matrix}\times 365$$

化学需氧量(COD) 指用化学氧化剂氧化水中有机污染物时所需的氧量。COD 值越高，表示水中有机污染物污染越重。

工业废气排放量 指报告期内企业厂区内燃料燃烧和生产工艺过程中产生的各种排入大气的含有污染物的气体的总量，以标准状态(273K，101325Pa)计算。测算公式为：

$$\begin{matrix}\text{工业废气}\\\text{排放量}\end{matrix}=\begin{matrix}\text{燃料燃烧过程}\\\text{中废气排放量}\end{matrix}+\begin{matrix}\text{生产工艺过程}\\\text{中废气排放量}\end{matrix}$$

生活及其他 SO_2 排放量 以生活及其他煤炭消费量和其含硫量为基础，根据以下公式计算：

$$\begin{matrix}\text{生活及其他}\\SO_2\text{ 排放量}\end{matrix}=\begin{matrix}\text{生活及其他}\\\text{煤炭消费量}\end{matrix}\times\text{含硫量}\times 0.8\times 2$$

工业 SO2 排放量 指报告期内企业在燃料燃烧和生产工艺过程中排入大气的 SO2 总量，计算公式为：

$$\begin{matrix}\text{工业 }SO_2\\\text{排放量}\end{matrix}=\begin{matrix}\text{燃料燃烧过程}\\\text{中 }SO_2\text{ 排放量}\end{matrix}+\begin{matrix}\text{生产工艺过程}\\\text{中 }SO_2\text{ 排放量}\end{matrix}$$

工业固体废物产生量 指报告期内企业在生产过程中产生的固体状、半固体状和高浓度液体状废弃物的总量，包括危险废物、冶炼废渣、粉煤灰、炉渣、煤矸石、尾矿、放射性废物和其他废物等；不包括矿山开采的剥离废石和掘进废石(煤矸石和呈酸性或碱性的废石除外)。酸性或碱性废石指采掘的废石其流经水、雨淋水的 pH 值小于 4 或 pH 值大于 10.5 者。

危险废物 指列入国家危险废物名录或根据国家规定的危险废物鉴别标准和鉴别方法认定的，具有爆炸性、易燃性、易氧化性、毒性、腐蚀性、易传染疾病等危险特性之一的废物。

工业固体废物综合利用量 指报告期内企业通过回收、加工、循环、交换等方式，从固体废物中提取或者使其转化为可以利用的资源、能源和其他原材料的固体废物量(包括当年利用往年的工业固体废物贮存量)，如用作农业肥料、生产建筑材料、筑路等。综合利用量由原产生固体废物的单位统计。

工业固体废物处置量 指报告期内企业将固体废物焚烧或者最终置于符合环境保护规定要求的场所，并不再回取的工业固体废物量(包括当年处置往年的工业固体废物贮存量)。处置方式有填埋(其中危险废物应安全填埋)、焚烧、专业贮存场(库)封场处理、深层灌注、回填矿井及海洋处置(经海洋管理部门同意投海处置)等。

工业固体废物排放量 指报告期内企业将所产生的固体废物排到固体废物污染防治设施、场所以外的数量，不包括矿山开采的剥离废石和掘进废石(煤矸石和呈酸性或碱性的废石除外)。

13 农业

Agriculture

简要说明

一、本篇资料主要内容

本篇资料反映了全省农业生产和农村经济的基本情况，主要包括农林牧渔业总产值、增加值、耕地、主要农产品产量、农业机械年末拥有量、农村电气化和农业化学化情况以及农田水利建设等方面的内容。

二、本篇资料来源

本篇资料来源于农村社会经济统计年报，由省统计局农村处整理提供。

三、本篇资料的统计范围和统计口径

农村社会经济统计报表制度的统计范围包括省内全部农村社会经济情况，以及国营、机关单位农林牧渔场的农林牧渔业生产情况。农业科研单位的农业实验研究生产、军队系统的军马场生产以及军队和公安司法部门的警犬生产除外。

本篇资料中2003年及以后年份的农林牧渔业总产值、增加值按新口径计算。即调整了农业中种植业和其他农业的分类，将原属于其他农业的农民家庭兼营商品性工业剔除，作为附记指标统计，增加农林牧渔服务业统计。

根据第一、二次农业普查结果，对部分历史数据进行了调整。

13-1 农村基层组织情况
Basic Conditions of Rural Grass-roots Unit

项 目	Item	2005	2010	2011	2012
村民委员会（个）	Number of Village Committee (unit)	16585	16162	16103	16098
村民小组（个）	Villagers Group (unit)	97647	96998	97190	97254
农村户数（万户）	Number of Rural Households (10 000 households)	463.69	480.63	482.39	485.75
农村人口（万人）	Rural Population (10 000 persons)	2074.76	2087.61	2080.33	2082.95
农村从业人员（万人）	Number of Rural Laborers (10 000 persons)	1084.25	1113.99	1119.95	1122.07
按性别分	By Sex				
男	Male	570.79	591.75	594.21	595.97
女	Female	513.46	522.24	525.74	526.10
按行业分	By Sector				
农林牧渔业	Agriculture, Forestry, Animal Husbandry & Fishery	761.37	724.82	715.42	697.64
工 业	Industry	35.28	43.68	42.59	44.19
建筑业	Construction	63.34	86.13	89.77	99.34
批发与零售业	Wholesale and Retail Trades	25.62	29.66	29.53	31.08
交通运输仓储和邮政业	Transport, Storage and Post	23.07	26.92	27.03	28.58
住宿和餐饮业	Hotels and Catering Serices	13.15	17.57	18.21	20.63
信息传输、软件和信息技术服务业	Information Transmission,Software and Information Technology Services	1.55	2.34	2.58	2.78
金融业	Financial Intermediation	0.80	1.53	1.22	1.47
房地产业	Real Estate				
科学研究和技术服务业	Scientific Research and Technical Services	2.53	1.92	1.70	1.76
水利、环境和公共设施管理业	Management of Water Conservancy, Environment and Public Facilities				
居民服务、修理和其他服务业	Services and Repair to Households and Other Services				
教育	Education	5.96	6.03	6.16	6.36
卫生和社会工作	Health and Social Work	3.46	3.52	3.55	3.77
乡镇经济组织（乡务）管理	Villages and Towns Economic Organizations (Sangkat) Management	0.60	0.81	0.79	0.82
其他	Others	147.52	169.06	181.40	183.65

13-2 各地区农村基本情况（2012）
Basic Conditions of Rural by Region (2012)

地 区	Region	村民委员会（个）Number of Village Committee (unit)	村民小组（个）Villagers Group (unit)	农村户数（万户）Number of Rural Households (10 000 households)	农村人口（万人）Rural Population (10 000 persons)
兰州市	Lanzhou	780	4257	34.13	131.38
嘉峪关市	Jiayuguan	17	117	0.61	2.10
金昌市	Jinchang	138	1081	6.47	23.87
白银市	Baiyin	699	4483	31.63	133.74
天水市	Tianshui	2491	11513	65.87	307.96
武威市	Wuwei	1125	8334	36.22	154.56
张掖市	Zhangye	835	5984	27.14	99.78
平凉市	Pingliang	1470	9123	44.67	193.83
酒泉市	Jiuquan	437	2424	17.50	64.66
庆阳市	Qingyang	1261	9107	52.88	229.57
定西市	Dingxi	1829	12687	62.07	264.99
陇南市	Longnan	3203	14121	58.68	246.62
临夏州	Linxia	1150	11090	35.96	173.81
甘南州	Gannan	663	2933	11.92	56.08

13-3 各地区农村从业人员（2012）
Rural Laborers by Region(2012)

单位：万人 (10 000 persons)

地 区	Region	总 计 Total	农林牧渔业 Agriculture, Forestry, Animal Husbandry & Fishery	工 业 Industry	建筑业 Construction	批发零售贸易 Wholesale and Retail Trades	交通运输仓储业和邮政业 Transport, Storage and Post	其他非农行业 Other Non-agricultural Trades
兰州市	Lanzhou	71.02	39.85	5.75	4.76	2.58	3.86	14.22
嘉峪关市	Jiayuguan	1.34	0.83	0.16	0.07	0.03	0.09	0.16
金昌市	Jinchang	13.98	9.02	0.75	1.41	0.32	0.54	1.94
白银市	Baiyin	71.12	50.83	2.48	4.82	1.76	1.71	9.52
天水市	Tianshui	164.09	97.82	6.37	18.43	3.98	3.20	34.29
武威市	Wuwei	85.32	52.50	3.83	6.84	2.34	2.37	17.44
张掖市	Zhangye	60.86	34.16	2.22	7.67	2.04	2.31	12.46
平凉市	Pingliang	103.18	58.84	4.26	11.25	3.20	2.76	22.87
酒泉市	Jiuquan	36.44	22.83	1.44	2.83	1.30	1.29	6.75
庆阳市	Qingyang	117.63	70.25	5.51	8.10	3.99	2.69	27.09
定西市	Dingxi	141.70	93.66	3.94	13.67	3.21	2.42	24.80
陇南市	Longnan	132.47	85.10	3.23	9.56	2.93	2.39	29.26
临夏州	Linxia	91.64	59.12	3.56	8.44	2.67	2.27	15.58
甘南州	Gannan	31.28	22.83	0.69	1.49	0.73	0.68	4.86

13-4 各地县农村户数及农村人口（2012）
Number of Rural Households and Population by Region, County(2012)

地 区	Region	农村户数（万户）Number of Rural Households (10 000 households)	农村人口（万人）Rural Population (10 000 persons)
兰州市	**Lanzhou**	**34.13**	**131.38**
城关区	Chengguan	1.51	4.78
七里河区	Qilihe	2.18	9.15
西固区	Xigu	2.35	7.91
安宁区	Anning	1.26	4.24
红古区	Honggu	1.43	5.95
永登县	Yongdeng	11.33	45.92
皋兰县	Gaolan	4.32	15.39
榆中县	Yuzhong	9.75	38.04
嘉峪关市	**Jiayuguan**	**0.61**	**2.10**
金昌市	**Jinchang**	**6.47**	**23.87**
金川区	Jinchuan	1.54	4.81
永昌县	Yongchang	4.93	19.06
白银市	**Baiyin**	**31.63**	**133.74**
白银区	Baiyin	2.27	6.91
平川区	Pingchuan	2.25	9.96
靖远县	Jingyuan	10.87	43.79
会宁县	Huining	11.54	54.53
景泰县	Jingtai	4.70	18.55
天水市	**Tianshui**	**65.87**	**307.96**
秦城区	Qincheng	9.68	45.66
北道区	Beidao	10.04	45.22
清水县	Qingshui	6.30	29.79
秦安县	Qinan	12.46	57.21
甘谷县	Gangu	12.05	56.46
武山县	Wushan	9.08	42.55
张家川县	Zhangjiachuan	6.26	31.07
武威市	**Wuwei**	**36.22**	**154.56**
凉州区	Liangzhou	18.49	77.95
民勤县	Minqin	5.73	23.77
古浪县	Gulang	7.88	35.73
天祝县	Tianzhu	4.12	17.11
张掖市	**Zhangye**	**27.14**	**99.78**
甘州区	Ganzhou	9.82	35.11
肃南县	Sunan	0.82	2.52
民乐县	Minle	5.50	21.79
临泽县	Linze	3.41	12.17
高台县	Gaotai	3.71	12.97
山丹县	Shandan	3.88	15.22
平凉市	**Pingliang**	**44.67**	**193.83**
崆峒区	Kongtong	7.82	32.61
泾川县	Jingchuan	7.57	31.85
灵台县	Lingtai	5.24	21.39
崇信县	Chongxin	1.94	8.28
华亭县	Huating	3.44	13.52
庄浪县	Zhuanglang	9.06	41.31
静宁县	Jingning	9.60	44.87
酒泉市	**Jiuquan**	**17.50**	**64.66**
肃州区	Suzhou	6.09	22.00
金塔县	Jinta	3.01	11.16
瓜州县	Guazhou	2.70	10.65
肃北县	Subei	0.23	0.59
阿克塞县	Akesai	0.12	0.31
玉门市	Yumen	2.62	10.07
敦煌市	Dunhuang	2.73	9.88
庆阳市	**Qingyang**	**52.88**	**229.57**
西峰区	Xifeng	6.21	25.71
庆城县	Qingcheng	5.59	24.17
环 县	Huanxian	7.17	32.59
华池县	Huachi	2.62	11.54
合水县	Heshui	3.67	15.34
正宁县	Zhengning	5.05	21.58
宁 县	Ningxian	11.44	50.59
镇原县	Zhenyuan	11.13	48.05
定西市	**Dingxi**	**62.07**	**264.99**
安定区	Anding	9.05	36.22
通渭县	Tongwei	8.88	40.31
陇西县	Longxi	9.81	43.90
渭源县	Weiyuan	7.81	32.18
临洮县	Lintao	12.65	49.28
漳 县	Zhangxian	4.13	18.74
岷 县	Minxian	9.74	44.36
陇南市	**Longnan**	**58.68**	**246.62**
武都区	Wudu	12.38	49.51
成 县	Chengxian	5.57	21.87
文 县	Wenxian	5.66	21.38
宕昌县	Tanchang	6.20	28.33
康 县	Kangxian	4.66	17.33
西和县	Xihe	8.05	38.70
礼 县	Lixian	10.43	47.36
徽 县	Huixian	4.73	18.45
两当县	Liangdang	1.00	3.69
临夏州	**Linxia**	**35.96**	**173.81**
临夏市	linxia	2.00	9.02
临夏县	linxia	7.83	35.77
康乐县	Kangle	5.12	24.58
永靖县	Yongjing	3.78	16.20
广河县	Guanghe	3.75	21.01
和政县	Hezheng	3.63	15.59
东乡县	Dongxiang	5.33	28.07
积石山县	Jishishan	4.52	23.57
甘南州	**Gannan**	**11.92**	**56.08**
合作市	Hezuo	0.57	3.47
临潭县	Lintan	3.08	13.35
卓尼县	Zhuoni	1.85	9.05
舟曲县	Zhouqu	2.98	12.51
迭部县	Diebu	0.85	4.09
玛曲县	Maqu	0.79	3.89
碌曲县	Luqu	0.53	2.82
夏河县	Xiahe	1.27	6.90

13-5 各地县农村从业人员（2012）
Rural Laborers by Region, County(2012)

单位：万人　(10 000 persons)

地　区	Region	农村从业人员 Number of Rural Laborers	# 农、林、牧、渔业 Agriculture,Forestry, Animal Husbandry and Fishery	地　区	Region	农村从业人员 Number of Rural Laborers	# 农、林、牧、渔业 Agriculture,Forestry, Animal Husbandry and Fishery
兰州市	**Lanzhou**	**71.02**	**39.85**	瓜州县	Guazhou	6.01	4.52
城关区	Chengguan	2.37	0.81	肃北县	Subei	0.41	0.35
七里河区	Qilihe	5.13	3.11	阿克塞县	Akesai	0.18	0.13
西固区	Xigu	4.44	1.86	玉门市	Yumen	5.90	3.76
安宁区	Anning	2.21	0.63	敦煌市	Dunhuang	5.49	3.21
红古区	Honggu	3.11	1.89	**庆阳市**	**Qingyang**	**117.63**	**70.25**
永登县	Yongdeng	25.36	13.83	西峰区	Xifeng	14.07	8.98
皋兰县	Gaolan	8.14	4.67	庆城县	Qingcheng	12.69	8.28
榆中县	Yuzhong	20.26	13.05	环　县	Huanxian	17.08	8.40
嘉峪关市	**Jiayuguan**	**1.34**	**0.83**	华池县	Huachi	6.48	5.36
金昌市	**Jinchang**	**13.98**	**9.02**	合水县	Heshui	8.14	5.20
金川区	Jinchuan	2.85	1.82	正宁县	Zhengning	11.88	7.57
永昌县	Yongchang	11.13	7.20	宁　县	Ningxian	26.18	14.41
白银市	**Baiyin**	**71.12**	**50.83**	镇原县	Zhenyuan	21.11	12.05
白银区	Baiyin	3.42	1.82	**定西市**	**Dingxi**	**141.70**	**93.66**
平川区	Pingchuan	5.22	3.51	安定区	Anding	19.92	12.47
靖远县	Jingyuan	22.41	17.04	通渭县	Tongwei	22.71	13.91
会宁县	Huining	29.34	21.31	陇西县	Longxi	23.5	15.90
景泰县	Jingtai	10.73	7.15	渭源县	Weiyuan	17.03	12.05
天水市	**Tianshui**	**164.09**	**97.82**	临洮县	Lintao	26.28	17.94
秦城区	Qincheng	23.98	13.63	漳　县	Zhangxian	9.58	5.10
北道区	Beidao	23.21	13.07	岷　县	Minxian	22.68	16.29
清水县	Qingshui	15.14	10.32	**陇南市**	**Longnan**	**132.47**	**85.10**
秦安县	Qinan	29.61	20.15	武都区	Wudu	25.71	18.88
甘谷县	Gangu	30.29	15.77	成　县	Chengxian	11.51	6.71
武山县	Wushan	23.27	13.31	文　县	Wenxian	11.75	7.15
张家川县	Zhangjiachuan	18.59	11.57	宕昌县	Tanchang	16.04	10.69
武威市	**Wuwei**	**85.32**	**52.50**	康　县	Kangxian	10.21	7.11
凉州区	Liangzhou	43.77	22.89	西和县	Xihe	20.16	12.95
民勤县	Minqin	11.82	9.13	礼　县	Lixian	24.68	15.26
古浪县	Gulang	20.15	14.05	徽　县	Huixian	10.22	4.81
天祝县	Tianzhu	9.58	6.43	两当县	Liangdang	2.19	1.54
张掖市	**Zhangye**	**60.86**	**34.16**	**临夏州**	**Linxia**	**91.64**	**59.12**
甘州区	Ganzhou	22.58	11.85	临夏市	linxia	4.62	2.13
肃南县	Sunan	1.36	0.78	临夏县	linxia	18.55	10.42
民乐县	Minle	12.85	9.80	康乐县	Kangle	12.73	9.92
临泽县	Linze	7.19	3.71	永靖县	Yongjing	8.70	5.44
高台县	Gaotai	8.08	4.43	广河县	Guanghe	10.98	7.80
山丹县	Shandan	8.80	3.59	和政县	Hezheng	10.13	6.72
平凉市	**Pingliang**	**103.18**	**58.84**	东乡县	Dongxiang	13.53	8.98
崆峒区	Kongtong	17.85	9.59	积石山县	Jishishan	12.40	7.71
泾川县	Jingchuan	17.25	9.16	**甘南州**	**Gannan**	**31.28**	**22.83**
灵台县	Lingtai	11.32	6.47	合作市	Hezuo	2.09	1.79
崇信县	Chongxin	5.11	2.51	临潭县	Lintan	7.59	5.28
华亭县	Huating	6.92	3.11	卓尼县	Zhuoni	5.06	4.27
庄浪县	Zhuanglang	22.14	11.63	舟曲县	Zhouqu	6.98	3.57
静宁县	Jingning	22.59	16.37	迭部县	Diebu	2.16	1.75
酒泉市	**Jiuquan**	**36.44**	**22.83**	玛曲县	Maqu	2.02	1.87
肃州区	Suzhou	12.16	6.46	碌曲县	Luqu	1.58	1.45
金塔县	Jinta	6.29	4.40	夏河县	Xiahe	3.80	2.85

13-6 历年农林牧渔业总产值

Gross Output Value of Agriculture,Forestry, Animal Husbandry and Fishery

单位：万元 (10 000 yuan)

年份 Year	农林牧渔业总产值 Gross Output Value of Agriculture,Forestry, Animal Husbandry and Fishery	农业 Agriculture	林业 Forestry	牧业 Animal Husbandry	渔业 Fishery	农林牧渔服务业 Services in Support of Agriculture
1978	224533	180494	6153	37871	15	
1979	232810	184626	6020	42142	22	
1980	273886	219964	6509	47391	22	
1981	280174	223290	9850	47008	26	
1982	305248	234548	16903	53768	29	
1983	400865	311151	21158	68525	31	
1984	403253	298431	32261	72533	28	
1985	488182	347073	36296	104723	90	
1986	563960	404031	34052	125629	248	
1987	655161	450855	34509	169234	563	
1988	847166	564748	38231	242954	1233	
1989	891232	604026	33209	252186	1811	
1990	1024993	732425	32679	257733	2156	
1991	1065704	763191	35284	264560	2669	
1992	1194970	871291	41310	279057	3312	
1993	1353978	991439	47260	311061	4218	
1994	2121949	1579087	57959	479308	5595	
1995	2694508	2002403	65048	619212	7845	
1996	3073203	2352458	65780	646457	8508	
1997	2992411	2230749	74206	678147	9309	
1998	3346943	2525451	87791	722056	11645	
1999	3199866	2492555	96697	600261	10352	
2000	3201176	2389656	111534	688108	11878	
2001	3396579	2539927	86471	759285	10896	
2002	3528583	2572554	138735	807290	10004	
2003	4278433	2758234	198140	854917	9571	457571
2004	5035034	3313663	161915	1057696	9863	491898
2005	5497110	3628896	158959	1143231	10237	555787
2006	5937000	3958383	149934	1182928	10369	635386
2007	6860990	4587283	194286	1311680	10469	757272
2008	8080990	5295644	224366	1682607	10112	868261
2009	8762818	5872679	242400	1718887	11130	917722
2010	10570174	7575568	185445	1818017	11714	979430
2011	11877562	8484540	172413	2105997	15940	1098672
2012	13581624	9842433	200740	2317220	18031	1203200

注：1. 农业总产值和牧业总产值根据第一、二次农业普查结果对部分历史数据进行了调整。
2. 2003年起执行新国民经济行业分类标准，总产值包括农林牧渔服务业产值。

a) Part of historical data of gross output value of agriculture, animal husbandry was adjusted according to the First and Second National Agricultural Census.

b) The new classification for national standard of industry classification has been implemented since 2003 and the gross output value includes the serivces in support of agriculture, forestry, animal husbandry and fishery.

13-7 历年农林牧渔业总产值指数
Indices of Gross Output Value of Agriculture, Forestry,Animal Husbandry and Fishery

（上年 =100） (preceding year=100)

年 份 Year	农林牧渔业总产值 Gross Output Value of Agriculture,Forestry,Animal Husbandry and Fishery	农 业 Agriculture	林 业 Forestry	牧 业 Animal Husbandry	渔 业 Fishery	农林牧渔服务业 Services in Support of Agriculture
1978	105.19	104.32	96.75	110.95	84.62	
1979	93.52	91.55	88.71	101.35	120.24	
1980	111.08	115.08	114.92	98.03	83.17	
1981	92.24	91.71	85.76	95.79	104.76	
1982	113.30	108.87	140.21	122.37	111.36	
1983	113.83	115.15	120.15	108.13	107.14	
1984	108.98	105.12	138.46	112.93	138.10	
1985	113.64	108.54	112.93	129.35	158.62	
1986	107.25	107.39	85.43	113.67	145.22	
1987	102.48	102.63	92.00	104.45	200.00	
1988	107.14	111.27	88.71	101.10	134.43	
1989	107.17	105.29	93.81	114.40	136.41	
1990	105.26	106.78	101.45	102.14	117.47	
1991	101.04	100.37	102.04	102.51	113.34	
1992	106.62	108.91	107.01	100.91	114.84	
1993	107.76	109.56	104.46	103.47	116.02	
1994	104.34	104.33	104.09	104.33	114.08	
1995	99.91	98.56	97.36	103.86	128.40	
1996	112.00	115.66	101.20	103.91	106.60	
1997	100.40	100.43	95.49	100.93	110.26	
1998	115.93	119.08	98.92	108.92	117.69	
1999	99.04	98.33	112.22	99.47	120.41	
2000	104.92	103.44	122.46	107.12	109.55	
2001	107.81	109.93	71.19	107.14	104.29	
2002	105.77	103.75	163.62	106.12	100.44	
2003	105.88	103.18	148.36	107.41	97.20	
2004	107.10	108.05	80.83	110.12	107.05	105.00
2005	107.03	107.21	90.85	107.03	105.92	111.30
2006	104.61	103.58	85.55	109.04	105.29	112.99
2007	104.31	104.17	130.96	96.83	107.17	112.76
2008	107.35	108.89	109.48	102.93	101.16	105.24
2009	105.79	105.18	116.21	107.50	101.04	103.57
2010	105.69	106.74	89.35	104.84	105.25	103.02
2011	105.38	106.17	105.35	101.83	109.39	105.83
2012	106.35	106.98	103.13	104.20	102.04	106.22

13-8 各地县农林牧渔业总产值（2012）
Gross Output Value of Agriculture,Forestry, Animal Husbandry and Fishery by Region, County(2012)

单位：万元　　　　(10 000 yuan)

地　区	Region	农林牧渔业总产值 Gross Output Value of Agriculture Forestry, Animal Husbandry Fishery	农　业 Agriculture	林　业 Forestry	牧　业 Animal Husbandry	渔　业 Fishery	农林牧渔服务业 Services in Support of Agriculture	农林牧渔业总产值指数（上年=100） Indices (preceding year=100)
兰州市	**Lanzhou**	**714175**	**565750**	**7356**	**103175**	**1093**	**36802**	**106.97**
城关区	Chengguan	25958	18398	2315	2570		2674	105.06
七里河区	Qilihe	59168	36346	293	12936		9594	106.71
西固区	Xigu	54319	44307	61	9198	148	605	107.26
安宁区	Anning	4694	2417	599	1137		540	118.96
红古区	Honggu	118351	106808	397	9810	141	1195	107.22
永登县	Yongdeng	156959	119632	664	33752	696	2215	106.94
皋兰县	Gaolan	93513	75697	2481	9500	26	5810	106.39
榆中县	Yuzhong	201214	162144	547	24272	82	14170	107.07
嘉峪关市	**Jiayuguan**	**62674**	**50678**	**207**	**8530**	**152**	**3107**	**106.87**
金昌市	**Jinchang**	**245541**	**195486**	**2605**	**38548**	**866**	**8036**	**104.88**
金川区	Jinchuan	57672	45942	326	7675		3729	99.85
永昌县	Yongchang	187869	149544	2280	30873	866	4306	106.38
白银市	**Baiyin**	**780737**	**497302**	**23937**	**239695**	**1588**	**18216**	**107.91**
白银区	Baiyin	78909	55032	1750	18873	740	2515	106.75
平川区	Pingchuan	42130	27819	3290	9766	72	1183	108.49
靖远县	Jingyuan	280645	212520	7108	55314	701	5002	108.12
会宁县	Huining	226654	115198	4844	103052		3560	108.54
景泰县	Jingtai	152399	86734	6944	52690	75	5957	106.94
天水市	**Tianshui**	**1290074**	**1092834**	**19069**	**171275**	**1045**	**5851**	**106.84**
秦州区	Qinzhou	164377	147188	1079	15633	218	259	107.19
麦积区	Maiji	181961	158908	1424	20853	226	550	106.65
清水县	Qingshui	147867	112817	1359	33027	131	532	106.98
秦安县	Qinan	250437	218571	976	30686	5	200	107.47
甘谷县	Gangu	208466	172334	766	32468	148	2750	107.38
武山县	Wushan	243057	218121	1487	22175	274	1000	107.71
张家川县	Zhangjiachuan	82856	64894	925	16434	44	560	107.05
武威市	**Wuwei**	**1335042**	**931969**	**10784**	**365689**	**300**	**26300**	**108.60**
凉州区	Liangzhou	728226	498884	3509	215264	229	10340	108.01
民勤县	Minqin	330933	265249	2313	55173	65	8133	109.14
古浪县	Gulang	194405	133234	3135	53468		4568	108.98
天祝县	Tianzhu	81477	34602	1827	41783	6	3259	111.01
张掖市	**Zhangye**	**1386591**	**893451**	**18964**	**298728**	**2211**	**173238**	**107.40**

13-8 续表 1 continued

单位：万元 (10 000 yuan)

地　区	Region	农林牧渔业总产值 Gross Output Value of Agriculture Forestry, Animal Husbandry Fishery	农　业 Agriculture	林　业 Forestry	牧　业 Animal Husbandry	渔　业 Fishery	农林牧渔服务业 Services in Support of Agriculture	农林牧渔业总产值指数（上年 =100） Indices (preceding year=100)
甘州区	Ganzhou	553947	308243	4567	114394	783	125960	107.79
肃南县	Sunan	52642	14759	999	34946		1938	107.24
民乐县	Minle	198771	151058	5083	36552		6078	107.74
临泽县	Linze	210316	128690	3854	42906	570	34297	107.48
高台县	Gaotai	230247	177669	2683	45471	815	3608	107.34
山丹县	Shandan	116466	89781	1778	23507	43	1357	107.07
平凉市	**Pingliang**	**1112190**	**849882**	**18562**	**232424**	**1513**	**9809**	**107.63**
崆峒区	Kongtong	196073	139965	2542	51746	470	1350	107.06
泾川县	Jingchuan	205987	157049	7517	39356	566	1500	106.93
灵台县	Lingtai	134620	106952	1281	24887	191	1309	107.94
崇信县	Chongxin	74562	47999	1916	23859	93	695	106.50
华亭县	Huating	91699	57005	803	32678	24	1190	107.92
庄浪县	Zhuanglang	166112	129057	2150	34206	170	530	108.26
静宁县	Jingning	243137	211856	2353	25693		3235	108.39
酒泉市	**Jiuquan**	**1322044**	**772752**	**24491**	**212828**	**1743**	**310230**	**107.71**
肃州区	Suzhou	471925	236826	5379	89384	898	139439	108.36
金塔县	Jinta	301046	177102	12122	43822	400	67600	106.86
瓜州县	Guazhou	157690	112031	2399	19623	131	23506	107.10
肃北县	Subei	8332	1540	8	6489		295	107.30
阿克塞县	Akesai	6633	1336	24	5147		126	107.15
玉门市	Yumen	134184	100004	2670	25674	86	5749	107.51
敦煌市	Dunhuang	242235	143914	1888	22690	228	73515	108.10
庆阳市	**Qingyang**	**1292821**	**1022171**	**18535**	**161238**	**728**	**90149**	**108.81**
西峰区	Xifeng	202564	132710	915	14053	111	54775	108.88
庆城县	Qingcheng	141493	117782	2942	14892	44	5834	106.90
环　县	Huanxian	169817	132853	1625	34700	66	573	114.61
华池县	Huachi	71438	54998	2358	13691	80	311	108.52
合水县	Heshui	120828	102243	4896	12934	96	659	107.22
正宁县	Zhengning	125259	108888	1712	7698	88	6873	109.11
宁　县	Ningxian	229960	189931	2181	32487	70	5292	106.82
镇原县	Zhenyuan	231462	182766	1906	30784	174	15832	109.67
定西市	**Dingxi**	**1103423**	**856863**	**9196**	**194466**	**1443**	**41455**	**108.01**
安定区	Anding	182179	148175	1670	30688	5	1643	107.17
通渭县	Tongwei	152681	126436	1600	22960	10	1675	108.99

13-8 续表 2 continued

单位：万元 (10 000 yuan)

地 区	Region	农林牧渔业总产值 Gross Output Value of Agriculture Forestry, Animal Husbandry Fishery	农 业 Agriculture	林 业 Forestry	牧 业 Animal Husbandry	渔 业 Fishery	农林牧渔服务业 Services in Support of Agriculture	农林牧渔业总产值指数（上年=100） Indices (preceding year=100)
陇西县	Longxi	223458	168789	449	28249	115	25855	110.28
渭源县	Weiyuan	126429	105176	1104	19366	257	526	107.10
临洮县	Lintao	208078	148479	466	47844	508	10780	106.40
漳 县	Zhangxian	79694	55983	2713	20331	462	205	107.17
岷 县	Minxian	130905	103826	1193	25027	87	771	108.67
陇南市	**Longnan**	**908712**	**678977**	**24926**	**193313**	**2068**	**9428**	**105.98**
武都区	Wudu	209794	167650	5559	35305	339	941	104.54
成 县	Chengxian	107044	80517	3451	20977	141	1958	105.10
文 县	Wenxian	66293	45140	2574	17502	870	206	107.83
宕昌县	Tanchang	76053	59538	761	15365	31	357	104.61
康 县	Kangxian	52656	36206	2278	13405	119	648	106.10
西和县	Xihe	92616	70710	2541	17934	100	1330	105.14
礼 县	Lixian	129803	90841	1193	35123	46	2600	107.07
徽 县	Huixian	142791	104041	5299	32182	279	990	107.28
两当县	Liangdang	31662	24333	1270	5519	142	398	110.03
临夏州	**Linxia**	**496895**	**337755**	**9147**	**130608**	**2370**	**17015**	**107.65**
临夏市	linxia	41573	28480	151	10393	155	2394	110.84
临夏县	linxia	91040	61841	1729	24693	77	2700	107.36
康乐县	Kangle	64110	45474	1797	13774	72	2994	107.62
永靖县	Yongjing	81425	57486	1493	18040	1770	2636	107.56
广河县	Guanghe	44182	34890	752	7018		1522	106.97
和政县	Hezheng	48118	32300	1277	12950	61	1530	107.23
东乡县	Dongxiang	70726	33719	865	34246	159	1738	107.18
积石山县	Jishishan	55720	43566	1083	9493	77	1501	107.49
甘南州	**Gannan**	**274345**	**66336**	**25864**	**178733**	**31**	**3382**	**106.56**
合作市	Hezuo	19452	4139	1096	13943		274	106.84
临潭县	Lintan	39577	22222	493	16338	15	510	107.74
卓尼县	Zhuoni	39231	10470	3261	25087		412	106.68
舟曲县	Zhouqu	39044	19327	8923	10072		723	106.43
迭部县	Diebu	24858	4343	8339	12096		80	106.95
玛曲县	Maqu	45539	0	262	44920	16	341	106.07
碌曲县	Luqu	25757	972	598	23651		536	106.30
夏河县	Xiahe	40888	4863	2892	32626		506	105.90

13-9 农林牧渔业增加值
Value-added of Agriculture,Forestry,Animal Husbandry,Fishery

指 标	Item	2005	2010	2011	2012
绝对数（万元）	**Absolute Number (10 000 yuan)**				
农林牧渔业增加值	**Increased Value(10 000 yuan)**	**3080566**	**5992754**	**6787455**	**7805271**
农 业	Agriculture	2107314	4413030	4980411	5806646
林 业	Forestry	63743	78084	75727	93289
牧 业	Animal Husbandry	756026	1239021	1434704	1580107
渔 业	Fishery	7378	7967	10959	12397
农林牧渔服务业	Services in Support of Agriculture	146105	254652	285655	312832
指数（上年=100）	**Indices (preceding year =100)**				
农林牧渔业增加值	**Increased Value**	**105.8**	**105.5**	**105.9**	**106.8**
农 业	Agriculture	105.7	106.4	107.0	107.5
林 业	Forestry	86.8	92.3	109.9	109.1
牧 业	Animal Husbandry	107.3	104.6	101.8	104.3
渔 业	Fishery	106.2	105.2	110.6	102.0
农林牧渔服务业	Services in Support of Agriculture	113.3	103.0	105.8	106.2

13-10 各地区农林牧渔业增加值（2012）
Value-added of Agriculture, Forestry, Animal Husbandry and Fishery by Region(2012)

单位：万元 (10 000 yuan)

地 区	Region	农林牧渔业增加值 Increased Value	农 业 Agriculture	林 业 Forestry	牧 业 Animal Husbandry	渔 业 Fishery	农林牧渔服务业 Services in Support of Agriculture
兰州市	Lanzhou	445481	363945	3845	67445	677	9569
嘉峪关市	Jiayuguan	37517	32892		3730	88	808
金昌市	Jinchang	133850	102935	677	27675	473	2089
白银市	Baiyin	485807	286161	14135	179633	1142	4736
天水市	Tianshui	783624	670558	11232	99393	920	1521
武威市	Wuwei	816621	529296	3022	277231	234	6838
张掖市	Zhangye	818743	565757	13614	192838	1494	45042
平凉市	Pingliang	685246	524274	7924	149408	1090	2550
酒泉市	Jiuquan	688617	461600	12955	132391	1012	80660
庆阳市	Qingyang	729991	589919	6502	109532	600	23439
定西市	Dingxi	677067	521635	4400	138925	1329	10778
陇南市	Longnan	573581	415603	15505	138274	1747	2451
临夏州	Linxia	317141	208893	4188	97702	1935	4424
甘南州	Gannan	214940	46167	20643	147235	16	879

13-11 各地区农林牧渔业增加值指数（2012）
Indices of Value-added of Agriculture, Forestry, Animal Husbandry and Fishery by Region(2012)

（上年=100） (preceding year=100)

地 区	Region	农林牧渔业增加值指数 Increased Value	农 业 Agriculture	林 业 Forestry	牧 业 Animal Husbandry	渔 业 Fishery	农林牧渔服务业 Services in Support of Agriculture
兰州市	Lanzhou	106.7	107.3	95.3	104.6	100.4	106.3
嘉峪关市	Jiayuguan	106.2	105.7	144.4	107.8	110.8	120.0
金昌市	Jinchang	106.5	106.9	81.1	105.6	101.2	110.0
白银市	Baiyin	107.3	110.5	102.1	102.8	106.0	109.8
天水市	Tianshui	106.9	108.0	78.4	104.2	109.0	114.2
武威市	Wuwei	107.0	107.3	108.8	106.0	120.9	113.5
张掖市	Zhangye	106.1	106.3	106.6	103.9	113.5	113.3
平凉市	Pingliang	107.1	107.1	119.0	106.3	106.5	113.2
酒泉市	Jiuquan	106.6	106.4	113.0	103.7	104.9	111.9
庆阳市	Qingyang	107.5	107.9	101.0	104.1	107.0	114.2
定西市	Dingxi	107.4	109.5	83.2	102.5	106.3	101.6
陇南市	Longnan	106.4	106.8	104.3	105.4	103.1	108.1
临夏州	Linxia	107.2	108.1	120.0	104.1	118.2	118.5
甘南州	Gannan	106.3	105.3	111.3	105.9	106.4	112.3

13-12 耕地面积
Cultivated Area

单位：公顷 (hectare)

指　标	Indicators	2005	2010	2011	2012
年初耕地面积	**Cultivated Area (Year-beginning)**	**3403893**	**3485187**	**3493807**	**3503007**
当年增加的耕地面积	**Increase in the Year**	**35573**	**16433**	**19407**	**34440**
# 新开荒地面积	Newly Developed Wasteland	23713	9073	6940	26707
治河造田面积	Governance River and Creating Farmlands Area	453	273	180	180
当年减少的耕地面积	**Decrease in the Year**	**18420**	**7813**	**10207**	**6533**
国家征用	Government Requisition	998	2785	3359	3115
农村基建	Rural Capital Construction	228	528	271	261
农民个人建房	Private Building	366	866	610	465
还林还牧	Give Back to Forest and Herd Area	15440	822	3662	645
其他	Others	1387	2812	2305	2047
年末耕地面积	**Cultivated Area at Year-end**	**3421047**	**3493807**	**3503007**	**3530913**
水田	Paddy Fields	10920	13187	12720	6813
旱地	Dry Fields	3410127	3480620	3490287	3524100

13-13 各地区耕地面积（2012）
Cultivated Area by Region(2012)

单位：公顷 (hectare)

地　区	Region	年初耕地面积 Cultivated Area (Year-beginning)	当年增加耕地面积 Increased Area of Cultivated Land in the Year	当年减少耕地面积 Decreased Area of Cultivated Land in the Year	年末耕地面积 Cultivated Area (Year-end)
兰州市	Lanzhou	209340	373	87	209627
嘉峪关市	Jiayuguan	2840			2840
金昌市	Jinchang	67540			67540
白银市	Baiyin	301693	3207	333	304567
天水市	Tianshui	379747	547	1340	378953
武威市	Wuwei	252793	2040	787	254047
张掖市	Zhangye	244700	14387	753	258333
平凉市	Pingliang	372333	733	573	372493
酒泉市	Jiuquan	159053	1607	260	160400
庆阳市	Qingyang	445780	5453	1393	449840
定西市	Dingxi	514300	40	247	514093
陇南市	Longnan	287453	180	393	287240
临夏州	Linxia	144107	320	173	144253
甘南州	Gannan	66760		193	66567

13-14 农业机械拥有量
Number of Agricultural Machinery Owned

指 标	Item	2005	2010	2011	2012
农业机械总动力合计（万千瓦）	Total Agricultural Machinery Power (10 000 kw)	1406.92	1977.55	2136.48	2279.09
#柴油发动机动力	Diesel Motor Power	1117.73	1579.07	1725.75	1853.88
汽油发动机动力	Petrolic Motor Power	50.55	24.21	27.04	28.98
电动机动力	Electric Motor Power	237.41	360.07	383.26	395.92
农业机械原值（亿元）	Original Value of Agricultural Machinery (100 million yuan)	90.40	124.15	141.55	156.1
农业机械净值（亿元）	Net Value of Agricultural Machinery (100 million yuan)	63.01	87.84	99.14	109.83
农用大中型拖拉机（台）	Number of Large and Medium-sized Agricultural Tractors (unit)	18342	73174	92860	116175
大中型拖拉机（万千瓦）	Capacity of Large and Medium-sized Agricultural Tractors (10 000 kw)	57.16	180.93	235.58	269.07
小型拖拉机（台）	Number of Small Tractors (unit)	375612	460716	490753	548513
小型拖拉机（万千瓦）	Capacity of Small Tractors (10 000 kw)	402.74	509.82	531.23	565.40
大中型拖拉机配套农具（万部）	Number of Large and Medium-sized Tractor Towing Farm Machinery (10 000 units)	2.89	20.23	26.24	26.18
小型拖拉机配套农具（万部）	Number of Small Tractor Towing Farm Machinery (10 000 units)	69.58	92.08	99.70	105.18
农用排灌柴油机（台）	Number of Diesel Engines (unit)			18947	23917
农用排灌动力机械动力（万千瓦）	Machinery Power of Drainage and Irrigation Machinery (10 000 kw)	130.97	157.12	160.15	165.66
联合收割机（台）	Combine Harvester (unit)	1763	3632	4111	4943
机动脱粒机（台）	Motorized Thresher (unit)	64765	134419	143328	195756
种子精选机（台）	Seed Selection Machine (unit)	1131	721	899	1102
机动喷雾机（部）	Power Sprayer (unit)	12170	34911	40141	34660
饲料粉碎机（万台）	Fodder Grinder (10 000 units)	6.27	14.06	16.73	23.60
榨油机（万部）	Oil Mill (10 000 units)	1.84	2.26	2.39	2.50

13-15 农业生产条件
Agriculture Production Condition

指 标	Item	2005	2010	2011	2012
农业机械化	**Agriculture Mechanization**				
当年机耕地面积（千公顷）	Areas of Motorized Cultivation (1 000 hectares)	1439.38	1780.29	1904.46	2067.53
占地面积（%）	Rate in Total (%)	42.28	50.96	54.37	58.56
当年机播面积（千公顷）	Areas of Motorized Planting (1 000 hectares)	865.78	1203.11	1291.67	1364.80
占总播种面积（%）	Rate in Total Sown Area (%)	23.24	30.11	31.74	33.12
农业水利化	**Agriculture Irrigation and Water**				
有效灌溉面积（千公顷）	Effective Irrigated Area (1 000 hectares)	1030.43	1098.88	1105.85	1130.63
占耕地面积（%）	Rate in Cultivated Land (%)	30.12	31.45	31.57	32.02
水平梯田面积（千公顷）	Level Terrace Area (1 000 hectares)	1705.99	1840.61	1885.84	1936.47
占耕地面积（%）	Rate in Cultivated Land (%)	49.87	52.68	53.83	54.85
条田面积（千公顷）	Strip Area (1 000 hectares)	825.11	859.31	862.97	321.74
农业电气化	**Agriculture Electrization**				
农村用电量（万千瓦时）	Electricity Consumed in Rural Areas (10 000 kwh)	338510	428511	450541	478499
农村生产用电	For Produce	234958	275651	289965	304386
农民生活用电	For Living	103552	152861	160576	174113
乡村办村水电站（个）	Number of Hydropower Stations in Rural Areas (unit)	234	304	310	335
乡村办水电站装机容量（万千瓦）	Generating Capacity of Hydropower Station in Rural Areas (10 000 kw)			76.3	89.8
已通电村（个）	Electrified Villages (unit)	16176	16115	16056	16066
占全省总数（%）	Rate in Total (%)	97.53	99.71	99.71	99.81
农业化学化	**Chemical for Agriculture**				
农用化肥施用量（实物量）（万吨）	Consumption of Chemical Fertilizers (real)(10 000 tons)	262.92	292.92	308.39	317.75
农用化肥施用量（折纯量）（万吨）	Consumption of Chemical Fertilizers (convert to pure amount)(10 000 tons)	75.92	85.26	87.24	92.13
氮 肥	Nitrogenous Fertilizer		37.93	37.91	39.71
磷 肥	Phosphate Fertilizer		16.56	17.01	17.11
钾 肥	Potash Fertilizer		6.09	6.76	7.82
复合肥	Compound Fertilizer		24.68	25.56	27.49
农用塑料薄膜使用量（万吨）	Household Plastic Film Consumption (10 000 tons)	7.82	12.37	14.34	15.04

13-16 各地县农业生产条件（2012）
Agriculture Production Condition by Region,County(2012)

地　区	Region	耕地面积（公顷）Cultivated Area (hectare)	#水 地 Paddy Fields	#旱 地 Dry Fields	农业机械总动力（千瓦时）Total Agricultural Machinery Power (kw·h)	农村用电量（万千瓦小时）Electricity Consumed in Rural Areas (10 000 kw·h)	化肥施用折纯量（吨）Chemical Fertilizer Consumption (convert to pure amount)(ton)	有效灌溉面积（千公顷）Effective Irrigated Area (1 000 hectares)
兰州市	**Lanzhou**	**209627**	**67**	**209560**	**1532566**	**42698**	**45308**	**80.95**
城关区	Chengguan	1093		1093	35061	2552	335	0.81
七里河区	Qilihe	10093		10093	171800	2552	2521	3.93
西固区	Xigu	3587		3587	135771	3806	1848	2.60
安宁区	Anning	187		187	1408	2417	378	0.19
红古区	Honggu	4653		4653	133740	4266	4318	3.96
永登县	Yongdeng	91853		91853	351505	10377	9532	34.02
皋兰县	Gaolan	28127		28127	319800	11268	6076	14.95
榆中县	Yuzhong	70033	67	69967	383480	5459	20301	20.50
嘉峪关市	**Jiayuguan**	**2840**		**2840**	**111887**	**1166**	**2703**	**2.83**
金昌市	**Jinchang**	**67540**		**67540**	**958899**	**18697**	**23352**	**60.03**
金川区	Jinchuan	14213		14213	257033	8798	6988	12.52
永昌县	Yongchang	53327		53327	701866	9899	16364	47.51
白银市	**Baiyin**	**304567**	**3260**	**301307**	**2122124**	**43764**	**48801**	**97.65**
白银区	Baiyin	8953	27	8927	263563	5580	6880	4.84
平川区	Pingchuan	17573		17573	234060	8443	2284	6.28
靖远县	Jingyuan	77800	3027	74773	611753	18865	15874	37.80
会宁县	Huining	150707		150707	492000	3938	11956	20.78
景泰县	Jingtai	49533	207	49327	520748	6937	11807	27.95
天水市	**Tianshui**	**378953**	**7**	**378947**	**1351448**	**32974**	**76924**	**35.37**
秦州区	Qinzhou	61147		61147	206238	4250	7392	2.85
麦积区	Maiji	47560		47560	252640	6710	15249	8.65
清水县	Qingshui	62120		62120	128335	2607	6657	1.35
秦安县	Qinan	69973		69973	240109	6704	19275	6.79
甘谷县	Gangu	58320		58320	195731	5527	8568	7.07
武山县	Wushan	42273	7	42267	217624	4691	16669	6.34
张家川县	Zhangjiachuan	37560		37560	110700	2486	3114	2.31
武威市	**Wuwei**	**254047**		**254047**	**3789994**	**65119**	**147883**	**183.68**
凉州区	Liangzhou	97227		97227	1521256	38080	88512	89.60
民勤县	Minqin	59587		59587	1373539	11109	40223	52.71
古浪县	Gulang	75533		75533	638490	14845	13439	37.87
天祝县	Tianzhu	21700		21700	256709	1085	5709	3.51
张掖市	**Zhangye**	**258333**		**258333**	**2261380**	**37603**	**94810**	**176.13**

13-16 续表 1 continued

地　区	Region	耕地面积（公顷）Cultivated Area (hectare)	#水 地 Paddy Fields	#旱 地 Dry Fields	农业机械总动力（千瓦时）Total Agricultural Machinery Power (kw·h)	农村用电量（万千瓦小时）Electricity Consumed in Rural Areas (10 000 kw·h)	化肥施用折纯量（吨）Chemical Fertilizer Consumption (convert to pure amount)(ton)	有效灌溉面积（千公顷）Effective Irrigated Area (1 000 hectares)
甘州区	Ganzhou	57547		57547	683361	15787	37150	57.54
肃南县	Sunan	7327		7327	73000	2114	1604	4.11
民乐县	Minle	63473		63473	498000	1661	22150	43.04
临泽县	Linze	26587		26587	380899	4329	13336	26.59
高台县	Gaotai	32367		32367	290000	4704	8136	21.01
山丹县	Shandan	40327		40327	336120	9007	8001	23.85
平凉市	**Pingliang**	**372493**		**372493**	**1217311**	**29142**	**90798**	**44.93**
崆峒区	Kongtong	63500		63500	269264	4464	11974	13.15
泾川县	Jingchuan	45093		45093	151265	5640	17338	8.00
灵台县	Lingtai	52607		52607	173023	3518	10420	**3.59**
崇信县	Chongxin	24460		24460	62425	955	6972	1.80
华亭县	Huating	27687		27687	79401	1844	4556	2.17
庄浪县	Zhuanglang	61100		61100	238919	5091	16353	5.19
静宁县	Jingning	98047		98047	243014	7630	23185	11.03
酒泉市	**Jiuquan**	**160400**		**160400**	**2256098**	**35973**	**80682**	**158.93**
肃州区	Suzhou	41640		41640	769031	8817	22879	41.64
金塔县	Jinta	28127		28127	449000	4557	14212	28.13
瓜州县	Guazhou	37873		37873	328000	9963	15490	37.87
肃北县	Subei	787		787	35000	104	244	0.65
阿克塞县	Akesai	213		213	24460	263	90	0.21
玉门市	Yumen	35233		35233	342600	6646	15851	33.89
敦煌市	Dunhuang	16527		16527	308007	5623	11916	16.53
庆阳市	**Qingyang**	**449840**	**360**	**449480**	**1545485**	**49829**	**101613**	**47.94**
西峰区	Xifeng	38827		38827	272000	4014	8088	12.85
庆城县	Qingcheng	54167		54167	205200	6392	12851	3.68
环　县	Huanxian	90700		90700	141000	15108	23483	4.23
华池县	Huachi	34420	27	34393	135000	1570	4870	3.16
合水县	Heshui	23847	333	23513	130000	3386	4029	3.73
正宁县	Zhengning	28627		28627	148404	3136	12346	2.57
宁　县	Ningxian	63607		63607	242881	9580	14780	7.65
镇原县	Zhenyuan	115647		115647	271000	6643	21166	10.07
定西市	**Dingxi**	**514093**		**514093**	**2441325**	**30100**	**88040**	**60.97**
安定区	Anding	114507		114507	724984	6806	18225	8.20
通渭县	Tongwei	122180		122180	302318	4042	13856	2.95

13-16 续表 2 continued

地 区	Region	耕地面积（公顷） Cultivated Area (hectare)	# 水 地 Paddy Fields	# 旱 地 Dry Fields	农业机械总动力（千瓦时） Total Agricultural Machinery Power (kw·h)	农村用电量（万千瓦小时） Electricity Consumed in Rural Areas (10 000 kw·h)	化肥施用折纯量（吨） Chemical Fertilizer Consumption (convert to pure amount)(ton)	有效灌溉面积（千公顷） Effective Irrigated Area (1 000 hectares)
陇西县	Longxi	78460		78460	331500	3953	12967	10.19
渭源县	Weiyuan	53380		53380	281086	4000	7266	7.76
临洮县	Lintao	71393		71393	482884	8058	21686	22.05
漳 县	Zhangxian	31180		31180	153500	1106	5821	3.26
岷 县	Minxian	42993		42993	165053	2136	8218	6.55
陇南市	**Longnan**	**287240**	**2907**	**284333**	**1643228**	**32439**	**67043**	**66.01**
武都区	Wudu	46787	1347	45440	327805	12100	12440	10.45
成 县	Chengxian	27327		27327	225686	3761	8810	8.57
文 县	Wenxian	20467	827	19640	217691	2911	3818	6.37
宕昌县	Tanchang	28580	527	28053	125197	2368	2886	6.27
康 县	Kangxian	20807	33	20773	104933	1279	5617	4.59
西和县	Xihe	40140		40140	196173	2429	8609	6.47
礼 县	Lixian	68820		68820	178343	3419	9666	14.65
徽 县	Huixian	26293	173	26120	206400	3638	14000	7.07
两当县	Liangdang	8020		8020	61000	534	1196	1.56
临夏州	**Linxia**	**144253**		**144253**	**884343**	**37434**	**22330**	**56.71**
临夏市	linxia	2267		2267	55600	4238	1175	2.27
临夏县	linxia	24893		24893	126396	2663	4885	13.06
康乐县	Kangle	21900		21900	111021	6393	2781	6.87
永靖县	Yongjing	23747		23747	152439	11941	4516	8.86
广河县	Guanghe	12860		12860	154309	3545	1737	7.13
和政县	Hezheng	15693		15693	79461	1062	824	3.97
东乡县	Dongxiang	24527		24527	135513	6100	2815	8.33
积石山县	Jishishan	18367		18367	69500	1492	3596	6.21
甘南州	**Gannan**	**66567**	**47**	**66520**	**378600**	**5694**	**3330**	**6.09**
合作市	Hezuo	9640		9640	26631	287	140	0.13
临潭县	Lintan	17680		17680	90724	1433	1532	1.67
卓尼县	Zhuoni	10967	47	10920	53786	656	587	0.93
舟曲县	Zhouqu	9373		9373	144868	1262	907	1.56
迭部县	Diebu	5127		5127	26950	732	96	0.93
玛曲县	Maqu				2121	376		
碌曲县	Luqu	2773		2773	4210	189	17	
夏河县	Xiahe	11007		11007	29150	760	52	0.87

13-17 灌溉、水库和除涝、治水、治碱情况
Irrigation, Reservoirs, Flood Prevention, Water and Soil Conservation, Improvement of Saline-Alkaline Land

指 标	Item	2005	2010	2011	2012
水库数（座）	Number of Reservoirs (unit)	272	313	318	313
大型水库	Large Reservoir	7	8	8	8
中型水库	Medium-sized Reservoir	26	38	38	38
小型水库	Small Reservoir	239	267	272	267
水库库容量（亿立方米）	Capacity of Reservoirs (100 million cu.m)	88.65	103.07	103.21	103.14
大型水库	Large Reservoir	74.95	83.93	83.93	83.93
中型水库	Medium-sized Reservoir	9.30	14.20	14.20	14.20
小型水库	Small Reservoir	4.40	4.95	5.08	5.01
旱涝保收面积（千公顷）	Harvest Area (1 000 hectares)	1007.16	1009.00	1002.79	1003.85
机电灌溉面积（千公顷）	Motorized Irrigation Area (1 000 hectares)	417.65	458.41	520.16	529.08
固定机电提灌面积（千公顷）	Fixed Area by Electrical Lift Irrigation(1 000 hectares)	244.81	265.03	295.47	300.31
水利工程年供水量（亿立方米）	Annual Water Supply for Irrigation Engineering (10 000 cu.m)	122.20	122.32	120.71	123.12
为农业年供水量（亿立方米）	Annual Water Supply for Agriculture (100 million cu.m)	98.98	97.79	95.66	97.62
为工业年供水量（亿立方米）	Annual Water Supply for Industry (100 million cu.m)	13.56	12.75	13.45	12.15
为城乡生活年供水量（亿立方米）	Annual Water Supply for Living (100 million cu.m)	7.11	7.23	7.69	8.36
为生态环境年供水量（亿立方米）	Annual Water Supply for Ecological Environment (100 million cu.m)	3.08	3.55	3.91	4.99
易涝面积（万公顷）	Areas with Easy to Flooding (10 000 hectares)	3.42	3.42	3.42	3.42
除涝面积（万公顷）	Areas with Flood Prevention Measures (10 000 hectares)	1.25	1.25	1.25	1.25
占易涝面积比重（%）	Ratio in Areas with Easy to Flooding (%)	36.46	36.46	36.46	36.46
水土流失面积（万公顷）	Area of Soil Erosion (10 000 hectares)	1361.48	1545.94	1525.66	1545.94
水土流失治理面积（万公顷）	Area of Soil Erosion under Control (10 000 hectares)	774.41	794.69	809.64	824.47
占流失面积的比重（%）	Ratio in Soil Erosion Area (%)	56.88	51.41	53.07	53.33
小流域治理面积（万公顷）	Area of Small Valley under Control (10 000 hectares)	156.53	212.62	201.50	211.05
堤防长度（公里）	Total Length of Dikes (km)	3002.89	3671.00	4171.42	4932.57
堤防保护面积（万公顷）	Area of Land Protected by Dikes(10 000 hectares)	20.95	23.81	27.20	30.84
盐碱地耕面积（万公顷）	Area of Saline Land Farming (10 000 hectares)	12.58	14.55	14.55	14.55
# 治理面积	Harnessing Area	6.28	5.26	5.26	5.26

注：此表为省水利厅数据。

a) Data of this table come from Water Resources Department of Gansu Province.

13-18 农村居民家庭（平均每户）年末生产性固定资产原值
Original Value of Productive Fixed Assets per Rural Household at Year-end

单位：元

指 标	Item	2005	2010	2011	2012
平均每户家庭生产性固定资产原值	**Original Value of Productive Fixed Assets Per Rural Household**	**7025.9**	**9655.1**	**18789.3**	**19486.4**
按行业分	**By Sector**				
农 业	Agriculture	5953.0	7873.9	12270.6	13124.4
工 业	Industry	93.2	198.8	262.8	93.6
建筑业	Construction	2.9	95.7	44.2	22.5
交通运输业、仓储及邮电业	Transport, Storage and Post	718.0	962.6	2507.6	2536.7
批发零售贸易及住宿餐饮业	Wholesaleand Retail Trades and Hotels and Catering Services	126.1	305.8	3068.9	2988.5
居民服务与其他服务业	Services to Households and Other Services	32.0	84.7	219.6	271.5
卫生、社会保障和福利业	Health, Social Security and Welfare	45.8	46.7	155.6	166.1
其他	Others	54.8	87.0	259.9	283.0

13-19 农村居民家庭（平均每百户）拥有主要生产性固定资产数量
Number of Major Productive Fixed Assets per 100 Rural Households

指 标	Item	2005	2010	2011	2012
汽车（辆）	Motor Vehicles (set)	0.78	1.50	3.44	3.61
大中型拖拉机（台）	Large and Medium Tractors (unit)	2.30	6.56	4.17	5.06
小型和手扶拖拉机（台）	Mini and Walking Tractors (unit)	33.00	30.67	28.44	31.50
机动脱粒机（台）	Motorized Threshing Machines (unit)	3.00	4.22	11.17	15.44
胶轮大车（辆）	Carts with Rubber Tyres (unit)	18.00	15.94	8.17	10.94
农用水泵（台）	Pumps (unit)	7.00	12.11	10.11	16.11
役畜（头）	Draught Animals (unit)	75.00	61.50	49.11	46.72
产品畜（头）	Commodity Animals (unit)	52.00	38.78	64.56	72.72

13–20 农作物播种面积
Total Sown Areas of Farm Crops

指　标	Item	2005	2010	2011	2012
总播种面积（千公顷）	**Total Sown Area (1 000 hectares)**	**3726.01**	**3995.18**	**4069.44**	**4121.38**
粮食作物	Sown Area of Grain Crops	2587.19	2799.78	2833.65	2839.37
谷物	Cereal	1811.11	1955.46	1951.97	1951.41
# 稻谷	Rice	5.10	5.83	5.61	5.52
小麦	Wheat	961.39	879.65	861.59	818.97
玉米	Corn	503.13	835.48	851.69	924.74
豆类	Soybeans	245.05	198.87	199.94	191.33
# 大豆	Soja	94.17	90.35	93.63	90.68
薯类	Tubers	531.03	645.45	681.74	696.62
油料	Oil-bearing Crops	328.91	345.71	351.11	336.43
# 油菜籽	Rapeseeds	157.34	182.94	184.76	175.04
棉花	Cotton	63.95	47.91	47.92	48.18
烟叶	Tobacco	14.16	4.06	3.72	4.11
# 烤烟	Flue-cured Tobacco	13.33	3.13	2.87	3.34
中药材	Traditional Chinese Medician Materials	142.83	165.41	185.47	211.16
蔬菜	Vegetables	306.81	394.97	415.40	454.01
瓜类	Melon	35.41	51.37	50.05	51.25
其它	Others	246.75	185.97	182.12	176.87
占总播种面积比重（%）	**Ratio in Total Sown Area (%)**				
粮食作物	Sown Area of Grain Crops	69.44	70.08	69.63	68.89
谷物	Cereal	48.61	48.95	47.97	47.35
# 稻谷	Rice	0.14	0.15	0.14	0.13
小麦	Wheat	25.80	22.02	21.17	19.87
玉米	Corn	13.50	20.91	20.93	22.44
豆类	Soybeans	6.58	4.98	4.91	4.64
# 大豆	Soja	2.53	2.26	2.30	2.20
薯类	Tubers	14.25	16.16	16.75	16.90
油料	Oil-bearing Crops	8.83	8.65	8.63	8.16
# 油菜籽	Rapeseeds	4.22	4.58	4.54	4.25
棉花	Cotton	1.72	1.20	1.18	1.17
烟叶	Tobacco	0.38	0.10	0.09	0.10
# 烤烟	Flue-cured Tobacco	0.36	0.08	0.07	0.08
中药材	Traditional Chinese Medician Materials	3.83	4.14	4.56	5.12
蔬菜	Vegetables	8.23	9.89	10.21	11.02
瓜类	Melon	0.95	1.29	1.23	1.24
其它	Others	6.62	4.65	4.48	4.29

13-21 各地县农作物播种面积（2012）
Sown Areas of Farm Crops by Region, County(2012)

单位：千公顷 (1 000 hectares)

地 区	Region	农作物播种面积 Total Sown Area	粮 食 Grain Crops	#小 麦 Wheat	#玉 米 Corn	#薯 类 Tubers	棉 花 Cotton	油 料 Oil-bearing Crops	蔬 菜 Vegetables	果园面积 Area of Orchards
兰州市	**Lanzhou**	**222.24**	**130.17**	**44.17**	**34.67**	**33.79**		**15.14**	**54.57**	**10.97**
城关区	Chengguan	1.79	0.15	0.01	0.14				1.49	0.49
七里河区	Qilihe	10.77	2.80	0.86	1.64			0.11	7.72	0.65
西固区	Xigu	5.31	0.77	0.27	0.43			0.05	4.38	1.01
安宁区	Anning	0.28							0.27	0.21
红古区	Honggu	7.36	1.55	0.43	1.08			0.12	5.23	1.37
永登县	Yongdeng	87.70	60.29	24.07	9.69	14.68		7.57	7.88	2.28
皋兰县	Gaolan	27.93	12.79	5.20	1.66	3.07		2.67	8.03	4.61
榆中县	Yuzhong	81.11	51.83	13.33	20.03	16.05		4.61	19.57	0.36
嘉峪关市	**Jiayuguan**	**3.99**	**1.21**	**0.39**	**0.76**	**0.05**		**0.19**	**1.77**	**2.46**
金昌市	**Jinchang**	**74.10**	**48.38**	**23.03**	**10.69**	**1.57**		**6.97**	**12.17**	**1.41**
金川区	Jinchuan	15.41	6.97	3.94	2.81	0.17		2.35	3.67	0.83
永昌县	Yongchang	58.69	41.41	19.09	7.89	1.39		4.62	8.50	0.58
白银市	**Baiyin**	**303.85**	**239.50**	**48.55**	**90.53**	**68.35**	**0.07**	**17.13**	**18.08**	**14.03**
白银区	Baiyin	7.27	4.63	1.80	1.35	0.21		0.61	1.95	0.81
平川区	Pingchuan	17.23	13.65	2.63	5.71	2.99	0.03	0.92	1.03	0.59
靖远县	Jingyuan	81.07	53.42	15.45	17.34	9.18	0.05	2.64	10.25	3.25
会宁县	Huining	158.41	139.54	20.33	54.91	53.46		7.44	3.37	6.02
景泰县	Jingtai	39.86	28.26	8.34	11.23	2.51		5.52	1.48	3.36
天水市	**Tianshui**	**449.49**	**311.74**	**130.93**	**86.49**	**67.56**		**50.61**	**61.40**	**81.37**
秦州区	Qinzhou	71.53	48.45	22.93	12.61	8.14		12.64	6.71	11.73
麦积区	Maiji	54.95	42.09	19.07	15.74	3.47		5.00	5.43	14.49
清水县	Qingshui	68.20	45.28	16.71	13.52	9.22		8.83	7.05	11.93
秦安县	Qinan	76.14	56.21	23.35	14.69	13.69		7.00	7.03	25.23
甘谷县	Gangu	70.55	48.61	22.79	14.12	10.41		7.48	10.52	11.66
武山县	Wushan	66.66	39.96	13.69	7.41	15.60		4.67	20.22	3.26
张家川县	Zhangjiachuan	41.47	31.13	12.40	8.41	7.03		4.99	4.43	3.06
武威市	**Wuwei**	**242.77**	**135.23**	**23.26**	**67.79**	**29.29**	**11.48**	**26.93**	**39.87**	**26.02**
凉州区	Liangzhou	111.41	70.84	6.57	48.85	9.20		8.47	21.69	12.96
民勤县	Minqin	48.43	13.63	3.85	9.56	0.22	11.48	7.77	7.27	7.99
古浪县	Gulang	60.77	40.11	10.17	9.31	14.13		9.07	5.23	4.77
天祝县	Tianzhu	22.15	10.65	2.67	0.07	5.73		1.62	5.68	0.30
张掖市	**Zhangye**	**263.24**	**180.58**	**48.10**	**78.89**	**29.87**	**2.79**	**24.77**	**21.79**	**32.09**

13-21 续表 1 continued

单位：千公顷 (1 000 hectares)

地 区	Region	农作物播种面积 Total Sown Area	粮 食 Grain Crops	#小 麦 Wheat	#玉 米 Corn	#薯 类 Tubers	棉 花 Cotton	油 料 Oil-bearing Crops	蔬 菜 Vegetables	果园面积 Area of Orchards
甘州区	Ganzhou	61.83	48.47	6.19	39.15	2.03		0.72	7.89	12.51
肃南县	Sunan	7.02	4.49	1.63	1.63	0.17		0.09	0.30	0.16
民乐县	Minle	61.25	41.19	18.91	3.05	16.07		4.55	1.49	6.79
临泽县	Linze	27.40	21.43	0.73	20.03	0.21	0.13	0.04	4.72	7.29
高台县	Gaotai	34.70	21.33	5.25	14.31	1.05	2.66	0.21	6.50	3.91
山丹县	Shandan	40.34	27.04	13.61	0.72	8.35		5.08	0.89	1.43
平凉市	**Pingliang**	**455.92**	**334.69**	**130.26**	**82.15**	**67.03**		**46.14**	**53.16**	**98.23**
崆峒区	Kongtong	77.53	54.56	20.04	13.60	6.34		6.07	13.38	9.34
泾川县	Jingchuan	67.43	48.07	22.67	7.67	4.48		6.98	9.49	20.91
灵台县	Lingtai	71.39	50.16	21.27	13.46	4.53		10.67	8.46	11.77
崇信县	Chongxin	30.22	18.77	7.34	4.67	2.00		5.48	4.23	4.84
华亭县	Huating	36.61	23.67	8.48	7.74	3.01		2.02	4.67	1.56
庄浪县	Zhuanglang	72.35	56.69	18.67	16.68	21.00		6.79	6.93	14.83
静宁县	Jingning	100.39	82.76	31.79	18.33	25.67		8.13	6.00	34.97
酒泉市	**Jiuquan**	**169.05**	**38.71**	**16.36**	**19.93**	**0.33**	**29.32**	**2.77**	**34.83**	**16.57**
肃州区	Suzhou	47.03	19.03	4.38	14.33	0.19		0.67	13.34	3.01
金塔县	Jinta	30.25	7.23	4.37	2.74		7.28	0.63	6.60	2.32
瓜州县	Guazhou	37.01	4.57	3.53	0.97		8.89	0.65	2.80	0.41
肃北县	Subei	0.65	0.45	0.27	0.03	0.14		0.17		0.01
阿克塞县	Akesai	0.53	0.12	0.05	0.06	0.01			0.01	0.03
玉门市	Yumen	36.04	6.84	3.75	1.34		2.17	0.67	7.73	1.24
敦煌市	Dunhuang	17.54	0.47	0.01	0.45		10.98		4.36	9.55
庆阳市	**Qingyang**	**646.37**	**453.09**	**131.37**	**171.57**	**49.44**		**72.71**	**80.25**	**114.44**
西峰区	Xifeng	56.37	33.98	17.23	3.87	3.44		6.21	12.18	15.91
庆城县	Qingcheng	88.09	54.22	21.81	13.65	4.60		9.80	18.33	20.61
环 县	Huanxian	131.53	115.57	8.00	73.33	14.78		9.69	3.95	6.12
华池县	Huachi	53.32	39.25	3.81	14.32	10.66		6.33	4.23	3.95
合水县	Heshui	46.86	26.07	6.87	7.39	3.69		6.33	12.41	14.70
正宁县	Zhengning	36.06	18.78	7.07	5.40	2.00		6.30	5.35	13.21
宁 县	Ningxian	99.41	64.94	30.03	10.14	5.47		15.49	9.73	17.25
镇原县	Zhenyuan	134.73	100.28	36.56	43.47	4.81		12.55	14.06	22.69
定西市	**Dingxi**	**570.69**	**449.43**	**63.97**	**145.26**	**216.97**		**16.44**	**27.15**	**9.13**
安定区	Anding	117.03	108.59	13.27	26.67	66.69		1.77	5.33	2.05
通渭县	Tongwei	128.24	112.40	19.06	59.15	25.53		7.57	1.26	1.81

13-21 续表 2 continued

单位：千公顷 (1 000 hectares)

地 区	Region	农作物播种面积 Total Sown Area	粮 食 Grain Crops	# 小 麦 Wheat	# 玉 米 Corn	# 薯 类 Tubers	棉 花 Cotton	油 料 Oil-bearing Crops	蔬 菜 Vegetables	果园面积 Area of Orchards
陇西县	Longxi	113.41	85.60	11.00	40.00	31.33		3.73	4.00	2.21
渭源县	Weiyuan	53.04	34.93	2.17	5.35	26.67		0.33	1.07	0.76
临洮县	Lintao	84.80	66.27	12.79	12.09	40.05		1.61	11.35	1.45
漳 县	Zhangxian	31.18	17.09	3.09	2.00	6.67		0.76	3.33	0.68
岷 县	Minxian	42.99	24.55	2.58		20.04		0.67	0.81	0.17
陇南市	**Longnan**	**421.29**	**312.89**	**100.51**	**66.38**	**86.49**	**0.01**	**21.69**	**34.95**	**30.04**
武都区	Wudu	79.98	54.67	12.65	10.59	16.95	0.01	1.82	10.03	1.13
成 县	Chengxian	43.57	34.02	14.05	8.15	2.09		3.46	4.11	0.69
文 县	Wenxian	33.49	24.88	6.19	9.50	5.80		1.97	3.40	0.64
宕昌县	Tanchang	31.91	18.48	4.81	3.03	7.78		1.48	1.17	0.51
康 县	Kangxian	36.22	31.17	10.77	8.24	4.21		0.41	1.69	0.67
西和县	Xihe	57.14	45.71	12.88	5.75	24.19		2.87	3.93	4.75
礼 县	Lixian	69.95	58.65	24.71	7.44	21.91		4.85	1.89	20.01
徽 县	Huixian	54.03	36.83	11.70	10.75	2.99		4.53	6.97	1.12
两当县	Liangdang	14.99	8.48	2.75	2.93	0.57		0.29	1.75	0.52
临夏州	**Linxia**	**165.45**	**130.89**	**32.33**	**54.17**	**40.20**		**15.95**	**10.92**	**6.04**
临夏市	linxia	3.25	2.22	0.41	1.62	0.17		0.02	0.90	0.30
临夏县	linxia	33.56	25.27	9.98	10.53	3.41		2.11	3.57	0.75
康乐县	Kangle	22.42	17.64	7.13	6.33	2.67		1.98	0.23	0.05
永靖县	Yongjing	24.75	19.15	2.47	10.73	5.35		1.22	3.76	2.35
广河县	Guanghe	14.83	12.73	0.33	8.53	3.86		0.40	1.07	0.23
和政县	Hezheng	17.61	11.07	5.86	3.73	1.12		6.17	0.07	1.35
东乡县	Dongxiang	25.47	24.85	3.73	4.03	16.94		0.05	0.26	0.29
积石山县	Jishishan	23.57	17.97	2.43	8.67	6.67		4.00	1.07	0.71
甘南州	**Gannan**	**70.04**	**35.94**	**9.86**	**2.85**	**4.17**		**11.89**	**0.84**	**0.98**
合作市	Hezuo	8.12	4.97	0.28		0.29		1.78	0.07	
临潭县	Lintan	17.67	4.97	2.07		0.81		3.84	0.10	0.08
卓尼县	Zhuoni	10.58	5.06	1.53		0.59		2.63	0.14	0.02
舟曲县	Zhouqu	16.49	12.51	4.13	2.71	2.08		1.31	0.49	0.56
迭部县	Diebu	5.60	3.05	1.34	0.14	0.27		0.07	0.04	0.31
玛曲县	Maqu									
碌曲县	Luqu	2.51	1.43			0.05		0.43		
夏河县	Xiahe	9.07	3.94	0.52		0.08		1.83		0.01

13-22 各地区主要农作物播种面积构成（2012）
Sown Area Structure of Major Farm Crops by Region(2012)

单位：%　　　　(%)

地 区	Region	农作物播种面积 Total Sown Area	粮 食 Grain Crops	#小 麦 Wheat	# 玉 米 Corn	棉 花 Cotton	油 料 Oil-bearing Crops	烟 叶 Tobacco	中药材 Traditional Chinese Medician Materials	蔬 菜 Vegetables	瓜 果 Fruit and Melon
甘肃省	**Gansu**	**100.00**	**68.89**	**19.87**	**22.44**	**1.17**	**8.16**	**0.10**	**5.12**	**11.02**	**1.26**
兰州市	Lanzhou	100.00	58.57	19.88	15.60		6.81	0.02	2.62	24.55	2.29
嘉峪关市	Jiayuguan	100.00	30.27	9.87	19.06		4.68			44.48	1.84
金昌市	Jinchang	100.00	65.29	31.08	14.43		9.40		1.59	16.42	0.63
白银市	Baiyin	100.00	78.82	15.98	29.80	0.02	5.64		2.92	5.95	1.22
天水市	Tianshui	100.00	69.35	29.13	19.24		11.26	0.01	2.36	13.66	0.54
武威市	Wuwei	100.00	55.71	9.58	27.92	4.73	11.09		2.16	16.42	1.74
张掖市	Zhangye	100.00	68.60	18.27	29.97	1.06	9.41		4.40	8.28	0.36
平凉市	Pingliang	100.00	73.41	28.57	18.02		10.12	0.02	2.15	11.66	0.82
酒泉市	Jiuquan	100.00	22.90	9.68	11.79	17.34	1.64		10.71	20.60	6.09
庆阳市	Qingyang	100.00	70.10	20.32	26.54		11.25	0.37	1.28	12.42	2.71
定西市	Dingxi	100.00	78.75	11.21	25.45		2.88		12.63	4.76	0.13
陇南市	Longnan	100.00	74.27	23.86	15.76		5.15	0.36	10.33	8.30	0.46
临夏州	Linxia	100.00	79.11	19.54	32.74		9.64		2.12	6.60	0.14
甘南州	Gannan	100.00	51.31	14.08	4.06		16.98	0.10	14.01	1.20	

13-23 各地区主要农作物播种面积占全省的比重（2012）
Proportion of Major Farm Crops Sown Areas by Region(2012)

单位：%　　　　(%)

地 区	Region	农作物播种面积 Total Sown Area	粮 食 Grain Crops	#小 麦 Wheat	# 玉 米 Corn	棉 花 Cotton	油 料 Oil-bearing Crops	烟叶 Tobacco	中药材 Traditional Chinese Medician Materials	蔬菜 Vegetables	瓜果 Fruit and Melon
甘肃省	**Gansu**	**100.00**	**100.00**	**100.00**	**100.00**	**100.00**	**100.00**	**100.00**	**100.00**	**100.00**	**100.00**
兰州市	Lanzhou	5.39	4.58	5.39	3.75		4.50	1.30	2.76	12.02	9.79
嘉峪关市	Jiayuguan	0.10	0.04	0.05	0.08		0.06			0.39	0.14
金昌市	Jinchang	1.80	1.70	2.81	1.16		2.07		0.56	2.68	0.90
白银市	Baiyin	7.37	8.43	5.93	9.79	0.15	5.09		4.20	3.98	7.13
天水市	Tianshui	10.91	10.98	15.99	9.35		15.04	0.97	5.03	13.52	4.64
武威市	Wuwei	5.89	4.76	2.84	7.33	23.83	8.01		2.48	8.78	8.11
张掖市	Zhangye	6.39	6.36	5.87	8.53	5.80	7.36		5.49	4.80	1.85
平凉市	Pingliang	11.06	11.79	15.91	8.88		13.71	1.94	4.64	11.71	7.19
酒泉市	Jiuquan	4.10	1.36	2.00	2.15	60.86	0.82		8.57	7.67	19.81
庆阳市	Qingyang	15.68	15.96	16.04	18.55		21.61	57.54	3.92	17.68	33.76
定西市	Dingxi	13.85	15.83	7.81	15.71		4.89		34.14	5.98	1.46
陇南市	Longnan	10.22	11.02	12.27	7.18	0.03	6.45	36.63	20.61	7.70	3.75
临夏州	Linxia	4.01	4.61	3.95	5.86		4.74		1.66	2.41	0.44
甘南州	Gannan	1.70	1.27	1.20	0.31		3.54	1.62	4.65	0.19	

13-24 主要农产品产量
Yield of Major Farm Crops

指 标	Item	2005	2008	2009	2010	2011	2012
主要农产品产量（万吨）	**Yield of Major Farm Crops (10 000tons)**						
粮食	Grain Crops	836.9	888.5	906.2	958.3	1014.6	1109.7
夏粮	Summer Grain Crops	338.0	351.3	341.3	330.8	319.5	323.8
秋粮	Autumn Grain Crops	498.9	537.2	564.9	627.5	695.1	785.9
谷物	Cereal	605.37	637.14	681.09	737.65	750.89	836.31
#稻谷	Rice	4.11	3.82	3.90	4.11	3.69	3.94
小麦	Wheat	264.8	268.1	261.1	250.9	247.5	278.5
玉米	Corn	248.5	265.4	312.6	390.4	425.6	504.1
豆类	Beans	41.65	36.76	33.71	35.45	34.81	33.89
薯类	Tubers	189.9	214.6	191.4	185.2	228.9	239.5
油料	Oil-bearing Crops	50.31	53.54	58.54	64.05	63.52	67.00
#油菜籽	Rapeseeds	26.64	28.55	33.11	33.22	33.14	33.93
棉花	Cotton	11.05	12.32	9.54	7.56	7.60	8.10
麻类	Fiber Crops	1.74	0.48	0.40	0.26	0.21	0.25
甜菜	Beetroots	14.54	20.09	20.42	22.02	18.08	24.65
烟叶	Tobacco	3.38	1.04	1.23	1.23	1.21	1.30
#烤烟	Flue-cured Tobacco	3.14	0.82	1.02	1.01	0.99	1.09
中药材	Traditional Chinese Medician Materials					61.94	75.94
蔬菜	Vegetables	866.91	1082.29	1145.35	1235.46	1320.60	1460.42
水果	Fruit	172.45	248.14	277.56	299.46	330.84	359.71
农产品单位面积产量（千克/公顷）	**Yield of Farm Crops Per Hectare (kg/hectare)**						
粮食	Grain Crops	3234.75	3311.60	3307.26	3422.77	3580.54	3908.27
谷物	Cereal	3352.86	3544.29	3604.99	3772.25	3846.82	4285.66
棉花	Cotton	1728.24	1693.59	1714.16	1577.90	1585.11	1681.78
油菜籽	Rapeseeds	1692.92	1761.65	1753.11	1815.99	1793.92	1938.38
甜菜	Beetroots	32707.29	43798.76	45717.51	43565.36	37360.91	48974.17
烟叶	Tobacco	2386.94	2582.73	2803.77	3017.57	3255.55	3154.72

13-25 各地县农产品产量（2012）
Yield of Farm Crops by Region,County(2012)

单位：吨 (ton)

地 区	Region	粮 食 Grain Crops	#小 麦 Wheat	#玉 米 Corn	#薯 类 Tubers	棉 花 Cotton	油 料 Oil-bearing Crops	蔬 菜 Vegetables	人均粮食占有量（千克） Per Capita Grain Crops(kg)
兰州市	**Lanzhou**	**441964**	**119891**	**176522**	**92126**		**25559**	**2292874**	**121.74**
城关区	Chengguan	726	16	710				77066	0.56
七里河区	Qilihe	9922	1813	7462			184	197211	17.57
西固区	Xigu	4979	1093	3666			108	238587	13.60
安宁区	Anning							9521	
红古区	Honggu	13638	2616	10876			380	553366	98.61
永登县	Yongdeng	198400	72310	45904	40282		11306	304221	467.70
皋兰县	Gaolan	50000	15210	15450	10759		6227	248731	373.41
榆中县	Yuzhong	164300	26833	92455	41085		7354	664171	374.26
嘉峪关市	**Jiayuguan**	**9800**	**3300**	**6000**	**500**		**419**	**175759**	**41.83**
金昌市	**Jinchang**	**337982**	**131896**	**108874**	**11558**		**23242**	**597665**	**723.11**
金川区	Jinchuan	55950	25652	28451	1456		10953	130030	242.63
永昌县	Yongchang	282032	106244	80423	10102		12289	467635	1191.01
白银市	**Baiyin**	**721314**	**149908**	**369159**	**145397**	**150**	**22830**	**1288174**	**419.56**
白银区	Baiyin	22000	6381	11641	1118		972	211114	74.00
平川区	Pingchuan	35314	8594	21617	2454	40	1213	42141	182.22
靖远县	Jingyuan	187000	48197	79231	32761	110	3474	838425	407.32
会宁县	Huining	330000	40878	183839	95589		2977	82180	604.95
景泰县	Jingtai	147000	45858	72831	13475		14194	114314	657.72
天水市	**Tianshui**	**1167000**	**338574**	**537087**	**225069**		**74657**	**2077280**	**355.55**
秦州区	Qinzhou	197340	61630	95692	28824		20189	210605	304.30
麦积区	Maiji	163643	48743	91378	13821		7375	163552	293.16
清水县	Qingshui	171275	44178	85227	29445		16914	111782	633.41
秦安县	Qinan	206994	52717	87201	54746		8434	179445	398.45
甘谷县	Gangu	182561	60752	85292	32362		9995	432380	324.78
武山县	Wushan	130801	36601	41938	44382		6763	880833	301.73
张家川县	Zhangjiachuan	114386	33952	50360	21489		4988	98684	394.43
武威市	**Wuwei**	**1018000**	**128147**	**702112**	**138688**	**20664**	**95855**	**2011250**	**558.85**
凉州区	Liangzhou	666075	46891	532695	60520		20623	1355308	656.68
民勤县	Minqin	126402	27917	96967	1518	20664	46033	358700	523.19
古浪县	Gulang	186244	45062	72208	53000		26069	194126	478.16
天祝县	Tianzhu	39279	8276	243	23650		3130	103116	222.92
张掖市	**Zhangye**	**1235544**	**291284**	**603895**	**237641**	**5108**	**49479**	**1268305**	**1023.14**

13-25 续表 1 continued

单位：吨 (ton)

地　区	Region	粮　食 Grain Crops	#小　麦 Wheat	#玉　米 Corn	#薯　类 Tubers	棉　花 Cotton	油　料 Oil-bearing Crops	蔬　菜 Vegetables	人均粮食占有量（千克）Per Capita Grain Crops(kg)
甘州区	Ganzhou	409320	50120	316402	33663		3788	511589	801.80
肃南县	Sunan	24827	6743	12332	932		184	23000	730.21
民乐县	Minle	257123	101121	24613	117474		13643	30024	1162.93
临泽县	Linze	151426	6024	139202	1550	640	368	208369	1120.01
高台县	Gaotai	158705	43930	104318	8021	4468	1114	448579	1100.59
山丹县	Shandan	169542	75405	7028	62901		14535	46743	1042.69
平凉市	**Pingliang**	**1041392**	**384729**	**427076**	**152748**		**72436**	**1150284**	**500.21**
崆峒区	Kongtong	212923	67200	102792	20304		10281	313264	414.65
泾川县	Jingchuan	161308	69911	49290	20100		8215	190498	570.40
灵台县	Lingtai	183700	62056	88837	15506		20401	160015	1007.13
崇信县	Chongxin	61106	18451	34344	4607		7617	97682	594.99
华亭县	Huating	90239	19401	54914	11004		4150	76798	464.43
庄浪县	Zhuanglang	151027	64275	45375	41100		8063	215472	394.84
静宁县	Jingning	181089	83436	51523	40126		13709	96554	427.40
酒泉市	**Jiuquan**	**325723**	**109013**	**196669**	**3484**	**47966**	**9661**	**1513912**	**294.93**
肃州区	Suzhou	167797	30160	135464	1689		1826	568373	386.72
金塔县	Jinta	70088	34834	32634		14558	3848	450828	471.02
瓜州县	Guazhou	25992	17264	8500		11098	1727	66782	176.57
肃北县	Subei	4209	2144	310	1711		500		280.60
阿克塞县	Akesai	1194	393	714	84		8	186	114.76
玉门市	Yumen	51563	24142	14254		2283	1753	233888	319.08
敦煌市	Dunhuang	4881	76	4794		20027		193856	26.03
庆阳市	**Qingyang**	**1557501**	**423450**	**830618**	**132386**		**131699**	**797489**	**702.08**
西峰区	Xifeng	132726	61499	31973	13677		16305	128288	348.73
庆城县	Qingcheng	149989	65747	47818	10586		9806	117604	570.95
环　县	Huanxian	410989	16500	330897	33255		11170	29947	1345.74
华池县	Huachi	123329	8451	89662	11550		8864	32400	1006.77
合水县	Heshui	105636	25544	56187	9180		11381	125527	718.12
正宁县	Zhengning	90137	25676	44242	8229		14992	130123	497.17
宁　县	Ningxian	244667	105417	62862	37474		31301	137743	609.38
镇原县	Zhenyuan	300028	114616	166977	8436		27879	95857	718.97
定西市	**Dingxi**	**1373719**	**149362**	**594153**	**585435**		**27162**	**564635**	**496.07**
安定区	Anding	351000	25923	132000	190177		1852	84205	828.42
通渭县	Tongwei	370340	46451	270008	37524		13982	17630	921.01

13-25 续表 2 continued

单位：吨 (ton)

地区	Region	粮食 Grain Crops	#小麦 Wheat	#玉米 Corn	#薯类 Tubers	棉花 Cotton	油料 Oil-bearing Crops	蔬菜 Vegetables	人均粮食占有量（千克） Per Capita Grain Crops(kg)
陇西县	Longxi	170065	14602	96700	54079		4565	120252	372.21
渭源县	Weiyuan	130200	5417	25492	97515		721	7555	398.90
临洮县	Lintao	211030	44900	58679	105207		3736	259930	412.81
漳　县	Zhangxian	62304	9058	11274	26490		1911	64778	319.51
岷　县	Minxian	78780	3011		74443		396	10285	173.56
陇南市	**Longnan**	**1043239**	**347786**	**333022**	**242435**	**9**	**37631**	**495145**	**406.01**
武都区	Wudu	168005	45630	40908	44804	9	3001	93490	300.76
成　县	Chengxian	144744	58789	61976	7065		7150	102501	592.73
文　县	Wenxian	68328	17252	33303	8614		3424	63510	318.39
宕昌县	Tanchang	82701	15475	23581	35185		2517	19025	304.94
康　县	Kangxian	67030	31997	21961	4573		647	10403	372.59
西和县	Xihe	171097	43436	38561	87209		5783	10650	430.43
礼　县	Lixian	146063	69159	26286	42731		6113	27300	319.19
徽　县	Huixian	160085	53949	68772	11144		8550	147247	796.44
两当县	Liangdang	35187	12100	17673	1109		446	21019	783.68
临夏州	**Linxia**	**700044**	**137806**	**404284**	**143676**		**58803**	**312501**	**354.24**
临夏市	linxia	22896	2426	19391	985		75	108667	82.42
临夏县	linxia	145050	44873	80947	14515		5710	51059	438.35
康乐县	Kangle	97520	33845	44776	12496		7234	5841	411.83
永靖县	Yongjing	110030	10261	81142	17418		4182	93116	606.23
广河县	Guanghe	96808	1482	75281	20046		2418	31364	416.74
和政县	Hezheng	59364	28206	23892	6132		23150	3399	315.93
东乡县	Dongxiang	79125	6814	21956	50085		435	3493	272.56
积石山县	Jishishan	89250	9900	56900	22000		15600	15563	373.90
甘南州	**Gannan**	**86447**	**26156**	**10489**	**12119**		**18963**	**15994**	**124.72**
合作市	Hezuo	8904	652		681		2432	1685	96.46
临潭县	Lintan	13283	5676		2405		5731	1134	97.38
卓尼县	Zhuoni	12265	4377		2173		4254	3323	119.89
舟曲县	Zhouqu	31478	9984	9981	5472		3134	8147	241.21
迭部县	Diebu	8009	3642	508	968		142	1700	153.43
玛曲县	Maqu								
碌曲县	Luqu	2850			144		335	1	78.73
夏河县	Xiahe	9659	1824		276		2934	5	110.39

13-26 各地区主要农产品单位面积产量（2012）
Yield of Major Farm Crops per Hectare by Region(2012)

单位：千克／公顷 (kg/hectare)

地 区	Region	粮 食 Grain Crops	谷 物 Cereal	棉 花 Cotton	油菜籽 Rapeseeds	甜 菜 Beetroots	烟 叶 Tobacco	水 果 Fruit
甘肃省	**Total**	3908	4286	1682	1938	48974	3155	8048
兰州市	Lanzhou	3395	3772	7955	1287	15034	3947	12358
嘉峪关市	Jiayuguan	8122	8064		1976			1976
金昌市	Jinchang	6986	6973		2576	22532		5084
白银市	Baiyin	3012	3624	2045	1342			11616
天水市	Tianshui	3744	3946		1427	17771	1425	11896
武威市	Wuwei	7528	9022	1800	2352	49619		5709
张掖市	Zhangye	6842	6659	1829	1861	77338		7243
平凉市	Pingliang	3112	3455		1638		6125	9425
酒泉市	Jiuquan	8414	8365	1636	2093	61411		11959
庆阳市	Qingyang	3437	3752		1935		3695	4549
定西市	Dingxi	3057	3502		1546	5123		5343
陇南市	Longnan	3334	3939	645	1876		2245	4021
临夏州	Linxia	5348	6250		3717	65865		10625
甘南州	Gannan	2405	2386		1596	4732	1373	9112

13-27 各地区主要农产品人均占有量（2012）
Output of Major Farm Corps per Capita by Region(2012)

单位：千克／人 (kg/person)

地 区	Region	粮 食 Grain Crops	谷 物 Cereal	棉 花 Cotton	油菜籽 Rapeseeds	甜 菜 Beetroots	烟 叶 Tobacco	水 果 Fruit
甘肃省	**Total**	430.53	324.46	3.14	13.16	9.56	0.50	139.56
兰州市	Lanzhou	121.74	88.22		1.30	1.21	0.06	37.35
嘉峪关市	Jiayuguan	41.83	39.69		1.35			20.74
金昌市	Jinchang	723.11	698.38		19.80	6.11		15.37
白银市	Baiyin	419.56	324.19	0.09	0.76			94.77
天水市	Tianshui	355.55	278.20		14.91	2.20	0.02	294.92
武威市	Wuwei	558.85	466.77	11.34	14.41	68.10		81.55
张掖市	Zhangye	1023.14	818.87	4.23	35.22	47.82		192.45
平凉市	Pingliang	500.21	413.64		10.60		0.24	444.67
酒泉市	Jiuquan	294.93	288.92	43.43	1.79	33.73		179.47
庆阳市	Qingyang	702.08	599.98		30.04		3.94	234.66
定西市	Dingxi	496.07	274.02		2.19	0.06		17.61
陇南市	Longnan	406.01	280.08		12.07		1.32	47.01
临夏州	Linxia	354.24	274.69		27.57	4.67		32.47
甘南州	Gannan	124.72	93.93		26.97	0.77	0.13	12.88

13-28 水果生产
Fruits Production

指 标	Item	2005	2010	2011	2012
园林水果产量（吨）	**Gardens (ton)**	**1724459**	**2994553**	**3308385**	**3597114**
#苹果	Apple	1012568	2016609	2279292	2487504
梨	Pear	283345	334180	342114	333281
葡萄	Grape	77506	128370	126300	227891
红枣	Date	75450	117407	119354	131114
柿子	Persimmon	14858	23803	19529	19976
杏子	Apricot	103756	108809	104877	115634
桃子	Peach	102261	155895	183199	196904
果园面积（千公顷）	**Area of Orchards (1 000 hectares)**	**347.59**	**419.95**	**430.01**	**446.94**
#苹果园	Apple Orchard	183.77	268.64	274.81	283.94
梨园	Pear Orchard	49.45	34.51	33.30	36.33
葡萄园	Grape Orchard			20.78	25.96
桃园	Peach Orchard	14.17	12.70	12.41	12.29
杏园	Apricot Orchard			44.84	42.70

13-29 各地县水果产量（2012）
Yield of Fruit by Region, County (2012)

单位：吨 (ton)

地 区	Region	水果产量 Fruits	# 苹 果 Apples	# 梨 Pears	# 葡 萄 Grapes	# 红 枣 Dates	# 柿 子 Persimmons	# 杏 子 Apricots	# 桃 子 Peaches
兰州市	**Lanzhou**	**135606**	**64874**	**23028**	**4448**	**4673**		**3921**	**32981**
城关区	Chengguan	17909	14528	1564	366	2			1404
七里河区	Qilihe	12070	4265	2342	45			50	5202
西固区	Xigu	17455	6782	4752	183	2638		69	1734
安宁区	Anning	3434	29	119	61	254			2972
红古区	Honggu	46141	25671	4374	1714	1360		2010	10889
永登县	Yongdeng	7287	2394	1400	1935	96		1044	419
皋兰县	Gaolan	26538	8705	6839		323		395	10276
榆中县	Yuzhong	4772	2501	1638	144			352	85
嘉峪关市	**Jiayuguan**	**4860**	**2091**		**2289**			**413**	**67**
金昌市	**Jinchang**	**7186**	**1553**	**2283**	**2733**	**116**		**469**	**32**
金川区	Jinchuan	4603	722	972	2710	104		63	32
永昌县	Yongchang	2583	831	1311	23	12		406	
白银市	**Baiyin**	**162935**	**82520**	**38912**	**282**	**30583**		**4051**	**6488**
白银区	Baiyin	46838	42635	3468	60	602		19	34
平川区	Pingchuan	3403	1303	441	70	1326		151	99
靖远县	Jingyuan	55989	20971	20600	137	6914		1351	6008
会宁县	Huining	13294	6028	5049				2093	66
景泰县	Jingtai	43411	11583	9354	15	21741		437	281
天水市	**Tianshui**	**967998**	**734389**	**38620**	**29085**	**88**	**1453**	**8366**	**126916**
秦州区	Qinzhou	150870	126611	4995	35			923	3071
麦积区	Maiji	192610	147319	6256	26184		906	2290	4879
清水县	Qingshui	80656	77200	1040	1325		547	85	100
秦安县	Qinan	376038	243403	11760	333	88		1594	116500
甘谷县	Gangu	88073	80305	4797	121			980	1185
武山县	Wushan	34504	21548	4833	1087			611	1182
张家川县	Zhangjiachuan	45248	38003	4940				1883	
武威市	**Wuwei**	**148544**	**80926**	**14274**	**40373**	**11185**		**435**	**90**
凉州区	Liangzhou	65041	42261	11750	10500	290		70	90
民勤县	Minqin	41171	1184	563	28400	10790		233	
古浪县	Gulang	41032	37481	1961	173	105		132	
天祝县	Tianzhu	1300			1300				
张掖市	**Zhangye**	**232399**	**66452**	**58804**	**22841**	**63867**		**9676**	**428**

13–29 续表 1 continued

单位：吨 (ton)

地 区	Region	水果产量 Fruits	# 苹 果 Apples	# 梨 Pears	# 葡 萄 Grapes	# 红 枣 Dates	# 柿 子 Persimmons	# 杏 子 Apricots	# 桃 子 Peaches
甘州区	Ganzhou	138121	54022	26449	3594	50233		633	80
肃南县	Sunan	1100	550	295	255				
民乐县	Minle	41837	5647	21033	210			8722	12
临泽县	Linze	23610	3712	2040	3738	13461		9	51
高台县	Gaotai	24677	2516	7073	14543	173		78	285
山丹县	Shandan	3055	5	1914	500			234	
平凉市	**Pingliang**	**925758**	**866477**	**21607**	**878**	**2745**	**4751**	**11681**	**7586**
崆峒区	Kongtong	74000	62668	3480	365			2614	3749
泾川县	Jingchuan	240900	229871	2090	296	1670	3120	883	985
灵台县	Lingtai	46000	32189	2940	186	920	1620	4010	910
崇信县	Chongxin	24800	16143	3783	31	155	11	1805	1283
华亭县	Huating	14228	7972	2964				1558	49
庄浪县	Zhuanglang	120845	117634	2250				326	210
静宁县	Jingning	404985	400000	4100				485	400
酒泉市	**Jiuquan**	**198205**	**19965**	**40910**	**113789**	**6675**		**8256**	**8381**
肃州区	Suzhou	51555	13061	29465	1540	451		3056	3753
金塔县	Jinta	22119	4443	7946	3766	3309		1314	1341
瓜州县	Guazhou	1910	745	589	323	131		44	79
肃北县	Subei	18		7				8	3
阿克塞县	Akesai								
玉门市	Yumen	4641	1211	1334	1409	4		582	101
敦煌市	Dunhuang	117961	505	1569	106751	2780		3251	3105
庆阳市	**Qingyang**	**520574**	**429331**	**3807**	**2376**	**6261**	**1430**	**55633**	**5626**
西峰区	Xifeng	103256	96800	1115	868	117	170	2747	1318
庆城县	Qingcheng	116230	100097	270	1026	1509		7399	995
环 县	Huanxian	19902	11167	131	2	86		7668	194
华池县	Huachi	14086	7000	145		18		5900	
合水县	Heshui	83600	74600	740	380	600		3300	680
正宁县	Zhengning	72920	67359	145		48	371	3400	129
宁 县	Ningxian	30200	18508	262		3710	790	3820	1310
镇原县	Zhenyuan	80380	53800	1000	100	173	100	21400	1000
定西市	**Dingxi**	**48767**	**21835**	**16895**	**34**	**246**		**6145**	**1334**
安定区	Anding	8030	1081	5075		4		1798	8
通渭县	Tongwei	11025	6759	3035				942	162

13-29 续表 2 continued

单位：吨 (ton)

地 区	Region	水果产量 Fruits	# 苹 果 Apples	# 梨 Pears	# 葡 萄 Grapes	# 红 枣 Dates	# 柿 子 Persimmons	# 杏 子 Apricots	# 桃 子 Peaches
陇西县	Longxi	9507	3351	3719	22	4		1206	308
渭源县	Weiyuan	3114	452	1309				831	
临洮县	Lintao	11918	5724	3153	12	238		1303	847
漳 县	Zhangxian	4726	4281	345				65	10
岷 县	Minxian	447	188	260					
陇南市	**Longnan**	**120804**	**83996**	**5784**	**2576**	**292**	**10655**	**843**	**6231**
武都区	Wudu	9939	2805	1305	758	13	505	15	1695
成 县	Chengxian	9010	2818	550	537		2608	84	960
文 县	Wenxian	4428	1246	650	900	200	360	2	250
宕昌县	Tanchang	1927	1039	292	35	10	393	12	11
康 县	Kangxian	3266	795	314	13	52	1334	94	179
西和县	Xihe	10845	9179	240	51		183	396	609
礼 县	Lixian	64977	62170	600	62		740	16	1290
徽 县	Huixian	13996	2834	1810	210	18	4125	200	1166
两当县	Liangdang	2417	1111	24	10		407	24	71
临夏州	**Linxia**	**64173**	**14971**	**37657**	**44**	**4205**		**4988**	**696**
临夏市	linxia	10125	11	9460				442	16
临夏县	linxia	7658	744	6277				516	107
康乐县	Kangle	1208	306	308				436	
永靖县	Yongjing	19912	12673	1489	33	4185		838	291
广河县	Guanghe	2247	469	1257				150	
和政县	Hezheng	10550		10550					
东乡县	Dongxiang	10153	439	6589	11	20		2493	220
积石山县	Jishishan	2320	328	1727				114	61
甘南州	**Gannan**	**8930**	**5622**	**1088**	**213**	**15**	**1687**	**41**	**48**
合作市	Hezuo								
临潭县	Lintan	458	159	282				2	15
卓尼县	Zhuoni	72	23	49					
舟曲县	Zhouqu	7785	4954	640	211	15	1687	39	23
迭部县	Diebu	580	486	81	2				11
玛曲县	Maqu								
碌曲县	Luqu								
夏河县	Xiahe	36		36					

13-30 林业生产
Forestry Production

指　标	Item	2005	2010	2011	2012
当年造林面积（千公顷）	Total Area of Afforestation in Current Year (1 000 hectares)	262.23	100.79	123.98	146.70
人工造林	Manual Planting	249.89	100.79	123.98	146.70
飞机播种造林	Airplane Planting	12.33			
# 防护林	Protection Forests	237.95	73.35	88.05	96.80
用材林	Timber Forests	4.59	1.11	1.41	0.98
经济林	By-product Forests	14.26	23.72	30.63	42.73
幼林抚育面积（千公顷）	Area of Tending Young Forest (1 000 hectares)	349.59	332.14	224.41	228.29
成林抚育面积（千公顷）	Area of Tending Adult Forest (1 000 hectares)	181.73	291.29	281.09	310.51
迹地更新（千公顷）	Area of Slash Reforestation (1 000 hectares)	1.34	1.04	1.09	1.06
当年零星（四旁）植树（万株）	Odd Planting in Current Year (10 000 units)	8049.36	8346.01	6318.31	6475.31
年末实有育苗面积（千公顷）	Actual Area of Grown Seedlings at Year-end (1 000 hectares)	11.89	13.71	16.63	25.05
# 本年新育面积	Raise Seedlings Areas in Current year	6.58	7.78	8.67	13.12
林产品产量（吨）	Output of Forest Products (ton)				
# 油桐籽	Tung-oil Seeds	545.50	340.93	242.90	228.50
木耳	Fungus	435.71	287.03	434.23	467.95
集体和个人采伐的木材（万立方米）	Collective and Individual Harvested Timber (10 000 cu.m)	7.01	10.68	10.01	6.05

13-31 牲畜饲养情况及畜产品产量
Number of Livestock and Output of Livestock Products

指　标	Item	2005	2010	2011	2012
大牲畜年末头数（万头）	Large Animals (year-end) (10 000 heads)	563.09	645.09	657.64	650.90
# 牛	Cattle and Buffaloes	385.77	485.06	498.38	488.89
马	Horses	15.09	13.55	14.16	14.36
骡	Mules	47.41	42.69	41.91	43.03
驴	Donkeys	113.33	101.95	101.18	102.49
骆驼	Camels	1.50	1.84	2.01	2.13
肉猪出栏头数（万头）	Slaughtered Fattened Hogs (10 000 heads)	540.10	670.88	679.74	721.83
猪年末头数（万头）	Hogs (year-end)(10 000 heads)	592.54	614.40	621.59	655.32
羊年末只数（万只）	Sheep and Goats (year-end)(10 000 heads)	1466.19	1818.40	1898.59	1932.79
山羊	Goats	322.99	339.15	375.40	381.28
绵羊	Sheep	1143.20	1479.25	1523.19	1551.51
肉类产量（万吨）	Output of Meat (10 000 tons)	69.81	86.78	88.46	92.28
# 猪牛羊肉	Output of Pork,Beef and Mutton	64.09	80.77	82.49	86.18
猪肉	Pork	38.35	47.36	47.99	50.96
牛肉	Beef	12.64	16.78	17.71	18.04
羊肉	Mutton	13.10	16.63	16.79	17.18
奶类（万吨）	Milk (10 000 tons)	31.69	44.79	47.83	49.14
# 牛奶	Cow Milk	31.19	44.21	47.16	48.52
绵羊毛（吨）	Sheep Wool (ton)	21134.03	27545.50	28992.60	29483.60
山羊毛（吨）	Goat Wool (ton)	1794.12	1695.75	1877.00	1906.40
羊绒（吨）	Cashmere (ton)	415.93	339.15	375.40	381.28
禽蛋（万吨）	Poultry Eggs (10 000 tons)	10.95	10.70	11.03	11.38
水产品产量（吨）	Aquatic Products (ton)	10370.00	12330.69	17771.13	13334.22

注：有关畜牧业及水产品数据根据第一、二次农业普查结果进行了相应衔接调整。

a)According to the First and Second National Agricultural Census, data of animal husbandry and aquatic products were adjusted accordingly.

13-32 各地县牲畜饲养情况（2012）
Number of Livestock by Region,County(2012)

地 区	Region	大牲畜存栏（万头） Large Animals (10 000 heads)	羊存栏数（万只） Sheep and Goats (10 000 heads)	牛出栏数（万头） Cattle (10 000 heads)	猪出栏数（万头） Hogs (10 000 heads)	羊出栏数（万只） Sheep and Goats (10 000 heads)
兰州市	**Lanzhou**	**9.82**	**60.62**	**0.67**	**33.41**	**24.95**
城关区	Chengguan	0.17	0.54	0.01	0.49	0.28
七里河区	Qilihe	1.20	2.15	0.10	2.08	0.68
西固区	Xigu	0.44	1.58	0.03	1.48	0.84
安宁区	Anning	0.05	0.20		0.33	0.23
红古区	Honggu	0.67	4.15	0.07	2.97	1.61
永登县	Yongdeng	2.81	30.19	0.17	12.39	9.53
皋兰县	Gaolan	0.28	9.89		3.63	5.55
榆中县	Yuzhong	4.20	11.92	0.29	10.04	6.23
嘉峪关市	**Jiayuguan**	**0.55**	**4.44**	**0.09**	**2.97**	**2.57**
金昌市	**Jinchang**	**4.87**	**76.71**	**0.86**	**7.24**	**32.47**
金川区	Jinchuan	0.78	8.39	0.18	2.23	5.47
永昌县	Yongchang	4.09	68.32	0.68	5.01	27.00
白银市	**Baiyin**	**24.73**	**171.74**	**3.78**	**69.42**	**128.48**
白银区	Baiyin	0.82	8.69	0.05	7.15	5.48
平川区	Pingchuan	1.47	7.37	0.04	3.19	4.27
靖远县	Jingyuan	3.48	35.70	0.04	18.09	25.60
会宁县	Huining	18.26	62.49	3.60	27.90	59.05
景泰县	Jingtai	0.70	57.49	0.05	13.09	34.08
天水市	**Tianshui**	**55.29**	**30.16**	**9.56**	**82.91**	**11.37**
秦州区	Qinzhou	7.20	2.08	0.58	7.76	0.84
麦积区	Maiji	4.19	2.49	0.75	10.55	1.03
清水县	Qingshui	11.12	3.48	3.31	13.44	1.66
秦安县	Qinan	6.84	3.92	0.28	18.09	1.32
甘谷县	Gangu	5.75	1.51	0.47	20.41	0.53
武山县	Wushan	7.09	4.51	0.57	11.16	2.14
张家川县	Zhangjiachuan	13.10	12.17	3.60	1.50	3.85
武威市	**Wuwei**	**61.71**	**302.89**	**20.84**	**116.91**	**152.57**
凉州区	Liangzhou	36.75	90.64	12.92	87.64	45.37
民勤县	Minqin	4.79	93.29	1.63	6.82	51.35
古浪县	Gulang	7.70	51.02	1.78	16.52	25.20
天祝县	Tianzhu	12.47	67.94	4.51	5.93	30.65
张掖市	**Zhangye**	**76.41**	**258.43**	**21.69**	**77.71**	**153.09**

13-32 续表 1 continued

地 区	Region	大牲畜存栏（万头）Large Animals (10 000 heads)	羊存栏数（万只）Sheep and Goats (10 000 heads)	牛出栏数（万头）Cattle (10 000 heads)	猪出栏数（万头）Hogs (10 000 heads)	羊出栏数（万只）Sheep and Goats (10 000 heads)
甘州区	Ganzhou	32.67	59.96	10.54	33.04	30.35
肃南县	Sunan	4.11	68.99	1.40	0.24	53.96
民乐县	Minle	6.90	25.01	0.51	16.18	12.47
临泽县	Linze	12.79	13.78	5.22	11.82	7.53
高台县	Gaotai	14.76	32.14	3.42	13.14	16.68
山丹县	Shandan	4.08	56.60	0.36	3.28	31.40
平凉市	**Pingliang**	**84.52**	**21.08**	**39.53**	**49.75**	**13.39**
崆峒区	Kongtong	16.31	7.44	11.75	3.16	4.65
泾川县	Jingchuan	10.36	2.18	7.13	8.82	1.32
灵台县	Lingtai	11.36	3.96	6.07	1.91	1.53
崇信县	Chongxin	6.57	3.95	4.67	3.04	2.55
华亭县	Huating	11.06	2.52	5.95	6.51	2.77
庄浪县	Zhuanglang	13.77	0.73	2.82	13.70	0.44
静宁县	Jingning	15.09	0.30	1.14	12.61	0.13
酒泉市	**Jiuquan**	**16.70**	**349.01**	**9.64**	**24.18**	**232.44**
肃州区	Suzhou	9.55	75.24	7.69	11.00	59.51
金塔县	Jinta	1.30	77.22	0.46	6.14	60.15
瓜州县	Guazhou	1.76	40.16	0.77	1.99	26.51
肃北县	Subei	1.26	30.78	0.13	0.14	8.46
阿克塞县	Akesai	0.61	16.52	0.03	0.01	8.94
玉门市	Yumen	1.53	73.57	0.22	2.87	36.57
敦煌市	Dunhuang	0.69	35.52	0.34	2.03	32.30
庆阳市	**Qingyang**	**58.94**	**169.80**	**15.43**	**37.34**	**65.67**
西峰区	Xifeng	2.02	10.61	0.67	5.59	3.83
庆城县	Qingcheng	5.99	18.80	1.63	3.32	6.76
环 县	Huanxian	13.22	71.83	1.63	6.50	29.68
华池县	Huachi	5.20	17.64	1.01	3.27	6.41
合水县	Heshui	2.71	17.25	0.91	2.73	6.52
正宁县	Zhengning	1.48	2.36	0.68	2.39	0.87
宁 县	Ningxian	8.90	9.62	4.55	8.45	3.58
镇原县	Zhenyuan	19.42	21.69	4.35	5.09	8.02
定西市	**Dingxi**	**59.10**	**85.00**	**5.79**	**93.94**	**38.88**
安定区	Anding	10.26	15.28	0.92	14.49	9.86
通渭县	Tongwei	13.00	3.78	0.99	11.30	1.76

13-32 续表 2 continued

地 区	Region	大牲畜存栏（万头）Large Animals (10 000 heads)	羊存栏数（万只）Sheep and Goats (10 000 heads)	牛出栏数（万头）Cattle (10 000 heads)	猪出栏数（万头）Hogs (10 000 heads)	羊出栏数（万只）Sheep and Goats (10 000 heads)
陇西县	Longxi	9.17	11.68	0.44	15.43	4.28
渭源县	Weiyuan	6.13	7.31	0.52	10.31	2.31
临洮县	Lintao	6.65	25.13	1.53	21.36	15.44
漳 县	Zhangxian	4.25	7.19	0.11	7.51	0.87
岷 县	Minxian	9.64	14.63	1.28	13.54	4.36
陇南市	**Longnan**	**53.06**	**34.09**	**9.33**	**98.72**	**16.59**
武都区	Wudu	8.57	5.86	0.41	20.51	3.48
成 县	Chengxian	2.28	1.09	0.71	11.26	0.65
文 县	Wenxian	5.39	4.29	0.35	10.00	1.70
宕昌县	Tanchang	9.21	6.30	1.00	7.50	2.04
康 县	Kangxian	3.00	2.27	0.62	6.37	1.10
西和县	Xihe	4.65	2.30	0.79	9.28	1.28
礼 县	Lixian	12.85	9.58	2.49	16.10	4.88
徽 县	Huixian	5.59	1.96	2.49	15.10	1.19
两当县	Liangdang	1.52	0.44	0.47	2.60	0.27
临夏州	**Linxia**	**36.52**	**136.43**	**10.39**	**25.40**	**87.14**
临夏市	linxia	1.02	1.63	1.75	2.01	1.14
临夏县	linxia	5.75	16.53	0.93	7.07	6.73
康乐县	Kangle	6.25	13.49	2.26	2.66	4.15
永靖县	Yongjing	3.33	14.42	0.16	8.00	8.46
广河县	Guanghe	3.88	16.57	1.02		5.38
和政县	Hezheng	3.59	12.09	1.87	2.83	5.38
东乡县	Dongxiang	5.66	45.66	1.20	0.62	51.61
积石山县	Jishishan	7.04	16.04	1.20	2.21	4.29
甘南州	**Gannan**	**131.28**	**229.64**	**35.88**	**19.96**	**97.13**
合作市	Hezuo	9.85	18.22	2.84	1.63	7.98
临潭县	Lintan	5.31	13.69	1.49	4.45	7.31
卓尼县	Zhuoni	13.99	26.12	4.44	4.60	10.44
舟曲县	Zhouqu	4.93	2.60	0.57	4.56	1.94
迭部县	Diebu	9.39	2.16	2.05	3.40	1.75
玛曲县	Maqu	53.19	50.63	14.08		17.04
碌曲县	Luqu	19.98	45.72	4.06	0.35	18.63
夏河县	Xiahe	14.64	70.50	6.35	0.97	32.04

13-33 各地县畜产品产量（2012）
Output of Livestock Products by Region,County(2012)

单位：吨 (ton)

地 区	Region	肉类 Output of Meat	#猪肉 Pork	#牛肉 Beef	#羊肉 Mutton	奶类 Milk	绵羊毛 Sheep Wool	山羊毛 Goat Wool	禽蛋 Poultry Eggs	水产品 Aquatic Products
兰州市	**Lanzhou**	**31967**	**24055**	**701**	**3804**	**66826**	**943**	**46**	**19402**	**1256**
城关区	Chengguan	434	353	12	45	4800	5		131	
七里河区	Qilihe	1948	1498	100	116	23745	33	2	1788	
西固区	Xigu	2168	1066	36	134	8000	23		3653	170
安宁区	Anning	343	238		39	830	4		265	
红古区	Honggu	2624	2138	84	274	11560	60	1	872	162
永登县	Yongdeng	11787	8921	179	1430	9470	532	15	7848	800
皋兰县	Gaolan	3684	2614		833	6	172	4	1663	30
榆中县	Yuzhong	8979	7229	290	935	8415	113	24	3182	94
嘉峪关市	**Jiayuguan**	**2674**	**2079**	**90**	**386**	**6354**	**58**	**3**	**746**	**175**
金昌市	**Jinchang**	**11763**	**5068**	**860**	**5195**	**16228**	**1293**	**97**	**2291**	**484**
金川区	Jinchuan	2726	1561	180	875	1500	155	9	469	
永昌县	Yongchang	9038	3507	680	4320	14728	1139	88	1822	484
白银市	**Baiyin**	**80741**	**49919**	**3780**	**19272**	**23593**	**2321**	**184**	**16115**	**1825**
白银区	Baiyin	6754	5148	50	822	7440	100	17	1249	850
平川区	Pingchuan	3178	2233	40	641	325	79	14	852	83
靖远县	Jingyuan	19027	13025	40	3840	2474	459	43	10222	806
会宁县	Huining	36542	20088	3600	8858	9504	919	48	2424	
景泰县	Jingtai	15239	9425	50	5112	3850	765	61	1368	86
天水市	**Tianshui**	**75571**	**58037**	**9560**	**1706**	**6807**	**274**	**49**	**14034**	**1201**
秦州区	Qinzhou	7043	5432	580	126	284	12	4	1710	250
麦积区	Maiji	8977	7385	750	155	1030		6	2494	260
清水县	Qingshui	14020	9408	3310	249	2731	8	6	2789	151
秦安县	Qinan	14027	12663	280	198	783	49	4	2606	5
甘谷县	Gangu	15530	14287	470	80	515	19	3	1706	170
武山县	Wushan	10045	7812	570	321	649	61	12	1657	315
张家川县	Zhangjiachuan	5929	1050	3600	578	816	125	15	1074	50
武威市	**Wuwei**	**130821**	**81837**	**20840**	**22886**	**8953**	**4967**	**146**	**14232**	**345**
凉州区	Liangzhou	83865	61348	12920	6806	5222	1585	50	8850	263
民勤县	Minqin	15892	4774	1630	7703	845	1357	23	2972	75
古浪县	Gulang	17523	11564	1780	3780	676	709	24	1849	
天祝县	Tianzhu	13542	4151	4510	4598	2210	1316	49	562	7
张掖市	**Zhangye**	**108284**	**53149**	**22534**	**23100**	**62715**	**6066**	**151**	**15883**	**2541**

13-33 续表 1 continued

单位：吨 (ton)

地 区	Region	肉类 Output of Meat	# 猪肉 Pork	# 牛肉 Beef	# 羊肉 Mutton	奶类 Milk	绵羊毛 Sheep Wool	山羊毛 Goat Wool	禽蛋 Poultry Eggs	水产品 Aquatic Products
甘州区	Ganzhou	45908	23128	11594	4856	12964	1465	40	10561	900
肃南县	Sunan	9600	168	1190	8094	2644	2363	19	28	
民乐县	Minle	14566	11326	510	1871	10768	526	14	1694	
临泽县	Linze	14714	7683	5220	1130	15406	239	6	1615	655
高台县	Gaotai	15170	8541	3420	2335	19139	609	29	1237	937
山丹县	Shandan	7974	2296	360	4710	1290	835	44	748	49
平凉市	**Pingliang**	**79581**	**34825**	**39530**	**2009**	**17534**	**172**	**45**	**9689**	**1740**
崆峒区	Kongtong	15085	2212	11750	698	11544	94	10	1224	540
泾川县	Jingchuan	13873	6174	7130	198	1072	5	7	1932	650
灵台县	Lingtai	7936	1337	6070	230	562	17	14	385	220
崇信县	Chongxin	7395	2128	4670	383	1454	42	7	541	107
华亭县	Huating	11166	4557	5950	416	2072	11	6	610	28
庄浪县	Zhuanglang	13350	9590	2820	66	224		1	2770	195
静宁县	Jingning	10776	8827	1140	20	606	3		2226	
酒泉市	**Jiuquan**	**69172**	**16926**	**9640**	**34871**	**33455**	**6023**	**289**	**10394**	**2003**
肃州区	Suzhou	28878	7700	7690	8927	25200	1755	41	6946	1032
金塔县	Jinta	15106	4298	460	9023	1200	1476	17	1445	460
瓜州县	Guazhou	6515	1393	770	3977	912	645	48	319	150
肃北县	Subei	1876	98	130	1269	59	254	90	45	
阿克塞县	Akesai	1497	7	30	1341	300	189	20	29	
玉门市	Yumen	8141	2009	220	5486	2424	1041	61	851	99
敦煌市	Dunhuang	7158	1421	340	4850	3360	663	12	759	262
庆阳市	**Qingyang**	**62568**	**28005**	**18516**	**10507**	**11028**	**362**	**599**	**9123**	**837**
西峰区	Xifeng	5831	4193	804	613	948	121	21	609	128
庆城县	Qingcheng	5639	2490	1956	1082	630	3	67	615	50
环 县	Huanxian	13688	4875	1956	4749			268	1327	76
华池县	Huachi	5198	2453	1212	1026	1800	4	58	798	92
合水县	Heshui	4307	2048	1092	1043	4138	7	81	813	110
正宁县	Zhengning	2962	1793	816	139	398	16	9	710	101
宁 县	Ningxian	12644	6338	5460	573	2314	84	30	1987	80
镇原县	Zhenyuan	12299	3818	5220	1283	800	126	66	2265	200
定西市	**Dingxi**	**84789**	**68801**	**5790**	**5832**	**7922**	**466**	**80**	**9514**	**1658**
安定区	Anding	16470	13186	920	1479	296	196	10	1564	5
通渭县	Tongwei	10028	7910	990	264	981	77	2	1714	11

13-33 续表 2 continued

单位：吨 (ton)

地区	Region	肉类 Output of Meat	#猪肉 Pork	#牛肉 Beef	#羊肉 Mutton	奶类 Milk	绵羊毛 Sheep Wool	山羊毛 Goat Wool	禽蛋 Poultry Eggs	水产品 Aquatic Products
陇西县	Longxi	12353	10801	440	642	130	1	4	1242	132
渭源县	Weiyuan	8487	7217	520	347	1206	41	8	1034	295
临洮县	Lintao	20008	14952	1530	2316	4944	142	14	3060	584
漳　县	Zhangxian	5908	5257	110	131	190		22	487	531
岷　县	Minxian	11535	9478	1280	654	175	10	19	413	100
陇南市	**Longnan**	**84386**	**69104**	**9330**	**2489**	**952**	**21**	**99**	**10472**	**2377**
武都区	Wudu	15975	14357	410	522	650	7	21	1703	390
成　县	Chengxian	9086	7882	710	98	260		4	1465	162
文　县	Wenxian	7782	7000	350	255			21	959	1000
宕昌县	Tanchang	6835	5250	1000	306	18		14	281	36
康　县	Kangxian	5435	4459	620	165			9	1245	137
西和县	Xihe	7821	6496	790	192		6	2	1388	115
礼　县	Lixian	15231	11270	2490	732	12	5	17	1577	53
徽　县	Huixian	13849	10570	2490	179	6	3	9	1659	321
两当县	Liangdang	2372	1820	470	41	6		2	197	163
临夏州	**Linxia**	**51545**	**19126**	**13161**	**16737**	**22964**	**2738**	**116**	**6015**	**2725**
临夏市	linxia	4200	1608	2275	228	3270	53	1	114	178
临夏县	linxia	8342	4949	1209	1346	15678	399	16	2363	88
康乐县	Kangle	5424	1862	2712	623	496	356	6	815	83
永靖县	Yongjing	9058	6400	208	1692	1224	294	27	855	2034
广河县	Guanghe	2285		1326	807	840	432	5	654	
和政县	Hezheng	5856	2264	2431	1076	602	316	7	263	70
东乡县	Dongxiang	12684	496	1560	10322	282	620	31	628	183
积石山县	Jishishan	3697	1547	1440	644	572	268	24	324	89
甘南州	**Gannan**	**63031**	**12932**	**31538**	**18135**	**86264**	**2209**	**74**	**1217**	**36**
合作市	Hezuo	4255	489	2329	1436	6608	168	7	11	
临潭县	Lintan	5942	3338	1490	1097	6380	96	29	44	17
卓尼县	Zhuoni	9866	3450	4440	1879	4770	241	26	390	
舟曲县	Zhouqu	5343	4104	684	291	90	10	11	599	
迭部县	Diebu	3550	1190	2050	263	4965	22		165	
玛曲县	Maqu	15376		11968	3408	36053	506			19
碌曲县	Luqu	6793	70	3370	3353	14902	456			
夏河县	Xiahe	11907	291	5207	6408	12496	710	1	8	

13-34 各地县中药材种植面积和产量（2012）
Sown Areas and Products of Chinese Medicine by Region,County (2012)

地 区	Region	中药材 Chinese Medicinal Materials		当归 Angelica		党参 Codonopsis		其他 Others	
		面积（万亩）Areas (10 000 mu)	产量（吨）Products (ton)	面积（万亩）Areas (10 000 mu)	产量（吨）Products (ton)	面积（万亩）Areas (10 000 mu)	产量（吨）Products (ton)	面积（万亩）Areas (10 000 mu)	产量（吨）Products (ton)
甘肃省	**Gansu**	**316.74**	**759424.09**	**46.36**	**94675.84**	**52.17**	**88149.66**	**218.21**	**576598.59**
兰州市	**Lanzhou**	**8.75**	**12617.03**	**0.47**	**426.36**	**0.28**	**636.15**	**8.00**	**11554.52**
城关区	Chengguan								
七里河区	Qilihe	0.05	61.00					0.05	61.00
西固区	Xigu	0.04	92.00					0.04	92.00
安宁区	Anning								
红古区	Honggu								
永登县	Yongdeng	1.87	4835.43	0.03	52.50	0.04	241.30	1.80	4541.63
皋兰县	Gaolan								
榆中县	Yuzhong	6.79	7628.60	0.44	373.86	0.24	394.85	6.11	6859.89
嘉峪关市	**Jiayuguan**								
金昌市	**Jinchang**	**1.77**	**15158.10**		**31.45**			**1.77**	**15126.65**
金川区	Jinchuan	0.02	151.10					0.02	151.10
永昌县	Yongchang	1.75	15007.00		31.45			1.75	14975.55
白银市	**Baiyin**	**13.31**	**21884.00**	**0.03**	**4.00**	**0.04**	**35.00**	**13.24**	**21845.00**
白银区	Baiyin								
平川区	Pingchuan	0.03	14.00					0.03	14.00
靖远县	Jingyuan	8.31	10273.00	0.03	4.00			8.28	10269.00
会宁县	Huining	0.08	60.00			0.04	35.00	0.04	25.00
景泰县	Jingtai	4.89	11537.00					4.89	11537.00
天水市	**Tianshui**	**15.92**	**28884.83**	**0.89**	**2342.00**	**4.85**	**6777.80**	**10.18**	**19765.03**
秦州区	Qinzhou	3.86	5024.00	0.05	90.00	0.13	420.00	3.68	4514.00
麦积区	Maiji	1.05	2374.00	0.01	19.00	0.17	740.00	0.87	1615.00
清水县	Qingshui	2.72	7811.03	0.18	782.00	0.03	68.00	2.51	6961.03
秦安县	Qinan	1.67	2507.90	0.02	41.00	0.69	1234.80	0.96	1232.10
甘谷县	Gangu	4.65	5941.00	0.03	38.00	3.49	3374.00	1.13	2529.00
武山县	Wushan	1.51	4255.30	0.60	1372.00	0.34	941.00	0.57	1942.30
张家川县	Zhangjiachuan	0.46	971.60					0.46	971.60
武威市	**Wuwei**	**7.87**	**39945.14**	**0.23**	**1503.14**			**7.64**	**38442.00**
凉州区	Liangzhou	2.61	19097.00	0.16	1057.00			2.45	18040.00
民勤县	Minqin	4.69	16415.00					4.69	16415.00
古浪县	Gulang	0.56	4407.00	0.06	420.00			0.50	3987.00
天祝县	Tianzhu	0.01	26.14	0.01	26.14				
张掖市	**Zhangye**	**17.39**	**63662.60**					**17.39**	**63662.60**

13–34 续表 1 continued

地　区	Region	中药材 Chinese Medicinal Materials 面积（万亩）Areas (10 000 mu)	中药材 产量（吨）Products (ton)	当归 Angelica 面积（万亩）Areas (10 000 mu)	当归 产量（吨）Products (ton)	党参 Codonopsis 面积（万亩）Areas (10 000 mu)	党参 产量（吨）Products (ton)	其他 Others 面积（万亩）Areas (10 000 mu)	其他 产量（吨）Products (ton)
甘州区	Ganzhou	0.82	4844.00					0.82	4844.00
肃南县	Sunan	0.40	4000.00					0.40	4000.00
民乐县	Minle	14.97	47920.00					14.97	47920.00
临泽县	Linze	0.17	342.00					0.17	342.00
高台县	Gaotai	0.22	1990.20					0.22	1990.20
山丹县	Shandan	0.81	4566.40					0.81	4566.40
平凉市	**Pingliang**	**14.69**	**40789.19**	**0.07**	**143.40**	**0.59**	**1749.49**	**14.03**	**38896.30**
崆峒区	Kongtong	1.00	3110.00			0.08	235.00	0.92	2875.00
泾川县	Jingchuan	0.10	140.00					0.10	140.00
灵台县	Lingtai	2.00	3919.00	0.01	25.00			1.99	3894.00
崇信县	Chongxin	1.00	2011.39	0.04	94.40	0.06	102.00	0.90	1814.99
华亭县	Huating	8.07	23178.70			0.18	276.59	7.89	22902.11
庄浪县	Zhuanglang	2.02	6483.00	0.02	24.00	0.22	760.00	1.78	5699.00
静宁县	Jingning	0.50	1947.10			0.05	375.90	0.45	1571.20
酒泉市	**Jiuquan**	**27.15**	**85177.00**					**27.15**	**85177.00**
肃州区	Suzhou		30.00						30.00
金塔县	Jinta	0.09	2138.00					0.09	2138.00
瓜州县	Guazhou	17.12	65192.00					17.12	65192.00
肃北县	Subei								
阿克塞县	Akesai	0.08	698.00					0.08	698.00
玉门市	Yumen	9.86	17119.00					9.86	17119.00
敦煌市	Dunhuang								
庆阳市	**Qingyang**	**12.41**	**68828.58**	**0.21**	**594.85**	**0.94**	**2094.30**	**11.26**	**66139.43**
西峰区	Xifeng	0.56	723.67					0.56	723.67
庆城县	Qingcheng	0.38	400.00					0.38	400.00
环　县	Huanxian	0.73	6219.00					0.73	6219.00
华池县	Huachi	1.13	3815.00			0.05	75.00	1.08	3740.00
合水县	Heshui	0.29	458.00					0.29	458.00
正宁县	Zhengning	3.14	28433.00			0.35	604.00	2.79	27829.00
宁　县	Ningxian	5.10	24887.91	0.05	68.85	0.35	456.30	4.70	24362.76
镇原县	Zhenyuan	1.08	3892.00	0.16	526.00	0.19	959.00	0.73	2407.00
定西市	**Dingxi**	**108.13**	**224328.48**	**28.08**	**50764.90**	**32.65**	**58815.84**	**47.40**	**114747.74**
安定区	Anding	2.00	3227.80	0.10	176.80	0.11	120.00	1.79	2931.00
通渭县	Tongwei	4.04	8074.40	0.02	190.00	1.22	3804.09	2.80	4080.31

13-34 续表 2 continued

地 区	Region	中药材 Chinese Medicinal Materials		当归 Angelica		党参 Codonopsis		其他 Others	
		面积（万亩）Areas (10 000 mu)	产量（吨）Products (ton)	面积（万亩）Areas (10 000 mu)	产量（吨）Products (ton)	面积（万亩）Areas (10 000 mu)	产量（吨）Products (ton)	面积（万亩）Areas (10 000 mu)	产量（吨）Products (ton)
陇西县	Longxi	30.00	76755.28	1.26	2674.00	9.16	20906.75	19.58	53174.53
渭源县	Weiyuan	25.00	44463.00	9.11	18537.00	10.01	13161.00	5.88	12765.00
临洮县	Lintao	6.82	12276.00	0.52	928.10	4.35	6841.00	1.95	4506.90
漳 县	Zhangxian	15.00	19532.00	6.35	7348.00	2.30	2421.00	6.35	9763.00
岷 县	Minxian	25.27	60000.00	10.72	20911.00	5.50	11562.00	9.05	27527.00
陇南市	**Longnan**	**65.28**	**106284.71**	**8.13**	**14866.22**	**11.73**	**15751.38**	**45.42**	**75667.11**
武都区	Wudu	19.83	25575.00	0.82	1710.00	3.11	5560.00	15.90	18305.00
成 县	Chengxian	1.85	7841.80	0.13	362.00	0.04	192.00	1.68	7287.80
文 县	Wenxian	4.80	4492.00	0.02	83.00	4.35	3413.00	0.43	996.00
宕昌县	Tanchang	15.48	27167.92	6.45	10959.22	2.99	4190.18	6.04	12018.52
康 县	Kangxian	3.10	1682.00	0.01	2.00	0.04	7.00	3.05	1673.00
西和县	Xihe	5.65	5224.42			0.55	712.00	5.10	4512.42
礼 县	Lixian	3.90	8105.00	0.34	449.00	0.54	774.00	3.02	6882.00
徽 县	Huixian	4.62	15001.60	0.19	970.20	0.11	903.20	4.32	13128.20
两当县	Liangdang	6.05	11194.97	0.17	330.80			5.88	10864.17
临夏州	**Linxia**	**5.25**	**18971.37**	**3.40**	**13410.45**	**0.17**	**424.05**	**1.68**	**5136.87**
临夏市	linxia	0.01	132.00	0.01	101.00				31.00
临夏县	linxia	0.70	2447.42	0.42	1548.55			0.28	898.87
康乐县	Kangle	3.42	13079.65	2.83	11289.90	0.09	339.05	0.50	1450.70
永靖县	Yongjing	0.01	4.30					0.01	4.30
广河县	Guanghe	0.05	141.00			0.02	49.00	0.03	92.00
和政县	Hezheng	0.23	1875.00	0.03	235.00			0.20	1640.00
东乡县	Dongxiang	0.03	148.00	0.03	148.00				
积石山县	Jishishan	0.80	1144.00	0.08	88.00	0.06	36.00	0.66	1020.00
甘南州	**Gannan**	**14.72**	**28155.06**	**4.85**	**10589.07**	**0.92**	**1865.65**	**8.95**	**15700.34**
合作市	Hezuo								
临潭县	Lintan	10.04	19595.92	3.70	7858.87	0.30	791.55	6.04	10945.50
卓尼县	Zhuoni	2.00	5011.45	1.11	2657.29	0.25	511.10	0.64	1843.06
舟曲县	Zhouqu	2.35	2993.66	0.04	72.91	0.34	522.20	1.97	2398.55
迭部县	Diebu	0.20	504.00			0.03	40.80	0.17	463.20
玛曲县	Maqu								
碌曲县	Luqu	0.13	50.03					0.13	50.03
夏河县	Xiahe								

13-35 受灾面积和成灾面积
Areas Covered and Affected by Natural Disaster

单位：千公顷 (1 000 hectares)

年 份 Year	受灾面积 Areas Covered	成灾面积 Areas Affected	成灾面积占受灾面积比重（%） Percentage of Disaster Areas Affected to Areas Covered (%)	水 灾 Flood 受灾面积 Areas Covered	水 灾 Flood 成灾面积 Areas Affected	旱 灾 Drought 受灾面积 Areas Covered	旱 灾 Drought 成灾面积 Areas Affected
2000	2004.12	1572.91	78.48	55.77	41.82	1622.33	1303.93
2001	1575.59	1180.72	74.94	33.53	24.53	1089.83	833.13
2002	1270.29	913.25	71.89	50.61	35.68	636.83	483.13
2003	1176.41	813.87	69.18	229.70	169.51	562.63	383.31
2004	1243.84	866.83	69.69	80.08	42.44	378.59	286.02
2005	1137.95	739.98	65.03	101.30	76.76	607.03	380.82
2006	1422.13	1061.68	74.65	73.91	48.95	875.49	662.81
2007	1436.16	1040.57	72.45	110.55	77.95	975.71	700.30
2008	1238.71	871.81	70.38	35.05	20.23	731.83	520.05
2009	1299.83	981.59	75.52	38.51	23.23	1008.87	792.49
2010	1167.48	877.71	75.18	101.79	74.66	601.85	499.85
2011	1209.77	881.60	72.87	55.24	37.83	893.77	656.66
2012	676.43	490.05	72.45	98.41	63.54	211.83	144.15

13-36 各地区受灾面积和成灾面积（2012）
Areas Covered and Affected by Natural Disaster by Region(2012)

单位：千公顷 (1 000 hectares)

地 区	Region	受灾面积 Areas Covered	成灾面积 Areas Affected	成灾面积占受灾面积比重（%） Percentage of Disaster Areas Affected to Areas Covered (%)	水 灾 Flood 受灾面积 Areas Covered	水 灾 Flood 成灾面积 Areas Affected	旱 灾 Drought 受灾面积 Areas Covered	旱 灾 Drought 成灾面积 Areas Affected
兰州市	Lanzhou	81.67	56.55	69.24	12.09	10.94	57.63	35.81
嘉峪关市	Jiayuguan							
金昌市	Jinchang	4.70	4.31	91.63	1.46	1.07	1.22	1.22
白银市	Baiyin	88.99	68.99	77.52	11.03	8.87	38.27	30.89
天水市	Tianshui	64.90	29.60	45.61	3.84	2.28	14.46	5.54
武威市	Wuwei	30.44	10.25	33.66	20.10	6.41	2.72	0.98
张掖市	Zhangye	30.99	23.17	74.76	0.47	0.41	13.81	7.45
平凉市	Pingliang	35.33	33.87	95.87	1.87	1.76	0.18	0.17
酒泉市	Jiuquan	8.47	5.66	66.80	6.06	3.63	0.02	0.02
庆阳市	Qingyang	90.88	72.21	79.46	10.96	6.75	25.15	19.31
定西市	Dingxi	145.79	110.72	75.94	16.98	11.40	32.55	27.01
陇南市	Longnan	32.08	23.61	73.59	10.69	7.41	4.00	2.43
临夏州	Linxia	55.63	45.97	82.63	2.08	1.97	20.21	12.38
甘南州	Gannan	6.56	5.16	78.66	0.77	0.65	1.61	0.92

主要指标解释

农林牧渔业总产值 指以货币表现的农、林、牧、渔业全部产品和对农林牧渔业生产活动进行的各种支持性服务活动的价值总量，它反映一定时期内农林牧渔业生产总规模和总成果。1957年以前的农林牧渔业总产值中包括了厩肥和农民自给性手工业（如农民自制衣服、鞋、袜，自己从事粮食初步加工等）。1958年及以后，林业中增加了村及村以下竹木采伐产值；牧业中取消了厩肥产值；副业中取消了农民自给性手工业产值，增加了村及村以下办的工业产值；渔业中增加了海洋捕捞水产品产值。1980年及以后，在副业中增加了农民家庭兼营工业商品部分的产值。从1984年起村及村以下工业产值划归工业。从1993年起取消副业，将野生动物的捕猎划入牧业，野生植物采集和农民家庭兼营商品性工业划归农业。从2003年起，执行新的国民经济行业分类标准，农林牧渔业总产值中包括了农林牧渔服务业产值。林业中增加了森林采运业产值。农业中取消了家庭兼营商品性工业产值，将野生林产品的采集划归林业。第一次农业普查以后，由于畜牧业产品年报数据与普查数据之间存在一定的差距，根据农业普查结果，对畜牧业年报数据和畜牧业产值进行了修正。2010年执行《统计用产品分类目录》，对2009年的农业、林业产值做了相应调整。

农林牧渔业总产值的计算方法通常是按农、林、牧、渔业产品及其副产品的产量分别乘以各自单位产品价格求得分项产品产值（少数生产周期较长，当年没有产品或产品产量不易统计的，则采用间接方法匡算其产值）；然后将四业产品产值及农林牧渔服务业产值相加即为农林牧渔业总产值。

粮食产量 指全社会的产量。包括国有经济经营、集体统一经营和农民家庭经营的粮食产量，还包括工矿企业办的农场和其他生产单位的产量。粮食除包括稻谷、小麦、玉米、高粱、谷子及其他杂粮外，还包括豆类和薯类。其产量计算方法，豆类按去豆荚后的干豆计算；薯类（包括甘薯和马铃薯，不包括芋头和木薯）1963年以前按每4公斤鲜薯折1公斤粮食计算，从1964年开始改为按5公斤鲜薯折1公斤粮食计算。城市郊区作为蔬菜的薯类（如马铃薯等）按鲜品计算，并且不作粮食统计。其他粮食一律按脱粒后的原粮计算。1989年以前全国粮食产量数据主要靠全面报表取得，1989年开始使用抽样调查数据。

棉花产量 指全社会的产量。包括春播棉和夏播棉。产量按去籽后的皮棉计算。3公斤籽棉折1公斤皮棉，不包括木棉。

油料产量 指全部油料作物的生产量。包括花生、油菜籽、芝麻、向日葵籽、胡麻籽（亚麻籽）和其他油料。不包括大豆油、棉籽油、木本油料和野生油料。花生以带壳干花生计算。

猪、牛、羊肉产量 指当年（期）内出栏并已屠宰、除去头蹄下水后带骨肉（即胴体重）的重量。包括全社会范围内的产量。1996年前为全面统计并逐级上报数据。1996年第一次农业普查以后，根据普查结果，对畜牧业主要年报数据进行了修正。1999年以后，国家统计局在部分地区开展了猪、牛、羊、禽等主要畜禽品种的抽样调查，并用抽样数据作为国家定案数据使用。未开展抽样调查的地区和品种，仍使用各级统计部门逐级上报数据。2007年，根据第二次农业普查结果，对2000—2006年畜牧业主要年报数据进行了修正。2008年，建立了主要畜禽监测调查制度，猪、牛、羊、禽等主要畜禽数据均以抽样调查数为法定数据。

期初（末）畜禽存栏头（只）数 指报告期初（末）农村各种合作经济组织和国营农场、农民个人、机关、团体、学校、工矿企业、部队等单位以及城镇居民饲养的大牲畜、猪、羊、家禽等畜禽的存栏数。

常用耕地 是指耕地总资源中专门种植农作物并经常进行耕种、能够正常收获的土地。包括当年实际耕种的熟地；弃耕、休闲不满三年，随时可以复耕的地；开荒利用三年以上的土地。在统计口径上包括南方小于1米、北方小于2米宽的沟、渠、路和田埂。不包括临时种植农作物的坡度在25度以上的陡坡地；在河套、湖畔、库区临时开发的成片或零星土地；也不包括已列为国家和省（区、市）退耕计划但临时耕种的土地。

农作物播种面积 指实际播种或移植农作物的面积。凡是实际种植有农作物的面积，不论种植在耕地还是种植在非耕地上，均包括在农作物播种面积中。在播种季节基本结束后，因遭灾而重新改种和补种的农作物面积，也包括在内。

有效灌溉面积 指具有一定的水源，地块比较平整，灌溉工程或设备已经配套，在一般年景下当年能够进行正常灌溉的耕地面积。在一般情况下，有效灌溉面积应等于灌溉工程或设备已经配备，能够进行正常灌溉的水田和水浇地面积之和。

农用化肥施用量 指本年度内实际用于农业生产的化肥数量，包括氮肥、磷肥、钾肥和复合肥。化肥施用量要求按折纯量计算数量。折纯量是指把氮肥、磷肥、钾肥分别按含氮、含五氧化二磷、含氧化钾的百分比成份进行折算后的数量。复合肥按其所含主要成分折算。公式为：

折纯量 = 实物量 × 某种化肥有效成分含量的百分比

农业机械总动力 指主要用于农、林、牧、渔业的各种动力机械的动力总和。包括耕作机械、排灌机械、收获机械、农用运输机械、植物保护机械、牧业机械、林业机械、渔业机械和其他农业机械〔内燃机按引擎马力折成瓦(特)计算、电动机按功率折成瓦(特)计算〕。不包括专门用于乡、镇、村、组办工业、基本建设、非农业运输、科学试验和教学等非农业生产方面用的动力机械与作业机械。

农村户数 指长期(一年以上)居住在乡镇(不包括城关镇)行政管理区域内的住户，还包括居住在城关镇所辖行政村范围内的农村住户。户口不在本地而在本地居住一年及以上的住户也包括在本地农村住户内；有本地户口，但举家外出谋生一年以上的住户，无论是否保留承包耕地都不包括在本地农村住户范围内。不包括乡村地区内的国有经济的机关、团体、学校、企业、事业单位的集体户。

农村人口 指乡村地区常住居民户数中的常住人口数，即经常在家或在家居住6个月以上，而且经济和生活与本户连成一体的人口。外出从业人员在外居住时间虽然在6个月以上，但收入主要带回家中，经济与本户连为一体，仍视为家庭常住人口；在家居住，生活和本户连成一体的国家职工、退休人员也为家庭常住人口。但是现役军人、中专及以上(走读生除外)的在校学生、以及常年在外(不包括探亲、看病等)且已有稳定的职业与居住场所的外出从业人员，不应当作家庭常住人口。

14

工业

Industry

简要说明

一、本篇资料主要内容

本篇反映甘肃省工业经济方面的基本情况。主要包括规模以上工业企业主要经济指标、构成资料；全省主要工业产品产量、规模以上工业主要产品生产能力资料；国有及国有控股工业企业情况；支柱产业情况。

二、本篇资料的统计范围

本篇资料的统计范围 1998 年至 2006 年为全部国有及年主营业务收入在 500 万元以上非国有工业企业。2007 至 2010 年为年主营业务收入在 500 万元以上工业企业（即规模以上工业企业），从 2011 年开始，规模以上工业统计范围的工业企业起点标准从年主营业务收入 500 万元提高到 2000 万元。

三、本篇资料来源

本篇资料是由省统计局工业交通处根据工业统计年报表中有关资料整理汇总。

14-1 规模以上工业企业工业增加值
Value-added of Industry of Industrial Enterprises above Designated Size

单位：亿元 (100 million yuan)

项 目	Item	2005	2010	2011	2012	2012年比2011年增长（%）Increase Rate in 2012 over 2011(%)
工业增加值	**Value-added of Industry**	**601.80**	**1376.34**	**1782.85**	**1931.37**	**14.60**
#国有及国有控股	State-owned and State-holding Enterprises	475.04	1098.64	1450.52	1488.36	11.10
按登记注册类型分	**By Registration Categories**					
内 资	Domestic Funded Enterprises	590.68	1347.25	1752.25	1901.95	14.80
国有企业	State-owned Enterprises	237.21	319.06	472.70	450.15	10.80
集体企业	Collective-owned Enterprises	29.81	34.37	39.67	43.73	19.50
股份制企业	Share-holding Corporations	307.16	968.41	1213.76	1355.82	15.20
其他企业	Others	16.51	25.41	26.12	47.09	47.00
外商及港澳台商投资企业	Enterprises with Investment from Foreign, Hong Kong ,Macao and Taiwan	11.12	29.09	30.60	29.42	1.10
按企业规模分	**Grouped by Size of Enterprises**					
大型企业	Large Enterprises	360.43	805.22	1090.42	1298.05	11.40
中型企业	Medium-size Enterprises	110.21	251.08	328.39	249.89	13.70
小型企业	Small Enterprises	131.16	320.04	364.03	377.85	28.30
按轻重工业分	**Grouped by Light and Heavy Industries**					
轻工业	Light Industry	83.28	193.99	224.10	278.75	18.80
重工业	Heavy Industry	518.52	1182.34	1558.74	1652.62	14.00
工业增加值指数（可比价）（上年=100）	**Indices of Value-added of Industry (At Comparable Prices) (preceding year=100)**	118.55	116.60	116.20	114.60	

注：1. 工业增加值中含长庆油田甘肃部分。
2. 从2011年起，规模以上工业统计范围的工业企业起点标准从年主营业务收入500万元提高到2000万元。
3. 工业增加值速度按可比价计算。

a) The value-added of industry included the data of Gansu Part of Changqing oil field.

b) Since 2011,the cut-off point of Industrial enterprises covered by statistics of industrial enterprises above designated size are raised from revenue from principal business of 5 million yuan to 20 million yuan.

c)Rate of value-added of industrial was calculated by comparable prices.

14-2 规模以上工业企业主要经济指标（2012）

单位：万元

类别	Item	企业单位数（个） Number of Enterprises (unit)	#亏损企业 Loss-making Enterprises	工业总产值 Gross Industrial Output Value
总　计	**Total**	**1735**	**467**	**70388817**
按登记注册类型分	**Grouped by Registration Categories**			
内　资	Domestic Funded Enterprises	1690	456	69193280
国有企业	State-owned Enterprises	170	54	15600858
集体企业	Collective-owned Enterprises	67	15	929246
股份合作企业	Cooperative Enterprises	25	5	248637
联营企业	Joint Ownership Enterprises	3	1	23063
有限责任公司	Companies with Limited Liabilities	714	203	29364853
股份有限公司	Stock-holding Companies with Limited Liabilties	87	25	15873666
私营企业	Private Enterprises	531	127	6108130
其他企业	Others	93	26	1044827
港澳台商投资企业	Enterprises with Funds from Hong Kong ,Macao and Taiwan	17	6	277607
外商投资企业	Foreign Funded Enterprises	28	5	917930
按轻重工业分	**Grouped by Light and Heavy Industries**			
轻工业	Light Industry	571	121	9105756
重工业	Heavy Industry	1164	346	61283062
按企业规模分	**Grouped by Size of Enterprises**			
大型企业	Large-sized	60	16	45767983
中型企业	Medium-sized	279	85	9497302
小型企业	Small-sized	1396	366	15123532
按行业分	**Grouped by Sector**			
煤炭开采和洗选业	Mining and Washing of Coal	79	19	3057630
石油和天然气开采业	Extraction of Petroleum and Natural Gas	3		4640521
黑色金属矿采选业	Mining and Processing of Ferrous Metal Ores	35	18	533077
有色金属矿采选业	Mining and Processing of Non-Ferrous Metal Ores	50	8	870383
非金属矿采选业	Mining and Processing of Nonmetal Ores	24	5	349328
开采辅助活动	Ancillary Activities of Mining	7	1	193103
其他采矿业	Mining of Other Ores			
农副食品加工业	Processing of Food from Agricultural Products	244	48	3110354
食品制造业	Manufacture of Foods	63	18	789670
酒、饮料和精茶制造业	Manufacture of Liquor, Beverages and Refined Tea	76	24	1414249
烟草制品业	Manufacture of Tobacco	2	1	1227473
纺织业	Manufacture of Textile	24	4	235262
纺织服装、服饰业	Manufacture of Textile, Apparel and Accessories	6		33574
皮革、毛皮、羽毛（绒）及其制品和制鞋业	Manufacture of Leather, Fur, Feather and Related Products and Shoes	11	2	192237

Main Indicators of Industrial Enterprises above Designated Size (2012)

(10 000 yuan)

工业销售产值 Sales Value of Industry Products	#出口交货值 Delivery Value for Export	全部从业人员年平均人数（人） Average Annual Employed Persons (person)	资产总计 Total Assets	#产成品 Finished Product	流动资产合计 Total Current Assets	固定资产合计 Total Fixed Assets
65559518	**641362**	**634837**	**91460068**	**5097130**	**35912705**	**40486496**
64404738	634739	622086	89273872	5047243	35239906	39089140
15214400	29227	126286	20341124	391743	4872177	14320745
814080		18802	920715	53322	424591	426472
219236	11550	4024	284647	15327	100399	102825
18585		1509	21397	1288	18093	1789
26711299	316115	291054	46538100	3121919	19890731	15788446
15294135	232384	99233	15130229	885493	7053486	6217443
5270093	45269	68953	4963710	535235	2397263	1714968
862910	193	12225	1073951	42917	483165	516454
273766	211	4450	701394	17465	219421	425790
881014	6412	8301	1484803	32423	453379	971567
8252724	160422	108989	9999200	789350	5288272	2745423
57306794	480939	525848	81460868	4307779	30624433	37741074
44029728	439625	327723	57591659	3413711	23160388	24604667
8576810	57375	162889	12846577	556780	5063817	5596354
12952979	144363	144225	21021833	1126639	7688500	10285476
2513461		77939	4444497	259095	1633761	1336586
4503685		25752	4968776	18423	1237094	3731681
414519		5306	574534	33316	250152	285402
700707		12335	1360292	153346	487924	512004
310002		3778	371013	15345	75514	269871
167480		3382	132039	6923	72812	58363
2780198	67654	27603	2632875	365209	1307701	744739
710879	21772	12644	1031957	56518	407360	229153
1254843	43850	17613	1454290	142096	685028	529966
1128235		3355	814724	8635	660553	126877
210281	7661	6515	179430	16110	97444	51336
32145	7194	1585	17337	2513	11340	3812
221966	150	3291	228059	10338	189278	29853

14–2 续表 1

单位：万元

类 别	Item	企业单位数（个）Number of Enterprises (unit)	#亏损企业 Loss-making Enterprises	工业总产值 Gross Industrial Output Value
木材加工及木、竹、藤、棕、草制品业	Processing of Timber, Manufacture of Wood, Bamboo, Rattan, Palm and Straw Products	2	1	3775
家具制造业	Manufacture of Furniture	3	1	6533
造纸及纸制品业	Manufacture of Paper and Paper Products	23	2	163427
印刷业和记录媒介复制业	Printing, Reproduction of Recording Media	6	2	39310
文教、工美、体育和娱乐用品制造业	Manufacture of Articles for Culture, Education and Sport Activities	5	1	38500
石油加工、炼焦及核燃料加工业	Processing of Petroleum, Coking, Processing of Nuclear Fuel	18	4	11714464
化学原料及化学制品制造业	Manufacture of Raw Chemical Materials and Chemical Products	126	36	3490642
医药制造业	Manufacture of Medicines	65	8	871383
化学纤维制造业	Manufacture of Chemical Fibers	2	1	58628
橡胶和塑料制品业	Manufacture of Rubber and Plastic	59	9	490598
非金属矿物制品业	Manufacture of Non-metallic Mineral Products	236	81	3003941
黑色金属冶炼及压延加工业	Smelting and Pressing of Ferrous Metals	100	55	8295308
有色金属冶炼及压延加工业	Smelting and Pressing of Non-ferrous Metals	54	17	11516971
金属制品业	Manufacture of Metal Products	51	13	672569
通用设备制造业	Manufacture of General Purpose Machinery	34	7	536000
专用设备制造业	Manufacture of Special Purpose Machinery	49	7	946865
汽车制造业	Manufacture of Automobile	5	2	161302
铁路、船舶、航空航天和其他运输设备制造业	Manufacture of Railway Equipment, Ships, Aerospace Equipment and Other Transport Equipment	4		79276
电气机械及器材制造业	Manufacture of Electrical Machinery and Equipment	55	14	2793134
计算机、通讯和其他电子设备制造业	Manufacture of Computers,Communicationt and Other Electronic Equipment	11	2	315424
仪器仪表制造业	Manufacture of Measuring Instruments	7	2	41827
其他制造业	Other Manufacturing	3		610306
废弃资源综合利用业	Recycling and Disposal of Waste	6	1	45538
金属制品、机械和设备修理业	Repair Industry of Metal Products, Machinery and Equipment	4		143734
电力、热力生产和供应业	Production and Supply of Electric Power and Heat Power	163	47	7381048
燃气生产和供应业	Production and Supply of Gas	9	1	231668
水的生产和供应业	Production and Supply of Water	11	5	89788

continue 1

(10 000 yuan)

工业销售产值 Sales Value of Industry Products	# 出口交货值 Delivery Value for Export	全部从业人员年平均人数（人） Average Annual Employed Persons (person)	资产总计 Total Assets	# 产成品 Finished Product	流动资产合计 Total Current Assets	固定资产合计 Total Fixed Assets
3291		155	13602	251	5567	6098
6306		392	10413	1200	3763	5806
150656		4870	152148	23434	63306	68586
36697		3370	82689	7794	47544	32123
37275		851	23387	998	13792	5888
11561417	2761	31275	6432525	288516	3018963	3292195
3118781	36516	46192	3424243	239204	1538286	1455391
784858	12142	11979	1688151	121419	1063242	323370
44745		310	39824	2573	27280	10681
471017		8840	442132	49228	270992	131805
2725248	89830	42992	3737641	178755	1607164	1539625
7742226	20633	51534	13071997	587061	5317505	4667807
11084496	141897	81538	18618775	2243715	8741271	5761802
588054	7000	7745	665421	38456	403277	130426
513365	37928	13366	828354	35406	498685	140697
858000	39472	20322	1220598	43263	770847	226005
151378		1241	117549	2495	61614	43073
78060	76	3313	183197	11911	124212	31520
1919266	7522	14959	1816649	57250	1016892	476087
304668	67209	9885	775572	29589	390620	231334
32386	5097	1162	105988	2553	55104	10121
573670		5116	949471	11654	518812	185328
43445		829	126507	2678	31999	21105
141125		4615	251391	6930	145059	70211
7327975	25000	58775	17740186	21488	2918298	13219345
231644		3874	292684	1330	90533	192089
81067		4239	439151	116	52120	298340

14-2 续表 2

单位：万元

类 别	Item	固定资产原 价 Original Value of Fixed Assets	固定资产净 值 Net Value of Fixed Assets	负 债合 计 Total Liabilities
总 计	**Total**	**60614788**	**37791591**	**57019537**
按登记注册类型分	**Grouped by Registration Categories**			
内资	Domestic Funded Enterprises	58591553	36458365	55923708
国有企业	State-owned Enterprises	18475596	12849733	13726913
集体企业	Collective-owned Enterprises	541115	405301	415318
股份合作企业	Cooperative Enterprises	154419	93873	177129
联营企业	Joint Ownership Enterprises	11493	1789	10471
有限责任公司	Companies with Limited Liabilities	26317169	15100877	28989086
股份有限公司	Stock-holding Companies with Limited Liabilties	9355086	6041538	9214544
私营企业	Private Enterprises	2995082	1463572	2783103
其他企业	Others	741594	501682	607146
港澳台商投资企业	Enterprises with Funds from Hong Kong ,Macao and Taiwan	593267	379988	316783
外商投资企业	Foreign Funded Enterprises	1429968	953238	779047
按轻重工业分	**Grouped by Light and Heavy Industries**			
轻工业	Light Industry	5166727	2523681	5107498
重工业	Heavy Industry	55448062	35267910	51912039
按企业规模分	**Grouped by Size of Enterprises**			
大型企业	Large-sized	35923603	23115298	35946787
中型企业	Medium-sized	9184472	5021825	7971492
小型企业	Small-sized	15506713	9654468	13101259
按行业分	**Grouped by Sector**			
煤炭开采和洗选业	Mining and Washing of Coal	2398126	1156292	2775417
石油和天然气开采业	Extraction of Petroleum and Natural Gas	4315706	3731305	2415420
黑色金属矿采选业	Mining and Processing of Ferrous Metal Ores	473685	281211	412284
有色金属矿采选业	Mining and Processing of Non-Ferrous Metal Ores	765748	472276	593530
非金属矿采选业	Mining and Processing of Nonmetal Ores	377767	268610	66478
开采辅助活动	Ancillary Activities of Mining	64738	54363	17291
其他采矿业	Mining of Other Ores			
农副食品加工业	Processing of Food from Agricultural Products	1643708	679560	1363923
食品制造业	Manufacture of Foods	589064	216101	586867
酒、饮料和精茶制造业	Manufacture of Liquor, Beverages and Refined Tea	867572	487097	859652
烟草制品业	Manufacture of Tobacco	240926	112777	146540
纺织业	Manufacture of Textile	93800	47826	104380
纺织服装、服饰业	Manufacture of Textile, Apparel and Accessories	8072	3618	6982
皮革、毛皮、羽毛(绒)及其制品和制鞋业	Manufacture of Leather, Fur, Feather and Related Products and Shoes	41738	24998	154716

continued 2

(10 000 yuan)

流动负债合 计 Total Liquid Liabilities	所有者权 益 Owners' Equity	主营业务收 入 Revenue from Principal Business	主营业务成 本 Cost of Principal Business	主营业务税金及附加 Taxes and Extra Charges from Principal Business	管 理费 用 Management Expenses	利 润总 额 Total Profits	利 税总 额 Total Profits and Taxes	税 金总 额 Total Taxes	本年应交增值税 Value Added Tax Payable
36124848	**34235468**	**77872574**	**65916662**	**2618992**	**2846085**	**2852259**	**7643023**	**5468139**	**2143968**
35602690	33166228	76909668	65164324	2603409	2805058	2780064	7518537	5404695	2107314
7482061	6615438	14484271	10581008	640926	381451	1799490	3132595	1624499	673211
361815	502735	919264	747177	12294	39459	48951	95188	59147	33497
109008	106516	185316	146404	1008	11977	16172	26564	12930	9384
9878	10926	20458	14938	355	3699	293	2763	3009	2113
18359830	17440702	39803455	34890090	820875	1536750	1031134	2826178	2046801	967127
6764383	5886524	16241747	14388028	1099650	670586		1121848	1517596	341946
2223306	2137845	4488498	3780995	19137	130491	154299	238380	107147	64458
292409	465542	766661	615684	9164	30645	50116	75022	33566	15577
137312	383060	244471	199554	970	16888	19998	28616	11847	7648
384846	686180	718435	552784	14614	24140	52197	95870	51596	29006
3832306	4836896	7512442	5479260	713778	321749	491188	1463070	1054915	257344
32292543	29398572	70360132	60437402	1905214	2524336	2361071	6179953	4413223	1886624
23913692	21566309	58764457	50178713	2482119	2028232	1983797	6147581	4674699	1656361
5742757	4836381	7621797	6327726	68500	430517	299001	605057	395646	236567
6468399	7832777	11486320	9410224	68373	387336	569461	890385	397794	251041
2180461	1666361	2214863	1592332	46316	215262	229000	525426	350401	243824
2009811	2553356	4241997	1581566	259641	63330	1704725	2307522	860102	325953
309178	159498	309775	228814	4669	15092	16161	39698	27167	18862
478858	755871	525867	354655	5779	42363	73407	106230	46835	27021
51543	303878	244420	163400	3520	5120	32519	51181	19591	15139
14180	114648	164422	96067	3873	5605	18116	32828	18108	10789
1066215	1254024	2385330	1997240	2807	64899	111781	132601	29745	17836
427182	442209	611409	500413	1938	20967	28287	41124	15943	10890
653726	569659	1062499	758778	51545	45576	60757	148447	102226	35939
141840	668184	1129470	315636	646857	32098	118246	907011	820663	141908
67915	72525	214009	184825	778	9835	4489	7614	3899	2347
6982	10299	33301	26346	250	1696	2160	3371	1379	960
137566	73288	236306	198770	555	7022	19717	23056	6672	2784

14–2 续表 3

单位：万元

类 别	Item	固定资产原 价 Original Value of Fixed Assets	固定资产净 值 Net Value of Fixed Assets	负 债合 计 Total Liabilities
木材加工及木、竹、藤、棕、草制品业	Processing of Timber, Manufacture of Wood, Bamboo, Rattan, Palm and Straw Products	6598	6098	1185
家具制造业	Manufacture of Furniture	6356	5806	6901
造纸及纸制品业	Manufacture of Paper and Paper Products	84747	67349	75351
印刷业和记录媒介复制业	Printing, Reproduction of Recording Media	67627	30640	33533
文教、工美、体育和娱乐用品制造业	Manufacture of Articles for Culture, Education and Sport Activities	9144	5137	14299
石油加工、炼焦及核燃料加工业	Processing of Petroleum, Coking, Processing of Nuclear Fuel	5129612	2925559	3772484
化学原料及化学制品制造业	Manufacture of Raw Chemical Materials and Chemical Products	2054985	1293732	1756189
医药制造业	Manufacture of Medicines	398346	296561	574452
化学纤维制造业	Manufacture of Chemical Fibers	119413	10681	14513
橡胶和塑料制品业	Manufacture of Rubber and Plastic	261021	127655	239367
非金属矿物制品业	Manufacture of Non-metallic Mineral Products	2200604	1364380	2079369
黑色金属冶炼及压延加工业	Smelting and Pressing of Ferrous Metals	7603182	4659630	9557114
有色金属冶炼及压延加工业	Smelting and Pressing of Non-ferrous Metals	7942224	5652958	11277269
金属制品业	Manufacture of Metal Products	179180	122941	351735
通用设备制造业	Manufacture of General Purpose Machinery	217011	130561	582670
专用设备制造业	Manufacture of Special Purpose Machinery	306877	206891	638435
汽车制造业	Manufacture of Automobile	50906	43012	65138
铁路、船舶、航空航天和其他运输设备制造业	Manufacture of Railway Equipment, Ships, Aerospace Equipment and Other Transport Equipment	62641	31520	73111
电气机械及器材制造业	Manufacture of Electrical Machinery and Equipment	2463261	384124	1148600
计算机、通讯和其他电子设备制造业	Manufacture of Computers,Communicationt and Other Electronic Equipment	358183	222767	415909
仪器仪表制造业	Manufacture of Measuring Instruments	15540	8136	35089
其他制造业	Other Manufacturing	377709	185328	893486
废弃资源综合利用业	Recycling and Disposal of Waste	26077	18784	77571
金属制品、机械和设备修理业	Repair Industry of Metal Products, Machinery and Equipment	70831	46184	195154
电力、热力生产和供应业	Production and Supply of Electric Power and Heat Power	18112107	12016369	13325476
燃气生产和供应业	Production and Supply of Gas	194573	141687	163596
水的生产和供应业	Production and Supply of Water	415385	251069	148061

continued 3

(10 000 yuan)

流动负债合 计 Total Liquid Liabilities	所有者权 益 Owners' Equity	主营业务收 入 Revenue from Principal Business	主营业务成 本 Cost of Principal Business	主营业务税金及附加 Taxes and Extra Charges from Principal Business	管 理费 用 Management Expenses	利 润总 额 Total Profits	利 税总 额 Total Profits and Taxes	税 金总 额 Total Taxes	本年应交增值税 Value Added Tax Payable
1022	12416	3412	2707	13	645	151	335	204	170
3973	3512	7140	5516	125	693	11	340	348	205
51971	77243	150450	133760	419	4925	7364	10170	4053	2333
31346	49156	46984	31090	1341	11992	1191	4056	3048	1524
8513	8478	35760	34017	95	515	586	989	437	308
2824852	2656612	11251398	9658046	1404404	479689		1154052	1660363	247943
1360244	1617239	2971849	2661606	21517	161782	49456	144004	124008	72625
422692	1111533	721737	482101	4763	56141	110842	146232	49637	30544
7495	23491	29530	28018	61	669	29	344	341	254
208232	199131	437159	379337	2950	14333	17224	24857	10004	4684
1653457	1627751	2286718	1888323	15743	140723	102955	211006	135662	92049
6600911	3513877	11941595	10928502	34636	468335	48046	230946	235823	148229
7012966	7347662	22686155	21388764	43735	557524	244093	558678	385212	270528
274790	308216	364616	291705	2340	25784	21478	37444	28172	13592
497793	241816	487330	395230	1546	43418	18139	32863	19312	13006
577646	580516	829633	680447	5741	87929	28635	61613	40686	26590
61922	52411	94087	89545	191	4258	523	1990	2057	1276
86444	109133	79535	53303	162	14252	8932	9550	1369	456
697325	658718	1906130	1558876	10786	54791	87275	122144	42714	24011
311904	331887	301863	244479	662	31445	24803	34452	13249	8986
20583	70899	25877	21154	249	4220	381	1789	1612	1160
647233	55985	600394	575029	178	34711	12529	13910	2552	1203
30368	48936	37828	29869	181	1977	486	1972	1672	1304
137195	54330	145290	125602	410	12951	3361	6709	4351	2938
4839384	4410575	6778262	6008336	36330	73760	123503	472569	378222	311834
128404	129054	203140	165732	1102	15069	14488	24155	13279	7891
80727	291090	75035	56731	786	14689	4885	9746	7026	4075

14-3 按行业分国有及国有控股企业主要经济指标（2012）

单位：万元

类　别	Item	企业单位数（个）Number of Enterprises (unit)	#亏损企业 Loss-making Enterprises
总　计	**Total**	**368**	**107**
煤炭开采及洗选业	Mining and Washing of Coal	17	4
石油和天然气开采业	Extraction of Petroleum and Natural Gas	3	
黑色金属矿采选业	Mining and Processing of Ferrous Metal Ores	1	
有色金属矿采选业	Mining and Processing of Non-Ferrous Metal Ores	9	1
非金属矿采选业	Mining and Processing of Nonmetal Ores	1	
开采辅助活动	Ancillary Activities of Mining	1	1
其他采矿业	Mining of Other Ores		
农副食品加工业	Processing of Food from Agricultural Products	16	5
食品制造业	Manufacture of Foods	4	3
酒、饮料和精茶制造业	Manufacture of Liquor, Beverages and Refined Tea	11	5
烟草制品业	Manufacture of Tobacco	2	1
纺织业	Manufacture of Textile	3	2
纺织服装、服饰业	Manufacture of Textile, Apparel and Accessories		
皮革、毛皮、羽毛（绒）及其制品和制鞋业	Manufacture of Leather, Fur, Feather and Related Products and Shoes	1	
木材加工及木．竹、藤、棕、草制品业	Processing of Timber, Manufacture of Wood, Bamboo, Rattan, Palm and Straw Products		
家具制造业	Manufacture of Furniture		
造纸及纸制品业	Manufacture of Paper and Paper Products	1	
印刷业和记录媒介复制业	Printing, Reproduction of Recording Media	4	1
文教、工美、体育和娱乐用品制造业	Manufacture of Articles for Culture, Education and Sport Activities	1	1
石油加工、炼焦和核燃料加工业	Processing of Petroleum, Coking, Processing of Nucleus Fuel	6	2
化学原料及化学制品制造业	Manufacture of Raw Chemical Materials and Chemical Products	24	5
医药制造业	Manufactare of Medicines	9	
化学纤维制造业	Manufacture of Chemical Fibres		
橡胶和塑料制品业	Manufacture of Rubber and Plastic	3	1
非金属矿物制品业	Manufacture of Non-metallic Mineral Products	33	9
黑色金属冶炼和压延加工业	Smelting and Pressing of Ferrous Metals	6	4
有色金属冶炼和压延加工业	Smelting and Pressing of Non-ferrous Metals	20	8
金属制品业	Manufacture of Metal Products	10	4
通用设备制造业	Manufacture of General Purpose Machinery	13	1
专用设备制造业	Manufacture of Special Purpose Machinery	13	2
汽车制造业	Manufacture of Automobile	1	1
铁路、船舶、航空航天和其他运输设备制造业	Manufacture of Railway Equipment, Ships, Aerospace Equipment and Other Transport Equipment	3	
电气机械及器材制造业	Manufacture of Electrical Machinery and Equipment	18	3
计算机、通讯和其他电子设备制造业	Manufacture of Computers,Communicationt and Other Electronic Equipment	3	1
仪器仪表制造业	Manufacture of Measuring Instruments	2	1
其他制造业	Other Manufacturing	1	
废弃资源综合利用业	Recycling and Disposal of Waste	1	1
金属制品、机械和设备修理业	Repair Industry of Metal Products, Machinery and Equipment	3	
电力、热力生产和供应业	Production and Supply of Electric Power and Heat Power	112	35
燃气生产和供应业	Production and Supply of Gas	3	
水的生产和供应业	Production and Supply of Water	9	5

Main Indicators of State-owned and State-holding Industrial Enterprises by Industrial Sector (2012)

(10 000 yuan)

工业总产值 Gross Industrial Output Value	工业销售产值 Sales Value of Industry Products	#出口交货值 Delivery Value for Export	全部从业人员年平均人数（人） Average Annual Employed Persons (person)	资产总计 Total Assets	#产成品 Finished Product	流动资产合计 Total Current Assets	固定资产合计 Total Fixed Assets
52013914	**49259917**	**365471**	**403398**	**71806817**	**3559048**	**26451341**	**33731419**
2341663	1937695		64482	3847250	211165	1362464	1073390
4640521	4503685		25752	4968776	18423	1237094	3731681
90153	81620		570	196095	742	36488	159607
429909	311856		5245	732153	96684	198933	330610
2293	2216		23	548	77	179	179
2237	2237		61	8811	67	948	7000
308227	284225	5171	2699	187925	21204	119074	59582
12098	11749	7416	411	26917	8941	12358	10586
170635	134027	32300	2958	255912	38513	126068	75530
1227473	1128235		3355	814724	8635	660553	126877
45239	45661	6817	1987	62983	8217	28905	8411
40013	48831		1592	47457	2780	31825	9300
5561	5086		153	7410	45	2542	4779
34178	31565		3262	77601	6978	44250	30328
13957	13957		30	9646		7368	272
11531173	11408638	2761	29980	6221697	275585	2919874	3193274
1956706	1785793	33368	25225	2352886	133812	1018531	1005987
222466	194632	2632	4134	486445	22489	265552	134745
44579	42940		958	34061	4051	20014	8083
953546	881357		12569	1395296	29844	456265	706533
6690849	6329543	20161	34102	12022215	425960	4643411	4364667
9535242	9264590	141897	70576	17486851	2083235	8189597	5339710
349037	307780	7000	3855	442091	17928	292478	69889
335514	320131	34838	9443	592013	19329	344561	95233
655336	628301	38513	13438	838398	24808	559414	123351
44763	44608		413	11977	799	7532	4036
74982	74160	76	3247	180097	11842	121834	31341
2336876	1595227	7522	9389	1340817	37855	700895	372950
41270	40640		2515	192352	12072	118792	57508
6085	5595		374	4715	1229	3663	1048
535317	509872		4573	918621	7243	488143	185195
3568	3568		121	74459		6005	114
138798	136188		3917	241917	6930	135731	70064
6924635	6882337	25000	54675	15102904	21127	2176132	11873180
193183	194219		3243	243686	325	71798	169661
75833	67152		4071	379113	116	42072	296720

14-3 续表

单位：万元

类别	Item	固定资产原价 Original Value of Fixed Assets	固定资产净值 Net Value of Fixed Assets	负债合计 Total Liabilities	流动负债合计 Total Liquid Liabilities
总计	**Total**	**50236039**	**31809094**	**46427724**	**28219457**
煤炭开采及洗选业	Mining and Washing of Coal	2072254	1029819	2463047	2047035
石油和天然气开采业	Extraction of Petroleum and Natural Gas	4315706	3731305	2415420	2009811
黑色金属矿采选业	Mining and Processing of Ferrous Metal Ores	169129	159607	133863	106883
有色金属矿采选业	Mining and Processing of Non-Ferrous Metal Ores	466071	317345	268721	226523
非金属矿采选业	Mining and Processing of Nonmetal Ores	233	179	139	139
开采辅助活动	Ancillary Activities of Mining	9328	7000	7122	4011
其他采矿业	Mining of Other Ores				
农副食品加工业	Processing of Food from Agricultural Products	319579	51298	137044	111396
食品制造业	Manufacture of Foods	24784	10485	15277	13547
酒、饮料和精茶制造业	Manufacture of Liquor, Beverages and Refined Tea	133431	69860	218235	179851
烟草制品业	Manufacture of Tobacco	240926	112777	146540	141840
纺织业	Manufacture of Textile	41123	8326	31106	9529
纺织服装、服饰业	Manufacture of Textile, Apparel and Accessories				
皮革、毛皮、羽毛(绒)及其制品和制鞋业	Manufacture of Leather, Fur, Feather and Related Products and Shoes	9300	4472	27889	15733
木材加工及木.竹、藤、棕、草制品业	Processing of Timber, Manufacture of Wood, Bamboo, Rattan, Palm and Straw Products				
家具制造业	Manufacture of Furniture				
造纸及纸制品业	Manufacture of Paper and Paper Products	5070	4576	389	353
印刷业和记录媒介复制业	Printing, Reproduction of Recording Media	64049	28845	29101	26914
文教、工美、体育和娱乐用品制造业	Manufacture of Articles for Culture, Education and Sport Activities	571	30	8239	4163
石油加工、炼焦和核燃料加工业	Processing of Petroleum, Coking, Processing of Nucleus Fuel	5113209	2915516	3644930	2712757
化学原料及化学制品制造业	Manufacture of Raw Chemical Materials and Chemical Products	1338781	891739	1108770	815746
医药制造业	Manufactare of Medicines	169570	130144	195018	140190
化学纤维制造业	Manufacture of Chemical Fibres				
橡胶和塑料制品业	Manufacture of Rubber and Plastic	27032	8024	19496	19444
非金属矿物制品业	Manufacture of Non-metallic Mineral Products	985937	663871	800230	584731
黑色金属冶炼和压延加工业	Smelting and Pressing of Ferrous Metals	7003738	4359926	8740103	5846597
有色金属冶炼和压延加工业	Smelting and Pressing of Non-ferrous Metals	7350011	5258803	10636659	6495072
金属制品业	Manufacture of Metal Products	90882	69180	249263	197484
通用设备制造业	Manufacture of General Purpose Machinery	158331	93139	416067	360497
专用设备制造业	Manufacture of Special Purpose Machinery	185499	123694	445091	407340
汽车制造业	Manufacture of Automobile	6037	4036	8740	5670
铁路、船舶、航空航天和其他运输设备制造业	Manufacture of Railway Equipment, Ships, Aerospace Equipment and Other Transport Equipment	62247	31341	70471	83803
电气机械及器材制造业	Manufacture of Electrical Machinery and Equipment	2382048	326196	814307	421118
计算机、通讯和其他电子设备制造业	Manufacture of Computers,Communicationt and Other Electronic Equipment	103856	57394	133357	99189
仪器仪表制造业	Manufacture of Measuring Instruments	4157	994	1461	1373
其他制造业	Other Manufacturing	345113	185195	872841	646474
废弃资源综合利用业	Recycling and Disposal of Waste	114	114	53606	10479
金属制品、机械和设备修理业	Repair Industry of Metal Products, Machinery and Equipment	70158	46038	190191	132258
电力、热力生产和供应业	Production and Supply of Electric Power and Heat Power	16379334	10731249	11875767	4188501
燃气生产和供应业	Production and Supply of Gas	174987	127128	147014	116271
水的生产和供应业	Production and Supply of Water	413444	249449	102210	36733

continued

(10 000 yuan)

所有者权益 Owners' Equity	主营业务收入 Revenue from Principal Business	主营业务成本 Cost of Principal Business	主营业务税金及附加 Taxes and Extra Charges from Principal Business	管理费用 Management Expenses	利润总额 Total Profits	利税总额 Total Profits and Taxes	税金总额 Total Taxes	本年应交增值税 Value Added Tax Payable
25310632	**63367354**	**53784646**	**2501977**	**2289305**	**2175671**	**6518739**	**4893745**	**1814919**
1383318	1776211	1258086	40510	189923	198176	462207	311323	217664
2553356	4241997	1581566	259641	63330	1704725	2307522	860102	325953
62232	69553	30033	841	5110	19049	29199	12629	9309
452587	231974	155722	2535	21798	38615	54131	25720	12958
409	2216	1329	377	211	38	635	632	220
1690	2237	2661		361	-219	-169	18	
50881	286634	253602	97	6569	4047	6182	2506	2037
9352	11823	8437	31	1220	358	1831	1515	1442
37227	124199	88939	6443	8849	1110	13869	13603	6315
668184	1129470	315636	646857	32098	118246	907011	820663	141908
31877	46354	41038	243	4745	-2238	-1561	863	434
19568	79387	70289	6	3090	4513	4525	800	6
7021	4801	4161		261	18	18		
48500	43825	28338	1340	11750	1216	4074	3041	1518
1407	13954	14248	1	91	-441	-440	5	
2576767	11104635	9524307	1402813	476539	-502925	1146678	1657124	246612
1200366	1822505	1595845	15460	112105	53155	118802	83052	50131
291427	197208	99118	2079	26462	47395	61533	21475	12058
14565	43142	39585	228	1458	216	1275	1183	832
593879	737403	584527	4417	70740	55423	98761	54863	38831
3282107	10514941	9587663	30197	431555	68271	227464	208251	128961
6856401	20735126	19637765	35028	512227	144454	428806	332205	249002
192828	167180	124167	636	17275	12998	24474	22596	10829
172091	309869	249309	958	31568	8149	17528	11827	8301
393306	628994	524344	5247	65737	19492	47983	33770	22660
3237	14984	13980	97	779	-615	-447	415	71
108674	76385	50783	158	14196	8930	9515	1336	427
518894	1607372	1287138	9605	40696	86972	115876	34804	19233
58995	43913	35040	77	6217	1420	1776	945	279
3254	5595	5083	40	388	30	360	343	290
45780	556507	551845	109	34213	7376	7541	1335	56
20853	3568	2915		435	-626	-626		
49819	138080	119045	269	12599	3201	5427	3180	1957
3226211	6360842	5711234	34004	57471	57965	386066	352863	293195
96671	171567	138706	923	13298	13772	23212	12519	7843
276902	62902	48163	711	13941	3404	7703	6240	3587

14-4 按行业分大中型企业主要经济指标（2012）

单位：万元

类　别	Item	企业单位数（个） Number of Enterprises (unit)	#亏损企业 Loss-making Enterprises
总　计	**Total**	**339**	**101**
煤炭开采及洗选业	Mining and Washing of Coal	28	5
石油和天然气开采业	Extraction of Petroleum and Natural Gas	2	
黑色金属矿采选业	Mining and Processing of Ferrous Metal Ores	3	2
有色金属矿采选业	Mining and Processing of Non-Ferrous Metal Ores	11	1
非金属矿采选业	Mining and Processing of Nonmetal Ores	3	
开采辅助活动	Ancillary Activities of Mining	1	
其他采矿业	Mining of Other Ores		
农副食品加工业	Processing of Food from Agricultural Products	18	3
食品制造业	Manufacture of Foods	12	4
酒、饮料和精茶制造业	Manufacture of Liquor, Beverages and Refined Tea	17	2
烟草制品业	Manufacture of Tobacco	2	1
纺织业	Manufacture of Textile	7	2
纺织服装、服饰业	Manufacture of Textile, Apparel and Accessories	1	
皮革、毛皮、羽毛(绒)及其制品和制鞋业	Manufacture of Leather, Fur, Feather and Related Products and Shoes	3	
木材加工及木.竹、藤、棕、草制品业	Processing of Timber, Manufacture of Wood, Bamboo, Rattan, Palm and Straw Products		
家具制造业	Manufacture of Furniture		
造纸及纸制品业	Manufacture of Paper and Paper Products	4	1
印刷业和记录媒介复制业	Printing, Reproduction of Recording Media	4	1
文教、工美、体育和娱乐用品制造业	Manufacture of Articles for Culture, Education and Sport Activities		
石油加工、炼焦和核燃料加工业	Processing of Petroleum, Coking, Processing of Nucleus Fuel	6	3
化学原料及化学制品制造业	Manufacture of Raw Chemical Materials and Chemical Products	33	13
医药制造业	Manufactare of Medicines	9	1
化学纤维制造业	Manufacture of Chemical Fibres		
橡胶和塑料制品业	Manufacture of Rubber and Plastic	3	1
非金属矿物制品业	Manufacture of Non-metallic Mineral Products	34	15
黑色金属冶炼和压延加工业	Smelting and Pressing of Ferrous Metals	14	9
有色金属冶炼和压延加工业	Smelting and Pressing of Non-ferrous Metals	20	8
金属制品业	Manufacture of Metal Products	5	2
通用设备制造业	Manufacture of General Purpose Machinery	11	1
专用设备制造业	Manufacture of Special Purpose Machinery	14	3
汽车制造业	Manufacture of Automobile	1	
铁路、船舶、航空航天和其他运输设备制造业	Manufacture of Railway Equipment, Ships, Aerospace Equipment and Other Transport Equipment	3	
电气机械及器材制造业	Manufacture of Electrical Machinery and Equipment	13	3
计算机、通讯和其他电子设备制造业	Manufacture of Computers,Communicationt and Other Electronic Equipment	6	1
仪器仪表制造业	Manufacture of Measuring Instruments	1	
其他制造业	Other Manufacturing	2	
废弃资源综合利用业	Recycling and Disposal of Waste	1	
金属制品、机械和设备修理业	Repair Industry of Metal Products, Machinery and Equipment	4	
电力、热力生产和供应业	Production and Supply of Electric Power and Heat Power	39	18
燃气生产和供应业	Production and Supply of Gas	2	
水的生产和供应业	Production and Supply of Water	2	1

Main Indicators of Large and Medium-sized Industrial Enterprises by Industrial Sector (2012)

(10 000 yuan)

工业总产值 Gross Industrial Output Value	工业销售产值 Sales Value of Industry Products	# 出口交货值 Delivery Value for Export	全部从业人员年平均人数（人） Average Annual Employed Persons (person)	资产总计 Total Assets	# 产成品 Finished Product	流动资产合计 Total Current Assets	固定资产合计 Total Fixed Assets
55265285	**52606538**	**496999**	**490612**	**70438235**	**3970491**	**28224205**	**30201021**
2586025	2105818		71084	4196644	219208	1505543	1256972
4634356	4497520		25710	4956498	18423	1234006	3722493
124482	110381		1772	278794	6151	95181	174944
394369	299453		6748	717916	82929	209612	307863
82469	65499		1298	29413	5791	10229	10844
158372	133483		2860	99563	6674	60742	38821
705684	680172	1195	9829	768560	41075	259688	178618
510847	453066		7934	672856	17102	219152	107760
775530	700562	18094	11163	728390	59721	340177	279090
1227473	1128235		3355	814724	8635	660553	126877
87613	80837	6817	4648	87654	10156	49335	27236
8870	8870		490	5185		2107	1034
131991	163492	150	2569	195930	5085	162861	24438
67338	61124		2600	58103	13151	18320	32186
34178	31565		3262	77601	6978	44250	30328
11535858	11409328	2761	30349	6364948	278544	2973406	3281533
2475176	2216545	33624	35420	2453604	171880	1066631	1194695
285367	252577	2632	5777	560607	26914	296694	145010
79800	81929		2813	136431	12381	92231	37122
1617156	1430744	89646	22472	2252797	88346	888212	930904
7340327	6926845	20161	42798	12547436	501297	4976098	4517986
10945116	10610700	141897	77769	18237099	2202740	8575151	5691776
248097	246039	7000	3214	342865	12103	212014	54763
391581	374387	34838	9856	659525	19105	394642	98148
707276	666534	38812	16404	968864	32716	617748	155817
76834	76834		613	82919		36085	34912
74982	74160	76	3247	180097	11842	121834	31341
639835	476991	7522	10487	636845	42646	432855	151260
290916	283849	66774	9075	730150	26812	363475	215297
14068	12276		409	14998	1194	12116	1027
608946	573331		5100	948654	11654	518098	185273
16006	16006		300	33600	777	18281	10589
143734	141125		4615	251391	6930	145059	70211
6011301	5982952	25000	48804	8877143	21105	1523346	6730218
189989	189989		3128	235973	325	69387	164360
43324	43324		2640	234461	102	19090	179276

14-4 续表

单位：万元

类 别	Item	流动资产合 计 Total Current Assets	固定资产合 计 Total Fixed Assets	固定资产原 价 Original Value of Fixed Assets
总 计	**Total**	**28224205**	**30201021**	**45108076**
煤炭开采及洗选业	Mining and Washing of Coal	1505543	1256972	2167671
石油和天然气开采业	Extraction of Petroleum and Natural Gas	1234006	3722493	4305481
黑色金属矿采选业	Mining and Processing of Ferrous Metal Ores	95181	174944	189188
有色金属矿采选业	Mining and Processing of Non-Ferrous Metal Ores	209612	307863	455371
非金属矿采选业	Mining and Processing of Nonmetal Ores	10229	10844	23826
开采辅助活动	Ancillary Activities of Mining	60742	38821	40829
其他采矿业	Mining of Other Ores			
农副食品加工业	Processing of Food from Agricultural Products	259688	178618	524026
食品制造业	Manufacture of Foods	219152	107760	433355
酒、饮料和精茶制造业	Manufacture of Liquor, Beverages and Refined Tea	340177	279090	519262
烟草制品业	Manufacture of Tobacco	660553	126877	240926
纺织业	Manufacture of Textile	49335	27236	70047
纺织服装、服饰业	Manufacture of Textile, Apparel and Accessories	2107	1034	1495
皮革、毛皮、羽毛(绒)及其制品和制鞋业	Manufacture of Leather, Fur, Feather and Related Products and Shoes	162861	24438	31325
木材加工及木.竹、藤、棕、草制品业	Processing of Timber, Manufacture of Wood, Bamboo, Rattan, Palm and Straw Products			
家具制造业	Manufacture of Furniture			
造纸及纸制品业	Manufacture of Paper and Paper Products	18320	32186	39854
印刷业和记录媒介复制业	Printing, Reproduction of Recording Media	44250	30328	64049
文教、工美、体育和娱乐用品制造业	Manufacture of Articles for Culture, Education and Sport Activities			
石油加工、炼焦和核燃料加工业	Processing of Petroleum, Coking, Processing of Nucleus Fuel	2973406	3281533	5113637
化学原料及化学制品制造业	Manufacture of Raw Chemical Materials and Chemical Products	1066631	1194695	1652345
医药制造业	Manufactare of Medicines	296694	145010	186399
化学纤维制造业	Manufacture of Chemical Fibres			
橡胶和塑料制品业	Manufacture of Rubber and Plastic	92231	37122	44708
非金属矿物制品业	Manufacture of Non-metallic Mineral Products	888212	930904	1348343
黑色金属冶炼和压延加工业	Smelting and Pressing of Ferrous Metals	4976098	4517986	7223773
有色金属冶炼和压延加工业	Smelting and Pressing of Non-ferrous Metals	8575151	5691776	7880257
金属制品业	Manufacture of Metal Products	212014	54763	74230
通用设备制造业	Manufacture of General Purpose Machinery	394642	98148	156366
专用设备制造业	Manufacture of Special Purpose Machinery	617748	155817	220994
汽车制造业	Manufacture of Automobile	36085	34912	39277
铁路、船舶、航空航天和其他运输设备制造业	Manufacture of Railway Equipment, Ships, Aerospace Equipment and Other Transport Equipment	121834	31341	62247
电气机械及器材制造业	Manufacture of Electrical Machinery and Equipment	432855	151260	117908
计算机、通讯和其他电子设备制造业	Manufacture of Computers,Communicationt and Other Electronic Equipment	363475	215297	346562
仪器仪表制造业	Manufacture of Measuring Instruments	12116	1027	3213
其他制造业	Other Manufacturing	518098	185273	377627
废弃资源综合利用业	Recycling and Disposal of Waste	18281	10589	16897
金属制品、机械和设备修理业	Repair Industry of Metal Products, Machinery and Equipment	145059	70211	70831
电力、热力生产和供应业	Production and Supply of Electric Power and Heat Power	1523346	6730218	10632170
燃气生产和供应业	Production and Supply of Gas	69387	164360	167878
水的生产和供应业	Production and Supply of Water	19090	179276	265711

continued

(10 000 yuan)

固定资产净值 Net Value of Fixed Assets	负债合计 Total Liabilities	流动负债合计 Total Liquid Liabilities	所有者权益 Owners' Equity	主营业务收入 Revenue from Principal Business	主营业务成本 Cost of Principal Business	#主营业务税金及附加 Taxes and Extra Charges from Principal Business	管理费用 Management Expenses	利润总额 Total Profits	利税总额 Total Profits and Taxes	税金总额 Total Taxes	本年应交增值税 Value Added Tax Payable
28137123	**43918279**	**29656449**	**26402691**	**66386254**	**56506438**	**2550619**	**2458749**	**2282798**	**6752638**	**5070345**	**1892928**
1084098	2656975	2086236	1537899	1908913	1339823	43399	199762	217482	497755	333204	231018
3722493	2407658	2004130	2548840	4238976	1580537	259610	62623	1704199	2306508	859615	325497
173813	203975	173385	74819	83587	40827	1101	6783	14855	26198	13828	10241
302660	267574	227296	439497	200570	113241	2994	19204	42200	61609	27702	16391
10844	6532		22881	60308	43318	363	489	10037	19474	9606	9074
34821	6312	6312	93251	130425	72118	3465	3907	11141	23445	15441	8839
166496	340800	259809	427760	608933	520290	677	16705	24005	29057	7574	4317
107026	357569	232142	315287	356626	292060	1032	11071	15501	20984	7454	4451
261691	456281	382964	256214	568177	357278	40664	27075	48894	119052	80699	29289
112777	146540	141840	668184	1129470	315636	646857	32098	118246	907011	820663	141908
27230	34206	32419	50923	79799	65261	552	6042	2395	4420	2705	1473
1034	2019	2019	3166	8870	7332	11	638	81	139	76	47
19610	128831	114115	67099	194303	159497	259	6707	19602	22284	5960	2422
32075	21498	13452	37052	66475	60057	85	2381	1639	2571	1045	848
28845	29101	26914	48500	43825	28338	1340	11750	1216	4074	3041	1518
2916028	3740386	2798214	2624562	11104036	9525677	1402771	476467		1144750	1656705	246308
1052686	1349209	1009277	1060097	2204338	1970373	18690	130570	37612	114132	100084	57769
142259	196656	129688	363951	256394	131605	2383	33767	59358	77159	27570	15417
37063	81933	67610	54497	85152	69072	731	4514	3289	5682	3621	1662
800014	1197754	978635	1040669	1149849	926615	8500	90843	66016	129375	79415	54737
4503087	9174691	6281229	3372745	11227946	10269786	33073	454642	54007	228054	225000	140938
5613907	11002575	6792450	7241495	22218367	20965069	42329	547980	229908	539702	378218	267142
54750	157765	120269	185099	110367	79256	495	15599	9518	16405	16717	6381
91398	466670	391839	189000	348747	282029	987	31525	10748	20481	12297	8636
149688	497942	444571	470921	663783	547018	5311	71582	24409	54068	36201	23743
34912	41585	41585	41335	56834	55096	43	2500	656	1499	1047	800
31341	70471	83803	108674	76385	50783	158	14196	8930	9515	1336	427
67731	401599	322319	235246	421642	347940	1787	37203	8835	24550	19303	13874
212907	392197	298461	310177	276767	223620	561	30023	23417	32568	12658	8589
1014	10585	10585	4413	7095	6033	70	931	121	650	640	459
185273	892691	646474	55962	600104	574916	178	34618	12493	13874	2552	1203
10155	17955	17678	15645	15279	11215	151	721	619	1801	1290	1031
46184	195154	137195	54330	145290	125602	410	12951	3361	6709	4351	2938
5829677	6789045	3257984	2087613	5530000	5184144	28341	38651		254764	285874	243072
121827	143364	114221	92610	166101	135068	910	13225	13201	22627	12257	7843
149713	32181	9331	202280	42524	29911	331	9009	6738	9696	4597	2627

14-5 按行业分工业企业主要经济效益指标（2012）

类 别	Branch	总资产贡献率（%） Ratio of Profits,Taxes and Interests to Average Assets (%)		
		规模以上工业企业 Industrial Enterprises above Designated Size	国有及国有控股企业 State-owned and State-holding Enterprises	大中型企业 Large & Medium-sized Industrial Enterprises
总 计	**Total**	**10.03**	**10.86**	**11.18**
煤炭开采及洗选业	Mining and Washing of Coal	13.10	13.11	13.15
石油和天然气开采业	Extraction of Petroleum and Natural Gas	47.23	47.23	47.33
黑色金属矿采选业	Mining and Processing of Ferrous Metal Ores	8.87	17.21	11.59
有色金属矿采选业	Mining and Processing of Non-Ferrous Metal Ores	9.05	8.78	9.95
非金属矿采选业	Mining and Processing of Nonmetal Ores	14.02	116.46	66.59
开采辅助活动	Ancillary Activities of Mining	24.89	-1.92	23.60
其他采矿业	Mining of Other Ores			
农副食品加工业	Processing of Food from Agricultural Products	6.15	4.95	4.57
食品制造业	Manufacture of Foods	4.89	8.30	3.44
酒、饮料和精茶制造业	Manufacture of Liquor, Beverages and Refined Tea	11.55	8.12	17.60
烟草制品业	Manufacture of Tobacco	111.61	111.61	111.61
纺织业	Manufacture of Textile	5.30	-2.40	5.04
纺织服装、服饰业	Manufacture of Textile, Apparel and Accessories	20.46		3.79
皮革、毛皮、羽毛(绒)及其制品和制鞋业	Manufacture of Leather, Fur, Feather and Related Products and Shoes	12.55	10.69	13.90
木材加工及木.竹、藤、棕、草制品业	Processing of Timber, Manufacture of Wood, Bamboo, Rattan, Palm and Straw Products	3.06		
家具制造业	Manufacture of Furniture	7.09		
造纸及纸制品业	Manufacture of Paper and Paper Products	8.22	0.88	6.20
印刷业和记录媒介复制业	Printing, Reproduction of Recording Media	5.41	5.75	5.75
文教、工美、体育和娱乐用品制造业	Manufacture of Articles for Culture, Education and Sport Activities	6.75	-2.58	
石油加工、炼焦和核燃料加工业	Processing of Petroleum, Coking, Processing of Nucleus Fuel	18.74	19.24	18.78
化学原料及化学制品制造业	Manufacture of Raw Chemical Materials and Chemical Products	5.20	6.09	5.68
医药制造业	Manufactare of Medicines	9.26	12.83	14.24
化学纤维制造业	Manufacture of Chemical Fibres	2.17		
橡胶和塑料制品业	Manufacture of Rubber and Plastic	6.96	4.47	6.18
非金属矿物制品业	Manufacture of Non-metallic Mineral Products	7.21	9.04	7.44
黑色金属冶炼和压延加工业	Smelting and Pressing of Ferrous Metals	4.09	4.26	4.18
有色金属冶炼和压延加工业	Smelting and Pressing of Non-ferrous Metals	4.52	4.02	4.50
金属制品业	Manufacture of Metal Products	6.61	6.39	5.52
通用设备制造业	Manufacture of General Purpose Machinery	5.54	4.87	4.94
专用设备制造业	Manufacture of Special Purpose Machinery	5.88	6.51	6.27
汽车制造业	Manufacture of Automobile	2.06	-1.23	1.78
铁路、船舶、航空航天和其他运输设备制造业	Manufacture of Railway Equipment, Ships, Aerospace Equipment and Other Transport Equipment	6.36	6.43	6.43
电气机械及器材制造业	Manufacture of Electrical Machinery and Equipment	7.23	8.85	4.82
计算机、通讯和其他电子设备制造业	Manufacture of Computers,Communicationt and Other Electronic Equipment	5.37	1.15	5.31
仪器仪表制造业	Manufacture of Measuring Instruments	1.42	8.04	5.87
其他制造业	Other Manufacturing	1.04	0.34	1.04
废弃资源综合利用业	Recycling and Disposal of Waste	3.09	0.26	7.27
金属制品、机械和设备修理业	Repair Industry of Metal Products, Machinery and Equipment	4.12	3.75	4.12
电力、热力生产和供应业	Production and Supply of Electric Power and Heat Power	5.66	5.74	5.75
燃气生产和供应业	Production and Supply of Gas	8.19	9.32	9.37
水的生产和供应业	Production and Supply of Water	2.78	2.38	4.28

Main Economic Benefit Index of Industrial Enterprises above Designated Size by Industrial Sector (2012)

资产负债率（%） Ratio of Debts to Assets (%)			流动资产周转次数（次/年） Turnover of Current Assets (times/year)			工业成本费用利润率（%） Ratio of Profits to Total Industrial Costs(%)			产品销售率（%） Sales Ratio of Products (%)		
规模以上工业企业 Industrial Enterprises above Designated Size	国有及国有控股企业 State-owned and State-holding Enterprises	大中型企业 Large & Medium-sized Industrial Enterprises	规模以上工业企业 Industrial Enterprises above Designated Size	国有及国有控股企业 State-owned and State-holding Enterprises	大中型企业 Large & Medium-sized Industrial Enterprises	规模以上工业企业 Industrial Enterprises above Designated Size	国有及国有控股企业 State-owned and State-holding Enterprises	大中型企业 Large & Medium-sized Industrial Enterprises	规模以上工业企业 Industrial Enterprises above Designated Size	国有及国有控股企业 State-owned and State-holding Enterprises	大中型企业 Large & Medium-sized Industrial Enterprises
62.34	**64.66**	**62.35**	**2.21**	**2.44**	**2.40**	**3.89**	**3.65**	**3.64**	**93.14**	**94.71**	**95.19**
62.45	64.02	63.31	1.42	1.38	1.33	10.92	11.61	11.96	82.20	82.75	81.43
48.61	48.61	48.58	3.46	3.46	3.47	93.78	93.78	93.86	97.05	97.05	97.05
71.76	68.26	73.16	1.26	1.98	0.91	5.47	36.29	21.11	77.76	90.53	88.67
43.63	36.70	37.27	1.09	1.19	0.98	17.03	19.84	28.06	80.51	72.54	75.93
17.92	25.38	22.21	3.24	12.38	5.90	18.69	2.17	22.33	88.74	96.62	79.42
13.10	80.82	6.34	2.28	3.99	2.15	17.34	-5.51	14.31	86.73	100.00	84.28
51.80	72.92	44.34	1.86	2.41	2.49	5.10	1.50	4.10	89.39	92.21	96.38
56.87	56.76	53.14	1.51	0.97	1.64	5.01	3.14	4.73	90.02	97.11	88.69
59.11	85.28	62.64	1.57	0.99	1.70	6.49	0.93	10.30	88.73	78.55	90.33
17.99	17.99	17.99	1.71	1.71	1.71	32.44	32.44	32.44	91.92	91.92	91.92
58.17	49.39	39.02	2.23	1.63	1.65	2.18	-4.63	3.24	89.38	100.93	92.27
40.27		38.95	2.94		4.21	7.31		0.93	95.74		100.00
67.84	58.77	65.75	1.25	2.51	1.20	9.18	5.99	11.23	115.46	122.04	123.87
8.72			0.61			4.35			87.17		
66.27			1.92			0.14			96.53		
49.52	5.25	37.00	2.41	1.89	3.63	5.14	0.38	2.55	92.19	91.46	90.77
40.55	37.50	37.50	1.02	1.03	1.03	2.45	2.68	2.68	93.35	92.35	92.35
61.14	85.42		2.71	1.89		1.65	-3.03		96.82	100.00	
58.65	58.58	58.77	3.75	3.82	3.76	-4.83	-4.94	-4.96	98.69	98.94	98.90
51.29	47.12	54.99	2.02	1.85	2.16	1.62	2.91	1.66	89.35	91.27	89.55
34.03	40.09	35.08	0.68	0.74	0.87	18.26	31.66	30.50	90.07	87.49	88.51
36.44			1.08			0.10			76.32		
54.14	57.24	60.05	1.61	2.16	0.92	4.16	0.50	4.07	96.01	96.32	102.67
55.63	57.35	53.17	1.47	1.71	1.37	4.57	7.40	5.66	90.72	92.43	88.47
73.11	72.70	73.12	2.33	2.35	2.35	0.39	0.62	0.46	93.33	94.60	94.37
60.57	60.83	60.33	2.61	2.55	2.61	1.08	0.70	1.04	96.24	97.16	96.94
52.86	56.38	46.01	0.92	0.59	0.54	6.31	8.38	8.83	87.43	88.18	99.17
70.34	70.28	70.76	0.99	0.91	0.89	3.69	2.62	3.09	95.78	95.42	95.61
52.31	53.09	51.39	1.14	1.20	1.14	3.40	3.01	3.59	90.61	95.87	94.24
55.41	72.98	50.15	1.59	2.14	1.65	0.54	-3.73	1.11	93.85	99.65	100.00
39.91	39.13	39.13	0.65	0.64	0.64	12.51	13.00	13.00	98.47	98.90	98.90
63.23	60.73	63.06	1.92	2.35	1.00	5.19	6.31	2.07	68.71	68.26	74.55
53.63	69.33	53.71	0.79	0.38	0.78	8.39	3.10	8.62	96.59	98.47	97.57
33.11	30.98	70.58	0.48	1.54	0.61	1.36	0.55	1.58	77.43	91.94	87.26
94.10	95.02	94.10	1.17	1.16	1.17	2.04	1.25	2.04	94.00	95.25	94.15
61.32	71.99	53.44	1.18	0.59	0.84	1.41	-14.91	4.89	95.40	100.00	100.00
77.63	78.62	77.63	1.04	1.05	1.04	2.27	2.27	2.27	98.18	98.12	98.18
75.11	78.63	76.48	2.37	2.98	3.71	1.74	0.86	-0.29	99.28	99.39	99.53
55.90	60.33	60.75	2.52	2.73	2.75	7.06	8.00	7.89	99.99	100.54	100.00
33.72	26.96	13.73	1.46	1.51	2.25	6.25	5.15	17.24	90.29	88.55	100.00

14-6 规模以上工业企业经济效益指标（2012）
Indices of Economic Benefit of Industrial Enterprises above Designated Size(2012)

类 别	Items	总资产贡献率（%） Ratio of Profits,Taxes and Interests to Average Assets (%)	资产负债率（%） Ratio of Debts to Assets (%)
总 计	**Total**	**10.03**	**62.34**
#国有及国有控股企业	State-owned and State-holding Enterprises	10.86	64.66
#大中型	Large and Medium-sized Enterprises	11.18	62.35
按轻重工业分	**By Light and Heavy Industries**		
轻工业	Light Industry	15.45	51.08
重工业	Heavy Industry	9.36	63.73

14-6 续表 continued

类 别	Items	流动资产周转次数（次/年） Turnover of Current Assets (times/year)	工业成本费用利润率（%） Ratio of Profits to Total Industrial Costs (%)	产品销售率（%） Sales Ratio of Products (%)
总 计	**Total**	**2.21**	**3.89**	**93.14**
#国有及国有控股企业	State-owned and State-holding Enterprises	2.44	3.65	94.71
#大中型	Large and Medium-sized Enterprises	2.40	3.64	95.19
按轻重工业分	**By Light and Heavy Industries**			
轻工业	Light Industry	1.44	7.86	90.63
重工业	Heavy Industry	2.34	3.52	93.51

14-7 主要工业产品产量
Output of Major Industrial Products

产品名称	Product Name	2005	2010	2011	2012
原煤（万吨）	Coal (10 000 tons)	3619.84	4547.20	4700.65	4878.08
天然原油（万吨）	Crude Petroleum Oil (10 000 tons)	304.55	382.14	502.66	629.52
天然气（万立方米）	Natural Gas (10 000 cu.m)	15987	10344	8146	12792
铁矿石原矿（万吨）	Iron Ore (10 000 tons)	556.80	991.62	963.69	1214.16
小麦粉（万吨）	Wheatmeal (10 000 tons)	83.39	151.08	127.51	162.57
饮料、酒（万千升）	Drinks (10 000kl)	39.99	71.54	69.60	71.69
软饮料（万吨）	Soft Drinks (10 000 tons)	11.32	138.43	92.99	110.11
卷烟（万箱）	Cigarettes (10 000 case)	71.00	80.00	82.00	88.00
原油加工量（万吨）	Crude Oil Processing (10 000 tons)	1225.17	1383.54	1613.53	1520.52
焦炭（万吨）	Coke (10 000 tons)	221.85	244.32	263.24	337.46
硫酸（万吨）	Sulfuric Acid (10 000 tons)	122.68	247.00	258.72	313.25
烧碱（万吨）	Caustic Soda (10 000 tons)	7.30	21.69	24.75	24.89
纯碱（万吨）	Soda Ash (10 000 tons)	18.01	13.66	18.98	20.12
电石（万吨）	Calcium Carbide (10 000 tons)	31.51	97.54	102.10	126.79
乙烯（万吨）	Ethene (10 000 tons)	24.57	69.48	69.39	64.67
农用化肥（万吨）	Chemical Fertilizer (10 000 tons)	113.51	81.32	62.17	79.20
化学农药（万吨）	Chemical Pesticide (10 000 tons)	0.04	0.13	0.14	0.17
塑料制品（万吨）	Plastic Products (ton)	10.13	13.88	11.81	19.03
水泥（万吨）	Cement (10 000 tons)	1553.29	2414.11	2746.82	3515.06
平板玻璃（万重量箱）	Plate Glass (10 000 weight cases)	339.62	653.89	577.14	496.79
生铁（万吨）	Pig Iron (10 000 tons)	468.72	625.49	769.28	746.60
粗钢（万吨）	Crude Steel (10 000 tons)	458.44	662.25	819.80	810.16
钢材（万吨）	Rolled Steel (10 000 tons)	452.25	699.17	812.75	883.04
铁合金（万吨）	Iron Alloy (10 000 tons)	64.34	119.49	129.25	128.12
十种有色金属（万吨）	Ten Kinds of Nonferrous Metals (10 000 tons)	117.93	191.53	219.23	294.10
铜（万吨）	Copper (10 000 tons)	23.79	44.79	62.54	70.86
铅（万吨）	Lead (10 000 tons)	6.07	2.69	1.91	2.15
锌（万吨）	Zinc (10 000 tons)	22.61	23.51	24.42	32.08
镍（万吨）	Nickel (10 000 tons)	8.28	12.98	12.70	12.78
铝（万吨）	Aluminium (10 000 tons)	56.94	104.40	117.41	176.00
汽车（辆）	Motor Vehicles (set)		20718	20634	24199
发电设备（万千瓦小时）	Power Generating Equipment (10 000 kw·h)		3.53	4.15	6.20
变压器（万千伏安）	Power Transformer (10 000 kva)	154.89	221.95	224.99	294.02
集成电路（万块）	Integrated Circuits (10 000 units)	243278	550307	652805	721012
发电量（亿千瓦小时）	Electricity (100 million kw·h)	506.17	791.53	1027.91	1083.25
#火力发电量	Fire Power	339.70	502.29	709.91	717.51
#水力发电量	Hydraulic Power	145.12	262.32	252.03	294.61

14-8 规模以上工业主要产品年末生产能力
Production Capacity of Major Products of Industrial Enterprises above Designated Size Enterprises above Designated Size(Year-end)

产品名称	Product name	2009	2010	2011	2012
原煤（万吨）	Coal (10 000 tons)	4458.46	5163.65	4964.18	5273.01
卷烟（万支）	Cigarettes (10 000 piece)	4090500	4650000	5008500	5008500
原油加工量（万吨）	Crude Oil Processing (10 000 tons)	1467.00	1600.00	1600.00	1601.24
焦炭（万吨）	Coke (10 000 tons)	275.00	335.00	435.00	485.00
碳化钙（万吨）	Calcium Carbide(10 000 tons)	112.63	120.74	131.10	143.89
农用氮、磷、钾化学肥料总计（万吨）	Chemical Fertilizer (10 000 tons)	104.05	99.97	97.28	116.46
水泥熟料（万吨）	Cement Clinker(10 000 tons)	2070.74	2366.39	3216.15	3380.84
水泥（万吨）	Cement (10 000 tons)	2809.17	3345.77	4523.13	5189.35
平板玻璃（万重量箱）	Plate Glass (10 000 weight cases)	601.00	654.08	610.68	500.00
生铁（万吨）	Pig Iron (10 000 tons)	626.00	809.00	789.00	908.15
粗钢（万吨）	Crude Steel (10 000 tons)	780.00	795.00	905.00	1035.60
钢材（万吨）	Rolled Steel (10 000 tons)	700.84	547.15	883.74	1159.13
铁合金（万吨）	Iron Alloy (10 000 tons)	136.37	159.44	158.92	191.43
原铝（万吨）	Primary Aluminium (10 000 tons)	105.00	120.52	191.00	206.00
汽车（万辆）	Motor Vehicles(10 000 sets)	5.00	5.00	12.00	12.00
#轿车	Cars(10 000 sets)	5.00	5.00	12.00	12.00
发电设备容量总计（万千瓦）	Electricity(10 000 kwh)	1692.06	2374.91	2588.45	2690.63
火电设备容量总计	Fire Power	1047.49	1319.62	1524.30	1544.30
水电设备容量总计	Hydropower	550.23	571.79	533.91	572.24
核电设备容量总计	Nuclear Power				
风电设备容量总计	Wind Power	89.48	477.65	514.76	551.81

14-9 国有及国有控股企业主要指标（2012）
Major Indicators of State-owned and State-holding Industrial Enterprises(2012)

单位：亿元 (100 million yuan)

指 标	Item	全 省 Total	国有及国有控股企业 State-owned and State-holding Industrial Enterprises	占全省比重(%) Proportion	国有及国有控股大中型企业 Large and Medium-sized State-owned and State-holding Industrial Enterprises	占全省比重(%) Proportion
企业单位数（个）	Number of Enterprises (unit)	1735	368	21.21	168	9.68
从业人员（万人）	Year-end Employees (10 000 persons)	63.48	40.34	63.55	37.86	59.63
工业总产值	Gross Output Value	7038.88	5201.39	73.90	4750.07	67.48
年末资产总计	Total Property (year-end)	9146.01	7180.68	78.51	6193.76	67.72
流动资产合计	Total Current Assets	3591.27	2645.13	73.65	2412.55	67.18
固定资产合计	Total Fixed Assets	4048.65	3373.14	83.32	2751.91	67.97
年末负债合计	Total Liabilities (year-end)	5701.95	4642.77	81.42	3950.66	69.29
年末所有者权益	Owners' Equity (year-end)	3423.55	2531.06	73.93	2237.75	65.36
#实收资本	Paid-up Capital	1867.13	1398.73	74.91	1188.33	63.64
主营业务收入	Revenue from Principal Business	7787.26	6336.74	81.37	5982.29	76.82
主营业务税金及附加	Taxes and Extra Charges from Principal Business	261.90	250.20	95.53	248.15	94.75
利润总额	Total Profits	285.23	217.57	76.28	194.73	68.27
税金总额	Total Taxes	546.81	489.37	89.50	475.40	86.94
亏损企业数（个）	Number of Loss-making Enterprises (unit)	467.00	107.00	22.91	51.00	10.92
亏损企业亏损额	Total Losses Loss-making Enterprises	114.95	96.43	83.89	89.63	77.98

14-10 支柱工业主要指标占全省比重
Proportion to Total Industry in Gansu of Main Indicators of Pillar Industry

单位：% (%)

指 标	Item	2005	2010	2011	2012
单位数	Number of Enterprises	75.36	77.11	77.68	73.72
从业人员	Year-end Employees	83.20	84.64	84.32	82.40
工业总产值	Gross Output Value of Industry	93.11	92.75	98.52	90.67
工业增加值	Value Added	92.88	91.84	92.90	90.23
年末资产总计	Total Assets (year-end)	89.58	90.86	90.88	89.65
负债合计	Total Liabilities	90.01	91.77	92.09	91.18
利润总额	Total Profits	100.44	86.78	87.43	87.36
利税总额	Total Profits and Taxes	96.22	92.68	92.83	92.38
工业销售产值	Sales Value of Industry Products	93.53	92.87	92.99	90.75

14-11 支柱工业主要指标
Main Indicators of Pillar Industry

行　业	Sector	2008	2010	2011	2012
单位数（个）	**Number of Enterprises (unit)**	**1541**	**1543**	**1065**	**1279**
石化工业	Petrochemical Industry	251	248	181	208
有色工业	Ferrous Industry	131	116	87	104
电力工业	Power Industry	210	237	138	163
冶金工业	Metallurgical Industry	180	141	103	135
机械工业	Machinery Industry	292	300	189	205
食品工业	Food Industry	401	414	297	385
煤炭工业	Coal Industry	76	87	70	79
从业人员（万人）	**Year-end Employees (10 000 persons)**	**58.17**	**60.45**	**50.46**	**52.31**
石化工业	Petrochemical Industry	13.04	14.22	11.23	11.24
有色工业	Ferrous Industry	9.47	9.47	9.32	9.39
电力工业	Power Industry	7.46	7.33	5.69	5.88
冶金工业	Metallurgical Industry	6.05	6.31	5.39	5.68
机械工业	Machinery Industry	8.07	7.77	6.63	6.21
食品工业	Food Industry	6.91	7.22	6.02	6.12
煤炭工业	Coal Industry	7.17	8.14	6.17	7.79
年末资产总计（亿元）	**Total Assets (year-end) (100 million yuan)**	**4080.17**	**5914.27**	**6966.08**	**8198.94**
石化工业	Petrochemical Industry	941.87	1153.75	1307.19	1530.75
有色工业	Ferrous Industry	893.92	1304.61	1611.04	1997.91
电力工业	Power Industry	824.42	1406.15	1596.94	1774.02
冶金工业	Metallurgical Industry	624.88	876.53	1202.28	1364.65
机械工业	Machinery Industry	240.30	422.00	431.23	493.78
食品工业	Food Industry	347.43	459.14	437.03	593.38
煤炭工业	Coal Industry	207.36	292.09	380.37	444.45

14-11 续表 continued

行 业	Sector	2008	2010	2011	2012
负债合计（亿元）	**Total Liabilities (100 million yuan)**	**2267.04**	**3730.53**	**4520.10**	**5199.08**
石化工业	Petrochemical Industry	352.65	623.47	679.57	819.80
有色工业	Ferrous Industry	436.29	776.93	1014.46	1187.08
电力工业	Power Industry	606.32	1085.08	1232.27	1332.55
冶金工业	Metallurgical Industry	421.92	558.11	867.72	996.94
机械工业	Machinery Industry	148.96	257.63	255.33	289.48
食品工业	Food Industry	172.26	246.02	230.58	295.70
煤炭工业	Coal Industry	128.64	183.29	240.17	277.54
利润总额（亿元）	**Total Profit (100 million yuan)**	**94.64**	**201.07**	**234.39**	**249.16**
石化工业	Petrochemical Industry	-38.42	76.62	68.78	127.30
有色工业	Ferrous Industry	60.89	48.71	68.05	31.75
电力工业	Power Industry	8.89	1.02	0.04	12.35
冶金工业	Metallurgical Industry	21.61	19.69	26.31	6.42
机械工业	Machinery Industry	8.55	14.11	18.85	16.54
食品工业	Food Industry	22.75	21.40	22.00	31.91
煤炭工业	Coal Industry	10.37	19.53	30.36	22.90
利税总额（亿元）	**Total Profits and Taxes (100 million yuan)**	**287.27**	**562.32**	**654.31**	**706.09**
石化工业	Petrochemical Industry	-0.11	253.38	283.21	363.08
有色工业	Ferrous Industry	93.79	73.85	98.97	66.49
电力工业	Power Industry	38.43	20.51	29.81	47.26
冶金工业	Metallurgical Industry	45.59	43.08	54.90	27.06
机械工业	Machinery Industry	15.19	31.21	32.79	26.74
食品工业	Food Industry	70.30	98.81	95.13	122.92
煤炭工业	Coal Industry	24.08	41.48	59.50	52.54
工业销售产值（亿元）	**Sales Value of Industry Products (100 million yuan)**	**3360.98**	**4374.87**	**5483.02**	**5949.77**
石化工业	Petrochemical Industry	1182.44	1439.23	1959.09	1969.96
有色工业	Ferrous Industry	726.27	857.43	1026.45	1178.52
电力工业	Power Industry	375.01	508.02	619.99	732.80
冶金工业	Metallurgical Industry	506.87	616.00	854.87	815.67
机械工业	Machinery Industry	200.07	408.76	356.93	414.05
食品工业	Food Industry	247.39	373.41	440.03	587.42
煤炭工业	Coal Industry	122.92	172.01	225.66	251.35

14-12 支柱工业增加值
Value-added of Pillar Industry

行　业	Sector	2008	2010	2011	2012	2012年比2011年增长(%) Increase Rate in 2012 over 2011(%)
工业增加值（亿元）	**Value-added (100 million yuan)**	**1048.69**	**1261.03**	**1656.33**	**1742.74**	**16.10**
石化工业	Petrochemical Industry	291.34	416.42	560.08	559.90	3.30
有色工业	Ferrous Industry	214.75	188.79	265.93	316.14	31.80
电力工业	Power Industry	138.74	155.38	214.69	167.52	8.50
冶金工业	Metallurgical Industry	155.59	141.83	210.70	191.25	14.40
机械工业	Machinery Industry	76.48	120.45	107.83	123.92	15.50
食品工业	Food Industry	101.72	140.76	171.32	217.50	17.00
煤炭工业	Coal Industry	70.07	97.40	125.78	166.51	15.50
占全省比重（%）	**Proportion to Total Industry in Gansu(%)**	89.32	91.62	92.90	90.23	

14-13 全部独立核算“三资”工业企业主要财务指标（2012）

Main Indicators on Economics Benefit of Foreign-funded Industrial Enterprises(2012)

单位：万元 (10 000 yuan)

类 别	Item	企业单位数（个）Number of Enterprises (unit)	全部从业人员年平均人数（万人）All the Average Number of Employees (10 000 persons)	工业总产值 Gross Output Value	年末资产总计 Total Assets at Year-end
总 计	**Total**	45	1.28	1195537	2186197
港、澳、台商投资企业	Investment Enterprises from Hong Kong, Macao and Taiwan	17	0.45	277607	701394
合资经营企业（港或澳、台资）	Joint Venture (with Hong Kong, Macao and Taiwan)	10	0.32	221974	574736
港澳台商独资经营企业	Enterprises with Sole Investment	5	0.09	41145	99884
港澳台商投资股份有限公司	Share-holding Corporations Ltd.	2	0.03	14488	26774
外商投资企业	Foreign Funded Enterprises	28	0.83	917930	1484803
中外合资经营企业	Joint-venture Enterprises	22	0.57	678175	1323983
中外合作经营企业	Cooperation Enterprises	1	0.04	85396	18305
外资企业	Enterprises with Sole Funds	5	0.22	154360	142515
外商投资股份有限公司	Share-holding Corporations Ltd.				
在总计中：	In Total				
轻工业	Light Industry	23	0.85	643080	711159
重工业	Heavy Industry	22	0.43	552457	1475037
在总计中：	In Total				
大型企业	Large Enterprises	2	0.24	214865	354413
中型企业	Medium-size Enterprises	9	0.66	524087	542480
小型企业	Small Enterprises	34	0.38	456586	1289304
按行业分	**By Sector**				
煤炭开采和洗选业	Mining and Washing of Coal				
石油和天然气开采业	Extraction of Petroleum and Natural Gas				
黑色金属矿采选业	Mining and Processing of Ferrous Metal Ores				
有色金属矿采选业	Mining and Processing of Non-Ferrous Metal Ores				
非金属矿采选业	Mining and Processing of Nonmetal Ores				
开采辅助活动	Ancillary Activities of Mining				
其他采矿业	Mining of Other Ores				
农副食品加工业	Processing of Food from Agricultural Products	10	0.15	164736	186754
食品制造业	Manufacture of Foods				
酒、饮料和精茶制造业	Manufacture of Liquor, Beverages and Refined Tea	9	0.46	427533	274881
烟草制品业	Manufacture of Tobacco				
纺织业	Manufacture of Textile				
纺织服装、服饰业	Manufacture of Textile, Apparel and Accessories				
皮革、毛皮、羽毛（绒）及其制品和制鞋业	Manufacture of Leather, Fur, Feather and Related Products and Shoes				

14–13 续表 1 continued

单位：万元

(10 000 yuan)

类　别	Item	企业单位数（个）Number of Enterprises (unit)	全部从业人员年平均人数（万人）All the Average Number of Employees (10 000 persons)	工业总产值 Gross Output Value	年末资产总计 Total Assets at Year-end
木材加工及木、竹、藤、棕、草制品业	Processing of Timber, Manufacture of Wood, Bamboo, Rattan, Palm and Straw Products				
家具制造业	Manufacture of Furniture				
造纸及纸制品业	Manufacture of Paper and Paper Products				
印刷业和记录媒介复制业	Printing, Reproduction of Recording Media	1		3220	2897
文教、工美、体育和娱乐用品制造业	Manufacture of Articles for Culture, Education and Sport Activities				
石油加工、炼焦及核燃料加工业	Processing of Petroleum, Coking, Processing of Nuclear Fuel				
化学原料及化学制品制造业	Manufacture of Raw Chemical Materials and Chemical Products	4	0.10	165896	90141
医药制造业	Manufacture of Medicines	1		3198	4121
化学纤维制造业	Manufacture of Chemical Fibers				
橡胶和塑料制品业	Manufacture of Rubber and Plastic	3	0.03	29061	40532
非金属矿物制品业	Manufacture of Non-metallic Mineral Products				
黑色金属冶炼及压延加工业	Smelting and Pressing of Ferrous Metals				
有色金属冶炼及压延加工业	Smelting and Pressing of Non-ferrous Metals				
金属制品业	Manufacture of Metal Products				
通用设备制造业	Manufacture of General Purpose Machinery	1	0.03	30600	23289
专用设备制造业	Manufacture of Special Purpose Machinery	2	0.06	14600	32477
汽车制造业	Manufacture of Automobile	1	0.04	44763	11977
铁路、船舶、航空航天和其他运输设备制造业	Manufacture of Railway Equipment, Ships, Aerospace Equipment and Other Transport Equipment				
电气机械及器材制造业	Manufacture of Electrical Machinery and Equipment				
计算机、通讯和其他电子设备制造业	Manufacture of Computers,Communicationt and Other Electronic Equipment				
仪器仪表制造业	Manufacture of Measuring Instruments	1	0.03	4067	3418
其他制造业	Other Manufacturing				
废弃资源综合利用业	Recycling and Disposal of Waste				
金属制品、机械和设备修理业	Repair Industry of Metal Products, Machinery and Equipment				
电力、热力生产和供应业	Production and Supply of Electric Power and Heat Power	11	0.14	268559	1294666
燃气生产和供应业	Production and Supply of Gas				
水的生产和供应业	Production and Supply of Water	1	0.22	39303	221044

14-13 续表 2 continued

单位：万元 (10 000 yuan)

类 别	Item	年末负债合计 Total Liabilities at Year-end	主营业务收入 Revenue from Principal Business	利税总额 Total Profits and Taxes	税金总额 Total Taxes
总 计	**Total**	1095829	962906	72195	63443
港、澳、台商投资企业	Investment Enterprises from Hong Kong, Macao and Taiwan	316783	244471	19998	11847
合资经营企业（港或澳、台资）	Joint Venture (with Hong Kong, Macao and Taiwan)	238602	192838	16435	7988
港澳台商独资经营企业	Enterprises with Sole Investment	63247	38501	2856	2488
港澳台商投资股份有限公司	Share-holding Corporations Ltd.	14933	13133	707	1371
外商投资企业	Foreign Funded Enterprises	779047	718435	52197	51596
中外合资经营企业	Joint-venture Enterprises	702114	472579	34104	36242
中外合作经营企业	Cooperation Enterprises	7709	92989	5234	1373
外资企业	Enterprises with Sole Funds	69224	152866	12859	13982
外商投资股份有限公司	Share-holding Corporations Ltd.				
在总计中：	In Total				
轻工业	Light Industry	268994	504397	44698	38132
重工业	Heavy Industry	826835	458509	27497	25311
在总计中：	In Total				
大型企业	Large Enterprises	181837	191488	1761.7	20807
中型企业	Medium-size Enterprises	167921	414281	34988	26364
小型企业	Small Enterprises	746071	357137	35446	16272
按行业分	**By Sector**				
煤炭开采和洗选业	Mining and Washing of Coal				
石油和天然气开采业	Extraction of Petroleum and Natural Gas				
黑色金属矿采选业	Mining and Processing of Ferrous Metal Ores				
有色金属矿采选业	Mining and Processing of Non-Ferrous Metal Ores				
非金属矿采选业	Mining and Processing of Nonmetal Ores				
开采辅助活动	Ancillary Activities of Mining				
其他采矿业	Mining of Other Ores				
农副食品加工业	Processing of Food from Agricultural Products	108138	154199	9810	5390
食品制造业	Manufacture of Foods				
酒、饮料和精茶制造业	Manufacture of Liquor, Beverages and Refined Tea	111519	302165	26947	27872
烟草制品业	Manufacture of Tobacco				
纺织业	Manufacture of Textile				
纺织服装、服饰业	Manufacture of Textile, Apparel and Accessories				
皮革、毛皮、羽毛（绒）及其制品和制鞋业	Manufacture of Leather, Fur, Feather and Related Products and Shoes				

14-13 续表 3 continued

单位：万元 (10 000 yuan)

类 别	Item	年末负债合计 Total Liabilities at Year-end	主营业务收入 Revenue from Principal Business	利税总额 Total Profits and Taxes	税金总额 Total Taxes
木材加工及木、竹、藤、棕、草制品业	Processing of Timber, Manufacture of Wood, Bamboo, Rattan, Palm and Straw Products				
家具制造业	Manufacture of Furniture				
造纸及纸制品业	Manufacture of Paper and Paper Products				
印刷业和记录媒介复制业	Printing, Reproduction of Recording Media	2571	1159		
文教、工美、体育和娱乐用品制造业	Manufacture of Articles for Culture, Education and Sport Activities				
石油加工、炼焦及核燃料加工业	Processing of Petroleum, Coking, Processing of Nuclear Fuel				
化学原料及化学制品制造业	Manufacture of Raw Chemical Materials and Chemical Products	12145	141444	2550	4950
医药制造业	Manufacture of Medicines	1214	2481	274	143
化学纤维制造业	Manufacture of Chemical Fibers				
橡胶和塑料制品业	Manufacture of Rubber and Plastic	24104	28927	1250	500
非金属矿物制品业	Manufacture of Non-metallic Mineral Products				
黑色金属冶炼及压延加工业	Smelting and Pressing of Ferrous Metals				
有色金属冶炼及压延加工业	Smelting and Pressing of Non-ferrous Metals				
金属制品业	Manufacture of Metal Products				
通用设备制造业	Manufacture of General Purpose Machinery	7713	29774	8121	3497
专用设备制造业	Manufacture of Special Purpose Machinery	14701	12400	1383	936
汽车制造业	Manufacture of Automobile	8740	14984		415
铁路、船舶、航空航天和其他运输设备制造业	Manufacture of Railway Equipment, Ships, Aerospace Equipment and Other Transport Equipment				
电气机械及器材制造业	Manufacture of Electrical Machinery and Equipment				
计算机、通讯和其他电子设备制造业	Manufacture of Computers,Communicationt and Other Electronic Equipment				
仪器仪表制造业	Manufacture of Measuring Instruments	550	3580	-13	239
其他制造业	Other Manufacturing				
废弃资源综合利用业	Recycling and Disposal of Waste				
金属制品、机械和设备修理业	Repair Industry of Metal Products, Machinery and Equipment				
电力、热力生产和供应业	Production and Supply of Electric Power and Heat Power	777407	232489	15309	15142
燃气生产和供应业	Production and Supply of Gas				
水的生产和供应业	Production and Supply of Water	27028	39303	7209	4359

14-14 各地区规模以上工业企业主要经济指标（2012）
Main Economic Indicators of Industrial Enterprises above Designated Size by Region(2012)

单位：亿元 (100 million yuan)

指 标	Item	兰州市 Lanzhou	嘉峪关市 Jiayuguan	金昌市 Jinchang	白银市 Baiyin	天水市 Tianshui
企业单位数（个）	Number of Enterprises (unit)	378	39	56	164	134
亏损企业	Loss-making Enterprises	108	18	19	53	23
工业总产值（当年价格）	Gross Output Value (At Current Prices)	2311.00	688.66	706.34	607.32	182.88
按登记注册类型分	Grouped by Registration Categories					
内 资	Domestic Funded Enterprises	2239.60	688.66	706.34	583.44	177.84
港澳台商投资企业	Enterprises with Investment from Hong Kong ,Macao and Taiwan	19.19			1.44	0.79
外商投资企业	Enterprises with Investment from Foreign	52.21			22.44	4.25
按轻重工业分	Grouped by Light and Heavy Industries					
轻工业	Light Industry	270.86	6.61	8.01	41.30	37.21
重工业	Heavy Industry	2040.14	682.05	698.34	566.02	145.66
按企业规模分	Grouped by Size of Enterprises					
大型企业	Large Enterprises	1711.53	612.92	654.52	420.57	59.25
中型企业	Medium-size Enterprises	342.18	54.34	26.30	25.37	60.43
小型企业	Small Enterprises	257.29	21.41	25.53	161.38	63.19
工业销售产值（当年价格）	Sales Value of Industry Products (At Current Prices)	2205.78	660.76	693.91	562.03	171.73
#出口交货值	Delivery Value for Export	19.20	2.02	14.19	3.44	14.96
全部从业人员年平均人数（人）	Average Annual Employed Persons (person)	190363	45301	49679	74754	41334
年末资产总计	Total Assets (Year-end)	2260.38	1330.27	1282.64	873.40	252.90
流动资产合计	Total Current Assets	931.83	537.92	617.45	375.36	123.39
#存 货	Stock	385.27	186.36	413.03	158.82	39.43
#产成品	Finished Product	83.00	48.34	163.18	75.75	12.99
固定资产合计	Total Fixed Assets	1107.33	431.74	360.81	296.20	87.50
固定资产原价合计	Total Original Value of Fixed Assets	1602.34	709.64	486.67	444.36	145.21
累计折旧	Accumulative Total Depreciation	635.85	278.35	140.86	162.65	68.16
年末负债合计	Total Liabilities at Year-end	1448.56	901.39	747.83	560.76	154.16
#流动负债	Total Liquid Liabilities	1007.46	607.02	422.71	392.42	108.79
长期负债	Long-term Liabilities	420.42	294.19	325.07	164.90	30.46
年末所有者权益	Creditors'Equity at Year-end	809.29	428.83	534.71	307.51	95.02
实收资本	Actural Capital	529.32	151.81	266.97	148.57	54.13
主营业务收入	Revenue from Principal Business	2079.25	1096.22	1719.58	692.15	156.39
#主营业务成本	Cost of Principal Business	1780.24	994.83	1622.07	626.25	129.68
主营业务税金及附加	Taxes and Extra Charges from Principal Business	158.17	3.62	2.88	4.64	0.86
其他业务利润	Other Bussiness Profits	2.65	4.44	0.94	1.63	0.71
管理费用	Management Expenses	88.38	44.47	44.32	22.72	11.76
#税 金	Tax	2.85	2.10	2.47	1.44	0.61
利润总额	Total Profits	-22.67	13.88	19.91	21.03	3.63
利税总额	Total Profits and Taxes	202.57	32.99	42.60	45.99	8.90
税金总额	Total Taxes	236.18	24.57	26.09	30.42	6.71
工业企业本年应交增值税	Value-added Tax Payable	66.50	15.49	19.80	20.20	4.39

14-14 续表 1 continued

单位：亿元 (100 million yuan)

指　标	Item	武威市 Wuwei	张掖市 Jiuquan	平凉市 Pingliang	酒泉市 Jiuquan	庆阳市 Qingyang
企业单位数（个）	Number of Enterprises (unit)	146	158	112	241	84
亏损企业	Loss-making Enterprises	47	42	24	85	6
工业总产值（当年价格）	Gross Output Value (At Current Prices)	315.02	199.55	265.29	697.70	765.97
按登记注册类型分	Grouped by Registration Categories					
内　资	Domestic Funded Enterprises	312.06	196.59	265.29	687.79	763.82
港澳台商投资企业	Enterprises with Investment from Hong Kong ,Macao and Taiwan	2.96			2.57	
外商投资企业	Enterprises with Investment from Foreign		2.96		7.34	2.15
按轻重工业分	Grouped by Light and Heavy Industries					
轻工业	Light Industry	213.95	96.52	33.96	84.41	28.33
重工业	Heavy Industry	101.07	103.04	231.33	613.28	737.64
按企业规模分	Grouped by Size of Enterprises					
大型企业	Large Enterprises	43.71	8.40	105.49	210.17	691.16
中型企业	Medium-size Enterprises	115.70	53.37	106.63	66.87	16.91
小型企业	Small Enterprises	155.61	137.79	53.16	420.65	57.91
工业销售产值（当年价格）	Sales Value of Industry Products (At Current Prices)	273.45	174.96	219.91	576.50	746.89
#出口交货值	Delivery Value for Export	3.03	1.03	0.02	1.37	2.73
全部从业人员年平均人数(人)	Average Annual Employed Persons (person)	30684	23920	46550	44289	42680
年末资产总计	Total Assets (Year-end)	246.24	238.31	377.40	1117.79	614.98
流动资产合计	Total Current Assets	97.25	101.96	103.74	367.69	158.29
#存　货	Stock	33.21	45.96	25.50	93.91	21.70
#产成品	Finished Product	17.56	34.21	11.94	27.44	8.33
固定资产合计	Total Fixed Assets	83.45	110.02	230.70	615.33	444.48
固定资产原价合计	Total Original Value of Fixed Assets	220.82	170.72	364.04	1046.76	514.73
累计折旧	Accumulative Total Depreciation	152.92	70.74	143.90	456.35	72.30
年末负债合计	Total Liabilities at Year-end	134.88	147.85	260.05	707.43	296.16
#流动负债	Total Liquid Liabilities	81.02	90.49	159.23	331.99	237.60
长期负债	Long-term Liabilities	39.42	38.07	95.81	297.36	54.45
年末所有者权益	Owners' Equity at Year-end	110.26	89.18	116.29	406.81	318.32
实收资本	Actural Capital	53.82	54.31	60.91	267.67	153.99
主营业务收入	Revenue from Principal Business	211.33	152.05	207.31	527.10	696.52
#主营业务成本	Cost of Principal Business	173.46	123.88	163.05	420.07	369.55
主营业务税金及附加	Taxes and Extra Charges from Principal Business	1.07	1.06	2.45	23.01	60.91
其他业务利润	Other Bussiness Profits	0.36	0.11	0.03	0.25	0.04
管理费用	Management Expenses	5.28	6.64	13.82	19.40	13.87
#税　金	Taxes	0.29	0.34	0.79	0.76	2.51
利润总额	Total Profits	5.12	9.48	10.10	17.05	180.64
利税总额	Total Profits and Taxes	9.57	16.01	28.11	51.91	284.99
税金总额	Total Taxes	5.75	8.20	21.77	37.56	131.01
工业企业本年应交增值税	Value-added Tax Payable	3.32	5.47	15.40	11.84	41.70

14-14 续表 2 continued

单位：亿元 (100 million yuan)

指 标	Item	定西市 Dingxi	陇南市 Longnan	临夏州 Linxia	甘南州 Gannan
企业单位数（个）	Number of Enterprises (unit)	80	74	46	23
亏损企业	Loss-making Enterprises	15	13	9	5
工业总产值（当年价格）	Gross Output Value (At Current Prices)	92.81	98.82	74.28	33.23
按登记注册类型分	Grouped by Registration Categories				
内 资	Domestic Funded Enterprises	92.23	98.82	73.62	33.23
港澳台商投资企业	Enterprises with Investment from Hong Kong ,Macao and Taiwan	0.15		0.66	
外商投资企业	Enterprises with Investment from Foreign	0.43			
按轻重工业分	Grouped by Light and Heavy Industries				
轻工业	Light Industry	42.02	19.60	22.09	5.70
重工业	Heavy Industry	50.79	79.23	52.19	27.53
按企业规模分	Grouped by Size of Enterprises				
大型企业	Large Enterprises	7.46	25.23	26.39	0.00
中型企业	Medium-size Enterprises	18.92	27.77	19.11	15.84
小型企业	Small Enterprises	66.44	45.82	28.79	17.39
工业销售产值（当年价格）	Sales Value of Industry Products (At Current Prices)	83.01	83.87	72.96	30.20
#出口交货值	Delivery Value for Export			1.27	0.86
全部从业人员年平均人数（人）	Average Annual Employed Persons (person)	13202	16986	11265	3830
年末资产总计	Total Assets (Year-end)	131.23	224.78	113.19	82.51
流动资产合计	Total Current Assets	48.99	73.28	34.49	19.63
#存 货	Stock	16.49	24.29	14.23	2.76
#产成品	Finished Product	9.17	12.83	3.72	1.26
固定资产合计	Total Fixed Assets	70.20	85.75	66.64	58.50
固定资产原价合计	Total Original Value of Fixed Assets	82.24	104.57	98.75	70.62
累计折旧	Accumulative Total Depreciation	20.57	26.00	39.92	13.76
年末负债合计	Total Liabilities at Year-end	84.81	128.58	72.13	57.36
#流动负债	Total Liquid Liabilities	44.54	71.62	33.53	24.06
长期负债	Long-term Liabilities	33.03	31.62	37.02	31.95
年末所有者权益	Owners' Equity at Year-end	46.27	94.90	41.04	25.14
实收资本	Actural Capital	27.59	56.39	26.69	14.97
主营业务收入	Revenue from Principal Business	79.03	76.15	64.75	29.45
#主营业务成本	Cost of Principal Business	67.40	49.86	54.21	17.09
主营业务税金及附加	Taxes and Extra Charges from Principal Business	0.20	2.55	0.35	0.14
其他业务利润	Other Bussiness Profits	0.06	0.47	0.02	
管理费用	Management Expenses	2.61	5.57	3.35	2.42
#税 金	Taxes	0.25	0.18	0.09	0.40
利润总额	Total Profits	2.24	10.87	6.59	7.36
利税总额	Total Profits and Taxes	3.66	18.45	9.51	9.03
税金总额	Total Taxes	1.88	9.34	3.78	3.57
工业企业本年应交增值税	Value-added Tax Payable	1.22	5.00	2.57	1.50

14-15 各地区规模以上工业增加值及效益指标（2012）
Value-added of Industry and Main Indicators on Economic Benefit of Industrial Enterprises above Designated Size by Region(2012)

地 区	Region	工业增加值（亿元）Value-added of Industry (100 million yuan)	工业增加值指数（可比价）（上年=100）Indices of Value-added of Industry (At Comparable Prices) (preceding year=100)	总资产贡献率（%）Ratio of Profits,Taxes and Interests to Average Assets (%)	资产负债率（%）Ratio of Debts to Assets (%)	流动资产周转次数（次/年）Turnover of Current Assets (time/year)	工业成本费用利润率（%）Ratio of Profits to Total Industrial Costs (%)	产品销售率（%）Sales Ratio of Products (%)
兰州市	Lanzhou	538.15	111.5	10.51	64.08	2.28	-1.12	95.45
嘉峪关市	Jiayuguan	168.95	119.5	4.71	67.76	2.13	1.22	95.95
金昌市	Jinchang	159.27	120.3	4.75	58.30	2.81	1.17	98.24
白银市	Baiyin	192.60	119.6	6.94	64.20	1.87	3.08	92.54
天水市	Tianshui	88.30	117.8	5.52	60.96	1.29	2.34	93.90
武威市	Wuwei	88.93	123.6	4.98	54.78	2.18	2.73	86.80
张掖市	Zhangye	59.84	114.4	8.38	62.04	1.50	6.78	87.67
平凉市	Pingliang	107.96	117.0	9.89	68.91	2.06	5.11	82.90
酒泉市	Jiuquan	195.10	123.4	6.17	63.29	1.45	3.62	82.63
庆阳市	Qingyang	281.23	119.0	47.20	48.16	4.43	44.48	97.51
定西市	Dingxi	20.51	123.3	4.83	64.63	1.63	2.97	89.44
陇南市	Longnan	35.30	121.5	9.81	57.20	1.05	17.05	84.86
临夏州	Linxia	15.65	117.8	10.54	63.72	1.90	10.69	98.22
甘南州	Gannan	13.29	115.2	14.49	69.52	1.50	31.13	90.88

14-16 各地区规模以上工业主要工业产品产量（2012）
Output of Major Industrial Products of Industrial Interprises above Designated Size by Region (2012)

地 区	Region	原煤（万吨）Coal (10 000 tons)	天然原油（万吨）Natural Crude Oil (10 000 tons)	原油加工量（万吨）Crude Oil Processing (10 000 tons)	发电量（亿千瓦小时）Electricity (100 million kwh)	粗钢（万吨）Crude Steel (10 000 tons)	钢材（万吨）Rolled Steel (10 000 tons)	水泥（万吨）Cement (10 000 tons)	汽车（辆）Motor Vehicles (set)
兰州市	Lanzhou	716.32	2.65	1002.12	203.73	134.44	212.97	837	24199
嘉峪关市	Jiayuguan				66.54	675.72	654.24	170	
金昌市	Jinchang				48.00			200	
白银市	Baiyin	1299.52			172.02		9.90	500	
天水市	Tianshui				22.78		2.02	380	
武威市	Wuwei	503.89			2.81		0.80	86	
张掖市	Zhangye	69.15			59.04			210	
平凉市	Pingliang	2251.99			193.47		0.90	310	
酒泉市	Jiuquan	37.21	51.00	208.16	133.31			99	
庆阳市	Qingyang		575.87	310.25	2.98			60	
定西市	Dingxi				14.13			256	
陇南市	Longnan				29.02			300	
临夏州	Linxia				111.32		2.20	17	
甘南州	Gannan				24.08			90	

主要指标解释

工业 指从事自然资源的开采，对采掘品和农产品进行加工和再加工的物质生产部门。具体包括：(1) 对自然资源的开采，如采矿、晒盐等(但不包括禽兽捕猎和水产捕捞)；(2) 对农副产品的加工、再加工，如粮油加工、食品加工、缫丝、纺织、制革等；(3) 对采掘品的加工、再加工，如炼铁、炼钢、化工生产、石油加工、机器制造、木材加工等，以及电力、自来水、煤气的生产和供应等；(4) 对工业品的修理、翻新，如机器设备的修理、交通运输工具 (如汽车) 的修理等。

独立核算法人工业企业指从事工业生产经营活动的单位。独立核算法人工业企业应同时具备以下条件：①依法成立，有自己的名称、组织机构和场所，能够承担民事责任；②独立拥有和使用资产，承担负债，有权与其他单位签订合同；③独立核算盈亏，并能够编制资产负债表。

国有及国有控股企业 指国有企业加上国有控股企业。国有企业 (即原全民所有制工业或国营工业) 指企业全部资产归国家所有，并按《中华人民共和国企业法人登记管理条例》规定登记注册的非公司制的经济组织。包括国有企业、国有独资公司和国有联营企业。1957 年以前的公私合营和私营工业，后均改造为国营工业，1992 年改为国有工业，这部分工业的资料不单独分列时，均包括在国有企业内。国有控股企业是对混合所有制经济的企业进行的“国有控股”分类。它是指这些企业的全部资产中国有资产 (股份) 相对其他所有者中的任何一个所有者占资 (股) 最多的企业。该分组反映了国有经济控股情况。

轻工业 指主要提供生活消费品和制作手工工具的工业。按其所使用的原料不同，可分为两大类：(1) 以农产品为原料的轻工业，是指直接或间接以农产品为基本原料的轻工业。主要包括食品制造、饮料制造、烟草加工、纺织、缝纫、皮革和毛皮制作、造纸以及印刷等工业；(2) 以非农产品为原料的轻工业，是指以工业品为原料的轻工业。主要包括文教体育用品、化学药品制造、合成纤维制造、日用化学制品、日用玻璃制品、日用金属制品、手工工具制造、医疗器械制造、文化和办公用机械制造等工业。

重工业 指为国民经济各部门提供物质技术基础的主要生产资料的工业。按其生产性质和产品用途，可以分为下列三类：(1) 采掘 (伐) 工业，是指对自然资源的开采，包括石油开采、煤炭开采、金属矿开采、非金属矿开采等工业；(2) 原材料工业，指向国民经济各部门提供基本材料、动力和燃料的工业。包括金属冶炼及加工、炼焦及焦炭、化学、化工原料、水泥、人造板以及电力、石油和煤炭加工等工业；(3) 加工工业，是指对工业原材料进行再加工制造的工业。包括装备国民经济各部门的机械设备制造工业、金属结构、水泥制品等工业，以及为农业提供的生产资料如化肥、农药等工业。

根据上述划分原则，修理业中以重工业产品为修理作业对象的划为重工业，反之划为轻工业。

工业总产值 工业总产值是以货币形式表现的，工业企业在一定时期内生产的工业最终产品或提供工业性劳务活动的总价值量。它反映一定时间内工业生产的总规模和总水平。

工业增加值 指工业企业在报告期内以货币表现的工业生产活动的最终成果。

工业增加值有两种计算方法：一是生产法，即工业总产出减去工业中间投入加上应交增值税；二是收入法，即从收入的角度出发，根据生产要素在生产过程中应得到的收入份额计算，具体构成项目有固定资产折旧、劳动者报酬、生产税净额、营业盈余，这种方法也称要素分配法。本年鉴中的工业增加值是以生产法计算的。

资产总计 指企业拥有或控制的能以货币计量的经济资源，包括各种财产、债权和其他权利。资产按流动性分为流动资产、长期投资、固定资产、无形资产、递延资产和其他资产。该指标根据企业会计“资产负债表”中“资产总计”项目的期末数增列。

流动资产 指企业可以在一年内或者超过一年的一个生产周期内变现或者耗用的资产，包括现金及各种存款、短期投资，应收及预付款项、存货等。

固定资产原价 指企业在建造、购置、安装、改建、扩建、技术改造某项固定资产时所支出的全部货币总额。它一般包括买价、包装费、运杂费和安装费等。

固定资产净值 指固定资产原价减去历年已提折旧额后的净额。计算公式为：

固定资产净值 = 固定资产原价 − 累计折旧

负债合计 指企业所承担的能以货币计量，将以资产或劳务偿付的债务，偿还形式包括货币、资产或提供劳务。负债一般按偿还期长短分为流动负债和长期负债。根据会计“资产负债表”中“负债合计”的年末数填列。

所有者权益合计 指企业投资人对企业净资产的所有权。企业净资产为企业全部资产与企业全部负债的差额，包括实收资本、资本公积、盈余公积、未分配利润等。根据会计"资产负债表"中"所有者权益"项的期末数填列。

主营业务收入 指会计"利润表"中对应指标的本年累计数。未执行2001年《企业会计制度》的企业，用"产品销售收入"的本期累计数代替。

主营业务成本 指会计"利润表"中对应指标的本年累计数。未执行2001年《企业会计制度》的企业，用"产品销售成本"的本期累计数代替。

主营业务税金及附加 指会计"利润表"中对应指标的本年累计数。未执行2001年《企业会计制度》的企业，用"产品销售税金及附加"的本期累计数代替。

利润总额 指企业在生产经营过程中各种收入扣除各种耗费后的盈余，反映企业在报告期内实现的盈亏总额，包括营业利润、补贴收入、投资净收益和营业外收支净额。根据会计"利润表"中的对应指标的本期累计数填列。

本年应交增值税 指企业按税法规定，从事货物销售或提供加工、修理修配劳务等增加货物价值的活动本期应交纳的税金。指企业在报告期应交增值税额。计算公式为：

本年应交增值税 = 销项税额 -（进项税额 - 进项税额转出）- 出口抵减内销产品应纳税额 - 减免税款 + 出口退税

本年进项税额指工业企业在报告期内购入货物或接受应税劳务而支付的、准予从销项税额中抵扣的增值税额。

本年销项税额指工业企业在报告期内销售货物或提供应税劳务应收取的增值税额。

从业人员平均人数 是指报告期内每天拥有的从业人员人数。其计算公式为：

$$月平均人数 = \frac{报告月内每天实有人数之和}{报告月日历日数}$$

$$季平均人数 = \frac{季内各月平均人数之和}{3}$$

$$年平均人数 = \frac{年内各月平均人数之和}{12}$$

总资产贡献率 反映企业全部资产的获利能力，是企业经营业绩和管理水平的集中体现，是评价和考核企业盈利能力的核心指标。计算公式为：

$$总资产贡献率（\%）= \frac{利润总额 + 税金总额 + 利息支出}{平均资金总额} \times 100\%$$

公式中：税金总额为产品销售税金及附加与应交增值税之和；平均资产总额为期初期末资产之和的算术平均值。

资产负债率 该指标既反映企业经营风险的大小，也反映企业利用债权人提供的资金从事经营活动的能力。计算公式为：

$$资产负债率（\%）= \frac{负债总额}{资产总额} \times 100\%$$

资产与负债均为报告期期末数。

流动资产周转次数 指一定时期内流动资产完成的周转次数，反映投入工业企业流动资金的周转速度。计算公式为：

$$流动资产周转次数 = \frac{产品销售收入}{全部流动资产平均余额}$$

公式中：全部流动资产平均余额为期初和期末的流动资产之和的算术平均值。

成本费用利润率 反映企业投入的生产成本及费用的经济效益，同时也反映企业降低成本所取得的经济效益。计算公式为：

$$成本费用利润率（\%）= \frac{利润总额成本}{费用总额} \times 100\%$$

公式中：成本费用总额为产品销售成本、销售费用、管理费用、财务费用之和。

产品销售率 该指标反映工业产品已实现销售的程度，是分析工业产销衔接情况，研究工业产品满足社会需求的指标。计算公式为：

$$产品销售率（\%）= \frac{工业销售产值}{工业总产值（现价）} \times 100\%$$

15

建筑业

Construction

简要说明

一、本篇资料主要内容

本篇资料反映甘肃省建筑业概况和发展情况。主要包括建筑业企业基本情况和生产经营情况，主要指标有企业个数、从业人员数、建筑业总产值、房屋建筑面积、利润、税金、劳动生产率、主要建筑材料消耗量等。

二、本篇资料的统计范围

建筑业统计范围为辖区内具有建筑业资质的所有独立核算建筑业企业及所属的产业活动单位。

三、本篇资料来源

本篇资料由省统计局固定资产投资处根据国家统计局制定的《建筑业统计报表制度》整理、汇总。

15-1 建筑业企业概况
Main Indicators on Construction Enterprises

年 份 Year	总 计 Total	国有企业 State-owned	集体企业 Collective-owned	其 他 Others
企业单位数（个） **Number of Enterprises(unit)**				
2005	933	148	156	629
2006	951	145	150	656
2007	930	134	147	649
2008	926	111	114	701
2009	919	101	110	708
2010	890	101	98	691
2011	908	92	97	719
2012	1215	103	105	1007
从业人员（万人） **Number of Persons Employed (10 000 persons)**				
2005	42.77	9.25	9.04	24.48
2006	43.67	8.51	9.53	25.63
2007	43.88	7.32	9.40	27.16
2008	42.03	5.66	5.39	30.97
2009	44.98	5.35	5.67	33.97
2010	45.76	6.36	4.86	34.55
2011	46.00	7.31	5.60	33.08
2012	56.26	7.49	5.81	42.96
建筑业总产值（万元） **Gross Output Value (10 000 yuan)**				
2005	3141700	1169235	376213	1596252
2006	3443287	1103154	486291	1853842
2007	4369039	974710	662602	2731727
2008	4812744	900868	529097	3382779
2009	5798859	987574	508935	4302350
2010	7519879	1303237	580351	5636292
2011	9256772	2262570	744144	6250058
2012	13722823	3221873	1086236	9414714

注：指标口径为资质以上建筑业企业。

a)Data in this table included construction enterprises over qualification grades.

15-2 建筑业企业主要经济指标（2012）

指 标	Item	合 计 Total Enterprises	内资企业 Domestic Funded
企业单位数（个）	Number of Construction Enterprises (unit)	1215	1213
从业人员（万人）	Number of Employed Persons (10 000 persons)	56.26	56.26
年末自有施工机械设备总台数（万台）	Number of Machinery and Equipment Owned at Year-end (10 000 sets)	21.58	21.58
年末自有施工机械设备净值（万元）	Net Value of Machinery and Equipment Owned at Year-end (10 000 yuan)	592348	592348
年末自有施工机械设备总功率（万千瓦）	Total Power of Machinery and Equipment Owned at Year-end (10 000 kw)	270	270
建筑业总产值（万元）	Gross Output Value of Construction (10 000 yuan)	13722823	13722444
建筑业增加值（万元）	Value Added of Construction (10 000 yuan)	5298537	5298391
劳动生产率（元/人）	Overall Labor Productivity (yuan/person)		
按总产值计算	In Terms of Gross Output Value	261487	261481
按增加值计算	In Terms of Value-added	100963	100961
主营业务收入（万元）	Revenue from Project Settlement Accounts(10 000 yuan)	13070992	13070649
主营业务成本（万元）	Cost of Project Settlement Accounts(10 000 yuan)	11374398	11374202
主营业务税金及附加（万元）	Taxes and Extra Charges on Project Settlement Accounts(10 000 yuan)	439194	439182
营业利润（万元）	Operating Profits(10 000 yuan)	495199	495172
管理费用中的税金（万元）	Taxes in Management Expenses (10 000 yuan)	35991	35979
房屋建筑施工面积（万平方米）	Floor Space of Buildings under Construction (10 000 sq.m)	8180	8178
房屋建筑竣工面积（万平方米）	Floor Space of Buildings Completed (10 000 sq.m)	3258	3256
#住　宅（万平方米）	Residential Buildings	2180	2178
利润总额（万元）	Total Profits (10 000 yuan)	484582	484555
税金总额（万元）	Total Tax (10 000 yuan)	622884	622854
技术装备率（元/人）	Value of Machines per Laborer (yuan/person)	11287	11287
动力装备率（千瓦/人）	Power of Machines per Laborer (kw/person)	5.15	5.15
房屋建筑面积竣工率（%）	Rat of Floor Space of Buildings Completed (%)	39.83	39.81
产值利润率（%）	Ratio of Profit to Gross Output Value (%)	3.53	3.53
产值利税率（%）	Ratio of Pre-tax Profit to Gross Output Value (%)	8.07	8.07

Main Economic Indicators on Construction Enterprises(2012)

国有企业 State-owned	集体企业 Collective-owned	股份合作企业 Cooperative Enterprises	联营企业 Joint Owned	有限责任公司 Limited-liability Company	股份有限公司 Share Holding Company with Limited Liabilities	私营企业 Private Enterprises	其他企业 Others	港、澳、台商投资企业 Funded from Hong Kong,Macao and Taiwan	外商投资企业 Foreign Funded
103	105	10	5	491	54	424	21	1	1
7.49	5.81	0.71	0.03	23.91	4.10	13.62	0.59		
1.54	2.35	0.91		12.18	0.71	3.87	0.02		
95933	57652	7693	136	284196	23159	122866	713		
44	28	6		95	48	49	1		
3221873	1086236	135957	13704	5787504	1184612	2225990	66568	378	
1244001	419408	52495	5291	2234621	457392	859480	25703	146	
513880	191239	259164	563967	252010	296509	178622	119212	945500	
198415	73839	100066	217754	97304	114485	68968	46029	365068	
3327299	1001389	135166	10631	5419879	1112683	1989187	74417	343	
3004840	860788	106361	9497	4714315	992234	1624660	61507	196	
98639	36210	7239	356	183649	38088	72538	2463	12	
31124	40909	8477	291	231138	35223	143810	4200	27	
1905	4795	3269	217	13797	1632	9297	1069	12	
1715	680	82	4	3206	1089	1369	33	2	
515	379	49	3	1240	343	721	6	2	
305	277	36	1	783	275	499	2	1	
32183	39889	5466	249	226482	36459	139739	4089	27	
157980	50446	12316	648	251860	42538	102824	4243	30	
15301	10150	14665	5605	12375	5797	9859	1277		
7.08	4.88	11.54	0.35	4.13	12.02	3.90	1.14		
30.01	55.72	59.92	71.79	38.69	31.53	52.63	19.06	100.00	
1.00	3.67	4.02	1.81	3.91	3.08	6.28	6.14	7.06	
5.90	8.32	13.08	6.55	8.27	6.67	10.90	12.52	15.04	

15-3 建筑施工企业主要财务指标（2012）

单位：万元

项 目	Item	资产总计 Total Assets	# 流动资产 Circulating Funds	# 固定资产 Fixed Assets
甘肃省	**Gansu**	**11451854**	**8503803**	**2021094**
按企业登记注册类型分	**By Type of Enterprises Registered**			
内资企业	Domestic Funded Enterprises	11450672	8502633	2021082
国有企业	State-owned Enterprises	3568923	2784402	425508
集体企业	Collective-owned Enterprises	565735	383278	148258
股份合作企业	Cooperative Enterprises	288954	235312	26348
联营企业	Joint Owned Enterprises	17630	12854	2348
有限责任公司	Limited-liability Company	4461607	3266920	872056
股份有限公司	Share Holding Company	789519	614756	118673
私营企业	Private Enterprises	1661317	1120710	419924
其他企业	Others	96987	84400	7968
港、澳、台商投资企业	Enterprises with Investment from Hong Kong ,Macao and Taiwan	1182	1170	12
外商投资企业	Foreign Funded Enterprises			
按行业类别分	**By Sector**			
房屋建筑业	House Building	6440787	4638764	1378945
土木工程建筑业	Civil Engineering	3982376	3121316	503201
建筑安装业	Construction Installation	717495	501347	98521
建筑装饰和其他建筑业	Construction Decoration and Other Construction	311197	242377	40427
按隶属关系分	**By Administrative Relationship**			
中 央	Central	2412511	2042591	145461
地 方	Local	9039343	6461212	1875632
#市 属	City Owned	1297863	976421	242608
区县属	District and County	1396111	919736	363642

Main Financial Indicators of Construction Enterprises(2012)

(10 000 yuan)

负债合计 Total Liabilities	流动负债 Liquid Liabilities	非流动负债 Non-current Liabilities	所有者权益 Owners' Equity	实收资本 Paid-in Capitals	营业收入 Business Revenue	主营业务收入 Revenue from Project Settle-ment Accounts	利税总额 Total Pre-tax Profits	利润总额 Total Profits
7499131	**6803871**	**364954**	**3951601**	**2491524**	**13257025**	**13070992**	**1107466**	**484582**
7498276	6803016	364954	3951274	2491224	13256646	13070649	1107409	484555
2953435	2749305	188391	615488	477469	3393646	3327299	190163	32183
372834	288399	7038	192900	145067	1005214	1001389	90335	39889
104100	102480	392	184854	37602	135166	135166	17781	5466
14737	5626		2893	2313	10648	10631	897	249
2729388	2436823	117940	1731097	1055382	5517204	5419879	478342	226482
580381	565691	10697	209138	109517	1119328	1112683	78997	36459
674147	587092	38896	987171	647527	2001004	1989187	242562	139739
69254	67601	1600	27733	16348	74437	74417	8332	4089
856	856		327	300	378	343	57	27
3992102	3568264	163083	2448685	1431369	9267138	9133021	790318	340898
2925259	2731975	161966	1057117	737252	3132731	3086574	232689	100021
451573	412875	24539	264801	181079	617863	613041	49952	25484
130198	90757	15367	180998	141824	239293	238356	34507	18179
2088025	1963694	124328	324486	265091	1515265	1492906	68674	18043
5411106	4840177	240626	3627115	2226433	11741760	11578086	1038792	466539
794987	720301	32065	502877	307638	1539294	1529790	138396	70303
589692	417295	29180	806419	452578	1771505	1761355	244226	121539

15-4 按行业分建筑企业主要指标（2012）
Main Indicators of Construction Enterprises by Sector(2012)

类别	Items	企业数（个）Number of Enterprises (unit)	年末从业人员（万人）Year-end Employed Persons (10 000 persons)	建筑业总产值（万元）Gross Output Value of Construction (10 000 yuan)	#建筑工程 Construction	#安装工程 Installation
甘肃省	**Gansu**	**1215**	**56.26**	**13722823**	**12099390**	**1245930**
房屋工程建筑业	Building Engineering Construction	561	43.33	9933166	8974618	725718
土木工程建筑业	Civil Engineering Construction	284	8.52	2932558	2576396	291320
铁路、道路、隧道和桥梁工程建筑	Railways,Tunnels,Highways and Bridges Buildings	118	3.95	1713016	1627141	55446
水利和港口工程建筑	Water Conservancy and Harbour Buildings	57	1.76	474481	440683	14884
工矿工程建筑	Mining Engineering Buildings	29	1.70	443887	299737	142624
架线和管道工程建筑	Wired and Pipeline Engineering Buildings	49	0.88	251426	167230	75940
其他土木工程建筑	Other Civil Engineering Buildings	31	0.23	49748	41606	2426
建筑安装业	Construction Installation	135	3.12	628106	381016	205416
建筑装饰及其他建筑业	Construction Decoration and Other Construction	235	1.29	228993	167360	23476
建筑装饰业	Construction Decoration	194	0.93	120052	78082	18406
工程准备	Engineering Preparing	13	0.08	20909	11909	
提供施工设备服务	Providing Construction Equipment Services	1		30	30	
其他未列明的建筑活动	Other Unindicated Building Industry	27	0.28	88001	77338	5070

15-4 续表 continued

类别	Items	竣工产值（万元）Output Value of Construction Completed (10 000 yuan)	房屋建筑施工面积（万平方米）Floor Space of Buildings (10 000 sq.m)		年末自有机械设备 Machines Owned Year-end	
			施工面积 Under Construction	竣工面积 Completed	总台数（万台）Number (10 000 units)	总功率（万千瓦）Capacity (10 000kw)
甘肃省	**Gansu**	**7676423**	**8179.58**	**3257.61**	**21.58**	**270.45**
房屋工程建筑业	Building Engineering Construction	6142057	7723.92	3088.14	18.09	162.52
土木工程建筑业	Civil Engineering Construction	1028076	187.12	84.16	2.39	67.13
铁路、道路、隧道和桥梁工程建筑	Railways,Tunnels,Highways and Bridges Buildings	347031	66.67	17.29	0.76	35.52
水利和港口工程建筑	Water Conservancy and Harbour Buildings	345725	30.80	30.80	0.71	9.42
工矿工程建筑	Mining Engineering Buildings	237668	86.71	35.89	0.58	12.72
架线和管道工程建筑	Wired and Pipeline Engineering Buildings	86659	2.12		0.26	6.17
其他土木工程建筑	Other Civil Engineering Buildings	10994	0.82	0.18	0.08	3.30
建筑安装业	Construction Installation	298470	232.56	76.99	0.42	10.00
建筑装饰及其他建筑业	Construction Decoration and Other Construction	207821	35.98	8.31	0.68	30.80
建筑装饰业	Construction Decoration	112574	0.05	0.05	0.60	28.37
工程准备	Engineering Preparing	15032	7.30	6.50	0.02	0.81
提供施工设备服务	Providing Construction Equipment Services					0.09
其他未列明的建筑活动	Other Unindicated Building Industry	80215	28.63	1.76	0.06	1.53

15-5 建筑业材料消耗量（2012）
Consumption of Building Materials(2012)

项　目	Item	钢 材（万吨） Steel (10 000 tons)	木 材（万立方米） Timber (10 000 cu.m)	水 泥（万吨） Cement (10 000 tons)	平板玻璃（万重量箱） Plate Glass (10000 Weight-boxes)	铝 材（万吨） Aluminum (10 000 tons)
甘肃省	**Gansu**	**516.51**	**174.20**	**1584.62**	**166.55**	**68.29**
按行业分	**By Type of Industry**					
房屋工程建筑业	Building Engineering Construction	414.46	137.65	1195.99	129.35	35.39
土木工程建筑业	Civil Engineering Construction	59.29	4.67	319.17	1.34	0.29
铁路、道路、隧道和桥梁工程建筑	Railways,Tunnels,Highways and Bridges Buildings	42.52	1.88	206.53	0.85	0.15
水利和港口工程建筑	Water Conservancy and Harbour Buildings	5.50	0.83	67.98	0.01	0.01
工矿工程建筑	Mining Engineering Buildings	8.92	1.91	37.86	0.15	
架线和管道工程建筑	Wired and Pipeline Engineering Buildings	2.14	0.01	5.10	0.03	0.12
其他土木工程建筑	Other Civil Engineering Buildings	0.22	0.04	1.70	0.30	0.01
建筑安装业	Construction Installation	11.95	1.72	31.33	4.83	5.50
建筑装饰和其他建筑业	Construction Decoration and Other Construction	30.81	30.16	38.13	31.04	27.11
建筑装饰业	Construction Decoration	1.11	3.24	2.04	4.15	0.22
工程准备	Engineering Preparing	1.37	0.01	1.46		
提供施工设备服务	Providing Construction Equipment Services					
其他未列明的建筑活动	Other Unindicated Building Industry	28.33	26.91	34.62	26.89	26.89
按经济类型分	**By Ownership**					
内资企业	Domestic Funded Enterprises	516.48	174.20	1584.62	166.55	68.29
国有企业	State-owned Enterprises	94.73	18.16	283.80	12.70	0.73
集体企业	Collective-owned Enterprises	28.70	21.34	173.89	13.25	4.62
股份合作企业	Cooperative Enterprises	6.44	4.96	14.79	0.49	1.26
联营企业	Joint Owned Enterprises	0.16	0.01	0.86	0.03	
有限责任公司	Companies with Limited Liabilities	243.32	80.95	749.86	77.14	46.45
股份有限公司	Stock-holding Companies with Limited Liabilties	46.55	7.53	87.70	18.04	3.08
私营企业	Private Enterprises	94.50	41.08	267.79	44.69	12.07
其他企业	Others	2.08	0.17	5.93	0.21	0.08
港、澳、台商投资企业	Enterprises with Investment from Hong Kong, Macao and Taiwan Funded	0.03				
外商投资企业	Foreign Funded Enterprises					

15-6 建筑业企业技术装备情况
Number and Power of Machinery and Equipment Owned by Construction Enterprises

年 份 Year	自有施工机械设备年末总台数(万台) Number of Machinery and Equipment Owned (10 000 sets)	自有施工机械设备年末总功率(万千瓦) Total Power of Machinery and Equipment Owned(10 000 kw)	自有施工机械设备年末净值(万元) Net Value of Machinery and Equipment Owned (10 000 yuan)	技术装备率(元/人) Value of Machines per Laborer (yuan/person)	动力装备率(千瓦/人) Power of Machines per Laborer (kw/person)
2005	24.00	253.63	385705	9018	5.93
2006	17.00	236.78	400659	9175	5.42
2007	15.00	284.42	355076	8090	6.48
2008	16.00	1150.88	483711	10431	24.82
2009	16.15	847.65	389722	8664	18.84
2010	14.86	246.83	357595	7814	5.39
2011	13.14	219.65	476802	9465	4.36
2012	21.58	270.45	592348	11287	5.15

15-7 建筑业房屋建筑面积
Floor Space of Buildings Constructed by Construction Enterprises

单位：万平方米　　　　(10 000 sq.m)

年 份 Year	房屋建筑面积 Floor Space of Buildings		#国 有 State-owned		#集 体 Collective-owned	
	施工面积 Floor Space under Construction	竣工面积 Floor Space Completed	施工面积 Floor Space under Construction	竣工面积 Floor Space Completed	施工面积 Floor Space under Construction	竣工面积 Floor Space Completed
2005	3008	1455	636	262	583	305
2006	3314	1638	805	311	557	363
2007	3788	1473	838	237	589	270
2008	3791	1843	486	185	424	220
2009	4178	1724	598	215	509	224
2010	5033	2014	805	230	471	257
2011	5925	2410	1419	382	575	348
2012	8180	3258	1715	515	680	379

15-8 各地县建筑业企业情况（2012）
Basic Conditions of Construction Enterprises by Region ,County (2012)

地 区	Region	建筑业企业单位数（个）Number of Construction Enterprises (unit)	从业人员（人）Number of Employed Persons (person)	建筑业总产值（万元）Gross Output Value of Construction (10 000 yuan)	利税总额（万元）Total Pre-tax Profits (10 000 yuan)
兰州市	**Lanzhou**	**465**	**154153**	**5714900**	**329067**
城关区	Chengguan	330	75929	3323127	215610
七里河区	Qilihe	61	43114	1321493	91277
西固区	Xigu	43	23875	623132	5019
安宁区	Anning	13	5985	357550	10895
红古区	Honggu	7	1574	27855	1085
永登县	Yongdeng	4	870	25351	2066
皋兰县	Gaolan	3	936	8578	430
榆中县	Yuzhong	4	1870	27814	2686
嘉峪关市	**Jiayuguan**	**24**	**8384**	**306076**	**18896**
金昌市	**Jinchang**	**36**	**45782**	**1028868**	**71213**
金川区	Jinchuan	22	43502	976702	65369
永昌县	Yongchang	14	2280	52166	5845
白银市	**Baiyin**	**72**	**34194**	**631926**	**62435**
白银区	Baiyin	38	5566	176128	21973
平川区	Pingchuan	10	11382	207845	12798
靖远县	Jingyuan	3	7379	125761	10892
会宁县	Huining	15	4949	67561	10777
景泰县	Jingtai	6	4918	54632	5995
天水市	**Tianshui**	**90**	**31648**	**627856**	**35458**
秦州区	Qinzhou	47	17887	439490	19375
麦积区	Maiji	13	2963	40130	1378
清水县	Qingshui	1	240	5200	259
秦安县	Qinan	4	1294	15276	1352
甘谷县	Gangu	14	5469	77274	5645
武山县	Wushan	8	3121	33263	6817
张家川县	Zhangjiachuan	3	674	17224	634
武威市	**Wuwei**	**47**	**41501**	**754536**	**83037**
凉州区	Liangzhou	31	29752	493895	47863
民勤县	Minqin	5	4400	71791	13145
古浪县	Gulang	5	2782	86213	6533
天祝县	Tianzhu	6	4567	102637	15496
张掖市	**Zhangye**	**89**	**22868**	**452602**	**64601**

15-8 续表 1 continued

地 区	Region	建筑业企业单位数（个）Number of Construction Enterprises (unit)	从业人员（人）Number of Employed Persons (person)	建筑业总产值（万元）Gross Output Value of Construction (10 000 yuan)	利税总额（万元）Total Pre-tax Profits (10 000 yuan)
甘州区	Ganzhou	58	12576	242497	41254
肃南县	Sunan	2	499	9974	1341
民乐县	Minle	5	975	36674	4943
临泽县	Linze	5	1777	35984	3945
高台县	Gaotai	12	3165	61679	7736
山丹县	Shandan	7	3876	65795	5383
平凉市	**Pingliang**	**49**	**62268**	**846681**	**69856**
崆峒区	Kongtong	22	18392	248298	21243
泾川县	Jingchuan	5	4018	70520	10412
灵台县	Lingtai	2	4020	47590	10760
崇信县	Chongxin	3	2845	41058	4326
华亭县	Huating	3	4040	67553	5182
庄浪县	Zhuanglang	6	9267	136605	8068
静宁县	Jingning	8	19686	235057	9864
酒泉市	**Jiuquan**	**68**	**25042**	**1131351**	**130044**
肃州区	Suzhou	37	10186	252372	24674
金塔县	Jinta	7	6815	95945	9462
瓜州县	Anxi	4	1692	249562	43745
肃北县	Subei				
阿克塞县	Akesai	2	960	10612	988
玉门市	Yumen	9	5058	281756	40982
敦煌市	Dunhuang	9	331	241105	10193
庆阳市	**Qingyang**	**69**	**36882**	**791191**	**98346**
西峰区	Xifeng	44	17286	396396	29041
庆城县	Qingcheng	8	5173	109583	14827
环 县	Huanxian	3	2265	25958	1318
华池县	Huachi	5	1415	90467	12988
合水县	Heshui	1	560	4230	2322
正宁县	Zhengning	1	1380	14939	1434
宁 县	Ningxian	5	6907	141710	35922
镇原县	Zhenyuan	2	1896	7910	494
定西市	**Dingxi**	**61**	**46009**	**739735**	**64710**
安定区	Anding	25	14496	215845	18525
通渭县	Tongwei	6	4655	96924	7854

15-8 续表 2 continued

地 区	Region	建筑业企业单位数（个）Number of Construction Enterprises (unit)	从业人员（人）Number of Employed Persons (person)	建筑业总产值（万元）Gross Output Value of Construction (10 000 yuan)	利税总额（万元）Total Pre-tax Profits (10 000 yuan)
陇西县	Longxi	7	5468	68522	5991
渭源县	Weiyuan	3	1249	16379	2684
临洮县	Lintao	13	17465	318122	27833
漳 县	Zhangxian	1	34	1200	204
岷 县	Minxian	6	2642	22743	1620
陇南市	**Longnan**	**74**	**17069**	**222501**	**26628**
武都区	Wudu	47	9805	140800	7892
成 县	Chengxian	5	2837	40532	2195
文 县	Wenxian	2	780	1954	159
宕昌县	Tanchang	4	659	8702	268
康 县	Kangxian	3	919	2964	345
西和县	Xihe	2	629	5280	192
礼 县	Lixian	2	804	15669	14406
徽 县	Huixian	8	390	3480	287
两当县	Liangdang	1	246	3120	885
临夏州	**Linxia**	**42**	**30790**	**405367**	**49037**
临夏市	linxia	23	11616	133862	14292
临夏县	linxia	3	4680	50758	3891
康乐县	Kangle	5	421	25027	2599
永靖县	Yongjing	6	9163	121445	13719
广河县	Guanghe	2	530	19315	3513
和政县	Hezheng	2	2080	25135	5763
东乡县	Dongxiang	1	2300	29825	5261
积石山县	Jishishan				
甘南州	**Gannan**	**29**	**6002**	**69232**	**4137**
合作市	Hezuo	17	2188	30138	1497
临潭县	Lintan	2	323	2520	221
卓尼县	Zhuoni	1	200	1000	186
舟曲县	Zhouqu	3	465	11980	265
迭部县	Diebu	4	1966	17957	1161
玛曲县	Maqu	1	120	518	359
碌曲县	Luqu	1	740	5120	447
夏河县	Xiahe				

主要指标解释

建筑业统计单位 指从事房屋、构筑物建造和设备安装活动的法人企业。建筑业法人企业应具有建筑业资质并能够独立核算，同时其应具备以下条件：①依法成立，有自己的名称、组织机构和场所，能够承担民事责任；②独立拥有和使用资产，承担负债，有权与其他单位签订合同；③独立核算盈亏，能够编制资产负债表。

建筑业总产值 是以货币形式表现的建筑业企业在一定时期内生产的建筑业产品和提供的服务的总和。建筑业总产值包括：

(1) 建筑工程产值 指列入建筑工程预算内的各种工程价值。

(2) 安装工程产值 指设备安装工程价值，不包括被安装设备本身的价值。

(3) 其他产值 建筑业总产值中除建筑工程、安装工程以外的产值。包括房屋构筑物修理产值、非标准设备制造产值、总包企业向分包企业收取的管理费以及不能明确划分的施工活动所完成的产值。

a. 房屋构筑物修理产值：指房屋和构筑物修理所完成的产值，但不包括被修理房屋、构筑物本身价值和生产设备的修理价值。

b. 非标准设备制造产值：指加工制造没有定型的非标准生产设备的加工费和原材料价值(如化工厂、炼油厂用的各种罐、槽，矿井生产统一使用的各种漏斗、三角槽、阀门等)以及附属加工厂为本企业承建工程制作的非标准设备的价值。

建筑业增加值 指建筑业企业在报告期内以货币形式表现的建筑业生产经营活动的最终成果。

从2004年第一次全国经济普查开始，建筑业现价增加值按生产法和分配法(收入法)两种方法计算，以收入法的计算结果为准，即从收入的角度出发，根据生产要素在生产过程中应得的收入份额计算。具体计算方法：经济普查年度建筑业增加值按照《经济普查年度GDP核算方案》计算，非经济普查年度建筑业增加值按照《非经济普查年度GDP核算方案》计算。

房屋建筑施工面积 指在报告期内施过工的全部房屋建筑面积，包括本期新开工的房屋面积、上期施工跨入本期继续施工的房屋面积、上期停缓建在本期恢复施工的房屋面积、本期竣工的房屋面积及本期施工后又停缓建的房屋面积。

房屋建筑竣工面积 指在报告期内房屋建筑按照设计要求全部完工，达到了使用条件，经验收鉴定合格，正式移交使用单位的房屋建筑面积。

年末自有机械设备净值 指本企业自有机械设备经过使用、磨损后实际存在的价值，即原值减去累计折旧后的净额。

年末自有机械设备总台数 指年末本企业(或单位)自有的直接用于工程施工的各种机械设备的台数。不包括附属辅助生产机械设备、运输机械设备、生产试验机械设备的台数。

年末自有机械设备总功率 指年末本企业(或单位)自有的直接用于工程施工的各种机械设备年末总功率、按设定能力或查定能力计算。包括施工机械本身的动力和为该机械服务的单独动力设备，如电动机等。但不包括附属辅助生产机械设备、运输机械设备、生产试验机械设备的功率。计量单位用千瓦，动力换算可按1马力＝0.735千瓦折合成千瓦数。电焊机、变压器、锅炉不计算动力。

营业收入 指企业经营主要业务和其他业务所确认的收入总额。营业收入合计包括“主营业务收入”和“其他业务收入”。

主营业务收入 指企业确认的销售商品、提供劳务等主营业务的收入。

主营业务成本 指企业经营主要业务所发生的成本总额。

主营业务税金及附加 指企业经营主要业务应负担的营业税、消费税、城市维护建设税、教育费附加等。

营业利润 指企业从事生产经营活动所取得的利润。

16

交通运输、邮电通信业

Transportation,Post and Telecommunication

简要说明

一、本篇资料主要内容

本篇资料反映甘肃省交通运输业，邮政、通信业发展的基本状况。

交通运输业资料主要包括：四种运输方式的线路里程及完成的货物和旅客运输量、周转量。

邮政、电信业资料主要包括：邮政局（所）及邮路情况，邮电通信主要电路及设备拥有量，主要的邮电业务完成情况及邮电通信发展水平资料。

二、本篇资料来源

本篇资料由省统计局服务业处搜集、加工整理。

1. 交通运输资料分别由兰州铁路局、省交通厅、东航甘肃分公司、海航甘肃分公司、省公安厅交警大队车管部门提供。

2. 邮政、电信业资料由省邮政管理局、省通信管理局提供。

16-1 交通运输业基本情况
Basic Conditions of Transport

指　标	Item	2005	2010	2011	2012
运输线路长度（公里）	**Length of Transport Routes (km)**	**47297**	**124584**	**129401**	**137549**
铁路营业里程	Railways in Operation	2013	2149	2149	2194
公路里程	Highways	41330	118879	123696	131201
民航航线里程	Total Civil Aviation Routes	2200	2200	2200	3240
客运量总计（万人）	**Total Passenger Traffic (10 000 persons)**	**17803**	**53776**	**60906**	**64477**
铁路	Railways	1230	2178	2353	2383
公路	Highways	16247	51404	58355	61884
民航	Civil Aviation	85	100	102	117
旅客周转量总计（亿人公里）	**Total Passenger-Kilometers (100 million passenger-km)**	**288.3**	**509.6**	**594.6**	**683.4**
铁路	Railways	172.7	275.1	314.6	379.8
公路	Highways	104.9	220.1	265.1	286.4
民航	Civil Aviation	10.5	14.1	14.7	17.0
货运量总计（万吨）	**Total Freight Traffic (10 000 tons)**	**25843**	**29009**	**34179**	**45856**
铁路	Railways	3274	4926	5355	6313
公路	Highways	22520	24050	28790	39517
民航	Civil Aviation	1.08	1.13	1.22	1.34
货物周转量总计（亿吨公里）	**Total Freight Ton-kilometers (100 million tons-km)**	**855.1**	**1607.2**	**1791.2**	**2395.9**
铁路	Railways	717.6	1083.0	1143.6	1489.7
公路	Highways	137.3	524.1	647.4	905.9
民航	Civil Aviation	0.2	0.2	0.2	0.2
民用汽车拥有量（万辆）	**Possession of Civil Motor Vehicles Owned (10 000 units)**	**45.77**	**126.77**	**148.76**	**174.14**
# 载客汽车辆数	Number of Buses and Cars	19.31	57.52	73.30	92.32
载货汽车辆数	Number of Trucks	13.62	26.37	31.00	35.42
# 普通载货汽车	Ordinary Trucks	10.77	17.92	20.94	24.1
# 公路部门营运汽车	Number of Motor Vehicles Owned by Highway Departments	12.95	21.60	24.43	29.8
# 私人汽车拥有量	Possession of Private Vehicles	24.73	69.33	87.61	109.9

注：1. 2008 年以后公路客、货运输数据为交通部专项调查数据（包括出租车和公交车）。
2. 私人汽车拥有量中含三轮汽车和低速货车。
3. 铁路从 2012 年 8 月起增加西安铁路局、青藏铁路公司、乌鲁木齐铁路局甘肃段统计数据。

a) Since 2008,data of passenger traffic and freight traffic of highways refer to special survey data of the Ministry of Communications(including taxis and buses).
b) Possession of private vehicles including three-wheeled vehicles and low-speed trucks.
c) Since August 2012, railway data increase the statistical data of Xi'an Railway Bureau, Qinghai-Tibet Railway Company and Urumqi Railway Bureau in Gansu section.

16-2 运输线路长度
Length of Transportation Routes

单位：公里 (km)

年份 Year	铁路营业里程 Length of Railways in Operation	#电气化里程 Electrified Railways	公路 Total Length of Highways	等级公路 Expressway and Class I to IV Highways	#高速 Express Way	#一级 First Class	#二级 Second Class	等外路 Highway Below Class IV	民航 Length of Civil Aviation Routes
2000	1962	1766	39344	29393				9951	2166
2001	1962	1766	39844	30283				9561	2166
2002	1961	1766	40223	30806				9417	2166
2003	1962	1766	40293	30947				9346	2198
2004	1938	1748	40751	31614				9137	2200
2005	2013	1754	41330	32792	1006	141	4969	8538	2200
2006	1987	2208	95642	42866	1060	166	4962	52776	2200
2007	2148	2208	100612	50662	1316	144	5076	49950	2200
2008	2149	2213	105638	58381	1316	147	5076	47257	2200
2009	2149	2346	114000	76631	1644	147	5494	37369	2200
2010	2149	2799	118879	85733	1993	161	5768	33147	2200
2011	2149	3054	123696	91692	2343	170	5856	32003	2200
2012	2194	3100	131201	101372	2549	178	6648	29829	3240

注：电气化里程为兰州铁路局全路局数。2007年起铁路营业里程中包括敦煌铁路161.48公里。

a) Data of electrified railways refer to total railway of Lanzhou Railway Bureau. Since 2007, data in length of railways in operation included 161.48 km of the Dunhuang Railway.

16-3 运输线路质量
Quality of Transport Routes

单位：公里 (km)

指标	Item	2005	2008	2009	2010	2011	2012
铁路营业里程	Length of Railways in Operation	2013	2149	2149	2149	2149	2194
#复线里程	Double-Tracking Length	1326	1430	1363	1363	1363	1400
公路线路里程	Length of Highways	41330	105638	114000	118879	123696	124480

注：2007年起铁路营业里程中包括敦煌铁路161.48公里。

a) Double-Tracking Length refer to total railway of Lanzhou Railway Bureau.Since 2007,data in length of railways in operation included 161.48 km of the Dunhuang Railway.

16-4 历年货运量和货运周转量
Freight Traffic & Freight Ton-Kilometers

年 份 Year	货运量总计（万吨） Total Freight Traffic (10 000 tons)	# 铁 路 Railways	# 公 路 Highways	# 民 航 Civil Aviation	货物周转量总计（万吨公里） Total Freight Ton-Kilometers (10 000 tons-km)	# 铁 路 Railways	# 公 路 Highways	# 民 航 Civil Aviation
1978	4422.65	2216	2206	0.65	1755838	1639720	115549	569
1979	4196.80	2112	2084	0.80	1748310	1637919	109522	809
1980	3801.90	2059	1742	0.90	1670043	1581640	87594	809
1981	3184.47	1867	1317	0.47	1471411	1401651	69182	578
1982	3388.16	1904	1484	0.16	1629900	1546783	82556	561
1983	3454.08	2051	1403	0.08	1844799	1756788	87535	476
1984	3883.11	2192	1691	0.11	2067094	1965203	100862	1029
1985	10112.12	2414	7698	0.12	2549908	2198316	350133	1459
1986	10448.19	2384	8064	0.19	2690694	2321373	369231	90
1987	14543.28	2373	12170	0.28	2956050	2467467	488295	288
1988	14585.28	2361	12224	0.28	3307597	2671064	636195	338
1989	14317.26	2397	11920	0.26	3364697	2822220	542184	293
1990	16614.28	2386	14228	0.28	3430561	2867147	563117	297
1991	14726.32	2426	12300	0.32	3642872	3033640	608898	334
1992	17144.30	2501	14643	0.30	3913987	3127573	786101	313
1993	19193.30	2571	16622	0.30	3991162	3180172	810653	337
1994	19921.35	2571	17350	0.35	4166823	3320168	846225	430
1995	20275.00	2555	17719	1.00	4329026	3442644	885896	486
1996	20813.00	2602	18210	1.00	4355906	3427759	927744	403
1997	21236.30	2628	18608	0.30	4481783	3510000	970783	1000
1998	21613.99	2546	19035	0.39	4544182	3532400	1010587	700
1999	22059.97	2691	19333	0.47	4944052	3902035	1040687	800
2000	22722.09	2885	19800	1.09	5414243	4318100	1093800	1798
2001	23207.70	2991	20179	0.90	5731518	4589095	1140253	1615
2002	23540.99	3092	20408	0.99	5914802	4727078	1185412	1707
2003	23915.26	3158	20713	1.26	6329270	5089413	1237113	2089
2004	24776.26	3270	21460	1.26	7463255	6160593	1300096	1883
2005	25843.07	3274	22520	1.08	8550947	7175573	1373122	1532
2006	27512.32	3633	23826	1.32	9236681	7768408	1464606	1598
2007	29505.33	4126	25325	1.33	10248126	8680625	1564847	1896
2008	22742.44	4512	18201	1.44	14546351	9795759	4748432	2130
2009	25489.33	4646	20812	1.33	14770589	9871265	4897214	2076
2010	29008.83	4926	24050	1.13	16072479	10829795	5240872	1776
2011	34179.15	5355	28790	1.22	17912097	11436046	6474126	1885
2012	45856.00	6313	39517	1.34	23958822	14897305	9059411	2078

16-5 历年客运量和客运周转量
Passenger Traffic & Passenger-Kilometers

年 份 Year	客运量总计（万人） Total Passenger Traffic (10 000 persons)	#铁路 Railways	#公路 Highways	#民航 Civil Aviation	旅客周转量总计（万人公里） Total Passenger-Kilometers (10 000 persons-km)	#铁路 Railways	#公路 Highways	#民航 Civil Aviation
1978	3038	686	2324	28	517244	394470	101700	21074
1979	3374	772	2567	34	604842	459070	116453	29319
1980	3865	789	3038	38	615282	462433	137295	15554
1981	3882	751	3123	8	630667	456567	156107	17993
1982	4387	883	3494	10	671083	491181	170374	9528
1983	4871	893	3974	4	747147	551551	192306	3290
1984	5526	1026	4496	4	846471	622656	220324	3491
1985	6355	1094	5256	5	1026714	758260	264594	3857
1986	7053	1131	5910	12	1135579	817713	310882	6984
1987	8010	1173	6819	18	1227471	837559	369660	20252
1988	9550	1244	8286	20	1355410	937992	391904	25514
1989	10101	1083	9001	17	1324260	877921	426463	19876
1990	8712	860	7832	20	1170899	727603	420304	22992
1991	8845	850	7970	25	1270144	799460	442582	28103
1992	9108	874	8208	26	1305117	835667	440311	29139
1993	9580	883	8668	29	1407127	914261	458720	34146
1994	10148	926	9186	36	1506567	978776	485571	42220
1995	10547	942	9563	42	1506159	951327	504754	50078
1996	10748	841	9872	35	1524313	936886	543747	43680
1997	11234	884	10319	31	1609997	970000	575997	64000
1998	11881	886	10796	31	1761177	1079200	617471	63000
1999	12361	923	11223	35	1818744	1093499	659525	64100
2000	12907	1039	11600	76	2061583	1245700	706300	107868
2001	13921	1080	12560	70	2268380	1390319	777658	98504
2002	14750	1038	13420	72	2327182	1387254	840621	97294
2003	15004	948	13732	84	2307861	1327067	871629	106963
2004	16519	1125	15050	109	2683583	1577558	963182	140701
2005	17803	1230	16247	85	2883045	1726990	1048886	104980
2006	19066	1402	17319	100	3199586	1952819	1130009	114463
2007	20435	1566	18510	113	3489326	2135378	1209272	142336
2008	46002	1844	43962	103	4413419	2322174	1967056	122109
2009	49995	2038	47755	110	4699944	2482313	2065849	149732
2010	53776	2178	51404	100	5096087	2751326	2201455	141164
2011	60906	2353	58355	102	5945561	3145705	2650685	146981
2012	64477	2383	61884	117	6834114	3797544	2864380	170059

16-6 民用汽车拥有量

Possession of Civil Vehicles

单位：万辆 (10 000 units)

年 份 Year	民用汽车总 计 Total Possession of Civil Vehicles	载客汽车 Passenger Vehicles	大 型 Large	中 型 Medium	小 型 Small	微 型 Minicar	载货汽车 Trucks	重 型 Heavy	中 型 Medium	轻 型 Light	微 型 Mini	其他汽车 Others
2006	46.85	22.71	1.50	1.40	17.22	2.59	13.60	2.81	3.58	6.83	0.38	10.54
2007	53.23	27.18	1.57	1.44	21.76	2.42	14.71	2.98	3.72	7.74	0.27	11.34
2008	62.44	32.89	1.64	1.41	27.66	2.18	16.36	3.35	4.01	8.79	0.22	13.19
2009	105.45	43.86	1.74	1.45	38.58	2.08	20.91	4.78	4.46	11.50	0.17	40.68
2010	126.77	57.52	1.85	1.48	52.17	2.01	26.37	6.29	4.75	15.22	0.11	42.88
2011	148.76	73.30	1.97	1.51	67.67	2.14	31.00	7.40	4.88	18.64	0.08	44.46
2012	174.14	92.32	2.01	1.47	86.63	2.20	35.42	8.12	4.73	22.51	0.07	46.40

16-7 私人汽车拥有量

Possession of Private Vehicles

单位：万辆 (10 000 units)

年 份 Year	私人汽车总 计 Total Private Vehicles	载客汽车 Passenger Vehicles	大 型 Large	中 型 Medium	小 型 Small	微 型 Minicar	载货汽车 Trucks	重 型 Heavy	中 型 Medium	轻 型 Light	微 型 Mini	其他汽车 Others
2006	24.21	8.65	0.22	0.43	6.62	1.38	6.14	1.26	1.80	2.89	0.19	9.42
2007	28.75	11.72	0.18	0.41	9.84	1.29	6.96	1.30	1.90	3.61	0.15	10.07
2008	35.94	16.02	0.16	0.38	14.31	1.18	8.15	1.46	2.08	4.48	0.13	11.77
2009	51.18	25.06	0.14	0.38	23.36	1.18	11.36	1.98	2.44	6.83	0.11	14.76
2010	69.33	36.74	0.13	0.38	35.01	1.22	15.77	2.63	2.79	10.27	0.08	16.82
2011	87.61	50.28	0.12	0.38	48.41	1.38	19.06	3.06	2.93	13.01	0.06	18.26
2012	109.92	67.23	0.08	0.35	65.33	1.47	22.58	3.39	2.89	16.25	0.05	20.12

16-8 邮电通信行业基本情况
Basic Conditions of Postal and Telecommunication Services

指 标	Item	2005	2010	2011	2012
邮电业务总量（亿元）	Business Volume of Post and Telecommunication Services (100 million yuan)	135.92	453.29	168.21	188.21
邮政业务总量	Business Volume of Postal Services	7.02	8.49	7.46	8.24
电信业务总量	Business Volume of Telecommunication Services	128.90	444.81	160.75	179.97
函件（万件）	Number of Letters (10 000 pcs)	5071	3806	3277	3560
包裹（万件）	Package (10 000 pcs)	111	90	91	94
快递（万件）	Pieces of Express Mail Services (10 000 pcs)	227	421	752	870
报刊期发数（万份）	Issue of Newspapers and Magazines (10 000 copies)	175	210	201	226
集邮业务（万枚）	Stamps for Collection (10 000 pcs)	1700	1500	1989	1952
局所及通信网络	**Offices and Network**				
营业网点（处）	Number of Offices (unit)	1280	1270	1325	1197
邮路总长度（公里）	Length of Postal Routes (km)		79639	42989	53827
#汽车邮路总长度	Length of Vehicle Postal Routes		30629	33000	47437
铁路邮路总长度	Length of Railway Postal Routes	5312	6010	6010	6010
农村投递线路总长度（公里）	Rural Delivery Routes (km)	104848	110385	112023	134411
长途电话业务电路（2M）	Long-distance Call Lines (2M)	15388	214867	207351	186028
数据通信网长途电路（2M）	Long-distance Lines of Data Traffic Network (2M)	7501	383959	447834	527198
长途电话（万次）	Number of Long-distance Calls (10 000 times)	66919	31604	23447	17516
移动电话用户期末数（万户）	Number of Mobile Telephones Subscribers at Year-end (10 000 subscribers)	408.44	1390.08	1614.00	1763.55
#3G 移动电话用户数	3G Mobile Phone Subscribers (10 000 subscribers)		52.77	152.75	308.7
固定电话年末用户（万户）	Number of Fixed Telephone Subscribers at Year-end (10 000 subscribers)	548.04	411.90	396.44	377.76
#城市	Urban Fixed Telephone Subscribers	395.29	265.36	269.93	272.42
住宅	Household Fixed Telephone Subscribers	252.76	160.96	145.93	151.77
#乡村	Rural Fixed Telephone Subscribers	152.75	146.54	126.51	105.34
住宅	Household Fixed Telephone Subscribers	135.91	126.01	104.86	84.88
公用电话（万户）	Public Telephone (10 000 Subscribers)	60.88	52.19	50.14	48.19
互联网宽带接入用户（万户）	Number of Broadband Subscribers of Internet Service (10 000 Subscribers)	56.54	109.52	145.63	163.30
电信主要通信能力	**Major Capacity of Telecommunication Services**				
长途电话交换机容量（路端）	Capacity of Long-distance Call Exchanges (unit)	166938	253576	337000	318000
局用电话交换机容量（万门）	Capacity of Office Telephone Exchanges (10 000 units)	712	439	438	413
移动电话交换机容量（万户）	Capacity of Mobile Telephone Exchanges (10 000 subscribers)	433	1940	2399	2503
长途光缆线路长度（公里）	Length of Long-distance Optical Cable Lines (km)	19729	29939	28259	29525

注：1. 邮政业务总量、快递的统计口径2006年以前为中国邮政集团，2007年起为规模以上（年业务收入200万元以上）邮政业法人企业数据（下表同）。
2. 电信业务总量2010年按2000年可比价格计算，2011年以后按2010年可比价格计算。
3. 营业网点1998年及以前为邮电局所，1999-2006年为邮政局所；统计口径从2002年起为邮政局所和邮政代办点，2007年起为规模以上 邮政业法人企业办理业务的场所（下表同）。
4. 长途电话业务电路包括固定长途电话业务电路和移动长途电话业务电路。
5. 长途电话为本地网内区间电话通话量。

a) Statistical coverages of business volume of postal and telecommunication services and pieces of express mail services are China Post Group before 2006, and postal enterprises above designated size (with annual business revenue above 2 million yuan). The same applies to the table following.

b) Business volume of telecommunication services in 2010 was calculted at 2000 constant prices,and since 2011 was calculated at 2010 constant prices.

c) The indicator of number of postal offices referred to postal and communication offices before 1998, and referred to postal offices from 1999 to 2006; It included postal offices and postal sub-stations since 2002, and was the business sites of postal enterprises above designated size since 2007. The same applies to the table following.

d) Long-distance telephone circuits includes fixed and mobile long-distance telephone circuits.

e) Long-distance telephone is the volume within the range of local network.

16-9 邮电业务量

Business Volume of Postal and Telecommunication Services

年 份 Year	邮电业务总量（万元）Business Volume of Postal and Telecommuni-cation Services (10 000 yuan)	邮政业务总量 Business Volume of Postal Services	电信业务总量 Business Volume of Telecom-munication Services	函件（万件）Number of Letters (10 000 pcs)	包裹（万件）Package (10 000 pcs)	快递（万件）Pieces of Express Mail Services (10 000 pcs)	报刊期发数（万份）Issue of Newspapers and Magazines (10 000 copies)	集邮业务（万枚）Stamps for Collection (10 000 copies)	长途电话（万次）Number of Long-distance Calls (10 000 times)
1995	70773			9104		29	496	4161	8736
1996	101699			9716		48	474	4897	11524
1997	141615			8969		61	500	7942	14490
1998	203094			8245		72	502	10997	16850
1999	273767			7817		79	656	11150	20788
2000	421000			9919		101	679	10767	22671
2001	468927			10032		104	672	8110	27562
2002	603679			12215		128	421	4276	47792
2003	760655			10483		196	469	2876	51571
2004	1079503			5645		213	353	2495	57148
2005	1359246	70225	1289021	5071	111	227	175	1700	66919
2006	1674725	87945	1586780	4019	112	233	200	1400	51700
2007	2192824	77052	2115772	3490	103	226	189	1427	106530
2008	2798088	79622	2718466	3769	96	301	303	1800	108929
2009	3618685	89399	3529286	3811	102	347	200	1600	42471
2010	4532936	84871	4448065	3806	90	421	210	1500	31604
2011	1682075	74612	1607463	3277	91	752	201	1989	23447
2012	1882055	82361	1799694	3560	94	870	226	1952	17516

注：电信业务总量 2010 年按 2000 年可比价格计算，2011 年以后按 2010 年可比价格计算。

a) Business volume of telecommunication services in 2010 was calculted at 2000 constant prices,and since 2011 was calculated at 2010 constant prices.

16-9 续表 continued

年 份 Year	固定电话年末用户（万户）Number of Fixed Telephone Subscribers at Year-end (10 000 subscriber)	城 市 Urban	#住 宅 Residential	乡 村 Rural	#住 宅 Residential	公用电话（万户）Public Telephone (10 000 subscribers)	移动电话用户期末数（万户）Number of Mobile Telephones Subscribers at Year-end (10 000 subscribers)	互联网宽带接入用户（万户）Broadband Subscribers of Internet (10 000 subscribers)
1995	43.32	40.26	26.73	3.06	1.14	0.50		
1996	57.65	53.52	37.75	4.12	2.20	0.95		
1997	73.49	67.29	49.45	6.20	3.23	1.68		
1998	95.23	85.48	70.36	9.75	6.67	2.52		
1999	118.15	100.26	74.74	17.88	13.13	3.52		
2000	180.17	137.97	108.46	42.20	34.65	4.90		
2001	250.43	183.23	135.90	67.21	57.03	5.35		
2002	321.99	233.40	181.63	88.60	80.24	6.75		
2003	402.30	287.30	125.44	115.00	101.54	37.61		
2004	477.25	344.57	232.06	132.68	118.17	56.46		
2005	548.04	395.29	252.76	152.75	135.91	71.18	408.44	56.54
2006	607.49	432.11	280.89	175.38	156.48	67.24	545.37	63.74
2007	585.46	394.41	252.36	191.05	62.57	67.97	686.40	77.77
2008	519.19	334.83	213.93	184.36	166.93	56.93	896.48	68.04
2009	453.93	285.94	145.72	167.99	147.87	54.55	1194.37	98.30
2010	411.90	265.36	160.96	146.54	126.01	52.19	1390.08	109.52
2011	396.44	269.93	145.93	126.51	104.86	50.14	1613.57	145.63
2012	377.76	272.42	151.77	105.34	84.88	48.19	1763.55	163.30

16-10 邮电局所数及邮递线路、邮电通信电路

Number of Postal Offices and Postal Delivery Routes, Telecommunications Services Facilities

年份 Year	营业网点（处） Number of Offices (unit)	邮路及农村投递线路总长度（公里） Length of Postal Routes and Rural Delivery Routes (km)	农村投递线路（公里） Rural Delivery Routes (km)	长话业务电路（路） Number of Long-distance Calls (line)	长途光缆线路长度（公里） Length of Long Distance Optical Cable Lines(km)
1995	1217	164629	106265	12174	2462
1996	1254	179278	106321	15253	4909
1997	1286	179241	106397	15596	6524
1998	1526	167616	105925	30742	8336
1999	1278	143249	105794	28147	8410
2000	1290	180748	105856	28650	10140
2001	1293	181034	106216	55712	12474
2002	1289	174706	105985	108971	18061
2003	1279	174599	106200	135051	20703
2004	1281	175896	106089	254790	21873
2005	1280	179404	104848	440670	19729
2006	1286	179089	104393	637300	23091
2007	1310	180592	104906	1588192	27122
2008	1269	186505	109679	3042030	27772
2009	1269	188415	110944	5269198	30106
2010	1270	190024	110385	6446010	29939
2011	1325	155012	112023	6220530	28259
2012	1197	188238	134411	5580840	29525

16-11 邮电通信服务水平

Postal and Telecommunication Services Available

指　标	Item	2005	2010	2011	2012
平均每人每年发函件数（件）	Annual Average Number of Letters Mailed per Capita (copy)	2.00	1.40	1.30	1.39
平均每百人每年订报刊数（份）	Annual Average Number of Newspaper and Magazine Subscribed per 100 Persons (copy)	7.00	8.00	7.80	8.81
固定电话普及率（部／百人）	Popularization Rate of Fixed Telephone (set/100 persons)	21.12	15.63	15.50	14.70
移动电话普及率（部／百人）	Popularization Rate of Mobile Telephone (set/100 persons)	15.74	52.75	63.13	68.80
城市固定电话普及率（部／百人）	Popularization Rate of Urban Fixed Telephone (set/100 persons)	50.75	30.83	28.34	27.27
农村邮电通信水平	Rural Level				
设有邮电局、所的乡（镇）比重（%）	Percentage of Townships with Postal and Telecommunication Offices (%)	68.70	63.70	67.00	67.00

16-12 各地区交通运输业基本情况（2012）
Basic Conditions of Transportation by Region (2012)

地 区	Item	公路里程（公里）Length of Highways (km)	#等级公路（公里）Expressway and Class I to IV Highways (km)	#高速 Expressway	民用汽车拥有量（万辆）Possession of Civil Vehicles (10 000 units)	#私人汽车 Private Vehicles
兰州市	Lanzhou	7713.62	5360.78	354.03	36	21
嘉峪关市	Jiayuguan	688.58	658.90	30.02	3	2
金昌市	Jinchang	2518.45	2508.81	114.95	4	3
白银市	Baiyin	11223.37	6945.56	262.90	13	9
天水市	Tianshui	10347.44	9216.80	248.16	11	9
武威市	Wuwei	10446.97	7132.90	175.42	8	7
张掖市	Zhangye	10830.23	8558.87	241.49	8	7
平凉市	Pingliang	9987.12	6749.45	185.64	10	7
酒泉市	Jiuquan	15458.14	14441.93	496.26	9	8
庆阳市	Qingyang	12484.85	6603.89	62.84	13	10
定西市	Dingxi	10273.75	8071.71	268.66	12	9
陇南市	Longnan	15400.15	13891.86	39.80	7	6
临夏州	Linxia	6404.80	5872.61	69.25	10	8
甘南州	Gannan	7423.29	5357.53		4	3

16-13 各地区邮电通信行业基本情况 （2012）
Basic Conditions of Postal and Telecommunication Services by Region(2012)

指 标	Item	邮电业务总量（万元）Business Volume of Postal and Telecommunications Services (10 000 yuan)	邮政业务总量 Business Volume of Postal Services	电信业务总量 Business Volume of Telecommunication Services	固定电话用户期末数（万户）Number of Fixed Telephone Subscribers at Year-end (10 000 subscribers)	移动电话用户期末数（万户）Number of Mobile Telephones Subscribers at Year-end (10 000 subscribers)	互联网用户数（万户）Number of Interent Subscribers (10 000 subscribers)
兰州市	Lanzhou	533562	17612.72	515949	108.41	391.60	53.62
嘉峪关市	Jiayuguan	43561	2284.67	41276	10.17	33.43	6.36
金昌市	Jinchang	46091	2149.44	43942	10.34	41.49	5.97
白银市	Baiyin	111260	4548.40	106712	23.97	106.67	10.55
天水市	Tianshui	169481	10527.82	158953	38.07	168.11	12.85
武威市	Wuwei	105564	5454.13	100110	25.44	108.61	9.56
张掖市	Zhangye	97406	4806.34	92600	29.25	94.17	12.11
平凉市	Pingliang	113694	4594.81	109099	21.17	116.65	9.12
酒泉市	Jiuquan	108068	5070.13	102998	20.93	100.48	9.88
庆阳市	Qingyang	157578	8397.20	149181	26.01	152.24	10.56
定西市	Dingxi	125564	5213.09	120351	21.18	149.92	7.66
陇南市	Longnan	125776	6728.26	119048	17.89	145.28	7.51
临夏州	Linxia	93445	3010.46	90435	17.45	108.14	5.02
甘南州	Gannan	50588	1547.90	49040	7.47	46.76	2.53

主要指标解释

铁路营业里程 又称营业长度(包括正式营业和临时营业里程),指办理客货运输业务的铁路正线总长度。凡是全线或部分建成双线及以上的线路,以第一线的实际长度计算;复线、站线、段管线、岔线和特殊用途线以及不计算运费的联络线都不计算营业里程。该指标可以反映铁路运输业基础设施的发展水平,也是计算客货周转量、运输密度和机车车辆运用效率等指标的基础资料。

铁路电气化里程 指在全部铁路营业里程中已安装了供电线路及设备,可以供电力机车牵引列车运行的区段的总里程。

公路里程 指在一定时期内实际达到《公路工程技术标准 JTG B01-2003》规定的技术等级的公路,并经公路主管部门正式验收交付使用的公路里程数。包括大、中城市的郊区公路,以及公路通过小城镇(指县城、集镇)街道的公路里程和公路桥梁长度、隧道长度、渡口的宽度以及分期修建的公路已验收交付使用的里程,不包括大中城市的街道、厂矿、林区生产用道和农业生产用道的里程。两条或多条公路共同经由同一路段,只计算一次,不得重复计算里程长度。按公路等级分为等级公路和等外公路,其中,等级公路分为高速公路、一级公路、二级公路、三级公路和四级公路。该指标可以反映公路建设的发展规模,也是计算运输网密度等指标的基础资料。

民用航空航线里程 指统计期间内全部民用航空航线的航线总长度。航线长度指民用航空航线的计费距离。计算航线里程可按重复和不重复两种方法,前者是指各航线长度相加的总和;后者则要扣除各航线之间相同航段重复计算的部分。

货(客)运量 指在一定时期内,各种运输工具实际运送的货物(旅客)数量。该指标是反映运输业为国民经济和人民生活服务的数量指标,也是制定和检查运输生产计划、研究运输发展规模和速度的重要指标。货运按吨计算,客运按人计算。货物不论运输距离长短、货物类别,均按实际重量统计。旅客不论行程远近或票价多少,均按一人一次客运量统计;半价票、小孩票也按一人统计。

货物(旅客)周转量 指在一定时期内,由各种运输工具运送的货物(旅客)数量与其相应运输距离的乘积之总和。该指标可以反映运输业生产的总成果,也是编制和检查运输生产计划,计算运输效率、劳动生产率以及核算运输单位成本的主要基础资料。计算货物周转量通常按发出站与到达站之间的最短距离,也就是计费距离计算。计算公式为:

货物(旅客)周转量 = Σ(货物(旅客)运输量 × 运输距离)

民用汽车拥有量 指报告期末,在公安交通管理部门按照《机动车注册登记工作规范》,已注册登记领有民用车辆牌照的全部汽车数量。汽车拥有量统计的主要分类:根据汽车结构分为载客汽车、载货汽车及其他汽车;根据汽车所有者不同,分为个人(私人)汽车、单位汽车;根据汽车的使用性质分为营运汽车、非营运汽车;根据汽车大小规格不同载客汽车分为大型、中型、小型和微型,载货汽车分为重型、中型、轻型和微型。

邮电业务总量 指以价值量形式表现的邮电通信企业为社会提供各类邮电通信服务的总数量。邮电业务量按专业分类包括函件、包件、汇票、报刊发行、邮政快件、特快专递、邮政储蓄、集邮、传真、长途电话、出租电路、移动电话、分组交换数据通信、出租代维等。计算方法为各类产品乘以相应的平均单价(不变价)之和,再加上出租电路和设备、代用户维护电话交换机和线路等的服务收入。该指标综合反映了一定时期邮电业务发展的总成果,是研究邮电业务量构成和发展趋势的重要指标。计算公式为:

邮电业务总量 = Σ(各类邮电业务量 × 不变单价)
+ 出租代维及其他业务收入
= 邮政业务总量 + 电信业务总量

移动电话用户 指通过移动电话交换机进入移动电话网、占用移动电话号码的电话用户。用户数量以报告期末在移动电话营业部门实际办理登记手续进入移动电话网的户数进行计算,一部移动电话统计为一户。

城市电话用户 指直辖市、省辖市、地级市、县级市的市区、市郊区及县城(包括县人民政府所在地的县城关区或行政建制相当于县人民政府所在地的镇)范围内接入局用交换机的电话用户数,包括分布在农村地区的独立工矿区、林区、驻军等接入局用交换机的电话用户数。

农村电话用户 指县城关区以下的集镇和农村接入局用交换机的电话用户数。

住宅电话用户 指安装在居民住宅或农民家里并按照住宅电话用户登记注册和收费的电话用户。包括私人付费、单位付费和按规定免费安装的住宅电话用户。

长途电话交换机容量 指用于接入长途电话网的电话交换机的设备额定容量,包括国际电话交换机容量。

局用交换机容量 指安装在本地电信运营商内用于接续本地固定电话的电话交换机容量,有倍增设备按倍增后的数量计数。包括现用和备用的人工或自动交换机的全部容量。

移动电话交换机容量 指移动电话交换机根据一定话务模型和交换机处理能力计算出来的最大同时服务用户的数量。

17

批发和零售业

Wholesale and Retail Trades

简要说明

一、本篇资料主要内容

本篇资料主要包括甘肃省批发和零售业发展与经营状况，同时反映商品流通、商品消费、市场运行态势。主要内容包括：限额以上批发和零售业基本情况、商品流转情况、财务状况；亿元商品交易市场成交情况；社会消费品零售总额等。

二、本篇资料的统计范围

限额以上批发和零售业的法人企业、个体户，成交额在亿元以上的商品交易市场，以及参与商品零售、餐饮经营活动的各行业法人企业和产业活动单位。限额以上批发和零售业统计单位是指：批发业，年主营业务收入 2000 万元及以上；零售业，年主营业务收入 500 万元及以上。

三、本篇资料来源

本篇资料由省统计局贸易外经处加工整理。

17-1 社会消费品零售总额
Total Retail Sales of Consumer Goods

项　目	Item	2009	2010	2011	2012
社会消费品零售总额（万元）	**Total Retail Sales of Consumer Goods (10 000 yuan)**	**11830052**	**13945002**	**16480039**	**19065044**
按城乡分	**By Urban and Rural Area**				
城镇	Urban	9524948	11232785	13229944	15570784
# 城区	# City Subdivision	7000210	8346899	9920403	11912760
乡村	Rural	2305104	2712217	3250094	3494260
按行业分	**By Sector**				
# 批发业	Wholesalel Trade	1300091	1542376	1937422	2498485
零售业	Retail Trade	8338437	9869687	11606098	13247215
住宿业	Hotels	158842	172889	198919	256475
餐饮业	Catering Sevices	1797807	2109000	2440514	2768325
构成（%）（总额 =100）	**Composition (%)(Total=100)**				
按城乡分	**By Urban and Rural Area**				
城镇	Urban	80.51	80.55	80.28	81.67
# 城区	City Subdivision	59.17	59.86	60.20	62.48
乡村	Rural	19.49	19.45	19.72	18.33
按行业分	**By Sector**				
# 批发业	Wholesalel Trade	10.99	11.06	11.76	13.11
零售业	Retail Trade	70.49	70.78	70.43	69.48
住宿业	Hotels	1.34	1.24	1.21	1.35
餐饮业	Catering Sevices	15.20	15.12	14.81	14.52

17-2 历年社会消费品零售总额
Total Retail Sales of Consumer Goods

年 份 Year	社会消费品零售总额（万元） Total Retail Sales of Consumer Goods (10 000 yuan)	批零贸易业 Wholesale and Retail Sale Trades	住宿餐饮业 Hotels and Catering Trades	其他行业 Others	构成（%） Composition (%) 总额 = 100 Total=100 批零贸易业 Wholesale and Retail Sale Trades	住宿餐饮业 Hotels and Catering Trades	其他行业 Others
1978	207222	155189	12848	39185	74.89	6.20	18.91
1979	226592	169694	14049	42849	74.89	6.20	18.91
1980	264779	198293	16416	50070	74.89	6.20	18.91
1981	291566	218354	18077	55135	74.89	6.20	18.91
1982	311925	233601	19339	58985	74.89	6.20	18.91
1983	344704	258149	21372	65183	74.89	6.20	18.91
1984	402855	301698	24977	76180	74.89	6.20	18.91
1985	518104	390702	31449	95953	75.41	6.07	18.52
1986	619019	463583	38379	117057	74.89	6.20	18.91
1987	721103	540034	44708	136361	74.89	6.20	18.91
1988	927708	694761	57518	175429	74.89	6.20	18.91
1989	1006533	753793	62405	190335	74.89	6.20	18.91
1990	961640	720232	59668	181740	74.90	6.20	18.90
1991	1061667	795148	65874	200645	74.90	6.20	18.90
1992	1282631	960639	79585	242407	74.90	6.20	18.90
1993	1634338	1233090	108365	292883	75.45	6.63	17.92
1994	1964475	1368980	185094	410401	69.69	9.42	20.89
1995	2406481	1614693	227004	564784	67.10	9.43	23.47
1996	2716917	1790886	288744	637287	65.92	10.63	23.46
1997	2915252	1815065	318609	781577	62.26	10.93	26.81
1998	3177625	1967268	371782	838575	61.91	11.70	26.39
1999	3469967	2133353	435523	901091	61.48	12.55	25.97
2000	3796143	2461947	487984	846211	64.85	12.85	22.29
2001	4137796	2710190	542854	884753	65.50	13.12	21.38
2002	4535024	3019494	611360	904170	66.58	13.48	19.94
2003	4965852	4062509	699780	203563	81.81	14.09	4.10
2004	5606447	4557794	829405	219248	81.30	14.79	3.91
2005	6380830	5159539	1005619	215672	80.86	15.76	3.38
2006	7295050	5887835	1179610	227606	80.71	16.17	3.12
2007	8543709	6889136	1401861	252711	80.63	16.41	2.96
2008	10236221	8318334	1693314	224573	81.26	16.54	2.19
2009	11830052	9647593	1947583	234875	81.55	16.46	1.99
2010	13945002	11412062	2281889	251051	81.84	16.36	1.80
2011	16480039	13543520	2639433	297086	82.18	16.02	1.80
2012	19065044	15745700	3024800	294544	82.59	15.87	1.54

注：1.1993-2004 年根据第一次经济普查数据调整。
2.2005-2008 年根据第二次经济普查数据调整。
a)Figures of 1993 to 2004 have been adjust to the first Economic Census.
b)Figures of 2005 to 2008 have been adjust to the second Economic Census.

17-3 批发和零售业情况
Basic Conditions of Wholesale and Retail Trades

项　目	Item	2005	2010	2011	2012
批发和零售业	**Wholesale and Retail Trades**				
法人企业（个）	Number of Corporation Enterprises (unit)	514	705	814	1088
年末从业人数（人）	Engaged Persons at Year-end (person)		66546	68919	83064
商品购进额（亿元）	Total Purchases (100 million yuan)	842.73	1727.21	2400.08	2881.25
#进口额（亿元）	Imports (100 million yuan)	0.57	1.78	7.96	6.62
商品销售额（亿元）	Total Sales (100 million yuan)	894.76	2021.40	2642.14	3190.07
#出口额（亿元）	Exports (100 million yuan)	8.63	4.00	5.67	9.48
期末商品库存额（亿元）	Total Stock at Year-end (100 million yuan)	61.74	205.77	246.89	245.28
批发业	**Wholesalel Trade**				
法人企业（个）	Number of Corporation Enterprises (unit)		265	294	413
年末从业人数（人）	Engaged Persons at Year-end (person)		22404	24328	26848
商品购进额（亿元）	Total Purchases (100 million yuan)		1391.31	1929.42	2267.04
#进口额（亿元）	Imports (100 million yuan)		0.99	0.79	0.04
商品销售额（亿元）	Total Sales (100 million yuan)		1644.99	2117.56	2507.07
#出口额（亿元）	Exports (100 million yuan)		3.99	5.46	8.96
期末商品库存额（亿元）	Total Stock at Year-end (100 million yuan)		161.28	168.36	182.27
零售业	**Retail Trade**				
法人企业（个）	Number of Corporation Enterprises (unit)		440	520	675
年末从业人数（人）	Engaged Persons at Year-end (person)		44142	44591	56216
商品购进额（亿元）	Total Purchases (100 million yuan)		335.91	470.66	614.20
#进口额（亿元）	Imports (100 million yuan)		0.79	7.16	6.58
商品销售额（亿元）	Total Sales (100 million yuan)		376.41	524.58	683.00
#出口额（亿元）	Exports (100 million yuan)		0.01	0.21	0.52
期末商品库存额（亿元）	Total Stock at Year-end (100 million yuan)		44.49	78.54	63.00
年末零售营业面积（万平方米）	Business Area of Retail at Year-end (10 000 sq.m)		301.83	285.94	257.49

17-4 限额以上批发业企业基本情况（2012）

Basic Conditions of Enterprises above Designated Size of Wholesale Trade (2012)

项　目	Item	法人企业（个）Number of Corporation Enterprises (unit)	年末从业人数（人）Engaged Persons at Year-end (persons)
批发业	**Wholesale Trade**	**413**	**26848**
按登记注册类型分	**By Status of Registration**		
内资企业	**Domestic Funded Enterprises**	**410**	**26628**
国有企业	State-owned Enterprises	44	7926
集体企业	Collective-owned Enterprises	9	706
股份合作企业	Cooperative Enterprises	3	86
联营企业	Joint Ownership Enterprises	1	110
国有联营企业	State Joint Ownership Enterprises		
集体联营企业	Collective Joint Ownership Enterprises		
国有与集体联营企业	Joint State-collective Enterprises		
其他联营企业	Other Joint Ownership Enterprises	1	110
有限责任公司	Limited Liability Corporations	176	9190
国有独资公司	State Sole Funded Corporations	2	84
其他有限责任公司	Other Limited Liability Corporations	174	9106
股份有限公司	Share-holding Corporations Ltd.	14	1543
私营企业	Private Enterprises	151	6689
私营独资企业	Private-funded Enterprises	9	436
私营合伙企业	Private Partnership Enterprises	1	38
私营有限责任公司	Private Limited Liability Corporations	133	5794
私营股份有限公司	Private Share-holding Corporations Ltd.	8	421
其他企业	Other Enterprises	12	378
港、澳、台商投资企业	**Enterprises with Funds from Hong Kong, Macao and Taiwan**	**2**	**155**
合资经营企业	Joint-venture Enterprises		
合作经营企业	Cooperative Enterprises		
独资经营企业	Enterprises with Sole Fund	2	155
投资股份有限公司	Share-holding Corporations Ltd.		
外商投资企业	**Foreign Funded Enterprises**	**1**	**65**
中外合资经营企业	Joint-venture Enterprises		
中外合作经营企业	Cooperation Enterprises		
外资企业	Enterprises with Sole Fund	1	65
外商投资股份有限公司	Share-holding Corporations Ltd.		

17-4 续表 continued

项　目	Item	法人企业（个）Number of Corporation Enterprises (unit)	年末从业人数（人）Engaged Persons at Year-end (persons)
按行业分	**By Sector**		
农、林、牧、产品批发	Wholesale of Agriculture,Forestry, Animal Husbandry Products	21	886
食品饮料及烟草制品批发	Wholesale of Food, Beverages and Tobaccos	71	8542
#米、面制品及食用油批发	Wholesale of Rice, Flour and Edible Oil	12	635
烟草制品批发	Wholesale of Tobaccos	19	3866
纺织、服装及家庭用品批发	Wholesale of Textiles, Garments and Daily Consumer Articles	15	1120
#服装批发	Wholesale of Garments	2	118
文化、体育用品及器材批发	Wholesale of Culture, Sports Appliances and Equipments	4	880
医药及医疗器材批发	Wholesale of Medicines and Medical Appliances	57	3819
矿产品、建材及化工产品批发	Wholesale of Mineral Products, Building Materials and Chemical Products	188	8994
#煤炭及制品批发	Wholesale of Coal and Related Products	17	520
石油及制品批发	Wholesale of Petroleum and Related Products	19	4222
金属及金属矿批发	Wholesale of Metal Materials	85	1960
建材批发	Wholesale of Building Materials	12	244
化肥批发	Wholesale of Chemical Fertilizer	34	1231
机械设备、五金产品及电子产品批发	Wholesale of Machinery, Hardware and Electronic Equipment	47	2177
贸易经纪与代理	Trade Broker and Agency		
其他批发	Other Wholesale not Classified Elsewhere	10	430

17-5 限额以上批发业企业购销存情况（2012）
Total Purchases, Sales and Stock of Enterprises above Designated Size of Wholesale Trade (2012)

单位：万元 (10 000 yuan)

项目	Item	商品购进额 Total Purchases Value	进口 Imports	商品销售额 Total Sales Value	出口 Exports	期末商品库存额 Stock (year-end)
批发业	**Wholesale Trade**	**22670439**	**432**	**25070724**	**89602**	**1822708**
按登记注册类型分	**By Status of Registration**					
内资企业	**Domestic Funded Enterprises**	**22652146**	**432**	**25048669**	**87228**	**1820917**
国有企业	State-owned Enterprises	4941816	26	5554676	1480	154699
集体企业	Collective-owned Enterprises	128767		148459		9870
股份合作企业	Cooperative Enterprises	52900		45061		9606
联营企业	Joint Ownership Enterprises	3522		3687		450
国有联营企业	State Joint Ownership Enterprises					
集体联营企业	Collective Joint Ownership Enterprises					
国有与集体联营企业	Joint State-collective Enterprises					
其他联营企业	Other Joint Ownership Enterprises	3522		3687		450
有限责任公司	Limited Liability Corporations	3906561	73	4048531	60650	325476
国有独资公司	State Sole Funded Corporations	10150		10018		12199
其他有限责任公司	Other Limited Liability Corporations	3896412	73	4038513	60650	313277
股份有限公司	Share-holding Corporations Ltd.	11629090		13191860		1110272
私营企业	Private Enterprises	1825113	334	1891319	25099	204114
私营独资企业	Private-funded Enterprises	140671		132663		17741
私营合伙企业	Private Partnership Enterprises	1860		2960		32
私营有限责任公司	Private Limited Liability Corporations	1611807	334	1678654	23456	180325
私营股份有限公司	Private Share-holding Corporations Ltd.	70775		77043	1643	6017
其他企业	Other Enterprises	164378		165076		6431
港、澳、台商投资企业	**Enterprises with Funds from Hong Kong, Macao and Taiwan**	**14983**		**17333**	**2374**	**1077**
合资经营企业	Joint-venture Enterprises					
合作经营企业	Cooperative Enterprises					
独资经营企业	Enterprises with Sole Fund	14983		17333	2374	1077
投资股份有限公司	Share-holding Corporations Ltd.					
其他企业	Other Enterprises					
外商投资企业	**Foreign Funded Enterprises**	**3310**		**4722**		**714**
中外合资经营企业	Joint-venture Enterprises					
中外合作经营企业	Cooperation Enterprises					
外资企业	Enterprises with Sole Fund	3310		4722		714
外商投资股份有限公司	Share-holding Corporations Ltd.					

17-5 续表 continued

单位：万元 (10 000 yuan)

项　目	Item	商品购进额 Total Purchases Value	进口 Imports	商品销售额 Total Sales Value	出口 Exports	期末商品库存额 Stock (year-end)
按行业分	**By Sector**					
农、林、牧、产品批发	Wholesale of Agricultural, Forestry and Livestock Products	239088	222	241038	11679	50471
食品饮料及烟草制品批发	Wholesale of Food, Beverages and Tobaccos	1653843	26	2236575	15669	141669
#米、面制品及食用油批发	Wholesale of Rice, Flour and Edible Oil	75877		90182		34356
烟草制品批发	Wholesale of Tobaccos	1232037	26	1713131		68695
纺织、服装及家庭用品批发	Wholesale of Textiles, Wearing Apparel and Household Articles	168490		175409		34628
#服装批发	Wholesale of Garments	18332		18868		7891
文化、体育用品及器材批发	Wholesale of Culture, Sports Appliances and Equipments	171022		146119	13464	38711
医药及医疗器材批发	Wholesale of Medicines and Medical Appliances	716085	112	746156	2532	63936
矿产品、建材及化工产品批发	Wholesale of Mineral Products, Building Materials and Chemical Products	19150308		20924008	10654	1430324
#煤炭及制品批发	Wholesale of Coal and Related Products	176112		185458		23177
石油及制品批发	Wholesale of Petroleum and Related Products	14152938		15833371		1142781
金属及金属矿批发	Wholesale of Metal Materials	3549170		3663930	1480	168429
建材批发	Wholesale of Building Materials	198796		199081		5502
化肥批发	Wholesale of Chemical Fertilizer	678209		638790		63098
机械设备、五金产品及电子产品批发	Wholesale of Machinery, Hardware and Electronics	475038	73	502737	35604	58100
贸易经纪与代理	Trade Broker and Agency					
其他批发	Other Wholesale not Classified Elsewhere	96565		98680		4869

17-6 限额以上批发业企业资产及负债（2012）
Assets and Liabilities of Enterprises above Designated Size of Wholesale Trade (2012)

单位：万元 (10 000 yuan)

项　目	Item	资产总计 Total Assets	#流动资产合计 Working Capitals	#固定资产合计 Total Fixed Assets	负债合计 Total Liabilities	所有者权益合计 Total Owners' Equities
批发业	**Wholesale Trade**	**6039849**	**4757281**	**467185**	**3239941**	**2799908**
按登记注册类型分	**By Status of Registration**					
内资企业	**Domestic Funded Enterprises**	**6026620**	**4744187**	**467051**	**3227883**	**2798737**
国有企业	State-owned Enterprises	918589	698310	134403	282946	635643
集体企业	Collective-owned Enterprises	87105	65597	10045	76551	10554
股份合作企业	Cooperative Enterprises	20645	19228	856	14654	5992
联营企业	Joint Ownership Enterprises	997	206	736	10	987
国有联营企业	State Joint Ownership Enterprises					
集体联营企业	Collective Joint Ownership Enterprises					
国有与集体联营企业	Joint State-collective Enterprises					
其他联营企业	Other Joint Ownership Enterprises	997	206	736	10	987
有限责任公司	Limited Liability Corporations	2486031	1878106	93679	1914434	571598
国有独资公司	State Sole Funded Corporations	10224	9552	608	9052	1172
其他有限责任公司	Other Limited Liability Corporations	2475808	1868554	93071	1905382	570426
股份有限公司	Share-holding Corporations Ltd.	1454733	1238117	159162	178381	1276352
私营企业	Private Enterprises	960034	810378	61856	710051	249983
私营独资企业	Private-funded Enterprises	80938	67825	5101	58767	22172
私营合伙企业	Private Partnership Enterprises	471	248	182	349	122
私营有限责任公司	Private Limited Liability Corporations	843258	719532	50036	632639	210619
私营股份有限公司	Private Share-holding Corporations Ltd.	35367	22772	6538	18297	17070
其他企业	Other Enterprises	98486	34245	6314	50856	47629
港、澳、台商投资企业	**Enterprises with Funds from Hong Kong, Macao and Taiwan**	**11575**	**11468**	**107**	**10551**	**1024**
合资经营企业	Joint-venture Enterprises					
合作经营企业	Cooperative Enterprises					
独资经营企业	Enterprises with Sole Fund	11575	11468	107	10551	1024
投资股份有限公司	Share-holding Corporations Ltd.					
外商投资企业	**Foreign Funded Enterprises**	**1654**	**1626**	**28**	**1507**	**147**
中外合资经营企业	Joint-venture Enterprises					
中外合作经营企业	Cooperation Enterprises					
外资企业	Enterprises with Sole Fund	1654	1626	28	1507	147
外商投资股份有限公司	Share-holding Corporations Ltd.					

17-6 续表 continued

单位：万元 (10 000 yuan)

项　目	Item	资产总计 Total Assets	#流动资产 Working Capitals	#固定资产 Total Fixed Assets	负债合计 Total Liabilities	所有者权益合计 Total Owners' Equities
按行业分	**By Sector**					
农、林、牧、产品批发	Wholesale of Agricultural, Forestry and Livestock Products	169562	144104	19217	139408	30153
食品饮料及烟草制品批发	Wholesale of Food, Beverages and Tobaccos	871442	668276	98197	220902	650541
#米、面制品及食用油批发	Wholesale of Rice, Flour and Edible Oil	63382	48153	13110	58015	5367
烟草制品批发	Wholesale of Tobaccos	557365	481214	50528	28038	529327
纺织、服装及家庭用品批发	Wholesale of Textiles, Wearing Apparel and Household Articles	383895	374750	7762	286627	97268
#服装批发	Wholesale of Garments	11173	10599	115	10828	345
文化、体育用品及器材批发	Wholesale of Culture, Sports Appliances and Equipments	91161	60376	17030	51479	39682
医药及医疗器材批发	Wholesale of Medicines and Medical Appliances	377856	340245	20237	306679	71177
矿产品、建材及化工产品批发	Wholesale of Mineral Products, Building Materials and Chemical Products	3840041	2902839	291042	1972830	1867210
#煤炭及制品批发	Wholesale of Coal and Related Products	97445	88051	4800	83341	14104
石油及制品批发	Wholesale of Petroleum and Related Products	1610199	1305881	209284	272808	1337390
金属及金属矿批发	Wholesale of Metal Materials	1767043	1208873	49034	1338307	428736
建材批发	Wholesale of Building Materials	72088	66040	2076	58787	13301
化肥批发	Wholesale of Chemical Fertilizer	208891	161574	20209	155353	53538
机械设备、五金产品及电子产品批发	Wholesale of Machinery, Hardware and Electronics	270546	237747	8060	237548	32998
贸易经纪与代理	Trade Broker and Agency					
其他批发	Other Wholesale not Classified Elsewhere	35347	28946	5641	24468	10879

17-7 限额以上批发业企业主要财务指标（2012）
Main Financial Indicators of Enterprises above Designated Size of Wholesale Trade (2012)

单位：万元 (10 000 yuan)

项目	Item	主营业务收入 Revenue from Principal Business	主营业务成本 Cost of Principal Business	主营业务税金及附加 Taxes and Other Charges on Principal Business
批发业	**Wholesale Trade**	**22727713**	**21587221**	**115401**
按登记注册类型分	**By Status of Registration**			
内资企业	**Domestic Funded Enterprises**	**22705658**	**21568719**	**115328**
国有企业	State-owned Enterprises	5262898	4697987	98365
集体企业	Collective-owned Enterprises	134054	124550	429
股份合作企业	Cooperative Enterprises	45339	18331	1
联营企业	Joint Ownership Enterprises	3687	2950	116
国有联营企业	State Joint Ownership Enterprises			
集体联营企业	Collective Joint Ownership Enterprises			
国有与集体联营企业	Joint State-collective Enterprises			
其他联营企业	Other Joint Ownership Enterprises	3687	2950	116
有限责任公司	Limited Liability Corporations	3898300	3652117	8653
国有独资公司	State Sole Funded Corporations	10018	9282	
其他有限责任公司	Other Limited Liability Corporations	3888282	3642835	8653
股份有限公司	Share-holding Corporations Ltd.	11439553	11367076	5123
私营企业	Private Enterprises	1784345	1640909	2566
私营独资企业	Private-funded Enterprises	130135	95895	29
私营合伙企业	Private Partnership Enterprises	2960	2648	86
私营有限责任公司	Private Limited Liability Corporations	1583225	1481436	2358
私营股份有限公司	Private Share-holding Corporations Ltd.	68025	60930	93
其他企业	Other Enterprises	137481	64799	75
港、澳、台商投资企业	**Enterprises with Funds from Hong Kong, Macao and Taiwan**	**17333**	**14638**	**59**
合资经营企业	Joint-venture Enterprises			
合作经营企业	Cooperative Enterprises			
独资经营企业	Enterprises with Sole Fund	17333	14638	59
投资股份有限公司	Share-holding Corporations Ltd.			
外商投资企业	**Foreign Funded Enterprises**	**4722**	**3864**	**15**
中外合资经营企业	Joint-venture Enterprises			
中外合作经营企业	Cooperation Enterprises			
外资企业	Enterprises with Sole Fund	4722	3864	15
外商投资股份有限公司	Share-holding Corporations Ltd.			

17-7 续表 continued

单位：万元 (10 000 yuan)

项 目	Item	主营业务收入 Revenue from Principal Business	主营业务成本 Cost of Principal Business	主营业务税金及附加 Taxes and Other Charges on Principal Business
按行业分	**By Sector**			
农、林、牧、产品批发	Wholesale of Agricultural, Forestry and Livestock Products	221313	213556	50
食品饮料及烟草制品批发	Wholesale of Food, Beverages and Tobaccos	2054633	1550722	98137
# 米、面制品及食用油批发	Wholesale of Rice, Flour and Edible Oil	85335	79159	939
烟草制品批发	Wholesale of Tobaccos	1553231	1170546	94422
纺织、服装及家庭用品批发	Wholesale of Textiles, Wearing Apparel and Household Articles	156859	142906	384
# 服装批发	Wholesale of Garments	18236	16060	23
文化、体育用品及器材批发	Wholesale of Culture, Sports Appliances and Equipments	113324	100603	145
医药及医疗器材批发	Wholesale of Medicines and Medical Appliances	714209	646301	1832
矿产品、建材及化工产品批发	Wholesale of Mineral Products, Building Materials and Chemical Products	18866377	18368551	13888
# 煤炭及制品批发	Wholesale of Coal and Related Products	181465	168862	2741
石油及制品批发	Wholesale of Petroleum and Related Products	14024573	13779207	8263
金属及金属矿批发	Wholesale of Metal Materials	3494367	3315484	1448
建材批发	Wholesale of Building Materials	196976	193778	64
化肥批发	Wholesale of Chemical Fertilizer	603622	567613	536
机械设备、五金产品及电子产品批发	Wholesale of Machinery, Hardware and Electronics	504549	472499	553
贸易经纪与代理	Trade Broker and Agency			
其他批发	Other Wholesale not Classified Elsewhere	96451	92083	412

17-8 限额以上零售业企业基本情况（2012）
Basic Conditions of Enterprises above Designated Size in Retail Trade (2012)

项　目	Item	法人企业（个） Number of Corporation Enterprises (unit)	年末从业人数（人） Engaged Persons at Year-end (person)
零售业	**Retail Trade**	**675**	**56216**
按登记注册类型分	**By Status of Registration**		
内资企业	**Domestic Funded Enterprises**	**670**	**54510**
国有企业	State-owned Enterprises	71	4120
集体企业	Collective-owned Enterprises	23	1263
股份合作企业	Cooperative Enterprises	6	342
联营企业	Joint Ownership Enterprises		
国有联营企业	State Joint Ownership Enterprises		
集体联营企业	Collective Joint Ownership Enterprises		
国有与集体联营企业	Joint State-collective Enterprises		
其他联营企业	Other Joint Ownership Enterprises		
有限责任公司	Limited Liability Corporations	270	25287
国有独资公司	State Sole Funded Corporations	5	115
其他有限责任公司	Other Limited Liability Corporations	265	25172
股份有限公司	Share-holding Corporations Ltd.	22	5467
私营企业	Private Enterprises	247	16684
私营独资企业	Private-funded Enterprises	33	1505
私营合伙企业	Private Partnership Enterprises	6	376
私营有限责任公司	Private Limited Liability Corporations	200	14325
私营股份有限公司	Private Share-holding Corporations Ltd.	8	478
其他企业	Other Enterprises	31	1347
港、澳、台商投资企业	**Enterprises with Funds from Hong Kong, Macao and Taiwan**	**4**	**731**
合资经营企业	Joint-venture Enterprises		
合作经营企业	Cooperative Enterprises		
独资经营企业	Enterprises with Sole Fund	4	731
投资股份有限公司	Share-holding Corporations Ltd.		
外商投资企业	**Foreign Funded Enterprises**	**1**	**975**
中外合资经营企业	Joint-venture Enterprises		
中外合作经营企业	Cooperation Enterprises		
外资企业	Enterprises with Sole Fund	1	975
外商投资股份有限公司	Share-holding Corporations Ltd.		

17-8 续表 continued

项　目	Item	法人企业（个）Number of Corporation Enterprises (unit)	年末从业人数（人）Engaged Persons at Year-end (person)
按行业分	**By Sector**		
综合零售	Integrated Retail	151	22850
#百货零售	Retail of General Merchandise	83	15105
超级市场零售	Retail of Supermarkets	57	6814
食品、饮料及烟草制品专门零售	Retail of Food, Beverages and Tobaccos	36	2819
纺织、服装及日用品专门零售	Special Retail of Textiles, Garments and Daily Consumer Articles	26	3417
#服装零售	Retail of Garments	18	2800
文化、体育用品及器材专门零售	Retail of Culture, Sports Appliances and Equipments	64	2095
#体育用品零售	Retail of Sports Goods		
图书零售	Retail of Books	54	1882
医药及医疗器材专门零售	Retail of Medicines and Medical Appliances	41	5428
#药品零售	Retail of Medicines	39	5397
汽车、摩托车、燃料及零配件专门零售	Retail of Motor Vehicles, Motorcycles, Fuel and Parts	253	13389
#汽车零售	Retail of Motor Vehicles	203	8709
机动车燃料零售	Retail of Fuel of Motor Vehicles	36	4339
家用电器及电子产品专门零售	Special Retail of Household Electric Appliances and Electronic Products	60	2403
#日用家电设备零售	Retail of Daily Use Appliances Equipment	23	1184
计算机、软件及辅助设备零售	Retail of Computer, Software and Assistant Appliances	27	611
通信设备零售	Retail of Communication Equipments	4	464
五金、家具及室内装饰材料专门零售	Special Retail of Hardware, Furniture and Decoration Materials	14	3079
货摊、无店铺及其他零售	Stall,Non-shop and Other Retails	30	736

17−9 限额以上零售业企业购销存情况（2012）

Total Purchases, Sales and Stock of Enterprises above Designated Size of Retail Trade (2012)

单位：万元 (10 000 yuan)

项　目	Item	商品购进额 Total Purchases Value	进口 Imports	商品销售额 Total Sales Value	出口 Exports	期末商品库存额 Stock (year-end)
零售业	**Retail Trade**	**6142047**	**65793**	**6830047**	**5160**	**630043**
按登记注册类型分	**By Status of Registration**					
内资企业	**Domestic Funded Enterprises**	**6032879**	**57036**	**6707038**	**5160**	**623737**
国有企业	State-owned Enterprises	969515	1208	1063463		51047
集体企业	Collective-owned Enterprises	92618		101797		8301
股份合作企业	Cooperative Enterprises	30462		29624		2135
联营企业	Joint Ownership Enterprises					
国有联营企业	State Joint Ownership Enterprises					
集体联营企业	Collective Joint Ownership Enterprises					
国有与集体联营企业	Joint State-collective Enterprises					
其他联营企业	Other Joint Ownership Enterprises					
有限责任公司	Limited Liability Corporations	1700067	32136	1697093		302375
国有独资公司	State Sole Funded Corporations	10747		10853		1134
其他有限责任公司	Other Limited Liability Corporations	1689320	32136	1686241		301241
股份有限公司	Share-holding Corporations Ltd.	1724376		2065218		28026
私营企业	Private Enterprises	1318293	19453	1517271	5160	211767
私营独资企业	Private-funded Enterprises	149978	661	151828		23083
私营合伙企业	Private Partnership Enterprises	82359		40640		48709
私营有限责任公司	Private Limited Liability Corporations	1042079	18792	1285395	5160	133206
私营股份有限公司	Private Share-holding Corporations Ltd.	43877		39408		6770
其他企业	Other Enterprises	197549	4239	232572		20086
港、澳、台商投资企业	**Enterprises with Funds from Hong Kong, Macao and Taiwan**	**93116**	**8757**	**103651**		**5831**
合资经营企业	Joint-venture Enterprises					
合作经营企业	Cooperative Enterprises					
独资经营企业	Enterprises with Sole Fund	93116	8757	103651		5831
投资股份有限公司	Share-holding Corporations Ltd.					
外商投资企业	**Foreign Funded Enterprises**	**16052**		**19359**		**475**
中外合资经营企业	Joint-venture Enterprises					
中外合作经营企业	Cooperation Enterprises					
外资企业	Enterprises with Sole Fund	16052		19359		475
外商投资股份有限公司	Share-holding Corporations Ltd.					

17-9 续表 continued

单位：万元 (10 000 yuan)

项　目	Item	商品购进额 Total Purchases Value	进口 Imports	商品销售额 Total Sales Value	出口 Exports	期末商品库存额 Stock (year-end)
按行业分	**By Sector**					
综合零售	Integrated Retail	1027200	4818	1283382		209672
#百货零售	Retail of General Merchandise	698500	661	975978		94015
超级市场零售	Retail of Supermarkets	281957	4157	260023		112302
食品、饮料及烟草制品专门零售	Retail of Food, Beverages and Tobaccos	167186	3157	174974	3863	33756
纺织、服装及日用品专门零售	Special Retail of Textiles, Garments and Daily Consumer Articles	76687		77517		23966
#服装零售	Retail of Garments	55437		55801		17341
文化、体育用品及器材专门零售	Retail of Culture, Sports Appliances and Equipments	129739	1058	126595		23952
#体育用品零售	Retail of Sports Goods					
图书零售	Retail of Books	110915	1058	108705		16007
医药及医疗器材专门零售	Retail of Medicines and Medical Appliances	167171	2570	181213		45501
#药品零售	Retail of Medicines	163946		178122		45270
汽车、摩托车、燃料及零配件专门零售	Retail of Motor Vehicles, Motorcycles, Fuel and Parts	4175545	53333	4545035	1297	248545
#汽车零售	Retail of Motor Vehicles	1759624	52124	1775755	1297	197038
机动车燃料零售	Retail of Fuel of Motor Vehicles	2372118	1208	2727970		41964
家用电器及电子产品专门零售	Special Retail of Household Electric Appliances and Electronic Products	249065		264246		26646
#日用家电设备零售	Retail of Daily Use Appliances Equipment	104910		119334		8391
计算机、软件及辅助设备零售	Retail of Computer, Software and Assistant Appliances	54372		58091		7068
通信设备零售	Retail of Communication Equipments	56569		53699		9152
五金、家具及室内装饰材料专门零售	Special Retail of Hardware, Furniture and Decoration Materials	33180	857	33630		2806
货摊、无店铺及其他零售	Stall,Non-shop and Other Retails	116275		143455		15200

17-10 限额以上零售业企业资产及负债（2012）

Assets and Liabilities of Enterprises above Designated Size of Retail Trade (2012)

单位：万元 (10 000 yuan)

项 目	Item	资产总计 Total Assets	#流动资产合计 Working Capitals	#固定资产合计 Total Fixed Assets	负债合计 Total Liabilities	所有者权益合计 Total Owners' Equities
零售业	**Retail Trade**	**2468104**	**1730774**	**413544**	**1783881**	**684223**
按登记注册类型分	**By Status of Registration**					
内资企业	**Domestic Funded Enterprises**	**2408359**	**1699274**	**399712**	**1740844**	**667515**
国有企业	State-owned Enterprises	136487	92136	31743	82331	54156
集体企业	Collective-owned Enterprises	34465	20074	10567	24369	10096
股份合作企业	Cooperative Enterprises	5622	2806	2720	4361	1261
联营企业	Joint Ownership Enterprises					
国有联营企业	State Joint Ownership Enterprises					
集体联营企业	Collective Joint Ownership Enterprises					
国有与集体联营企业	Joint State-collective Enterprises					
其他联营企业	Other Joint Ownership Enterprises					
有限责任公司	Limited Liability Corporations	916366	665707	131181	701170	215197
国有独资公司	State Sole Funded Corporations	6527	4295	2171	3720	2807
其他有限责任公司	Other Limited Liability Corporations	909839	661412	129010	697450	212389
股份有限公司	Share-holding Corporations Ltd.	231445	128710	69468	162940	68505
私营企业	Private Enterprises	975765	709262	133484	697589	278175
私营独资企业	Private-funded Enterprises	74449	49011	12738	46162	28287
私营合伙企业	Private Partnership Enterprises	18169	15782	1831	16258	1910
私营有限责任公司	Private Limited Liability Corporations	837004	603522	116135	595227	241777
私营股份有限公司	Private Share-holding Corporations Ltd.	46144	40947	2780	39942	6202
其他企业	Other Enterprises	108210	80579	20549	68085	40125
港、澳、台商投资企业	**Enterprises with Funds from Hong Kong, Macao and Taiwan**	**53489**	**25858**	**13217**	**38172**	**15317**
合资经营企业	Joint-venture Enterprises					
合作经营企业	Cooperative Enterprises					
独资经营企业	Enterprises with Sole Fund	53489	25858	13217	38172	15317
投资股份有限公司	Share-holding Corporations Ltd.					
外商投资企业	**Foreign Funded Enterprises**	**6256**	**5641**	**615**	**4865**	**1391**
中外合资经营企业	Joint-venture Enterprises					
中外合作经营企业	Cooperation Enterprises					
外资企业	Enterprises with Sole Fund	6256	5641	615	4865	1391
外商投资股份有限公司	Share-holding Corporations Ltd.					

17-10 续表 continued

单位：万元 (10 000 yuan)

项　目	Item	资产总计 Total Assets	#流动资产合计 Working Capitals	#固定资产合计 Total Fixed Assets	负债合计 Total Liabilities	所有者权益合计 Total Owners' Equities
按行业分	**By Sector**					
综合零售	Integrated Retail	764622	447001	205902	527100	237522
#百货零售	Retail of General Merchandise	607312	340400	174161	418881	188431
超级市场零售	Retail of Supermarkets	133844	93829	24485	95291	38553
食品、饮料及烟草制品专门零售	Retail of Food, Beverages and Tobaccos	131886	78122	25275	104006	27879
纺织、服装及日用品专门零售	Special Retail of Textiles, Garments and Daily Consumer Articles	67500	50454	13071	45030	22470
#服装零售	Retail of Garments	51071	35725	11895	33071	18000
文化、体育用品及器材专门零售	Retail of Culture, Sports Appliances and Equipments	104701	75619	25130	64348	40353
#体育用品零售	Retail of Sports Goods					
图书零售	Retail of Books	93506	65420	24233	58796	34710
医药及医疗器材专门零售	Retail of Medicines and Medical Appliances	106759	65632	11022	85101	21658
#药品零售	Retail of Medicines	104949	63841	11002	83719	21230
汽车、摩托车、燃料及零配件专门零售	Retail of Motor Vehicles, Motorcycles, Fuel and Parts	1008376	802309	83752	768623	239753
#汽车零售	Retail of Motor Vehicles	923953	744608	73960	725655	198299
机动车燃料零售	Retail of Fuel of Motor Vehicles	72443	47873	8216	34833	37610
家用电器及电子产品专门零售	Special Retail of Household Electric Appliances and Electronic Products	139966	127853	7182	101831	38135
#日用家电设备零售	Retail of Daily Use Appliances Equipment	81732	73835	5038	59288	22443
计算机、软件及辅助设备零售	Retail of Computer, Software and Assistant Appliances	28729	26315	1136	15906	12823
通信设备零售	Retail of Communication Equipments	17663	16824	649	15913	1750
五金、家具及室内装饰材料专门零售	Special Retail of Hardware, Furniture and Decoration Materials	64100	25892	29642	29315	34786
货摊、无店铺及其他零售	Stall,Non-shop and Other Retails	80195	57893	12568	58528	21667

17-11 限额以上零售业企业主要财务指标（2012）
Main Financial Indicators of Enterprises above Designated Size of Retail Trade (2012)

单位：万元 (10 000 yuan)

项目	Item	主营业务收入 Revenue from Principal Business	主营业务成本 Cost of Principal Business	主营业务税金及附加 Taxes and Other Charges on Principal Business
零售业	**Retail Trade**	**6301995**	**5581334**	**26935**
按登记注册类型分	**By Status of Registration**			
内资企业	**Domestic Funded Enterprises**	**6164787**	**5468362**	**26188**
国有企业	State-owned Enterprises	962509	888358	1056
集体企业	Collective-owned Enterprises	90985	43573	294
股份合作企业	Cooperative Enterprises	29560	25836	45
联营企业	Joint Ownership Enterprises			
国有联营企业	State Joint Ownership Enterprises			
集体联营企业	Collective Joint Ownership Enterprises			
国有与集体联营企业	Joint State-collective Enterprises			
其他联营企业	Other Joint Ownership Enterprises			
有限责任公司	Limited Liability Corporations	1588234	1382590	8146
国有独资公司	State Sole Funded Corporations	10852	8231	416
其他有限责任公司	Other Limited Liability Corporations	1577383	1374359	7729
股份有限公司	Share-holding Corporations Ltd.	1794928	1668518	4238
私营企业	Private Enterprises	1469500	1252942	11927
私营独资企业	Private-funded Enterprises	132834	102759	1239
私营合伙企业	Private Partnership Enterprises	38246	26495	147
私营有限责任公司	Private Limited Liability Corporations	1259241	1086422	10426
私营股份有限公司	Private Share-holding Corporations Ltd.	39179	37265	115
其他企业	Other Enterprises	229072	206545	484
港、澳、台商投资企业	**Enterprises with Funds from Hong Kong, Macao and Taiwan**	**121013**	**99034**	**664**
合资经营企业	Joint-venture Enterprises			
合作经营企业	Cooperative Enterprises			
独资经营企业	Enterprises with Sole Fund	121013	99034	664
投资股份有限公司	Share-holding Corporations Ltd.			
外商投资企业	**Foreign Funded Enterprises**	**16195**	**13938**	**83**
中外合资经营企业	Joint-venture Enterprises			
中外合作经营企业	Cooperation Enterprises			
外资企业	Enterprises with Sole Fund	16195	13938	83
外商投资股份有限公司	Share-holding Corporations Ltd.			

17-11 续表 continued

单位：万元 (10 000 yuan)

项　目	Item	主营业务收入 Revenue from Principal Business	主营业务成本 Cost of Principal Business	主营业务税金及附加 Taxes and Other Charges on Principal Business
按行业分	**By Sector**			
综合零售	Integrated Retail	1179556	904275	12577
#百货零售	Retail of General Merchandise	901575	711463	8806
超级市场零售	Retail of Supermarkets	252587	169361	2689
食品、饮料及烟草制品专门零售	Retail of Food, Beverages and Tobaccos	165456	133056	580
纺织、服装及日用品专门零售	Special Retail of Textiles, Garments and Daily Consumer Articles	71381	55504	433
#服装零售	Retail of Garments	50864	38909	382
文化、体育用品及器材专门零售	Retail of Culture, Sports Appliances and Equipments	118099	91405	1021
#体育用品零售	Retail of Sports Goods			
图书零售	Retail of Books	100881	76456	627
医药及医疗器材专门零售	Retail of Medicines and Medical Appliances	171707	136116	2287
#药品零售	Retail of Medicines	168647	133220	2277
汽车、摩托车、燃料及零配件专门零售	Retail of Motor Vehicles, Motorcycles, Fuel and Parts	4172835	3891636	7314
#汽车零售	Retail of Motor Vehicles	1721396	1591373	4163
机动车燃料零售	Retail of Fuel of Motor Vehicles	2410477	2267578	2574
家用电器及电子产品专门零售	Special Retail of Household Electric Appliances and Electronic Products	249199	225452	1294
#日用家电设备零售	Retail of Daily Use Appliances Equipment	118573	104292	674
计算机、软件及辅助设备零售	Retail of Computer, Software and Assistant Appliances	58819	54304	464
通信设备零售	Retail of Communication Equipments	38548	34946	71
五金、家具及室内装饰材料专门零售	Special Retail of Hardware, Furniture and Decoration Materials	32986	23751	790
货摊、无店铺及其他零售	Stall,Non-shop and Other Retails	140776	120141	639
#互联网零售	Internet Retail			
邮购及电视、电话零售	Retail of Post and TV, Telephone			

17-12 限额以上批发零售贸易业商品分类销售额
Total Sales of Enterprises above Designated Size in Wholesale and Refail Trade by Category of Main Commodities

单位：万元 (10 000 yuan)

项 目	Item	销售合计 Total Sales		批 发 Wholesale Trade		零 售 Retail Trade	
		2011	2012	2011	2012	2011	2012
合 计	**Total**	**25899541**	**30935007**	**20469922**	**23576210**	**5429619**	**7358797**
粮油、食品、饮料、烟酒	Food, Beverages, Tobacco and Liquor	2336887	2773052	1847700	2130869	489187	642183
#粮油、食品类	Food	518438	641798	217316	289224	301122	352574
粮油	Grain and Oil	184914	231511	111648	145908	73266	85603
肉禽蛋	Meat, Poultry and Eggs	30476	41172	285	7844	30191	33328
水产品类	Aquatic Products	9870	12307	41	240	9829	12067
蔬菜类	Vegetables	47658	70963	6361	26979	41297	43984
干鲜果品	Dried and Fresh Melons and Fruits	26199	42189	3602	11128	22597	31061
#饮料类	Beverages	129660	89814	100814	53027	28846	36787
#烟酒类	Tobacco and Liquor	1688789	2041440	1529570	1788619	159219	252821
服装鞋帽、针、纺织品	Clothing, Shoes, Hats and Textiles	386229	497496	5548	11468	380681	486028
化妆品	Cosmetics	81318	105757	29783	40407	51535	65350
金银珠宝	Gold, Silver and Jewelry	150374	192127	33258	51466	117116	140661
日用品	Articles for Daily Use	127752	144038	23307	27365	104445	116673
五金、电器	Hardware and Electrical Materials	20319	56775	5089	5143	15230	51632
体育、娱乐用品	Sports and Recreational Articles	13281	18072	5	1076	13276	16996
书报杂志	Newspapers and Magazines	138800	175255	49416	65414	89384	109841
电子出版物及音像制品	E-journal and Video Products	24514	4061	62	368	24452	3693
家用电器和音像器材	Household Appliances and Video Appliances	703388	278277	551138	102066	152250	176211
中西药品	Traditional Chinese and Western Medicines	558772	761264	442210	587106	116562	174158
文化办公用品	Cultural and Official Goods	131773	128002	47420	63288	84353	64714
家具	Furniture	8747	13536		1543	8747	11993
通讯器材	Communication Appliances	71103	66763	29730	6023	41373	60740
煤炭及制品	Coal and Related Products	163088	210449	136904	119674	26184	90775
木材及制品	Wood and Wooden Products	255	357	255	357		
石油及制品	Petroleum and Related Products	15530280	18636632	13129831	15291901	2400449	3344731
化工材料及制品	Raw Chemical Materials and Related Products	576278	870138	576278	870138		
#化肥	Fertilizer	283329	586138	283329	586138		
金属材料	Metal Materials	2734876	3232768	2734876	3232768		
建筑及装潢材料	Building and Decoration Materials	187128	342684	165807	310469	21321	32215
机电产品及设备	Mechanical and Electrical Products	267442	214020	240105	180161	27337	33859
#农机	Agricultural Mechinery	15560	26349	15560	26349		
汽车	Automobile	1439491	1828210	235779	205267	1203712	1622943
种子、饲料	Seed and Feedstuff	35372	43627	35372	43627		
棉麻	Cotton and Hemp	63488	75456	39993	42674	23495	32782
其他	Others	148587	266192	110058	185572	38530	80620

17-13 限额以上批发零售业主要商品购进、销售及库存（2012）
Total Purchases, Sales and Stock of Enterprises above Designated Size of Retail Trade(2012)

项 目	Item	商品购进量 Total Purchases Value	商品销售量 Total Sales Value	期末商品库存量 Commodity Stocks (year-end)
食用植物油（吨）	Edible Vegetable Oil (ton)	12842171	12941893	1103790
猪肉（吨）	Pork (ton)	6900373	7722893	249028
牛肉（吨）	Beef (ton)	775104	947704	4267
羊肉（吨）	Mutton (ton)	760016	896051	11271
鲜蛋（吨）	Eggs (ton)	5693170	6336676	305946
彩色电视机（台）	Color Television Set (unit)	309221	407219	130432
家用电冰箱（台）	Household Refrigerator (unit)	57883	83773	5778
房间空调（台）	Room Air Conditioner (unit)	92209	99023	2266
电脑（微型计算机）（台）	Personal Computer (unit)	239642	253224	19535
汽车（辆）	Automobile (unit)	215678	212869	73186
# 轿车	Car	123456	118274	15881
煤炭（吨）	Coal (ton)	5312434	4677941	777065
汽油（吨）	Gasoline (ton)	6142247	5930613	666386
柴油（吨）	Diesel Oil (ton)	15250198	14728239	1124391
钢材（吨）	Rolled Steel (ton)	7389583	7360515	389803
铝（吨）	Aluminum (ton)	13608	13638	73
水泥（吨）	Cement (ton)	2341056	2311273	68929
化学肥料（吨）	Chemical Fertilizers (ton)	1860349	1908012	142412
化学农药（吨）	Chemical Pesticide (ton)	208	212	3

17-14 亿元以上商品交易市场摊位分类情况（2012）
Classification of Commodity Exchange Markets of Transaction Value over 100 Million Yuan (2012)

类 别	Classification	年末出租摊位数（个） Number of Booths (year-end) (unit)	成交额（万元） Turnover (10 000yuan)
总 计	**Total**	**31029**	**4614217**
食品、饮料、烟酒类	Food, Beverages, Tobacco and Liquor	9645	1700176
食品类	Food	8649	1532231
#粮油类	Grain and Oil	785	234232
肉禽蛋类	Meat, Poultry and Eggs	700	256942
水产品类	Aquatic Products	662	277269
蔬菜类	Vegetables	4882	442955
干鲜果品类	Dried and Fresh Melons and Fruits	1109	278682
饮料类	Beverages	427	59500
烟酒类	Tobacco and Liquor	569	108445
服装鞋帽、针、纺织品类	Clothing, Shoes, Hats and Textiles	9035	612523
服装类	Clothing	6767	532750
鞋帽类	Footwear and Hats	1007	28203
针、纺织品类	Knitwear and Textiles	1261	51570
化妆品类	Cosmetics	443	71710
金银珠宝类	Gold, Silver and Jewellery	36	12465
日用品类	Articles for Daily Use	1315	201174
#洗涤用品类	Washing Articles	469	90645
儿童玩具类	Children Toys	215	51949
五金、电料类	Hardware & Electrical Materials	1210	65619
体育、娱乐用品类	Sports & Recreational Articles	226	33778
书报杂志类	Newspapers and Magazines	329	1581
电子出版物及音像制品类	E-journal and Video Products	266	11448
家用电器和音像器材类	Household Appliances and Video Equipments	616	160711
中西药品类	Traditional Chinese and Western Medicine	197	39756
#西药类	Western Medicine	184	29183
中草药及中成药类	Traditional Chinese	13	7273
文化办公用品类	Cultural and Official Goods	778	231239
家具类	Furniture	1442	129516
通讯器材类	Communication Appliances	62	7337
煤炭及制品类	Coal and Related Products	7	769
木材及制品类	Wood and Wooden Products	126	43878
石油及制品类	Petroleum and Related Products		
化工材料及制品类	Raw Chemical Materials and Related Products	64	13413
#化肥类	Fertilizer	45	13193
金属材料类	Metal Materials	2035	984668
建筑及装潢材料类	Building and Decoration Materials	1598	198675
机电产品及设备类	Mechanical & Electrical Products	181	33920
#农机类	Agricultural Machinery		
汽车类	Automobile		
种子饲料类	Seed and Feedstuff	17	5120
棉麻类	Cotton and Hemp	58	2972
其他类	Others	1343	51769

17-15 各地区限额以上批发业企业基本情况和主要财务指标（2012）
Basic Conditions and Main Financial Indicators of Enterprises above Designated Size of Wholesale Trade by Region(2012)

单位：万元 (10 000 yuan)

地区	Region	法人企业（个）Number of Corporation Enterprises (unit)	年末从业人数（人）Engaged Persons at Year-end (person)	商品销售额 Total Sales	主营业务收入 Revenue from Principal Business	主营业务成本 Cost of Principal Business	主营业务税金及附加 Taxes and Other Charges on Principal Business
兰州市	Lanzhou	179	12331	18126597	16181938	15843415	29086
嘉峪关市	Jiayuguan	26	724	897275	774117	684103	2628
金昌市	Jinchang	18	878	221723	203363	124222	2572
白银市	Baiyin	24	787	247558	243661	185548	5906
天水市	Tianshui	49	2068	765271	758258	705248	9871
武威市	Wuwei	18	1265	396733	406672	360158	5888
张掖市	Zhangye	22	1388	511881	511881	469830	9076
平凉市	Pingliang	11	783	492108	411753	377971	5753
酒泉市	Jiuquan	23	1706	1988633	1888406	1781594	6608
庆阳市	Qingyang	10	1320	566364	514882	406954	11045
定西市	Dingxi	15	1059	322609	322721	253257	7294
陇南市	Longnan	4	1243	255751	236515	166541	8730
临夏州	Linxia	9	1050	223441	222283	187199	8186
甘南州	Gannan	5	246	54781	51265	41180	2761

17-16 各地区限额以上零售业企业基本情况和主要财务指标（2012）
Basic Conditions and Main Financial Indicators of Enterprises above Designated Size of Retail Trade by Region (2012)

单位：万元 (10 000 yuan)

地区	Region	法人企业（个）Number of Corporation Enterprises (unit)	年末从业人数（人）Engaged Persons at Year-end (person)	商品销售额 Total Sales	主营业务收入 Revenue from Principal Business	主营业务成本 Cost of Principal Business	主营业务税金及附加 Taxes and Other Charges on Principal Business
兰州市	Lanzhou	173	22096	3451522	3123000	2797594	11114
嘉峪关市	Jiayuguan	21	1617	177458	157933	139019	401
金昌市	Jinchang	25	1027	201749	201917	182569	343
白银市	Baiyin	46	3398	575510	533460	479358	1184
天水市	Tianshui	91	9471	676271	632656	560537	965
武威市	Wuwei	26	1109	77596	71412	65350	159
张掖市	Zhangye	45	1860	206227	194403	132744	1019
平凉市	Pingliang	34	2594	110640	103833	91912	879
酒泉市	Jiuquan	96	3593	392499	327914	301049	2968
庆阳市	Qingyang	49	4653	190598	188023	129780	3484
定西市	Dingxi	24	1435	362632	361726	332421	268
陇南市	Longnan	24	1973	265387	263319	242910	434
临夏州	Linxia	18	1008	37937	37195	28144	3607
甘南州	Gannan	3	382	104021	105205	97947	111

17-17 按城乡分各地县社会消费品零售总额（2012）

Total Retail Sale of Consumer Goods of Urban and Rural Areas by Region,County (2012)

单位：万元 (10 000 yuan)

地 区	Region	社会消费品零售总额 Total Retail Sales of Consumer Goods	城镇 Urban	城区 City	乡村 Rural
兰州市	**Lanzhou**	**7458157**	**6525060**	**4817909**	**933097**
城关区	Chengguan	4294364	4294364	4294364	
七里河区	Qilihe	1300256	897177	193790	403079
西固区	Xigu	867160	686918	95822	180242
安宁区	Anning	423497	245628	226039	177869
红古区	Honggu	225550	225234	7894	316
永登县	Yongdeng	144926	55655		89271
皋兰县	Gaolan	55105	30232		24873
榆中县	Yuzhong	147299	89852		57447
嘉峪关市	**Jiayuguan**	**346080**	**346080**	**346080**	
金昌市	**Jinchang**	**505375**	**439171**	**429613**	**66203**
金川区	Jinchuan	350844	350844	350844	
永昌县	Yongchang	154531	88328	78770	66203
白银市	**Baiyin**	**1200916**	**1018150**	**641044**	**182766**
白银区	Baiyin	624724	624724	420561	
平川区	Pingchuan	138983	138983	118020	
靖远县	Jingyuan	150616	86402	37218	64214
会宁县	Huining	176821	85568	33415	91253
景泰县	Jingtai	109771	82473	31831	27299
天水市	**Tianshui**	**1780045**	**1317983**	**1063905**	**462062**
秦州区	Qinzhou	571240	469186	325271	102054
麦积区	Maiji	563408	455670	451731	107738
清水县	Qingshui	50450	26939	13742	23511
秦安县	Qinan	195649	111890	97530	83758
甘谷县	Gangu	202419	117621	108414	84798
武山县	Wushan	148368	105363	49932	43005
张家川县	Zhangjiachuan	48511	31313	17286	17198
武威市	**Wuwei**	**1047232**	**698973**	**493276**	**348259**
凉州区	Liangzhou	616891	463072	381928	153819
民勤县	Minqin	153164	84909	6718	68255
古浪县	Gulang	120655	75141	51070	45514
天祝县	Tianzhu	156522	75851	53560	80671
张掖市	**Zhangye**	**931749**	**715997**	**642284**	**215752**

17-17 续表 1 continued

单位：万元 (10 000 yuan)

地　区	Region	社会消费品零售总　额 Total Retail Sales of Consumer Goods	城镇 Urban	城区 City	乡村 Rural
甘州区	Ganzhou	567792	473048	450435	94744
肃南县	Sunan	30472	15296	15296	15176
民乐县	Minle	93823	42127	25633	51695
临泽县	Linze	73537	46937	38364	26600
高台县	Gaotai	80207	70086	51714	10121
山丹县	Shandan	85920	68503	60841	17417
平凉市	**Pingliang**	**1212120**	**853345**	**614455**	**358775**
崆峒区	Kongtong	508471	441804	423387	66667
泾川县	Jingchuan	151714	73528	28480	78186
灵台县	Lingtai	80163	42158		38005
崇信县	Chongxin	47437	27910	26472	19527
华亭县	Huating	139931	100438	19787	39493
庄浪县	Zhuanglang	116142	65997	56503	50146
静宁县	Jingning	168263	101511	59826	66752
酒泉市	**Jiuquan**	**1239896**	**1011568**	**920311**	**228327**
肃州区	Suzhou	527795	430475	430475	97320
金塔县	Jinta	85264	65359	60220	19905
瓜州县	Guazhou	141063	109124	66360	31939
肃北县	Subei	13398	11767	7100	1631
阿克塞县	Akesai	12978	11394	11394	1584
玉门市	Yumen	185311	160919	160224	24392
敦煌市	Dunhuang	274087	222530	184538	51556
庆阳市	**Qingyang**	**1298367**	**987569**	**725330**	**310798**
西峰区	Xifeng	426540	369710	342011	56830
庆城县	Qingcheng	193862	116317	78339	77545
环　县	Huanxian	101063	73532	45336	27531
华池县	Huachi	69517	43001	26526	26516
合水县	Heshui	67850	46948	29415	20903
正宁县	Zhengning	93289	57574	33716	35715
宁　县	Ningxian	187682	139611	83130	48071
镇原县	Zhenyuan	158564	140877	86857	17688
定西市	**Dingxi**	**733404**	**624509**	**505424**	**108896**
安定区	Anding	245771	245771	245515	
通渭县	Tongwei	50228	40712	28371	9515

17-17 续表 2 continued

单位：万元 (10 000 yuan)

地 区	Region	社会消费品零售总 额 Total Retail Sales of Consumer Goods	城镇 Urban	城区 City	乡村 Rural
陇西县	Longxi	170810	147178	118334	23632
渭源县	Weiyuan	46383	31623	25782	14760
临洮县	Lintao	124049	99653	74222	24396
漳 县	Zhangxian	25827	15853	13200	9974
岷 县	Minxian	70338	43719		26619
陇南市	**Longnan**	**570110**	**418136**	**278083**	**151974**
武都区	Wudu	194388	169320	158618	25068
成 县	Chengxian	67932	47613	7387	20319
文 县	Wenxian	46288	26843	20572	19445
宕昌县	Tanchang	49837	28759	22358	21078
康 县	Kangxian	45296	27114	17599	18182
西和县	Xihe	47191	32405	13498	14786
礼 县	Lixian	58081	38276	9058	19806
徽 县	Huixian	46129	38903	21873	7227
两当县	Liangdang	14968	8904	7120	6064
临夏州	**Linxia**	**475378**	**394828**	**211059**	**80550**
临夏市	linxia	242722	242722	211059	
临夏县	linxia	42912	30869		12043
康乐县	Kangle	34954	19474		15480
永靖县	Yongjing	41715	31783		9932
广河县	Guanghe	47144	28478		18666
和政县	Hezheng	21220	15569		5652
东乡县	Dongxiang	14855	10251		4603
积石山县	Jishishan	29856	15682		14174
甘南州	**Gannan**	**266214**	**219415**	**215639**	**46799**
合作市	Hezuo	87720	87720	87720	
临潭县	Lintan	28480	20071	17295	8409
卓尼县	Zhuoni	25800	17775	16775	8025
舟曲县	Zhouqu	24990	18775	18775	6215
迭部县	Diebu	22165	17627	17627	4538
玛曲县	Maqu	22714	17384	17384	5330
碌曲县	Luqu	16580	13996	13996	2584
夏河县	Xiahe	37765	26067	26067	11698

17-18 按行业分各地县社会消费品零售总额（2012）

Total Retail Sale of Consumer Goods by Sector and Region, County(2012)

单位：万元 (10 000 yuan)

地 区	Region	社会消费品零售总额 Total Retail Sales of Consumer Goods	批发业 Wholesalel Trade	零售业 Retail Trade	住宿业 Hotels	餐饮业 Catering Sevices	其他 Other
兰州市	**Lanzhou**	**7458157**	**537592**	**5603092**	**51627**	**1164905**	**100941**
城关区	Chengguan	4294364	236533	3558174	31202	396456	72000
七里河区	Qilihe	1300256	249969	846156	12263	191868	
西固区	Xigu	867160	926	485955	1515	350764	28000
安宁区	Anning	423497	9723	338127		75647	
红古区	Honggu	225550	21212	134525	1442	68371	
永登县	Yongdeng	144926	11200	100843	4127	27815	941
皋兰县	Gaolan	55105	443	43345	789	10528	
榆中县	Yuzhong	147299	7586	95968	289	43456	
嘉峪关市	**Jiayuguan**	**346080**	**5164**	**268856**	**5565**	**51899**	**14596**
金昌市	**Jinchang**	**505375**	**74900**	**325051**	**8735**	**92558**	**4131**
金川区	Jinchuan	352975	74900	219080	5061	51803	2131
永昌县	Yongchang	152400		105970	3674	40756	2000
白银市	**Baiyin**	**1200916**	**87812**	**941778**	**4586**	**148333**	**18407**
白银区	Baiyin	624724	58218	487770	589	71235	6913
平川区	Pingchuan	138983	12563	91241	62	32149	2968
靖远县	Jingyuan	150616	3824	123266	1046	22449	33
会宁县	Huining	176821	9626	150724	546	7603	8322
景泰县	Jingtai	109771	3581	88778	2343	14898	172
天水市	**Tianshui**	**1780045**	**162802**	**1269088**	**37641**	**272996**	**37519**
秦州区	Qinzhou	571240	93362	336672	12735	116288	12183
麦积区	Maiji	563408	59711	419081	2146	70458	12014
清水县	Qingshui	50450	4721	34078	3737	6943	972
秦安县	Qinan	195649	4052	166346	996	20157	4097
甘谷县	Gangu	202419		150696	14905	32575	4243
武山县	Wushan	148368		127075	2222	15992	3080
张家川县	Zhangjiachuan	48511	956	35141	900	10584	930
武威市	**Wuwei**	**1047232**	**92055**	**699036**	**3844**	**228253**	**24044**
凉州区	Liangzhou	616891	52153	406259	1200	143836	13443
民勤县	Minqin	153164	28637	90878	355	26851	6443
古浪县	Gulang	120655	365	101494	1924	14998	1874
天祝县	Tianzhu	156522	10900	100405	365	42568	2284
张掖市	**Zhangye**	**931749**	**300019**	**467700**	**7922**	**156110**	

17-18 续表 1 continued

单位：万元 (10 000 yuan)

地 区	Region	社会消费品零售总额 Total Retail Sales of Consumer Goods	批发业 Wholesalel Trade	零售业 Retail Trade	住宿业 Hotels	餐饮业 Catering Sevices	其他 Other
甘州区	Ganzhou	567792	246293	222872	1534	97093	
肃南县	Sunan	30472	678	25285	209	4300	
民乐县	Minle	93823	6596	55940	1580	29707	
临泽县	Linze	73537	1906	64111	2404	5116	
高台县	Gaotai	80207	39274	36323	450	4161	
山丹县	Shandan	85920	5273	63170	1745	15733	
平凉市	**Pingliang**	**1212120**	**334993**	**702732**	**34556**	**120085**	**19755**
崆峒区	Kongtong	508471	292627	166639	11459	29754	7992
泾川县	Jingchuan	151714	3727	111407	3513	28517	4550
灵台县	Lingtai	80163	11730	57741		10693	
崇信县	Chongxin	47437	1280	34783	264	11110	
华亭县	Huating	139931	6930	94676	14965	19397	3963
庄浪县	Zhuanglang	116142	12719	93114	743	9567	
静宁县	Jingning	168263	5980	144371	3613	11048	3250
酒泉市	**Jiuquan**	**1239896**	**483406**	**602717**	**22506**	**114219**	**17047**
肃州区	Suzhou	527795	139575	321501	7874	47281	11564
金塔县	Jinta	85264	51130	27275	683	4823	1354
瓜州县	Guazhou	141063	104545	27415	4603	4319	180
肃北县	Subei	13398	3528	8119	320	1249	182
阿克塞县	Akesai	12978	7842	3047	9	2081	
玉门市	Yumen	185311	119854	44850	931	19676	
敦煌市	Dunhuang	274087	56933	170510	8086	34790	3767
庆阳市	**Qingyang**	**1298367**	**252815**	**823869**	**22986**	**177962**	**20736**
西峰区	Xifeng	426540	73841	268314	4279	73295	6812
庆城县	Qingcheng	193862	36944	105304	2135	46383	3096
环 县	Huanxian	101063	18818	60701	8603	11326	1614
华池县	Huachi	69517	10209	46899	2598	8700	1110
合水县	Heshui	67850	19691	39074	1679	6323	1084
正宁县	Zhengning	93289	16208	65688	1383	8521	1490
宁 县	Ningxian	187682	40184	129051	1696	13755	2997
镇原县	Zhenyuan	158564	36922	108838	614	9659	2532
定西市	**Dingxi**	**733404**	**32103**	**589417**	**23673**	**88211**	
安定区	Anding	245771		213222	2784	29764	
通渭县	Tongwei	50228	12154	32954	992	4127	

17-18 续表 2 continued

单位：万元 (10 000 yuan)

地 区	Region	社会消费品零售总额 Total Retail Sales of Consumer Goods	批发业 Wholesalel Trade	零售业 Retail Trade	住宿业 Hotels	餐饮业 Catering Sevices	其他 Other
陇西县	Longxi	170810		142140	10674	17996	
渭源县	Weiyuan	46383		4835	35403	747	5398
临洮县	Lintao	124049		4209	95258	5852	18730
漳 县	Zhangxian	25827		6520	17808	949	550
岷 县	Minxian	70338		4385	52632	1676	11646
陇南市	**Longnan**	**570110**	**53813**	**407391**	**30354**	**73268**	**5284**
武都区	Wudu	194388	2055	167646	8215	13673	2800
成 县	Chengxian	67932	7332	43048	4683	11869	1000
文 县	Wenxian	46288	6644	29147	2823	7474	200
宕昌县	Tanchang	49837	14718	16833	4555	13531	200
康 县	Kangxian	45296	2493	31101	1408	9994	300
西和县	Xihe	47191	1468	38115	2579	4529	500
礼 县	Lixian	58081	4205	45117	3133	5427	200
徽 县	Huixian	46129	10647	27251	2504	5643	84
两当县	Liangdang	14969	4251	9135	455	1128	
临夏州	**Linxia**	**475378**	**109088**	**262102**	**5725**	**88115**	**10348**
临夏市	linxia	242722	88565	101323	3404	44557	4874
临夏县	linxia	42912	5837	29451		7002	622
康乐县	Kangle	34954	491	28153		6310	
永靖县	Yongjing	41715	3496	28233	2232	7381	373
广河县	Guanghe	47144	4264	29588	51	9632	3609
和政县	Hezheng	21220	4346	12762		3491	622
东乡县	Dongxiang	14855	249	9806	5	4795	
积石山县	Jishishan	29856	1840	22787	33	4948	248
甘南州	**Gannan**	**266214**	**3561**	**206042**	**2641**	**50025**	**3945**
合作市	Hezuo	91665	1173	65703	970	20874	2945
临潭县	Lintan	27480	919	19970	840	5751	
卓尼县	Zhuoni	24800	1145	18701	340	4614	
舟曲县	Zhouqu	23990	135	20425	296	2134	1000
迭部县	Diebu	21220		16583	43	4594	
玛曲县	Maqu	22714		19932	39	2743	
碌曲县	Luqu	16580		14607	95	1878	
夏河县	Xiahe	37765	189	30121	18	7437	

主要指标解释

社会消费品零售总额 指企业（单位、个体户）通过交易直接售给个人、社会集团非生产、非经营的实物商品金额，以及提供餐饮服务所取得的收入金额。个人包括城乡居民和入境人员，社会集团包括机关、社会团体、部队、学校、企事业单位、居委会或村委会等。

批发业 指批发商向批发、零售单位及其他企事业、机关单位批量销售生活用品和生产资料的活动，以及从事进出口贸易和贸易经纪与代理的活动。批发商可以对所批发的货物拥有所有权，并以本单位、公司的名义进行交易活动；也可以不拥有货物的所有权，而以中介身份做代理销售商。还包括各类商品批发市场中固定摊位的批发活动。

零售业 指百货商店、超级市场、专门零售商店、品牌专卖店、售货摊等主要面向最终消费者（如居民等）的销售活动。包括以互联网、邮政、电话、售货机等方式的销售活动，还包括在同一地点，后面加工生产，前面销售的店铺（如前店后厂的面包房）。不包括：谷物、种子、饲料、牲畜、矿产品、生产用原料、化工原料、农用化工产品、机械设备（乘用车、计算机及通信设备等除外）等生产资料的销售（列入批发业）；非零售单位附带的零售活动，如汽车修理单位销售汽车零件（列入单位主业所对应的行业类别中）；商业零售单位所在商厦的物业管理（列入物业管理）；商业零售单位所在的商品市场、商业大厦的市场管理活动（列入市场管理）。

批发和零售业商品购进、销售、库存额 指各种登记注册类型的批发和零售业企业（单位）以本企业（单位）为总体的，从国内、国外市场购进的商品总量，销售和出口的商品总量、库存的商品总量等情况。该指标可以反映商品流转过程中商品的购进、销售、库存之间的比例关系和存在的问题。

商品购进额 指从本企业（单位）以外的单位和个人购进（包括从国外直接进口）作为转卖或加工后转卖的商品金额（含增值税）。商品购进包括：(1) 从工农业生产者、批发和零售业企业、住宿和餐饮业企业、出版社或报社的出版发行部门和其他服务业企业购进的商品；（2）从机关团体、事业单位购进的商品；（3）从海关、市场管理部门购进的缉私和没收的商品；（4）从居民收购的废旧商品等，不包括：（1）企业为本单位自身经营用，不是作为转卖而购进的商品，如材料物资、包装物、低值易耗品、办公用品等；（2）未通过买卖行为而收入的商品，如接受其他部门移交的商品、借入的商品、收入代其他单位保管的商品、其他单位赠送的样品、加工回收的成品等；（3）经本单位介绍，由买卖双方直接结算，本单位只收取手续费的业务；（4）销售退回和买方拒付货款的商品；（5）商品溢余。

商品销售额 指对本单位以外的单位和个人出售的商品金额（包括售给本单位消费用的商品，含增值税）。商品销售包括（1）售给城乡居民和社会集团消费用的商品；（2）售给农业、工业、建筑业、运输邮电业、服务业、公用事业等国民经济各行业用于生产、经营用的商品，包括售予批发和零售业作为转卖或加工后转卖的商品；（3）对国（境）外直接出口的商品，不包括：（1）未通过买卖行为付出的商品，如随机构变动移交给其他企业单位的商品、借出的商品、归还受其他单位委托代保管的商品、付出的加工原料和赠送给其他单位的样品等；（2）经本单位介绍，由买卖双方直接结算，本单位只收取手续费的业务；（3）购货退回的商品；（4）商品损耗和损失；（5）出售本单位自用的废旧物资。

商品库存额 指报告期末各种登记注册类型的批发和零售业企业（单位）已取得所有权的商品。它反映批发和零售业企业（单位）的商品库存情况和对市场商品供应的保证程度。商品库存包括：(1) 存放在批发和零售业经营单位（如门市部、批发站、经营处）仓库、货场、货柜和货架中的商品；(2) 挑选、整理、包装中的商品；(3) 已记入购进而尚未运到本单位的商品，即发货单或银行承兑凭证已到而货未到的商品；(4) 寄放他处的商品，如因购货方拒绝承付而暂时存放在购货方的商品和已办完加工成品收回手续而未提回的商品；(5) 委托其他单位代销（未作销售或调出）尚未售出的商品；(6) 代其他单位购进尚未交付的商品。不包括所有权不属于本单位的商品、委托外单位加工生产尚未收回成品的商品、外贸企业代理其他单位从国外进口尚未付给订货单位的商品、代国家物资储备部门保管的商品等。

亿元商品交易市场成交额 指年成交额在亿元及以上的商品交易市场。商品交易市场是指经有关部门和组织批准设立，有固定场所、设施，有经营管理部门和监管人员，若干市场经营者入内，常年或实际开业三个月以上，集中、公开、独立地进行生活消费品、生产资料等现货商品交易以及提供相关服务的交易场所，包括各类消费品市场、生产资料市场等。

18

住宿、餐饮业和旅游业

Hotels, Catering Services and Tourism

简要说明

一、本篇资料主要内容

本篇资料主要反映住宿和餐饮业的基本情况、经营情况和旅游产业的发展状况。主要内容包括：限额以上住宿和餐饮业基本情况、经营情况、财务状况；连锁餐饮业经营情况；旅行社、星级饭店基本情况；入境、出境旅游人数、国内旅游人数，以及国际、国内旅游收入等。

二、本篇资料的统计范围

限额以上住宿和餐饮业的企业、个体户；餐饮连锁集团；旅行社、星级饭店和旅游者。限额以上住宿和餐饮业统计单位为：年主营业务收入 200 万元及以上。

三、本篇资料来源

本篇资料由省统计局贸易外经处加工整理；旅游资料由省旅游局提供。

18-1 住宿和餐饮业情况
Basic Conditions of Hotels and Catering Services

指 标	Item	2010	2011	2012
住宿和餐饮业	**Hotels and Catering Services**			
法人企业（个）	Number of Corporation Enterprises (unit)	399	439	538
年末从业人数（人）	Engaged Persons at Year-end (person)	43859	46037	47495
营业额（万元）	Business Revenue (10000 yuan)	370945	475084	644612
#餐费收入（万元）	From Meals (10000 yuan)	238886	302943	427770
年末营业面积（平方米）	Business Area of Hotel and Catering Services at Year-end (sq.m)	727244	975936	1154096
住宿业	**Hotels**			
法人企业（个）	Number of Corporation Enterprises (unit)	193	203	236
年末从业人数（人）	Engaged Persons at Year-end (person)	23533	23850	24375
营业额（万元）	Business Revenue (10000 yuan)	192113	232613	309529
#客房收入（万元）	From Hotel Rooms (10000 yuan)	97828	125805	162116
餐费收入（万元）	From Meals (10000 yuan)	76481	84876	126181
客房数（间）	Number of Room (room)	24643	24207	29005
床位数（位）	Number of Beds (bed)	45988	44037	51118
年末餐饮营业面积（平方米）	Business Area of Hotel Services at Year-end (sq.m)	266746	422824	516548
餐饮业	**Catering Services**			
法人企业（个）	Number of Corporation Enterprises (unit)	206	236	302
年末从业人数（人）	Engaged Persons at Year-end (person)	20326	22187	23120
营业额（万元）	Business Revenue (10000 yuan)	178832	242471	335083
#餐费收入（万元）	From Meals (10000 yuan)	162405	218067	301589
年末餐饮营业面积（平方米）	Business Area of Catering Services at Year-end (sq.m)	460498	553112	637548

18-2 限额以上住宿业企业基本情况（2012）
Basic Conditions of Enterprises above Designated Size of Hotels (2012)

项　目	Item	法人企业（个）Number of Corporation Enterprises (unit)	年末从业人数（人）Engaged Persons at Year-end (person)
住宿业	**Hotels**	**236**	**24375**
按登记注册类型分	**By Status of Registration**		
内资企业	**Domestic Funded Enterprises**	**234**	**23814**
国有企业	State-owned Enterprises	64	8420
集体企业	Collective-owned Enterprises	9	847
股份合作企业	Cooperative Enterprises	2	168
联营企业	Joint Ownership Enterprises		
国有联营企业	State Joint Ownership Enterprises		
集体联营企业	Collective Joint Ownership Enterprises		
国有与集体联营企业	Joint State-collective Enterprises		
其他联营企业	Other Joint Ownership Enterprises		
有限责任公司	Limited Liability Corporations	75	8226
国有独资公司	State Sole Funded Corporations		
其他有限责任公司	Other Limited Liability Corporations	75	8226
股份有限公司	Share-holding Corporations Ltd.	3	184
私营企业	Private Enterprises	70	5142
私营独资企业	Private-funded Enterprises	21	1747
私营合伙企业	Private Partnership Enterprises	3	113
私营有限责任公司	Private Limited Liability Corporations	45	3170
私营股份有限公司	Private Share-holding Corporations Ltd.	1	112
其他企业	Other Enterprises	11	827
港、澳、台商投资企业	**Enterprises with Funds from Hong Kong, Macao and Taiwan**	**1**	**173**
合资经营企业	Joint-venture Enterprises	1	173
合作经营企业	Cooperative Enterprises		
独资经营企业	Enterprises with Sole Fund		
投资股份有限公司	Share-holding Corporations Ltd.		
外商投资企业	**Enterprises with Foreign Investment**	**1**	**388**
中外合资经营企业	Joint-venture Enterprises	1	388
中外合作经营企业	Cooperation Enterprises		
外资企业	Enterprises with Sole Fund		
外商投资股份有限公司	Share-holding Corporations Ltd.		
按行业分	**By Sector**		
旅游饭店	Tourist Hotel	168	19872
一般旅馆	Fonda	58	3959
其他住宿业	Others	10	544

18-3 限额以上住宿业企业经营情况（2012）
Business of Enterprises above Designated Size of Hotels (2012)

单位：万元 (10 000 yuan)

项 目	Item	营业额 Business Revenue	#客房收入 From Hotel Rooms	#餐费收入 From Meals
住宿业	**Hotels**	**309529**	**162116**	**126181**
按登记注册类型分	**By Status of Registration**			
内资企业	**Domestic Funded Enterprises**	**300289**	**156590**	**122973**
国有企业	State-owned Enterprises	113810	55899	47901
集体企业	Collective-owned Enterprises	5069	3625	1149
股份合作企业	Cooperative Enterprises	1094	537	557
联营企业	Joint Ownership Enterprises			
国有联营企业	State Joint Ownership Enterprises			
集体联营企业	Collective Joint Ownership Enterprises			
国有与集体联营企业	Joint State-collective Enterprises			
其他联营企业	Other Joint Ownership Enterprises			
有限责任公司	Limited Liability Corporations	101174	54877	39682
国有独资公司	State Sole Funded Corporations			
其他有限责任公司	Other Limited Liability Corporations	101174	54877	39682
股份有限公司	Share-holding Corporations Ltd.	2952	1699	1251
私营企业	Private Enterprises	66936	34893	28656
私营独资企业	Private-funded Enterprises	25725	12821	11224
私营合伙企业	Private Partnership Enterprises	710	427	283
私营有限责任公司	Private Limited Liability Corporations	39356	20763	16969
私营股份有限公司	Private Share-holding Corporations Ltd.	1145	882	180
其他企业	Other Enterprises	9255	5061	3778
港、澳、台商投资企业	**Enterprises with Funds from Hong Kong, Macao and Taiwan**	**2709**	**1913**	**749**
合资经营企业	Joint-venture Enterprises	2709	1913	749
合作经营企业	Cooperative Enterprises			
独资经营企业	Enterprises with Sole Fund			
投资股份有限公司	Share-holding Corporations Ltd.			
外商投资企业	**Enterprises with Foreign Investment**	**6531**	**3613**	**2458**
中外合资经营企业	Joint-venture Enterprises	6531	3613	2458
中外合作经营企业	Cooperation Enterprises			
外资企业	Enterprises with Sole Fund			
外商投资股份有限公司	Share-holding Corporations Ltd.			
按行业分	**By Sector**			
旅游饭店	Tourist Hotel	251296	126323	104894
一般旅馆	Fonda	40446	27154	12139
其他住宿业	Others	17787	8639	9148

18-4 限额以上住宿业企业资产及负债（2012）
Assets and Liabilities of Enterprises above Designated Size of Hotels (2012)

单位：万元　　(10 000 yuan)

项　目	Item	资产总计 Total Assets	#流动资产合计 Working Capitals	#固定资产合计 Total Fixed Assets	负债合计 Total Liabilities	所有者权益合计 Total Owners' Equities
住宿业	**Hotels**	**745102**	**235855**	**366931**	**420590**	**324512**
按登记注册类型分	**By Status of Registration**					
内资企业	**Domestic Funded Enterprises**	**721633**	**231759**	**347558**	**405171**	**316461**
国有企业	State-owned Enterprises	219867	69545	119826	121307	98560
集体企业	Collective-owned Enterprises	16958	3729	11749	11757	5201
股份合作企业	Cooperative Enterprises	1011	429	329	457	554
联营企业	Joint Ownership Enterprises					
国有联营企业	State Joint Ownership Enterprises					
集体联营企业	Collective Joint Ownership Enterprises					
国有与集体联营企业	Joint State-collective Enterprises					
其他联营企业	Other Joint Ownership Enterprises					
有限责任公司	Limited Liability Corporations	312230	100293	136552	186977	125253
国有独资公司	State Sole Funded Corporations					
其他有限责任公司	Other Limited Liability Corporations	312230	100293	136552	186977	125253
股份有限公司	Share-holding Corporations Ltd.	6432	2181	3428	1032	5400
私营企业	Private Enterprises	137680	47532	57023	71279	66401
私营独资企业	Private-funded Enterprises	44953	14596	13638	30437	14516
私营合伙企业	Private Partnership Enterprises	1394	395	457	682	711
私营有限责任公司	Private Limited Liability Corporations	91114	32365	42886	40097	51017
私营股份有限公司	Private Share-holding Corporations Ltd.	219	176	42	63	156
其他企业	Other Enterprises	27455	8050	18651	12363	15092
港、澳、台商投资企业	**Enterprises with Funds from Hong Kong, Macao and Taiwan**	**5797**	**2183**	**3614**	**952**	**4845**
合资经营企业	Joint-venture Enterprises	5797	2183	3614	952	4845
合作经营企业	Cooperative Enterprises					
独资经营企业	Enterprises with Sole Fund					
投资股份有限公司	Share-holding Corporations Ltd.					
外商投资企业	**Enterprises with Foreign Investment**	**17672**	**1914**	**15758**	**14467**	**3205**
中外合资经营企业	Joint-venture Enterprises	17672	1914	15758	14467	3205
中外合作经营企业	Cooperation Enterprises					
外资企业	Enterprises with Sole Fund					
外商投资股份有限公司	Share-holding Corporations Ltd.					
按行业分	**By Sector**					
旅游饭店	Tourist Hotel	663037	216133	316044	380344	282693
一般旅馆	Fonda	67305	17492	39833	36063	31242
其他住宿业	Others	14759	2229	11053	4183	10577

18-5 限额以上住宿业企业主要财务指标（2012）
Main Financial Indicators of Enterprises above Designated Size of Hotels (2012)

单位：万元 (10 000 yuan)

项目	Item	主营业务收入 Revenue from Principal Business	主营业务成本 Cost of Principal Business	主营业务税金及附加 Taxes and Other Charges on Principal Business
住宿业	**Hotels**	**300985**	**119092**	**16417**
按登记注册类型分	**By Status of Registration**			
内资企业	**Domestic Funded Enterprises**	**292205**	**117726**	**15898**
国有企业	State-owned Enterprises	112455	42950	6292
集体企业	Collective-owned Enterprises	4997	1830	271
股份合作企业	Cooperative Enterprises	1036	577	75
联营企业	Joint Ownership Enterprises			
国有联营企业	State Joint Ownership Enterprises			
集体联营企业	Collective Joint Ownership Enterprises			
国有与集体联营企业	Joint State-collective Enterprises			
其他联营企业	Other Joint Ownership Enterprises			
有限责任公司	Limited Liability Corporations	99914	39579	5701
国有独资公司	State Sole Funded Corporations			
其他有限责任公司	Other Limited Liability Corporations	99914	39579	5701
股份有限公司	Share-holding Corporations Ltd.	1061	1143	17
私营企业	Private Enterprises	63488	27438	2897
私营独资企业	Private-funded Enterprises	24389	11424	897
私营合伙企业	Private Partnership Enterprises	710	321	21
私营有限责任公司	Private Limited Liability Corporations	38390	15693	1980
私营股份有限公司	Private Share-holding Corporations Ltd.			
其他企业	Other Enterprises	9255	4209	646
港、澳、台商投资企业	**Enterprises with Funds from Hong Kong, Macao and Taiwan**	**2709**	**296**	**141**
合资经营企业	Joint-venture Enterprises	2709	296	141
合作经营企业	Cooperative Enterprises			
独资经营企业	Enterprises with Sole Fund			
投资股份有限公司	Share-holding Corporations Ltd.			
外商投资企业	**Enterprises with Foreign Investment**	**6071**	**1070**	**379**
中外合资经营企业	Joint-venture Enterprises	6071	1070	379
中外合作经营企业	Cooperation Enterprises			
外资企业	Enterprises with Sole Fund			
外商投资股份有限公司	Share-holding Corporations Ltd.			
按行业分	**By Sector**			
旅游饭店	Tourist Hotel	245710	95086	13700
一般旅馆	Fonda	38044	12538	1820
其他住宿业	Others	17231	11468	898

18-6 限额以上餐饮业企业基本情况（2012）

Basic Conditions of Enterprises above Designated Size of Catering Sevices (2012)

项　目	Item	法人企业（个）Number of Corporation Enterprises (unit)	年末从业人数（人）Engaged Persons at Year-end (person)
餐饮业	**Catering Services**	**302**	**23120**
按登记注册类型分	**By Status of Registration**		
内资企业	**Domestic Funded Enterprises**	**299**	**22360**
国有企业	State-owned Enterprises	16	1403
集体企业	Collective-owned Enterprises	3	343
股份合作企业	Cooperative Enterprises	3	247
联营企业	Joint Ownership Enterprises	2	117
国有联营企业	State Joint Ownership Enterprises		
集体联营企业	Collective Joint Ownership Enterprises	2	117
国有与集体联营企业	Joint State-collective Enterprises		
其他联营企业	Other Joint Ownership Enterprises		
有限责任公司	Limited Liability Corporations	86	6973
国有独资公司	State Sole Funded Corporations		
其他有限责任公司	Other Limited Liability Corporations	86	6973
股份有限公司	Share-holding Corporations Ltd.	13	958
私营企业	Private Enterprises	160	11228
私营独资企业	Private-funded Enterprises	63	3880
私营合伙企业	Private Partnership Enterprises	4	208
私营有限责任公司	Private Limited Liability Corporations	90	7005
私营股份有限公司	Private Share-holding Corporations Ltd.	3	135
其他企业	Other Enterprises	16	1091
港、澳、台商投资企业	**Enterprises with Funds from Hong Kong, Macao and Taiwan**	**1**	**159**
合资经营企业	Joint-venture Enterprises		
合作经营企业	Cooperative Enterprises		
独资经营企业	Enterprises with Sole Fund	1	159
投资股份有限公司	Share-holding Corporations Ltd.		
外商投资企业	**Enterprises with Foreign Investment**	**2**	**601**
中外合资经营企业	Joint-venture Enterprises	1	50
中外合作经营企业	Cooperation Enterprises		
外资企业	Enterprises with Sole Fund	1	551
外商投资股份有限公司	Share-holding Corporations Ltd.		
按行业分	**By Sector**		
正餐服务	Restaurant	296	22098
快餐服务	Fast Food	3	788
饮料及冷饮服务	Beverages and Cold Drinks	2	190
其他餐饮业	Others	1	44

18-7 限额以上餐饮业企业经营情况（2012）
Business of Enterprises above Designated Size of Catering Services (2012)

单位：万元 (10 000 yuan)

项目	Item	营业额 Business Revenue	#餐费收入 From Meals
餐饮业	**Catering Services**	**335083**	**301589**
按登记注册类型分	**By Status of Registration**		
内资企业	**Domestic Funded Enterprises**	**304031**	**270537**
国有企业	State-owned Enterprises	15129	10218
集体企业	Collective-owned Enterprises	2683	2456
股份合作企业	Cooperative Enterprises	2819	2484
联营企业	Joint Ownership Enterprises	1576	1576
国有联营企业	State Joint Ownership Enterprises		
集体联营企业	Collective Joint Ownership Enterprises	1576	1576
国有与集体联营企业	Joint State-collective Enterprises		
其他联营企业	Other Joint Ownership Enterprises		
有限责任公司	Limited Liability Corporations	91032	81280
国有独资公司	State Sole Funded Corporations		
其他有限责任公司	Other Limited Liability Corporations	91032	81280
股份有限公司	Share-holding Corporations Ltd.	10952	10302
私营企业	Private Enterprises	166771	150734
私营独资企业	Private-funded Enterprises	63623	58331
私营合伙企业	Private Partnership Enterprises	4244	3598
私营有限责任公司	Private Limited Liability Corporations	96947	87184
私营股份有限公司	Private Share-holding Corporations Ltd.	1956	1622
其他企业	Other Enterprises	13070	11487
港、澳、台商投资企业	**Enterprises with Funds from Hong Kong, Macao and Taiwan**	**1042**	**1042**
合资经营企业	Joint-venture Enterprises		
合作经营企业	Cooperative Enterprises		
独资经营企业	Enterprises with Sole Fund	1042	1042
投资股份有限公司	Share-holding Corporations Ltd.		
外商投资企业	**Enterprises with Foreign Investment**	**30011**	**30011**
中外合资经营企业	Joint-venture Enterprises	383	383
中外合作经营企业	Cooperation Enterprises		
外资企业	Enterprises with Sole Fund	29628	29628
外商投资股份有限公司	Share-holding Corporations Ltd.		
按行业分	**By Sector**		
正餐服务	Restaurant	301954	268460
快餐服务	Fast Food	31918	31918
饮料及冷饮服务	Beverages and Cold Drinks	899	899
其他餐饮业	Others	312	312

18-8 限额以上餐饮业企业资产及负债（2012）
Assets and Liabilities of Enterprises above Designated Size of Catering Services (2012)

单位：万元 (10 000 yuan)

项目	Item	资产总计 Total Assets	#流动资产合计 Working Capitals	#固定资产合计 Total Fixed Assets	负债合计 Total Liabilities	所有者权益合计 Total Owners' Equities
餐饮业	**Catering Services**	**306511**	**123027**	**118046**	**141243**	**165268**
按登记注册类型分	**By Status of Registration**					
内资企业	**Domestic Funded Enterprises**	**296642**	**118488**	**116696**	**138179**	**158463**
国有企业	State-owned Enterprises	22701	6508	15494	11749	10953
集体企业	Collective-owned Enterprises	3900	374	1840	1139	2760
股份合作企业	Cooperative Enterprises	8529	587	786	983	7546
联营企业	Joint Ownership Enterprises	397	205	192	37	360
国有联营企业	State Joint Ownership Enterprises					
集体联营企业	Collective Joint Ownership Enterprises	397	205	192	37	360
国有与集体联营企业	Joint State-collective Enterprises					
其他联营企业	Other Joint Ownership Enterprises					
有限责任公司	Limited Liability Corporations	78661	30360	29035	36088	42573
国有独资公司	State Sole Funded Corporations					
其他有限责任公司	Other Limited Liability Corporations	78661	30360	29035	36088	42573
股份有限公司	Share-holding Corporations Ltd.	9043	5535	2779	4724	4318
私营企业	Private Enterprises	161641	68802	61937	77438	84203
私营独资企业	Private-funded Enterprises	51953	25749	21660	23860	28094
私营合伙企业	Private Partnership Enterprises	1012	436	449	178	835
私营有限责任公司	Private Limited Liability Corporations	107224	42188	39681	52804	54420
私营股份有限公司	Private Share-holding Corporations Ltd.	1451	429	147	597	854
其他企业	Other Enterprises	11772	6117	4632	6021	5751
港、澳、台商投资企业	**Enterprises with Funds from Hong Kong, Macao and Taiwan**	**120**	**98**	**14**	**8**	**112**
合资经营企业	Joint-venture Enterprises					
合作经营企业	Cooperative Enterprises					
独资经营企业	Enterprises with Sole Fund	120	98	14	8	112
投资股份有限公司	Share-holding Corporations Ltd.					
外商投资企业	**Enterprises with Foreign Investment**	**9748**	**4442**	**1336**	**3056**	**6692**
中外合资经营企业	Joint-venture Enterprises	145	82	15	83	62
中外合作经营企业	Cooperation Enterprises					
外资企业	Enterprises with Sole Fund	9603	4360	1321	2973	6630
外商投资股份有限公司	Share-holding Corporations Ltd.					
按行业分	**By Sector**					
正餐服务	Restaurant	293636	116527	115913	136717	156919
快餐服务	Fast Food	11584	5981	1361	3941	7642
饮料及冷饮服务	Beverages and Cold Drinks	661	337	324	438	223
其他餐饮业	Others	630	182	447	146	483

18-9 限额以上餐饮业企业主要财务指标（2012）
Main Financial Indicators of Enterprises above Designated Size of Catering Services (2012)

单位：万元　　(10 000 yuan)

项　目	Item	主营业务收入 Revenue from Principal Business	主营业务成本 Cost of Principal Business	主营业务税金及附加 Taxes and Other Charges on Principal Business
餐饮业	**Catering Services**	**327587**	**172687**	**16250**
按登记注册类型分	**By Status of Registration**			
内资企业	**Domestic Funded Enterprises**	**296559**	**158583**	**14495**
国有企业	State-owned Enterprises	13345	6788	502
集体企业	Collective-owned Enterprises	2677	1572	101
股份合作企业	Cooperative Enterprises	2932	1507	162
联营企业	Joint Ownership Enterprises	1576	1214	36
国有联营企业	State Joint Ownership Enterprises			
集体联营企业	Collective Joint Ownership Enterprises	1576	1214	36
国有与集体联营企业	Joint State-collective Enterprises			
其他联营企业	Other Joint Ownership Enterprises			
有限责任公司	Limited Liability Corporations	89954	50632	4572
国有独资公司	State Sole Funded Corporations			
其他有限责任公司	Other Limited Liability Corporations	89954	50632	4572
股份有限公司	Share-holding Corporations Ltd.	10951	6033	350
私营企业	Private Enterprises	162256	83913	8174
私营独资企业	Private-funded Enterprises	62432	34167	3112
私营合伙企业	Private Partnership Enterprises	4071	2354	178
私营有限责任公司	Private Limited Liability Corporations	93796	46595	4791
私营股份有限公司	Private Share-holding Corporations Ltd.	1956	798	94
其他企业	Other Enterprises	12869	6924	598
港、澳、台商投资企业	**Enterprises with Funds from Hong Kong, Macao and Taiwan**	**1042**	**430**	**59**
合资经营企业	Joint-venture Enterprises			
合作经营企业	Cooperative Enterprises			
独资经营企业	Enterprises with Sole Fund	1042	430	59
投资股份有限公司	Share-holding Corporations Ltd.			
外商投资企业	**Enterprises with Foreign Investment**	**29986**	**13675**	**1697**
中外合资经营企业	Joint-venture Enterprises	359	165	34
中外合作经营企业	Cooperation Enterprises			
外资企业	Enterprises with Sole Fund	29628	13510	1663
外商投资股份有限公司	Share-holding Corporations Ltd.			
按行业分	**By Sector**			
正餐服务	Restaurant	294079	157151	14388
快餐服务	Fast Food	31918	14686	1777
饮料及冷饮服务	Beverages and Cold Drinks	1278	686	66
其他餐饮业	Others	312	165	20

18-10 各地区限额以上住宿业企业基本情况和主要财务指标（2012）
Basic Conditions and Main Financial Indicators of Enterprises above Designated Size of Hotels by Region(2012)

单位：万元 (10 000 yuan)

地　区	Region	法人企业（个）Number of Corporation Enterprises (unit)	年末从业人数（人）Engaged Persons at Year-end (person)	营业额 Business Revenue	主营业务收入 Revenue from Principal Business	主营业务成本 Cost of Principal Business	主营业务税金及附加 Taxes and Other Charges on Principal Business
兰州市	Lanzhou	63	8863	116865	114813	34678	6397
嘉峪关市	Jiayuguan	9	890	10355	10290	2855	548
金昌市	Jinchang	4	709	9392	9167	6458	481
白银市	Baiyin	10	541	7241	6284	2058	268
天水市	Tianshui	32	2872	34631	34296	16676	1414
武威市	Wuwei	7	526	4635	4614	2683	223
张掖市	Zhangye	13	757	8057	8060	3899	394
平凉市	Pingliang	14	1842	21915	19045	8190	667
酒泉市	Jiuquan	27	2463	37660	37045	13706	2108
庆阳市	Qingyang	12	1168	23129	23102	12899	1583
定西市	Dingxi	16	1267	13077	12574	5669	601
陇南市	Longnan	15	1239	10604	10356	3866	579
临夏州	Linxia	4	685	6634	6639	3706	905
甘南州	Gannan	10	553	5334	4701	1750	251

18-11 各地区限额以上餐饮业企业基本情况和主要财务指标（2012）
Basic Conditions and Main Financial Indicators of Enterprises above Designated Size of Catering Services by Region(2012)

单位：万元 (10 000 yuan)

地　区	Region	法人企业（个）Number of Corporation Enterprises (unit)	年末从业人数（人）Engaged Persons at Year-end (person)	营业额 Business Revenue	主营业务收入 Revenue from Principal Business	主营业务成本 Cost of Principal Business	主营业务税金及附加 Taxes and Other Charges on Principal Business
兰州市	Lanzhou	129	11664	174346	175311	90154	10069
嘉峪关市	Jiayuguan	6	562	6863	6856	2745	392
金昌市	Jinchang	8	572	5407	5338	2936	202
白银市	Baiyin	12	1181	16809	16809	6116	561
天水市	Tianshui	30	1617	37515	34432	20079	764
武威市	Wuwei	18	939	7083	7067	4171	403
张掖市	Zhangye	9	370	3926	3926	2562	155
平凉市	Pingliang	8	573	7235	5214	3367	130
酒泉市	Jiuquan	20	1115	16694	15657	6735	598
庆阳市	Qingyang	37	2388	39726	37983	22484	2108
定西市	Dingxi	9	1101	7866	7831	4217	265
陇南市	Longnan	4	216	2384	2324	1287	160
临夏州	Linxia	10	782	8525	8135	5530	390
甘南州	Gannan	2	40	705	705	304	55

18-12 旅游业发展情况
Development of Tourism

指　标	Item	2010	2011	2012
旅行社数(个)	**Number of Travel Agencies (unit)**	**408**	**437**	**481**
#出境旅游组团社	Number of Outbound Travel Tour Agencies	9	9	16
星级饭店数(个)	**Number of Star-rated Hotel (unit)**	**329**	**337**	**348**
入境旅游人数(人次)	**Number of Overseas Visitor Arrivals (person-time)**	**70167**	**91080**	**102028**
外国人	Foreigners	49921	54695	66940
港澳同胞	Chinese Compatriots from Hong Kong and Macao	7961	13568	13563
台湾同胞	Chinese Compatriots from Taiwan Province	12285	22817	21525
国内旅游人数(万人次)	**Number of Domestic Visitors (10 000 person-times)**	**4284**	**5827**	**7824**
旅游收入　(亿元)	**Tourism Earnings (100 million yuan)**	**237**	**334**	**471**
国际旅游(外汇)收入(万美元)	Foreign Exchange Earnings from International Tourism (10 000 USD)	1481	1740	2235
国内旅游收入(亿元)	Earnings from Domestic Tourism (100 million yuan)	236	333	470

18-13 国内旅游情况
Domestic Tourism

年　份 Year	旅游人数 (万人次) Domestic Tourists (10 000 person-times)	比上年增长 (%) Growth Rate (%)	旅游总花费 (亿元) Tourism Expenditure (100 million yuan)	比上年增长 (%) Growth Rate (%)
2000	733.00	15.98	18.58	15.98
2001	838.88	14.44	21.26	14.42
2002	1035.00	23.38	26.83	26.20
2003	863.31	-16.59	21.89	-18.41
2004	949.60	10.00	51.62	135.82
2005	1207.85	27.20	57.68	11.74
2006	1574.10	30.32	75.19	30.36
2007	2389.93	51.83	110.64	47.15
2008	2482.30	3.86	136.40	23.28
2009	3387.67	36.47	191.90	40.69
2010	4284.45	26.47	236.21	23.09
2011	5826.48	35.99	332.57	40.79
2012	7824.26	34.29	469.67	41.22

18-14 接待港澳台同胞和外国旅游人数

Number of Hongkong, Macao and Taiwan Chinese Compatriots and Foreign Tourists

国 别	Country	2005	2010	2011	2012
旅游人数（人次）	**Total (person-time)**	**288484**	**70167**	**91080**	**102028**
港澳台同胞	Chinese Compatriots form Hongkong, Macao and Taiwan	116441	20246	36385	35088
外国人	Foreigner	172043	49921	54695	66940
#日本人	Japanese	39804	14273	12628	21226
韩国人	South Korea	11214	4622	6101	12537
菲律宾人	Filipino	1283	176	131	131
新加坡人	Singaporean	6851	2300	3003	2306
泰国人	Thai	2847	265	754	915
印尼人	Indonesian	1352	696	654	417
美国人	American	15803	6025	8002	6409
加拿大人	Canadian	6346	1242	1654	1813
英国人	British	9144	1387	1703	1867
德国人	German	9292	2413	2694	2347
法国人	French	10810	2893	2922	3871
意大利人	Italian	4400	828	806	962
瑞士人	Swiss	4377	578	634	920
瑞典人	Swedish	3202	180	189	302
荷兰人	Dutch	1357	549	459	301
西班牙人	Spanish	1731	521	445	348
澳大利亚人	Australian	8825	2258	2189	2452
新西兰人	New Zealander	1425	301	512	626
俄罗斯人	Russian	3264	355	206	268
其他	Others	28717	8059	9009	6922

18-15 国际旅游外汇收入及构成
Foreign Exchange Earning from International Tourism and It's Composition

单位：万美元,% (USD 10 000, %)

指 标	Item	2011 数 额 Value	2011 比 重 Percentage	2012 数 额 Value	2012 比 重 Percentage
总 计	**Total**	**1739.77**	**100.00**	**2235.00**	**100.00**
长途交通	Long-distance Traffic	972.53	55.90	838.13	37.50
民航	Civil Aviation	763.76	43.90	491.70	22.00
铁路	Railway	170.50	9.80	163.16	7.30
汽车	Motor Vehicles	38.27	2.20	183.27	8.20
轮船	Steamship				
游览	Visit	90.47	5.20	192.21	8.60
住宿	Hotels	207.03	11.90	353.13	15.80
餐饮	Catering Service	92.21	5.30	127.40	5.70
商品销售	Commodity	172.24	9.90	426.89	19.10
娱乐	Entertainment	92.21	5.30	38.00	1.70
邮电通讯	Post and Telecommunication	19.14	1.10	42.47	1.90
市内交通	Local Transpotation	38.27	2.20	84.93	3.80
其他服务	Other Service	55.67	3.20	131.87	5.90

18-16 各地区国际旅游外汇及接待国际旅游人数（2012）
Foreign Exchange Earning from Tourism and Number of Foreign Tourists by Region(2012)

地 区	Region	国际旅游外汇收入（万美元）Foreign Exchange Earning from Tourism (USD 10 000)	入境旅游人数（人次）Number of Overseas Visitor Arrivals (person-time)	# 外国人 Foreigner
甘肃省	**Gansu**	**2235.00**	**102028**	**66940**
兰州市	Lanzhou	529.33	22374	12710
嘉峪关市	Jiayuguan	146.63	7607	6360
金昌市	Jinchang	9.17	475	289
白银市	Baiyin	2.53	75	69
天水市	Tianshui	50.36	2341	824
武威市	Wuwei	107.38	5453	1892
张掖市	Zhangye	106.09	5461	2355
平凉市	Pingliang	22.87	1175	553
酒泉市	Jiuquan	1156.31	51939	38882
庆阳市	Qingyang	1.59	53	34
定西市	Dingxi	6.87	360	182
陇南市	Longnan	0.59	32	22
临夏州	Linxia	15.98	840	436
甘南州	Gannan	79.29	3843	2332

主要指标解释

住宿业 指有偿为顾客提供临时住宿的服务活动。不包括：提供长期住宿场所的活动，如出租房屋、公寓等（列入房地产开发经营）。

餐饮业 指在一定场所，对食物进行现场烹饪、调制，并出售给顾客主要供现场消费的服务活动。

营业额 指住宿和餐饮业法人企业（单位）在经营活动中因提供服务或销售商品等取得的收入。包括：客房收入、餐费收入、商品销售额（含增值税）和其他收入。不包括法人企业附营的其他行业产业活动单位的餐费收入、商品销售收入等各项收入。

客房收入 指住宿和餐饮业法人企业（单位）在经营活动中因提供住宿服务取得的收入。不包括法人企业附营的其他行业产业活动单位的客房收入。

餐费收入 指住宿和餐饮业法人企业（单位）因为顾客提供就餐服务取得的收入，包括经烹饪、调制加工后出售的各种食品，如主食、炒菜、凉拌菜等的收入。不包括法人企业附营的其他行业产业活动单位的餐费收入。

住宿和餐饮业年末营业面积 指住宿和餐饮企业对外提供餐饮服务的就餐面积和从事食品加工、烹饪、调制的厨房面积，不包括办公用房和仓库等面积。按年末实有建筑面积统计。

客房数 指住宿和餐饮业连锁门店提供住宿服务的房间数，该指标按报告期内正常情况下的实有数统计。

床位数 指住宿和餐饮业连锁门店供应旅客使用的床位数，不包括临时加床和门店内部工作人员使用的床位。该指标按报告期内正常情况下的实有数统计。

入境旅游人数 指报告期内来我国观光、度假、探亲访友、就医疗养、购物、参加会议或从事经济、文化、体育、宗教活动的外国人、港澳台同胞等入境游客。统计时，外国人、港澳台同胞每入境一次统计1人次。

国内旅游人数 指在报告期内在中国（大陆）观光游览、度假、探亲访友、就医疗养、购物、参加会议或从事经济、文化、体育、宗教活动的中国（大陆）居民人数，其出游的目的不是通过所从事的活动谋取报酬。统计时，国内游客按每出游一次统计1人次。

国际旅游（外汇）收入 指入境游客在中国（大陆）境内旅行、游览过程中用于交通、参观游览、住宿、餐饮、购物、娱乐等全部花费。

国内旅游收入 又称旅游总花费指国内游客在国内旅行、游览过程中用于交通、参观游览、住宿、餐饮、购物、娱乐等全部花费。

星级饭店 指设备、设施、服务符合《旅游饭店星级的划分与评定》（GB/T14308-2003），通过相关旅游管理部门评定，并取得星级饭店称号的饭店（含预备星级饭店）。

19

教育和科技

Education, Science and Technology

简要说明

一、本篇资料主要内容

本篇主要反映甘肃省教育、科学技术活动的基本情况。

教育资料主要包括：高等教育（研究生教育、普通本专科教育、成人本专科、其他各类高等学历教育）；中等教育（高中阶段、初中阶段）；小学教育；教育经费情况等资料。主要包括学校数、在校学生数、招生数、毕业生数、教职工数和专任教师数；各类学校教育经费情况。

科学技术资料主要内容包括：研究与试验发展（R&D）情况、规模以上工业科技活动情况、大中型工业企业科技活动情况、科学与开发机构科技活动情况、高等学校科技活动情况、科技成果情况、专利申请及授权情况、企事业单位专业技术人员等。

二、本篇资料来源

本篇资料由省统计局社会科技处搜集、整理。

1. 教育资料由省教育厅提供。

2. 科技资料来源于省统计局《科技统计综合年报》、《大中型工业企业科技统计年报》、甘肃省人力资源和社会保障厅、省科学技术厅。

19-1 各级各类学校、教职工和专任教师情况 (2012)
Basic Statistics on Schools, Teachers and Staff and Full-time Teachers (2012)

项目	Item	学校数(所) Number of Schools (unit)	教职工数(人) Teachers and Staff (person)	专任教师(人) Full-time Teachers (person)
高等教育	**Higher Education**	**89**	**35537**	**23835**
研究生培养机构	Institutions Providing Postgraduate Programs	17		
普通高校	Regular Institutions of Higher Education	9		
科研机构	Research Institutions	8		
普通高等学校	Regular Institutions of Higher Education	37	34558	23232
本科院校	Universities with Full Undergraduate Courses	15	21719	13801
专科院校	Colleges with Specialized Courses	22	9429	6979
#职业技术学院	Vocational and Technical Colleges	18	7486	5771
其他机构(教学点)	Other Institutions	(5)	3410	2452
#独立学院	Non-university Tertiary	(5)	3410	2452
成人高等学校	Institutions of Higher Education for Adult	6	610	423
民办的其他高等教育机构	Other Private Institutions of Higher Education	29	369	180
中等教育	**Secondary Education**	**2428**	**173201**	**145220**
高中阶段教育	Senior Secondary Education	792	25852	59937
高　中	Senior Secondary Schools	447	443	40897
普通高中	Regular Senior Secondary Schools	445		40467
成人高中	Adult Senior Secondary Schools	2	443	430
中等职业教育	Vocational Secondary Education	345	25409	19040
普通中专	Regular Specialized Secondary Schools	93	9627	6753
成人中专	Adult Specialized Secondary Schools	33	1742	936
职业高中	Vocational Senior Secondary Schools	140	9385	8042
技工学校	Technical Schools	79	4553	3235
其他机构(教学点)	Other Institutions	(6)	102	74
初中阶段教育	Junior Secondary Education	1636	147349	85283
普通初中	Regular Junior Secondary Schools	1588	146323	84377
职业初中	Vocational Junior Secondary Schools	1	8	
成人初中	Adult Junior Secondary Schools	47	1018	906
初等教育	**Primary Education**	**15117**	**145105**	**145853**
普通小学	Regular Primary Schools	10336	134507	140235
成人小学	Adult Primary Schools	4781	10598	5618
#扫盲班	Literacy Courses	4102	7197	2873
工读学校	**Schools for Juvenile Delinquents**			
特殊教育	**Special Education**	**28**	**673**	**572**
学前教育	**Pre-school Education**	**2712**	**25003**	**17086**

注：普通初中教职工数包含普通高中的教职工数，( )表示不计校数。

a) Number of staff and teachers in regular junior secondary schools includes regular senior second schools. ( ) indicates that does not count the number of schools.

19-2 各级各类学历教育学生情况 (2012)
Basic Statistics on Students by Level and Type of Education (2012)

单位：人 (person)

项　目	Item	招生数 New Enrollment	在校学生数 Total Enrollment	毕业生数 Graduates
高等教育	**Students Received Higher Education**	**192505**	**652743**	**349868**
研究生	Postgraduates	9804	28306	8002
博　士	Doctor's Degree	943	3597	797
硕　士	Master's Degree	8861	24709	7205
普通本专科	Regular Undergraduates and College Students	131263	431069	102980
本　科	Enrolled in Full Undergraduate Courses	72748	269467	57328
专　科	Enrolled in Specialized Courses	58515	161602	45652
成人本专科	Adult Undergraduates and College Students	33448	90627	30471
本　科	Enrolled in Full Undergraduate Courses	14362	37785	12536
专　科	Enrolled in Specialized Courses	19086	52842	17935
其他高等学历教育	Other Degree of Higher Education Employees	17990	102741	208415
在职人员攻读博士、硕士学位	Enrolled in Graduate Programs Leading to Doctor or Master Degrees	1475	5509	
网络本专科生	Students Enrolled in Internet-based Courses	16001	38255	8276
本　科	Enrolled in Full Undergraduate Courses	7137	19498	4982
专　科	Enrolled in Specialized Courses	8864	18757	3294
学历文凭考试	Students Taking Exam Leading to Diploma			
自学考试	Students Taking Unified Exams after Completing Self-learning Programs		8494	4049
其　他	Others	514	50483	196090
中等教育	**Students Received Secondary Education**	**746386**	**2291509**	**804316**
高中阶段教育	Senior Secondary Education	370448	1088829	342533
高　中	Senior Secondary Schools	226107	664879	215938
普通高中	Regular Senior Secondary Schools	226107	664879	213620
成人高中	Adult Senior Secondary Schools			2318
中等职业教育	Vocational Secondary Education	144341	423950	126595
普通中专	Regular Specialized Secondary Schools	53067	150476	50767
成人中专	Adult Specialized Secondary Schools	8663	26031	6839
职业高中	Vocational Senior Secondary Schools	55991	151327	43807
技工学校	Technical Schools	26620	96116	25182
初中阶段教育	Junior Secondary Education	375938	1202680	461783
普通初中	Regular Junior Secondary Schools	375938	1180171	442640
职业初中	Junior Secondary Vocational Schools			
成人初中	Adult Junior Secondary Schools		22509	19143
初等教育	**Primary Education**	**341155**	**2255901**	**558998**
普通小学	Regular Primary Schools	341155	2063549	398700
成人小学	Adult Primary Schools		192352	160298
#扫盲班	Literacy Courses		148295	100301
工读学校	**Schools for Juvenile Delinquents**			
特殊教育	**Students Received Special Education**	**1434**	**8337**	**834**
学前教育	**Students Received Pre-school Education**	**261750**	**480323**	**205067**

注：特殊教育学生数中包括普通中小学随班就读的学生。

a) Students received special education include those learning in the same classes of formal regular junior and primary schools.

19-3 各级各类学校数

Number of Schools by Level and Type of School

单位：所 (Unit)

年份 Year	普通高等学校 Regular Institutions of Higher Education	普通中学 Regular Secondary Schools	高中 Senior Secondary Schools	初中 Junior Secondary Schools	职业中学 Vocational Secondary Schools	普通小学 Primary Schools	特殊教育学校 Special Schools	学前教育 Pre-primary Education
1995	17	1626	444	1182	190	23718	11	1235
1996	17	1657	430	1227	180	23658	11	1321
1997	17	1656	427	1229	182	22848	11	1545
1998	17	1666	421	1245	178	22634	10	1803
1999	18	1667	410	1257	177	22560	10	2040
2000	18	1689	419	1270	170	21557	12	2249
2001	25	1979	435	1544	154	17477	11	1992
2002	25	2004	438	1566	156	16648	14	2286
2003	31	2031	453	1578	140	15635	14	2276
2004	31	2054	470	1584	151	15347	14	2377
2005	33	2050	497	1553	153	14963	14	2451
2006	33	2155	495	1660	154	14685	14	2556
2007	34	2130	493	1637	162	14002	14	2457
2008	34	2103	480	1623	181	13424	15	2503
2009	34	2081	463	1618	177	12637	15	2452
2010	35	2038	452	1586	150	11582	17	2407
2011	37	2012	436	1576	147	10907	22	2457
2012	37	2033	445	1588	141	10336	28	2712

注：职业中学包括职业高中和职业初中（以下各表同）。

a) Vocational secondary schools include vocational senior and junior secondary schools. The same applies to the tables following.

19-4 各级各类学校专任教师数

Number of Full-time Teachers by Level and Type of School

单位：人 (person)

年份 Year	普通高等学校 Regular Institutions of Higher Education	普通中学 Regular Secondary Schools	高中 Senior Secondary Schools	初中 Junior Secondary Schools	职业中学 Vocational Secondary Schools	普通小学 Primary Schools	特殊教育学校 Special Schools	学前教育 Pre-primary Education
1995	6284	62669	12970	49699	4173	130032	224	9776
1996	6282	63912	13151	50761	4013	129823	235	8758
1997	6403	66124	13723	52401	4190	130628	248	10194
1998	6505	67774	13703	54071	4415	131473	221	10765
1999	6899	70711	14233	56478	4615	128839	297	10669
2000	7208	74082	15200	58882	4549	125172	269	11953
2001	8826	78439	16562	61877	4598	122038	271	10109
2002	10021	82709	18582	64127	4751	124017	279	10115
2003	12274	87753	21754	65999	3945	126740	294	11109
2004	13727	93024	25458	67566	4614	128725	296	9933
2005	14816	99150	29127	70023	5158	130841	303	10221
2006	16105	106106	32081	74025	5803	135491	314	10939
2007	17439	110204	33979	76225	7337	137149	345	10950
2008	18581	114963	35524	79439	7537	141371	341	12589
2009	19629	116883	36450	80433	8256	139966	380	12365
2010	20761	120689	37517	83172	7522	140381	418	13668
2011	22066	123055	38593	84462	8283	141324	484	15009
2012	23232	124844	40467	84377	8042	140235	572	17086

19-5 各级各类学校招生数

Number of New Students Enrollment by Level and Type of School

单位：人 (person)

年份 Year	普通高等学校 Regular Institutions of Higher Education	普通中学 Regular Secondary Schools	高中 Senior Secondary Schools	初中 Junior Secondary Schools	职业中学 Vocational Secondary Schools	普通小学 Primary Schools	特殊教育学校 Special Schools
1995	15119	337758	64113	273645	19260	525875	311
1996	15567	354996	63001	291995	19533	548661	281
1997	16313	375656	63782	311874	20593	563443	333
1998	16813	404014	69652	334362	19790	546980	842
1999	23010	455111	75439	379672	21180	538695	1049
2000	33425	508648	90840	417808	21461	552740	1094
2001	45382	547593	109805	437788	20945	601257	1644
2002	53079	590617	143666	446951	23013	609934	1231
2003	60069	621290	168181	453109	19212	572321	975
2004	66182	657600	186561	471039	26738	508787	979
2005	71572	691600	205710	485890	32313	461894	915
2006	90373	711676	207257	504419	52175	481721	1301
2007	98569	678575	204816	473759	71267	435661	1614
2008	110889	696897	210511	486386	72436	411003	2051
2009	112280	699300	216982	482318	72692	372689	1954
2010	114899	673394	219614	453780	70355	361331	2071
2011	124935	628251	221551	406700	56719	338176	1457
2012	131263	602045	226107	375938	55991	341155	1434

19-6 各级各类学校在校学生数

Number of Students Enrollment by Level and Type of School

单位：人 (person)

年份 Year	普通高等学校 Regular Institutions of Higher Education	普通中学 Regular Secondary Schools	高中 Senior Secondary Schools	初中 Junior Secondary Schools	职业中学 Vocational Secondary Schools	普通小学 Primary Schools	特殊教育学校 Special Schools	学前教育 Pre-primary Education
1995	45480	915263	168589	746674	42747	2737059	1529	409893
1996	47578	966394	176444	789950	45696	2857986	1523	403714
1997	50678	1021024	180035	840989	48111	2992795	1476	398426
1998	54014	1079819	185946	893873	48889	3092488	4003	376575
1999	62637	1185891	201138	984753	49866	3131747	4653	407489
2000	81734	1314710	229500	1085210	52573	3164603	6438	427960
2001	110898	1459845	276573	1183272	52657	3189816	9953	401681
2002	143009	1606592	346294	1260298	56483	3229371	9192	402653
2003	173391	1733035	427011	1306024	49529	3227592	7673	372225
2004	200282	1844406	499609	1344797	62506	3155535	7732	350749
2005	229459	1943839	566168	1377671	73451	3035794	8339	349407
2006	263691	2047847	603358	1444489	100062	2984425	9127	342279
2007	295992	2036640	613906	1422734	131929	2846312	11606	330213
2008	331895	2038447	618253	1420194	155909	2689631	13443	337843
2009	361490	2041628	630654	1410974	167699	2525962	13687	358748
2010	381526	2031002	646975	1384027	170001	2370406	13350	387338
2011	405306	1942478	657086	1285392	147946	2200743	9455	432181
2012	431069	1845050	664879	1180171	151327	2063549	8337	480323

19-7 各级各类学校毕业生数
Number of Graduates by Level and Type of School

单位：人 (person)

年份 Year	普通高等学校 Regular Institutions of Higher Education	普通中学 Regular Secondary Schools	高中 Senior Secondary Schools	初中 Junior Secondary Schools	职业中学 Vocational Secondary Schools	普通小学 Primary Schools	特殊教育学校 Special Schools
1995	14288	252360	46948	205412	14053	319684	141
1996	13314	256098	48060	208038	12993	336205	121
1997	13140	274961	52911	222050	14884	355832	132
1998	13251	291067	54794	236273	14726	383938	258
1999	14007	305292	53867	251425	17030	424250	684
2000	13971	327787	56479	271308	15210	459255	948
2001	17000	351876	62793	289083	16785	488961	900
2002	21647	402829	72295	330534	17021	486101	712
2003	29582	456044	89040	367004	14753	481495	466
2004	39390	506391	109055	397336	16975	488842	612
2005	49886	561654	138165	423489	19144	502605	684
2006	57381	595637	164257	431380	19539	506371	701
2007	63315	628548	179335	449213	24451	478740	1089
2008	75051	645494	194146	451348	29687	485899	1664
2009	84082	655641	192269	463372	39579	492720	1965
2010	92226	649631	195045	454586	44095	474328	1850
2011	99042	660487	202234	458253	50585	426257	708
2012	102980	656260	213620	442640	43807	398700	834

19-8 研究生数
Number of Postgraduates

单位：人 (person)

年份 Year	招生数 New Enrollment	博士 Doctor's Degree	硕士 Master's Degree	在校学生数 Total Enrollment	博士 Doctor's Degree	硕士 Master's Degree	毕业生数 Graduates	博士 Doctor's Degree	硕士 Master's Degree
1995	689			1873	361	1512	416	76	340
1996	780			2146	440	1706	484	71	413
1997	884			2350	495	1855	601	93	508
1998	875			2563	523	2040	623	127	496
1999	1075			2874	597	2277	706	139	567
2000	1558			3579	764	2815	801	130	671
2001	2147			4781	963	3118	1096	283	813
2002	2703	448	2255	6403	1236	5167	940	168	772
2003	3634	583	3051	8555	1594	6961	1349	218	1131
2004	5073	683	4390	11496	1986	9509	1965	290	1675
2005	6146	717	5429	14895	2320	12575	2484	378	2106
2006	6710	747	5963	18069	2583	15486	3201	474	2727
2007	7117	783	6334	20034	2765	17269	4831	595	4236
2008	7502	810	6692	21580	2953	18627	5649	600	5049
2009	8463	887	7576	23469	3153	20316	6122	633	5459
2010	9098	888	8210	25609	3335	22274	6523	669	5854
2011	9307	923	8384	26973	3482	23491	7160	729	6431
2012	9804	943	8861	28306	3597	24709	8002	797	7205

19-9 普通本科分学科学生数 (2012)
Number of Students in Undergraduate by Field of Study (2012)

单位：人 (person)

类 别	Item	毕业生数 Graduates	招生人数 New Enrollment	在校学生数 Total Enrollment
甘肃省	**Gansu**	**57328**	**72748**	**269467**
哲 学	Philosophy	28	62	218
经济学	Economics	3802	4586	17714
法 学	Law	3176	4339	15841
教育学	Education	2651	4328	13588
文 学	Literature	10547	12464	46869
历史学	History	888	1387	4604
理 学	Science	7667	7803	32115
工 学	Engineering	16790	21605	77110
农 学	Agriculture	1487	2005	7395
医 学	Medicine	1559	3231	13219
管理学	Management	8733	10938	40794

19-10 普通专科分学科学生数 (2012)
Number of Students in Junior Colleges by Field of Study (2012)

单位：人 (person)

类 别	Item	毕业生数 Graduates	招生人数 New Enrollment	在校学生数 Total Enrollment
甘肃省	**Gansu**	**45652**	**58515**	**161602**
农林牧渔大类	Agriculture, Forestry, Animal Husbandry and Fishery	2080	4031	9538
交通运输大类	Communication &Transpotation	1584	2194	6233
生化与药品大类	Biochemistry and Drugs	2357	3741	10636
资源开发与测绘大类	Exploiture of Resources & Surveying and Mapping	2635	3873	10331
材料与能源大类	Material and Sources of Energy	732	1937	4292
土建大类	Civil Construction	4179	5112	14126
水利大类	Water Conservancy	513	956	2139
制造大类	Manufacturing	6442	8780	24425
电子信息大类	Electronic Information	3611	3927	11318
环保、气象与安全大类	Environment Protection, Meteorology and Security	717	1148	2691
轻纺食品大类	Textile and Food	595	797	1897
财经大类	Finance and Economics	5548	6428	17684
医药卫生大类	Medicine and Health	3568	5887	15069
旅游大类	Tourism	949	1266	3059
公共事业大类	Public Service	189	177	574
文化教育大类	Culture and Education	7756	6162	20781
艺术设计传媒大类	Art Design and Media	1004	1054	2998
公安大类	Public Security	663	469	1927
法律大类	Law	530	576	1884

19-11 成人本科分学科学生数 (2012)
Number of Students in Adult Institutions of Undergraduate Course by Field of Study (2012)

单位：人 (person)

类 别	Item	毕业生数 Graduates	招生人数 New Enrollment	在校学生数 Total Enrollment
甘肃省	**Gansu**	**12536**	**14362**	**37785**
哲 学	Philosophy			
经济学	Economics	550	198	919
法 学	Law	846	1471	2679
教育学	Education	555	349	860
文 学	Literature	4389	2435	8493
# 外语	Foreign Language	783	329	1285
历史学	History	128	82	158
理 学	Science	1077	245	980
工 学	Engineering	1726	4708	11412
农 学	Agriculture	175	290	703
医 学	Medicine	668	1137	3099
管理学	Management	1639	3118	7197

19-12 成人专科分学科学生数 (2012)
Number of Students in Adult Institutions of Specialized Courses by Field of Study (2012)

单位：人 (person)

类 别	Item	毕业生数 Graduates	招生人数 New Enrollment	在校学生数 Total Enrollment
甘肃省	**Gansu**	**17935**	**19086**	**52842**
农林牧渔大类	Agriculture, Forestry, Animal Husbandry and Fishery	667	1312	3857
交通运输大类	Communication &Transpotation	3091	2918	8997
生化与药品大类	Biochemistry and Drugs	577	174	578
资源开发与测绘大类类	Exploiture of Resources & Surveying and Mapping	294	380	937
材料与能源大类	Material and Sources of Energy	408	164	759
土建大类	Civil Construction	885	1885	4168
水利大类	Water Conservancy	127	57	274
制造大类	Manufacturing	2598	2167	6662
电子信息大类	Electronic Information	854	923	2368
环保、气象与安全大类	Environment Protection, Meteorology and Security	26	1	1
轻纺食品大类	Textile and Food			
财经大类	Finance and Economics	3394	3395	8568
医药卫生大类	Medicine and Health	2241	2879	9345
旅游大类	Tourism	133	258	661
公共事业大类	Public Service	139	125	444
文化教育大类	Culture and Education	2025	2013	4363
艺术设计传媒大类	Art Design and Media	207	135	246
公安大类	Public Security			
法律大类	Law	269	300	614

19-13 网络本科分学科学生数 (2012)

Number of Students Enrolled in Internet-based Courses of Undergraduate by Field of Study (2012)

单位：人 (person)

类 别	Item	毕业生数 Graduates	招生人数 New Enrollment	在校学生数 Total Enrollment
甘肃省	**Gansu**	**4982**	**7137**	**19498**
哲 学	Philosophy			
经济学	Economics	685	531	1512
法 学	Law	661	477	1508
教育学	Education			
文 学	Literature	422	406	1397
# 外语	Foreign Language			
历史学	History			
理 学	Science	62	95	188
工 学	Engineering	674	609	1452
农 学	Agriculture			
医 学	Medicine	497	1649	3618
管理学	Management	1981	3370	9823

19-14 网络专科分学科学生数 (2012)

Number of Students Enrolled in Internet-based Courses of Junior Colleges by Field of Study (2012)

单位：人 (person)

类 别	Item	毕业生数 Graduates	招生人数 New Enrollment	在校学生数 Total Enrollment
甘肃省	**Gansu**	**3294**	**8864**	**18757**
农林牧渔大类	Agriculture, Forestry, Animal Husbandry, and Fishery			
土建大类	Civil Construction		866	1493
电子信息大类	Electronic Information	173	373	947
环保、气象与安全大类	Environment Protection, Meteorology and Security			
财经大类	Finance and Economics	1228	2513	5178
医药卫生大类	Medicine and Health	622	1980	4531
旅游大类	Tourism			
公共事业大类	Public Security	1028	2835	5865
法律大类	Law	243	297	743

19–15 技工学校数、学生数和教职工数
Number of Schools, Students, Teachers and Staff of Technical Schools

单位：人

(person)

年份 Year	学校数（所） Number of Schools (unit)	毕业生数 Graduates	招生数 New Enrollment	在校学生数 Total Enrollment	教职员工 Number of Staff and Teachers	专任教师 Number of Full-time Teachers
2003	56	4881	6169	12356	3260	3260
2004	57	4342	10986	19336	3758	2012
2005	57	4586	11424	23971	3698	2856
2006	62	7068	12878	29781	5206	4415
2007	62	7068	12878	29781	4598	3807
2008	75	11304	24720	57631		4147
2009	78	12549	41016	71060	4205	2928
2010	78	19944	39944	91249	4525	2189
2011	78	27378	31338	94678	4468	3171
2012	79	25182	26620	96116	4553	3235

19–16 各级各类成人教育基本情况 (2012)
Basic Statistics of Adult Education at Various Levels (2012)

单位：人

(person)

类别	Item	学校数（所） Number of Schools (unit)	毕业生数 Graduates	招生数 New Enrollment	在校学生数 Total Enrollment	教职员工 Number of Staff and Teachers	专任教师 Number of Full-time Teachers
成人高等教育	Adult Education Schools	6	30471	33448	90627	610	423
广播电视大学	Radio and TV Universities	1	3227	2044	5329	216	127
职工高等学校	Staff Higher Education Schools	5	569	609	1013	243	184
教育学院	Education Academy						
函　授	Correspondence Education		21383	24864	65630		
夜　大	Evening College Education		5730	6156	19006		
成人脱产	Off-job Adult Education		3358	2428	5991		
成人中等专业学校	Secondary Schools for Adults	33	6839	8663	26031	1742	936
成人中学	Adult Middle School	49	21461		22509	1461	1336
成人技术培训学校	Adults Technical Secondary Schools	3562	542887		625074	12632	6746

19-17 平均每万人口在校学生数和大中小学学生构成
Number of Students per 10 000 Population and It's Composition

年 份 Year	平均每万人口在校学生数（人） Students Enrollment per 10 000 Persons (person)			大、中、小学学生占学生总数（%） Students of Different Levels as Percentageto Total Students (%)		
	大学生 University and College Students	中学生 Secondary School Students	小学生 Primary School Students	大学生 University and College Students	中学生 Secondary School Students	小学生 Primary School Students
1995	19	383	1146	0.88	16.90	50.50
1996	20	398	1177	0.82	16.00	47.20
1997	21	416	1218	0.82	15.80	46.30
1998	22	435	1245	0.88	16.80	48.20
1999	25	466	1232	1.01	18.30	48.30
2000	32	514	1238	1.26	19.40	46.70
2001	42	588	1239	2.09	27.44	59.95
2002	55	681	1246	2.57	28.91	58.13
2003	67	725	1240	3.05	33.26	56.85
2004	76	769	1205	3.73	37.49	58.78
2005	88	818	1170	4.26	39.38	56.36
2006	101	868	1145	4.78	41.06	54.16
2007	113	778	1088	5.72	39.33	54.95
2008	126	776	1023	6.56	40.29	53.15
2009	137	907	1116	6.35	41.98	51.67
2010	149	931	1103	6.83	42.65	50.52
2011	158	888	859	8.30	46.61	45.09
2012	168	721	806	9.91	42.53	47.56

19-18 各级学校教师负担学生数
Student-Teacher Ratio of School by Level

单位：人 (person)

年 份 Year	平均每个教师负担学生数 Students Taught Each Teacher			
	普通高等学校 Institutions of Higher Education	普通中等专业学校 Secondary Schools	普通中学 Regular Secondary Schools	普通小学 Primary School
1995	7	9	15	21
1996	8	10	15	22
1997	8	10	15	23
1998	8	11	16	24
1999	9	11	17	24
2000	12	12	18	25
2001	13	14	19	26
2002	14	16	19	26
2003	14	17	20	25
2004	15	18	19	25
2005	15	20	20	23
2006	16	22	19	22
2007	17	22	18	21
2008	18		18	19
2009	18		17	18
2010	18	23	17	17
2011	19	21	16	15
2012	19	21	15	15

19-19 学龄儿童入学率和各级普通学校毕业生升学率

Net Enrollment Ratio of Primary Schools and Promotion Rate of Various Schools

单位：%

(%)

年 份 Year	学龄儿童净入学率 Net Enrollment Ratio of Primary Schools	小学升学率 Promotion Rate from Primary Schools to Junior Secondary Schools	初中升学率 Promotion Rate from Junior Secondary Schools to Senior Secondary Schools	高中升学率 Promotion Rate from Senior Secondary Schools to Higher Education
1996	97.20	86.85		
1997	97.68	87.93		
1998	98.20	87.40		
1999	98.62	89.49		
2000	98.83	90.98		
2001	98.02	89.53	37.98	35.48
2002	98.55	91.95	43.46	38.20
2003	97.99	94.10	45.83	40.33
2004	98.27	96.36	46.95	42.16
2005	98.87	96.67	48.58	42.77
2006	98.89	99.61	48.04	44.50
2007	98.94	98.96	45.59	52.00
2008	99.14	100.10	46.64	60.00
2009	99.45	97.89	46.83	70.00
2010	99.46	95.67	48.31	71.00
2011	99.56	95.41	48.35	75.00
2012	99.68	94.29	51.08	80.00

注：1. 初中升高级中学包含升入技工学校。
2. 高中升学率为普通高校招生数（含电大普通班）与普通高中毕业生数之比。

a) Data on promotion rate from junior secondary schools to senior secondary schools include those entering into secondary technical schools.
b) Data on promotion rate from senior secondary schools to higher education refer to the ratio of new entrants into regular institutions of higher education (including regular classes of TV universities) to graduates of senior secondary schools.

19-20 小学辍学率和小学五年巩固率
Dropout Rate and Five-year Consolidate Rate of Primary Schools

单位：% (%)

年 份 Year	小学辍学率 Dropout Rate of Primary Schools	# 女生 Girls	小学五年巩固率 Five-year Consolidate Rate of Primary School	# 女生 Girls
2000	1.65	1.96	71.43	72.43
2001	2.57	2.95	73.08	72.96
2002	2.44	2.57	77.67	77.73
2003	2.87	2.99	80.78	80.63
2004	2.66	2.79	83.36	82.49
2005	2.49	2.37	81.20	81.10
2006	1.06	1.26	84.92	85.10
2007	3.17	3.24	86.25	85.87
2008	2.66	2.50	88.26	88.21
2009	1.66	2.02	89.86	88.97
2010	1.60	1.71	82.86	82.07
2011	0.07	0.60	84.82	84.51
2012	0.31	0.28	83.06	82.72

19-21 初中辍学率和初中三年巩固率
Dropout Rate and Three-year Consolidate Rate of Junior Secondary School

单位：% (%)

年 份 Year	初中辍学率 Dropout Rate of Junior Secondary School	# 女生 Girls	初中三年巩固率 Three-year Consolidate Rate of Junior Secondary School	# 女生 Girls
2003	3.20	2.64	92.79	93.74
2004	2.42	2.07	95.22	96.37
2005	2.50	1.95	94.66	96.27
2006	0.82	0.50	96.02	97.23
2007	3.31	2.85	93.50	94.25
2008	2.75	2.43	91.55	92.47
2009	2.00	1.67	94.04	95.29
2010	1.88	1.45	93.90	94.50
2011	0.60	0.46	91.56	92.50
2012	0.57	0.46	90.93	92.82

19-22 各地县普通小学基本情况 (2012)
Basic Statistics of Primary Schools and Kindergartens by Region, County (2012)

单位：人 (person)

地 区	Region	幼儿园数（所）Kindergartens (unit)	在园儿童数 Number of Children in Kindergartens	学龄儿童入学率（%）School-age Children Enrollment Rate (%)	学校数（所）Number of Schools (unit)	专任教师数 Number of Full-time Teachers	招生数 New Enrollment	在校学生数 Total Enrollment	毕业生数 Graduates
兰州市	**Lanzhou**	**324**	**60824**	**99.99**	**622**	**14381**	**34326**	**203752**	**37442**
城关区	Chengguan	101	21456	100.00	83	3218	11196	66955	11490
七里河区	Qilihe	47	8712	100.00	82	2106	5655	33401	5634
西固区	Xigu	36	5773	100.00	53	1544	3430	21123	3978
安宁区	Anning	29	4859	100.00	18	716	2148	12101	2075
红古区	Honggu	11	3101	100.00	34	931	1567	9338	1676
永登县	Yongdeng	51	6635	99.94	172	2549	4990	28058	5284
皋兰县	Gaolan	13	2587	100.00	40	1003	1483	8958	1712
榆中县	Yuzhong	36	7701	100.00	140	2314	3857	23818	5593
嘉峪关市	**Jiayuguan**	**56**	**7538**	**100.00**	**18**	**890**	**2737**	**16349**	**2956**
金昌市	**Jinchang**	**66**	**12703**	**100.00**	**69**	**1984**	**5330**	**32314**	**6155**
金川区	Jinchuan	26	7268	100.00	15	838	2868	16381	2906
永昌县	Yongchang	40	5435	100.00	54	1146	2462	15933	3249
白银市	**Baiyin**	**140**	**29787**	**100.00**	**650**	**10986**	**18492**	**129094**	**27359**
白银区	Baiyin	36	6220	100.00	39	1486	2903	20548	4104
平川区	Pingchuan	14	4387	100.00	48	1485	2560	15442	3003
靖远县	Jingyuan	41	8016	100.00	178	3004	4439	30545	7018
会宁县	Huining	26	5888	100.00	264	3443	5934	46174	10054
景泰县	Jingtai	23	5276	100.00	121	1568	2656	16385	3180
天水市	**Tianshui**	**206**	**40496**	**99.86**	**1673**	**19095**	**48466**	**339067**	**63151**
秦州区	Qinzhou	35	6916	100.00	260	3434	11029	59018	10515
麦积区	Maiji	61	11171	99.97	161	3286	1928	43199	6925
清水县	Qingshui	28	5792	99.82	199	1812	4436	29465	5890
秦安县	Qinan	18	3456	100.00	327	3063	7287	47897	11591
甘谷县	Gangu	16	1948	99.77	323	3323	11555	78043	13484
武山县	Wushan	44	9102	100.00	198	2076	7022	45385	8631
张家川县	Zhangjiachuan	4	2111	99.37	205	2101	5209	36060	6115
武威市	**Wuwei**	**166**	**41264**	**100.00**	**612**	**10734**	**20054**	**138235**	**27053**
凉州区	Liangzhou	116	28174	100.00	339	5467	12006	78912	13874
民勤县	Minqin	20	3405	100.00	31	1439	1642	14731	3494
古浪县	Gulang	22	6704	100.00	158	2295	4436	32221	7304
天祝县	Tianzhu	8	2981	100.00	84	1533	1970	12371	2381
张掖市	**Zhangye**	**436**	**33147**	**100.00**	**445**	**5890**	**13561**	**81262**	**16977**

19-22 续表 1 continued

单位：人 (person)

地 区	Region	幼儿园数（所） Kindergartens (unit)	在园儿童数 Number of Children in Kindergartens	学龄儿童入学率（%） School-age Children Enrollment Rate (%)	学校数（所） Number of Schools (unit)	专任教师数 Number of Full-time Teachers	招生数 New Enrollment	在校学生数 Total Enrollment	毕业生数 Graduates
甘州区	Ganzhou	106	14363	100.00	95	2270	5413	33164	7147
肃南县	Sunan	10	650	100.00	6	228	298	2101	440
民乐县	Minle	92	6097	100.00	163	1209	3239	18612	3347
临泽县	Linze	83	4049	100.00	92	665	1289	7673	1762
高台县	Gaotai	63	3300	100.00	56	592	1253	7849	2019
山丹县	Shandan	82	4688	100.00	33	926	2069	11863	2262
平凉市	**Pingliang**	**203**	**40745**	**100.00**	**1136**	**12219**	**27787**	**173133**	**36558**
崆峒区	Kongtong	46	8341	100.00	191	2521	6563	42677	8378
泾川县	Jingchuan	26	4567	100.00	168	1618	3023	22256	5701
灵台县	Lingtai	41	4271	100.00	134	1115	2110	13521	3096
崇信县	Chongxin	16	2441	100.00	57	521	1094	6067	1081
华亭县	Huating	28	6160	100.00	94	1473	2434	14331	2411
庄浪县	Zhuanglang	10	5933	100.00	243	2522	5572	36713	8648
静宁县	Jingning	36	9032	100.00	249	2449	6991	37568	7243
酒泉市	**Jiuquan**	**268**	**29195**	**100.00**	**233**	**4830**	**11817**	**77569**	**14826**
肃州区	Suzhou	97	12963	100.00	75	1833	4526	29873	5193
金塔县	Jinta	32	4461	100.00	27	774	1698	12136	2553
瓜州县	Guazhou	65	3234	100.00	73	725	1807	11418	2367
肃北县	Subei	1	318	100.00	2	109	120	717	132
阿克塞县	Akesai	1	363	100.00	1	62	143	767	107
玉门市	Yumen	28	3499	100.00	21	648	1804	10977	2120
敦煌市	Dunhuang	44	4357	100.00	34	679	1719	11681	2354
庆阳市	**Qingyang**	**397**	**61188**	**97.07**	**1251**	**14289**	**33104**	**173718**	**34318**
西峰区	Xifeng	59	15702	98.42	113	2496	5940	31162	5579
庆城县	Qingcheng	45	7756	95.63	125	1480	3181	16264	3219
环 县	Huanxian	38	5347	97.50	287	1821	4908	26429	5684
华池县	Huachi	18	4242	95.35	76	780	1631	8737	1665
合水县	Heshui	77	4754	91.94	29	710	2002	9933	2016
正宁县	Zhengning	32	6517	99.18	89	1366	2817	13334	2837
宁 县	Ningxian	76	6667	99.22	247	2918	5905	32437	6786
镇原县	Zhenyuan	52	10203	95.29	285	2718	6720	35422	6532
定西市	**Dingxi**	**131**	**45216**	**100.00**	**1246**	**15031**	**31522**	**199207**	**43512**
安定区	Anding	24	7401	100.00	168	2498	3845	23538	4870
通渭县	Tongwei	12	2211	100.00	242	2288	3784	31270	7847

19-22 续表 2 continued

单位：人 (person)

地　区	Region	幼儿园数（所） Kindergartens (unit)	在园儿童数 Number of Children in Kindergartens	学龄儿童入学率（%） School-age Children Enrollment Rate (%)	学校数（所） Number of Schools (unit)	专任教师数 Number of Full-time Teachers	招生数 New Enrollment	在校学生数 Total Enrollment	毕业生数 Graduates
陇西县	Longxi	13	8754	100.00	196	3107	5478	32818	7517
渭源县	Weiyuan	26	5808	100.00	168	1923	3498	23986	6219
临洮县	Lintao	30	13034	100.00	192	2410	5223	30178	6043
漳　县	Zhangxian	4	4061	100.00	104	999	2647	16833	4127
岷　县	Minxian	22	3947	100.00	176	1806	7047	40584	6889
陇南市	**Longnan**	**118**	**46237**	**99.82**	**1111**	**13510**	**41481**	**214222**	**41257**
武都区	Wudu	9	14344	100.00	176	2690	9290	45626	7661
成　县	Chengxian	13	4662	100.00	117	1395	3111	17515	3508
文　县	Wenxian	13	3749	100.00	126	1281	2871	15856	3049
宕昌县	Tanchang	2	2356	99.71	110	1399	5298	25855	4632
康　县	Kangxian	1	2908	99.74	65	923	2444	11147	1857
西和县	Xihe	38	6317	99.30	176	1897	6165	38510	8071
礼　县	Lixian	14	8016	100.00	195	2636	9545	43560	9531
徽　县	Huixian	25	3162	100.00	120	992	2266	13688	2485
两当县	Liangdang	3	723	99.65	26	297	491	2465	463
临夏州	**Linxia**	**117**	**23408**	**99.85**	**853**	**10327**	**37976**	**202797**	**33057**
临夏市	linxia	53	9257	100.00	44	1126	3609	20373	3457
临夏县	linxia	8	2476	100.00	149	1670	4888	29138	5884
康乐县	Kangle	32	2895	100.00	129	1275	4894	27062	3752
永靖县	Yongjing	7	2728	100.00	89	1381	3028	15348	2355
广河县	Guanghe	2	639	99.80	96	1271	5288	29938	5437
和政县	Hezheng	5	1700	99.80	72	936	2736	19120	3346
东乡县	Dongxiang	3	720	100.00	136	1486	5634	31977	4878
积石山县	Jishishan	7	2993	99.34	138	1182	7899	29841	3948
甘南州	**Gannan**	**84**	**8575**	**99.73**	**417**	**6069**	**14502**	**82830**	**14079**
合作市	Hezuo	14	1731	100.00	20	727	1669	8751	1304
临潭县	Lintan	14	1106	100.00	114	1132	3210	19215	3509
卓尼县	Zhuoni	11	1056	97.89	96	783	1601	11109	2177
舟曲县	Zhouqu	13	1646	99.71	72	1125	3478	18436	3170
迭部县	Diebu	12	689	100.00	51	620	1017	5854	999
玛曲县	Maqu	4	597	98.83	10	432	1178	6352	842
碌曲县	Luqu	7	883	98.98	21	537	725	4344	632
夏河县	Xiahe	9	867	100.00	33	713	1624	8769	1446

19-23 各地县普通中学基本情况 (2012)
Basic Statistics of Regular Primary Schools by Region, County (2012)

单位：人 (person)

地　区	Region	普通中学学校数（所） Number of Schools (unit)	毕业生数 Graduates	招生数 New Enrollment	在校学生数 Total Enrollment	高中 Senior Secondary Schools	初中 Junior Secondary Schools	专任教师 Number of Full-time Teachers
兰州市	**Lanzhou**	**232**	**63748**	**62339**	**184248**	**75750**	**108498**	**13748**
城关区	Chengguan	50	16877	18813	53977	20785	33192	3735
七里河区	Qilihe	33	7073	7431	21850	8004	13846	1617
西固区	Xigu	31	7899	7180	21287	9602	11685	1599
安宁区	Anning	21	4053	4277	13143	5037	8106	905
红古区	Honggu	12	2862	2600	7994	3177	4817	838
永登县	Yongdeng	41	11610	9533	29657	13051	16606	2258
皋兰县	Gaolan	14	4136	3476	10993	5542	5451	1024
榆中县	Yuzhong	30	9238	9029	25347	10552	14795	1772
嘉峪关市	**Jiayuguan**	**11**	**4641**	**5021**	**14676**	**6078**	**8598**	**999**
金昌市	**Jinchang**	**22**	**11517**	**10109**	**31459**	**12820**	**18639**	**2094**
金川区	Jinchuan	10	5030	4858	14601	5809	8792	990
永昌县	Yongchang	12	6487	5251	16858	7011	9847	1104
白银市	**Baiyin**	**154**	**62909**	**49062**	**161085**	**64416**	**96669**	**11348**
白银区	Baiyin	19	8731	7961	25029	11349	13680	1613
平川区	Pingchuan	22	6750	5579	18634	7062	11572	1461
靖远县	Jingyuan	41	16703	12973	43127	16858	26269	3014
会宁县	Huining	52	22452	16827	54979	20233	34746	3757
景泰县	Jingtai	20	8273	5722	19316	8914	10402	1503
天水市	**Tianshui**	**270**	**81869**	**83082**	**257561**	**71467**	**186094**	**15801**
秦州区	Qinzhou	40	15478	13004	40185	13130	27055	2830
麦积区	Maiji	46	13315	10869	34611	10338	24273	2779
清水县	Qingshui	27	6214	7040	20546	5465	15081	1186
秦安县	Qinan	43	14213	16394	52546	14637	37909	2711
甘谷县	Gangu	59	13599	16882	54584	15237	39347	2996
武山县	Wushan	35	10502	10998	30196	7379	22817	1948
张家川县	Zhangjiachuan	20	8548	7895	24893	5281	19612	1351
武威市	**Wuwei**	**142**	**52667**	**45136**	**142743**	**57270**	**85473**	**9329**
凉州区	Liangzhou	75	26672	22874	71264	27646	43618	4686
民勤县	Minqin	21	9992	7173	24414	11407	13007	1720
古浪县	Gulang	27	11000	10685	33411	12197	21214	1756
天祝县	Tianzhu	19	5003	4404	13654	6020	7634	1167
张掖市	**Zhangye**	**95**	**29872**	**26789**	**83534**	**32604**	**50930**	**5842**

19-23 续表 1 continued

单位：人 (person)

地 区	Region	普通中学学校数（所） Number of Schools (unit)	毕业生数 Graduates	招生数 New Enrollment	在校学生数 Total Enrollment	高中 Senior Secondary Schools	初中 Junior Secondary Schools	专任教师 Number of Full-time Teachers
甘州区	Ganzhou	36	12642	11199	34832	14145	20687	2576
肃南县	Sunan	6	717	507	1478	489	989	200
民乐县	Minle	14	6103	5565	17750	6714	11036	977
临泽县	Linze	11	2664	2844	9000	3284	5716	580
高台县	Gaotai	9	3743	3304	10002	3936	6066	827
山丹县	Shandan	19	4003	3370	10472	4036	6436	682
平凉市	**Pingliang**	**167**	**61874**	**54938**	**166128**	**61068**	**105060**	**11008**
崆峒区	Kongtong	35	11101	10742	30565	9617	20948	1951
泾川县	Jingchuan	24	8871	8026	23784	8237	15547	1602
灵台县	Lingtai	18	6128	4918	15417	5769	9648	1116
崇信县	Chongxin	11	2690	2000	6778	3080	3698	520
华亭县	Huating	11	4194	3810	11340	4456	6884	1000
庄浪县	Zhuanglang	29	12868	12654	38043	13033	25010	2266
静宁县	Jingning	39	16022	12788	40201	16876	23325	2553
酒泉市	**Jiuquan**	**67**	**23012**	**22793**	**68005**	**23597**	**44408**	**4567**
肃州区	Suzhou	23	9536	8995	27262	10804	16458	1780
金塔县	Jinta	6	3571	3577	10946	3044	7902	633
瓜州县	Guazhou	9	3306	3515	10354	3397	6957	631
肃北县	Subei	2	227	256	643	296	347	90
阿克塞县	Akesai	1	167	197	540	226	314	58
玉门市	Yumen	11	3031	2849	8357	2509	5848	641
敦煌市	Dunhuang	15	3174	3404	9903	3321	6582	734
庆阳市	**Qingyang**	**190**	**62440**	**54156**	**169485**	**67845**	**101640**	**12116**
西峰区	Xifeng	29	11397	10578	33024	15556	17468	2457
庆城县	Qingcheng	21	4610	4504	13535	4306	9229	1128
环 县	Huanxian	29	9307	8088	25591	9914	15677	1749
华池县	Huachi	13	2514	2396	7520	2531	4989	579
合水县	Heshui	9	3361	2605	8810	3335	5475	657
正宁县	Zhengning	16	5759	4609	14041	5503	8538	1188
宁 县	Ningxian	37	11487	9961	30197	11442	18755	2124
镇原县	Zhenyuan	36	14005	11415	36767	15258	21509	2234
定西市	**Dingxi**	**299**	**85581**	**70451**	**219787**	**85558**	**134229**	**15314**
安定区	Anding	69	16969	10688	35359	18273	17086	2748
通渭县	Tongwei	50	14207	12438	38641	12725	25916	2428

19–23 续表 2 continued

单位：人 (person)

地 区	Region	普通中学学校数（所） Number of Schools (unit)	毕业生数 Graduates	招生数 New Enrollment	在校学生数 Total Enrollment	高中 Senior Secondary Schools	初中 Junior Secondary Schools	专任教师 Number of Full-time Teachers
陇西县	Longxi	54	15292	13115	42486	16307	26179	2935
渭源县	Weiyuan	32	10192	8295	24515	9174	15341	1747
临洮县	Lintao	46	14931	11368	37216	17741	19475	2686
漳 县	Zhangxian	18	4427	4937	14054	3727	10327	871
岷 县	Minxian	30	9563	9610	27516	7611	19905	1899
陇南市	**Longnan**	**233**	**58531**	**56237**	**164614**	**48963**	**115651**	**11140**
武都区	Wudu	37	13695	11555	34670	10431	24239	2402
成 县	Chengxian	28	5954	5028	14438	4512	9926	1045
文 县	Wenxian	24	5239	4391	14027	5265	8762	1093
宕昌县	Tanchang	25	3758	5514	15294	3818	11476	988
康 县	Kangxian	18	3518	2892	8931	2980	5951	717
西和县	Xihe	29	7785	10638	28845	7789	21056	1689
礼 县	Lixian	40	11988	11317	34029	9042	24987	2136
徽 县	Huixian	25	5454	4089	11867	4095	7772	845
两当县	Liangdang	7	1140	813	2513	1031	1482	225
临夏州	**Linxia**	**102**	**40131**	**42475**	**126037**	**37966**	**88071**	**8034**
临夏市	linxia	9	6408	7423	20853	10307	10546	1341
临夏县	linxia	19	7630	5845	20053	5093	14960	1302
康乐县	Kangle	15	4473	5131	14339	4059	10280	859
永靖县	Yongjing	15	5137	4807	14117	6253	7864	1112
广河县	Guanghe	8	4367	4391	13432	2944	10488	812
和政县	Hezheng	9	3377	4062	11758	2986	8772	638
东乡县	Dongxiang	17	5556	5978	17646	1968	15678	810
积石山县	Jishishan	10	3183	4838	13839	4356	9483	1160
甘南州	**Gannan**	**49**	**17468**	**19457**	**55688**	**19477**	**36211**	**3504**
合作市	Hezuo	4	2756	3067	8885	3901	4984	569
临潭县	Lintan	10	4255	4271	11978	3652	8326	690
卓尼县	Zhuoni	10	2655	3320	9017	3044	5973	548
舟曲县	Zhouqu	12	3390	3669	11275	4032	7243	673
迭部县	Diebu	5	1166	1373	4017	1498	2519	352
玛曲县	Maqu	2	814	1074	2662	679	1983	174
碌曲县	Luqu	2	727	1032	2827	1080	1747	198
夏河县	Xiahe	4	1705	1651	5027	1591	3436	300

19-24 各地区普通高等学校基本情况 (2012)
Number of Regular Institutions of Higher Education by Region (2012)

单位：人 (person)

地 区	Region	学校数（所） Schools (unit)	专任教师数 Number of Full-time Teachers	招生数 New Enrollment	本 科 Undergradate Courses	专 科 Specialized Courses	在校学生数 Total Enrollment	本 科 Undergradate Courses	专 科 Specialized Courses
兰州市	Lanzhou	25	17236	87639	58332	29307	306635	222091	84544
嘉峪关市	Jiayuguan	1	203	1321		1321	3392		3392
金昌市	Jinchang	1	79	893		893	1654		1654
白银市	Baiyin	1	161	912		912	1927		1927
天水市	Tianshui	4	1681	11832	3796	8036	35157	14047	21110
武威市	Wuwei	2	713	6643		6643	15625		15625
张掖市	Zhangye	2	834	5919	3531	2388	18980	12461	6519
平凉市	Pingliang	1	316	2278		2278	6825		6825
酒泉市	Jiuquan	1	320	2501		2501	6952		6952
庆阳市	Qingyang	1	612	4575	4575		14292	14201	91
定西市	Dingxi	1	305	1974		1974	5223		5223
陇南市	Longnan	1	316	1895		1895	5320		5320
临夏州	Linxia								
甘南州	Gannan	1	456	2881	2514	367	9087	6667	2420

19-24 续表 continued

单位：人 (person)

地 区	Region	毕（结）业生数 Graduates with Degrees or Diplomas	本 科 Undergraduate Courses	专 科 Specialized Courses	授予学位数 Degrees Conferred
兰州市	Lanzhou	72686	48072	24614	46375
嘉峪关市	Jiayuguan	837		837	
金昌市	Jinchang				
白银市	Baiyin	314		314	
天水市	Tianshui	9174	3491	5683	3360
武威市	Wuwei	3708		3708	
张掖市	Zhangye	4696	2915	1781	2669
平凉市	Pingliang	1966		1966	
酒泉市	Jiuquan	1945		1945	
庆阳市	Qingyang	2853	2850	3	2772
定西市	Dingxi	1379		1379	
陇南市	Longnan	1614		1614	
临夏州	Linxia				
甘南州	Gannan	1808		1808	

19-25 教育经费情况
Basic Statistics on Educational Funds

单位：万元 (10 000 yuan)

年份 Year	合计 Total	国家财政性教育经费 Government Appropriation for Education	#预算内教育经费 Budgetary	民办学校办学经费 Funds from Private Schools	社会捐赠经费 Donations and Fund-raising for Running Schools	事业收入 Income from Teaching Research and Other Auxiliary Activity	#学杂费 Tuition and Miscellaneous Fees	其他教育经费 Other Educational Funds
2000	535287	425021	352952	1831	11207	88887	63864	8341
2001	686750	520918	442922	4401	7428	135660	104008	18342
2002	836719	618783	538793	8872	9239	182477	132539	17348
2003	914336	652146	582181	18685	5686	212472	156053	25348
2004	1031445	727916	659017	21274	7037	248453	174186	26765
2005	1195074	847512	785026	34541	5555	273897	198727	33569
2006	1448234	1108365	1024273	41261	5451	260510	188990	32646
2007	1779095	1413920	1342179	2256	6090	326870	244610	29959
2008	2469385	2077502	2009317	1245	11587	354513	272808	24538
2009	2957602	2502298	2426498	2361	28287	395001	311653	29655
2010	3276887	2756965.2	2644937.6	7953	19834	450572	359799.9	41563
2011	3926598	3374222	3179614	4558	8132	482239	399882	57446
2012	4841482	4276671	4014241	5053	3714	494962	404867	61083

19-26 各类学校教育经费情况 (2012)
Educational Funds in Various School (2012)

单位：万元 (10 000 yuan)

类 别	Item	合 计 Total	国家财政性教育经费 Government Appropriation for Education	#预算内教育经费 Budgetary	民办学校中举办者投入 Funds from School Runners of Private Schools	社会捐赠经费 Donations and Fund-raising for Running Schools	事业收入 Income from Teaching Research and Other Auxiliary Activity	#学杂费 Tuition and Miscellaneous Fees	其他教育经费 Other Educational Funds
高等学校	Institutions of Higher Education	1025788	687558	674233		1017	292141	241553	45073
普通高等学校	Regular Institutions of Higher Education	1006031	679985	668469		1017	280772	231556	44257
成人高等学校	Institutions of Higher Education for Adults	19757	7573	5764			11369	9998	816
中等职业学校	Vocational Secondary Schools	288693	235228	215233	501	70	47244	41868	5651
中等专业学校	Specialized Secondary Schools	199651	158034	147794	36	10	36683	32253	4889
职业高中	Vocational Senior Secondary Schools	77488	67308	60182	465	60	9047	8493	608
技工学校	Technical Schools	5149	4265	2753			830	670	53
成人中专学校	Specialized Secondary Schools for Adults	6405	5620	4503			684	451	101
普通中学	Regular Secondary Schools	1558320	1462167	1328335	1348	564	90560	77038	3681
普通高中	Regular Senior Secondary Schools	584805	495338	431781	1023	378	85586	73147	2481
普通初中	Regular Junior Secondary Schools	973516	966829	896554	325	187	4974	3891	1201
#农村	Rural Areas	694745	693967	656169		81	114	48	584
普通小学	Regular Primary Schools	1432040	1427616	1359914	65	1101	1122	736	2137
#农村	Rural Areas	1101476	1099190	1063970		912	24	16	1351
特殊教育学校	Special Education Schools	15522	15493	12427			20		9
幼儿园	Kindergartens	205851	155134	139867	3140	537	45174	43155	1865
教育行政单位	Education Administrative Unit	33827	32079	31582		278	633		837
教育事业单位	Education Institution	102949	88699	82911			12544		1706
其它	Others	178492	172697	169741		147	5524	516	124

19-27 科技活动基本情况
Basic Statistics on Scientific and Technological Activities

指　标	Item	2005	2010	2011	2012
研究与试验发展 (R&D) 投入情况	**Statistics on R&D Input**				
有 R&D 活动的单位数（个）	Number of Units with R & D Activities (unit)	390	331	383	428
R&D 人员（人）	R & D Personnel (person)		30321	31819	36762
R&D 人员全时当量（人年）	Full-time Equivalent of R&D Personnel (man-year)	15813	20774	21283	24290
R&D 经费内部支出（万元）	Internal Expenditure on R&D (10 000yuan)	194921	415886	485261	604762
R&D 经费内部支出相当于生产总值比例 (%)	Proportion of Internal Expenditure on R&D to GDP (%)	1.01	1.01	0.97	1.07
科技产出及成果情况	**Statistics on S&T Outputs and Results**				
发表科技论文　（篇）	Scientific Papers Issued (piece)		26016	24199	24083
出版科技著作　（种）	Publication on Science and Technology (kind)		645	699	827
专利申请受理数　（件）	Number of Patents Application Accepted (piece)		1817	1994	2848
# 发明专利	Inventions		933	1002	1314
专利申请授权数（件）	Number of Patents Application Granted (piece)		304	426	624
# 发明专利	Inventions		187	281	365
有效发明专利数（件）	Number of Patents in Force (piece)		1554	2004	2491
专利所有权转让及许可数（件）	Number of Transfer and License of Patent Ownership (piece)		138	159	208
专利所有权转让与许可收入（万元）	Income of Transfer and License of Patent Ownership (10 000 yuan)		2015	991	4785
植物新品种权授予数（项）	Number of New Plant Varieties Granted (item)		20	9	16
形成国家或行业标准数（项）	Number of Form the National or Industry Standards (item)		170	187	324

19-28 研究与试验发展 (R&D) 人员
R&D Personnel

单位：人 (person)

指 标	Item	2005	2010	2011	2012
R&D 人员	**Total**		**30321**	**31819**	**36762**
按学历分	**By Level of Education**				
博士毕业	Doctor		2096	2331	2838
硕士毕业	Master		4882	5211	6318
本科毕业	Under-graduate		13319	12796	14708
其他人员	Others		10024	11481	12898
女性	Female		7368	7863	9007
研究人员	Researchers		18739	19216	21934
全时人员	Full-time Equivalent	12171	16978	17537	19590

19-29 研究与试验发展 (R&D) 人员全时当量
Full-time Equivalent of R&D Personnel

单位：人年 (man-year)

指 标	Item	2005	2010	2011	2012
R&D 人员全时当量	**Total**	**15813**	**20774**	**21283**	**24290**
# 研究人员	Researchers		12771	12967	14471
按活动类型分	**By Type of Activity**				
基础研究	Basic Research	1699	2299	2333	3004
应用研究	Applied Research	6204	4890	5496	6111
试验发展	Experimental Development	7910	13586	13452	15174

19-30 研究与试验发展(R&D)经费情况
Expenditure on R&D

单位：万元 (10 000yuan)

指 标	Item	2010	2011	2012
R&D 经费内部支出	**Internal Expenditure on R&D by Sources**	**415886**	**485261**	**604762**
按活动类型分	**By Type of Activity**			
基础研究	Basic Research	56498	68419	82948
应用研究	Applied Research	87531	91863	119751
试验发展	Experimental Development	271858	324978	402065
按执行部门分	**By Execution Departments**			
企业	Enterprises	223202	264063	344486
#大中型工业企业	Large and Medium-sized Industrial Enterprises	208652	229686	313061
研究与开发机构	R&D Institutions	120428	135373	175303
高等学校	Higher Education	62646	68605	70626
其他	Others	9610	17220	14347
按支出用途分	**By Expenditure Use**			
日常性支出	Routine Expenses	355587	392575	500554
#人员劳务费	Labor Cost	95801	114288	137918
资产性支出	Assets Expenditure	60299	92686	104207
#仪器和设备	Equipment	50997	65584	83439
按资金来源分	**By Sources of Funding**			
政府资金	Government Funds	161543	171498	218844
企业资金	Self-raised Funds by Enterprises	238039	290893	363611
国外资金	Foreign Funds	1224	376	832
其他资金	Other Funds	15081	22493	21476
R&D 经费外部支出	**External Expenditure on R&D by Performer and Sources**	**35208**	**54518**	**66115**
#对国内研究机构支出	to Domestic Research Institutions	16414	29403	29669
对国内高等学校支出	to Domestic Higher Education	10888	13778	23440
对国内企业支出	to Domestic Enterprises	3013	4374	2231
对境外机构支出	to Foreign Institutions	4894	6881	10694

19-31 研究与试验发展(R&D)项目（课题）情况
Statistics on R&D Projects

指 标	Item	2010	2011	2012
R&D 项目（课题）数（项）	R&D Projects(item)	10126	11545	13108
R&D 项目（课题）人员折合全时当量（人年）	R&D Participants(man-year)	17463	18069	21378
R&D 项目（课题）经费内部支出（万元）	R&D Intramural Expenditure(10 000 yuan)	296798	303735	439022

19-32 分行业研究与试验发展（R&D）基本情况 (2012)
Basic Statistics on R&D by Sector (2012)

行 业	Sector	R&D 人员合计（人）Total R&D Personnel (person)	R&D 人员全时当量（人年）Full-time Equivalent of R&D Personnel (man-year)	R&D 经费内部支出合计（万元）Intramural Expenditure on R&D by Sources (10 000 yuan)	项目(课题)数（项）R&D Projects (item)
农、林、牧、渔业	Agriculture,Forestry,Animal Husbandry and Fishery	658	521	2420	78
采矿业	Mining	896	737	14582	62
制造业	Manufacturing	16265	10647	322728	1838
电力、热力、燃气及水的生产和供应业	Production and Supply of Electricity, Gas and Water	173	62	475	12
建筑业	Construction	343	209	1658	60
批发和零售业	Wholesale and Retail Trades				
交通运输、仓储和邮政业	Transport,Storage and Post	366	358	1130	7
住宿和餐饮业	Hotels and Catering Services				
信息传输、软件和信息技术服务业	Information Transmission,Software and Information Technology Services	3	1	6	1
金融业	Financial Intermediation	20	20	122	5
房地产业	Real Estate				
租赁和商务服务业	Leasing and Business Services	32	24	94	11
科学研究和技术服务业	Scientific Research and Technical Services	7777	7035	184720	2098
水利、环境和公共设施管理业	Management of Water Conservancy, Environment and Public Facilities	33	21	57	4
居民服务、修理和其他服务业	Services and Repair to Households and Other Services				
教育	Education	7294	3301	70626	8705
卫生和社会工作	Health and Social Work	2884	1353	6079	224
文化、体育和娱乐业	Culture, Sports and Entertainment	18	3	67	3
公共管理、社会保障和社会组织	Public Management,Social Security and Social Organizations				
国际组织	International Organizations				

19-33 研究机构情况 (2012)
Situation of Research Institutions (2012)

指　标	Item	机构数（个）Number of Institutions (unit)	R&D 人员（人）R & D Personnel (person)	R&D 经费支出（万元）R & D Expenditure (10 000yuan)
甘肃省	**Gansu Province**	**535**	**15569**	**308277**
按执行部门分	**By Execution Departments**			
科研机构	Research Institutions	107	6601	175303
高等学校	Higher Education	152	1316	15444
工业企业	Industrial Enterprises	230	7019	114279
其　他	Others	46	633	3251
按学科分	**By Field of Study**			
自然科学	Natural Science	31	3170	94025
农业科学	Agricultural Sciences	82	1874	23818
医药科学	Medical Science	56	1104	3544
工程与技术科学	Engineering and Technology Science	287	8250	169376
人文与社会科学	Humanities and Social Sciences	79	1171	17514
按行业分	**By Sector**			
农、林、牧、渔业	Agriculture,Forestry,Animal Husbandry and Fishery	16	129	701
采矿业	Mining	12	4	2
制造业	Manufacturing	170	6428	109977
电力、热力、燃气及水的生产和供应业	Production and Supply of Electricity, Gas and Water	5	19	297
建筑业	Construction	11	146	1068
批发和零售业	Wholesale and Retail Trades			
交通运输、仓储和邮政业	Transport,Storage and Post	2	12	30
住宿和餐饮业	Hotels and Catering Services			
信息传输、软件和信息技术服务业	Information Transmission,Software and Information Technology Services	2		
金融业	Financial Intermediation			
房地产业	Real Estate			
租赁和商务服务业	Leasing and Business Services	5	13	3
科学研究和技术服务业	Scientific Research and Technical Services	118	6936	179705
水利、环境和公共设施管理业	Management of Water Conservancy, Environment and Public Facilities	3	3	5
居民服务、修理和其他服务业	Services and Repair to Households and Other Services			
教育	Education	152	1316	15444
卫生和社会工作	Health and Social Work	38	552	1002
文化、体育和娱乐业	Culture, Sports and Entertainment	1	11	42
公共管理、社会保障和社会组织	Public Management,Social Security and Social Organizations			
国际组织	International Organizations			

19-34 规模以上工业企业科技活动基本情况
Basic Statistics on Science and Technology Activities of Industrial Enterprises above Designated Size

指 标	Item	2010	2011	2012
企业基本情况	**Statistics on Industrial Enterprises**			
有 R&D 活动企业数(个)	Number of Enterprises Having R&D Activities (unit)	126	138	177
有 R&D 活动企业所占比重(%)	Percentage of Enterprises Having R&D Activities to Total Number of Enterprises (%)	6.3	10.1	10.2
研究与试验发展 (R&D) 活动	**Statitstics on R&D Activities**			
R&D 人员全时当量(人年)	Full-time Equivalent of R&D Personnel(man-year)	9561	9307	11445
R&D 经费内部支出(万元)	Internal Expenditure on R&D(10 000 yuan)	218590	257916	337785
R&D 项目数(项)	R&D Projects (item)	644	1280	1912
R&D 项目经费内部支出(万元)	Internal Expenditure on R&D Projects(10 000 yuan)	152320	165295	248149
企业办研发机构	**Statistics on R&D Institutions**			
机构数(个)	Number of R&D Institutions(unit)	161	150	187
机构人员数(人)	R&D Personnel (person)	5383	8364	12483
机构经费支出(万元)	Expenditure on R&D(10 000yuan)	52792	67777	208344
新产品开发及生产	**Statitstics on New Products Development and Production**			
新产品开发项目数(个)	Number of New Products(unit)	1182	1192	1759
新产品开发经费支出(万元)	Expenditure on New Products Development(10 000 yuan)	212337	273986	350314
新产品销售收入(万元)	Sales Revenue of New Products(10 000 yuan)	3490621	5026884	5954233
# 新产品出口	Export	253208	300885	414223
专利	**Statistics on Patent**			
专利申请数(件)	Patent Applications (piece)	1043	1053	1713
# 发明专利	Inventions	328	320	544
有效发明专利数(件)	Number of Patents in Force(piece)	402	493	855
技术获取和技术改造(万元)	**Statistics on Technology Acquisition and Technology Reconstruction(10 000 yuan)**			
引进国外技术经费支出	Expenditure for Acquisition of Foreign Technology	59956	53317	43646
引进技术消化吸收经费支出	Expenditure for Assimilation of Technology	122099	127331	67843
购买国内技术经费支出	Expenditure for Purchase of Domestic Technology	44929	41682	49520
技术改造经费支出	Expenditure for Technical Renovation	408340	419642	810067

19-35 大中型工业企业科技活动基本情况

Basic Statistics on Science and Technology Activities of Large and Medium-sized Industrial Enterprises

指 标	Item	2010	2011	2012
企业基本情况	**Statistics on Industrial Enterprises**			
有 R&D 活动企业数（个）	Number of Enterprises having R&D Activities(unit)	78	70	339
有 R&D 活动企业所占比重 (%)	Percentage of Enterprises having R&D Activities to Total Number of Enterprises (%)	25	20	27
研究与试验发展（R&D）活动	**Statitstics on R&D Activities**			
R&D 人员全时当量（人年）	Full-time Equivalent of R&D Personnel(man-year)	8673	7886	10473
R&D 经费内部支出（万元）	Internal Expenditure on R&D (10 000 yuan)	208652	229686	303061
R&D 项目数（项）	R&D Projects (item)	1090	1085	1483
R&D 项目经费内部支出（万元）	Internal Expenditure on R&D Projects(10 000 yuan)	154294	146081	229664
企业办研发机构	**Statistics on R&D Institutions**			
机构数（个）	Number of R&D Institutions(unit)	127	102	118
机构人员数（人）	R&D Personnel(person)	5044	7821	11168
机构经费支出（万元）	Expenditure on R&D(10 000 yuan)	50906	63786	199235
新产品开发及生产	**Statitstics on New Products Development and Production**			
新产品开发项目数（个）	Number of New Products(unit)	1014	1054	1289
新产品开发经费支出（万元）	Expenditure on New Products Development(10 000 yuan)	197910	258707	319071
新产品销售收入（万元）	Sales Revenue of New Products(10 000 yuan)	3442373	4977241	5748712
# 新产品出口	Export	250955	298145	406810
专利	**Statistics on Patent**			
专利申请数（件）	Patent Applications (piece)	852	901	1387
# 发明专利	Inventions	245	261	396
有效发明专利数（件）	Number of Patents in Force(piece)	348	423	691
技术获取和技术改造（万元）	**Statistics on Technology Acquisition and Technology Reconstruction(10 000 yuan)**			
引进国外技术经费支出	Expenditure for Acquisition of Foreign Technology	59894	53277	43576
引进技术消化吸收经费支出	Expenditure for Assimilation of Technology	121793	127161	67318
购买国内技术经费支出	Expenditure for Purchase of Domestic Technology	42032	41424	44018
技术改造经费支出	Expenditure for Technical Renovation	371699	414236	801687

19-36 按行业分规模以上工业企业 R&D 项目情况 (2012)
R&D Projects of Industrial Enterprises above Designated Size by Industrial Sector (2012)

行业	Industry	R&D 项目数（项） R&D Projects (item)	R&D 项目人员（人） R&D Personnel (person)	R&D 项目经费支出（万元） Expenditure on R&D Project (10000 yuan)
总计	**Total**	**1912**	**15726**	**248149**
煤炭开采和洗选业	Mining and Washing of Coal	31	434	4263
石油和天然气开采业	Extraction of Petroleum and Natural Gas	24	259	958
黑色金属矿采选业	Mining of Ferrous Metal Ores	3	95	3604
有色金属矿采选业	Mining of Non-ferrous Metal Ores	2	16	498
非金属矿采选业	Mining and Processing of Nonmetal Ores	2	20	935
开采辅助活动	Ancillary Activities of Mining			
其他采矿业	Mining of Other Ores			
农副食品加工业	Processing of Food from Agricultural Products	54	555	4987
食品制造业	Manufacture of Foods	7	102	688
酒、饮料和精茶制造业	Manufacture of Liquor, Beverages and Refined Tea	10	104	1500
烟草制品业	Manufacture of Tobacco	4	36	1900
纺织业	Manufacture of Textile	10	54	474
纺织服装、服饰业	Manufacture of Textile, Apparel and Accessories			
皮革、毛皮、羽毛（绒）及其制品和制鞋业	Manufacture of Leather, Fur, Feather and Related Products and Shoes	7	79	851
木材加工及木、竹、藤、棕、草制品业	Processing of Timbers,Manufacture of Wood, Bamboo,Rattan,Palm,Straw			
家具制造业	Manufacture of Furniture			
造纸及纸制品业	Manufacture of Paper and Paper Products			
印刷业和记录媒介复制业	Printing,Reproduction of Recording Media			
文教、工美、体育和娱乐用品制造业	Manufacture of Articles for Culture, Education and Sport Activities			
石油加工、炼焦及核燃料加工业	Processing of Petroleum ,Coking,Processing of Nucleus Fuel	61	564	11175
化学原料及化学制品制造业	Manufacture of Chemical Raw Material and Chemical Products	116	1067	11146
医药制造业	Manufacture of Medicines	86	578	14886
化学纤维制造业	Manufacture of Chemical Fiber	1	15	960
橡胶和塑料制品业	Manufacture of Rubber and Plastic	16	207	4185
非金属矿物制品业	Manufacture of Non-metallic Mineral Products	22	263	7334
黑色金属冶炼及压延加工业	Manufacture and Processing of Ferrous Metals	389	2561	55175
有色金属冶炼及压延加工业	Manufacture and Processing of Non-ferrous Metals	206	3276	68068
金属制品业	Manufacture of Metal Products	31	195	2674
通用设备制造业	Manufacture of General Purpose Machinery	63	528	6612
专用设备制造业	Manufacture of Special Purpose Machinery	299	1265	19358
汽车制造业	Manufacture of Automobile	3	18	325
铁路、船舶、航空航天和其他运输设备制造业	Manufacture of Railway Equipment, Ships, Aerospace Equipment and Other Transport Equipment	9	171	31
电气机械及器材制造业	Manufacture of Electrical Machinery and Equipment	269	1260	11537
计算机、通讯和其他电子设备制造业	Manufacture of Computers,Communicationt and Other Electronic Equipment	128	611	5950
仪器仪表制造业	Manufacture of Measuring Instruments	3	68	539
其他制造业	Other Manufacturing	24	1070	4558
废弃资源综合利用业	Recycling and Disposal of Waste			
金属制品、机械和设备修理业	Metal Products, Machinery and Equipment Repair Industry	20	101	2512
电力、热力生产和供应业	Production and Supply of Electric Power and Heat Power	9	92	442
燃气生产和供应业	Production and Distribution of Gas			
水的生产和供应业	Production and Distribution of Water	3	62	25

19-37 按登记注册类型分规模以上工业企业新产品开发和生产 (2012)

New Products Development and Production of Industrial Enterprises above Designated Size by Registration Status

单位：万元 (10000 yuan)

类　型	Type of Registration	新产品开发项目数（项） New Products (unit)	新产品开发经费支出 Expenditure on New Products Development	新产品产值 Output Value of New Products	新产品销售收入 Sales Revenue of New Products
总 计	**Total**	**1759**	**350314**	**5978140**	**5954233**
内资企业	**Domestic Funded**	**1738**	**347096**	**5974360**	**5948787**
国有企业	State-owned Enterprises	187	46520	175068	164721
#大型企业	Large-sized Enterprises				
集体企业	Collective-owned Enterprises	2	17	11530	10046
股份合作企业	Cooperative Enterprises	5	50	16328	13940
联营企业	Joint Ownership Enterprises				
有限责任公司	Limited Liability Corporations	1088	218257	4353849	4404562
股份有限公司	Share-holding Corporations Ltd.	334	65374	1332695	1279276
私营企业	Private Enterprises	72	14083	65603	59354
其他企业	Other Enterprises	50	2795	19289	16888
港澳台商投资企业	**Enterprises with Funds from Hong Kong,Macau and Taiwan**	**7**	**1370**	**2588**	**4462**
合资经营企业	Joint-venture Enterprises	1	85	765	850
合作经营企业	Cooperative Enterprises				
独资经营企业	Enterprises with Sole Fund	3	17		
投资股份有限公司	Share-holding Corporations Ltd.	3	1269	1823	3612
外商投资企业	**Foreign Funded Enterprises**	**14**	**1847**	**1191**	**983**
中外合资经营企业	Joint-venture Enterprises	14	1847	1191	983
中外合作经营	Cooperation Enterprises				
外资企业	Enterprises with Sole Foreign Funds				
外商投资股份有限公司	Share-holding Corporations Ltd.				

19-38 按行业分规模以上工业企业新产品开发和生产（2012）

New Products Development and Production of Industrial Enterprises above Designated Size by Industrial Sector (2012)

单位：万元

(10000 yuan)

行业	Industry	新产品开发项目数（项）New Products (unit)	新产品开发经费支出 Expenditure on New Products Development	新产品产值 Output Value of New Products	新产品销售收入 Sales Revenue of New Products
煤炭开采和洗选业	Mining and Washing of Coal	12	2976	8228	51780
石油和天然气开采业	Extraction of Petroleum and Natural Gas	3	112		
黑色金属矿采选业	Mining of Ferrous Metal Ores			6243	6183
有色金属矿采选业	Mining of Non-ferrous Metal Ores			246	215
非金属矿采选业	Mining and Processing of Nonmetal Ores			154	166
开采辅助活动	Ancillary Activities of Mining				
其他采矿业	Mining of Other Ores				
农副食品加工业	Processing of Food from Agricultural Products	44	6706	10564	9529
食品制造业	Manufacture of Foods	11	1904	7255	10631
酒、饮料和精茶制造业	Manufacture of Liquor, Beverages and Refined Tea	15	2616	16380	13892
烟草制品业	Manufacture of Tobacco	2	1192	138	138
纺织业	Manufacture of Textile	10	948	19817	8446
纺织服装、服饰业	Manufacture of Textile, Apparel and Accessories				
皮革、毛皮、羽毛（绒）及其制品和制鞋业	Manufacture of Leather, Fur, Feather and Related Products and Shoes	12	1231	22326	22326
木材加工及木、竹、藤、棕、草制品业	Processing of Timbers,Manufacture of Wood, Bamboo,Rattan,Palm,Straw				
家具制造业	Manufacture of Furniture				
造纸及纸制品业	Manufacture of Paper and Paper Products				
印刷业和记录媒介复制业	Printing,Reproduction of Recording Media				
文教、工美、体育和娱乐用品制造业	Manufacture of Articles for Culture, Education and Sport Activities				
石油加工、炼焦及核燃料加工业	Processing of Petroleum ,Coking,Processing of Nucleus Fuel	74	24090	376677	376677
化学原料及化学制品制造业	Manufacture of Chemical Raw Material and Chemical Products	82	18476	336357	352023
医药制造业	Manufacture of Medicines	108	24046	124275	111790
化学纤维制造业	Manufacture of Chemical Fiber				
橡胶和塑料制品业	Manufacture of Rubber and Plastic	23	3921	19180	19353
非金属矿物制品业	Manufacture of Non-metallic Mineral Products	25	8909	96834	78478
黑色金属冶炼及压延加工业	Manufacture and Processing of Ferrous Metals	299	108722	2332575	2452695
有色金属冶炼及压延加工业	Manufacture and Processing of Non-ferrous Metals	86	50171	1731170	1609414
金属制品业	Manufacture of Metal Products	69	7119	90368	67149
通用设备制造业	Manufacture of General Purpose Machinery	65	11837	142182	133035
专用设备制造业	Manufacture of Special Purpose Machinery	322	37897	129912	135646
汽车制造业	Manufacture of Automobile	15	2159	19191	15702
铁路、船舶、航空航天和其他运输设备制造业	Manufacture of Railway Equipment, Ships, Aerospace Equipment and Other Transport Equipment			32310	33813
电气机械及器材制造业	Manufacture of Electrical Machinery and Equipment	273	18735	241071	231740
计算机、通讯和其他电子设备制造业	Manufacture of Computers,Communicationt and Other Electronic Equipment	133	10173	157009	156402
仪器仪表制造业	Manufacture of Measuring Instruments	5	761	4136	3966
其他制造业	Other Manufacturing				
废弃资源综合利用业	Recycling and Disposal of Waste				
金属制品、机械和设备修理业	Metal Products, Machinery and Equipment Repair Industry	20	2821	52194	52194
电力、热力生产和供应业	Production and Supply of Electric Power and Heat Power	51	2791	1346	850
燃气生产和供应业	Production and Distribution of Gas				
水的生产和供应业	Production and Distribution of Water				

19-39 科学研究与开发机构科技活动基本情况

Basic Statistics on Scientific Research and Development Institutions

指　标	Item	2010	2011	2012
机构基本情况	**Basic Statistics on Institutions**			
机构数（个）	Number of R&D Institutions(unit)	107	109	107
研究与试验发展 (R&D) 投入情况	**Statistics on R&D Input**			
R&D 人员（人）	R&D Personnel(person)	6853	6220	6601
R&D 人员全时当量（人年）	Full-time Equivalent of R&D Personnel(man-year)	6340	5635	6120
# 基础研究	Basic Research	1501	1430	1991
应用研究	Applied Research	1701	1525	1909
试验发展	Experimental Development	3138	2680	2220
R&D 经费内部支出（万元）	Internal Expenditure on R&D (10 000 yuan)	120428	135373	175303
按活动类型分	By Type of Activity			
# 基础研究	Basic Research	40378	45963	60648
应用研究	Applied Research	22291	25998	47056
试验发展	Experimental Development	57759	63412	67599
按资金来源分	By Sources of Funding			
# 政府资金	Government Funds	102976	107417	148510
企业资金	Self-raised Funds by Enterprises	4479	9568	12933
国外资金	Forein Funds	447	178	588
其他资金	Other Funds	12526	18210	13272
研究与试验发展 (R&D) 项目（课题）情况	**Statistics on R&D Topics**			
R&D 项目（课题）数（项）	R&D Projects(item)	1545	1746	1939
R&D 项目（课题）人员全时当量（人年）	Participants(man-year)	5033	4338	5204
R&D 项目（课题）经费内部支出（万元）	Intramural Expenditure(10 000 yuan)	69683	73399	446657
科技产出及成果情况	**Statistics on S&T Outputs and Results**			
发表科技论文（篇）	Scientific Papers Issued (piece)	5147	4084	4158
# 国外发表	Published in Foreign Periodicals	67		
出版科技著作（种）	Publication on Science and Technology (kind)			103
专利申请受理数（件）	Number of Patents Applications Accepted (piece)	345	313	400
# 发明专利	Inventions	286	253	305
专利申请授权数（件）	Number of Patents Applications Granted (piece)	155	170	232
# 发明专利	Inventions	96	137	153

19-40 高等学校科技活动情况
Basic Statistics on Higher Education for Science and Technology Activities

指 标	Item	2010	2011	2012
高等学校基本情况	**Basic Statistics on Higher Education**			
R&D 机构（个）	R&D Institutions(unit)	120	47	47
研究与试验发展 (R&D) 投入情况	**Statistics on R&D Input**			
R&D 人员（人）	R&D Personnel(10 000 persons)	5841	6518	7294
R&D 人员全时当量（人年）	Full-time Equivalent of R&D Personnel(man-year)	2682	3091	3301
基础研究	Basic Research	798	892	983
应用研究	Applied Research	1727	2020	2203
试验发展	Experimental Development	157	178	114
R&D 经费内部支出（万元）	**Internal Expenditure on R&D (10 000 yuan)**	62646	68605	70625
按活动类型分	By Type of Activity			
基础研究	Basic Research	16120	22396	22181
应用研究	Applied Research	43441	37017	42004
试验发展	Experimental Development	3085	9192	6441
按资金来源分	By Sources of Funding			
#政府资金	Government Funds	32702	34088	39038
企业资金	Self-raised Funds by Enterprises	28086	31551	27605
研究与试验发展 (R&D) 项目（课题）情况	**Statistics on R&D Topics**			
R&D 项目（课题）数（项）	R&D Projects(item)	6986	8016	8705
R&D 项目（课题）人员全时当量（人年）	Participants(man-year)	2783	3090	3300
R&D 项目（课题）经费内部支出（万元）	Intramural Expenditure(100 million yuan)	60531	56191	63051
科技产出及成果情况	**Statistics on S&T Outputs and Results**			
发表科技论文（篇）	Scientific Papers Issued (piece)	17307	16163	15471
出版科技著作（种）	Publication on Science and Technology (kind)	522	526	661
专利申请受理数（件）	Number of Patents Applications Accepted (piece)	351	520	592
#发明专利	Inventions	276	380	396
专利申请授权数（件）	Number of Patents Applications Granted (piece)	137	232	345
#发明专利	Inventions	86	141	197

19-41 科技成果情况
Statistics on Scientific and Technological Results

指 标	Item	2005	2010	2011	2012
基本情况（项）	**Basic Statistics (unit)**				
鉴定项目数	Number of Appraisal Projects	577	972	1031	1107
登记项目数	Number of Book in Projects	634	1065	1108	1233
奖励项目数	Number of Prized Projects	156	181	182	169
成果水平（项）	**Apprais of Scientific Achievenments(unit)**				
国际领先	Keep Ahead at International Level	15	16	26	23
国际先进	International Advanced Level	65	134	139	178
国内领先	Keep Ahead at Domestically Level	361	681	734	773
国内先进	Domestically Advanced Level	145	152	137	135
国内一般	Domestically General Level			3	5
未评价	Unevaluated			9	26
应用领域（项）	**Applied Field (unit)**				
工业（交通、邮电、建筑、地质）	Industry (Transportation, Post and Telecommunications, Construction, Geology)	163	282	310	393
农业（林、牧、渔）	Agriculture (Forestry, Animal Husbandry and Fishery)	185	294	276	317
已应用项目数（项）	**Number of Adopted Project (unit)**	497	790	849	956

19-42 专利申请及授权情况
Statistics of Patent Application and Grant

单位：项　(unit)

指　标	Item	申请量 Patent Applications		授权量 Patent Application Granted	
		2011	2012	2011	2012
总　计	**Total**	**5287**	**8261**	**2383**	**3664**
#发明专利	Inventions	2105	3265	552	704
实用新型	Utility Models	2441	3777	1536	2350
外观设计	Designs	741	1219	295	610
#职　务	Official	2670	3818	1498	2237
大专院校	Universities and Colleges	532	754	232	405
科研单位	Research Institutions	408	585	230	265
企　业	Enterprises	1677	2416	1012	1530
机关团体	Government Agencies and Organizations	53	63	24	37
非职务	Non-official	2617	4443	885	1427

注：本表由甘肃省专利局提供。
a) Data in this table are provided by Gansu Patent Bureau.

19-43 各类技术合同签订情况 (2012)
Statistics of Signing Technical Contract (2012)

指　标	Item	合同数（项） Number of Contracts (unit)	合同成交金额（万元） Amount of Contracts (10 000 yuan)	#技术交易额 Revenue for Technique Trade
技术开发合同	Technical Development	581	122711	85001
技术转让合同	Technical Transfer	64	32179	24566
技术咨询合同	Technical Advisory	645	48408	37588
技术服务合同	Technical Service	1593	527320	301778

19-44 各地区研究与试验发展（R&D）情况 (2012)
Basic Statistics on R&D by Region (2012)

地　区	Region	有 R&D 活动的单位数（个） Number of Units (unit)	R&D 人员（人） R&D Personnel (person)	R&D 人员折合全时人员（人年） Full-time Equivalent of R&D Personnel (man-year)	# 研究人员 Researcher	按活动类型分 R&D 人员折合全时人员（人年） Full-time Equivalent of R&D Personnel by Type of Activity(man-year)		
						基础研究 Basic Research	应用研究 Applied Research	试验发展 Experimental Development
兰州市	Lanzhou	197	18728	12751	8504	2831.9	4178.2	5741.9
嘉峪关市	Jiayuguan	6	2890	2108	1161		546.1	1561.9
金昌市	Jinchang	13	2384	1122	1072		15.8	1105.8
白银市	Baiyin	17	2347	1478	635		50.8	1427.5
天水市	Tianshui	37	3199	2062	977	90.0	187.0	1785.2
武威市	Wuwei	15	606	374	116		239.8	135.3
张掖市	Zhangye	34	791	448	222	39.1	60.5	349.1
平凉市	Pingliang	12	757	669	285	1.0	98.0	570.0
酒泉市	Jiuquan	51	3112	2250	975	16.0	305.4	1929.0
庆阳市	Qingyang	25	1285	667	325	13.0	382.2	272.0
定西市	Dingxi	6	199	131	47		45.1	85.9
陇南市	Longnan	6	153	80	45	2.3	0.4	77.7
临夏州	Linxia	4	159	119	86			118.9
甘南州	Gannan	5	152	29	22	10.7	3.0	15.0

19-44 续表 continued

地　区	Region	R&D 经费内部支出（万元） Internal Expenditure on R&D (10 000 yuan)	按活动类型分 By Type of Activity			按支出用途分 By Expenditure Use		R&D 经费外部支出（万元） External Expenditure on R&D (10000 yuan)
			基础研究 Basic Research	应用研究 Applied Research	试验发展 Experimental Development	日常性支出 Routine Expenses	资产性支出 Assets Expenditure	
兰州市	Lanzhou	290011	80920	85686	123408	227746	62266	2995
嘉峪关市	Jiayuguan	96838		21354	75484	92499	4339	6137
金昌市	Jinchang	59756		206	59550	56615	3141	48752
白银市	Baiyin	39249		247	39002	22542	16707	3165
天水市	Tianshui	31642	1450	1942	28251	28793	2849	1242
武威市	Wuwei	2355		1241	1114	2068	287	73
张掖市	Zhangye	7615	120	321	7174	6991	624	246
平凉市	Pingliang	8687	22	786	7880	7685	1002	499
酒泉市	Jiuquan	48218	249	6874	41095	36517	11701	930
庆阳市	Qingyang	12739	85	1034	11619	12057	682	958
定西市	Dingxi	2944		32	2912	2764	180	10
陇南市	Longnan	2009	9	6	1994	1663	345	766
临夏州	Linxia	2271			2271	2212	59	342
甘南州	Gannan	431	94	20	316	403	28	

19-45 各地区科技项目（课题）情况 (2012)
Statistics of Science and Technology Projects (Subjects) by Region (2012)

地　区	Region	项目（课题）数（项） Number of Projects (Subjects)(unit)	项目（课题）参加人数折合全时当量（人年） Projects (Subjects) Participant (man-year)	#研究人员 Researcher	项目（课题）经费内部支出（万元） Internal Expenditure of Projects (Subjects) (10 000 yuan)
甘肃省	**Total**	13108	21378	12226	439022
兰州市	Lanzhou	10370	11311	6894	219521
嘉峪关市	Jiayuguan	165	1957	1084	60051
金昌市	Jinchang	149	1047	1009	56478
白银市	Baiyin	187	1348	590	16395
天水市	Tianshui	863	1750	839	22886
武威市	Wuwei	61	195	97	894
张掖市	Zhangye	224	367	196	5574
平凉市	Pingliang	85	604	265	4897
酒泉市	Jiuquan	209	2058	856	35387
庆阳市	Qingyang	458	395	207	10909
定西市	Dingxi	58	115	39	2741
陇南市	Longnan	102	99	58	766
临夏州	Linxia	24	111	79	2172
甘南州	Gannan	153	23	14	351

19-46 企业单位分行业各类专业技术人员 (2012)
Professional and Technical Personnel of Enterprises Units by Sector and Type (2012)

单位：人 (person)

行业	Sector	总计 Total	工程技术人员 Engineering	农业技术人员 Agriculture	科学研究人员 Scientific Research	卫生技术人员 Health Care	教学人员 Teaching
总计	**Total**	**43010**	**36333**	**1090**	**228**	**3694**	**1665**
农林牧渔业	Agriculture,Forestry,Animal Husbadry and Fishery	2519	1307	877		177	158
交通运输、仓储和邮政业	Transport, Storage and Post	2549	2519	3		14	13
信息传输计算机服务和软件业	Information Transmission,Computer Service and Software	84	84				
金融业	Financial Intermediation	223	211	1	1	3	7
租凭和商务服务业	Leasing and Commercial Services	93	62		25	1	5
科学研究技术服务和地质勘查业	Scientific Research,Technical Services and Geological Prospecting	780	769		7	2	2
水利环境和公共设施管理业	Management of Water Conservancy, Environment and Public Facilities	1017	1007	3		5	2
居民服务和其他服务业	Resident Services and Other Services	134	122	9			3
教育	Education	252	44			1	207
卫生社会保障和社会福利业	Health, Social Security and Social Welface	770	11			759	
文化体育和娱乐业	Culture, Sports and Entertainment	335	327			6	2
采矿业	Mining	10050	7190	9		1741	1110
制造业	Manufacturing	9660	8947	183	26	384	120
电力燃气及水的生产和供应业	Production and Supply of Electricity, Gas and Water	2920	2885	2		20	13
建筑业	Construction	10995	10271		159	546	19
批发和零售业	Wholesale and Retail Trades	362	329	2		28	3
住宿和餐饮业	Hotels and Catering Services	53	48	1		4	
房地产业	Real Estate	183	179			3	1
其他行业	Other Sector	31	21		10		

注：此表为公有制经济企业专业技术人员数据。

a)Data in this table are data of professional and technical personnel of public economic enterprises.

19-47 事业单位分行业各类专业技术人员 (2012)
Professional and Technical Personnel of Institutional Unit by Sector and Type (2012)

单位：人

(person)

行　业	Sector	总　计 Total	高级岗位 Senior Position	中级岗位 Intermediate Position	初级岗位 Primary Position	其他 Other
总　计	**Total**	**469914**	**35709**	**150999**	**266667**	**16539**
农林牧渔业	Agriculture,Forestry,Animal Husbadry and Fishery	30367	2064	8347	18077	1879
交通运输、仓储和邮政业	Transport, Storage and Post	5474	599	1857	3002	16
信息传输计算机服务和软件业	Information Transmission,Computer Service and Software	175	7	43	113	12
金融业	Financial Intermediation	733	3	64	666	
租凭和商务服务业	Leasing and Commercial Services	29		9	20	
科学研究技术服务和地质勘查业	Scientific Research,Technical Services and Geological Prospecting	9414	1594	2765	4329	726
水利环境和公共设施管理业	Management of Water Conservancy, Environment and Public Facilities	8994	660	2683	5440	211
居民服务和其他服务业	Resident Services and Other Services	490	19	99	368	4
教育	Education	318853	23469	110097	177046	8241
卫生和社会工作	Health, Social Security and Social Welface	76210	5563	19928	46450	4269
文化体育和娱乐业	Culture, Sports and Entertainment	10485	1389	3417	5009	670
采矿业	Mining	76		9	67	
制造业	Manufacturing					
电力燃气及水的生产和供应业	Production and Supply of Electricity, Gas and Water	408	3	85	319	1
建筑业	Construction	1329	46	363	902	18
批发和零售业	Wholesale and Retail Trades	4		1	3	
住宿和餐饮业	Hotels and Catering Services	8	1	2	5	
房地产业	Real Estate	495	2	91	399	3
公共管理、社会组织和社会保障	Public Administration and Entertainment Social Organizations	6370	290	1139	4452	489

主要指标解释

普通高等学校 指按照国家规定的设置标准和审批程序批准举办的，通过全国普通高等学校统一招生考试，招收高中毕业生为主要培养对象，实施高等教育的全日制大学、独立设置的学院和高等专科学校、高等职业学校和其他机构。

成人高等学校 指按照国家规定的设置标准和审批程序批准举办的，通过全国成人高等学校统一招生考试，招收具有高中毕业或同等学历的在职从业人员为主要培养对象，利用函授、业余、脱产等多种形式对其实施高等学历教育的学校。包括职工高等学校、农民高等学校、管理干部学院、教育学院、独立函授学院、广播电视大学、其他机构等。其他机构是承担国家成人招生计划任务不计校数的机构。

小学学龄儿童净入学率 指调查范围内已入小学学习的学龄儿童占校内外学龄儿童总数(包括弱智儿童，不包括盲聋哑儿童)的比重。

研究与试验发展(R&D) 指在科学技术领域，为增加知识总量，以及运用这些知识去创造新的应用进行的系统的创造性的活动，包括基础研究、应用研究、试验发展三类活动。国际上通常采用R&D活动的规模和强度指标反映一国的科技实力和核心竞争力。

基础研究 指为了获得关于现象和可观察事实的基本原理的新知识(揭示客观事物的本质、运动规律，获得新发现、新学说)而进行的实验性或理论性研究，它不以任何专门或特定的应用或使用为目的。其成果以科学论文和科学著作为主要形式。用来反映知识的原始创新能力。

应用研究 指为获得新知识而进行的创造性研究，主要针对某一特定的目的或目标。应用研究是为了确定基础研究成果可能的用途，或是为达到预定的目标探索应采取的新方法(原理性)或新途径。其成果形式以科学论文、专著、原理性模型或发明专利为主。用来反映对基础研究成果应用途径的探索。

试验发展 指利用从基础研究、应用研究和实际经验所获得的现有知识，为产生新的产品、材料和装置，建立新的工艺、系统和服务，以及对已产生和建立的上述各项作实质性的改进而进行的系统性工作。其成果形式主要是专利、专有技术、具有新产品基本特征的产品原型或具有新装置基本特征的原始样机等。在社会科学领域，试验发展是指把通过基础研究、应用研究获得的知识转变成可以实施的计划(包括为进行检验和评估实施示范项目)的过程。人文科学领域没有对应的试验发展活动。主要反映将科研成果转化为技术和产品的能力，是科技推动经济社会发展的物化成果。

R&D人员 指参与研究与试验发展项目研究、管理和辅助工作的人员，包括项目(课题)组人员，企业科技行政管理人员和直接为项目(课题)活动提供服务的辅助人员。反映投入从事拥有自主知识产权的研究开发活动的人力规模。

R&D人员全时当量 指全时人员数加非全时人员按工作量折算为全时人员数的总和。例如：有两个全时人员和三个非全时人员(工作时间分别为20%、30%和70%)，则全时当量为2+0.2+0.3+0.7=3.2人年。为国际上比较科技人力投入而制定的可比指标。

R&D经费内部支出合计 指调查单位用于内部开展R&D活动（基础研究、应用研究和试验发展）的实际支出。包括用于R&D项目（课题）活动的直接支出，以及间接用于R&D活动的管理费、服务费、与R&D有关的基本建设支出以及外协加工费等。不包括生产性活动支出、归还贷款支出以及与外单位合作或委托外单位进行R&D活动而转拨给对方的经费支出。

R&D项目（课题）数 指在当年立项并开展研究工作、以前年份立项仍继续进行研究的研发项目（课题）数，包括当年完成和年内研究工作已告失败的研发项目（课题），但不包括委托外单位进行的研发项目（课题）数。

R&D项目（课题）人员全时当量 指实际参加研发项目（课题）活动人员折合的全时当量。

R&D项目（课题）经费内部支出 指调查单位内部在报告年度进行研发项目（课题）研究和试制等的实际支出。包括劳务费、其他日常支出、固定资产购建费、外协加工费等，不包括委托或与外单位合作进行项目（课题）研究而拨付给对方使用的经费。

研究与试验发展人员 指参与研究与试验发展项目研究、管理和辅助工作的人员，包括项目(课题)组人员，企业科技行政管理人员和直接为项目(课题)活动提供服务的辅助人员。反映投入从事拥有自主知识产权的研究开发活动的人力规模。

专业技术人员 指从事专业技术工作和专业技术管理工作的人员，即企事业单位中已经聘任专业技术职务从事专业技术工作和专业技术管理工作的人员，以及未聘任专业技术职务，现在专业技术岗位上工作的人员。包括工程技术人员，农业技术人员，科学研究人员，卫生技术人员，教学人员，经济人员，会计人员，统计人员，翻译人员，图书资料、档案、文博人员，新闻出版人员，律师、公证人员，广播电视播音人员，工艺美术人员，体育人员，艺术人员及企业政治思想工作人员，共十七个专业技术职务类别。用来反映科技人力资源情况。

专利 是专利权的简称，是对发明人的发明创造经审查合格后，由专利局依据专利法授予发明人和设计人对该项发明创造享有的专有权。包括发明、实用新型和外观设计。反映拥有自主知识产权的科技和设计成果情况。

发明（专利） 指对产品、方法或者其改进所提出的新的技术方案。是国际通行的反映拥有自主知识产权技术的核心指标。

实用新型（专利） 指对产品的形状、构造或者其结合所提出的适于实用的新的技术方案。反映具有一定技术含量的技术成果情况。

外观设计（专利） 指对产品的形状、图案、色彩或者其结合所作出的富有美感并适于工业上应用的新设计。反映拥有自主知识产权的外观设计成果情况。

20

卫生、社会福利及其他

Health ,Social Welfare and Others

简要说明

一、本篇资料主要内容

本篇资料主要包括卫生、民政事业、劳动保障、残疾人事业及其他社会统计情况。

卫生主要包括：卫生机构、卫生技术人员、床位数、医院诊疗人次及入院人数、新型农村合作医疗情况。

民政事业和劳动保障资料主要包括：社会福利事业机构、人员和社会救济情况、社会保障、婚姻登记等情况。

二、本篇资料来源

本篇资料由省统计局社会科技处搜集、加工整理。

1. 卫生、新型农村合作医疗资料由省卫生厅提供。

2. 民政事业、劳动保障及其他社会统计情况数据来源于省民政厅、省劳动和社会保障厅、省委统战部、省妇联、省总工会、省残联。

20-1 医疗卫生机构基本情况
Basic Statistics of Health Care Institutions

项　目	Item	2011	2012
卫生机构数（个）	**Number of Health Care Institutions (unit)**	**10065**	**26258**
#医院	Hospitals	388	402
#综合医院	General Hospitals	261	264
中医医院	Hospitals Specialized in Traditional Chinese Medicine	68	70
中西医结合医院	Hospital of Integrated Traditional Chinese with Western Medicine	3	4
民族医院	Nationalities Hospitals	11	11
专科医院	Specialized Hospitals	45	53
卫生院	Health Centers	1381	1383
疗养院	Sanatoriums	5	5
社区卫生服务中心（站）	Community Health Service Centers (Stations)	575	624
村卫生室	Village dinics		16707
门诊部	Outpatient Department	50	66
诊所、卫生所、医务室	Clinics	7313	6705
急救中心（站）	First Aid Centers (Stations)	2	2
采供血机构	Blood Collection Agencies	17	17
妇幼保健院（所、站）	Women and Children Care Agencies	100	99
专科疾病防治院（所、站）	Specialized Disease Prevention & Treatment Institute	7	7
疾病预防控制中心（防疫站）	Centers for Disease Control and Prevention	103	103
卫生监督所（中心）	Health Inspection Institution(center)	91	93
医学科学研究机构	Medicine Scientific Research Institutions	5	5
医学在职培训机构	Medical-service Training Institutions	13	11
健康教育所	Health Education Institution	6	13
其他卫生机构	Other Health Institutions	9	16
床位（张）	**Beds (unit)**	**101108**	**111979**
#医院	Hospitals	67303	76304
#综合医院	General Hospitals	51316	56478
中医医院	Hospitals Specialized in Traditional Chinese Medicine	11220	14500
中西医结合医院	Hospital of Integrated Traditional Chinese with Western Medicine	430	630
民族医院	Nationalities Hospitals	503	496
专科医院	Specialized Hospitals	3789	4200
卫生院	Health Centers	22273	22682
疗养院	Sanatoriums	690	750
社区卫生服务中心（站）	Community Health Service Centers (Stations)	2713	8877
门诊部	Outpatient Department	5725	155
诊所、卫生所、医务室	Clinics		12
急救中心（站）	First Aid Centers (Stations)	12	
妇幼保健院（所、站）	Women and Children Care Agencies	2364	3187
专科疾病防治院（所、站）	Specialized Disease Prevention & Treatment Institute	28	12

注：2012 年数据含村卫生室。

Data of 2012 included data of village dinics.

20–1 续表 continued

项　目	Item	2011	2012
卫生机构人员数（人）	**Number of Health Agency Personnel (person)**	**146290**	**152294**
卫生技术人员（人）	**Medical Technical Personnel (person)**	**106252**	**111907**
#医院	Hospitals	53386	57283
#综合医院	General Hospitals	42489	44935
中医医院	Hospitals Specialized in Traditional Chinese Medicine	7108	8190
中西医结合医院	Hospital of Integrated Traditional Chinese with Western Medicine	409	461
民族医院	Nationalities Hospitals	512	516
专科医院	Specialized Hospitals	2868	3181
卫生院	Health Centers	24192	24787
疗养院	Sanatoriums	133	118
社区卫生服务中心（站）	Community Health Service Centers (Stations)	5852	6524
门诊部	Outpatient Department	536	583
诊所、卫生所、医务室	Clinics	11386	11088
急救中心（站）	First Aid Centers (Stations)	89	89
采供血机构	Blood Collection Agencies	389	410
妇幼保健院（所、站）	Women and Children Care Agencies	3394	3468
专科疾病防治院（所、站）	Specialized Disease Prevention & Treatment Institute	115	40
疾病预防控制中心	Centers for Disease Control and Prevention	3588	3620
卫生监督所（中心）	Health Inspection Institution(center)	1291	1679
医学科学研究机构	Medicine Scientific Research Institutions	261	258
医学在职培训机构	Medical-service Training Institutions	223	183
健康教育所	Health Education Institution	22	47
其他卫生机构	Other Health Institutions	1395	1730
每万人口执业（助理）医师（人）	Number of Licensed (Assistant) Doctors per 10 000 Population(person)	16.08	16.80
每万人口注册护士（人）	Number of Registered Nurses per 10 000 Population(person)	13.18	14.44

20-2 卫生机构数
Number of Health Care Institutions

单位：个 (unit)

年 份 Year	总 计 Total	#医 院 Hospitals	#卫生院 Health Centers	#疗养院 Sanatoriums	#社区卫生服务中心（站） Community Health Service Centers (Stations)	#门诊部 Outpatient Department
2007	11940	370	1343	6	299	81
2008	10737	371	1342	5	321	82
2009	10011	373	1342	5	340	74
2010	10267	378	1350	6	429	64
2011	10065	388	1381	5	575	50
2012	26258	402	1383	5	624	66

20-2 续表 continued

单位：个 (unit)

年 份 Year	#诊所、卫生所、医务室 Clinics	#急救中心（站） First Aid Centers (Stations)	#专科疾病防治院（所、站） Specialized Disease Prevention & Treatment Institute	#疾病预防控制中心 Centers for Disease Control and Prevention	#妇幼保健院（所、站） Women and Children Care Agencies	#卫生监督所 Health Inspection Institution (Center)	#医学科学研究机构 Medicine Scientific Research Institutions
2007	9553	2	7	106	99	87	5
2008	7841		7	104	100	87	5
2009	7523	2	7	103	99	86	5
2010	7686	2	7	103	100	90	5
2011	7313	2	7	103	100	91	5
2012	6705	2	7	103	99	93	5

20-3 卫生机构人员数
Number of Employed Persons in Health Care Institutions

单位：人 (person)

年 份 Year	总 计 Total	#卫生技术人员 Medical Technical Personnel	#执业（助理）医师 Licensed (Assistant) Doctors	执业医师 Licensed Doctors	#注册护士 Registered Nurses	#药师（士） Pharmacist	#检验技师（士） Laboratory Technician	每万人口执业（助理）医师 Number of Licensed (Assistant) Doctors per 10 000 Population
2000	85167	69318					2000	14.7
2001	85774	70283			22376		2183	14.5
2002	81177	66799	29947	23007	20232	5407	3454	13.4
2003	81495	67243	29924	23172	22460	5565	3489	13.5
2004	80994	66503	29415	23199	20054	5085	3359	13.2
2005	81049	66926	29701	23222	22403	5023	3463	13.6
2006	82357	68507	30238	23656	20425	4943	33561	11.6
2007	101796	85348	35144	27523	23999	4972	4747	13.4
2008	103982	87436	36176	29015	24950	4859	5148	13.8
2009	107312	89963	36721	29907	26422	4766	5328	13.9
2010	115368	97387	38249	31309	29646	5058	5522	15.0
2011	146290	106252	41121	33382	33713	5317	5802	16.1
2012	152294	111907	43302	35173	37212	5589	5802	16.8

20-4 卫生机构床位数
Number of Beds in Health Institutions

单位：张 (unit)

年 份 Year	总 计 Total	医 院 Hospitals	卫生院 Health Centers	疗养院 Sanatoriums	社区卫生服务中心(站) Community Health Service Centers (Stations)
2000	59441	43511	13046	985	
2001	60336	44303	13072	913	
2002	61157	44287	13064	702	170
2003	61223	44387	12715	1032	246
2004	61801	45123	12906	950	241
2005	63638	47073	12783	850	323
2006	66197	48779	13672	782	441
2007	70290	50459	15992	540	978
2008	76663	53847	18468	810	1359
2009	87412	56767	20258	690	1607
2010	94883	60961	21461	690	2117
2011	101108	67303	22273	690	2713
2012	111979	76304	22682	750	8877

20-4 续表 continued

单位：张 (unit)

年份 Year	门诊部 Outpatient Department	急救中心（站）First Aid Centers (Stations)	妇幼保健院（所、站）Women and Children Care Agencies	专科疾病防治院（所、站）Specialized Disease Prevention & Treatment Institute	其他卫生机构 Others	每万人口医院、卫生院床位 Number of Beds of Hospitals and Health Centers per 10 000 Population
2000	253		684		675	23.2
2001	288		695	2	827	23.4
2002	355	12	1602	26	783	23.5
2003	545	12	1566	62	535	23.5
2004	407	12	1739	61	244	23.6
2005	441	12	1811	12	130	24.5
2006	516	12	1768	18	125	25.4
2007	291	12	1804	214		26.9
2008	160	12	1911	14		29.2
2009	6041	12	2021	28	10	29.2
2010	7368	12	2246	28		32.2
2011	5725	12	2364	28	690	35.1
2012	155		3187	12	12	38.4

20-5 按市县分卫生机构数、床位数和卫生技术人员

Number of Health Institutions, Beds and Health Technicians by City and County

年份 Year	卫生机构数（个）Number of Health Institutions(unit)		卫生机构床位数（张）Beds of Medical Institutions (unit)		卫生技术人员（人）Medical Technical Personnel (person)		#执业（助理）医师 Licensed (Assistant) Doctors		#注册护士 Registered Nurses	
	市 City	县 County	市 City	县 County	市 City	县 County	市 City	县 County	市 City	县 County
2000			31287	28154	35977	33341	15037	16614	11924	7526
2001			32146	28190	37069	33214	15485	16885	12440	7780
2002			32317	28619	34808	31806	14494	15331	12518	7647
2003			32877	28346	35344	31899	14692	15232	12318	7846
2004			33455	28346	35004	31499	14697	14718	12296	7758
2005			35673	27965	36444	30482	15357	14344	12470	7611
2006			37327	28870	36876	31631	15633	14605	12707	7718
2007	3771	8169	39480	30837	47418	38172	19859	15349	15958	8039
2008	3413	7324	42447	34216	48824	38875	20507	15669	16524	8426
2009	3289	6722	49327	38092	50541	39422	21003	15718	17676	8746
2010	3229	7038	53823	41060	54078	43309	21875	16374	19788	9858
2011	26762	19805	56163	44945	58569	47683	23334	17787	21933	11780
2012	7012	19246	61874	50105	62101	49806	24573	18729	23776	13436

注：按市县分的卫生机构床位数为医院、卫生院床位数。2011年卫生机构数包括村卫生室数。

a) Number of beds in health care institutions by city and county referred to hospital beds.Number of 2011's health care institutions included number of village clinics.

20-6 医疗机构门诊、住院服务情况 (2012)
Situation of Outpatient and Hospitaliztion Services of Health Institutions (2012)

类 别	Item	诊疗人次（万人次） Visits (10 000 person-times)	#门、急诊 Outpatients with Emergency Treatment	入院人数（万人） Impatients (10 000 persons)	出院人数（万人） Patients Discharged (10 000 persons)	每百门、急诊入院人数(人) Impatients Per 100 Outpatients and Emergency Visits(person)
总计	**Total**	**11781.47**	**10835.86**	**291.05**	**288.68**	**5.12**
医 院	Hospital	3237.33	3050.21	214.03	211.48	7.02
卫生院	Health Centers	1952.60	1881.35	61.75	62.07	3.28
疗养院	Sanatoriums	0.85	0.85	0.10	0.10	11.38
社区卫生服务中心（站）	Community Health Service Centers (stations)	538.79	483.50	5.18	5.15	1.07
门诊部	Outpatient Department	40.38	34.35	0.10	0.10	
诊所、卫生所、医务室	Clinics	1668.38	1568.27	0.01	0.01	1.00
妇幼保健院（所、站）	Maternity and Child Care Centers (stations)	270.26	264.67	9.88	9.76	3.73
专科疾病防治院（所、站）	Speclalized Disease Prevention and Treatment Centers (stations)	7.25	7.25			

20-7 医疗机构病床使用情况（2012）
Utilization of Beds Medical Institutions (2012)

类 别	Item	病床周转次数（次） Turnoverof Beds (times)	病床工作日（日） Work Day of Beds (day)	病床使用率（%） Utilization Rate of Beds(%)	出院者平均住院日（日） Average Stay Days in Hospital(day)
总计	**Total**	**29.4**	**284.2**	**77.7**	**9.0**
医 院	Hospitals	29.4	310.1	84.7	10.0
卫生院	Health Centers	30.5	214.8	58.7	6.2
疗养院	Sanatoriums	1.6	40.6	11.1	24.8
社区卫生服务中心（站）	Community Health Service Centers (stations)	21.5	209.3	57.2	5.8
门诊部	Outpatient Department				
妇幼保健院（所、站）	Women and Children Care Agencies (stations)	36.7	239.2	65.4	6.2
专科疾病防治院（所、站）	Speclalized Disease Prevention and Treatment Centers(stations)				

20-8 农村乡镇卫生院医疗服务情况
Situations of Medical Services in Township Health Centers

年 份 Year	诊疗人次(万人次) Visits (10 000 person-times)	病床使用率(%) Utilization Rate of Beds(%)	出院者平均住院日(日) Average Stay Days in Hospital (day)
2007	1453	24.03	4.4
2008	1799	51.81	4.9
2009	1653	58.62	6.0
2010	1547	54.44	6.0
2011	1763	52.94	6.4
2012	1947	58.73	6.2

20-9 社区卫生服务中心(站)医疗服务情况
Medical Services of Community Health Service Centers(Stations)

年 份 Year	入院人数(人) Inpatients (person)	病床使用率(%) Utilization Rate of Beds (%)	出院者平均住院日(日) Average Stay Days in Hospital (day)	医师日均担负诊疗人次(人次) Daily Visits Each Doctor (person-time)	医师日均担负住院床日(日) Daily Inpatients Each Doctor (day)
2007	19355	58.1	2.0	9.1	0.3
2008	24980	70.3	1.1	10.6	0.5
2009	26585	60.5	1.2	8.9	0.4
2010	25320	51.8	4.7	5.1	0.4
2011	44305	59.3	5.6	7.9	0.5
2012	51806	57.2	5.8	7.8	0.5

20−10 医院、卫生院基本情况（2012）
Basic Statistics of Hospitals and Health Centers (2012)

项 目	Item	医院数（个）Hospitals(unit)	床位数（张）Beds(unit)	人员数（人）Personnel(person)	#卫生技术人员 Medical Technical Personnel	执业医师 Licensed Doctor
总 计	**Total**	**1785**	**98986**	**96235**	**82070**	**24555**
医院	Hospitals	402	76304	68867	57283	20015
市	City	230	46261			
县	County	172	30043			
卫生院	Health Centers	1383	22682	27368	24787	4540

20−10 续表 continued

项 目	Item	注册护士 Registered Nurses	药剂人员 Pharmacists	检验人员 Laboratory Technicians	其 他 Others
总 计	**Total**	**30363**	**4611**	**4470**	**12907**
医院	Hospitals	23720	3344	3618	4472
卫生院	Health Centers	6643	1267	852	8435

20-11 法定报告传染病发病及死亡情况（2012）
Pathogenesis and Death Situation of Infectious Diseases Reported (2012)

疾病名称	Diseases	发病率（1/10 万）Disease Incidence (1/100 000)	死亡率（1/10 万）Death Rate (1/100 000)	病死率（%）Mortality Rate (%)
鼠疫	Plague			
艾滋病	AIDS	0.550	0.148	26.95
病毒性肝炎	Viral Hepatitis	165.436	0.043	0.03
麻疹	Measles	0.074		
出血热	Hemorrhagic Fever	0.117	0.004	3.33
流行性乙型脑炎	Encephalitis B	0.023	0.012	50.00
炭疽	Anthrax	0.090		
痢疾	Dysentery	35.992	0.004	0.01
肺结核	Pulmonary Tuberculosis	75.696	0.215	0.28
伤寒、副伤寒	Typhoid, Paratyphoid	0.250		
流行性脑脊髓膜炎	Epidemic Cerebrospinal Meningitis	0.012		
百日咳	Pertussis	0.179		
新生儿破伤风	Newborn Tetanus	0.077	0.011	13.64
布病	Brucellosis	0.460		
猩红热	Scarlet Fever	4.727		
淋病	Gonorrhea	3.475		
梅毒	Syphilis	18.002	0.004	0.02
血吸虫	Schistosomiasis			
疟疾	Malaria	0.027		

20-12 新型农村合作医疗情况
Conditions of New Cooperative Medical System

指 标	Item	2007	2010	2011	2012
开展新农合县(市、区)(个)	Number of Counties Implementing of NCMS(unit)	78	86	86	86
参加新农合人数(万人)	Number of Enrollees(10 000 persons)	1739.84	1910.32	1918.27	1921.50
参合率(%)	Enrollment Rate (%)	88.42	95.92	96.54	97.09
当年基金支出(亿元)	Payout at Current Year (100 million yuan)	6.00	22.61	37.89	53.88
补偿支出受益人次(万人次)	Number of Beneficiaries from Reimbursement (10 000 persons-times)	846.83	2132.41	3067.99	3899.86
农村医疗救助人次(万人次)	Person-times Receiving Medical Aid in Rural Areas (10 000 persons-times)	66.89	123.70	178.16	200.64
民政部门资助农村医疗合作人数(万人次)	Civil Affairs Department Subsidized Number of Rural Cooperative Medical (10 000 persons-times)	59.49	83.50	143.43	149.47

20-13 卫生总费用
Total Health Expenditure

年份 Year	卫生总费用(亿元) Total Health Expenditure (100 million yuan)	政府卫生支出 Government Health Expenditure		社会卫生支出 Social Health Expenditure		个人现金卫生支出 Out-of-pocket Health Expenditure		人均卫生总费用(元) Per Capita Health Expenditure (yuan)	卫生总费用相对于GDP比重(%) Health Expenditure as Percentage of GDP (%)
		绝对数(亿元) Level (100 million yuan)	占卫生总费用比重(%) As Percentage of Health Expenditure (%)	绝对数(亿元) Level (100million yuan)	占卫生总费用比重(%) As Percentage of Health Expenditure (%)	绝对数(亿元) Level (100million yuan)	占卫生总费用比重(%) As Percentage of Health Expenditure (%)		
2000	4.37	0.72	16.49	1.23	28.16	2.42	55.34	129.01	5.44
2001	4.61	0.97	21.13	0.85	18.52	2.78	60.35	135.32	5.27
2002	5.83	1.10	18.83	0.88	15.04	3.85	66.13	169.84	5.98
2003	79.85	17.89	22.40	18.93	23.71	43.03	53.89	305.80	6.10
2004	89.92	20.11	22.36	24.02	26.72	45.79	50.92	343.45	5.77
2005	106.61	27.12	25.44	22.07	20.70	57.42	53.86	410.91	5.51
2006	124.41	31.13	25.02	27.31	21.95	65.98	53.03	447.36	5.46
2007	147.15	45.37	30.83	31.53	21.43	70.25	47.74	562.27	5.45
2008	213.89	83.93	39.24	48.18	22.53	81.78	38.24	813.85	6.73
2009	263.98	102.42	38.80	69.80	26.44	91.76	34.76	1001.65	7.79
2010	295.38	116.54	39.45	74.22	24.45	104.62	35.42	1153.86	7.17
2011	393.60	161.60	41.06	99.25	25.22	132.75	33.73	1534.99	7.84

20-14 各地区卫生机构基本情况 (2012)
Basic Statistics of Health Institutions by Region (2012)

地区	Region	卫生机构数（个） Number of Health Institutions (unit)	#医院 Hospitals	#卫生院 Health Centers	卫生机构床位数（张） Number of Hospital Beds (unit)	#医院 Hospitals	#卫生院 Health Centers	卫生机构人员数（人） Number of Persons Engaged in Health Institutions (person)	#医院 Hospitals	#卫生院 Health Centers
兰州市	Lanzhou	2339	98	67	27545	18782	1154	34581	21153	1966
嘉峪关市	Jiayuguan	123	5	3	1478	1304	52	2774	1992	80
金昌市	Jinchang	550	13	12	2151	1936	210	3949	2356	335
白银市	Baiyin	1127	30	74	6620	4674	1461	9066	4319	1873
天水市	Tianshui	3497	34	133	11777	7996	2353	15694	6247	3095
武威市	Wuwei	1766	16	117	6752	4379	2054	9834	3858	2464
张掖市	Zhangye	1391	31	84	6676	4379	1800	8424	3837	1668
平凉市	Pingliang	2680	28	111	8845	6324	2151	12031	4967	2759
酒泉市	Jiuquan	905	33	74	5278	3924	1215	6988	3520	1406
庆阳市	Qingyang	1842	24	126	7811	4951	2403	10944	4127	2714
定西市	Dingxi	2433	27	137	10827	7307	2998	11717	4581	3313
陇南市	Longnan	4991	25	216	6962	4267	2276	13720	3474	2946
临夏州	Linxia	1816	19	129	7135	4578	2136	7911	2843	1692
甘南州	Gannan	798	19	100	2122	1503	419	4661	1593	1057

注：卫生机构数包括村卫生室数。

a)Number of health care institutions included number of village clinics.

20-15 各地区卫生技术人员数（2012）
Number of Medical Technical Personnel in Health Care Institutions by Region (2012)

单位：人 (person)

地区	Region	卫生技术人员 Medical Technical Personnel	#执业医师 Licensed Doctors	#执业助理医师 Licensed (Assistant) Doctors	#注册护士 Registered Nurses	#药师（士） Pharmacist	#检验技师（士） Laboratory Technician
兰州市	Lanzhou	27914	10158	1145	10956	1467	1445
嘉峪关市	Jiayuguan	2271	677	151	1032	141	156
金昌市	Jinchang	3293	1091	217	1170	254	168
白银市	Baiyin	6891	2076	392	2636	336	366
天水市	Tianshui	10163	3118	709	3167	509	613
武威市	Wuwei	7175	2285	532	2588	332	348
张掖市	Zhangye	6060	1846	497	1994	239	272
平凉市	Pingliang	8902	2434	647	2869	431	411
酒泉市	Jiuquan	5610	1748	460	2065	279	277
庆阳市	Qingyang	7599	2508	600	2370	401	358
定西市	Dingxi	8436	2595	892	2482	480	535
陇南市	Longnan	8486	1975	815	1709	383	392
临夏州	Linxia	5512	1612	569	1390	184	258
甘南州	Gannan	3595	1050	503	784	153	203

20-16 各地区新型农村合作医疗情况（2012）
Conditions of New Rural Cooperative Medical System by Region (2012)

地 区	Region	县（市、区）数（个） Number of Counties (unit)	开展新农合县（市、区）（个） Number of Counties Implementing of NCMS (unit)	参加新农合人数（万人） Number of Enrollees (10 000 persons)	补偿受益人次（万人次） Number of Benificiaries from Reimbursement (10 000 person-times)	本年度筹资总额（万元） Permiums This Year (10 000 yuan)
甘肃省	**Gansu**	**85**	**85**	**1921.5**	**3899.9**	**562148.1**
兰州市	Lanzhou	7	7	113.5	220.4	34519.5
嘉峪关市	Jiayuguan			1.9	4.6	680.8
金昌市	Jinchang	2	2	22.5	25.6	6508.1
白银市	Baiyin	5	5	123.8	431.1	36355.4
天水市	Tianshui	7	7	285.9	607.9	83597.1
武威市	Wuwei	4	4	145.1	417.6	39878.8
张掖市	Zhangye	6	6	95.3	336.4	27536.0
平凉市	Pingliang	7	7	182.1	436.0	49994.2
酒泉市	Jiuquan	7	7	61.6	149.5	18236.5
庆阳市	Qingyang	8	8	216.8	278.6	66524.5
定西市	Dingxi	7	7	232.5	313.7	68537.3
陇南市	Longnan	9	9	228.7	292.1	67497.2
临夏州	Linxia	8	8	160.0	295.0	47115.3
甘南州	Gannan	8	8	51.7	91.6	15167.5

20-17 孕产妇及婴儿死亡率
Mortality Rate of Maternal and Infant

指 标	Item	2007	2009	2010	2011	2012
孕产妇死亡率（1/10 万）	Maternal Mortality Rate (1/100 000)	62.63	36.24	33.23	30.72	24.30
城市	Urban	48.33	29.28	23.38	25.10	17.03
农村	Rural	69.04	39.27	37.50	33.12	27.52
婴儿死亡率（‰）	Infant Mortality Rate(‰)	16.13	10.97	10.00	8.28	7.25
城市	Urban	13.55	9.28	7.66	6.78	6.29
农村	Rural	17.27	11.71	11.02	8.93	7.67
5 岁以下儿童死亡率（‰）	Mortality Rate of Children under 5(‰)	18.19	12.41	11.35	9.53	8.61
城市	Urban	15.07	10.58	8.86	7.97	7.49
农村	Rural	19.59	13.21	12.43	10.20	9.09
新生儿死亡率（‰）	Newborn Mortality Rate(‰)	12.96	8.77	7.81	6.30	5.38
城市	Urban	11.23	7.34	5.90	5.17	4.75
农村	Rural	13.76	9.39	8.64	6.78	5.65

20−18 妇联组织及干部基本情况
Basic Conditions of Women's Federation Organizations and Cadres

指　标	Item	2005	2010	2011	2012
乡及乡以上妇联组织机构（个）	Women's Federation Institution of Township and above (unit)	1467	1488	1512	1517
乡及乡以上妇联干部（人）	Women's Federation Cadres of Township and above (person)	1805	2197	2148	2262
在干部中少数民族干部数（人）	Number of Minority Cadres (person)	254	276	309	324
占干部总数（%）	Percentage in Total Cadres (%)	14.1	12.6	14.4	14.3

20−19 各党派党员（成员）数
Number of Different Parties Member

项　目	Item	2005	2010	2011	2012
中国共产党（万人）	Communist Party of China (10 000 persons)	129	151	158	166
中国国民党革命委员会（人）	Revolutionary Committee of Kuomingdan (person)	2088	2668	2772	2860
中国民主同盟（人）	Democracy League (person)	5402	6444	6812	7096
中国民主建国会（人）	China Democratic National Construction Association (person)	1867	2341	2430	2565
中国民主促进会（人）	China Association Promoting Democracy (person)	2117	2767	2840	2990
中国农工民主党（人）	Chinese Peasants' and Workers' Democratic Party (person)	1472	2041	2176	2273
九三学社（人）	Jiu San Society (person)	2329	2898	3030	3180

20-20 工会组织情况
Basic Statistics on Trade Unions

年 份 Year	工会基层组织数（个） Number of Grassroots Unions (unit)	已建立工会组织的基层单位的职工与会员人数（万人） Membership and Number of Staff and Workers in Grassroots Unions(10 000 persons)				工会专职干部人员数（人） Number of Full-time Personnel of Unions (person)
		职工人数 Number of Staff and Workers	#女职工 Female	会员人数 Membership	#女会员 Female	
1995	12251	194.29	68.44	173.91	62.31	11532
1996	12052	196.34	71.72	175.78	63.88	10020
1997	10596	173.33	61.80	155.82	54.46	8601
1998	10519	173.68	62.45	159.78	57.14	9073
1999	9788	177.23	60.71	157.06	55.36	9554
2000	10768	168.25	60.86	154.69	55.16	8714
2001	14675	177.76	63.50	163.40	56.00	6257
2002	15320	222.27	75.81	209.00	70.25	5789
2003	24291	206.12	69.16	190.43	63.72	5861
2004	23061	206.42	71.29	195.35	67.31	6279
2005	17522	219.05	75.67	207.14	70.49	5475
2006	19328	238.70	83.80	225.35	79.50	5051
2007	21642	268.76	93.14	256.68	89.44	4895
2008	24366	294.22	102.26	281.12	99.18	4890
2009	26936	312.17	105.12	301.35	102.03	5267
2010	28711	326.68	111.90	316.24	109.52	4998
2011	30422	347.28	122.48	335.97	119.19	5989
2012	33196	354.67	126.20	344.56	123.90	6336

20−21 刑事案件发、破案情况
Statistics on Occurred and Solved of Criminal Cases

年 份 Year	刑事案件发案总数（件） Number of Criminal Cases Occurred (case)	刑事案件破案总数（件） Number of Criminal Cases Solved (case)	刑事案件破案率 (%) Rate of Criminal Cases Solved (%)
2000	36481	20420	55.97
2001	42881	22546	52.58
2002	36758	19538	53.15
2003	34016	18812	55.30
2004	33099	18216	55.03
2005	31587	18473	58.48
2006	31114	18378	59.07
2007	31203	18325	58.73
2008	43037	20932	48.64
2009	46611	22365	47.98
2010	66472	26404	39.72
2011	78682	30573	38.86
2012	87084	36129	41.50

20−22 交通事故情况
Basic Statistics on Traffic Accidents

年 份 Year	交通事故（起） Number of Traffic Accidents(case)	死亡人数（人） Number of Deaths (person)	受伤人数（人） Number of Injuries (person)	直接损失（万元） Direct Property Losses (10 000 yuan)
2000	7520	2078	5637	2927.4
2001	7929	2110	6350	3170.7
2002	7696	2188	6363	3264.9
2003	7659	2090	5948	3498.8
2004	6361	1992	5566	2512.2
2005	5414	1799	5406	2252.8
2006	4822	1695	5311	1737.9
2007	3809	1549	4293	1303.2
2008	3371	1557	3697	1447.9
2009	2937	1553	3353	1224.9
2010	3090	1501	3692	1094.7
2011	3027	1505	3578	2835.5
2012	2954	1438	3343	1659.7

20-23 火灾事故情况
Basic Statistics on Fire Accidents

年 份 year	火灾事故（起） Number of Fire Accidents(case)	死亡人数（人） Number of Deaths (person)	受伤人数（人） Number of Injuries (person)	直接损失（万元） Direct Property Losses (10 000 yuan)
2000	2291	24	62	2542.4
2001	2736	51	88	2244.1
2002	3276	32	85	2182.8
2003	3137	31	83	1706.2
2004	3030	24	30	1959.1
2005	2599	31	41	2335.7
2006	2673	16	39	1564.5
2007	1658	15	18	1566.5
2008	1235	7	16	1932.9
2009	1198	5	6	1088.2
2010	1140	10	7	1897.2
2011	912	5	5	3773.2
2012	4388	8	1	4139.4

20-24 受灾情况
Disater Situation

指 标	Item	2011	2012
受灾面积（公顷）	Affected Area (hectare)	1936158	1185518
# 旱灾	Drought	1534323	431379
洪涝灾	Flood Disaster	95892	190757
风雹灾	Wind Hail Disaster	246933	225911
台风灾	Typhoon Disaster		
雪灾低温冷冻	Snow Frozen	59010	102748
受灾人次（万人次）	Affected Person-times (10 000 person-times)	1519	1172
直接经济损失（万元）	Direct Economic Losses (10 000 yuan)	823506	1365401

20-25 婚姻登记和离婚情况
Number of Marriages and Divorces

年 份 Year	准予登记结婚（对） Registered Marriages (couples)	初婚（人） First Marriages (person)	再婚（人） Remarriages (person)	离婚（对） Divorces (couples)	离婚率（‰） Divorce Rate (‰)
1995	155553	302938	8168	4541	0.38
1996	170379	331815	8943	4855	0.40
1997	154302	298654	9950	4409	0.36
1998	136978	262488	11468	5061	0.41
1999	133121	255203	11039	5241	0.42
2000	127799	244975	10623	5541	0.43
2001	126045	239734	12656	5790	0.45
2002	122033	227496	16570	6224	0.48
2003	118476	222219	14573	23000	1.77
2004	121187	225150	17008	21499	1.64
2005	114554	209947	19161	22260	1.72
2006	132615	245015	20215	23287	1.76
2007	115761	218565	12957	22017	1.68
2008	118023	223252	12794	22928	1.68
2009	122398	233316	11480	24742	1.88
2010	142294	269585	15003	27926	2.18
2011	169112	316838	21386	30473	2.38
2012	167518	318659	16377	32908	2.55

注：从2003年起离婚人数包含法院判决离婚人数。

a)The number of divorce has included the number of divorce sentenced by the courts since 2003.

20-26 社会福利事业单位基本情况（2012）
Basic Statistics on Social Welfare Institutions (2012)

项 目	Item	单位数（个） Number of Homes (unit)	工作人员（人） Number of Staff and Workers (person)	床位（张） Number of Beds (unit)	年末在院人数（人） Number of Persons Housed at Year-end (person)
优抚事业单位	Administration Agencies for Martyrs				
复退军人精神病院	Asylum for Demobilized Soldiers	3	108	640	151
国家办光荣院	Homes for the Disabled Veterans	4	29	158	5450
社会福利事业单位	Social Welfare Institutions				
社会福利院	Social Welfare Homes	58	610	6476	2927
儿童福利院	Children Welfare Homes	18	290	2634	2301
社会福利医院	Social Welfare Hospitals	58	610	6476	2927
城市养老服务机构	Urban Institutions for Aged Persons	55	616	5638	2635
农村养老服务机构	Rural Institutions for Aged Persons	593	1701	18815	11571
其他收养性机构	Other Residential Institutions	2	7	88	256

20-27 社会保障基本情况
Basic Statistics of Social Security

项　目	Item	2005	2010	2011	2012
参加保险职工人数（万人）	Number of Employees Participated in Insurance (10 000 persons)				
养老保险	Pension Insurance	142.18	171.10	177.86	183.60
失业保险	Unemployment Insurance	159.70	164.50	164.63	162.35
医疗保险	Medical Care Insurance	130.40	204.40	202.84	292.97
工伤保险	Work Injury Insurance	70.07	130.10	150.19	158.53
生育保险	Maternity Insurance	40.02	82.00	110.13	129.52
城镇低保人数（万人）	Number of Persons Receiving Minimum Living Allowance in Urban Area (10 000 persons)	68.04	87.81	88.12	88.31
女性	Female		31.90	32.65	32.10
老年人	Old People		9.70	8.36	8.97
残疾人	Disabled		4.70	4.56	3.99
三无人员	"Three Noes" Personnel		1.80	1.60	1.43
在职人员	Serving Officers		3.20	2.94	2.18
灵活就业	Flexible Employment		13.90	14.84	17.57
登记失业	Registered Unemployed		22.50	21.15	19.23
未登记失业	Unregistered Unemployed		13.40	16.10	18.11
在校生	School Students		16.60	17.04	15.87
城镇居民最低生活保障资金（亿元）	Minimum Living Security Fund of Urban Households (100 million yuan)		18.95	24.92	24.37
城市"三无"救助人数	Number of Persons Receiving Temporary Relief in Urban Areas (10 000 person-times)		2.60	0.20	0.17
农村低保人数（万人）	Number of Persons Receiving Minimum Living Allowance in Rural Area (10 000 persons)	2.32	326.74	321.80	344.04
女性	Female		104.90	101.33	112.81
老年人	Old People		77.70	70.96	72.83
未成年人	Minor		70.70	55.13	55.78
残疾人	Disabled		22.30	18.77	17.45
农村居民最低生活保障资金（亿元）	Minimum Living Security Fund of Rural Households (100 million yuan)		24.27	41.91	36.60
农村五保供养人数（万人）	Number of Rural Households with Livelihood Guaranteed in Five Aspects (10 000 persons)		13.06	12.44	12.31
#女性	Female		3.10	2.71	2.53
老年人	Old People		9.32	10.17	10.03
残疾人	Disabled		3.22	2.59	2.57
农村集中五保供养人数	Centralized		1.00	1.04	1.10
农村分散五保供养人数	Decentralized		11.60	11.40	11.20
农村传统救济人数（万人）	Number of Persons Receiving Traditional Relief in Rural Areas (10 000 persons)		1.46	2.13	
农村临时救济人次数（万人次）	Number of Poor Persons Receiving Temporary Relief in Rural Areas (10 000 person-times)		15.42	5.38	
优抚安置	Preferential Treatment and Resettlement				
优待优抚对象户数（万户）	Number of Preferential Treatment Entitled Groups Households (10 000 households)		2.81	2.53	2.60
安置义务兵、士官、复员干部人数（万人）	Number of Serviceman and Ex-seviceman Resettled (10 000 persons)		0.29	0.46	0.30
接收军队离退休人员人数（万人）	Number of Retired Veterans Resettled (10 000 persons)		0.02	0.03	0.04

20-28 抚恤及社会福利救济费用（2012）
Basic Statistics on Pensions and Social Welfare Relief Funds (2012)

单位：万元　　　　(10 000 yuan)

地　区	Region	抚　恤 Pensions	城市居民最低生活保障 Urban Residents Receiving Minimum Living Allowance	农村最低生活保障线救济费 Relief Fee of Rural Minimum Living Allowance	自然灾害生活救助 Living Relief for Natural Disasters
甘肃省	**Gansu**	**47644.0**	**243665.6**	**365951.0**	**79252.8**
兰州市	Lanzhou	5501.2	35565.7	**11851.1**	1808.5
嘉峪关市	Jiayuguan	440.9	2311.0	361.4	21.1
金昌市	Jinchang	900.5	5940.0	1465.4	664.8
白银市	Baiyin	3010.2	17645.0	25829.5	2884.4
天水市	Tianshui	6314.0	28674.4	45062.9	4200.0
武威市	Wuwei	3707.2	14635.0	22528.2	3108.4
张掖市	Zhangye	2444.9	16315.9	8983.2	3453.2
平凉市	Pingliang	4159.5	14737.5	23490.4	3623.2
酒泉市	Jiuquan	2296.5	14255.0	14693.7	2752.0
庆阳市	Qingyang	5797.5	16105.8	38121.8	4498.0
定西市	Dingxi	4036.8	13904.3	54973.9	40019.2
陇南市	Longnan	5427.2	15335.5	49622.5	3982.0
临夏州	Linxia	2548.0	38170.5	51376.0	4870.0
甘南州	Gannan	1059.6	10070.0	17591.0	3368.0

20-29 民政基本情况（2012）
Basic Statistics of Civil Administration by Region (2012)

地　区	Region	民政经费（万元） Civil Affairs Funds (10 000 yuan)	农村传统救助人数（人） Number of Persons Receiving Traditional Relief in Rural Areas (person)	收养性单位数（个） Number of Adoption Agency (unit)	收养性年末在院人数（人） Number of Adoption People to be Hospitalized at Year-end (person)	收养性的年末床位数（张） Number of Adoption Beds at Year-end (bed)	社区服务中心（个） Community Service Center (unit)
甘肃省	**Gansu**	**101.14**		**733**	**19630**	**34384**	**837**
兰州市	Lanzhou	11.21		**40**	2316	5493	62
嘉峪关市	Jiayuguan	0.71		5	127	238	
金昌市	Jinchang	1.39		8	397	626	2
白银市	Baiyin	6.33		28	782	2126	60
天水市	Tianshui	11.39		54	968	3458	1
武威市	Wuwei	6.14		40	2716	3321	32
张掖市	Zhangye	4.67		55	1878	2352	33
平凉市	Pingliang	6.88		105	1841	3343	44
酒泉市	Jiuquan	4.48		76	1314	2221	210
庆阳市	Qingyang	8.52		69	2226	3843	277
定西市	Dingxi	14.03		84	2220	2534	26
陇南市	Longnan	9.30		118	396	968	29
临夏州	Linxia	12.17		34	1990	3238	28
甘南州	Gannan	3.92		17	459	623	33

20-30 各地区参加基本养老保险职工人数
Number of Employees Participated in Basic Pension Insurance by Region

单位：万人 (10 000 persons)

地　区	Region	2005	2009	2010	2011	2012
甘肃省	**Gansu**	**142.18**	**163.37**	**171.10**	**177.86**	**183.60**
兰州市	Lanzhou	19.39	27.18	30.78	33.82	36.97
嘉峪关市	Jiayuguan	4.21	4.77	5.20	5.80	6.44
金昌市	Jinchang	1.83	2.90	3.64	4.00	4.06
白银市	Baiyin	5.25	6.41	6.97	7.17	7.78
天水市	Tianshui	10.25	11.89	12.64	11.75	11.91
武威市	Wuwei	4.80	6.14	5.24	6.93	7.10
张掖市	Zhangye	4.38	5.92	6.66	6.07	6.69
平凉市	Pingliang	5.23	6.44	4.67	6.73	6.59
酒泉市	Jiuquan	4.10	5.54	7.07	7.44	7.57
庆阳市	Qingyang	2.49	4.39	4.99	5.73	5.15
定西市	Dingxi	4.40	5.61	6.24	6.24	6.28
陇南市	Longnan	3.21	5.53	6.88	5.11	5.25
临夏州	Linxia	2.48	3.04	3.50	3.98	4.02
甘南州	Gannan	1.17	1.41	1.65	1.78	1.72

20-31 各地区参加基本医疗保险职工人数
Number of Employees Participated in Basic Medical Care Insurance by Region

单位：万人 (10 000 persons)

地　区	Region	2005	2009	2010	2011	2012
甘肃省	**Gansu**	**130.40**	**194.52**	**204.40**	**202.84**	**292.97**
兰州市	Lanzhou	33.62	49.87	49.79	49.22	79.86
嘉峪关市	Jiayuguan	3.81	5.30	6.56	5.74	8.00
金昌市	Jinchang	5.24	6.59	6.87	7.29	11.68
白银市	Baiyin	11.70	13.41	13.11	12.73	21.55
天水市	Tianshui	10.77	17.76	19.04	19.21	27.67
武威市	Wuwei	6.30	9.39	9.76	10.26	12.61
张掖市	Zhangye	5.55	8.85	9.42	9.62	13.05
平凉市	Pingliang	6.05	10.06	10.86	10.02	10.53
酒泉市	Jiuquan	6.10	9.70	10.41	10.45	13.07
庆阳市	Qingyang	6.44	8.99	11.52	7.75	13.85
定西市	Dingxi	5.38	9.14	9.28	9.24	14.02
陇南市	Longnan	6.15	9.11	10.67	10.72	13.20
临夏州	Linxia	5.82	7.50	7.84	7.84	10.22
甘南州	Gannan	2.64	4.04	4.32	4.52	6.40

20-32 各地区城乡居民最低生活保障情况（2012）

Basic Statistics on Receiving Minimum Living Allowance of Urban and Rural Households by Region (2012)

单位：人 (person)

地 区	Region	城镇低保人数 Number of Persons Receiving Minimum Living Allowance in Urban Area	#“三无”人员 Personnel of No Identity,No Address and No Source of Income	#登记失业 Registered Unemployed	#未登记失业人员 Unregistered Unemployed	农村低保人数 Number of Persons Receiving Minimum Living Allowance in Rural Area
甘肃省	**Gansu**	**883106**	**14266**	**192264**	**181094**	**3440439**
兰州市	Lanzhou	98267	760	27105	16832	101084
嘉峪关市	Jiayuguan	5148	42	669	1505	854
金昌市	Jinchang	18787	500	3895	2789	12565
白银市	Baiyin	74799	843	26137	3230	229050
天水市	Tianshui	108082	763	27628	16947	403241
武威市	Wuwei	53292	1006	20020	8257	204396
张掖市	Zhangye	57593	1538	10858	6997	84046
平凉市	Pingliang	58310	2398	12224	9096	216375
酒泉市	Jiuquan	41080	228	6134	2688	115836
庆阳市	Qingyang	56435	751	18020	7135	345379
定西市	Dingxi	58304	625	12349	18140	511382
陇南市	Longnan	61927	1385	13668	16533	467762
临夏州	Linxia	151893	2994	11628	68215	580740
甘南州	Gannan	38508	427	1843	2726	167729
甘肃矿区	Gansu Mine Area	681	6	86	4	

20-33 各地区城镇社区服务网络情况（2012）

Basic Statistics on Urban Welfare Facilities Network by Region (2012)

地 区	Region	城镇社区服务设施数（个） Number of Urban Welfare Facilities(unit)	城镇便民利民服务网点（个） Number of Urban Service Points for Civilian (unit)	社区服务志愿者组织数（个） Number of Institution of Social Service Volunteer (unit)
甘肃省	**Gansu**	**2865**	**9071**	**1211**
兰州市	Lanzhou	450	31	
嘉峪关市	Jiayuguan	34	34	
金昌市	Jinchang	44	190	
白银市	Baiyin	185		
天水市	Tianshui	286	5104	
武威市	Wuwei	106	34	
张掖市	Zhangye	276	2678	1211
平凉市	Pingliang	125	300	
酒泉市	Jiuquan	265	49	
庆阳市	Qingyang	346	29	
定西市	Dingxi	145	47	
陇南市	Longnan	237		
临夏州	Linxia	206	575	
甘南州	Gannan	160		

20－34 残疾人事业基本情况
Basic Information of Person with Disabilities

项　目	Item	2008	2009	2010	2011	2012
康复	**Rehabilitation**					
视力残疾康复	Rehabilitation of Persons with Sight Disability					
免费白内障复明手术（例）	Sight-restoring Cataract Surgeries(cases)	4601	6063	7265	7528	7295
低视力者配用助视器（人）	Vision-aids Provided for Persons of Low-vision (person)	860	696	600	1082	4988
盲人定向行走训练数（人）	Blindman Trained with Direction Walking (person)	165	170	230	430	2601
聋儿康复	Rehabilitation of Children with Hearing Disability					
年收训聋儿（人）	Hearing and Speech Training(person)	336	330	312	447	385
精神病防治康复	Prevention and Treatment of Psychiatric Diseases					
开展精神病防治康复工作市县数（个）	Counties/Cities/Districts where PRMI have been Conducted (unit)	31	31	31	31	60
精神病人数（人）	Prevention and Treatment Provided for Patients (person)	62535	62652	64768	62990	120993
监护率(%)	Guardianship Rate(%)	87	87	86	84	89
肢体残疾康复（人）	Rehabilitation of Persons with Sight Disability Physical Disability (person)					
肢体残疾人社区康复训练数	Persons Rehabilitated at Community	828	986	860	909	1206
肢体残疾儿童机构康复训练数	Children Rehabilitated at Institutions	144	221	286	170	533
智力残疾康复（人）	Rehabilitation of Persons with Sight Disability Intellectual Disability(person)					
智障儿童康复训练数	Children Rehabilitated	277	271	332	375	2411
辅助器具供应	Supply of Assistive Devices					
免费发放的辅助器具件数（件）	Pieces of Assistive Devices Free of Charge（piece）	8099	11645	7571	7925	11849
教育	**Education**					
未入学适龄残疾儿童少年（人）	School-age Disabled Children without Schooling (person)	12539	12911	11611	8602	3329

注：根据 2006 年全国残疾人抽样调查的结果推算，目前全省各类残疾人的总数约 187.1 万人。

a) According to the calculation from the handicapped survey in 2006, number of total handicapped in Gansu province is about 1.87 million persons now.

20-34 续表 continued

项 目	Item	2008	2009	2010	2011	2012
就业	**Employment**					
城镇残疾人就业（万人）	Employment of Urban Handicapped(10 000 persons)	12.91	11.54	11.28	11.61	10.88
#当年安排就业(人)	Persons Employed in the Year(person)	5995	5473	6042	9809	9859
农村残疾人就业（万人）	Employment of Rural Handicapped(10 000 persons)	44.89	46.78	47.05	50.03	49.01
盲人按摩	**Massage by Persons with Visual Disability**					
按摩机构数（个）	Number of Massage Institutions(unit)	196	172	233	282	208
保健按摩人员培训（人）	Massage Therapists Training(person)	233	182	293	254	236
医疗按摩人员培训(人)	Keep-fit Massager Training (person)	58	46	50	35	64
扶贫	**Poverty Alleviation**					
农村贫困残疾人（万人）	Poor PWDs in Rural Areas(10 000 persons)	39.97	37.54	38.68	100.94	100.57
本年度实际脱贫残疾人(人)	Actual Number of Disabled Persons Shake off Poverty in the Year(persons)	98728	98127	95856	102966	101835
社会保障	**Social Security**					
城镇社会保障措施落实情况	Implement Situation of Social Security Measures in Urban Areas					
已纳入最低生活保障范围(人)	Covered by the Baisc Living Allowance System (person)	65898	72344	85554	88475	110540
残疾职工参加养老保险（人）	Disabled Workers Participated in Pension Insurance (person)	4032	6371	8255	11592	16860
残疾居民参加医疗保险(万人)	Disabled Residents Participated in Medical Insurance(10 000 persons)		12.62	16.5	18.30	19.83
农村社会保障措施落实情况	Implement Situation of Social Security Measures in Rural Areas					
已纳入最低生活保障范围(人)	Covered by the Baisc Living Allowance System (person)	99952	122284	235539	422609	357085
参加新型农村合作医疗(万人)	Covered by the New Types of Cooperative Medical Insurance(10 000 persons)		110.84	154.6	156.00	135.48
新型农村社会养老保险（万人）	New Rural Social Pension Insurance(10 000 persons)				31.80	79.76
残联组织建设	**Organization of the Disabled Persons' Federation**					
残疾人工作者数(人)	Workers Working for the Disabled (person)	2964	2981	3314	3801	3818
已投入使用的残疾人综合服务设施（个）	Comprehensive Service facilities for Disabled Persons been Put into Use(unit)	74	76	83	94	92

主要指标解释

卫生机构 指从卫生行政部门取得《医疗机构执业许可证》，或从民政、工商行政、机构编制管理部门取得法人单位登记证书，为社会提供医疗保健、疾病控制、卫生监督服务或从事医学科研和教育等工作的单位。卫生机构包括医院、疗养院、社区卫生服务中心(站)、卫生院、门诊部、诊所(卫生所、医务室)、急救中心(站)、采供血机构、妇幼保健院(所、站)、专科疾病防治院(所、站)、疾病预防控制中心(防疫站)、卫生监督所、卫生监督检验(监测、检测)机构、医学科研机构、医学在职培训机构、健康教育所(站)等其他卫生机构。

医疗机构 指从卫生行政部门取得《医疗机构执业许可证》的机构，包括医院、疗养院、社区卫生服务中心(站)、卫生院、门诊部、诊所(卫生所、医务室)、妇幼保健院(所、站)、专科疾病防治院(所、站)、急救中心(站)和临床检验中心。

医院 包括综合医院、中医医院、中西医结合医院、民族医院、各类专科医院和护理院。

社区卫生服务中心(站) 指为本社区居民提供预防、医疗、保健、康复、健康教育、计划生育技术服务等的基层卫生机构。包括社区卫生服务中心和社区卫生服务站。

卫生人员 指在医疗、预防保健、医学科研和在职教育等卫生机构工作的职工，包括卫生技术人员、其他技术人员、管理人员和工勤人员。

卫生技术人员 包括执业(助理)医师、注册护士、药剂人员、检验和影像人员等卫生专业人员。不包括从事管理工作的卫生技术人员一律计入管理人员。

执业医师 指具有《医师执业证》及其“级别”为“执业医师”且实际从事医疗、预防保健工作的人员，不包括实际从事管理工作的执业医师。执业医师类别分为临床、中医、口腔和公共卫生。

参加新农合人数 指根据本地新农合实施方案到年内新农合筹资截止时已缴纳新农合资金的人口数。

新农合当年基金支出 指本年度实际从新农合基金帐户中支出用于新农合补偿的资金。

新农合补偿支出受益人次 指年内新农合参合人员因病就医获得补偿的人次数，包括住院、家庭帐户形式、门诊、特殊病种大额门诊、住院正常分娩、体检和其他补偿人次之和。

新农合本年度筹资总额 指为本年度筹集的、实际进入新农合专用帐户的基金数额。包括本年度中央及地方财政配套资金、农民个人交纳资金(含民政部门及其他相关部门代缴的救助资金)、新农合基金本年度产生的全部利息收入及其他渠道实际筹集到的新农合基金额。筹资数额以进入新农合专用帐户的基金数额为准，不含上年结转额资金。

卫生总费用 是反映一个国家或地区在一定时期内(通常为1年)用于医疗卫生保健服务所消耗的资金总量。用筹资来源法测算，分为政府卫生支出、社会卫生支出、个人现金卫生支出三部分。

基本养老保险(参保)职工人数 指报告期末按照国家法律、法规和有关政策规定参加基本养老保险并在社保经办机构已建立缴费记录档案的职工人数，包括中断缴费但未终止养老保险关系的职工人数，不包括只登记未建立缴费记录档案的人数。

基本医疗保险参保人数 指报告期末按国家有关规定参加基本医疗保险的人数。包括参加保险的职工人数和退休人员人数。

失业保险参保人数 指报告期末按照国家法律、法规和有关政策规定参加了失业保险的城镇企业事业单位的职工及地方政府规定参加失业保险的其他人员的人数。

工伤保险参加人数 指报告期末依据国家有关规定参加工伤保险的职工人数。

生育保险参保人数 指报告期末依据有关规定参加生育保险的职工人数。

城镇居民最低生活保障人数 指报告期末家庭平均收入在当地规定的最低生活保障线以下的城镇居民数。包括“三无”对象、失业人员和在职、下岗、退休人员等。

农村居民最低生活保障人数 指报告期末在建立农村最低生活保障制度的地区，得到当地政府或集体给予最低生活保障的农业人口家庭人数。

农村传统救济人数 指未开展最低生活保障制度的农村地区，仍沿用传统救济制度救济的贫困人口数量。

城镇社区服务设施数 指报告期末城镇(街道办事处、居委会)设立的以非盈利为目的，为本社区居民服务，特别是为老年人、残疾人、儿童服务的社区服务中心、活动站、服务站、养老院、老年公寓(托老所)，残疾人工疗站、残疾儿童日托所、家务服务站、婚姻介绍所等福利性设施以及职工社会保险管理服务的机构数。几种不同类型的社区服务单位，共用一个场所的，只能统计为一个社区服务设施。成为社区服务设施的条件：(1)是独立核算单位；(2)有固定的从业人员；(3)有一定的服务项目；(4)有一定的场所。

21

文化和体育

Culture
and
Sports

简要说明

一、本篇资料主要内容

本篇主要反映甘肃省文化、体育、新闻出版、广播电视事业的发展情况。

文化部分主要包括文化产业基本情况、艺术表演团体、艺术表演场所、公共图书馆、博物馆、文化馆、文化站、广播、电影、电视、新闻出版等文化事业的机构、人员、经费和业务活动情况。体育部分主要包括体育系统职工情况。

二、本篇资料来源

本篇资料由省统计局社会科技处搜集、整理。艺术业、图书馆业、群众文化服务业的资料主要来自省文化厅；广播、电影、电视资料来自省广播电影电视厅；新闻出版资料来自省新闻出版局；体育部分的资料来自省体育局。

21-1 文化产业基本情况
Basic Statistics of Cultural Industry

项　目	Item	2011	2012	2012 比 2011 增长（%）Growth Rate in 2012 over 2011(%)
文化产业增加值（亿元）	**Value-added of Cultural Industry (100 million yuan)**	**62.03**	**78.19**	**26.05**
其中：法人单位增加值（亿元）	Value-added of Corporate Units (100 million yuan)	52.2	65.8	
文化产业增加值占 GDP 的比重（%）	Value-added of Cultural Industry as Proportion of GDP (%)	1.24	1.38	
文化产业法人单位机构数（家）	Number of Corporate Units Institutions of Cultural Industry (uint)	3887	4730	21.69
从业人员（万人）	Employed Persons (10 000 persons)	9.65	11.43	18.45

21-2 文化事业基本情况
Basic Statistics of Culture Industry

项　目	Item	2005	2010	2011	2012
文化事业机构数（个）	**Number of Institutions (unit)**	**7531**	**4903**	**5097**	**4567**
文化部门	Cultural Department	1609	1987	2068	2057
其他部门	Other Department	5922	2916	3029	2510
文化事业人员数（人）	**Number of Employed Persons (person)**	**30515**	**32645**	**36556**	**35877**
文化部门	Cultural Department	11537	15374	17275	19822
其他部门	Other Department	18978	17271	19281	16055
各类文化艺术事业单位数（个）	**Number of Culture and Art Institutions (unit)**	**1588**	**1987**	**2063**	**2033**
#文化馆、艺术馆	Cultural Centers and Art Stations	100	102	103	103
公共图书馆	Public Libraries	92	94	100	103
博物馆	Museums	69	102	145	149
艺术表演场馆	Art Performance Places	30	27	24	25
艺术表演团体	Art Performance Troupes	76	82	84	103

21-3 艺术表演团体、艺术表演场馆演出情况
Statistics on Performance of Art Performance Troupes and Art Performance Places

项　目	Item	2010	2011	2012
艺术表演团体	**Art Performance Troupes**			
国内演出场次（千场次）	Number of Domestic Performances (1000 shows)	16.0	16.2	19.5
# 农村演出场次	Rural Performances	11.3	11.0	12.6
国内演出观众人次（千人次）	Spectators of Domestic Audience (1000 person-times)	22992.0	20198.7	19089.0
# 农村观众人次	Rural Audience	17772.0	15221.1	12164.0
艺术表演场馆	**Art Performance Places**			
演（映）出场次（千场次）	Number of Performances(1000 shows)	2.7	1.7	5.8
# 艺术演出场次	Art Performances	0.7	0.7	0.3
观众人次（千人次）	Number of Spectators(1000 person-times)	571.0	815.0	863.0
# 艺术演出观众人次	Art Performances	421.0	345.0	352.0

21-4 博物馆基本情况
Statistics on Museums

项　目	Item	2010	2011	2012
机构数（个）	Number of Institutions(unit)	102	145	149
从业人员（人）	Number of Employed Persons(person)	2015	2503	2682
文物藏品（件 / 套）	Number of Collections(piece/set)	439654	492348	497085
本年从有关部门接收文物数（件 / 套）	Accepted Cultural Relics from Department This Year(piece/set)	438	606	30
本年修复文物数（件 / 套）	Cultural Relics Repaired This Year(piece/set)	297	297	221
基本陈列（个）	Displays (unit)	237	276	324
举办展览（个）	Exhibition (unit)	333	344	406
参观人次（千人次）	Spectators(1000 person-times)	6467	11130	11790
门票销售总额（千元）	Ticket Sales(1000 yuan)	3229	3813	6497

21-5 公共图书馆情况
Statistics on Public Libraries

项　目	Item	2010	2011	2012
公共图书馆个数（个）	Number of Public Library(unit)	94	100	103
总藏量（千册件）	Total Collections(1000 volumes)	10418	11596	12125
# 本年新购藏量	Purchased this Year	260	287	349
累计发放有效借书证数（个）	Accumulative Number of Library Cards Distributed(unit)	202647	218125	257958
总流通人次（千人次）	Number of Circulation(1000 person-times)	4683	4730	5583
# 书刊文献外借人次	Number of Readers Having Borrowed Books	2203	2342	2597
书刊文献外借册次（千册次）	Number of Books and Magazines Lent to Readers(1000 volume-times)	3450	3892	4469
阅览室座席数（个）	Number of Seats in Reading Room(unit)	13352	14514	15581

21-6 图书、杂志、报纸出版数量
Number of Books, Magazines and Newspapers Published

项　目	Item	2005	2010	2011	2012
图书出版	**Books Published**				
种数（种）	Number of Publication (kind)	1111	2031	2237	2617
# 新出版	New Publication	834	1259	1365	1453
总印数（万册）	Printed Copies (10 000 copies)	5895	6737	6747	6614
总印张（千印张）	Printed Sheets (1 000 sheets)	335038	505394	516045	549031
杂志出版	**Magazines Publised**				
种数（种）	Number of Publication (kind)	128	128	131	131
总印数（万册）	Total Printed Copies (10 000 copies)	14766	11082	11152	11420
总印张（千印张）	Printed Sheets (1 000 sheets)	592000	455806	455728	491464
报纸出版	**Newspapers Publised**				
种数（种）	Number of Publication (kind)	68	63	63	61
总印数（万份）	Total Printed Copies (10 000 copies)	37900	40714	45776	49990
总印张（千印张）	Printed Sheets (1 000 sheets)	1198299	2690631	1049583	1107370

21-7 少年儿童读物和课本出版情况
Number of Books Published for Children and Textbooks

项　目	Item	2010	2011	2012
种数（种）	Number of Publications (kind)			
儿童读物	Books for Children	47	45	55
课　本	Textbooks	58	62	74
总印数（万册）	Printed Copies (10 000 copies)			
儿童读物	Books for Children	65	63	72
课　本	Textbooks	3285	3920	3774
总印张（千印张）	Printed Sheets (1 000 sheets)			
儿童读物	Books for Children	2010	1990	2110
课　本	Textbooks	269782	319352	292054

21-8 录像、录音制品出版品种及数量
Variety and Quantity of Publication of Video Products and Audio Products

项　目	Item	品种（种） Number(kind)		数量（万盒、万张） Volume(10000 cassettes,10000 discs)	
		2011	2012	2011	2012
录像制品	**Total of Video Products**	**31**	**36**	**74**	**80**
激光数码视盘	VCD	14	12	13	11
高密度激光视盘	DVD-V	18	20	38	40
录像带及其他	VT and Others	1	1	25	22
发行数量	**Number Publicated**			**43**	**45**
录音制品	**Total of Audio Products**	**13**	**15**	**3.0**	**3.1**
录音带	AT				
激光唱盘	CD	9	8	1.1	1.1
高密度激光唱盘及其他	DVD-A and Others	3	4	0.9	2.0
发行数量	**Volume Issued**			**3.0**	**6.0**

21-9 出版物发行机构数和网点数
Issuing Institutions and Spots of Publication

项　目	Item	2010	2011	2012
发行机构(处)	**Issuing Institutions (unit)**	**2278**	**2210**	**2417**
国有书店及国有发行点	State-owned Book Store and Issuing Spots	317	323	287
供销社	Supply and Marketing Cooperatives			
出版社	Press	9	8	8
网上书店	Online Bookstore	1	1	1
文化教育广电邮政系统	Cultural, Educational Broadcasting and Postal Systems	82	80	82
新华书店系统外批发网点	Wholesale Spots Outside Xinhua Bookstore	179	179	210
集体个体零售	Collective and Personal Retail	1690	1619	1828
新华书店系统出版社自办发行从业人数(人)	**Persons Engaged in Own Issuance of Presses of Xinhua Bookstore System(person)**			
全部职工	All Staff	2899	3136	3568
国有书店及国有发行点	State-owned Bookstores and Issuing Spots	2865	3032	3112

21-10 出版印刷生产情况
Conditions of Printing

项　目	Item	2010	2011	2012
企业数(个)	Number of Enterprises(unit)	101	105	102
工业销售产值(万元)	Industrial Sales Value(10 000 yuan)	70581	76044	79022
印刷产量	Output of Printing			
黑白(万令)	Black and White(10 000 ream)	240	251	257
彩色(万对开色令)	Color(10 000 bisect color ream)	435	442	463
装订产量(万令)	Output of Bookbinding(10 000 ream)	232	238	244
用纸量(万令)	Amout of Paper Used(10 000 ream)	155	160	368
新华书店系统出版社自办发行从业人数(人)	Persons Engaged in Own Issuance of Presses of Xinhua Bookstore System(person)			
全部职工	All Staff	2899	3136	3310
国有书店及国有发行点	State-owned Bookstores and Issuing Spots	2865	3032	3110

21-11 各地区文化事业基本情况（2012）
Basic Statistics of Culture Industry by Region (2012)

地区	Region	文化事业机构数（个）Number of Institutions (unit)	#文化部门 Cultural Department	#其他部门 Other Department	文化事业人员数（人）Number of Employed Persons (person)	#文化部门 Cultural Department	#其他部门 Other Department
兰州市	Lanzhou	603	154	449	4433	1579	2854
嘉峪关市	Jiayuguan	97	16	81	649	437	212
金昌市	Jinchang	95	42	53	476	337	139
白银市	Baiyin	373	111	262	2142	943	1199
天水市	Tianshui	337	192	145	3359	2140	1219
武威市	Wuwei	337	137	200	1596	937	659
张掖市	Zhangye	279	123	156	1217	837	380
平凉市	Pingliang	236	162	74	1726	1233	493
酒泉市	Jiuquan	472	126	346	2164	855	1309
庆阳市	Qingyang	404	182	222	6074	3108	2966
定西市	Dingxi	334	185	149	2637	1681	956
陇南市	Longnan	383	263	120	1836	1326	510
临夏州	Linxia	327	180	147	1977	1069	908
甘南州	Gannan	241	145	96	1666	631	1035

注：本表不含省本级和甘肃矿区数据。

a) Data of this table excluding Provincial level and Gansu Mine Area data.

21-11 续表 1 continue

地区	Region	各类文化艺术事业单位数（个）Number of Culture and Art Institution (unit)	#文化馆、艺术馆 Cultural Centers and Art Station	#公共图书馆 Public Libraries	#博物馆 Museums	#艺术表演场所 Art Performance Places	#艺术表演团体 Art Performance Troupes	公共图书馆藏书量（万册、件）Total Collections of Public Library (10 000 volumes)
兰州市	Lanzhou	153	9	8	11	2	8	94.67
嘉峪关市	Jiayuguan	11	1	2	3	1		12.07
金昌市	Jinchang	41	3	4	5		1	40.20
白银市	Baiyin	111	6	6	9		2	68.98
天水市	Tianshui	190	8	8	10	4	7	76.96
武威市	Wuwei	135	5	5	10	1	3	32.26
张掖市	Zhangye	123	8	7	13	1	4	68.73
平凉市	Pingliang	159	8	8	11	4	10	59.08
酒泉市	Jiuquan	126	8	8	10	3	3	48.95
庆阳市	Qingyang	177	9	9	16		21	62.51
定西市	Dingxi	181	8	8	13	1	14	73.32
陇南市	Longnan	262	10	10	12	2	10	80.16
临夏州	Linxia	179	9	9	12	1	4	35.36
甘南州	Gannan	145	9	9	12		8	35.46

21-12 广播电视事业基本情况
Basic Statistics of Radio and Television Industry

项　目	Item	2005	2010	2011	2012
广播	**Radio**				
广播电台（座）	Number of Broadcasting Stations (set)	5	4	5	3
中短波广播发射和转播台（座）	Medium and Short Wave Transmission Stations and Relay Stations (set)	26	30	30	30
中短波广播发射功率（千瓦）	Medium and Short Wave Transmission Power (kw)	696	702	702	702
发射台及转播台（座）	Transmission Stations and Relay Stations (set)	697	695	697	700
发射机功率（千瓦）	Power of Transmitters (kw)	146	234	240	242
公共广播节目套数（套）	Number of Public Radio Programs (set)	74	86	87	87
广播节目制作时间 （万小时）	Length of Radio Programs Produced (10 000 hours)	10.06	10.78	10.88	11.39
#新闻节目	News Programs	2.02	2.29	2.27	2.45
专题节目	Special Subject Programs	3.19	2.77	2.75	3.14
文艺节目	Entertainment Programs	3.05	3.20	3.17	3.09
服务节目	Service Programs	0.59	0.66	1.03	1.13
县广播电视台（座）	County Broadcasting Stations (set)	72	76	75	77
广播节目综合人口覆盖率 (%)	Radio Coverage Rate of the Population (%)	90.47	93.47	93.70	96.89
电视	**Television**				
电视台（座）	Television Stations (set)	12	7	8	6
发射台及转播台（座）	Transmission Stations and Relay Stations (set)	3078	2527	2504	2285
发射机功率（千瓦）	Power of Transmitters (kw)	168	366	356	362
电视节目套数（套）	Number of TV Programs (set)	95	104	106	106
#公共电视	Public TV (set)	95	104	106	106
付费电视	Pay TV (set)				
电视节目制作时间 （万小时）	Length of TV Programs Produced (10 000 hours)	7.07	5.89	5.94	5.82
#新闻节目	News Programs	2.02	1.95	2.17	1.91
专题节目	Special Subject Programs	1.36	1.58	1.67	1.65
文艺节目	Entertainment Programs	0.97	0.83	0.75	0.82
服务节目	Service Programs	1.16	0.65	0.51	0.56
电视节目综合人口覆盖率 (%)	TV Coverage Rate of Population (%)	90.77	93.72	94.05	97.56
有线广播电视用户数 （万户）	Number of Users of Cable Radio and TV (10 000 households)	172.8	206.9	220.5	201.2
#农村	Rural		51.41	54.38	16.00
数字电视用户数	Number of Users of Digital TV	1.13	122.85	147.79	161.76
有线广播电视入户率 (%)	Popularization Rate of Cable Radio and TV (%)	26.50	27.37	28.57	26.07
#农村	Rural		10.84	11.30	3.32
其他	**Others**				
广播电视总收入（亿元）	Revenue of Radio and TV (100 million yuan)	6.17	14.37	15.77	28.54
广播电视从业人员数 （万人）	Staff and Workers of Radio and TV (10 000 persons)	1.27	1.41	1.40	1.45

21-13 广播电视节目综合人口覆盖情况
Population Coverage of Radio and TV Programs

单位：%　　(%)

项　目	Item	2010	2011	2012
广播节目综合人口覆盖率	Population Coverage Rate of Radio Programs	93.47	93.70	96.89
# 中央广播节目	Coverage Rate of Central Radio Station	88.95	89.30	95.37
# 农村广播节目	Rural Population Coverage Rate of Radio Programs	91.86	92.35	96.25
电视节目综合人口覆盖率	Population Coverage Rate of TV Programs	93.72	94.05	97.56
# 中央电视节目	Coverage Rate of CCTV	90.87	91.24	95.96
# 农村电视节目	Rural Population Coverage Rate of TV Programs	92.43	92.75	97.02

21-14 广播节目制作播出情况
Basic Statistics on Radio Programs Produced and Broadcasted

项　目	Item	2010	2011	2012
公共广播节目套数（套）	Number of Public Radio Programs(set)	86	87	87
全年制作广播节目时间（小时）	Length of Radio Programs Produced(hour)	107782	108777	113867
全年公共广播节目播出时间（小时）	Length of Public Radio Programs Broadcasted (hour)	271809	283157	295005

21-15 电视节目制作播出情况
Basic Statistics on TV Program Produced and Broadcasted

项　目	Item	2010	2011	2012
电视节目套数（套）	Number of TV Programs(set)			
公共电视	Public TV	104	106	106
全年制作电视节目时间（小时）	Length of TV Progarms Produced(hour)	58860	59424	58178
全年公共电视节目播出时间（小时）	Length of Public TV Programs Broadcasted (hour)	414822	423256	435812
全年电视剧播出数	Number of TV Plays Broadcasted (set)			
（部）	(set)	6293	6709	7069
（集）	(part)	172196	186740	197745
#进口电视剧	Imported TV Play Broadcasted			
（部）	(set)	37	54	10
（集）	(part)	1330	1918	478

21-16 有线广播电视传输干线网络及用户情况
Transmission Trunk and Users of Cable Radios and TVs

项　目	Item	2010	2011	2012
有线广播电视传输干线网络总长（公里）	Total Length of Transmission Trunk for Cable Radios and TVs(km)	43534.17	47161.15	47159.05
有线广播电视用户数（户）	Users of Cable Radios and TVs (household)	2068928	2204622	2011749
#数字电视用户数	Users of Digital TV Programs	1228491	1477853	1617618
#付费电视用户数	Users of Pay TV	52659	102783	276966
#农村有线广播电视用户数	Users of Rural Cable Radios and TVs	514063	543844	159762
有线广播电视入户率(%)	Popularization Rate of Cable TV Programs (%)	27.37	28.57	26.07
#农村有线广播电视入户率	Rural Areas	10.84	11.30	3.32

21-17 广播电视技术情况
Technology Statistics on Radio and TV

项　目	Item	2010	2011	2012
中、短波转播发射台（座）	Transmission and Relaying Stations of Medium and Short Wave Broadcast(unit)	30	30	30
中波发射机（部）	Medium Wave Transmitters(set)	59	59	59
短波发射机（部）	Sort Wave Transmitters(set)	2	2	2
调频转播发射台（座）	Relaying Stations of Frequency Modulation Broadcasting(unit)	695	697	700
调频转发射机（部）	Frequency Modulation Transmitters(unit)	949	967	981
电视转播发射台（座）	TV Transmission and Relaying Stations(unit)	2527	2504	2285
电视发射机（部）	TV Program Transmitters(set)	4008	3997	3464
微波实有站（座）	Microwave Stations(unit)	102	108	107

21-18 各地区广播电视事业基本情况 (2012)
Basic Statistics of Broadcasting and Television by Region (2012)

单位：小时 (hour)

地　区	Region	公共广播节目套数（套） Number of Public Radio Programs (set)	全年制作广播节目时间 Length of Radio Programs Produced	全年公共广播节目播出时间 Length of Public Radio Programs Broadcasted	全年制作电视节目时间 Length of TV Progarms Produced	全年公共电视节目播出时间 Length of Public TV Programs Broadcasted
兰州市	Lanzhou	6	21472	30,146	5,881	45,552
嘉峪关市	Jiayuguan	1	5598	7,300	1,069	17,342
金昌市	Jinchang	2	2963	8,255	1,841	18,878
白银市	Baiyin	4	4461	11,592	6,106	22,113
天水市	Tianshui	9	7559	31,337	4,012	33,070
武威市	Wuwei	4	5975	20,091	4,982	28,576
张掖市	Zhangye	6	3038	11,588	2,864	27,263
平凉市	Pingliang	8	8877	24,066	5,984	38,915
酒泉市	Jiuquan	7	6844	20,016	4,136	38,986
庆阳市	Qingyang	8	3755	22,471	4,488	25,858
定西市	Dingxi	8	5089	19,444	2,825	30,249
陇南市	Longnan	10	2588	29,677	5,085	37,500
临夏州	Linxia	6	1440	14,100	2,343	13,882
甘南州	Gannan	2	1700	4,562	1,558	8,971
甘肃矿区电视台	Gansu Mine Area				265	4,902

21-19 体育系统机构数、从业人员数 (2012)
Number of Institutions and Engaged Persons of Physical Education System (2012)

单位：个、人 (unit,person)

指　标	Item	合计 Total 机构数 Institutions	合计 Total 人数 Persons	省级 Provincial Level 机构数 Institutions	省级 Provincial Level 人数 Persons	地级 Prefectural Level 机构数 Institutions	地级 Prefectural Level 人数 Persons	县级 County Level 机构数 Institutions	县级 County Level 人数 Persons
总计	**Total**	**153**	**4299**	**14**	**1470**	**40**	**1315**	**99**	**1510**
体育行政机关	Administrative Agencies of Physical Culture and Sports	94	1566	1	43	14	503	79	1016
运动项目管理部门	Sports Events Management	4	1527	3	1021	1	160		346
本科院校	Colleges								
职业、运动技术学院	Sports Technical Institutes	1		1					
体育运动学校	Physical Education and Sports Schools	10	636	1	207	9	429		
竞技体校	Competitive Sports School								
少儿体育运动学校（业余体校）	Spare-time Sports School	18	60			5	27	13	33
单项运动学校	Physical Education and Sports Schools								
训练基地	Training Bases								
体育场馆	Stadium and Gymnasium	4	160	1	47	3	113		
科研所	Science and Technology Institute	1	23	1	23				
其他事业单位	Other Institutions	20	311	5	113	8	83	7	115
其他	Others	1	16	1	16				

21-20 分技术等级运动员发展人数
Certified Athletes by Technical Grade

单位：人 (person)

项　目	Item	2010	2011	2012
合计	**Total**	**612**	**343**	**854**
# 女	Female	191	106	255
运动健将	Master of Sports		19	18
# 女	Female		7	7
一级运动员	First Grade	97	99	140
# 女	Female	26	21	39
二级运动员	Second Grade	515	225	695
# 女	Female	165	78	208

主要指标解释

文化及相关产业 指为社会公众提供文化、娱乐产品和服务的活动以及与这些活动有关联的活动的集合。根据提供文化、娱乐产品和服务活动的属性特点，划分为公益性文化活动和经营性文化活动两大类。

文化及相关产业是第三产业的重要组成部分。是在我国《国民经济行业分类》基础上的派生分类，有文化服务和相关文化服务两大类。

文化服务 主要指新闻服务，出版发行和版权服务，广播、电视、电影服务，文化艺术服务，网络文化服务，文化休闲娱乐服务，其他文化服务。

相关文化服务 主要有文化用品、设备及相关文化产品的生产，文化用品、设备及相关文化产品的销售。

非文化及相关产业 指由文化部门主办的不属于文化及相关产业的其他各类行业活动。

文化事业机构 指从事专业文化工作和为专业文化工作服务的独立建制的单位。不包括这些单位另外举办独立核算的其他机构和各部门的业余文化组织。该指标主要反映文化事业机构发展规模水平。

艺术表演团体 指由文化部门主办或实行行业管理（经文化市场行政部门审批或已申报登记并领取相关许可证），专门从事表演艺术等活动的各类专业艺术表演团体，含民间职业剧团。如话剧团、方言话剧团、滑稽剧团、儿童剧团、歌剧团、木偶团、皮影团等以及由若干剧种组成的综合性专业艺术表演团体。不包括群众业余文艺表演团体。

艺术表演场馆 指由文化部门主办或实行行业管理（经文化市场行政部门审批或已申报登记并领取相关许可证），有观众席、舞台、灯光设备，公开售票、专供文艺团体演出的文化活动场所。附属于文化部门机构内非独立核算的剧场、排演场，公开营业的也应单独统计。

22

少数民族

Minority

简要说明

一、本篇资料主要内容

本篇资料反映甘肃省2个民族自治州、5个民族自治县的经济社会发展情况。重点反映了民族自治地方农牧业的发展状况以及教育、卫生方面的情况。

二、本篇资料来源

本篇资料由省统计局国民经济综合处搜集、加工整理。数据来源于省统计局相关处、省有关部门的统计资料。

22-1 民族自治地方年末人口与人口自然变动情况 (2012)
Total Population at Year-end and It's Natural Changes of Ethnic Minority Autonomous Areas (2012)

单位：万人、‰ (10 000 persons,‰)

地 县	Region and County	常住人口 Total Population	按性别分 By Sex 男 Male	女 Female	按城乡分 By Urban and Rural 城镇人口 Urban	乡村人口 Rural	自然增长率 Natural Growth Rate
民族自治地方合计	**Total**	**319.49**	**162.62**	**156.87**	**85.45**	**234.04**	**7.64**
临夏回族自治州	Linxia	197.62	100.01	97.61	52.74	144.88	7.78
甘南藏族自治州	Gannan	69.31	35.73	33.58	18.01	51.30	7.71
肃北蒙古族自治县	Subei	1.50	0.91	0.59	0.80	0.70	5.20
阿克塞哈萨克族自治县	Akesai	1.04	0.60	0.44	1.00	0.04	8.13
肃南裕固族自治县	Sunan	3.40	1.81	1.59	1.11	2.29	6.38
天祝藏族自治县	Tianzhu	17.62	9.08	8.54	6.02	11.60	5.96
张家川回族自治县	Zhangjiachuan	29.00	14.48	14.52	5.77	23.23	7.76

22-2 民族自治地方财政金融
Government Finance and Financial of Ethnic Minority Autonomous Areas

单位：万元

指 标	Item	2005	2010	2011	2012
财 政	**Government Finance**				
地方财政收入	Public Finance Budget Revenue	43701	139453	189935	248544
地方财政支出	Public Finance Budget Expenditure	462323	2014808	2475059	3010446
金 融	**Finance**				
金融机构存款余额	Deposit Balance in Banking	1244463	3946959	4894484	5918873
金融机构贷款余额	Loan Balance in Banking	659572	1844408	2446392	3150602
城乡居民储蓄存款	Saving Deposit Balance of Urban and Rural Residents	802981	2189572	2722856	3432221

22-3 民族自治地方农牧业生产基本情况
Farming and Animal Husbandry Producting Basic Statistic of Ethnic Minority Autonomous Areas

指 标	Item	2005	2010	2011	2012
农业总产值（万元）	**Output Value of Agriculture(10 000 yuan)**	**445735.54**	**764729.78**	**865717.83**	**1003179.93**
农业	Agriculture	223298.52	405172.25	439752.78	521220.68
林业	Forestry	13281.80	26009.55	33213.93	38794.35
牧业	Animal Husbandry	185226.27	312463.89	368669.84	414139.63
渔业	Fishery	1023.83	1741.47	2007.44	2450.87
耕地面积（千公顷）	**Cultivated Area (1 000 hectares)**	**274.51**	**276.84**	**278.17**	**278.41**
# 有效灌溉面积	Irrigated Area	71.45	72.74	72.96	73.60
总播种面积（千公顷）	**Total Sown Area (1 000 hectares)**	**289.61**	**297.45**	**304.31**	**307.30**
# 粮食作物	Sown Area of Grain Crops	209.40	212.08	217.43	213.67
主要农作物产量（万吨）	**Yield of Major Farm Crops(10 000 tons)**				
粮食	Grain Crops	72.24	88.79	91.85	97.04
油料	Oil-bearing	6.06	8.51	8.63	8.66
甜菜	Beetroots	1.04	0.34	0.89	0.98
畜牧业产品产量（万吨）	**Output of Livestock Products (10 000 tons)**				
猪肉产量	Pork	4.04	3.63	3.64	3.75
牛肉产量	Beef	3.83	4.76	5.18	5.42
羊肉产量	Mutton	3.71	4.71	4.91	5.08
牛奶产量	Cow Milk	9.06	10.87	11.20	11.40
羊毛产量	Wool	0.66	0.12	0.90	0.96
当年造林面积（公顷）	**Total Afforested Area in This Year (hectare)**	**30366.67**	**13913.33**	**17853.33**	**25166.67**
农业生产条件	**Agriculture Production Condition**				
农业机械总动力（万千瓦）	Total Power of Agricultural Machinery (10 000 kw)	105.50	151.60	164.59	176.28
农村用电量（万千瓦时）	Electricity Consumed in Rural Area (10 000 kw·h)	41444.80	46251.46	47920.82	49180.88
化肥施用量（万吨）	Chemical Fertilizer Cosumption (10 000 tons)				
按实物量计算	Consumtion of Chemical Fertilizer	10.02	11.52	11.91	12.49
按折纯量计算	Convert to Pure Amount	2.96	3.41	3.59	3.64

22-4 民族自治地方农、林、牧、渔业总产值（2012）
Gross Output Value of Farming,Forestry,Animal Husbandry and Fishery of Ethnic Minority Autonomous Area(2012)

单位：万元 (10 000 yuan)

地 县	Region and County	农、林、牧、渔业总产值 Gross Output Value of Agriculture, Forestry, Animal Husbandry and Fishery	农 业 Agriculture	林 业 Forestry	牧 业 Animal Husbandry	渔 业 Fishery	农、林、牧、渔业总产值指数（上年=100） Indices
民族自治地方合计	**Total**	**1003180**	**521221**	**38794**	**414140**	**2451**	
临夏回族自治州	Linxia	496895	337755	9147	130608	2370	107.65
甘南藏族自治州	Gannan	274345	66336	25864	178733	31	106.56
肃北蒙古族自治县	Subei	8332	1540	8	6489		107.30
阿克塞哈萨克族自治县	Akesai	6633	1336	24	5147		107.15
肃南裕固族自治县	Sunan	52642	14759	999	34946		107.24
天祝藏族自治县	Tianzhu	81477	34602	1827	41783	6	111.01
张家川回族自治县	Zhangjiachuan	82856	64894	925	16434	44	107.05

22-5 民族自治地方牲畜头数
Number of Domestic Animals of Ethnic Minority Autonomous Areas

年 份 Year	大牲畜年末数（百头） Large Animals (year-end)	牛 Cows	马 Horses	驴 Donkeys	骡 Mules	骆驼 Camels	羊年末数（百只） Sheep and Goats(year-end) (hundred) 山羊 Goats	绵羊 Sheep	猪年末数（百头） Hogs (year-end) (hundred)
1990	17009	13949	1379	932	628	121	7166	30920	4474
1991	16887	13864	1353	920	641	109	7179	29405	4575
1992	16994	13917	1359	940	684	94	7410	29754	4802
1993	16954	13862	1367	938	707	80	7578	29915	5048
1994	17022	13914	1368	929	738	73	7958	30472	5198
1995	17119	14016	1362	916	754	71	8204	30462	5333
1996	17126	13995	1366	910	786	69	8325	30559	5410
1997	16985	13878	1360	893	784	70	8555	30633	5542
1998	15522	13180	946	617	717	58	8107	30094	4256
1999	15418	13122	916	573	749	58	8172	28199	4393
2000	15356	13020	902	603	778	53	8444	28001	4648
2001	15137	12804	864	628	789	52	8555	27882	4797
2002	15235	12913	897	641	740	44	8581	28448	5200
2003	15330	13103	877	636	669	45	8491	29602	5464
2004	15619	13371	864	639	698	47	8414	30702	5839
2005	16435	14185	848	648	701	53	8988	32288	6146
2006	16971	14734	835	665	679	58	9368	34027	6232
2007	17776	15522	827	676	690	61	9828	36611	6077
2008	18953	16906	709	633	641	64	9165	41916	4694
2009	19356	17231	719	682	657	67	8413	44552	4863
2010	19994	17819	739	708	658	69	7872	46927	5191
2011	20171	17998	759	736	627	51	7864	48358	5281
2012	19935	17699	778	754	637	67	7516	48731	5498

注：2008 年数据为农业普查衔接数。
a)Data in 2008 was adjusted according to the National Agricultural Census.

22-6 民族自治地方牲畜增长率

Increasing Ratio of Livestock of Ethnic Minority Autonomous Areas

单位：% (%)

年 份 Year	大牲畜 Large Animals	牛 Cows	马 Horses	驴 Donkeys	骡 Mules	骆驼 Camels	羊 Sheep and Goats: 山羊 Goats	羊 Sheep and Goats: 绵羊 Sheep	猪 Hogs
"一五" 时期	7.40	9.13	3.79	2.67	4.79	3.19	11.03	3.99	15.28
"二五" 时期	-6.59	-4.89	-10.63	-15.96	-6.35	0.36	-3.50	0.04	-8.50
1963-1965 年	11.60	11.73	11.08	13.80	0.33	10.94	18.10	15.06	-23.51
"三五" 时期	2.89	2.73	5.66		4.21	5.59	-0.27	0.41	4.39
"四五" 时期	2.47	2.19	4.53	0.90	5.01	6.37	1.56	5.38	1.87
"五五" 时期	2.69	2.96	-0.01	4.35	3.13	1.23	-0.94	3.48	-0.19
"六五" 时期	3.95	4.54	1.42	0.91	6.69	-6.96	-1.45	-0.24	3.51
"七五" 时期	1.04	1.31	-1.01	1.72	10.17	2.68	3.73	0.88	2.08
"八五" 时期	0.13	-0.48	-0.25	-0.35	3.72	-10.11	2.74	-0.30	3.58
"九五" 时期	-2.15	-1.46	-7.91	-8.02	0.63	-5.68	0.58	-1.67	-2.71
"十五" 时期	1.37	1.73	-1.23	1.45	-2.06	-4.61	1.26	2.89	5.75
"十一五" 时期	2.76	4.69	-2.13	-2.09	-2.08	4.17	0.98	5.29	0.73
2011-2012	-1.17	-1.66	2.50	2.45	1.59	31.37	-4.43	0.77	4.11

22-7 民族自治地方牲畜存栏及畜产品产量占全省比重

Output of Livestock and Livestock Products of Ethnic Minority Autonomous Areas as Percentage of Gansu Province

单位：% (%)

年 份 Year	存栏数 Amount of Livestock on Hand: 大牲畜 Large Animals	羊 Sheep and Goats	猪 Hogs	畜产品产量 Output of Livestock Products: 牛肉 Beef	羊肉 Mutton	猪肉 Pork
1990	29.12	34.32	7.52	49.28	36.81	6.70
1991	28.86	35.87	7.66	47.47	33.40	6.52
1992	28.77	36.72	7.66	43.95	35.21	6.74
1993	28.43	36.56	7.83	42.78	32.83	7.88
1994	28.00	35.68	7.73	39.86	35.69	6.54
1995	27.72	34.32	7.75	32.12	32.99	6.39
1996	27.12	33.10	7.66	33.79	33.38	6.29
1997	26.82	33.39	7.93	35.39	31.81	6.83
1998	28.48	32.36	7.51	36.54	31.95	6.11
1999	28.09	32.29	7.78	36.82	33.28	7.29
2000	27.28	31.33	7.85	32.99	31.61	7.74
2001	26.75	31.07	8.05	33.37	32.42	7.40
2002	26.52	31.05	8.37	34.02	31.56	7.40
2003	26.31	29.62	8.53	33.60	30.40	7.48
2004	26.23	27.76	8.90	31.60	29.10	7.54
2005	26.74	26.94	8.96	30.30	28.32	7.51
2006	26.97	27.58	8.78	29.24	27.92	7.84
2007	27.67	28.20	9.00	29.25	28.20	8.16
2008	31.71	31.00	8.11	26.72	25.17	7.50
2009	31.06	30.67	8.10	27.48	26.50	7.50
2010	31.00	30.14	8.45	28.37	28.35	7.66
2011	30.67	29.61	8.50	29.26	29.26	7.58
2012	30.63	29.10	8.39	30.01	29.55	7.36

注：2008 年数据为农业普查衔接数。

a)Data in 2008 was adjusted according to the National Agricultural Census.

22-8 民族自治地方社会消费品零售总额（2012）
Total Retail Sale of Consumer Goods of Ethnic Minority Autonomous Areas(2012)

单位：万元 (10 000 yuan)

地 区	Region and County	社会消费品零售总额 Total Retail Sales of Consumer Goods	批发业 Wholesalel Trade	零售业 Retail Trade	住宿业 Hotels	餐饮业 Catering Sevices	其他行业 Other
民族自治地方合计	**Total**	**1003474**	**136552**	**640141**	**10169**	**198922**	**17690**
临夏回族自治州	Linxia	475378	109088	262102	5725	88115	10348
甘南藏族自治州	Gannan	266214	3561	206042	2641	50025	3945
肃北蒙古族自治县	Subei	13398	3528	8119	320	1249	182
阿克塞哈萨克族自治县	Akesai	12978	7842	3047	9	2081	
肃南裕固族自治县	Sunan	30472	678	25285	209	4300	
天祝藏族自治县	Tianzhu	156522	10900	100405	365	42568	2284
张家川回族自治县	Zhangjiachuan	48511	956	35141	900	10584	930

22-9 民族自治地方教育情况
Basic Statistics on Education of Ethnic Minority Autonomous Areas

单位：所，人

指 标	Item	2005	2010	2011	2012
高等学校所数	**Institutions of Higher Education**	**1**	**1**	**1**	**1**
专任教师数	Number of Full-time Teachers	262	403	435	456
在校学生数	Student Enrollment	4095	8087	8266	9087
中等学校所数	**Number of Secondary Schools**	**10**	**7**	**7**	**7**
专任教师数	Number of Full-time Teachers	521	477	611	471
在校学生数	Student Enrollment	6029	5819	4986	4978
普通中学数	**Regular Secondary Schools**	**214**	**209**	**201**	**199**
专任教师数	Number of Full-time Teachers	8897	12963	13491	14404
在校学生数（万人）	Student Enrollment（10 000 persons）	17.46	22.52	22.75	25.30
小学校所数	**Number of Primary School**	**2015**	**1641**	**1606**	**1568**
专任教师数	Number of Full-time Teachers	17313	19080	20396	20429
在校学生数（万人）	Student Enrollment（10 000 persons）	39.04	36.44	34.50	33.76

22-10 民族自治地方卫生情况
Sanitary Conditions of Ethnic Minority Autonomous Areas

指　标	Index	2005	2010	2011	2012
卫生机构数（个）	**Number of Health Institutions (unit)**	**1860**	**1208**	**1292**	**3392**
# 医院	Hospitals	49	47	48	47
卫生院	Health Centers	290	291	293	296
社区卫生服务中心（站）	Community Health Service Centers (stations)			37	38
疾病预防控制中心（防疫站）	Centers for Disease Control and Prevention			24	24
床位（张）	**Beds (unit)**	**5512**	**9929**	**10451**	**11301**
# 医院	Hospitals	3691	6166	6493	7209
卫生院	Health Centers	1373	3155	3320	3373
社区卫生服务中心（站）	Community Health Service Centers (stations)			195	189
疾病预防控制中心（防疫站）	Disease Prevention and Control Centers				
卫生机构人员数（人）	**Medical institution Personnel (person)**	**10649**	**11993**	**15206**	**15772**
卫生技术人员（人）	**Medical Technical Personnel (person)**	**9241**	**10392**	**11044**	**11294**
# 医院	Hospitals			4330	4535
卫生院	Health Centers			3413	3440
社区卫生服务中心（站）	Community Health Service Centers (stations)			304	346
疾病预防控制中心（防疫站）	Centers for Disease Control and Prevention			756	665

22-11 民族自治地方文化情况
Culture Statistics of Ethnic Minority Autonomous Areas

指　标	Index	2005	2010	2011	2012
文化事业	**Culture Institution**				
机构数（个）	Number of Institution (unit)	207	726	722	702
人员数（人）	Personnel(person)	1187	3611	4560	4291
各类文化艺术事业单位数（个）	**Number of Culture and Art Institution (unit)**	**207**	**401**	**415**	**407**
# 文化馆、艺术馆	Cultural Centers and Art Station	23	23	23	23
公共图书馆	Public Libraries	23	23	23	23
博物馆	Museums	9	24	29	30
艺术表演场馆	Art Performance Places	4	3	2	2
艺术表演团体	Art Performance Troupes	10	16	14	14

23

企业景气指数

Business Climate Index

简要说明

一、本篇资料主要内容

本篇资料包括企业景气调查。

企业景气调查包括工业、建筑业、交通运输仓储和邮政业、批发和零售业、房地产业、社会服务业、信息传输、计算机服务和软件业、住宿和餐饮业等行业的具有法人资格的企业及其负责人（如厂长、总经理等）以及依照法人单位进行统计的产业活动单位及其负责人。

二、本篇资料来源

本章资料来源于企业景气调查，由省统计局信息中心提供。

23-1 企业家信心指数（2012）
Entrepreneur Confidence Survey Index(2012)

指标	Item	一季度 Quarter 1	二季度 Quarter 2	三季度 Quarter 3	四季度 Quarter 4
企业家信心指数	**Entrepreneur Confidence Survey Index**	117.7	121.3	114.0	112.4
按行业门类分	**By Sector**				
工业	Industry	112.5	116.4	106.8	106.5
#采掘业	Mining	150.0	115.0	70.0	90.3
制造业	Manufacturing	110.6	111.9	111.6	110.3
电力、煤气及水的生产和供应业	Production and Supply of Electricity, Gas and Water	111.7	150.0	127.5	104.1
建筑业	Construction	130.8	133.0	127.0	121.5
批发和零售业	Wholesale and RetailTrades	129.0	128.5	124.8	120.2
交通运输、仓储和邮政业	Transport,Storage and Post	125.7	135.1	134.6	127.8
住宿和餐饮业	Hotels and Catering Services	134.5	143.5	127.6	124.7
信息传输、软件和信息技术服务业	Information Transmission,Software and Information Technology Services	152.0	122.8	113.3	129.7
房地产业	Real Estate	80.0	92.5	106.1	106.9
社会服务业	Social Services	93.8	116.2	109.6	99.3

23-2 企业景气指数（2012）
Business Climate Index(2012)

指 标	Item	一季度 Quarter 1	二季度 Quarter 2	三季度 Quarter 3	四季度 Quarter 4
企业景气指数	**Business Climate Index**	120.8	124.2	111.9	113.6
按行业分	**By Sector**				
工业	Industry	117.8	124.7	107.0	112.6
#采掘业	Mining	146.7	116.7	71.7	87.4
制造业	Manufacturing	117.1	124.2	114.0	117.1
电力、煤气及水的生产和供应业	Production and Supply of Electricity, Gas and Water	111.8	140.0	110.0	118.5
建筑业	Construction	134.2	136.5	120.6	121.0
批发和零售业	Wholesale and RetailTrades	118.0	128.0	129.5	117.5
交通运输、仓储和邮政业	Transport,Storage and Post	102.0	120.5	116.6	115.6
住宿和餐饮业	Hotels and Catering Services	100.0	137.0	123.9	114.0
信息传输、软件和信息技术服务业	Information Transmission,Software and Information Technology Services	132.0	127.2	132.6	121.4
房地产业	Real Estate	97.8	96.9	100.8	95.0
社会服务业	Social Services	87.7	96.1	85.2	97.0

23-3 企业盈利景气指数（2012）
Corporate Earnings Climate Index (2012)

指 标	Item	一季度 Quarter 1	二季度 Quarter 2	三季度 Quarter 3	四季度 Quarter 4
建筑业	Construction	70.8	77.5	79.4	82.5
批发和零售业	Wholesale and RetailTrades	87.1	78.7	87.8	90.4
交通运输、仓储和邮政业	Transport,Storage and Post	66.7	78.0	80.5	70.7
住宿和餐饮业	Hotels and Catering Services	54.6	84.8	85.2	78.7
信息传输、软件和信息技术服务业	Information Transmission,Software and Information Technology Services	100.0	64.3	74.1	72.4
房地产业	Real Estate	55.6	62.5	65.4	68.7
社会服务业	Social Services	46.2	76.9	69.6	70.4

23-4 企业劳动力需求景气指数（2012）
Corporate Labor Demand Climate Index (2012)

指 标	Item	一季度 Quarter 1	二季度 Quarter 2	三季度 Quarter 3	四季度 Quarter 4
按行业分	**By Sector**				
工业	Industry	107.5	109.1	100.0	94.8
#采掘业	Mining	100.0	83.3	91.6	79.1
制造业	Manufacturing	107.2	112.3	101.8	98.2
电力、煤气及水的生产和供应业	Production and Supply of Electricity, Gas and Water	111.7	125.0	100.0	94.9
建筑业	Construction	158.4	132.5	50.0	55.0
批发和零售业	Wholesale and RetailTrades	93.5	98.6	102.7	91.8
交通运输、仓储和邮政业	Transport,Storage and Post	100.0	97.6	102.4	104.9
住宿和餐饮业	Hotels and Catering Services	136.4	123.9	108.5	110.6
信息传输、软件和信息技术服务业	Information Transmission,Software and Information Technology Services	80.0	110.8	114.8	96.5
房地产业	Real Estate	72.3	87.5	76.9	84.4
社会服务业	Social Services	84.6	92.3	87.0	74.1

23-5 企业固定资产投资景气指数（2012）
Climate Index of Corporate Fixed Assets Investment(2012)

指 标	Item	一季度 Quarter 1	二季度 Quarter 2	三季度 Quarter 3	四季度 Quarter 4
按行业分	**By Sector**				
工业	Industry	112.8	85.7	84.4	82.3
#采掘业	Mining	166.7	75.0	58.3	80.6
制造业	Manufacturing	110.9	86.0	82.4	80.5
电力、煤气及水的生产和供应业	Production and Supply of Electricity, Gas and Water	105.8	100.0	137.5	97.5
建筑业	Construction	125.0	92.5	61.8	80.0
批发和零售业	Wholesale and RetailTrades	100.0	97.3	94.6	91.7
交通运输、仓储和邮政业	Transport,Storage and Post	123.8	100.0	107.3	100.0
住宿和餐饮业	Hotels and Catering Services	109.1	106.5	112.7	83.0
信息传输、软件和信息技术服务业	Information Transmission,Software and Information Technology Services	100.0	121.4	111.1	106.9
房地产业	Real Estate	72.2	87.5	80.8	84.4
社会服务业	Social Services	84.6	88.5	82.6	74.1

23-6 企业融资景气指数（2012）
Corporate Finance Climate Index(2012)

指 标	Item	一季度 Quarter 1	二季度 Quarter 2	三季度 Quarter 3	四季度 Quarter 4
按行业分	**By Sector**				
工业	Industry	78.9	75.3	72.7	78.2
#采掘业	Mining	133.3	125.0	125.0	133.9
制造业	Manufacturing	122.7	129.8	135.1	127.1
电力、煤气及水的生产和供应业	Production and Supply of Electricity, Gas and Water	141.2	125.0	112.5	125.6
建筑业	Construction	41.7	60.0	58.8	57.5
批发和零售业	Wholesale and RetailTrades	67.7	80.0	71.6	76.8
交通运输、仓储和邮政业	Transport,Storage and Post	52.4	75.6	78.0	73.2
住宿和餐饮业	Hotels and Catering Services	72.7	78.2	78.8	76.6
信息传输、软件和信息技术服务业	Information Transmission,Software and Information Technology Services	60.0	75.0	77.8	72.4
房地产业	Real Estate	38.9	40.6	38.5	34.4
社会服务业	Social Services	38.5	53.8	60.8	51.8

中国统计出版社最新图书简目

（仅供参考，以最后出书为准）

统计资料

中国统计年鉴 -2013
中国统计摘要 -2013
国际统计年鉴 -2013
2013 中国发展报告
中国第三产业统计年鉴 -2013
中国区域经济统计年鉴 -2013
中国劳动统计年鉴 -2013
中国社会统计年鉴 -2013
中国城市统计年鉴 -2013
中国建筑业统计年鉴 -2013
中国人口和就业统计年鉴 -2013
中国工业经济统计年鉴 -2013
中国商品交易市场统计年鉴 -2013
中国房地产统计年鉴 -2013
中国能源统计年鉴 -2013
中国民政统计年鉴 -2013
中国贸易外经统计年鉴 -2013
2013 中国地区经济监测报告
中国科技统计年鉴 -2013
中国农村统计年鉴 -2013
中国农产品价格调查年鉴 -2013
中国高技术产业统计年鉴 -2013
中国教育经费统计年鉴 -2013
中国农村贫困监测报告 -2013
全国农产品成本收益资料汇编 -2013
中国科学技术协会统计年鉴 -2013
工业企业科技活动资料 -2013
大中型批发零售和住宿餐饮企业统计年鉴 -2013
中国价格统计年鉴 -2013
第二次全国 R&D 资源清查资料汇编一工业企业卷
中国住户调查年鉴 -2013
中国县域统计年鉴 -2013
中国农村全面建设小康监测报告 -2013
第二次全国 R&D 资源清查资料汇编一综合卷
中国人才资源统计报告 -2011
中国民族统计年鉴 -2013
中国零售和餐饮连锁企业统计年鉴 -2013
2010 年中国第六次人口普查公报

2013 年省级综合统计年鉴系列

北京 天津 河北 山西 内蒙古 辽宁 吉林 黑龙江 上海 江苏 浙江 安徽 福建 江西 山东
河南 湖北 湖南 广东 广西 海南 重庆 四川 贵州 云南 西藏 陕西 甘肃 青海 宁夏
新疆 新疆生产建设兵团

2013 年市（县）级综合统计年鉴系列

天津滨海新区 石家庄 唐山 邯郸 太原 大同 长治 阳泉 晋城 朔州 晋中
运城 忻州 临汾 呼和浩特 包头 沈阳 大连 长春 吉林市 四平 哈尔滨 黑龙江垦区
上海浦东新区 南京 苏州 无锡 常州 徐州 南通 盐城 镇江 江阴 丹阳
杭州 宁波 绍兴 台州 温州 金华 嘉兴 衢州 福州 福州经济技术开发区
厦门经济特区 南昌 上饶 济南 青岛 潍坊 郑州 洛阳 三门峡 南阳 武汉 宜昌
十堰 荆州 咸宁 长沙 广州 东莞 惠州 深圳 桂林 南宁 柳州 来宾 河池 海口 成都 绵阳
贵阳 昆明 庆阳 西安 兰州 银川 乌鲁木齐

2010 年人口普查资料系列

中国 2010 年人口普查资料
北京 天津 河北 山西 内蒙古 辽宁 吉林 黑龙江 上海 江苏
浙江 安徽 福建 江西 山东 河南 湖北 湖南 广东 广西 海南 重庆 四川 贵州 云南
西藏 陕西 甘肃 青海 宁夏 新疆 新疆生产建设兵团
河南省各市 2010 年人口普查资料丛书
中国分县 2010 年人口普查资料
中国分乡镇、街道 2010 年人口普查资料
中国分民族 2010 年人口普查资料

“十一五”规划教材

统计学（“十二五”规划，黄良文）
抽样调查理论与实践（“十二五”规划，冯士雍）
统计学（“十二五”规划，单微）
试验设计（“十二五”规划，茆诗松）
贝叶斯统计（“十二五”规划，茆诗松）
统计学：从数据到结论（十二五规划，吴喜之）
医学统计学（陆守曾）
非参数统计（吴喜之）
概率论与数理统计（茆诗松）
现代金融投资统计分析（李腊生）
多元统计分析（任雪松）
应用时间序列分析（王振龙）
统计指数理论及应用（徐国祥）
经济计量学教程（贺铿）
质量管理统计方法 （茆诗松）
统计实验系列教材（许涤龙）
社会统计学（蒋萍）
市场调查与预测（蒋志华）
统计学原理（非统计专业用，朱胜）
国民经济核算教程（杨灿）
概率论与数理统计（经济、管理类专业使用，朱胜）

重点图书

挑大学选专业 2013—高考志愿填报指南
挑大学选专业 2013—考研择校指南

《甘肃发展年鉴》 电子版说明

《甘肃发展年鉴》2013(电子版)是新型的阅读工具,它界面美观,便于携带,操作简便,功能实用。

《甘肃发展年鉴》2013(电子版)内容分为二部分:第一部分设特载、大事记、概况、政治、法制、国民经济、建设测绘、交通通信邮政、财政金融、经济管理、社会事业、人民生活、地县概况13个篇目;第二部分设综合、国民经济核算、人口、就业人员和职工工资、固定资产投资、对外经济贸易、能源、财政、金融、保险、物价、人民生活、城市概况、资源和环境、农业、工业、建筑业、交通运输、邮电通信业、批发和零售业、住宿、餐饮业和旅游业、教育和科技、卫生、社会福利及其他、文化和体育、少数民族、企业景气指数共23个篇章。

运行环境:中文Windows98以上版本, 1024×768象素分辨率。

使用说明:光盘插入驱动器后,自动运行(或直接点击光盘驱动器图标)。

注意:若系统为WINDOWS XP,补丁为SP2以上的用户,在浏览本光盘时出现调用IE时出现系统拦截窗口的现象,请按以下方法解决:

具体方法:

打开IE浏览器,选择菜单"工具 -> 选项",在弹出的对话框中选择"高级"选项卡,在其中的"安全"栏下;

将"允许活动内容在我的计算机上的文件中运行"以及"允许来自CD的活动内容在我的计算机上运行"两项前的勾打上,点击确定即可。

Gansu development Yearbook 2013(electric version) is a new type reading tool. It is equipped with beautiful interface, convenient for you to bring and easy to use.

Gansu development Yearbook 2013(electric version) has two parts. The first part contains special set, events, overview, politics, legal, national economy, construction and mapping , transport, communication and post, government finance and financial, economy management, social undertaking, people's livelihood and county profiles 13 contents; The second part contains total 23 sections and chapters with general survey, national accounts, population, employment and wages, investment in fixed assets, foreign trade and economic cooperation, energy, government finance , financial , insurance, commodities price, people's living conditions, general survey of cities, resources and environment, agriculture, industry, construction, transport, post and telecommunication, wholesale and retail trades, hotels, catering services and tourism, education, science and technology, health, social welfare and others, culture and sports, minority ,and business climate index.

Runtime Environment: Windows98 or above versions, 1024×768 resolution suggested.

Use Descriptions: The CD-ROM will run automatically once inserted in to the driver (if not, please click the CD-ROM driver icon).

图书在版编目（CIP）数据

甘肃发展年鉴 . 2013 : 汉英对照 / 甘肃发展年鉴编委会编 . -- 北京 : 中国统计出版社 , 2013.10
ISBN 978-7-5037-6986-3

Ⅰ . ①甘… Ⅱ . ①甘… Ⅲ . ①区域经济发展—甘肃省—2013—年鉴—汉、英②社会发展—甘肃省—2013—年鉴—汉、英 Ⅳ . ① F127.42-54

中国版本图书馆 CIP 数据核字 (2013) 第 227283 号

甘肃发展年鉴 -2013

作　　者 / 甘肃发展年鉴编委会
责任编辑 / 佘竞雄
封面设计 / 高双增
出版发行 / 中国统计出版社
地　　址 / 北京市丰台区西三环南路甲 6 号　邮政编码 /100073
电　　话 / 邮购 (010) 63376909　书店 (010) 68783171
网　　址 / http://csp.stats.gov.cn
印　　刷 / 香港爱达彩色印刷有限公司
经　　销 / 新华书店
开　　本 / 890mm×1240mm　1/16
字　　数 / 1000 千字
印　　张 / 50 印张
版　　别 / 2013 年 9 月第 1 版
版　　次 / 2013 年 9 月第 1 次印刷
定　　价 / 380.00 元

本书附同版本 CD-ROM 一张，光盘内容以书面文字为准。
如有印装差错，由本社发行部调换。